# Verhandlungen

des

# Dritten Deutschen Juristentages.

Herausgegeben

von

dem Schriftführer-Amt der ständigen Deputation.

Zweiter Band.

Berlin, 1863.
Druck und Commissions-Verlag von G. Jansen.

# Statut des Deutschen Juristentages.

Nach den Beschlüssen vom 25. August 1862 redigirt

von dem Schriftführer-Amt der ständigen Deputation.*)

§. 1.

Der Zweck des Deutschen Juristentages ist: eine Vereinigung für den lebendigen Meinungsaustausch und den persönlichen Verkehr unter den Deutschen Juristen zu bilden, auf den Gebieten des Privatrechts, des Prozesses und des Strafrechts den Forderungen nach einheitlicher Entwickelung immer größere Anerkennung zu verschaffen, die Hindernisse, welche dieser Entwickelung entgegenstehen, zu bezeichnen und sich über Vorschläge zu verständigen, welche geeignet sind, die Rechtseinheit zu fördern.

§. 2.

Der Deutsche Juristentag tritt alljährlich zusammen.

§. 3.

Zur Mitgliedschaft berechtigt sind die Deutschen Richter, Staatsanwälte, Advokaten und Notare, die Aspiranten des Richteramtes, der Anwaltschaft und des Notariats, sowie Jeder, der nach seinen Landesgesetzen zum Richteramte, zur Anwaltschaft oder zur Ausübung des Notariats für befähigt erkannt ist, ferner die Lehrer an den Deutschen Hochschulen, die Mitglieder der gelehrten Akademieen, die Doktoren der Rechte und die rechtsgelehrten Mitglieder der Verwaltungs-Behörden.

§. 4.

Die Mitgliedschaft beginnt mit dem Empfange der Mitgliedskarte. Sie berechtigt zur Theilnahme an den Verhandlungen und an der Abstimmung.

---

*) Die gesperrt gedruckten Worte sind Aenderungen des bisherigen Statuts, welche von dem Dritten Deutschen Juristentage beschlossen worden.

§. 5.

Der Beitrag der Gesellschaftsmitglieder beträgt zwei Thaler jährlich und ist innerhalb vier Wochen nach Beginn jedes neuen Jahres zu entrichten, widrigenfalls derselbe durch Postvorschuß eingezogen wird. Nimmt ein Mitglied den mit Postvorschuß beschwerten Brief nicht an, so wird dies einer ausdrücklichen Austrittserklärung gleich geachtet. — Für die am Orte des Juristentages selbst zu lösende Anmeldungskarte ist Ein Thaler zu entrichten.

§. 6.

Den Plenar-Verhandlungen des Deutschen Juristentages gehen der Regel nach Abtheilungs-Berathungen voraus. Zu diesem Zwecke werden durch freiwillige Einzeichnung der Mitglieder folgende vier Abtheilungen gebildet:

1) Abtheilung für Privatrecht, insbesondere Obligationen- und Pfandrecht,
2) Abtheilung für Handels-, Wechsel-, See- und internationales Recht,*)
3) Abtheilung für Strafrecht, Strafprozeß und Gefängnißwesen,
4) Abtheilung für Gerichtsverfassung, Civilprozeß, juristisches Studium und praktische Ausbildung.

Die Abtheilungen wählen ihre Vorsitzenden, Schriftführer, Berichterstatter und benachrichtigen den Vorsitzenden der Plenar-Versammlung (§. 7), sobald ihre Berathungen über einzelne Gegenstände geschlossen sind; ihre Anträge sind schriftlich zu fassen. In jeder Abtheilung stimmen nur Diejenigen mit, welche sich in die betreffende Abtheilung bereits eingezeichnet haben.

Sämmtliche Beschlüsse der Abtheilungen werden in der Plenar-Versammlung mitgetheilt. Es findet jedoch eine Erörterung und Entscheidung im Plenum nur dann statt, wenn dieselbe von der betreffenden Abtheilung vorgeschlagen oder wenn sie von mindestens zehn Mitgliedern bean-

*) Die vom Dritten Deutschen Juristentage beschlossene Vereinigung der ersten und zweiten Abtheilung geschah ausdrücklich nur für die Dauer des Dritten Juristentages.

tragt und von der Plenar-Versammlung beschlossen wird. Ueber die Vorfrage, ob dem von mindestens zehn Mitgliedern gestellten Antrage auf Plenar-Entscheidung stattzugeben, wird nur einem der Antragsteller und dem Berichterstatter das Wort ertheilt.

§. 7.

Die Verhandlungen der Plenar-Versammlung leitet ein Vorsitzender, welcher für die Dauer eines jeden Juristentages in der ersten Plenar-Versammlung durch Stimmzettel oder Akklamation gewählt wird. Derselbe ernennt zwei bis vier Stellvertreter und vier Schriftführer. Er bestimmt die Tagesordnung und kann einzelne Gegenstände, ohne Vorberathung in den Abtheilungen (§. 6), unmittelbar zur Plenar-Berathung stellen. Auch ist er befugt, Nichtmitglieder als Zuhörer zuzulassen.

§. 8.

Bei allen Beschlüssen der Plenar-Versammlung und der Abtheilungen entscheidet einfache Stimmenmehrheit der anwesenden Mitglieder; bei allen Wahlen relative Majorität und im Falle der Stimmengleichheit das Loos.

§. 9.

Wird Schluß der Debatte beantragt, so wird über diesen Antrag sofort abgestimmt. In der Plenar-Versammlung sind alle Anträge mit Ausnahme des Antrages auf Schluß der Debatte schriftlich zu stellen.

§. 10.

Vor dem Schlusse eines jeden Juristentages wird von der Plenar-Versammlung durch Akklamation oder in einem einzigen Skrutinium durch Stimmzettel eine aus achtzehn Mitgliedern und dem Präsidenten des letzten Juristentages als Ehren-Präsidenten bestehende ständige Deputation gewählt. Von jenen achtzehn Mitgliedern müssen mindestens drei am Orte des letzten Juristentages und jedenfalls zwölf auswärts wohnen. Die Liste der zur Akklamation vorzuschlagenden Personen wird durch den Präsidenten der Plenar-Versammlung, seine Stellvertreter und je zehn von jeder Abtheilung gewählte Vertrauensmänner gemeinschaftlich festgestellt.

Die ständige Deputation hat folgende Befugnisse und Obliegenheiten:

1) sie sorgt für die Ausführung der von dem Juristentage gefaßten Beschlüsse, veranstaltet nach eignem Ermessen den Druck der Protokolle und Vorlagen, bewirkt die Vertheilung der Drucksachen an die Mitglieder und verwahrt alle Akten und Schriftstücke des Juristentages;
2) sie bestimmt Zeit und Ort des nächsten Juristentages, trifft die für denselben nöthigen Vorbereitungen, erläßt die Einladungen, stellt die vorläufige Tagesordnung auf, wobei sie in der Regel nur die bis zum 31. Mai des laufenden Jahres eingegangenen Vorlagen zu berücksichtigen hat, und bereitet Abänderungs-Vorschläge in Betreff der Geschäftsordnung für die Plenar-Versammlung vor;
3) sie nimmt die Beitrittserklärungen neuer Mitglieder entgegen, fertigt die Mitgliedskarten aus, empfängt die Beiträge, bestreitet die Ausgaben und legt der folgenden Deputation Rechnung;
4) sie ergänzt sich selbst, falls eines oder mehrere ihrer Mitglieder während des Geschäftsjahres ausscheiden.

Die Deputation wählt aus ihrer Mitte einen Vorsitzenden und einen Schriftführer, welcher Letztere ein von der Deputation festzusetzendes Pauschquantum für baare Auslagen erhält. Der Sitz der Deputation ist der Ort des letzten Juristentages. Zur Giltigkeit ihrer Beschlüsse ist die Einladung sämmtlicher Mitglieder, sowie die Mitwirkung von wenigstens fünf Mitgliedern erforderlich.

§. 11.

Abänderungen dieses Statuts können zwar von der Plenar-Versammlung durch einfache Stimmenmehrheit, jedoch nur auf schriftlichen Antrag, der vier Wochen vor dem Zusammentritt des Juristentages der ständigen Deputation (§. 10) überreicht worden, beschlossen werden.

# C.

# Alphabetisches Verzeichniß

derjenigen

## Mitglieder des 3. Deutschen Juristentages,

**welche dem Vereine im Jahre 1862 beigetreten sind.**

| Nr. | Name | Stand. | Wohnort. |
|---|---|---|---|
| 1217 | Dr. Abeles | Advokaturs-Kandidat | Wien. |
| 1218 | v. Abramsberg | Hofsekretär | Wien. |
| 1219 | Edl. v. Achbauer | Ober-Landesgerichts-Rath | Wien. |
| 1220 | Dr. Adam | Advokaturs-Kandidat | Wien. |
| 1221 | Dr. Adensamer | Advokaturs-Kandidat | Wien. |
| 1222 | v. Aehrenfeld | Advokat | Löbau. |
| 1223 | Ahlemann | Justiz-Rath, Rechtsanwalt | Grätz (bei Posen). |
| 1224 | Dr. Ritt. v. Aichenegg | Hof- und Gerichts-Advokat | Wien. |
| 1225 | Dr. Albers | Advokat | Bremen. |
| 1226 | Albrecht | Kronanwalt | Celle. |
| 1227 | Dr. Aman | Hof- und Gerichts-Advokat | Wien. |
| 1228 | Dr. Andritzschky | Advokat | Leipzig. |
| 1229 | v. Antoniewicz | Kreisgerichtsrath | Premysl (Galizien). |
| 1230 | Frh. v. Apfaltrern | Wirklicher Hofrath des Obersten Gerichts-Hofes | Wien. |
| 1231 | Ritt. v. Arbter | Auskultant | Brünn. |
| 1232 | Arthold | Advokaturs-Konzipient | Wien. |

| Nr. | Name. | Stand. | Wohnort. |
| --- | --- | --- | --- |
| 1233 | Dr. Artzt | Advokat | Ollmütz. |
| 1234 | Dr. H. Ritt. v. Kremer-Auenrode | Privat-Docent an der juristischen Fakultät | Wien. |
| 1235 | Dr. R. Ritt. v. Kremer-Auenrode | Notar | Gmunden (Ober-Oesterr.) |
| 1236 | v. Auffenberg | Staatsanwalt | Troppau. |
| 1237 | Augmüller | Militär- und Civil-Agent | Wien. |
| 1238 | Dr. Augspurg | Obergerichts-Anwalt | Lüneburg. |
| 1239 | Dr. Bach | Advokaturs-Kandidat | Wien. |
| 1240 | Dr. Bachmayer | Advokaturs-Kandidat | Wien. |
| 1241 | Bader | Obergerichtsrath | Aurich (Hannover). |
| 1242 | Dr. Banks | Advokat | Hamburg. |
| 1243 | Dr. Bardasch | Advokat | Stanislau (Galizien). |
| 1244 | Barth | Staatsanwalt | Leipzig. |
| 1245 | Dr. Barth | Hof- und Gerichts-Advokat | Wien. |
| 1246 | Bartsch | Appellationsgerichts-Auskult. | Reichenbach (Schlesien). |
| 1247 | Batiek | Notar | Opocno (Böhmen). |
| 1248 | Bauer | Accessist im Fiskalate der General-Bergwerks- und Salinen-Administration | München. |
| 1249 | Bauer | Appellationsger.-Referendar | Reichenbach (Schlesien). |
| 1250 | Bayer | Rechtsanwalt | Schönau (Schlesien). |
| 1251 | Dr. Bazant | mähr. Landschafts-Sekretair | Brünn (Mähren). |
| 1252 | v. Bechtold | Hofgerichts-Sekretair | Bruchsal. |
| 1253 | Beck | Advokat | Leipzig. |
| 1254 | Beck | Bezirksgerichts-Aktuar | Leipzig. |
| 1255 | Dr. Beck | Hof- und Gerichts-Advokat | Linz. |
| 1256 | Beck | Oberamtsgerichts-Aktuar | Riedlingen a/D. (Württ.) |
| 1257 | Dr. Beck | Ober-Staatsanwalt u. Oberlandesgerichtsrath | Brünn. |
| 1258 | Dr. Beck | Sektionsrath | Wien. |
| 1259 | Dr. Becziczka | Magistrats-Konzipist | Wien. |
| 1260 | Beden | Landesgerichtsrath | Spalato (Dalmatien). |
| 1261 | Dr. Beer | Advokaturs-Kandidat | Bielitz (k. k. Schlesien). |
| 1262 | Dr. v. Benak | Advokaturs-Kandidat | Wien. |

| Nr. | Name. | Stand. | Wohnort. |
|---|---|---|---|
| 1263 | Dr. Benfey | Obergerichtsanwalt | Göttingen. |
| 1264 | Dr. Benischko | Advokaturs-Kandidat | Wien. |
| 1265 | v. Benoni | Ministerialrath im Justiz-Ministerium | Wien. |
| 1266 | Benthe | Obergerichtsanwalt | Aurich (Hannover). |
| 1267 | Benzinger | Ober-Justiz-Prokurator | Eßlingen (Württbg.). |
| 1268 | Benzinger | Justiz-Referendar | Eßlingen (Württbg.). |
| 1269 | Berchtold | Doktor beider Rechte | München (Blumenstr. 11). |
| 1270 | Edl. v. Bergenstamm | Gerichts-Adjunkt | Wien. |
| 1271 | Berger | Bezirks-Vorsteher | Hietzing (bei Wien). |
| 1272 | Bermann | Advokat | Geringswalde (Sachsen). |
| 1273 | Dr. Bernatzik | Advokat | Korneuburg (Nied.-Oest.). |
| 1274 | Bernhard | Gerichts-Assessor | Berlin, Oranienstr. 63. |
| 1275 | Dr. Berthold | Advokaturs-Kandidat | Wien. |
| 1276 | Beyer | Notar | Troppau (Schlesien). |
| 1277 | Beyer | Ministerialrath | Wien. |
| 1278 | Dr. Bezecny | Sekretair der Börsekammer | Wien. |
| 1279 | Dr. Biach | Advokaturs-Kandidat | Wien. |
| 1280 | Dr. Bidermann | Professor der Staatswissenschaften | Innsbruck. |
| 1281 | Dr. Biedenweg | Amts-Assessor | Hannover. |
| 1282 | Bielin | Gerichtsadjunkt | Wien. |
| 1283 | Dr. Billing, Edl. v. Gemmen | Advokaturs-Kandidat | Wien. |
| 1284 | Dr. Bingner | Amtsrichter | Heidelberg. |
| 1285 | Dr. Biziste | Advokaturs-Kandidat | Wien. |
| 1286 | Blaha | Notar | Neuhofen (Ober-Oesterr.) |
| 1287 | Dr. Blitzfeld | Advokat | Krakau. |
| 1288 | Bley | Amtsgerichts-Assessor | Gifhorn (Hannover). |
| 1289 | Blöbaum | Rechtsanwalt | Berent. |
| 1290 | Blüher | Notar | Dresden. |
| 1291 | Blum | Doktor der Rechte | Heidelberg. |
| 1292 | v. Blum | Advokat | Hannover. |

| Nr. | Name. | Stand. | Wohnort. |
| --- | --- | --- | --- |
| 1293 | v. Blumfeld | Ministerialrath im Ministerium für Handel zc. Volkswirthschaft | Wien. |
| 1294 | Dr. Blumfeld | Fin.-Proc.-Conc.-Prakt. | Wien. |
| 1295 | Boda | Gerichtsadjunkt | Brünn. |
| 1296 | Böhm | Rechtsanwalt | Berlin. |
| 1297 | Boggia | pens. Magistrats-Sekretair, geprüft. Richteramts-Kandidat | Kahlenberger-Dörfel bei Wien. |
| 1298 | Dr. Bolgiano | Professor | München (Frühlingsstr. 3). |
| 1299 | Bornemann | Advokat | Schneeberg (Sachsen). |
| 1300 | Dr. Borowiczka | Advokaturs-Kandidat | Wien. |
| 1301 | Dr. Boschan | Landesgerichts-Präsident | Wr. Neustadt (N.-Oest.). |
| 1302 | Brachvogel | Rechtsanwalt | Wollstein. |
| 1303 | Bräuer | Advokat | Bautzen. |
| 1304 | Brameshuber | Kreisgerichts-Sekretair | Steyr (Ober-Oesterr.). |
| 1305 | Dr. Brandt | Advokat | Leipzig. |
| 1306 | Braulik | k. k. Notar | Neufelden (Ob.-Oest.). |
| 1307 | Dr. Braun | Geheimer Regierungsrath | Plauen. |
| 1308 | Breinreich | Notar | Laa a. d. Thaya (N.-Oest.) |
| 1309 | v. Breitschwert | Gerichts-Aktuar | Heilbronn (Württbg.). |
| 1310 | Bretsch | Staatsanwalt | Eisenach (Sachsen-Weim.) |
| 1311 | Dr. Brezina | Notar | Wien. |
| 1312 | Dr. Brezina | Hof- u. Gerichts-Advokat | Wien. |
| 1313 | Dr. Brichta | Advokaturs-Kandidat | Wien. |
| 1314 | Brohm | Gerichts-Assessor | Quedlinburg. |
| 1315 | Dr. Bruck | Notariats-Kandidat | Wien. |
| 1316 | Dr. Brürner | Finanzprocur.-Conc.-Prakt. | Wien. |
| 1317 | Brunner | Rentamtmann u. Advokat | Leipzig. |
| 1318 | Dr. Brunner | Advokat | Königgrätz (Böhmen). |
| 1319 | Brunner | Notar | Geras (Nieder-Oesterr.). |
| 1320 | Brunner | Advokat | Leipzig. |
| 1321 | Dr. Brzorad | Landes-Advokat | Deutschbrod (Böhmen). |
| 1322 | Buch | Hofgerichts-Advokat | Freiburg (Baden). |
| 1323 | Buchwald | Rechtsanwalt u. Notar | Gr.-Strelitz (Schlesien). |

| Nr. | Name. | Stand. | Wohnort. |
|---|---|---|---|
| 1324 | Bündsdorf | St.-Anwalt-Substitut | Wien. |
| 1325 | Buff | Hofgerichts-Assessor | Gießen. |
| 1326 | Dr. Bunzl | Advokaturs-Kandidat | Wien. |
| 1327 | Burchard | Appellationsgerichts-Präsid. | Ratibor. |
| 1328 | Burchard | Kreisrichter | Wittstock. |
| 1329 | Dr. Burian | Advokaturs-Kandidat | Wien. |
| 1330 | Dr. Burian | Statthalterei-Sekretair | Wien. |
| 1331 | Büsing | Advokat | Schwerin (Mecklenburg). |
| 1332 | Büsing | Advokat | Rostock. |
| 1333 | Butter | Gerichtsamts-Aktuar | Frankenberg (Sachsen). |
| 1334 | Frh. v. Buzan | Wirkl. Hofrath des Obersten Gerichtshofes | Wien. |
| 1335 | Frh. v. Call | Doktor der Rechte | Gratz. |
| 1336 | Dr. Chiari | Notar | Wien. |
| 1337 | Dr. Chiari | Finanzprok.-Referent | Salzburg. |
| 1338 | Ritt. v. Chimani | jub. Kreisgerichts-Präsident | Gratz. |
| 1339 | v. Choltitz | Kreisgerichtsrath | Jauer. |
| 1340 | Dr. Chornitzer | Rechtskonsulent der ꝛc. österr. National-Bank | Wien. |
| 1341 | Clauß | Advokat | Polditz b. Leisnig (Sachs.). |
| 1342 | Dr. Coccius | Advokat | Leipzig. |
| 1343 | Coith | Gerichtsrath | Chemnitz. |
| 1344 | Croissant | Staatsprokurator-Substitut | Frankenthal (Bayerische Rheinpfalz). |
| 1345 | Dr. Crobath | Advokaturs-Kandidat | Wien. |
| 1346 | Crome | Regierungsrath | Erfurt. |
| 1347 | Dr. Crome | Advokat, Ober-Appellations- u. Niedergerichts-Prokurat. | Lübeck. |
| 1348 | Ritt. v. Czerny | disp. Landesger.-Präsident | Wien. |
| 1349 | Damianitsch | Oberstlieutenant, Auditor u. Professor | Wien, Alte Wieden, Haupt-Straße 353. |
| 1350 | Dr. Daubek | Hof- u. Gerichts-Advokat | Wien. |
| 1351 | Dr. Dauner | Advokat | Kaufbeuren (Bayern). |
| 1352 | Dr. Dauscher | Advokat | Preßburg. |

| Nr. | Name. | Stand. | Wohnort. |
|---|---|---|---|
| 1353 | Ritt. v. David | Finanzprok.-Conc.-Kandidat | Wien. |
| 1354 | Ritt. v. David | Gerichtsadjunkt | Wien. |
| 1355 | Degen | Advokat | Leipzig, Markt 6. |
| 1356 | Dr. Deperis | Sekretair der ꝛc. österr. National-Bank | Wien. |
| 1357 | Dr. Deperis | Advokat | Görz. |
| 1358 | Dr. Dermoutz | Advokat | Karlsbad (Böhmen). |
| 1359 | Dessewfy | Finanz-Minist.-Konzipist | Wien. |
| 1360 | Dettmar | Obergerichts-Anwalt | Hildesheim. |
| 1361 | Deumer | Advokat | Kamenz. |
| 1362 | Dr. Diebl | Landes-Advokat | Tischnowitz (Mähren). |
| 1363 | Dietel | Bürgermeister | Wurzen. |
| 1364 | Dr. Dinstl jun. | Advokat | Krems (Nieder-Oesterr.). |
| 1365 | Dr. Dirnbök | Agent | Wien. |
| 1366 | Dr. Dollenz | Hof- u. Gerichts-Advokat | Wien. |
| 1367 | v. Doring | Gerichtsamtsaccessist | Leipzig. |
| 1368 | Dr. Dostal | öffentl. Agent | Brünn. |
| 1369 | Dr. Driver | General-Auditeur | Schwerin (Mecklenburg). |
| 1370 | Dr. Dürrnberger | Hof- u. Gerichts-Advokat | Wien. |
| 1371 | Dürschner | Gerichtsadjunkt | Wien. |
| 1372 | Dr. Dworzak | Professor d. Rechte | Wien. |
| 1373 | Dr. Dworzak | Landesgerichtsrath | Wien. |
| 1374 | Dr. Eberle | Hof- u. Gerichts-Advokat | Wien. |
| 1375 | Ebert | Gerichtsrath | Dresden. |
| 1376 | Ebner | Wirkl. Hofrath d. Obersten Gerichtshofes | Wien. |
| 1377 | Dr. A. Eckl | Hof- u. Gerichts-Advokat | Wien. |
| 1378 | Dr. Eitelberger v. Edelberg | Professor | Wien. |
| 1379 | Edl. v. Edlenbach | disp. Stuhlrichter | Wien. |
| 1380 | Dr. Egger | Hof- u. Gerichts-Advokat | Wien. |
| 1381 | Ehlert | Kreisrichter | Niemeck. |
| 1382 | Ehrenberg | Regier.-Assess. a. D. u. Stadtr. | Halle. |
| 1383 | Dr. Edl. v. Possanner-Ehrenthal | Advokaturs-Kandidat | Wien. |

| Nr. | Name. | Stand. | Wohnort. |
|---|---|---|---|
| 1384 | Ehrlenspiel | Ober-Amtsrichter | Ravensberg (Württbg.). |
| 1385 | Ehrig I. | Advokat u. Notar | Budissin (Sachsen). |
| 1386 | Einert | Gerichtsrath | Dresden. |
| 1387 | v. Eisank | Gerichtsadjunkt | Wien. |
| 1388 | v. Eiselsberg | Kreisgerichtsrath | Steyr (Ober-Oesterr.). |
| 1389 | Reiche-Eisenstuck | Advokat | Annaberg (Sachsen). |
| 1390 | Reiche-Eisenstuck | Staatsanwalt | Borna (Königr. Sachsen). |
| 1391 | Dr. Eisner | Landesgerichts-Dolmetsch | Wien. |
| 1392 | Eissner | Advokat | Pulsnitz (Sachsen). |
| 1393 | Eitelberger v. Eitelsberg | Ob.-Kriegs-Kommissär | Wien. |
| 1394 | Eitl | Gerichtsadjunkt | Wien. |
| 1395 | Elben | Gouvernements-Auditor | Stuttgart. |
| 1396 | Dr. Eller | Obergerichts-Anwalt | Mannheim. |
| 1397 | Dr. Eltz | Hof- u. Gerichts-Advokat | Wien. |
| 1398 | d'Elvert | Ober-Staatsanwalt | Brünn. |
| 1399 | Frh. v. Emmendorff | Staatsanwalt | Crossen. |
| 1400 | Dr. Ritt. v. Enderes | Advokaturs-Kandidat | Wien. |
| 1401 | Dr. Endletzberger | Advokaturs-Kandidat | Wien. |
| 1402 | Engelbach | Hofgerichts-Advokat u. Mitgl. d. ersten Ständekammer | Gießen. |
| 1403 | v. Engelbrechten | Advokat | Hannover. |
| 1404 | Engelmann | Justizrath, Rechtsanwalt | Ratibor. |
| 1405 | Englisch | Landesgerichtsrath | Wien. |
| 1406 | Epstein | Gerichts-Assessor | Berlin, Grenadierstr. 34. |
| 1407 | Erlicher | Staatsanwalts-Substitut | Wien. |
| 1408 | Dr. Erwein | Hof- u. Gerichts-Advokat | Klagenfurt. |
| 1409 | Frh. v. Eschenburg | Landesgerichtsrath | Wien. |
| 1410 | Dr. Eßhaver | Advokaturs-Kandidat | Wien. |
| 1411 | Dr. Exle | Advokaturs-Kandidat | Wien. |
| 1412 | Dr. Faber | Notar | Wien. |
| 1413 | Fahrenhorst | Kreisgerichtsrath | Ragnit. |
| 1414 | Dr. Falken | Gerichts-Accessist | Mainz. |
| 1415 | Farnik | Notar | Teschen (k. k. Schlesien). |

| Nr. | Name. | Stand. | Wohnort. |
|---|---|---|---|
| 1416 | v. Feder | Rechtsanwalt | Offenburg (Baden). |
| 1417 | Dr. Feistl | Advokaturs-Kandidat | Wien. |
| 1418 | Dr. Felber | Advokaturs-Kandidat | Wien. |
| 1419 | Dr. Ritt. v. Mündel-Feldberg | Hof- u. Gerichts-Advokat | Wien. |
| 1420 | Fellner, Ritt. v. Feldegg | Regierungsrath | Wien. |
| 1421 | Dr. Felder | Hof- u. Gerichts-Advokat | Wien. |
| 1422 | v. Felner | Kreisgerichtsrath | Wien. |
| 1423 | Dr. Felzmann | Hof- u. Gerichts-Advokat | Wien. |
| 1424 | Dr. Fenz | Advokaturs-Kandidat | Wien. |
| 1425 | Dr. Feistmantel | Advokaturs-Kandidat | Wien. |
| 1426 | Ritt. v. Ferro | Kreisgerichtsrath | Leoben (Steiermark). |
| 1427 | Fertsch | Appellations-Gerichtsrath | Amberg (Kreis Ob.-Pfalz u. Regensburg). |
| 1428 | Fest | Rechtskonsulent | Jagsthausen (Württ.). |
| 1429 | Dr. Ficker | Minister.-Sekretär | Wien. |
| 1430 | Ficker | Advokat | Leisnig (Sachsen). |
| 1431 | Ficker | Advokat | Herrnhut (Sachsen). |
| 1432 | Dr. Fierlinger | Finanzrath | Wien. |
| 1433 | Finckh | Ober-Justizrath | Tübingen (Württemberg). |
| 1434 | Dr. Findeys | Hof- u. Gerichts-Advokat | Wien. |
| 1435 | Dr. Finger | Hof- u. Gerichts-Advokat | Wien. |
| 1436 | Dr. Fischer | Obergerichts-Anwalt | Hannover. |
| 1437 | Dr. Fischer | Notar | Wien. |
| 1438 | Fischer | Statthaltereirath | Wien. |
| 1439 | Dr. Fleckh | Hof- u. Gerichts-Advokat | Graz. |
| 1440 | Dr. Flesch | Hof- u. Gerichts-Advokat | Wien. |
| 1441 | Dr. Floch | Finanzprokuraturs-Adjunkt | Pesth. |
| 1442 | Dr. Florentin | Advokat | Krems (Nied.-Oesterr.). |
| 1443 | Dr. Foltanek | Landesgerichts-Adjunkt | Wien. |
| 1444 | Dr. Forster | Advokaturs-Kandidat | Prag. |
| 1445 | Forstner | Bezirks-Gerichtsadjunkt | Pettau (Steyermark). |
| 1446 | Francke | Advokat | Dresden. |
| 1447 | Dr. Frank | Advokat u. Notar | Sternberg. |

| Nr. | Name. | Stand. | Wohnort. |
|---|---|---|---|
| 1448 | Dr. Frankl | Advokatur-Kandidat | Wien. |
| 1449 | Dr. Umlauf, Ritt. v. Frankwell | Finanzprokuraturs-Concipist | Preßburg (Ungarn). |
| 1450 | Dr. Frantz | Hof- u. Gerichts-Advokat | Wien. |
| 1451 | Frauscher | Notar | Mattighofen (Ober-Oestr.) |
| 1452 | Dr. Fischer, Edler v. Freienwall | resig. Hof- u. Gerichts-Advokat | Wien. |
| 1453 | Freisleben | Rechtskonsulent | Heidenheim (Würtbg.). |
| 1454 | Frenkel | Advokat | Leipzig. |
| 1455 | Freund | Rechtsanwalt | Breslau (Altbüßerstr. 2). |
| 1456 | Friedländer | Gerichts-Assessor | Breslau (Ring 57). |
| 1457 | Dr. Friedländer | Mitredakteur der „Presse" | Wien. |
| 1458 | Friedländer | Gerichts-Assessor | Breslau. |
| 1459 | Friedrich | Advokat | Burgstädt bei Chemnitz (Sachsen). |
| 1460 | Friedwanger | Staatsanwalts-Substitut | Linz. |
| 1461 | Fries | Advokat | Weimar. |
| 1462 | Friese | Berghauptmann | Wien. |
| 1463 | Frimmel | Bezirks-Vorsteher | Laa a. d. Thaya (N.-Oest.) |
| 1464 | Dr. Frizzi | Finanzprok.-Conc.-Prakt. | Wien. |
| 1465 | Fromme | Ober-Gerichtsrath | Celle. |
| 1466 | Frühwald | Landesgerichtsrath | Wien. |
| 1467 | v. Fuchs | königl. Bezirks-Gerichtsrath | München. |
| 1468 | Landgr. zu Fürstenberg | Wirkl. Geh.-Rath u. Senats-Präsident des Obersten Gerichtshofes | Wien. |
| 1469 | Fürth | Notar | Waizenkirchen (Ob.-Oest.) |
| 1470 | Funke | disp. Com.-Gerichtsrath | Leitmeritz (Böhmen). |
| 1471 | Gabriel | Gerichtsamtmann | Brand (Sachsen). |
| 1472 | Dr. Gänsbacher | Advokaturs-Kandidat | Wien. |
| 1473 | Gal | Bezirksvorsteher | Hainburg a. D. (N.-Oest.) |
| 1474 | Dr. Galler | Advokaturs-Kandidat | Wien. |
| 1475 | Dr. Ganzwohl | Hof- u. Gerichts-Advokat | Wien. |
| 1476 | v. Gartzweiler | Concipist d. Lotto-Gefälls-Direktion | Wien. |

| Nr. | Name. | Stand. | Wohnort. |
|---|---|---|---|
| 1477 | Gaßner | Notar | Mainz. |
| 1478 | Dr. Geiger | Obergerichts-Anwalt | Wiesbaden. |
| 1479 | Dr. Gelinek | Advokaturs-Kandidat | Wien. |
| 1480 | Gellert | Notar | Haida (Böhmen). |
| 1481 | Frhr. v. Gemmel | Finanz-Proc.-Adjunkt | Wien. |
| 1482 | Billing, Edl. von Gemmen | Advokaturs-Kandidat | |
| 1483 | Gersch | Gerichts-Adjunkt | Troppau (Schlesien). |
| 1484 | Gerstäcker | Kreisrichter | Gleiwitz (Ob.-Schlesien). |
| 1485 | Geyer | Aktuar | Dresden. |
| 1486 | Gilge | Dr. d. Rechte. | Wien. |
| 1487 | Giller | Kreisrichter | Falkenberg (Ob.-Schles.). |
| 1488 | Dr. Giskra | Landes-Advokat | Brünn. |
| 1489 | v. Giuliani | Ministerial-Conzipist | Wien. |
| 1490 | Dr. Giunio | Staatsanwalts-Substitut | Spalato (Dalmatien). |
| 1491 | Dr. Glaser | Notar | Iglau (Mähren). |
| 1492 | Dr. Glaßner | Landes-Advokat | St. Pölten (N.-Oesterr.). |
| 1493 | Glocker | Justiz-Assessor | Tübingen (Württbg.). |
| 1494 | Glöckner | Justizrath, Rechtsanwalt | Halle a. d. S. |
| 1495 | Dr. Ritt. v. Hye-Glunek | Sektionschef im Justiz-Min. | Wien. |
| 1496 | Dr. Gnändinger | Advokaturs-Kandidat | Wien. |
| 1497 | Gnielka | Kreisrichter | Poln. Wartenberg. |
| 1498 | Göring | Stadt- u. Kreisgerichtsrath | Magdeburg. |
| 1499 | Dr. Götting | Obergerichts-Anwalt | Hildesheim. |
| 1500 | Götze | Landgerichtsrath | Wien. |
| 1501 | Dr. v. Gohren | Advokat | Schandau (Sachsen). |
| 1502 | Golle | Rechtsanwalt | Glauchau (Sachsen). |
| 1503 | Dr. Gordan | Doktor der Rechte | Breslau. |
| 1504 | Frhr. v. Gorizzutti | Justiz-Minist.-Konzipist | Wien. |
| 1505 | Dr. Gotter | Concepts-Adjunkt im Staats-Ministerium | Wien. |
| 1506 | Gottsleben | Obergerichts-Anwalt | Hildesheim. |
| 1507 | Grabowsky | Bürgermeister, Advokat und Notar | Thum (Sachsen). |

| Nr. | Name. | Stand. | Wohnort. |
|---|---|---|---|
| 1508 | Dr. Ritt. v. Gredler | Hof- u. Gerichts-Advokat | Wien. |
| 1509 | Gredy | Obergerichtsrath | Mainz. |
| 1510 | Grimm | Advokat | Reichenbach im Sächsisch. Voigtlande. |
| 1511 | Dr. Grimm | disp. Statth.-Rath | Wien. |
| 1512 | Dr. Grimm | General-Sekretair der priv. Südbahn-Gesellschaft | Wien. |
| 1513 | Dr. Groß | Notar | Wels (Ob.-Oesterr.) |
| 1514 | Groß | Gerichtsrath | Dresden. |
| 1515 | Grötsch | Bezirksgerichts-Direktor | Oschatz (Sachsen). |
| 1516 | Dr. Grünberg | Hof- und Gerichts-Advokat | Wien. |
| 1517 | Gründel | Justizrath, Rechtsanwalt | Ratibor. |
| 1518 | Gründlinger | Landesgerichtsrath u. Bezirks-Vorsteher | Scheibbs (Nied.-Oesterr.) |
| 1519 | Grüner | Appellationsgerichtsrath | Ratibor. |
| 1520 | Baron von Grutschreiber | Kreisgerichtsrath | Ratibor. |
| 1521 | Dr. Grysar | Advokaturs-Kandidat | Wien. |
| 1522 | Dr. Edl. v. Gschmeidler | Hof- und Gerichts-Advokat | Wien. |
| 1523 | Guba | Ober-Landesgerichtsrath | Wien. |
| 1524 | v. Gulat | Referendar | Bruchsal. |
| 1525 | Dr. Gunesch | Advokaturs-Kandidat | Wien. |
| 1526 | Dr. v. Gutermann | Rechtsanwalt und Wechsel-Notar | Augsburg. |
| 1527 | Dr. Gutherz | Hof- und Gerichts-Advokat | Wien. |
| 1528 | Gutmann | Obergerichts-Advokat | Bruchsal. |
| 1529 | Gutsch | Notar | Hietzing bei Wien. |
| 1530 | Frh. v. Haan | Ministerialrath im Just.-Min. | Wien. |
| 1531 | Haan | Min.-Sekr. i. Staatsminist. | Wien. |
| 1532 | Dr. Haas | Notariats-Kandidat | Wien. |
| 1533 | Dr. Ritt. v. Haberler | Hof- und Gerichts-Advokat | Wien. |
| 1534 | Habermehl | Gerichts-Accessist | Mainz. |
| 1535 | Hacker | Ober-Landesgerichtsrath | Wien. |

| Nr. | Name. | Stand. | Wohnort. |
|---|---|---|---|
| 1536 | Ritt. v. Hackher | Wirkl. Hofrath des Obersten Gerichtshofes | Wien. |
| 1537 | Hämmerle | Statthalterei-Secretair | Wien. |
| 1538 | Dr. Frh. v. Härdtl | Hof- und Gerichts-Advokat | Wien. |
| 1539 | Dr. Frh. v. Härdtl | Advokatur-Kandidat | Wien. |
| 1540 | Frhr. v. Haller | Staatsministerial-Konzipist | Wien. |
| 1541 | Haller | Bezirks-Gerichts-Vorsteher | Klattau (Böhmen). |
| 1542 | Dr. Haimerl | Professor der Rechte | Wien. |
| 1543 | Dr. Hambrock | Rechtsanwalt | Marienwerder. |
| 1544 | Hamm | Doktor der Rechte | Offenbach (Hessen). |
| 1545 | Dr. Hampe | Advokaturs-Kandidat | Wien. |
| 1546 | Dr. Hanel | Notar | Wagstadt (Schlesien). |
| 1547 | Hanisch | Bezirksamts-Adjunkt | Waidhofen a. d. Th. (Nieder-Oesterr.) |
| 1548 | v. Hanrich | Wirkl. Hofrath des Obersten Gerichtshofes | Wien. |
| 1549 | Hantelmann | Ober-Staatsanwalt | Ratibor. |
| 1550 | Hantelmann | Rechtsanwalt | Inowraclaw. |
| 1551 | Dr. Harant | Statthaltereirath | Wien. |
| 1552 | Harnisch | Advokat | Chemnitz. |
| 1553 | Hartmann | Advokat | Hannover. |
| 1554 | Dr. Hase | Kreisgerichtsrath | Weimar. |
| 1555 | Hase | Rechtsanwalt | Altenburg (Sachsen). |
| 1556 | Hase II. | Advokat und Notar | Altenburg. |
| 1557 | Dr. Hauschka | Finanz-Prokurator und Oberfinanzrath in Temesvar | d. z. Wien. |
| 1558 | Dr. Hauser | Advokaturs-Kandidat | Wien. |
| 1559 | Hausmann | Fin.-Min.-Konzepts-Adjunkt | Wien. |
| 1560 | Haußmann | Rechtskonsulent | Göppingen (Württbg.) |
| 1561 | Dr. Frhr. v. Haynau | Staatsanwalt | Coburg. |
| 1562 | Hecht | Rechtsanwalt | Kempen (Prov. Posen). |
| 1563 | Dr. Hecher | Advokaturs-Kandidat | Wien. |
| 1564 | Hecker | Bacc. jur. | Plauen (Sächs. Voigtl.) |
| 1565 | Dr. Heidmann | Hof- und Gerichts-Advokat | Wien. |
| 1566 | Dr. Hein | Landes-Advokat | Proßnitz (Mähren). |

| Nr. | Name. | Stand. | Wohnort. |
|---|---|---|---|
| 1567 | Dr. Hein | Präsident d. Abgeord.-Hauses u. schl. Landes-Advokat | Troppau. |
| 1568 | Heine | Amtsrichter a. D. | Hannover. |
| 1569 | Heineccius | Ober-Tribunalsrath | Berlin, Hafenplatz 2. |
| 1570 | Dr. Heinrich | Advokat | Korneuburg (Nied.-Oest.) |
| 1571 | Heinrich | Kreisgerichtsrath | Korneuburg (Nied.-Oest.) |
| 1572 | Heinsheimer | Referendar | Bruchsal (Baden). |
| 1573 | Heintze | Appellationsgerichts-Sekret. | Dresden. |
| 1574 | Heinze | Raths-Aktuar | Dresden (Räcknitzpl. 9). |
| 1575 | Dr. Heinz | Advokat | Troppau. |
| 1576 | Heiß | Bezirksamts-Adjunkt | Theresienfeld (N.-Oest.) |
| 1577 | Dr. Heitmann | Ober-Gerichtsanwalt | Lüneburg (Hannover). |
| 1578 | Freih. v. Mayer-Heldensfeld | Ober-Landesgerichtsrath | Wien. |
| 1579 | Dr. Frh. v. Helfert | Wirkl. Geheimerrath und Unterstaatssekret. für Kultus u. Unterricht | Wien. |
| 1580 | Dr. Heller | Advokaturs-Kandidat | Wien. |
| 1581 | Dr. Helm | Ministerial-Concipist | Wien. |
| 1582 | Hempel | Stadtrath | Dresden. |
| 1583 | Hentschel | Staatsanwalt | Meißen (Sachsen). |
| 1584 | Herbig | Bezirksgerichts-Direktor | Annaberg (Sachsen). |
| 1585 | Dr. Hermann | Hof- u. Gerichts-Advokat | Wien |
| 1586 | Herrmann | Advokat | Glauchau (Sachsen). |
| 1587 | Dr. Herrmann | Privatdozent | Leipzig. |
| 1588 | Dr. Herrmann | Advokat | Leipzig. |
| 1589 | Hertling | Oberamtsrichter | Gaildorf (Württemberg). |
| 1590 | Herzbruch | Kreisrichter | Halle (Westphalen). |
| 1591 | Dr. Herzfeld | Advokaturs-Kandidat | Wien. |
| 1592 | Herzig | Notar | Wien. |
| 1593 | Dr. Herzog | Advokaturs-Kandidat | Wien. |
| 1594 | Heß | Referendar | Bruchsal (Baden). |
| 1595 | Dr. Heyßler | Wirkl. Geh. Rath, Senats-Präsident d. Obersten Gerichtshofes | Wien. |

| Nr. | Name. | Stand. | Wohnort. |
| --- | --- | --- | --- |
| 1596 | Dr. Heyßler | Hof- u. Gerichts-Advokat | Wien. |
| 1597 | Hikisch | Wirkl. Hofrath des Obersten Gerichtshofes | Wien. |
| 1598 | Dr. Hinschius | Gerichts-Assessor u. Privat-dozent | Berlin. |
| 1599 | Dr. Hirsch | Rechtsanwalt | Parchwitz. |
| 1600 | Hirschberg | Bürgermeister | Meißen (Sachsen). |
| 1601 | Dr. Hirschhofer | Notar | Gratz. |
| 1602 | Dr. Hochenegg | Hof- u. Gerichts-Advokat | Wien. |
| 1603 | Dr. Hochhauser | Advokaturs-Kandidat | Steyer (Ob.-Oesterr.) |
| 1604 | Dr. Hock | Landes-Advokat | Leitmeritz (Böhmen). |
| 1605 | Dr. Höchsmann jun. | Advokaturs-Kandidat | Wien. |
| 1606 | Dr. Höchsmann | Advokat | Mauerkirchen (Ob.-Oest.) |
| 1607 | Höckner | Doctor der Rechte | Budissin. |
| 1608 | Höllinger | Landesgerichtsrath | Wien. |
| 1609 | Hölzl | Fin.-Minist.-Konzipist | Wien. |
| 1610 | Dr. Hönig | Advokaturs-Kandidat | Wien. |
| 1611 | Ritt. v. Höniger | Statthalterei-Sekretair | Wien. |
| 1612 | v. Hönigsberg | Notar | Wien. |
| 1613 | Hofacker | Gerichtsaktuar | Urach (Württemberg). |
| 1614 | Dr. Hoffer | Hof- u. Gerichts-Advokat | Wien. |
| 1615 | Hoffmann | Kreisrichter | Grätz (Prov. Posen). |
| 1616 | Dr. Hofmann | Advokat | Waizenkirchen (Ob.-Oest.) |
| 1617 | Hofmann | Advokat | Burgstädt (Sachsen). |
| 1618 | Hokenmayer | Rechtskonsulent | Schwäb. Gmünd. |
| 1619 | Holbein | Rechtsanwalt | Apolda. |
| 1620 | Holle | Bezirks-Gerichtsaktuar | Leipzig. |
| 1621 | Holzmann | Kreisgerichts-Assessor | Cöthen. |
| 1622 | Frh. v. Holzschuher | Oberjustiz-Assessor | Tübingen. |
| 1623 | Dr. Homann | Advokaturs-Kandidat | Wien. |
| 1624 | Dr. Homberger | Gerichts-Accessist | Mainz. |
| 1625 | v. Horn | Appellations-Referendar | Eisleben. |
| 1626 | Horrack | Justizministerial-Konzipist | Wien. |
| 1627 | Dr. Hoßner | Gerichtsadjunkt | Korneuburg (Nied.-Oest.) |
| 1628 | Hotzel | Kreisgerichts-Assessor | Weimar. |

| Nr. | Name. | Stand. | Wohnort. |
|---|---|---|---|
| 1629 | Dr. Huber | Advokaturs-Kandidat | Wien. |
| 1630 | Hüber | Just.-Minist.-Sekretair | Wien. |
| 1631 | Hübner | Staatsanwalt | Krems (Nied.-Oesterr.) |
| 1632 | Hüpeden | Advokat | Hoya (Hannover). |
| 1633 | v. Hüttner | Advokat | Huttenburg bei Meißen. |
| 1634 | Hunger | Justizrath, Rechtsanwalt | Merseburg. |
| 1635 | Dr. v. Huze | Hof- u. Gerichts-Advokat | Wien. |
| 1636 | Frh. v. Krticzka-Jaden. | Gerichtsadjunkt | Wien. |
| 1637 | Jähnert | Advokat | Oschatz (Sachsen). |
| 1638 | Janovski | Bezirksamts-Aktuar | Neubistritz (Böhmen). |
| 1639 | Jauner | Statthalterei-Konzipist | Wien. |
| 1640 | Dr. Jeannée | Advokaturs-Kandidat | Wien. |
| 1641 | Graf v. Jerningham | Ober-Landesgerichtsrath | Wien. |
| 1642 | v. Wening-Ingenheim auf Hirschhorn | Doktor der Rechte | Wien. |
| 1643 | Joem | Gerichtsadjunkt | Wien. |
| 1644 | Dr. Johanny | Advokaturs-Kandidat | Wien. |
| 1645 | Dr. Jordan | Notar | Humpolec (Böhmen). |
| 1646 | Jordan | Colleg.-Assef. u. Rechtskons. | Stuttgart. |
| 1647 | Joseph | Baccal. der Rechte | Leipzig. |
| 1648 | Dr. Isling | Advokaturs-Kandidat | Wien. |
| 1649 | Dr. Jünger | Hof- und Gerichts-Advokat | Wien. |
| 1650 | Dr. Jüngling | Notariats-Kandidat | Wien. |
| 1651 | Jubeich | Kreissteuerrath | Dresden. |
| 1652 | Dr. Jurnitschek | Fin.-Prok.-Konz.-Prakt. | Wien. |
| 1653 | Just | Senator | Nieder-Lößnitz (bei Dresden). |
| 1654 | Kade | Kreisrichter | Frankenstein (Schlesien). |
| 1655 | Dr. Kafka | Hof- u. Gerichts-Advokat | Wien. |
| 1656 | Kagerbauer | Ober-Staatsanwalt | Wien. |
| 1657 | Dr. Kahle | Justizrath, Rechtsanwalt am Ober-Tribunal | Berlin, Kochstr. 62. |
| 1658 | Kahr | Advokat | Kronach (Bayern). |

| Nr. | Name. | Stand. | Wohnort. |
|---|---|---|---|
| 1659 | Dr. Kaiser | Notar | Wien. |
| 1660 | Dr. Kaizl | Hof- u. Gerichts-Advokat | Wien. |
| 1661 | Dr. Kalessa | Ober-Finanzrath | Wien. |
| 1662 | Dr. Kallina | Ober-Landesgerichtsrath | Prag. |
| 1663 | Dr. v. Kaltenegger | Finanzrath | Laibach. |
| 1664 | Kamm | Hofgerichts-Praktikant | Bruchsal. |
| 1665 | Kannhäuser | Notar | Weißenbach (Ob.-Oestr.) |
| 1666 | Kannengießer | Obergerichts-Vice-Direktor | Celle. |
| 1667 | Kapretz | Landesgerichts-Sekretair, Vertreter der Juristischen Gesellschaft zu Laibach | Laibach. |
| 1668 | Karrer | Notar | Raabs (Nieder-Oesterr.) |
| 1669 | Dr. Kastner | Notar | Hernals bei Wien. |
| 1670 | Dr. Kaufmann | Advokat | Neustadt (Mähren). |
| 1671 | Dr. Kaul | Landesadvokat | Neutitschein (Mähren). |
| 1672 | Kaulla | Rechtskonsulent | Stuttgart. |
| 1673 | Keller | Landesgerichtsrath | Krakau. |
| 1674 | Keller | Auditeur | Spandau. |
| 1675 | Keller | Kreisrichter | Essen. |
| 1676 | Kemperl | Ministerial-Rath im Justiz-Ministerium | Wien. |
| 1677 | Kerikhoff | Ober-Gerichtsrath | Osnabrück. |
| 1678 | Kerkenmaier | Ober-Amtsrichter | Lörrach (Baden). |
| 1679 | Kern | Doktor der Rechte | Wien. |
| 1680 | Kerner | Landesgerichts-Adjunkt | Wien. |
| 1681 | Dr. Kerschner | Notariats-Kandidat | Hernals bei Wien. |
| 1682 | Keysselitz | Aktuar | Großenhain (Sachsen). |
| 1683 | Keyßner | Stadtrichter | Berlin. |
| 1684 | Khuen | Rechtskonsulent | Ravensburg (Württbg.) |
| 1685 | Ritt. v. Kindinger | Pens. Sekt.-Chef des Justiz-Ministeriums, zugeth. beim Obersten Gerichtshof | Wien. |
| 1686 | Kircheisen | Advokat und Notar | Eisenberg (Herzogthum Sachsen-Altenburg). |
| 1687 | Dr. Kirsch | Advokaturs-Kandidat | Wien. |

| Nr. | Name. | Stand. | Wohnort. |
|---|---|---|---|
| 1688 | Dr Ritt. v. Kißling | Advokat | Schärding (Ob.-Oest.) |
| 1689 | Kleindl | Wirkl. Hofrath des Obersten Gerichtshofes | Wien. |
| 1690 | Kleiner | Notar | Gr. Enzersdorf u. Marchegg (Nieder-Oest.) |
| 1691 | Kleinrath | Advokat | Hannover. |
| 1692 | Kleinrath | Fin.-Minist.-Konz.-Adjunkt | Wien. |
| 1693 | Klett | Ober-Justiz-Assessor | Eßlingen (Württemberg). |
| 1694 | Klier | Landesgerichtsrath | Wien. |
| 1695 | Dr. Klipstein | Hofgerichts-Präsident | Gießen. |
| 1696 | Dr. Klob | Auskultant | Wien. |
| 1697 | Dr. Klob | Advokaturs-Kandidat | Brünn. |
| 1698 | Klucky | Auskultant | Wien. |
| 1699 | Dr. Knepler | Hof- und Gerichts-Advokat | Wien. |
| 1700 | Kneschke | Gerichtsamts-Aktuar | Frankenberg (Sachsen). |
| 1701 | Knieriem | Kaiserl. Russ. Kolleg.-Assessor | Berlin, Burgstr., König von Portugal. |
| 1702 | Dr. Knyn | Obergerichts-Präsident | Mainz. |
| 1703 | Koch | Rechtsanw. u. Notar | Schweidnitz (Schlesien). |
| 1704 | Dr. Köchler | Hof- und Gerichts-Advokat | Wien. |
| 1705 | Köhler | Gerichtsamts-Assessor | Löbau (Sachsen). |
| 1706 | König | Gerichts-Adjunkt | Wien. |
| 1707 | Dr. Königsberg | Advokaturs-Kandidat | Penzing bei Wien. |
| 1708 | Köppen | Professor | Marburg. |
| 1709 | Körner | Stadtrath | Zwickau. |
| 1710 | Körnig | Advokat | Meißen. |
| 1711 | Köstlin | Vorsteher d. Zuchtpolizeihauses | Heilbronn (Württbg.) |
| 1712 | Dr. Kock | Bezirksamts-Aktuar | Ischl (Ober-Oesterr.) |
| 1713 | Dr. Kolbe | Advokaturs-Kandid. u. Notar u. Archivar der Wiener jurist. Fakultät | Wien. |
| 1714 | Dr. Kolisko | Hof- u. Gerichts-Advokat u. Notar | Wien. |
| 1715 | Dr. Kopp | Advokaturs-Kandidat | Wien. |
| 1716 | Dr. Kori sen. | Advokat | Leipzig. |

| Nr. | Name. | Stand. | Wohnort. |
|---|---|---|---|
| 1717 | Dr. Kori jun. | Advokat | Leipzig. |
| 1718 | Dr. Kormann | Hofrath, Advokat | Leipzig. |
| 1719 | Koschella | Rechtsanwalt | Habelschwerdt. |
| 1720 | Dr. Kotschy | Advokaturs-Kandidat | Wien. |
| 1721 | Dr. Kral | Staatsanwalts-Substitut | Wien. |
| 1722 | Dr. Krammer | Hof- u. Gerichts-Advokat | Wien. |
| 1723 | Dr. Th. Kratky | Advokaturs-Kandidat | Wien. |
| 1724 | Frhr. v. Krauß | Wirkl. Geh.-Rath u. I. Präsident d. Ob.-Gerichtshofes | Wien. |
| 1725 | Frhr. v. Krauß | Statthalt.-Konz.-Adjunkt | Wien. |
| 1726 | Frhr. v. Krauß | Auskultant | Wien. |
| 1727 | Krenn | Ober-Landesgerichtsrath | Wien. |
| 1728 | Dr. Kritsch | Ministerialrath im Justizmin. | Wien. |
| 1729 | Dr. Kronawetter | Magistrats-Conc.-Prakt. | Wien. |
| 1730 | v. Kronegg | Ober-Staatsanw.- Stellvertr. | Korneuburg (Nied.-Oest.) |
| 1731 | Krumhaar | Ministerial.Konzipist | Wien. |
| 1732 | Dr. Krumpholz | Advokaturs-Kandidat | Brünn. |
| 1733 | Kubenik | Doktor der Rechte | Wien. |
| 1734 | Küchler | Bez.-Amts-Adjunkt | Hernals bei Wien. |
| 1735 | Kühlmann | Bezirksgerichts-Accessist | München. |
| 1736 | Küffner | Appellationsgerichts-Assessor | Amberg (Bayern). |
| 1737 | Dr. Kunzek | Staatsanwalt | Wien. |
| 1738 | Dr. Kunwald | Advokaturs-Kandidat | Wien. |
| 1739 | Kunst | Landesgerichtsrath | Wien. |
| 1740 | Laaber | Bezirksvorsteher | Gloggnitz (Nied.-Oest.) |
| 1741 | Dr. Laband | Privat-Dozent | Heidelberg. |
| 1742 | Lachmund | Geh. Justizrath, Kreisger.-Direktor | Bunzlau. |
| 1743 | Dr. Lambinet | Gerichts-Accessist | Mainz. |
| 1744 | Dr. Lamey | Geh.-Rath, Präs. d. Großh. Minist. d. Innern. | Karlsruhe. |
| 1745 | Ritt. v. Laminet | Ober-Landesgerichtsrath | Brünn. |
| 1746 | Dr. Lammasch | Notar | Wien. |
| 1747 | Lampl | Bezirksvorsteher | Neuhofen (Ober-Oesterr.) |
| 1748 | Lang | Steuerassessor | Hannover. |

| Nr. | Name. | Stand. | Wohnort. |
|---|---|---|---|
| 1749 | Lang | Gerichts-Adjunkt | Brünn. |
| 1750 | Lange | Rechtsanwalt | Creuzburg O/S. |
| 1751 | Dr. Langer | Notar, Präses des Wiener Notaren-Kollegiums | Wien. |
| 1752 | Ritt. v. Lasser | Wirkl. Geh.-Rath u. Minister | Wien. |
| 1753 | Laßnigg | Landesgerichtsrath | Wien. |
| 1754 | Laube | Concepts-Kandidat bei der österr. Finanz-Prokuratur | Wien. |
| 1755 | Dr. Lauda | Advokaturs-Kandidat | Wien. |
| 1756 | Dr. Lechner | Notar | Wien. |
| 1757 | Dr. Lederer | Advokaturs-Kandidat | Wien. |
| 1758 | Dr. Leese | Advokaturs-Kandidat | Wien. |
| 1759 | Lehmann | Stadtgerichtsrath a. D. | Berlin, Thiergartenstr. 7 |
| 1760 | Leipheimer | Rechtskonsulent | Ulm. |
| 1761 | Dr. Lekisch | Hof- u. Gerichts-Advokat | Wien. |
| 1762 | Lemayer | Wirkl. Hofrath des Obersten Gerichtshofes | Wien. |
| 1763 | Leonhard | Kreisrichter | Ratibor. |
| 1764 | Leonhardi | Advokat | Waldenburg (Sachsen). |
| 1765 | Leonhardt | Advokat | Freiberg. |
| 1766 | Dr. Lenz | Gerichtsaktuar | Stuttgart. |
| 1767 | Lesser | Stadt- u. Kreisgerichtsrath | Magdeburg. |
| 1768 | Levin | Gerichts-Assessor | Berlin. |
| 1769 | Dr. Levita | Advokat-Anwalt | Mainz. |
| 1770 | Dr. Levy | Advokat | Hamburg. |
| 1771 | Dr. Lewinger | Advokaturs-Kandidat | Wien. |
| 1772 | v. Lewinsky | Sekt.-Chef im Staatsminist. | Wien. |
| 1773 | Dr. Leyrer | Hof- u. Gerichts-Advokat | Wien. |
| 1774 | Libawsky | Rechtsanwalt | Creuzburg O./S. |
| 1775 | Dr. Libitzky | Advokaturs-Kandidat | Wien. |
| 1776 | Dr. Lichtblau | Advokaturs-Kandidat | Wien. |
| 1777 | Dr. Lichtenstern | Advokaturs-Kandidat | Wien. |
| 1778 | Dr. Lichtenstern | Hof- u. Gerichts-Advokat | Wien. |
| 1779 | Dr. Lichtenstern | Rechtspraktikant | Prag. |
| 1780 | Lieber | Auditor | Weimar. |

| Nr. | Name. | Stand. | Wohnort. |
|---|---|---|---|
| 1781 | Lienbacher | Saatsanwalt | Wien. |
| 1782 | Lihotzky | Sekt.-Rath im Justizmin. | Wien. |
| 1783 | Dr. Lincke | Appellationsrath | Leipzig. |
| 1784 | Dr. Lind | Conceptsadj. im Minist. für Handel u. Volkswirthschaft | Wien. |
| 1785 | Graf Linden | Oberamtsgerichts-Assistent | Oehringen (Württbg.) |
| 1786 | Lindermann | Kreisgerichtsrath | Ravigno. |
| 1787 | Dr. v. Lingen | Ober-Gerichtsanwalt | Bremen. |
| 1788 | Link | Ober-Landesgerichtsrath | Wien. |
| 1789 | Linke | Gerichts-Assessor | Glogau. |
| 1790 | Dr. Linkh | Auskultant | Wien. |
| 1791 | Dr. Liszt | Landesgerichtsrath | Wien. |
| 1792 | Lodemann | Gerichts-Assessor | Hannover. |
| 1793 | Dr. Löbell | Advokaturs-Kandidat | Wien. |
| 1794 | Löhr | Bürgermeister | Bautzen. |
| 1795 | Löschnigg | Bezirksvorsteher | Gr. Enzersdorf (N.-Oest.) |
| 1796 | Dr. Lötsch | Notar | Atzenbruck (Nied.-Oest.) |
| 1797 | Dr. Löw | Notariats-Kandidat | Wien. |
| 1798 | Dr. Löwe | Advokaturs-Kandidat | Wien. |
| 1799 | Löwenthal | Ministerialrath | Wien. |
| 1800 | Löwenthal | Finanz-Prokur. Conc.-Prakt. | Wien. |
| 1801 | Löwenthal | Advokat | Schwerin (Mecklenburg). |
| 1802 | Lorenz | Landesgerichtsrath | Böhm. Leippa (Böhmen). |
| 1803 | Dr. Lorenz | Advokaturs-Kandidat | Wien. |
| 1804 | Lorenz | Gerichts-Assessor | Crossen a. d. O. |
| 1805 | Lubowsky | Rechtsanwalt u. Notar | Cosel (pr. Schlesien). |
| 1806 | Dr. Ludwig | Advokaturs-Kandidat | Wien. |
| 1807 | Lüdicke | Kammergerichts-Referendar | Berlin, Kronenstr. 28. |
| 1808 | Lympius | Appellationsgerichts-Direktor | Halberstadt. |
| 1809 | Dr. Machanek | Advokat | Auspitz (Mähren). |
| 1810 | Dr. Machek | Staatsanwalts-Substitut | Chrudim (Böhmen). |
| 1811 | Märklin | württbg. Justiz-Referendar | d. Z. München. |
| 1812 | Dr. Magg | Advokaturs-Kandidat | Wien. |
| 1813 | Mahler | Bezirksvorsteher | Baden bei Wien. |

| Nr. | Name | Stand. | Wohnort. |
|---|---|---|---|
| 1814 | Dr. v. Maly | Sektionsrath im Minist. für Handel u. Volkswirthschaft | Wien. |
| 1815 | Dr. Mandelblüh | Advokat | Olmütz (Mähren). |
| 1816 | Mann | Hofgerichtsrath | Konstanz. |
| 1817 | Marck | Gerichts-Assessor | Breslau, Tauenzienpl. 9. |
| 1818 | Dr. Marbetschläger | Advokaturs-Kandidat | Wien. |
| 1819 | Marenski | Justizrath, Rechtsanwalt | Königsberg i. Pr. |
| 1820 | Dr. Maresch | Hof- und Gerichts-Advokat | Wien. |
| 1821 | Ritt. v. Martinez | Sektions-Chef. im Pol.-Min. | Wien. |
| 1822 | Dr. Maschke | Statth.-Konzip. | Wien. |
| 1823 | Dr. Mathis | Hof- und Gerichts-Advokat | Wien. |
| 1824 | Dr. Matty | Gerichtsaccessist | Mainz. |
| 1825 | Dr. Mauthner | Advokaturs-Kandidat | Wien. |
| 1826 | Dr. May | Advokat | Hamburg. |
| 1827 | Dr. May | Reg.-Assessor u. Fisk.-Adjunkt | München. |
| 1828 | Dr. Mayer | Advokat | Steym (Ob.-Oester.) |
| 1829 | Dr. Mayer | Notar | Wien. |
| 1830 | Dr. Mayer | Auskultant | Wien. |
| 1831 | Dr. Mayer | Finanz-Prokur.-Adjunkt | Oedenburg (Ungarn). |
| 1832 | Dr. Mayerhofer | Notar | Wien. |
| 1833 | Mayr | Notar | Wien. |
| 1834 | Dr. Mehlis | Advokat | Hannover. |
| 1835 | Dr. Meinhold | Advokat | Dresden. |
| 1836 | Merbach | Assessor | Dresden. |
| 1837 | Dr. Merk | Hof- und Gerichts-Advokat | Gratz. |
| 1838 | Merke | Ober-Landesgerichtsrath | Wien. |
| 1839 | Dr. Merta | Landesadvokat und Notar | Iglau (Mähren). |
| 1840 | Methner | Gerichts-Assessor | Breslau. |
| 1841 | Metz | Rechtsanwalt | Werne. |
| 1842 | v. Metzsch | Handelsgerichts-Protokollant | Leipzig. |
| 1843 | Meurer | Oberamtsrichter | Aalen (Württemberg). |
| 1844 | Dr. Meyer | Advokat | Bleckede (Hannover). |
| 1845 | Meyersburg | Ober-Appellationsger.-Anw. | Celle. |
| 1846 | Dr. Michel | Landesadvokat und Notar | Waidhofen a. d. Th. (N.Ö.) |
| 1847 | Michl | Bezirksgerichts-Direktor | Weiden (Bayern). |

| Nr. | Name. | Stand. | Wohnort. |
|---|---|---|---|
| 1848 | Mickan | Gerichtsamtsaktuar | Schönfeld bei Dresden. |
| 1849 | Dr. Mikischka | Hof- u. Ger.-Advokat | Wien. |
| 1850 | Mikschiczek | Notar | Brünn. |
| 1851 | Dr. Millanich | Advokaturs-Kandidat | Wien. |
| 1852 | Milz | Oberjustiz-Assessorats-Verw. | Eßlingen (Württemberg). |
| 1853 | v. Minigerode | Gutsbesitzer u. Appellationsgerichts-Referendar a. D. | Halberstadt. |
| 1854 | Ritter v. Mitis | Sektions-Chef im Just.-Min. | Wien. |
| 1855 | Ritter v. Mitis | Min.-Concipist | Wien. |
| 1856 | Dr. Mitlacher | Professor der Rechte an der mil. adm. Lehranstalt | Wien. |
| 1857 | Dr. Mitscha | Advokaturs-Kandidat | Wien. |
| 1858 | Dr. Mitschke | Auskultant | Wien. |
| 1859 | Mochnacki | Wirkl. Hofrath des Obersten Gerichtshofes | Wien. |
| 1860 | Edler v. Mörl | Notar | Vöcklabruck (Ob.-Oest.). |
| 1861 | Dr. Monti | Landesgerichts-Adjunkt | Wien. |
| 1862 | Dr. Moosmann | Advokaturs-Kandidat | Wien. |
| 1863 | Dr. Morawitz | Hof- und Gerichts-Advokat | Wien. |
| 1864 | Edler v. Moritz | Justiz-Ministerial-Sekretair | Wien. |
| 1865 | Mors | Amtsrichter | Sinsheim (Baden). |
| 1866 | Dr. Moser | Hof- und Gerichts-Advokat | Wien. |
| 1867 | Dr. Moser | Advokat | Meseritsch (Mähren). |
| 1868 | Dr. Mraczek | Notar | Wien. |
| 1869 | Dr. Mück | Finanz-Prokur.-Concip. | Pesth. |
| 1870 | Müller | Rechtsanwalt | Apolda. |
| 1871 | Dr. A. Müller jun. | Hof- und Gerichts-Advokat | Wien. |
| 1872 | Dr. M. Müller | Hof- und Gerichts-Advokat | Wien. |
| 1873 | Dr. Müller | Advokaturs-Kandidat | Wien. |
| 1874 | Münzer | Kreisrichter | Falkenberg (O.-S.). |
| 1875 | Muthwill | Rechtsanw. u. Notar | Loslau (pr. Schlesien). |
| 1876 | Nagel | Ober-Justiz-Prokurator | Eßlingen bei Stuttgart. |
| 1877 | Dr. Nagel | Mitglied des Rechtspflege-Kollegiums | Eßlingen bei Stuttgart. |
| 1878 | Nagel | Rechtsanwalt | Balingen (Württemb.). |

| Nr. | Name. | Stand. | Wohnort. |
|---|---|---|---|
| 1879 | Nake | Advokat | Leisnig (Sachsen). |
| 1880 | v. Napadiewicz | Wirkl. Hofrath des Obersten Gerichtshofes | Wien. |
| 1881 | Naudé | Rechtsanwalt | Potsdam. |
| 1882 | Dr. Naumann II | Obergerichts-Anwalt | Hameln. |
| 1883 | Dr. Nava | Advokaturs-Kandidat | Wien. |
| 1884 | Nebesky | Bezirksvorsteher | Mistelbach (N.-Oest.). |
| 1885 | v. del Negro | Ober-Landesgerichtsrath | Graz. |
| 1886 | Neidhardt | Oberjustiz-Assessor | Ulm (Württemberg). |
| 1887 | Nentwich | Gerichts-Adjunkt | Wien. |
| 1888 | Dr. Neumann | Rath, Hof- u. Gerichts-Adv. | Wien. |
| 1889 | Dr. Neumann | Regierungs-Rath und Professor der Rechte | Wien. |
| 1890 | Neumann | Appellationsrath | Dresden. |
| 1891 | Dr. Ritter von Neupauer | Advokaturs-Kandidat | Wien. |
| 1892 | Ritter v. Neuwall | Min.-Rath im Finanz-Min. | Wien. |
| 1893 | Dr. Newald | Militair-Agent | Wien. |
| 1894 | Dr. Newald | Advokat | Wr. Neustadt (N.-Oest.). |
| 1895 | Niethammer | Justiz-Referendar | Weinsberg (Württbg.) |
| 1896 | Nimmer | Justizrath, Rechtsanwalt | Rothenburg i. d. L. |
| 1897 | Nöller | Advokat | Dresden. |
| 1898 | Nohr | Gerichtsamtsaktuar | Zwickau (Sachsen). |
| 1899 | Dr. Nowak | Advokaturs-Kandidat | Wien. |
| 1900 | Nüßlin | Staatsrath | Karlsruhe. |
| 1901 | Oemler | Oekonomie-Kommissar | Erfurt. |
| 1902 | Oesten | Hofrath, Stadt- u. Amtsrichter | Stargard (Meckl.-Strel.). |
| 1903 | Dr. Oppermann | Obergerichtsanwalt | Nienburg a. d. Weser (Hannover). |
| 1904 | Oppert | Appellationsger.-Referendar | Görlitz. |
| 1905 | Ritt. v. Wacek-Orlic | Statth.-Konz.-Praktikant | Wien. |
| 1906 | Osten | Advokat und Notar | Leipzig. |
| 1907 | Dr. v. Ostheim | Advokaturs-Kandidat | Wien. |

| Nr. | Name. | Stand. | Wohnort. |
| --- | --- | --- | --- |
| 1908 | Dr. v. Ott | Präsid. der mähr. Advokaten-Kammer u. m. schl. Landes-Advokat | Brünn. |
| 1909 | Otto | Advokat | Dresden. |
| 1910 | Dr. Oxenbauer | Hof- u. Ger.-Advokat | Wien. |
| 1911 | Dr. Pabst | Min.-Rath im Handels-Min. | Wien. |
| 1912 | Frhr. v. Päumann | Statth.-Konz.-Prakt. | Wien. |
| 1913 | Dr. Pann | Advokaturs-Kandidat | Wien. |
| 1914 | Paravicini | Notar | Hainburg (N.-Oest). |
| 1915 | Paritius | Kreisgerichtsrath | Breslau, Klosterstr. 1 e. |
| 1916 | Pasch | Kreisrichter | Poln. Wartensberg. |
| 1917 | Paschke | Kreisrichter | Perleberg. |
| 1918 | v. Pauer | Wirkl. Hofrath des Obersten Gerichtshofes | Wien. |
| 1919 | Dr. Pawek | Hof- und Gerichts-Advokat | Wien. |
| 1920 | Dr. Pawlik | Advokaturs-Kandidat | Wien. |
| 1921 | Dr. Peck | Gerichts-Adjunkt | Wien. |
| 1922 | Peer | Auskultant | Wien. |
| 1923 | Peiger | Bezirksvorsteher | Hernals bei Wien. |
| 1924 | Dr. Peitler | Advokaturs-Kandidat | Wien. |
| 1925 | Ritter v. Peller | Wirkl. Hofrath des Obersten Gerichtshofes | Wien. |
| 1926 | Dr. v. Pelser | Auskultant | Wien. |
| 1927 | Ritter v. Perisutti | disp. Ober-Landesgerichts-Vice-Präsident | Wien. |
| 1928 | Dr. Perlep | Advokaturs-Kandidat | Wien. |
| 1929 | Dr. Petschke | Advokat | Leipzig. |
| 1930 | Petzoldt | Advokat | Leipzig, Obstmarkt 1. |
| 1931 | Peyrer | Bezirksvorsteher, zugetheilt beim Staatsministerium | Wien. |
| 1932 | Dr. Pfaff | Professor | Hermannstadt (Siebenb.). |
| 1933 | Pfitzner | Kreisrichter | Creuzburg (O.-S.). |
| 1934 | Pflug | Advokat | Penig. |
| 1935 | Dr. Pfob | Advokatur-Kandidat | Wien. |
| 1936 | Edler v. Pfungen | Ober-Landesgerichtsrath | Wien. |

| Nr. | Name. | Stand. | Wohnort. |
|---|---|---|---|
| 1937 | Dr. Ritt. v. Pfusterschmid | Notar | Wr. Neustadt (N.-Oester.) |
| 1938 | Philipp | Kreisgerichts-Direktor | Ratibor. |
| 1939 | Pichler | Min.-Concip. im Minist. für Handel u. Volkswirthschaft | Wien. |
| 1940 | Pick | Landesgerichtsrath | Brünn. |
| 1941 | Dr. Pieta | Advokat | Kromau (Mähren). |
| 1942 | Dr. Ritt. v. Pipitz | W. Geh.-Rath u. Gouverneur d. pr.-öster. Nationalbank | Wien. |
| 1943 | Pisch | Advokaturs-Concipient | Wien. |
| 1944 | Pistor | Landgerichts-Assessor | Offenbach (Hessen). |
| 1945 | Ritter v. Pitreich | Wirkl. Hofrath d. Obersten Gerichtshofes | Wien. |
| 1946 | Plachy | Notar | Mähr. Neustadt (Mähr.). |
| 1947 | Dr. Edl. v. Platner | Advokat | Triest. |
| 1948 | Dr. Plattner | Notar | Praegarten (Ob.-Oest.). |
| 1949 | Edler v. Plener | Wirkl. Geh. Rath u. Finanz-Minister | Wien. |
| 1950 | Dr. Pobeheim | Notar | Wien. |
| 1651 | Pohl | Staatsanwalt | Reichenberg (Böhmen). |
| 1952 | Frhr. v. Pohland | Regier.-Referendar | Dresden, Waisenhausstraße 5a. |
| 1953 | Frhr. v. Pohland | Dr. jur. | Pillnitz bei Dresden. |
| 1954 | Pohlentz | Advokat | Leipzig. |
| 1955 | Dr. Fr. Pokorny | Hof- u. Gerichts-Advokat | Wien. |
| 1956 | Dr. Ed. Pokorny | Hof- und Gerichts-Advokat | Wien. |
| 1957 | Polenz | Kreisgerichts-Direktor | Reichenbach (Schlesien). |
| 1958 | Polenz | Apell.-Ger.-Auskultator | Reichenbach (Schlesien) |
| 1959 | Poliakowitz | Auskultant | Wien. |
| 1960 | Pollanetz | Statth.-Konz.-Adjunkt | Wien. |
| 1961 | Dr. Ponfickl | Finanzprokur.-Conc. Prakt. | Wien. |
| 1962 | Dr. Pongratz | Hof- und Gerichts-Advokat | Laibach. |
| 1963 | Dr. Poppenberger | Advokaturs-Kandidat | Wien. |
| 1964 | Posch | Landesgerichtsrath | Wien. |

| Nr. | Name. | Stand. | Wohnort. |
|---|---|---|---|
| 1965 | Dr. Poschacher | Notar | Hallein (Salzburg). |
| 1966 | Dr. Posener | Advokaturs-Kandidat | Gratz. |
| 1967 | Dr. Postl | Advokaturs-Kandidat | Wien. |
| 1968 | Dr. Pozorny | Mähr. Landschafts-Concip. | Brünn. |
| 1969 | Frhr. v. Prandau | Bezirksamts-Aktuar | Hietzing bei Wien. |
| 1970 | Dr. Prazak | Notar | Olmütz (Mähren). |
| 1971 | Preiß | disp. Stuhlrichter | Hernals bei Wien. |
| 1972 | Dr. Preißler | Advokaturs-Kandidat | Wien. |
| 1973 | Priber | Bezirksgerichts-Aktuar | Leipzig. |
| 1974 | Dr. Priemann | Advokaturs-Kandidat | Wien. |
| 1975 | Primaresi | Wirkl. Hofrath des Obersten Gerichtshofes | Wien. |
| 1976 | Dr. Prix | Advokaturs-Kandidat | Wien. |
| 1977 | Probst | Oberjustiz-Assessor | Tübingen. |
| 1978 | Probst | Advokat | Stuttgart. |
| 1979 | Dr. Pröll | Notar | Linz. |
| 1980 | Dr. Prokosch | Notar | Neubistritz (Böhmen). |
| 1981 | Proksch | Notar | Wien. |
| 1982 | Pruggberger | Bezirksamts-Aktuar | Baden bei Wien. |
| 1983 | Dr. Ptaczek | Advokat u. Notar | Boskowitz (Mähren). |
| 1984 | Dr. Vesque v. Püttlingen | Wirkl. Hof- u. Ministerialrath | Wien. |
| 1985 | Puntschart | Doktor der Phil. u. d. Rechte | Wien. |
| 1986 | Dr. Ritter von Raimann | Gerichts-Adjunkt | Wien. |
| 1987 | v. Rainer | Fin.-Minist.-Konzipist | Wien. |
| 1988 | Dr. Randa | Universitäts-Professor | Prag. |
| 1989 | Dr. Ranzi | Advokaturs-Kandidat | Wien. |
| 1990 | Ranzoni | Kreisgerichts-Präsident | St. Pölten (N.-Oest.). |
| 1991 | Dr. Rapp | Notar | Wien. |
| 1992 | Ratkofsky | Doktor der Rechte | Wien. |
| 1993 | Ratoliska | Bezirksvorsteher | Praegarten (Ob.-Oest.). |
| 1994 | Raum | Advokat | Glauchau (Sachsen). |
| 1995 | Rautenberg | Advokat | Hannover. |
| 1996 | Dr. Rechbauer | Hof- u. Gerichts-Avokat | Gratz. |

| Nr. | Name. | Stand. | Wohnort. |
|---|---|---|---|
| 1997 | v. Reden | Amts-Assessor | Hannover. |
| 1998 | Dr. Ritter v. Reich | Min.-Rath im Staatsminist. | Wien. |
| 1999 | Dr. Reich | Notar | Wien. |
| 2000 | v. Reiche | Appellationsgerichts-Rath | Breslau, Rosenthalerst. 1. |
| 2001 | Reichensperger | Ober-Tribunalsrath | Berlin. |
| 2002 | Reidlinger | Notar | Tulln (N.-Oest.). |
| 2003 | Dr. Reinach | Gerichts-Accessist | Mainz. |
| 2004 | Reindl | Notar | Urfahr b. Linz (Ob.-Oest.). |
| 2005 | Dr. Reiner | Notariats-Kandidat | Wien. |
| 2006 | Edler v. Reinlein | Min.-Rath im Justizminist. | Wien. |
| 2007 | Reischl | Notar | Grein a. d. Donau. |
| 2008 | Dr. Reiser | Advokaturs-Kandidat | Wien. |
| 2009 | Dr. Reißig | Notar | Mistek (Mähren). |
| 2010 | Reißner | Kreisrichter | Stettin. |
| 2011 | Rendschmidt | Preuß. Kreisrichter | Nicolai (Pr. Schlesien). |
| 2012 | Dr. Ritt. v. Reßig | Senats-Präsid. am obst. Gerichtshof | Wien. |
| 2013 | Edler v. Rettich | Landesgerichtsrath | Wien. |
| 2014 | Dr. v. Steinbüchel-Rheinwall | Ober-Finanzrath u. Central-Inspektor d. Finanz-Min. | Wien. |
| 2015 | Dr. Richter | Hof- und Gerichts-Advokat | Wien. |
| 2016 | Richter | Gerichts-Adjunkt | Wien. |
| 2017 | Dr. Richter | Advokaturs-Kandidat | Wien. |
| 2018 | Richter | Rechtsanwalt | Budissin (Sachsen). |
| 2019 | Richter | Notar | Leipzig. |
| 2020 | Richter | Kreisrichter | Spandau. |
| 2021 | Dr. Riehl | Advokat | Wiener-Neustadt (N.-Ö.) |
| 2022 | Dr. Rigler | Advokaturs-Kandidat | Wien. |
| 2023 | Ritter | Ger.-Direktor a. D. | Frankfurt a. O. |
| 2024 | Rizy | Disp. Stuhlrichter | Freistadt (Ob.-Oest.). |
| 2025 | Roch | Advokat | Zwickau. |
| 2026 | Dr. Rodler | Notariats-Kandidat | Wien. |
| 2027 | Römer | Oberamtsrichter | Schwäbisch-Gmünd. |
| 2028 | Dr. Rösler | Advokaturs-Kandidat | Wien |
| 2029 | Dr. Rößler | Advokaturs-Kandidat | Wien. |

| Nr. | Name. | Stand. | Wohnort. |
|---|---|---|---|
| 2030 | Dr. Ragginger | Privatdozent | München. |
| 2031 | Romberg | Rechtsanwalt | Wesungen (Meiningen). |
| 2032 | Rose | Advokat | Hannover. |
| 2033 | v. Rosenfeld | Sekt.-Chef d. Finanz-Minist. | Wien. |
| 2034 | Dr. Rosenfeld | Hof- und Gerichts-Advokat | Wien. |
| 2035 | Rosmanit | Statthalterei-Rath | Wien. |
| 2036 | Roth | Hofgerichts-Praktikant | Bruchsal. |
| 2037 | Rott | Notar | Wien. |
| 2038 | Dr. Rottensteiner | Landes-Advokat | Mürzzuschlag (Steierm.) |
| 2039 | Dr. Rouv | Advokat | Leipzig. |
| 2040 | Ruffini | Advokat u. Notar | Königsbrück bei Dresden. |
| 2041 | Dr. Rulf | Professor der Rechte | Lemberg. |
| 2042 | Runde | Gerichts-Assessor | Berlin. |
| 2043 | Rupprecht | Kreisgerichtsrath | Reichenbach (Schlesien). |
| 2044 | Dr. Edl. v. Ruthner | Hof- und Gerichts-Advokat | Wien. |
| 2045 | Dr. Rziha | Advokat | Budweis (Böhmen). |
| 2046 | Frhr. v. Sacken | Ober-Landesgerichtsrath | Wien. |
| 2047 | Salomon | Ober-Landesgerichtsrath | Wien. |
| 2048 | Dr. Salomon | Advokaturs-Kandidat | Wien. |
| 2049 | Dr. Schachner | Advokaturs-Kandidat | Wien. |
| 2050 | Schaefer | Ober-Tribunalsrath, Dirigent des Gerichtshofes | Tübingen. |
| 2051 | Schäffer | Gerichtsamts-Aktuar | Werdau (Sachsen). |
| 2052 | Schall | Rechtskonsulent | Ulm. |
| 2053 | Schall | Rechtsconsulent | Oehringen (Württemb.). |
| 2054 | Schalt | Rechtsanwalt | Templin. |
| 2055 | Dr. Schanzer | Advokaturs-Kandidat | Wien. |
| 2056 | Scharf | Advokat | Zwickau (Sachsen). |
| 2057 | Ritt. v. Scharfen | Minist.-Rath im Justiz-Min. | Wien. |
| 2058 | v. Schauß | Advokat | München. |
| 2059 | Scheiner | Notar | Neulengbach (N.-Oest.) |
| 2060 | Dr. Schenk | Advokaturs-Kandidat | Wien. |
| 2061 | Scherell | Dr. jur. | Leipzig. |
| 2062 | Scheschigg | Ober-Landesgerichtsrath | Wien. |
| 2063 | Schickhardt | Kreisgerichts-Assessor | Eßlingen (Württemberg). |

| Nr. | Name. | Stand. | Wohnort. |
|---|---|---|---|
| 2064 | Dr. Schidrowitz | Advokaturs-Kandidat | Wien. |
| 2065 | Dr. Schiestl | Hof- und Gerichts-Advokat | Wien. |
| 2066 | Dr. Schik | Notar | Wien. |
| 2067 | Schiller | Notar | Seittenstetten (N.-Oest.). |
| 2068 | Dr. Schilling | Gerichtsrath | Leipzig. |
| 2069 | Dr. Schimkowsky | Notariats-Substitut | Jägerndorf (Schlesien). |
| 2070 | Dr. Schinhann | Notar | Wolkersdorf (N.-Oest.). |
| 2071 | Schlager | Bezirksvorsteher | Tulln (N.-Oest.). |
| 2072 | Schlegel | Appellationsgerichts-Auditor | Dresden. |
| 2073 | Dr. Schlesinger | Advokaturs-Kandidat | Leitmeritz (Böhmen). |
| 2074 | v. Schleusing | Kreisgerichtsrath | Berent. |
| 2075 | Dr. Schlögelgruber | Hof- und Gerichts-Advokat | Wien. |
| 2076 | Schlossarek | Bezirksvorsteher | Sternberg (Mähren). |
| 2077 | Dr. Schlosser | Advokaturs-Kandidat | Graz. |
| 2078 | Schlotter | Advokat | Schleiz. |
| 2079 | Schlotter | Advokat und Notar | Gera (Reuß). |
| 2080 | Dr. Schluckwerder | Assessor | Leipzig. |
| 2081 | Schmaling | Kreisrichter | Hettstädt (im Mannsfelder Gebirgskreise). |
| 2082 | Ritter v. Schmerling | Wirkl. Geh. Rath u. Staatsminister | Wien. |
| 2083 | Dr. Ritter v. Schmerling | Landesgerichtsrath | Wien. |
| 2084 | Dr. Schmeykal | Mitglied des Böhm. Landes-Ausschusses | Prag. |
| 2085 | Schmid | Kreisgerichtsrath | Weimar. |
| 2086 | Dr. Schmidkunz | Advokaturs-Kandidat | Wien. |
| 2087 | Dr. Schmidt | Staatsanwalts-Substitut | Wien. |
| 2088 | Schmidt | Rechtsanwalt | Lobsens. |
| 2089 | Dr. Schmidt | Advokat | Leipzig, Windmühlenst. 29. |
| 2090 | Dr. Schmidt | Justizrath | Dresden. |
| 2091 | Schmidt | Advokat | Dresden. |
| 2092 | Schmiedel | Justizrath, Rechtsanwalt | Ratibor. |
| 2093 | Dr. Schmitt | Hof- und Gerichts-Advokat, Wechs.-Notar | Wien. |

| Nr. | Name. | Stand. | Wohnort. |
|---|---|---|---|
| 2094 | Schmitz | Kreisgerichtsrath | Lüdinghausen b. Münster. |
| 2095 | Schnackenberg | Bergrath | Gleiwitz. |
| 2096 | Schneider | Bezirksgerichtsrath | Augsburg. |
| 2097 | Schneider | Advokaturs-Concipient | Wien. |
| 2098 | Dr. Schneider | Advokaturs-Kandidat | Wien. |
| 2099 | Dr. Schneider | Advokaturs-Kandidat | Steyer (Ob.-Oest.) |
| 2100 | Schneider | Bezirksvorsteher | Neulengbach (N.-Oest.). |
| 2101 | Schober | Staatsanwalts-Substitut | Wien. |
| 2102 | Schöbl | Ministerialrath i. Fin.-Min. | Wien. |
| 2103 | Dr. Schönpflug | Hof- und Gerichts-Advokat | Wien. |
| 2104 | Scholz | Regierungs-Assessor | Breslau, Gartenstr. 21. |
| 2105 | Dr. Schosserer | Finanz-Prokur.-Adjunkt | Wien. |
| 2106 | v. Schott | Ober-Justizrath | Eßlingen (Württemberg). |
| 2107 | Schranzhofer | Gerichtsadjunkt | Wien. |
| 2108 | Dr. Schreiner | Professor d. Staatswiss. | Graz. |
| 2109 | Schrey | Advokat | Leipzig. |
| 2110 | Schreyer | Advokat | Meißen. |
| 2111 | Schröter | Syndikus und Rechtsanwalt | Blomberg (Frstth. Lippe). |
| 2112 | Schubert | Ober-Landesgerichtsrath | Prag. |
| 2113 | Dr. Schuchardt | Justizrath u. Rechtsanwalt | Gotha. |
| 2114 | Dr. Schüller | Advokaturs-Kandidat | Wien. |
| 2115 | Dr. Schüßler | Advokaturs-Kandidat | Wien. |
| 2116 | Dr. Schütt | Oberamtsrichter | Bruchsal. |
| 2117 | Dr. Edler v. Schulheim | Hofrath und Leiter des Ob. Landesgerichts | Wien. |
| 2118 | Schultz | Justizrath, Rechtsanwalt | Bochum. |
| 2119 | Dr. Schultz | Amtsrichter | Baden (Baden). |
| 2120 | Schulz | Kreisrichter | Bochum (Westphalen). |
| 2121 | Schulze | Advokat | Döbeln (Sachsen). |
| 2122 | Dr. Schulze | Hofrath u. o. Prof. d. Rechte | Breslau. |
| 2123 | Schumacher | Staatsanwalt | Bremen. |
| 2124 | Dr. Schumacher | Kreisrichter | Bremen. |
| 2125 | Schumann | Advokat | Apolda (Sächs.-Weim.). |
| 2126 | Schustler | Notar | Neutitschein (Mähren). |

| Nr. | Name. | Stand. | Wohnort. |
|---|---|---|---|
| 2127 | Schwab | Wirkl. Hofrath des Obersten Gerichtshofes | Wien. |
| 2128 | Dr. Schwach | disp. Prof. d. Rechte a. Pesth | Penzing bei Wien. |
| 2129 | Dr. Schwach | Landes-Advokat | Baden bei Wien. |
| 2130 | Schwaiger | Min.-Concip. | Wien. |
| 2131 | Schwalm | Kreisgerichtsrath | Teschen (öster. Schles.). |
| 2132 | Schwarz | Landesgerichts-Vice-Präsident | Wien. |
| 2133 | Schwarz | Landesgerichtsrath | Wien. |
| 2134 | Dr. Schwarz | Notar | Wien. |
| 2135 | Schwarz | Gerichts-Direktor | Trachenberg (Schlesien). |
| 2136 | Edl. v. Schwarzwald | Fin.-Minist.-Sekretair | Wien. |
| 2137 | Schwauß | Regierungsrath | Dresden. |
| 2138 | Dr. Ritt. v. Schweidler | Advokaturs-Kandidat | Wien. |
| 2139 | Dr. Schweinburg | Advokaturs-Kandidat | Wien. |
| 2140 | Seeliger | Notar | Schrems. |
| 2141 | Dr. Segner | Ger.-Adjunkt | Wien. |
| 2142 | Seidel | Advokat | Nikolsburg (Mähren). |
| 2143 | Dr. Seidler | Bezirksamts-Aktuar | Schwechat bei Wien. |
| 2144 | Dr. Jos. Freiherr v. Seiller | Hof- und Gerichts-Advokat | Wien. |
| 2145 | Dr. Joh. Freiherr v. Seiller | Hof- und Gerichts-Advokat | Wien. |
| 2146 | Dr. Seligmann | Landgerichtsrath | Wien. |
| 2147 | Seume | Advokat | Crimitschau (Sachsen). |
| 2148 | Dr. Siebert | Hof- u. Appellationsger.-Prok. | Wiesbaden. |
| 2149 | Simon | Justizrath, Rechtsanwalt | Breslau. |
| 2150 | Simon | Advokat | Leipzig, Kl. Fleischerg. 15. |
| 2151 | Dr. Smuk | Hof- und Gerichts-Advokat | Wien. |
| 2152 | Dr. Sochor | Advokaturs-Kandidat | Wien. |
| 2153 | Freih. v. Soden | Legationsrath | Stuttgart. |
| 2154 | Dr. Frhr. v. Sommaruga | Sektionsrath i. Finanz-Min. | Wien. |
| 2155 | Sommer | Cand. jur. | Dippoldiswalde (Sachs.). |

| Nr. | Name. | Stand. | Wohnort. |
|---|---|---|---|
| 2156 | Dr. Edler v. Sonnleithner | Hof- und Gerichts-Advokat und Wechs.-Notar | Wien. |
| 2157 | Dr. Sonntag | Ober-Tribunalsrath | Berlin, Oranienstr. 150. |
| 2158 | Spanner | Advokaturs-Concipient | Wien. |
| 2159 | Speck | Advokat | Döbeln (Sachsen). |
| 2160 | Sperl | Notar | Rohitsch (Steiermark). |
| 2161 | Dr. Spitzer | Advokaturs-Kandidat | Wien. |
| 2162 | Staar | Justiz-Ministerial-Concipist | Wien. |
| 2163 | v. Stahl | Concepts-Adjunkt i. Ministerium für Handel u. Volkswirthschaft | Wien. |
| 2164 | Dr. Stammfest | Advokaturs-Kandidat | Wien. |
| 2165 | Dr. Stampfer | Advokaturs-Kandidat | Wien. |
| 2166 | Dr. Staudinger | Bezirksamts-Aktuar | Ischl (Ob.-Oest.). |
| 2167 | Steiger | Bezirksgerichts-Aktuar | Budissin. |
| 2168 | Stein | Rechtsanwalt. | Detmold. |
| 2169 | Dr. Stein | Professor d. Staatswissensch. | Wien. |
| 2170 | Steinberger | Rechtsanwalt | Neustadt a. d. Orla (Großherzogthum Weimar). |
| 2171 | Steinberger | Rechtsanwalt | Plauen (Sachsen). |
| 2172 | Dr. Steiner | Hof- und Gerichts-Advokat | Wien. |
| 2173 | Steiner | Landesgerichtsrath | Wien. |
| 2174 | Steiner | Rechtskonsulent | Heilbronn a. N. |
| 2175 | Steinitz | Sekt.-Rath im Fin.-Min. | Wien. |
| 2176 | Steinitz | Fin.-Min.-Konz.-Adjunkt | Wien. |
| 2177 | Dr. Stella | Advokaturs-Kandidat | Wien. |
| 2178 | Dr. Stern | Landesgerichtsrath | Wien. |
| 2179 | Dr. Mich. Stern | Advokaturs-Kandidat | Wien. |
| 2180 | Dr. Alfr. Stern | Advokaturs-Kandidat | Wien. |
| 2181 | Freih. v. Sternenfels | Justiz-Referendar | Eßlingen. |
| 2182 | Dr. Sterzinger | Notar | Wien. |
| 2183 | Steudel | Staatsanwalt | Tübingeu. |
| 2184 | Stiepanek | Notar | Neustadt (Mähren). |
| 2185 | Still | Gerichts-Adjunkt | Wien. |

| Nr. | Name. | Stand. | Wohnort. |
|---|---|---|---|
| 2186 | Stimmel | Finanz-Prokurator | Plauen. |
| 2187 | Dr. Stingl | Advokaturs-Kandidat | Krems (N.-Oest.). |
| 2188 | Stinner | Rechtsanwalt | Schlochau (Westpreußen). |
| 2189 | Dr. Stirner | Advokaturs-Kandidat | Wien |
| 2190 | Ritter v. Stöckl | Wirkl. Hofrath des Obersten Gerichtshofes | Wien. |
| 2191 | Stöcknicht | Amtsprokurator | Herborn (Nassau). |
| 2192 | Stöger | Gerichts-Adjunkt | Wien. |
| 2193 | Dr. Stöger | Advokaturs-Kandidat | Wien. |
| 2194 | Dr. Stöhr | Advokaturs-Kandidat | Wien. |
| 2195 | Storch | Kreisrichter | Glogau. |
| 2196 | Dr. van der Straß | Landes-Advokat | Neutitschein (Mähren). |
| 2197 | Dr. Schulz v. Straßnitzki | Conc.-Adj. im Finanz-Min. | Wien. |
| 2198 | Dr. Strauß | Advokaturs-Kandidat | Wien. |
| 2199 | Strützki | Gerichts-Assessor | Bunzlau. |
| 2200 | Stuckart | Justizrath, Rechtsanwalt | Waldenburg (Schlesien). |
| 2201 | Dr. Bruno Stübel | Advokat | Dresden. |
| 2202 | Dr. Alfred Stübel | Advokat | Dresden, Seestraße 2. |
| 2203 | Dr. Carl Stübel | Advokat | Leipzig. |
| 2204 | Dr. Suppantschitsch | Präsid. d. Advokaten-Kammer, Hof- u. Gerichts-Advokat | Wien. |
| 2205 | Dr. v. Szymonovicz | Wirkl. Geh. Rath und disp. Oberlandesgerichts-Präsid., zugeth. beim Ob. Gerichtshof | Wien. |
| 2206 | Frhr. v. Tacco | Statth.-Concip., zugetheilt im Staatsministerium | Wien. |
| 2207 | Dr. Tachau | Fin.-Prok.-Konzipist | Wien. |
| 2208 | Tachauer | Gerichts-Adjunkt | Korneuburg (N.-Oest.). |
| 2209 | Ritter v. Täuffenbach | Kammerherr, Bezirksgerichts-Direktor u. Handelsgerichts-Vorstand | München. |
| 2210 | Graf Taufkirchen | Stadtrichter u. Abtheilungs-Vorstand des Stadtgerichts | München. |
| 2211 | Teischinger | Landesgerichtsrath | Graz. |

| Nr. | Name. | Stand. | Wohnort. |
| --- | --- | --- | --- |
| 2212 | Dr. Teltscher | Hof- und Gerichts-Advokat | Wien. |
| 2213 | Teltschik | Notar | Grieskirchen (Ob.-Oest.). |
| 2214 | v. Tepper | Appellationsgerichtsrath | Ratibor. |
| 2215 | Terbich | Kreisgerichtsrath | Wien. |
| 2216 | Terpin | Notar | Littau (Krain). |
| 2217 | v. Teschenberg | Min.-Concepts-Adj. im Min. f. Handel u. Volkswirthsch. | Wien. |
| 2218 | Thiele | Bürgermeister | Döbeln (Sachsen). |
| 2219 | Thiemann | Statthalterei-Rath | Wien. |
| 2220 | Tischer jun. | Advokat | Dresden. |
| 2221 | Dr. Tomaschek | Privatdozent a. d. jur. Fakult. | Wien. |
| 2222 | Frhr. von Lederer-Trattnern | Min.-Conc. i. Staatsminist. | Wien. |
| 2223 | Trautmann | Advokat | Dresden. |
| 2224 | Dr. Ritt. v. Trebersburg | Hof- und Gerichts-Advokat | Wien. |
| 2225 | Dr. Treves | Advokaturs-Kandidat | Wien. |
| 2226 | Polivka v. Treuensee | Ober-Landesgerichtsrath | Wien. |
| 2227 | v. Mießl-Treuenstadt | Hof- u. Minist.-Sekretair | Wien. |
| 2228 | Triebsies | Advokat | Rostock. |
| 2229 | Dr. Trieschet | Advokaturs-Kandidat | Proßnitz (Mähren). |
| 2230 | Dr. Tripold | Advokaturs-Kandidat | Graz. |
| 2231 | Trömel | Advokat | Roßwein (Sachsen). |
| 2232 | Dr. Troll | Hof- und Gerichts-Advokat | Wien. |
| 2233 | Dr. Trotter | Hof- und Gerichts-Advokat | Wien. |
| 2234 | Ritt. v. Tschabuschnigg | Wirkl. Hofrath des Obersten Gerichtshofes | Wien. |
| 2235 | Turteltaub | Advokaturs-Concipient | Wien. |
| 2236 | Ueberacker | Ober-Landesgerichtsrath | Wien. |
| 2237 | Ufer | Advokat | Glauchau. |
| 2238 | Dr. Uhlig | Advokat | Chemnitz (Sachsen). |
| 2239 | Dr. Ulbricht | Advokaturs-Kandidat | Wien. |
| 2240 | Dr. Ullmann | Gerichts-Assessor | Breslau, Ring 25. |
| 2241 | Dr. Uranitsch | Hof- und Gerichts-Advokat | Laibach. |

| Nr. | Name. | Stand. | Wohnort. |
|---|---|---|---|
| 2242 | Urban | Advokat | Zwickau. |
| 2243 | Urban | Ger.-Assessor | Neiße (Schlesien). |
| 2244 | v. Uslar | Amtsger.-Assessor | Hannover. |
| 2245 | Dr. Veghi | Professor der Rechte | Wien. |
| 2246 | Dr. Vergeiner | Advokat und Notar | Freistadt (Ob.-Oest.). |
| 2247 | Dr. Vering | Privatdozent | Heidelberg. |
| 2248 | Dr. Veth | Auskultant | Feldberg (N.-Oest.). |
| 2249 | Dr. Vickhof | Advokaturs-Kandidat | Wien. |
| 2250 | Dr. v. Vilas | Advokaturs-Kandidat | Wien. |
| 2251 | Dr. Völkl | Advokaturs-Kandidat | Wien. |
| 2252 | Vogel | Justizrath, Rechtsanwalt | Strehlen (Schlesien). |
| 2253 | Dr. Vogel | Hofgerichts-Advokat | Darmstadt. |
| 2254 | Dr. v. Vogt | Ministerialrath | München. |
| 2255 | Volland | Kreisgerichtsrath | Suhl. |
| 2256 | Dr. Vollmayer | Hof- und Gerichts-Advokat | Wien. |
| 2257 | Wagner | Bezirksamts-Adjunkt | Ischl (Ob.-Oest.). |
| 2258 | Karl Wagner | Landesgerichtsrath | Wien. |
| 2259 | Dr. Alois Wagner | Landesgerichtsrath | Wien. |
| 2260 | Dr. Waldstein | Privatgelehrter | Berlin. |
| 2261 | v. Walter | Rathssekretair | Wien. |
| 2262 | Walter | Gerichtsadjunkt | Wien. |
| 2263 | Walter | Justizrath, Rechtsanwalt | Beuthen (O.-S.). |
| 2264 | v. Walter-Jeschki | Advokat u. Konsistor.-Assessor | Budissin (Sachsen). |
| 2265 | Dr. Warton | Hof- und Gerichts-Advokat | Wien. |
| 2266 | Dr. Ritter v. Waser | Staatsanwalt | Gratz. |
| 2267 | v. Weber | Amts-Aktuar | Löbau (Sachsen). |
| 2268 | Wedekind | Amtsrichter a. D. | Arnstadt (Thüringen). |
| 2269 | Wedekind | Oberamtsrichter | Achern (Baden). |
| 2270 | Dr. Edler v. Wehli | Minist.-Rath im Staatsmin. | Wien. |
| 2271 | Dr. Wehli | Hof- und Gerichts-Advokat | Wien. |
| 2272 | Dr. Wehrmann | Advokat und Hilfsrichter | Leipzig. |
| 2273 | Weidlich | Rechtsanwalt | Gleiwitz. |
| 2274 | Weigelt | Justiz-Amtmann | Burgk (Reuß-Greiz). |
| 2275 | Dr. Weigl | Kreisgerichts-Präsident | Steyr (Ob.-Oest.). |

| Nr. | Name. | Stand. | Wohnort. |
|---|---|---|---|
| 2276 | Dr. Weil | Regierungsrath im Minist. d. Aeußern | Wien. |
| 2277 | Dr. Weinlich | Advokaturs-Kandidat | Wien. |
| 2278 | Dr. Weinmann | Advokaturs-Kandidat | Wien. |
| 2279 | Weis | Minist.-Rath im Minist. für Handel u. Volkswirthschaft | Wien. |
| 2280 | Weiß | Oberamtsgerichts-Aktuar | Kannstadt bei Stuttgart. |
| 2281 | Dr. Weiß | Advokaturs-Kandidat | Wien. |
| 2282 | Dr. Weißel | Hof- und Gerichts-Advokat | Wien. |
| 2283 | Dr. Weißmann | Minist.-Rath im Staatsmin. | Wien. |
| 2284 | Dr. Weitlof | Advokaturs-Kandidat | Wien. |
| 2285 | Ritt v. Weixelbaum | Hofrath | Wien. |
| 2286 | Graf v. Welsersheimb | Ober-Landesgerichtsrath | Gratz. |
| 2287 | Wendt | Finanzrath und Ministerial-Referent | Hannover. |
| 2288 | Wendt | Stadtgerichtsrath | Breslau. |
| 2289 | Dr. Ritter v. Wenisch | disp. Ober-Landesger.-Präsident | Wien. |
| 2290 | Wentzel | Stadtrichter | Breslau, Gartenstr. 43. |
| 2291 | Werner | Doktor d. Rechte und Gymnasiallehrer | Iglau (Mähren). |
| 2292 | Dr. Werner | Advokaturs-Kandidat | Wien. |
| 2293 | Dr. Westermayer | Hofconcipist | Wien. |
| 2294 | Westphal | Gerichts-Assessor, bei der K. General-Kommission | Breslau. |
| 2295 | Wiarda | Obergerichts-Direktor | Nienburg a. d. Weser. |
| 2296 | Widenmann | Ober-Kriegsgerichts-Assessor | Stuttgart. |
| 2297 | Dr. Wiederhold | Obergerichts-Anwalt | Bremen. |
| 2298 | Dr. Wien | Advokaturs-Kandidat | Prag. |
| 2299 | Dr. Wiener | Advokat | Prag. |
| 2300 | Wierzbicki | Ministerial-Sekretair | Wien. |
| 2301 | Wiesand | Gerichtsamts-Aktuar | Leisnig (Sachsen). |
| 2302 | Dr. Wilhelm | Concept.-Prakt. der Oest. Finanz-Prokuratur | Wien. |

| Nr. | Name. | Stand. | Wohnort. |
|---|---|---|---|
| 2303 | Willfort | Bezirksamts-Aktuar | Ravelsbach (N.-Oest.). |
| 2304 | Dr. Waidele Edler v. Willingen | Landesgerichts-Präsident | Prag. |
| 2305 | Dr. Willner | Hof- u. Ger.-Advokat | Wien. |
| 2306 | Dr. Ritter v. Winiwarter | Hof- und Gerichts-Advokat | Wien. |
| 2307 | Czapka Freiherr v. Winstetten | Hofrath | Wien. |
| 2308 | Dr. Winter | Advokaturs-Kandidat | Wien. |
| 2309 | Winter | Oberamtmann | Pforzheim. |
| 2310 | Winterfeldt | Kammerger.-Referendar | Brandenburg a. H. |
| 2311 | Wirl | Bezirks-Vorsteher | Ischl. |
| 2312 | Dr. Wiser | Hof- u. Ger.-Adv. | Linz. |
| 2313 | Wissiagg | Landesgerichtsrath | Wien. |
| 2314 | Dr. Witte | Gerichts-Assessor und Privat-Dozent | Berlin, Kochstr. 5. |
| 2315 | Dr. Wittek | Advokat | Znaim (Mähren). |
| 2316 | Ritter v. Wittmann | Wirkl. Hofrath d. Obersten Gerichtshofes | Wien. |
| 2317 | Dr. Wittmayer | Advokaturs-Kandidat | Wien. |
| 2318 | Dr. Wodiky | Hof- und Gerichts-Advokat | Wien. |
| 2319 | Wögerer | Ober-Landesgerichtsrath | Wien. |
| 2320 | Dr. Wölhelm | Landes-Advokat | Brünn. |
| 2321 | Wöltge | Advokat | Hannover. |
| 2322 | Wohlfarth | Regierungs-Assessor | Rudolstadt. |
| 2323 | Woide | Gerichtsrath | Posen. |
| 2324 | Ritter v. Wolff | Hofrath des Obersten Ger.-hofes | Wien. |
| 2325 | Wolff | Obergerichts-Advokat | Bruchsal. |
| 2326 | Dr. Wrann | Advokat | Bruck a. d. Leitha (N.-Öst.) |
| 2327 | Dr. Edl. v. Würth | Advokaturs-Kandidat | Wien. |
| 2328 | Dr. Wunsch | Hof- und Gerichts-Advokat | Wieu. |
| 2329 | Zabéo | Staats-Minist.-Konzipist | Wien. |
| 2330 | Zachar | Staatsanwalt-Substitut | Wien. |
| 2331 | v. Zech | Amtsrichter | Offenburg (Baden). |

| Nr. | Name. | Stand. | Wohnort. |
|---|---|---|---|
| 2332 | Dr. Zeiner | Hof- und Gerichts-Advokat | Wien. |
| 2333 | Dr. Zeithammer | Advokaturs-Kandidat | Wien. |
| 2334 | Dr. Zelinka | Bürgerm. v. Wien, Hof- u. Gerichts-Advokat | Wien. |
| 2335 | v. Zeschau | Dr. jur. | Leipzig. |
| 2336 | Dr. Zillich | Advokat | St. Pölten (N.-Oest.). |
| 2337 | Dr. Zimmermann | Advokaturs-Kandidat | Wien. |
| 2338 | Dr. Zirkel | Ober-Landesgerichtsrath | Prag. |
| 2339 | Zürn | Advokat | Rochlitz (Sachsen). |
| 2340 | Zuhorn | Obergerichts-Anwalt | Osnabrück. |
| 2341 | v. Zurowski | Bez.-Amtsactuar | Pilzow (Galizien). |

# D.

# Alphabetisches Verzeichniß

derjenigen

## Mitglieder des 3. Deutschen Juristentages,

### welche dem Vereine im Jahre 1862 beigetreten sind,

nach Staaten geordnet.

| Nr. | Name. | Stand. | Wohnort. |
|---|---|---|---|
| | **Herzogthum Anhalt-Dessau.** | | |
| 1217 | Holzmann | Kreisgerichts-Assessor | Cöthen. |
| | **Großherzogthum Baden.** | | |
| 1218 | v. Bechtold | Hofgerichts-Sekretair | Bruchsal. |
| 1219 | Dr. Bingner | Amtsrichter | Heidelberg. |
| 1220 | Blum | Doktor der Rechte | Heidelberg. |
| 1221 | Buch | Hofgerichts-Advokat | Freiburg. |
| 1222 | Dr. Eller | Obergerichts-Anwalt | Mannheim. |
| 1223 | v. Feder | Rechtsanwalt | Offenburg. |
| 1224 | v. Gulat | Referendar | Bruchsal. |
| 1225 | Gutmann | Obergerichts-Advokat | Bruchsal. |
| 1226 | Heinsheimer | Referendar | Bruchsal. |
| 1227 | Heß | Referendar | Bruchsal. |
| 1228 | Kamm | Hofgerichts-Praktikant | Bruchsal. |
| 1229 | Kerkenmaier | Ober-Amtsrichter | Lörrach. |
| 1230 | Dr. Laband | Privat-Dozent | Heidelberg. |

D

| Nr. | Name. | Stand. | Wohnort. |
|---|---|---|---|
| 1231 | Dr. Lamey | Geh.-Rath, Präs. d. Großh. Minist. d. Innern. | Karlsruhe. |
| 1232 | Mann | Hofgerichtsrath | Konstanz. |
| 1233 | Mors | Amtsrichter | Sinsheim. |
| 1234 | Nüßlin | Staatsrath | Karlsruhe. |
| 1235 | Roth | Hofgerichts-Praktikant | Bruchsal. |
| 1236 | Dr. Schütt | Oberamtsrichter | Bruchsal. |
| 1237 | Dr. Schultz | Amtsrichter | Baden. |
| 1238 | Dr. Vering | Privatdozent | Heidelberg. |
| 1239 | Wedekind | Oberamtsrichter | Achern. |
| 1240 | Winter | Oberamtmann | Pforzheim. |
| 1241 | Wolff | Obergerichts-Advokat | Bruchsal. |
| 1242 | v. Zech | Amtsrichter | Offenburg. |

## Königreich Bayern.

| | | | |
|---|---|---|---|
| 1243 | Bauer | Accessist im Fiskalate der General-Bergwerks- und Salinen-Administration | München. |
| 1244 | Berchtold | Doktor beider Rechte | München (Blumenstr. 11). |
| 1245 | Dr. Bolgiano | Professor | München (Frühlingsstr. 3). |
| 1246 | Croissant | Staatsprokurator-Substitut | Frankenthal (Bayerische Rheinpfalz). |
| 1247 | Dr. Dauner | Advokat | Kaufbeuren. |
| 1248 | Fertsch | Appellations-Gerichtsrath | Amberg (Kreis Ob.-Pfalz u. Regensburg). |
| 1249 | v. Fuchs | königl. Bezirks-Gerichtsrath | München. |
| 1250 | Dr. v. Gutermann | Rechtsanwalt und Wechsel-Notar | Augsburg. |
| 1251 | Kahr | Advokat | Kronach. |
| 1252 | Kühlmann | Bezirksgerichts-Accessist | München. |
| 1253 | Küffner | Appellationsgerichts-Assessor | Amberg. |
| 1254 | Märklin | württbg. Justiz-Referendar | d. Z. München. |
| 1255 | Dr. May | Reg.-Assessor u. Fisk.-Adjunkt | München. |
| 1256 | Michl | Bezirksgerichts-Direktor | Weiden. |

| Nr. | Name. | Stand. | Wohnort |
|---|---|---|---|
| 1257 | Dr. Ragginger | Privatdozent | München. |
| 1258 | v. Schauß | Advokat | München. |
| 1259 | Schneider | Bezirksgerichtsrath | Augsburg. |
| 1260 | Ritter v. Täuffenbach | Kammerherr, Bezirksgerichts-Direktor u. Handelsgerichts-Vorstand | München. |
| 1261 | Graf Taufkirchen | Stadtrichter u. Abtheilungs-Vorstand des Stadtgerichts | München. |
| 1262 | Dr. v. Vogt | Ministerialrath | München. |

## Freie Stadt Bremen.

| | | | |
|---|---|---|---|
| 1263 | Dr. Albers | Advokat | Bremen. |
| 1264 | Dr. v. Lingen | Ober-Gerichtsanwalt | Bremen. |
| 1265 | Schumacher | Staatsanwalt | Bremen. |
| 1266 | Dr. Schumacher | Kreisrichter | Bremen. |
| 1267 | Dr. Wiederhold | Obergerichts-Anwalt | Bremen. |

## Freie Stadt Hamburg.

| | | | |
|---|---|---|---|
| 1268 | Dr. Banks | Advokat | Hamburg. |
| 1269 | Dr. Levy | Advokat | Hamburg. |
| 1270 | Dr. May | Advokat | Hamburg. |

## Königreich Hannover.

| | | | |
|---|---|---|---|
| 1271 | Albrecht | Kronanwalt | Celle. |
| 1272 | Dr. Augspurg | Obergerichts-Anwalt | Lüneburg. |
| 1273 | Bader | Obergerichtsrath | Aurich. |
| 1274 | Dr. Benfey | Obergerichtsanwalt | Göttingen. |
| 1275 | Benthe | Obergerichtsanwalt | Aurich. |
| 1276 | Dr. Biedenweg | Amts-Assessor | Hannover. |
| 1277 | Bley | Amtsgerichts-Assessor | Gifhorn. |
| 1278 | v. Blum | Advokat | Hannover. |
| 1279 | Dettmar | Obergerichts-Anwalt | Hildesheim. |

| Nr. | Name. | Stand. | Wohnort. |
|---|---|---|---|
| 1280 | v. Engelbrechten | Advokat | Hannover. |
| 1281 | Dr. Fischer | Obergerichts-Anwalt | Hannover. |
| 1282 | Fromme | Ober-Gerichtsrath | Celle. |
| 1283 | Dr. Götting | Obergerichts-Anwalt | Hildesheim. |
| 1284 | Gottsleben | Obergerichts-Anwalt | Hildesheim. |
| 1285 | Hartmann | Advokat | Hannover. |
| 1286 | Heine | Amtsrichter a. D. | Hannover. |
| 1287 | Dr. Heitmann | Ober-Gerichtsanwalt | Lüneburg. |
| 1288 | Hüpeden | Advokat | Hoya. |
| 1289 | Kannengießer | Obergerichts-Vice-Direktor | Celle. |
| 1290 | Kerikhoff | Ober-Gerichtsrath | Osnabrück. |
| 1291 | Kleinrath | Advokat | Hannover. |
| 1292 | Lang | Steuerassessor | Hannover. |
| 1293 | Lodemann | Gerichts-Assessor | Hannover. |
| 1294 | Dr. Mehlis | Advokat | Hannover. |
| 1295 | Dr. Meyer | Advokat | Bleckede. |
| 1296 | Meyersburg | Ober-Appellationsger.-Anw. | Celle. |
| 1297 | Dr. Naumann II | Obergerichts-Anwalt | Hameln. |
| 1298 | Dr. Oppermann | Obergerichtsanwalt | Nienburg a. d. Weser. |
| 1299 | Rautenberg | Advokat | Hannover. |
| 1300 | v. Reden | Amts-Assessor | Hannover. |
| 1301 | Rose | Advokat | Hannover. |
| 1302 | v. Uslar | Amtsger.-Assessor | Hannover. |
| 1303 | Wendt | Finanzrath u. Minist.-Refer. | Hannover. |
| 1304 | Wiarda | Obergerichts-Direktor | Nienburg a. d. Weser. |
| 1305 | Wöltge | Advokat | Hannover. |
| 1306 | Zuhorn | Obergerichts-Anwalt | Osnabrück. |

## Kurfürstenthum Hessen-Cassel.

| | | | |
|---|---|---|---|
| 1307 | Köppen | Professor | Marburg. |

## Großherzogthum Hessen-Darmstadt.

| | | | |
|---|---|---|---|
| 1308 | Buff | Hofgerichts-Assessor | Gießen. |
| 1309 | Engelbach | Hofgerichts-Advokat u. Mitgl. d. ersten Ständekammer | Gießen. |

| Nr. | Name. | Stand. | Wohnort. |
|---|---|---|---|
| 1310 | Dr. Falken | Gerichts-Accessist | Mainz. |
| 1311 | Gaßner | Notar | Mainz. |
| 1312 | Gredy | Obergerichtsrath | Mainz. |
| 1313 | Habermehl | Gerichts-Accessist | Mainz. |
| 1314 | Hamm | Doktor der Rechte | Offenbach. |
| 1315 | Dr. Homberger | Gerichts-Accessist | Mainz. |
| 1316 | Dr. Klipstein | Hofgerichts-Präsident | Gießen. |
| 1317 | Dr. Knyn | Obergerichts-Präsident | Mainz. |
| 1318 | Dr. Lambinet | Gerichts-Accessist | Mainz. |
| 1319 | Dr. Levita | Advokat-Anwalt | Mainz. |
| 1320 | Dr. Matty | Gerichtsaccessist | Mainz. |
| 1321 | Pistor | Landgerichts-Assessor | Offenbach. |
| 1322 | Dr. Reinach | Gerichts-Accessist | Mainz. |
| 1323 | Dr. Vogel | Hofgerichts-Advokat | Darmstadt. |

## Fürstenthum Lippe-Detmold.

| | | | |
|---|---|---|---|
| 1324 | Schröter | Syndikus und Rechtsanwalt | Blomberg. |
| 1325 | Stein | Rechtsanwalt | Detmold. |

## Freie Stadt Lübeck.

| | | | |
|---|---|---|---|
| 1326 | Dr. Crome | Advokat, Ober-Appellations- u. Niedergerichts-Prokurat. | Lübeck. |

## Großherzogthum Mecklenburg-Schwerin.

| | | | |
|---|---|---|---|
| 1327 | Büsing | Advokat | Schwerin. |
| 1328 | Büsing | Advokat | Rostock. |
| 1329 | Dr. Driver | General-Auditeur | Schwerin. |
| 1330 | Löwenthal | Advokat | Schwerin. |
| 1331 | Triebsies | Advokat | Rostock. |

| Nr. | Name. | Stand. | Wohnort. |
|---|---|---|---|

## Großherzogthum Mecklenburg-Strelitz.

| Nr. | Name. | Stand. | Wohnort. |
|---|---|---|---|
| 1332 | Oesten | Hofrath, Stadt- u. Amtsrichter | Stargard. |

## Herzogthum Nassau.

| Nr. | Name. | Stand. | Wohnort. |
|---|---|---|---|
| 1333 | Dr. Geiger | Obergerichts-Anwalt | Wiesbaden. |
| 1334 | Dr. Siebert | Hof- u. Appellationsger.-Prof. | Wiesbaden. |
| 1335 | Stöcknicht | Amtsprokurator | Herborn. |

## Kaiserreich Oesterreich.

| Nr. | Name. | Stand. | Wohnort. |
|---|---|---|---|
| 1336 | Dr. Abeles | Advokaturs-Kandidat | Wien. |
| 1337 | v. Abramsberg | Hofsekretär | Wien. |
| 1338 | Edl. v. Achbauer | Ober-Landesgerichts-Rath | Wien. |
| 1339 | Dr. Adam | Advokaturs-Kandidat | Wien. |
| 1340 | Dr. Adensamer | Advokaturs-Kandidat | Wien. |
| 1341 | Dr. Ritt. v. Aichenegg | Hof- und Gerichts-Advokat | Wien. |
| 1342 | Dr. Aman | Hof- und Gerichts-Advokat | Wien. |
| 1343 | v. Antoniewicz | Kreisgerichtsrath | Premysl (Galizien). |
| 1344 | Frh. v. Apfaltrern | Wirklicher Hofrath des Obersten Gerichts-Hofes | Wien. |
| 1345 | Ritt. v. Arbter | Auskultant | Brünn. |
| 1346 | Arthold | Advokaturs-Konzipient | Wien. |
| 1347 | Dr. Artzt | Advokat | Ollmütz. |
| 1348 | Dr. H. Ritt. v. Kremer-Auenrode | Privat-Docent an der juristischen Fakultät | Wien. |
| 1349 | Dr. R. Ritt. v. Kremer-Auenrode | Notar | Gmunden (Ober-Oesterr.) |
| 1350 | v. Auffenberg | Staatsanwalt | Troppau. |
| 1351 | Augmüller | Militär- und Civil-Agent | Wien. |
| 1352 | Dr. Bach | Advokaturs-Kandidat | Wien. |
| 1353 | Dr. Bachmayer | Advokaturs-Kandidat | Wien. |

| Nr. | Name. | Stand. | Wohnort. |
|---|---|---|---|
| 1354 | Dr. Bardasch | Advokat | Stanislau (Galizien). |
| 1355 | Dr. Barth | Hof- und Gerichts-Advokat | Wien. |
| 1356 | Batiek | Notar | Opocno (Böhmen). |
| 1357 | Dr. Bazant | mähr. Landschafts-Sekretair | Brünn (Mähren). |
| 1358 | Dr. Beck | Hof- und Gerichts-Advokat | Linz. |
| 1359 | Dr. Beck | Ober-Staatsanwalt u. Oberlandesgerichtsrath | Brünn. |
| 1360 | Dr. Beck | Sektionsrath | Wien. |
| 1361 | Dr. Becziczka | Magistrats-Konzipist | Wien. |
| 1362 | Beden | Landesgerichtsrath | Spalato (Dalmatien). |
| 1363 | Dr. Beer | Advokaturs-Kandidat | Bielitz (k. k. Schlesien). |
| 1364 | Dr. v. Benak | Advokaturs-Kandidat | Wien. |
| 1365 | Dr. Benischko | Advokaturs-Kandidat | Wien. |
| 1366 | v. Benoni | Ministerialrath im Justiz-Ministerium | Wien. |
| 1367 | Edl. v. Bergenstamm | Gerichts-Adjunkt | Wien. |
| 1368 | Berger | Bezirks-Vorsteher | Hietzing (bei Wien). |
| 1369 | Dr. Bernatzik | Advokat | Korneuburg (Nied.-Oest.). |
| 1370 | Dr. Berthold | Advokaturs-Kandidat | Wien. |
| 1371 | Beyer | Notar | Troppau (Schlesien). |
| 1372 | Beyer | Ministerialrath | Wien. |
| 1373 | Dr. Bezecny | Sekretair der Börsekammer | Wien. |
| 1374 | Dr Biach | Advokaturs-Kandidat | Wien. |
| 1375 | Dr. Bidermann | Professor der Staatswissenschaften | Innsbruck. |
| 1376 | Bielin | Gerichtsadjunkt | Wien. |
| 1377 | Dr. Billing, Edl. v. Gemmen | Advokaturs-Kandidat | Wien. |
| 1378 | Dr. Bizifte | Advokaturs-Kandidat | Wien. |
| 1379 | Blaha | Notar | Neuhofen (Ober-Oesterr.) |
| 1380 | Dr. Blitzfeld | Advokat | Krakau. |
| 1381 | v. Blumfeld | Ministerialrath i. Minist. für Handel 2c. Volkswirthschaft | Wien. |

| Nr. | Name. | Stand. | Wohnort. |
|---|---|---|---|
| 1382 | Dr. Blumfeld | Fin.-Proc.-Conc.-Prakt. | Wien. |
| 1383 | Boda | Gerichtsadjunkt | Brünn. |
| 1384 | Boggia | pens. Magistrats-Sekretair, geprüft. Richteramts-Kandidat | Kahlenberger-Dörfel bei Wien. |
| 1385 | Dr. Borowiczka | Advokaturs-Kandidat | Wien. |
| 1386 | Dr. Boschan | Landesgerichts-Präsident | Wr. Neustadt (N.-Oest.). |
| 1387 | Brameshuber | Kreisgerichts-Sekretair | Steyr (Ober-Oesterr.). |
| 1388 | Braulik | k. k. Notar | Neufelden (Ob.-Oest.). |
| 1389 | Breinreich | Notar | Laa a. d. Thaya (N.-Oest.) |
| 1390 | Dr. Brezina | Notar | Wien. |
| 1391 | Dr. Brezina | Hof- u. Gerichts-Advokat | Wien. |
| 1392 | Dr. Brichta | Advokaturs-Kandidat | Wien. |
| 1393 | Dr. Bruck | Notariats-Kandidat | Wien. |
| 1394 | Dr. Brürner | Finanzprocur.-Conc.-Prakt. | Wien. |
| 1395 | Dr. Brunner | Advokat | Königgrätz (Böhmen). |
| 1396 | Brunner | Notar | Geras (Nieder-Oesterr.). |
| 1397 | Dr. Brzorad | Landes-Advokat | Deutschbrod (Böhmen). |
| 1398 | Bündsdorf | St.-Anwalt-Substitut | Wien. |
| 1399 | Dr. Bunzl | Advokaturs-Kandidat | Wien. |
| 1400 | Dr. Burian | Advokaturs-Kandidat | Wien. |
| 1401 | Dr. Burian | Statthalterei-Sekretair | Wien. |
| 1402 | Frh. v. Buzan | Wirkl. Hofrath des Obersten Gerichtshofes | Wien. |
| 1403 | Frh. v. Call | Doktor der Rechte | Gratz. |
| 1404 | Dr. Chiari | Notar | Wien. |
| 1405 | Dr. Chiari | Finanzprok.-Referent | Salzburg. |
| 1406 | Ritt. v. Chimani | jub. Kreisgerichts-Präsident | Gratz. |
| 1407 | Dr. Chornitzer | Rechtskonsulent der rc. österr. National-Bank | Wien. |
| 1408 | Dr. Crobath | Advokaturs-Kandidat | Wien. |
| 1409 | Ritt. v. Czerny | disp. Landesger.-Präsident | Wien. |
| 1410 | Damianitsch | Oberstlieutenant, Auditor u. Professor | Wien, Alte Wieden, Haupt-Straße 353. |
| 1411 | Dr. Daubek | Hof- u. Gerichts-Advokat | Wien. |

| Nr. | Name. | Stand. | Wohnort. |
|---|---|---|---|
| 1412 | Dr. Dauscher | Advokat | Preßburg. |
| 1413 | Ritt. v. David | Finanzprok.-Conc.-Kandidat | Wien. |
| 1414 | Ritt. v. David | Gerichtsadjunkt | Wien. |
| 1415 | Dr. Deperis | Sekretair der ꝛc. österr. National-Bank | Wien. |
| 1416 | Dr. Deperis | Advokat | Görz. |
| 1417 | Dr. Dermoutz | Advokat | Karlsbad (Böhmen). |
| 1418 | Dessewsky | Finanz-Minist.-Konzipist | Wien. |
| 1419 | Dr. Diebl | Landes-Advokat | Tischnowitz (Mähren). |
| 1420 | Dr. Dinstl jun. | Advokat | Krems (Nieder-Oesterr.). |
| 1421 | Dr. Dirnböck | Agent | Wien. |
| 1422 | Dr. Dollenz | Hof- u. Gerichts-Advokat | Wien. |
| 1423 | Dr. Dostal | öffentl. Agent | Brünn. |
| 1424 | Dr. Dürrnberger | Hof- u. Gerichts-Advokat | Wien. |
| 1425 | Dürschner | Gerichtsadjunkt | Wien. |
| 1426 | Dr. Dworzak | Professor d. Rechte | Wien. |
| 1427 | Dr. Dworzak | Landesgerichtsrath | Wien. |
| 1428 | Dr. Eberle | Hof- u. Gerichts-Advokat | Wien. |
| 1429 | Ebner | Wirkl. Hofrath d. Obersten Gerichtshofes | Wien. |
| 1430 | Dr. A. Eckl | Hof- u. Gerichts-Advokat | Wien. |
| 1431 | Dr. Eitelberger v Edelberg | Professor | Wien. |
| 1432 | Edl. v. Edlenbach | disp. Stuhlrichter | Wien. |
| 1433 | Dr. Egger | Hof- u. Gerichts-Advokat | Wien. |
| 1434 | Dr. Edl. v. Possanner-Ehrenthal | Advokaturs-Kandidat | Wien. |
| 1435 | v. Eisank | Gerichtsadjunkt | Wien. |
| 1436 | v. Eiselsberg | Kreisgerichtsrath | Steyr (Ober-Oesterr.). |
| 1437 | Dr. Eisner | Landesgerichts-Dolmetsch | Wien. |
| 1438 | Eitelberger v. Eitelsberg | Ob.-Kriegs-Kommissär | Wien. |
| 1439 | Eitl | Gerichtsadjunkt | Wien. |
| 1440 | Dr. Eltz | Hof- u. Gerichts-Advokat | Wien. |
| 1441 | d'Elvert | Ober-Staatsanwalt | Brünn. |

| Nr. | Name. | Stand. | Wohnort. |
|---|---|---|---|
| 1442 | Dr. Ritt. v. Enderes | Advokaturs-Kandidat | Wien. |
| 1443 | Dr. Endletzberger | Advokaturs-Kandidat | Wien. |
| 1444 | Englisch | Landesgerichtsrath | Wien. |
| 1445 | Erlicher | Staatsanwalts-Substitut | Wien. |
| 1446 | Dr. Erwein | Hof- u. Gerichts-Advokat | Klagenfurt. |
| 1447 | Frh. v. Eschenburg | Landesgerichtsrath | Wien. |
| 1448 | Dr. Eßhaver | Advokaturs-Kandidat | Wien. |
| 1449 | Dr. Exle | Advokaturs-Kandidat | Wien. |
| 1450 | Dr. Faber | Notar | Wien. |
| 1451 | Farnik | Notar | Teschen (k. k. Schlesien). |
| 1452 | Dr. Feistl | Advokaturs-Kandidat | Wien. |
| 1453 | Dr. Feistmantel | Advokaturs-Kandidat | Wien. |
| 1454 | Dr. Felber | Advokaturs-Kandidat | Wien. |
| 1455 | Dr. Ritt. v. Mündel-Feldberg | Hof- u. Gerichts-Advokat | Wien. |
| 1456 | Fellner, Ritt. v. Feldegg | Regierungsrath | Wien. |
| 1457 | Dr. Felder | Hof- u. Gerichts-Advokat | Wien. |
| 1458 | v. Felner | Kreisgerichtsrath | Wien. |
| 1459 | Dr. Felzmann | Hof- u. Gerichts-Advokat | Wien. |
| 1460 | Dr. Fenz | Advokaturs-Kandidat | Wien. |
| 1461 | Ritt. v. Ferro | Kreisgerichtsrath | Leoben (Steiermark). |
| 1462 | Dr. Ficker | Minister.-Sekretär | Wien. |
| 1463 | Dr. Fierlinger | Finanzrath | Wien. |
| 1464 | Dr. Findeys | Hof- u. Gerichts-Advokat | Wien. |
| 1465 | Dr. Finger | Hof- u. Gerichts-Advokat | Wien. |
| 1466 | Dr. Fischer | Notar | Wien. |
| 1467 | Fischer | Statthaltereirath | Wien. |
| 1468 | Dr. Fleckh | Hof- u. Gerichts-Advokat | Graz. |
| 1469 | Dr. Flesch | Hof- u. Gerichts-Advokat | Wien. |
| 1470 | Dr. Floch | Finanzprokuraturs-Adjunkt | Pesth. |
| 1471 | Dr. Florentin | Advokat | Krems (Nied.-Oesterr.). |
| 1472 | Dr. Foltanek | Landesgerichts-Adjunkt | Wien. |
| 1473 | Dr. Forster | Advokaturs-Kandidat | Prag. |
| 1474 | Forstner | Bezirks-Gerichtsadjunkt | Pettau (Steyermark). |

| Nr. | Name. | Stand. | Wohnort. |
|---|---|---|---|
| 1475 | Dr. Frank | Advokat u. Notar | Sternberg. |
| 1476 | Dr. Frankl | Advokaturs-Kandidat | Wien. |
| 1477 | Dr. Umlauf, Ritt. v. Frankwell | Finanzprokuraturs-Concipist | Preßburg (Ungarn). |
| 1478 | Dr. Frantz | Hof- u. Gerichts-Advokat | Wien. |
| 1479 | Frauscher | Notar | Mattighofen (Ober-Oestr.) |
| 1480 | Dr. Fischer, Edler v. Freienwall | resig. Hof- u. Gerichts-Advokat | Wien. |
| 1481 | Dr. Friedländer | Mitredakteur der „Presse" | Wien. |
| 1482 | Friedwanger | Staatsanwalts-Substitut | Linz. |
| 1483 | Friese | Berghauptmann | Wien. |
| 1484 | Frimmel | Bezirks-Vorsteher | Laa a. d. Thaya (N.-Oest.) |
| 1485 | Dr. Frizzi | Finanzprok.-Conc.-Prakt. | Wien. |
| 1486 | Frühwald | Landesgerichtsrath | Wien. |
| 1487 | Landgr. zu Fürstenberg | Wirkl. Geh.-Rath u. Senats-Präsident des Obersten Gerichtshofes | Wien. |
| 1488 | Fürth | Notar | Waizenkirchen (Ob.-Oest.) |
| 1489 | Funke | disp. Com.-Gerichtsrath | Leitmeritz (Böhmen). |
| 1490 | Dr. Gänsbacher | Advokaturs-Kandidat | Wien. |
| 1491 | Gal | Bezirksvorsteher | Hainburg a. D. (N.-Oest.) |
| 1492 | Dr. Galler | Advokaturs-Kandidat | Wien. |
| 1493 | Dr. Ganzwohl | Hof- u. Gerichts-Advokat | Wien. |
| 1494 | v. Gartzweiler | Concipist d. Lotto-Gefälls-Direktion | Wien. |
| 1495 | Dr. Gelinek | Advokaturs-Kandidat | Wien. |
| 1496 | Gellert | Notar | Haida (Böhmen). |
| 1497 | Frhr. v. Gemmel | Finanz-Proc.-Adjunkt | Wien. |
| 1498 | Billing, Edl. von Gemmen | Advokaturs-Kandidat | Wien. |
| 1499 | Gersch | Gerichts-Adjunkt | Troppau (Schlesien). |
| 1500 | Gilge | Dr. d. Rechte. | Wien. |
| 1501 | Dr. Giskra | Landes-Advokat | Brünn. |
| 1502 | v. Giuliani | Ministerial-Conzipist | Wien. |
| 1503 | Dr. Giunio | Staatsanwalts-Substitut | Spalato (Dalmatien). |

| Nr. | Name. | Stand. | Wohnort. |
|---|---|---|---|
| 1504 | Dr. Glaser | Notar | Iglau (Mähren). |
| 1505 | Dr. Glaßner | Landes-Advokat | St. Pölten (N.-Oesterr.). |
| 1506 | Dr. Ritt. v. Hye-Glunek | Sektionschef im Justiz-Min. | Wien. |
| 1507 | Dr. Gnändinger | Advokaturs-Kandidat | Wien. |
| 1508 | Götze | Landgerichtsrath | Wien. |
| 1509 | Frhr. v. Gorizzutti | Justiz-Minist.-Konzipist | Wien. |
| 1510 | Dr. Gotter | Concepts-Adjunkt im Staats-Ministerium | Wien. |
| 1511 | Dr. Ritt. v. Gredler | Hof- u. Gerichts-Advokat | Wien. |
| 1512 | Dr. Grimm | disp. Statth.-Rath | Wien. |
| 1513 | Dr. Grimm | General-Sekretair der priv. Südbahn-Gesellschaft | Wien. |
| 1514 | Dr. Groß | Notar | Wels (Ob.-Oesterr.) |
| 1515 | Dr. Grünberg | Hof- und Gerichts-Advokat | Wien. |
| 1516 | Gründlinger | Landesgerichtsrath u. Bezirks-Vorsteher | Scheibbs (Nied.-Oesterr.) |
| 1517 | Dr. Grysar | Advokaturs-Kandidat | Wien. |
| 1518 | Dr. Edl. v. Gschmeidler | Hof- und Gerichts-Advokat | Wien. |
| 1519 | Guba | Ober-Landesgerichtsrath | Wien. |
| 1520 | Dr. Gunesch | Advokaturs-Kandidat | Wien. |
| 1521 | Dr. Gutherz | Hof- und Gerichts-Advokat | Wien. |
| 1522 | Gutsch | Notar | Hietzing bei Wien. |
| 1523 | Frh. v. Haan | Ministerialrath im Just.-Min. | Wien. |
| 1524 | Haan | Min.-Sekr. i. Staatsminist. | Wien. |
| 1525 | Dr. Haas | Notariats-Kandidat | Wien. |
| 1526 | Dr. Ritt. v. Haberler | Hof- und Gerichts-Advokat | Wien. |
| 1527 | Hacker | Ober-Landesgerichtsrath | Wien. |
| 1528 | Ritt. v. Hackher | Wirkl. Hofrath des Obersten Gerichtshofes | Wien. |
| 1529 | Hämmerle | Statthalterei-Secretair | Wien. |
| 1530 | Dr. Frh. v. Härdtl | Hof- und Gerichts-Advokat | Wien. |
| 1531 | Dr. Frh. v. Härdtl | Advokaturs-Kandidat | Wien. |
| 1532 | Frhr. v. Haller | Staatsministerial-Konzipist | Wien. |

| Nr. | Name. | Stand. | Wohnort. |
|---|---|---|---|
| 1533 | Haller | Bezirks-Gerichts-Vorsteher | Klattau (Böhmen). |
| 1534 | Dr. Haimerl | Professor der Rechte | Wien. |
| 1535 | Dr. Hampe | Advokaturs-Kandidat | Wien. |
| 1536 | Dr. Hanel | Notar | Wagstadt (Schlesien). |
| 1537 | Hanisch | Bezirksamts-Adjunkt | Waidhofen a. d. Th. (Nieder-Oesterr.) |
| 1538 | v. Hanrich | Wirkl. Hofrath des Obersten Gerichtshofes | Wien. |
| 1539 | Dr. Harant | Statthaltereirath | Wien. |
| 1540 | Dr. Hauschka | Finanz-Prokurator und Oberfinanzrath in Temesvar | d. z. Wien. |
| 1541 | Dr. Hauser | Advokaturs-Kandidat | Wien. |
| 1542 | Hausmann | Fin.-Min.-Konzepts-Adjunkt | Wien. |
| 1543 | Dr. Hecher | Advokaturs-Kandidat | Wien. |
| 1544 | Dr. Heidmann | Hof- und Gerichts-Advokat | Wien. |
| 1545 | Dr. Hein | Landes-Advokat | Proßnitz (Mähren). |
| 1546 | Dr. Hein | Präsident d. Abgeord.-Hauses u. schl. Landes-Advokat | Troppau. |
| 1547 | Dr. Heinrich | Advokat | Korneuburg (Nied.-Oest.) |
| 1548 | Heinrich | Kreisgerichtsrath | Korneuburg (Nied.-Oest.) |
| 1549 | Dr. Heinz | Advokat | Troppau. |
| 1550 | Heiß | Bezirksamts-Adjunkt | Theresienfeld (N.-Oest.) |
| 1551 | Freih. v. Mayer-Heldensfeld | Ober-Landesgerichtsrath | Wien. |
| 1552 | Dr. Frh. v. Helfert | Wirkl. Geheimerrath und Unterstaatssekret. für Kultus u. Unterricht | Wien. |
| 1553 | Dr. Heller | Advokaturs-Kandidat | Wien. |
| 1554 | Dr. Helm | Ministerial-Concipist | Wien. |
| 1555 | Dr. Hermann | Hof- u. Gerichts-Advokat | Wien. |
| 1556 | Dr. Herzfeld | Advokaturs-Kandidat | Wien. |
| 1557 | Herzig | Notar | Wien. |
| 1558 | Dr. Herzog | Advokaturs-Kandidat | Wien. |
| 1559 | Dr. Heyßler | Wirkl. Geh. Rath, Senats-Präs. d. Ob. Gerichtshofes | Wien. |

| Nr. | Name. | Stand. | Wohnort. |
|---|---|---|---|
| 1560 | Dr. Heyßler | Hof- u. Gerichts-Advokat | Wien. |
| 1561 | Hikisch | Wirkl. Hofrath des Obersten Gerichtshofes | Wien. |
| 1562 | Dr. Hirschhofer | Notar | Gratz. |
| 1563 | Dr. Hochenegg | Hof- u. Gerichts-Advokat | Wien. |
| 1564 | Dr. Hochhauser | Advokaturs-Kandidat | Steyer (Ob.-Oesterr.) |
| 1565 | Dr. Hock | Landes-Advokat | Leitmeritz (Böhmen). |
| 1566 | Dr. Höchsmann jun. | Advokaturs-Kandidat | Wien. |
| 1567 | Dr. Höchsmann | Advokat | Mauerkirchen (Ob.-Oest.) |
| 1568 | Höllinger | Landesgerichtsrath | Wien. |
| 1569 | Hölzl | Fin.-Minist.-Konzipist | Wien. |
| 1570 | Dr. Hönig | Advokaturs-Kandidat | Wien. |
| 1571 | Ritt. v. Höniger | Statthalterei-Sekretair | Wien. |
| 1572 | v. Hönigsberg | Notar | Wien. |
| 1573 | Dr. Hoffer | Hof- u. Gerichts-Advokat | Wien. |
| 1574 | Dr. Hofmann | Advokat | Waizenkirchen (Ob.-Oest.) |
| 1575 | Dr. Homann | Advokaturs-Kandidat | Wien. |
| 1576 | Horrack | Justizministerial-Konzipist | Wien. |
| 1577 | Dr. Hoßner | Gerichtsadjunkt | Korneuburg (Nied.-Oest.) |
| 1578 | Dr. Huber | Advokaturs-Kandidat | Wien. |
| 1579 | Hüber | Just.-Minist.-Sekretair | Wien. |
| 1580 | Hübner | Staatsanwalt | Krems (Nied.-Oesterr.) |
| 1581 | Dr. v. Huze | Hof- u. Gerichts-Advokat | Wien. |
| 1582 | Frh. v. Krticzka-Jaden. | Gerichtsadjunkt | Wien. |
| 1583 | Janovski | Bezirksamts-Aktuar | Neubistritz (Böhmen). |
| 1584 | Jauner | Statthalterei-Konzipist | Wien. |
| 1585 | Dr. Jeannée | Advokaturs-Kandidat | Wien. |
| 1586 | Graf v. Jerningham | Ober-Landesgerichtsrath | Wien. |
| 1587 | v. Wening-Ingenheim auf Hirschhorn | Doktor der Rechte | Wien. |
| 1588 | Joem | Gerichtsadjunkt | Wien. |
| 1589 | Dr. Johanny | Advokaturs-Kandidat | Wien. |
| 1590 | Dr. Jordan | Notar | Humpolec (Böhmen). |

| Nr. | Name. | Stand. | Wohnort. |
|---|---|---|---|
| 1591 | Dr. Isling | Advokaturs-Kandidat | Wien. |
| 1592 | Dr. Jünger | Hof- und Gerichts-Advokat | Wien. |
| 1593 | Dr. Jüngling | Notariats-Kandidat | Wien. |
| 1594 | Dr. Jurnitschek | Fin.-Prok.-Konz.-Prakt. | Wien. |
| 1595 | Dr. Kafka | Hof- u. Gerichts-Advokat | Wien. |
| 1596 | Kagerbauer | Ober-Staatsanwalt | Wien. |
| 1597 | Dr. Kaiser | Notar | Wien. |
| 1598 | Dr. Kaizl | Hof- u. Gerichts-Advokat | Wien. |
| 1599 | Dr. Kalessa | Ober-Finanzrath | Wien. |
| 1600 | Dr. Kallina | Ober-Landesgerichtsrath | Prag. |
| 1601 | Dr. v. Kaltenegger | Finanzrath | Laibach. |
| 1602 | Kannhäuser | Notar | Weißenbach (Ob.-Oestr.) |
| 1603 | Kapretz | Landesgerichts-Sekretair, Vertreter der Juristischen Gesellschaft zu Laibach | Laibach. |
| 1604 | Karrer | Notar | Raabs (Nieder-Oesterr.) |
| 1605 | Dr. Kastner | Notar | Hernals bei Wien. |
| 1606 | Dr. Kaufmann | Advokat | Neustadt (Mähren). |
| 1607 | Dr. Kaul | Landesadvokat | Neutitschein (Mähren). |
| 1608 | Keller | Landesgerichtsrath | Krakau. |
| 1609 | Kemperl | Ministerial-Rath im Justiz-Ministerium | Wien. |
| 1610 | Kern | Doktor der Rechte | Wien. |
| 1611 | Kerner | Landesgerichts-Adjunkt | Wien. |
| 1612 | Dr. Kerschner | Notariats-Kandidat | Hernals bei Wien. |
| 1613 | Ritt. v. Kindinger | Pens. Sekt.-Chef des Justiz-Ministeriums, zugeth. beim Obersten Gerichtshof | Wien. |
| 1614 | Dr. Kirsch | Advokaturs-Kandidat | Wien. |
| 1615 | Dr. Ritt. v. Kißling | Advokat | Schärding (Ob.-Oest.) |
| 1616 | Kleindl | Wirkl. Hofrath des Obersten Gerichtshofes | Wien. |
| 1617 | Kleiner | Notar | Gr. Enzersdorf u. Marchegg (Nieder-Oest.) |
| 1618 | Kleinrath | Fin.-Minist.-Konz.-Adjunkt | Wien. |

| Nr. | Name. | Stand. | Wohnort. |
|---|---|---|---|
| 1619 | Klier | Landesgerichtsrath | Wien. |
| 1620 | Dr. Klob | Auskultant | Wien. |
| 1621 | Dr. Klob | Advokaturs-Kandidat | Brünn. |
| 1622 | Klucky | Auskultant | Wien. |
| 1623 | Dr. Knepler | Hof- und Gerichts-Advokat | Wien. |
| 1624 | Dr. Kock | Bezirksamts-Aktuar | Ischl (Ober-Oesterr.) |
| 1625 | Dr. Köchler | Hof- und Gerichts-Advokat | Wien. |
| 1626 | König | Gerichts-Adjunkt | Wien. |
| 1627 | Dr. Königsberg | Advokaturs-Kandidat | Penzing bei Wien. |
| 1628 | Dr. Kolbe | Advokaturs-Kandid. u. Notar u. Archivar der Wiener jurist. Fakultät | Wien. |
| 1629 | Dr. Kolisko | Hof- u. Gerichts-Advokat u. Notar | Wien. |
| 1630 | Dr. Kopp | Advokaturs-Kandidat | Wien. |
| 1631 | Dr. Kotschy | Advokaturs-Kandidat | Wien. |
| 1632 | Dr. Kral | Staatsanwalts-Substitut | Wien. |
| 1633 | Dr. Krammer | Hof- u. Gerichts-Advokat | Wien. |
| 1634 | Dr. Th. Kratky | Advokaturs-Kandidat | Wien. |
| 1635 | Frhr. v. Krauß | Wirkl. Geh.-Rath u. I. Präsident d. Ob.-Gerichtshofes | Wien. |
| 1636 | Frhr. v. Krauß | Statthalt.-Konz.-Adjunkt | Wien. |
| 1637 | Frhr. v. Krauß | Auskultant | Wien. |
| 1638 | Krenn | Ober-Landesgerichtsrath | Wien. |
| 1639 | Dr. Kritsch | Ministerialrath im Justizmin. | Wien. |
| 1640 | Dr. Kronawetter | Magistrats-Conc.-Prakt. | Wien. |
| 1641 | v. Kronegg | Ober-Staatsanw.- Stellvertr. | Korneuburg (Nied.-Oest.) |
| 1642 | Krumhaar | Ministerial-Konzipist | Wien. |
| 1643 | Dr. Krumpholz | Advokaturs-Kandidat | Brünn. |
| 1644 | Kubenik | Doktor der Rechte | Wien. |
| 1645 | Küchler | Bez.-Amts-Adjunkt | Hernals bei Wien. |
| 1646 | Dr. Kunzek | Staatsanwalt | Wien. |
| 1647 | Dr. Kunwald | Advokaturs-Kandidat | Wien. |
| 1648 | Kunst | Landesgerichtsrath | Wien. |
| 1649 | Laaber | Bezirksvorsteher | Gloggnitz (Nied.-Oest.) |

| Nr. | Name. | Stand. | Wohnort. |
|---|---|---|---|
| 1650 | Ritt. v. Laminet | Ober-Landesgerichtsrath | Brünn. |
| 1651 | Dr. Lammasch | Notar | Wien. |
| 1652 | Lampl | Bezirksvorsteher | Neuhofen (Ober-Oesterr.) |
| 1653 | Lang | Gerichts-Adjunkt | Brünn. |
| 1654 | Dr. Langer | Notar, Präses des Wiener Notaren-Kollegiums | Wien. |
| 1655 | Ritt. v. Lasser | Wirkl. Geh.-Rath u. Minister | Wien. |
| 1656 | Laßnigg | Landesgerichtsrath | Wien. |
| 1657 | Laube | Concepts-Kandidat bei der österr. Finanz-Prokuratur | Wien. |
| 1658 | Dr. Lauda | Advokaturs-Kandidat | Wien. |
| 1659 | Dr. Lechner | Notar | Wien. |
| 1660 | Dr. Lederer | Advokaturs-Kandidat | Wien. |
| 1661 | Dr. Leese | Advokaturs-Kandidat | Wien. |
| 1662 | Dr. Lekisch | Hof- u. Gerichts-Advokat | Wien. |
| 1663 | Lemayer | Wirkl. Hofrath des Obersten Gerichtshofes | Wien. |
| 1664 | Dr. Lewinger | Advokaturs-Kandidat | Wien. |
| 1665 | v. Lewinsky | Sekt.-Chef im Staatsminist. | Wien. |
| 1666 | Dr. Leyrer | Hof- u. Gerichts-Advokat | Wien. |
| 1667 | Dr. Libitzky | Advokaturs-Kandidat | Wien. |
| 1668 | Dr. Lichtblau | Advokaturs-Kandidat | Wien. |
| 1669 | Dr. Lichtenstern | Advokaturs-Kandidat | Wien. |
| 1670 | Dr. Lichtenstern | Hof- u. Gerichts-Advokat | Wien. |
| 1671 | Dr. Lichtenstern | Rechtspraktikant | Prag. |
| 1672 | Lienbacher | Saatsanwalt | Wien. |
| 1673 | Lihotzky | Sekt.-Rath im Justizmin. | Wien. |
| 1674 | Dr. Lind | Conceptsadj. im Minist. für Handel u. Volkswirthschaft | Wien. |
| 1675 | Lindermann | Kreisgerichtsrath | Rovigno. |
| 1676 | Link | Ober-Landesgerichtsrath | Wien. |
| 1677 | Dr. Linkh | Auskultant | Wien. |
| 1678 | Dr. Liszt | Landesgerichtsrath | Wien. |
| 1679 | Dr. Löbell | Advokaturs-Kandidat | Wien. |
| 1680 | Löschnigg | Bezirksvorsteher | Gr. Enzersdorf (N.-Oest.) |

| Nr. | Name. | Stand. | Wohnort. |
|---|---|---|---|
| 1681 | Dr. Lötsch | Notar | Atzenbruck (Nied.-Oest.) |
| 1682 | Dr. Löw | Notariats-Kandidat | Wien. |
| 1683 | Dr. Löwe | Advokaturs-Kandidat | Wien. |
| 1684 | Löwenthal | Ministerialrath | Wien. |
| 1685 | Löwenthal | Finanz-Prokur. Conc.-Prakt. | Wien. |
| 1686 | Lorenz | Landesgerichtsrath | Böhm. Leippa (Böhmen). |
| 1687 | Dr. Lorenz | Advokaturs-Kandidat | Wien. |
| 1688 | Dr. Ludwig | Advokaturs-Kandidat | Wien. |
| 1689 | Dr. Machanek | Advokat | Auspitz (Mähren). |
| 1690 | Dr. Machek | Staatsanwalts-Substitut | Chrudim (Böhmen). |
| 1691 | Dr. Magg | Advokaturs-Kandidat | Wien. |
| 1692 | Mahler | Bezirksvorsteher | Baden bei Wien. |
| 1693 | Dr. v. Maly | Sektionsrath im Minist. für Handel u. Volkswirthschaft | Wien. |
| 1694 | Dr. Mandelblüh | Advokat | Olmütz (Mähren). |
| 1695 | Dr. Mardetschläger | Advokaturs-Kandidat | Wien. |
| 1696 | Dr. Maresch | Hof- und Gerichts-Advokat | Wien. |
| 1697 | Ritt. v. Martinez | Sektions-Chef. im Pol.-Min. | Wien. |
| 1698 | Dr. Maschke | Statth.-Konzip. | Wien. |
| 1699 | Dr. Mathis | Hof- und Gerichts-Advokat | Wien. |
| 1700 | Dr. Mauthner | Advokaturs-Kandidat | Wien. |
| 1701 | Dr. Mayer | Advokat | Steym (Ob.-Oester.) |
| 1702 | Dr. Mayer | Notar | Wien. |
| 1703 | Dr. Mayer | Auskultant | Wien. |
| 1704 | Dr. Mayer | Finanz-Prokur.-Adjunkt | Oedenburg (Ungarn). |
| 1705 | Dr. Mayerhofer | Notar | Wien. |
| 1706 | Mayr | Notar | Wien. |
| 1707 | Dr. Merk | Hof- und Gerichts-Advokat | Gratz. |
| 1708 | Merke | Ober-Landesgerichtsrath | Wien. |
| 1709 | Dr. Merta | Landesadvokat und Notar | Iglau (Mähren). |
| 1710 | Dr. Michel | Landesadvokat und Notar | Waidhofen a. d. Th. (N. Ö.) |
| 1711 | Dr. Mikischka | Hof- u. Ger.-Advokat | Wien. |
| 1712 | Mikschiczek | Notar | Brünn. |
| 1713 | Dr. Millanich | Advokaturs-Kandidat | Wien. |
| 1714 | Ritter v. Mitis | Sektions-Chef im Just.-Min. | Wien. |

| Nr. | Name. | Stand. | Wohnort. |
|---|---|---|---|
| 1715 | Ritter v. Mitis | Min.-Concipist | Wien. |
| 1716 | Dr. Mitlacher | Professor der Rechte an der mil. adm. Lehranstalt | Wien. |
| 1717 | Dr. Mitscha | Advokaturs-Kandidat | Wien. |
| 1718 | Dr. Mitschke | Auskultant | Wien. |
| 1719 | Mochnacki | Wirkl. Hofrath des Obersten Gerichtshofes | Wien. |
| 1720 | Edler v. Mörl | Notar | Vöcklabruck (Ob.-Oest.). |
| 1721 | Dr. Monti | Landesgerichts-Adjunkt | Wien. |
| 1722 | Dr. Moosmann | Advokaturs-Kandidat | Wien. |
| 1723 | Dr. Morawitz | Hof- und Gerichts-Advokat | Wien. |
| 1724 | Edler v. Moritz | Justiz-Ministerial-Sekretair | Wien. |
| 1725 | Dr. Moser | Hof- und Gerichts-Advokat | Wien. |
| 1726 | Dr. Moser | Advokat | Meseritsch (Mähren). |
| 1727 | Dr. Mraczek | Notar | Wien. |
| 1728 | Dr. Mück | Finanz-Prokur.-Concip. | Pesth. |
| 1729 | Dr. A. Müller jun. | Hof- und Gerichts-Advokat | Wien. |
| 1730 | Dr. M. Müller | Hof- und Gerichts-Advokat | Wien. |
| 1731 | Dr. Müller | Advokaturs-Kandidat | Wien. |
| 1732 | v. Napadiewicz | Wirkl. Hofrath des Obersten Gerichtshofes | Wien. |
| 1733 | Dr. Nava | Advokaturs-Kandidat | Wien. |
| 1734 | Nebesky | Bezirksvorsteher | Mistelbach (N.-Oest.). |
| 1735 | v. del Negro | Ober-Landesgerichtsrath | Graz. |
| 1736 | Nentwich | Gerichts-Adjunkt | Wien. |
| 1737 | Dr. Neumann | Rath, Hof- u. Gerichts-Adv. | Wien. |
| 1738 | Dr. Neumann | Regierungs-Rath und Professor der Rechte | Wien. |
| 1739 | Dr. Ritter von Neupauer | Advokaturs-Kandidat | Wien. |
| 1740 | Ritter v. Neuwall | Min.-Rath im Finanz-Min. | Wien. |
| 1741 | Dr. Newald | Militair-Agent | Wien. |
| 1742 | Dr. Newald | Advokat | Wr. Neustadt (N.-Oest.). |
| 1743 | Dr. Nowak | Advokaturs-Kandidat | Wien. |
| 1744 | Ritt. v. Wacek-Orlic | Statth.-Konz.-Praktikant | Wien. |

| Nr. | Name. | Stand. | Wohnort. |
|---|---|---|---|
| 1745 | Dr. v. Ostheim | Advokaturs-Kandidat | Wien. |
| 1746 | Dr. v. Ott | Präsid. der mähr. Advokaten-Kammer u. m. schl. Landes-Advokat | Brünn. |
| 1747 | Dr. Oxenbauer | Hof- u. Ger.-Advokat | Wien. |
| 1748 | Dr. Pabst | Min.-Rath im Handels-Min. | Wien. |
| 1749 | Frhr. v. Päumann | Statth.-Konz.-Prakt. | Wien. |
| 1750 | Dr. Pann | Advokaturs-Kandidat | Wien. |
| 1751 | Paravicini | Notar | Hainburg (N.-Oest). |
| 1752 | v. Pauer | Wirkl. Hofrath des Obersten Gerichtshofes | Wien. |
| 1753 | Dr. Pawek | Hof- und Gerichts-Advokat | Wien. |
| 1754 | Dr. Pawlik | Advokaturs-Kandidat | Wien. |
| 1755 | Dr. Peck | Gerichts-Adjunkt | Wien. |
| 1756 | Peer | Auskultant | Wien. |
| 1757 | Peiger | Bezirksvorsteher | Hernals bei Wien. |
| 1758 | Dr. Peitler | Advokaturs-Kandidat | Wien. |
| 1759 | Ritter v. Peller | Wirkl. Hofrath des Obersten Gerichtshofes | Wien. |
| 1760 | Dr. v. Pelser | Auskultant | Wien. |
| 1761 | Ritter v. Perisutti | disp. Ober-Landesgerichts-Vice-Präsident | Wien. |
| 1762 | Dr. Perlep | Advokaturs-Kandidat | Wien. |
| 1763 | Peyrer | Bezirksvorsteher, zugetheilt beim Staatsministerium | Wien. |
| 1764 | Dr. Pfaff | Professor | Hermannstadt (Siebenb.). |
| 1765 | Dr. Pfob | Advokaturs-Kandidat | Wien. |
| 1766 | Edler v. Pfungen | Ober-Landesgerichtsrath | Wien. |
| 1767 | Dr. Ritt. v. Pfusterschmid | Notar | Wr. Neustadt (N.-Oester.) |
| 1768 | Pichler | Min.-Concip. im Minist. für Handel u. Volkswirthschaft | Wien. |
| 1769 | Pick | Landesgerichtsrath | Brünn. |
| 1770 | Dr. Pieta | Advokat | Kromau (Mähren) |

| Nr. | Name. | Stand. | Wohnort. |
|---|---|---|---|
| 1771 | Dr. Ritt. v. Pipitz | W. Geh.-Rath u. Gouverneur d. pr.-öster. Nationalbank | Wien. |
| 1772 | Pisch | Advokaturs-Concipient | Wien. |
| 1773 | Ritter v. Pitreich | Wirkl. Hofrath d. Obersten Gerichtshofes | Wien. |
| 1774 | Plachy | Notar | Mähr. Neustadt (Mähr.). |
| 1775 | Dr. Edl. v. Platner | Advokat | Triest. |
| 1776 | Dr. Plattner | Notar | Praegarten (Ob.-Oest.). |
| 1777 | Edler v. Plener | Wirkl. Geh. Rath u. Finanz-Minister | Wien. |
| 1778 | Dr. Pobeheim | Notar | Wien. |
| 1779 | Pohl | Staatsanwalt | Reichenberg (Böhmen). |
| 1780 | Dr. Fr. Pokorny | Hof- u. Gerichts-Advokat | Wien. |
| 1781 | Dr. Ed. Pokorny | Hof- und Gerichts-Advokat | Wien. |
| 1782 | Poliakowitz | Auskultant | Wien. |
| 1783 | Pollanetz | Statth.-Konz.-Adjunkt | Wien. |
| 1784 | Dr. Ponfickl | Finanzprokur.-Conc. Prakt. | Wien. |
| 1785 | Dr. Pongratz | Hof- und Gerichts-Advokat | Laibach. |
| 1786 | Dr. Poppenberger | Advokaturs-Kandidat | Wien. |
| 1787 | Posch | Landesgerichtsrath | Wien. |
| 1788 | Dr. Poschacher | Notar | Hallein (Salzburg). |
| 1789 | Dr. Posener | Advokaturs-Kandidat | Gratz. |
| 1790 | Dr. Postl | Advokaturs-Kandidat | Wien. |
| 1791 | Dr. Pozorny | Mähr. Landschafts-Concip. | Brünn. |
| 1792 | Frhr. v. Prandau | Bezirksamts-Aktuar | Hietzing bei Wien. |
| 1793 | Dr. Prazak | Notar | Olmütz (Mähren). |
| 1794 | Preiß | disp. Stuhlrichter | Hernals bei Wien. |
| 1795 | Dr. Preißler | Advokaturs-Kandidat | Wien. |
| 1796 | Dr. Priemann | Advokaturs-Kandidat | Wien. |
| 1797 | Primaresi | Wirkl. Hofrath des Obersten Gerichtshofes | Wien. |
| 1798 | Dr. Prix | Advokaturs-Kandidat | Wien. |
| 1799 | Dr. Pröll | Notar | Linz. |
| 1800 | Dr. Prokosch | Notar | Neubistritz (Böhmen). |
| 1801 | Proksch | Notar | Wien. |

| Nr. | Name. | Stand. | Wohnort. |
|---|---|---|---|
| 1802 | Pruggberger | Bezirksamts-Aktuar | Baden bei Wien. |
| 1803 | Dr. Ptaczek | Advokat u. Notar | Boskowitz (Mähren). |
| 1804 | Dr. Vesque v. Püttlingen | Wirkl. Hof- u. Ministerialrath | Wien. |
| 1805 | Puntschart | Doktor der Phil. u. d. Rechte | Wien. |
| 1806 | Dr. Ritter von Raimann | Gerichts-Adjunkt | Wien. |
| 1807 | v. Rainer | Fin.-Minist.-Konzipist | Wien. |
| 1808 | Dr. Randa | Universitäts-Professor | Prag. |
| 1809 | Dr. Ranzi | Advokaturs-Kandidat | Wien. |
| 1810 | Ranzoni | Kreisgerichts-Präsident | St. Pölten (N.-Oest.). |
| 1811 | Dr. Rapp | Notar | Wien. |
| 1812 | Ratkofsky | Doktor der Rechte | Wien. |
| 1813 | Ratoliska | Bezirksvorsteher | Praegarten (Ob.-Oest.). |
| 1814 | Dr. Rechbauer | Hof- u. Gerichts-Avokat | Gratz. |
| 1815 | Dr. Ritter v. Reich | Min.-Rath im Staatsminist. | Wien. |
| 1816 | Dr. Reich | Notar | Wien. |
| 1817 | Reidlinger | Notar | Tulln (N.-Oest.). |
| 1818 | Reindl | Notar | Urfahr b. Linz (Ob.-Oest.). |
| 1819 | Dr. Reiner | Notariats-Kandidat | Wien. |
| 1820 | Edler v. Reinlein | Min.-Rath im Justizminist. | Wien. |
| 1821 | Reischl | Notar | Grein a. d. Donau. |
| 1822 | Dr. Reiser | Advokaturs-Kandidat | Wien. |
| 1823 | Dr. Reißig | Notar | Mistek (Mähren). |
| 1824 | Dr. Ritt. v. Retzig | Senats-Präsid. am obst. Gerichtshof | Wien. |
| 1825 | Edler v. Rettich | Landesgerichtsrath | Wien. |
| 1826 | Dr. v. Steinbüchel-Rheinwall | Ober-Finanzrath u. Central-Inspektor d. Finanz-Min. | Wien. |
| 1827 | Dr. Richter | Hof- und Gerichts-Advokat | Wien. |
| 1828 | Richter | Gerichts-Adjunkt | Wien. |
| 1829 | Dr. Richter | Advokaturs-Kandidat | Wien. |
| 1830 | Dr. Riehl | Advokat | Wiener-Neustadt (N.-Ö.). |
| 1831 | Dr. Rigler | Advokaturs-Kandidat | Wien. |
| 1832 | Rizy | Disp. Stuhlrichter | Freistadt (Ob.-Oest.). |

| Nr. | Name. | Stand. | Wohnort. |
|---|---|---|---|
| 1833 | Dr. Rodler | Notariats-Kandidat | Wien. |
| 1834 | Dr. Rösler | Advokaturs-Kandidat | Wien |
| 1835 | Dr. Rößler | Advokaturs-Kandidat | Wien. |
| 1836 | v. Rosenfeld | Sekt.-Chef d. Finanz-Minist. | Wien. |
| 1837 | Dr. Rosenfeld | Hof- und Gerichts-Advokat | Wien. |
| 1838 | Rosmanit | Statthalterei-Rath | Wien. |
| 1839 | Rott | Notar | Wien. |
| 1840 | Dr. Rottensteiner | Landes-Advokat | Mürzzuschlag (Steierm.) |
| 1841 | Dr. Rulf | Professor der Rechte | Lemberg. |
| 1842 | Dr. Edl. v. Ruthner | Hof- und Gerichts-Advokat | Wien. |
| 1843 | Dr. Rziha | Advokat | Budweis (Böhmen). |
| 1844 | Frhr. v. Sacken | Ober-Landesgerichtsrath | Wien. |
| 1845 | Salomon | Ober-Landesgerichtsrath | Wien. |
| 1846 | Dr. Salomon | Advokaturs-Kandidat | Wien. |
| 1847 | Dr. Schachner | Advokaturs-Kandidat | Wien. |
| 1848 | Dr. Schanzer | Advokaturs-Kandidat | Wien. |
| 1849 | Ritt. v. Scharfen | Minist.-Rath im Justiz-Min. | Wien. |
| 1850 | Scheiner | Notar | Neulengbach (N.-Oest.) |
| 1851 | Dr. Schenk | Advokaturs-Kandidat | Wien. |
| 1852 | Scheschigg | Ober-Landesgerichtsrath | Wien. |
| 1853 | Dr. Schidrowitz | Advokaturs-Kandidat | Wien. |
| 1854 | Dr. Schiestl | Hof- und Gerichts-Advokat | Wien. |
| 1855 | Dr. Schik | Notar | Wien. |
| 1856 | Schiller | Notar | Seittenstetten (N.-Oest.). |
| 1857 | Dr. Schimkowsky | Notariats-Substitut | Jägerndorf (Schlesien). |
| 1858 | Dr. Schinhann | Notar | Wolkersdorf (N.-Oest.). |
| 1859 | Schlager | Bezirksvorsteher | Tulln (N.-Oest.). |
| 1860 | Dr. Schlesinger | Advokaturs-Kandidat | Leitmeritz (Böhmen). |
| 1861 | Dr. Schlögelgruber | Hof- und Gerichts-Advokat | Wien. |
| 1862 | Schlossarek | Bezirksvorsteher | Sternberg (Mähren). |
| 1863 | Dr. Schlosser | Advokaturs-Kandidat | Graz. |
| 1864 | Ritter v. Schmerling | Wirkl. Geh. Rath u. Staatsminister | Wien. |
| 1865 | Dr. Ritter v. Schmerling | Landesgerichtsrath | Wien. |

| Nr. | Name. | Stand. | Wohnort |
|---|---|---|---|
| 1866 | Dr. Schmeykal | Mitglied des Böhm. Landes-Ausschusses | Prag. |
| 1867 | Dr. Schmidkunz | Advokaturs-Kandidat | Wien. |
| 1868 | Dr. Schmidt | Staatsanwalts-Substitut | Wien. |
| 1869 | Dr. Schmitt | Hof- und Gerichts-Advokat, Wechs.-Notar | Wien. |
| 1870 | Schneider | Advokaturs-Concipient | Wien. |
| 1871 | Dr. Schneider | Advokaturs-Kandidat | Wien. |
| 1872 | Dr. Schneider | Advokaturs-Kandidat | Steyer (Ob.-Oest.) |
| 1873 | Schneider | Bezirksvorsteher | Neulengbach (N.-Oest.). |
| 1874 | Schober | Staatsanwalts-Substitut | Wien. |
| 1875 | Schöbl | Ministerialrath i. Fin.-Min. | Wien. |
| 1876 | Dr. Schönpflug | Hof- und Gerichts-Advokat | Wien. |
| 1877 | Dr. Schosserer | Finanz-Prokur.-Adjunkt | Wien. |
| 1878 | Schranzhofer | Gerichtsadjunkt | Wien. |
| 1879 | Dr. Schreiner | Professor d. Staatswiss. | Graz. |
| 1880 | Schubert | Ober-Landesgerichtsrath | Prag. |
| 1881 | Dr. Schüller | Advokaturs-Kandidat | Wien. |
| 1882 | Dr. Schüßler | Advokaturs-Kandidat | Wien. |
| 1883 | Dr. Edler v. Schulheim | Hofrath und Leiter des Ob. Landesgerichts | Wien. |
| 1884 | Schustler | Notar | Neutitschein (Mähren) |
| 1885 | Schwab | Wirkl. Hofrath des Obersten Gerichtshofes | Wien. |
| 1886 | Dr. Schwach | disp. Prof. d. Rechte a. Pesth | Penzing bei Wien. |
| 1887 | Dr. Schwach | Landes-Advokat | Baden bei Wien. |
| 1888 | Schwaiger | Min.-Concip. | Wien. |
| 1889 | Schwalm | Kreisgerichtsrath | Teschen (öster. Schles.). |
| 1890 | Schwarz | Landesgerichts-Vice-Präsident | Wien. |
| 1891 | Schwarz | Landesgerichtsrath | Wien. |
| 1892 | Dr. Schwarz | Notar | Wien. |
| 1893 | Edl. v. Schwarzwald | Fin.-Minist.-Sekretair | Wien. |
| 1894 | Dr. Ritt. v. Schweidler | Advokaturs-Kandidat | Wien. |

| Nr. | Name. | Stand. | Wohnort. |
|---|---|---|---|
| 1895 | Dr. Schweinburg | Advokaturs-Kandidat | Wien. |
| 1896 | Seeliger | Notar | Schrems. |
| 1897 | Dr. Segner | Ger.-Adjunkt | Wien. |
| 1898 | Seidel | Advokat | Nikolsburg (Mähren). |
| 1899 | Dr. Seidler | Bezirksamts-Aktuar | Schwechat bei Wien. |
| 1900 | Dr. Jos. Freiherr v. Seiller | Hof- und Gerichts-Advokat | Wien. |
| 1901 | Dr. Joh. Freiherr v. Seiller | Hof- und Gerichts-Advokat | Wien. |
| 1902 | Dr. Seligmann | Landgerichtsrath | Wien. |
| 1903 | Dr. Smuk | Hof- und Gerichts-Advokat | Wien. |
| 1904 | Dr. Sochor | Advokaturs-Kandidat | Wien. |
| 1905 | Dr. Frhr. v. Sommaruga | Sektionsrath i. Finanz-Min. | Wien. |
| 1906 | Dr. Edler v. Sonnleithner | Hof- und Gerichts-Advokat und Wechs.-Notar | Wien. |
| 1907 | Spanner | Advokaturs-Concipient | Wien. |
| 1908 | Sperl | Notar | Rohitsch (Steiermark). |
| 1909 | Dr. Spitzer | Advokaturs-Kandidat | Wien. |
| 1910 | Staar | Justiz-Ministerial-Concipist | Wien. |
| 1911 | v. Stahl | Concepts-Adjunkt i. Ministerium für Handel u. Volkswirthschaft | Wien. |
| 1912 | Dr. Stammfest | Advokaturs-Kandidat | Wien. |
| 1913 | Dr. Stampfer | Advokaturs-Kandidat | Wien. |
| 1914 | Dr. Staudinger | Bezirksamts-Aktuar | Ischl (Ob.-Oest.). |
| 1915 | Dr. Stein | Professor d. Staatswissensch. | Wien. |
| 1916 | Dr. Steiner | Hof- und Gerichts-Advokat | Wien. |
| 1917 | Steiner | Landesgerichtsrath | Wien. |
| 1918 | Steinitz | Sekt.-Rath im Fin.-Min. | Wien. |
| 1919 | Steinitz | Fin.-Min.-Konz.-Adjunkt | Wien. |
| 1920 | Dr. Stella | Advokaturs-Kandidat | Wien. |
| 1921 | Dr. Stern | Landesgerichtsrath | Wien. |
| 1922 | Dr. Mich. Stern | Advokaturs-Kandidat | Wien. |
| 1923 | Dr. Alfr. Stern | Advokaturs-Kandidat | Wien. |

| Nr. | Name. | Stand. | Wohnort. |
|---|---|---|---|
| 1924 | Dr. Sterzinger | Notar | Wien. |
| 1925 | Stiepanek | Notar | Neustadt (Mähren). |
| 1926 | Still | Gerichts-Adjunkt | Wien. |
| 1927 | Dr. Stingl | Advokaturs-Kandidat | Krems (N.-Oest.). |
| 1928 | Dr. Stirner | Advokaturs-Kandidat | Wien |
| 1929 | Ritter v. Stöckl | Wirkl. Hofrath des Obersten Gerichtshofes | Wien. |
| 1930 | Stöger | Gerichts-Adjunkt | Wien. |
| 1931 | Dr. Stöger | Advokaturs-Kandidat | Wien. |
| 1932 | Dr. Stöhr | Advokaturs-Kandidat | Wien. |
| 1933 | Dr. van der Straß | Landes-Advokat | Neutitschein (Mähren). |
| 1934 | Dr. Schulz v. Straßnitzki | Conc.-Adj. im Finanz-Min. | Wien. |
| 1935 | Dr. Strauß | Advokaturs-Kandidat | Wien. |
| 1936 | Dr. Suppantschitsch | Präsid. d. Advokaten-Kammer, Hof- u. Gerichts-Advokat | Wien. |
| 1937 | Dr. v. Szymonovicz | Wirkl. Geh. Rath und disp. Oberlandesgerichts-Präsid., zugeth. beim Ob. Gerichtshof | Wien. |
| 1938 | Frhr. v. Tacco | Statth.-Concip., zugetheilt im Staatsministerium | Wien. |
| 1939 | Dr. Tachau | Fin.-Prok.-Konzipist | Wien. |
| 1940 | Tachauer | Gerichts-Adjunkt | Korneuburg (N.-Oest.). |
| 1941 | Teischinger | Landesgerichtsrath | Graz. |
| 1942 | Dr. Teltscher | Hof- und Gerichts-Advokat | Wien. |
| 1943 | Teltschik | Notar | Grieskirchen (Ob.-Oest.). |
| 1944 | Terdich | Kreisgerichtsrath | Wien. |
| 1945 | Terpin | Notar | Littau (Krain). |
| 1946 | v. Teschenberg | Min.-Concepts-Adj. im Ministerium für Handel und Volkswirthschaft | Wien. |
| 1947 | Thiemann | Statthalterei-Rath | Wien. |
| 1948 | Dr. Tomaschek | Privatdozent a. d. jur. Fakult. | Wien. |
| 1949 | Frhr. von Lederer-Trattnern | Min.-Conc. i. Staatsminist. | Wien. |

| Nr. | Name. | Stand. | Wohnort. |
|---|---|---|---|
| 1950 | Dr. Ritt. v. Trebersburg | Hof- und Gerichts-Advokat | Wien. |
| 1651 | Polivka v. Treuensee | Ober-Landesgerichtsrath | Wien. |
| 1952 | v. Mießl-Treuenstadt | Hof- u. Minist.-Sekretair | Wien. |
| 1953 | Dr. Treves | Advokaturs-Kandidat | Wien. |
| 1954 | Dr. Trieschet | Advokaturs-Kandidat | Proßnitz (Mähren). |
| 1955 | Dr. Tripold | Advokaturs-Kandidat | Graz. |
| 1956 | Dr. Troll | Hof- und Gerichts-Advokat | Wien. |
| 1957 | Dr. Trotter | Hof- und Gerichts-Advokat | Wien. |
| 1958 | Ritt. v. Tschabuschnigg | Wirkl. Hofrath des Obersten Gerichtshofes | Wien. |
| 1959 | Turteltaub | Advokaturs-Concipient | Wien. |
| 1960 | Ueberacker | Ober-Landesgerichtsrath | Wien. |
| 1961 | Dr. Ulbricht | Advokaturs-Kandidat | Wien. |
| 1962 | Dr. Uranitsch | Hof- und Gerichts-Advokat | Laibach. |
| 1963 | Dr. Veghi | Professor der Rechte | Wien. |
| 1964 | Dr. Vergeiner | Advokat und Notar | Freistadt (Ob.-Oest.). |
| 1965 | Dr. Veth | Auskultant | Feldberg (N.-Oest.). |
| 1966 | Dr. Vickhof | Advokaturs-Kandidat | Wien. |
| 1967 | Dr. v. Vilas | Advokaturs-Kandidat | Wien. |
| 1968 | Dr. Völkl | Advokaturs-Kandidat | Wien. |
| 1969 | Dr. Vollmayer | Hof- und Gerichts-Advokat | Wien. |
| 1970 | Wagner | Bezirksamts-Adjunkt | Ischl (Ob.-Oest.). |
| 1971 | Karl Wagner | Landesgerichtsrath | Wien. |
| 1972 | Dr. Alois Wagner | Landesgerichtsrath | Wien. |
| 1973 | v. Walter | Rathssekretair | Wien. |
| 1974 | Walter | Gerichtsadjunkt | Wien. |
| 1975 | Dr. Warton | Hof- und Gerichts-Advokat | Wien. |
| 1976 | Dr. Ritter v. Waser | Staatsanwalt | Gratz. |
| 1977 | Dr. Edler v. Wehli | Minist.-Rath im Staatsmin. | Wien. |
| 1978 | Dr. Wehli | Hof- und Gerichts-Advokat | Wien. |
| 1979 | Dr. Weigl | Kreisgerichts-Präsident | Steyr (Ob.-Oest.). |
| 1980 | Dr. Weil | Regierungsrath im Minist. d. Aeußern | Wien. |

| Nr. | Name. | Stand. | Wohnort. |
|---|---|---|---|
| 1981 | Dr. Weinlich | Advokaturs-Kandidat | Wien. |
| 1982 | Dr. Weinmann | Advokaturs-Kandidat | Wien. |
| 1983 | Weis | Minist.-Rath im Minist. für Handel u. Volkswirthschaft | Wien. |
| 1984 | Dr. Weiß | Advokaturs-Kandidat | Wien. |
| 1985 | Dr. Weißel | Hof- und Gerichts-Advokat | Wien. |
| 1986 | Dr. Weißmann | Minist.-Rath im Staatsmin. | Wien. |
| 1987 | Dr. Weitlof | Advokaturs-Kandidat | Wien. |
| 1988 | Ritt v. Weixelbaum | Hofrath | Wien. |
| 1989 | Graf v. Welsersheimb | Ober-Landesgerichtsrath | Gratz. |
| 1990 | Dr. Ritter v. Wenisch | disp. Ober-Landesger.-Präsident | Wien. |
| 1991 | Werner | Doktor d. Rechte und Gymnasiallehrer | Iglau (Mähren). |
| 1992 | Dr. Werner | Advokaturs-Kandidat | Wien. |
| 1993 | Dr. Westermayer | Hofconcipist | Wien. |
| 1994 | Dr. Wien | Advokaturs-Kandidat | Prag. |
| 1995 | Dr. Wiener | Advokat | Prag. |
| 1996 | Wierzbicki | Ministerial-Sekretair | Wien. |
| 1997 | Dr. Wilhelm | Concept.-Prakt. der Oest. Finanz-Prokuratur | Wien. |
| 1998 | Willfort | Bezirksamts-Aktuar | Ravelsbach (N.-Oest.). |
| 1999 | Dr. Waidele Edler v. Willingen | Landesgerichts-Präsident | Prag. |
| 2000 | Dr. Willner | Hof- u. Ger.-Advokat | Wien. |
| 2001 | Dr. Ritter v. Winiwarter | Hof- und Gerichts-Advokat | Wien. |
| 2002 | Czapka Freiherr v. Winstetten | Hofrath | Wien. |
| 2003 | Dr. Winter | Advokaturs-Kandidat | Wien. |
| 2004 | Wirl | Bezirks-Vorsteher | Ischl. |
| 2005 | Dr. Wiser | Hof- u. Ger.-Adv. | Linz. |
| 2006 | Wissiagg | Landesgerichtsrath | Wien. |
| 2007 | Dr. Wittek | Advokat | Znaim (Mähren). |

| Nr. | Name. | Stand. | Wohnort. |
|---|---|---|---|
| 2008 | Ritter v. Wittmann | Wirkl. Hofrath d. Obersten Gerichtshofes | Wien. |
| 2009 | Dr. Wittmayer | Advokaturs-Kandidat | Wien. |
| 2010 | Dr. Wodikh | Hof- und Gerichts-Advokat | Wien. |
| 2011 | Wögerer | Ober-Landesgerichtsrath | Wien. |
| 2012 | Dr. Wölhelm | Landes-Advokat | Brünn. |
| 2013 | Ritter v. Wolff | Hofrath des Obersten Gerichtshofes | Wien. |
| 2014 | Dr. Wrann | Advokat | Bruck a. d. Leitha (N.-Öst.) |
| 2015 | Dr. Edl. v. Würth | Advokaturs-Kandidat | Wien. |
| 2016 | Dr. Wunsch | Hof- und Gerichts-Advokat | Wien. |
| 2017 | Zabéo | Staats-Minist.-Konzipist | Wien. |
| 2018 | Zachár | Staatsanwalt-Substitut | Wien. |
| 2019 | Dr. Zeiner | Hof- und Gerichts-Advokat | Wien. |
| 2020 | Dr. Zeithammer | Advokaturs-Kandidat | Wien. |
| 2021 | Dr. Zelinka | Bürgerm. v. Wien, Hof- u. Gerichts-Advokat | Wien. |
| 2022 | Dr. Zillich | Advokat | St. Pölten (N.-Oest.). |
| 2023 | Dr. Zimmermann | Advokaturs-Kandidat | Wien. |
| 2024 | Dr. Zirkel | Ober-Landesgerichtsrath | Prag. |
| 2025 | v. Zurowski | Bez.-Amtsactuar | Pilzow (Galizien). |

## Königreich Preußen.

| | | | |
|---|---|---|---|
| 2026 | Ahlemann | Justiz-Rath, Rechtsanwalt | Grätz (bei Posen). |
| 2027 | Bartsch | Appellationsgerichts-Auskult. | Reichenbach (Schlesien). |
| 2028 | Bauer | Appellationsger.-Referendar | Reichenbach (Schlesien). |
| 2029 | Bayer | Rechtsanwalt | Schönau (Schlesien). |
| 2030 | Bernhard | Gerichts-Assessor | Berlin, Oranienstr. 63. |
| 2031 | Blöbaum | Rechtsanwalt | Berent. |
| 2032 | Böhm | Rechtsanwalt | Berlin. |
| 2033 | Brachvogel | Rechtsanwalt | Wollstein. |
| 2034 | Brohm | Gerichts-Assessor | Quedlinburg. |
| 2035 | Buchwald | Rechtsanwalt u. Notar | Gr.-Strelitz (Schlesien). |
| 2036 | Burchard | Appellationsgerichts-Präsid. | Ratibor. |

| Nr. | Name. | Stand. | Wohnort. |
|---|---|---|---|
| 2037 | Burchard | Kreisrichter | Wittstock. |
| 2038 | v. Choltitz | Kreisgerichtsrath | Jauer. |
| 2039 | Crome | Regierungsrath | Erfurt. |
| 2040 | Deumer | Advokat | Kamenz. |
| 2041 | Ehlert | Kreisrichter | Niemeck. |
| 2042 | Ehrenberg | Regier.-Assef. a. D. u. Stadtr. | Halle. |
| 2043 | Frh. v. Emmendorff | Staatsanwalt | Crossen. |
| 2044 | Engelmann | Justizrath, Rechtsanwalt | Ratibor. |
| 2045 | Epstein | Gerichts-Assessor | Berlin, Grenadierstr. 34. |
| 2046 | Fahrenhorst | Kreisgerichtsrath | Ragnit. |
| 2047 | Freund | Rechtsanwalt | Breslau (Altbüßerstr. 2). |
| 2048 | Friedländer | Gerichts-Assessor | Breslau (Ring 57). |
| 2049 | Friedländer | Gerichts-Assessor | Breslau. |
| 2050 | Gerstäcker | Kreisrichter | Gleiwitz (Ob.-Schlesien). |
| 2051 | Giller | Kreisrichter | Falkenberg (Ob.-Schlef.). |
| 2052 | Glöckner | Justizrath, Rechtsanwalt | Halle a. d. S. |
| 2053 | Gnielka | Kreisrichter | Poln. Wartenberg. |
| 2054 | Göring | Stadt- u. Kreisgerichtsrath | Magdeburg. |
| 2055 | Dr. Gordan | Doktor der Rechte | Breslau. |
| 2056 | Gründel | Justizrath, Rechtsanwalt | Ratibor. |
| 2057 | Grüner | Appellationsgerichtsrath | Ratibor. |
| 2058 | Baron von Grutschreiber | Kreisgerichtsrath | Ratibor. |
| 2059 | Dr. Hambrook | Rechtsanwalt | Marienwerder. |
| 2060 | Hantelmann | Ober-Staatsanwalt | Ratibor. |
| 2061 | Hantelmann | Rechtsanwalt | Inowraclaw. |
| 2062 | Hecht | Rechtsanwalt | Kempen (Prov. Posen). |
| 2063 | Heineccius | Ober-Tribunalsrath | Berlin, Hafenplatz 2. |
| 2064 | Herzbruch | Kreisrichter | Halle (Westphalen). |
| 2065 | Dr. Hinschius | Gerichts-Assessor u. Privatdozent | Berlin. |
| 2066 | Dr. Hirsch | Rechtsanwalt | Parchwitz. |
| 2067 | Hoffmann | Kreisrichter | Grätz (Prov. Posen). |
| 2068 | v. Horn | Appellations-Referendar | Eisleben. |

| Nr. | Name. | Stand. | Wohnort. |
|---|---|---|---|
| 2069 | Hunger | Justizrath, Rechtsanwalt | Merseburg. |
| 2070 | Kabe | Kreisrichter | Frankenstein (Schlesien). |
| 2071 | Dr. Kahle | Justizrath, Rechtsanwalt am Ober-Tribunal | Berlin, Kochstr. 62. |
| 2072 | Keller | Auditeur | Spandau. |
| 2073 | Keller | Kreisrichter | Essen. |
| 2074 | Keyßner | Stadtrichter | Berlin. |
| 2075 | Knieriem | Kaiserl. Russ. Kolleg.-Assessor | Berlin, Burgstr., König von Portugal. |
| 2076 | Koch | Rechtsanw. u. Notar | Schweidnitz (Schlesien). |
| 2077 | Koschella | Rechtsanwalt | Habelschwerdt. |
| 2078 | Lachmund | Geh. Justizrath, Kreisger.-Direktor | Bunzlau. |
| 2079 | Lange | Rechtsanwalt | Creuzburg O/S. |
| 2080 | Lehmann | Stadtgerichtsrath a. D. | Berlin, Thiergartenstr. 7. |
| 2081 | Leonhard | Kreisrichter | Ratibor. |
| 2082 | Lesser | Stadt- u. Kreisgerichtsrath | Magdeburg. |
| 2083 | Levin | Gerichts-Assessor | Berlin. |
| 2084 | Libawsky | Rechtsanwalt | Creuzburg O./S. |
| 2085 | Linke | Gerichts-Assessor | Glogau. |
| 2086 | Lorenz | Gerichts-Assessor | Crossen a. d. O. |
| 2087 | Lubowsky | Rechtsanwalt u. Notar | Cosel (pr. Schlesien). |
| 2088 | Lüdicke | Kammergerichts-Referendar | Berlin, Kronenstr. 28. |
| 2089 | Lympius | Appellationsgerichts-Direktor | Halberstadt. |
| 2090 | Marck | Gerichts-Assessor | Breslau, Tauenzienpl. 9. |
| 2091 | Marenski | Justizrath, Rechtsanwalt | Königsberg i. Pr. |
| 2092 | Methner | Gerichts-Assessor | Breslau. |
| 2093 | Metz | Rechtsanwalt | Werne. |
| 2094 | v. Minigerode | Gutsbesitzer u. Appellationsgerichts-Referendar a. D. | Halberstadt. |
| 2095 | Münzer | Kreisrichter | Falkenberg (O.-S.). |
| 2096 | Muthwill | Rechtsanw. u. Notar | Loslau (pr. Schlesien). |
| 2097 | Naudé | Rechtsanwalt | Potsdam. |
| 2098 | Nimmer | Justizrath, Rechtsanwalt | Rothenburg i. d. L. |
| 2099 | Oemler | Oekonomie-Kommissar | Erfurt. |

| Nr. | Name. | Stand. | Wohnort. |
|---|---|---|---|
| 2100 | Oppert | Appellationsger.-Referendar | Görlitz. |
| 2101 | Paritius | Kreisgerichtsrath | Breslau, Klosterstr. 1 e. |
| 2102 | Pasch | Kreisrichter | Poln. Wartenberg. |
| 2103 | Paschke | Kreisrichter | Perleberg. |
| 2104 | Pfitzner | Kreisrichter | Creuzburg (O.-S.). |
| 2105 | Philipp | Kreisgerichts-Direktor | Ratibor. |
| 2106 | Polenz | Kreisgerichts-Direktor | Reichenbach (Schlesien). |
| 2107 | Polenz | Apell.-Ger.-Auskultator | Reichenbach (Schlesien) |
| 2108 | v. Reiche | Appellationsgerichts-Rath | Breslau, Rosenthalerst. 1. |
| 2109 | Reichensperger | Ober-Tribunalsrath | Berlin. |
| 2110 | Reißner | Kreisrichter | Stettin. |
| 2111 | Rendschmidt | Preuß. Kreisrichter | Nicolai (Pr. Schlesien). |
| 2112 | Richter | Kreisrichter | Spandau. |
| 2113 | Ritter | Ger.-Direktor a. D. | Frankfurt a. O. |
| 2114 | Runde | Gerichts-Assessor | Berlin. |
| 2115 | Rupprecht | Kreisgerichtsrath | Reichenbach (Schlesien). |
| 2116 | Schalt | Rechtsanwalt | Templin. |
| 2117 | v. Schleusing | Kreisgerichtsrath | Berent. |
| 2118 | Schmaling | Kreisrichter | Hettstädt (im Mannsfelder Gebirgskreise). |
| 2119 | Schmidt | Rechtsanwalt | Lobsens. |
| 2120 | Schmiedel | Justizrath, Rechtsanwalt | Ratibor. |
| 2121 | Schmitz | Kreisgerichtsrath | Lüdinghausen b. Münster. |
| 2122 | Schnackenberg | Bergrath | Gleiwitz. |
| 2123 | Scholz | Regierungs-Assessor | Breslau, Gartenstr. 21. |
| 2124 | Schultz | Justizrath, Rechtsanwalt | Bochum. |
| 2125 | Schulz | Kreisrichter | Bochum. |
| 2126 | Dr. Schulze | Hofrath u. o. Prof. d. Rechte | Breslau. |
| 2127 | Schwarz | Gerichts-Direktor | Trachenberg (Schlesien). |
| 2128 | Simon | Justizrath, Rechtsanwalt | Breslau. |
| 2129 | Dr. Sonntag | Ober-Tribunalsrath | Berlin, Oranienstr. 150. |
| 2130 | Stinner | Rechtsanwalt | Schlochau (Westpreußen). |
| 2131 | Storch | Kreisrichter | Glogau. |
| 2132 | Strützki | Gerichts-Assessor | Bunzlau. |
| 2133 | Stuckart | Justizrath, Rechtsanwalt | Waldenburg (Schlesien). |

| Nr. | Name. | Stand. | Wohnort. |
|---|---|---|---|
| 2134 | v. Tepper | Appellationsgerichtsrath | Ratibor. |
| 2135 | Dr. Ullmann | Gerichts-Assessor | Breslau, Ring 25. |
| 2136 | Urban | Ger.-Assessor | Neiße (Schlesien). |
| 2137 | Vogel | Justizrath, Rechtsanwalt | Strehlen (Schlesien). |
| 2138 | Volland | Kreisgerichtsrath | Suhl. |
| 2139 | Dr. Waldstein | Privatgelehrter | Berlin. |
| 2140 | Walter | Justizrath, Rechtsanwalt | Beuthen (O.-S.). |
| 2141 | Weidlich | Rechtsanwalt | Gleiwitz. |
| 2142 | Wendt | Stadtgerichtsrath | Breslau. |
| 2143 | Wenzel | Stadtrichter | Breslau, Gartenstr. 43. |
| 2144 | Westphal | Gerichts-Assessor, bei der K. General-Kommission | Breslau. |
| 2145 | Winterfeldt | Kammerger.-Referendar | Brandenburg a. H. |
| 2146 | Dr. Witte | Gerichts-Assessor und Privat-Dozent | Berlin, Kochstr. 5. |
| 2147 | Woide | Gerichtsrath | Posen. |

## Fürstenthum Reuß.

| | | | |
|---|---|---|---|
| 2148 | Schlotter | Advokat | Schleiz. |
| 2149 | Schlotter | Advokat und Notar | Gera. |
| 2150 | Weigelt | Justiz-Amtmann | Burgk. |

## Königreich Sachsen.

| | | | |
|---|---|---|---|
| 2151 | v. Aehrenfeld | Advokat | Löbau. |
| 2152 | Dr. Andritzschky | Advokat | Leipzig. |
| 2153 | Barth | Staatsanwalt | Leipzig. |
| 2154 | Beck | Advokat | Leipzig. |
| 2155 | Beck | Bezirksgerichts-Aktuar | Leipzig. |
| 2156 | Bermann | Advokat | Geringswalde. |
| 2157 | Blüher | Notar | Dresden. |
| 2158 | Bornemann | Advokat | Schneeberg. |
| 2159 | Bräuer | Advokat | Bautzen. |
| 2160 | Dr. Brandt | Advokat | Leipzig. |

| Nr. | Name. | Stand. | Wohnort. |
|---|---|---|---|
| 2161 | Dr. Braun | Geheimer Regierungsrath | Plauen. |
| 2162 | Brunner | Rentamtmann u. Advokat | Leipzig. |
| 2163 | Brunner | Advokat | Leipzig. |
| 2164 | Butter | Gerichtsamts-Aktuar | Frankenberg. |
| 2165 | Clauß | Advokat | Polditz bei Leisnig. |
| 2166 | Dr. Coccius | Advokat | Leipzig. |
| 2167 | Coith | Gerichtsrath | Chemnitz. |
| 2168 | Degen | Advokat | Leipzig, Markt 6. |
| 2169 | Dietel | Bürgermeister | Wurzen. |
| 2170 | v. Doring | Gerichtsamtsaccessist | Leipzig. |
| 2171 | Ebert | Gerichtsrath | Dresden. |
| 2172 | Ehrig I. | Advokat u. Notar | Budissin. |
| 2173 | Einert | Gerichtsrath | Dresden. |
| 2174 | Reiche-Eisenstuck | Advokat | Annaberg. |
| 2175 | Reiche-Eisenstuck | Staatsanwalt | Borna. |
| 2176 | Eissner | Advokat | Pulsnitz. |
| 2177 | Ficker | Advokat | Leisnig. |
| 2178 | Ficker | Advokat | Herrnhut. |
| 2179 | Francke | Advokat | Dresden. |
| 2180 | Frenkel | Advokat | Leipzig. |
| 2181 | Friedrich | Advokat | Burgstädt bei Chemnitz. |
| 2182 | Gabriel | Gerichtsamtmann | Brand. |
| 2183 | Geyer | Aktuar | Dresden. |
| 2184 | Dr. v. Gohren | Advokat | Schandau. |
| 2185 | Golle | Rechtsanwalt | Glauchau. |
| 2186 | Grabowsky | Bürgermeister, Advokat und Notar | Thum. |
| 2187 | Grimm | Advokat | Reichenbach. |
| 2188 | Groß | Gerichtsrath | Dresden. |
| 2189 | Grötsch | Bezirksgerichts-Direktor | Oschatz. |
| 2190 | Harnisch | Advokat | Chemnitz. |
| 2191 | Hecker | Bacc. jur. | Plauen. |
| 2192 | Heintze | Appellationsgerichts-Sekret. | Dresden. |
| 2193 | Heinze | Raths-Aktuar | Dresden (Räcknitzpl. 9). |
| 2194 | Hempel | Stadtrath | Dresden. |

| Nr. | Name. | Stand. | Wohnort. |
|---|---|---|---|
| 2195 | Hentschel | Staatsanwalt | Meißen. |
| 2196 | Herbig | Bezirksgerichts-Direktor | Annaberg. |
| 2197 | Herrmann | Advokat | Glauchau. |
| 2198 | Dr. Herrmann | Privatdozent | Leipzig. |
| 2199 | Dr. Herrmann | Advokat | Leipzig. |
| 2200 | Hirschberg | Bürgermeister | Meißen. |
| 2201 | Höckner | Doctor der Rechte | Budissin. |
| 2202 | Hofmann | Advokat | Burgstädt. |
| 2203 | Holle | Bezirks-Gerichtsaktuar | Leipzig. |
| 2204 | v. Hüttner | Advokat | Huttenburg bei Meißen. |
| 2205 | Jähnert | Advokat | Oschatz. |
| 2206 | Joseph | Baccal. der Rechte | Leipzig. |
| 2207 | Judeich | Kreissteuerrath | Dresden. |
| 2208 | Just | Senator | Nieder-Lößnitz (bei Dresden). |
| 2209 | Keyßelitz | Aktuar | Großenhain. |
| 2210 | Kneschke | Gerichtsamts-Aktuar | Frankenberg. |
| 2211 | Köhler | Gerichtsamts-Assessor | Löbau. |
| 2212 | Körner | Stadtrath | Zwickau. |
| 2213 | Körnig | Advokat | Meißen. |
| 2214 | Dr. Kori sen. | Advokat | Leipzig. |
| 2215 | Dr. Kori jun. | Advokat | Leipzig. |
| 2216 | Dr. Kormann | Hofrath, Advokat | Leipzig. |
| 2217 | Leonhardi | Advokat | Waldenburg. |
| 2218 | Leonhardt | Advokat | Freiberg. |
| 2219 | Dr. Lincke | Appellationsrath | Leipzig. |
| 2220 | Löhr | Bürgermeister | Bautzen. |
| 2221 | Dr. Meinhold | Advokat | Dresden. |
| 2222 | Merbach | Assessor | Dresden. |
| 2223 | v. Metzsch | Handelsgerichts-Protokollant | Leipzig. |
| 2224 | Mickan | Gerichtsamtsaktuar | Schönfeld bei Dresden. |
| 2225 | Nake | Advokat | Leisnig. |
| 2226 | Neumann | Appellationsrath | Dresden. |
| 2227 | Nöller | Advokat | Dresden. |
| 2228 | Nohr | Gerichtsamtsaktuar | Zwickau. |

| Nr. | Name. | Stand. | Wohnort. |
|---|---|---|---|
| 2229 | Osten | Advokat und Notar | Leipzig. |
| 2230 | Otto | Advokat | Dresden. |
| 2231 | Dr. Petschke | Advokat | Leipzig. |
| 2232 | Petzoldt | Advokat | Leipzig, Obstmarkt 1. |
| 2233 | Pflug | Advokat | Penig. |
| 2234 | Frhr. v. Pohland | Regier.-Referendar | Dresden, Waisenhausstraße 5a. |
| 2235 | Frhr. v. Pohland | Dr. jur. | Pillnitz bei Dresden. |
| 2236 | Pohlentz | Advokat | Leipzig. |
| 2237 | Priber | Bezirksgerichts-Aktuar | Leipzig. |
| 2238 | Raum | Advokat | Glauchau. |
| 2239 | Richter | Rechtsanwalt | Budissin. |
| 2240 | Richter | Notar | Leipzig. |
| 2241 | Roch | Advokat | Zwickau. |
| 2242 | Dr. Roux | Advokat | Leipzig. |
| 2243 | Ruffini | Advokat u. Notar | Königsbrück bei Dresden. |
| 2244 | Schäffer | Gerichtsamts-Aktuar | Werdau. |
| 2245 | Scharf | Advokat | Zwickau. |
| 2246 | Scherell | Dr. jur. | Leipzig. |
| 2247 | Dr. Schilling | Gerichtsrath | Leipzig. |
| 2248 | Schlegel | Appellationsgerichts-Auditor | Dresden. |
| 2249 | Dr. Schluckwerder | Assessor | Leipzig. |
| 2250 | Dr. Schmidt | Advokat | Leipzig, Windmühlenst. 29. |
| 2251 | Dr. Schmidt | Justizrath | Dresden. |
| 2252 | Schmidt | Advokat | Dresden. |
| 2253 | Schrey | Advokat | Leipzig. |
| 2254 | Schreyer | Advokat | Meißen. |
| 2255 | Schulze | Advokat | Döbeln. |
| 2256 | Schwauß | Regierungsrath | Dresden. |
| 2257 | Seume | Advokat | Crimitschau. |
| 2258 | Simon | Advokat | Leipzig, Kl. Fleischerg. 15. |
| 2259 | Sommer | Cand. jur. | Dippoldiswalde. |
| 2260 | Speck | Advokat | Döbeln. |
| 2261 | Steiger | Bezirksgerichts-Aktuar | Budissin. |
| 2262 | Steinberger | Rechtsanwalt | Plauen. |

| Nr. | Name. | Stand. | Wohnort. |
| --- | --- | --- | --- |
| 2263 | Stimmel | Finanz-Prokurator | Plauen. |
| 2264 | Dr. Bruno Stübel | Advokat | Dresden. |
| 2265 | Dr. Alfred Stübel | Advokat | Dresden, Seestraße 2. |
| 2266 | Dr. Carl Stübel | Advokat | Leipzig. |
| 2267 | Thiele | Bürgermeister | Döbeln. |
| 2268 | Tischer jun. | Advokat | Dresden. |
| 2269 | Trautmann | Advokat | Dresden. |
| 2270 | Trömel | Advokat | Roßwein. |
| 2271 | Ufer | Advokat | Glauchau. |
| 2272 | Dr. Uhlig | Advokat | Chemnitz. |
| 2273 | Urban | Advokat | Zwickau. |
| 2274 | v. Walter-Jeschki | Advokat u. Konsistor.-Assessor | Budissin. |
| 2275 | v. Weber | Amts-Aktuar | Löbau. |
| 2276 | Dr. Wehrmann | Advokat und Hilfsrichter | Leipzig. |
| 2277 | Wiesand | Gerichtsamts-Aktuar | Leisnig. |
| 2278 | v. Zeschau | Dr. jur. | Leipzig. |
| 2279 | Zürn | Advokat | Rochlitz. |

## Herzogthum Sachsen-Altenburg.

| | | | |
| --- | --- | --- | --- |
| 2280 | Hase | Rechtsanwalt | Altenburg. |
| 2281 | Hase II. | Advokat und Notar | Altenburg. |
| 2282 | Kirchheisen | Advokat und Notar | Eisenberg. |

## Herzogthum Sachsen-Coburg-Gotha.

| | | | |
| --- | --- | --- | --- |
| 2283 | Dr. Frhr. v. Haynau | Staatsanwalt | Coburg. |
| 2284 | Dr. Schuchardt | Justizrath u. Rechtsanwalt | Gotha. |

## Herzogthum Sachsen-Meiningen.

| | | | |
| --- | --- | --- | --- |
| 2285 | Romberg | Rechtsanwalt | Wesungen. |

| Nr. | Name. | Stand. | Wohnort. |
|---|---|---|---|

## Großherzogthum Sachsen-Weimar.

| | | | |
|---|---|---|---|
| 2286 | Bretsch | Staatsanwalt | Eisenach. |
| 2287 | Fries | Advokat | Weimar. |
| 2288 | Dr. Hase | Kreisgerichtsrath | Weimar. |
| 2289 | Holbein | Rechtsanwalt | Apolda. |
| 2290 | Hotzel | Kreisgerichts-Assessor | Weimar. |
| 2291 | Lieber | Auditor | Weimar. |
| 2292 | Müller | Rechtsanwalt | Apolda. |
| 2293 | Schmid | Kreisgerichtsrath | Weimar. |
| 2294 | Schumann | Advokat | Apolda. |
| 2295 | Steinberger | Rechtsanwalt | Neustadt a. d. Orla. |

## Fürstenthum Schwarzburg-Rudolstadt.

| | | | |
|---|---|---|---|
| 2296 | Wohlfarth | Regierungs-Assessor | Rudolstadt. |

## Fürstenthum Schwarzburg-Sondershausen.

| | | | |
|---|---|---|---|
| 2297 | Wedekind | Amtsrichter a. D. | Arnstadt. |

## Königreich Württemberg.

| | | | |
|---|---|---|---|
| 2298 | Beck | Oberamtsgerichts-Aktuar | Riedlingen a/D. |
| 2299 | Benzinger | Ober-Justiz-Prokurator | Eßlingen. |
| 2300 | Benzinger | Justiz-Referendar | Eßlingen. |
| 2301 | v. Breitschwert | Gerichts-Aktuar | Heilbronn. |
| 2302 | Ehrlenspiel | Ober-Amtsrichter | Ravensberg. |
| 2303 | Elben | Gouvernements-Auditor | Stuttgart. |
| 2304 | Fest | Rechtskonsulent | Jagsthausen. |
| 2305 | Finckh | Ober-Justizrath | Tübingen. |

| Nr. | Name. | Stand. | Wohnort. |
|---|---|---|---|
| 2306 | Freisleben | Rechtskonsulent | Heidenheim. |
| 2307 | Glocker | Justiz-Assessor | Tübingen. |
| 2308 | Haußmann | Rechtskonsulent | Göppingen. |
| 2309 | Hertling | Oberamtsrichter | Gaildorf. |
| 2310 | Hofacker | Gerichtsaktuar | Urach. |
| 2311 | Hokenmayer | Rechtskonsulent | Schwäb. Gmünd. |
| 2312 | Frh. v. Holzschuher | Oberjustiz-Assessor | Tübingen. |
| 2313 | Jordan | Colleg.-Asses. u. Rechtskons. | Stuttgart. |
| 2314 | Kaulla | Rechtskonsulent | Stuttgart. |
| 2315 | Khuen | Rechtskonsulent | Ravensburg. |
| 2316 | Klett | Ober-Justiz-Assessor | Eßlingen. |
| 2317 | Köstlin | Vorsteher des Zuchtpolizeihauses | Heilbronn. |
| 2318 | Leipheimer | Rechtskonsulent | Ulm. |
| 2319 | Dr. Lenz | Gerichtsaktuar | Stuttgart. |
| 2320 | Graf Linden | Oberamtsgerichts-Assistent | Oehringen. |
| 2321 | Meurer | Oberamtsrichter | Aalen. |
| 2322 | Milz | Oberjustiz-Assessorats-Verw. | Eßlingen. |
| 2323 | Nagel | Ober-Justiz-Prokurator | Eßlingen. |
| 2324 | Dr. Nagel | Mitglied des Rechtspflege-Kollegiums | Eßlingen. |
| 2325 | Nagel | Rechtsanwalt | Balingen. |
| 2326 | Neidhardt | Oberjustiz-Assessor | Ulm. |
| 2327 | Niethammer | Justiz-Referendar | Weinsberg. |
| 2328 | Probst | Oberjustiz-Assessor | Tübingen. |
| 2329 | Probst | Advokat | Stuttgart. |
| 2330 | Römer | Oberamtsrichter | Schwäbisch Gmünd. |
| 2331 | Schaefer | Ober-Tribunalsrath, Dirigent des Gerichtshofes | Tübingen. |
| 2332 | Schall | Rechtskonsulent | Ulm. |
| 2333 | Schall | Rechtsconsulent | Oehringen. |
| 2334 | Schickhardt | Kreisgerichts-Assessor | Eßlingen. |
| 2335 | v. Schott | Ober-Justizrath | Eßlingen. |
| 2336 | Freih. v. Soden | Legationsrath | Stuttgart. |
| 2337 | Steiner | Rechtskonsulent | Heilbronn a. N. |

| Nr. | Name. | Stand. | Wohnort |
|---|---|---|---|
| 2338 | Freihr. v. Sternenfels | Justiz-Referendar | Eßlingen. |
| 2339 | Steudel | Staatsanwalt | Tübingen. |
| 2340 | Weiß | Oberamtsgerichts-Aktuar | Kannstadt bei Stuttgart. |
| 2341 | Widenmann | Ober-Kriegsgerichts-Assessor | Stuttgart. |

---

## Vorbemerkung zu den stenographischen Berichten.

Die stenographischen Berichte über die Verhandlungen des Dritten Deutschen Juristentages werden in einer andern als der bisher beobachteten Reihenfolge mitgetheilt. Es erschien nämlich zweckmäßig, fortan die Berichte über **beide** Plenar-Sitzungen den Berichten über die Abtheilungs-Sitzungen vorauszuschicken.

Zugleich sei bemerkt, daß Herr Dr. Theodor Kratky in Wien sich gütigst der Redaktion des Manuskriptes unterzogen hat, so daß die Thätigkeit des Schriftführer-Amtes im Wesentlichen auf eine Durchsicht der Revisions-Abzüge beschränkt gewesen ist.

Berlin im Januar 1863.

**Das Schriftführer-Amt.**

# Stenographische Berichte.

# Erste Plenarversammlung
# des Dritten Deutschen Juristentages
## am 25. August 1862
## im K. K. Redoutensaale.

---

Die Sitzung wird um 9 Uhr 20 Minuten durch den Vorsitzenden der ständigen Deputation, General-Staatsanwalt Dr. Schwarze aus Dresden eröffnet.

General-Staatsanwalt Dr. **Schwarze**: Meine höchstgeehrten Herren! Ich erkläre hiermit die Sitzung des Dritten Deutschen Juristentages für eröffnet. Möge unseren Arbeiten der reichste Segen für das gemeinsame Deutsche Vaterland und dessen Rechtsinstitutionen zu Theil werden!

Ich bitte, daß der Schriftführer der ständigen Deputation Herr Stadtrichter Hiersemenzel von Berlin das Protokoll in dieser vorbereitenden Sitzung übernehme.

Der Deutsche Juristentag des vorigen Jahres hatte der ständigen Deputation eine Mehrzahl von Anträgen zur Vorbereitung überwiesen. In Ausführung dieses Beschlusses hat die ständige Deputation mehrere unserer Mitglieder um Einreichung von Gutachten über die betreffenden Fragen ersucht, und es liegen diese Gutachten bereits den Herren vor.

Es erübrigt nunmehr noch für diese vorbereitende Sitzung, daß die ständige Deputation von dem Rechte, welches die Statuten ihr eingeräumt haben, Gebrauch macht und Ihnen denjenigen Mann vorschlägt, von welchem sie hofft, daß er mit Ihrer vollsten Zustimmung die Geschäfte und die Leitung des Juristentages in diesem Jahre und in dieser Stadt übernehmen wird. Die ständige Deputation erlaubt sich Ihnen als Präsidenten des Dritten Deutschen Juristentages den Herrn Geheimen Rath und Professor von Wächter aus Leipzig vorzuschlagen. (Großer Beifall.)

Dieses Bravo, m. H.! überhebt mich der weitern Frage, ob Sie diesem Vorschlage Ihre Zustimmung geben. (Beifall.) Ich habe daher nur noch an den Herrn Geheimen Rath von Wächter in Ihrem Namen die Frage und Bitte zu richten, ob derselbe diesem Rufe Folge zu leisten bereit sei?

(Der Herr Geheime Rath von Wächter giebt seine Zustimmung zu erkennen.)

Ich bitte daher den Herrn Geheimen Rath meinen Platz zu übernehmen und die Leitung des Juristentages in seine Hand zu nehmen.

(Geheimer Rath von Wächter nimmt unter allgemeinem anhaltenden Beifall den Präsidentensitz ein.)

Präsident, Geheimrath **von Wächter**: Es ist, meine geehrten Herren, das zweite Mal, daß ich zu einer Aufgabe berufen worden bin, welche jeder Deutsche Jurist sich zur höchsten Ehre schätzen wird. Erlauben Sie, daß ich Ihnen für das Vertrauen, das Sie mir dadurch bewiesen, daß ich Ihnen insbesondere für die Art und Weise, wie Sie in diesem Augenblicke dieses Vertrauen und Ihre Zustimmung zu dem Antrage der ständigen Deputation des Juristentages ausgesprochen haben, meinen innigsten, herzlichsten Dank sage. Ich berge mir die großen Schwierigkeiten nicht, die mit der Aufgabe, mit der Sie mich betraut haben, verbunden sind; aber, m. H., ich beuge mich vor Ihrem Willen in der festen Zuversicht, daß Sie, wo es nöthig ist, freundliche Nachsicht üben werden, und daß Sie demjenigen, dem Sie Ihr Vertrauen in so erhebender Weise ausgesprochen haben, es erhalten und ihm die Möglichkeit geben werden, die Schwierigkeiten zu überwinden, die mit der steigenden Zahl der Theilnehmer des Juristentages in einer ganz unverhältnißmäßigen Progression zunehmen. Aber erlauben Sie mir, daß ich der Freude gerade über diese steigende Zahl der Theilnehmer des Juristentages, über die erfolgreiche Propaganda, welche die Idee des Juristentages macht, daß ich dieser Freude einen Ausdruck gebe; daß ich noch Ausdruck gebe der lebhaftesten Anerkennung der Art und Weise, wie Oesterreich den Deutschen Juristentag empfangen hat, (Beifall) und des nachahmenswerthen Beispiels, das namentlich auch die Mitglieder der höchsten Gerichtshöfe Oesterreichs durch ihre Betheiligung an den Arbeiten des Juristentages gegeben haben. (Beifall.)

Ich habe allerdings oft, besonders aber in der letzten Zeit die Frage hören müssen: was will und was kann denn der Deutsche Juristentag? Was er will, m. H., darüber können wir jeden auf unser Statut verweisen. Wir wollen, wenn ich das für die Zuhörer auf den Gallerien hier mit kurzen Worten wiederholen darf, wir wollen die unschätzbare Ausbeute persönlicher Bekanntschaft und persönlichen, die Ecken der Polemik abstreifenden Zusammenseins gewinnen und damit einen Bund der Deutschen Juristen zu einträchtigem Zusammenwirken begründen; vornemlich aber wollen wir für Einheit und Einigkeit in unserem großen Deutschland in dem wichtigen Bereiche, das eine Hauptgrundlage der Staaten bildet, und in welchem zu wirken wir Beruf und Berechtigung haben, wir wollen für Einheit und Einigkeit des Rechts wirken, mit einem Worte für eine Restauration des gemeinen Deutschen Rechtes. Und — was wir können? In Beziehung auf diese Frage und auf die Frage,, was wir bereits gekonnt haben in der kurzen Zeit der Existenz des Juristentages, erlaube ich mir auf den Bericht zu verweisen, den Sie in der nächsten Plenarversammlung hören werden. Allerdings, m. H., steht uns irgend eine äußere Macht nicht zu Gebote. Aber es stehen uns zur Seite drei Mächte, die maßgebend für unser Ziel wirken werden, wenn wir sie gehörig zu benutzen wissen: es ist die Macht der öffentlichen Meinung; es ist die Macht der Wahrheit, wenn wir sie finden; es ist die Macht der sittlichen Nothwendigkeit, die unseren Zweck heiligt. Diese Mächte werden auch unseren Bestrebungen Kraft und Wirkung geben. Möchten wir auch in diesen Tagen das Unsere thun, um diese drei Mächte uns zur Seite zu haben! (Lebhafter Beifall.)

Ich gehe, m. H., zu unseren Geschäften über.

Das Statut giebt dem Präsidenten die Befugniß, vier Vicepräsidenten zu ernennen, die im Nothfalle ihn vertreten und bei allen seinen Geschäften unterstützen sollen.

Ich erlaube mir von dieser Ermächtigung nach vorgegangener Rücksprache mit der ständigen Deputation des Juristentages Gebrauch zu machen, und ernenne in der Voraussetzung, daß die geehrten Herren, die ich ernennen werde, die Ernennung anzunehmen bereit sein werden, folgende Herren zu Vicepräsidenten des Dritten Deutschen Juristentages: den Herrn Advokaten Dr. Hein aus Troppau, Präsidenten der Kammer der Abgeordneten in Wien; den Herrn Grafen von Wartensleben, Stadtgerichtsrath aus Berlin; den Herrn Präsidenten von Düring aus Zelle und den Herrn Sektionschef Dr. Rizy aus Wien.

Wenn die vier Herren geneigt sind, meinem Wunsche entgegen zu kommen, so ersuche ich sie, die ihnen bestimmten Plätze einnehmen zu wollen. (Geschieht.)

Ich erlaube mir weiter, vermöge der mir eingeräumten Befugniß vier Schriftführer für unseren Juristentag zu bestimmen. Ich ersuche das Schriftführeramt zu übernehmen: Herrn Kreisgerichts-Direktor von Kunowski aus Beuthen in Schlesien, Herrn Raths-Sekretär von

Walter aus Wien, Herrn Advokat Dr. von Feder aus Offenburg in Baden und Herrn Dr. Probst aus Stuttgart.

Sind die Herren bereit, auf den Wunsch, daß sie das Schriftführeramt übernehmen möchten, einzugehen? (Es erfolgt keine Ablehnung.)

Und nun, m. H., werden wir, nachdem wir uns nach allen Seiten constituirt haben, auf unsre Tagesordnung übergehen können.

Ich erlaube mir den Wunsch und die Bitte zu wiederholen, daß in der Versammlung, wie es bei dem im vorigen Jahre abgehaltenen Juristentag gehalten wurde, diejenigen Herren, die das Wort zu nehmen wünschen, aufstehen und ihren Namen und Wohnort nennen.

Ich lade nun den Herrn Stadtrichter Hiersemenzel ein, uns den Bericht über den ersten Gegenstand unserer heutigen Tagesordnung vorzutragen, über einige Modifikationen unseres Statuts.

Berichterstatter, Stadtrichter **Hiersemenzel**: (Von der Tribüne.) Der erste Antrag der ständigen Deputation in Bezug auf die Statuten betrifft den §. 6. Der §. 6 verordnet, daß der Juristentag in vier Abtheilungen zerfällt. Von diesen vier Abtheilungen ist der ersten Abtheilung überwiesen: Privatrecht, insbesondere Obligationen- und Pfandrecht; der zweiten Abtheilung: Handelsrecht, Wechselrecht, See- und internationales Recht. Für den gegenwärtigen Juristentag ist jedoch für die zweite Abtheilung nur ein einziger Antrag eingegangen, und die Tagesordnung der ersten Abtheilung ist mit Gegenständen auch nicht reichlich besetzt. Deshalb erscheint es durch die Nothwendigkeit geboten, die erste und zweite Abtheilung auf die Dauer dieses Juristentages wieder zu verschmelzen, und die ständige Deputation stellt deshalb den Antrag: „der Deutsche Juristentag wolle beschließen, für die Dauer des Dritten Deutschen Juristentages die erste und zweite Abtheilung zu einer einzigen Abtheilung zu vereinigen.“

**Präsident**: Wir werden sogleich darüber abstimmen können. Ein solcher Beschluß, wie er beantragt wird, hat sich, soviel ich weiß, bei dem letzten Juristentage bewährt, und darum erlaube ich mir einfach die Frage: Sind Sie dafür? (Zahlreiche Rufe: Ja!) Angenommen.

Berichterstatter, Stadtrichter **Hiersemenzel**: Der zweite Antrag der ständigen Deputation betrifft gleichfalls den §. 6 des Statuts. Es wird nämlich zu diesem Paragraphen ein Zusatz folgenden Inhalts beantragt: (Liest.) „Sämmtliche Beschlüsse der Abtheilungen werden in der Plenarversammlung mitgetheilt. Es findet jedoch eine Erörterung und Entscheidung im Plenum nur dann statt, wenn dieselbe von der betreffenden Abtheilung vorgeschlagen, oder wenn sie von mindestens zehn Mitgliedern beantragt und von der Plenarversammlung beschlossen wird. Im letzteren

Falle wird über die Vorfrage nur einem der Antragsteller und dem Berichterstatter das Wort ertheilt."

M. H.! Wenn Sie einen Blick in die gedruckten Verhandlungen des ersten und zweiten Deutschen Juristentages werfen, so werden Sie finden, daß die Tagesordnung der zweiten Plenarversammlung jedesmal von einer schreckenerregenden Länge ist. Der Grund dieser Länge ist der Umstand, daß sämmtliche Gegenstände, welche in den Abtheilungen zur Berathung gekommen sind, auch auf die Tagesordnung der zweiten Plenarversammlung gebracht werden müssen. Zur Folge hat diese Länge der Tagesordnung der zweiten Plenarsitzung, daß einmal in der zweiten Plenarsitzung oft bei den wichtigsten Gegenständen so gut wie keine Debatte stattfindet und stattfinden kann, daß beinahe hintereinander nur abgestimmt wird; daß zum Andern, nachdem eine Anzahl Gegenstände in der Plenarsitzung abgehandelt worden, die Ungeduld und Unruhe der Versammlung von Minute zu Minute sich steigert; daß endlich drittens eine so große Menge von Beschlüssen den Deutschen Regierungen, wie dem Deutschen Volke dargeboten wird, daß das Wichtige unter dem Unwichtigen verschwindet.

Die ständige Deputation hat geglaubt, diesem Uebelstande in irgend einer Weise Abhülfe verschaffen zu müssen. Sie hatte deshalb bereits im vorigen Jahre beantragt, zu diesem §. 6 des Statutes einen Zusatz dahin zu machen: „Nach der Berathung in der bezüglichen Abtheilung findet eine Erörterung und Entscheidung im Plenum nur dann statt, wenn die Abtheilung eine solche beantragt, oder das Plenum sich dieselbe vorbehält." Es wurde jedoch hiegegen im Zweiten Deutschen Juristentage eingewendet, daß durch die Annahme dieser Zusatzbestimmung sehr leicht der Schwerpunkt der Verhandlungen aus dem Plenum in die Abtheilungen gelegt werden könne, und dieser Zusatz wurde von dem vorigen Juristentage abgelehnt. Die ständige Deputation ist jedoch der Ansicht gewesen, sie dürfe die Sache nicht auf sich beruhen lassen, sondern müsse Ihnen weitere Vorschläge in dieser Richtung unterbreiten, und sie hat deshalb mit Einstimmigkeit diesen neuen Zusatz Ihnen vorzulegen beschlossen.

Ich glaube, m. H., daß, wenn Sie diesen Zusatz annehmen, die früher geltend gemachten Bedenken nicht Platz greifen werden. Wenn ein Gegenstand die Versammlung so wenig anspricht, daß die Abtheilung nicht beschließt, beim Plenum die Erörterung zu beantragen; wenn sich ferner nicht einmal zehn Mitglieder finden, die in der Plenarsitzung den Antrag stellen, den Gegenstand in Berathung zu nehmen, oder wenn dann die Majorität der Versammlung die Verhandlung ablehnt, dann glaube ich, m. H., ist der Gegenstand zu einer Berathung in der Plenarversammlung nicht geeignet.

Ich erlaube mir aber auch darauf aufmerksam zu machen, daß es eine Menge Fragen giebt, die so in das juristische Detail eingehen, daß sie sich viel besser zu einer Besprechung im engeren Kreise von Fachgenossen, als in einer so großen Versammlung, wie unsere Plenarversammlung, eignen.

Ich erlaube mir deshalb die Bitte zu wiederholen, den Zusatz zu §. 6 dahin anzunehmen: „Sämmtliche Beschlüsse der Abtheilungen werden in der Plenarversammlung mitgetheilt. Es findet jedoch eine Erörterung und Entscheidung im Plenum nur dann statt, wenn dieselbe von der betreffenden Abtheilung vorgeschlagen, oder wenn sie von mindestens zehn Mitgliedern beantragt und von der Plenarversammlung beschlossen wird. Im letzteren Falle wird über die Vorfrage nur einem der Antragsteller und dem Berichterstatter das Wort ertheilt."

**Präsident:** Wünscht Jemand das Wort über diesen Gegenstand?

Advokat Dr. **Berger** aus Wien: Obgleich Mitglied der ständigen Deputation, sehe ich mich doch veranlaßt, einen kleinen Zusatzantrag zu stellen, und wenn ich dieses, ich möchte sagen, etwas unziemliche parlamentarische Verhalten entschuldigen soll, so könnte es nur mit der Berufung auf das alte Sprichwort geschehen, daß die Rathsherren, wenn sie vom Rathhause gehen, oft klüger sind, als wenn sie berathen.

Die ständige Deputation schlägt Ihnen vor, es sollen in Zukunft die Abtheilungen zur Entlastung der Geschäfte des Plenums s ä m m t l i c h e Beschlüsse der Abtheilungen der Plenarversammlung mittheilen. Nach den Erfahrungen nun, die ich auf zwei Juristentagen als Leiter der vierten Abtheilung gemacht habe, möchte ich Ihnen diesen Antrag in seiner Allgemeinheit nicht bevorworten. Es wird in den Abtheilungen eine Reihe von Beschlüssen rein formeller Natur oder über innere geschäftliche Vorgänge gefaßt, mit welchen das Plenum zu behelligen, offenbar ganz überflüssig wäre. Wenn ich den Sinn des Antrages der ständigen Deputation richtig auffasse, so kann er nur der sein, daß zwar der Plenarversammlung nicht das ganze Detail jener spezifisch legislativen und rechtswissenschaftlichen Fragen geboten werden soll, welche eben die spezielle Abtheilung beschäftigte, daß jedoch die Plenarversammlung von allen wichtigen die Materie des Rechtes und der Gesetzgebung betreffenden Beschlüssen in Kenntniß gesetzt werden soll. Der Sinn des Antrages ist also der, daß alle Beschlüsse rein formeller Natur von jener Mittheilung selbstverständlich ausgeschlossen sein sollen, und ich möchte daher nach dieser Motivirung beantragen, daß Sie nach dem Worte: „Abtheilungen" die Worte setzen: „in Rechts- und Fragen der Gesetzgebung", wonach die Fassung so lauten würde: „Sämmtliche Beschlüsse der Abtheilungen in Rechts- und Fragen der Gesetzgebung werden in der Plenarversammlung mitgetheilt."

Ich gestehe zu, daß vielleicht auch diese Fassung Einiges zu wünschen übrig läßt, daß es vielleicht noch wünschenswerther wäre, direkt zu sagen: „Sämmtliche Beschlüsse der Abtheilungen, welche nicht rein formeller Natur sind ...."; allein ich gestehe, daß ich auf diesen Zusatzantrag erst jetzt in der Versammlung gerathen bin und ich glaube, daß der positive Vorschlag, nur Beschlüsse in Rechtsfragen und Fragen der Gesetzgebung der Versammlung mitzutheilen, den Vorzug verdienen wird.

Advokat **Judeich** aus Dresden: Der Antrag der ständigen Deputation, den ich mit Freuden begrüße, bezweckt eine Abänderung des Statutes, bedarf also der striktesten Fassung. Diese Fassung ist in der Hauptsache vorhanden; jedoch scheinen mir die Worte „oder wenn sie von mindestens zehn Mitgliedern beantragt wird" die Möglichkeit nicht auszuschließen, daß hier Mitglieder des Juristentages im Allgemeinen, also nicht blos die im Plenum anwesenden gemeint sind.

Ich würde also den Unterantrag stellen, daß anstatt der beregten Worte gesagt werde: „oder wenn sie von mindestens zehn im Plenum anwesenden Mitgliedern beantragt wird."

Stadtrichter **Hiersemenzel** aus Berlin: Ich glaube, daß beide gewünschten Aenderungen wohl eigentlich selbstverständlich sind. Ich glaube auch, daß wir in der ständigen Deputation den Zusatz in gar keinem anderen Sinne formulirt haben, als in dem, daß nur materielle Beschlüsse aus den Abtheilungen hier mitzutheilen sind. Es soll z. B. keineswegs mitgetheilt werden, wer zum Präsidenten, wer zum Schriftführer gewählt wurde, wann die Sitzung auf eine Viertelstunde vertagt, wann sie wieder aufgenommen wurde, sondern es sollen nur die rein materiellen Beschlüsse, nur Rechtsgegenstände und Rechtsfragen Betreffendes mitgetheilt werden. Ich glaube, das ergiebt sich auch in der That aus der Fassung des Antrages, und es ist wohl nicht nothwendig, noch besondere Einschaltungen aufzunehmen.

Ebenso versteht es sich wohl von selbst, daß die Mitglieder, welche in der Plenarversammlung die Berathung irgend eines Gegenstandes wünschen, hier anwesend sein müssen und daß nicht etwa der Eine von Berlin, der Andere von Frankfurt, der Dritte und Vierte von einem andern Orte aus den Antrag stellen können, Abtheilungsbeschlüsse zur Plenarberathung zu ziehen.

Ich meine daher, daß es nicht nöthig ist, die beantragten zwei Zusätze aufzunehmen, und würde die hohe Versammlung bitten, pure den Vorschlag der ständigen Deputation zum §. 6 anzunehmen. (Bravo!)

**Präsident**: Ich werde über die Sache abstimmen lassen können, erlaube mir aber nochmals den Antrag, wie ihn die ständige Deputation stellt, vorzulesen. Er lautet dahin: (liest denselben.)

M. H.! Ich habe keine Stimme gegen diesen Antrag in seiner wesentlichen Tendenz und im Allgemeinen gehört. Der Antrag bezweckt die Vereinfachung unserer Geschäfte, läßt aber dabei den Willen der Plenarversammlung in voller Freiheit walten und entscheiden.

Es sind jedoch zwei Amendements gestellt.

Dr. **Berger** aus Wien: Nach der Erläuterung des Herrn Berichterstatters ziehe ich den Antrag zurück.

**Präsident**: Sollte trotz der Erläuterung des Herrn Berichterstatters auf dem zweiten Amendement, welches gestellt wurde, noch beharrt werden, so könnte ich doch über dieses Amendement nicht sofort abstimmen lassen. Es hat wohl vorerst die Versammlung über das Ganze abzustimmen, mit dem Vorbehalte, dann, falls der Antrag angenommen würde, noch über das Amendement abzustimmen. Ich stelle daher die Frage: Nimmt die Versammlung unter diesem Vorbehalte den Antrag der ständigen Deputation an? (Rufe: Ja!)

Er ist einstimmig angenommen.

Nun frage ich den Herrn Antragsteller, ob er verlangt, daß sein Amendement noch zur Abstimmung gebracht werde.

**Ein Mitglied**: Er ist nicht unterstützt.

**Präsident**: Ich glaube, es ist der Inhalt dieses Amendements rein Sache der Interpretation. Jeder Interpret wird den gefaßten Beschluß ganz im Sinne des Herrn Amendementstellers interpretiren, und so können wir wohl über dieses Amendement, wenn Sie der gleichen Ansicht sind, zur Tagesordnung übergehen. (Kein Widerspruch.)

Stadtrichter **Hiersemenzel**: Es ist noch ein dritter Antrag zu den Statuten gestellt worden, vom Herrn Staatsanwalt Nessel.*) Er ist indeß zurückgezogen worden, und dadurch wird das Referat über diesen Antrag erübrigt.

**Präsident**: Nachdem nun diese formellen Fragen, die den ersten Gegenstand der Tagesordnung bildeten, erledigt sind, lade ich den Herrn Geh. Justizrath Ihering aus Gießen ein, uns seinen Bericht über eine sehr wichtige materielle Frage, welche auf die heutige Tagesordnung gesetzt wurde, vorzutragen.

Geh. Justizrath, Professor Dr. **Ihering** aus Gießen: M. H.! Die Frage, die ich die Ehre habe, vor Ihnen zu verhandeln, ist in einem ge-

*) Der Antrag des Herrn Staatsanwalts Nessel zu Breslau lautete: „Anträge werden nur dann zur Berathung und Abstimmung gestellt, wenn sie in den Plenarversammlungen von mindestens 20 und in den Abtheilungssitzungen von mindestens 10 Mitgliedern sofort nach der Verlesung des Antrages durch Aufstehen unterstützt werden."

wissen Sinne eine sehr leichte, in einem gewissen Sinne eine sehr schwierige. Sie ist eine leichte, weil sie bereits so vollständig behandelt worden ist, daß einem späteren Bearbeiter dieser Frage kaum etwas übrig bleibt, und darin liegt zugleich die große Schwierigkeit der Frage. Ich, m. H., bescheide mich, Ihnen nur eine Uebersicht der bisherigen Bearbeitung dieser Materie zu geben. Ich bin nicht im Stande etwas Neues hinzuzufügen; das Einzige was mir verbleibt, ist das, mit voller Ueberzeugungstreue meine Ansicht vor Ihnen auszusprechen, ungeschminkt, wie ich denke, wie ich sie als Lehrer des Rechtes vorzutragen pflege, unbesorgt darum, nach welcher Seite hin ich Anstoß geben werde. (Bravo!)

M. H.! Lassen Sie mich von einem Satze ausgehen, der schwerlich auf Widerstand stoßen wird. Wenn der Richter ein Gesetz, irgend eine Rechtsvorschrift anwenden soll, so ist die erste Frage die, ob das Gesetz oder die Rechtsvorschrift existirt. Diese Frage nach der Existenz der Rechtsvorschrift ist völlig unzertrennbar von der Frage der Anwendung. Es ist also vollkommen gleichgiltig, ob der Richter in einer Republik, in einer absoluten oder in einer konstitutionellen Monarchie irgend eine Rechtsvorschrift anzuwenden hat. In der absoluten Monarchie giebt es Formen für den Erlaß der Gesetze oder Verordnungen, ohne die eben dieselben keine Giltigkeit haben, und das römische Recht hat dem Richter nach verschiedenen Seiten hin eingeschärft, strenge darauf zu sehen, ob diese Formen beobachtet sind. Darüber nun herrscht nach der einen Seite hin auch bei uns kein Streit, darüber nämlich, daß in der konstitutionellen Monarchie gewisse Formen absolut unentbehrlich sind, namentlich z. B. die Contrasignatur eines Ministers. Nur nach der anderen Seite hin ist die Anwendung jenes Grundsatzes außerordentlich bestritten, und dieser Gegenstand, m. H., bildet die Frage, die ich zu behandeln habe.

Die Frage oder der Antrag, den Herr H i e r s e m e n z e l gestellt hat, schließt im Grunde zwei Fragen in sich, jede von hoher praktischer Bedeutung. Ich werde mir hier erlauben, mich auf eine Frage zu beschränken, und zwar im Interesse der Klarheit der Verhandlungen, im Interesse der Uebersichtlichkeit, und überlasse es der Zukunft, ob auch die zweite Frage hier auf dem Juristentage zur Verhandlung gebracht werden wird. Ich erfreue mich dabei der Zustimmung nicht bloß aller derjenigen Herren in der Deputation, mit denen ich gesprochen habe, sondern auch der Zustimmung des Herren Antragstellers selbst, indem derselbe mir bemerkt hat, daß gerade diese Frage es sei, auf die sein Antrag es abgesehen hat.

Diese Fragen sind folgende: In der konstitutionellen Monarchie steht es der Staats-Regierung zu, gewisse Verhältnisse einseitig ohne

Zuziehung der Stände zu normiren; verstatten Sie mir dafür den Ausdruck: „Verordnung“ zu gebrauchen. Für andere Verhältnisse hingegen ist die Zuziehung der Stände nöthig; verstatten Sie mir dafür den Ausdruck: „Gesetz.“

Wenn ich diese Ausdrücke in der Weise bestimme, so könnte dies den Schein erregen, als spräche ich der Staatsregierung oder dem Landesherren das Recht der eigenen selbstständigen Gesetzgebung ab.

Das ist jedoch durchaus nicht meine Ansicht. Ich betrachte den Souverän als das alleinige Subjekt der gesetzgebenden Gewalt. Ich werde nachher aussprechen, in welcher Weise ich die Mitwirkung der Stände bei der Gesetzgebung auffasse. Davon gehe ich aber aus: der Landesherr ist das alleinige Subjekt der gesetzgebenden Gewalt.

Auch in Verordnungen, in soweit sie der ständischen Mitwirkung nicht bedürfen, erblicke ich den Ausfluß der gesetzgebenden, nicht bloß der vollziehenden Gewalt; ich nenne das „Gesetz im weitesten Sinne.“

Es unterliegt nun gar keinem Zweifel, daß der Richter derartige Verordnungen, wenn sie im Civilprozesse zur Anwendung kommen, unbedingt anzuwenden hat. Es wird nicht nöthig sein, Beispiele solcher Verordnungen anzuführen. Taxen, Reglements für den Privatverkehr, welche von Interesse werden könnten, derartige Verordnungen haben für den Richter schlechthin verbindliche Kraft.

Nun, m. H., nach dieser Seite hin, sage ich, ist die Staatsregierung unbeschränkt, in dieser Beziehung steht sie völlig selbstständig da. Dagegen für gewisse Verhältnisse ist bekanntlich die Mitwirkung der Stände erforderlich. Ich habe mich bereits darüber ausgesprochen, daß ich für diese Erlasse der gesetzgebenden Gewalt den Ausdruck „Gesetz“ wählen werde.

Unsere Frage, auf die wir uns hier beschränken werden, ist die: Wenn in einer konstitutionellen Monarchie die Staatsregierung eine Verordnung erläßt, welche ihrem Inhalte nach der ständischen Mitwirkung oder Zustimmung bedurft hätte, hat der Richter hier das Prüfungsrecht? Kann er sagen: eine solche Verordnung ist nichtig? oder muß er sagen: gleichgiltig, ob die Stände mitgewirkt haben oder nicht, ich habe einen Erlaß der höchsten Autorität im Staate vor mir, diesem Erlasse folge ich, ich wende ihn schlechthin an?

Das ist die eine Frage, auf diese werde ich mich beschränken.

Es erhebt sich nun eine zweite Frage, und ich muß dieselbe wenigstens bezeichnen, um dadurch den Umfang des Antrages anzugeben. Diese zweite Frage ist die: Wenn es sich um ein Gesetz handelt, welches sich selber als solches bezeichnet, welches den Namen des Gesetzes an sich trägt, bedarf es dann zum Zwecke der Anwendung eines solchen Gesetzes für den

Richter der Untersuchung, ob die sämmtlichen Formen beim Erlasse, bei der Produktion dieses Gesetzes beobachtet worden sind?

Hier handelt es sich also möglicher Weise sogar um das Recht der Stände, in dieser bestimmten Form ein Gesetz zu erlassen, um die Frage z. B., ob eine einfache Majorität für das Gesetz ausgereicht habe, oder ob nicht verfassungsmäßig eine Zweidrittel=Majorität erforderlich gewesen sei.

Wenn ich diese zweite Frage völlig zurückweise, so geschieht es, wie ich bereits bemerkt habe, vorzugsweise, um die beiden Fragen nicht zu verwirren. Es geschieht aber auch darum, m. H., weil ich Ihnen gestehen will: ich bin nicht im Stande, diese zweite Frage vollkommen richtig und erschöpfend zu behandeln. Ich bin ein Mann des Civilrechtes, ich bin kein Politiker; ich würde mich auf einem solchen Gebiete nicht sicher fühlen.

Aber ich behaupte, daß die erste Frage eine durch und durch civilistisch=juristische ist. M. H., wenn ich überzeugt wäre, daß die erste Frage eine politische sei, würde ich ihre Erörterung abgelehnt haben. Ich weiß, bei Manchem hat diese Frage freilich einen bedeutenden politischen Beigeschmack — ich glaube indeß, wir sind da, um unser Recht als Juristen geltend zu machen und einer juristischen Frage nicht darum den Charakter einer politischen zuzugestehen, weil sie von mancher Seite leider eine politische Bedeutung erlangt hat. (Bravo!)

Ich vindizire mir also das Recht über diese zweite Frage als Jurist, als Civilist zu sprechen, und darin, daß die ständige Deputation mich gewählt hat, hat sie zugleich ausgesprochen, daß sie gleichfalls der Ansicht ist, es sei eine civilrechtliche Frage.

M. H., lassen Sie mich also auf diesen Gegenstand eingehen. Ich stelle folgende Frage: Hat der Richter im konstitutionellen Staate, wenn ihm eine Verordnung vorgelegt wird, einerlei, ob sie vom Landesherrn oder vom Ministerium unterzeichnet ist, hat der Richter zu prüfen, ob dieselbe im Wege des Gesetzes hätte erlassen werden müssen, oder hat er sie schlechthin anzuwenden?

M. H.! Da bekenne ich offen, ich begreife kaum, wie man die erste Alternative verneinen kann. (Bravo!) M. H., weisen Sie sogleich alle politischen Erwägungen zurück, versetzen Sie sich, wenn ich bitten darf, auf den Standpunkt, den ich inne halten will, und dieser ist stets der juristische Standpunkt, folgen Sie mir bei meiner Erörterung und fassen Sie einfach die Sache ins Auge.

Es heißt also — ich bediene mich hier der Ausdrücke mancher Verfassungen — „Die und die Erlasse“ — gestatten Sie mir diesen Ausdruck zu gebrauchen — „bedürfen zu ihrer Giltigkeit der Zustimmung der Stände.“

Bekanntlich weichen die verschiedenen Verfassungen in dem Punkte erheblich von einander ab, für welche Verhältnisse diese vollere Form der Gesetzgebung verlangt wird. Wenn nun das Gesetz für die Giltigkeit irgend eines Verhältnisses, eines Aktes, eines Rechtsgeschäftes oder eines Gesetzes bestimmte Kriterien vorschreibt, kann der Richter ein solches Verhältniß, eine solche Verfügung annehmen, ohne daß diese Kriterien vorhanden sind? Ich glaube, es wird Ihnen keinem Zweifel unterliegen, daß der Richter diese Frage verneinen muß. Sowie an dem Thatbestande irgend eines Verhältnisses etwas fehlt, so liegt das Verhältniß nicht vor. Sowie also an dem Thatbestande einer Verordnung etwas fehlt, z. B. die Contrasignatur, so gilt die Verordnung nicht. Wenn mithin für irgend einen Erlaß der Stadtsregierung ein besonderes Requisit vorgeschrieben ist, und es fehlt dieses Requisit, so kann der Richter nur antworten, das Geschäft, dieses bestimmte Verhältniß liegt nicht vor.

Die Vorfrage bei dieser ganzen Untersuchung ist die: Erfordern unsere Verfassungen die ständische Mitwirkung als Requisit der Giltigkeit? Für die meisten Verfassungen unterliegt das keinem Zweifel; dieselben sprechen sich ganz klar und bestimmt aus. Ich habe mir hier eine Zusammenstellung derartiger Verfassungsurkunden gemacht. So z. B. heißt es in der Württembergischen Verfassungsurkunde vom Jahre 1819: „Ohne Beistimmung der Stände kann kein Gesetz gegeben, aufgehoben, abgeändert oder authentisch erläutert werden." In der Badischen Verfassung heißt es: „Zu allen anderen neuen Landesgesetzen ist die Zustimmung der absoluten Mehrheit erforderlich." In der Coburgischen Verfassung vom Jahre 1821: „Neue Gesetze bedürfen zu ihrer Giltigkeit der Zustimmung der Stände." Wo diese Ausdrucksweise gebraucht wird: „sie bedürfen zu ihrer Giltigkeit der Zustimmung der Stände," wird es, glaube ich, dem Juristen nicht dem mindesten Zweifel unterliegen, daß die Gesetze ohne diese Zustimmung nicht gelten.

Es kommen nun aber auch in den Verfassungsurkunden andere Ausdrücke vor. So heißt es in manchen: „Es kann ein Gesetz nicht erlassen werden ohne Zustimmung der Stände." M. H.! „Es kann nicht," das heißt so viel: Wenn es dennoch geschieht, so ist es juristisch nichtig. Es kommt ferner folgende Form vor: „Die Stände haben das Recht der Theilnahme an der Gesetzgebung." M. H., wenn zwei zusammen irgend einen Erfolg erzielen sollen, wenn die Erreichung dieses Erfolges durch eine gemeinsame Thätigkeit bedingt ist, so liegt darin, daß durch eine einseitige Thätigkeit jenes Resultat nicht erreicht werden kann.

Ich muß nun gestehen, diese positive Begründung ist meiner Ansicht nach so schlagend, daß, wenn nicht Gründe politischer Art hier auf der andern

Seite ein Gegengewicht hervorgerufen hätten, schwerlich dieselbe bestritten worden wäre.

Ich will nun versuchen, Ihnen die Gegengründe, die von der andern Seite geltend gemacht wurden, mitzutheilen, und zwar die Gegengründe angeblich juristischer Art, dann die Gegengründe politischer Art.

Zuerst die Gegengründe angeblich juristischer Art.

Es ist gesagt: der Richter hat lediglich über die Form zu erkennen, nicht über den Inhalt. Indem aber der Richter sich die Frage vorlegt, ob die Regierung einen bestimmten Erlaß den Ständen hätte vorlegen müssen, erkennt er damit über den Inhalt. M. H.! Ich begreife gar nicht, wie man anders über die Form erkennen kann, als indem man über den Inhalt erkennt. Wenn ein Gesetz für ein gewisses Verhältniß eine bestimmte Form vorschreibt, die durch den Inhalt bedingt ist, so wird, glaube ich, der Richter, um eben die Frage von der Form entscheiden zu können, nothwendiger Weise den Inhalt heranziehen müssen. Ich will aus unserem Privatrechte ein Beispiel nehmen. Wenn das Gesetz bestimmt: „Die Einsetzung der Erben kann nur durch das Testament geschehen, Vermächtnisse können auch im Codicill angeordnet werden," so wird der Richter, um bei bestimmten Anordnungen des Testaments sich fragen zu können, ob dieselben giltig seien, sich vorher die Frage vorlegen müssen: „Ist es in Wirklichkeit eine Erbeinsetzung oder ein bloßes Legat?"

Jener Einwand also ist durchaus hinfällig. Der Richter muß über den Inhalt erkennen, wenn eine Verschiedenheit der Form für verschiedene Verhältnisse bestimmt ist.

Man hat sodann gesagt, m. H., der Richter stellt sich über den Gesetzgeber; indem er einen Akt des Gesetzgebers zurückweist, versagt er ihm den Gehorsam.

M. H.! Das ist in der That doch nur ein reiner Schein. Indem der Richter eine solche Verordnung zurückweist, thut er nichts, als was ihm der Gesetzgeber selbst auferlegt hat. Wenn eine Verordnung ohne Contrasignatur des Ministers dem Richter zugestellt wird und der Richter sie zurückweist, stellt derselbe sich auch dann über den Gesetzgeber? Der Richter bleibt hier ganz innerhalb der Grenzen seines Berufes, indem er dem Gesetze folgt, welches die Kriterien der Rechtsnormen selber bezeichnet hat. Dieser Einwurf ist also durchaus verkehrt.

Zur Widerlegung desselben läßt sich ferner anführen: der Richter beschränkt sich ganz auf einzelne Fälle. Er erklärt nicht schlechthin ein Gesetz für nichtig, sondern spricht nur aus, daß es für den einzelnen Fall keine Anwendung leide.

Man hat sodann geltend gemacht, diese Theorie vertrüge sich nicht mit unserem Bundesstaatsrechte. Im Art. 57 der Wiener Schlußakte sei die Bestimmung enthalten, daß die gesammte Staatsgewalt in dem Souverän vereinigt bleiben solle, und daß dieselbe nur in der Ausübung bestimmter Rechte durch die Mitwirkung der Stände beschränkt werden könne.

M. H., liegt denn etwa in dem Rechte, das wir hiermit den Ständen vindiciren, daß nämlich ohne ihre Zustimmung über gewisse Verhältnisse nicht gesetzlich entschieden werden kann, liegt darin etwa eine Theilung der höchsten Staatsgewalt? Die höchste Staatsgewalt bleibt in der Person des Landesherrn vereinigt! Von ihm gehen alle Akte aus, er ist das Subjekt der ganzen Gewalt, aber den Ständen — lassen Sie mich jenen glücklichen Ausdruck eines Anderen gebrauchen — den Ständen steht blos ein Verhinderungsrecht zu, die Stände sind blos ein negativer Faktor. Das ist meine Ueberzeugung; sie mag irrig sein, aber ich gehe wenigstens bei dieser Darstellung von ihr aus. Also, m. H., hier in diesem Rechte, das wir den Ständen vindiciren, liegt durchaus kein Widerspruch gegen jenen Artikel, gegen das monarchische Princip, und die Bundesversammlung selbst hat verschiedene Verfassungen garantirt, z. B. die Koburger vom Jahre 1821, wo ausdrücklich jener Passus über die Mitwirkung der Stände sich befindet.

Der eben erwähnte Einwurf ist namentlich von einem jüngeren Schriftsteller ausgeführt, nachdem die Idee bereits von einem unserer Publizisten (Zöpfl) angedeutet worden ist. Mittelst dieser Idee ist aber das Mittel gefunden, um jede Verfassung zu beseitigen. Dasselbe besteht nämlich in Folgendem: Es ist Ihnen bekannt, daß jede Verfassung der Regierung das Recht einräumt, in Nothfällen gewisse provisorische Verordnungen zu erlassen, theils beschränkt, theils unbeschränkt. Ich halte ein solches Recht für durchaus unentbehrlich; eine solche Freiheit der Regierung findet sich selbst in Republiken, sie fand sich im alten Rom, sie muß der Staatsregierung zustehen; welche Garantieen man geben solle, um den Mißbrauch dieses Rechtes zu verhindern, das zu bestimmen, ist nicht unsere Sache. Nun argumentirt jener Schriftsteller in folgender Weise: Jede Verordnung, die die Regierung erläßt, welche im Widerspruche mit der Verfassung oder mit dem Gesetze steht, gilt als ein Akt der Anwendung dieses — wie er sich ausdrückt — Nothrechtes, so daß damit sämmtliche Verordnungen der Regiernng, wenn sie auch noch so sehr mit der Verfassung im Widerspruche stehen, legalisirt sind. M. H.! Diese Idee kommt mir so vor, als wenn Jemand ein Faß sich gebaut hätte, und ein Anderer ihm das Faß ließe, aber sich nur das Recht ausbäte, unten ein kleines Loch hineinzubohren. Auf diese Weise bleibt das Faß bestehen, aber der Inhalt, um den es ihm zu thun ist, geht heraus. (Heiterkeit.)

So verhält es sich auch mit jenem Nothrechte. Sie sehen ein, wenn jede derartige Verordnung in dieser Weise aufrecht erhalten werden kann, so ist der Satz, daß gewisse Erlasse der Staatsregieruug der ständischen Zustimmung bedürfen, vollständig beseitigt. Er ist um so eher beseitigt, als dieser Schriftsteller nicht verlangt, daß dieses provisorische Gesetz oder diese Verordnung, diese verfassungswidrige Verordnung hinterher den Ständen vorgelegt werde. Kurzum, auf diese Weise ist das ganze ständische Mitwirkungsrecht beseitigt. M. H.! Ich glaube, ich werde nicht nöthig haben, diese Ansicht zu widerlegen; sie ist so in sich unhaltbar, daß ich meine, es der Achtung vor dem Juristentage schuldig zu sein, diese Ansicht von jetzt an mit Stillschweigen zu übergehen. (Bravo!)

Ich wende mich nunmehr zu den politischen Gründen. Welches Gewicht Sie auch diesen politischen Gründen beilegen mögen, keinesfalls kann es darin bestehen, daß dieselben das positive Recht, wo es einmal unzweifelhaft besteht, entkräften können. In der That ist der Streit von der andern Seite zum Theil so geführt worden, daß man auf Grund dieser politischen Rücksichten die Giltigkeit der Verfassungen in diesem Punkte ganz bestreiten will. Das muß ich auf das Entschiedenste zurückweisen. Wie man auch darüber denken möge, bei der Frage des Rechtes haben politische Gründe keinen Werth; sie kommen dann zur Frage, wenn es sich handelt de lege condenda, nicht de lege condita.

Lassen Sie mich jetzt die Haupt-Bedenken vorführen. Es heißt: „Der Richter sei nicht im Stande, jene Frage zu beurtheilen."

M. H.! Wer in aller Welt würde denn im Stande sein über die Sache ein Urtheil abzugeben, wenn es nicht der Richter ist? Die Frage, ob der Inhalt ein derartiger war, daß er des Gesetzes bedurfte oder im Verordnungswege festgestellt werden konnte, ist nur eine andere Anwendung der Frage von dem Inhalte des Gesetzes überhaupt. Nun, dazu ist der Richter da, daß er diese Frage beantworte. Diesem Grunde kann ich also gar keine Bedeutung zugestehen.

Man hat sodann gesagt, die Theorie, die ich hier vertheidige, beeinträchtige das Ansehen der Regierung. — Ja, m. H.! in gewissem Sinne ist dieses wahr, nämlich, wenn die Regierung ihre Grenzen überschreiten will, dann leidet ihr Ansehen wirklich. Wenn sie aber das nicht thut, dann wird im Gegentheile gerade durch diese richterliche Prüfung das Ansehen der Regierung gehoben, weil im Volke die Ueberzeugung bestärkt wird, daß in dem bezüglichen Staate das Recht und das Recht allein Geltung habe.

Man hat ferner gesagt, es führe diese Theorie zu widerstreitenden Entscheidungen. Gewiß. Aber muß nicht der Richter fortwährend über die Frage entscheiden, ob ein früheres Gesetz durch ein späteres aufgehoben worden sei? Eine Meinungsverschiedenheit ist auch hier sehr häufig möglich. Wollen wir darum aber dem Richter die Entscheidung dieser Frage entziehen, weil hier eine Verschiedenheit der Entscheidung möglich ist? Also darauf, glaube ich, kann man kein Gewicht legen. Es läßt sich aber auch eine Einrichtung treffen, wodurch diesem Uebelstande vorgebeugt wird. Namentlich ist eine Einrichtung in den Ländern, wo eine Staatsanwaltschaft auch für den Civilprozeß besteht, vorgeschlagen, die Einrichtung nämlich, daß der Staatsanwalt in solchen Fällen, wo der Richter einer Verordnung die Anwendung versagt, ermächtigt sei, die Frage zur Entscheidung an den höchsten Gerichtshof zu bringen.

Ich verkenne also nicht, daß dieses ein Uebelstand sei; aber ich behaupte, es sei ein Uebelstand, der von der Anwendung der Gesetze einmal untrennbar ist und gegen den es andererseits ein Mittel giebt.

Das sind im Wesentlichen die Gründe, welche von anderer Seite vorgebracht worden sind. Ich meinerseits kann diesen Gründen keine Bedeutung zugestehen und berufe mich auf die Erfahrung, um nachzuweisen, daß in der That diese Gründe nur Scheingründe sind.

Das System, um welches es sich hier handelt, besteht, von Nordamerika abgesehen, in England, Belgien, Frankreich. In manchen Deutschen Staaten ist es anerkannt, in Württemberg nicht bloß von sämmtlichen Schriftstellern über Württembergisches Privatrecht anerkannt, nicht bloß von den Ständen selbst behauptet, sondern es ist auch von der Regierung unbestritten zugegeben worden. In Bayern hat wenigstens das höchste Gericht dasselbe bejaht, früher auch in Sachsen. Sodann ist in der neuesten Zeit in Baden der Entwurf eines Polizei-Strafgesetzbuches an die Stände gebracht worden, worin ausdrücklich dem Richter das Recht zugestanden wird, zu untersuchen, ob eine polizeiliche Verordnung verfassungsmäßig sei oder nicht.

Ich glaube, die Erfahrung hat gerichtet über die Möglichkeit dieses Systems. Lassen Sie mich, um meinem Vortrage keinen gehässigen Beigeschmack zu geben, von Vorgängen der neueren Zeit schweigen, wo es versucht worden ist, dieses Recht des Richters zu bestreiten. Wollen Sie aber im Geiste die Staaten vergleichen, die ich zuerst genannt habe, mit jenem Staat und mit jenen Verfassungszuständen, die ich im Auge habe; m. H., dann wird ihr Urtheil nicht zweifelhaft sein können.

Hiermit hätte ich im Wesentlichen die Gründe bezeichnet, die von einer und der andern Seite geltend gemacht worden sind, und ich habe nicht geglaubt, meinem Vortrage eine längere Ausdehnung geben zu dürfen, nicht hier einen gelehrten Vortrag halten, sondern lediglich die Hauptpunkte andeuten zu müssen.

Ich will nur das noch bemerken, daß auch in der Literatur die Ansicht, die ich hier vertrete, die entschiedenste Majorität unserer bedeutendsten Gelehrten für sich hat: Namen aus früherer Zeit, wie Feuerbach, Martin, Welcker, sodann Namen, wie Puchta, Vangerow, Wächter, Seuffert, Beseler, Heffter, die beiden Zachariä, Bluntschli, Mohl, Klüber, alle diese stehen auf Seite der Ansicht, die ich hier vertheidige. Allerdings besitzt auch die andere Meinung unter ihren Anhängern Namen, wenigstens einen Namen, dem ich einen vortrefflichen Klang nicht absprechen kann, den Namen von Stahl. Im Uebrigen aber, glaube ich, darf ich getrost behaupten, daß die überwiegende Zahl unserer wissenschaftlichen Autoritäten sich für diejenige Ansicht, die ich hier vertheidige, erklärt hat.

M. H.! Es ist jetzt an Ihnen zu diesen Autoritäten eine höchst wichtige Autorität hinzuzufügen. Wenn der Deutsche Juristentag mit entschiedener Majorität für diese Ansicht sich erklärt hat, so ist das eine That. Freilich wird es auch dann an solchen nicht fehlen, die dieser Ansicht einen Widerspruch entgegensetzen. Aber die Bedeutung wird Ihr Ausspruch haben, daß er dokumentirt, wie der Deutsche Juristenstand in seiner Masse über diese Frage denkt. (Beifall.)

**Präsident:** Erlauben Sie mir, ehe wir auf die vorliegende Sache weiter eingehen, noch eine nothwendig gewordene Ergänzung des Sekretariats vorzunehmen. Einer der Herrn Sekretäre, Herr Dr. Probst aus Stuttgart, hat gewünscht, daß er von diesem Geschäft befreit werde, da seine Zeit anderweit zu sehr in Anspruch genommen ist. Ich ernenne an seiner Stelle Herrn Assessor Probst aus Tübingen.

Und nun eröffne ich die Diskussion über den vorgelegten Gegenstand. Wir haben es gewiß Alle dem Herrn Berichterstatter und dem Herrn Antragsteller zu danken, daß sie durch die Trennung der Fragen die ganze Sache für die Berathung ungemein vereinfacht haben. Ich erlaube mir auch in der Diskussion die beiden Fragen zu trennen. Ich lese daher, falls eine Debatte darüber beliebt wird, den Antrag in der Weise, wie ihn der Herr Antragsteller und der Herr Referent beschränkt haben, nochmals vor. Er lautet dahin: „Verordnungen der Staatsregierung, deren Inhalt nur in der Form des Gesetzes mit Zustimmung der Stände hätte festgestellt werden können, haben für den Richter keine verbindliche Kraft."

Ich erlaube mir dem Herrn Antragsteller zuerst das Wort zu geben.

Stadtrichter **Hiersemenzel:** Ich erlaube mir für jetzt nur die Bemerkung zu machen, daß ich glaube, es waltet denn doch ein Mißverständniß zwischen dem Herrn Berichterstatter und mir ob. Es ist nicht meine Absicht, meinen Antrag auf irgend eine besondere Art von Gesetzen zu beschränken. Ich habe den Herrn Referenten, als er vor Erstattung des Referats mit mir Rücksprache nahm, nämlich so verstanden, daß es sich darum handle, das Wort „Gesetz" in meinem Antrage zu interpretiren.

Ich selbst habe das Wort „Gesetz“ im allgemeinen Sinne genommen, wo es unter sich sowohl Gesetze im engeren Sinne, als auch Verordnungen begreift. Gerade darauf aber lege ich Gewicht, daß das Recht des Richters, sowohl Gesetze im engeren Sinne, als auch Verordnungen zu prüfen, von dem Deutschen Juristentag unbeschränkt anerkannt werde, und ich kann mich deshalb mit einer Einschränkung meines Antrages nicht einverstanden erklären. Nur mit der Fassung könnte ich einverstanden sein, daß der Richter das Recht habe, Gesetze und Verordnungen mit Rücksicht auf ihr verfassungsmäßiges Zustandekommen zu prüfen. Einer Beschränkung auf irgend eine Art der Gesetze vermögte ich dagegen nicht meine Zustimmung zu geben.

**Präsident:** Ich glaube, daß in dieser Beziehung völlige Einigkeit zwischen dem Herrn Referenten und dem Herrn Antragsteller besteht. Die Trennung, welche der Herr Referent in Uebereinstimmung mit dem Herrn Antragsteller beantragt hat, betrifft nicht die Art der Verfügungen, sondern die Gründe der Beurtheilung ihrer Giltigkeit. Der Herr Referent geht davon aus, daß die Gültigkeit von Gesetzen, Verordnungen, überhaupt von Verfügungen der höchsten Gewalt, welchen Namen sie auch haben mögen, durchaus der Kognition des Civil- und des Kriminalrichters unterliege, sowohl in Beziehung auf die Form als auf den Inhalt. Eine andere Frage aber ist es, ob es der Kognition des Richters unterliege, über die Gültigkeit in gehöriger Form erlassener Gesetze in Beziehung auf die Kompetenz und Zusammensetzung der Stände, welche zum Gesetze mitgewirkt haben, zu urtheilen. Diese staatsrechtliche Seite der Frage will der Herr Referent ausscheiden, und wenn ich die Sache richtig aufgefaßt habe, so ist der Herr Antragsteller damit einverstanden. Ich erlaube mir den Herrn Antragsteller aufzufordern, sich darüber noch einmal zu erklären.

Stadtrichter **Hiersemenzel:** Ich glaube, es ist wohl das Beste, wenn ich lediglich an den von mir ursprünglich gebrauchten Worten festhalte, und sie allenfalls noch dahin interpretire: „Der Deutsche Juristentag wolle aussprechen, daß die Würde der Rechtspflege und die Handhabung wirklicher Gerechtigkeit nur da gesichert ist, wo der Richter auch die Frage, ob ein Gesetz oder eine Verordnung verfassungsmäßig zu Stande gekommen, ohne Einschränkung zu prüfen hat.“

**Präsident:** Ich will vor Allem zuerst die Fragestellung und die Frage der Trennung der Anträge und des Sinnes, in welchem die Trennung geschehen soll, zur Diskussion bringen.

Herr Hofrath Bluntschli aus Heidelberg hat das Wort.

Rechtsanwalt und Notar Dr. **Horwitz** aus Grünberg: Darf ich mir erlauben, zur Geschäftsordnung ein Wort zu sprechen?

Ich will mir erlauben, im allgemeinen Interesse eine Abänderung des bisherigen Gebrauches, nach welchem die Redner vom Platze aus sprechen, und nach welchem der Berichterstatter den Platz auf der Tribüne einnimmt, zu beantragen. Ich glaube nämlich, es wäre viel zweckmäßiger, wenn die Redner die Tribüne einnähmen, da es sonst vielleicht im Laufe der Verhandlung schwer werden könnte, die einzelnen Redner zu verstehen. Der Platz neben der Rednerbühne scheint mir für den Berichterstatter ebenso geeignet.

**Präsident:** M. H.! Es ist nicht mehr Zeit, eine Abänderung des Statutes, resp. der Geschäftsordnung zu treffen. Ich gehe von der Ansicht aus, daß jedem Redner, wenn er den Wunsch und die Möglichkeit hat, sich neben den Berichterstatter zu stellen, die Befugniß zusteht, diesen Platz einzunehmen, daß es aber nach Umständen eine große Verschwendung an Zeit wäre, wenn jeder Redner, der vielleicht ein paar Bemerkungen machen will, deshalb jenen besonderen Platz einnehmen müßte. (Bravo! Bravo!)

Hofrath, Professor Dr. **Bluntschli** aus Heidelberg (betritt die Tribüne unter lebhaftem Beifall): Ich befinde mich in einer peinlichen Lage. Ich hatte nicht die Absicht in dieser wichtigen Frage zu sprechen; ich sehe mich aber dazu unmittelbar genöthigt, denn Schweigen, nachdem gewichtige Worte gesprochen worden sind, mit denen ich in vielen Punkten, in einigen höchst wichtigen, gar nicht übereinstimme, würde ich für unwürdig halten.

M. H.! In einer Versammlung von 12—1600 Männern ist es keine leichte Aufgabe, Fragen gründlich zu erörtern, die in die Tiefe gehen, an denen das ganze Staatsleben überall hängt, wo ein einziger Fehltritt im Stande ist, eine Erschütterung hervorzubringen, die wir am wenigsten wollen, wir, die Männer des Rechtes. (Bravo! Bravo!)

In solchen Fragen ist es nothwendig, daß man mit voller Ruhe ermißt, wie weit die Kräfte gehen. Ich halte, aufrichtig gesagt, wie die Dinge jetzt liegen, es für geradezu unmöglich, daß wir die beiden Fragen heute an dieser Stelle erörtern, die beiden Fragen, die ursprünglich in dem Antrage des Herrn Hiersemenzel zusammengefaßt waren. Es ist dafür durchaus nicht die nöthige Vorarbeit vorhanden, und ich bedaure, daß die Deputation, — leider war ich verhindert, an der damaligen Sitzung in Dresden theilzunehmen — nicht in dieser Frage einen bestimmten Antrag, mit einem bestimmten Gutachten oder mit mehreren Gutachten ausgestattet, im Drucke an die Mitglieder des Juristentages hat vertheilen lassen. Jetzt riskiren wir, daß, wenn wir diese Frage nach allen Seiten in Berathung ziehen, wir uns mit dem besten Willen verirren. (Bravo!)

M. H.! Mehr als tausend Juristen sind schwer zu Einer Meinung zu bringen (Heiterkeit) und bekannter Maßen hält der Deutsche an seiner bestimmten Meinung fest. Wenn nun von 1600 Juristen auch nur der hundertste Theil dies mit rechter Energie thut, so werden wir vor Abend nicht fertig werden. Ich werde mich daher beschränken auf zwei Dinge: erstens scharf zu scheiden zwischen den beiden Fragen und Ihnen auf das Dringendste zu empfehlen, daß Sie sich nur über die eine aussprechen, die meines Erachtens klar ist, die andere unendlich schwierigere, aber auch unendlich wichtigere und eingreifendere einer weiteren Prüfung überlassen, überhaupt an die Zukunft verweisen; und das Andere ist: ich möchte auch einen ganz kurzen Satz aussprechen, im Gegensatze zu dem Grundprinzipe, welches mein verehrter Freund Jhering ausgesprochen hat, weil ich mich dazu moralisch verpflichtet erachte.

Die erste dieser Fragen ist: Soll der Richter prüfen: Wie ist ein Gesetz — ich sage ein Gesetz, welches die formelle Autorität des Staatsoberhauptes und der Kammern für sich hat — wie ist dieses Gesetz zu Stande gekommen? War die Kammer befugt nach der Verfassung, war das Staatsoberhaupt befugt, in dieser Form darüber ein Gesetz zu geben? Um ein Beispiel anzuführen, das sofort praktisch Ihnen die Bedeutung klar machen soll: in einer Reihe von Deutschen Verfassungen steht folgende Bestimmung: „Aenderungen an der Verfassung dürfen nur mit einer Mehrheit von zwei Drittheilen der anwesenden drei Viertheile der Kammermitglieder beschlossen werden.“ Es ist nun nothwendig in den betreffenden Staaten eine eminent brennende Frage zu erledigen und durch die Gesetzgebung zu erledigen, und vielleicht sind die Mitglieder des Herrenhauses nicht zusammenzubringen in der Zahl von drei Viertheilen, deren Zustimmung erfordert wird nach der Verfassung. Soll nun dieser Staat nicht gehen können, darum, weil diese Bestimmung der Verfassung da ist? soll er riskiren, daß, wenn er vielleicht nicht mit zwei Drittel Mehrheit der drei Viertel Anwesenden gegen Entschädigung die Grundlasten beseitiget hat, soll er riskiren, daß das Alles nicht gelte, wenn sein ganzes Dasein davon abhängt? Nein, m. H.! das ist eben die Geschichte; das ist keine Rechtsfrage. Eben, weil das eine eminent staatsrechtliche Frage ist, so rathe ich Ihnen in diesen Dingen nicht zu weit zu gehen. (Bravo!)

Ueberlassen wir diese eminent staatsrechtliche Frage, ob ein Gesetz durch die gesetzgebende Gewalt in richtiger oder etwas weniger formeller Weise zu Stande gekommen sei, überlassen wir das der höchsten Autorität des Staates, der gesetzgebenden Gewalt selbst. Daran, m. H., halte ich fest: es giebt im Staate eine Gewalt, die über allen Gewalten steht, wie es eine Bestimmung giebt, die über allen Bestimmungen ist, diese Gewalt ist die gesetzgebende, und das Gesetz ist die Bestimmung, die beobachtet werden muß.

Die zweite Frage ist eine unendlich einfachere und erledigt sich, wie mir scheint, durch das eben Gesagte von selbst. Die zweite Frage läßt die gesetzgebende Gewalt intakt, in ihrer Autorität unberührt, und lautet einfach so: Wenn im Widerspruche mit den Gesetzen, im Widerspruche mit der Verfassung Verordnungen lediglich von der Regierungsgewalt erlassen werden, sind diese Verordnungen gültig oder nicht? Da glaube ich, kann es nur Eine Antwort geben, und das ist die Beantwortung, die Ihnen mein verehrter Freund Ihering vorgetragen hat. Der Richter kann das nicht für eine verbindliche Norm anerkennen, was in unverbindlicher und gesetzwidriger Weise vorliegt. Diese zweite Frage also ist vollkommen klar, und der Juristentag überschreitet, meines Erachtens, seine Befugniß nicht, wenn er diese Frage ganz entschieden in dem angetragenen Sinne erledigt.

Nun noch eine Bemerkung. Ich bedauere, daß ich genöthigt bin dieselbe zu machen; ich fühle mich aber in meinem Gewissen verpflichtet, es zu thun.

Mein verehrter Freund hat wohl die Frage zunächst als eine civilistische bezeichnet; er hat aber doch nicht umhin gekonnt, eine Menge der wichtigsten staatsrechtlichen Fragen zu berühren und seine Meinung darüber auszusprechen, (Rufe: Sehr wahr!) und da habe ich von Anfang an besorgt, es werde das uns in den Kampf der politischen Meinungen hineinziehen. Nun, m. H., da hat er einen Satz ausgesprochen, zu dem ich eine Bemerkung machen muß. Ich bin fast mit allen seinen Meinungen in Uebereinstimmung; in einer Beziehung bin ich aber so entgegengesetzter Meinung, daß ich es für eine — ich kann nicht sagen für was — halten würde, wenn der Juristentag durch Stillschweigen diese Theorie gutheißen würde. — Es ist das folgender Satz: In unseren Staaten, in den Deutschen konstitutionellen Monarchien stehe die gesetzgebende Gewalt dem Staatsoberhaupte allein zu. (Hört, hört!)

M. H.! Ich weiß es, das war die hergebrachte Ansicht, die uns aus früherer historischer Zeit überliefert worden ist. Als eine historische respektire ich sie, als eine gegenwärtige verwerfe ich sie. (Lebhafter Beifall.) Denn, m. H., das ist ja der Kardinalpunkt des ganzen konstitutionellen Staatswesens, das ist ja die Grundfrage, daß nach den Prinzipien des konstitutionellen Staatsrechtes der höchste Ausdruck des gemeinsamen Willens, das Gesetz, nur hervorgehen kann und darf aus dem Zusammenwirken des Staatsoberhauptes mit der Vertretung des Volkes (Bravo!) und, m. H., obwohl ich kein Freund davon bin, daß zu viel in diesen Dingen geschehe — ich bin in allen Dingen ein Freund des Maßes — so bin ich doch der Meinung, daß die Rechte der Kammern durchaus nicht blos negative sind, (Bravo! Bravo!) sondern sie sind ganz entschieden positive. (Lebhafte Zustimmung.) Das ist dem Juristentage mit einem einzigen Worte vollkommen klar zu machen. In den meisten Kammern werden durch die Mitwirkung derselben die Gesetze erst wesentlich gemacht, eine Menge von Bestimmungen geht erst aus den Motiven, den Amendements u. s. w. der Kammern hervor. Die Kammern haben also einen positiven Antheil an der gesetzgebenden Gewalt.

M. H.! Ich habe mich für verpflichtet erachtet, das wahre, moderne Staatsrecht in dieser Beziehung, wie es in konstitutionellen Staaten ganz unbestreitbar ist — in England hätte kein Mensch auch den leisesten Zweifel darüber — hier zu vertreten, und gerade hier, wo ich mich freue, daß dieser mächtige Staat auf die Bahn des konstitutionellen Lebens (Bravo! Bravo!) und mit Wahrheit eingetreten ist, halte ich daran fest, daß nur wenn von dem gesetzgebenden Körper, der meines Erachtens besteht in erster Linie aus dem Staatsoberhaupte, — das lasse ich nicht weg, ich stelle es an die Spitze — in zweiter und dritter Linie aus den Kammern, — ich sage, ich halte daran fest, daß wem ein Gesetz als der gemeinsame Ausdruck des Willens von diesen Faktoren ausgesprochen worden ist, es dann gilt und verbindlich ist für die Gerichte, wie für die Regierung. Die Regierung hat diesen Gesetzeswillen zu respektiren und wenn sie eine Verfügung im Widerspruche mit ihm erläßt, so ist diese Verfügung ungültig. (Lebhafter Beifall.)

**Präsident**: Es hat sich eine Reihe von Rednern gemeldet. Wir sollten uns aber zuerst darüber verständigen, was zunächst Gegenstand der Besprechung sein wird. Wenn wir den Antrag in seiner Allgemeinheit, in welcher nach den gegebenen Erläuterungen der Herr Antragsteller ihn stellen wollte, nehmen, so fürchte ich, daß die Diskussion in den verschiedensten Gebieten und Beziehungen herumschweift und dadurch an ihrem Halte verliert. Erlauben Sie mir daher, unbeschadet der freisten Ansicht eines Jeden und unbeschadet der endlichen Entscheidung des Juristentages die Frage zu trennen, und dadurch Einfachheit, Klarheit, Bestimmtheit in die Diskussion zu bringen. Für diese Trennung spricht noch ein weiterer gewichtiger Grund. Würde über den ersten Theil der Frage, wie ihn der Herr Referent formulirt hat, würde über diese erste Frage keine wesentliche Meinungsverschiedenheit in unserer Mitte bestehen, welches Gewicht würde dann das Urtheil des Juristentages bekommen, welches Gewicht, wenn diese erste Frage von der überwiegenden Majorität einer so zahlreichen Versammlung Deutscher Juristen entschieden würde! Schon aus diesem wichtigen praktischen Grunde ersuche ich Sie, mir zu gestatten, daß ich die Frage trenne, daß ich also zunächst zur Berathung und Diskussion den vorliegenden Antrag des Herrn Referenten vorlege. Er geht dahin:

„Eine Verordnung der Staatsregierung, deren Inhalt nur in Form des Gesetzes mit Zustimmung der Stände hätte festgestellt werden sollen, hat für den Richter keine verbindliche Kraft."

Es ist dabei nicht unbemerkt gelassen worden, daß allerdings einige Deutsche Verfassungsurkunden gerade das Gegentheil von dem, was im Antrage ausgesprochen ist, festgesetzt. Aber um so wichtiger ist es, daß der Juristentag seine Ueberzeugung über die Frage entschieden ausspricht; namentlich auch darüber, wie in jenen konstitutionellen Staaten, die eine solche Beschränknng nicht in ihrer Verfassung enthalten, der Richter sich zu verhalten habe.

Ich erlaube mir nun, die Herren Redner, die zu sprechen sich gemeldet haben, zuerst zu befragen, ob sie über diese Seite des Antrages sprechen wollen.

Zunächst hat sich Herr Ober-Tribunalsrath Reichensperger aus Berlin zum Wort gemeldet.

Ober-Tribunalsrath **Reichensperger** aus Berlin: Ich wollte den Herrn Präsidenten vor allem ersuchen, nicht auf der von ihm proponirten Scheidung der Debatte zu bestehen. (Bravo!) Es scheint mir unmöglich zu sein, daß ein Mitglied dieser verehrten Versammlung sich das ganze Gebiet jener Frage überdacht hat, ohne bei jedem Schritte des absoluten Ineinandergreifens der politischen und der civilrechtlichen Seite derselben sich bewußt worden zu sein. Es ist aber auch wesentlich die gegenwärtige Debatte eine Generaldebatte, es kann sich dabei der Natur der Sache nach gegenüber der Unbestimmtheit der gestellten Anträge sowie der eventuellen Modifikationen, die noch gar nicht formulirt vorliegen, unmöglich darum handeln, das Secirmesser der Spezialkritik an die einzelnen Anträge und Formulirungen anzulegen; ja es kann meiner Meinung nach überhaupt bei der verhältnißmäßig unzureichenden Vorbereitung der Frage sich hier nur um ein allgemeines Verdikt handeln, nicht um die Formulirung einer sofort realisirbaren Gesetzesbestimmung, welche wohl auch der Herr Antragsteller selbst kaum beabsichtigt hat. Darum möchte ich meinerseits bitten, daß die Redner sich selbst dasjenige Maß der Beschränkung auferlegten, welches natürlich bei der außerordentlichen Fülle des Stoffes geboten ist. Ich wiederhole daher die Bitte, daß der Herr Präsident es gestatte, bei der unvermeidlichen Durchdringung der civilrechtlichen und politischen Seite der Frage die Debatte sich auf beide ausdehnen zu lassen. (Bravo!)

**Präsident**: M. H.! Nach der Stimmung, wie sie sich inzwischen geäußert hat, sehe ich ein, daß es für den Präsidenten schwierig werden würde, wenn er auf der Trennung der Frage bestände; er würde jeden Redner anhalten müssen die Trennung einzuhalten. Ich behalte mir vor, seinerzeit die Trennung bei der Fragestellung zu beantragen; vorläufig aber glaube ich in Ihrem Sinne zu handeln, wenn ich den Sprechern keine Beschränkung auferlege. (Zustimmung.)

Ober-Tribunalsrath **Reichensperger**: M. H.! Ich theile vollkommen den Wunsch, der den Antrag diktirt hat, daß die Würde der Rechtspflege und die Handhabung der wahren Gerechtigkeit mit den möglichsten Garantien umgeben sei. Ich billige auch vollständig das Motiv und das Bestreben dieses Antrages, nach den besten Kräften die Garantien aufzusuchen, um die Rechtspflege gegen den immerhin möglichen Mißbrauch der gesetzgebenden Gewalt sicherzustellen. Denn auch in einem verfassungsmäßigen wohlgeordneten Rechtsstaate ist es wohl denkbar, daß ein solcher Mißbrauch durch den unberechtigten Erlaß von Verordnungen mit Gesetzeskraft geübt werden kann, und, wie wir wissen, oft genug geübt worden ist. Eine ganz andere Frage aber ist die, ob die Gerichte als solche dieser Aufgabe auch gewachsen sind? ob sie es sein können, ob sie es bei richtiger Würdigung aller Verhältnisse sein wollen? Das ist es aber, was der Antrag, wie er in seiner Allgemeinheit uns vorliegt, bejaht, und was ich meinerseits verneinen muß.

Ich kann mich in vielen Beziehungen einverstanden erklären mit den Ausführungen des Herrn Referenten; ich hege desfalls nicht einmal so viele entgegenstehende persönliche Ueberzeugungen, als der geehrte Herr Vorredner Bluntschli seinerseits dagegen ausgesprochen hat, mit dessen Anschauungen ich mich im Großen und Ganzen einverstanden erkläre, so daß ich, gestützt auf diese Autorität, mit um so größerer Beruhigung das Wort gegen den Antrag in seiner Allgemeinheit nehme. Ich bin nämlich zunächst im vollständigen Einverständniß mit dem Herrn Vorredner der Meinung, daß die Frage, wie sie uns vorgelegt worden ist, noch einer ganz anderen, gründlichen und umsichtigen Behandlung und Vorbereitung unterzogen werden müsse, bevor sie zu einem berechtigten und auktoritativen Ausspruche des Juristentages herangereift ist.

Der Antrag, wie er uns vorliegt, geht unendlich weiter, als dasjenige, was der Referent unter seinen Schutz genommen hat. Der Antrag würde nicht nur, wie er meinte, ein Loch bohren in das Faß, das wir immerhin respektiren müssen, sondern er würde, wie ich fürchte, dem Faß den Boden einschlagen; er würde unendlich weit über das Ziel hinausschießen, dessen Berechtigung anzuerkennen ist. Wenn Sie dem Antrage Ihre Zustimmung geben, so haben Sie damit nicht blos statuirt, daß die Gerichte jeder Zeit über ihre eigene Kompetenz judiziren, sondern Sie haben alle anderen Kompetenzen der alleinigen gerichtlichen Kompetenz untergeordnet; Sie haben alle Staatsgewalten ausdrücklich dieser Einen s. g. Staatsgewalt, d. h. einem bloßen Organe, einem dienenden Organe des Rechtsprinzipes untergeordnet, und das kann unmöglich zu guten Konsequenzen führen, ganz abgesehen davon, daß es nach meiner Ueberzeugung mit dem gesammten verfassungsmäßigen Rechtszustande Deutschlands, ja aller übrigen Kontinentalstaaten überhaupt, mit Ausnahme Englands, im Widerspruche stehen würde. Es wird in dem Antrage eine absolute Befugniß der Gerichte — ohne jede Einschränkung — in Anspruch genommen, das verfassungsmäßige Zustandekommen der Gesetze zu prüfen. Es liegt also darin nothwendig nicht blos die Forderung, daß die Gerichte jederzeit formell zu prüfen haben, ob ihnen ein wirklicher Akt der Gesetzgebung vorliegt, — ausgestattet mit denjenigen Requisiten, welche die Verfassung oder die Gesetzgebung des Landes von dem Gesetze überhaupt erfordert, also die Unterzeichnung des Landesherrn, die Kontrasignatur der Minister, die Erwähnung der Zustimmung der Landesvertretung, wo es sich um eigentliche Gesetze, nicht um Verordnungen, handelt, weiterhin die legale Publikation nach Maßgabe der Verfassungsurkunde; nein, es liegt darin auch noch die weitere Forderung, daß die Gerichte berechtigt und darum also auch verpflichtet seien, sich nicht blos zu fragen, ob das in Rede stehende Gesetz die Zustimmung einer von der Staatsregierung anerkannten Vertretung, die sich selber auch als Landesvertretung gerirt, erhalten hat, sondern weiterhin zu untersuchen, ob wirklich alle verfassungsmäßigen Requisite formell erfüllt sind, mithin ein verfassungsmäßig zu Stande gekommenes Gesetz wirklich vorliegt? Das ist der wirkliche Inhalt des Antrages. Aber wie? Soll und kann es dem Richter in der That unbenommen sein, nach dem Wortlaute des uns vorliegenden Antrages zu untersuchen, ob die Landesvertretung, welche ihre Zustimmung zum Gesetze gegeben hat, eine vollberechtigte war oder nicht? ob sie auf Grund eines verfassnngsmäßigen oder eines einseitig erlassenen Wahlgesetzes gebildet worden ist?

M. H.! Das sind keine bloßen Fiktionen, die ich Ihnen entgegenhalte; das sind wirkliche, großartige Thatsachen, die uns überall praktisch entgegentreten! Wir wissen ja, daß in mehr als Einem Staate unter Umständen auf Grund eines behaupteten oder wirklichen Nothstaatsrechtes solche abnorme Aenderungen der Wahlgesetze als geboten erachtet wurden und eingetreten sind. Wir wissen, daß nicht selten von Oben oder von Unten ein Riß in die verfassungsmäßige Entwicklung eines Landes gemacht wird, daß, ohne die formelle Rechtskontinuität zu wahren, etwas als verfassungsmäßiges Recht ins Leben tritt, dem gegenüber eine wirklich verfassungsmäßige Begründung fehlt und dessen formelle Sanctionirung demnächst ganz unmöglich ist. Will man nun diese Thatsachen in foro nicht respektiren; will man nicht anerkennen, daß in der That eine Landesvertretung, die nicht die wirklich verfassungsmäßige ist, unter diesen oder jenen Voraussetzungen dennoch die Wirksamkeit einer legalen Landesvertretung üben könne und müsse? Wenn dies nothwendig zu bejahen ist, dann werden Sie niemals aus diesem circulus vitiosus herauskommen, falls Sie, dem Antrage gemäß, den Gerichten die Frage der Verfassungsmäßigkeit anheimgeben. Ich will mein eigenes Preußisches Vaterland Ihnen desfalls vorführen, um die Konsequenz des Antrages zu zeigen.

In Preußen ist im Jahre 1849 ein Wahlgesetz oktroyirt worden, dem gegenüber eine sehr bedeutende Partei im Lande sich passiv und defensiv verhielt und es nicht anerkannte. Soll es nun heute wohl gedenkbar sein, die Verfassungsmäßigkeit dieser Oktroyirung vor den Gerichten in Frage zu ziehen? Und dennoch werden Sie mir gewiß zugeben müssen, daß vom Standpunkte des Civilrichters auch nicht die Möglichkeit gegeben ist, über diese Klippe hinauszukommen. Oder sollte der Civilrichter sich etwa über eine materielle Verfassungswidrigkeit hinwegsetzen können, wenn 1, 2, 6, 10 Jahre oder Sessionen der oktroyirten Landesvertretung darüber hinweg gegangen sind? Ja', m. H., sollte es wirklich die Absicht des Antragstellers sein, den Gerichten auch nur im ersten Jahre, wo es faktisch zweifelhaft sein konnte, ob das neue Wahlgesetz durchgeführt und vom Lande acceptirt werde, die Entscheidung darüber zu überlassen, ob sie die unter Zustimmung dieser oktroyirten Landesvertretung zu Stande gekommenen Gesetze genehmigen und anwenden oder nicht? Unmöglich, wie mir scheint!

Allein, Sie müssen weiter fragen, wenn Sie den Inhalt des Antrages adoptiren, ob die Landesvertretung, deren Existenz ich nun einmal als eine über jeden Verfassungszweifel erhabene voraussetzen will, in der Weise ihre Zustimmung wirklich gegeben habe, wie dies in der Gesetzessammlung Seitens der höchsten Gewalt festgestellt und beglaubigt worden ist? Denn das versteht sich überall von selbst, und ich bin hierin auch vollständig der Ansicht des Herrn Vorredners, daß, soweit es sich um angebliche Gesetzgebungsakte handelt, diese lediglich dann vor den Gerichten Anerkennung und Verbindlichkeit beanspruchen können, wenn sie die formalen Requisite des Gesetzes an sich tragen, d. h. wenn sie nicht blos von dem Landesherrn und den Ministern gezeichnet und publizirt sind, sonderne auch Erwähnung thun von der Thatsache der Zustimmung der Landesvertretung. Allein bei diesen Requisiten muß aber auch stehen geblieben werden, m. H.! Es muß genügen, daß der Gesetzgeber erklärt, es habe die Zustimmung der Landesvertretung stattgehabt; eine weitere Untersuchung Seitens der Gerichte, ob wirklich nach Maßgabe der Verfassung diese Zustimmung der Landesvertretung thatsächlich eingetreten ist, ob diese Zustimnung eine verfassungsmäßige war, ist aber durchaus unstatthaft. (Bravo! Bravo!)

M. H.! Ich führe auch hier Ihnen nicht eine bloße Fiktion vor.

Sie könnten vielleicht denken, das sei eine müßige Spitzfindigkeit, um Schwierigkeiten zu machen; es handelt sich in der That auch hier um positive Thatsachen und sehr praktische Momente; die Veranlassung dessen, was ich Ihnen vorgeführt habe, ist im Preußischen Parlamente thatsächlich vorgekommen. Im Preußischen Herrenhause wurde ein Gesetz berathen, und als man zur Abstimmung schreiten wollte, beantragte eine Mitglied die Zählung des Hauses, indem es der Meinung war, daß dasselbe nicht mehr beschlußfähig sei. Der Präsident überhörte diesen Antrag, schritt zur Abstimmung und erklärte den Paragraphen für angenommen. Nun wiederholte der Antragsteller seinen Antrag, das Haus zu zählen und zu sehen, ob es beschlußfähig sei, und es fand sich, daß das Haus wirklich nicht beschlußfähig sei. Der Präsident erklärte aber nichtsdestoweniger, das Gesetz sei verfassungsmäßig genehmigt, der Ausspruch des Präsidenten könne nicht zurückgenommen werden, die legale Zustimmung des Hauses sei damit erfolgt. M. H.! Ich bin meinerseits auch materiell mit diesem Ausspruche einverstanden; allein es könnte doch zweifelhaft sein, ob die Gerichte ebenfalls dieser Meinung wären. Vom civilrechtlichen Standpunkte läßt sich gewiß viel dagegen sagen, nichtsdestoweniger bin ich der Meinung, — und ich hoffe, Sie theilen dieselbe, daß die angeregte Frage nur zur Kognition des betreffenden Hauses, höchstens noch zu der des andern Faktors der gesetzgebenden Gewalt gehören kann. Erkennt man das aber an, dann darf man auch einem Antrage nicht die Zustimmung geben, welcher nach dieser Seite hin in unzweifelhafter Weise die Kognition der Gerichte zuläßt, indem er ohne jede Einschränkung das Urtheil über das verfassungsmäßige Zustandekommen eines Gesetzes den Gerichten überweist.

Allein, m. H., die allerbedenklichste Seite des vorliegenden Antrages, der sich eben nicht begnügen will mit der den Gerichten unbedingt zustehenden Prüfung der formellen Requisite eines jeden Gesetzes, sondern auch alle Fragen der materiellen Gültigkeit eines Gesetzes von der richterlichen Kognition nicht ausschließt, also in dieselbe einschließt, — diese bedenklichste Seite des Antrages liegt auf einem anderen Gebiete, welches von Herrn Bluntschli bereits angedeutet worden ist. In dieser Beziehung muß ich mir aber erlauben noch einige Worte beizufügen. Wir wissen Alle, daß die Verfassungsurkunde das Fundamentalgesetz des betreffenden Staates ist, daß die Bedeutung der einzelnen Sätze der Verfassungsurkunden gerade die ist, der Gesetzgebung und der Verwaltung gewisse Schranken zu setzen, die sie nicht überschreiten kann und darf. Das ist das eigentliche Wesen der Verfassungsurkunden; darum erheischen sie auch überall strengere Formen und Garantien gegen etwaige Abänderungen der Verfassungsurkunde selber.

Die Gesetzgebung also kann und darf nicht über die Bestimmungen und Schranken der Verfassungsurkunde hinausgehen. Das ist auch der Satz, der von demjenigen Staate und von derjenigen Gesetzgebung, welche der Herr Referent für sich in Anspruch genommen hat, ganz entschieden vertreten wird, nämlich von der der nordamerikanischen Freistaaten; dort hat man dieses Princip und seine Konsequenzen auf die äußerste Spitze getrieben, viel weiter, als ich es Ihnen vorgeführt habe. Ein Hinblick auf die aus demselben in Verbindung mit dem Hiersemenzel'schen Antrage hervorgehenden Konsequenzen wird Sie überzeugen, daß es sich auch hier wieder nicht um Spitzfindigkeiten und künstlich zurecht gelegte Bedenken, sondern in der Wirklichkeit um sehr ernste und praktische Fragen ersten Ranges handelt. In Amerika ist es nämlich zwar nicht durch die Konstitution ausgesprochen, aber doch durch Doctrin und Praxis als ein unzweifelhafter Satz des öffentlichen Rechtes zur Geltung gekommen, daß das Obergericht auch über die materielle Verfassungsmäßigkeit jedes einzelnen Gesetzes zu kognosciren habe, also nicht blos über die Frage der formellen Giltigkeit desselben, sondern auch darüber, ob das einzelne Gesetz seinem Inhalte nach mit der Verfassungsurkunde selber im Widerspruche oder im Einklange steht. Es wird dies ausführlich zu rechtfertigen gesucht in der berühmten Schrift von Story.

Dieser Schriftsteller führt aus, wenn man dieses Princip nicht acceptire, so würde die Verfassungsurkunde keinen andern und höhern Werth als jedes einfache Gesetz haben; es könnte dann die Legislative jeden Augenblick sich über die Schranken der Verfassung hinwegsetzen, und es sei dies um so unzulässiger, als speziell nach dem amerikanischen Grund-Gesetze die Legislative als solche gar nicht einmal berechtigt sei, ausdrücklich eine Verfassungsänderung zu votiren; die Legislative könne vielmehr nach dem amerikanischen Verfassungsrechte, wenn sie eine Verfassungsänderung für nothwendig hält, nur eine Appellation an das Volk ergehen lassen, ihre Selbstauflösung beschließen und Neuwahlen herbeiführen, so daß erst die neue Legislative die beabsichtigte Abänderung der Verfassungsurkunde beschließen könne.

Nun sagt Story, das Obergericht müsse hiernach nothwendig darüber erkennen können, ob das einzelne Gesetz im Einklang mit der Verfassung selber stehe oder ein verfassungswidriges sei, denn sonst fehle es an jeder Kontrole der Legislatur und an jeder Garantie dieser republikanischen Staatsverfassung selber. Man fügt noch hinzu, es sei dieses um so gerechtfertigter, als auch das Obergericht aus den unmittelbaren Wahlen des Volkes hervorgehe, wie das Parlament selber.

M. H.! Wenn Sie sich diesen Standpunkt vergegenwärtigen, dann glaube ich, können Sie nicht verkennen, daß es innerhalb der monarchischen

Staatsverfassung unmöglich sei, dieselben Prinzipien und Konsequenzen zu acceptiren, die in der republikanischen Staatsverfassung Amerika's mit einer gewissen Konsequenz geboten sind. Bei uns ist es unzweifelhaft, daß die Gerichtsbarkeit, die Justiz im Namen des Landesherrn geübt wird. Es sind hier die Gerichte nicht in derselben Weise, wie die Landesvertretungen, ein unmittelbares Organ des Volkes, am wenigsten des souveränen Volkes, im republikanischen Sinne des Wortes, sondern die Gerichte sind die Organe des Königs zur Handhabung dessen, was als Wille der Gesetzgebung in den einzelnen Akten ihrer Thätigkeit festgestellt worden ist. Wenn ich meine, daß wir die Konsequenzen des amerikanischen Staatsrechtes nicht acceptiren können und wollen, dann erlaube ich mir Ihnen dabei zur Versöhnung mit unsern Rechtszuständen nur noch eine Inkonsequenz hier anzuschließen, die das nordamerikanische Staatsrecht sich gleichzeitig erlaubt. Dasselbe besagt nämlich wunderbarer Weise gleichzeitig mit obigem radikalen Prinzipe, daß überhaupt gar keine Klage gegen den Gesammt-Staat oder gegen einen einzelnen Staat zulässig sei, während bei uns unzweifelhaft nach dem gemeinen Rechte der Staat als Fiskus vor die Gerichte geladen werden kann.

Nach dieser Seite hin ist also die amerikanische Republik ungebührlich eifersüchtig auf die Majestät des Staates und der Staatsgewalt, während sie in Betreff der Gesetzgebung kraft des der Republik eigenthümlichen Prinzips des Mißtrauens den Satz aufstellt, daß die Gerichte als Kontrolleure der Gesetzgebung gelten müssen. Bei uns ist, wie mir scheint, dies unnöthig und unmöglich; es ist bei uns nur das zulässig, daß die Legislative sich selbst, resp. die Krone, als den unmittelbaren Träger der Gesetzgebung kontrollire.

Wenn Sie nun aber dennoch im Sinne des Hiersemenzel'schen Antrages davon ausgehen sollten, daß die Gerichte auch nach der materiellen Seite die Verfassungsmäßigkeit der Gesetze prüfen sollen, dann brauche ich Ihnen nur das Wort „Grundrechte" vorzuführen, um Sie davon zu überzeugen, daß den Gerichten hiermit eine ganz unmögliche Aufgabe zugewiesen würde. Wir wissen ja, was Alles in den verschiedenen Verfassungsurkunden als Grundrecht statuirt worden ist, welch' breite und welch' enge Ausdehnung man ihnen geben kann, welche außerordentliche Elastizität diesen verfassungsmäßigen Grundrechten beiwohnt. Wir haben sehr häufig in der preußischen Landesvertretung, sicherlich auch anderwärts, den Fall gehabt, daß die Opposition — und ich zählte mich ebenwohl zu derselben — mit großer Entschiedenheit einzelnen Regierungsvorlagen gegenüber die Behauptung aufgestellt hat, daß dieselben unverträglich seien mit den Garantien der Grundrechte, sei es mit dem Satze: „Alle Preußen sind vor dem Gesetze gleich," oder mit dem: „die Wissenschaft und ihre Lehre ist frei," oder mit dem Satze: „die Preßfreiheit ist garantirt" u. s. w. Es wurde also von der Opposition mehrfach der Antrag gestellt, solche Gesetze und Beschlüsse entweder sofort abzulehnen, oder sie wenigstens einer zweimaligen Abstimmung zu unterziehen, wie dies bei Verfassungsänderungen vorgeschrieben ist. Die Regierung und die Majorität ist indessen darüber hinweggegangen, — und nun frage ich Sie, m. H., ob es wirklich Ihre ernstliche Absicht ist und sein kann, die Gerichte zu Richtern über diese Frage zu machen, sie darüber erkennen zu lassen, ob wirklich ein einzelnes Gesetz mit den Bestimmungen der Grundrechte verträglich oder unverträglich sei? Das ist etwas Unmögliches!

Ich meine aber, daß man der Sache und ihrer richtigen Beurtheilung näher trete, wenn man das Wort: „Gesetz" von der Idee: „Verordnung" trennt. Der Antrag nennt ausdrücklich nur die Gesetze. Meint er nur diese, dann hat er, glaube ich, etwas beantragt, was im Allgemeinen gar keiner Beschlußnahme bedarf. An und für sich scheint es mir in der Doktrin und Praxis unzweifelhaft festzustehen, daß einestheils die formellen Requisite eines Gesetzes jeder Zeit und unbedingt von den Gerichten geprüft werden müssen; jedoch nur nach der formalen Seite hin; die Gerichte haben mit andern Worten zuzusehen, ob die Innehaltung der verfassungsmäßigen Requisite der Gesetze gesetzlich konstatirt worden ist.

Aber ebenso gewiß ist es, soweit mir unsere staatsrechtliche Literatur und die sämmtlichen Autoritäten, die der Herr Referent genannt hat, zugänglich wurden, daß es als unzweifelhaftes Axiom anerkannt wird, daß die Gerichte hinsichtlich der materiellen Giltigkeit und Verfassungsmäßigkeit der unter wirklicher Zustimmung der Landesvertretung zu Stande gekommenen Gesetzgebungsakte niemals zu kognosziren haben. Das, behaupte ich, ist ein Satz, der in unserer Doktrin durchweg unwidersprochene Geltung hat im direkten Gegensatz zu der amerikanischen Rechtsanschauung.

Die Hauptschwierigkeit tritt aber hervor bei der Frage der Verordnungen. Da ist es allerdings sehr ernst und wichtig, zu prüfen, wie weit die Gerichte in dieser Beziehung zu gehen haben.

Daß an und für sich Akte, welche die Wirkung eines Gesetzes haben sollen, in allen Ländern, wo verfassungsmäßig eine Landesvertretung besteht, nicht ohne Zustimmung der Landesvertretung zu Stande kommen können, ist unzweifelhaft.

Die Frage der Verordnungen öffnet nun aber ein zweites und sehr bedenkliches Gebiet.

So unzweifelhaft ich als festgestellt erachte, daß und welche Requisite hinsichtlich der Giltigkeit der Gesetze Seitens der Gerichte festzuhalten sind, und so gewiß es ist, daß dieselben in Ermangelung jener Requisite von den Gerichten zurückgewiesen werden müssen, so zweifelhaft wird die andere Frage, welche Stellung die Gerichte gegenüber denjenigen Verordnungen haben, welche in einer ganzen Reihe, namentlich Deutscher Verfassungsurkunden ausdrückliche Erwähnung und Anerkennung gefunden haben. Wir wissen, daß in einer Reihe von Verfassungen gesagt ist, der Landesherr habe in Abwesenheit der Kammern beim Vorhandensein dringender Nothstände oder zur Aufrechthaltung der öffentlichen Ruhe und Sicherheit das Recht, Verordnungen mit Gesetzeskraft zu erlassen.

Nun frage ich, m. H., ob es die Meinung des Juristentages sein kann, den Gerichten eine weitere Kognition zu geben, als die, ob in einer als Gesetz verkündigten Verordnung Seitens der Staatsgewalt festgestellt worden ist, daß einestheils die Kammern nicht beisammen seien, daß anderntheils ein öffentlicher Nothstand vorhanden sei, oder daß zur Aufrechthaltung der öffentlichen Ordnung und Sicherheit diese oder jene Maßregel nothwendig sei. Wenn das Vorhandensein dieser Requisite in der Verordnung selber konstatirt ist, und wenn außerdem die allgemeinen gesetzlichen Requisite der Unterzeichnung durch den Landesherrn und die Minister, sowie die legale Publikation stattgefunden haben, dann muß die Verordnung Seitens der Gerichte gleich einem Gesetze respektirt werden. Wenn Sie weiter gehen wollen, wenn Sie auch den Gerichten auftragen wollen, darüber zu entscheiden, ob wirklich ein dringender Nothstand vorhanden war, oder ob der Inhalt der Verordnung zur Aufrechthaltung der Ordnung und Sicherheit des Staates nothwendig war, dann würden Sie den ganzen Zweck der verfassungsmäßigen Institution annulliren, Sie würden die Fragen der Nothwendigkeit alle Instanzen hindurch ventiliren lassen, und dadurch, statt den Rechtsstaat zu sichern, gerade das Chaos förmlich organisirt haben. (Beifall.)

Allein, m. H., es tritt auch noch das Prinzip der Minister-Verantwortlichkeit, jene formelle Garantie der Verfassungsmäßigkeit der Regierungshandlungen, in die Mitte. Dieselbe würde gar keinen Sinn haben, wenn man statuiren wollte, die Gerichte sollten, könnten und würden über die materielle Berechtigung jener Verordnungen judiziren.

Warum trägt denn das Ministerium die Verantwortlichkeit für jene Akte? Nur darum, weil alle anderen Behörden die von ihm ausgegangenen Verordnungen anwenden müssen. Könnte und müßte jede andere Behörde ebenfalls prüfen, ob diese Verordnung anzuwenden sei, so wäre gar kein Grund dafür da, die Minister speziell dafür verantwortlich zu machen; es müßten aus demselben Grunde auch alle anderen Behörden es sein. (Bravo!)

Es ist, m. H., wie mir scheint, ein Gedanke, der die ganze Frage beherrscht, — der Gedanke der Nothwendigkeit, daß in einem Rechtsstaate, und insbesondere in dem konstitutionellen Rechtsstaate Einer nicht Alles kann, indem andernfalls alle Andern kein gesichertes Recht besäßen. Hieraus erwächst das Prinzip der Scheidung der Gewalten, an welchem entschieden festgehalten werden muß; gerade auf dem Gebiete, welches uns heute beschäftigt, muß es auch zur Geltung gebracht werden. Es ist ja, wie ich meine, eigentlich die Grundformel des gesammten konstitutionellen Rechtsstaates, daß Keiner Alles kann, daß jedes Recht an dem Rechte eines anderen eine Schranke habe, daß also auch die Gerichte nicht souverän sind, nicht über die Gesetzgebung hinaus ihre Ueberzeugung geltend machen können. (Bravo.)

Das drücken auch, wenn Sie mir noch Eine Autorität anzuführen erlauben wollen, die tiefsinnigen Worte Washington's aus, welche er in seiner Abschiedsadresse an das amerikanische Volk ausgesprochen hat, indem er sagte: „So nothwendig es ist, die Behörden und Institutionen einzusetzen und zu fixiren, ebenso nothwendig und wichtig ist es auch, ihre Grenzmarken scharf auseinander zu halten." Das, meine ich aber, geschieht sicherlich nicht, wenn Sie dem Antrage, wie er vorliegt, in seiner absoluten Nichtbegrenzung Ihre Zustimmung geben.

Wichtig für mich ist allerdings von jeher der Einwand der Gegner gewesen: „Es entspricht nun aber der Antrag speziell der Deutschen Rechtsbildung, der Deutschen Auffassung der Stellung der Gerichte; die Deutschen Gerichte hatten von jeher das Recht, dasjenige, was sie als Recht anwenden sollten, auch nach seiner gesetzlichen Berechtigung zu prüfen."

Ueber diesen Punkt erlauben Sie mir nur noch wenige Bemerkungen. In der Allgemeinheit, wie uns jener Satz entgegentritt, erkenne ich ihn nicht als historisch berechtigt an. Ich behaupte, daß in Deutschland niemals einem Gerichte zu Sinn gekommen ist, die eigentlichen Gesetzgebungsakte des Reiches irgend einer Kognition zu unterwerfen, sondern nur die der Territorialgesetzgebung, und zwar letzteres aus sehr berechtigten, heute aber nicht mehr zutreffenden Gründen.

Die Territorialgewalt und die Territorialgesetzgebung war keine absolute, souveräne, sie war nur eine delegirte, abgeleitete Gewalt, und ich fordere auch heute noch kraft dieses unterscheidenden Momentes hinsichtlich aller derjenigen Gesetze und Verordnungen, die nicht von dem Landesherrn, sondern von einer delegirten Gewalt ausgehen, z. B. von den Polizei-Behörden, allerdings für die Gerichte das Recht der Prüfung, ob dieser delegirte, exzeptionelle Gesetzgeber sich innerhalb der Schranken seiner Gewalt bewegt hat oder über dieselben hinausgegangen ist.

Die Deutschen Territorialherrschaften hatten also, wie gesagt, ehemals keine Souveränetät; es hatten aber auch die damaligen Landstände ganz andere Rechte, als die dermaligen: sie hatten das Recht der Mitbesetzung der Richterstellen.

Wenn nun die damaligen Gerichte, insbesondere das Reichsgericht, auch über die Frage der Giltigkeit der Gesetze von Landesherren, niemals aber des Reiches, zu kognoszİren hatten, dann begreift sich dies aus mehr als Einem Grunde; die Reichsgesetzgebung selber, diese **suprema potestas eminens** der gesetzgebenden Gewalt, war damit nicht bedroht, sondern sicher gestellt, weil jederzeit von den Beschlüssen und Urtheilen des obersten Reichsgerichtes der **recursus ad comitia** zulässig war, nämlich die Appellation an den Reichstag selbst. Das beweist eben wiederum das, was auch für mich der Angelpunkt der ganzen Frage ist: Wächter der Verfassung können nur die Reichstage und Landtage selber sein.

So war es im Deutschen Reiche, und so, denke ich, werden und müssen wir es auch heute um so mehr halten, da jetzt das Prinzip der Scheidung der Gewalten die Grundlage unserer ganzen Staatsorganisation geworden ist.

Und so steht es in Wirklichkeit auch in den wichtigern andern Staaten. Wenn der Herr Referent die Meinung ausgesprochen hat, daß man es in Frankreich, daß man es in Belgien für unzweifelhaft erachte, daß die Gerichte auch über die materielle Legalität der Gesetze zu erkennen hätten, so muß ich dem auf das allerbestimmteste widersprechen. Das direkte Gegentheil davon ist seit 1792 in Frankreich und Belgien als unzweifelhaftes Recht anerkannt. Es war eine Zeit lang von Einzelnen bezweifelt worden, der Kassationshof hat es aber alsbald auf die entschiedenste Weise festgestellt und zur Geltung gebracht, und es besteht seit Langem desfalls kein Widerspruch mehr.

Zum Belege dessen hat der bekannte vieljährige Belgische Minister Faider eine sehr interessante Monographie über diese Frage geschrieben. Sie finden dasselbe auch in dem Kommentar von Perrot dahin ausgeführt, daß die Gerichte nur die Frage der formellen Giltigkeit der Gesetze zu untersuchen haben.

Ich meine also, daß wir an dem alten Satze des römischen Rechtes festhalten müssen: die Gerichte haben **secundum leges**, nicht **de legibus** zu judiziren.

Wollen Sie ihnen ein Mehreres zumuthen, so werfen Sie ihnen ein Nessus-Gewand über, welches nothwendig nicht zu ihrem Heile gereicht, vielmehr nur zu einer gegen die Gerichte gerichteten neuen Schutzwehr führt, wie sie früher in dem **recursus ad comitia** bestand. (Beifall.)

Ich meine also, m. H., daß wir uns zwar mit dem Grundgedanken des Antrages füglich einverstanden erklären könnten, daß es aber durchaus nicht die Autorität dieser geehrten Versammlung mehren würde, wenn Sie in dem Umfang, wie er nicht gerechtfertigt ist, dieses Prinzip zur Geltung bringen wollten, wenn Sie namentlich den Antrag in jener Formulirung acceptiren wollten, daß Sie sagen, die Würde der Gerechtigkeit und die Sicherheit des Rechtsschutzes sei nur da vorhanden, wo die Gerichte über alle diese Fragen zu erkennen haben.

M. H.! Wo in Deutschland besteht denn eigentlich in dem unbeschränkten Umfange des Antrages, wie ich Ihnen denselben vorführen zu müssen glaubte, eine Anerkennung dieses Rechtes der Gerichte? Nirgendwo! Vielmehr findet sich in den meisten Deutschen Verfassungsurkunden gerade das Gegentheil, z. B. in der Preußischen, in der Hannoveranischen, Kurhessischen ist überall festgestellt, daß nicht die Gerichtsbehörden, sondern nur die Landesvertretungen, nicht auch die Gerichte, über die Verfassungsmäßigkeit der Königlichen Verordnungen, welche einseitig und ohne Zustimmung der Landesvertretungen zu Stande gekommen sind, zu beschließen haben. Dabei müssen wir jedenfalls vor der Hand stehen bleiben, m. H.! Wir können nicht ein Votum abgeben, welches eine wesentliche Veränderung in der Verfassung aller dieser Staaten nothwendig machen würde.

Ich bitte also, in diesem Sinne Ihre Zustimmung dem Antrage nicht zu geben. (Großer anhaltender Beifall. Theilweises Zischen.)

Ober-Gerichtsassessor **Planck** aus Göttingen: (Von der Tribüne.) Es scheint mir, m. H., als wenn hier zwei Fragen in der Debatte vermengt worden wären, von denen in Wirklichkeit durch den Antrag nur eine berührt wird. Der Antrag will, daß der Richter, bevor er seiner Entscheidung einen angeblich im Wege der Gesetzgebung entstandenen Rechtssatz zu Grunde legt, prüfe, ob dieser Rechtssatz auf verfassungsmäßigem Wege entstanden ist, also, wie ich dies verstehe, ob diejenigen Bedingungen vorliegen, welche verfassungsmäßig vorhanden sein müssen, damit im Wege der Gesetzgebung ein neuer Rechtssatz entstehen kann.

Die zweite Frage dagegen, nämlich jene, wann ein Gesetz oder eine Verordnung als auf verfassungsmäßigem Wege entstanden zu betrachten ist, berührt der Antrag nicht, und ich glaube mit vollem Rechte, denn diese Frage ist, wie es auch die bisherige Debatte zur Genüge gezeigt hat, wesentlich staatsrechtlicher Natur, und zwar ist sie staatsrechtlicher Natur nicht nur im Allgemeinen, sondern sie läßt sich auch nur nach Maßgabe der einzelnen Verfassungen entscheiden. Unter diese zweite Frage fallen alle einzelnen Streitpunkte, die in der Debatte bisher hervorgehoben worden sind, und welche darauf hinauslaufen, entweder ob eine Bestimmung die Bedeutung habe, daß sie eine materielle Vorschrift für den Gesetzgeber enthält, ohne daß dadurch die Giltigkeit des von ihm erlassenen Aktes bedingt wird, oder ob sie die Bedeutung habe, daß sie die Bedingungen feststellt, unter denen allein ein neuer Rechtssatz entstehen kann; es fallen darunter alle jene Streitpunkte, ob zur Giltigkeit und Verbindlichkeit einer Verordnung oder eines Gesetzes blos die formellen oder auch die materiellen Requisite vorhanden sein müssen.

Diese Frage — wie ich den Antrag auffassen zu sollen glaube — wird von dem letzteren nicht berührt, weil sie staatsrechtlicher Natur ist und lediglich nach der Verschiedenheit der einzelnen Verfassungen und deren Interpretation entschieden werden muß. Der Antrag hat nur solche Bestimmungen vor Augen, welche wirklich nach richtiger Interpretation der Verfassung — und, wie diese ist, das ist eben eine andere Frage — die Bedingungen festsetzen, unter denen allein im Wege der Gesetzgebung ein neuer Rechtssatz entstehen kann; und rücksichtlich dieser Bestimmungen spricht der Antrag aus, daß der Richter zu prüfen habe, ob diese Bedingungen wirklich vorliegen.

Ich möchte, m. H., mir erlauben, um die Bedeutung des Antrages klar zu stellen und die staatsrechtliche und politische Frage, welche in die Debatte hereingezogen wurde: wann nämlich ein Gesetz als verfassungsmäßig zu Stande gekommen zu betrachten sei, zu vermeiden, folgende Fassung vorzuschlagen — es ist dies im Wesentlichen der Antrag des Antragstellers, nur eben spezieller erläutert: „Der Richter hat die verfassungsmäßige Entstehung der Gesetze und Verordnungen zu prüfen, das heißt, er hat zu prüfen, ob diejenigen Bedingungen vorliegen, welche verfassungsmäßig nothwendig sind, damit im Wege der Gesetzgebung ein neuer Rechtssatz entstehen kann."

Es bleibt dann eben der Verfassung im Einzelnen überlassen, zu bestimmen — und das ist eine staatsrechtliche Frage, die wir nicht behandeln — welche Bedingungen wirklich vorhanden sein müssen, damit ein neuer Rechtssatz entstehe.

Das allgemeine Prinzip aber, daß der Richter die verfassungsmäßige Entstehung der Verordnungen in diesem von mir erläuterten Sinne prüfen muß, das folgt einfach gerade daraus, wie es der Herr Referent auch schon hervorgehoben hat, daß der Richter seiner Entscheidung das Recht, und nur das Recht zu Grunde zu legen hat, daß also, wenn es sich um die Anwendung eines im Wege der Gesetzgebung entstandenen Rechtssatzes handelt, er auch zu prüfen hat, ob die Bedingungen vorliegen, unter denen nach der Verfassung des Landes allein ein solcher Rechtssatz im Wege der Gesetzgebung entstehen konnte. Will man dem Richter diese Befugniß entziehen, und sie der Regierung übertragen, so verletzt man eben dadurch die erste Grundlage, die für die Aufrechthaltung eines gesunden und geordneten

Rechtsstaates nothwendig ist, die Trennung der richterlichen und der Regierungsgewalt. Dann überträgt man wesentliche richterliche Funktionen auf die Regierung und die Gesetzgebung. Ich empfehle Ihnen diesen Antrag zur Annahme. (Bravo! Bravo!)

Ober-Appellationsgerichts-Vizepräsident **v. Pape** aus Celle: Ich bedaure, daß ich nicht dem Wunsche des Herrn Präsidenten gemäß die beiden Fragen über die Prüfung der Gesetze und die Prüfung der Verordnungen von einander scheiden kann. Beide Fragen sind meines Erachtens rein staatsrechtlicher Natur, beruhen auf einem und demselben Grundprinzip und sind daher nicht zu scheiden.

Vollkommen bin ich damit einverstanden, daß der Richter, wenn er ein Gesetz anwenden soll, sich von dessen Existenz überzeugen muß. Ein Gesetz, das nicht gilt, ist kein Gesetz, existirt nicht, folglich muß der Richter sich auch überzeugen, daß das Gesetz Giltigkeit hat und die Giltigkeit des Gesetzes kann er nicht anders erkennen als nach Maßgabe der bestehenden Verfassung. Insofern bin ich also, wenn der Antrag nichts weiter sagen soll, und so scheint er interpretirt zu sein, mit dem Antrage des Herrn Assessor Planck vollkommen einverstanden.

Der Antrag aber, wie er gestellt ist, sowohl von dem ursprünglichen Antragsteller als von dem Herrn Referenten, geht offenbar viel weiter. Es soll der Richter nicht blos die Giltigkeit des Gesetzes, sondern er soll die verfassungsmäßige Entstehung prüfen. Nun werden, glaube ich, sämmtliche Herren oder wenigstens die große Mehrzahl darin übereinstimmen, daß der Richter z. B. nicht zu prüfen hat, wenn er ein Gesetz anwenden will, ob die Listen der Urwähler richtig aufgestellt sind, ob die Wahlmänner richtig gewählt sind, ob die Wahlmänner die Deputirten richtig gewählt haben; er wird nicht zu untersuchen haben, ob der Präsident und das Büreau die Stimmen richtig gezählt haben. Und aus welchem Grunde nicht? Weil über diese Fragen andere verfassungsmäßige Organe kompetent sind zu entscheiden.

Bevor das Staatsoberhaupt die Gesetze verkündigt, ist es seine Obliegenheit und sein Recht, zu untersuchen, ob alle Vorbedingungen erfüllt sind, die ihn berechtigen, das Gesetz zu verkünden; und darüber hat das Staatsoberhaupt zu entscheiden. Diese Entscheidung des Staatsoberhauptes wird der Richter doch mindestens ebenso hoch achten müssen, als eine Entscheidung der untergeordneten Behörden; denn das Staatsoberhaupt hat die höchste Autorität. Wollte der Richter diese Entscheidung, die mit der höchsten Autorität bekleidet ist, nicht gelten lassen, so würde er sich über das Staatsoberhaupt stellen, er würde sich eine Gewalt zuschreiben, die ihm weder rechtlich gebührt, noch ihm faktisch zusteht. Daher ist es vollkommen richtig und den Verhältnissen angemessen, wenn die Verfassungen, wenigstens in der größten Zahl, sagen: die in verfassungsmäßiger Form verkündeten Gesetze und Verordnungen haben für alle Unterthanen, Behörden und Gerichte verbindliche Kraft.

Es bedarf allerdings die Frage, wie es mit den Verordnungen steht, einer besonderen Untersuchung. Denn die Verordnung unterscheidet sich auch in der Form von dem Gesetze. Das Gesetz fordert — wenigstens in den meisten Verfassungsurkunden — daß gesagt ist: „In Uebereinstimmung mit den Ständen.“ In der Verordnung fehlt dieser Zusatz. Welche Form zu wählen ist, ist zu entscheiden nach dem Inhalte.

Daher könnte es allerdings scheinen, daß wenn eine Verordnung eine Verfügung enthält, die der Gesetzgebung angehörig ist, die Verordnung nichtig sei.

So würde es richtig sein, wenn nach privatrechtlichen Grundsätzen zu entscheiden wäre. Wenn der Testator die Form des Kodicills wählt, und vollständig beobachtet, aber in dem Kodicille eine direkte Erbeneinsetzung vornimmt, so ist die Verfügung ganz gewiß nichtig, weil eben die vorgeschriebene Form des Testaments nicht beobachtet ist. Aber darin kann ich mit dem geehrten Redner nicht übereinstimmen, daß die Frage, welche hier zu entscheiden ist, privatrechtlicher Natur ist. Der Erblasser, wenn er sich darüber entscheidet, ob er die Form des Kodicills oder die eines Testamentes wählen solle, handelt lediglich als Privatperson; er hat gar keine Autorität. Wenn aber das Oberhaupt des Staates darüber entscheidet, — und die oft allerdings zweifelhaften Fragen sind in unseren Verfassungen keineswegs immer sehr bestimmt und deutlich entschieden — ob die Form einer Verordnung oder eines Gesetzes zu wählen sei, so handelt das Staatsoberhaupt nicht als Privatperson, sondern es handelt Kraft seines hohen Königlichen Amtes, als Obrigkeit, die zu befehlen berechtigt ist, und der gegenüber die Unterthanen Gehorsam zu leisten schuldig sind.

Es soll der Regent innerhalb der Grenze der Verfassung, des Gesetzes und des Rechtes handeln. Aber es giebt keinen Richter, der die Grenze zu bezeichnen hat, sondern der Regent hat nach eigenem Gewissen und bester Einsicht zu entscheiden. In Deutschland hat von jeher der Grundsatz bestanden, daß der ordentliche Richter nicht zu entscheiden hat über die Ausübung der Hoheitsrechte, daß er nicht zu entscheiden hat über die Ausübung der Hoheitsrechte durch Kaiser und Reich. (Einzelne Rufe: Schluß!)

Wenn eine Vollziehungsverordnung erlassen wird, so hat der Gesetzgeber zu erwägen: welche Bedeutung hat das Gesetz, wie weit reicht sein Umfang? Er hat sodann zu erwägen, ob das Gesetz auf diejenigen Lebensverhältnisse paßt, für welche er die Anwendung dieses Gesetzes durch die Verordnung sichern will. Er hat also wesentlich in größerem Umfange dieselben Funktionen zu üben, wie sie der Richter in der Anwendung des Gesetzes auf den einzelnen Fall auszuüben hat. Beide können irren; aber der Irrthum macht weder die Entscheidung des Oberhauptes des Staates, noch die des Richters ungültig. Unstreitig ist nach meinem Dafürhalten der Unterthan auch dem Irren der Obrigkeit gegenüber Gehorsam schuldig. Ist aber der Unterthan Gehorsam schuldig, so steht der Richter in keinem anderen Verhältnisse, wie die Unterthanen; denn der Richter kann nur das aussprechen, was Recht und Pflicht für die Unterthanen ist. Es ist also unmöglich, daß der Richter dem Unterthan, der den pflichtmäßigen Gehorsam verweigert, demjenigen gegenüber Recht giebt, der den pflichtmäßigen Gehorsam leistet. Er würde den schützen, der unrecht handelt, gegen den, der recht handelt. (Rufe: Schluß!)

Es ist allerdings nicht zu läugnen, daß es Fälle giebt, wo der pflichtmäßige Gehorsam eine Ausnahme erleidet, aber dabei macht Gesetz und Verordnung keinen Unterschied. Der Satz: Man soll Gott mehr gehorchen als den Menschen, gilt ebensowohl dem Gesetze als der Verordnung gegenüber. Wenn eine despotische Verordnung, wenn ein revolutionäres Gesetz das wohlerworbene Recht schonungslos aufhebt; wenn es unschuldige Handlungen oder gar pflichtmäßige Handlungen als Verbrechen stempelt, dann mag der Richter wohl erwägen, ob er unter einer solchen Gesetzgebung dienen darf. Frankreichs revolutionäre Tribunale sind auf keine Weise damit zu entschuldigen, daß das Gesetz für sie war. Umgekehrt wird kein Richter sich ein Gewissen daraus machen, wenn der Inhaber der höchsten Staatsgewalt ein solches Gesetz auch seinerseits (Rufe: Schluß! Große Unruhe; die letzten Worte des Redners in Folge dessen unverständlich.)

Rechtsanwalt Dr. **Schaffrath** aus Dresden: Wenn auch ich es wage, vor einer so erleuchteten Versammlung über diese jedenfalls schwierige Frage das Wort zu nehmen, so kann mich nur der Umstand entschuldigen, daß ich aus einem Lande komme, wo man leider praktische Erfahrungen über diese Frage gemacht hat, und wo unser oberster Gerichtshof seine Kompetenz verneint hat, über die verfassungsmäßige Entstehung von Gesetzen, selbst dann, wenn darüber von der Partei im Civilprozesse Zweifel angeregt wurden, zu entscheiden. Auch unser oberster Gerichtshof hat, wie einige geehrte Vorredner wollen, den Satz aufgestellt, daß der Richter lediglich die formalen Erfordernisse eines Gesetzes zu prüfen habe, die materiellen aber und die sonst verfassungsmäßigen Erfordernisse eines Gesetzes nicht zu prüfen und noch viel weniger darüber zu entscheiden habe.

Ich kann nun meinerseits mich mit der versuchten Abschwächung und Beschränkung des Antrages des Herrn Stadtrichters Hiersemenzel auf ein so bescheidenes Maß, wie geschehen, nicht befreunden, sondern ich bin für den Antrag des Herrn Stadtrichters Hiersemenzel in seinem vollsten Umfange und in seiner ganzen Bedeutung, (Bravo! — Zischen) weil er nur dann eine Bedeutung, außerdem aber keine Bedeutung und keine Wirkung hat. Ich meine zuvörderst, daß der Hiersemenzel'sche Antrag auch in seinem vollen Umfange gerade so sehr und so wenig staatsrechtlich und civilrechtlich ist, als die versuchte Abschwächung. Wenn man gegen ihn hat einwenden wollen, daß der Antrag in seinem vollen Umfange, nach den Statuten des Juristentages, nicht zu dessen Kompetenz gehöre, so sage ich dagegen, er gehört gerade so wenig zu unserer Kompetenz wie die versuchte Abschwächung desselben. Der Hiersemenzel'sche Antrag will, wie uns Herr Assessor Planck schon dargethan hat, nichts weiter, als der Richter soll das Recht haben zu prüfen, ob Gesetze existiren, mithin auch entscheiden, was ein Gesetz sei und was ein Gesetz nicht sei. Nun bestehen doch Gesetze nicht lediglich und allein aus Formen und haben die Gesetze nicht blos formale Erfordernisse und Begriffsmomente, sondern ebenso gut auch materielle Erfordernisse. Wozu nun die Unterscheidung, daß der Richter zwar zu prüfen habe, ob die Verkündigung eines Gesetzes die formalen Bedingungen habe, nicht aber, ob ein Gesetz auch die materiellen verfassungsmäßigen Erfordernisse habe. Diese Unterscheidung ist eine ganz willkürliche. Man sagt: Ja! ob die Form eines Gesetzes verfassungsmäßig sei, ob die Verkündigung in verfassungsmäßiger Form erfolgt sei, dieses zu prüfen hat der Richter das Recht. Warum, frage ich, hat er dieses Recht und das andere Recht, die materiellen Begriffsmomente zu prüfen, nicht? Diese Unterscheidung ist ganz und gar willkürlich, durch nichts begründet. Entweder, der Richter muß blind sein — ich sage es geradezu — alles, was unter der Form der Gesetze erscheint, eben auch nur der Form nach zu prüfen, oder er muß das Recht haben, im vollen Umfange zu prüfen: was ist Recht und was ist Gesetz.

Namentlich aber hat man eine Art der Gesetze bei dieser Beschränkung des Richters auf bloße Prüfung der Form ganz übersehen, und diese Art von Gesetzen ist noch von keinem Redner erwähnt worden, ich meine die Steuer- und Abgabengesetze. Während allerdings bei den gewöhnlichen Justizgesetzen auf diejenige Bestimmung der konstitutionell-monarchischen Verfassung hingewiesen wird, in der es heißt: „der König erläßt und publizirt die Gesetze mit Bezug auf die erfolgte Zustimmung der Stände", kann man mit einigem Scheine von Recht aus solchen Verfassungsbestimmungen allenfalls deduciren, der Richter hat, so bald dieses Gesetz mit Bezug auf die erfolgte Zustimmung der Stände promulgirt ist, dieses Gesetz lediglich, weil es publizirt ist, ohne eine weitere Untersuchung daran zu knüpfen, zu befolgen und anzuwenden.

Anders aber bei Steuer- und Abgaben-Gesetzen. In Bezug auf diese nämlich enthalten fast alle Verfassungsurkunden die ganz besondere Bestimmung, daß sie ohne ständische Bewilligung nicht erlassen werden können, daß es also nicht genügt, nur auf die ständische Bewilligung Bezug zu nehmen, sondern daß die Bewilligung wirklich geschehen sein muß, ja die meisten Verfassungsurkunden fügen hinzu, daß die Unterthanen nicht verbunden seien, ohne die ständische Bewilligung Steuern und Abgaben zu entrichten, und daß die Einnehmer nicht berechtigt seien, diese Steuern und Abgaben zu erheben. Hier bei Steuer- und Abgaben-Gesetzen, sage ich, kann der Richter nicht sagen: das Gesetz ist verfassungsmäßig promulgirt, und weiter habe ich nichts zu prüfen, sobald es nur mit Bezug auf ständische Zustimmung publizirt ist; — nein, die Verfassungsurkunden sagen ausdrücklich, daß die Unterthanen nicht verpflichtet seien zu zahlen, wenn nicht die ständische Bewilligung wirklich erfolgt sei. (Widerspruch.) Weil ich aber sehe, daß die Existenz solcher Bestimmung der Verfassungen von Manchen verneint wird, so will ich wenigstens auf die Sächsische, die durchaus nicht in Bezug auf große Ausdehnung der Freiheiten der Stände mustergültig ist, wörtlich citiren. Es heißt in §. 96: „Ohne Zustimmung der Stände können die bestehenden direkten und indirekten Landesabgaben nicht verändert, auch dürfen dieselben Abgaben ohne Bewilligung nicht ausgeschrieben und erhoben werden.“ §. 104: „Mit Ausnahme des §. 103 erwähnten Falls, soll bei allen Ausschreibungen, welche Landesabgaben betreffen, die ständische Bewilligung besonders erwähnt werden, ohne welche“ — nicht nur Erwähnung, sondern ohne welche Bewilligung — „weder die Einnehmer zur Einhebung berechtigt, noch die Unterthanen zur Entrichtung verbunden sind.“ Und wenn jetzt ein Gesetz erlassen wird, nur mit Beziehung auf die ständische Zustimmung, ohne daß diese aber wirklich von den verfassungsmäßigen Kammern erklärt ist, und wenn nun doch in Folge dessen die Steuer eingetrieben wird, und ich bezahlen muß vermöge der mir eingelegten Militärexekution, und wenn ich nun diese Steuer mit der actio quod metus causa oder quod vi aut clam wieder einklage (Heiterkeit), so ist der Richter gezwungen, zu prüfen, ob wirklich die verfassungsmäßigen Kammern diese Steuer bewilligt haben, weil ich verfassungsrechtlich nicht eher gebunden bin zu zahlen, als nicht die verfassungsmäßigen Kammern oder Stände die Steuern oder Abgaben bewilligt haben. Hier genügt, wie ich wiederhole, nicht blos die Publikation des Gesetzes, nicht blos die Bezugnahme auf die ständische Zustimmung, sondern es ist in den Verfassungsurkunden ausdrücklich bestimmt, daß die verfassungsmäßige Zustimmung der verfassungsmäßigen Kammern erfolgt sein müsse. In Bezug auf diese Steuer- und Abgaben-Gesetze also wenigstens ist der Satz, den Herr

Reichensperger und auch das Sächsische Ober-Appellationsgericht aussprach, unrichtig, indem unser oberster Gerichtshof gerade eben auch in Bezug auf Steuer- und Abgaben-Gesetze eben jene Beschränkung, daß der Richter nicht die Wirklichkeit der ständischen Bewilligung, sondern nur die Bezugnahme auf die erfolgte Zustimmung der Stände zu prüfen habe, ausgesprochen hat, freilich ohne die von mir citirten Paragraphen der Verfassungsurkunde irgendwie zu erwähnen.

Man hat nun eingewendet, daß wenn der Richter auch das verfassungsmäßige Entstehen der Gesetze zu prüfen habe, er über seine Kompetenz hinausgreife, daß nur die gesetzgebende Gewalt selbst darüber, daß bei einem Gesetze die verfassungsmäßigen Grenzen festgehalten werden, zu wachen habe. Allein, m. H., wenn zwei zusammen als ein Wächter und Berechtigter bestellt werden, und der eine Wächter den andern todtschlägt, so kann dann natürlich der eine todtgeschlagene Wächter nicht den andern vor dem Richter anklagen. Die Bestimmung, daß ja die verfassungsmäßigen Kammern selbst ihr Recht wahren können, genügt nicht, wenn namentlich die Regierung die verfassungsmäßigen Kammern selbst nicht einberuft, dieselben nicht wählen läßt und statt der verfassungsmäßigen Kammern irgend welche beliebige andere einberuft. Dann ist es auch mit der Ministerverantwortlichkeit nichts. Wer soll dann die Minister anklagen? Es können dieses nur die verfassungsmäßigen Kammern und nicht andere; wenn aber die Minister die verfassungsmäßigen Kammern nicht einberufen, so können auch die Minister gar nicht verantwortlich gemacht werden vor Gericht, weil der legitime Ankläger fehlt. (Rufe: Schluß! Schluß!) Ich bin schon am Schlusse, wie Sie aus meiner letzten Wendung ersehen.

Aus dem Gesagten ergiebt sich nämlich, daß die Rechtssicherheit nicht eine wirkliche Rechtssicherheit im Staate ist, wenn nicht der Richter in jedem einzelnen Falle im vollsten Umfange prüfen und entscheiden darf, ob ein Gesetz verfassungsmäßig entstanden sei oder nicht; ob ein Gesetz namentlich von dem legitimen, verfassungsmäßig rechtmäßigen Subjekte erlassen sei oder nicht. Nur dies eine Wort füge ich noch hinzu: nur der Hiersemenzelsche Satz ist konservativ, der entgegengesetzte nicht. Denn wenn der Richter die Verfassungsmäßigkeit von Gesetzen nicht prüfen darf im vollsten Umfange, so würde er ein Gesetz, sobald es nur in verfassungsmäßiger Form erschien, selbst wenn es von einer revolutionären Regierung erlassen wurde, befolgen müssen. Der Richter muß subjektiv sowie objektiv die Verfassungsmäßigkeit zu prüfen berechtigt sein, das ist meine Meinung. Ich bitte Sie daher, den Antrag des Stadtrichters Hiersemenzel in vollstem Umfange anzunehmen. (Beifall.)

Obergerichts-Advokat **Eller** aus Mannheim: M. H.! Die Zeit ist weit vorgeschritten, ich werde daher Ihre Geduld nicht lange in Anspruch nehmen. Allein es sind Sätze ausgesprochen worden, die einer Erwiederung bedürfen. Wir haben es mit zwei Fragen zu thun, die aber nicht getrennt werden können; mit der einen in Bezug auf die formellen Bedingungen, unter welchen eine Bestimmung Gesetzeskraft hat und mit dem Prüfungsrecht des Richters, und dann auch mit der materiellen Frage. Der Hiersemenzelsche Antrag trennt sie nicht, und ich glaube, wir sollten sie auch nicht trennen. Die Schwierigkeiten und die Bedenken, welche man hier vorgebracht hat, werden, glauben Sie mir, verschwinden, wenn wir diesem Gespenste etwas näher in die Augen sehen. Zunächst erlauben Sie mir, mich zur ersten Frage in Kürze zu wenden, zur Frage, inwiefern der Richter berechtigt ist, zu prüfen, ob die Bestimmung, welche von ihm Anwendung begehrt, auch in der That gesetzliche Kraft in Anspruch zu nehmen berechtigt ist. Hierin sind wir alle einig, die wir hier versammelt sind, — wenigstens sind keine Stimmen laut geworden von solchen, bei denen innere Bedenken obwalten, wohl deswegen, weil die Macht der öffentlichen Meinung endlich durchgedrungen ist durch das Dunkel, in welchem die Hofsophisten Jahrzehnte und Jahrhunderte lang die Jurisprudenz gehalten und beherrscht haben. (Zischen, — Bravo!)

M. H.! Erlauben Sie mir, die Sache ist so, Sie mögen Sie anerkennen oder nicht. Wir haben das von Juristen bis in die neueste Zeit herab erlebt und das Sprichwort sagt: Es giebt nichts, was nicht ein Jurist behaupten kann. Und darin erblicke ich den Segen des Juristentages, die Errettung, Hebung der Ehre der Jurisprudenz, der Rechtswissenschaft in Deutschland, die sich lange durch Sophistik und Dialektik zur Dienerin der Gewalt gemacht hat, wie zur Zeit der Sophisten des römischen Kaiserreichs. (Oho! — Bravo! Bravo!) Es muß gesagt werden, und mit Stolz sage ich auch, es kann und darf gesagt werden.

Ich wende mich nach dieser Unterbrechung wieder zum Gegenstande und erwähne gleich hier, daß wir anerkennen müssen, und jeder, der das Buch der Geschichte aufschlägt, wird sich sagen müssen: Ja, Recht und Geschichte sogar sind gefälscht worden. — So ist durch Jahrzehnte gesagt worden: Das geheime Inquisitionsverfahren ist das eigentlich germanische, historisch begründete Recht, während jeder Kenner der Deutschen Geschichte auf jedem Blatte derselben das Gegentheil findet. Das öffentliche Verfahren ist das Deutsche Recht. (Beifall.)

Unter den Gegengründen, die man uns vorgebracht hat, war zunächst der: Der Richter stellt sich über das Gesetz. M. H., das ist einer von diesen falschen gleißnerischen napoleonischen Grundsätzen, (Bravo! — Oho! — Eine Stimme: „Zur Sache!") während die richtigen die hier vorgeschlagenen Grundsätze sind, die allerdings die Gerichte im weitesten Umfange anzuwenden haben. Der Richter, wenn er jenes Prüfungsrecht ausübt, steht gerade auf dem Boden des Gesetzes, und über ihm waltet das Gesetz und keine andere Macht.

Ich sage, wir sind Alle einig, und müssen darin einig sein, daß dem Richter das Recht der Prüfung der Verfassungsmäßigkeit der Vorschrift zustehen muß, und zwar darum, weil, wenn wir diesen Grundsatz verlassen, das verrehmte Ding, von dem sich Jeder mit Abscheu wegwendet, die Kabinetsjustiz, indem wir sie zur Thüre hinausgehen lassen, durch das durchlöcherte Dach hereinkommt und das ganze Haus füllt. (Beifalls- und Mißfallensbezeigungen.) Der Grundsatz will, daß die Kabinetsjustiz beseitigt werde, und zwar die viel gefährlichere Kabinetsjustiz, die sich nicht mit der Entscheidung und Beugung des Rechtes in einzelnen Fällen begnügt, sondern die das Recht selbst beugt im Großen und Ganzen. Von dieser Kabinetsjustiz wollen wir Nichts wissen, und dieser Kabinetsjustiz schiebt unser Satz einen Riegel vor.

Ich wende mich nun zur zweiten Frage, zu der Frage, die man eine politische genannt hat, zu der Frage, inwiefern das Gericht befugt sei, auch die materielle Berechtigung zu prüfen, auch zu prüfen, inwiefern die Gesetzgebung und die Faktoren derselben in Wirklichkeit ein Gesetz in gehöriger Weise erlassen haben, und ich werde gar nicht erfüllt von der Scheu und Angst, den Gerichten die Macht zu geben, auch die Gesetze in ihrem Wesen und ihrem Zustandekommen zu prüfen. Man sage uns nicht, daß man da die kleinlichsten Untersuchungen im Civilprozesse herbeiführen könne, daß am Ende im Civilprozesse zur Entscheidung würde kommen müssen, ob die Urwähler gehörig berufen waren, ob sie gehörig gewählt haben, ob die Deputirten ordentlich gewählt worden sind u. s. w.

M. H.! Das Leben spottet dieser Schulbegriffe, das Leben zeigt, daß es den rechten, praktischen Punkt überall zu treffen weiß. Die Gerichte werden ihre Zeit nicht mit müßigen Diskussionen hinbringen. Ihre Entscheidungen aber werden ein wirksamer Schutz für die Minoritäten sein, für welche gewisse Gesetze und Verfassungsbestimmungen gegeben sind. Der Grundsatz des fait accompli, der vollendeten Thatsache ist ein sehr gefährlicher; er ist ein zweischneidiges Schwert, dessen sich der Eine so gut wie der Andere zur gegebenen Zeit zu bedienen vermag. Der Richter wird wohl auch in gewissem Sinne den Thatsachen Rechnung tragen, aber doch Recht und Gesetz vorzugsweise im Auge behalten, und wenn er denn auch einmal in einem oder dem andern einzelnen Falle am Ende über Thatsachen entscheiden muß, über historische politische Thatsachen, so schadet das gar nicht. Ich kenne einen Fall, wo in einem Civilprozesse ein

Badisches Gericht darüber zu befinden hatte, ob die Königin Christine, die damals Regentin von Spanien war, als legitime Herrscherin anzuerkennen und den unter ihrer Regentschaft erlassenen Gesetzen bindende Kraft beizulegen sei oder nicht. Es war das eine Thatfrage, sie mußte entschieden werden, und wurde entschieden.

Man sagt, der Richter kann nicht über dem Souverän stehen. Der Richter steht nicht über dem Souverän, er spricht nur aus, in wie fern der Souverän, d. h. die gesetzgebende Gewalt, bestehend aus ihren verschiedenen Faktoren, in gesetzlicher Weise einen Akt der Gesetzgebung wirklich vorgenommen hat, und das ist eine Thatsache, die er zu beurtheilen hat, nur er allein.

Uebrigens, m. H., sind wir gar nicht in Verlegenheit um das Gericht, welchem eine solche hohe Aufgabe vorzugsweise zukäme. Wir haben jetzt in diesem Augenblicke und zwar ausgegangen von der Regierung, auf deren Boden wir zusammengekommen sind, einen hohen, staatsrechtlichen Akt vor uns, der uns ein Gericht geben will und soll, vor welchem alle diese verschiedenen Fragen in rechtlicher Weise zur Entscheidung kommen würden. Ich meine das Bundesgericht. (Bravo!) Es wird sich fragen, wie dasselbe einzurichten, wie seine Zuständigkeit zu bestimmen sei. Hier ist das Feld, auf welchem diese Frage zur Erörterung kommen muß. Es ist die Frage der Kompetenz des Bundesgerichtes, worüber in diesem Augenblick ein Antrag den Deutschen Regierungen, dem Deutschen Volke vorgelegt worden ist! (Ruf: „Schluß!" Beifalls- und Mißfallsbezeigungen, Rufe: „zur Sache!") Das **Bundesgericht** wird berufen sein, diese sogenannte materielle Frage zu entscheiden, und insofern kann dieselbe bei der Besprechung der Kompetenz dieses Gerichtes noch des Näheren erörtert werden.

Hierauf glaube ich, mich beschränken zu müssen, und schließe, indem ich Ihnen die Adoption des Antrags von Herrn Hiersemenzel in unverändeter Form anempfehle. (Beifalls- und Mißfallsbezeigungen.)

**Präsident:** Herr Maiersohn aus Aschaffenburg hat das Wort.

Ich erlaube mir aber vorher zu bemerken, daß noch einige weitere Anträge eingelangt sind.

Der eine von Dr. Brix aus Wien geht dahin, (liest) „Die Verweisung des ganzen Antrages an die ständige Deputation zur Vorbereitung für den vierten Juristentag zu beschließen." (Bravo!)

„Gründe: Die Debatte hat gezeigt, daß selbst Diejenigen, die dem dem Antrage zu Grunde liegenden Rechtssatze im Allgemeinen zustimmen, gleichwohl auf eine bestimmte Abgrenzung desselben dringen; eine solche kann füglich nur bei einer engeren Berathung genügend formulirt werden."

Das Weitere zu entwickeln, müßte ich dem Herrn Antragsteller selbst überlassen.

Ein anderer Antrag von Herrn Dr. Frank aus Prag lautet: „Der Deutsche Juristentag geht, in Erwägung, daß der Antrag des Stadtrichters Hiersemenzel, betreffend die angeblich richterliche Kompetenz, wesentlich staatsrechtlicher Natur ist, und daher über die Aufgabe, die sich der Juristentag gestellt hat, hinausgeht, zur Tagesordnung über." (Rufe des Beifalls und Mißfallens.)

Nun kommt zunächst nach der Ordnung, in welcher die Redner sich gemeldet haben, Herr Maiersohn aus Aschaffenburg an die Reihe.

Rechts-Anwalt Dr. **Maiersohn** aus Aschaffenburg: Nur wenige Worte, m. H.! Man sagt, ein Theil der Frage, welche hier zur Erörterung gekommen ist, sei noch nicht gehörig vorbereitet, man habe noch nicht viel darüber gesprochen. M. H.! Ich frage, ob dieser Gegenstand heute zum ersten Male an uns herantritt, ob die Literatur und die Praxis diese Frage bei uns nicht schon seit Jahren zur Genüge zu erörtern Gelegenheit hatten, ob das ein neuer Gegenstand ist, den wir hier besprechen? Es ist Niemand hier in diesem Saal, dem dieser Gegenstand nicht schon bekannt geworden, der nicht genau erwogen hätte, welche Wichtigkeit dieser Gegenstand hat, und welcher Tragweite er fähig sei. Ich glaube nicht, daß eine weitere Erörterung dieser Sache nothwendig ist, wie ein jüngster Antrag es will, sondern ich glaube, daß er genügend heute Ihnen vorgetragen worden ist.

Die einzelnen Streitfragen hier alle zu beseitigen, ist nicht möglich. Wir mögen die Frage entscheiden, wie wir wollen, so werden dereinst doch darüber Kontroversen entstehen.

Ich bin daher der Ansicht, daß wir den Antrag des Herrn Hiersemenzel in seinem ganzen Umfange annehmen, und will Ihnen jedes weitere Wort hierüber ersparen. (Beifall und Zischen.)

Rechts-Anwalt **Sabarth** aus Ratibor: Ich will mir nur erlauben, einzelne von diesem Platze gehörte Angriffspunkte gegen den Antrag zu beleuchten, welche so blendender Natur sind, daß sie, obwohl unrichtig, doch zu einer Täuschung führen könnten.

Der erste Herr Redner, der von diesem Platze aus gegen den Antrag gesprochen hat, sagt: „Wollt Ihr denn die Gerichte zur obersten Autorität im Lande setzen? soll im Lande Niemand regieren und über dem Richter stehen?" — Darauf antworte ich ganz einfach: zwischen dem Richter und dem Gesetze soll allerdings kein Anderer stehen, und bei dem Gegenstande, welchen der Antrag betrifft, bei der Würde der Rechtspflege und bei der Handhabung der wirklichen Gerechtigkeit soll allerdings der Richter die oberste Autorität sein. In der Bemerkung des erwähnten Herrn Redners liegt also kein wirklicher Angriffspunkt.

Es ist ferner gesagt worden, der Antrag sei unausführbar oder werde unausführbar werden, weil die Gerichtshöfe in den Fall kommen könnten, zu untersuchen, ob bei den Kammerbeschlüssen die Stimmenzählung auch richtig erfolgt sei. M. H., das ist ein Blender! Daran hat der Herr Antragsteller schwerlich gedacht, jedenfalls liegt dieser Sinn in den Worten des Antrages nicht. Sich vor einer falschen Stimmenzählung zu schützen, ist Sache der einzelnen Kammern selbst. Der Richter hat nur zu prüfen, ob ein formell giltiger Kammerbeschluß da ist, er muß also annehmen, daß die Stimmen richtig gezählt sind.

Es ist endlich die Ministerverantwortlichkeit als ein Grund dafür angeführt worden, daß der ganze Antrag unnöthig sei. Allein, m. H., abgesehen davon, daß noch nicht in allen Ländern Ministerverantwortlichkeitsgesetze existiren, so ist eben das Ministerverantwortlichkeitsgesetz ein Strafgesetz. Deshalb aber, weil gegen eine Gesetzesverletzung ein Strafgesetz existirt, soll die Möglichkeit einer solchen nicht angenommen werden? Das ist ja ein ganz falscher Satz. Auf die Ministerverantwortlichkeit kann man sich also nicht verweisen lassen.

Endlich ist gesagt worden, der Antrag muß abgelehnt werden, weil er überhaupt staatsrechtlicher Natur sei. Abgesehen davon, daß das noch nicht ohne Weiteres richtig ist, sage ich: wäre es richtig, würde ich mich dennoch gar nicht abhalten lassen, für den Antrag zu stimmen. Jener Einwurf soll aber offenbar bedeuten: Der Antrag habe einen politischen Hintergrund. M. H.! Der Juristentag ist eine von den Deutschen Einheitsbestrebungen, welche neuerlich unser ganzes Vaterland durchziehen, und wenn der Juristentag, wie ich behaupte, bereits eine Macht ist, wird seine Macht getragen vom politischen Hauche, der ihn durchweht. Nehmen Sie dem Juristentage den politischen Hauch, auf dem seine Macht beruht, dann, m. H., hätte es nicht gelohnt, von so weit hieher zu kommen. (Beifall.)

**Präsident:** M. H.! Es hat sich kein weiterer Redner gemeldet. Ich möchte Sie aber fragen, ob Sie nicht auf den Wunsch der betreffenden Herren nochmals den Referenten und dann den Antragsteller selbst hören wollen.

**Ein Mitglied:** Ich stelle den Antrag, daß dem Antragsteller, Herrn Dr. Frank aus Prag, die Gelegenheit gegeben werde, seinen Antrag zu rechtfertigen. Der Antrag ist verkündet, aber noch gar nicht gerechtfertigt worden, und wenn daher Dr. Frank aus Prag ihn aufgiebt, so mache ich ihn mir zueigen.

**Präsident:** Der Antragsteller hat nicht um das Wort gebeten.

**Dasselbe Mitglied:** Dann ist mir gestattet, den Antrag des Dr. Frank zu rechtfertigen. (Rufe: Schluß, Schluß!)

Dr. **Frank** aus Prag: Es ist von den meisten Rednern hervorgehoben worden, daß der Antrag des Herrn Stadtrichters Hiersemenzel wesentlich staatsrechtlicher Natur ist. Ich erinnere die Herren an die vorjährige Versammlung des Deutschen Juristentages, wo man jeder politischen Frage auf hundert Meilen weit vom Leibe ging. Ich erinnere Sie nur daran, daß man in einem Antrage das Wort „Organ" ausgelassen und das Wörtchen „Einrichtung" dafür hingesetzt hat, blos deshalb, weil man fürchtete, daß die Versammlung, die nach dem §. 1 der Statuten sich lediglich die Ausbildung des Privat-, des Straf- und des Prozeßrechtes zur Aufgabe gestellt hat, über diese ihre Aufgabe hinausginge. Ein Beweis davon, daß Deutschland überhaupt diese Richtung des Vereins billigt, ist die allenthalben erhöhte Theilnahme an demselben. Ich glaube also das nicht, was der geehrte Vorredner gesagt hat, daß diese Versammlung eine vorwiegende politische Bedeutung habe.

Ich stelle demnach den Antrag, daß, nachdem der Antrag des Herrn Stadtrichters Hiersemenzel gegen den §. 1 der Statuten zu verstoßen scheint, indem er wesentlich staatsrechtlicher Natur ist, die Versammlung über denselben zur Tagesordnung übergehe. (Bravo!)

Auch glaube ich, daß nach parlamentarischem Gebrauche der Antrag auf Tagesordnung jedem Andern vorangeht.

Berichterstatter Geh. Justizrath, Professor Dr. **Ihering**: M. H.! Als ich mich auf meinen Bericht vorbereitete, hatte ich mir zur Aufgabe gemacht, eine ausführliche Darstellung der ganzen Frage zu geben und zu dem Zweck ein reiches Material gesammelt. Ich ging hieher in der Absicht, dies Material zu verwenden. Als ich jedoch hier ankam, wurde mir von mancher Seite gesagt: Auf eine erschöpfende Behandlung der Sache kann es hier bei der Kürze der Zeit nicht abgesehen sein, Ihre Hauptaufgabe ist, daß Sie Ihren Bericht möglichst kurz fassen. M. H.! Diese Ermahnung hat, als ich das erste Mal zu Ihnen gesprochen, schwer auf mir gelastet; denn bei jedem Ansatz zu einer weiteren Ausführung lähmte mich die Rücksicht auf Kürze und unterdrückte mir das Wort im Munde, und unter diesem Eindrucke bin ich, so zu sagen, nicht zu meinem Rechte gekommen. Durch die Debatte aber bin ich jetzt gezwungen, manches noch nachträglich hineinzuziehen. Ich muß das thun, theils um meiner selbst willen, theils im Interesse der Sache selbst. Lassen Sie mich zunächst auf die Vorfrage zurückkommen: Sollen wir uns diesmal, wie ich beantragt, lediglich auf die Frage von der Verfassungsmäßigkeit der Verordnungen beschränken, oder auch die von der Verfassungsmäßigkeit der Gesetze zum Gegenstand unseres Ausspruchs machen? Ich will, weil meine Ansicht über diese Vorfrage einem Mißverständnisse ausgesetzt gewesen zu sein scheint, dieselbe genau und bestimmt wiederholen. Ich bin der Ansicht, daß der Juristentag eben so gut die eine wie die andere Frage zum Gegenstande seiner Berathung und Meinungsäußerung machen darf, und nicht um meinerseits der einen von ihnen aus dem Wege zu gehen, habe ich beantragt, die Verhandlung derselben auszusetzen. Für mich als Juristen — ich fühle meine Beschränktheit als Jurist, Sie werden vorhin schon bemerkt haben, daß ich kein Staatsrechtslehrer bin (Heiterkeit) — für mich als Juristen greift dasselbe Prinzip sowohl bei der ersten als bei der zweiten Frage Platz, und die römische Jurisprudenz scheint die Frage aus demselben Gesichtspunkte beurtheilt zu haben. Schon in Rom finden sich Beispiele, daß ein Richter einem verfassungswidrigen Gesetze die Anerkennung versagte. Trotz seines Souveränitätsgefühls war doch das Römische Volk juristisch genug geschult, um es zu ertragen, daß der Richter sich ein Urtheil über die Frage vindizirte, ob ein vom Volk erlassenes Gesetz ein verfassungsmäßiges sei, und um es zu ertragen, daß der Richter einem verfassungswidrigen Gesetz den Gehorsam versagte. Cicero erwähnt in seiner Rede pro Caecina einen solchen Fall, wo er es in einem Prozesse durchgesetzt hatte, daß die Richter ein Gesetz für verfassungswidrig erklärten und ihm die praktische Anerkennung versagten. So wenig ich nun auch meinerseits darüber im Zweifel bin, daß die Frage von dem richterlichen Prüfungsrechte in Bezug auf die Verfassungsmäßigkeit der Gesetze nicht minder vor unser Forum gehört, als die von der Anwendung dieser Prüfung auf die Verfassungsmäßigkeit der Verordnungen, so sehr möchte ich Ihnen doch anempfehlen, sich heute auf die letztere Frage zu beschränken. Es ist ein reiner Zweckmäßigkeitsgrund, der mich dazu veranlaßt. Wenn die beiden Fragen, wie der Herr Antragsteller es gethan hat, zu einem Antrage zusammengefaßt werden, so ist es sehr zweifelhaft, ob derselbe, wie's doch allein nur Werth haben würde, eine namhafte Majorität erlangen würde. Nicht Alle denken über die beiden Fragen völlig gleich, es giebt Manche, die dies richterliche Prüfungsrecht rücksichtlich der Gesetze eben so entschieden verwerfen, wie sie es rücksichtlich der Verordnungen anerkennen.

M. H.! Wollen Sie das Schicksal der einen Frage an das der andern knüpfen, wollen Sie die Aussicht, für die eine eine glänzende Majorität zu erlangen, opfern gegen die Aussicht, für den ganzen Antrag eine zweifelhafte zu bekommen, den sichern Gewinn für den unsichern aufgeben? Das scheint mir ganz verkehrt zu sein. (Bravo, Bravo!)

Einer der Herren Vorredner hat gefragt: welchen Werth ein Ausspruch des Juristentages lediglich über die eine Frage haben würde? Ich meine, darauf brauchte man nicht zu antworten. In ganz Deutschland, bei allen unseren Fachgenossen würde dieser Ausspruch den lautesten Wiederhall finden.

Um diese Frage dreht sich ja in den meisten Staaten recht eigentlich der Verfassungsstreit, und damit sollte Nichts gewonnen sein, wenn der Deutsche Juristentag über diese Frage sein Urtheil abgiebt? Verliert dieser Ausspruch dadurch etwas an seinem Werth, weil er nicht zugleich auch die zweite Frage trifft? M. H.! Ich halte es für eine ganz verkehrte Politik, das Sichere des Unsichern wegen aufzugeben und glaube im Interesse des Hiersemenzel'schen Antrages selber Ihnen empfehlen zu müssen, denselben zu trennen und sich dies Mal lediglich auf die erste Frage zu beschränken, die zweite Frage dagegen der ständigen Deputation zur Vorbereitung für einen demnächstigen Juristentag zu überweisen. (Bravo, Bravo!)

M. H.! Wenn dieser Antrag bei Ihnen Anklang findet, so will ich ihn selbst stellen. (Bravo! Bravo!) Ich habe ihn bereits dem Präsidium übergeben.

Hiemit, glaube ich, werde ich allen Wünschen gerecht geworden sein. Ich werde mich also jetzt auf meine erste Frage beschränken dürfen. Ich hätte gewünscht, daß die Herren Vorredner, welche sich über diese Frage haben vernehmen lassen, sich ebenfalls streng auf sie beschränkt hätten. Dies ist aber keineswegs von Allen geschehen. Es sind in dieselbe Gesichtspunkte eingemengt, welche sich lediglich auf die zweite Frage beziehen, und namentlich hat Herr Reichensperger Behauptungen über die Belgische und Französische Rechtsprechung aufgestellt, welche auf einer Verwechslung der beiden Fragen beruhen. Was zunächst die Belgische Rechtsprechung anbetrifft, so ist es in Belgien außer allem Zweifel, daß der Richter die Verfassungsmäßigkeit der Verordnungen völlig frei prüfen darf, und ein Zweifel über diese Frage ist hier auch gar nicht möglich, indem die Belgische Verfassung einen eignen Paragraphen enthält, welcher es dem Richter ausdrücklich untersagt, verfassungswidrige Verordnungen zur Anwendung zu bringen. Die Autorität Belgiens ist also so weit entfernt, gegen das von mir verfochtene richterliche Prüfungsrecht benutzt werden zu können, daß sie umgekehrt für dasselbe in die Wagschaale fällt. Was in Belgien allein streitig ist, ist unsere zweite Frage. Sie wurde vor einer Reihe von Jahren Gegenstand eines interessanten literarischen Streits zwischen zwei nahmhaften Belgischen Juristen. Auf die Gerichte erstreckte sich jedoch dieser Streit nicht, denn die Rechtsprechung war nach der Behauptung des einen dieser Schriftsteller darin völlig einig, daß dem Richter ein Urtheil über die Verfassungsmäßigkeit der Gesetze nicht zustehe. Was sodann die Rechtsprechung in Frankreich betrifft, so muß ich auch hier bei meiner Behauptung verbleiben, daß sie das richterliche Prüfungsrecht rücksichtlich der Verordnungen anerkannt hat. In den dreißiger Jahren verhängte die Regierung im Widerspruch mit der Verfassung durch eine bloße

Ordonnanz den Belagerungszustand über Paris. Die Verfassungsmäßigkeit dieser Maßregel wurde in einem Prozeß Gegenstand des Streites, und das erkennende Gericht und der Kassationshof erklärte dieselbe für ungesetzlich und unverbindlich.

Ich wende mich jetzt den Einwürfen zu, die von mehreren der Herren Vorredner gegen die von mir vertheidigte Ansicht erhoben worden sind. Zunächst glaube ich behaupten zu dürfen, daß in juristischer Beziehung nichts Erhebliches gegen dieselbe vorgebracht ist. Das juristische Fundament derselben besteht einfach in dem Satz, daß, wenn das Gesetz selber die Giltigkeit gewisser Erlasse der Staatsgewalt an die Mitwirkung der Stände knüpft, überall, wo es an dieser Voraussetzung fehlt, ebenso wenig ein giltiger Erlaß vorliegt, als wenn demselben irgend ein sonstiges Kriterium, ein äußerliches oder innerliches fehlt. Wie dieser Satz umzustoßen ist, davon habe ich keinen Begriff. Mit demselben Rechte könnte man sagen, bei einem Testamente sind zwar sieben Zeugen nöthig, wenn sie aber fehlen, gilt das Testament doch. (Heiterkeit.) Wenn in diesem wie in jenem Falle gewisse Bedingungen der Giltigkeit aufgestellt sind, so ist eben damit der Richter angewiesen, zu prüfen, ob sie vorhanden sind, und er würde, wenn er sich dem bei unserer Frage entzöge, seinem Berufe entgegenhandeln, er würde eine Anordnung, die der Gesetzgeber selbst getroffen, außer Acht lassen und den wohlthätigen Zweck derselben vereiteln. Rücksichtlich gewisser Formen bestreitet dies Niemand, so z. B. rücksichtlich der Kontrasignatur der Minister, und Niemand wird darin eine Ueberhebung des Richters erblicken, wenn er eine Verordnung des Landesherrn, der dieses Erforderniß fehlt, als eine bloße Scheinverordnung für unverbindlich erklärt. Selbst für die absolute Monarchie gilt ganz dasselbe, auch hier hat der Richter zu prüfen, ob ein angebliches Gesetz die vorschriftsmäßigen Formen an sich trägt und, wenn sie fehlen, dasselbe als ein bloßes Scheingesetz zurückzuweisen. Derartige Formen sind Beschränkungen, denen sich der Gesetzgeber selber unterwirft, und die ihren Zweck verfehlen würden, wenn der Richter nicht nach ihnen das Dasein oder Nichtdasein einer bindenden Norm zu bemessen hätte. Diese Formen haben nicht blos den Zweck, eine Ausdrucksform des wirklichen Willens zu sein, sondern auch den, eine Garantie zu gewähren für eine umsichtige, sorgfältige Erwägung des Willensinhalts, der Gefahr vorzubeugen, daß der momentane Entschluß Rechte schaffe, daß die gesetzgebende Gewalt sich übereile. Zu ihnen rechne ich auch das ständische Mitwirkungsrecht bei der Gesetzgebung. In meinen Augen würde dasselbe seinen Zweck und Werth verlieren, wenn man dem Richter die Befugniß absprechen wollte, im einzelnen Fall sich von dem Dasein oder Nichtdasein dieses Erfordernisses zu überzeugen.

Lassen Sie mich hier einen Gesichtspunkt, den ich bei meiner ersten Ansprache geltend zu machen mir vorgenommen hatte, nachholen.

Dem ständischen Mitwirkungsrechte ließe sich denkbarerweise eine doppelte Form geben. Man könnte so sagen: Der Souverän vereinigt alle Gewalten in der Weise in sich, daß er bloß eine Verpflichtung — oder um es privatrechtlich auszudrücken — eine Obligation gegen die Stände hat, sie zuzuziehen. Wenn dem ständischen Mitwirkungsrechte diese Form gegeben würde, dann müßte man sagen: dieselbe ist keine Bedingung der Giltigkeit der Gesetze, der Richter hat mithin die Beobachtung dieser Form nicht zu prüfen, die Nichtachtung des ständischen Rechts begründet einen Anspruch für die Stände, aber keinen Ungiltigkeitsgrund für das Gesetz.

Um einen Vergleich aus dem Privatrechte heranzuziehen, so würde die Uebertretung dieser Verpflichtung gegen die Stände unter denselben Gesichtspunkt fallen, wie wenn Jemand eine bereits verkaufte Sache einem Andern verkauft und tradirt. Der zweite Verkauf und die Tradition ist vollkommen giltig, trotzdem daß dadurch die Obligation gegen den ersten Käufer verletzt ist, und der Richter muß den Eigenthumsübergang als erfolgt anerkennen; denn für die Giltigkeit der Tradition kömmt es nicht darauf an, ob der Verkäufer sie vornehmen d u r f t e, sondern ob er sie juristisch vornehmen k o n n t e.

Die zweite Form, die sich dem ständischen Mitwirkungsrecht geben ließe, und die ihm in Wirklichkeit gegeben ist, besteht darin, daß der Landesherr gewisse Verfügungen ohne die ständische Mitwirkung nicht sowohl nicht treffen d a r f, als nicht treffen k a n n. Hier bildet diese Mitwirkung ein Requisit des Gesetzes selbst, und eine Verfügung der Regierung, die dieser Mitwirkung bedurft hätte, derselben aber entbehrt, ist ein Scheingesetz, ein Gesetz, dem ein wesentliches Merkmal fehlt. Mit demselben Recht, mit dem der Richter das Dasein aller andern wesentlichen Merkmale eines Gesetzes prüft und bei deren Mangel dem Gesetz die bindende Kraft abspricht, mit demselben Rechte darf er auch das Dasein dieses Erfordernisses prüfen. Indem er dies thut, ist er weit davon entfernt, das Recht der Stände geltend zu machen, sondern er beschränkt sich einfach auf die Frage: Liegen die erforderlichen Merkmale eines Gesetzes vor? Wenn ich mir auch hier erlauben darf, einen privatrechtlichen Vergleich zu gebrauchen, so würde das Recht der Stände hier in derselben Weise gegen Uebertretung sicher gestellt sein, wie das der Frau an der Dos gegen eine Veräußerung des Mannes. Die Frau soll ihr gesichertes Recht rücksichtlich der Rückgabe . . . (Wird unterbrochen von vielfachen Rufen nach Schluß.)

M. H.! Es trägt zur Erläuterung bei, und ich bin gleich fertig, ich muß bitten, mir dieses Beispiel zu erlauben.

Es wird hier also das Recht in der Weise geschützt, daß die Veräußerung des Mannes null und nichtig ist. In derselben Weise verhält es sich mit dem Rechte der Stände. Gesetze oder Verordnungen, welche eigentlich in der Form des Gesetzes hätten erlassen werden sollen, sind null und nichtig, wenn die ständische Zustimmung fehlt, und der Richter, der dies ausspricht, macht ebensowenig das Recht der Stände geltend, wie der Richter, der die Veräußerung des Dotalgrundstücks für nichtig erklärt, das der Frau.

Was den Einwand betrifft, daß der Richter sich über den Gesetzgeber erheben würde, auf welchen Einwand so viel Werth gelegt wird, so begreife ich ihn gar nicht. Es ist ein unzweifelhafter Satz des Staatsrechtes, daß die Kabinetsjustiz verboten ist; schon das Römische Recht schloß sie aus. Wenn nun der Richter, wie er es soll, einen Kabinetsbefehl zurückweist, kündigt er hier etwa dem Staatsoberhaupt den Gehorsam auf? Wie nun, wenn die Regierung eine wirkliche Kabinetsjustiz in die Form einer Verordnung kleidet, die zwar allgemein gefaßt ist, aber in Wirklichkeit nur auf die zwei oder drei Fälle paßt, die die Regierung treffen will? Wenn eine solche Verordnung an den Richter herantritt, soll er sie prüfen oder nicht? Auch Diejenigen, welche das richterliche Prüfungsrecht in Anwendung auf verfassungswidrige Verordnungen in Abrede stellen, werden darin mit mir einverstanden sein, daß der Richter trotz seiner Unterordnung unter das Staatsoberhaupt eine solche Verordnung als eine ungesetzliche, unverbindliche, als einen verschleierten Kabinetsbefehl zurückweisen muß, und daß darin keine Auflehnung gegen die höchste Staatsgewalt gefunden werden kann. Steht nun die Sache bei einer verfassungswidrigen Verordnung irgendwie anders, verweigert der Richter hier den schuldigen Gehorsam, wenn er sie für das erklärt, was sie ist? (Rufe: Schluß! Fortfahren!)

M. H.! Der Schluß ist begehrt. (Rufe: Weiterreden, dazu sind wir da!) Dann — wenn Sie wünschen, daß ich fortfahre – – will ich noch Eines hinzufügen.

Es ist behauptet worden, die Theorie von der Nichtigkeit verfassungswidriger Verordnungen sei erst mit dem modernen Konstitutionalismus zu Tage gekommen, das öffentliche Recht zur Zeit des Deutschen Reichs habe sich zu der entgegengesetzten Ansicht bekannt. M. H., das ist nicht wahr. In der Wahlkapitulation und dem westphälischen Frieden ist ausdrücklich bestimmt: „Verordnungen, die der Kaiser trifft ohne Zustimmung der Reichsstände, wenn sie Gegenstände betreffen, die mit Zustimmung der Reichsstände hätten erledigt werden sollen, sind null und nichtig." Damit ist das Argument, das man aus der frühern Zeit entlehnt hat, vollständig zurückgeschlagen.

Erlauben Sie mir, m. H., noch auf einen Gesichtspunkt aufmerksam zu machen. Es wird unserer Ansicht häufig die Gestalt gegeben, als bezwecke sie den Richter zum Wächter der Verfassung zu machen. Das heißt sie entstellen, das heißt, den wirklichen Stand der Frage verschieben. Den Richter kümmert es nicht oder soll es nicht kümmern, ob seine Prüfung der Verfassung zum Vortheil oder Nachtheil gereicht, er stellt sie an, unbeeinflußt durch irgend welche Rücksicht, ganz so wie er die Frage von dem Widerspruch zwischen zwei Gesetzen entscheidet.

M. H.! das einzige gerechtfertigte Bedenken, das man gegen das richterliche Prüfungsrecht erheben kann, ist das, ob es nicht heißt dem Richter zuviel aufbürden, wenn man ihm zumuthet, den Uebergriffen der Regierung entgegen zu treten und damit möglicherweise seine ganze Existenz aufs Spiel zu setzen. Dieser Punkt ist nicht zur Sprache gekommen. Erlauben Sie mir dafür (Lebhafte Rufe: Schluß! Fortfahren! Glockenzeichen!) M. H., diese Frage ist eine Lebensfrage für den Richter. (Große Unruhe.)

Ich glaube der Stimmung der Versammlung zu entsprechen, wenn ich schließe. (Rufe: Wir wünschen, daß Sie weiter reden!) Ich will dem Antragsteller, Herrn Stadtrichter Hiersemenzel die Zeit nicht zu sehr verkürzen und schließe damit, indem ich Ihnen dessen Antrag in der von mir vorgeschlagenen beschränkten Fassung wiederholt zur Annahme anempfehle. Indem Sie denselben annehmen, fügen Sie den vielen Autoritäten, deren sich diese Ansicht zu erfreuen hat, noch die gewichtige Stimme des Deutschen Juristentages hinzu, und das moralische Ansehen, das ein Ausspruch desselben beanspruchen darf, wird gewiß nicht wenig dazu beitragen, dieser Ansicht wie in England, Frankreich, Belgien, so auch in Deutschland den Sieg zu verschaffen. Ist sie doch bereits in Württemberg allseitig anerkannt, haben doch bereits manche höchste Gerichtshöfe unseres Vaterlandes sich für sie ausgesprochen und zählt sie doch unsere namhaftesten Rechtslehrer zu ihren Vertheidigern, und darunter Männer, denen in der That Niemand den Vorwurf machen wird, daß sie sich bei ihren rechtlichen Ueberzeugungen durch politische Rücksichten hätten beeinflussen lassen. Es handelt sich hier um eine Frage des Rechts, nicht der Politik, und ich kann Sie nur auffordern, sie als solche zu entscheiden und der Jurisprudenz zu geben, was der Jurisprudenz ist; ein weiteres begehre ich nicht. (Anhaltender lebhafter Beifall.)

**Präsident:** M. H.! Gestatten Sie noch dem Herrn Antragsteller einige Worte.

Stadtrichter **Hiersemenzel:** Nachdem der ausgezeichnete Vortrag des Herrn Referenten in solcher Weise mehrmals unterbrochen worden, verzichte ich auf das Wort. (Bravo! Bravo! Rufe: Reden!) Im Uebrigen aber könnten wir, der Herr Referent und ich, uns vielleicht vereinigen, wenn er bereit ist, in seinen Antrag einzuschalten: „des Staatsoberhauptes oder" (der Regierung u. s. w.)

Geh. Justizrath, Professor Dr. Jhering: Ja wohl, ich bin mit dieser Einschaltung ganz einverstanden.

**Präsident:** Ich werde den auf diese Weise spezialisirten Antrag nachher noch einmal vorlesen.

M. H.! Ich nehme die Debatte als geschlossen an und werde nun zur Abstimmung schreiten.

In Betreff der Ordnung der verschiedenen Anträge kann kein Zweifel sein, daß derjenige Antrag, der die Kompetenz des Juristentages in Zweifel ziehen will, zuerst zur Abstimmung komme. Ich bringe also zunächst zur Abstimmung den Antrag des Herrn Dr. Frank aus Prag, welcher lautet:

> „Der Deutsche Juristentag geht in Erwägung, daß der Antrag des Herrn Stadtrichters Hiersemenzel, betreffend die angebliche richterliche Kompetenz, wesentlich staatsrechtlicher Natur ist, und daher über die Aufgabe, die sich der Juristentag gestellt hat, hinausgeht, zur Tagesordnung über."

M. H.! Ich habe in Bezug auf diesen Antrag vorerst das Präsidium zu rechtfertigen. Wenn in der Mitte unserer Versammlung ein Antrag gestellt würde, der entschieden blos staatsrechtlicher Natur wäre, also entschieden die Schranken überschreiten würde, die unser Statut und unser freier Wille uns gesetzt haben, so wäre es Pflicht und Recht des Präsidiums, einen solchen Antrag gleich a limine abzuweisen, ihn gar nicht zur Diskussion, aber jedenfalls nicht zur Abstimmung zu bringen. (Bravo! Bravo!) – Darin, daß ich die Pflicht dazu in Beziehung auf den vorliegenden Antrag nicht zu finden glaubte, liegt mein Bekenntniß, daß ich den Antrag nicht für staatsrechtlicher Natur halte. Der Antrag betrifft, wie wir anerkennen müssen, blos die Frage, was in die Kompetenz des Civil- und Kriminalrichters fällt. Diese Frage, m. H., ist eine rein civil- und kriminal-prozessualische. Allerdings, wenn die Kompetenz des Richters zur Entscheidung über die Anwendbarkeit eines Gesetzes oder einer Verordnung in Frage steht, kann es der Fall sein, daß staatsrechtliche Momente den Entscheidungsgrund bilden, und dann hätte der Richter über staatsrechtliche Fragen mit zu entscheiden. Aber die Frage, wie weit die Kompetenz des Richters gehe, ist eine rein prozessualische. (Bravo! Bravo!) Ich trat aus diesem Grunde der Berathung der Sache nicht entgegen. Aber sollte die Versammlung anderer Ansicht sein und die Frage für eine staatsrechtliche und deshalb zu ihrer Entscheidung sich nicht für befugt halten, so ist es ihre Sache, das weitere Eingehen auf die Frage abzulehnen. Deshalb, m. H., stelle ich die Frage: Halten Sie die Sache für eine staatsrechtliche und halten Sie sich deshalb nicht für kompetent, darüber zu entscheiden? (Rufe: Nein!)

Dr. **Frank** aus Prag: Ich habe nicht behauptet, die Frage sei eine staatsrechtliche, sondern eine wesentlich staatsrechtliche. Das ist ein bedeutender Unterschied.

**Präsident**: M. H.! Ich will den Antrag ganz so wie er gestellt ist, vorlegen. Halten Sie also dafür, daß die Frage, über die wir bis jetzt gesprochen haben, wesentlich staatsrechtlicher Natur ist und deshalb über die Kompetenz des Juristentages hinausgeht? Soll also der aus diesem Motive gestellte Antrag angenommen werden? (Rufe: Nein! Andere Rufe: Durch Aufstehen abstimmen! Große Unruhe.)

Ich ersuche diejenigen Herren, welche glauben, daß die Frage wesentlich staatsrechtlicher Natur ist, und wir deshalb zu ihrer Entscheidung nicht kompetent seien, aufzustehen.

Hofrath, Professor Dr. **Bluntschli**: Darf ich mir das Wort zur Fragestellung erlauben? Ich wäre, wenn die Frage so gestellt würde, in einer peinlichen Verlegenheit. Ich bin nämlich der Meinung, daß die Frage eine sehr wesentlich staatsrechtliche Seite habe; aber trotzdem bin ich der Meinung, daß die gegenwärtige Versammlung kompetent ist, darüber zu urtheilen, und deshalb bitte ich Sie, die Abstimmung so zu machen, daß Jeder nach seiner vollen Ueberzeugung stimmen kann, daß er nicht in seinem Gewissen beirrt wird, und ich glaube, die einfachste Form der Abstimmung ist die, wenn man lediglich die Formfrage vorlegt: Soll die Versammlung über den Antrag Hiersemenzels zur Tagesordnung schreiten oder nicht? (Richtig! Bravo!) Die Motive, m. H., mögen tausendfach verschieden sein. (Lebhafter, allgemeiner Beifall.)

**Präsident**: Ich möchte in dieser Beziehung doch Einiges einwenden. Es ist unter Anderem auch beantragt worden, den ganzen Antrag auf die Tagesordnung des nächsten, vierten Juristentages zu setzen, also damit den Juristentag für kompetent zu einem Urtheil über die Frage zu erklären. Die Frage aber: sollen wir heute zur Tagesordnung übergehen? würde aus den verschiedensten Gründen bejaht oder verneint werden können und die Kompetenzfrage des Juristentages unerledigt lassen.

Hofrath, Professor Dr. **Bluntschli**: Diese zweite Frage ist gewiß davon zu trennen und kann auch noch zur Abstimmung kommen. Bei allen Abstimmungen in großen Versammlungen scheint es mir aber denn doch ganz kardinal, die Motive in die Abstimmung nicht hineinzubringen, sondern einfach den zu fassenden Beschluß.

Stadtrichter **Hiersemenzel**: Ich glaube, daß die Frage am zweckmäßigsten dahin zu stellen sein wird: Will die Versammlung über den Antrag wegen seiner wesentlich staatsrechtlichen Natur zur Tagesordnung übergehen oder nicht? Dann kann z. B. Herr Hofrath Bluntschli ruhig gegen die Vertagung stimmen; denn er hält den Antrag zwar für staatsrechtlicher Natur, will aber nicht wegen dieser staatsrechtlichen Natur zur Tagesordnung übergehen; er kann also dreist so abstimmen: „Ich will nicht über den Antrag wegen seiner staatsrechtlichen Natur zur Tagesordnung übergehen.“ Wenn die Frage so gestellt wird, wird Niemandem Zwang angethan. (Bravo! — Nein! — Große Unruhe.)

Rechtsanwalt und Notar Dr. **Horwitz** aus Grünberg: Es giebt einen einfachen Modus, aus diesem Wirrsal herauszukommen. Es liegt ein formaler Antrag auf motivirte Tagesordnung vor. Mich bedünkt, man habe gar nichts weiter zu thun, als den Antrag in seiner Ganzheit anzuhören und mit ja oder nein abzustimmen, ob man ihn annehme oder nicht.

**Präsident:** Das heißt, es liegt ein Antrag für die Tagesordnung vor, weil der Versammlung die Kompetenz über die Sache abgesprochen wird; das Motiv ist hier ganz wesentlich. Dann liegt noch ein anderer Antrag auf motivirte Tagesordnung vor und zwar in ganz anderer Richtung, nämlich aus dem Grunde, weil die Sache noch nicht gehörig vorbereitet ist. Ich muß daher darauf bestehen, die Frage, ob aus dem Grunde, weil die Versammlung nicht kompetent sei, zur Tagesordnung überzugehen sei. (Nein! — Rufe: Andere Abstimmung!)

**Präsident:** Wer diese Frage bejaht, wer aus jenem Grunde zur Tagesordnung übergehen will, der wolle die Hand erheben.

(Die Abstimmung erfolgt.)

Es hat eine ungeheure Majorität entschieden, daß der Antrag abzulehnen, also die Kompetenz des Juristentages anzuerkennen sei. (Anhaltender Beifall.)

Das Protokoll wird hoffentlich konstatiren, daß dieser Beschluß mit ungeheurer Majorität gegen eine geringe Minorität gefaßt worden ist. —

Ich gehe weiter in der Vorlegung der Anträge.

Von Herrn Dr. Brix aus Wien ist der Antrag gestellt worden, daß die Sache an die ständige Deputation zurückverwiesen werde, und zwar zur Vorbereitung für den nächsten Juristentag. Dieser Antrag geht von unserer Kompetenz aus, will aber heute nicht darüber entschieden wissen, weil er glaubt, daß die Sache nicht genügend vorbereitet ist.

Ich erlaube mir darauf aufmerksam zu machen, daß noch ein anderer formaler Antrag vorliegt, nämlich, daß wir die eine Seite der Frage als gehörig vorbereitet heute entscheiden, aber die andere Seite der ständigen Deputation zur Begutachtung für den nächsten Juristentag übertragen wollen. Ich erlaube mir Schritt vor Schritt zu gehen, und zunächst zu fragen: soll die ganze Sache für unvorbereitet angesehen werden und deshalb der ständigen Deputation der Auftrag ertheilt werden, für den nächsten Juristentag dieselbe vorzubereiten?

M. H.! Wer dafür ist, daß die ganze Frage für unvorbereitet erklärt und der nächsten ständigen Deputation zur Vorbereitung für den nächsten Juristentag übertragen werde, den ersuche ich die Hand aufzuheben. (Geschieht.) Dieser Antrag ist mit großer Majorität abgelehnt. (Beifall.)

Nun kommt, m. H., die Frage der Trennung des Antrags. Es ist von vielen Rednern beantragt worden, die materielle Frage nicht zu trennen; aber, m. H., ich muß die materielle Frage schon deshalb trennen, weil wir sonst eine formelle Vorfrage nicht beantworten können. Es liegt der Antrag vor und viele Mitglieder sind des Sinnes, daß — wenn ich von zwei verschiedenen Theilen des Antrages sprechen kann — Sie über den zweiten Theil noch gar nicht entscheiden sollen, sondern, daß wir nur über den ersten Theil entscheiden. Würde ich also den Gesammtantrag jetzt zur Abstimmung bringen, so würde ich der Präliminar-Frage vorgreifen, ob die Versammlung überhaupt auf die Entscheidung des Gesammtantrages eingehen will. Deshalb wird es ganz nothwendig sein, die Frage zu trennen. Ich erlaube mir, um die Bedeutung der Trennung klar zu machen, noch einmal den Antrag des Herrn Berichterstatters, wie er nun in Uebereinstimmung mit dem Herrn Antragsteller gefaßt worden ist, Ihnen vorzulegen.

Er lautet:

> „Verordnungen und Erlasse des Staatsoberhauptes oder der Staatsregierung, deren Inhalt nur in Form des Gesetzes mit Zustimmung der Stände hätte festgestellt werden können, haben für den Richter keine verbindliche Kraft."

Ich darf wohl dabei hervorheben, daß mit dem Antrage keineswegs gemeint ist, dem Richter blos in formeller Beziehung eine Kompetenz einzuräumen, sondern daß der Antrag wesentlich auf den materiellen Inhalt der Verfügungen gerichtet ist und davon ausgeht, daß, wenn ein Grundsatz, der nur durch ein Gesetz in einem Staate eingeführt werden kann, in einer Verordnung oder einem anderen Erlasse des Staatsoberhauptes ausgesprochen wird, der Richter über die Giltigkeit der Verordnung zu kognosziren hat und nach Umständen die Anwendung der Verordnung verweigern kann.

Weiter erlaube ich mir, um jedes Mißverständniß auszuschließen, beizufügen, daß die provisorischen, in Nothfällen erlaßbaren Verordnungen, welche von einem Redner gegen den Antrag angeführt wurden, durch diesen Antrag gar nicht berührt werden. Wenn die Verfassungsurkunde dem Staatsoberhaupte das Recht giebt, in Zeiten der Noth provisorische Verordnungen mit Gesetzeskraft zu geben, so hat die Frage, ob wirklich eine dazu berechtigende Noth vorlag, nicht der Richter zu untersuchen, sondern es ist im Sinne des Antrages, wenn ich ihn richtig aufgefaßt habe, daß darüber blos die Ständeversammlung, die später zusammenkommt, entscheide.

Was den zweiten Theil des Antrages, welchen Theil der Herr Antragsteller vorläufig auf sich beruhen lassen will, anbelangt, so würde die betreffende Frage dahin lauten: ob der Richter auch kompetent ist, gegen den Inhalt eines in gehöriger Form publizirten Gesetzes zu entscheiden, wenn er die Ueberzeugung hat, daß die Organe, die das Gesetz beschlossen haben, nicht in verfassungsmäßiger Weise konstituirt gewesen seien oder ihr Beschluß nicht in gehöriger Weise zu Stande gekommen sei.

In Beziehung auf diesen zweiten Theil liegt nun, wie gesagt, der Antrag vor, darüber für den nächsten Juristentag der ständigen Deputation ein Gutachten zu übertragen. Wenn ich, m. H., nun frage, ob dieser Antrag angenommen werden soll, so will ich damit denjenigen Mitgliedern, welche den ersten Theil negiren, keineswegs vorgreifen, es soll, wenn etwa dieser zweite Antrag angenommen werden sollte, die Entscheidung über den ersten Antrag der Versammlung noch vorbehalten bleiben.

**Ein Mitglied:** Ich würde aber die Deputation nicht unbedingt beauftragen, über diese Frage das nächste Mal Bericht zu erstatten, sondern ich würde es der Deputation überlassen, ob sie es für zweckmäßig findet, über diesen Antrag Bericht zu erstatten.

**Präsident:** Es bleibt der Deputation anheimgestellt, im Gutachten zu sagen, sie finde den Antrag nicht geeignet, daß er am nächsten Juristentage verhandelt werde. In ihrem Berichte müßten darüber die Gründe entwickelt werden, und dann hätte der nächste Juristentag zu entscheiden.

Ich erlaube mir daher somit die Frage in folgender Weise zu stellen — und dahin geht auch der Antrag —: ob wir über den ersten Theil der Frage heute hier entscheiden wollen, über den ersten Theil, wie ihn eben der Herr Antragsteller in Uebereinstimmung mit dem Referenten formulirt hat — ob wir dagegen den zweiten Theil der Frage, als noch nicht gehörig vorbereitet, der künftigen ständigen Deputation zur Begutachtung übertragen wollen.

Wer für diesen Antrag ist, erhebe die Hand. (Rufe: „Trennen.")

M. H., ich glaube ganz klar gesondert zu haben, haben Sie doch die Güte, das Materielle vom Formellen zu trennen. Im Augenblicke handelt es sich blos um die formelle Behandlung, das heißt um die Frage, ob Sie auch über den zweiten Theil des Antrages entscheiden wollen, nicht auch um die Frage, wie Sie, wenn Sie heute nicht über den zweiten Theil entscheiden wollen, jetzt über den ersten Theil zu entscheiden gedenken; das ist die materielle Frage.

Ich will Ihnen nun auch die Konsequenzen der Abstimmung angeben. Wenn Sie die Frage bejahen, wenn Sie beschließen, es soll über den ersten Theil beschlossen werden, so haben Sie über den zweiten Theil noch gar nicht abgesprochen, Sie haben ihn noch gar nicht negirt, Sie haben blos damit erklärt: heute ist er noch nicht gehörig vorbereitet. Ebensowenig haben Sie damit auch den ersten Theil angenommen; Sie haben dann noch das Recht, ihn zu verwerfen, denn dann muß der erste Theil heute zur Entscheidung vorgelegt werden.

Also, m. H., ich frage nochmals: Wollen Sie den Antrag annehmen, daß wir über den ersten Theil heute entscheiden, daß wir aber den zweiten Theil der ständigen Deputation zur Begutachtung übergeben, weil er für uns heute noch nicht gehörig vorbereitet ist? Wer für diesen Antrag ist, erhebe die Hand. (Geschieht.)

Es ist nach meiner Ansicht und nach der des Büreau die entschiedene Majorität dafür. So hat also die ständige Deputation über den zweiten Theil zu berichten.

Aber nun, m. H., bitte ich über das Materielle des ersten Theils zu entscheiden, über folgenden Antrag, über den sich der Antragsteller und der Referent geeinigt haben: „Der Juristentag wolle Folgendes als seine Ueberzeugung aussprechen: Verordnungen und Erlasse des Staatsoberhauptes oder der Staatsregierung, deren Inhalt nur in der Form des Gesetzes mit Zustimmung der Stände hätte festgestellt werden können, haben für den Richter keine verbindliche Kraft."

In diesem Antrage liegt zugleich, daß dem Richter darüber zu kognosziren die volle Kompetenz zustehen solle. Wer will, daß dieser Antrag angenommen werde, hebe die Hand auf. (Geschieht.) Er ist mit einer an Einstimmigkeit grenzenden Majorität angenommen. (Lebhafter Beifall. Unruhe.)

**Präsident:** M. H.: Ich bin in der Lage, Ihnen die Aussicht zu eröffnen, daß wir in kurzer Zeit die heutige Sitzung schließen können.

Es steht, m. H., zwar noch ein weiterer Gegenstand auf der Tagesordnung, nämlich ein Bericht der ständigen Deputation über die Wirksamkeit des Juristentages im letzten Jahre. Allein der Bericht der Deputation konnte für heute nicht festgestellt werden; es ist noch eine Berathung zwischen der Deputation und dem Berichterstatter nothwendig. Deshalb erlaube ich mir diesen Bericht auf die Tagesordnung der nächsten Plenarversammlung, welche auf den Donnerstag anberaumt ist, zu setzen.

Endlich muß nach der heutigen Tagesordnung noch die Vertheilung der Berathungsgegenstände an die Abtheilungen erfolgen. Meines Erachtens wird dieses Geschäft sich in Kürze dadurch erledigen lassen, daß ich die Anfrage an Sie richte, ob Sie mit der von der ständigen Deputation vorgenommenen vorläufigen Vertheilung, welche Sie Seite 65 des Programms finden, einverstanden sind, oder ob Jemand von Ihnen in Bezug auf diese Vertheilung einen Gegenantrag zu stellen hat. (Rufe: Nein, Nein.)

Es wird von keiner Seite ein Antrag gestellt und so sehe ich also das, was die Deputation gethan hat, als genehmigt an.

Weiter habe ich noch zu berichten, daß das Festkomité mich ersucht hat, in seinem Namen eine Entschuldigung bei Ihnen einzulegen, wenn irgend etwas von ihm sollte übersehen worden sein. Einer Entschuldigung bedarf dieses Festkomité, das in so aufopfernder Weise in jeder Hinsicht für uns zu sorgen bemüht ist, einer solchen Entschuldigung bedarf es wahrlich nicht. (Bravo! Bravo!) Wir können nur den Dank, den herzlichsten Dank gegen dieses Komité aussprechen. (Bravo! Bravo!)

Es folgen noch einige geschäftliche Mittheilungen. Hierauf wird die Sitzung Mittags 1 Uhr geschlossen.

# Zweite Plenarversammlung des Dritten Deutschen Juristentages am 28. August 1862 im K. K. Redoutensaale.

---

Beginn der Sitzung: 9 Uhr 15 Minuten Vormittags.

Präsident, Geheimer Rath Dr. v. **Wächter**: Ich gebe mir die Ehre, m. H., die zweite Sitzung des Plenums des Juristentages hiemit zu eröffnen.

Die Tagesordnung für die heutige Sitzung ist Ihnen mitgetheilt worden und wir können gleich auf dieselbe übergehen.

Nach ihr sind zunächst die Protokolle der letzten Sitzung des Plenums zu verlesen und Ihrer Billigung zu unterstellen. Ich ersuche die Herren Schriftführer diese Protokolle verlesen zu wollen.

Schriftführer Stadtrichter **Hiersemenzel** verliest das Protokoll der die erste Plenarversammlung vorbereitenden Sitzung.

**Präsident**: Ist Etwas gegen dieses Protokoll zu erinnern? (Pause.) Es wird von keiner Seite Etwas erinnert, dasselbe ist genehmigt.

Schriftführer Kreisgerichts-Direktor v. **Kunowski** verliest das Protokoll der ersten Plenarversammlung.

**Präsident**: Ist Etwas gegen dieses Protokoll von irgend einer Seite zu bemerken? (Pause.) Es wird von keiner Seite Etwas eingewendet; das Protokoll ist hienach genehmigt.

Wir kommen zum zweiten Gegenstande der Tagesordnung, zu dem

Berichte der ständigen Deputation über den gegenwärtigen Stand der die Einigung Deutschlands auf dem Rechtsgebiete betreffenden Angelegenheit. Die ständige Deputation konnte Montag diesen Bericht noch nicht vorlegen, da er erst hier gefertigt werden mußte, und sie übertrug den Bericht dem Herrn Justizrath Volkmar. Ich lade ihn ein, uns seinen Bericht vorlegen zu wollen.

Justizrath **Volkmar** aus Berlin: M. H.! Der Juristentag ist keine politische Körperschaft oder Gewalt, er soll nur darstellen die öffentliche Meinung der Juristen, eine Meinung, der auf die Dauer Niemand widerstehen kann, wenn sie anders Recht und Wahrheit für sich hat. Nur in diesem Sinne ist der §. 1 unseres Statuts aufzufassen. Im Anschlusse an diesen Paragraph ist von dem Zweiten Juristentage beschlossen worden, daß die Deputation alljährlich Bericht erstatte über dasjenige, was im Deutschen Vaterlande für oder wider die Förderung der Rechtseinheit seit Jahresfrist geschehen ist. Im Auftrage der Deputation will ich versuchen, diesen Bericht zu erstatten. Der Politik fern, werde ich jedoch nicht umhin können, Ihnen auch solche Thatsachen und Urtheile vorzuführen, welche eine gewisse politische Färbung zu tragen scheinen.

Eine der nothwendigsten Grundbedingungen einer einheitlichen Prozeßordnung ist das Axiom, daß in der Regel nur kollegialische Gerichte in Civil- und Strafsachen das Recht zu finden haben. Auch von Ihnen, m. H., ist dies wiederholt mit energischer Einstimmigkeit anerkannt worden. Nach dieser Richtung hin ist nur Erfreuliches zu berichten. In Bayern ist seit dem 1. Juli 1862 die Justiz von der Verwaltung getrennt und der Polizei jede Strafgewalt genommen worden. In allen wichtigeren Civilsachen entscheiden sofort in erster Instanz kollegialisch formirte Bezirksgerichte. In Baden sind in demselben Sinne die Gerichte organisirt worden. Die Publikation der mit den Ständen verneinbarten Gesetze ist alsbald zu erwarten. Ein auf gleichen Grundsätzen beruhender Gerichtsverfassungsentwurf ist in Oesterreich vorbereitet, in Württemberg von dem Justizministerium dem Drucke und der Kritik übergeben worden.

Wenn nun kollegialisch besetzte Gerichte die Grundlage bilden für eine einheitliche Prozeßordnung, so ist die erleuchtete Kuppel des Gebäudes die Existenz des gemeinsamen höchsten Deutschen Gerichtshofes. Ich habe hier zu erwähnen, daß der von Oesterreich in den letzten Wochen dem Deutschen Bunde vorgelegte Entwurf über Errichtung eines Bundesgerichtes den Vorschlag enthält, dem Bundesgerichte, wie es wörtlich heißt, die Ueberwachung der Gleichmäßigkeit der Rechtsprechung in den Bundesstaaten zu übertragen.

Mag man über diesen Entwurf urtheilen, wie man wolle, ich glaube mit Befriedigung die Thatsache konstatiren zu dürfen, daß die Nothwendigkeit eines höchsten Deutschen Gerichtshofes endlich zugegeben worden.

Von der Gerichtsorganisation wende ich mich zum Handels- und Wechselrechte, zu demjenigen Rechte, welches recht eigentlich berufen scheint, das bestehende Recht zu beleben, ihm junges und frisches Blut zuzuführen und die Kräfte der modernen Rechtsbildung zu repräsentiren. Das Deutsche Handelsgesetzbuch ist in mehreren Staaten unverändert eingeführt, insbesondere in Preußen, im Königreiche Sachsen, Bayern und Nassau. Die zum Theile bereits von den Kammern angenommenen Gesetzentwürfe stellen für Oesterreich, Baden, Oldenburg, Württemberg, Großherzogthum Hessen eine solche Einführung in nächste Aussicht. Anders in Mecklenburg-Schwerin und im Königreiche Hannover; dort ist in den letzten Wochen vom Ministerium den Ständen der Entwurf eines Einführungsgesetzes übergeben worden, eines Einführungsgesetzes, welches Abänderungen vorschlägt, geeignet, das allgemeine Deutsche Handelsgesetzbuch in ein Königlich Hannoverisches Gesetz zu verwandeln. Das Ministerium Borries ist inzwischen entlassen; vielleicht gestalten sich auch hier, wie in den Katechismuswirren noch die Dinge zum Guten. In Betreff der Hansestädte, namentlich Hamburg, berichtet die Presse, daß sich der Einführung des Handelsgesetzbuches Schwierigkeiten entgegenstellen. Lassen Sie uns, m. H., hoffen, daß auch die freien Städte Resignation üben und erkennen werden, daß Sonderbündelei weder einer mit so vielen Opfern geschaffenen einheitlichen Gesetzgebung, noch dem Handel selbst irgendwie günstig ist und günstig sein kann.

Das Handelsgesetzbuch setzt Handelsgerichte voraus. Sie sind seit Kurzem in umfassender Weise eingeführt in Sachsen und Bayern und ihre Einführung in Württemberg und Baden ist in Kürze zu erwarten. In Preußen hatte das vorige Ministerium, das Ministerium Schwerin-Auerswald, einen Gesetzentwurf dem Hause der Abgeordneten vorgelegt; nachdem das Haus aufgelöst und das Ministerium entlassen ist, vermag ich über Verbleib und Schicksal dieses Entwurfes nur soviel mitzutheilen, daß er nicht wieder in dem neuen Hause eingebracht worden ist.

Dagegen haben fast sämmtliche Regierungen sich bereit erklärt, den Nürnberg'schen Entwurf anzunehmen. Er enthält gemeinsame Bestimmungen wegen der Wechselhaft und die Entscheidung einiger wechselrechtlicher Kontroversen. Die Einführung des Gesetzes selbst ist jedoch bis jetzt nur in Oesterreich erfolgt.

Ich komme nunmehr zu dem Civilrechte im engeren Sinne und zu dem Civilprozesse. Der Deutsche Juristentag hat dem berechtigten Wunsche der Nation nach einer gemeinsamen Deutschen Civilprozeßordnung und einem gemeinsamen Deutschen Obligationenrechte Ausdruck gegeben.

Eben weil der Juristentag kein politisches Organ ist, hat er auf jede direkte Verhandlung mit den Regierungen verzichten müssen. Wenn ich trotz dessen versichern kann, daß es zum großen Theile dem Juristentag zu verdanken ist, daß dieses Bedürfniß von den Regierungen nunmehr anerkannt worden, so werden Sie, m. H., einräumen, daß die Macht der moralischen Eroberungen wenigstens unter Umständen keine geringe ist. Die Lage der Sache ist diese: Am 6. Februar 1862 beschloß die Bundesversammlung:

1. die Ausarbeitung von Entwürfen einer allgemeinen Civilprozeßordnung für die Deutschen Bundesstaaten und eines allgemeinen Gesetzes über Rechtsgeschäfte und Schuldverhältnisse (Obligationenrecht) einzuleiten;
2. zu diesem Behufe zunächst eine Kommission Sachverständiger zur Bearbeitung des Civilprozeßentwurfes mit dem Sitze in Hannover zu berufen:
3. die Niedersetzung einer Kommission für die Bearbeitung des Obligationenrechtes mit dem Sitze in Dresden in Aussicht zu nehmen;
4. die Regierungen, welche zur Beschickung dieser Kommissionen geneigt wären, zur Erklärung hierüber einzuladen.

Gegen diesen Bundesbeschluß, m. H., hat die Preußische Regierung Verwahrung eingelegt. Sie behauptet Inkompetenz des Bundes auch zu nur vorbereitenden Einleitungen, sie behauptet Gefährdung des verfassungsmäßigen Rechtes der Kammern. Man hat dieses Verfahren hart getadelt. Es ist gesagt worden: Eine Regierung, welche die Intelligenz von 17 Millionen Deutschen vertritt, dürfe sich der Vorbereitung eines Deutschen Werkes schlechterdings nicht entziehen. Es handle sich hier gar nicht um eine politische Frage; es sei daher weder die Politik der freien, noch die Politik der passiven Hand am Orte. Läugne man selbst die Existenz des Bundestages u. s. w., müsse man um so energischer die Vorbereitung großer und echt Deutscher Werke fördern. M. H.! Ich bin Referent der Deputation, ich bin eben nichts als Referent, ich bin weder Diplomat noch Staatsmann, und bin als Advokat von Niemanden berufen, für das Preußische Ministerium zu plaidiren. Aber gestatten Sie mir, nur auf einen Gesichtspunkt aufmerksam zu machen. Wie, wenn das Preußische Ministerium in facto Recht hätte, daß es sich hier denn doch um politische Fragen handelte, und wenn es in jure beweisen könnte, daß der von ihm vorgeschlagene Weg der Vereinbarung korrekter wäre, als es der Bundestag ist? Doch es ist nicht unsere Aufgabe, hierüber zu entscheiden. Lassen Sie uns also zu den Thatsachen zurückkehren!

Die Civilprozeßkommission soll am 15. September d. J. — Sie sehen, m. H., man treibt mit der Zeit keine zu große Oekonomie — in Hannover zusammentreten. Sie wird von der Mehrzahl der Deutschen Regierungen durch Sachverständige beschickt werden; ob ein Entwurf vorgelegt werden soll, ist zur Stunde meines Wissens noch nicht entschieden. Inzwischen tagt bereits seit Jahr und Tag diejenige Kommission Preußischer Sachverständigen, welche durch Kabinets-Ordre vom 25. Februar 1861 zur Revision des Preußischen Civil- und Strafprozeßrechtes und — wenn möglich — zur Herbeiführung einer gemeinsamen Deutschen Gesetzgebung auf diesen Rechtsgebieten niedergesetzt worden ist. Ich sage nicht zuviel, wenn ich behaupte, daß in der That die Niedersetzung dieser Kommission mit dem ersten Deutschen Juristentage in innigem Zusammenhange steht; ist doch ihr Präsident Dr. Bornemann der erste Präsident unserer ständigen Deputation gewesen, und auch davon, dünkt mich, können wir überzeugt sein, die Berliner Kommission wird eben so wenig wie die Hannoversche in Widerspruch treten mit unseren berechtigten Wünschen und Ueberzeugungen.

Ueber den Zeitpunkt des Zusammentrittes der Kommission für das Obligationenrecht ist von der Bundesversammlung noch keine Bestimmung getroffen.

Am 14. August 1862 brachten sodann die Regierungen von Oesterreich, Bayern, Königreich Sachsen, Hannover, Württemberg, Kurfürstenthum Hessen, Großherzogthum Hessen, Braunschweig und Nassau beim Bunde den Antrag ein, „die Bundesversammlung wolle sich durch einen Ausschuß die näheren Vorschläge über die Art der Zusammensetzung und Einberufung einer aus den einzelnen Deutschen Ständekammern durch Delegation hervorgehenden Versammlung erstatten lassen, welcher demnächst die laut Bundesbeschluß vom 6. Febr. d. J. auszuarbeitenden Gesetzentwürfe über den Civilprozeß und über das Obligationenrecht zur Berathung vorzulegen sein werden.“ Die antragstellenden Regierungen erläuterten ihren Antrag näher dahin: „Die von der Bundesversammlung in Uebereinstimmung mit den Beschlüssen der Gesammtvertretung festgestellten Entwürfe wären in der Folge von den Regierungen behufs Einholung der verfassungsmäßigen Zustimmung empfehlend an die Ständeversammlungen in den einzelnen Staaten zu leiten. Das innere Verfassungsrecht dieser Staaten solle in uneingeschränkter Geltung und Wirksamkeit bleiben.“ Zugleich behielten sich die genannten Regierungen weitere Anträge wegen dauernder und organischer Einfügung jenes zunächst nur für einen speziellen Gesetzgebungszweck bestimmten repräsentativen Elementes in die Bundesverfassung und wegen einer entsprechend veränderten Gestaltung der Exekutive des Bundes vor.

Die Königlich Preußische Regierung legte gegen den obigen Antrag

Verwahrung aus dem Grunde ein, „weil in der vorgeschlagenen Delegirten-Versammlung und ihrer Thätigkeit nur eine Festsetzung und Erweiterung der von ihr als bundeswidrig beanstandeten Bundeskommissionen zu erkennen sei, dem Bedürfnisse nach wahrer Bundesreform aber nicht genügt, dessen befriedigender Lösung vielmehr präjudizirt werde."

Die Mehrheit der Bundesversammlnng hat beschlossen, den Antrag in Betracht zu ziehen und zunächst einem Ausschusse zur Begutachtung zu überweisen.

Im Laufe der Jahre 1861 und 1862 wurde ferner von mehreren Regierungen in Betreff des von der Deutschen Handelsgesetzgebungskommission ausgearbeiteten „Entwurfes über die in den Deutschen Bundesstaaten in bürgerlichen Rechtsstreitigkeiten gegenseitig zu gewährende Rechtshilfe" bei der Bundesversammlung die Bereitwilligkeit erklärt, zur Einführung dieses Entwurfes die Hand zu bieten. Eine allseitige Verständigung ist aber noch nicht erfolgt. Die Erklärungen einzelner Regierungen stehen noch aus. Auch ist noch nicht entschieden, ob der Entwurf durch Staatsverträge oder in Form einzelner Landesgesetze zur Wirksamkeit gebracht werden soll.

Ich komme zum Schlusse zum Strafrecht und Strafprozeß. Zur formellen Einigung ist auf diesem Gebiete nichts geschehen, wohl aber einiges zur materiellen Einigung. Das neue Bayerische Strafgesetzbuch hat die bereits in einem großen Theile Deutschlands geltende Dreitheilung der strafbaren Handlungen adoptirt und eine Vereinfachung des Strafen-Systemes, welche für eine künftige Strafrechtseinheit unerläßliche Vorbedingung ist, vorgenommen. Ob aber damit, daß die allgemeinen Bestimmungen des Bayerischen Gesetzes sich den in Preußen und Oldenburg leider geltenden Prinzipien des Code pénal annähern, die künftige Rechtseinheit erleichtert ist, scheint mir zu bezweifeln. Bemerkenswerth ist sodann, daß mehrere der neuesten Zeit angehörige Entwürfe von Strafprozeßordnungen vorliegen. Es ist der Großherzoglich-Hessische Entwurf bei den Ständen in jüngster Zeit berathen, aber noch nicht beschlossen worden. Der Bremische Entwurf ist veröffentlicht, aber noch Gegenstand von kommissionellen Berathungen. Der Württembergische Entwurf ist in den letzten Tagen als Manuskript gedruckt worden. Ich bemerke, daß diese Entwürfe sich entschieden an die Oldenburger Strafprozeßordnung von 1857 anlehnen, welche ihrerseits auf einem Preußischen Entwurfe v. J. 1851 beruht. Es ist endlich hervorzuheben, daß auch Oesterreich einen auf Oeffentlichkeit, Mündlichkeit, Geschwornengerichten beruhenden Entwurf einer St.-P.-O. hat ausarbeiten lassen. Bin ich recht berichtet, so ist der Verfasser dieses Entwurfes ein Mitglied des Juristentages, Dr. Glaser. Es ist von Interesse, m. H., daß in diesem Entwurfe die von Ihnen angenommenen Prinzipien der Privatanklage zur Geltung gekommen sind.

Mit diesen Bemerkungen, m. H., schließe ich meinen Bericht. Möge uns recht bald eine einheitliche Gesetzgebung, auf dem Gebiete des Straf- und Privatrechtes zu Theil werden! Möchte dieser Boden wenigstens unberührt bleiben von dem Treiben der politischen Parteien! Es ist zu bedauern, daß die politischen Gegensätze über die Form der Einleitung eine Störung des gemeinsamen Werkes zu veranlassen drohen. Hoffen wir, daß doch noch in der letzten Stunde ein formeller Weg der Vereinbarung gefunden werde, zumal ja über das Wesen keine Meinungsverschiedenheit besteht. (Beifall.)

**Präsident**: In diesem Wunsche werden wir gewiß Alle übereinstimmen. Es sind nun die Arbeiten, welche die Abtheilungen geliefert und in zwei langen Sitzungen beendet haben, vorzulegen.

Ich erlaube mir bei dieser Vorlage kurz an einen Beschluß zu erinnern, den wir am letzten Montag gefaßt haben; er lautet:

> „Sämmtliche Beschlüsse der Abtheilungen werden in der Plenarversammlung mitgetheilt. Es findet jedoch eine Erörterung und eine Entscheidung im Plenum nur statt, wenn dieselbe von der betreffenden Abtheilung vorgeschlagen, oder wenn sie von mindestens zehn Mitgliedern beantragt und von der Plenarversammlung beschlossen wird. Im letzteren Falle wird über die Vorfrage nur einem der Antragsteller und dem Berichterstatter das Wort ertheilt."

Ich lade zunächst den Präsidenten der ersten Abtheilung ein, uns die Beschlüsse derselben vorzutragen.

Hofrath, Professor Dr. **Bluntschli** aus Heidelberg (Vorsitzender der vereinigten ersten und zweiten Abtheilung): M. H.! Ich habe die Ehre im Auftrage der vereinigten ersten und zweiten Abtheilung Ihnen kurz zu berichten über die Beschlüsse, welche dieselben gefaßt haben. Sie haben dabei angenommen, es sei wohl selbstverständlich, daß für die größere Versammlung diese Mittheilung genüge. Sie haben das um so eher annehmen dürfen, als diese Beschlüsse sämmtlich mit sehr großer Mehrheit gefaßt worden sind und keine Gründe vorliegen, irgend zu vermuthen, daß in der allgemeinen Versammlung in größerer Anzahl abweichende Meinungen vertreten seien. Unter dieser Voraussetzung aber dient es zur allseitig gewünschten Abkürzung der Geschäfte, wenn man dieses einfachere Verfahren einschlägt.

Zuerst hat die Abtheilung berathen über die Anträge der Herren Bornemann, Meyer, Geck und Kretschmann, betreffend das Hypothekenwesen, und ist zu einem Beschlusse darüber gelangt, den ich nur mit ein paar Worten nunmehr erklären will.

Die Abtheilung hat sich ausgesprochen für das Bedürfniß einer gemeinsamen Deutschen Hypotheken-Gesetzgebung, mit aus dem Motive, daß in neuerer Zeit die Kreditverhältnisse überhaupt und so auch die Verhältnisse des Realkredits einen mächtigen und weit über die Grenzen des einzelnen Landes hinausreichenden Einfluß üben. Sodann hat sie als selbstverständlich angenommen, daß dieser Gesetzgebung die von allen Seiten anerkannten Grundsätze der Spezialität und Publizität zu Grunde zu legen seien, und schien ihn nur das nothwendig zu sagen: diese beiden Grundsätze müssen energischer und konsequenter durchgeführt werden, als gegenwärtig in den verschiedenen Partikular-Gesetzgebungen der Fall ist. Eine größere Meinungsverschiedenheit und eine lebhaftere Debatte hat stattgefunden über die Frage, ob das Hypothekenwesen lediglich für sich allein, ohne die Publizität der dinglichen Rechte an Grundstücken überhaupt, durchzuführen sei; oder aber ob ein gutes Hypothekensystem zugleich auch die Grundlage eines auf das Grundbuch basirten Sachenrechtes bezüglich der Liegenschaften erfordere. Die Abtheilung hat sich nach einer umfassenden Diskussion mit einer sehr bedeutenden Mehrheit für die letztere Ansicht erklärt und demgemäß folgenden Beschluß gefaßt: „Der Deutsche Juristentag spricht das Bedürfniß nach einer gemeinsamen Gesetzgebnng über das Hypothekenwesen und zugleich die Meinung aus, daß dabei die allgemein anerkannten Prinzipien der Publizität und Spezialität konsequent durchzuführen seien und ein umfassendes Grundbuchsystem zu Grunde gelegt werden soll." Dagegen hat es die Abtheilung vermieden, heute schon auf weitere Fragen in dieser Beziehung einzugehen, Fragen, die einer gründlicheren und spezielleren Berathung bedürfen, und die zum Theile erst der Ausführung des Gesetzes selbst anheimfallen. Das bezüglich des ersten Antrages.

Ein Antrag bezüglich der Haftung der Erben ist gar nicht in Berathung gezogen worden, weil weder der Herr Berichterstatter noch der Herr Antragsteller anwesend waren, und weil die Versammlung es deshalb für passend erachtet hat, die Frage auf einen andern Juristentag zu vertagen.

Dagegen ist verhandelt worden über den Geckschen Antrag, wonach der Wunsch ausgesprochen werden sollte nach einem gemeinsamen Deutschen Güterrechte der Ehegatten und zu gleicher Zeit, daß das Prinzip der Gütergemeinschaft diesem Gesetze zu Grunde zu legen sei. Nach einer eingreifenden Diskussion über diese Frage ist die Abtheilung über diesen Antrag zur Tagesordnung übergegangen, wesentlich aus dem Motive, daß der Deutsche Juristentag sich schon bei früherer Gelegenheit dafür ausgesprochen hat, es sei, soweit es irgend die Umstände gestatten, wünschenswerth, eine gemeinsame Civilgesetzgebung zu haben. Darunter ist dann selbstverständlich auch das eheliche Güterrecht inbegriffen. Die Abtheilung hat aber gefunden, gerade bezüglich des Güterrechtes der Ehegatten werden die Schwierigkeiten verhältnißmäßig größer sein, als in fast allen andern Materien des Privatrechtes, und es sei daher nicht zweckmäßig, diese besonders schwierige Frage vorerst in Behandlung zu ziehen. Ueberdem waren auch darüber die Ansichten sehr getheilt, welches Güterrecht denn den heutigen Kulturverhältnissen, den sittlichen Ansichten über die Ehe und den Justizbedürfnissen entspricht. Und keineswegs hätte sich die Abtheilung entschlossen, nun gegenwärtig schon sich für das Prinzip der Gütergemeinschaft oder gar der allgemeinen Gütergemeinschaft, was man darunter verstanden hat, unbedingt und ohne Weiteres auszusprechen. Die Abtheilung hat also beschlossen, aus dem Motive, daß sich der Deutsche Juristentag bereits früher dafür ausgesprochen hat, daß ein gemeinsames Deutsches Civilgesetzbuch anzustreben sei, zur Tagesordnung über diesen Antrag überzugehen.

Endlich hat die Abtheilung in ihrer gestrigen Versammlung noch einen weiteren Antrag, außer jenem, über welchen Sie das Referat später vernehmen werden, behandelt, nämlich den Antrag der Herren Kuntzsch, Miller und Bernau, betreffend ein allgemeines Deutsches Gesetz über das Versicherungswesen. Die Abtheilung hat anerkannt, daß es ein Bedürfniß ist, daß ganz ebenso, wie das Versicherungsrecht bezüglich der Versicherung zur See normirt worden ist, auch das übrige Versicherungswesen nun in einer Weise normirt werde, die für alle Deutschen Länder Anwendung findet. Sie hat sich also dafür erklärt und einstimmig erklärt, der Deutsche Juristentag solle dieses Bedürfniß konstatiren und den Wunsch aussprechen, daß in Bälde ein derartiges gemeinsames Gesetz zu Stande komme. Dagegen hat es die Abtheilung vermieden, über die Form der Einleitung, über den Weg dahin, irgend eine Aeußerung zu thun.

Das, m. H., sind die Beschlüsse, welche ich Ihnen zur Kenntniß zu bringen habe.

**Präsident:** Es ist von keiner Seite ein Antrag gestellt worden, daß über die Beschlüsse der Abtheilung nach vorausgegangener Berathung im Plenum Beschluß gefaßt werde. Ich lade daher den zweiten Referenten Herrn Professor Unger ein, den Platz einzunehmen, und über einen weiteren Beschluß der ersten Abtheilung Vorlage zu machen. (Nach einer Pause.) Es ist, wie mich eben der Herr Referent benachrichtigt, über diesen Antrag vorher noch Etwas mit dem Vorstand der Abtheilung zu bereinigen. Ich setze daher diesen Gegenstand vorerst aus, behalte mir vor, ihn später wieder vorzulegen, und lade die Referenten der dritten Abtheilung und zunächst Herrn Professor Glaser ein, uns über die Beschlüsse der dritten Abtheilung zu referiren.

Berichterstatter, Professor Dr. **Glaser** aus Wien: M. H.! Sie haben im vorigen Jahre Ihrer ständigen Deputation die Ihnen bekannten Kellerschen Anträge zur Vorbereitung überwiesen. Die ständige Deputation hat über dieselben drei Gutachten eingefordert und sodann mir die Ehre erwiesen, mich zum Referenten zu bestellen.

Ihre Abtheilung hat den ersten der beiden Sitzungstage, man kann sagen ausschließlich, der Berathung der in diesen Kellerschen Anträgen angeregten wichtigen Fragen gewidmet, sich dabei aber von vornherein nur auf einen Theil derselben beschränkt, nämlich nur auf die Hauptfrage: über die Gestaltung der Voruntersuchung. Mehrere Nebenfragen, wie die über die Bedingungen der Zulässigkeit der Haft, die Entlassung aus der Haft gegen Kaution, über die Art und Weise der Formirung des Anklagebeschlusses beziehungsweise der Versetzung in den Anklagestand, endlich über das Verhältniß des Privatanklägers hat die Abtheilung zum Theil deshalb, weil sie durch vorjährige Beschlüsse erledigt sind, bei Seite gelassen. In der Hauptsache hat sie nach einer, wie gesagt, fast den ganzen Tag in Anspruch nehmenden Berathung mit an Einstimmigkeit grenzender Mehrheit, zum größten Theile sogar völlig einstimmig, die nachstehenden Beschlüsse gefaßt:

I. „Die gerichtliche Voruntersuchung muß beibehalten werden, weil nicht dem Staatsanwalte, sondern nur einem unabhängigen richterlichen Beamten die Verfügung über die Person des Angeschuldigten, die Aufnahme jener Beweise, welche in der Hauptverhandlung nicht wieder vorgeführt werden können, endlich die Herbeischaffung des Vertheidigungsmaterials anvertraut werden kann", — wobei ich die Bemerkung mache, daß die Erwähnung der Herbeischaffung des Vertheidigungsmaterials nur im Sinne der Vorbereitung der Hauptverhandlung gemeint war.

II. „Die gerichtliche Voruntersuchung muß aber beschränkt werden,

a. „dadurch, daß der Staatsanwaltschaft die Erhebung der öffentlichen Klage vorbehalten wird", — unbeschadet, erlaube ich mir hinzuzufügen, der vorjährigen Beschlüsse über die Stellung des Beschädigten; —

b. „dadurch, daß die Staatsanwaltschaft angewiesen wird, der Erhebung der öffentlichen Klage gerichtspolizeiliche Vorerhebungen vorausgehen zu lassen", — unbeschadet, wie ich zur Erklärung hinzufüge, der persönlichen Freiheit des Angeschuldigten, die durch diese Vorerhebungen nicht berührt werden kann, und unbeschadet der Regel, daß die Ergebnisse derselben keine Beweiskraft haben;

c. „daß die Voruntersuchung wegfällt, wo es sich nicht um Verbrechen schwerster Art handelt, und weder Staatsanwalt, noch der Angeschuldigte sie verlangen."

III. „Sie soll verbessert werden:

a. „dadurch, daß das Hinarbeiten auf das Geständniß des Angeschuldigten aufgegeben wird;"

b. „dadurch, daß sowohl der Staatsanwaltschaft, als der Vertheidigung eine fortwährende Einwirkung auf ihren Gang ermöglicht wird;"

c. „dadurch, daß die Oeffentlichkeit, mindestens die Parteienöffentlichkeit, auch für sie als Regel anerkannt wird."

M. H.! Ihre Abtheilung hat sich dahin entschieden, diese ihre Beschlüsse Ihnen lediglich zur Kenntnißnahme mitzutheilen, und zwar aus einem doppelten Grunde: erstens, weil sie noch andere Gegenstände, bei welchen es wichtiger schien, Ihre Beschlußfassung und Entscheidung einzuholen, in Berathung genommen und erledigt hat; zweitens deshalb, weil sie aus dem Gange ihrer eigenen Berathung sich überzeugt hatte, daß die Erörterung und Durchsprechung dieser außerordentlich verwickelten Materien, in Bezug auf welche die mannigfachsten Begriffsverwirrungen sich leicht in die Debatte mischen, daß diese Erörterung, wenn sie von Erfolg sein soll, Ihren ganzen heutigen Tag in Anspruch nehmen müßte. Aus diesen Gründen hat sich die Abtheilung darauf beschränkt, Ihnen durch mich ihre Beschlüsse zur Kenntniß zu bringen.

**Präsident:** Auch hier beläßt es das Plenum bei den Beschlüssen der Abtheilung.

Ich erlaube mir nun den Herrn Ober-Landesgerichtsrath Keller einzuladen, Bericht zu erstatten über den zweiten Gegenstand der Beschlüsse der dritten Abtheilung.

Berichterstatter, Ober-Landesgerichtsrath Dr. **Keller** aus Wien: Ich hatte die Ehre in der dritten Abtheilung über den Antrag des Herrn Dr. Schaffrath, der dahin lautet:

> „Der Deutsche Juristentag wolle als seine Rechtsüberzeugung aussprechen, daß im Strafprozesse nur eine Art der Freisprechung, eine vollständige, oder unbeschränkte, nicht aber außer ihr auch noch eine andere, beschränkte, aus Mangel an vollständigem Beweise, stattfinden darf",

zu referiren, indem ich kurz die geschichtliche Entwicklung der Instanzentbindung, sowie die Gründe, welche in der Theorie und in der Praxis für und gegen diesen Antrag vorgebracht werden, erörterte, und schließlich den Antrag des Herrn Dr. Schaffrath zur Annahme empfahl. Hierüber nahm nur Herr Professor Dr. von Holtzendorff das Wort, nannte meinen Vortrag einen Nekrolog der Instanzentbindung und bemerkte, daß die Freisprechung aus Mangel an vollständigem Beweise nicht der Ehre einer Debatte würdig sei. Es wurde hierauf mit Einstimmigkeit, d. h. bis auf eine Stimme der Schaffrathsche Antrag angenommen.

**Präsident**: In Beziehung auf diesen Punkt, m. H., werden wir eine andere Behandlung eintreten lassen. — Es hat hier die dritte Abtheilung selbst den Antrag gestellt, daß das Plenum über diese Frage sich aussprechen möge, und nach dem, was wir am Montage beschlossen haben, werden wir auf die Sache selbst eingehen müssen, wenn das Plenum es nicht durch besonderen Beschluß abweist.

Darf ich ein Wort in Beziehung auf die formelle Behandlung der Sache beifügen, so möchte ich nur bemerken, daß, und davon geht auch die dritte Abtheilung aus, die Frage, von der es sich hier handelt, an sich überaus einfach ist und über ihre Entscheidung in unserer Zeit kaum ein Zweifel sein kann, weshalb wohl die dritte Abtheilung glaubte, daß das Plenum in einem solchen Falle auch durch die große Macht seiner Ueberzeugung die Wirksamkeit des Antrages erhöhen möchte.

Wird das Wort verlangt?

Berichterstatter, Ober-Landesgerichtsrath Dr. **Keller**: Ich bitte um Entschuldigung, daß ich von diesem Beschlusse der Abtheilung nicht Mittheilung machen konnte. Aber bei meiner vielseitigen Beschäftigung zum Zwecke unserer Versammlung mußte ich, nachdem ich den Vortrag erstattet hatte, die Abtheilung verlassen und konnte unmöglich mehr dahin zurückkehren.

Ich glaube aber, daß, wenn das Plenum über diese Frage, die doch nicht ohne alle Bedeutung ist, wenn auch vor dem Tribunale der Wissenschaft die Akten hierüber geschlossen sind, Beschluß fassen soll, denn doch über die Gründe, die gegen den Antrag sprechen sollen . . . (Rufe: Nein! Nein!) Wenn also darüber Einheitlichkeit herrscht, oder wenn das Plenum sich dahin entscheidet, daß diese Gründe ohnedies jedem Fachmanne hinlänglich bekannt sind, dann glaube ich, ist die Debatte ganz überflüssig. (Beifall.)

**Präsident**: M. H.! Ueber diese wichtige Frage wird jeder Jurist schon längst seine Ueberzeugung sich gebildet haben. Ich erlaube mir deshalb zur Abstimmung zu schreiten, wenn Niemand eine Einsprache dagegen erhebt. Sind Sie, m. H., der Ueberzeugung, daß die sogenannte absolutio ab instantia in jedem Deutschen Staate, wo sie noch besteht, aufgehoben werden sollte, daß es nicht mehr eine beschränkte Freisprechung, sondern nur eine vollständige unbeschränkte Freisprechung geben sollte? — Wer dieser Ansicht ist, bitte ich, sich zu erheben.

(Die ganze Versammlung erhebt sich.)

Es scheint keine Stimme dagegen zu sein. — (Allgemeiner lebhafter Beifall.)

Ich lade Herrn Dr. Wahlberg aus Wien ein, in der Vorlage der Beschlüsse fortzufahren.

Berichterstatter, Professor Dr. **Wahlberg** aus Wien: Der Antrag des. Appellationsgerichtsrathes von Kräwel umfaßt vier Punkte. Der erste lautet:

„Der Deutsche Juristentag wolle folgende Sätze aussprechen: Wenn auch keine Einigung dahin zu erzielen sein sollte, daß die Todesstrafe in Deutschland abgeschafft wird, so hindert dies doch nicht das Zustandekommen eines für ganz Deutschland geltenden Strafgesetzes."

Der Antragsteller ging von der Voraussetzung aus, daß vor der Hand eine Einigung hinsichtlich der Todesstrafe sich nicht werde erzielen lassen. Er macht daher den vermittelnden Vorschlag eines dualistischen Strafsystems und nimmt zwei Gruppen für Deutschland in Beziehung auf diese Strafart an.

Dagegen wurde nun in der Abtheilung geltend gemacht, daß der Dualismus der schwersten Strafart — in dieser Richtung nicht der Weg zu der vom Juristentage als dringendes Bedürfniß anerkannten Strafrechtseinheit sei, und daß kein Bedürfniß vorliege, mit dem verzweifelten Nothbehelfe eines solchen doppelten Strafsystems sich zu befassen, ehe an entscheidender Stelle das große, letzte Wort über die Todesstrafe gesprochen sei. Die Ueberzeugung fand ihren kräftigen Ausdruck, das künftige Strafgesetzbuch mag die reiffste Behandlung der allgemeinen Lehren, die schärfste Begriffsbestimmung, die lebendigste Gliederung der Schuldformen enthalten, — ohne ein einheitliches und zeitgemäßes Strafsystem wird es weder der Gerechtigkeit, noch dem starken und unaufhaltsamen Einheitsbedürfnisse der Nation genügen.

Es trat ein geehrter Redner mit einem Gegenantrage auf, und zwar mit der Aufforderung an die Abtheilung, pure auszusprechen, die gänzliche Beseitigung der Todesstrafe sei die unerläßliche Voraussetzung des Zustandekommens des einheitlichen Strafgesetzbuches. Einige Redner erklärten sich für die Annahme dieses Antrages. Allein die Abtheilung fand sich nicht veranlaßt, bei dieser Gelegenheit, nämlich bei Gelegenheit der Berathung der Anträge von Kräwel das volle Gewicht ihrer moralischen Ueberzeugung in Bezug auf diese Frage schon jetzt in die Wagschale zu legen. Die materielle Erörterung dieser wahren und bald unabweisbaren Lebensfrage des Deutschen einheitlichen Strafrechtes wurde abgelehnt, der Antrag fiel.

Dagegen suchte die Abtheilung eine Formel, in welcher sie dem folgenden Gedanken Ausdruck gab: die dermalige Verschiedenheit der Deutschen Strafgesetze hinsichtlich der Todesstrafe ist bei einem reformirten Strafsystem kein Hinderniß des Zustandekommens der einheitlichen Strafgesetzgebung, und ohne ein gleichmäßiges Strafsystem wollen wir uns unser künftiges gemeines Deutsches Recht nicht denken.

Unter dem Einflusse dieser und anderer Erwägungen wurde der vom Herrn Professor von Holtzendorff formulirte Antrag, dem auch der Antragsteller von Kräwel beitrat, zur Abstimmung gebracht und angenommen, der da lautet:

„Die Verschiedenheit der Deutschen Strafgesetzgebungen hinsichtlich der Anwendbarkeit der Todesstrafe ist kein Hinderniß für das sofortige Zustandekommen einer gemeinsamen Strafgesetzgebung."

Dieser Antrag konnte nicht vertagt werden. Es war nothwendig, ehe man zur Ausarbeitung eines gemeinsamen Gesetzbuches schreitet, die Ueberzeugung auszusprechen, daß der dermalige Dualismus der Ansichten über die Todesstrafe nicht eine solche Klippe sei, daß daran die Einführung des allgemeinen Strafgesetzbuches scheitern müßte oder dürfte.

Ich komme zum zweiten Absatze des Antrages. Derselbe spricht den Gedanken aus, den die Theorie längst vertreten und den bereits einige der Strafgesetzgebungen, freilich mit Beschränkungen, anerkannt haben, den Gedanken nämlich, daß dort, wo absolute Strafen angedroht sind, immerhin bei der unendlichen Abstufbarkeit der Verschuldung dem Gerichte die Möglichkeit gegeben werden müsse, bei dem Vorhandensein mildernder Umstände auf eine mildere, auf eine geringere Strafart zu erkennen.

Mit einer bis an Einstimmigkeit grenzenden Majorität ging die Abtheilung einen Schritt weiter, indem sie den Antrag zum Beschlusse erhob:

„Absolute Strafbestimmungen sind grundsätzlich zu verwerfen."

Mit diesem Ausspruche hat sich die Abtheilung, im bewußten Gegensatze gegen die Ueberlieferungen eines veralteten und harten Strafsystems, entschieden gegen jedweden Absolutismus der Strafbestimmungen ausgesprochen; sie hat damit erklärt, fortan soll nur die Forderung der Relativität aller Strafbestimmungen zur Geltung kommen. Sie hat damit, wie auch Herr von Holtzendorff seinen Antrag interpretirte, zwar noch nicht jede absolute Strafe an und für sich verworfen, sondern nur erklärt, daß fortan alle Strafdrohungen ausschließend relativ angeordnet werden sollen.

Ist auch vorläufig nur in dieser Beziehung die Ausschließung des Strafabsolutismus, wenn ich mich so ausdrücken darf, anerkannt worden, so glaube ich doch, daß wir in diesem Abtheilungsbeschlusse und mit uns das Deutsche Volk bereits einen entschiedenen Fortschritt zum Bessern zu begrüßen haben.

General-Staatsanwalt Dr. **Schwarze** aus Dresden: Ich will mir nur als seitheriger Präsident der dritten Abtheilung eine kleine redaktionelle

Bemerkung erlauben im unmittelbaren Anschlusse an das, was der geehrte Herr Referent soeben Ihnen vorgetragen hat. Es ist nämlich in der Ihnen gedruckt vorliegenden Tagesordnung ein kleiner Druckfehler, der aber allerdings dasjenige Mißverständniß noch unterstützen könnte, welches bereits gestern bei einigen der Herren sich geltend gemacht hatte. Ich bitte nämlich nicht zu lesen; „absolute Strafen" — sondern, wie der Herr Referent selbst schon bemerkt hat: „absolute Strafbestimmungen, Strafdrohungen." — Es ist, wie insbesondere auch von dem Herrn Antragsteller ganz entschieden hervorgehoben worden ist, durchaus nicht der Sinn des Antrages, wie des Beschlusses, daß darüber entschieden werde, ob Todesstrafe, ob lebenslängliche Zuchthausstrafe beibehalten werden könne, ob vielleicht ein bestimmtes Strafmaß einer Gefängnißstrafe festgestellt werden soll, sondern es hat lediglich ausgesprochen werden sollen, wie es mit einer gerechten Strafabmessung unvereinbar sein würde, wenn man den Richter nöthigen wollte, nur eine, eine Wahl, eine Strafabmessung ausschließende Strafe im einzelnen Falle erkennen zu dürfen. Es würde daher z. B. durch den Antrag und Beschluß nicht ausgeschlossen sein, daß in einem Gesetzbuche in Bezug auf die Strafe des Mordes gesagt wird: „Das Verbrechen des Mordes wird mit der Todesstrafe oder mit einer der- oder derartigen Zuchthausstrafe belegt", so daß dem Richter selbst bei dem schwersten aller Verbrechen immer noch mit Rücksicht auf die Individualität des Falles, insbesondere auf die sittliche Verschuldung des Verbrechers eine Abmessung der Strafe gestattet ist, und dadurch eigentlich in Wahrheit eine gerechte Strafe ermöglicht wird. Ich bitte Sie daher, m. H., daß Sie diesen Redaktionsfehler, der vielleicht mir selbst zur Last fällt, gütigst verbessern wollen. (Bravo!)

Berichterstatter, Professor Dr. **Wahlberg**: Ich erlaube mir nun zum Absatz 3 und 4 der Kräwelschen Anträge überzugehen. Diese zwei Absätze beziehen sich auf das Strafmaß, auf die Strafzumessung, auf die Strafänderung. Sie berühren im großen Ganzen das tiefste Fundament des Strafsystems.

Die Abtheilung kam nach längerer Verhandlung zur Ueberzeugung, daß der ganze Gegenstand noch nicht zum Spruche reif sei.

Es stellte sich in den Berathungen eine auffallende Verschiedenheit der Ansichten über die Bedeutung des Unterschiedes zwischen Strafänderung und Strafzumessung, über die Bedeutung und Stellung des Strafmilderungsrechtes, über die Bedeutung des Strafminimums, überhaupt über das System der strafmindernden und mildernden Umstände heraus. Die Debatte wurde auch noch dadurch komplicirt, daß von einer Seite alles Gewicht auf die strafprozessualische Bedeutung des Antrages gelegt wurde, nämlich auf die strafprozessualische Frage, ob der Richter der Schuld, d. h. der Geschworne, oder der Strafrichter allein befugt sei, das Vorhandensein mildernder oder erschwerender Umstände anzunehmen. Auf der anderen Seite wurde dagegen alles Gewicht auf das System der mildernden Umstände gelegt und auf dessen mannigfaltige Modifikationen hingewiesen.

Wie gesagt, der Gang der Debatte selbst zeigte, daß eine gründlichere Vorbereitung unerläßlich sei, zumal darüber die Theorie noch nicht abgeschlossen hat. Eine vorschnelle Annahme, wie nicht minder eine vorschnelle Ablehnung der Anträge wäre gewiß nicht rathsam gewesen, und in Erwägung dieser Motive macht Ihnen, m. H., die Abtheilung den Vorschlag

„die ganze Frage an die ständige Deputation zur gründlichen und vielseitigen Vorbereitung für den nächsten Juristentag zu weisen."

Ich schließe diese Berichterstattung mit einer Bemerkung, der vielleicht Einige aus der geehrten Versammlung zustimmen dürften. Ueberblicke ich den Gang der Verhandlungen in der Abtheilung, so finde ich das Ergebniß: Die Abtheilung hat in allen denjenigen Fragen, die ihr bereits spruchreif schienen, nicht nur den Schritt zum Besseren, sondern auch den Schritt zur Einigung mit Entschiedenheit und Freudigkeit gemacht; diejenigen Fragen aber, über welche die Theorie noch nicht abgeschlossen hat, die Gesetzgebungspraxis noch weit auseinander geht, diese Fragen hat sie zur gründlichen Vorbereitung der Deputation überwiesen.

Aus diesen Gründen erlaube ich mir auch die Annahme des Antrages der Abtheilung zu empfehlen, dahin gehend, daß die Absätze drei und vier des Antrages von Herrn v. Kräwel zur gründlichen Vorbereitung der Deputation überwiesen werden.

Zugleich erlaube ich mir noch zu bemerken, daß die vorgetragenen Beschlüsse nicht blos mitzutheilen, sondern auch, wenn es dem Plenum gefällt, hier zur Diskussion und Entscheidung zu bringen sind.

**Präsident**: Zu diesem Antrage liegt ein Antrag von zehn Mitgliedern vor, welcher dahin geht, das Plenum möge über die in Nr. 3a unserer Tagesordnung angeführten Beschlüsse der dritten Abtheilung auch von seiner Seite einen Beschluß fassen. In der gleichen Richtung aber liegt schon von der dritten Abtheilung selbst, wenn ich nicht irre, ein dahin zielender Beschluß vor. Ich erlaube mir daher die Frage (wird unterbrochen von)

Advokat **Fries** aus Weimar: Ich möchte mir das Wort erbitten als Antragsteller. Es wird zunächst nöthig sein, eine Vorfrage zu erörtern. Ich glaube nämlich, daß in der Mittheilung der Beschlüsse der dritten Abtheilung in dieser Beziehung ein Irrthum vorliegt. Die dritte Abtheilung hat meines Entsinnens gestern beschlossen, auch den Antrag, welcher jetzt unter 3a vorliegt, (Nr. 1 der Kräwelschen Anträge) nicht blos mitzutheilen, sondern zur Entscheidung durch das Plenum zu bringen, und ich möchte bitten, daß dies zunächst konstatirt werde. Der Antrag lautet:

„Die in den Gesetzgebungen der Deutschen Staaten bestehende Verschiedenheit betreffs der Todesstrafe ist kein Hinderniß für die vom Juristentage als dringendes Bedürfniß anerkannte Strafrechtseinheit in Deutschland."

Dieser Antrag ist gegenwärtig nur mitgetheilt; die Abtheilung hat aber beschlossen, die Entscheidung des Plenums zu provoziren.

**Präsident:** Das ist ja vorhin von mir ausdrücklich gesagt worden. Ich habe, m. H., mit deutlichen Worten gesagt, daß die betreffende Abtheilung beschlossen habe, den Antrag bei uns zu stellen, daß wir über 3a und b Beschluß fassen sollen. (Rufe: Ja!) Dann haben wir auch noch Beschluß zu fassen über den weitern Antrag, die Nr. 3 und 4 der Kräwelschen Anträge der ständigen Deputation zur Vorbereitung zuzuweisen. Ich hatte nur formelle Zweifel, nämlich Zweifel darüber, ob, wenn die betreffende Abtheilung selbst den Antrag auf Entscheidung durch das Plenum stellt, erst noch die Vorfrage, ob das Plenum auf den Antrag überhaupt eingehen wolle oder nicht, einer Diskussion zu unterwerfen sei, oder ob eine solche nicht stattzufinden habe. (Rufe: Nein!)

Nun, m. H., dann lege ich die beiden ersteren Anträge der dritten Abtheilung zum Zwecke unserer Beschlußnahme vor. Auf den dritten Antrag komme ich später. Der eine Antrag lautet dahin:

„Die in den Gesetzgebungen der Deutschen Staaten bestehende Verschiedenheit betreffs der Todesstrafe ist kein Hinderniß für die vom Juristentage als dringendes Bedürfniß anerkannte Strafrechtseinheit in Deutschland."

Ober-Gerichtsadvokat **Eller** aus Mannheim: Ohne Mitglied der dritten Abtheilung gewesen zu sein, fühle ich mich doch gedrungen, eine kurze Bemerkung Ihnen vorzulegen. Ich finde in dem Beschlusse der dritten Abtheilung einen Widerspruch, den ich fast versucht bin, mir nur dadurch zu lösen, daß ich glaube, es liege ein Druckfehler vor.

Ich lese: „Die in den Gesetzgebungen der Deutschen Staaten bestehende Verschiedenheit betreffs der Todesstrafe ist kein Hinderniß für die vom Juristentage als Bedürfniß anerkannte Strafrechtseinheit in Deutschland," und, ich denke, es ist das gerade ein wesentliches Hinderniß, ein Hinderniß, das besteht, und mit dessen Existenz eben eine einheitliche Strafgesetzgebung nicht möglich ist. Es ist mit diesem Ausspruch also, wenn er so lautet, wie er hier gedruckt steht, ein Satz ausgesprochen, der ganz und gar unrichtig ist. Es ist damit über eine Schwierigkeit hinweggegangen, oder vielmehr, sie ist umgangen worden, obwohl man besser gethan hätte, dann die Frage selbst ganz bei Seite zu lassen. Es ist einmal die Frage der Todesstrafe und ihrer Bedeutung im Strafrechtssysteme aufgeworfen worden und man konnte sie umgehen; allein man konnte sie nicht in der Weise umgehen, daß man Ja und Nein sagt.

Ich enthalte mich, Ihnen den Vorschlag zu machen, sich hier über die Bedeutung, über die Berechtigung der Todesstrafe auszusprechen. Ich glaube aber annehmen zu dürfen, daß in einem jeden denkenden und fühlenden Juristen die Ueberzeugung feststeht, wie sie in jedem Menschenfreunde begründet ist, daß die Zeit der Todesstrafe vorüber ist, daß wir berechtigt sind, zu erwarten, daß die Todesstrafe in früherer oder späterer Zeit und zwar in einer nicht sehr langen Zeit aus dem Strafgesetzbuche verschwinden wird, und daß darum der Staat und die Gesellschaft nicht weniger bestehen werden, dauernd und ebenso glücklich bestehen werden wie bisher und vielleicht in höherem Grade. Ich will hier nur an die eine Thatsache erinnern, daß man vor hundert Jahren auch geglaubt hat, es sei nicht möglich, daß Staat, Recht und Ordnung bestehen können ohne die qualifizirte Todesstrafe, ohne diese grausame Verschärfung der Todesstrafe, die jetzt kein Mensch für nothwendig hält.

Ich sage also, ich erwarte von der Zeit, daß sie die Todesstrafe beseitigen wird. Allein ich finde für nothwendig, daß wir wenigstens nicht in einem feierlichen Ausspruche des Juristentages einen Satz aufstellen, der mit sich selbst im Widerspruche steht.

Ich bin im Uebrigen mit dem Beschlusse der Abtheilung um so freudiger einverstanden, als ich in dem zweiten Absatze der mitgetheilten Beschlüsse sehe, daß wir auf dem Wege sind, die Todesstrafe wenigstens aus dem Leben verschwinden zu sehen, wenn wir sie auch nicht aus den Gesetzbüchern verschwinden sehen. Die Beseitigung der absoluten Strafdrohungen — davon bin ich auf das Innigste überzeugt — wird wenigstens die Praxis dazu führen, daß sie von ihrem Rechte Gebrauch macht, der sittlichen Ueberzeugung der ganzen Nation Folge zu geben und aus dem Leben das zu entfernen, was vielleicht aus Rücksicht auf noch nicht genug aufgeklärte Begriffe, was vielleicht mit Rücksicht auf die Meinung, man müsse wenigstens die Drohung erhalten, von welcher man einen praktischen Erfolg erwartet, noch nicht aus den Gesetzbüchern entfernt wurde.

Ich schlage daher vor, einfach den Beschluß bestehen zu lassen, nur mit der Abänderung, daß man statt des Wortes „kein" das Wort „ein" setze. (Große Heiterkeit.)

Advokat **Fries** aus Weimar: M. H.! Ich gehe nicht so weit, wie der Herr Redner vor mir, Ihnen zu empfehlen, einen ganz entgegengesetzten Antrag anzunehmen von demjenigen, welchen die Abtheilung vor das Plenum gebracht hat; wohl aber spreche ich dafür, daß das Plenum den Antrag der Abtheilung unter 3a ablehnt. Zur Interpretation dieses Antrages muß ich ein paar Worte hinzufügen.

Ich selbst stehe auf dem Standpunkte des Herrn Vorredners, bin ein entschiedener Gegner der Todesstrafe und halte es für meine Pflicht, an jeder Stelle, wo ich zu wirken habe, thatkräftig einzugreifen, damit dieses Ziel erreicht werde.

Ich glaube aber auch, daß der Deutsche Juristentag gar nicht an dieser Frage vorübergehen kann. Ich glaube, es ist eine dringende Verpflichtung für den Deutschen Juristentag, klar und deutlich sich auszusprechen: Können wir die Todesstrafe behalten oder können wir es nicht?

Die Möglichkeit, in solch' präziser Weise den Ausspruch zu geben, ist leider für dieses Jahr abgeschnitten, weil ein früherer, von mir desfalls eingebrachter Antrag der Geschäftsordnung gemäß nicht unbedingt nothwendiger Weise auf die Tagesordnung gebracht werden mußte und sonach auch nicht auf die Tagesordnung gebracht worden ist.

Wenn ich nun im gegenwärtigen Augenblicke gegen den Antrag der Abtheilung spreche, so verstehe ich die Verneinung des Antrages der Abtheilung dahin, daß die Frage über Abschaffung, nicht über Beibehaltung, der Todesstrafe so wichtig ist, daß sie ein Hinderniß bildet, so lange sie nicht entschieden ist, für die Einigung in der Gesetzgebung Deutschlands, daß also alle diejenigen Herren, welche wirklich ernstlich an der Einigung der Gesetzgebung arbeiten, auch dahin arbeiten sollen, daß vor allen Dingen die Todesstrafe beseitigt werde. Das zur Erläuterung des Antrages.

Was nun die Begründung selbst anbelangt, so versteht sich, m. H., von selbst, daß ich hier keinen Vortrag halten werde für oder wider die Todesstrafe. Das ist eine vollständig in der Wissenschaft abgethane Frage. Es mag sich der eine dafür, der andere dagegen entscheiden. Nur Eine Thatsache möchte ich hier konstatiren. Auch in der Abtheilung sind keineswegs diejenigen Herren, deren Antrag ich jetzt angreife, als Vertheidiger der Todesstrafe aufgetreten. Im Gegentheile, derjenige Herr, aus dessen Redaktion der Antrag endlich hervorgegangen ist, Professor v. Holtzendorff, hat ganz bestimmt in der Abtheilung sich auch als Gegner der Todesstrafe erklärt.

Frage ich nun aber, ob es dringend nothwendig ist, daß der Juristentag nicht nur überhaupt, sondern auch im gegenwärtigen Augenblicke über die Abschaffung der Todesstrafe sich ausspricht, so glaube ich das mit voller Bestimmtheit behaupten zu können. Es ist in der That eine brennende Frage der Gesetzgebung in den einzelnen Deutschen Staaten. Mögen diese einzelnen Staaten groß, oder mögen sie klein sein, ihre Gesetzgebung hat immer und immer ihre große Bedeutung auch für die Gesetzgebung ganz Deutschlands. Ich will eben nur zwei Beispiele hervorheben. In Weimar, dem Lande, dem ich angehöre, liegt der von dem Landtage gestellte Antrag auf Abschaffung der Todesstrafe der Staatsregierung zur Entschließung vor. In Bremen wunderbarer Weise steht in Verhandlung die Wiedereinführung der Todesstrafe.

Man sollte meinen, m. H., daß derartige Momente uns ganz dringende Veranlassung geben, hier ein Verdikt des Juristentages abzugeben. Ich fasse die Thätigkeit des Juristentages so auf, daß er der Gesetzgebung gegenüber ausspricht, was die Wissenschaft von der Gesetzgebung verlangt, und ich fasse weiter die Thätigkeit des Juristentages dahin auf, daß seine Autorität denjenigen zur Seite gestellt werden solle, welche in der Gesetzgebung der einzelnen Staaten zu wirken haben für dasjenige, was theoretisch im Juristentage festgestellt wird. Deshalb rufen wir, die wir bestrebt sind, in der Gesetzgebung das auszuführen, den Juristentag zu Hilfe; er soll uns mit seiner Autorität zur Seite stehen, damit wir den Grundsatz ausführen können, den wir allein für den richtigen halten.

Wollte der Juristentag dagegen aussprechen, es sei der Umstand, ob die Todesstrafe in dem einen Staate bestehe und in dem anderen nicht, kein Hinderniß für eine gemeinsame Gesetzgebung, so würde dieses einer günstigen Entscheidung der Frage ganz gewaltig schaden und es unmöglich machen, das, was wir sicher dereinst für die Gesetzgebung von ganz Deutschland wollen, schon jetzt in den Gesetzgebungen der einzelnen Staaten zu realisiren.

Ich beantrage daher nochmals in dem von mir näher erläuterten Sinne, daß der Juristentag den Antrag der Abtheilung verwerfen möge.

Professor Dr. v. **Holtzendorff** aus Berlin: Auch bei dem vorliegenden Antrage scheint ein redaktionelles Versehen zu walten. Der von mir formulirte, in gewissem Sinne dem Kräwelschen entgegenstehende Antrag verlangt zu erklären, daß das zukünftige Strafgesetzbuch Deutschlands keinen Dualismus enthalten soll in Beziehung auf die Todesstrafe. Gerade bevor man sich aber entschließt, die vom Juristentage gewünschte einheitliche Strafgesetzgebung in Angriff zu nehmen, beruft man sich gleichsam als auf eine exceptio dilatoria auf die Thatsache, daß Meinungsverschiedenheiten über die Todesstrafe bestehen, und ich muß, obwohl ich, wie bereits erwähnt wurde, ein Gegner der Todesstrafe bin, doch die Ueberzeugung aussprechen, daß die wissenschaftliche Frage keineswegs vollkommen erledigt ist, und daß wir sogar hier im Juristentage sehr erhebliche wissenschaftliche Autoritäten haben, welche die Todesstrafe vertheidigen. Ich wollte also, indem ich meinen Gegenantrag formulirte, nur das ausdrücken, daß die zukünftige Strafgesetzgebung keinen Dualismus in dieser Beziehung dulden dürfe. Wir dürfen unmöglich die Voraussetzung zugeben, daß eine Einigung nicht zu Stande komme. Ich wollte aber außerdem erklärt wissen, daß die gegenwärtig bestehenden Meinungsverschiedenheiten durchaus nicht der Art sind, daß sie als eine Präjudizialfrage behandelt werden müßten für die Inangriffnahme der einheitlichen deutschen Gesetzgebung. Dieses war meine Ansicht, und ich hege allerdings die Ueberzeugung, daß wir bei dieser Gelegenheit dem früher gefaßten Beschlusse noch Nachdruck geben müssen dadurch, daß wir selbst diese Kontroverse nicht als eine solche erklären, welche das Zustandekommen einer einheitlichen Strafgesetzgebung irgendwie hemmen dürfte.

Materiell über die Todesstrafe sich auszusprechen, war die Abtheilung nicht im Stande, obwohl ihr auch dies zugemuthet wurde in einem nebensächlichen Wege. Es lag, wie der Herr Referent bereits bemerkte, ein Antrag vor, zu erklären, daß die völlige Beseitigung der Todesstrafe gleichsam präjudiziell sei für die zukünftige Strafgesetzgebung. In mir, m. H., ist das Bedürfniß ein so lebendiges, das große Ziel einer einheitlichen Strafgesetzgebung uns näher gerückt zu sehen, daß ich, wenn der Juristentag beispielsweise gegen meine eigene Ueberzeugung entschiede, wenn, was ich aber nicht voraussetze, der Juristentag erklärte, die Todesstrafe solle beibehalten werden, unter der Einschränkung, die bereits adoptirt ist, daß sie nicht absolut anzudrohen sei, daß ich mich, sage ich, alsdann unterordnen und nicht sagen würde, daß diese Divergenz mich berechtige, mich abzuscheiden von den Bestrebungen nach Strafrechtseinheit. Ich für meine Person hoffe, daß der Juristentag sein Gewicht einlegen werde gegen die Todesstrafe, damit dasjenige kund werde, was in ihm als Rechtsüberzeugung lebt. Aus den von mir angegebenen formellen Gründen bitte ich aber, den Abtheilungsantrag anzunehmen, und zwar mit der Modifikation, daß die gegenwärtig bestehenden Verschiedenheiten kein Hinderniß sind, eine einheitliche Strafgesetzgebung in Angriff zu nehmen. (Beifall.)

Geh. Ober-Trib.-Rath, Freiherr **v. Seckendorf** aus Berlin: Zur Beseitigung der Bedenken, welche heute gegen den Antrag der Abtheilung vorgebracht worden sind, erlaube ich mir Folgendes zu bemerken. Zwei Ansichten herrschten in der Abtheilung. Die eine sagte: wir müssen e i n Strafgesetz haben, die zweite: die Todesstrafe soll abgeschafft werden. Ueber die zweite konnte um so weniger ein eigentlich materieller Zweifel bestehen in einer Stadt, wo auf dem Throne Deutschlands ein Kaiser gesessen hat, der schon im vorigen Jahrhundert die Todesstrafe für Oesterreich abgeschafft hatte. (Lebhafter Beifall.) Wir waren aber, m. H., nicht in der Lage, hierüber zu erkennen, weil der Antrag des Herrn F r i e s nicht auf unserer Tagesordnung stand. Das Plenum ist ebenso wenig in der Lage darüber einen Ausspruch zu fällen, weil er eben nur, wenn er auf der Tagesordnung der Abtheilung gestanden hätte und darüber ein Beschluß gefaßt worden wäre, heute auf die Tagesordnung hätte gebracht werden können. Wir mußten uns also darauf beschränken, das Bedürfniß nach einem einheitlichen Deutschen Strafgesetzbuche auszusprechen, und dabei zu erklären, daß kein Hinderniß gegen die Befriedigung dieses Bedürfnisses bestehe. Wollten Sie, was der verehrte Herr Vorredner aus Mainz beantragt hat, annehmen, es gäbe ein solches Hinderniß, nun dann würden wir aussprechen: wir müssen so lange warten mit der Inangriffnahme eines gemeinsamen Deutschen Strafgesetzbuches, bis vorerst jede Partikulargesetzgebung die Todesstrafe abgeschafft hat. (Bravo! Bravo!) Das wollen wir aber nicht.

Wir sehen allerdings die Zweifel, welche in diesem Antrage liegen könnten; es ist in Folge derselben schon gestern ein Antrag auf Tagesordnung gestellt worden. Wir wollten aber nicht einmal die Unterstellung, als könne die Todesstrafe beibehalten werden, in den Motiven ausgedrückt finden. Diese Unterstellung sollte auch nicht darin liegen; weil sie aber dennoch schon in den Antrag hineingelegt worden ist und von Manchem nach der Empfehlung auch sehr leicht hineingelegt werden kann, so schließe ich mich dem Antrage an, über den uns zur Abstimmung vorliegenden Antrag zur Tagesordnung überzugehen. (Bravo!)

Hof- und Gerichtsadvokat Dr. **Berger** aus Wien: In der Wesenheit schließe ich mich denjenigen Gedanken an, die von meinen beiden Herren Vorrednern, namentlich aber von Herrn v. Holtzendorff ausgesprochen wurden. Ich sehe den Accent der Frage, die uns beschäftigt, nicht in der Abschaffung dor Todesstrafe; ich sehe den Schwerpunkt der Verhandlung in der Rechtseinheit, in der strafrechtlichen Rechtseinheit Deutschlands. Wir müssen uns daher dahin einigen, eine Fassung zu finden, die sowohl denjenigen gerecht ist, welche Gegner der Todesstrafe sind, als denjenigen, die sich für deren Abschaffung noch nicht entscheiden können. Von 34 Deutschen Staaten haben erst zwei, Weimar und Oldenburg, die Todesstrafe abgeschafft. Ehe die anderen Deutschen Staaten über die Abschaffung der Todesstrafe einig sind, wird noch viel Wasser in den Deutschen Strömen, in der Donau und im Rhein rinnen. Das wird uns aber nicht hindern, die Einheit Deutschlands auf allen Gebieten, wo sie zu erreichen ist, insbesondere auf dem Gebiete des Strafrechts anzustreben.

Der Satz, wie ihn die dritte Abtheilung vorschlägt, ist etwas zu kategorisch, er schreckt alle diejenigen ab, die mit sich über die Abschaffung der Todesstrafe im Reinen sind. Allerdings aber ist die Frage eine solche, wie auch Herr v. Holtzendorff erwähnt, über die wohl jeder mit sich selbst, über die aber noch nicht die Doktoren einig sind: es giebt noch keine communis opinio doctorum über die Abschaffung der Todesstrafe.

Gestützt nun auf diese Motive schlage ich Ihnen vor, sich über diese wichtige Frage der Anstrebung der Deutschen Rechtseinheit nicht nach dem Antrage des Herrn Vorredners für die Tagesordnung, sondern für eine Fassung auszusprechen, welche uns Alle, welcher Ansicht wir auch sein mögen, vereinigen würde, und diese Fassung glaube ich in folgenden Worten gefunden zu haben: „Die derzeit" — ich lege Nachdruck auf dieses Wort — in den Gesetzgebungen der Deutschen Staaten bestehende Verschiedenheit in Betreff der Todesstrafe, bildet kein Hinderniß, die von dem Juristentage als dringendes Bedürfniß anerkannte Strafrechtseinheit in Deutschland anzustreben." (Bravo! Bravo!)

Darin, glaube ich, ist das wesentlich, daß man nicht kategorisch ausspricht: sie ist kein Hinderniß für die wirkliche Einheit, sondern daß man nur sagt: sie ist kein Hinderniß für die Anstrebung der Einheit, und Angesichts der thatsächlichen Hindernisse, die derselben derzeit noch entgegenstehen, hieße es sich nur einer Illusion hingeben, wenn man sagen wollte, sie sei kein Hinderniß für die wirkliche Rechtseinheit, statt: sie ist keines für die Anstrebung derselben.

Ich empfehle diese Fassung, die wenigstens des Juristentages würdiger ist. Er soll in dieser hochwichtigen Frage nicht zur Tagesordnung übergehen. (Bravo!) Es ist in der Ordnung für ihn, daß er sich darüber ausspreche.

Rechtsanwalt Dr. Calm aus Bernburg: Zunächst will ich gegen den geehrten Herrn Vorredner meinem kleinen Vaterlande Anhalt in diesem großen Wien auch die Ehre vindiziren, daß die Todesstrafe dort abgeschafft ist.

Sodann habe ich als Sekretär der dritten Abtheilung des Deutschen Juristentages Ihnen zu den beiden schon erwähnten Druckfehlern, wovon der eine „Mittheilung" statt „die Uebergabe zur Diskussion und Entscheidung" und der andere „absolute Strafen" statt „absolute Strafandrohungen" lautet, noch das zu sagen, daß der Antrag gar nicht so lautet, wie er von dem Herrn Professor von Holtzendorff gestellt wurde, sondern — und hiervon kann der Herr Präsident durch die Einforderung des in Händen des Herrn Dr. von Vilas befindlichen Protokolls die Versammlung überzeugen und die Richtigkeit meiner Angabe konstatiren — der Antrag des Professors von Holtzendorff lautet folgendermaßen:

> „Die in den gegenwärtigen Gesetzgebungen der Deutschen Staaten bestehende Verschiedenheit hinsichtlich der Todesstrafe ist kein Hinderniß gegen die sofortige Inangriffnahme der von dem Juristeutage

(Sensation und Unruhe) als dringendes Bedürniß anerkannten einheitlichen Strafgesetzgebung." (Rufe: Oho! und Bravo!)

So lautet der Antrag.

Kreisgerichtsrath Dr. **Vollert** aus Arnstadt: Ich will nur eine faktische Berichtigung vorbringen. Herr Dr. Berger aus Wien hat gemeint, in Weimar und Oldenburg sei die Todesstrafe abgeschafft. Das ist unrichtig. In Weimar hat der Landtag nur die Abschaffung beantragt; die Staatsregierung hat sich dahin erklärt, sie werde den Antrag in Erwägung ziehen, allein angedeutet, daß es bedenklich sei, in dieser wichtigen Frage sobald einen Wechsel eintreten zu lassen, da erst vor wenigen Jahren der Landtag die Wiedereinführung der Todesstrafe beschlossen hat. Das zur faktischen Berichtigung. Ueber die Sache selbst mich auszulassen, habe ich keine Veranlassung.

**Präsident**: Es ist noch von dem Herrn Lindner ein Antrag eingegangen. Verlangt Herr Lindner das Wort?

Rechtsanwalt **Lindner** aus Berent: Mein Antrag ist identisch mit dem, der jetzt uns als authentisch mitgetheilt wurde, und mit der Fassung, wie sie Dr. Berger beantragt hat.

**Präsident**: Ich erbitte mir dann die Mittheilung der Fassung.

Verlangt noch Jemand das Wort? (Meldet sich Niemand.)

Ueber die Fragestellung, m. H., möchte ich mir erlauben, zunächst Einiges zu bemerken. Es ist bei der ständigen Deputation ein Antrag auf Abschaffung der Todesstrafe eingebracht worden; der Antrag kam aber zu spät ein. Die ständige Deputation wies ihn daher für diesen Juristentag ab und wird später Gutachten über denselben für den nächsten Juristentag geben. Ich glaube, einen solchen Antrag, der zu spät gekommen ist und deshalb von der Deputation auf einen andern Juristentag verwiesen werden mußte, kann das Plenum nicht in die Hand nehmen und ohne irgend ein Gutachten von Abtheilungen über ihn nicht entscheiden. Wir würden die Geschäftsordnung durchaus verletzen, wenn wir auf diese Frage eingingen. Wir haben zu erwarten, daß die ständige Deputation für den nächsten Juristentag über diese hochwichtige Frage Gutachten stellen werde, und dann mag das Plenum des künftigen Juristentages darüber entscheiden. Darf ich wohl annehmen, daß Sie hierin mit mir einverstanden sind? (Rufe: Ja, Ja!)

Wenn also die Versammlung darüber einverstanden ist, so werden wir auch entschieden dagegen sein, daß auf Umwegen die Frage doch in die Abstimmung komme, daß wir per indirectum, indem wir eine gewisse Fassung annehmen, doch über die Todesstrafe entscheiden. Wir werden davon ausgehen, daß solche Anträge auf die Seite zu legen sind, daß wir in keiner Weise gegen oder für die Todesstrafe jetzt etwas aussprechen, sondern diese Frage unentschieden lassen wollen.

Habe ich den Antrag der dritten Abtheilung, den Antrag des Antragstellers und die sich daran schließenden weiteren Anträge gehörig aufgefaßt, so wollen sie sich dahin aussprechen, es bestehe in Bezug auf die Frage über die Todesstrafe noch ein Zwiespalt in den Deutschen Gesetzgebungen, aber dieser Zwiespalt solle in keiner Weise ein Hinderniß sein, sofort das große Werk einer gemeinsamen Kriminalgesetzgebung in Angriff zu nehmen. M. H.! Ich frage Sie in diesem Sinne: wollen Sie aussprechen, daß der Zwiespalt, der noch in Beziehung auf die Frage über die Todesstrafe in unseren Deutschen Legislationen besteht, kein Hinderniß sein soll und bilde, sofort zum hochwichtigen Werke der gemeinsamen Deutschen Strafgesetzgebung zu schreiten? Wer damit einverstanden ist, erhebe sich. (Geschieht.)

Ich sehe Niemand, der sich nicht erhoben hätte. (Stimmen: O ja!)

Nun so bitte ich diejenigen Herren, die gegen den Antrag sind, sich zu erheben. (Geschieht.) Der Antrag ist mit einer immensen Majorität gegen ganz wenige Stimmen angenommen.

Wir werden nun auf den zweiten Punkt der Kräwelschen Anträge kommen, der dahin geht, auszusprechen:

„Absolute Strafandrohungen sind grundsätzlich zu verwerfen."

Es wurde in Beziehung auf diesen Punkt eine sehr dankenswerthe Interpretation von dem Herrn Präsidenten der dritten Abtheilung gegeben. Ich glaube, daß blos in diesem Sinne der Antrag zur Beschlußfassung Ihnen vorgelegt werden kann.

Wünscht Jemand das Wort darüber? (Pause.)

Da sich Niemand zum Worte gemeldet hat, so lege ich Ihnen die Frage vor: Soll ausgesprochen werden, daß absolute Strafandrohungen in dem Sinne, wie er vorhin näher bestimmt und interpretirt wurde, grundsätzlich zu verwerfen seien?

Wer dafür ist, den ersuche ich sich zu erheben.

(Rufe: Die Frage ist nicht verstanden worden!)

Nun, m. H., ich frage: will das Plenum dem Antrage der dritten Abtheilung beitreten und sich dahin aussprechen, daß absolute Strafandrohungen grundsätzlich zu verwerfen seien, das heißt in dem Sinne, in welchem der Herr Präsident der dritten Abtheilung den Beschluß derselben interpretirt hat? Wer dafür ist, den ersuche ich die Hand aufzuheben. (Geschieht.)

Der Antrag ist mit einer ungemein großen Majorität angenommen!

Nun hat die dritte Abtheilung noch beschlossen, die unter Nr. 3 und 4 aufgeführten Kräwelschen Anträge der ständigen Deputation zur weiteren

Vorbereitung zuzuweisen. Ich erinnere mich nicht, daß ein Gegenantrag gegen diesen Antrag der dritten Abtheilung gestellt worden wäre, und frage deshalb, m. H.: sind Sie damit einverstanden, daß die künftige ständige Deputation des Juristentages beauftragt werde, über diese Punkte für den nächsten Juristentag Bericht zu erstatten? Wer dafür ist, erhebe die Hand. (Geschieht.) Angenommen! Nun wäre dieser Gegenstand erledigt.

Ich ersuche den Herrn Sektionschef von Hye aus Wien weitere Referate vorzutragen.

Referent, Sektionschef Ritter **von Hye-Glunek** aus Wien: Hohe Versammlung! Es gebührt dem Herrn Hofgerichtsrathe von Stösser aus Bruchsal in Baden das große Verdienst, eine der wichtigsten Rechts- und sozialen Fragen in Anregung gebracht und dadurch zu gleicher Zeit die Anstrebung der Heilung eines der wundesten Flecke aller bestehenden europäischen Strafgesetze ebenfalls in Angriff genommen zu haben. Der Antrag, den Herr von Stösser dem Deutschen Juristentage zur Annahme vorlegt, lautet wörtlich:

> „Der Deutsche Juristentag wolle als seine Rechtsüberzeugung aussprechen, daß entehrende Strafen dem Gerechtigkeits- und Besserungszwecke der Strafe widersprechen und daß solche deshalb bei Bearbeitung eines gemeinsamen Deutschen Strafgesetzbuches keine Aufnahme finden mögen."

Die dritte Abtheilung des Juristentages hat über diesen Antrag Beschluß gefaßt und zu gleicher Zeit auch darauf angetragen, daß ihr Beschluß durch einen Plenarbeschluß dieser hochangesehenen Versammlung sanktionirt werden möge. Die Anträge und beziehungsweise Beschlüsse der dritten Abtheilung lauten, wie sie ohnehin auch gedruckt in Ihren Händen liegen, wie folgt:

> „Der Deutsche Juristentag erklärt sich für folgende in dem künftigen gemeinsamen Deutschen Strafgesetze festzuhaltende Grundsätze:
>
> 1. „Alle schon nach ihrer Beschaffenheit das Ehrgefühl erstickenden Strafarten, wie z. B. die öffentliche Ausstellung, die körperliche Züchtigung, haben zu entfallen."
> 2. „Nur an die Verurtheilung wegen solcher Handlungen, welche aus verächtlicher Gesinnung hervorgehen und deshalb nach der gemeinen Meinung als entehrend gelten, soll das Gesetz den Verlust oder die Schmälerung
>    a) von Ehrenrechten,
>    b) von politischen Rechten,
>    c) von Dienst- oder Amtsrechten und
>    d) von gemeinen bürgerlichen Rechten knüpfen."

3. „Die unter 2 erwähnten Folgen der Verurtheilung endigen in der Regel mit der Strafzeit; doch kann das Gesetz den Richter ermächtigen, auf die Fortdauer derselben über die Strafzeit hinaus, jedoch höchstens auf zehn Jahre nach deren Beendigung, zu erkennen, wenn der Verurtheilte ungewöhnlich große Bosheit an den Tag gelegt hat oder ein Gewohnheitsverbrecher ist."
4. „Bei allen nicht unter die Bestimmung des Absatzes 2 fallenden Handlungen ruht bis zur Beendigung der Freiheitsstrafe die Ausübung der erwähnten Rechte."
5. „Das Gesetz soll besondere Arten von Freiheitsstrafen für solche Handlungen zulassen, die nicht aus unehrenhafter Gesinnung hervorgehen."
6. „Es ist selbstverständlich, daß diese Straffolgen auch durch gänzliche oder theilweise Begnadigung erlöschen können."
7. „Es ist dafür zu sorgen, daß die durch vorstehende Grundsätze herbeigeführten Milderungen der bisherigen Strafgesetze rückwirkend auch auf diejenigen angewendet werden, welche nach diesen früheren Gesetzen verurtheilt wurden."

Zur Beseitigung eines leicht möglichen Mißverständnisses erlauben Sie mir, dieser Formulirung der Anträge und rücksichtlich Beschlüsse der dritten Abtheilung eine kleine thatsächliche Bemerkung beizufügen. Es ist einem zufälligen Zwischenfalle zuzuschreiben, daß die hier vorliegende Formulirung anders lautet, als diejenige, welche gestern in der Abtheilung von mir angetragen, von der Abtheilung beschlossen, in unserem Sitzungsprotokolle aufgenommen wurde und, wie ich vernehme, heute bereits in mehreren Zeitungen abgedruckt erscheint. In der Nacht vor der betreffenden Abtheilungssitzung hat der Herr Geheimrath von Wächter, welcher ursprünglich von der Deputation das Referat über den Stösserschen Antrag übernommen hat, mir die hochehrende Mission übertragen, an seiner Stelle, da er durch ein, zu unser Aller Freude, nur leichtes Unwohlsein an der Selbstbesorgung des Referates verhindert war, das Referat zu übernehmen, und dabei mir die unbedingte Gewalt eingeräumt, über den Inhalt, die Art und die Formulirung der Anträge, mit welcher ich das Referat vortragen möge, nach meiner eigenen Ansicht vorzugehen. Ich konnte unter diesen Umständen daher auch nur in der flüchtigsten Eile, während der Sitzung selbst, sowohl die Ausarbeitung meiner Antragstellung überhaupt, als auch die Motivirung, und insbesondere die Formulirung der Anträge vornehmen. Diese Formulirung trägt denn auch überall die Spuren dieser flüchtigen Eile, indem ich in dieselbe theilweise mehrere Details, theilweise auch Motive mit aufnahm, die strenge genommen in die Anträge nicht gehörten. Ich selbst habe sodann der dritten Abtheilung den Wunsch und die Bitte vorgetragen, daß durch ein Redaktions-Komité im Laufe des Abends und während der Nacht die von mir vorgebrachten Anträge kürzer und präziser redigirt werden möchten. Dies geschah, und bei diesem Redaktions-Komité waren so gütig auf meine Bitte mitzuwirken, außer unserem Plenar-Präsidenten, Herrn v. Wächter, der erste Vicepräsident dieser Plenar-Versammlung, der Herr Präsident des österreichischen Abgeordnetenhauses Dr. Hein, Herr Professor Dr. Glaser aus Wien und Herr Dr. Schaffrath aus Dresden. Die hier vorliegende Formulirung ist demnach die neue, abgekürzte, und die Anträge sind, wie ich mit lebhaftem Dankesgefühle für diese Männer anerkenne, in einer viel konziseren und abgerundeteren Fassung zusammengestellt, als ich sie ursprünglich vorgetragen habe. Dieses zur Aufklärung möglicher Mißverständnisse.

In Beziehung auf die Motivirung dieser Anträge und Beschlüsse der dritten Abtheilung selbst erlauben Sie mir, bei der vorgerückten Zeit, der noch so wichtige Dinge vorbehalten sind, mich möglichst kurz zu fassen.

Ueber den ersten Antragspunkt hatte ich als Berichterstatter mir erlaubt, außer einer kurzen historischen Digression über die Geschichte der körperlichen Züchtigung, namentlich in Oesterreich, durchaus keine Motive der Abtheilung vorzutragen, weil ich von der Voraussetzung ausging, daß unter den Männern des Deutschen Rechtes darüber keine Differenz der Meinungen mehr herrschen kann, daß die Abschaffung der hier erwähnten Strafen, namentlich die Abschaffung der Prügelstrafe eine bereits entschiedene Frage ist, und daß jene Strafe in dem Deutschen Strafgesetze nimmermehr Raum finden werde. Die Sache ist, sage ich, unter den Männern der Wissenschaft und des praktischen Lebens meines Wissens so ziemlich übereinstimmend entschieden, und es sind bekanntlich auch nur noch sehr wenige Deutsche Strafgesetze, welche diese Strafe aufrecht erhalten haben. Ich erlaube mir auch gegenüber der hohen Plenarversammlung, wenn nicht eine besondere Aufforderung geschehen sollte, den Antrag vorzulegen, daß von der Motivirung dieses ersten Theiles unserer Anträge gänzlich Umgang zu nehmen sei.

Die übrigen Punkte, 2 bis einschließlich 7, stehen unter einander in einem inneren, ich möchte sagen, organischen und unzerreißbaren Zusammenhang. Ihr Berichterstatter hatte in seinem gestrigen Berichte sich in flüchtigster Eile auf die Darlegung jener zwei leitenden Gesichtspunkte beschränkt, die ihn zu diesen Anträgen geführt haben, und die ich auch in größter Kürze hier wiederholen werde.

Wir meinten, daß das künftige Deutsche Strafgesetz vor allem Anderen sich in Einklang mit den heutigen socialen Anschauungen und mit dem allgemeinen Rechtsbewußtsein des Volkes setzen müsse. Bei keinem Justizgesetze ist diese Harmonie mit der wirklichen Volksanschauung so dringend nothwendig, als gerade bei dem materiellen Strafgesetze. Dies führt uns auf die Betrachtung, daß es ein großer Uebelstand sei, wenn in einem Strafgesetze entehrende Straffolgen mit solchen strafbaren Handlungen verbunden sind, die nun einmal in den heutigen socialen Anschauungen nicht mehr als entehrend gelten, weil die herrschende Volksmeinung bei einer jeden strafbaren Handlung die Motive, die zu Grunde liegende Triebfeder und sittliche Gesinnung würdigt und hierbei große Unterschiede zwischen den verschiedenen strafbaren Handlungen wahrzunehmen weiß. Wir meinten, daß eine künftige Gesetzgebung übel berathen sei, welche, wie es leider so viele der bestehenden Gesetzgebungen noch thun, auf eine Linie der Strafwürdigkeit rücksichtlich der Entziehung dieser Ehren- und sonst angedeuteten Rechte die Mörder, Diebe, Brandstifter, Räuber, Betrüger, falschen Spieler, und andrerseits jene unglückliche Menschenklasse setzt, welche z. B. im Affekte einer gerechten Zornesaufwallung eine Körperverletzung, oder in einem heftigen Streite herausgefordert durch aufreizende Worte eines Anderen, diesem eine Beleidigung zufügt, oder selbst in einem großen Theile diejenigen, die sich als sogenannte politische Verbrecher einer strafbaren Handlung schuldig machen, zu geschweigen der Duellanten, die ebenfalls in so vielen Gesetzen mit Dieben, Betrügern und andern ehrlosen Verbrechern auf gleiche Linie gestellt erscheinen, obgleich bei ihnen nur zu häufig, ja fast regelmäßig gewiß nur in einem in übertriebener und falscher Anschauung sich bewegenden Ehrgefühle die Triebfeder zum Zweikampfe zu erkennen ist. Wir meinten daher, das gemeinsame Deutsche Strafgesetz müsse vor Allem mit demjenigen in Einklang gesetzt werden, was die natürliche Anschauung über die innere Strafwürdigkeit jeder strafbaren Handlung ist. Es schien uns bedenklich und für das Ansehen, wie für die Wirksamkeit des Strafgesetzes gleich abträglich zu sein, daß die Gesetzgebung, wie es in der Wirklichkeit noch da und dort der Fall ist, das Brandmal selbst lebenslänglicher Ehrlosigkeit solchen Menschen aufprägt, die nach ausgestandener Strafe von der ganzen Gesellschaft als ehrenhaft in ihre Mitte wieder aufgenommen werden und durch ihren ganzen übrigen Lebenswandel auch die vollständige Ehrenhaftigkeit ihres Charakters ausprägen. Dies war der eine leitende Gesichtspunkt. —

Der zweite leitende Gedanke aber war der folgende, und derselbe schien wenigstens mir als Berichterstatter — und die Abtheilung hatte mich auch darin nicht desavouirt — gleich wichtig und maßgebend zu sein, daß wir nämlich das künftige Deutsche Strafgesetz von jener krankhaften Empfindelei fernhalten müssen, welche nur zu häufig jeden Verbrecher ohne Unterschied hätschelt, welche, statt die Strafe ein Uebel sein zu lassen, diejenigen Personen, die an dem Festbestande der staatlichen Ordnung rütteln, die öffentliche Ruhe und die Ruhe aller friedlichen Mitbürger, die Sicherheit unseres Lebens, unserer Ehre, unseres Eigenthums gefährden, welche Empfindelei, sage ich, alle diese gefährlichen Individuen der Gesellschaft, sobald sie der strafende Arm der Gerechtigkeit erreicht hat, nur als Märtyrer der Gesetzgebung hinstellt und mit einer Art Glorie umgiebt. Auch von diesem krankhaften Auswuchs der Gesetzgebung soll das künftige Deutsche gemeinsame Strafgesetz ferne bleiben.

Zwischen diesen beiden Extremen, welche wenigstens ich in meiner geringen subjektiven Auffassung für gleich falsch und gleich gefährlich erkenne, die rechte, die wahre Mitte zu finden, schien mir die erste Zielaufgabe zu sein, und ich glaube keinen unbescheidenen Schluß zu wagen, wenn ich aus der beinahe in allen Punkten mit vollkommener Einhelligkeit, und nur in wenigen mit an Einhelligkeit grenzender imposanter Majorität erfolgten Zustimmung der dritten Abtheilung zu den Anträgen und zur Entwicklung meiner Motive auch zugleich die Zustimmung zur Anerkennung dieser Motive folgere.

Darauf erlauben Sie, hochverehrte Versammlung, daß ich meine vorläufige Andeutung beschränke, vorbehaltlich jeder umständlichen Begründung für den Fall, wenn etwa die hohe Plenar-Versammlung außer der durch unsere Abtheilung selbst in Anspruch genommenen Beschlußfassung auch in eine Diskussion der einzelnen Punkte eingehen und einzelne derselben bezweifeln oder bestreiten würde. Nur für diesen Fall wolle mir als Berichterstatter das Wort zu einer weiteren Begründung vorbehalten sein, außerdem aber glaube ich mich jeder weiteren Auseinandersetzung enthalten zu müssen. Es sind dies ja durchwegs Fragepunkte und Momente, die so tief in das gesammte soziale Leben eingreifen, daß jeder Jurist, jeder Mann vom Fach, jeder bei der Gesetzgebung seines Landes Betheiligte sich vorlängst darüber sein Urtheil gebildet und sie in seinen Verstand, ja auch in sein Herz aufgenommen hat, Momente, füge ich bei, über welche auch die große, nicht klar denkende Menschenmenge durch ihren gesunden, schlichten Verstand und durch jenes gesunde Rechtsgefühl, welches der Schöpfer jedem Menschen mit Flammenzügen in's Herz als das natürliche Rechtsbewußtsein geschrieben hat, worüber, sage ich, wohl Jedermann im Volke sich das Richtige herauszufinden weiß. Ich beziehe mich daher, um mit einem kurzen, aber großen Worte des Deutschen Dichterfürsten meine Begründung kurz zu bezeichnen, ich beziehe mich zur Motivirung unserer Anträge nicht auf jene Rechte und jene Gesetze, die wie eine ewige Krankheit sich fortvererben und von Geschlecht sich zu Geschlecht schleppen, sondern auf jenes ewige Recht, das mit uns geboren ist! (Lebhafter Beifall.)

Advokat.-Cand. Dr. **Hanisch** aus Wien: Ich spreche zu dem ersten Absatze des in Verhandlung stehenden Antrages. Es wird wohl kaum Jemand der Aufforderung des Herrn Berichterstatters, von der Motivirung Umgang zu nehmen, nicht nachkommen. Es ist das wohl eine selbstverständliche Sache. Allein nicht so kann ich darüber hinausgehen, daß die Aufzählung, die exemplifikative Aufzählung der das Ehrgefühl erstikkenden Strafarten so eingeschränkt werde, wie es hier geschehen ist. Es ist insbesondere — mein Gedächtniß unterstützt mich nicht für das Andere — es ist insbesondere die Kettenstrafe ausgelassen worden, und bezüglich der Kettenstrafe war doch ein ausdrücklicher Beschluß gefaßt worden.

**Präsident**: Es wurden deshalb die Worte: „wie z. B." gesetzt.

Dr. **Hanisch**: Dies gestehe ich zu. Allein, nachdem die Abtheilung ausdrücklich der Kettenstrafe erwähnt hatte, so muß auch, nach meiner Ansicht, im Plenum darüber Beschluß gefaßt werden. Soweit ging die Befugniß der Redaktionskommission nicht, diese Anführung wegzulassen.

Sie konnte wohl eine einfachere oder kürzere Fassung vornehmen, aber nicht eine ausdrücklich als entehrend anerkannte Strafe auslassen.

**Präsident**: In der Sache ist keine Differenz der Ansichten.

Dr. **Hanisch**: Ich ersuche, daß die Formulirung der Abtheilung vorgelesen und darüber Beschluß gefaßt werde.

**Präsident**: Es kann das Wort: „Kettenstrafe" noch ganz unbedenklich hineingesetzt werden, denn weder in der Abtheilung noch in der Kommission war die geringste Differenz darüber.

Dr. **Hanisch**: Ich ersuche, daß die Formulirung, wie sie beschlossen wurde, vorgelesen werde, weil, soviel ich mich erinnere, auch noch andere Strafen aufgezählt waren.

Referent, Sektionschef Ritter **v. Hye-Glunek**: Ich erlaube mir zur Aufklärung folgendes zu bemerken. Allerdings war in dem von mir vorgelegten Entwurfe unter den Beispielen die Kettenstrafe ausdrücklich mitaufgezählt worden. (Einige Stimmen: Auch im Beschlusse!)

Die Redaktionskommission aber glaubte, mit Stimmenmehrheit, da ohnehin nur eine exemplifikative Aufführung vorkommt, dieses dritte Beispiel weglassen zu dürfen, weil die Kettenstrafe gerade unter diesem Namen nur noch in einem einzigen Deutschen Strafgesetze ausdrücklich besteht.

Darüber aber, daß allerdings auch die Kettenstrafe unter den nach dem allgemein lautenden Eingange des Absatzes 1 abzuschaffenden Strafen mitverstanden werden müsse, war im Redaktions-Komité kein Zweifel, und es hat daher auch die ausdrückliche Erwähnung derselben unter den Beispielen nur darum unterlassen zu können gemeint, weil es zugleich glaubte, daß dadurch an dem realen und wesentlichen Inhalte der Abtheilungsbeschlüsse keine Aenderung geschehe, indem das Redaktions-Komité ja überhaupt vor Allem gewissenhaft und sorgfältigst bedacht war, von jenen Anträgen, wie ich sie ursprünglich vorlegte und die Abtheilung sie beschlossen hat, im Wesen durchaus Nichts wegzulassen oder abzuändern.

Hof- und Gerichtsadvokat Dr. v. **Mühlfeld** aus Wien: Es ist allerdings wahr, daß, nachdem die dritte Abtheilung ihre Beschlüsse gefaßt hatte und zwar mit solchen Majoritäten gefaßt hatte, wie sie angegeben worden sind, auch eine Redaktion noch genehmigt wurde. Nun bin ich aber der Meinung, und ich sollte glauben, daß da Niemand mir entgegentreten wird, daß es unmöglich zur Redaktion gehörig erachtet werden kann, von den in den Beschlüssen der Abtheilung ausdrücklich in den Sätzen aufgenommenen Beispielen der das Ehrgefühl beeinträchtigenden oder abstumpfenden Strafen eines auszulassen. (Bravo!)

Denn betrachten Sie die Folgen dieser Auslassung! Die Abtheilung hat in ihren Beschlüssen dadurch, daß sie als Beispiele derartiger Strafen aufzählte die öffentliche Ausstellung, körperliche Züchtigung und die Kettenstrafe, bestimmt den Satz ausgesprochen: die Kettenstrafe ist eine das Ehrgefühl abstumpfende und beeinträchtigende Strafe. (Bravo!) Die Redaktion läßt dies als von selbst begreiflich aus. Wie weiß man aber da, ob die Redaktion geglaubt hat, das sei etwa in der körperlichen Züchtigung oder in dem Ausstellen begriffen, oder das sei gar keine solche Strafe?

Die Gefahr also, auf diese Art den Beschluß der Abtheilung deuten zu lassen, in falschem Sinne deuten zu lassen, diese Gefahr muß abgewendet werden, und gerade darum, glaube ich, ist es nur ein berechtigtes Verlangen eines jeden Mitgliedes dieser Abtheilung, darauf zu dringen, daß dieser Satz so hingestellt werde, wie er beschlossen wurde, wie er im Protokolle fixirt sein muß, und wie uns vom verehrten Herren Präsidenten dieser Abtheilung, Schwarze, wird bestätigt werden müssen.

Ich kann mich durchaus nicht damit befriedigt geben, daß das Beispiel der Kettenstrafe ausgelassen wurde, wenn auch der Herr Referent jetzt sagt, die Kettenstrafe bestehe nur in einem einzigen Staate. Ich weiß nicht, welchen Staat er damit gemeint hat, aber daß sie als Verschärfung, ja als ein nothwendiger Bestandtheil der schweren Kerkerstrafe in Oesterreich besteht, werden diejenigen Herren sich überzeugt haben, die etwa in einem Gefangenhause in Oesterreich einen Besuch gemacht haben.

Die Kettenstrafe an und für sich darf von diesen Beispielen nicht ausgelassen werden, und ich muß gestehen, wenn eine auszulassen wäre, so scheint mir noch eher die körperliche Züchtigung ausgelassen werden zu können, denn darüber wird wohl Niemand im Zweifel sein, daß diese das Ehrgefühl stört. Ich muß daher bitten, daß das Plenum den Beisatz:

„Kettenstrafe“ aufnehme, beziehungsweise den Beschluß so fasse, wie er in der Abtheilung gefaßt wurde. (Lebhafter Beifall!)

**Präsident:** Ueber die Sache selbst herrscht nicht die allergeringste Meinungsverschiedenheit, und deshalb wollen wir denjenigen, die einen besonderen Werth darauf legen, daß die Kettenstrafe noch aufgenommen werde, willfahren, somit noch das Wort „Kettenstrafe“ aufnehmen. Ich meine, daß damit wohl Alle einverstanden sind. (Allgemeine Zustimmung.)

Wünscht noch Jemand über diesen Antrag, oder über die weiteren Anträge das Wort zu nehmen?

Darf ich annehmen, daß jedes Mitglied die Anträge gehörig vernommen habe? Darf ich über alle Punkte die Frage stellen? (Rufe: Ja! und Nein!) Ich habe „Ja“ und „Nein“ gehört. (Rufe: Nur „Ja.“)

Wenn nichts eingewendet wird, so nehme ich an, daß ich alle Punkte dieses Antrages mit Einschluß der Kettenstrafe zur Entscheidung vorlegen kann.

Treten Sie, m. H., den Anträgen der dritten Abtheilung unseres Juristentages, welche näher unter Nr. 1 bis 7 in unsrer Tagesordnung angeführt sind, bei? Die dafür sind, bitte ich, die Hand zu erheben. (Geschieht.) Ich glaube, sie sind mit entschiedener Majorität angenommen.

Es würde vielleicht der Sache Eintrag geschehen, wenn wir bei der gegenwärtigen Tageshitze ununterbrochen mit der Arbeit fortfahren. Ich mache daher jetzt eine Pause und bemerke, daß wir um 12 Uhr wieder hier zusammenkommen.

(Die Sitzung wird um 12¼ Uhr wieder eröffnet.)

**Präsident:** M. H.! Ich erlaube mir, in unserer Tagesordnung fortzufahren und lade den Herrn Assessor Planck aus Hannover ein, uns über die Beschlüsse der vierten Abtheilung Bericht zu erstatten.

Ober-Gerichtsassessor **Planck** aus Göttingen: Bereits im vorigen Jahre, m. H., war von der ständigen Deputation die Frage gestellt worden, ob es zweckmäßig sei, die Thätigkeit der Staatsanwaltschaft auf Civilsachen auszudehnen. Sie wurde im vorigen Jahre zur weiteren Vorbereitung dem ständigen Ausschusse überwiesen. Nachdem über die Frage nunmehr im Ganzen fünf Gutachten eingefordert worden, hat sich die vierte Abtheilung eingehend damit beschäftigt, sachlich nur in soweit, als es sich darum handelt, ob der Staatsanwaltschaft bestimmte prozessualische Funktionen im Civilprozesse zuzuweisen seien, nicht aber in sofern, als es sich um die Justizorganisationsfrage handelt, ob die Staatsanwaltschaft als Organ der Gerichtsherrlichkeit zu konstituiren und ob sie als solches die Aufsicht, die Ueberwachung der Civiljustizpflege und die Justizverwaltung habe.

In der erstgedachten Beziehung, nämlich, ob der Staatsanwaltschaft bestimmte prozessualische Funktionen zu überweisen seien, ist zunächst in der

Abtheilung die Frage zur Berathung gekommen, ob die Stellung der Staatsanwaltschaft, wie sie in Frankreich ihr als partie jointe eingeräumt ist, auch in Deutschland zu recipiren sei, ob der Staatsanwaltschaft also das Recht oder die Verpflichtung aufzuerlegen sei, vor der Entscheidung des Gerichtes ihre gutachtliche Ansicht über die verhandelte Sache und die abzugebende Entscheidung zu entwickeln. Die Abtheilung hat in dieser Beziehung mit großer Majorität den Beschluß gefaßt, auszusprechen: „Es ist nicht zweckmäßig, der Staatsanwaltschaft das Recht oder die Verpflichtung zu geben, im Civilprozesse, sei es in allen oder in einzelnen oder bei bestimmten Incidenzverhandlungen ihre Ansicht über die verhandelte Sache und die abzugebende Entscheidung zu entwickeln."

Es ist ferner die Frage zur Sprache gekommen, ob es zweckmäßig sei, die Nichtigkeitsbeschwerde im Interesse des Gesetzes in Deutschland einzuführen und der Staatsanwaltschaft das Recht zur Erhebung derselben zu geben. Die Abtheilung hat die Frage ausführlich erörtert und auch hier mit großer Majorität beschlossen, die Nichtigkeitsbeschwerde im Interesse des Gesetzes nicht zu empfehlen.

Die Abtheilung hat nicht geglaubt, beantragen zu dürfen, daß diese nach langer Verhandlung gefaßten Beschlüsse hier im Plenum nochmals zur Erörterung gezogen werden.

Rücksichtlich der dritten Frage ist es in der Abtheilung zu keinem definitiven Beschlusse gekommen, nämlich rücksichtlich der Frage, ob und in welchen Fällen die Staatsanwaltschaft als Partei zuzulassen ist.

Man war im Allgemeinen darüber einig, daß überall kein Bedürfniß vorliege, die Staatsanwaltschaft als Vertreterin der Privatrechte des Staates zuzulassen.

Getheilt waren die Ansichten dagegen schon darüber, ob es zweckmäßig und wünschenswerth sei, sie als Vertreterin gewisser Klassen des Schutzes besonders bedürftiger Personen, z. B. Minderjähriger, Verschwender, Wahnsinniger u. dgl. zuzulassen, oder von Abwesenden, die keinen Kurator haben. Während von einer Seite die Ansicht vertheidigt wurde, es sei durchaus wünschenswerth, wenigstens in subsidio hier für alle diese Personen die Vertretung der Staatsanwaltschaft einzuführen, wurde von der andern Seite hervorgehoben, daß die bisherigrn Einrichtungen in Deutschland, wonach die vormundschaftlichen Behörden für jene Personen zu sorgen hätten, vollständig genügend seien. Ein bestimmter Antrag wurde in dieser Beziehung nicht gestellt.

Noch größer war die Differenz in Betreff einer ferner hieher gehörigen Frage, nämlich in Betreff der Frage, ob die Staalsanwaltschaft in einem solchen Falle, wo es sich darum handelt, auf privatrechtliche Verhältnisse im öffentlichen Interesse, im Interesse der Aufrechterhaltung der Vorschriften eines Prohibitivgesetzes einzuwirken, als Partei zuzulassen sei.

Die Frage, um die es sich handelt, ist kurz die: Es giebt fast in allen Staaten bestimmte Prohibitivgesetze, an deren Beobachtung der Staat aus höheren rechtlichen und sittlichen Gründen ein Interesse hat, die er nicht der Privatdisposition der Parieien überlassen kann. Es sind das z. B. Gesetze, wodurch gewisse Ehen verboten und für nichtig erklärt werden, oder wodurch bestimmt wird, daß Wahnsinnige und Verschwender unter Kuratel gestellt werden sollen. Der Staat kann die Beobachtung dieser Gesetze nicht von dem zufälligen Umstande, ob Privatberechtigte darauf dringen, abhängig machen; er muß selbst dafür sorgen, daß diese Gesetze beobachtet werden.

Dafür giebt es nun möglicher Weise zwei Wege: entweder der Staat überträgt den Gerichten ex officio die Sorge für die Beobachtung dieser Gesetze, er giebt den Gerichten auf, ex officio ein Verfahren einzuleiten und im Wege etwa des Untersuchungsprozesses die thatsächlichen Voraussetzungen, welche fest stehen müssen, um über die Anwendbarkeit solcher Prohibitivgesetze zu urtheilen, zu ermitteln; oder er führt auch hier das eigentliche Prozeßverfahren ein und schafft zu dem Ende ein besonderes Organ, dem er ein selbstständiges prozessualisches Recht überträgt, und welches verpflichtet ist, vermöge dieses Rechtes die Beobachtung jener Gesetze gegen jeden Betheiligten zu verfolgen. Um also bei den Beispielen, die ich früher angegeben, stehen zu bleiben: Wenn ein Gesetz eine gewisse Ehe verbietet und deren Nichtigkeit anordnet, so kann der Staat, um eine trotzdem eingegangene Ehe zu trennen, entweder den Gerichten aufgeben, ex officio einzuschreiten, oder er bestellt ein besonderes Organ, das gegen die betheiligten Ehegatten Klage erhebt, und über die so vorgebrachte Klage entscheidet nun das Gericht im Wege des Prozesses.

Für den letzten Weg wurde hauptsächlich vorgebracht, daß im Wesentlichen dieselben Gründe hiefür im Gegensatze des erstangeführten sprechen, welche im Kriminalprozesse dahin geführt haben, den Anklageprozeß an Stelle des Inquisitionsprozesses zu stellen. Es wurde in dieser Beziehung folgender Antrag gestellt:

> „Es ist zweckmäßig, die Staatsanwaltschaft als Prozeßpartei in solchen Fällen zuzulassen, wo es sich um eine im öffentlichen Interesse und auf Grund von Prohibitivgesetzen erfolgende Einwirkung auf privatrechtliche Verhältnisse handelt. Wann diese Voraussetzungen vorliegen, ist nach der Civilgesetzgebung der einzelnen Staaten zu beurtheilen.“

Ich habe schon die Gründe, die für diesen Antrag vorgebracht wurden, kurz angedeutet und hebe noch hervor, daß dagegen eingewendet wurde, daß es überall nicht wünschenswerth sei, die Staatsbehörde in Privatrechtsstreitigkeiten zuzulassen, und daß deshalb auch diese Betheiligung der Staatsanwaltschaft zu verwerfen sei.

Es wurde in der Abtheilung der Antrag gestellt, über diesen Antrag zur Tagesordnung überzugehen, dies wurde aber abgelehnt.

Ferner wurde beantragt, zu beschließen:

„Ob und in welchen Fällen die Staatsanwaltschaft als Prinzipalpartei einzuführen sei, bleibt der Civilgesetzgebung der einzelnen Staaten überlassen."

Auch dieser Antrag wurde abgelehnt.

Endlich wurde der Hauptantrag, den ich Ihnen vorgelesen habe, zur Abstimmung gebracht. Die Abstimmung blieb zweifelhaft; es ließ sich nicht konstatiren, ob die Majorität dafür oder dagegen sei. Es ist also kein Beschluß darüber zu Stande gekommen.

Trotzdem hat die Abtheilung nachher beschlossen, eine Berathung über diesen Antrag im Plenum zu beantragen.

Damit ist mein Bericht geschlossen.

**Präsident:** Die meisten Beschlüsse der vierten Abtheilung, die uns eben vorgetragen wurden, haben im Sinne der Abtheilung gar nicht den Zweck, daß sie im Plenum nochmals berathen und über sie Beschluß gefaßt werde. Es liegt auch in dieser Beziehung kein Antrag vor, von dem, was die Abtheilung wollte, abzuweichen. Aber in einem wichtigen Punkte trägt die vierte Abtheilung darauf an, daß ein Beschluß im Plenum gefaßt werde, in einem Punkte, in welchem sie selbst Anstand genommen hat, wegen der Schwierigkeit der Frage und weil dieselbe Anlaß zu weitgehender Diskussion geben würde, sich darüber zu entscheiden.

Ich glaube jedoch, ein solcher Beschluß einer Abtheilung, daß die Sache vor das Plenum nicht blos zur Notiz, sondern auch zur Berathung und Entscheidung gebracht werden solle, sei nicht unbedingt maßgebend für das Plenum, auch nach dem nicht, was wir Montag beschlossen haben. Dem Plenum muß doch jedenfalls die Entscheidung darüber zustehen, ob die Sache überhaupt geeignet ist, zu einer Diskussion und Beschlußfassung im Plenum. Ich glaube zwar davon ausgehen zu müssen, daß an und für sich der Antrag einer Abtheilung, einen Gegenstand dem Plenum zur Beschlußfassung zu unterstellen, die Bedeutung hat, daß, wenn kein Widerspruch erhoben und kein Gegenantrag gestellt wird, er sofort zur Diskussion und Entscheidung des Plenums gebracht werde. . . . (Dr. Berger bittet um's Wort zur Geschäftsordnung.) Herr Dr. Berger hat das Wort.

Hof-Gerichtsadvokat Dr. **Berger** aus Wien: Ich habe schon in der Abtheilung die Ansicht geltend gemacht, daß der Zusatz, den wir neulich zu §. 6 unserer Statuten beschlossen haben, den Sinn habe, daß nur vollständig spruchreife Fragen vor das Plenum gebracht werden sollen, entweder in der Form, daß dem Plenum blos der Beschluß der Abtheilung mitgetheilt werde, oder daß bei solchen spruchreifen Angelegenheiten, über welche die Abtheilungen bereits den Beschluß gefaßt haben, dem Plenum neuerdings Erörterung und Entscheidung vorgeschlagen werde, daß es dagegen ganz unzukömmlich und der Mission des Plenums sowie des Juristentages an sich widerstreitend sei, eine Angelegenheit sofort vor das Plenum zu bringen, welche die Abtheilung selbst noch nicht als spruchreif erkannt hat. (Bravo!)

Ich sehe mich daher genöthigt, obgleich ich Präsident der vierten Abtheilung bin, gegen diesen von der Abtheilung gefaßten Beschluß den Antrag zu stellen, man möge diese Frage, in wiefern die Staatsanwaltschaft als Prinzipalpartei in bürgerlichen Rechts-Angelegenheiten und Streitigkeiten besonders einzuschreiten habe, noch einmal an die ständige Deputation zur weiteren Vorbereitung zurückweisen. (Beifall.)

Kreis-Gerichtsrath Dr. **Vollert** aus Arnstadt: Ich habe nur eine Bemerkung hinzuzufügen, nämlich die, daß, als in der vierten Abtheilung der Beschluß gefaßt wurde, diese Frage dem Plenum vorzulegen, noch ein anderer Antrag in Aussicht stand, von dem Rechtsanwalt Sabarth und Hauschtek, betreffend die Stellung der Staatsanwaltschaft in der Justizorganisation überhaupt. Wir haben in der Abtheilung beschlossen, diesen Antrag der ständigen Deputation noch einmal zu überweisen, und es scheint mir ganz klar zu sein, daß die Frage, ob die Staatsanwaltschaft als Prinzipalpartei sofort in den Civilprozeß zuzulassen sei, gar nicht beantwortet werden könne, ohne die Vorfrage über ihre Stellung in der Justizorganisation überhaupt bereits entschieden zu haben. Da die Frage jedenfalls dem nächsten Juristentage vorgelegt werden wird, so scheint es vielleicht verfrüht, wenn wir uns jetzt in eine neue Diskussion über diese zweifelhafte Frage einlassen. Ich stimme deshalb ebenfalls dafür, daß wir die Berathung über diesen Punkt jetzt nicht veranlassen. (Rufe: Schluß.)

**Präsident:** Ein Antrag ist in dieser Beziehung gestellt; nach diesem halte ich mich für verbunden, an die Versammlung die Frage zu stellen, ob sie der Ansicht ist, daß diese Sache für uns noch nicht spruchreif sei.

Advokat Dr. **Bernays** aus Mainz: Herr Dr. Berger hat den Antrag gestellt und dem stimme ich bei, nicht bloß daß heute noch nicht entschieden werden soll, weil die Sache noch nicht spruchreif, sondern daß die Sache der ständigen Deputation noch einmal überwiesen werde.

**Präsident:** Das ist auch der Sinn meiner Frage. Ist also das Plenum der Ansicht, daß die Sache an die ständige Deputation nochmals zurückgewiesen werde?

Ich ersuche diejenigen, welche dafür sind, die Hand zu erheben. (Geschieht.) Es ist mit großer Majorität angenommen.

Ich lade nun Herrn Professor Endemann aus Jena ein, über den zweiten Punkt der Beschlüsse der vierten Abtheilung referiren zu wollen.

Professor **Endemann:** Dem Juristentage war die Frage vorgelegt worden, ob künftig in Civilsachen der Richter nach freier Ueberzeugung oder wie bisher nach bindenden Beweisregeln urtheilen soll. Obwohl mit großer Majorität ein definitiver Beschluß in der Abtheilung darüber gefaßt wurde, hat doch die Abtheilung beschlossen, dem Plenum nochmals diese Frage zur Entscheidung und Beschlußfassung vorzulegen, und mit vollem Rechte. Nur dann kann der Beschluß Werth haben, wenn er von einer großen Majorität getragen wird; nur dann, wenn er nach allseitiger, gründlichster und besonnenster Erörterung gefaßt wird.

Es waren über diese Frage in der Abtheilung selbst verschiedene Ansichten. Der Herr Referent beantragte zur Tagesordnung überzugehen, freilich unter einer Motivirung, die im Ganzen das Prinzip der freien Beweisprüfung als das richtige anerkannte. Man ging von dieser Seite davon aus, daß durch die freie Beweisprüfung solche Umgestaltungen des Verfahrens bedingt würden, die sich jetzt im Augenblicke kaum noch übersehen ließen. Es muß danach gleichsam erst ein anderes Prozeßverfahren geschaffen werden, bevor man das Prinzip der freien Beweisprüfung in den Prozeß einführen könne. Fernerhin wurde geltend gemacht, daß doch wohl das Prinzip der freien Beweisprüfung in seiner äußersten Durchführung zu weit gehende Konsequenzen mit sich bringe; es werde sich kaum nach manchen Richtungen hin ertragen lassen. Vor allen Dingen wurde darauf hingewiesen, wie mit diesem Prinzipe der Verhandlungsmaxime ein wesentlicher Schade zugefügt werden würde, indem namentlich nach der Ausführung des Prinzipes der freien Beweisprüfung, wie es von meiner Seite in wissenschaftlicher Darstellung erfolgt sei, man sich förmlich zur vollen Inquisitionsmaxime hingetrieben fühle. Aus diesem Grunde wurde von Seite des Herrn Referenten eine motivirte Tagesordnung beantragt. Dieser Antrag ist nachher von dem Herrn Referenten selbst zurückgezogen worden, weil im Wesentlichen dieselben Gründe einen direkteren Ausdruck durch einen von einer anderen Seite gestellten Antrag empfingen, der, materiell, vollkommen mit dem Antrage des Herrn Referenten übereinstimmend nur direkt das ausspricht, was in anderer Form vom

Referenten mit „in Anbetracht . . . . . . zur Tagesordnung übergehen“ ausgedrückt worden war.

Ich meinerseits stellte dagegen den Antrag, das Prinzip der freien Beweisprüfung als das richtige anzuerkennen: aus welchen Gründen, darauf werde ich wohl noch etwas näher zurückkommen müssen.

Zwischen beide Anträge stellte sich eine Reihe von anderen Anträgen, welche der freien Beweisprüfung einen gewissen Spielraum allerdings verstatten wollten, die aber doch nicht unbedingt die ganze Prüfung des Beweises der freien Ueberzeugung überantworten mochten. Es ist zu keiner Entscheidung über diese Mittelanträge gelangt. Denn, wie Ihnen schon mein Erscheinen auf dieser Stelle zeigen mag, ist der Antrag, den ich gestellt habe, mit Majorität angenommen worden.

Hier hört meines Erachtens wohl das Amt des Referenten auf. Ich habe aber nun, weil im Plenum eine Abstimmung über diesen Punkt provozirt werden soll, den Antrag, den ich gestellt habe, zu vertheidigen.

M. H., ich möchte die freie Beweisprüfung im Civilprozesse haben. Das scheint auf den ersten Augenblick etwas ganz neues und ist denn doch etwas sehr altes. Ich frage Sie, wenn Sie sich unbefangen einmal den Zweck des Civilprozesses vorstellen, wie würden Sie wohl denken, daß die Wahrheit von Thatsachen im Prozesse ermittelt werden soll? Ich glaube, die Frage ist sehr einfach: es giebt nur eine Wahrheit, es giebt nur eine Methode der Wahrheitfindung, und wenn jemand a priori einen Prozeß, ein Verfahren zu konstruiren hätte, ich glaube nicht, daß irgend jemand, der selbst keine Kenntniß von der juristischen Wissenschaft hätte, auf den Gedanken kommen könnte, die Wahrheit sei anders zu finden, als nach dieser einen ewigen Methode der gesunden Logik. Und das ist nicht neu.

Ich habe gestern bereits die Bemerkung gemacht: Jahrhunderte lang hat bei den Römern diese Methode der freien Beweisfindung und zwar zur Blüthezeit ihrer Jurisprudenz bestanden. Ja, ich glaube nicht zu irren, wenn ich einen großen Theil der Blüthe der Jurisprudenz, die wir noch heute an den römischen Juristen bewundern, dem Umstande zuschreibe, daß die Juristen auf die freie Wahrheitsprüfung, auf das unbefangene volle Ergründen der realen Wahrheit aus dem vollen Leben heraus angewiesen waren.

Ich habe gestern ferner die Bemerkung gemacht, daß wohl auch die Deutsche Entwicklung eben dahin geführt haben würde; sie war aber nicht so weit vorbereitet, um zur vollen Reife gedeihen zu können, da drang das fremde Recht herein, und aus dem kanonischen Rechte überkommen haben wir das System der Beweisregelung.

Wenn wir heut zu Tage die Abschaffung dieser Beweisregeln befürworten, so machen sich die meisten schwerlich noch einen Begriff davon, was eigentlich das System der Beweisregeln nach kanonischer Art war. Nach kanonischer Idee, ich muß es hier aussprechen, war die vollkommene Absicht, für alle und jede denkbaren Fälle eine, sei es gesetzliche, sei es wissenschaftliche, aber stets abstrakte, absolut geltende Regel der Wahrheit aufzustellen. Auf solche Weise wurde Alles, was Wahrheit der Thatsachen betraf, in feste Bande geschlossen. Darnach sollte sich der Richter richten; Alles, was irgendwie subjektive Ueberzeugung ist, schien vom Uebel, ja sündhaft zu sein.

Wo ist es denn nun hingekommen mit diesem System der Beweisregeln, dessen Konsequenzen wir im gewissen Sinne wohl noch heute bewundern können? Stückweise ist man davon abgegangen. Wenn Sie die heutigen Gesetzgebungen vergleichen, wenn sie die Stimmung der Praxis beobachten, müssen Sie sich sagen, daß das System der Beweisregeln bereits gewaltige Stöße erlitt. Es sind unendlich viele Lücken hineingerissen worden, und ich habe es wohl oft aussprechen gehört, daß ja von den Beweisregeln eigentlich nur noch so wenig übrig ist, daß es kaum verlohnen würde, über die Sache zu sprechen. Allerdings aber verlohnt es sich noch über die Sache zu sprechen, denn noch immer ist nicht das Prinzip anerkannt, noch immer sind es die schweren Bande mittelalterlicher Scholastik, die uns bis zum heutigen Tage anhängen.

Ich bin für volle Aufhebung der Beweisregeln. Darin bestärkt mich eben die Erfahrung, daß das System der Beweisregeln bereits unendlich abgeschwächt worden ist. Denn was kann beweisender für die Stimmung, für die Richtung, welche die neue Zeit einschlagen muß, sein, als die historische Betrachtung? Wenn wir sehen, wie an der Fülle der Beweisregeln, an diesem starren, scholastischen System der Kanonisten eine immer stärkere Abnahme bemerklich geworden ist; wenn wir damit vergleichen, was die moderne Gesetzgebung hier geleistet hat, so müssen wir wohl sagen: hier fängt ein frischer Wind zu wehen an und sein Wehen ist schon bemerkbar. Aber es ist nicht genug daran; wir müssen Thür und Fenster öffnen, damit dieser frische Wind den Prozeß und das materielle Civilrecht lüfte. Mag mancher Staub dabei aufwirbeln, gleichviel, endlich muß die Luft rein werden, und die juristische Wissenschaft wird die wohlthätigen Folgen gewiß bald zu empfinden haben. So ist es mir denn wesentlich eine Frage der historischen großen Entwicklung, wie ich schon gestern es ausgesprochen habe, ob ferner Beweisregeln bestehen sollen oder nicht.

Die Bedenken, welche man nun gegen diese Aufhebung der Beweisregeln erhebt, sind meines Erachtens unschwer zu beseitigen.

Vor allen Dingen erhebt sich dagegen der Gedanke, wie ich gleich zu

Anfang meiner Darstellung andeutete, daß die Verhandlungsmaxime dadurch vollständig gebrochen werden möchte. Allein, m. H., das ist durchaus nicht nöthig. Ich habe auch bereits gestern ausführen müssen, daß der Prozeß vollständig Raum hat für alle dispositiven Rechte der Parteien. Ich bin keineswegs der Meinung, daß die Parteien etwa in ihren Geständnissen, in ihrer Befugniß, einander Ansprüche einzuräumen, Zugeständnisse zu machen, beschränkt werden sollen; denn es kann der Zweck des Verfahrens nur der sein, daß der Richter soweit entscheidet, als eben die Parteien entschieden haben wollen. Daran knüpft sich ferner, wie ich ebenfalls gestern schon erwähnte, die Handhabung des Eides, der Eidesdelation, welche wohl wesentlich als Vergleichsinstitut aufzufassen ist.

In der Beweisführung selbst kann allerdings nicht die volle Verhandlungsmaxime herrschen. Allein unsre Betrachtung läßt sich dadurch nicht stören. In den extremen Konsequenzen malt man sich wohl das Beweisverfahren aus, indem der Richter kraft eigener Machtvollkommenheit mitten durchschneidet, die Sache untersucht, inquisitorische Beweismittel herbei zieht, subjektiv seine eigene Menschenkenntniß verwerthet, alles nach seinem Belieben thut, ohne die Parteien anzuhören. Ich glaube, das ist ein sehr unrichtiges Bild vom mündlichen Verfahren, wie es sich in einem wohl geordnetem Civilverfahren nicht geltend machen kann. Ich denke mir vielmehr die Parteien in unmittelbarer Thätigkeit mit dem Richter. Es wird nicht leicht für irgend einen erheblichen Punkt ein Antrag von Seite der Parteien fehlen. Außerdem wird das richterliche Fragerecht sich geltend machen. Wenn der Richter die Beweispunkte, die ihm erheblich für die Verhandlung scheinen, weiß, dann werden sich die Parteien aussprechen können, man wird die Parteien darüber hören, und in solcher Wechselwirkung hin und wieder wird das thatsächliche Material eruirt und dem Richter zur Kognition unterbreitet werden. So glaube ich, muß man sich die Sache denken, nicht immer in der alten Weise, daß Richter und Parteien als zwei vollständig getrennte Lager, wenn Sie wollen, sogar als feindliche Mächte einander gegenüberstehen. Das ist gerade die Stellung des Richters, der an die Anträge der Parteien gebunden wird. Viel lieber aber mag ich die Stellung des Richters in der Weise denken, daß der Richter im freien Verkehre mit den Partheien alles thut, was zur Ermittlung der realen Wahrheit gehört. Wo das geschieht, ist, wie ich glaube, die inquisitorische Maxime nicht zu fürchten.

Man wendet ferner ein, und das steht im innigen Zusammenhange mit dem eben Gesagten, der Richter kann sich zu den willkührlichsten Entscheidungen veranlaßt fühlen.

M. H.! Darauf möchte ich nur Eines erwidern: Ist denn die

freie Ueberzeugung immer mit Willkühr verbunden? Sehen Sie doch, was ist denn geschehen an der Hand der Beweisregeln? Jahrhunderte lang haben ja die Richter eine Masse der ausgebildetsten Beweisregeln gehabt; ist da keine Willkühr vorgekommen? Mir scheint es umgekehrt; wenn man einmal nach dieser Methode Kautel auf Kautel häuft, braucht man immer wieder eine neue Vorsichtsmaßregel, um nur die andere aufrecht zu erhalten. Das ist das kanonische System der Rechtsbehandlung, und ich glaube, dieses System muß man abthun. Ja, es liegt viel mehr Garantie darin, daß man dem Richter giebt, was des Richters ist, und der Partei, was der Partei ist, daß man jeden auf die freie selbstbewußte Thätigkeit stellt. Und vergessen Sie denn, daß eine große Garantie in der Oeffentlichkeit und Mündlichkeit des Verfahrens liegt? Erinnern Sie sich doch an das öffentliche und mündliche Verfahren. Wenn hier der Richter nach freier Ueberzeugung urtheilt, so ist ja die beste Schutzwehr gegeben, die sich nur denken läßt. Jedermann im Volke kann ja diese richterliche Ueberzeugung nachrechnen, Jeder kann das richterliche Urtheil in seiner Art kontroliren, weil es nur ein einfacher Vorgang des logischen Denkprozesses ist, anders als jetzt, wo der Richter urtheilt nach künstlichen Regeln, die dem Volksbewußtsein fremd und zum großen Theile daran Schuld sind, daß die Rechtsprechung in Civilsachen dem Volke völlig entfremdet worden ist.

Nun läßt sich allerdings nicht läugnen, daß das System der freien Ueberzeugung an den Richter große Ansprüche macht. Wir müssen uns Richter von voller Persönlichkeit und Unabhängigkeit denken, Richter, die mit Kenntnissen ausgerüstet sind, und die zugleich das Leben mit vollem Verständniß anzugreifen wissen. Ob überall solche Richter zur Stunde vorhanden sind, weiß ich nicht. Es ist auch in der That das Bedenken von mancher Seite erhoben worden, ob es wirklich thunlich sei, im jetzigen Augenblicke die freie Beweisprüfung dem Richter zu übergeben. Nun, auf dieses Bedenken dürfte man wohl mit dem einfachen, ziemlich trivialen Satze antworten: man kann nicht anders schwimmen lernen, als wenn man in's Wasser geht. So wird es auch mit dem Richter sich verhalten. Es ist möglich, daß im jetzigen Augenblicke hie und da noch Schwächen hervortreten; aber, m. H., was ist denn mehr geeignet, zugleich den Juristen zu bilden und den Richter zu erheben, als gerade die Methode des Verfahrens; und wir werden gerade auch in dieser Beziehung von unsrem Prinzipe die heilsamsten Früchte erwarten dürfen. Steht die Organisation der Rechtspflege in einzelnen Staaten dem noch entgegen, so muß eben im Wege der Gesetzgebung, soweit es erforderlich ist, nachgeholfen werden.

Alle Einwände zu berühren liegt wohl außer meiner Aufgabe. Ich kann auch wohl in dieser Plenarversammlung annehmen, daß sich die meisten schon ausführlich mit dieser vielbesprochenen Frage beschäftigt haben. Ich kann Ihrem Urtheile vertrauen.

Der Antrag, wie er gestern von der Abtheilungssitzung angenommen wurde, lautet folgendermaßen, und ich werde mit einigen Worten dann die Bedeutung dieses Antrages noch erklären müssen:

„Der Juristentag spricht sich, ohne damit die Folgen des Grundsatzes im Einzelnen festzustellen, für das Prinzip aus, daß der Richter die Wahrheit der Thatsachen, soweit sie unter den Parteien streitig ist, nach freier Ueberzeugung zu prüfen habe."

In diesem Antrage bemerken Sie zwei Zwischensätze, nämlich am Schlusse denjenigen, daß der Richter die Thatsache, nur soweit sie unter den Parteien streitig, zu prüfen habe. Damit sollte eben die Besorgniß gedeckt werden, die sich gestern im Anfange in der Versammlung geltend zu machen schien, daß durch das System der freien Beweisprüfung die volle Inquisitions-Maxime eingeführt werden könnte. In diesem Zwischensatze soll angedeutet werden, daß das Privatdispositionsrecht der Partei, das ja das Wesen im Civilprozesse bildet, vollkommen ungeschmälert bestehen bleibe.

Ferner bemerken Sie einen Zwischensatz am Anfange, dahin lautend: „ohne damit die Folgen des Grundsatzes im Einzelnen festzustellen." Ich habe mich veranlaßt gesehen, diesen Zusatz gestern noch hinzuzufügen, um auch in diesem Punkte das Gewissen der Meisten zu beruhigen. Ich habe gestern bereits ausgesprochen, was ich von der Aufgabe des Juristentages halte. Es wurde eingewendet, der Juristentag würde nur dann praktisch verfahren, wenn er speziell einzelne Resultate kurzweg aufstellen könnte. Ich habe dagegen eingewendet, es scheine mir viel richtiger, wenn der Juristentag sich über die großen leitenden Prinzipien ausspreche und die Ausführung dieser Prinzipien den einzelnen Gesetzgebungen, und insbesondere denjenigen Faktoren überlasse, die zu dieser Thätigkeit berufen sind. So verhält es sich auch mit dieser Sache. Des Prinzipes muß man sich im Ganzen bewußt sein. Das Prinzip der Freiheit der Beweisprüfung ist nämlich das Ziel, das hohe Ziel, nach welchem von allen Seiten hingestrebt werden muß. Niemand aber soll in solchen Dingen so theoretisch sein, daß er absolut, mit Einem Schlage das Prinzip adoptiren und nun in voller Schärfe bis zu seiner äußersten Konsequenz, wie dies wissenschaftlich erforderlich ist, durchsetzen will. Ich glaube, der Juristentag hat vollständig genug gethan, wenn er den Hauptgrundsatz als richtig anerkennt und dagegen die detaillirte Ausführung der weiteren Bearbeitung überläßt. Denn, wie ich bereits im Anfange angedeutet habe, der Prozeß wird hiernach allerdings in manchen Punkten noch eine Umgestaltung annehmen, in manchen Ländern wird die

Gerichtsorganisation nach diesem Grundsatze modifizirt werden müssen. So hat z. B. der Juristentag anerkannt, daß Kollegialgerichte die richtige Organisation seien, und ohne Kollegialgerichte kann natürlich die freie Beweisprüfung nicht gehandhabt werden; denn vor einem einzelnen Richter kann ein an sich so nützliches Prinzip leicht zu verderblichen Folgen führen. Solche Punkte müssen bedacht werden.

Wenn Sie die Sache so betrachten, glaube ich, werden Sie dem Beschlusse der Abtheilung beistimmen können. Ich glaube, Sie werden aussprechen können, daß der Grundsatz der freien Beweisprüfung dasjenige ist, was bei der modernen Gesetzgebung in vollster Beharrlichkeit zu erstreben ist, und wenn Sie das thun, haben Sie genug gethan. (Beifall.)

**Präsident**: Es ist in Beziehung auf die formelle Behandlung ein Antrag von Herrn Zenthöfer dahin gestellt, die Frage über die Beweiswürdigung im Civilprozesse zur weiteren Vorbereitung nochmals an die ständige Deputation zu überweisen. (Allseitige Rufe: Nein! Nein!)

Ich frage, ist der Antrag unterstützt? (Rufe: Nein!) Er scheint nicht unterstützt zu sein; Sie scheinen Willens zu sein, über die Sache selbst zu entscheiden.

Verlangt Jemand über die Sache das Wort?

Professor Dr. **Götz** aus Leipzig: Nur sehr wenige Worte will ich mir in der Sache erlauben, die jedenfalls in der Abtheilung, wo ich nicht gewesen bin, gründlich durchgesprochen worden ist. Sie sollen sich beziehen auf das Verhältniß des Antrages zu unserem Handelsgesetzbuche.

Bekanntlich hat prinzipiell die Ansicht, die hier im Referat zur Geltung gebracht worden ist, in Nürnberg ihre Verwerfung gefunden. Die Handelsgesetzgebungs-Kommission hat sich für eine bestimmte Beweiskraft der Handelsbücher, für die bestimmte Beweiskraft der Mäklerbücher ausgesprochen. Nun möchte ich hier zunächst gegen den Antrag das Bedenken hegen, ob es praktisch förderlich sei für die Einführung des Handelsgesetzbuches, die wir doch allenthalben in möglichster Bälde wünschen, wenn wir einen Beschluß fassen, der die dort angenommenen Prinzipien geradezu verwirft. Sodann möchte ich doch aber auch überhaupt erinnern an die Utilitätsgründe, die in der Nürnberger Kommission gegen die Vertheidiger des entgegengesetzten Prinzips, wie es im preußischen Entwurfe des Handelsgesetzbuchs enthalten war, geltend gemacht wurden. Es ist doch u. A. eine große Sicherheit für den Kaufmann, wenn er weiß, daß bei einer regelrechten Führung seine Bücher für ihn regelmäßig einen durch Eid zu vervollständigenden Beweis liefern, wenn er in dieser Beziehung nicht so schlechthin unter das „so" oder „so" Meinen des Richters gestellt ist. Es ist eine große Sicherheit, die er gewinnt, wenn er weiß, daß die Mäklerzeugnisse regelmäßig einen vollen Beweis machen. Ich glaube, diese Vorzüge werden bedeutend gefährdet, oder vielmehr aufgegeben, wenn sie das Prinzip des in Rede stehenden Antrags in dem Maße zur Durchführung gebracht wissen wollen, wie es die Ansicht des Herrn Antragstellers zu sein scheint.

Kreisrichter **Zenthöfer** aus Rybnik (Oberschlesien): Mein Antrag wurde, als nicht unterstützt, nicht zur Diskussion gebracht. Ich finde aber in den Statuten nicht, daß es der Unterstützung eines Antrages bedürfe.

**Präsident**: Es ist bekannt, daß das Gewohnheitsrecht auch eine Norm bildet. Unser Juristentag hat allerdings noch nicht ein so langes Leben, als manches Gesetz zur Bildung eines Gewohnheitsrechtes erfordert, aber ich glaube doch, es wird gut sein, wenn wir eine gewisse Tradition und bei uns hergebrachte Form in Bezug auf die Geschäftsbehandlung festhalten. Ich erinnere mich, daß auf dem Juristentage in Berlin sehr häufig die erste Frage, die mir entgegengehalten wurde, wenn ich einen Antrag zur Diskussion bringen wollte, die war, ob denn der Antrag unterstützt sei. Auf dem Juristentage in Dresden soll es ebenso gehalten worden sein. Ich halte das auch für etwas durchaus Zulässiges, selbst wenn es durch kein Statut bestimmt wird. (Beifall.) Denn wenn ein Antrag derart ist, daß kein einziges Mitglied sich die Mühe nimmt, ihn zu unterstützen, welches wird dann sein endliches Schicksal sein? Soll eine vergebliche Diskussion über einen solchen Antrag eröffnet werden? (Beifall.)

Rechtsanwalt **Sabarth** aus Ratibor: Ich unterstütze den Antrag.

**Präsident**: Es ist das freilich etwas spät, eigentlich zu spät, möchte ich sagen. Aber wir wollen die möglichste Freiheit in Geltendmachung der Ansichten wahren, und ich werde daher den Zenthöfer'schen Antrag, da er nun unterstützt ist, zur Diskussion bringen.

Advokat Dr. **Auerbach** aus Frankfurt a. M.: Ich ergreife das Wort, nur um in Kürze zu beleuchten, daß auch die Nürnberger Konferenz dem Prinzipe der Logik, der freien Prüfung des Willens der Parteien sein Recht zuerkannte. Allerdings wurde von detaillirten Bestimmungen bezüglich des Prozeßverfahrens mit wenigen Ausnahmen Umgang genommen, es lag eben nur die Aufgabe vor, materielle Bestimmungen über das Handelsrecht zu treffen. Dagegen enthalten die Artikel 278 und 279 das Prinzip in klaren, bündigen Worten ausgesprochen, ungefähr des Inhaltes: Der Richter ist nicht an den von den Parteien gebrauchten buchstäblichen Ausdruck gebunden, sondern hat den Willen derselben selbstthätig zu erforschen. Nach verschiedenen Bestimmungen des Handelsgesetzbuches liegt es dem Richter ob, nach der Absicht der Parteien zu fragen und nach seinem freien Ermessen zu urtheilen, wie dem richterlichen Ermessen überhaupt auch bezüglich der Beweismittel Spielraum gewährt ist. Ich glaube, daß in dieser Beziehung das große Prinzip, das der geehrte Herr Berichterstatter für die Civilgesetzgebung anempfahl, auch im Handelsrechte znm Theil Anerkennung gefunden hat.

**Präsident**: Ehe wir in der weiteren Diskussion über das Materielle fortfahren, muß ich noch Herrn Zenthöfer das Wort geben.

Kreisrichter **Zenthöfer** aus Rybnik in Oberschlesien: Ich glaube, daß dieses Thema noch nicht gehörig vorbereitet ist. Der Prozeß ist angewandte Philosophie, insbesondere Dialektik und von dieser Seite ist das Thema noch gar nicht behandelt. Ich behaupte daher, daß wir nicht in der Lage sind, uns jetzt schon definitiv auszusprechen, und ich beantrage daher, die Sache nach gehöriger Vorbereitung wieder von Neuem vorzunehmen. (Unruhe.)

**Präsident**: Diese Vorfrage muß ich zuerst zur Entscheidung bringen, bevor ich den Herren, die sich über den materiellen Theil der Frage selbst zum Worte gemeldet haben, dasselbe ertheile.

Also ich frage: Sind Sie dafür, daß die Sache zur weiteren Vorbereitung der ständigen Deputation des dritten Juristentages übergeben werde? Diejenigen, die dafür sind, belieben die Hand aufzuheben. (Geschieht.) Es ist beinahe Niemand dafür. (Heiterkeit.)

Herr Makower aus Berlin hat das Wort.

Assessor **Makower** aus Berlin: Es ist in unserer Abtheilung der Wunsch rege geworden, daß nicht nur die Abtheilung den Beschluß vorlegen soll, sondern daß ein Beschluß des ganzen Juristentages gefaßt werde, aus dem Grunde, weil es höchst wunderbar war, wie die Majoritäten in dieser Abtheilung seit dem vorigen Juristentage gewechselt haben. Wenn ich die Verhandlungen des letzten Juristentages durchsehe, so ist es auffällig, daß in Dresden bei Berathung ganz derselben Frage mit Ausnahme meiner Person kein einziger von den Rednern sich für die freie Beweisprüfung erklärt hat, so daß ich es damals für meine Pflicht hielt, wenigstens zu konstatiren, daß nicht Alle der Ansicht waren, es müsse bei positiven Beweisregeln sein Bewenden haben. Wenn im Laufe dieses Jahres dieser erfreuliche Fortschritt sich gezeigt hat, und namentlich die österreichischen Mitglieder der Versammlung wesentlich für die freie Beweistheorie sich erklärt haben, so schien es uns doch nicht angemessen, lediglich in der Abtheilung Beschluß hierüber fassen zu lassen, sondern die Abtheilung hielt es für wünschenswerth, in dieser größeren Versammlung nochmals die Frage in Anregung zu bringen.

Uebrigens schließe ich mich dem an, was Herr Professor Endemann sagte, und bitte Sie, dem Antrage desselben, respektive dem Beschlusse der Abtheilung zuzustimmen. (Bravo.)

Rechtsanwalt **Sabarth** aus Ratibor: Wenn ich das Wort gegen den Antrag nehme, so verwahre ich mich im Voraus vor der privatim mir gegenüber gemachten Insinuation, als enthalte ein Widerspruch gegen die Ansicht des Referenten ein Mißtrauensvotum gegen die Richter, und ich berufe mich in der Beziehung auf den Ausspruch des Präsidenten des vorjährigen Juristentages, der sagte: Auf dem Deutschen Juristentage giebt Niemand einem Richter ein Mißtrauensvotum.

Wenn man vom Standpunkte der reinen Theorie die Sache behandelt, so klingen alle die Beweisgründe des Herrn Referenten ganz glaublich und anschaulich; sie sind in thesi vielleicht auch schwer zu widerlegen. Wenn man aber an die Praxis denkt, und vom rein praktischen Standpunkte ausgehend die Sache behandelt, so ist der vorgelegte Antrag vielleicht einer der gefährlichsten, die auf dem Juristentage vorgekommen sind. Ein hervorragendes Mitglied des Juristentages und der bisherigen Deputation hat bei Gelegenheit der vorjährigen Abtheilungsverhandlungen einen Satz darüber ausgesprochen, auf den ich mich beziehe, weil ich ihn nicht für ein Novum ausgeben will. Es war ein Richter höchster Instanz, der für das Vertrauen dankte, das ihm ein solcher Antrag entgegentrage, und in der That, m. H., wenn ich Richter bin, so danke ich für die Verantwortlichkeit, die in der Befugniß der freien Entscheidung liegt. (Rufe: Ganz richtig.)

Ich erlaube mir noch auf einen anderen Uebelstand aufmerksam zu machen. Er beruht darin, daß Sie durch die Abschaffung aller Beweisregeln auch den Instanzenzug abschaffen. Es giebt dann keine Appellation mehr. Ich behaupte damit nur eine Negative; aber die Gegner, welche behaupten, daß dann eine Appellation noch möglich sei, sind den Beweis schuldig geblieben, und ihnen obliegt derselbe. Der erste Richter setzt das Faktum auf Grund der mündlichen Verhandlung, wie man sich auszudrücken pflegt, fest, darüber wird auch das Protokoll geführt. Dieses gelangt an den Richter zweiter Instanz. Wird dem ersten Richter eine Aktenwidrigkeit nachgewiesen — und die Möglichkeit einer solchen wird wohl bei der Einsicht der verschiedenen Gesetze über die Kassationsmittel, worunter sich auch die Aktenwidrigkeiten befinden, zuzugeben sein, — wird, sage ich, dem Richter erster Instanz eine Aktenwidrigkeit nachgewiesen, so kann und wird sehr häufig der Appellationsrichter antworten: Ja, das sind nur Aufzeichnungen; der erste Richter hat aber erkannt nach dem Eindrucke der mündlichen Verhandlung und nach seiner daraus gewonnenen freien Ueberzeugung. Das Protokoll ist nicht die Quelle seiner Ueberzeugung, sondern die Verhandlung, und der zweite Richter wird sich für unbefugt erklären, die Thatfrage noch einmal in die Hand zu nehmen. Wenn Sie, m. H., sich in den Fall setzen, Sie hätten einen großen, wichtigen Prozeß, der Ihre Existenz betrifft, wovon es abhängt, ob Sie reich oder ein Bettler sind, wenn Sie sich in dieser Lage befinden, es darauf ankommen zu lassen, daß Sie von dem ungebundenen, ganz freien, d. h. willkürlichen Glauben, dem Dafürhalten dreier Richter, von denen einer wahrscheinlich, um nicht zu sagen voraussichtlich, die andern an Einsicht und Dialektik überwiegt, abhängig zu sein, für immer, und für alle Instanzen, meine Herren, ich kann nicht anders denken, als daß Sie sich in einer solchen Lage denn doch die Möglichkeit vorbehalten möchten, diesen hochwichtigen Streit auch noch der Entscheidung eines andern Gerichtshofes vorzubehalten.

Meine Herren! ich bitte Sie dringend, die Sache nicht so als ausgemacht anzunehmen, und lehnen Sie den Antrag vorläufig ab.

Hof- u. Ger.-Advokat Dr. **Hoffer** aus Wien: Ich habe bereits gestern von dieser Stelle für dieselbe Sache das Wort ergriffen. Erlauben Sie mir heute noch eine ganz kurze Gegenbemerkung gegen das zuletzt Erwähnte: Die freie Beweistheorie im Civil-Prozesse sei gefährlich, es sei damit der Instanzenzug ausgeschlossen.

Das kann ich nicht anerkennen. Bei einem Prinzipe, welches wir uns für einen künftigen Deutschen Civil-Prozeß denken, nämlich der Möglichkeit der Bringung von Neuerungen in appellatorio, Wiederholung der Hauptverhandlung vor dem zweiten Gerichtshofe, Schöpfung eines neuen, durchaus auf Thatsachen basirten Erkenntnisses, kann ich es nicht anerkennen, weil, wenn es auch allerdings möglich ist, daß im Erkenntniß erster Instanz ein Irrthum, eine Täuschung vorgefallen sei, dies dem Richter der zweiten Instanz nicht präjudizirt. Wenn eine Jury erkennt, endgiltig, inappellabel, dann ist allerdings eine große Gefahr vorhanden, weil es da kein Rechtsmittel mehr giebt. So aber denken wir uns — vorläufig wenigstens — den Deutschen Civilprozeß noch nicht organisirt. Ich kann also jene Gefahr nicht erkennen.

Uebrigens ist noch ein zweites Moment zu beachten in der Fassung des Antrages selbst, welcher nicht so unbedingt lautet, als die Gegner desselben behaupten, indem er allerdings gewisse Rücksichten zuläßt. Da es aber gestern schon hervorgehoben worden ist, wir machen Konzessionen ad captandam benevolentiam, so bemerke ich dagegen: wir haben nur die materiellen Rechte im Auge, wir haben im Auge, daß es Bestimmungen im Gesetz giebt, wie Rechte erworben werden, unter welchen Formen sie gesichert werden. Diese bestehen, und gegen sie ist kein Angriff gerichtet. Soweit solche Formen und Bestimmungen über die Art und Weise der

Rechtserwerbung dem materiellen Rechte angehören, bleiben die Garantien, welche sie der Rechtssicherheit bieten.

Ich bemerke weiter, der Mandatsprozeß ist nicht ausgeschlossen, denn eben der Prozeß über die Thatfrage folgt erst über die Einwendungen, und durch den Mandatsprozeß ist der Vortheil der öffentlichen Urkunden, von dem erwähnt wurde, daß er durch die freie Beweistheorie beseitigt werden könne, gewahrt.

Ich glaube also, die bezeichnete Gefahr ist nach keiner Richtung hin vorhanden.

Dann glaube ich aber ferner auf der anderen Seite, daß der Richterstand in Deutschland die Gefahr und Verantwortlichkeit, wenn er von deren Größe und Tragweite überzeugt ist, so leicht und frei tragen werde, wie wir es sehen, daß er sie in Frankreich und in jenen Deutschen Ländern trägt, wo der freie Beweis gilt und blüht.

Ich war am Rhein, ich habe in Köln Verhandlungen beigewohnt, ich habe in erster und zweiter Instanz verhandeln gesehen, nie aber ein Schwanken und Zagen, ein Bangen und Zögern des Richters gefunden, und ich habe mich überzeugt, daß, soweit ich es beurtheilen konnte, die Urtheile gründlich und sachgemäß waren. Jene Befriedigung der Rheinlande, die sie laut und voll bei jeder Gelegenheit über den Civilprozeß ausdrücken, jene Befriedigung, die auf die Erfahrung langer Jahre basirt ist, möge laut sprechen, denn die Erfahrung ist es, die in solchen Dingen entscheidender spricht, als die schönsten gelehrten Argumente.

Meine Herren! ich kann nur auf das Wärmste die Annahme dieses großen und weittragenden Prinzipes empfehlen. (Bravo! Bravo!)

**Präsident:** Herr Dr. Brix aus Wien hat das Wort. (Rufe: Schluß! Schluß!)

M. H.! Es haben sich nur noch drei Redner gemeldet; erlauben Sie wenigstens, daß diese noch sprechen.

Advokat.-Cand. Dr. **Brix** aus Wien: M. H.! Ich werde Ihre Geduld nicht lange in Anspruch nehmen. Ich stimme im Allgemeinen dem Antrage, wie derselbe aus der Abtheilung hervorgegangen ist, zu, wenn auch nur im Allgemeinen, und glaube, gerade zur Sicherung und Befestigung dieses Antrages sei es wünschenswerth, daß über die Ausnahmen, auf welche der Antrag selbst hinweist, die er ermöglicht, schon hier ein leitender Beschluß gefaßt werde.

Es ist nämlich nicht gut, einfach zu sagen, daß im Allgemeinen der Richter an positive Beweisregeln nicht zu binden sei. Denn wenn man sagt: „Im Allgemeinen," so überläßt man es der Gesetzgebung, die Ausnahmen festzustellen und welche Gewähr haben Sie, daß diese nicht so viele

Ausnahmen statuirt, daß dadurch die Regel zu nichte wird. Ich glaube, es würde im Interesse des Antrages selbst sein, wenn man die Ausnahmen, die einzig und allein zulässig wären, gleich hier feststellen wollte.

Nun denke ich, daß eine solche Ausnahme allerdings in zwei Punkten gerechtfertigt wäre, nämlich in Bezug auf Urkunden und in Bezug auf Eide.

Man kann unbedenklich dem Richter es überlassen, daß er beurtheile, inwiefern ein Zeuge glaubwürdig sei oder nicht, inwiefern der Ausspruch der Sachverständigen ihn binde oder nicht. Allein es ist unerläßlich für den Verkehr, daß man feststelle, auf welche Art eine Urkunde die Thatsache, über die sie aufgenommen wurde, wirklich bewahrheite in der Art, daß demjenigen, der die Urkunde produzirt hat, nicht noch ein weiterer Beweis aufgelastet werden könne. Wenn Jemand eine notarielle Beglaubigung über eine Thatsache beibringt, von dem wird man doch nicht verlangen, daß er noch irgend einen weitern Beweis für eben diese Thatsache vorbringe, und das liegt allerdings in dem Grundsatze, daß der Richter unbedingt nach seiner Ueberzeugung die vorgelegten Beweise zu beurtheilen hat. Wenn er etwa aus der Rücksicht, daß gerade dieser und nicht jener Notar die Urkunde ausgefertigt hat, dieselbe für bedenklich halten und dem Produzenten einen weitern Beweis auflasten wollte, so würde die Ordnung des Prozesses geradezu verkehrt. Ich meine daher, daß zur festen Regelung der Beweislast es unerläßlich wäre, daß in Bezug auf Urkunden festgestellt werde, daß derjenige, der eine öffentliche Urkunde beibringt, eines weitern Beweises überhoben sei.

Es scheint mir auch in Bezug auf Urkunden das Bedenken nicht unwichtig, daß, wenn man dem Richter die freie Erwägung, in wiefern er eine sonst vollkommen glaubwürdige Urkunde dennoch für glaubwürdig oder nicht glaubwürdig halten will, überläßt, es im Prozesse nicht gut möglich wäre, zu sagen, über eine solche Urkunde sei ohne weiteres ein Mandat zu erlassen, wie wir z. B. in Oesterreich über gewisse Formal-Urkunden ohne Weiteres Mandate erhalten.

Es scheint mir daher ganz in der Natur des Prozesses zu liegen, daß man mit Rücksicht auf die Besonderheit, auf die Eigenthümlichkeit dieses Beweismittels bei Urkunden eine Ausnahme von der angestrebten Regel und zwar hier schon statuire.

Das gleiche dürfte in Bezug auf den Eid gelten. Wenn der Richter auf den Eid erkennt, so legt er die Entscheidung der Sache in die Hände der Partei. Ich will nun keineswegs den Richter insoweit gebunden wissen, daß positive Beweisgrundsätze ihn bestimmen sollen, den Beweis durch Eid dem einen oder dem andren Theile zuzuschieben. Er soll nach seinem freien Ermessen die Partei bestimmen, welche zu einem Eide zugelassen werden soll. Allein, ist einmal auf den Eid erkannt, soll damit auch implizite die Sache entschieden sein.

Ich meine daher, daß mein Antrag ganz im Sinne des hauptsächlichen Antrages sei, denselben in seinem eigenen Geiste präzisire und als Zusatzantrag Ihrer Zustimmung wohl gewiß sein könne. Er geht dahin:

> „Der Juristentag wolle aussprechen: der Civilrichter ist bei Beurtheilung der im Prozesse vorgebrachten Thatsachen an eine positive Beweistheorie nicht zu binden, vorbehaltlich der Bestimmung über die Glaubwürdigkeit von Urkunden und Parteieneiden."

Es versteht sich von selbst, daß hier eine Einwendung, welche sich auf den Zeugeneid beziehen könnte, nicht stichhaltig wäre. Denn wenn der Richter den Zeugen zum Eide zuläßt, so hat er damit gewissermaßen nur ein stringirendes Mittel in Anwendung gebracht, wodurch er die Glaubwürdigkeit des Zeugen prüfen will. (Rufe: Schluß! Schluß!) Ich habe nur noch hinzuzufügen (Unruhe. Rufe: Schluß! Schluß!)

**Präsident:** M. H.! Sie können dem Redner nicht das Wort nehmen! Sie können den Schluß der Diskussion beantragen und beschließen, aber nicht denjenigen, der bereits das Wort hat, unterbrechen. (Bravo!)

Dr. **Brix** (fährt fort.) Es ist mir nämlich diese Einwendung schon gemacht worden, daß dasselbe, was von dem Parteieneide gelte, auch von dem Zeugeneide gelten müßte. Das scheint mir nun aber durchaus nicht richtig zu sein. Denn wenn man einen Zeugen vernimmt, so hat man dadurch noch nicht die Entscheidung der Sache in die Hand des Zeugen gelegt; hinterher hat erst der Richter zu entscheiden, was er nach der Vernehmung des Zeugen, sei er auch ein beeideter, für wahr halte, und was nicht. Wenn aber einmal die Partei zum Eide zugelassen wird, dann ist es nicht mehr so, dann soll es nicht mehr in die Hand des Richters gegeben sein zu sagen: „Obgleich die Partei das Faktum beschworen hat, obgleich ich früher erkannt habe, daß diese Sache nur durch das Zeugniß der Partei festgestellt werden könne und daß ich ein anderes Mittel, der Wahrheit nahe zu kommen, nicht besitze, so entnehme ich doch aus der Art, wie die Partei zu dem Beweise der Wahrheit geschritten ist, daß die Sache sich nicht so verhalte, und ich entscheide nunmehr in entgegengesetzter Richtung."

Advokat **Lauenstein** aus Lüneburg: Die Thatsache, daß die vierte Abtheilung des zweiten Juristentages die Frage der Beweiswürdigung im Civilprozeß für keineswegs abgeschlossen erklärte, verglichen mit dem Umstande, daß die vierte Abtheilung des dritten Juristentages mit einer großen Mehrheit den Antrag des Herrn Berichterstatters angenommen hat, diese Thatsache ist meines Erachtens so befremdend, daß es sich allerdings wohl der Mühe lohnt, zu prüfen, ob es nicht zweckmäßig sei, die Angelegenheit an die Deputation zurück zu verweisen. (Unruhe.) Ich bin allerdings der Ansicht, daß diese Frage keineswegs ganz abgeschlossen ist, und ich erlaube mir diejenigen Gründe kurz zu rekapituliren, welche auch in der vierten Abtheilung gegen die Anträge des Herrn Berichterstatters ausgesprochen worden sind.

Durch den Antrag des Herrn Berichterstatters wird ein Prinzip festgestellt, welches mit der Gesetzgebung der meisten Einzelnstaaten allerdings in einen sehr eklatanten Widerspruch tritt, und es ist sehr zweifelhaft, ob sich dieses Prinzip ebensowohl empfiehlt vom Gesichtspunkte der Praxis als vom Gesichtspunkte der bloßen Theorie. Alle Mitglieder der vierten Abtheilung, die über den Gegenstand gesprochen haben, waren übereinstimmend der Ansicht, daß die Aufrechterhaltung aller Beweisregeln, welche die Prozeßordnungen vieler Deutscher Staaten enthalten, sich keineswegs rechtfertigt. Indeß ebensowohl waren viele Mitglieder der vierten Abtheilung der Ansicht, daß die Aufrechthaltung bestimmter Beweisregeln zur Beschränkung der richterlichen Willkühr allerdings geeignet und am Orte sei.

M. H.! Fassen Sie nun den Antrag des Herrn Berichterstatters ins Auge, so werden Sie finden, daß der Herr Berichterstatter als Regel ein Prinzip aufgestellt hat, und daß sein Antrag sich von vornherein davor verwahrt, daß aus dem Prinzipe alle Konsequenzen gezogen werden sollen. Er gestattet also Ausnahmen, und es fragt sich daher, ob bei einem Gegenstande, der in so außerordentlich tiefer Weise in den bisherigen Prozeß einschneidet, es nicht des Juristentages würdiger sein würde, sofort diejenigen Ausnahmen festzustellen, bei welchen das richterliche Ermessen bei der Prüfung der Beweisfragen an bestimmte Schranken gebunden sein soll.

Der Herr Berichterstatter hat bei Rechtfertigung seines Antrages von vornherein ganz bestimmte Punkte ausgeschieden. Er hat z. B. gestattet, daß die Parteien berechtigt sein sollen, von dem Rechtsmittel der Eidesdelation im Anfange des Prozesses unbedingt Gebrauch zu machen, und im vornehinein zu pazisziren, daß das Resultat des Rechtstreites lediglich bestimmt werden soll durch den von der einen oder andern Seite zu schwörenden Schiedseid.

M. H.! Diejenigen, welche für eine vollständig freie Prüfung des Beweises sind, gestatten auch nicht die Delation!

Der Herr Berichterstatter hat ferner gesagt, er halte es für nöthig, daß man auch dem Richter den nothwendigen Eid gestatte.

M. H.! Diejenigen, welche die völlig freie und umumschränkte Prüfung des Beweismaterials gesichert wissen wollen, gestatten auch nicht dem Richter die Auferlegung des nothwendigen Eides!

Nun, m. H., müssen wir uns doch darüber klar werden, welche Ausnahmen wir von diesem Prinzipe in concreto gestatten wollen. Es scheint mir durchaus nothwendig, daß diese festgestellt werden, weil es sich im vorliegenden Falle um eine rein praktische Frage handelt; denn es kann in der That gar kein Gegenstand praktischer sein, als eben der Civilprozeß. Das würde aber durch den Beschluß, der das Prinzip im Allgemeinen anerkennt, sich aber im Voraus verwahrt, alle Konsequenzen aus diesem Prinzipe zu ziehen, in keiner Weise geschehen.

Ich erlaube mir nun eben in Kürze die Gründe anzuführen, welche diejenigen bewogen haben, gegen den Antrag zu stimmen, die nicht mit dem Herrn Berichterstatter übereinstimmen.

Es läßt sich gar nicht verkennen, daß sich überhaupt unser Prozeß in ganz bestimmten Formen und nach bestimmten Vorschriften bewegt, daß wir den konventionalen Prozeß ausgeschlossen haben. Es hat nun entweder die Wissenschaft oder die Gesetzgebung für das richterliche Ermessen bei der Prüfung der Beweisfrage ganz bestimmte Regeln festgesetzt, und es läßt sich vermuthen, daß diese Regeln das Richtige treffen. Wenn Sie alle diese Regeln, welche den Richter bei Prüfung der Beweisfrage binden, beseitigen, so setzen Sie an die Stelle dieser durch die Wissenschaft oder die Gesetzgebung festgestellten Grundsätze das individuelle Ermessen des Richters. Ich verwahre mich gleichfalls dagegen, m. H., daß ich dem Richterstande irgend einen Vorwurf machen will; ich halte es aber für durchaus zweckmäßig, daß bei Prüfung der Beweisfrage vielmehr das Resultat wissenschaftlicher Forschung und Jurisprudenz im Allgemeinen entscheide, als allein das individuelle Ermessen des Richters.

Sie erschüttern auch durch Annahme dieses Antrages den Verkehr in ganz außerordentlich bedenklicher Weise. Es war schon die Rede davon, daß der Kaufmann gewohnt ist, vom Inhalte seiner Bücher den halben Beweis im Prozesse zu gewärtigen. Darauf kommt es aber nicht allein an. Man ist auch gewohnt, von den öffentlichen Urkunden einen vollständigen Beweis im Civilprozeß zu erwarten; man ist gewohnt, daß, wenn man für eine Thatsache zwei unbescholtene Zeugen vorbringt, der Richter verpflichtet ist, auf Grund des Zeugnisses dieser beiden unbescholtenen Personen eine bestrittene Thatsache für wahr zu halten. M. H., alle diese Annahmen vernichten Sie mit dem Augenblicke, wo Sie lediglich dem richterlichen Ermessen das freie Urtheil in Beziehung auf die Prüfung der Beweisfrage einräumen, und ich glaube, es bedarf keiner

Ausführung, daß Sie dadurch dem Verkehre eine erhebliche Beeinträchtigung zufügen; die Sicherheit des Verkehrs ist dadurch in einer Weise gefährdet, wie sie in der That von uns nicht gefährdet werden darf.

Von dem Herrn Berichterstatter ist in Bezug auf die Verhandlungsmaxime — wenn ich ihn richtig verstanden habe — geäußert worden, daß die Verhandlungsmaxime keineswegs durch die Annahme des Antrages beeinträchtigt wird, und ich darf aus persönlichen Gesprächen mit Mitgliedern der vierten Abtheilung konstatiren, daß viele dieser Mitglieder nur unter der Voraussetzung für den Antrag gestimmt haben, daß eben die Verhandlungsmaxime als ein Grundaxiom des Civilprozesses trotz des Antrages erhalten bleiben werde. Aber ich frage Sie, m. H., wie wird sich dies in der Praxis gestalten? Für deu Richter soll nichts existiren, was nicht in den Akten ist; jetzt aber prüft der Richter die Beweisfrage nicht nach den Beweisregeln, sondern nach seinem freien Ermessen. Nun frage ich, wie ist es möglich, daß der Richter verhindert werde, alles dasjenige, was er außeraktenmäßig erfahren hat, mit in den Kreis seiner Beurtheilung zu ziehen. Wie wollen Sie hierfür dem Richter bestimmte Schranken setzen? Und wenn es selbst der pflichtgetreueste Richter ist, wird er sich stets enthalten, bei der Beurtheilung des Beweismaterials Manches zu berücksichtigen, was ihm keineswegs durch die Parteien im Civilprozesse vorgetragen ist, sondern was er lediglich im Privatwege erfahren hat. Ich frage Sie aber, m. H., ob es nicht ein gefährliches Ding ist, in dieser Beziehung die menschliche Schwachheit nicht zu berücksichtigen; denn die menschliche Schwachheit existirt bei dem Richter gerade so, wie bei jedem anderen Menschen.

Man hat die Analogie des Kriminalprozesses auch in der vierten Abtheilung in die Frage hineingezogen. Man hat gesagt: bei dem Kriminalprozesse handelt es sich um Rechte, welche einer höheren Rechts-Sphäre angehören und die Deutsche Gesetzgebung hat kein Bedenken getragen, hier, wo es sich um Leben und Tod, um die persönliche Freiheit handelt, lediglich das richterliche Ermessen entscheiden zu lassen, und bei dem Civilprozesse, wo lediglich um verzichtbare Güter gestritten wird, wollt Ihr formelle Beweisregeln gelten lassen? M. H., ich verwahre mich gegen diese Analogie, eine solche Analogie ist vollständig unrichtig. Bei dem Kriminalprozesse gilt eine andere Theorie als im Civilprozesse. Der Kriminalrichter ist berechtigt, den ganzen Fall sich vor Augen zu halten; er kann alle Auskunftsmittel benützen, um sich die objektive Ueberzeugung von dem Thatbestande zu verschaffen. Dagegen ist im Civilprozesse der Richter an dasjenige gebunden, was er fragmentarisch von der Partei in Erfahrung bringt, er ist nach der Verhandlungsmaxime nicht berechtigt und soll nicht berechtigt sein, etwas außer den Akten herbeizuziehen. (Bravo! Bravo!) Er würde pflichtwidrig handeln, wenn er das thäte; er ist nur an die Vorträge der Parteien gebunden und darf nur dasjenige berücksichtigen, was diese ihm vorlegen.

Ich glaube, daß diese Fragen lediglich vom praktischen Gesichtspunkte aus behandelt werden müssen, und meine, daß außerordentlich viele Bedenken gegen die Richtigkeit der von dem Herrn Berichterstatter aufgestellten Theorieen geltend gemacht werden können. Ich will daran erinnern, daß der vierten Abtheilung im vorigen Jahre gerade ein sehr bewährter Praktiker, Mitglied eines obersten Gerichtshofes in Preußen, der Obertribunalsrath Waldeck, die Bedenklichkeit dieses Prinzipes ausdrücklich anerkannt hat. M. H.! Die Sache läßt sich leicht rechtfertigen, eben weil es sich hier handelt um die Freiheit der richterlichen Beurtheilung; ich warne Sie aber davor, lediglich wegen des Begriffes der Freiheit einen Beschluß zu fassen, welcher vielleicht die Rechtsverfolgung im Civilprozesse auf das äußerste gefährdet. (Lebhafter Beifall.)

Ich erinnere auch an die Zeit, wo die richterliche Unparteilichkeit befangen war durch politischen Einfluß. Wir haben ja auch in solchen Zeiten gelebt, wo die Wogen der politischen Bewegung das richterliche Ermessen beeinflußten. In solchen Zeiten ist es ganz außerordentlich bedenklich, lediglich die richterliche Willkühr entscheiden zu lassen, anstatt derjenigen Gesetze, welche die Gesammtlogik und die Gesammtintelligenz festgestellt haben.

M. H.! Ich bitte Sie darum, die Angelegenheit nicht heute abzuthun, sondern sie an die ständige Deputation wieder zu verweisen. Sie werden dadurch Nichts verlieren, wenn Sie diese Angelegenheit noch einmal genau in Erwägung ziehen und prüfen lassen. Es haben sich auch in der vierten Abtheilung sehr gewichtige Stimmen gegen den Antrag des Herrn Referenten ausgesprochen.

Ich stimme daher für den Antrag des Herrn Zenthöfer (Rufe: War nicht unterstützt!) daß die Angelegenheit nochmals an die Deputation verwiesen werde. (Lebhafter Beifall.)

Ober-Gerichtsanwalt **Eller** aus Mannheim: M. H.! Sehr ungern ergreife ich das Wort, allein ich fühle mich gedrungen dazu nach den vortrefflichen Bemerkungen, die der Herr Vorredner Ihnen eben gemacht hat. Ich spreche in demselben Sinne wie er.

Es handelt sich um ein Prinzip, das im Allgemeinen von der größten Gefahr ist. Es ist das Prinzip näher in's Auge zu fassen. Es handelt sich nicht darum, einen allgemeinen Grundsatz aufzustellen, unbekümmert um die Folgen. Ich lebe in einem Lande und unter einer Gesetzgebung, und diese beherrscht Millionen — es ist die Französische — wo der Zeugenbeweis ausgeschlossen ist bei jedem Gegenstande, der die Summe von 75 Fl. beträgt. Das ist auch ein Beweismittel und ein sehr wichtiges. Wenn Sie den Beschluß fassen, wie er nun vorgeschlagen wird, so heben Sie diese Beschränkung des Zeugenbeweises mit einem Federstrich auf. Ich frage, ob diese Beschränkung des Zeugenbeweises zu beseitigen ist oder nicht? Sie ist ja von Ihnen nicht in's Auge gefaßt worden! Wie kann nun hier beschlossen werden über die Beseitigung sämmtlicher Beweisregeln, ohne daß wir einen der wichtigsten Punkte irgendwie betrachtet haben!

Es giebt positive und negative Beweisregeln; es handelt sich nicht um die Beurtheilung der positiven allein, sondern auch um die der negativen. Ich will dem Richter eine freie Beurtheilung der sämmtlichen, ihm vorgebrachten, gesetzlich zulässigen Beweismittel überlassen; ich will nicht, daß er gebunden ist an das Gutachten eines an Bildung und Kenntnissen weit unter ihm stehenden Sachverständigen, wie wir das sehr oft sehen; ich will nicht, daß er gebunden ist an das Wort von ein paar Zeugen, oder daß er dem Worte eines Ehrenmannes, von dessen Wahrheit er überzeugt ist, in einem zutreffenden Falle nicht glauben schenken darf. Allein, sowie es hier mit diesem Grundsatze versucht wird, das Kind mit dem Bade zu verschütten, das will ich eben auch nicht.

Wir stehen bei einer Frage des Verkehrslebens, und hier handelt es sich allerdings darum, daß man dieses Verkehrsleben sichere. Es ist das Privatrechtsleben etwas anderes, als das Kriminalrecht und seine Anwendung. Vor dem Kriminalrechte kann sich jeder hüten, in sofern, daß er sucht, mit ihm nicht in Konflikt zu kommen: mit dem Civilrechte muß jeder zu thun haben und er richtet seine Handlungen darnach ein. Ich kann nicht dafür Sorge tragen, den gehörigen Beweis in einer Strafsache zu haben; aber ich kann dafür sorgen, den gehörigen Beweis in Civilsachen zu haben, um darnach meine Vermögensverhältnisse und die ganze Stellung in der bürgerlichen Gesellschaft zu regeln. Das Gesetz muß mir also sagen, in welchen Fällen meine Rechte gesichert sind, weil ich darauf ja alle meine Einrichtungen zu bauen habe. Es muß also das Gesetz mir sagen, welcher Urkunde ein Glaube beigemessen werden solle, und daß ich nicht zu fürchten habe, daß man mich mit leeren Chikanen vielleicht Jahre lang herumtreibt und zu Grunde richtet, während ich im Anfange in der Lage war, dafür zu sorgen, dieser Gefahr zu entgehen, indem ich mir die gehörigen Beweismittel schaffte.

M. H.! Die Fassung, die hier der Frage gegeben wurde, ist viel zu allgemein, indem man sagt, der Richter hat das Recht, die Wahrheit der Thatsachen zu prüfen, welche zwischen den Parteien streitig sind. Ich will von diesem zukünftigen Prozesse nichts wissen, in welchem der Richter eine Untersuchung führen muß; denn mit diesem Prinzipe handelt es sich um eine Untersuchung. Ich könnte viel eher begreifen, daß man, von diesem Grundsatze ausgehend, die Beweisfrage auch im Civil-Prozesse vor Geschworne wiese, wie sie in England gewiesen ist.

Das ist auch noch eine weitere Frage, die, wenn wir auf der Höhe der Zeit und Wissenschaft stehen, doch noch einer Prüfung bedarf, und es ist das ein weiterer Grund, warum ich der Ansicht bin, daß die Frage über den Beweis im Civilprozesse wirklich noch nicht reif ist; denn die Frage, in wiefern die Geschwornen berufen sind, im Civilprozesse einen Wahrspruch über die Sache zu geben, ist auch noch nicht erörtert.

Das sind die Hauptgründe, die mich dazu bringen, den Antrag zu unterstützen, daß diese Frage, weil sie noch nicht reif ist, der ständigen Deputation überwiesen werde zur Berichterstattung. (Beifall. Rufe: Schluß!)

**Präsident:** Es ist Schluß der Debatte verlangt. Sind Sie damit einverstanden? diejenigen, die für den Schluß sind, wollen die Hand erheben. (Geschieht.)

Es scheint die Majorität für den Schluß zu sein. Wollen Sie die Gegenprobe machen? Wer gegen den Schluß ist, hebe die Hand auf. (Geschieht.) Die Majorität ist für den Schluß.

Berichterstatter Professor **Endemann:** M. H.! Ich werde nur noch einige wenige Worte sagen.

Ich muß mich zunächst gegen den Antrag erklären, welcher von einem Vorredner gestellt worden ist, und der wieder Einzelheiten hervorgehoben wissen will; gerade absichtlich hat gestern die Abtheilung beschlossen, auf Einzelheiten nicht einzugehen. Ich halte das für entschieden richtig, wie ich bereits vorhin ausgeführt.

Es handelt sich einfach darum, das Prinzip hinzustellen, nach welchem man sich richten, nach welchem man streben soll. Das ist die Idee der Resolution, die bei Ihnen beantragt worden ist. Fast alle Vorredner haben sich in die Ausbildung desjenigen Verfahrens oder sonst in die einzelnen Folgen verloren, welche daraus entstehen können, wenn man die freie Beweisprüfung im Civilprozesse einführt. Es ist unmöglich, daß dies die Aufgabe des Juristentages sei. Ich habe schon einmal gesagt: überlassen wir doch das einstweilen der Durcharbeitung; vielleicht wird sich das Bild eines Civilprozesses schaffen lassen, welches alle Bedenken zerstreut. Aber ich weiß nicht, wie man einen Civilprozeß konstruiren soll, wenn man sich nicht zuvor über das Hauptprinzip für die Beweisprüfung klar ist. Ich glaube in der That, m. H., das Prinzip der freien Beweisprüfung ist ein

Moment von solcher Größe, daß wir auf kleine Einzelheiten nicht eingehen sollen.

Wir stehen — erlauben Sie mir, diesen zwar wohlfeilen Ausdruck zu gebrauchen — an dem Wendepunkte einer großen Entwicklung für das ganze Recht. Es scheint fast, als würde mir vorgeworfen, ich ginge als Theoretiker zu weit und sähe vor allen Dingen nicht die großen Gefahren bei politischer Abhängigkeit der Richter. Nun, meine Herren, dagegen kann ich Ihnen die einfache Thatsache bringen, daß ich bis vor Kurzem Praktiker gewesen bin, und zwar in einem Lande, wo die bedenklichsten politischen Zustände herrschen, in Kurhessen nämlich; und in diesen trüben Zuständen und trotz derselben ist im Laufe meiner Praxis aus eigener Anschauung in mir die Ueberzeugung herangereift, daß auf keinem andern Wege verfahren werden kann. In den trübsten Zuständen habe ich die Einsicht gewonnen, daß es vollständig möglich ist, mit dem Urtheil des Richters nach dessen freier Ueberzeugung durchzukommen. Es ist das nicht blos eine Frage des Verfahrens. Das Verfahren ist es nicht, welches dem Richter den Charakter giebt. Ist der Richter nicht gerecht, weil er nicht ein Mann von Charakter ist, so, glaube ich, wird man mit ihm nicht viel ausrichten, einerlei, ob man die Beweisregeln erhält, oder die freie Beweisprüfung einführt.

Weiter habe ich Ihnen nichts hinzuzufügen. Ich möchte wahrlich Niemanden auf die eine oder andere Weise bestechen. Glauben Sie mir, daß mich nur meine volle Ueberzeugung von der Richtigkeit der Idee, die in mir lebt, zu diesem Ihnen gestellten Antrage auffordert. Ich bin überzeugt, daß wir auf diese Weise den Richterstand dem Volke wieder in die Arme führen und durch die Aufnahme der freien Beweisprüfung den Gegensatz verschwinden machen, der den Juristen von dem Volke trennt. Gerade deshalb will ich den Antrag stellen. (Bravo! Bravo!)

**Präsident**: M. H.! Ich lege Ihnen den Antrag des Herrn Endemann und der Abtheilung, wie er mir von dem Herrn Referenten mitgetheilt wurde, noch einmal vor. Er lautet dahin:

> „Der Juristentag spricht sich, ohne damit die Folgen des Grundsatzes im Einzelnen festzustellen, im Ganzen für das Prinzip aus, daß der Richter die Wahrheit der Thatsachen, soweit sie unter den Parteien streitig sind, nach freier Ueberzeugung zu prüfen habe."

Zu diesem Antrage ist, ich kann nicht sagen, ein Gegenantrag, sondern ein Amendement von Herrn Dr. Brix aus Wien dahin gestellt worden, den Antrag zwar anzunehmen, aber nur noch beizufügen, um die Ausnahmen in gewisser Richtung zu spezialisiren: „vorbehaltlich der Bestimmungen über die Glaubwürdigkeit von Urkunden und des Parteieneides."

Ich glaube, daß dieser Zusatz nicht im Widerspruche mit dem Antrage der Abtheilung steht, indem auch die Abtheilung gemeint sein wird, eine Reihe von Ausnahmen von dem, was sie blos im Allgemeinen als Prinzip aufgestellt, zuzulassen.

Berichterstatter Professor **Endemann**: Dem müßte ich entgegentreten, indem die Abtheilung es in dem Sinne gemeint hat, daß das Prinzip der freien Beweisprüfung reinhin als anzustrebendes Ziel aufgestellt werde. Ob nach der praktischen Nothwendigkeit in dem jetzigen Augenblicke noch Ausnahmen zu machen sind, das hat die Abtheilung meines Wissens nicht berühren wollen, deshalb hat sie nicht eingehen wollen auf eine Spezialisirung, auf eine genaue Bezeichnung derjenigen Punkte . . .

**Präsident**: Aber das gehört wesentlich zur Klarstellung des Antrages und seines Sinnes. Wollte die Abtheilung gar keine Ausnahmen zulassen, nimmt sie ihr Prinzip als absolutes und sollten blos die Folgen des Grundsatzes erst noch im Einzelnen festgestellt werden, oder wollte die Abtheilung Ausnahmen zulassen, ohne jetzt näher in dieselben einzugehen? Das halte ich für eine der wichtigsten Vorfragen.

**Ein Mitglied**: Ich erlaube mir zu bemerken, daß in der Abtheilung drei Anträge auf Spezialisirung der Beweise gestellt worden sind. Es kam aber keiner der Antragsteller auch nur zum Worte, um seinen Antrag zu entwickeln. Die Frage ist also in der Abtheilung durchaus nicht durchdebattirt worden, und ich glaube, es wäre höchst bedenklich, jetzt nur einige Ausnahmen zu debattiren und über alle andern wegzugehen.

Kreisger.-Dir. **v. Kunowsky** aus Beuthen: Es scheint in der Fassung des Antrages, wie die Abtheilung ihn vorgelegt hat, deutlich ausgesprochen, daß Ausnahmen dem Prinzip gegenüber zugelassen werden, (Rufe: Ja wohl!) weil dort gesagt ist, der Juristentag spricht sich im Ganzen für das Prinzip aus.

**Präsident**: Ich habe, ich gestehe es, m. H., den Antrag auch nicht anders aufgefaßt. Wer ein Prinzip im Ganzen aufstellt, giebt zu, daß im Einzelnen Modifikationen zulässig sein sollen.

Berichterstatter Prof. **Endemann**: Gewiß werden vorläufig praktische Ausnahmen in der Gesetzgebung zugelassen werden müssen.

Advokat **Lauenstein**: Schon in der Abtheilung ist den Antragstellern der Vorwurf gemacht worden, daß sie nicht völlig aufrichtig seien, weil sie eben diejenigen Ausnahmen, die sie von dem Prinzipe statuiren wollten, nicht klar vorlegten. Hätten sie die Ausnahmen zur Debatte gebracht, so würden wahrscheinlich viel mehr für den Antrag gestimmt haben.

**Präsident**: M. H.: Ich glaube, wenn ich diese beiden Anträge, die vorliegen, ins Auge fasse, am richtigsten zu gehen, wenn ich den Antrag wie ihn die Abtheilung gestellt hat, nachher einfach vorlege. Daß dieser Antrag die Möglichkeit von Ausnahmen zuläßt, kann gar keinen Zweifel haben nach der Art und Weise, wie er gestellt und beschlossen wurde. — Auf die Spezialisirung der Ausnahmen aber uns hier einzulassen, das können wir schon geschäftsordnungsmäßig nicht thun, denn dies ist eine ganz unvorbereitete Frage.

Adv.-Kand. Dr. **Brir** aus Wien: Ich ziehe meinen Antrag zurück, damit dadurch die Streitfrage erledigt werde.

**Präsident**: Nun ist aber noch ein anderer Antrag gestellt worden, der des Herrn Advokat Lauenstein. Er geht dahin:

„In Erwägung, daß die Frage über die Freiheit der Prüfung der Beweisfrage in der Wissenschaft noch nicht zum Abschlusse gelangt ist, geht der Juristentag zur Tagesordnung über."

M. H.! Auf den ersten Anblick, wie ich diesen Antrag so lese, könnte man meinen, daß wir darüber schon entschieden haben. Allein wenn wir die Sache genauer nehmen, so ist über das jetzt Beantragte eigentlich doch nicht entschieden. Wir haben blos bei der Alternative, ob wir den Antrag an die Deputation zur Begutachtung verweisen oder in unserer Sitzung hier darüber berathen und beschließen wollen, entschieden, den Antrag nicht an die Deputation zurückzuweisen. Der Antrag auf Uebergang zur Tagesordnung aber ist eigentlich ein ganz anderer Antrag.

Uebrigens könnte doch darüber gestritten werden, ob ich formell berechtigt wäre, den Antrag auf Tagesordnung noch zur Abstimmung vorzulegen. Wir könnten aber diese Frage umgehen, wenn zunächst der Antrag der 4. Abtheilung zur Entscheidung vorgelegt würde. Derjenige, der entschieden für den Antrag ist, wird nicht auf die Tagesordnung übergehen wollen, sondern für den Antrag stimmen. Allerdings kann dann gegen den Antrag aus zwei verschiedenen Gründen gestimmt werden; es können gegen ihn Die stimmen, welche zwar auf die Sache eingehen möchten, denen aber der Antrag nicht gefällt, es können aber auch Die dagegen stimmen, welche auf die Sache vorerst gar nicht eingehen wollen. Diejenigen Herren, die für die Tagesordnung sein würden, würden dann gegen den Antrag zu stimmen haben. Ich müßte mir aber, wenn der Antrag von Ihnen verneint würde, dann erlauben, nochmals die Frage zu stellen, ob nicht dennoch die Deputation für den nächsten Juristentag weiter darüber referiren solle. (Rufe: Ja wohl!) Sind Sie damit einverstanden? (Rufe: Ja, Ja!)

Rechtsanwalt u. Notar **Leonhard** aus Grünberg: Ich bitte um das Wort zur Fragestellung. Es erscheint mir sehr bedenklich, daß der Antrag der Abtheilung in erster Linie und der Antrag über die Tagesordnung erst in zweiter Linie zur Abstimmung gebracht werden soll und zwar aus dem Grunde, weil diejenigen Herren, welche noch nicht mit ihrem Urtheile reif sein sollten, sich theilweise, wenn sie gedrängt würden zu einer materiellen Entscheidung, leicht gegen ihre eigentliche Meinung für oder gegen den Antrag aussprechen würden. Ich bin der Meinung, daß, wie immer in allen parlamentarischen Versammlungen, die Tagesordnung jeder materiellen Abstimmung vorgehen müsse. Dann erhalten wir ein reines Resultat und es wird Niemand präokkupirt.

**Präsident**: M. H.! Formell bin ich ganz dieser Ansicht; ich habe es vorhin gleich gesagt, daß der Antrag auf Tagesordnung den Vorrang habe, aber mich machte nur der Beschluß, den das Plenum schon gefaßt hat, bedenklich. Wenn Sie aber der Ansicht sind, daß der Antrag auf Tagesordnung, wie es auch wirklich der Fall ist, eine andere Bedeutung hat, wie der vorhin gefaßte Beschluß . . .

**Leonhard** aus Grünberg: Ich bitte noch einmal um das Wort. Der Antrag des Herrn Zenthöfer war der bestimmte Antrag, der Deputation die Angelegenheit in den Schooß zu werfen. Die Angelegenheit hat zweimal schon der Deputation vorgelegen. Der Antrag des Herrn Adv. Lauenstein geht dahin, daß die Frage überhaupt vom Standpunkte der Wissenschaft und praktisch noch gar nicht reif sei, daß also die Deputation damit auch gar nichts anfangen könne.

**Präsident**: Ich habe die Bedeutung dieses Antrags ebenso erklärt. Wenn Sie also zugeben, daß jener Beschluß nicht entgegensteht, so frage ich, ob das Plenum über die vorgelegte Frage zur Tagesordnung übergehen will, in der Erwägung, daß die Frage über die Freiheit der Prüfung der Beweise in der Wissenschaft noch nicht zum Abschlusse gelangt ist. Wer für Annahme dieser motivirten Tagesordnung ist, ersuche ich die Hand zu erheben. (Geschieht.) Ich bitte diejenigen, welche gegen die Tagesordnung sind, ihre Hand zu erheben. (Geschieht,)

M. H.! Nach Ansicht des Büreau's ist die Majorität sehr zweifelhaft. Bei einer solchen Frage aber, die so wichtig und tief einschneidend ist, müssen wir, wenn unser Urtheil Gewicht haben soll, uns in entschiedener Majorität aussprechen.

Ich möchte daher wagen, nun nochmals auf den ersten Antrag zurückzukommen, indem wir durch das Schwanken der Majorität ein neues Motiv gewonnen haben, den ersten Antrag nochmals in Erwägung zu ziehen. (Rufe: Ja! — Nein! Große Unruhe in der Versammlung.)

**Ein Mitglied**: Ich glaube, daß es am besten wäre, die von Herrn Endemann angeregte Frage selbst zur Abstimmung zu bringen. Bleibt das Resultat zweifelhaft, nun, dann haben wir nichts verloren; jedenfalls aber wird, wenn der Antrag Endemann zur Abstimmung gebracht wird, ein bestimmtes Resultat erzielt werden.

**Präsident:** Jetzt ist die Frage der Tagesordnung in der Abstimmung, und es muß diese erst bereinigt werden. Ich zweifle nicht, daß eine Majorität sich für das eine oder andere konstatiren lassen wird; aber ich frage Sie, wenn die Sache mit einer Majorität von wenigen Stimmen entschieden wird, glauben Sie, damit Ihrem Beschlusse ein Gewicht zu geben?

Kreisgerichts-Direktor **v. Kunowski:** Ich erlaube mir, aufmerksam zu machen, daß ein ähnlicher Fall in Dresden vorkam, daß man aber da wenig zweifelhaft darüber war, daß eine Majorität, die durch wenige Stimmen oder erst durch eine itio in partes gewonnen werde, kein Gewicht habe.

**Präsident:** Unter diesen Umständen glaube ich, die Frage stellen zu dürfen: Wollen Sie diese wichtige Frage nicht nochmals der zu bestimmenden ständigen Deputation für einen Bericht zum nächsten Juristentage über-übertragen? Wer dafür ist, erhebe die Hand. (Geschieht.) Die große Majorität erklärt sich dafür. Wer dagegen ist und jetzt in die Sache eingehen will, erhebe die Hand, (Widerspruch und Erklärung, daß das Resultat nicht zweifelhaft sei.) Auch mir scheint die Verweisung an die Deputation durch entschiedene Majorität beschlossen zu sein, und ich veranlaßte die Gegenprobe nur, um der Sache ganz sicher zu sein. Allein bei Ihrer Versicherung wird die Gegenprobe nicht nöthig sein.

Herr Justizrath Volkmar, ich ersuche Sie, daß Sie den Bericht über die Frage erstatten: ob der Richter an das Beweisinterlokut gebunden sein soll.

Justizrath **Volkmar** aus Berlin: M. H.! Der Juristentag hat sich in der vierten Abtheilung diesmal zum dritten Male mit der Frage befaßt: „Soll der erste Richter an ein von ihm erlassenes Beweisinterlokut bei der Hauptentscheidung gebunden sein?

Die Abtheilung hat die Schärfe derjenigen Gründe, welche unsere vortrefflichen Kollegen aus Hannover geltend gemacht haben, vollständigst gewürdigt; aber sie ist der Meinung gewesen und hat diese Meinung mit immenser Majorität ausgesprochen, daß jedem praktischen Bedürfnisse und dem materiellen Rechte vor Allem durch den Beschluß ein vollständiges Genüge geleistet werde, der dahin formulirt worden ist: „Das Gericht hat in einem mit Gründen versehenen Dekrete die Beweislast zu regeln und den Beweis zu verordnen. Das Gericht ist bei der Endentscheidung an dieses Beweisdekret nicht gebunden."

M. H.! Weil eben die Frage zum dritten Male erörtert wird, glaube ich Ihnen zu nahe zu treten, wenn ich dieser Mittheilung noch Etwas hinzufüge. (Bravo.)

**Präsident:** Es ist uns dieser Beschluß blos zur Kenntnißnahme mitgetheilt, es ist also darüber nicht weiter zu entscheiden.

Ich lade nun Hrn. Dr. Berger ein, über die übrigen, in der vierten Abtheilung gestellten Anträge zu referiren.

Hof- und Ger.-Adv. Dr. **Berger** aus Wien: Der vierten Abtheilung wurden reichliche Vorlagen gemacht, die Sie aus dem gedruckten Programme entnehmen. Sie hatte neun verschiedene Gegenstände zu berathen. Drei davon wurden in derjenigen Weise erledigt, die Sie aus den Berichten der Referenten entnommen haben. Die Abtheilung würde die Mühe und Arbeit nicht gescheut haben, sich auch der Erledigung der übrigen Gegenstände zu unterziehen, wenn diese möglich oder aber auch nothwendig gewesen wäre. Ich habe nämlich über die Geschicke und die künftigen Schicksale der Anträge folgenden Bericht zu erstatten.

Der Antrag des Dr. Schaffrath unter VI a, betreffend die Succumbenzstrafen bei Verwerfung gesetzlich zulässiger Rechtsmittel, entfällt darum, weil dieser Antrag zurückgezogen wurde.

Was den Antrag unter IX der Herren Hauschteck und Sabarth, bezüglich der Staatsanwaltschaft, ihrer Organisation und Einfügung in den Gerichtsorganismus betrifft, so beschloß die Abtheilung, sich mit der Gerichtsorganisation derzeit überhaupt nicht, folglich auch nicht mit der Staatsanwaltschaft in dieser Beziehung zu befassen, sondern sie stellt den Antrag, diese Organisationsfrage, wie auch den Antrag des Dr. Eberty unter X, betreffend die Gerichtsorganisation, die Anwaltsordnung und den Personal-Arrest, der ständigen Deputation zur reiferen Vorbereitung zu überweisen.

Der Antrag des Herrn Sabarth, der einfache Beseitigung der Staatsanwaltschaft überhaupt will, kam auch in der dritten Abtheilung zur Sprache. Man hielt dort nämlich diesen Antrag für einen Gegenantrag wider den Keller'schen. Es scheint dies aber irrig, weil man allerdings gegen den Keller'schen Antrag sein konnte, ohne deshalb für den Sabarth'schen sein zu müssen. Ich habe daher nach einer Rücksprache mit dem Präsidenten dieser Abtheilung die Ehre, zu bemerken, daß wir den Sabarth'schen Antrag in seinem ganzen Umfange gleichfalls an die ständige Deputation zu weisen gedenken, und es wird in diesem Sinne der Antrag gestellt.

Weitere Anträge des Herrn Eberty, betreffend namentlich die Gerichtsorganisation, dann die Anwaltsordnung, ferner ein Antrag des Herrn Piper, betreffend die Entscheidung von Prozessen über geringere Streitsachen, schienen uns Anträge zu sein, die einerseits noch nicht spruchreif und auch noch nicht genügend vorbereitet sind, andererseits auch in ihrer Verwicklung eine bedeutend umfangreiche Berathung zur Folge haben dürften.

Der Antrag des Herrn Zenthöfer, betreffend das prozessualische Vorverfahren, war nicht so dringender Natur in Betreff der Deutschen Rechtseinheit; er war auch nicht gehörig vorbereitet, so daß ich in Beziehung auf alle diese Anträge seitens der vierten Abtheilung empfehlen muß, dieselben der ständigen Deputation zuzuweisen.

Ebenso ist der Antrag des Herrn Eberty, betreffend den Personalarrest, eine Singularfrage und von der Abtheilung und ständigen Deputation noch nicht gehörig vorbereitet.

Ich stelle daher den Antrag, alle diese Angelegenheiten der ständigen Deputation zu überweisen.

**Präsident:** Sind die Herren mit dem Antrage einverstanden? (Zustimmung.) Er ist angenommen.

Nun muß ich auf einen früher erwähnten Gegenstand zurückkommen. Ich mußte das Referat des Herrn Professors Unger über die Paternitätsfrage aussetzen, weil derselbe sich noch über einige Punkte mit dem Präsidenten der Abtheilung zu besprechen hatte. Da aber die Sache einmal ausgesetzt war, so mußte ich sie, um nicht den weiteren Gang der Verhandlung zu unterbrechen, nun an den Schluß der Berathung der Berichte der Abtheilungen stellen.

Ich lade nun Herrn Professor Unger ein, jetzt das Referat über diesen Gegenstand zu erstatten.

Referent, Professor Dr. **Unger** aus Wien: Es ist mir die Ehre zu Theil geworden, in der ersten und zweiten Abtheilung, der ich angehöre, zum Berichterstatter ernannt zu werden über den Antrag in Ansehung der Paternitätsklage, welchen ich eingebracht habe. Ich erlaube mir nunmehr im Namen der Abtheilung Ihnen den Bericht über die Diskussion soviel als möglich in Kurzem zu erstatten und Ihnen dann den Antrag vorzulegen, zu dem sich die Abtheilung geeinigt hat.

Der Antrag selbst, den ich gestellt habe, und den Sie unter Nr. XIX unseres kleinen Büchleins finden, dieser Antrag geht darauf hinaus, daß die Paternitätsklage im Principe für zulässig zu halten sei, daß sie jedoch einer gewissen Anzahl wesentlicher Einschränkungen zu unterziehen sei. Ich glaube, ich kann hier davon absehen, diese Einschränkungen noch einmal zu verlesen, und will blos das hervorheben, daß die letztgenannte und wichtigste die Zulassung der sogenannten exceptio plurium concumbentium ist.

Die Diskussion in der Abtheilung selbst war eine längere und sehr bewegte. Die verschiedenen sittlichen, rein juristischen, rechtspolitischen und sozialen Momente, die für diese Frage eine so große Bedeutung haben, sind alle nach verschiedenen Richtungen hin zur Sprache gekommen.

Von einer Seite wurde verlangt, es sei über diese große Frage zur Tagesordnung hinüberzugehen, da bei der prinzipiellen Verschiedenheit der Ansichten und bei der Verschiedenheit der Legislationen in diesem Punkte die Meinungen so schroff einander gegenüber ständen, daß eine Einigung doch wohl nicht oder doch jetzt nicht zu erzielen sei. Dieser von zwei Seiten gestellte Antrag wurde abgelehnt.

Daneben machten sich nach zwei Richtungen hin extreme Ansichten geltend. Auf der einen Seite wurde beantragt, die Zulässigkeit der Paternitätsklage sofort definitiv im Prinzipe zu verneinen. Dieser Antrag ging somit auf Einführung des sogenannten Maternitätsprinzipes. Auch dieser Antrag wurde von der Abtheilung nicht angenommen. Auf der andern Seite sprach man sich für unbedingte Zulassung der Paternitätsklage aus. Denn, wenn auch von einer und der andern Seite geltend gemacht und in der Richtung ein Antrag dahin gestellt wurde, es sei die Paternitätsklage im Prinzipe zuzulassen, jedoch auf eine kurze Anstellungsfrist zu beschränken, so bedarf das keiner besonderen Auseinandersetzung, daß dies keine Beschränkung des Prinzipes der Zulässigkeit, sondern nur eine Beschränkung der Anstellungsdauer der im Prinzipe ausnahmslos zulässigen Paternitätsklage wäre. Auch dieser Antrag auf unbedingte prinzipielle Zulassung der Paternitätsklage ohne wesentliche Einschränkung wurde nach der früher erwähnten mehrstündigen Diskussion abgelehnt.

Endlich war noch ein Antrag gestellt, der dahin ging, die Paternitätsklage im Prinzipe abzulehnen und sie nur dann für zulässig zu erklären, wenn sie verbunden würde mit einer Klage auf Vollzug des Eheversprechens, unter der Voraussetzung, daß eben jener concubitus geschehen sei nach erfolgtem Eheversprechen. Auch auf diesen Antrag ging die Abtheilung nicht ein, und so hat sich denn schließlich die Abtheilung nach mehrstündiger, lebhafter, hitziger Diskussion, wo nach allen Seiten hin alle Momente der Frage vielfach besprochen und zum Theile auf etwa zulässige Einschränkungen mehr oder weniger gründlich eingegangen worden war, zu dem Antrage geeinigt, der im Wesentlichen konform ist mit dem Antrage, den zu stellen ich mir erlaubt hatte.

Gestatten Sie mir nun, m. H., diesen Antrag, zu welchem man sich, und zwar mit ziemlicher Majorität, wie ich glaube, geeinigt hat, Ihnen vorzulegen und daran die Bemerkung zu knüpfen, daß die Abtheilung beschlossen hat, diese Frage als eine so wichtige und schwierige, worin in der That so viele verschiedene Ansichten sich geltend machen können, Ihrer Genehmigung, also der Berathung und Beschlußfassung im Plenum vorzulegen.

Der Antrag selbst, wie er die Majorität der Abtheilung erhalten hat, lautet nunmehr:

„Der Deutsche Juristentag wolle als seine Ueberzeugung aussprechen, daß die Klage anf die Anerkennung der unehelichen Vaterschaft im Prinzipe für zulässig zu halten, daß sie jedoch in angemessener Weise zu beschränken sei und insbesondere durch die exceptio plurium concumbentium entkräftet werden könne."

Das ist der Antrag, und diesen Antrag habe ich nunmehr die Ehre im Namen der Abtheilung Ihnen hier zur Genehmigung vorzulegen.

**Präsident**: Die Abtheilung hat den Antrag gestellt, daß das Plenum in die Sache selbst eingehen und einen Beschluß darüber fassen soll, und der gleiche Antrag wurde von einer Reihe von Mitgliedern des Plenums gestellt.

Es ist mir auch zu dem Antrage der Abtheilung ein Gegenantrag zugekommen, welcher dahin geht, daß der Juristentag seine Ueberzeugung dahin aussprechen solle:

1. „Die Klage auf Anerkennung der unehelichen Vaterschaft ist unzulässig, wenn dieselbe nur auf causa stupri begründet ist."
2. „Zulässig, wenn sie neben causa stupri noch auf ein vorangegangenes Eheversprechen gegründet ist."

Es liegen also zwei Anträge vor, die einander entgegengesetzt sind. Die Vorfrage wäre aber, ob wir überhaupt heute noch in die Sache eingehen und über sie entscheiden wollen. Es wurde mir in dieser Hinsicht eben ein Antrag von Dr. Fries aus Weimar übergeben, welcher dahin lautet:

„Der Ungersche Antrag, die Anerkennung der unehelichen Vaterschaft betreffend, wird der ständigen Deputation zur Berichterstattung für den vierten Deutschen Juristentag überwiesen."

Ehe Sie, m. H., darüber entscheiden, werden wir doch wohl wenigstens einen der Herren, welche die materielle Entscheidung in unserer heutigen Sitzung verlangen, sich aussprechen lassen müssen. Ich gebe daher zunächst dem Herrn Dr. v. Kerstorf das Wort.

Hofrath Dr. **v. Kerstorf** aus Augsburg: M. H.! In der Abtheilung war der Kampf zweier Prinzipien die Hauptsache. Ueber die praktische Nothwendigkeit und Zweckmäßigkeit der Beschränkung, größerer Beschränkung dieser Klage, war auf Seite derjenigen, die das Prinzip der Paternitätsklage, d. h. ihre Zulässigkeit bejahen, kein Zweifel. Ebenso war auf Seite derjenigen, die das Prinzip eigentlich verneinen wollten, kein Zweifel darüber, daß denn doch Gründe bestehen, aus welchen solche Klagen unbedingt zugelassen werden müssen. In diesem praktischen Momente stimmten wir also eigentlich überein, und es scheint, daß heute noch Mißverständnisse bestehen über die Tragweite der Frage, ob Prinzip, ob nicht Prinzip?

Sprechen die Herren sich heute ganz entschieden mit Ja oder Nein über das Prinzip aus, so glaube ich, gehen Sie zu weit; darüber ist eine communis opinio nicht vorhanden.

Auch ich, der Herr Drechsler und Dr. Vogel haben einen Antrag gestellt, der eben verlesen wurde, und welcher allerdings die Statthaftigkeit einer Klage auf Anerkennung der Paternitat bejaht, nicht aber in Folge des voran gestellten Prinzipes, wie wir es im Ungerschen Antrage finden. Wir finden den Grund der Zulässigkeit einer Klage in andern Umständen. Verneinen können wir das Prinzip nicht unbedingt, wenn das der wahre richtige Ausdruck sein soll, weil wir ja eine solche Klage in zwei außerordentlichen Fällen gestatten wollen, und umgekehrt können wir es nicht unbedingt bejahen, wir können es nicht als die Regel hinstellen. Denn darin ist die Theorie noch vollkommen verschiedener Ansicht, und darin sind die Praktiker verschiedener Ansicht, es divergiren darin die Gesetze.

Eine gemeinsame Regel ist schwer, am schwersten aber ein allgemeines, allgemein anzuerkennendes Prinzip zu finden und zu konstruiren. Es ist ein expediens, möchte ich sagen, daß wir diesen Antrag gestellt haben, weil wir weit entfernt sind, eine Frage zur Tagesordnung weisen zu wollen, deren Hieherbringung die Majorität der Abtheilung, der wir angehören, beschlossen hat. Wir müssen das Andern überlassen. Auch ich glaube, es wäre zweckmäßiger, vielleicht zur Tagesordnung überzugehen, und zwar motivirt, um die Sache wieder an die Deputation zurückzuweisen. (Rufe: Nein!) Nicht aber bin ich der Ansicht, daß, wenn die Sache hier beschlossen werden soll, der Beschluß dahin gehen dürfe, wie es nach dem Antrage der Abtheilung und des Antragstellers Professor Unger gemeint ist. Wenn auf die Sache eingegangen wird, so sage ich Ihnen: Nehmen Sie lieber unseren Antrag an. Ich muß ihn aber nochmals verlesen und besser motiviren.

**Präsident**: Vorerst muß ich die formelle Frage zur Entscheidung bringen; dann werde ich Ihnen wieder das Wort ertheilen.

Berichterstatter Professor **Unger**: Ich erlaube mir um das Wort zu bitten. Ich erkläre, daß mir von meinem Standpunkte aus kaum etwas Angenehmeres geschehen könnte, als wenn man in die materielle Behandlung der Sache eintreten würde. Nach dieser Vorausschickung erlaube ich mir jedoch zu bemerken, daß die Frage, falls Sie in die Diskussion eintreten, eine solche ist, daß sie eine größere Zeit erfordert, als Ihnen vielleicht zur Disposition steht, und ich fürchte, wenn die Diskussion in den

Zug käme, fänden wir mitten darin die Zeit zu weit vorgerückt und müßten sie unterbrechen.

Dann ist es auch schwer, zwischen dem Kerstorfschen und Ungerschen (um mich objektiv auszudrücken) Antrage zu wählen. Für Oesterreich namentlich nützt jener Antrag nichts, weil wir ihn nicht verstehen, und bei uns eine Klage auf Ehevollzug nicht besteht.

So viel in Ansehung der formellen Frage. (Bravo!)

Hofrath Dr. v. **Kerstorf**: Ich habe blos zu berichtigen, daß in dem Antrage keine Klage auf Ehevollzug vorkommt; das war ein abgeworfener Antrag.

Dr. **Drechsler** aus Parchim (Mecklenburg): Es ist ein ganz neuer Antrag.

Hofrath v. **Kerstorf**: Wir haben uns ganz neu dahin verständiget, den Antrag blos dahin zu stellen, daß die Klage nicht die Regel sei; blos aus dem stuprum, blos mit der causa stupri soll die Klage auf Anerkennung der Vaterschaft nicht zulässig sein. Dagegen soll diese Klage auf Anerkennung der Vaterschaft — wir reden nicht von Alimentation, denn das ist die Konsequenz davon — in zwei Fällen zulässig sein. In dem ersten Falle, wenn sie neben der causa stupri auf ein vorausgegangenes Eheversprechen gegründet ist, ganz abgesehen von der Frage, ob das ein rechtsgiltiges, ein klagbar zu verfolgendes Eheversprechen sei; wir verlangen blos, daß das Eheversprechen vorausgegangen sein müsse, und dann soll die Stuprirte klagen dürfen. Zweitens verlangen wir, es soll die Anerkennung der Vaterschaft, wenn sie vorausgegangen ist, auch im Prozesse verfolgbar sein.

Das ist unser Antrag, und ich glaube, da das weggefallen ist, was die Klage auf Ehevollzug betrifft, so ist das auch in Oesterreich verständlich. (Rufe: Ja! Ja!)

**Präsident**: Herr Fries aus Weimar will über die formelle Frage sprechen.

Advokat **Fries** aus Weimar: Auch ich wünschte sehr, daß der Juristentag am heutigen Tage einen Ausspruch thun möchte über diese Frage:

„Ist die Paternitätsklage überhaupt zulässig oder nicht?"

In dieser Beziehung stehe ich mit dem Herrn Referenten auf einem gleichen Standpunkte, nur mit einem Unterschiede, daß ich sie in direkterem Gegensatze beantwortet sehen möchte, als der Referent.

Ich glaube aber, daß die Verhältnisse ganz bestimmt so liegen, daß wir heute unmöglich diese wichtige Frage wirklich in der Weise behandeln und beantworten können, wie es des Juristentages würdig ist. — Verzeihen Sie mir diesen Ausdruck. —

Es hat die Abtheilung sich lange Zeit mit dem Antrage beschäftigt. Es sind die entgegengesetztesten Ansichten dort geltend gemacht worden, es giebt auch Mitglieder des Juristentages, die sich für diese Frage sehr lebhaft interessiren, denen es aber unmöglich gewesen ist, sich an den Verhandlungen der Abtheilung zu betheiligen, und ich glaube, daß diese Mitglieder mit Recht es ansprechen dürfen, daß Sie heute nicht ohne eingehende Debatte über die Frage aburtheilen. Eine gründliche Verhandlung ist aber heute unmöglich.

Deshalb beantrage ich und ich bin fest überzeugt, im Interesse aller Theile, daß wir diese Sache an die ständige Deputation zur Berichterstattung überweisen. (Bravo! Bravo!)

**Präsident**: Es liegen zwei formelle Anträge vor.

Herr Dr. Fries beantragt nicht die Tagesordnung, sondern die Mittheilung an die ständige Deputation zu weiterer Berichterstattung.

Der Antrag des Herrn Dr. Judeich aus Dresden dagegen lautet dahin:

„In Erwägung, daß die vorliegende Frage das Herausgreifen eines einzelnen ganz speziellen Punktes aus dem Systeme des Personenrechtes, beziehentlich des Obligationenrechts betrifft, trage ich darauf an, daß der Deutsche Juristentag zur Zeit über dieselbe zur Tagesordnung übergeht."

Dieser Antrag geht weiter. Ich glaube ihn deshalb zuerst zur Entscheidung vorlegen zu müssen.

Advokat **Judeich** aus Dresden: Ich erlaube mir nur wenige Bemerkungen zu machen. Gesetzt, der Deutsche Juristentag spricht sich gegen die Zulassung der Paternitätsklage aus; dann, m. H., würde doch die Frage ebenfalls mit zu entscheiden sein: was soll aus allen den der Ernährung vollkommen bedürftigen Kindern werden? (Unruhe und Heiterkeit.) Das ist eine praktische Frage.

**Präsident**: Wir wollen vorerst die formelle Frage erledigen.

Advokat **Judeich**: Ich habe das nur in der Beziehung bemerken wollen, um darauf hinzuweisen, daß wir auf die Frage nicht eingehen können, ohne auf das Personenrecht einzugehen.

Reg.-Rath Dr. **Weil** aus Wien: Ich bitte um das Wort zur Fragestellung. Es giebt meines Wissens, m. H., noch kein Präzedens, daß ein Abtheilungsbeschluß als solcher der Deputation zur Begutachtung zugewiesen wurde. Uebrigens bin ich vollkommen einverstanden, daß der Juristentag heute, das heißt diesmal, nicht in der Lage ist, über die Frage zu entscheiden. Aber ich glaube, daß der Antrag nicht der ständigen Deputation zur Berichterstattung, sondern in dem Stande, in dem er sich befindet, dem nächsten Juristentage zugewiesen werden muß, und darauf trage ich an.

**Präsident**: M. H.! Ich komme doch in Betreff der Fragestellung nicht auf ein anderes Resultat, als ich es vorhin ausgesprochen habe. Es liegen zunächst zwei Anträge vor; der eine will Tagesordnung, also die Sache ganz beseitigen, der andere will die Sache der Deputation zu weiterer Berichterstattung übertragen. Würde der erstere Antrag auf Tagesordnung nicht zurückgezogen, so müßte ich zuerst über ihn abstimmen lassen. (Professor Bluntschli meldet sich zum Wort.) Professor Bluntschli hat das Wort.

Hofrath, Professor **Bluntschli**: Diese tief eingreifende Frage ist in der Abtheilung von den verschiedensten Seiten her wohl erwogen worden. Die Abtheilung hat sich mit großer Mehrheit für den Antrag, wie er vorliegt, ausgesprochen, und ich zweifle gar nicht, wenn Sie diesen Antrag an die Deputation zurückweisen würden, so würde übers Jahr in der betreffenden Abtheilung ganz das nämliche Resultat herauskommen. (Rufe: Nein!) Erlauben Sie mir: die Meinungen waren auf allen Seiten sehr gut vertreten, und der Eindruck, den ich von dieser Diskussion bekommen habe, ist in Kürze der: wie die Sachen gegenwärtig stehen, trägt die Mehrheit Bedenken, sich unbedingt gegen das Prinzip der Paternität auszusprechen; die Gegenmeinung, die Meinung der Paternität ist eben gegenwärtig noch so stark vertreten in der Gesetzgebung, in der Ansicht des Volkes, daß die Mehrheit sich überzeugt hat, es wäre ein Fehler, in diesem Augenblicke mit einer relativen, am Ende doch nicht sehr großen Mehrheit sich für ein Prinzip zu erklären, von welchem die Mehrheit der Abtheilung angenommen hat, es werde das Prinzip der Zukunft sein, und später wohl wahrscheinlicher Weise den Sieg erlangen. Demnach war die Meinung die, man solle nicht weiter gehen, als die gegenwärtige Ansicht erträgt, d. h. man solle sich für eine Beschränkung der bisherigen Paternitätsklage mit Entschiedenheit aussprechen, das ist die Ansicht der Abtheilung und bis über ein Jahr wird schwerlich eine sehr verschiedene Meinung zu Stande kommen unter der großen Zahl der Juristen.

Ich referire nicht über meine eigene Ansicht, ich habe darüber gänzlich geschwiegen. Aber ich glaube den wahren Ausdruck der gesammten Diskussion in der Abtheilung Ihnen wiedergegeben zu haben, und deswegen rathe ich Ihnen, nehmen Sie den Antrag, wie er ist, an.

Hofgerichts-Advokat Dr. **Vogel** aus Darmstadt: Nur wenige Bemerkungen zu dem, was Herr Dr. Bluntschli so eben Ihnen vorgetragen hat. — Die vorgerückte Zeit, die Schwüle des Saales drängen zum Schluß. —

M. H.! Meiner Ueberzeugung nach hat Herr Dr. Bluntschli nicht so ganz richtig die Stimmung derjenigen, welche in der Abtheilung abgestimmt haben, aufgefaßt, wie dies in der Abtheilungs-Sitzung selbst schon von mir und Andern hervorgehoben wurde. Ein großer Theil derjenigen, welche die Paternitätsklage auf Grund des stuprum allein ohne Hinzutreten eines obligatorischen Momentes für unzulässig erachtet haben, hatte die Fragestellung irrig aufgefaßt und hob die Hand, als die erste Frage dahin gerichtet wurde, ob das Prinzip der Paternitätsklage zulässig sei. (Unruhe. Widerspruch.)

Es wird dies bestätigt werden von Dutzenden der hier anwesenden Herren. Es kann deshalb sich nicht darauf berufen werden, daß bei der gestrigen Abtheilungsabstimmung von der übergroßen Majorität die Paternitätsklage, auf ein stuprum allein gestützt, für zulässig erklärt worden sei. Die gestrige, mindestens sehr zweifelhafte Abstimmung läßt darum eine weitere Behandlung dieses Gegenstandes räthlich erscheinen.

Dr. **Drechsler** aus Parchim: Ich kann das nur bestätigen, was Herr Vogel eben gesagt hat. Es war die Fragestellung in der Abstimmung so, daß Viele, die gegen den Antrag des Dr. Unger und den von der Abtheilung modifizirten Antrag desselben stimmen wollten, für denselben stimmten in der Meinung, daß demnächst eine andere, nämlich ihre Ansicht zur Geltung kommen könnte. Es ist das von mir nicht geschehen, aber von sehr vielen anderen, und ist dies in der Abtheilung erörtert und dort zur Anerkennung gekommen. Es ist also die Thatsache nicht vorhanden, daß eine große Majorität diesem Antrage der Abtheilung beigetreten wäre.

Die Fragestellung ist hier nicht besonders besprochen worden, denn der Präsident hat die motivirte Tagesordnung über den ganzen Antrag vorgeschlagen.

**Präsident:** Nicht ich, sondern ein Mitglied.

Dr. **Drechsler:** Also, wenn die Abstimmung vorgeschlagen, dann muß ja über den Antrag debattirt werden.

**Präsident:** Ueber die Frage, ob auf die Sache überhaupt eingegangen werden soll.

Dr. **Drechsler:** M. H.! Dann möchte ich bitten, nicht eine wiederholte Erörterung in der Abtheilung zu veranlassen, sondern lediglich wegen der vorgerückten Zeit die Sache ohne Weiteres dem nächsten Plenum vorzulegen, damit überhaupt die Möglichkeit werde, die Gründe im Plenum zu erörtern, also dem nächsten Juristentage gar keine Vorarbeit durch die Deputation oder Abtheilung zu liefern, sondern in dem Stadium, in dem sich die Sache befindet, sie dem nächsten Juristentage vorzulegen.

**Präsident:** Das ist ein neuer Antrag, nämlich, daß die Sache sofort auf die Tagesordnung des nächsten Juristentages gesetzt werde.

Wir haben jetzt drei Anträge. Wenn der Antrag auf motivirte Tagesordnung nicht zurückgezogen wird, so werde ich diesen zuerst zur Abstimmung bringen.

Advokat Dr. **Berger** aus Wien: Der Antrag auf Vertagung bis zum nächsten Juristentag hat denselben Sinn, als ob die Versammlung beschließen würde, wenn morgen eine Sitzung wäre, den Gegenstand auf die nächste Tagesordnung zu stellen, folglich könnte der Präsident erst morgen über die Frage auf Tagesordnung abstimmen lassen, wenn der Gegenstand morgen auf der Tagesordnung wäre. Der Sinn des Antrages ist somit, sofort den Gegenstand auf die Tagesordnung der nächsten Sitzung zu stellen, und da mag der Antrag auf Tagesordnung dann zur Abstimmung kommen.

**Präsident**: Dem muß ich entgegentreten, der Antrag des Dr. Drechsler geht dahin, die Sache auf die Tagesordnung des nächsten Juristentages zu setzen, also zu erklären, der Juristentag soll in der Sache weiter verfahren; der Antrag auf motivirte Tagesordnung dagegen geht dahin, die Sache ganz aus unseren weiteren Verhandlungen auszuscheiden und, so zu sagen, todt zu schlagen. Das ist offenbar der am weitesten gehende Antrag. (Beifall.)

Also, m. H., soll der Antrag des Herrn Judeich angenommen werden, daß, weil diese Frage zu tief mit dem Obligationen- und Personenrecht verbunden ist, das Plenum zur Tagesordnung über den Antrag übergehe? Wer dafür ist, erhebe die Hand. (Geschieht.) Es ist die Minorität.

(Dr. Bernays meldet sich zum Wort. Große Unruhe.)

Ich glaube die ganze Differenz wird einfach beseitigt, wenn ich den Kompetenz-Zweifel näher berühre, den Herr Bernays motiviren wollte und den ich als Präsident eigentlich schon hätte erläutern und removiren sollen.

Was heißt es, den Antrag auf die Tagesordnung des nächsten Juristentages setzen? Etwas befehlendes, zwingendes können wir dem nächsten Juristentage in dieser Beziehung nicht auferlegen. Ich glaube vielmehr, daß der Antrag dahin auszulegen wäre, daß wir dem nächsten Juristentage erklären, wir hatten zwar darüber, daß die Frage zur Diskussion und Entscheidung für das Plenum gehörig vorbereitet sei, keinen Zweifel, wir sind aber davon ausgegangen, daß für das dermalige Plenum keine Zeit mehr war, die Frage zu entscheiden, weil wir fürchten mußten, daß uns die Nacht überrasche; wir ersuchen also das nächste Plenum, diesen Gegenstand ohne weitere Vorbereitung auf seine Tagesordnung zu setzen.

Professor **Dr. Unger**: Ich erlaube mir nur die kleine Bemerkung, ob das nicht auch an die ständige Deputation gerichtet werden könnte.

**Präsident**: Es versteht sich von selbst, daß die ständige Deputation die Pflicht hat, diesen Beschluß auszuführen: sie ist ja das Organ des gegenwärtigen Juristentages.

Soll also, m. H., in diesem Sinne der Gegenstand auf die Tagesordnung des nächsten Juristentages gesetzt werden? Wer dafür ist, hebe die Hand auf. (Geschieht.)

Es scheint zwar die Majorität dafür zu sein, ich ersuche aber um die Gegenprobe. (Dieselbe erfolgt.) Es hat sich die Minorität dagegen erklärt. Der Gegenstand ist also in dem angegebenen Sinne auf die Tagesordnung des nächsten Juristentages gesetzt.

Nun, m. H., haben wir die sämmtlichen Beschlüsse und Mittheilungen der Abtheilungen erledigt. Wir haben aber noch einige andere Gegenstände zu erledigen.

Nach der Tagesordnung kommen wir auf die Wahl der ständigen Deputation. Nach dem Statute haben je zehn Vertrauensmänner aus jeder Abtheilung, die von der Abtheilung gewählt worden, mit den Vizepräsidenten und dem Präsidenten zusammenzutreten und eine Liste von achtzehn Mitgliedern für die künftige ständige Deputation zu entwerfen, für den Fall, daß das Plenum beschließen würde, durch Akklamation diese ständige Deputation zu wählen. Das Plenum kann aber auch beschließen, daß nicht durch Akklamation, sondern durch Stimmzettel die Deputation zu wählen sei. Ich muß daher zunächst fragen, was Sie in dieser Hinsicht beschließen wollen. Für den Fall, daß Sie Ersteres beschließen, haben wir eine Liste entworfen. Allerdings muß ich beifügen, wir waren nicht vollzählig, sondern es war nur möglich dreiundzwanzig Mitglieder zusammenzubringen, indem mehrere Mitglieder nicht mehr in den Abtheilungsversammlungen anwesend waren, als in denselben die Einladung zur Sitzung der Kommission bekannt gemacht wurde. Es wird dies jedoch unseren Beschlüssen keinen Eintrag thun, wie auch in Dresden im vergangenen Jahre die Kommission nicht vollzählig war; es ist beinahe eine Unmöglichkeit, ein Kollegium von 35 Personen in so kurzer Zeit hier zusammenzubringen.

Ich frage also zunächst die Versammlung: Wollen Sie durch Akklamation oder durch Stimmzettel entscheiden? (Rufe: Durch Akklamation.)

Ich glaube, es ist die Wahl durch Akklamation allgemein angenommen. Ich lege Ihnen nun die von der Kommission entworfene und vorgeschlagene Liste der in die ständige Deputation zu berufenden Mitglieder vor. Es sind dies die Herren:

Professor Dr. Glaser,
Advokat Dr. Berger,
Ober-Landesgrichtsrath Dr. Keller,
Sektionschef Dr. Rizy und
Präsident Ritter v. Scharschmid aus Wien.

Wir glaubten nämlich fünf Mitglieder aus Wien nehmen zu müssen, weil der Sitz der ständigen Deputation von heute bis zum nächsten Juristentage in Wien ist.

Ferner:

Hiersemenzel, Stadtrichter,
Waldeck, Ober-Tribunalsrath,
Graf Wartensleben, Stadtgerichtsrath,
Volkmar, Anwalt aus Berlin.
Ruhwandl, Advokat aus München.
Dr. Schaffrath, Rechtsanwalt,
Dr. Schwarze, General-Staatsanwalt aus Dresden.
Assessor Planck aus Hannover.
Ober-Tribunalsrath Faber aus Stuttgart.
Hofrath Dr. Bluntschli aus Heidelberg.
Dr. Drechsler aus Parchim.
Dr. Pfeifer aus Bremen.
Geh. Justizrath Dr. Ihering aus Gießen.

Sind Sie, m. H., mit diesen Vorschlägen einverstanden? (Akklamation.) Sie sind einstimmig gebilligt. Es besteht hiernach die Deputation aus den genannten achtzehn Mitgliedern nebst mir, der ich nach dem Statut die Ehre habe, Ehrenpräsident der Deputation zu sein.

Ich ersuche die Mitglieder der nun gewählten Deputation, die wohl alle anwesend sein werden, gleich nach dieser Sitzung mit mir zu einer Konferenz, um sich zu konstituiren, in einem der anstoßenden Zimmer zusammenzutreten.

Nun erlauben Sie mir, m. H., noch einige Mittheilungen zu machen.

Es sind mir gestern und heute noch einige Anträge für den Juristentag zugekommen. Daß darüber nicht, wie zum Theil von mir verlangt wurde, eine sofortige Berathung des Plenums ohne alle Vorbereitung vorgenommen werden kann, dies wird keinen Zweifel haben: allein die Herren Antragsteller wünschen wenigstens, daß die Anträge verlesen werden. Der eine Antrag ist von einem Mitgliede des Juristentages: Herrn Dr. Franz Hirschhofer, und betrifft die Förderung von juristischen Vereinen in ganz Deutschland, um für die Zwecke des Juristentages vorzuarbeiten und sie zu unterstützen. Der andere Antrag betrifft hauptsächlich die Frage, ob man gegen zwei gleichförmige Erkenntnisse solle appelliren können, von Herrn Gottfried Hesche, Civil-Ingenieur in Wien.

Der dritte Antrag, welcher von einem Heidelberger Rechtsanwalte, dessen Namen ich nicht genau lesen kann, gestellt ist, betrifft, wie er es nennt, Mängel in der Organisation der Justizverwaltung, hauptsächlich die Sorge für das Loos der Richter und Advokaten.

Wollen Sie, daß diese Anträge verlesen werden? (Rufe: Nein.)

So werde ich sie an die ständige Deputation abgeben, damit sie nach der Geschäftsordnung mit denselben verfahre.

Dann erhielt ich eine überaus freundliche Einladung von einigen Frankfurter Juristen, der Juristentag möge zum Orte seiner nächsten Zusammenkunft Frankfurt wählen. (Bravo!)

Die Einladenden haben keinen offiziellen Auftrag, sagen aber, daß ein großer Theil der Mitglieder ihrer Gerichte, Advokatur und Staatsanwaltschaft ihren Wunsch theile, daß dieselben aber nicht mit unterschrieben haben, weil sie in Folge der Gerichtsferien großentheils abwesend seien.

Advokat Dr. **Auerbach** aus Frankfurt: So eben wurde mir ein Schreiben von Frankfurt zugestellt, worin man an mich das Ersuchen richtet, das schriftlich gestellte Gesuch inständigst zu wiederholen, was ich mit großer Freude hiemit thue.

**Präsident**: Ich werde das an mich gekommene Schreiben der ständigen Deputation, die über diese Frage zu entscheiden hat, mittheilen.

Dann übersendete mir für den Juristentag Dr. Theod. Helm, Direktor des hiesigen allgemeinen Krankenhauses, sechzig Exemplare einer Schrift in Bezug auf die hiesige Findelanstalt. Mir vorbehaltend, ihm den Dank dafür auszudrücken, stelle ich diese sechzig Exemplare auf dem Bureau zur Verfügung für diejenigen Mitglieder, welche sich für die Findelanstalt besonders interessiren. (Heiterkeit.)

Während der heutigen Sitzung kamen zwei dringende Gesuche von den Komités, welche sich die Förderung des Herrmanns-Denkmals und des Denkmals für Keppler zur Aufgabe gemacht haben. Sie wünschen, daß wir uns möglichst lebhaft an beiden Gegenständen betheiligen. Das Komité für das Herrmanns-Denkmal und jenes für das Keppler-Denkmal haben auch einige Schriftstücke in Bezug auf die betreffenden Denkmale mitgetheilt. Ich werde die letzteren gleichfalls auf dem Bureau niederlegen, empfehle die Sache Ihrer Beachtung und Unterstützung und bitte die Mitglieder, soweit jene Exemplare reichen, sie an sich nehmen zu wollen.

Weiter, m. H., bekam ich heute auch ein Schreiben von Sr. Excellenz dem Herrn Justizminister Freiherrn v. Pratobevera.

Sie wissen, m. H., daß Se. Excellenz schwer krank und durch diese

Krankheit genöthigt sind, fern von hier Genesung zu suchen. Der Herr Minister schreibt mir in einem ausführlichen, ergreifenden Briefe, wie sehr Sie bedauern, an den Arbeiten des Juristentages gerade bei Ihrer Gesinnung für den Juristentag und bei Ihrer Stellung nicht Theil nehmen zu können, wie dringend Sie wünschen, daß ich diese Gesinnungen gegen den Juristentag ausspreche, und wie es der innigste Wunsch Sr. Excellenz sei, daß die Thätigkeit des Juristentages von segensreichen Erfolgen begleitet werde. (Bravo! Bravo!)

Sie werden, m. H., gewiß mir den Auftrag geben, daß ich Sr. Excellenz den Dank des Juristentages ausdrücke für diese freundlichen Gesinnungen gegen den Juristentag und für das Hochhalten seiner Zwecke und den herzlichsten Wunsch beifüge für die vollständige Genesung Sr. Excellenz. (Lebhafter anhaltender Beifall.)

Und nun, m. H., möchte ich noch im Danken fortfahren! Aber wo soll ich anfangen? — Wir haben hier in Wien zu danken — ich zweifle nicht, Sie werden mit mir in dieser Beziehung vollkommen einverstanden sein — von der höchsten Spitze des Staates bis hinunter zum geringsten Bewohner Wiens!

Von der höchsten Spitze des Staates an — es hat der hochherzige Monarch des mächtigen Deutschen Staates, in dessen Hauptstadt wir uns versammelt haben, uns zu dem ehrfurchtsvollsten Danke durch die Art und Weise verpflichtet, wie Allerhöchstdieselben den Wunsch des Juristentages, Wien zum Sitze seiner Versammlung zu wählen, aufzunehmen geruht und die gnädigste Förderung unserer Zwecke uns gewährt haben. — Sie werden gewiß mit mir einverstanden sein, daß das Präsidium des Juristentages sich von Sr. Kaiserl. Majestät ausbitten solle, unsren tiefsten Dank unmittelbar zu den Füßen Sr. Maj. legen zu dürfen. (Lebhafter allgemeiner Beifall.)

Und dann, m. H., wir Alle waren vorgestern auf das Tiefste durchdrungen und gefesselt von der hohen Huld, mit welcher ein geistreicher Prinz des Kaiserl. Hauses, der an der Spitze des Ministeriums steht, den Juristentag empfing und sich in der ermuthigendsten Weise für die Zwecke unseres Juristentages aussprach. — Sie werden mir beistimmen, wenn ich mir erlaube, den Dank des Juristentages Sr. Kaiserl. Hoheit dem Herrn Erzherzog Rainer persönlich darzubringen. (Lebhafter allgemeiner Beifall.)

Und nun möchte ich noch in Ihrem Namen danken allen Behörden Wiens, dem h. Staatsministerium, den h. Hofbehörden, die alles Mögliche thaten, um unsern Aufenthalt hier angenehm zu machen und alle Schwierigkeiten für uns zu beseitigen. Ich möchte danken der Advokatenkammer und der Notariatskammer, den hiesigen Betriebsdirektionen der Verkehrsanstalten und besonders der Vorbereitungskommission für den Juristentag, die mit der größten Hingebung und Aufopferung unsere Zwecke förderte, was wir nicht genug anerkennen können. (Lebhafter Beifall.)

Und nun der Stadt Wien, mit Allem was sie umschließt, mit allen Behörden und Korporationen! Wie hat sie unsere Aufgabe gewürdiget! wie ist sie uns entgegengekommen! wie hat der Gemeinderath von Wien bei unserem Eintritt uns überrascht und uns einen Empfang bereitet, von dem wir uns keine Vorstellung machen konnten! (Lebhaftes, andauerndes Bravo!) Ich erlaube mir den innigsten Dank in Aller unserer Namen auszusprechen, den innigsten Dank, der sich erstreckt auf alle Bewohner und alle liebenswürdige Bewohnerinnen Wiens. (Lebhafter Beifall.)

Endlich erlauben Sie mir, m. H., zum Schlusse auch für meine Person Ihnen herzlichen Dank auszusprechen. Ich gestehe es offen, es war mir aus zwei Gründen — ich könnte sogar aus mehr als zwei Gründen sagen, ich will aber nur zwei berühren — etwas bange, als Sie mir das Präsidium des Juristentages zu übertragen das Vertrauen hatten; theils fühlte ich mich vorgestern unwohl, theils mußte ich es für die größte Schwierigkeit halten, einer Versammlung von beinahe 1400 Mitgliedern zu präsidiren. Mit dem Unwohlsein hat es sich geben müssen und gegeben, die Schwierigkeit aber, dieser Versammlung zu präsidiren, diese Schwierigkeit haben Sie, m. H., durch Ihre Haltung und Ihr Vertrauen geebnet und weggeräumt. Empfangen Sie meinen herzlichsten, innigsten Dank. (Bravo! Bravo!)

Ich glaube, indem wir uns trennen, aussprechen zu dürfen, daß dieser Juristentag, den wir zu beendigen im Begriffe sind, eine ganz besondere Bedeutung haben wird: eine unmittelbare für unsere Zwecke, die er wesentlich fördern wird; aber auch eine wichtige mittelbare in anderen Beziehungen; er war ganz besonders geeignet, Vieles auszugleichen, was unseren Zwecken hätte entgegenstehen können, viele Schwierigkeiten zu heben. Dieses einige Zusammenwirken, dieses Zusammenkommen der Deutschen Juristen aus Nord, Süd, Ost und West gerade an diesem Orte, hat uns erst recht, möchte ich sagen, gezeigt, was wir aneinander haben, hat ein festes Band der Brüderlichkeit und einträchtigen Zusammenstehens um uns gezogen, das nicht so leicht sich wieder lösen läßt. (Bravo!) Möchte es unserem Deutschen Vaterlande die schönsten Früchte zu seiner Einigung bringen. (Begeisterter Beifall.)

Ober-Landesgerichtsrath **Dr. Keller** aus Wien: M. H.! Sie sind gewiß alle mit mir einverstanden, daß wir unserem verehrten Herrn Präsidenten für die Uebernahme und für die Art der Führung des Präsidiums zum tiefsten Danke verpflichtet sind, um so mehr, als er es zu einer Zeit übernahm, wo, wie Sie alle merkten, sein Unwohlsein das Opfer, das er uns und der guten Sache gebracht, so sehr erhöhte.

M. H.! Der Herr Geh. Rath v. Wächter hat dadurch, daß er seinen hochgefeierten Namen an die Spitze dieser Versammlung setzte, (Bravo! Bravo!) den Glanz derselben unendlich erhöht. (Lebhafte Hochrufe! Die Versammlung erhebt sich.)

Aber weiter, m. H., hat er allen denjenigen, die so glücklich waren, den Lehren des hochberühmten Lehrers zu seinen Füßen zu lauschen, oder in seiner andern Thätigkeit ihn bisher kennen zu lernen, einen Hochgenuß und eine gewiß unvergeßliche Erinnerung für ihr ganzes Leben gegeben.

Seine Bescheidenheit einerseits und seine Verdienste, die Ihnen gewiß längst bekannt sind, verbieten mir, noch ein Wort über diesen uns theuren Mann hinzuzufügen, und ich ende daher mit der Bitte, ihm ein Hoch auszubringen. (Die Versammlung stimmt begeistert dreimal in das Hoch ein.)

**Präsident:** Meinen herzlichsten, tiefsten Dank.

(Schluß der Sitzung 3 Uhr.)

## Erste Sitzung der vereinigten ersten und zweiten Abtheilung am 26. August 1862 zu Wien im Sitzungssaale des österreichischen Herrenhauses.

---

Beginn der Sitzung 8 Uhr 45 Minuten.

Geh. Justizrath, Professor Dr. **Jhering** aus Gießen: M. H.! Als Mitglied und im Auftrage der ständigen Deputation habe ich die Ehre, hiemit die Sitzung der kombinirten ersten und zweiten Abtheilung des Dritten Deutschen Juristentages zu eröffnen.

Die ständige Deputation glaubt Ihnen zum Präsidenten keine geeignetere Persönlichkeit vorschlagen zu können, als Herrn Professor Bluntschli. (Beifall.)

Zum Vizepräsidenten schlägt sie Ihnen vor den um die Gesetzgebung seines Vaterlandes und um die Interessen des Juristentages hoch verdienten Ober-Appellationsgerichts-Direktor Franz v. Molitor aus München. (Beifall.)

Nachdem die beiden Herrn durch Akklamation anerkannt sind, so ersuche ich den Herrn Professor Bluntschli, den Präsidentenstuhl einzunehmen.

(Professor Bluntschli übernimmt das Präsidium.)

**Präsident:** M. H.! Ich habe schon wiederholt die Erfahrung gemacht, daß der Juristentag und seine erste Abtheilung mir gegenüber die größte Nachsicht bewiesen haben. Das bestärkt mich in dem Vertrauen, daß ich auch diesmal darauf rechnen kann. Sollte ich, wie das schon in menschlichen Dingen zu gehen pflegt, auf zu viel Nachsicht rechnen und deshalb in Erfüllung meiner Pflicht lässig werden, so erwarte ich, daß Sie mich sofort wieder auf die rechte Bahn weisen werden.

Es wird nun nothwendig werden das Bureau zu ergänzen. Ich schlage Ihnen zu diesem Behufe als Schriftführer den Advokaturskonzipienten Dr. Kolbe aus Wien vor, und zum zweiten Schriftführer Herrn Dr. Berchtold aus München.

(Die Schriftführer nehmen ihre Plätze ein.)

Die Tagesordnung ist vorläufig von der Deputation festgestellt, und in dem rothen Buche auf Seite 66 und ff. Ihnen gedruckt zur Kenntniß gebracht worden.

Es wird statutenmäßig die Vornahme der Wahl von Vertrauensmännern hinzutreten, welche dann vereinigt die neue Deputation für das nächste Jahr vorschlagen sollen.

Schon im vorigen Jahre waren darüber Zweifel, ob die vereinigte erste und zweite Abtheilung nur einfach zehn Mitglieder zu wählen habe oder zwanzig. Man hat sich aber damals — und ich glaube mit vollem Rechte — für die Ansicht entschieden, daß diese vereinigte Versammlung Eine Abtheilung in dieser Hinsicht repräsentire, also zehn Mitglieder wählt. Ich werde diese Wahl auf morgen früh ansetzen, da morgen Nachmittags die Vertrauensmänner zusammentreten sollen. Die Herren haben also Gelegenheit, sich heute unter einander zu besprechen und sich eine Liste der Vertrauensmänner zu entwerfen, denen sie die Vorwahl der ständigen Deputation überlassen.

Zunächst werden nun als eigentliche Anträge zur Verhandlung kommen:

1) die Anträge der Herren: Bornemann, Meyer, Geck und Kretschmann, betreffend das Hypothekenwesen, sodann
2) der Antrag des Kreis-Gerichtsrathes v. Piper, betreffend die Haftung der Erben für Nachlaßschulden, ferner
3) der Antrag des Kreis-Gerichtsrathes Gek, betreffend ein gemeinsames Deutsches Ehegüterrecht.

Ich denke, wenn wir diese Gegenstände absolvirt haben, so dürfte für heute die Abtheilung sich hinreichend beschäftigt haben und wir können die übrigbleibenden Gegenstände füglich auf morgen vertagen. Morgen kommen also auf die Tagesordnung:

1) die Wahl der Vertrauensmänner,
2) der Antrag des Herrn Professor Unger, betreffend die Klage auf Anerkennung der unehelichen Vaterschaft, endlich
3) der Antrag der Herren Kuntzsch, Miller und Bernau, betreffend ein allgemeines Deutsches Gesetz über das Versicherungswesen.

Mir ist ferner heute ein weiterer Antrag mitgetheilt worden, der aber eben nicht vorbereitet und der Deputation statutengemäß nicht vorgelegt worden ist, der deshalb beim Juristentag dieses Jahres nicht zur eigentlichen Debatte gelangen kann. Dennoch will ich Ihnen denselben vorlesen und ich halte es für wünschenswerth, daß dieser Antrag der Deputation zum Behufe der weiteren Anhandnahme für einen nächsten Juristentag zurückgelassen wird. Es ist das der Antrag des Herrn Professor Keller, der folgendermaßen lautet:

> „Die gedeihliche Entwicklung des Deutschen Vormundschaftsrechtes erfordert die Bildung eigener aus dem Schooße der Gemeinden hervorgehender Vormundschaftsbehörden mit dem Familienrathe als vorwiegend berathendem Organe zur Seite."

Ist Ihnen diese Tagesordnung, wie ich sie vorgeschlagen habe, genehm, oder sind dagegen Bedenken? (Rufe: Nein, Nein.)

Sie sind also einverstanden, und wir gehen zu dem ersten Gegenstande der heutigen Tagesordnung über, d. h. zu den Anträgen, betreffend das Hypothekenwesen. Als Referent ist Herr Gerichtsassessor Siegmund Meyer aus Berlin bezeichnet. Ich bitte denselben, zu referiren.

Referent, Gerichtsassessor **Meyer** aus Berlin: M. H.! Wie Ihnen bekannt sein wird, lagen bereits am vorigen Juristentage die Bornemann-Meyerschen Anträge zur Berathung und Beschlußnahme vor. Die Anträge umfassen das ganze Hypothekenwesen in einer Reihe von Detailbestimmungen, die von der Natur der Hypothek ausgehend bis zum Subhastationsverfahren und zur Zusammensetzung der Hypothekenbehörden fortschreiten. Der vorige Juristentag hat die Wichtigkeit der gestellten Anträge nicht verkannt; man war jedoch der Ansicht, die Anträge selbst wegen der Fülle von Detailbestimmungen, die darin enthalten sind, auch wohl deshalb, weil man von einigen Seiten annahm, daß sie allein auf Preußischem Boden gewissermaßen fußten und eine Preußische Reform herbeiführen wollten, und endlich deshalb, weil man nicht genügend vorbereitet war, um in medias res einzutreten, der ständigen Deputation überweisen zu müssen. Es wurde demgemäß folgender Beschluß gefaßt:

> „Der Juristentag geht zwar auf die Berathung der Bornemann-Meyerschen Anträge zur Zeit nicht ein, erkennt es aber als ein dringendes Bedürfniß, daß die Hypothekengesetzgebung in allen Deutschen Ländern auf gemeinsamen Grundsätzen erfolge und beauftragt daher die ständige Deputation, weiteres Material für diesen wichtigen Gegenstand zu sammeln und weitere Vorlagen zu machen."

Die ständige Deputation hat sich dieser Aufgabe in der Weise entledigt, daß sie von den Bornemannschen Anträgen die ersten drei Absätze und von den Meyerschen Sätzen die ersten zwei herausgenommen und diese den geschätzten Mitgliedern des Juristentages, dem Herrn Hofrath Kerstorf und dem Herrn Dr. Lührsen aus Hamburg zur Begutachtung überwiesen hat. Weitere Vorlagen und weitere Materialiensammlung sind von der ständigen Deputation nicht veranlaßt worden und ist namentlich mir auch kein besonderer Auftrag geworden, etwa solche Vorlagen, wie sie vielleicht hier nach dem Beschlusse gewünscht waren, zu machen Ich will mich deshalb darauf beschränken, das Wesentliche des Materials, was uns hier zum großen Theile gedruckt vorliegt, Ihnen in aller Kürze vorzuführen.

Herr Kerstorf hat sich lediglich auf die drei ersten Punkte beschränkt, auf die ich mir näher zurückzukommen erlauben werde.

Er hat sie nur in der Fassung verallgemeinert und ist zu folgenden Vorschlägen gekommen:

> „Es möge der Juristentag beschließen, daß es im Interesse der gleichen Rechte und Rechtszustände in ganz Deutschland liege, einem auf die Prinzipien der Publizität und Spezialität gebauten selbstständigen Hypothekensysteme, wie es sich in der neuen Gesetzgebung und insbesondere in dem Bayerischen Hypothekengesetze v. J. 1822 gestaltet hat, in allen Deutschen Staaten gesetzliche Geltung verschafft zu sehen, und daß hiebei vom Standpunkte der Wissenschaft sowie des praktischen Bedürfnisses eine vollkommen konsequente und beziehungsweise konsequentere Durchführung dieses Systems dringend zu empfehlen sei."

Herr Dr. Lührsen hat den Standpunkt, den die Deputation bezeichnet hat, über drei Punkte ein Gutachten zu geben, vollkommen verlassen und fünf selbstständige Grundsätze, die ebenfalls den Hauptinhalt des Hypothekensystems darstellen sollen, zusammengesetzt. Er geht hiebei wesentlich von der germanischen Entwicklung des Hypothekenwesens und von der in Hamburg bestehenden Praxis aus. Gestatten Sie mir diese Grundsätze vorzulesen. Sie finden sie auf Seite 86 ff. der vorliegenden Drucksachen.*) (Redner liest dieselben vor.)

Ich glaube nicht nöthig zu haben, auf die Motivirung dieser Grundsätze, dieser Gutachten einzugehen, da, wie ich glaube, beide Herren, welche das Gutachten ausgearbeitet haben, hier gegenwärtig sind.

Ich glaube, wir müssen diese Anträge, da die ständige Deputation keine selbstständige Vorlage gemacht hat, sondern sich lediglich an die Bornemann-Meyerschen Anträge angeschlossen hat, als Grundlage für die fernere Berathung nehmen. Aus dem Grunde werde ich mir erlauben,

---

*) Verhandlungen des Dritten Deutschen Juristentages. Erster Band.

diese Anträge, sowie die Motive mitzutheilen, und ich will nur kurz dasjenige erwähnen, was die einzelnen Deutschen Gesetzgebungen in Betreff dieser Punkte bestimmt haben.

Der erste Bornemannsche Antrag lautet dahin:

„Das Pfandrecht an einem Grundstücke wird nur durch die Eintragung in das Hypothekenbuch erworben und erlischt erst mit der Löschung im Hypothekenbuche."

Der Herr Antragsteller ist der Meinung, daß die stillschweigenden Hypotheken neben den öffentlichen Hypotheken nicht bestehen könnten, daß das ganze System der General-Pfandrechte eine unzulässige Vermischung zweier verschiedener Systeme sei. Die Herren Begutachter sind über diesen Punkt auch vollkommen einverstanden, wie ich bereits erwähnt, und wurde gerade von dem Herrn Dr. v. Kerstorf dieser Punkt, daß die stillschweigenden Generalhypotheken gänzlich aufzuheben seien, ganz besonders betont.

Man kann wohl sagen, daß dieser Grundsatz, der hier im ersten Satze vertreten ist, mehr und mehr die Anerkennung in allen Deutschen Hypothekengesetzgebungen gefunden hat, — ich sehe natürlich von dem Französischen Hypothekensysteme gänzlich ab.

Herr Ober-Tribunalsrath Meyer hat diesen Antrag noch erweitert. Er sagt:

„Die Eintragung in die Grund- und Hypothekenbücher allein entscheidet über Eigenthum und dingliche Rechte, die Servituten mit eingeschlossen, aber abgesehen von den publizistischen Verhältnissen. In gleicher Weise also auch nur in Folge der Löschung hören das Eigenthum und die dinglichen Rechte auf."

Zur Ergänzung dieser Punkte ist nur noch anzuführen, daß er die Errichtung von Grund- und Hypothekenbüchern für wünschenswerth erachtet, während im Bornemannschen Antrage nur von Hypothekenbüchern die Rede ist.

In diesem Punkte gerade tritt die Verschiedenheit der Anträge, sowie der Gutachten am schlagendsten hervor. Während nämlich Herr Dr. v. Kerstorf davon ausgeht, für die Hypotheken-Einrichtung sei es vollständig gleichgültig, ob wir ein Grundbuch haben, ob das Eigenthum in dieser oder in jener Weise erworben werde, — für den Staat könne das wohl von Interesse sein, für die Hypothekeneinrichtung, für die Sicherung des Pfandes sei dies aber vollständig gleichgültig, — sagt Herr Ober-Tribunalsrath Meyer, daß die Errichtung eines Grundbuches wünschenswerth sei, und Herr Dr. Lührsen stellt als Thema auf, es sei dies ganz unerläßlich.

Was die Praxis, was die Deutsche Gesetzgebung betrifft, so haben wir allerdings in einzelnen Staaten Grundbücher, und das Eigenthum geht in denselben nur durch die Eintragung über. Von den neueren Gesetzgebungen gehört hieher zunächst die Sächsische, die eben an die Spitze den Satz stellt, daß Grundeigenthum nur durch die Eintragung erworben werde. In Mecklenburg haben wir eine verschiedenartige Auffassung, je nachdem es ritterschaftliche oder städtische Grundstücke sind. Bei den ritterschaftlichen Grundstücken ist das Eigenthum vindizirbar trotz der Eintragung, trotz der Besitzergreifung, während bei den städtischen Grundstücken festes und unwiderrufliches Eigenthum erworben wird. Auch in Oesterreich wird das Eigenthum nur durch die Intabulation in den dazu bestimmten öffentlichen Büchern erworben.

Herr Dr. Bornemann hat sich auch über die Frage der Grundbücher geäußert. Er hält die Frage, wie das Eigenthum erworben wird, ob in Sonderheit die Intabulation als ein Essentiale anzusehen sei oder nicht, für noch nicht spruchreif.

Inzwischen erklärt er, daß er eventuell der Ansicht, die vom Herrn Ober-Tribunalsrath Meyer ausgeführt ist, beitreten würde.

In Betreff der Servituten haben wir in verschiedenen Deutschen Gesetzgebungen eine sehr wesentliche Verschiedenheit. In Oesterreich und in Mecklenburg bedürfen alle dinglichen Rechte, um wirksam zu sein, der Eintragung; in Bayern werden die Real-Dienstbarkeiten nicht eingetragen; in Württemberg und im Herzoglich Pfälzischen sind ebenfalls die Pfandrechte einzutragen; nach Preußischem Rechte sind die Antichresis und die Pfandrechte einzutragen; nach dem Sächsischen auch der Grundzins, die Laudemialpflicht, die Zehentpflicht, die Ablösungspflicht jedoch nicht.

In Betreff des ersten Bornemannschen Antrages, daß nur durch die Eintragung das Pfandrecht entsteht, will ich noch hinzufügen, daß wir allerdings fast in allen Gesetzgebungen, namentlich durch die Konkurs- und Prioritäts-Ordnung herbeigeführt, einzelne stillschweigende Hypotheken haben, die bald mit mehr oder minderer Kraft in größerem oder geringerem Umfange eintreten. Das Oesterreichische Gesetz z. B. kennt solche bei dreijährigen Grundsteuer-Rückständen, bei Gebühren von Eigenthums-Uebertragungen, Realitäten-Entschädigungsbeträgen, Feuerkosten, verloren gegangenen Bestandrechten und dergleichen mehr. Wir haben also, allerdings mit einigen Abweichungen, doch mehr oder minder auch stillschweigende Hypotheken. In einzelnen Staaten sind auch im Zusammenhange mit dem bestehenden Güterrechte die Rechte der Frau und der Kinder und Mündel zu schützen.

Herr Ober-Tribunalsrath Meyer will, obgleich er für die Eigenthumsübertragung die Eintragung in das Grundbuch als ein Essentiale, für einen sehr wünschenswerthen Akt ansieht, doch jeden Zwang in dieser Beziehung vermieden haben.

Herr Dr. Lührsen ist ihm in dieser Beziehung vollständig beigetreten, indem er meint, daß, wenn der Geist nicht so stark wäre, daß die Eintragungen von selbst erfolgen, durch Geldstrafen dies nicht zu erreichen sei.

Ich will hiebei gleich erwähnen, daß mir von der ständigen Deputation eine „Zusammenstellung der vorzuschlagenden gemeinsamen Grundsätze einer zeitgemäßen Hypothekeneinrichtung in den Deutschen Ländern von dem Herrn Kreisgerichtsdirektor Horn in Naumburg“ zugestellt worden ist. Es ist in dieser Zusammenstellung über die Grundsätze, die in dem Bornemannschen Antrage entwickelt sind, ein ganz ausführliches Gutachten gegeben. Ich glaube, der Herr Direktor wird hier sein, und die einzelnen Punkte selbst näher begründen.

Der zweite Bornemannsche Antrag geht dahin:

> „Die Eintragung erfolgt auf Grund einer dieselbe bewilligenden, genau formulirten Erklärung der Person, welche als Eigenthümer des in Rede stehenden Grundstückes eingeschrieben ist.“

Es schließt sich daran die Bestimmung, wie die Erklärung beschaffen sein muß:

> „Sie muß in einer gerichtlich oder notariell beglaubigten Form bei Gericht, bei der Hypotheken-Behörde eingereicht, oder von dieser selbst abgegeben werden. Eine die Eintragung verfügende Anordnung des Prozeßrichters ersetzt diese Erklärung.“

Dieser Satz ist in dem Lührsenschen Gutachten in gewisser Beziehung angegriffen worden. Herr Dr. Lührsen verlangt, daß unbedingt jede Erklärung in Hypothekensachen vor dem Richter der betreffenden Sache erfolgen muß. Er will nicht zulassen, daß vor dem Notar eine solche Erklärung abgegeben werden könne.

Herr Dr. Bornemann meint, daß in größeren Städten die Hamburger Praxis, wo Alles vor dem Richter geschehen muß, nicht durchführbar und daß es nothwendig sei, auch andere Personen mit dem Vertrauen zu beschenken, derartige Akte aufzunehmen.

Die meisten Deutschen Gesetzgebungen haben auch die notarielle Form zugelassen. So viel ich weiß, ist in Mecklenburg auch nicht einmal diese Form erforderlich; der Richter ist aber berechtigt, für den Fall, daß er einen Zweifel über die Echtheit der Urkunde hat, sich anderwärts den Beweis bis zu seiner Ueberzeugung zu verschaffen.

Dr. Lührsen kämpft ferner gegen den zweiten Theil des Satzes an, wonach die Verfügung des Prozeßrichters die gedachte Erklärung ersetzen soll. Er hält den Prozeßrichter nicht für befugt, in die Rechte des Besitzers so weit einzugreifen, daß er mit einer bloßen Verfügung im Gegensatze zu einem rechtskräftigen Erkenntnisse den Erfolg einer Eintragung veranlassen kann.

Die meisten Deutschen und namentlich die neueren Gesetzgebungen haben allerdings den Hypothekenrichter verpflichtet, die Eintragung auf Requisition des Prozeßrichters und der öffentlichen Behörden zu vollziehen.

Ich glaube auch, daß da gar keine wesentliche Meinungsverschiedenheit zwischen den Herren vorhanden ist. Es fragt sich nur, wie weit die Kompetenz des Prozeßrichters desfalls geht. So giebt z. B. Herr Dr. Lührsen zu, daß die Sperrung des Vermögens in jenen Fällen berechtigt wäre, wo ein Arrestgrund vorliegt. Das wäre gerade ein Fall, wo ohne ein rechtskräftiges Erkenntniß auf Verfügung des Prozeßrichters eine Eintragung in das Hypothekenbuch erfolgt.

Herr Dr. Bornemann geht in seinem Antrage noch weiter:

> „Die Hypothekenbehörde hat vor der Eintragung nur die Form und den Inhalt der Erklärung (Verfügung) und die Legitimation des Erklärenden zu prüfen; insbesondere also, ob der, welcher die Erklärung abgegeben hat, oder gegen den die Verfügung gerichtet ist, als Eigenthümer des in Rede stehenden Grundstückes eingetragen ist. Sie hat ferner sich zu vergewissern, daß keine der beantragten Eintragung entgegenstehende Beschränkung im Hypothekenbuche eingetragen oder zur Eintragung angemeldet ist. Das der Erklärung zu Grunde liegende Rechtsgeschäft ist der Hypothekenbehörde nicht vorzulegen und von ihr nicht zu prüfen."

In diesem letzteren Satze liegt der ganze Kern dieser Frage. Es ist das Prinzip der Legalität, von dem hier die Rede ist, und das Herr Dr. Bornemann erheblich eingeschränkt wissen will.

Was hier zunächst die Praxis betrifft, so legen die meisten Deutschen Gesetzgebungen dem Richter die Verpflichtung auf, das Rechtsgeschäft selbst nach seinen verschiedenen Seiten hin einer eigenen Prüfung zu unterziehen.

Herr Dr. Bornemann macht mit gutem Grunde darauf aufmerksam, zu welchen Mißlichkeiten diese Praxis geführt hat, wie die Parteien hin und her gezogen worden sind gerade durch diese Prüfung und durch diese fortwährende höchst unnöthige und unnütze Sorge des Richters.

Die Folgen, die die verschiedenen Gesetze an diese Prüfung des Richters knüpfen, sind allerdings verschieden. Das Württembergische Gesetz verlangt von dem Richter sogar, daß nicht mehr auf das Grundstück eingetragen werden soll, als wirklich dasselbe im Werthe hat. Die Sächsische Gesetzgebung macht den Richter nur für den Fall verantwortlich, daß die

Prüfung wirklich unrichtig und ungenau ist, und er Irrthümer dabei begangen hat. Die übrigen Gesetzgebungen betrachten es gewissermaßen nur als Instruktion, als Reglement für den Richter, daß er sich von der Rechtsgiltigkeit des Geschäftes die möglichste Ueberzeugung verschaffen solle.

Herr Dr. v. Kerstorf sagt, es sei gar keine Veranlassung für den Juristentag da, über diesen Punkt irgend eine communis opinio auszusprechen; es sei Sache der Landesgesetzgebung und Reglements, wie weit der Richter zu gehen habe.

Zum Bornemann-Meyer'schen Antrage hat sich noch ein Zusatzantrag des Kreisgerichtsraths Geck aus Werden angeschlossen, der auch bereits dem vorigen Juristentage vorlag. Es heißt darin:

„Dem Publizitätsprinzipe ist auch in subjektiver Hinsicht durch die unbedingte Gestattung der Einsicht des Hypothekenbuches und der dazu überreichten Urkunden Geltung zu verschaffen."

Dieser Satz lehnte sich an einen der Meyer schen Anträge an, der dahin gegangen:

„das Prinzip der Publizität werde unbedingt und im vollsten Umfange festgehalten."

Kreisgerichtsrath Geck ist aber weiter gegangen, als der ursprüngliche Antragsteller. Denn aus der Schrift des Herrn Ober-Tribunalrathes Meyer, auf die er sich zur Motivirung bezog, geht hervor, daß die Einsicht Jedem freistehen solle, der ein rechtliches Interesse nachweist, oder der die Erlaubniß des Eigenthümers, respektive der Realberechtigten beibringt.

Dieser Meyersche Antrag ist auch eigentlich derjenige Grundsatz, der sich in den meisten Hypothekargesetzgebungen, mit einigen unbedeutenden Verschiedenheiten im Ausdruck in Betreff des Nachweises des Interesse, findet.

Kreisgerichtsrath Geck, der aber weiter geht, als der Meyersche Antrag, bezieht sich vorzugsweise auf das Französische Recht, wo All und Jeder das Hypothekenbuch einsehen und Abschriften daraus verlangen darf. Auch in Oesterreich steht das Grundbuch für Jeden offen, der Einsicht verlangt, und Jedermann kann den Extrakt einer beliebigen Einlage erhalten.

Herr Dr. v. Kerstorf schließt sich bei Begutachtung dieses Antrages den gegnerischen Ausführungen an, nach denen die absolute Oeffentlichkeit ein offenbarer Eingriff in die Rechte des Eigenthümers und in die allgemeine bürgerliche Freiheit sein würde.

Herr Dr. Lührsen sagt, ein eigentlicher Nachtheil könne daraus nicht entstehen, wenn man Jedermann die Einsicht in das Hypothekenbuch gestattet, und überdies sei dieser Punkt so wenig wichtig, und die Praxis helfe sich so gut heraus, daß es wohl nicht vorkommen dürfte, daß Jemand

Einsicht in das Hypothekenbuch oder Grundbuch überhaupt verlangt, der nicht ein wahres und wirkliches Interesse daran hat, und einem solchen sei es bisher noch nie verboten worden, das Folium einzusehen.

Ich habe Ihnen noch einen Antrag mitzutheilen, der mir im Monat Juli von der ständigen Deputation zur thunlichsten Berücksichtigung mitgetheilt worden ist. Der Antrag geht von dem Herrn Rechtsanwalt Kretzschmann aus Burg bei Magdeburg aus und lautet:

> „Der Juristentag wolle als seine Rechtsüberzeugung aussprechen, daß die Unverjährbarkeit der Hypothekenrechte kein nothwendiges Element der Grundbuchseinrichtung, vielmehr die Einführung einer Hypothekenverjährung mit geräumigen Fristen als Bedürfniß anzuerkennen ist."

Der Antrag ist ohne alle Motive.

Ich bin nun in der Lage, meine Ansicht über diesen Antrag aussprechen zu müssen, und gestehe, daß, insoweit ich mich hier habe informiren können, von keiner Seite gesagt worden ist, daß ein derartiges Bedürfniß vorliege, daß ein solches sich jemals in der Praxis gezeigt habe, oder daß in der Theorie ein solcher Satz vertreten worden sei, als wäre es Bedürfniß, die Hypothekenverjährung einzuführen. Ich weiß nicht, ob Herr Kretzschmann in der Versammlung gegenwärtig ist. Wenn er anwesend ist, wird er wohl in der Lage sein, seinerseits uns vorzuführen, wo denn eigentlich ein solches Bedürfniß sich gezeigt habe. Angenommen aber auch, daß ein solches Bedürfniß an einzelnen Stellen oder an einem einzelnen Orte vielleicht sich gezeigt hat, so wird immer noch die Frage sein, ob man denn das als communis opinio ansehen kann, als eine für ganz Deutschland mit Nothwendigkeit anzustrebende Bestimmung.

Gestatten Sie mir, noch in ganz kurzen Worten meine eigene Ansicht über die Anträge, die hier vorliegen, zu entwickeln.

Ich schließe mich wesentlich dem an, was Herr Dr. v. Kerstorf ausgeführt hat.

Es ist mir überhaupt zweifelhaft, ob denn ein Bedürfniß da sei, eine gemeinsame Deutsche Hypothekenordnung einzuführen. Bei dem vorjährigen Juristentage hat fast jeder Herr, der sprach, das Hypothekenrecht seines Landes als gut und richtig, als brauchbar und den Kreditverhältnissen angemessen betrachtet. Damals schon sind mir Zweifel aufgestiegen, ob bei dem Umstande, daß ein Jeder mit dem Rechte seines Landes zufrieden und von dessen Güte überzeugt ist, die Nothwendigkeit vorhanden sei, blos um der lieben Einheit willen alle diese guten Partikular-Einrichtungen umzustoßen?

Da jedoch über diesen Punkt bereits vom vorigen Juristentage infoweit Beschluß gefaßt worden ist, als man es für wünschenswerth bezeichnete, ein gemeinsames Deutsches Hypothekenrecht anzustreben, so kann es wohl nur unsere Aufgabe sein, diejenigen Punkte herauszufinden, hinsichtlich deren man in der That in ganz Deutschland die Ansicht theilt, es sei zweckmäßig und gut, dieselben einheitlich durchzuführen.

In dieser Richtung erlaube ich mir zu bemerken, daß das Prinzip der Publizität, und zwar der objektiven und subjektiven Oeffentlichkeit, und das Prinzip der Spezialität diejenigen Punkte sind, welche in ganz Deutschland vollkommen Anerkennung gefunden haben, und daß es sich nur darum handeln würde, diese Prinzipien in den einzelnen Gesetzgebungen konsequenter, als es bisher geschehen, durchzuführen.

Ich für meine Person — ich wiederhole, daß ich damit nur meine individuelle Ansicht ausspreche — würde mich den Kerstorfschen Anträgen anschließen.

**Präsident**: Ich schlage Ihnen vor, zuerst in einer allgemeinen Diskussion die Frage nach allen Seiten frei zu besprechen. Wenn diese allgemeine Diskussion geschlossen ist, dann käme es dazu, bestimmte Anträge zu stellen und von da an nur über die einzelnen Anträge zu sprechen und die einzelnen Voten zu hören. Ich meine, es diene diese Scheidung dazu, einmal den sämmtlichen Mitgliedern Gelegenheit zu geben, ihre Meinung ganz und voll auszusprechen und zugleich auch dazu, durch Konzentrirung des Gedankens zu bestimmten klaren Entschlüssen zu kommen.

Sind Sie damit einverstanden? (Zahlreiche Rufe: Ja!)

Wer begehrt nun in der allgemeinen Diskussion das Wort?

Advokat Dr. **Auerbach** aus Frankfurt a. M.: M. H.! Ohne auf die Untersuchung des von dem geehrten Herrn Berichterstatter zuletzt erwähnten Punktes einzugehen, ob es nicht gerade bei der vorliegenden Frage genüge, der Partikular-Gesetzgebung ihr weiteres Recht zuzugestehen, was insofern Manches für sich hätte, als es sich ja hier speziell um eine Einrichtung handelt, die an und für sich lokaler Natur ist, — ich sage, ohne auf diese Frage näher eingehen zu wollen, möchte ich Ihnen, wenn es denn doch darauf ankommt, gemeinsame Grundsätze für ein etwa in die Deutsche Gesetzgebung einzuführendes Hypothekenrecht zu bestimmen, einzelne allgemeine Momente vorführen, deren Berücksichtigung mir vor Allem bei dieser Frage in Betracht kommen zu müssen scheint.

Bei der Frage der Hypothekengesetzgebung muß man — wie es auch einer der Herren Berichterstatter, Herr Dr. Lührsen aus Hamburg, that — von dem Zwecke derselben zunächst ausgehen. Dieser kann kein anderer sein, als die Förderung des Realkredits. Man muß sich dabei die Momente vergegenwärtigen, worauf derjenige, welcher gegen Verpfändung von Grundbesitz Kredit giebt, vorzugsweise blickt. Dies sind zum Theil rein ökonomische Momente, z. B. der Werth des Grundstückes. Diese können vorwiegend wohl außer Betrachtung bleiben, insofern nicht, wie gerade der Herr Berichterstatter es an einem Beispiel nachwies, auch die öffentlichen Bücher durch ihre Einrichtung über diese Verhältnisse Aufschluß geben oder Aufschluß zu geben sich bestreben. Theils sind es aber wichtige juristische Momente, die in volkswirthschaftlichen Voraussetzungen ihre Grundlage haben. Der Insatz-Gläubiger blickt vor Allem darauf, daß er die Sicherheit gewinne, ein giltiges Pfandrecht von dem Verpfänder erhalten zu können. Er will also die Gewißheit haben, daß das Unterpfand nicht bereits über seinen Werth belastet ist; er will die Fähigkeit besitzen, nach Bedürfniß oder Wunsch seir Pfandrecht auf einen Andern übertragen zu können; er will darin geschützt sein, daß sein Pfandrecht ohne seine Einwilligung weder beschränkt, noch — was mehr wäre — aufgehoben werde. Schließlich will er aber, daß es ihm möglich sei, eintretenden Falls, wenn die persönliche Solvenz keine volle Garantie mehr bietet, rasch zu dem Seinigen aus dem Pfande zu gelangen.

Was die von mir zuerst erwähnten Momente anbelangt, so müßte meines Erachtens beim Pfandrechte an Grundbesitz, wie bei jenem an Mobilien, zunächst der redliche Erwerb geschützt werden. Wenn jedoch die Hypothek gemäß der Natur und der ökonomischen Bestimmung des Grundeigenthums nicht ohne die größten wirthschaftlichen Nachtheile, welche uns vor die Augen zu bringen zumeist das römische Hypothekenwesen geeignet wäre, durch den Besitz übertragen werden kann, so bietet hiefür die Eintragung in's Hypothekenbuch nicht nur zweckmäßigen, sondern nothwendigen Ersatz. Die Verbuchung der Hypothekarverhältnisse in's Hypothekenbuch ist eine unbedingte Forderung des Rechtes, gefolgert aus der Natur der Sache. Nur durch Eintragung kann ein Hypothekenrecht entstehen; insofern gehört die Verbuchung zu den öffentlichen Formal-Akten.

Damit fallen von selbst alle die Unzukömmlichkeiten, die bei der Formlosigkeit der Hypothekenbestellung unvermeidlich sind: stillschweigendes, gesetzliches Hypothekenrecht, oder Generalhypothek.

Zugleich bestimmt sich aber auch hienach das Verhältniß der Bücher, die das Eigenthumsverhältniß beurkunden, zum Hypothekenverhältniß. Es wird nämlich dadurch ein keineswegs gering zu achtender indirekter Zwang geübt, das Eigenthumsverhältniß auch zu veröffentlichen und zwar eben durch die Eintragung. Denn nicht nur kann ausschließlich der als Eigenthümer Eingetragene eine Hypothek bestellen; nein! es mahnt auch die Vorsicht den neuen Erwerber eines Grundstückes, möglichst bald sein erworbenes Eigenthum zum Grundbuche, oder wie nun sonst diese öffentlichen Register genannt werden, welche bei den meisten Gerichten auch mit den Hypothekenbüchern zusammenfallen können, anzumelden. Denn nur dadurch wird er dessen sicher, daß der frühere Eigenthümer nicht zu seinem größten Nachtheil einem redlichen Dritten eine Hypothek giltig bestellen kann.

Dagegen einen weiteren direkten Zwang dahin auszuüben, daß auch die Erwerbsakte des Eigenthums in die öffentlichen Bücher eingetragen werden, dies scheint mir nicht räthlich.

Einestheils ist beim Erwerbe des Eigenthums allerdings die Uebergabe, die Tradition nicht nur möglich, sondern gewöhnlich; andererseits basirt unser modernes Verkehrsleben — und gerade diesen Punkt möchte ich gegenüber dem Gutachten des geehrten Herrn Berichterstatters aus Hamburg vorzugsweise in's Auge fassen — vielfach auf einer raschen, in unmittelbarer Aufeinanderfolge vor sich gehenden Eigenthumsübertragung. Auch hier würden, wenn man die Bedingung aufstellte, daß der Vorgänger sich erst einschreiben lassen müsse, bis er rechtsgiltig übertragen könne, — wenn die Durchführung dieses Grundsatzes selbst möglich wäre, was ich bestreite — bei einem vielbewegten Verkehrsleben jedenfalls Aufenthalt und Unkosten aller Art entstehen, die besser vermieden werden sollen.

Was das von mir erwähnte Moment der Uebertragbarkeit anlangt, so behalte ich mir in dieser Beziehung nach der Aufforderung des geehrten Herrn Vorsitzenden einen Antrag vor und erlaube mir hier nur im Kurzen darauf hinzuweisen.

Der geehrte Herr Berichterstatter aus Hamburg will selbst nicht nur die Nominal-Hypotheken aufnehmen, sondern auch „Hypotheken auf Inhaber" zulassen. Ja, das System der Pfandbriefe, das gewaltige System der Prioritäts-Anlehen, alle diese haben ja längst gezeigt, daß auch derartige Hypothekar-Urkunden bestehen und rechtsgiltig kursiren, indem ein jeder Inhaber einer solchen Urkunde ein dingliches Antheilsrecht an dem Unterpfande gewinnt.

Was schließlich die Realisirbarkeit des Pfandrechtes anlangt, so muß ich auch hier gegen einen von dem Herrn Berichterstatter aus Hamburg aufgestellten Grundsatz doch Einsprache erheben, und es geschieht wahrlich nicht aus einer zu großen Anhänglichkeit an das römische Recht in dieser Beziehung.

Meines Erachtens bildet auch bei der Hypothek die persönliche Schuld das Prinzipale. Sieht auch der Pfandgläubiger darauf, daß er eintretenden Falles bei Insolvenz des Schuldners, oder um den Schuldner nicht persönlich anzugreifen, an das Pfand gehen kann, so hat er doch auch die persönliche Haftbarkeit des Schuldners vorzugsweise im Auge, und meines

Erachtens sollte es sogar auch im Interesse des Pfandschuldners dem Pfandgläubiger freistehen, elektiv die persönliche Klage zu stellen,

Was aber an und für sich die Realisirbarkeit anlangt, so glaube ich, auch in dieser Beziehung später einen Antrag stellen zu müssen. Denn ein Haupthebel der leichten Gewährung des Kredits auf Grund von Immobilien, wie von Mobilien — wenn diese zum Pfande dienen — ist die Sicherheit des Pfandgläubigers, eintretenden Falles rasch und allsogleich zum Unterpfande zu gelangen.

In dieser Beziehung kommt freilich auch ein prozessualisches Moment in Betracht, das aber von großer materieller Bedeutung ist, weshalb ich es hier hervorzuheben gewiß nicht scheuen darf. Es kommt nämlich darauf an, daß bei der Insatzklage ein summarisches Verfahren stattfindet; illiquide Einreden, sowie Appellationen müssen ausgeschlossen sein; desgleichen muß, wenn keine anderweitige Befriedigung mittlerweile erfolgt, binnen einer geeigneten, nicht zu langen Frist die Versteigerung des Unterpfandes stattfinden können. In meiner Vaterstadt sind die Hypothekarverhältnisse möglichst gut geordnet und es findet dort trotz dessen, daß diese als Handelsstadt in Mobilienwerthen viele Geschäfte macht, doch ein sehr großer Theil von Kapitalien seine Unterbringung durch Bestellung, durch Erwerbung von Hypotheken; und darauf wirken nicht nur die gesetzlichen Bestimmungen hin, wonach Stiftungsgelder oder Mündelgelder in einen Insatz einzulegen sind — nein, vor allem wirkt darauf der Umstand hin, daß wir ein rasches Prozeßverfahren haben. Freilich darf dieses nicht der Art gewährt werden, daß es einem harten Insatzgläubiger leicht wird, Insatzschuldner durch Subhastation von Haus und Hof zu jagen; es müßte in diesem Falle meines Erachtens je nach den Verhältnissen eine geeignete Frist gesetzt werden. Aber nach allem dem, glaube ich, müßte man in Beziehung auf die allgemeinen Anschauungen des Hypothekenwesens die von mir wenigstens in Anregung gebrachte Frage einer genauen Berücksichtigung unterziehen und darauf bitte ich die geehrte Versammlung Rücksicht zu nehmen.

Professor Dr. v. **Stubenrauch** aus Wien: Nach dem von der geehrten Versammlung angenommenen Vorschlage des hochverehrten Herrn Vorsitzenden, die Diskussion über die einzelnen Punkte zu trennen und zuvörderst lediglich auf eine Besprechung der Frage im Allgemeinen einzugehen, erlaube ich mir nur meine Ansicht dahin auszusprechen, daß rücksichtlich einer speziellen, vom Herrn Berichterstatter gemachten Bemerkung es zweckmäßig erscheinen dürfte, bei dieser Diskussion auf Detailfragen weniger einzugehen.

Es ist sogar in Zweifel gezogen worden, ob es überhaupt wünschenswerth sei, daß die allgemeine Meinung des Juristentages, die so groß und gewichtig in die Wagschaale fällt, sich dahin ausspreche, daß ein gemeinsames Hypothekengesetz ein Bedürfniß für Deutschland sei. Die Frage ist wohl schon durch den vorangegangenen Juristentag, dem ich beizuwohnen nicht das Glück hatte, gelöst. Es ist allerdings die Ansicht ausgesprochen worden, daß auch in dieser Beziehung eine Einheit und Gleichförmigkeit der Gesetzgebung anzustreben sei. Auf der anderen Seite aber scheint es mir unverkennbar, daß die Hypothekarverhältnisse mit so manchen staatsrechtlichen und Steuerverhältnissen in innigem Zusammenhange stehen und ebenso mit der Einrichtung der Gerichtsbehörden sowohl, als derjenigen Behörden, welche speziell etwa mit der Führung der Bücher betraut sind, so daß es genügen dürfte, eben über ganz allgemeine Grundsätze, wie sie auch wirklich von dem Herrn Berichterstatter hervorgehoben worden sind, sich auszusprechen; daß dagegen die Details der Durchführung, die speziellere Instruktion u. s. w. der Partikulargesetzgebung nicht nur getrost überlassen werden *können*, sondern, wie ich glaube, wirklich überlassen werden *sollen* und *müssen*, weil hier eine Gleichförmigkeit etwa zwangsweise herbeizuführen nur ein Widerstreben, vielleicht sogar gegen die Kardinalpunkte erregen könnte; wogegen, wenn die Spezialitäten der Partikulargesetzgebung vorbehalten bleiben, eine Einigung in Beziehung auf die großen und wichtigen Prinzipien leichter erzielt werden dürfte.

Von diesen Prinzipien sind es die der Publizität und Spezialität, welche gewiß keiner Besprechung mehr bedürfen; denn sie sind so anerkannt und so im Wesen der Hypothekareinrichtung der Gegenwart und im Bedürfnisse des Realkredites begründet, daß ich glaube, ein Widerspruch in dieser Beziehung wird durchaus nicht vorhanden sein. Die Gesetzgebungen gehen in der Regel von diesen Prinzipien aus, und es kann sich wirklich nur darum handeln — wie sehr richtig betont wurde — daß eine etwas konsequentere Durchführung, als bisher der Fall war, angestrebt werde. So ist es in der Oesterreichischen Gesetzgebung allerdings der Fall, daß schon seit langer Zeit die Generalhypotheken und die stillschweigenden Pfandrechte verschwunden sind, und nur einige wenige Ueberbleibsel, von dener auch der Herr Referent bereits Erwähnung gethan hat, noch in die Gegenwart hereinragen und es läßt sich nicht verkennen, daß auch da der Wunsch vollkommen berechtigt erscheint, selbst diese noch allmählig verschwinden zu lassen.

Ein Punkt aber ist es noch, welcher mir von hoher Wichtigkeit zu sein scheint, nämlich die innige Verbindung des Hypothekenwesens mit dem Grundbuchswesen, oder mit der Evidenzhaltung der dinglichen Rechte und der Erwerbung, so wie Erlöschung derselben in Verbindung mit der Eintragung. Wir sind in Oesterreich in dem eigenthümlichen Verhältnisse, daß wir sehr verschiedenartige Grundbuchs- und Hypothekareinrichtungen neben einander bestehen haben und daher vielleicht in der Lage sind, die verschiedenen Vorzüge und Mängel näher beurtheilen zu können, als es in den Ländern der Fall ist, welche sich in dieser Beziehung einer einheitlichen Gesetzgebung erfreuen. In den alten Oesterreichischen Provinzen ist das Hypothekenwesen in der Art eingerichtet, daß es mit dem Grundbuchswesen in innigster Verbindung steht, und es besteht in diesen der Grundsatz, daß das Eigenthum sowohl, als das Pfandrecht und das Recht der Dienstbarkeit auf Immobilien nur durch Eintragung in die öffentlichen Bücher erworben werden können, wogegen in einer nicht unbedeutenden Provinz, in dem Venetianischen Verwaltungsgebiete, dann in Istrien u. s. w. das Französische Hypothekensystem besteht, so daß der Oesterreichische Jurist in der Lage war — wie ich schon zu bemerken die Ehre hatte — in der Praxis wirklich diese beiden Systeme neben einander zu beobachten. Auch Gesellschaften, die sich mit dem Hypothekarkredit beschäftigen, wie z. B. eine in Wien bestehende, bedeutende Versicherungsgesellschaft, welche die Hypothekarversicherung zum Gegenstande ihrer Thätigkeit gewählt hat, sind in der Lage gewesen, die verschiedenen Vor- und Nachtheile dieser beiden Systeme in's Auge zu fassen, und da hat sich meines Erachtens unverkennbar gezeigt, welch' hohe Wichtigkeit für den Realkredit die Verbindung der Hypothekenbücher mit den Grundbüchern mit sich bringt. Die Schwierigkeit in denjenigen Provinzen, wo das Französische System besteht, die Eigenthumsverhältnisse nachzuweisen, haben auf den Realkredit in dieser Beziehung einen nachtheiligen Einfluß geübt.

Obwohl nun dieses als ein spezieller Punkt später noch vielleicht zur umfangreichen Diskussion kommen dürfte, erlaube ich mir schon gegenwärtig darauf hinzuweisen, daß es mir allerdings wesentlich erscheint und ich es — von meiner speziellen Erfahrung ausgehend — wenigstens für wünschenswerth halte, wenn ausgesprochen würde, daß eben auch das Eigenthum nur durch Eintragung in das Grundbuch erworben werde, weil dann die Evidenzhaltung, der Nachweis der Eigenthumsverhältnisse ein vollkommen gesicherter ist, und weil die Nothwendigkeit, diesen Nachweis zu liefern, wenn ein Kredit gegeben werden soll, unverkennbar vorliegt.

Es ist wohl von einer anderen Seite hervorgehoben worden, daß die moderne Strömung dahin geht, auch den Verkehr mit Immobilien zu erleichtern. Nun ich gebe es zu, daß diese Erleichterung nothwendig ist, daß sie in vielen Punkten angestrebt werden kann und soll; allein gar zu weit, glaube ich, sollte denn doch auch in dieser Hinsicht nicht gegangen werden. Das Mobilisiren der Immobilien scheint mir in ökonomischer und in finanzieller Beziehung sehr gefährlich zu sein, und ich glaube, daß hier Maaß gehalten werden sollte. Die Immobilien sollten doch ihre fixirte Gestaltung haben, die Kapitalien, die darin angelegt sind, vor vielen Fährlichkeiten sicher gestellt sein, welchen die beweglichen Güter, die allerdings im steten Verkehrsflusse sich befinden, ausgesetzt sind. Ich glaube also, daß aus diesem Gesichtspunkte gegen das früher angedeutete Prinzip keine Einwendung mit Grund erhoben werden kann, sondern daß wirklich daran festgehalten werden sollte, weil nur da ein vollkommen sicherer Nachweis möglich ist, und darin auch eine Hauptstütze des Realkredits gelegen erscheint.

Ich behalte mir vor, auf andere Spezialpunkte zurückzukommen.

Bürgermeister Dr. **Drechsler** aus Parchim: Es ist so oft schon davon gesprochen worden, daß der ganzen Hypothekengesetzgebung die Prinzipien der Publizität und Spezialität zu Grunde liegen; wollen wir uns doch nun auch einmal von diesen allgemeinen Worten und Begriffen entfernen, und lassen Sie uns an einzelnen Sätzen zeigen, wie man denn in richtiger Weise das Prinzip der Publizität und Spezialität durchführen kann.

Ich glaube, wir sind trotz aller Referate, die uns hier vorliegen, und auch trotz des mündlichen Referates des Herrn Berichterstatters bei dieser Frage gerade noch auf demselben Punkte, wie im vorigen Jahre am Dresdener Juristentage. Wir haben sogar heute Entwicklungen darüber gehört, wie zweckmäßig das Prinzip der Intabulation der Hypotheken sei, wie nothwendig es sei.

Ich glaube, Alles dieses haben wir weit hinter uns. Wir sollten nach dem Beschlusse des vorjährigen Juristentages Materialien haben, um beurtheilen zu können, auf welchen gemeinsamen Grundlagen am Besten die als Bedürfniß für Deutschland erkannte gemeinsame Hypothekengesetzgebung aufgebaut werde. Solche Ermittlungen sind nicht angestellt. Es fehlt auch in der Aufforderung der ständigen Deputation zur Abgabe der Gutachten geradezu die Veranlassung, indem nur einige Punkte der Bornemann-Meyerschen Anträge herausgegriffen sind, und doch ist es vor Allem nothwendig, daß wir bestimmte Grundzüge bezeichnen, die wir leicht auffinden können und auffinden werden, wenn wir nur einmal eines der Systeme — denn nur Eines kann es sein — bezeichnet haben, welches das beste ist.

Ich habe am vorigen Juristentage nicht gehört, daß die einzelnen Landestheile Deutschlands ihr Hypothekenrecht und ihre Hypothekengesetzgebung für das Beste hielten: im Gegentheil, ich habe Klagen von vielen Seiten über schlechte Hypothekengesetzgebung gehört.

Ich für meine Person glaube, daß das Prinzip vorweg festgestellt werden muß. Es muß ein Ausspruch des Juristentages darüber erfolgen, ob das System der Grundbücher angenommen und als das wünschenswertheste bezeichnet werden soll, auf dem die ganzen Details sich demnächst auch mit Beachtung aller Partikularverhältnisse weiter entwickeln, das System, daß dingliche Rechte aller Art nur durch Eintragung in die Grundbücher erworben werden können.

M. H.! Es ist immer eines dieser Rechte hier besonders betont, welches allerdings vor allen in Betracht kommt für den Realkredit, nämlich das Pfandrecht. Der Bornemannsche Antrag hebt dasselbe auch nur allein hervor.

Ich möchte Sie doch fragen, wie es überhaupt nur möglich werden soll, das Prinzip auszusprechen, nur die Eintragung in das Hypothekenbuch führe zur Erwerbung des Pfandrechtes, wie es das Erachten des Herrn Dr. v. Kerstorf ist und wie es auch der Berichterstatter heute gemeint hat? Wer ist denn legitimirt zu Anträgen bei der Hypothekenbehörde auf Eintragung eines Pfandrechtes, auf Eintragung einer Hypothek? Wen sollen die Grundbuchs- oder Hypothekenbehörden, wie Sie sie nennen wollen, meinetwegen auch Grundbuchs- und Hypothekenbehörden, wen sollen sie anerkennen als den zu solchen Anträgen Legitimirten? Herr Lührsen hat da einen der wichtigsten Punkte getroffen; er erklärt: nur der in das Grundbuch Eingetragene ist zu solchen Anträgen legitimirt.

Es wird Jeder, der einmal praktisch sich mit Hypothekenbetrieb beschäftigt hat, die Erfahrung gemacht haben, daß er bei der Verantwortlichkeit, die er für diesen Betrieb als Richter hat, doch die Legitimationsfrage vor allen Dingen prüfen muß. Das ist das Eine.

Ich glaube, es ist ganz unmöglich, eine Sicherung zu geben in Bezug auf die Eintragung in das Hypothekenbuch, wenn nicht daneben festgestellt wird, daß nur der im Grundbuche ersichtliche Eigenthümer zu solchen Anträgen und zur Zustimmung zur Eintragung der Hypothek legitimirt ist.

Dann, m. H., soll doch derjenige, der den Realkredit sucht, sich die Ueberzeugung über den Umfang des Grundstückes, über die Bedeutung und Individualität des Grundstückes verschaffen können, welches ihm Kredit gewähren soll. Wie ist es nun möglich, ihm diese Ueberzeugung zu verschaffen, wenn nicht daneben die Belastung der Grundstücke, sie mag herrühren aus deutschrechtlichen Reallasten, oder aus Servituten des römischen Rechtes, wenn nicht diese zugleich ersichtlich ist? Wie ist es möglich, überhaupt auf ein Grundstück zu kreditiren, wenn nicht auch die Belastungen, also alle speziellen Verhältnisse vorliegen, und zwar in einer öffentlichen Form vorliegen, beglaubigt durch das Grundbuch?

Man muß also schon gerade der Sicherheit der Hypothek wegen, um das gesunde System des Realkredites durchzuführen, zum Grundbuchsystem gelangen. Man muß das Prinzip aufstellen: dingliche Rechte aller Art können nur erworben werden durch Eintragung in das Grundbuch.

Es ist allerdings eine Frage und sie gehört demnächst zur Spezialerörterung, wie am zweckmäßigsten die Durchführung dieses Systems den Anforderungen des Geschäftslebens gegenüber vorzunehmen sei. Ich fürchte nicht, daß die Eintragung des Eigenthümers in das Grundbuch irgendwie eine Verzögerung herbeiführt, und ich glaube, Herr Dr. Auerbach hat Herrn Dr. Lührsen vollständig mißverstanden, wenn er meinte, daß dies besonders schwierig sei, es würden dadurch bei dem lebendigen Rechtsverkehr die Interessen des Geschäftslebens irgendwie verletzt. Es wird ja nicht das Rechtsgeschäft, der Rechtstitel, wodurch das Eigenthum erworben wird, in das Grundbuch eingetragen, sondern lediglich der Name und weiter nichts, ebenso wie der Name des Gläubigers bei Hypotheken und ich fürchte nicht, daß dieses irgend welchen großen Aufenthalt herbeiführen könnte. Es ist möglich, daß dasselbe Grundstück, und das habe ich praktisch durchgeführt, vor derselben Grundbuchsbehörde an Einem Tage in zehn verschiedene Hände kommt. Das ist vollständig möglich und sogar sehr einfach.

Aber auf der andern Seite kann ich den Einwand auch nicht gelten lassen, daß, wie mein verehrter Herr Vorredner sagte, wir das Mobilisiren lassen sollten, und deswegen sollten wir diese kleinen Belastungen, die ich übrigens als solche gar nicht anerkennen kann, fallen lassen? M. H., ich will mobilisiren in Bezug auf Hypotheken, ich will dem Eigenthümer die Möglichkeit gewähren, durch Eintragung und durch die Form der Eintragung den ganzen Werth seiner Grundstücke in Einzelwerthe dergestalt aufzulösen, daß er sich für jeden einzelnen Werth Intabulationsdokumente oder Hypothekenscheine verschaffen kann, daß diese ebenso gut Marktpapiere werden können, wie jede Prioritätsobligation einer Eisenbahn oder die Staatspapiere. Das ist möglich auszuführen, und ist auch in einzelnen Beziehungen schon durchgeführt. Das betrifft aber immer nur die allgemeinen, nicht die besonders zu behandelnden Hypotheken; damit haben wir gar nichts zu thun. Wir mobilisiren gar nichts, wenn wir daneben an der Eintragung des Eigenthümers festhalten, wenn wir daran festhalten, daß nur durch Eintragung in das Grundbuch das Eigenthum erworben werden kann. Denn, m. H., das Grundstück wird in seiner Individualität nachgewiesen durch das Grundbuch; das Grundstück bleibt dasselbe, es mag durch noch so viele Hände gehen; es bleibt ebenso konservativ, es wird nicht aufgelöst.

Ich glaube, daß das Prinzip der Eintragung und das Prinzip, daß nur der in das Grundbuch eingetragene Eigenthümer zu Anträgen in Bezug auf das Grundstück, auf die Belastung desselben berechtigt sei, nichts zu thun habe mit dem Satze: wir sollen uns hüten, die Grundstücke zu mobilisiren. So sehr wir uns davor hüten sollen, Theilungen von Grundstücken zuzulassen, — und das ist ein Punkt, worauf ich mich beziehen kann — so sehr sollen wir den Eigenthümern von Privatgrundstücken die Möglichkeit gewähren, alle die Formen für ihren Kredit zu gebrauchen, die große Komplexe von Grundstücken, die der Staat und die großen Gesellschaften gebrauchen können. Das heißt Fortschritt in Bezug auf den Realkredit, in Bezug aber auf die Herbeiführung dieses Fortschrittes müssen wir recht konservativ festhalten an dem aus Deutschlands Rechtsentwicklung hervorgehenden Satze, daß eben nur die Auflassung vor Gericht die Belastung eines Grundstückes und den Eigenthumsübergang herbeiführen kann.

Ich möchte, indem ich mir das Wort erforderlichenfalls noch für die Spezialdiskussion vorbehalte, auf Einiges aufmerksam machen, was in dem Referate vorgekommen ist.

Es wurde gesagt, daß in Mecklenburg allerdings das Prinzip angenommen sei, daß die Eintragung in das Stadtbuch oder Grundbuch nur für städtische Grundstücke bestehe.

Ich habe Ihnen soeben gezeigt, daß es nur möglich ist, zu einer wirklich tüchtigen Reform in der Hypothekengesetzgebung zu gelangen, wenn das sogenannte Grundbuchssystem angenommen wird. Es ist dies aber in Mecklenburg vollständig der Fall; nur ist faktisch zu erinnern, daß in Bezug auf ritterschaftliche Güter noch viel mehr erforderlich ist; es ist nicht nur die Erklärung vor der Hypothekenbehörde nothwendig, sondern der Uebergang geschieht in Form einer Belehnung durch die Leistung des Lehneides vor der Lehenkammer und die Hypothekenbehörden haben sich nur damit zu befassen, die Belastungen zu reguliren und weiter das Geschäft zu befördern. Es ist daher da nur ganz einfach die Form üblich, daß die Hypothekenbehörden überhaupt nur den als Legitimirten anzusehen haben, der als Eigenthümer des Rittergutes schon von dem Staate durch die Belehnung anerkannt ist.

Da geht man also noch viel weiter. Allein es ist, glaube ich, nicht nöthig, dies so weit zu verfolgen, sondern ich wollte eben nur bemerken, daß es eine große Inkonsequenz der Mecklenburgischen Gesetzgebung wäre, wenn für kleinere Werthe von Grundstücken das Grundbuchsystem bestände, und für ritterschaftliche Güter dasselbe etwa verlassen wäre; überdies könnte das ja auch zu Irrthümern führen.

Ferner sind die öffentlichen Beziehungen des Grundeigenthums hier vermischt worden mit denen, womit wir allein zu thun haben, mit den privatrechtlichen. Welche Einrichtungen erforderlich sind, um in den einzelnen

Deutschen Ländern ein richtiges Grundabgabensystem herbeizuführen, wollen wir den Finanzverhältnissen der einzelnen Länder überlassen. Es hat das System der Werthe des Privateigenthums hiemit gar nichts zu thun, und somit möchte ich auch nicht sagen — wenn es auch in jenen Gesetzgebungen so ausgedrückt sein sollte — daß überall die öffentlichen Abgaben von Grundstücken, wie sich das allerdings auf Grund des Römischen Rechtes vielleicht eingeschlichen hat, überall mit dem Namen „stillschweigende Hypotheken" zu benennen sind. Das ist nicht richtig. Meiner Ansicht nach haben die öffentlichen Abgaben mit dem ganzen Grundbuchsysteme gar nichts zu thun. Während der Staat berechtigt ist, vom jeweiligen Eigenthümer eben die Abgaben zu fordern, so ist dies doch ganz anders, wenn ein einzelner Gläubiger auftritt, der aus einem Pfandrechte Forderungen erhebt. Auch diese öffentliche Beziehung (der Abgaben) ist also in die Hypotheken-Gesetzgebung nicht hineinzubringen.

Ich habe mich, allerdings nur in einzelnen Hauptgrundzügen, dafür ausgesprochen, daß wir nun, nachdem wir soviel von Spezialität und Publizität, von einer wünschenswerthen konsequenteren Durchführung dieser Prinzipien, von der Aufhebung des Legalitäts-Prinzipes und dergleichen gesprochen haben, uns darüber ganz bestimmt aussprechen, welches System denn die Grundlage für die konsequentere Entwicklung der besagten Prinzipien bilden solle. Denn alles Andere ist für mich, so lange wir noch bei diesen allgemeinen Begriffen stehen bleiben sollen, nur Phrase. (Beifall.)

Ich will wissen, was heißt konsequentere Durchführung des Prinzipes der Spezialität? Soll dies dadurch geschehen, daß man blos zur Bequemlichkeit des Realkredites ein Hypothekenbuch einrichtet? Dadurch habe ich noch gar nichts, höchstens eine Täuschung des Gläubigers gewonnen. Der Gläubiger hat ein Dokument von einer öffentlichen Behörde in der Hand, ohne zu wissen, was ihm im Dokumente eigentlich verpfändet wird, indem Dispositionen über das Grundstück, Theilungen und so weiter nach gemeinem Rechte behandelt werden.

M. H., adoptiren Sie das System der Grundbücher, um es kurz zu bezeichnen, erklären Sie, daß nur auf Grundlage dieses Systemes eine gesunde und richtige Fortentwicklung des Systemes der Spezialität und Publizität möglich ist.

Ich glaube, dafür wird sich die communis opinio im Deutschen Juristentage allmählig herausbilden, wenn auch bei der Beschaffenheit der Vorlage vielleicht noch nicht auf dem gegenwärtigen Juristentage. Darauf kommt es auch gar nicht an. Ich glaube, es werden auch diejenigen Herren, welche etwa andere Systeme kennen, allmählig sich überzeugen, daß doch das Hypothekenrecht in den einzelnen Ländern Deutschlands nicht gerade das beste sei; sie werden sich davon überzeugen, daß wirklich ein gemeinsames Hypothekenrecht, oder vielmehr ein gemeinsames Deutsches Sachenrecht in Bezug auf die Immobilien zunächst ein wirkliches Bedürfniß ist, daß es eine Wohlthat ist, wenn denjenigen Ländern, welche bisher in einer gewissen Isolirtheit in ihrer Gesetzgebung sich bewegt haben, wie wir das z. B. in der neuesten Zeit noch in Hannover sehen, dasjenige vorgestellt und vor Augen gelegt werde — versteht sich nur in seinen Grundzügen — was der Deutsche Juristentag für das beste und wünschenswertheste System anerkennt. (Beifall.)

Rechtsanwalt **Kretzschmann** aus Burg: Es liegt mir ob, meinen Zusatzantrag zur Hypothekenfrage mündlich zu motiviren. Ihn befürwortet, daß er lediglich aus einem praktischen Bedürfnisse hervorgegangen ist, und daß er das Pfandbrief-Institut und Alles, was die Schuldenrubrik des Grund- oder Hypothekenbuches enthält, nicht bei Seite zu lassen wünscht.

Ich lasse mir gefallen, daß der ganze Antrag auf eine Nützlichkeitsfrage reduzirt werde, und wünsche nur, daß die eminente Nützlichkeit von der geehrten Abtheilung anerkannt werde. Denn an und für sich ist es im Grundbuch- und Hypothekenwesen eine Anomalie, daß eine Hypothek anderweitig erlöschen kann, als durch Löschung, durch Tilgung im Hypothekenbuche selbst.

Wenn die Verjährung eingeführt wird, als ein Institut, welches ebenfalls Hypotheken zu löschen als geeignet erkannt wird, so kann dies nur in dem Sinne verstanden werden, daß die Löschung eines eingetragenen Hypothekenrechtes durch Ablauf der Zeit eintrete. Es ist aber, glaube ich, ebensowohl das Interesse des Realkredites, den Gläubiger zu sichern, als auch eingetragene Hypothekenrechte, welche materiell erledigt worden sind, wiederum aus dem Grundbuche zu entfernen. Es betrifft dieses Interesse nicht nur den Schuldner, den Grundstückbesitzer, sondern den Realkredit überhaupt. Man braucht ja nur an einen später eingetragenen Gläubiger zu denken, welcher, so lange die Vorhypothek nicht wirklich gelöscht ist, von der materiell vorhandenen Priorität so lange keinen Gebrauch machen kann, bis diese Löschung eben eingetreten ist.

Die Hypotheken-Verjährung würde also eine Einrichtung, eine gesetzliche Norm sein, welche nach Verlauf einer bestimmten, natürlich ziemlich geräumigen Zeit es möglich macht, eine Hypothek zu löschen, indem das Gesetz nach Verlauf eben dieser Zeit präsumirt, daß die Hypothek materiell ihre Erledigung gefunden hat.

Ueber die Länge der Frist, und über die bestimmten Einrichtungen und Bedingungen, welche geeignet sind, eine materielle Schädigung des Gläubigers zu verhüten, habe ich absichtlich in meinem Antrage nichts aufgenommen. Ich glaube, es wird nur darauf ankommen, das Prinzip zu besprechen, zu bejahen und das Bedürfniß anzuerkennen, dieses Prinzip zur Erörterung zu bringen. Darin, glaube ich, besteht auch hauptsächlich die Wirksamkeit und Bedeutung der Aussprüche des Juristentages, während die nähere Ausführung Sache der Kodifikation zu sein scheint. Der Côde Napolèon kennt eine Verjährungsfrist von zehn Jahren, und es ist die Hypothekenerneuerung die untrennbare Folge des Verlaufes dieser kurzen Frist. Von einer solchen kurzen Frist kann natürlich bei der Grundbuchseinrichtung nicht die Rede sein. Es würde vielmehr eine Frist, welche die der ordentlichen Verjährung übersteigt, immerhin adoptirt werden müssen. Unverzinsliche Hypothekenrechte würden meines Erachtens eine kürzere Verjährungsfrist ertragen können, als verzinsliche. Zu Gunsten moralischer Personen, die als Gläubiger eingetragen sind, möchten immerhin noch Ausnahmen beliebt werden, welche eine materielle Schädigung gerade dieser Institute zu verhüten geeignet sind.

Ich gehe nicht näher in die Details einer solchen Verjährungseinrichtung ein, weil ich mich zum Schwerpunkte wende: zur Bedürfnißfrage, da, wenn diese nicht bejaht wird, die spezielle Debatte nur eine unnütze Zeitverschwendung wäre.

Ich sagte, daß mein Antrag aus dem praktischen Bedürfnisse hervorgegangen ist, und bemerke dazu, daß meine Erfahrungen aus dem Rechtsgebiete einer der ältesten Hypothekenordnungen, nämlich der Preußischen vom Jahre 1783 herrühren. Da sind nun die Fälle in der That nicht selten, daß eine eingetragene Hypothekenpost nicht wieder aus dem Hypothekenbuche herausgebracht werden kann, mit Hilfe aller der vorhandenen prozessualischen Bestimmungen, welche ein öffentliches Aufgebot dieser Post ermöglichen. Je länger ein Hypothekenbuch besteht, desto mehr solcher Posten werden sich finden, die sich, wenn ich mich so ausdrücken soll, forterben von Geschlecht zu Geschlecht wie eine ewige Krankheit. Je älter die Hypothekenposten werden, desto weniger wird der Hypothekenschuldner oder der jeweilige Besitzer im Stande sein, das Schicksal dieser Post anzugeben, oder überhaupt nur einen bestimmten Ausspruch darüber zu thun, ob eine materielle Tilgung dieses Hypothekenrechtes eingetreten sei oder nicht. Für solche Fälle, glaube ich, bedarf es eines subsidiarischen Rechtsbehelfes, und als solchen schlage ich vor: die Verjährung, also eine erleichterte Löschbarkeit, die nach Verlauf einer geraumen Zeit einzutreten hätte.

Ich glaube nicht, daß die Beobachtungen, die sich auf meine Erfahrungen gründeten, so ganz allein dastehen werden, und glaube somit die Frage, ob das Bedürfniß nach Einführung einer solchen Verjährung vorhanden sei, bejahen zu dürfen, indem ich es übrigens anheimstelle, zu entscheiden, ob dieses Bedürfniß jetzt schon anerkannt werden kann oder nicht. Je älter die Hypothekenbücher werden, desto dringender wird sich das angeregte Bedürfniß herausstellen; ob das derzeit schon der Fall sei, unterliegt Ihrer Beschlußnahme.

Ich benütze die Gelegenheit, um über den Antrag des Herrn Dr. Lührsen ein kurzes Votum abzugeben.

Ich kann mich mit seinem ersten Grundsatze

> „daß Grundeigenthum nur vor dem kompetenten Gerichte übertragen und erworben werden kann,"

nicht einverstanden erklären, sondern schließe mich vielmehr der Meinung des ersten Herrn Redners Dr. Auerbach aus Frankfurt an, welcher sich dahin aussprach, daß der moderne Verkehr in Bezug auf Grundstücke eine solche Beschränkung nicht füglich werde ertragen können.

Was den zweiten Grundsatz betrifft,

> „daß die Deutschen Hypotheken als Reallasten des Grundstückes, auf dessen Folium sie eingetragen sind, aufzufassen, und nach den Deutschrechtlichen Grundsätzen über diese zu beurtheilen seien, mit der Ausdehnung einer persönlichen Haftverbindlichkeit des jedesmaligen Besitzers des belasteten Grundstücks, wenn bei Zwangsverkauf die Hypothek durch den erzielten Kaufpreis nicht gedeckt wird,"

so dürfte es mißlich erscheinen, das Wort „Reallasten, Deutschrechtliche Reallasten" ohne weiteres auf Hypotheken anzuwenden. Wenn das Gesetz eine persönliche Haftverbindlichkeit des jedesmaligen Besitzers des belasteten Grundstückes für den Fall, daß zum Verkaufe geschritten, und die Befriedigung aus dem erzielten Kaufpreise, also aus dem Pfande selbst nicht ermöglicht wird, bestimmen sollte, dann wird ein Grundstückbesitzer in die Lage kommen, Hypotheken zu bezahlen, die den Werth des verpfändeten Grundstückes weit übersteigen. Das würde namentlich in dem Falle zur allergrößten Ungerechtigkeit führen, wenn eine Hypothekenforderung auf mehrere Grundstücke gleichzeitig und solidarisch eingetragen ist, welche mehreren Eigenthümern gehören, oder — ein ganz ähnlicher Fall — wenn z. B. ein Grundstück, welches für eine Forderung verpfändet ist, im Wege des Abverkaufes zertheilt wird; denn in diesem Falle muß angenommen werden, daß die abverkauften Parzellen der eingetragenen Hypothek ganz und solidarisch haften. Würde der erwähnte Grundsatz angenommen werden, so würden die Käufer dieser Parzellen für die ganze Hypothek persönlich haftbar werden, und das kann unmöglich im Sinne der Gerechtigkeit liegen.

Deshalb glaube ich den Antrag 1 und 2 ablehnen zu müssen.

Regierungsrath Dr. **Weil** aus Wien: M. H., ich erlaube mir vor allen Dingen Ihre Nachsicht in Anspruch zu nehmen für ein Mitglied, welches dem Privatrechte sein Studium nicht vorzugsweise zugewendet hat, sondern dem öffentlichen Rechte, und das gestern das Wort nicht nehmen konnte, weil allseitig versichert wurde, der Gegenstand sei nicht aus dem öffentlichen Rechte. Ich werde deshalb hier nicht in Einzelheiten eingehen; aber ich glaube den Standpunkt, den diese verehrte Versammlung, diese Abtheilung in der Frage einzunehmen hat, präzisiren zu dürfen in Hinblick auf den §. 1 unserer Statuten und mit Hinweisung auf eine Bemerkung des verehrten Herrn Referenten, welcher heute die Güte hatte, uns mündlich über alle diese Anträge Bericht zu erstatten.

Es handelt sich um einen großen, weit umfassenden Gegenstand, um einen Gegenstand, welcher das Grundeigenthum, die Hypothek, also auch die Exekution der Hypothek betrifft, und der eine Gemeinsamkeit der Deutschen Gesetzgebung werden soll; denn dies ist ja die Aufgabe, welche anzustreben dem Juristentage obliegt. Wir haben in dem Vortrage des Referenten gehört, daß auf dem vorjährigen Juristentage so vielseitig von den einzelnen Staaten aus die Vortrefflichkeit ihrer besondern Hypothekenordnungen behauptet worden ist, daß jedoch die ständige Deputation einen Auftrag, der — wie ich es verstanden habe — von dem vorigen Juristentag ihr ungeachtet obiger Thatsache gegeben worden ist, nicht erfüllt hat, den Auftrag der Zusammenstellung des Materiales.

Ich würde diesen Gegenstand mit Stillschweigen übergehen, hätte er nicht in meinen Augen große Konsequenzen, und liefen wir hier nicht Gefahr, in's Weite und Breite zu gerathen, ohne daß wir ein bestimmtes Ziel vor Augen haben. Hätten wir, m. H., eine Zusammenstellung, nicht aller Hypothekenordnungen, aber der Prinzipien aller Hypothekenordnungen der wichtigeren Deutschen Staaten vor uns liegen; wüßten wir genau, wie einer meiner verehrten Vorredner es offenbar aus eigener praktischer Erfahrung in's hellste Licht gestellt hat, in welcher Weise die Publizität des Pfandrechtstitels, in welcher Weise die Spezialität dargestellt wird, vielleicht dann auch — und es schiene mir eine nothwendige Ergänzung — wie die Werthung des Gutes gefunden werde, und wer dafür haftbar sei, endlich auch noch — denn auch das ergänzt es ja — die wesentlichsten Punkte für die Exekutionsordnung; hätten wir, sage ich, dies Alles vor uns liegen: so däucht mir, könnte diese Abtheilung zu einem wesentlichen und praktischen Resultate kommen, wie es uns statutarisch vorgeschrieben ist. Wir könnten uns aussprechen, und der Juristentag könnte es im Plenum bestätigen: dies sind, nach unserem Ermessen, nach unserer Ueberzeugung, die richtigen, großen Grundsätze in den einzelnen Bestimmungen für das gesammte Deutsche Grundbuchs- und Hypothekenwesen; wir wüßten: in diesen und jenen Staaten besteht es bereits so. Denn, wie ganz richtig bemerkt wurde, mit dem allgemein gefaßten Grundsatze „Publizität und Spezialität" ist es nicht gethan. Wir könnten dann an der Hand der Vorarbeiten über solche allgemeine Grundsätze uns aussprechen und dann den Wunsch anreihen, daß dies zum allgemeinen Deutschen Rechtsprinzip erklärt werde und in's Leben treten möchte, und daß dies, sofern es geschähe, durch die kompetenten Behörden geschehe auf Grund der moralischen Wichtigkeit, welche eine Entscheidung des Deutschen Juristentages hat oder hätte; wir könnten dann hoffen, daß alsdann jener Zweck des §. 1 unseres Statuts erreicht würde:

> „Auf dem Gebiete des Privatrechtes, des Prozesses und des Strafrechtes den Forderungen nach einheitlicher Entwicklung immer größere Anerkennung zu verschaffen, die Hindernisse, welche dieser Entwicklung entgegenstehen, zu bezeichnen und sich über Vorschläge zu verständigen, welche geeignet sind, die Rechtseinheit zu fördern."

Wir könnten, m. H., allenfalls dahin steuern, daß gesagt und daß von kompetenter Stelle ausgesprochen werde: das sind die Prinzipien, welche wir aufstellten, und wenn und insofern dieselben in den einzelnen Ländern von den einzelnen Gesetzgebungen beachtet und zu Grunde gelegt sind, oder werden, wäre das Spezielle der Ausführung jedem einzelnen Lande zu überlassen, wie das Deutscher Weise und Deutscher Sitte entspricht. Wenn das geschähe, dann könnten wir hoffen, es werde auch eine Deutsche gegenseitige Rechtshilfe einfach hergestellt werden. Wir könnten eben weiter hoffen, es würden — wie ein verehrter Herr Vorredner gegen einen Vorvorredner sehr richtig bemerkte — bei der Festigkeit des Grundbesitzes, welche anzutasten in dieser Versammlung sicherlich Niemanden beifällt, bei der Festigkeit des Grundbesitzes, der da stetig bleibt, wie die Erde in Gottes Hand ruht, — es würden, sage ich, nichtsdestoweniger die für die Befruchtung dieses Bodens nöthigen Kapitalien zuströmen und der Kredit mobilisirt werden, was ein ganz distinkter Begriff ist. Wir könnten in dieser Beziehung hoffen, allgemeine Institutionen nicht von Staatswegen, aber durch die öffentliche Meinung, durch den öffentlichen Kredit, auf gesunder Basis für ganz Deutschland gründen zu sehen. Das wäre eine Aufgabe, würdig, schön und groß, zu deren Lösung der Juristentag beigetragen hätte.

Ist das aber unsere Aufgabe, so fehlen — mir wenigstens — alle Grundlagen, um dahin zu kommen, und ich bedaure sagen zu müssen, daß sie mir deshalb fehlen, weil der verehrte ständige Ausschuß, beziehungsweise dessen Berichterstatter, einem Auftrage des vorigen Juristentages (welchen Auftrag ich als einen vollberechtigten anerkenne, indem er ganz zweckmäßig die Spur andeutet, welcher man zu folgen hat) nicht entsprochen hat.

Ich bedauere das doppelt, weil ich gerade möchte, daß der Juristentag zeige, daß er jene partikularistische Richtung vermeidet, welche nur auf einem bestimmten Wege irgend eines Ideals eine allgemeine Deutsche Rechtsgesetzgebung erhofft, deshalb jeden andern perhorreszirt und negirt, eine Richtung, welche mit unserem Statute in Widerspruch steht, nach welch' letzterem wir auf jede rechtliche Weise gemeinsame Deutsche Institutionen anstreben sollen.

Wahrlich, die Versammlung hat gezeigt, und einer meiner Vorredner hat es dargethan, daß die Männer der Wissenschaft anwesend sind, daß jene Klarheit vollkommen hier wohnt, um die gemeinsamen Prinzipien herauszuheben und zusammenzustellen. Das Ergebniß liegt aber nicht vor, und je mehr und je länger wir berathen, desto mehr müssen wir auf Einzelheiten übergehen. Es wird darüber sehr Werthvolles, sehr Schätzbares gesagt werden, einzelne Fragen werden wir dann einigermaßen aufgeklärt haben, aber zu einem großen Ziele werden wir damit nicht kommen.

Darf ich resumiren, m. H., so geht meine Ansicht dahin, daß unvorgreiflich der Berathung über die einzelnen Anträge, und unvorgreiflich der Berathung über die einzelnen Prinzipien der Auftrag des vorjährigen Juristentages wiederholt und verstärkt würde, mit der ganz bestimmten Aufgabe, soweit man die Aufgabe geben kann:

> „Es ist Wunsch dieser Versammlung, alle Grundzüge zusammengestellt zu sehen, d. h. also: Grundbuch, Einrichtung des Grundbuches, Taxation, wer hat es? wem steht es zu? wer hat die Verantwortlichkeit? Uebertragung des Eigenthums; Pränotation des Pfandrechttitels; Art der Publizität u. s. w.; was ist in diesen Dingen der Ausdruck, was das Verlangen der Wissenschaft auf Deutschem Boden, mit Beachtung der Eigenthümlichkeit des Deutschen Grundbesitzes und Bodenkredits?"

Wenn das Alles zusammengestellt, diskutirt und als ein Ganzes adoptirt ist, alsdann erklären wir auf Grund unseres Statuts: Es ist unser Wunsch, daß dies Alles im gesammten Deutschland durch seine kompetenten Stellen als generelle Prinzipien aufgestellt werde, und daß diese Prinzipien nach besonderer Prüfung der einzelnen Gesetzgebungen, ob sie, jedem einzelnen Lande seine Eigenthümlichkeit lassend, im Allgemeinen entsprechen, unter der bezeichneten Rücksicht in's Leben eingeführt werden.

Alsdann haben wir, ich möchte sagen, ein allgemeines Deutsches Bodengesetz geschaffen, eingedenk der Aufgabe des Juristentages.

Ist die Versammlung dieser Ansicht, so wird sich, glaube ich, hienach in der Spezialberathung Manches modifiziren und auf diesen Zweck hinleiten lassen, und hiefür behalte ich mir die einzelnen Anträge vor.

**Präsident:** M. H.! Erlauben Sie mir ganz kurz über die Thätigkeit der Deputation und die Erfahrungen, die wir nun schon mehr als einmal gemacht haben, mich auszusprechen.

An sich wäre Nichts erwünschter, als wenn das Ideal einer vollständigen Vorbereitung der Gesetze von Seite des Juristentages erfüllt werden könnte. Praktisch stehen aber die Sachen nicht so. Allerdings hat man schon auf den früheren Juristentagen wiederholt den Wunsch geäußert, es möchten die Vorbereitungen umfassender und ausführlicher, mit Beischaffung größeren Materials gemacht werden, damit jedes Mitglied eine vollständige Einsicht in den ganzen Umfang der betreffenden Frage gewönne. Auch mit Bezug auf diese gegenwärtigen Anträge über die Hypothekengesetzgebung hat die Deputation Aufträge in diesem Sinne empfangen, und sicher, m. H., wären wir überaus vergnügt, wenn ganz im Geiste des Herrn Vorredners derartige Vorarbeiten gegenwärtig vorlägen. Ich meinerseits bin aber sehr der Meinung, daß, wenn Sie diese Aufgabe nochmals geben und zehnmal verschärft, und dann über's Jahr zum dritten und vierten Male, sehr wenig Neues hinzukommen werde. Die Schwierigkeit liegt in der Organisation dieses ungeheueren Körpers, den wir den Juristentag heißen. Die Deputation, m. H., besteht aus Männern, die in den verschiedensten Ländern wohnen. Sie haben nicht die Möglichkeit, öfter zusammenzutreten. Es stehen der Deputation eine Menge von Mitteln, wie sie eine jede Regierung auch nur eines Mittelstaates reichlich zu Gebote hat, gar nicht zu; sie hat nicht die Möglichkeit, von allen Seiten her bequem das Material zusammenzubringen; sie hat die Kräfte nicht, dies Material allseitig und vollständig verarbeiten zu lassen. Bis auf einen gewissen Grad muß sie daher vertrauen, daß die Mitglieder, die aus allen Gegenden Deutschlands hier zusammentreten, ihr Material mit sich führen. (Bravo.)

Hier handelt es sich darum, daß wir persönlich unsere Meinung austauschen, und wir können nicht mehr thun — es ist thatsächlich unmöglich — wir können nicht mehr thun, als daß wir einige der allgemein anerkannten, entschiedenen Hauptgrundsätze aussprechen. Alles Uebrige müssen wir einer ganz anderen Behandlungsweise, als der Juristentag sich darauf einlassen könnte, überlassen, alles Uebrige müssen wir Kommissionen und Redaktoren von Gesetzen überlassen. Ein gutes Hypothekargesetz erfordert eine Untersuchung, wie sie zum mindesten die Thatkraft von tüchtigen Juristen während Jahren in Anspruch nimmt. Das kann wohl der Staat, der die Gesetzgebung in die Hand nimmt, das kann aber der Juristentag nicht. Der Juristentag ist lediglich — und kann nichts anderes sein — ein Organ der öffentlichen Meinung des Juristenstandes in Deutschland; ein Organ, welches vom nationalen Boden aus, von der Idee der Deutschen Rechts- und Kulturgemeinschaft aus gewisse große Prinzipien ausspricht und verlangt, daß diese Prinzipien auch allgemein in's Leben eingeführt werden und so, m. H., werden wir uns auch in dieser höchst wichtigen Frage darauf beschränken müssen, einige ganz wenige Hauptgrundsätze, worüber wir gegenwärtig schon einig sind, oder in großer Mehrheit uns dazu entschließen können, einige wenige Hauptgrundsätze als die Ansichten des Deutschen Juristenstandes auszusprechen. Dafür aber liegt auch zur Stunde schon hinreichendes Material vor, wenn ich hinzufüge, daß nicht blos gedrucktes Material, sondern das lebendige, in Ihnen Allen vorhandene Material da ist. (Beifall) Und deshalb, m. H., würde ich Ihnen empfehlen, was Sie heute schon aussprechen können, wirklich auszusprechen, und dann der Zukunft Weiteres zu überlassen, aber nicht von einem Deutschen Juristentage auf den anderen immer weitere Aufträge zu geben, von denen jeder sich sagen muß, es wird wahrscheinlich in einem Jahre wieder ziemlich so stehen, wie es heute steht, weil die Mittel fehlen, es anders zu bringen. (Beifall.)

Notar **Euler** aus Düsseldorf: M. H.! Unser verehrter Herr Präsident hat, glaube ich, uns allen aus der Seele gesprochen und deshalb will ich auch das wenige sagen, was ich glaube hier sagen zu müssen.

Ich bin seit länger als 30 Jahren Notar in Rheinpreußen, muß also das Hypothekenwesen aus eigener Erfahrung genau kennen.

Auch ich muß protestiren gegen das, was der Herr Referent gesagt hat, daß wir Alle für die Hypotheken-Gesetzgebung unseres Landes eingenommen seien. Ich erkläre hiermit, daß das rheinpreußische Hypothekenwesen das schlechteste ist, was erfunden werden kann. (Große Heiterkeit.)

Erlauben Sie mir — und da muß ich dem Herrn Dr. Drechsler wohl das Wort reden — erlauben Sie mir, daß ich den Kardinalpunkt anführe, warum unser Hypothekenwesen so schlecht ist. Wir kennen einen Intabulationszwang nicht. Ein Beispiel: Es kommt heute ein sogenannter Eigenthümer, bringt einen Erwerbstitel bei und wünscht Geld aufzunehmen; man giebt ihm das Geld; die Hypothekverschreibung wird eingetragen. Er hatte aber einige Tage vorher die zur Hypothek gestellten Grundstücke verkauft. Nun ist der Gläubiger betrogen, er hat keine Hypothek.

Das klingt aber schrecklicher, als es ist, und das kann ich zur Ehre Rheinpreußens und — ich erkläre es offen — zur Ehre der rheinpreußischen Notarien hier sagen, „Grau ist alle Theorie," das kommt bei uns fast gar nicht vor, vorzüglich deshalb, weil der Notar so genau und sorgsam verfährt und keinem Manne Geld zusagt, zu dem er sich eines Betruges versieht. Das thut jedoch im Prinzipe nichts, und ich sage Ihnen offen, wir wünschen nichts mehr, als den Intabulationszwang.

Ein zweiter Fehler unseres Hypothekenwesens besteht darin, daß die Spezialität nicht durchgeführt ist. Wir haben General-Hypotheken auf Grund von Urtheilen und wir haben gesetzliche Hypotheken.

Es ist hier so viel von Prinzipien gesprochen worden. Ich glaube, wir haben nur mit vier Prinzipien in dieser Lehre zu thun, erstens mit dem Prinzip der Oeffentlichkeit und zweitens mit dem Prinzip der Spezialität.

Ich glaube beides ist ein überwundener Standpunkt für uns. Darüber sollten wir gar nicht mehr sprechen. Ich glaube, es ist eine communis opinio, daß Oeffentlichkeit und Spezialität unabweisbare Grundsätze sind, und ich möchte alle folgenden Redner bitten, darüber nicht mehr zu sprechen. (Bravo!)

Es bleiben also noch zwei allerdings sehr wichtige Punkte und darüber herrscht wirklich eine babylonische Sprachenverwirrung unter uns, das ist nicht zu leugnen. Das ist zuerst das Legalitätsprinzip, und über dieses Prinzip läßt sich sehr viel sagen, und zuletzt das allerwichtigste, das Intabulationsverfahren.

M. H.! Wir behandeln heute in unserer Abtheilung die zwei schwierigsten Materien vielleicht des ganzen Civilrechtes, nämlich das Hypothekenwesen und die ehelichen Güterrechte. Ich glaube, nur ein Praktiker kann darüber urtheilen, sowohl über das Hypothekenwesen, als über die ehelichen Güterrechte. Zum Unglücke sind aber diese Materien auch die allerunkultivirtesten und es wäre ein großer Triumph für den Juristentag, wenn er diese Materien endlich einmal in einen ordentlichen Kulturzustand brächte. (Beifall und Heiterkeit.)

Professor Dr. **Götz** aus Leipzig: Man hat sehr viel von den Vorzügen des Hypothekenwesens der einzelnen Deutschen Länder gesprochen, aber, so viel ich glaube, ein Sachse noch nicht, und doch ist unsere Hypothekargesetzgebung, an der die Sächsische Gründlichkeit gearbeitet hat, fast die späteste in Deutschland, sie datirt aus dem Jahre 1843, und es wird sich wohl denken lassen, daß die Erfahrungen anderer Länder sorgsam benutzt worden sind. Sie hat sich — möchte ich sagen — vortrefflich bewährt; denn, wenn Sie den neuen Entwurf, wie er für Sachsen und die Thüringischen Staaten ausgearbeitet worden und im vorigen Jahre erschienen ist, wenn Sie den vergleichen wollen, werden Sie finden, daß in fast gar keinem Punkte — nur in sehr wenigen Nebenpunkten — etwas an dem früheren geändert wurde.

Sollten wir, meine geehrten Herren, hier auch nicht zum Entschlusse kommen, daß eine gemeinsame Grundbuchs- und Hypothekargesetzgebung in Deutschland eingeführt werde, so werden — glaube ich — die materiellen Verhältnisse von selbst es sein, die dahin führen. Man möchte vielleicht sagen, es sei das klug von einem Deutschen Partikularisten, der sich in seinem Lande einer guten Grundbuchs- und Hypothekargesetzgebung erfreut; denn, wenn er z. B. als Sachse wünschen muß, daß bei einer Bevölkerung von ungefähr 8000 und mehr Einwohnern auf der Quadratmeile fremde Kapitalien, vermögende Leute seinem Lande sich zuwenden, so ist dazu der beste, geeignetste Weg für einen höheren Ankauf von Grundbesitz, für eine höhere Ausleihung von Kapitalien eine gute Gesetzgebung.

M. H.! Es ist das ein eigen Ding, wenn nach einem langen Irrwege durch Organismen hindurch — möchte ich sagen — die Gesetzgebung zurückgekehrt ist zu der alten, Deutschen Heimath. Ich glaube, man kann die Sächsische Gesetzgebung leicht begreifen, wenn man auf das alte Deutsche Recht zurückgeht. Da mußte ja bekanntlich jeder Erwerb von Grund und Boden gerichtlich verlautbart werden; derjenige, der Grund und Boden erwerben wollte, der hatte zu gewärtigen, daß der, gegen dessen Recht sein Erwerb laufen würde, sofort Einsprache erhebe; verschwieg es der andere, so ging er seines Rechtes verlustig; war er abwesend, so verjährten die Ansprüche in kurzer Zeit. Der praktische Erfolg lief also darauf hinaus: wer Grund und Boden, ein dingliches Recht an diesem Grund und Boden erwerben wollte, mußte ihn zuvor kennen, und das ist der Gedanke, der unsere Sächsische Grundbuchs- und Hypothekargesetzgebung belebt.

Aus dem öffentlichen Buche soll jeder, welcher an dem Grundstücke Rechte erwirbt, Eigenthum, Superfizies, verschiedene Reallasten, Hypotheken, alle dinglichen Rechte erkennen können. Eine nothwendige Konsequenz davon ist, daß keines dieser Rechte ohne Eintragung entstehen kann. Maßgebend soll für den Erwerb sein der Blick in das Hypothekenbuch; was da von dinglichen Rechten nicht verzeichnet ist, das kann ihm nicht entgegengesetzt werden, wenn er nur sonst bona fide ist. Maßgebend muß dieser Blick für denjenigen sein, der bisher berechtiget war, wenn er veräußert hat, ohne sich eine Hypothek wegen des Kaufpreises vorbehalten zu haben; wenn er veräußert hat, ohne seine dinglichen Rechte eintragen zu lassen, so sind dieselben dahin; der neue Erwerber ist eingetragen; eine persönliche

Klage allein ist es, die ihm gegen den persönlich Verpflichteten zusteht. Die Folge davon ist leider, daß, da die Eintragung in's Hypothekenbuch maßgebend sein soll, eine **restitutio in integrum** wegen versäumter Eintragung nicht möglich ist, weil die Folgerung eine unabweisliche Folgerung ist, daß das eingetragene Recht einer Verjährung nicht mehr unterworfen werden könne.

Um mich gleich zu dem Zusatzantrage des Herrn Kretzschmann zu wenden, so, muß ich sagen, würde es für den Cessionar ein gefährlich Ding sein, wenn er, die Forderung im Hypothekenbuch eingetragen sehend, damit zufrieden wäre und dabei doch die Verjährung zu gewärtigen hätte. Wohl entsteht ein praktisches Bedürfniß, daß alte Hypotheken, von deren Gläubiger man seit langen Jahren nichts gehört hat, nicht mehr dauernd in der Lage sein können, den Werth des Grundstückes herabzudrücken. Aber dazu haben wir nicht das Institut der Hypotheken-Verjährung, sondern andere, wie das Institut der Todterklärung der Hypotheken.

Sodann, m. H., brauche ich wohl nicht zu wiederholen, daß natürlich die Erwerbung des Eigenthums gerichtlich geschehen sein muß, welche gerichtliche Erwerbung nur durch Eintragung geschehen kann.

Ich möchte noch eine alte, mit romanistischen Prinzipien dnrchdrungene Autorität in's Feld führen — Carpzow. So sehr er Romanist auch war, so viel schweres Geld auch nach dem Testamente Johann Georg I. der Romanismus dem Lande gekostet hat, war er doch Praktiker genug, um festzuhalten an dem Gedanken: das Eigenthum kann nur gerichtlich durch die Investitur übertragen werden, denn nur so kann dann mit Sicherheit gerichtlich disponirt werden.

Sodann wende ich mich noch zu einem kleinen Punkte, der bereits zur Sprache gekommen ist, oder vielmehr nur als Gegengrund angeführt wurde gegen die Nothwendigkeit der gerichtlichen Eigenthums-Uebertragung. Man hat gesagt, unser moderner Verkehr bedarf der Schnelligkeit der Mobilisirung. Ja, ich gebe es zu, aber immer bleibt doch das Grundeigenthum; also bleibt das organische Bedürfniß, daß das Grnndeigenthum möglichst nicht mobilisirt werde. Einzelne Fälle kann es geben, wo das Bedürfniß besteht, daß in einem Jahre das Eigenthum in die zweite, dritte Hand übergeht; aber das Bedürfniß des singulären Falles dürfte doch wohl in einer solchen Kardinalfrage nicht entscheidend sein, so daß darum abgegangen werden dürfte von der konsequenten Nothwendigkeit der Eintragung auch für die Erwerbung des Eigenthums. Und selbst, wo das Bedürfniß besteht, daß das Eigenthum schnell übertragen werde, wird man das ja erreichen können, wenigstens annähernd, durch Uebertragung des Erwerbes.

Sodann möchte ich noch rücksichtlich des Gedankens, daß auch das

Eigenthum in dem Grund- oder Hypothekenbuch verlautbart sein muß, hervorheben, daß dadurch in einer ganz eminenten Weise der Gegenstand der Pfändung festgestellt wird. Was da zu dem Grundstücke als Pertinenz gehört; welche Reallasten, die dauernd den Werth des Grundstückes mindern, auf demselben ruhen; welche Superfices; welche Steinkohlen unterirdisch davon abgehen; — Alles das übersieht derjenige, welchem eine Hypothek bestellt wird, sofort aus dem ersten Folio des Hypothekenbuches. Freilich, die öffentlichen Abgaben sieht er nicht; die stehen bei uns in dem Flurbuche, das von der Steuerbehörde durchaus parallel geführt wird mit dem Grundbuche, das in immerwährendem Konnex mit letzterem steht, und nach unserer Einrichtung der Steuerverhältnisse den eminenten Vortheil bietet, daß man mit annähernder Sicherheit in kaum zwei Minuten bei einem gewöhnlichen Grundstück ermessen kann, wie viel ungefähr der Ertrag ist. Aber in die Grund- und Hypothekenbücher gehört das nicht; der Hypothekenrichter hat nicht für die Ertragsfähigkeit des Grundstückes, er hat blos für die Existenz und Identität des Grundstückes zu stehen.

Ich weiß nicht, m. H., ob ich noch einen Augenblick Ihre Geduld in Anspruch nehmen darf; ich möchte nur noch ein paar Worte gegen den Gedanken der Hypothek au porteur sprechen. Der Gedanke wurde durch einen Redner vor mir angeregt. Hypotheken au porteur haben wir in Sachsen nicht. Sie sind, meine ich, eine Analogie der Bremer Handfeste. So viel mir bewußt, ist bei der Berathung über das Hypotheken-Gesetz bei uns allerdings die Rede davon gewesen; aber man hat den Gedanken der Hypotheken au porteur zurückgewiesen. Der praktische Vortheil nämlich, den diese Hypothek au porteur bietet, ist vor Allem wohl der, daß der Besitzer des Grundeigenthums Hypothekenbriefe au porteur zunächst ausfertigen läßt und sie in der eigenen Tasche behält. Bedarf er dann Geld, vielleicht nur wenige Tausend Thaler, so ist er in der glücklichen Lage, nicht wegen des ersten Geldbedürfnisses die gewöhnlich beim Publikum so ausgezeichnete erste Hypothek geben zu müssen, sondern er kann eine der schlechteren Hypotheken dafür geben. Denselben Zweck können wir aber in Sachsen noch auf eine andere Weise erreichen, nämlich dadurch, daß derjenige, der die Hypothek bestellt, sich vorbehält, in gleichem Range noch so und so viel eintragen zu lassen. Der ökonomische Grund, der dahinter steckt, und der die Veranlassung war, die Hypotheken au porteur abzuweisen, ist der, daß es national-ökonomisch gefährlich ist, zu Hypotheken au porteur förmlich zu verleiten. Die Sparkasse des Volkes, die da liegt in dem durch Hypotheken nicht beschwerten Grundeigenthum, diese Sparkasse des Volkes — wohl dem Lande, wo sie möglichst reich vorhanden ist — wird allzu sehr gefährdet, wenn Hypotheken **au porteur** bestehen.

Professor Dr. **Stein** aus Wien: M. H., ich muß zunächst um Entschuldigung bitten, daß ich so frei bin, das Wort zu ergreifen. Ich gestehe, daß ich nur halb das Recht dazu habe, denn zunächst bin ich nur Nationalökonom. Jenes Recht aber, wie Sie leicht begreifen, wird zugleich in gewisser Weise zur Pflicht. Die Nationalökonomie hat vor allen Dingen gerade die Verhandlungen, welche Sie, m. H., heute aufnehmen, mit der größten Aufmerksamkeit betrachtet, und hat sich dabei fragen müssen, ob, abgesehen von dem Rechte, nicht auch die Volkswirthschaft als solche, und ob, abgesehen von dem Deutschen Rechte, nicht auch die Deutsche Volkswirthschaft als solche vielleicht die Ehre haben dürfte, ihre Meinung und ihre Stellung bei dieser wichtigen Frage in irgend einer Weise zur Geltung zu bringen.

Sie wissen Alle, m. H., schon von früheren Diskussionen, daß die große Frage nach dem Verhältnisse der Volkswirthschaft zur Rechtswissenschaft eine von denjenigen ist, welche bis zu einem gewissen Grade das Recht der Gegenseitigkeit beider großen Gebiete in Anspruch nehmen kann. Das gilt im Allgemeinen und das gilt, glaube ich, auch bei der ganzen Frage über Grundbuchs- und Hypothekenbuchswesen. Ich denke mir nun die Sache so, daß die Volkswirthschaftslehre zunächst die Verpflichtung hat, das bestehende Recht zu verstehen, weil das bestehende Recht einem sehr großen Theile nach aus der Volkswirthschaftslehre hervorgeht, und daß sie zweitens die große Aufgabe hat, das bestehende Recht zu fördern, weil die Förderung — und das sehen wir gerade an dem gegenwärtigen Gegenstande — weil die Förderung und Entwicklung des bestehenden Rechtes einem sehr großen Theile nach wesentlich aus der Volkswirthschaft hervorgeht. Ich erlaube mir, in diesem Sinne mit ein paar Worten an dasjenige anzuknüpfen, was die verehrten Herren Vorredner über dieses ganze Gebiet gesagt haben.

Ich muß mit einer Behauptung, oder Ansicht — ich will sie nicht einmal eine Behauptung nennen — mit einer Ansicht beginnen, welche vielleicht von Vielen nicht gleich gebilligt wird. Ich kann das Grundbuchswesen und das Hypothekenwesen überhaupt nicht für ein Rechtsinstitut erklären, sondern es ist eine Anstalt der Zweckmäßigkeit, d. h. eine Verwaltungsmaßregel. Der Begriff des Rechtes erzeugt weder eine Grundbuchs- noch eine Hypothekenbuchsanstalt, sondern aus dem Begriff des Rechtes geht nur das hervor, was das römische Recht als Hypothekenordnung aufgestellt hat, nicht aber die obigen Institute. Das ist meine Ansicht.

Erlauben Sie, daß ich zur Begründung dieser Ansicht einen Schritt weiter gehe. Die Aufgabe der Hypotheken-Anstalt ist die Sicherung und Hebung des Kredits. Die Folge davon ist, daß, wenn der Kredit und der Verkehr des Kredits lokal ist, dann auch die Grundbuchs- und Hypothekenbuchsgesetzgebung lokal ist. Die früheren Zustände Deutschlands haben das ganze Leben des Kredits, namentlich des Immobiliarkredits zu einem lokalen gemacht. Die Folge davon war, daß wir diese, wie der verehrte Präsident früher gesagt hat, im allgemeinen Bewußtsein liegende Gemeinschaft des Deutschen Hypotheken- und Grundbuchswesens wirklich auch nur in dem allgemeinen Bewußtsein finden, und daß wir daneben, wenn einmal über den Inhalt gesprochen wird, gelegentlich Urtheile hören, wie wir sie bereits gehört haben. Ich glaube nun, daß in dem gegenwärtigen Augenblicke jenes Verhältniß dieser administrativen Maßregeln von Grundbüchern und Hypothekenbüchern einer wesentlichen Aenderung zum Bessern entgegen geht. Das ganze Kreditleben Deutschlands ist selbst ein wesentlich anderes geworden. Es ist nicht mehr möglich, wie in früherer Zeit, von einer Beschränkung des Kredits auf Preußen, Sachsen, Bayern, und wie die einzelnen Staaten alle heißen mögen, zu sprechen; es ist im Gegentheile, wie Ihnen wohl Allen bekannt ist, der Strom der Kapitalien von einem Lande zum andern ganz unwiderstehlich geworden. (Bravo, Bravo!) Diesem Strome der Kapitalien folgt naturgemäß das Bedürfniß, welches jede Placirung des Kapitals auf Immobilien erzeugt, und diesem Bedürfniß folgt der Anspruch, welchen das volkswirthschaftliche Leben an den Juristen macht, oder eigentlich nicht an den Juristen, sondern an den Verwaltungsbeamten, welcher das Grundbuch oder Hypothekenbuch führt; denn als solcher ist er kein Jurist, so wenig wie der Polizeimeister ein Jurist ist oder irgend ein anderer administrativer Beamte; der Jurist fängt erst da an, wo aus dem öffentlichen Akte jenes Mannes Rechtsverhältnisse für den Einzelnen sich ergeben. (Große Unruhe.)

Ich habe mir die Erlaubniß erbeten, von einem vielleicht neuen Standpunkte die Sache darzustellen. Dieser Standpunkt kann falsch sein, allein wenigstens stimmt er überein mit den wirklichen volkswirthschaftlichen Zuständen.

In Folge des Ueberströmens der Kapitalien und der Kreditverhältnisse von einem Lande zum andern ist die Nothwendigkeit der Gleichartigkeit in der Führung der Grundbücher und Hypothekenbücher entstanden, und wenn ich mich frage, wie entstand denn die Forderung, und wie entstand denn der Gesichtspunkt, von welchem aus der hochverehrte Juristentag das neue Gesetz fördern will, so muß man sagen, das neue Gesetz kann nicht aus dem alten Gesetze entstehen, sondern aus den Gründen, welche das alte Gesetz zu einem verkehrten machen. Die Gründe, vermöge deren Sie das neue Gesetz fordern, liegen in dem Leben des Volkes und der allgemeinen Volkswirthschaft, und wenn der Juristentag daher das neue Gesetz fordert und wünscht, wie er es mit großem Rechte und mit großem Nachdrucke fordert und fordern muß, so scheint mir, muß er auf die Gründe der Sache kommen, um zur richtigen Ausführung zu gelangen. Er muß sagen: Da der gemeinsame Kredit und das volkswirthschaftliche Leben eine Gemeinschaft des Kreditlebens und der Kreditverhältnisse in Deutschland erzeugt; da der Immobiliarverkehr gerade so gemeinschaftlich geworden ist, wie der Mobiliarverkehr; da die Regierungen Deutschlands dem Mobiliarverkehr und seiner Gleichartigkeit und Gemeinschaftlichkeit nachgefolgt sind; da sie ein Handelsgesetzbuch gegeben haben für den Handel: so muß der Immobiliarverkehr und der Immobiliarkredit gerade in gleicher Weise hoffen und erwarten, daß, weil er jetzt in ganz Deutschland gemeinschaftlich ist, weil die alten Schranken des Immobiliar-Kreditlebens gebrochen sind, weil wir in dieser Beziehung eine große volkswirthschaftliche Individualität geworden sind, wie wir durch das Handelsgesetzbuch für den Verkehr mit beweglichen Gütern zugleich legislativ und praktisch als ein einheitliches und selbstständiges Volk dastehen, der hohe Juristentag in diesem Sinne den Wunsch aussprechen möge, — der dann mit dem ganzen Gewichte seiner Stimme erscheinen würde — daß, weil das Immobiliar-Kreditwesen in Dentschland ein thatsächlich Gemeinsames geworden ist, auch die hohen Regierungen in derselben Weise, wie es mit dem Handelsgesetzbuche der Fall war, eine gemeinschaftliche Immobiliarkredit-Gesetzgebung für Deutschland in's Leben rufen mögen.

Adv.-Kand. Dr. **Stöger** aus Wien: Ich habe mich verpflichtet gefühlt, als Mann der Praxis aus Oesterreich das Wort zn ergreifen, weil ich voraussetze, daß der erleuchteten Versammlung ein Votum über die Zustände des Grundbuchwesens in Oesterreich von Interesse sein werde.

Ich habe befürchtet, daß in dieser Versammlung Grundsätze vertheidigt werden würden, welche dem Grundbuchwesen in Oesterreich, wie es sich in der Gesetzgebung und Praxis herausgebildet hat, entgegenstehen, dasselbe bekämpfen würden. Ich habe aber die mir sehr werthvolle Erfahrung gemacht, daß Niemand sich eigentlich gegen das Grundbuchwesen, gegen die Nothwendigkeit der Einverleibung des Eigenthums im Grundbuche ausgesprochen hat. Die Stimmung der Versammlung scheint sich vielmehr mit großer Majorität zur Annahme des Grundbuchwesens hinzuneigen.

Es erübrigt mir daher nur, auszusprechen, daß wir in Oesterreich, wir Praktiker nämlich, mit unserem Grundbuchwesen im Ganzen nnd Großen zufrieden sind, wenn wir auch einige Details haben, die einer Abänderung und Verbesserung bedürfen. Und ich glaube, wenn wir sagen, wir sind zufrieden mit unserem Grundbuchwesen und dem großen Prinzipe desselben, so ist damit viel gesagt; denn wir in Oesterreich besitzen die Erfahruug eines Jahrhunderts im Grundbuchwesen. Seit den Zeiten der Regierung der großen Kaiserin Maria Theresia und des Kaisers Josef besitzen wir eine Praxis im Grundbuchwesen, besitzen wir Gesetze im Grundbuchwesen. Das bürgerliche Gesetzbuch, welches, ich glaube nicht zu irren, in ganz Deutschland einen guten Namen hat, das bürgerliche Gesetzbuch hat diese Grundsätze weiter ausgebildet. Man frage nur in ganz Oesterreich, man frage nicht bloß die Juristen, sondern man frage Diejenigen, welche es am meisten angeht, man frage die Besitzer von Grund und Boden, man frage die Hypothekengläubiger, man frage sie, ob sie das Grundbuchwesen aufgehoben haben wollen. Ich glaube, daß mir keine Stimme aus Oesterreich entgegentreten wird, wenn ich behaupte, daß auch nicht ein Einziger mit der Aufhebung des Grundbuchwesens einverstanden sein würde, daß auch kein Einziger damit einverstanden sein würde, statt des Grundbuchwesens das reine Hypothekenbuch, etwa nach Französischem Systeme, einzuführen.

Stimmen aus der Theorie haben wir allerdings auch in Oesterreich vernommen, welche dem Hypothekenwesen, etwa, wie es im Lombardo-Venetianischem Königreiche eingeführt ist, das Wort geredet haben, und welche es auch in den übrigen Oesterreichischen Kronländern eingeführt wissen wollen. Diese Stimmen haben aber in der Praxis und haben bei denjenigen, welche betheiligt sind, bei den Grundbesitzern, keinen Anklang gefunden. Diese Stimmen sind vereinzelt geblieben, sie haben weiter keinen Anhang gefunden.

Ich glaube daher, daß wir Oesterreicher das Votum, welches durch die lange Erfahrung ein gewisses Gewicht für die Versammlung haben wird, dahin abgeben können, daß der Juristentag mit Rücksicht auf die historischen Erlebnisse, auf das Wachsthum des Grundbuchwesens in Oesterreich, aussprechen möge, daß ein Grundbuchwesen mit nothwendiger Intabulation des Eigenthums als geeignet anerkannt werde.

Ich glaube, ich stimme da mit meinen Oesterreichischen Kollegen aus der Praxis vollständig überein. (Beifall.)

Hofrath **Dr. v. Kerstorf** aus Augsburg: M. H.! Die sehr geehrte Deputation hat dem Auftrage, uns materielle Vorschläge vorzulegen, nicht vollkommen Folge geleistet, wie schon erörtert wurde. Sie hat Gutachten, aber in einer so restringirten Weise verlangt, daß Herr **Dr.** Lührsen und ich wahrhaftig in einer gedrückten Lage uns befanden; denn wir sind blos als Sprecher über ein Paar Sätze, und nicht über die Sache im Allgemeinen vor Sie getreten. Wenn Herr **Dr.** Lührsen in seinem Gutachten glaubt, eine Reihe von Anträgen an Stelle eines Gutachtens über die paar Sätze, die man ihm zu bearbeiten gab, stellen zu sollen, so habe ich meines Theils zur Zeit der Verfassung dieses Gutachtens gedacht, ich will mich dem Auftrage fügen und korrekt mich dahin beschränken, lediglich über diese paar Sätze meine Ansicht gutachtlich abgeben, in der Erwartung, es werde dies ein ganz minimer Theil dessen sein, was von der verehrlichen ständigen Deputation dahier wird in großer Masse vorgelegt werden. Ich habe gedacht, es wird meine Arbeit nicht einmal gedruckt werden, sondern ich habe nur einen Antrag an die Kommission, durchaus nicht an Sie, m. H., nicht an die Abtheilung zu stellen, und ich muß mich daher persönlich dagegen verwahren, daß der Schluß meines Gutachtens ein an Sie über die Sache vermeinter Antrag sei. Das ist er nicht, sondern er ist das Resultat meiner Erwägungen über die in äußerst restringirter Weise mir gestellte Frage.

Die Diskussion hat im Allgemeinen gezeigt, daß auch Sie solche Erwartungen hatten, und daß Sie durchaus nicht gesonnen sind, bei dieser Vorlage zu bleiben.

Ich frage aber: wo ist dann eigentlich die Vorlage? Ich finde sie eben gar nicht; denn die Bornemann-Meyerschen Anträge sind ja, so wie sie heute liegen, bereits vorgelegt gewesen und liegen uns heute ebenso wieder vor, ohne daß bezüglich dieser Anträge selbst uns etwas neues gesagt wird, mit dem einzigen Unterschiede, daß ich mir die Freiheit nahm, eine Kritik darüber zu schreiben, die ich nicht schreiben wollte. Ich habe blos die in den restringirten Punkten bezeichneten Grundsätze herausgenommen, indem ich es für untersagt hielt, auch nach andern zu greifen. Ich habe mich nicht geflissentlich von der Arbeit weggedacht, aber ich habe sie geflissentlich so restringirt, um korrekt zu sein, in der Hoffnung, daß eine bessere Kraft das Bessere und Größere leisten und Ihnen vorlegen werde. Ich bedauere, daß das nicht geschehen ist. Gleichwohl bin ich der Ansicht unseres geehrten Präsidenten, es zieme dem Juristentage, sich darüber auszusprechen, worüber er sich eben auszusprechen vermag. Ich glaube aber ganz gewiß, daß wir in Ermanglung besserer Vorbereitung uns über äußerst wenig auszusprechen vermögen werden.

Von allen Seiten wurde bemerkt, daß die zwei Grundsätze der Publizität und Spezialität an sich einer Diskussion nicht bedürfen; ich rede auch kein Wort darüber. Die communis opinio wird jedoch schon einen Schritt weiter gegangen sein, dahin nämlich, daß man sich die Frage stellt, ob ein ganz selbstständiges Hypotheken-System gegenüber einem mit andern Dingen verbundenen Hypotheken-Institute dem allgemeinen Bedürfnisse entspricht? und das habe ich in den paar Worten meines Antrages an die Deputation betont, darauf liegt der Ton: ein selbstständiges Hypothekensystem. Dadurch unterscheiden sich einige der neueren und neuesten Gesetzgebungen, darin excellirt die Bayerische. Darauf aber, glaube ich, liegt der Accent, in dem, was wir auszusprechen haben.

Wollen wir blos das Pfandrecht zum Gegenstande allgemeiner Erörterungen und Utilitätsbemerkungen machen, dann werden wir mit gar keinem Antrage aufkommen, mit gar keinem Ausspruche. Wollen wir aber uns die Frage konkret als Juristen stellen, nicht als Volkswirthschaftsfreunde — ich treibe auch ein bischen Volkswirthschaft, aber hier lasse ich sie unterwegs — wollen wir also eben uns über das Hypothekensystem aussprechen, so haben wir uns die Frage zu stellen: worin beruht die Aufgabe der Gesetzgebung? Entspricht es der Gesetzgebungskunst der neuern Zeit — und darin ist der Fortschritt zu finden — ein selbstständiges Hypothekensystem, ganz unabhängig von allen übrigen Instituten des Rechtes, aufzustellen oder nicht?

Nicht überall ist es geschehen, nicht überall ist das Pfandrecht mit den Grundsätzen der Spezialität und insbesondere der Publizität versehen; auch nicht überall sind diese Grundsätze vollkommen konsequent ausgeführt, aber am mindesten allgemein ist noch diese selbstständige Hinstellung eines Hypothekensystemes in einem ganz abgeschlossenen, für sich vollkommen unabhängigen und selbstständigen Gesetze. Darauf, glaube ich, liegt der Accent, wenn wir etwas mehr aussprechen wollen, als einfach: Publizität und Spezialität.

Nur die dritte von Herrn Euler, glaube ich, angeregte Frage über das Grundbuch mag als Beispiel dienen, wie groß dieser Unterschied sei, den ich eben berührte. Das selbstständige Hypothekensystem hat den Grundsatz des Grundbuches oder der Intabulation lediglich ad hoc, nämlich für das Pfandrecht angenommen.

Alle Reklamationen, die den Gegensatz im Grundbuche und Hypothekenbuche in dieser Beziehung suchen, sind nicht begründet. Wer die neueren Hypothekengesetze in dieser Hinsicht genauer in's Auge faßt, wird sich überzeugen, und gerade in Bayern ist es ganz speziell der Fall, daß Alles, was ein Grundbuch in Beziehung auf Versicherung und Erwerbung des Eigenthums leisten kann, in der ersten Eintragung eben so gut durch das selbstständige Hypotheken-Institut besorgt wird, als es im Allgemeinen durch ein Grundbuch besorgt wird, nur mit dem einzigen Unterschiede, daß ein Grundbuch überhaupt ein genereller Begriff, mehr enthält, als zur Eintragung in das Hypothekenbuch nothwendig ist. Ist man aber über die erste Eintragung, dessen Genauigkeit hier ebenso groß wie dort sein muß, hinaus, so sind alle Bedingungen, von denen gesprochen wurde, in Bezug auf den Verkehr vollkommen erfüllt, so sind alle Postulate, die Sie an die Glaubwürdigkeit des Grundbuches, die Sicherheit des Eigenthums, die Infallibilität des Vorganges machen, erfüllt.

Es fragt sich nur: ist es wirklich communis opinio, daß das ganze Sachenrecht an Immobilien ein besonderes Institut, eine besondere Gesetzgebung erhält, lediglich zu dem Zwecke, damit, wenn einmal von dem Pfandrechte die Rede ist, man eine breite Unterlage habe?

Mit Nichten, m. H., ich glaube, es ist nicht juristisch, den Satz so zu stellen. Ich glaube, wir haben umgekehrt so zu fragen: Was fehlt, was verlangt man von dem Hypothekenwesen?

Die Frage wird nicht gestellt: welches andere Institut wäre in volkswirthschaftlicher und in Beziehung auf das Eigenthum und den Verkehr mit demselben erwünscht? Wäre das die Frage, wäre das die Vorlage, dann würde ich weiter darauf eingehen; so aber beschränke ich mich auf die wenigen Worte, welche ich in meinem gedruckten Gutachten darüber gesagt habe, und glaube, wir kommen weit ab von der Frage über das Hypothekengesetz, und über die Gesetzgebung in Hypothekensachen, wenn wir alle diese Umstände mit hereinziehen, und uns nicht vorweg darüber schlüssig machen, ob es nicht wirklich gut und am besten sei, so wie mehrere neuere Gesetzgebungen, speziell wie die Bayerische, sich dahin zu beschränken: ein selbstständiges Hypothekensystem zu verlangen.

Ich schließe damit, daß ich zu den einzelnen Anträgen, wenn welche kommen sollten, mir das Wort vorbehalte, glaube aber mich dem anschließen zu müssen, was unser Herr Präsident sagte: Wir sollen über die allgemeinen Punkte der Publizität und Spezialität, so trivial sie am Ende sind, doch decidirt entscheiden, da es noch Länder giebt, in denen diese Grundsätze nicht zur Anwendung gekommen sind.

Weiter aber ist noch, wenn von der Gesetzgebung die Rede ist, die Frage reif: Ob eine gemeinsame Hypothekenordnung selbstständig, oder aber, gefußt auf das Grundbuchswesen, anzustreben sei? — Ich habe gesprochen.

**Präsident**: Die Zeit ist schon ziemlich vorgerückt; es scheint mir also in meiner Pflicht gelegen, die verehrten Mitglieder aufmerksam zu machen, daß sie dies möglichst berücksichtigen. (Bravo!)

Die Herren, die das Wort verlangten, sind: Herr Dr. Floch aus Wien, Herr Kretzschmann aus Burg bei Magdeburg, Herr Professor Unger aus Wien und der Herr Referent.

Ich bemerke Ihnen nur, damit Sie vielleicht jetzt schon sich danach benehmen können, daß ich, wie die Dinge gegenwärtig liegen, folgende Anträge wesentlich für gestellt erachte und dann zur Spezialverhandlung Ihnen unterwerfen möchte.

Der erste ist der:

„Es sei auszusprechen, daß es wünschenswerth ist, die gemeinsame Deutsche Hypothekargesetzgebung werde basirt auf die Grundsätze der Publizität und Spezialität und zwar in konsequenter Durchführung."

Darüber, nehme ich an, wird es keine weitere Diskussion geben, und wird es lediglich der Formulirung des Satzes bedürfen.

Der zweite Antrag ist der:

„Der Juristentag wolle sich aussprechen" — und da sind die Meinungen bereits verschieden — „daß dies Hypothekensystem auf das Grundbuchssystem gegründet werde, auf das Grundbuchssystem nämlich in dem weiteren Sinne der Beurkundung des Eigenthums und der dinglichen Rechte, im Gegensatze zur andern Meinung, daß das Hypothekenwesen völlig getrennt von dem Grundbuchssystem herzustellen sei."

Dann käme noch die Frage der Verjährung.

Das sind die Punkte, die, wie die Diskussion gegenwärtig liegt, ich von mir aus der definitiven Spezialberathung und Beschlußfassung unterwerfen würde.

Finanz-Prokuraturs-Adjunkt Dr. **Floch** aus Wien: Es haben bereits mehrere Herren Vorredner die Vortrefflichkeit des Grundbuchsystems hervorgehoben. Insbesondere hat ein Herr aus Sachsen dargethan, daß in der kurzen Zeit des Bestehens des Grundbuchsystems in Sachsen dasselbe bereits die segenvollsten Früchte getragen hat. Ein Vorredner aus Oesterreich hat dargethan, daß das Grundbuchssystem in Oesterreich bereits über 100 Jahre besteht, und daß Jedermann in Oesterreich mit der Vortrefflichkeit desselben vollkommen einverstanden ist. Erlauben Sie mir hier auch meine Stimme zu erheben, weil ich die Erfahrungen, welche über das Grundbuchswesen in Ungarn gemacht worden sind, mit einigen Worten zu beleuchten in der Lage bin.

Ich bin nämlich beauftragt gewesen, die Einführung des Grundbuchs in Ungarn mit zu vollführen.

Bei dieser Gelegenheit kann ich sagen, daß, während alle übrigen Gesetze bei ihrer Einführung in der Periode der Wirren in Ungarn auf Widerstand stießen, eben die Grundbuchsgesetze es waren, welche sich der allgemeinsten Billigung zu erfreuen hatten. Ja man hat nicht angestanden, die Grundbuchsgesetze als die werthvollste Errungenschaft unter den Gesetzen, die aus Oesterreich nach Ungarn gekommen sind, zu bezeichnen.

Mit Rücksicht auf die Kürze der Zeit, die wir zu unserer Verfügung haben, glaube ich, mich möglichst kurz fassen zu sollen, und stelle meinen Antrag dahin:

„Es wolle der Juristentag als seine Ueberzeugung aussprechen: Die Erwerbung dinglicher Sachenrechte und derjenigen, die denselben gleichgehalten werden, kann an unbeweglichen Gütern nur durch Eintragung in die öffentlichen Bücher, in die Grundbücher, welche über das Grundstück, über dessen Belastung und jeweiligen Eigenthümer zu führen sind, stattfinden."

Rechtsanwalt **Kretzschmann** aus Burg: Ich wollte nur in Kürze meinen Antrag zurückziehen, weil ich durch die Güte des Herrn Professor Götz erfahren habe, daß in der Sächsischen Hypothekenordnung ein Institut besteht, welches im Grunde nichts anderes ist, als die Zulassung der Verjährung, nämlich das Ediktsverfahren.

Ich bin leider nicht in der Lage gewesen, die Partikulargesetzgebungen zu prüfen und sehe, daß das hätte vorausgehen müssen. Ich hatte meinen Gegenstand eben für reif gehalten, ihn vor den Juristentag zu bringen.

**Präsident**: Herr Kretzschmann zieht seinen Antrag zurück. Das vereinfacht die Sache.

Professor Dr. **Unger**: aus Wien: Erlauben Sie mir, m. H., eine kleine Bemerkung, ich möchte fast sagen pro domo. Ich denke aber, meine Rede wird kurz, wie mein Haus klein sein.

Es könnte fast den Anschein gewinnen, und zwar durch die Darstellung eines Oesterreichischen Juristen, als hätte sich vom Standpunkt der Oesterreichischen Rechtswissenschaft, der Oesterreichischen Theorie aus ein lebhafter Widerspruch gegen das Oesterreichische Grundbuchssystem erhoben; ich befürchte wenigstens, daß aus jener Darstellung eine solche Ansicht leicht entstehen könnte. Wenn sich der geehrte Herr Vorredner erlaubt hat, etwas kühn im Namen der Oesterreichischen Praxis zu sprechen, so gestatten Sie mir, in viel bescheideneren Dimensionen im Namen der Oesterreichischen Theorie aufzutreten, was ich wohl um so eher darf, als bereits mein geehrter Kollege Professor Stubenrauch von demselben Standpunkte aus für das Grundbuchssystem gesprochen hat.

Meines Wissens besteht in der Oesterreichischen Theorie kein Widerspruch gegen die Prinzipien unseres Grundbuchsystems; vielmehr geht auch die Oesterreichische Theorie ohne Weiteres auf die praktische Seite des Instituts ein; sie weiß ganz gut und bedarf es nicht erst hier oder erst heute oder morgen zu erfahren, daß Fragen dieser Art überwiegend durch die Praxis zu lösen seien, und daß sie, die Theorie, nur die Aufgabe habe, hinterher heranzutreten und die in der Praxis gestalteten und entschiedenen

Rechtsverhältnisse auf ihre rein wissenschaftliche Formel zurückzuführen. Wenn nun in Oesterreich, wie es allerdings geschehen und wohl mit Recht geschehen ist, eine Opposition in dieser Richtung erhoben wurde, so hat diese nur der Frage gegolten, ob das Oesterreichische Grundbuchs- und Hypothekarsystem schon wissenschaftlich durchgearbeitet sei oder nicht? Diese Frage werde ich hier, wie natürlich, mit Stillschweigen übergehen; denn es kann nicht meine Absicht sein, eine Art Schmerzensschrei über die theoretischen Mängel und Nothstände unseres Grundbuchwesens an dieser Stelle zu erheben.

Nur das Eine will ich bemerken: ich glaube, selbst in praktischer Beziehung fehlt unserem Grundbuch- und Hypothekenrechte hie und da noch gar Manches. Schon deshalb, weil es bei uns gar sehr bestritten ist, und weil es, wie ich glaube, jedem Oesterreichischen Juristen sehr schwer wird, mit Sicherheit zu entscheiden, ob derjenige, der im Vertrauen auf das öffentliche Buch ein Grundstück, oder überhaupt ein dingliches Recht an sich bringt, schon dadurch allein geschützt ist, oder ob er zur definitiven Erwerbung des Rechts erst noch der sog. Ersitzung bedarf? Und das ist doch, glaube ich, die erste Sache, daß jedermann wisse: habe ich das Recht schon erworben, oder habe ich es noch nicht? Und da werfe ich kühn jedem Oesterreichischen Juristen den Handschuh hin, ob er hierüber angesichts des §. 1455 unseres bürgerlichen Gesetzbuchs mit voller Sicherheit eine Behauptung aufzustellen vermöge.

Was wir in dieser Beziehung in Oesterreich brauchen, das ist in der That eine durchgreifende Reform, nicht aber eine wesentlich veränderte Grundlage unseres Grundbuchsystems.

Es ist behauptet worden, man wünsche das Lombardisch-Venetianische Hypothekenwesen auf unsere anderen Länder zu übertragen. Ich gestehe, daß mir nicht bekannt ist, es hätte irgend Jemand solch einen Wunsch geäußert. Vielmehr hat sich im Lombardisch-Venetianischen Königreiche das Bestreben geltend gemacht, auch dort auf die eine oder andere Weise dafür zu sorgen, daß derjenige, dem eine Hypothek bestellt wird, darüber vollständig gesichert sei, daß der Besteller zur Einräumung der Hypothek berechtigt gewesen sei. Also: die Strömung geht nicht von dort hieher, sondern vielmehr umgekehrt von hier dorthin.

Das wollte ich im Namen der Theorie, und insofern pro domo, ganz unmaßgeblich bemerkt haben. (Bravo!)

**Präsident**: Der Herr Referent hat noch das Schlußwort.

Referent, Gerichts-Assessor **Meyer** aus Berlin: M. H., es giebt für den Referenten keinen größeren Vorwurf als den der thatsächlichen Unrichtigkeit, und der ist mir in zweifacher Beziehung gemacht worden, nämlich zuerst dahin, daß in Wirklichkeit eine solche Zufriedenheit mit den Hypothekargesetzgebungen der einzelnen Staaten nicht ausgedrückt worden sei, als ich am vorigen Juristentage zu hören vermeinte. Nun wir haben Stimmen aus Sachsen, Oesterreich, Mecklenburg vernommen, im Ganzen lag Befriedigung. Das Französische Recht habe ich in meinem Vortrage ausgeschlossen und habe nur von rein Deutschen Hypothekar-Rechten gesprochen.

Der andere viel beträchtlichere Vorwurf, der unsere Frage unmittelbar angreift, ist der, daß ich die Mecklenburger Hypothekargesetzgebung in Bezug auf die Grundbücher unrichtig verstanden und aufgefaßt hätte. M. H., hier liegt wohl, glaube ich, der Hauptpunkt, der noch nicht zur Erörterung gekommen ist. In Preußen, und wenn ich mich nicht täusche, auch in Bayern ist allerdings auch ein Besitztitel für denjenigen nothwendig, der die Eigenthums-Uebertragungs-Urkunde präsentirt. Der Unterschied zwischen beiden Systemen besteht darin: Wir fingiren nur den Bucheigenthümer als Eigenthümer in der Weise, daß er vollständige freie Disposition über das Grundstück hat, während nach der Grundbuchseinrichtung die Eintragung Bedingung des Eigenthums-Erwerbes ist.

Ich glaube, die Unterschiede treten nirgends schärfer hervor, als gerade im Mecklenburger Recht, und da glaube ich den betreffenden Paragraph vorlesen zu dürfen. Es heißt hier in der revidirten Hypothekenordnung über Landgüter:

> „Die Aufführung des Eigenthümers im Hypothekenbuche geschieht nur für die Zwecke und zu den Rechtsfolgen des gegenwärtigen Hypothekengesetzes."

Es sichert also die Disposition des eingetragenen Besitzers, während hier im Stadtbuche es heißt, daß die Eintragung die Bedingung des Eigenthumserwerbes ist. Ich glaube also, das, was Herr v. Kerstorf und ich hier vertreten haben, ist nichts anderes, als daß wir nicht über den Eigenthumserwerb, sondern nur über die Dispositionsbefugniß des eingetragenen Besitzes entschieden haben wollen.

Es ist ferner hier von Herrn Euler angeführt worden, man solle über die beiden Punkte gar nicht mehr sprechen, die Herr v. Kerstorf hervorgehoben hat, nämlich über die Publizität und Spezialität; über die zwei wichtigen Punkte der Intabulation und der Legalität dagegen herrsche eine babylonische Sprachenverwirrung. Nun, ich glaube, in dieser Aeußerung liegt vollständig das Urtheil über die Sache. Wir sind meines Dafürhaltens nur dazu da, um eine communis opinio zu vertreten; wo aber eine babylonische Sprachenverwirrung herrscht, da sind wir nicht in der Lage, ohne Weiteres und so leicht die Verwirrung zu beheben.

Es ist ferner gefragt worden: Was versteht man unter konsequenterer Durchführung der Spezialität und Publiztiät? und in dieser Beziehung hat Herr Lührsen sehr scharf sich dahin ausgesprochen, daß mit bloßen Redensarten von Publizität und Spezialität nichts zu erreichen sei.

Nun, ich glaube, es ist dies keine bloße Redensart. Wenn ich z. B. hier gefragt würde, worin diese konsequentere Durchführung bestehen soll, würde ich für das Preußische Recht sagen, daß nicht Kautionen in unbestimmter Höhe bestellt werden können u. s. w. Es scheint mir also sehr praktisch, von einer konsequenteren Durchführung zu sprechen, ohne daß wir in der Lage sind, speziell die Punkte aufführen zu müssen, worin die einzelne konsequentere Durchführung besteht.

Ich wende mich endlich zu der Bemerkung, daß die Sache nicht genugsam vorbereitet sei. Ohne daß mir von der Deputation ein spezieller Auftrag zur Vorbereitung geworden ist, versuchte ich, wenigstens so weit als möglich, das Material zusammenzustellen, und ich gestehe, was die gemeinsamen Grundsätze betrifft, von denen die Rede war, und für die sich die allgemeine Debatte eignet, daß als gemeinsamer Grundsatz nicht viel mehr, als das Prinzip der Publizität und Spezialität zu ersehen gewesen ist. Bei den einzelnen Anträgen, die vielleicht kommen werden, werde ich mir erlauben, auf die bestehenden Gesetzgebungen hinzuweisen.

Ich habe übrigens vergessen, den einen Bornemann'schen Antrag vorzutragen, da keiner der Herren auf denselben eingegangen ist. (Liest denselben.)

Ich habe keine Veranlassung, auf diesen rein formellen Antrag hier näher einzugehen, und will ihn nur vorübergehend berührt haben.

Bürgermeister Dr. **Drechsler**: Darf ich zu einer persönlichen Bemerkung um das Wort bitten?

Ich bin der Meinung, daß allerdings die Fassung der Mecklenburgischen Gesetze Schuld sein mag, speziell für einen nicht Mecklenburgischen Juristen, sich darüber so zu äußern, wie es der Herr Referent gethan hat. Ich habe ihm auch nicht eine thatsächliche Unrichtigkeit vorwerfen wollen. Ich habe nur gesagt, daß für den Eigenthumserwerb an ritterschaftlichen Gütern in Mecklenburg noch mehr verlangt wird, als die Eintragung in das Grundbuch, — das ist eben die Auflassung, die Investitur, — dann, um den Mechanismus des Grundbuches in Bewegung zu setzen, daß der Lehnsherr der Behörde mittheilt, wer es ist, der belehnt wurde.

Ich habe 15 Punkte zusammengestellt, die vielleicht für die Debatte manches Brauchbare liefern würden. Ich verzichte aber auf die Verlesung derselben, da sie zu lange dauern würde; ich möchte aber um die Erlaubniß bitten, dieselben zu Protokoll zu geben, damit man davon durch das gedruckte Protokoll doch Kenntniß erlange.

**Präsident**: Was enthalten diese Punkte?

Dr. **Drechsler**: Grundsätze über die Einführung des Grundbuchsystems. Die Publikation derselben wäre zwar auf andere Weise möglich, aber ich glaube, die Herren Mitglieder des Juristentages würden auf diese Weise am Einfachsten Kenntniß davon erhalten.

**Präsident**: Ich muß die Versammlung vorerst befragen, ob sie es gestattet. An und für sich geht es wohl nicht an; überhaupt muß die Versammlung sich entschließen, ob sie nicht zuerst gewisse Grundsätze ausspreche, über die sie gegenwärtig schon einig ist, und dann erst, ob sie auf einzelne Grundsätze, wie sie von den einzelnen Mitgliedern eingebracht werden, im gegenwärtigen Momente sich äußern mag? Ist dies nicht der Fall, so versteht es sich von selbst, daß sämmtliche Anträge als persönliche Ansichten auf sich beruhen.

Ich bin nun so frei, m. H., Ihnen vorzuschlagen, daß die Abtheilung für's Erste sich vielleicht dahin erkläre:

> „sie spreche das Bedürfniß einer gemeinsamen Deutschen Gesetzgebung über das Hypothekenwesen, beziehungsweise den Immobiliarkredit aus."

Ich setze nach der bisherigen Diskussion voraus, daß Sie darüber einverstanden sind.

Wer dafür stimmt, daß wir das Bedürfniß einer gemeinsamen Deutschen Gesetzgebung über den Immobiliarkredit aussprechen, beliebe die Hand aufzuheben. (Geschieht.)

Es ist fast einstimmig angenommen.

Wer dagegen ist, möge die Hand aufheben. (Geschieht.)

Also fast einstimmig angenommen.

M. H., auch über den zweiten Satz werden Sie wohl eben so rasch hinauskommen.

Es ist von vielen Mitgliedern der Antrag gestellt, daß der Juristentag ausspreche:

> „Die konsequente Durchführung der allgemein für das Hypothekarwesen anerkannten Prinzipien der Spezialität und der Oeffentlichkeit sei dabei zu Grunde zu legen."

Sind Sie darüber einverstanden? Wer dafür ist, beliebe die Hand aufzuheben. (Geschieht.)

Es ist Einstimmigkeit.

Ich will übrigens die Gegenprobe vornehmen lassen. (Dieselbe erfolgt.)

Also einstimmig angenommen.

Nun kommt eine Frage, worüber die Herren bei der Diskussion verschiedene Meinungen ausgesprochen haben. Es fragt sich nämlich ferner, soll der Deutsche Juristentag sich aussprechen:

„daß die gemeinsame Hypothekargesetzgebung auch auf Grundlage eines umfassenden Grundbuchssystemes basirt werde, daß das Eigenthum, die dinglichen Rechte u. s. w., kurz, daß das ganze Sachenrecht auf demselben Prinzip der Oeffentlichkeit und Spezialität basirt sein solle?“

Kürzer gefaßt, soll der Juristentag erklären:

„es sei die neue Hypothekargesetzgebung auf Grundlage des Grundbuchssystems zu errichten.“

Im Gegensatze zu einer anderen Meinung, welche das Hypothekarsystem unabhängig von der Frage des Eigenthumüberganges und der grundbuchlichen Oeffentlichkeit des Sachenrechtes für sich allein behandelt wissen will, wie es z. B. in Bayern der Fall ist, und wie es theilweise auch in Preußen besteht.

Nun, m. H., ich für meinen Theil bin der Ansicht, daß diese Frage in der allgemeinen Erörterung hinreichend diskutirt worden ist und daß wohl jedes Mitglied schon völlig mit sich im Klaren ist, ob es für die eine oder die andere Meinung stimmen werde. Aber ich muß Ihnen doch die Frage vorlegen, wollen Sie noch eine weitere Diskussion darüber haben oder nicht? (Rufe: Nein!)

Wer der Meinung ist, daß die Frage reif zur Abstimmung ist, beliebe die Hand aufzuheben. (Geschieht.)

Es ist die entschiedene Majorität.

Also, m. H., wer der Ansicht ist, „daß das Hypothekarwesen auf Grundlage des sachenrechtlichen Grundbuchssystems errichtet werde,“ beliebe die Hand aufzuheben. (Geschieht.)

Wer der entgegengesetzten Meinung ist, „daß das Hypothekarsystem vollständig für sich geordnet werde, abgesehen von dem sachenrechtlichen Grundbuchsysteme,“ beliebe die Hand aufzuheben. (Geschieht.)

Es ist die sehr große Majorität für die erste Ansicht.

Nun will ich Ihnen die ferneren Anträge noch mittheilen, und ich vermuthe, daß manche von denselben durch die bisherige Abstimmung ihre Erledigung schon gefunden haben.

Der erste Antrag von Herrn König geht dahin:

„nicht blos das Prinzip der Publizität und Spezialität, sondern auch die vollständige Beseitigung des Legalitätsprinzipes als wünschenswerth auszusprechen.“

Nun, m. H., erkläre ich für meinen Theil, daß ich diese Frage durch den ersten Beschluß als erledigt betrachte, (Rufe: Ja wohl!) denn eine vollständige Durchführung des Prinzips der Spezialität und Publizität hebt von selbst die legalen Pfandrechte auf. Ich weiß also nicht, ob der Herr Antragsteller darauf beharrt, daß darüber abgestimmt werde oder nicht?

Notar **J. Euler** aus Düsseldorf: Der Antragsteller ist nicht hier. Er versteht aber unter Legalitätsprinzip etwas anderes, als der Herr Präsident. Er versteht darunter nämlich die Prüfung der Erwerbungsurkunde durch den Richter.

**Präsident**: In allen Fällen, wo man Zweifel hegt, was darunter verstanden werden soll, ist es wohl zweckmäßig, daß der Juristentag sich enthält, spezielle Vorschriften zu geben. Ich will aber den Antrag zur Abstimmung vorlegen.

Wünscht noch Jemand über denselben zu sprechen?

Dr. v. **Kerstorf** aus Augsburg: Dieser Antrag ist einer von jenen, die von der verehrlichen Deputation aus dem Bornemann-Meyerschen Antrag herausgenommen sind; ich habe mich deshalb auch darüber verbreitet. Es handelt sich um die Haftung des Hypothekenbeamten, bezüglich der Herstellung der Legitimität oder der Legitimation desjenigen, der den Eintrag zu Gunsten eines Dritten verlangt. Diese Haftung liegt dem Grundbuchsbeamten, den Sie eben geschaffen haben, ob, und es war die Frage nur, ob auch beim selbstständigen Hypothekensystem hievon ganz speziell die Rede sein müsse.

Die Meinung darüber ist doktrinär vollkommen verschieden, aber Niemand hat noch zu präzisiren gewußt, ob denn diese Haftung hier anderswo anfangen und aufhören soll, als bei jedem anderen actus jurisdictionis voluntariae. Deshalb haben die bedeutendsten Autoritäten die Existenz eines solchen Prinzipes in specie verworfen, und verneinen diese Ansicht.

Ich stimme denselben bei und deshalb glaube ich, die Ansicht sei zu verwerfen.

**Präsident**: M. H., wir wollen über den Antrag abstimmen.

Der Antrag lautet:

> „Es sei nicht blos auszusprechen, daß das Prinzip der Publizität und Spezialität, sondern auch die vollständigste Beseitigung des Legalitätsprinzipes als wünschenswerth erscheine."

Wer der Meinung ist, daß es nothwendig oder zweckmäßig sei, daß der Juristentag sich über diese Frage ausdrücklich erkläre, der beliebe die Hand aufzuheben. (Geschieht.)

Es ist die entschiedene Minderheit.

Der zweite Antrag ist vom Professor Stein, er lautet:

„Der Juristentag wolle aussprechen, er halte es für höchst wünschenswerth, daß die hohen Deutschen Regierungen im Hinblicke darauf, daß das Bedürfniß des Realkredits und des Verkehrs in Immobilien von Jahr zu Jahr allgemeiner und gleichartiger wird, in entsprechender Weise und sobald als möglich die Herbeiführung eines gemeinsamen Deutschen Gesetzes über das Grundbuchs- und Hypothekenwesen bewirken mögen." (Rufe: Ist schon erledigt.)

Auch dieser Antrag scheint mir dem Wesen nach durchaus durch die Abstimmung erledigt. Es sind eben nur die Motive ausgeführt, und Motive denkt sich der Eine gewöhnlich so und der Andere anders.

Ich frage also den Herrn Antragsteller, ob er den Antrag nicht zurückzieht?

Professor **Stein** aus Wien: Es ist ein wesentlicher Unterschied. Der Antrag, den Sie, Herr Präsident, eben formulirt haben, bezieht sich auf die Sache. Mein Antrag, den ich mir zu formuliren erlaubt habe, bezieht sich auf die Form der Ausführung. Ich habe mir erlaubt, den Antrag zu formuliren, weil ich glaubte, daß das Zusammenstellen mit dem Handelsgesetzbuche, und der Art und Weise, wie das Handelsgesetzbuch entstanden ist, für diesen speziellen Fall sehr nützlich sein könne, wogegen ich in diesem Antrage eine Beziehung auf das Handelsgesetzbuch vermisse. Ich glaube daher, daß es nicht ganz unbedeutend wäre, wenn man sagen würde, die hohen Regierungen sollen gerade so, wie für den Mobiliarkredit, auch für den Immobiliarkredit wirken. Mein Antrag bezieht sich auf den Wunsch, daß für das Realkreditsystem und das Hypothekenwesen dasselbe geschehen möge, was für das Handels- und Wechselrecht geschehen ist.

**Präsident**: Wenn ich Sie recht verstanden habe, so ist Ihre Absicht, auch den Weg anzudeuten, welchen die Regierungen in Behandlung des Rechtsstoffes gehen sollte?

Professor **Stein** aus Wien: Den Weg anzudeuten, lag keineswegs in der Absicht; das würde wohl zu weit gehen. Ich wollte nur darauf hinweisen, daß der Deutsche Juristentag glaubt, es müsse im Wesentlichen in demselben Sinne für den Immobiliarkredit vorgeschritten werden, wie es für das Handels- und Wechselrecht geschah.

**Präsident**: M. H., verlangt noch Jemand das Wort? (Niemand meldet sich.)

Ich will auch da die Frage stellen. Wünschen Sie, daß der Deutsche Juristentag in dieser Beziehung noch irgend etwas Weiteres im Sinne des Antrages des Professor Stein ausspreche, oder wollen Sie sich mit Ihrem ersten Beschlusse in dieser Beziehung begnügen?

Wer der Ansicht ist, daß noch Weiteres, also die Analogie mit dem

Deutschen Handelsgesetzbuche ausdrücklich erwähnt werde, wie es Professor Stein in seinem Antrage wünschte, beliebe die Hand aufzuheben. (Geschieht.)

Es ist die entschiedene Minderheit.

Ein fernerer Antrag des Dr. Auerbach geht dahin:

„Die Uebertragung einer Hypothek kann rechtsgiltig nur vor dem Gerichte geschehen, in dessen Protokoll sie eingetragen ist, wenn anders nicht der Insatz entweder gleich Anfangs auf den Inhaber oder auf Ordre lautet. (Unruhe. Ruf: Die Versammlung beschließe, darüber hinwegzugehen; das sind Anträge betreffs der Durchführung.)

M. H., es ist noch ein zweiter Antrag, der offenbar auch Details enthält:

„Das Verfahren bei Insatzklagen soll ein summarisches, und Einreden und Appellation ausgeschlossen sein. Die Versteigerung des verpfändeten Grundstückes . . . . . . ."

jedenfalls sind das Detailanträge.

**Ein Mitglied**: Diese Anträge setzen ein Offizialverfahren voraus, und die Versammlung geht davon aus, kein Offizialverfahren festzusetzen. Ich glaube daher, daß, wenn auch die beiden Anträge nicht ganz gelesen werden konnten, wir doch so viel davon begriffen haben, daß wir wissen, daß wir in keinem Falle darauf eingehen werden. (Heiterkeit.)

**Präsident**: M. H., ich muß jedenfalls die Form einhalten, und will daher kurz fragen: Wollen Sie auf diese Anträge eingehen, oder nicht? (Rufe: Nein, Nein!)

Wer dafür stimmt, darauf einzugehen, der beliebe die Hand aufzuheben. (Niemand erhebt sie.)

Die Anträge sind also gefallen.

Es ist von Hrn. Kreisgerichtsdirektor Horn eine Reihe von Anträgen eingegeben.

Kreisgerichtsdirektor **Horn** aus Naumburg: Herr Präsident, ich bitte um das Wort. Ich möchte sonst mißverstanden werden, wenn die Anträge vorher vorgelesen würden, bevor ich einige Bemerkungen gemacht habe, weil die Versammlung bemerken wird, daß die Anträge allerdings sehr umfassend sind.

Die Sache ist die: Als der vorige Juristentag beendet war, machte ich mich daran, eine Zusammenstellung zu machen von den Grundsätzen, über die sich der Juristentag behufs Herstellung einer gemeinsamen Hypothekenordnung einigen sollte. Ich hielt dies für unerläßlich, um einen Leitfaden bei den Verhandlungen und Berathungen zu haben, und ich habe gesehen, wie sich auch heute das Bedürfniß wiederholt ausgesprochen hat, daß es ohne einen solchen Leitfaden gar nicht geht.

Der Herr Präsident hat uns belehrt, und wir haben die Belehrung angenommen, daß es hier auf den Meinungsaustausch ankommt. Aber wir müssen Etwas haben, woran wir uns halten, und davon ging ich aus, als ich mich hinsetzte und aus der Vergleichung der Gesetzgebungen der verschiedenen Länder über Hypothekenordnungen, die ich mühsam durchgelesen habe, das aussuchte, worin sich die verschiedenen Gesetzgebungen durchkreuzen und wovon sie abweichen.

Ich machte mir, was meiner Arbeit allerdings nicht anzusehen ist, weil ich mich der höchsten Kürze befleißigt habe, ich machte mir zur Aufgabe, hieraus gemeinsame Grundsätze zu ermitteln, festzustellen und sie der Versammlung zur Berathung vorzutragen. Wohl gemerkt, meine Herren, in bescheidener Anerkenntniß, daß ich keineswegs derjenige Mann bin, der Ihnen hier etwas vorzureden oder vorzuschreiben hätte, sondern zur bescheidenen Anheimstellung, zur höheren Erörterung.

Ich reichte diese Vorschläge nicht als Anträge formulirt, sondern als Grundsätze hingestellt, die maßgebend sein sollten, bei der Deputation ein, und frug an, ob die Deputation geneigt sei, darauf Rücksicht zu nehmen. Darauf bekam ich, — wohl gemerkt, es geschah im November vorigen Jahres, denn ich beeilte mich, weil ich einsah, es gehöre dazu Druck und Verbreitung — darauf bekam ich also ein Schreiben, worin man mir für diese Mittheilung dankte und versprach, man werde sie benützen. Ich verließ mich darauf und reiste hieher. Hier nun erfahre ich, daß sie nicht benützt wurden, und hier bloß von dem Herrn Referenten.

Nun sehe ich wohl ein, daß dieser Auseinandersetzung der Grundsätze bestimmte Anträge fehlen. Diese bestimmten Anträge habe ich nicht formulirt, weil ich die Sache von dem Gesichtspunkte aus betrachtete, daß es nicht nöthig sei, weil ja der vorige Juristentag beschlossen hatte, nur die Grundsätze festzustellen, über die wir uns einigen wollten. Ich habe nun jetzt ersehen, daß es allerdings bestimmter Anträge bedürfe, und nun wundern Sie sich nicht, m. H., wenn meine Anträge eine Weitläufigkeit enthalten, die Ihnen mißfallen könnte. Ich fühle sehr wohl, daß Sie staunen werden über die Spezialität der Anträge. Aber verzeihen Sie mir; ich wünschte denn doch, daß die Anträge den Verhandlungen einverleibt würden, weil ich hoffe, es werde nicht ohne Nutzen sein, wenn die Anträge zur Verbreitung kommen.

Ich möchte sie nicht gerne zurückziehen. Schonen Sie mich, m. H., und hören Sie sie gut an.

Der erste Antrag, den ich gestellt habe, geht dahin:

„daß ein gemeinsames Grund- und Hypothekengesetz eine Nothwendigkeit der Zeit sei.“

Ich verstehe darunter so viel, daß nicht in verschiedenen Ländern ein besonderes Grundbuch existirt und dann wieder ein besonderes Hypothekenbuch, sondern ich will, daß das Eins sein soll.

Ist der vorige Beschluß, den wir gehört haben, in diesem Sinne aufzufassen, so würde ich diesen Antrag zurückziehen.

**Präsident:** Das Begehren, dafür zu sorgen, daß diese Anträge zu Protokoll kommen, scheint mir nur billig. Es schließt das auch die Mittheilung in den Verhandlungen in sich. Die Anträge, — es sind ihrer 8, — will ich Ihnen verlesen. (Rufe: Soll darüber abgestimmt werden?)

In dieser Beziehung liegt, glaube ich, sehr klar vor, was die Meinung der Versammlung ist, nämlich, sich in keine Details mehr einzulassen.

Ich denke, der verehrte Herr Antragsteller wird selber dieser Ueberzeugung sein, und vielleicht eine Abstimmung über seine Anträge im Einzelnen nicht mehr fordern; denn sein Hauptzweck ist erreicht, wenn die Anträge publizirt werden. (Der Präsident liest die 8 Anträge vor.)

1) „Der Juristentag erkennt die Hypotheken-Einrichtung als ein allgemeines Bedürfniß auch für die Länder an, wo sie bisher nicht bestanden hat.“

2) „Der Juristentag beschließt: Die Hypothekeneinrichtung in Deutschland hat sich nicht auf ein bloßes Hypothekenbuch zu beschränken, vielmehr ebensowohl den subjektiven, als auch den objektiven Rechtszustand des Grundvermögens darzulegen und demgemäß sich auf ein Grund- und Hypothekenbuch zu erstrekken. (Ihre Aufgabe ist: den Aktivzustand des Grund und Bodens ebenso darzulegen, als den Passivzustand.)“

3) „Der Juristentag beschließt: Es ist ungenügend, die Zwangsverbindlichkeit zur Besitztitelberichtigung auf einzelne unerläßliche Fälle zu beschränken, vielmehr liegt es im Staats- und Privatinteresse der Gesammtheit wie des Einzelnen, die Einverleibung des Grundeigenthums in das Grundbuch und die Berichtigung des Besitztitels jedem Grundbesitzer, auch dem zur Zeit des Realkredits nicht bedürftigen, zur Pflicht zu machen.“

4) „Der Juristentag beschließt: Die Eintragung in das Grund- und Hypothekenbuch ist die einzige legale Art und Weise, Dritten gegenüber Verfügungen über Grundeigenthum und Hypothek rechtliche Geltung und Anerkennung zu verschaffen. Fähigkeit und Berechtigung zur Eintragung wohnt allen

wesentlichen Momenten bei, welche einem Dritten, zu dem Immobile in rechtlicher Beziehung Stehenden nicht unbekannt bleiben dürfen, um die Hypothek in ihrer Bedeutung, ihrem Umfange und dem Maaße ihrer Sicherheit zu würdigen.

Jede Eintragung muß dem Dritten gegenüber gleich einem rechtskräftigen Judikat unanfechtbar dastehen. Der Moment der Eintragung entscheidet die Priorität.

5) „Der Juristentag erklärt: Die Hypothek ist ein selbstständiges, von keiner persönlichen Verpflichtung abhängiges, nur durch die Eintragung konstituirtes Realrecht.

Hypotheken in unbestimmter Höhe sind unzulässig, vielmehr muß jede Realverbindlichkeit, für welche das Immobile mit seinem Werth zu haften hat, und welche auf Befriedigung aus diesem Werthe Anspruch macht, nach einem bestimmten Geld- resp. Kapitalwerth eingetragen werden.

Die Hypothek haftet ohne besondere Eintragung der landüblichen Zinsen für einen zweijährigen Rückstand derselben, einschließlich der laufenden, ingleichen für einen gesetzlich zu regulirenden, dem Betrag der Kosten der Kündigung, Einklagung und Beitreibung entsprechenden Prozentsatz, welcher sich mit der zunehmenden Höhe des Kapitals angemessen verringert.

Unstatthaft ist die Eintragung einer und derselben Forderung auf Grundstücke verschiedener Hypothekenfolien ohne Repartition der Haftantheile.

Unzulässig ist die Hypothek auf Revenuen und ungetheilte Grundstücksantheile."

6) „Der Juristentag beschließt: Eine möglichst gleichartige Form der Hypothekeneinrichtung in Deutschland ist durch Anerkennung des Grundsatzes zu erstreben:

daß durch das Hypothekenbuch dem Dritten erkennbar gemacht werden soll, was ihm auf andere Art nicht erkennbar zu machen ist, daß aber, da wegen des beschränkten Raumes, der Uebersichtlichkeit und zu vermeidenden Kostspieligkeit das Hypothekenbuch nur in beschränkter Weise seinem Zwecke dienen kann, jene Erkennbarkeit durch allgemeine Andeutungen mit Weglassung alles Notorischen genügend erreicht wird; daß ferner das Wesen und das Bleibende der Hypothekeneinrichtung das Reale ist, mithin alles Zufällige und Vorübergehende in der wechselnden Person möglichst fern gehalten werden muß, jedenfalls nicht an die Spitze gestellt werden darf, ebenso veränderliche und unzuverlässige Angaben gänzlich vermieden werden müssen; daß, um das Grundeigenthum und die Hypothek durch die Einrichtung auch jedem Rechtsunkundigen leicht und übersichtlich erkennbar zu machen, zugleich mit und bei der Bezeichnung des Grundstücks Alles, was demselben an Beschränkungen und Lasten aus besondern Titeln anklebt, von vornherein ersichtlich zu machen sei; daß endlich die Hypothekeneinrichtung für kleine Realitäten von geringem Werth eine andere sein kann und muß, als die für größere Güter, städtische und ländliche Grundstücke."

7) „Der Juristentag erklärt: Eintragungen in das Grund- und Hypothekenbuch dürfen mit alleiniger Ausnahme der von der kompetenten Behörde, namentlich von dem Prozeßrichter beantragten und der das dingliche Recht modifizirenden, bei Uebertragung des Eigenthums und des dinglichen Rechts stipulirten, nicht von Amtswegen geschehen. Gleiches gilt von Löschungen; jedoch muß auch ohne Einwilligung des Berechtigten bei Rechten auf Zeit nach deren Verlauf unter gesetzlichen Modifikationen von Amtswegen die Löschung zulässig sein.

Was eingetragen werden soll, muß speziell beantragt werden, ohne dabei den Interessenten unbeschränkte Disposition über den Raum des Hypothekenbuchs zu gestatten. Zu jeder Eintragung genügt der nach Identität und Dispositionsfähigkeit des eingetragenen legitimirten Realberechtigten unzweifelhafte, den Gesetzen des Landes nicht zuwiderlaufende Antrag."

8) „Der Juristentag ist der Ansicht, daß die für die Oeffentlichkeit bestimmten Hypothekendokumente in nichts Anderem, als in einer beglaubten Abschrift des durch Kürze, Einfachheit, Klarheit und Uebersichtlichkeit der Eintragungen auf kleinen Raum beschränkten Inhalts des Hypotheken- und Grundbuchs bestehen dürfen, und daß die Kosten der Eintragung resp. Löschung gesetzlich durch Festsetzung eines billigen Prozentsatzes für jeden Interessenten zu jeder Zeit genau berechenbar gemacht werden müssen."

Das sind die Anträge. M. H.! Sie werden sich überzeugt haben, daß einige wesentliche Grundsätze dieser Anträge in den Beschlüssen, die wir gefaßt haben, enthalten sind, und daß das Uebrige immerhin Details der Hypothekengesetzgebung sind, möglicher Weise sehr wichtige Details, aber immerhin Details.

Ich frage Sie also, wünschen Sie, daß eine Abstimmung über diese Anträge im Einzelnen vorgehe?

Kreisgerichtsdirektor **Horn** aus Naumburg: Ich habe bereits vorher auf eine jede Abstimmung verzichtet, weil ich durch die Einverleibung dieser Anträge in das Protokoll vollkommen meinen Zweck erreicht habe.

**Präsident:** Es sind also die Anträge zurückgenommen. Damit ist die Abstimmung unnöthig geworden.

Ein fünfter Antrag ist vom Herrn Dr. Floch. Ich meine, der versteht sich auch von selbst.

Dr. **Floch** aus Wien: Ich ziehe denselben zurück, weil er im Wesentlichen bereits angenommen ist.

**Präsident:** Es blieben also nur noch die Anträge des Herrn Dr. Drechsler übrig. Wünschen Sie, daß sie verlesen werden?

Dr. **Drechsler**: Nein, blos daß sie in das Protokoll kommen.*)

---

*) Diese Anträge lauten:

1) Für jedes Grundstück ist ein Grundbuch niederzulegen.
2) Das Grundbuch enthält die Beschreibung des Grundstücks und führt zugleich die Realgerechtigkeiten desselben auf. Der Anlegung der Grundbücher müssen daher genaue Vermessungen voraufgehen und bilden die Vermessungskarten die Grundlage für die Beschreibung des Grundstücks.
3) Eigenthum und dingliche Rechte an Grundstücken entstehen nur durch Eintragung in das Grundbuch.
4) Das niederzulegende Grundbuch enthält drei Rubriken:
   a) die erste Rubrik ist zur Eintragung des Eigenthümers bestimmt,
   b) die zweite Rubrik enthält die Belastungen des Grundstücks aus Reallasten, Kanon- und Prädial-Servituten, Veräußerungsbeschränkungen 2c.,
   c) in die dritte Rubrik gehören die sonstigen Belastungen, insbesondere die Hypotheken und Personalservituten. Jede Belastung zur dritten Rubrik ist in einer bestimmten Kapitalsumme auszudrücken, wenn dieselbe, wie z. B. bei Personalservituten, auch nur die Sicherheit für das eingetragene Recht bilden soll.
5) Nur der Eigenthümer ist hinsichtlich des Grundstücks zu Anträgen bei der Grundbuchsbehörde legitimirt, mit der Beschränkung, daß auch dem zur dritten Rubrik Eingetragenen oder dessen Rechtsnachfolger der Antrag auf Umschreibung eines Postens zusteht. Die Requisitionen des kompetenten Gerichts ersetzen die Anträge resp. des Eigenthümers und des Gläubigers.
6) Durch die erfolgte Eintragung wird der rechtliche Bestand des eingetragenen Rechts in unumstößliche Gewißheit gesetzt, und ist dieselbe nur auf Grund des bösen Glaubens des Betheiligten anzufechten.
7) Die Behörde hat bei den Eintragungen nur die Legitimation des Antragstellers, nicht die Rechtsgiltigkeit des Geschäfts, welches der Eintragung zu Grunde liegt, zu prüfen. Die Unterschrift von Privaturkunden, welche bei der Behörde produzirt werden, erfordert keine Beglaubigung; jedoch steht es zum Ermessen der Behörde, die Nachweisung der Echtheit zu verlangen.

**Präsident:** Da die Versammlung nicht auf detaillirte Anträge eingehen wird, so versteht es sich von selbst, daß diese Anträge, wie die übrigen, im Protokolle aufgenommen werden.

---

8) Jedem Eigenthümer steht die Einsicht des Grundbuchs frei, einem Anderen nur, insofern er die Zustimmung des Eigenthümers oder ein rechtliches Interesse darlegt.

9) Die Priorität der zur dritten Rubrik eingetragenen Posten wird lediglich durch die Reihenfolge bestimmt, in welcher sie eingetragen sind. Die über solche Eintragungen auszufertigenden Urkunden (die Hypothekenscheine) haben genau anzugeben, welche Kapitalsummen dem resp. Posten in der Priorität voraufgehen oder gleichstehen. Die Eintragungen zur zweiten Rubrik weichen den früher geschehenen Eintragungen zur dritten Rubrik.

10) Die Intabulationen zur zweiten und dritten Rubrik erlöschen, abgesehen von einem zwangsweisen Verkauf im Konkurse oder in einem sonstigen Schuldverfahren, nur durch Tilgung. Im Falle eines solchen zwangsweisen Verkaufs erlöschen die Eintragungen zur dritten Rubrik vollständig, die Eintragungen zur zweiten Rubrik soweit, als ältere Gläubiger der dritten Rubrik den Verkauf ohne Belastungen zur zweiten Rubrik begehren.

11) Im Konkurse bildet jedes Grundstück eine besondere Masse, aus welcher die darauf eingetragenen Gläubiger der dritten Rubrik befriedigt werden. Nur etwaige Ueberschüsse sind an die Generalmasse abzugeben.

12) Zur dritten Rubrik sind Eintragungen auf den eigenen Namen des Eigenthümers statthaft, auch können für Dritte eingetragene Posten auf den Eigenthümer umgeschrieben werden, und steht es dem Eigenthümer frei, bei Tilgung von Posten die Wiedereintragung an derselben Stelle vorzubehalten, so daß die Priorität eines Postens nur erlischt, wenn bei der Tilgung dieser Vorbehalt nicht gemacht worden.

13) Der Cessionar, welcher sich im Besitze des Hypothekenscheins befindet, ist gegen alle früheren Handlungen des Cedenten gesichert, auch wenn die Umschreibung des Postens auf den Cessionar noch nicht erfolgt ist. Ebensowenig kann dem Cessionar eine wider den früheren Inhaber des Hypothekenscheins begründete Einrede gegen den Bestand der Eintragung entgegengesetzt werden.

14) Auf die Klage aus einem Hypothekenscheine ist ein Zahlungsbefehl zu erkennen. Ist der Aufenthaltsort des Eigenthümers nicht bekannt, so kann der Gläubiger die Bestellung eines Sequester erwirken, der in allen Beziehungen (namentlich auch schon zur Anbringung der Kündigung des Postens) die Person des Eigenthümers zu vertreten hat. Dasselbe tritt ein, wenn der Eigenthümer gestorben und der Aufenthalt der Erben nicht bekannt ist, oder wenn die Erben noch nicht feststehen. Die Erben haben den Prozeß ohne Weiteres zu übernehmen, ebenso die sonstigen Rechtsnachfolger des Eigenthümers. Einreden gegen die Klage aus einem Hypothekenscheine, welche nicht sofort liquide sind, werden zur besonderen Ausführung verwiesen und halten die Exekution in das Grundstück nicht auf, welche erfolgt, sobald der Zahlungsbefehl nicht zur Befriedigung des

Sind Sie damit einverstanden? (Rufe: Ja!)

Dann, m. H., wäre diese Frage erledigt.

Es fragt sich nur noch: wie wollen wir uns gegenüber dem Plenum des Juristentages verhalten?

Ich bin so frei, Ihnen in dieser Beziehung den Vorschlag zu machen, daß wir einfach die Beschlüsse, wie sie gefaßt worden sind, dem Plenum berichten. Weiteres halte ich nicht für nöthig.

Sind Sie damit einverstanden oder anderer Meinung? (Rufe: Auf die älteren Anträge kommt es an, auf die Anträge von Bornemann und Meyer.)

Diese Anträge sind in ihrer alten Form gegenwärtig gar nicht mehr vorgelegen.

Referent Gerichts-Assessor **Meyer** aus Berlin: Diese Anträge sind, wie ich bereits bemerkte, schon beim vorigen Juristentage abgelehnt worden und bilden nicht die Grundlage der Debatte. Die ständige Deputation hat bloß, um dem Referenten irgend ein Material zu geben, drei Anträge herausgenommen. Der frühere Juristentag hat schon gesagt: „Ungeeignet zur Debatte," und das scheint mir ein sehr entscheidendes Urtheil zu sein.

**Präsident**: Wenn verlangt wird, daß diese Anträge auch gegenwärtig noch gestellt werden, so habe ich ganz einfach mein Amt zu vollziehen und Ihrem Willen zu folgen.

Referent Gerichts-Assessor **Meyer** aus Berlin: Nur der Geck'sche Antrag, bezüglich der Publizität, war nicht abgelehnt worden, er bleibt noch übrig. Er lautet wörtlich:

> „Dem Prinzipe der Publizität ist auch in subjektiver Hinsicht durch unbedingte Gestattung der Einsicht des Hypothekenbuches und der dazu überreichten Urkunden (der Grundakten) Geltung zu verschaffen."

**Präsident**: Ich nehme also an, daß dieser Geck'sche Antrag auch noch zur Erledigung gebracht werden soll.

Dann frage ich weiter, ob einer der verehrten Herren noch einen Antrag zur Abstimmung zu bringen hat? Wenn das nicht der Fall ist, so

---

Gläubigers geführt hat. Die Prozesse aus Hypothekenscheinen haben ihren Fortgang ohne Rücksicht auf Gerichtsferien.

15) Die Grundbuchbehörde ist für ordnungsmäßige Führung der Bücher verantwortlich und verpflichtet, den aus ihrer Verschuldung erwachsenen Schaden zu ersetzen. Ist sie hierzu nicht im Stande, so trifft die Ersatzpflicht den Fiskus.

würde ich annehmen, daß wir uns nur noch mit jenem beschäftigen. Der Antrag lautet folgendermaßen:

„Dem Prinzipe der Publizität ist auch in subjektiver Hinsicht durch die unbedingte Gestattung der Einsicht des Hypothekenbuches und der dazu überreichten Urkunden (der Grundakten) Geltung zu verschaffen."

Dieser Antrag ist nun freilich nicht verhandelt worden, daher muß ich Ihnen auch noch in dieser Hinsicht die Diskussion freigeben. Wer wünscht das Wort darüber?

Hofrath Dr. v. **Kerstorf** aus Augsburg: Ich habe schon diesen Antrag in meinem Gutachten berührt und in letzterem ausgesprochen, man solle nichts darüber sagen. Dahin geht auch mein Antrag, den ich der Deputation überreichte.

Der Grund, — wie ich dort schon bemerkte, — ist der, weil weder ich, noch, wie ich glaube, irgend Jemand von Ihnen davon überzeugt ist, daß ein in ganz Deutschland allgemein lebendig gewordenes Bedürfniß von uns konstatirt werden sollte in der Richtung, daß diesem Antrage Folge gegeben würde, daß somit Jedermann unbedingt in die Bücher hineingucken darf. Die Oeffentlichkeit des Hypothekenbuches und des Grundbuches hat einen andern Zweck, als daß Jeder zu den Behörden hinlaufe, und daß diese sich Jedem den ganzen Tag zur Disposition stellen sollen. So, m. H., ist die Oeffentlichkeit, so die Freiheit nirgends verstanden. (Rufe: O ja!)

Die Oeffentlichkeit besteht nach meiner Ansicht darin, daß man nur mit Nachweisung irgend eines Interesses das Grundbuch einsehen dürfe.

Rechtsanw. und Notar Dr. **Kretzschmann** aus Burg: Ich glaube, wir stehen zwischen der Alternative, entweder den Antrag abzulehnen, oder darüber zur Tagesordnung überzugehen. Ich halte das Letztere für richtiger, weil der Antrag derart zu sein scheint, daß es sich mit der Dignität weder der Abtheilung und noch viel weniger des Plenums verträgt, über diesen Antrag ein Urtheil zu sprechen.

Prof. Dr. **Götze** aus Leipzig: Ich möchte mich ganz kurz dem anschließen, was Herr Hofrath Kerstorf gesagt hat. Es hat jedes System, auch das Prinzip der Publizität der Hypothekenbücher, seine schwachen Stellen, und auf diese schwachen Stellen wird sich eine Kategorie von sehr wenig schätzbaren Leuten werfen. Es ist das auf dem letzten Juristentage ganz besonders hervorgehoben worden, mit sehr vielem Nachdrucke, und ich möchte, daß die hochgeehrten Herren sich daran anschließen und daran festhalten.

**Präsident**: Bisher haben sämmtliche Herren, die gesprochen haben, dagegen gesprochen. Vielleicht will nun Jemand dafür das Wort begehren.

Kreisgerichtsrath **Geck** aus Werden: Ich glaube, Herr v. Kerstorf hat den Rechtspunkt ganz außer Augen gelassen. Die Frage ist nicht die: hat Jedermann das Recht, die Einsicht in die Hypothekenbücher zu verlangen? sondern die Frage muß korrekt so gestellt werden: hat Jemand das Recht, die Einsicht in die Hypotheken- oder Grundbücher zu verbieten?

Das ergiebt sich aus dem Charakter dieses Buches, als eines öffentlichen Buches, welches nicht im Interesse des Gläubigers oder des Realberechtigten überhaupt geführt wird, sondern zugleich im Interesse des Publikums. Das Hypothekenbuch hat einen doppelten Zweck, den positiven: den Realkredit zu sichern und zu heben, insofern letzterer ein berechtigter und mit der Wirklichkeit übereinstimmender ist; dann auch den negativen: einen unberechtigten Realkredit zu hindern und Uebervortheilungen des Publikums zu beschränken, und darum, glaube ich, hat der Eigenthümer, wenn er nicht das dingliche und ausschließliche Recht der Einsichtnahme des Hypothekenbuches hat, eben in dieser Beziehung nicht mehr Rechte, als jeder Dritte.

Man könnte noch fragen: Hat der Staat ein solches Recht, das Hypothekenbuch der Einsichtnahme zu verschließen?

M. H., diese Frage werden Sie unbedingt verneinen, zumal in einem Rechtsstaate, wo der Grundsatz gilt: Quisque praesumitur bonus, wo also ein Jeder, der da Einsicht nehmen will, als ein Solcher angesehen wird, der vernünftiger Weise ein Interesse daran hat, als ein Solcher, der einen rechtlichen Willen hat, ein Interesse, welches nicht eine unerlaubte Grundlage hat. M. H., nur in einem Polizeistaate — ich gebrauche dieses Wort, ich muß gestehen, mit einer gewissen Befangenheit, — nur in einem Polizeistaate kann Jeder von vornherein für einen geistig Ungesunden, für einen moralisch Kranken gehalten werden, nicht aber in einem Rechtsstaate.

Nun muß ich Herrn Dr. Kerstorf noch bemerken, daß ja in vielen Ländern, hier an der Donau, dort am Rhein und am Meere, und wo die Luft frei ist, das Buch zur Einsicht offen liegt. Ich wiederhole, es gilt das namentlich am Rhein, und ich glaube, auch in Oesterreich, (Rufe: Ja!) daß aus dem Buche Kopien hinausgegeben werden.

Nun, lassen Sie nur diese Hinausgabe etwas kosten, und dies wird jene Neugierde, die Sie für so gefährlich halten, ganz gewiß hintanhalten. Wenn ich ein vernünftiges Interesse habe, werde ich hingehen und Einsicht nehmen und zahlen. Nehmen wir z. B. an, ich gehe mit dem Plane um, eine reiche Erbtochter zu heirathen (Heiterkeit). Soll ich darum bei dem Amte sagen: „M. H., lassen Sie mich das Grundbuch oder Hypothekenbuch einsehen, ich will eine reiche Tochter heirathen.“ (Vermehrte Heiterkeit.)

Es ist auch von den Herren Kerstorf und Lührsen angedeutet worden, daß dies eigentlich ein Gegenstand sei, nicht würdig, der Begutachtung des großen Juristentages vorgelegt zu werden.

M. H., ich erkenne das Wort auch an: minima non curat praetor. Die Schicklichkeit verbietet mir, ein deutsches Sprichwort, welches mir da einfällt, ganz auszusprechen; ich will es Ihnen aber andeuten: es ist das von des Pfennigs Ehre und von dem Werth des Thalers. Lassen Sie uns doch im Kleinen anbahnen, was wir im Großen wollen: die Gemeinsamkeit im ganzen deutschen Lande. Helfen Sie uns, daß wir in bessere gemeinsame Zustände eintreten, und schicken Sie nicht meinen Antrag, der zum zweiten Male die Ehre hat, Ihnen vorgestellt zu werden, ohne das viaticum Ihres Fürwortes heimwärts.

Professor Dr. **Heller** aus Wien: Ich habe in dieser Frage schon im vorigen Jahre das Wort ergriffen, um der Versammlung mitzutheilen, daß die Gefahr, welche die Oeffentlichkeit des Grundbuches mit sich bringt, durchaus keine so große sei. Ich habe mich des Beispiels bedient, das die Sache allerdings auf die Spitze stellt, indem ich von einem jungen Manne sprach, der etwa die Absicht hätte, sich zu überzeugen, in welchen Vermögensverhältnissen sich sein präsumtiver Schwiegervater befindet. Allein, m. H., das ist ja auch ein rechtliches Interesse. Man schließt Heirathsverträge, und in dieser Absicht muß man wissen, ob Derjenige, mit dem man den Vertrag abschließen will, ein zahlungsfähiger Kompaciscent sei. (Rufe: Oho! und Gemurmel.) Nun, wenigstens hat man ein Interesse, darnach zu fragen.

Man hat Ihnen damals gesagt, m. H., daß in Oesterreich die Publizität in subjektiver Beziehung und unbedingt seit beinahe hundert Jahren besteht, daß kein Mensch in Oesterreich ist, der Ursache hätte, darüber zu klagen, ob es nun der Realitätenbesitzer oder der Gläubiger sei. Der Satz: „Das Grundbuch ist ein öffentliches Buch, Jedermann kann daher davon Einsicht nehmen,“ ist so tief in Fleisch und Blut übergegangen, daß Niemand mehr daran zu zweifeln wagt.

Ich habe in einer hiesigen Fachzeitung eine Anfrage aus München im Anfragekasten gelesen: „Ist es denn wirklich wahr, daß in Oesterreich selbst den öffentlichen Agenten (Heiterkeit) der Einblick in's Grundbuch gestattet ist?“ und die Antwort der Redaktion jenes Blattes „Tribüne“ lautet: „Das Grundbuch ist ja ein öffentliches Buch; daher ist Jedermann bei uns die Einsicht gestattet. Was die Agenten betrifft u. s. w.“

Ich kann also nichts anderes thun, als Sie zu bitten: Gehen Sie in unser Grundbuch, fragen Sie, ob man Ihnen in dieses oder jenes Buch die Einsicht gestattet, und Sie werden sich überzeugen, mit welcher Bereitwilligkeit das geschehen wird, und wie sehr es mit der Voraussetzung geschehen wird, daß Sie das Recht dazu haben, zu fragen, was im Grundbuch steht?

Ein Mißbrauch ist nicht leicht zu fürchten, und daher die Gefahr der Publizität nicht groß. (Bravo!)

Berichterstatter Gerichts-Assessor **Meyer** aus Berlin: Ich ergreife nochmals das Wort, um darauf hinzuweisen, daß von dem Antragsteller ein Bedürfniß gar nicht nachgewiesen ist. Das scheint aber für uns doch die erste Frage zu sein, ehe wir einen Beschluß fassen.

Der Geck'sche Antrag erscheint „als Zusatzantrag zum Meyer'schen Antrag" bezeichnet. Der Hauptantrag ist gefallen, und Sie behalten den Zusatz übrig.

Sie haben sich vorher für das Prinzip der Publizität erklärt. Ein Mehreres wäre, glaube ich, nicht zu thun, und eine Auseinandersetzung etwa darüber, ob man für die Einsichtnahme $7^1/_2$ Silbergroschen oder einen halben Gulden zu bezahlen hat, ist wohl nicht am Platz. Das hat uns hier nicht zu kümmern.

Ich glaube daher, einfach die Tagesordnung beantragen zu sollen, ohne mich der Verachtung des Pfennigs schuldig zu machen.

Ober-Appell.-Ger.-Direktor v. **Molitor** aus München: M. H., wir haben beschlossen, unser Gutachten dahin abzugeben, daß das Hypothekenwesen auf das Grundbuchssystem begründet werden solle. Das Grundbuchssystem führt dazu, daß für die Eigenthumsverhältnisse bei den Liegenschaften nur das gilt, was im Grundbuch steht, daß aber Dasjenige, was darin steht, auch durchaus gilt für jeden Dritten.

Gehen wir von diesem System aus, so hat der Antrag, wie er gestellt ist, seine volle Berechtigung; denn wenn man den Leuten zumuthet, zu wissen, was im Grundbuche steht, so müssen sie doch an das Buch gehen können (Rufe: Sehr wahr) und dasselbe einsehen, ohne erst ein Interesse nachweisen zu müssen. Ich glaube also, der Antrag hat an sich seine volle Berechtigung.

Indeß die verschiedenen Legislationen haben da die Aengstlichkeit, welche auch Herr v. Kerstorf an den Tag legt, es könnte ein Mißbrauch gemacht werden, und darum fordern die meisten Gesetzgebungen, wie z. B. auch die Bayerische, es müsse irgend ein Interesse nachgewiesen werden, um die Einsicht des Buches zu erlangen. In praxi wird es aber in Bayern damit sehr leicht gehalten; das geringste Interesse, z. B. die Angabe, einen Vertrag schließen zu wollen, genügt.

Allein ich glaube, daß wir bei der Beantwortung dieser Frage zuerst auf jenen Standpunkt zurückgehen müssen, welchen wir eingenommen haben.

Wir haben nämlich nur die großen, allgemeinen Grundsätze festgestellt, und uns jedes Gutachtens über Detailfragen enthalten. Ich glaube, diese Frage gehöre denn doch auch zum Detail des Ganzen, und es würde vielleicht nicht gut aussehen, wenn wir über manche andere großen Fragen hinausgingen und nur gerade diese Frage in unser Bereich ziehen würden.

Ich bin also der Meinung, nicht den Antrag zu verwerfen, sondern zur Tagesordnung zu gehen, aus dem Gesichtspunkte, daß wir bloß die allergrößten, breitesten Prinzipien entscheiden wollen.

Hofrath Dr. v. **Kerstorf** aus Augsburg: Ich bitte um's Wort zu einer persönlichen Berichtigung. Es ist mir vorgeworfen worden, ich fürchte die Oeffentlichkeit (Rufe: Nein, das ist nicht vorgeworfen worden). Dies ist aber weder subjektiv, noch objektiv der Fall.

Zweitens: Es ist mit Recht erwähnt worden, daß der Standpunkt der Sache ein anderer sei, als zur Zeit der Abgabe meines Gutachtens. Das ist vollkommen richtig. Ich schließe mich dem, was Herr v. Molitor sagte, vollkommen an. Das Prinzip, das ganze Hypothekensystem auf's Grundbuchssystem zu bauen, welches Sie empfehlen, führt konsequent dazu, die Einsicht, wie überhaupt bei jedem Grundbuche, allgemein zu machen.

Aber das ist eben nicht mein Standpunkt der konkreten Frage allein gegenüber, und sie ist allein gestellt und nicht als Zusatz zum früheren Beschlusse.

Bleibt die Frage über das Grundbuch eine offene, und hat darüber erst das Plenum zu entscheiden, so werde ich, wenn die Frage adoptirt ist, einen Einwand nicht mehr machen. Wird aber die Hauptfrage verneint, und wird das System, wie ich es bisher als das richtige angesehen habe, adoptirt, so werde ich konsequent auch die andere Frage verneinen und verlangen, es solle ein gewisses Maß darin gehalten werden.

Ich hoffe, kein Mißverständniß übrig gelassen zu haben.

Prof. Dr. **Heller** aus Wien: M. H., ich glaube, wenn man den Nachweis eines geringen Interesses verlangt, um die Einsicht in's öffentliche Buch zu erlangen, so ist das wohl schon eine Annäherung zur vollen Oeffentlichkeit; aber man traut sich nur nicht recht, die volle Oeffentlichkeit einzuführen. Es ist dabei die Aengstlichkeit nicht zu verkennen. Ich habe aber die Ansicht, daß gerade die vollkommene Oeffentlichkeit das vollkommene Vertrauen herstellt, und das Vertrauen ist doch die Grundlage des Kredits; Vertrauen ist ja Kredit selbst. Wenn also in einem großen Staate eine Einrichtung, die auf dem Prinzip der freien Einsicht beruht, durch ein Jahrhundert lang besteht (Rufe: Schluß, Schluß), ohne daß eine Gefahr daraus entstanden, so ist, glaube ich, jede Angst in dieser Beziehung überflüssig. (Rufe: Schluß.)

**Präsident**: M. H., mir scheint, Sie wünschen die Abstimmung möglichst zu befördern? (Rufe: Ja.)

Es sind verschiedene Anträge gestellt. Einer davon ist der lediglich formelle: zur Tagesordnung überzugehen. Würde dieser angenommen, so entfällt jede weitere Abstimmung. Würde dagegen die Versammlung beschließen, auf den Antrag auf Tagesordnung nicht einzugehen, so käme dann die Frage über Annahme oder Verwerfung zur Abstimmung.

Adv.-Kand. Dr. **Beer** aus Bielitz: Ich glaube, zur Fragestellung einen Antrag stellen zu sollen, welcher den gefaßten Beschlüssen und den Anforderungen des Antragstellers entsprechen würde.

Es ist nach den geäußerten Ansichten klar, daß sich die verehrte Versammlung für die unbedingteste Oeffentlichkeit gestimmt findet. Ich wäre also der Ansicht, daß man die motivirte Tagesordnung beiläufig in folgender Form annehmen könnte:

„In der Erwägung, daß durch die gefaßten Beschlüsse der Antrag des geehrten Herrn Antragstellers schon im bejahenden Sinne erledigt ist, geht die Versammlung über denselben zur Tagesordnung."

**Präsident**: Ich will diesen Antrag gleich zur Abstimmung bringen. Vielleicht erledigt sich die Frage rasch.

Wer für diese motivirte Tagesordnung stimmt, beliebe die Hand aufzuheben. (Geschieht.)

Sie ist angenommen. Damit wäre also die Frage erledigt.

Dann würde folgender Antrag des Herrn Kreisgerichtsraths v. Piper, betreffend die Haftung der Erben für Nachlaßschulden, zur Verhandlung kommen. Der Antrag lautet folgendermaßen:

„Der Deutsche Juristentag wolle die Ueberzeugung aussprechen, es sei gerecht, daß der Erbe den Gläubigern des Erblassers niemals über den Betrag der Nachlaßmasse hinaus verhaftet werde."

Es ist kein Referent ernannt, und da Herr v. Piper selbst nicht anwesend ist, so will ich Sie fragen, ob Sie auf den Antrag eingehen oder zur Tagesordnung schreiten wollen, indem Sie diese Sache auf einen folgenden Juristentag zur Berathung verschieben.

Wer für die Tagesordnung stimmt, bitte ich, die Hand aufzuheben. (Geschieht.)

Es ist die Mehrheit.

Nun folgt der Antrag des Herrn Kreisgerichtsrathes Geck, betreffend ein gemeinsames Deutsches Ehegüterrecht.

Ich bin der Ansicht, daß diese Frage so außerordentlich schwierig und so tief eingreifend ist, daß keine genügende Vorbereitung vorliegt, und ich würde meinerseits wünschen, daß der Herr Antragsteller seinen Antrag selbst vertritt.

Kreisgerichtsrath **Geck** aus Werden: Es scheint die Zeit sehr weit vorgerückt zu sein, und ich höre den Wunsch, daß diese Frage bis morgen früh vertagt werde.

Der erste Antrag ist wohl so allgemeiner Art, daß ein Widerspruch in einer Versammlung, die sich dazu vereinigt hat, um Rechtseinheit in Deutschland herzustellen, nicht erwartet werden kann (Rufe: Oho!). Der Antrag theilt sich eben in zwei Theile; der erste ist ein allgemeiner, nämlich:

„Daß es wünschenswerth sei, ein gemeinsames Ehegüterrecht für Deutschland anzustreben;"

der zweite Theil geht dahin:

„Die eheliche Gütergemeinschaft als das der Deutschen Ehe, der Innigkeit, der Sittlichkeit, der Rechtlichkeit der Deutschen Ehe entsprechendste System zu empfehlen."

Gegen den ersten Theil, wie gesagt, glaube ich, werden wenige Widersprüche sich zeigen.

Der zweite Theil würde vielleicht jetzt — bei der vorgerückten Zeit — nicht mehr durchgeführt werden können.

**Präsident**: M. H., können Sie sich dazu verständigen, daß der erste Theil des Antrages noch heute, der zweite Theil aber morgen verhandelt werde?

Hofrath Dr. v. **Kerstorf** aus Augsburg: Ich möchte mir zur Scheidung der Anträge ein Wort erlauben und den Herrn Antragsteller selbst bitten, ob er vielleicht die Ordnung nicht ändern möchte. Denn ich glaube, daß wir viel größere Schwierigkeiten und viel größere Meinungsverschiedenheiten erfahren darüber, ob ein für ganz Deutschland gemeinsames eheliches Güterecht gefunden werden könne und solle, als darüber, ob unter den verschiedenen Systemen das der Gütergemeinschaft das empfehlenswertheste sei. Die erste Frage hat ja bei der Behandlung des gemeinsamen Deutschen Handelsgesetzbuches die großen, Ihnen bekannten Schwierigkeiten verursacht, und gerade deshalb sind gewisse Materien theils gar nicht, theils etwas stiefmütterlich behandelt worden, und es standen außerordentliche Schwierigkeiten im Wege; das waren die verschiedenen Interessen, die sich in großen Handelsstädten im Gegensatze zu anderen Gebieten geltend machten. Da meines Wissens die Doktrin sowohl, als die Erfahrung, uns über das System der Gütergemeinschaft mehr an die Hand gehen, wäre die Frage ganz einfach, ob man überhaupt darüber eine communis opinio konstatiren wolle oder nicht? Ich glaube deshalb, daß in Voraussetzung des ersten Theiles die Behandlung des zweiten leichter sein wird.

**Präsident:** Ich mache den Vorschlag, daß wir in die Verhandlung des ganzen Gegenstandes eintreten, und dann, je nachdem die Verhandlung weiter sich bewegt, definitiv einen Beschluß fassen. Möglicherweise kommen wir heute schon zu Beschlüssen, möglicherweise nur bei der einen Frage, und über die andere erst morgen. Kurz, das kann sich erst ergeben, wenn man sich einigermaßen darüber ausgesprochen hat. Ich werde daher, wenn es Ihnen recht ist, den Gegenstand jetzt auf die Tagesordnung bringen, und die Verhandlung wird weiter gehen, bis etwa 2 Uhr, und dann werde ich unter allen Umständen die Sitzung schließen. Ich wünsche daher, daß der Herr Antragsteller seine Ansicht ausspreche, und jedenfalls wird auch die formelle Frage nothwendig gleich herbeigezogen werden, ob die Sache gegenwärtig schon so liege, daß der Juristentag eine bestimmte Meinung darüber aussprechen kann.

Kreisgerichtsrath **Beck** aus Werden: Ich werde mir erlauben, in der allergrößten Kürze zu motiviren, daß die Gütergemeinschaft das der Deutschen Ehe entsprechendste System ist.

Ich muß zurückgehen auf den Begriff der Ehe.

Die Ehe ist eine volle Lebensgemeinschaft, die Vereinigung zweier einzelner Willen zu einem ehelichen Gesammtwillen. In dieser Vereinigung ist schon die Gemeinschaft gelegen, wenn das Recht eben auf dem Willen beruht. Wenn diese zwei einzelnen Willen zusammenkommen zu einem Gesammtwillen, so geht auch der Inhalt dieser einzelnen Willen mit über; der Inhalt dieser Willen ist aber eben das Vermögen, und darin liegt die Nothwendigkeit der Gütergemeinschaft, als desjenigen Institutes, das der Ehe entspricht.

Diese Vorstellung, dieses Gefühl ist so tief im Deutschen Volke eingewurzelt, daß trotz den entgegenstehenden Wirkungen des Römischen Rechtes, das schon im Mittelalter Deutschland überfluthete, die eheliche Gütergemeinschaft nicht auszumerzen war, sondern hinter die privilegirten Mauern der Weichbilder und Lokalstatute flüchtete und dort lebte, und ich glaube, m. H., so kühn diese Behauptung ist, so möchte doch wohl ein Beweis für die Richtigkeit dieses Systems gerade darin gefunden werden können, daß das Römische Recht nicht im Stande war, es zu beseitigen.

Ich erkenne wohl an, daß es viele lebhafte Gegner des Instituts der Gütergemeinschaft giebt, und diese behaupten, daß der Gütergemeinschaft das konservative Element fehle, daß sie geeignet wäre, die Zersplitterung der Güter zu befördern, namentlich den Landbesitz auf nachtheilige Weise zu pulverisiren. Dieser Vorwurf, m. H., schießt unendlich weit über das Ziel hinweg, indem er jedes Güterrecht trifft, mit dem nicht das Prinzip der

Untheilbarkeit verbunden ist nach der Primo-Genitur, dem Seniorate, und nach dem jus devolutionis ꝛc.

Diesen Gegnern gegenüber könnte man sich wohl begnügen, einen einzigen Mann anzuführen, den Mann, dessen Bild wir, Dank dem Komité, an dem vorgestrigen Abend so herrlich neben den andern Koryphäen der Wissenschaft gesehen haben, ich meine den Advokaten patriae, oder, wie er treffend genannt wurde, Germaniae, — Justus Möser. In einer seiner patriotischen Phantasien, die ich mir erlauben möchte, in ihrer herrlichen, lapidaren Ausdrucksweise abzulesen, sagt er: „also sollte man die eheliche Gütergemeinschaft unter den Landleuten nicht aufheben," und weiter, „es habe niemals die Praxis so boshaft das Deutsche Recht verunstaltet, als dadurch, daß sie die Gütergemeinschaft auf dem Lande beseitigt hat," nämlich, in den Jahren 1730 bis 1760 u. s. w. Diese Autorität wird genügen, um den Gegnern ein Paroli zu biegen.

Ich möchte aus diesen Gründen, m. H., Sie wohl ersuchen, die eheliche Gütergemeinschaft als das Institut anzuerkennen, welches, als echt Deutsches, dem Begriffe und Wesen der Deutschen Ehe am meisten entspricht.

Prof. Dr. **Unger** aus Wien: Ich erlaube mir, gegen den Antrag zu sprechen, und zwar in Rücksicht auf beide Punkte, die hier mit einander vereint zur Sprache gebracht werden.

Was zunächst den ersten Punkt anbelangt, so gestehe ich, daß ich erst jetzt über den Sinn klar geworden bin, welchen der Herr Antragsteller in den ersten Punkt gelegt haben will, wonach ein gemeinschaftliches Deutsches eheliches Güterrecht zu Stande gebracht werden soll.

Es läßt dieser Punkt nämlich, wie ich glaube, in der Fassung, wie er uns vorliegt, noch einen andern Sinn, noch eine andere Auslegung zu, und diese Auslegung wäre diejenige, der ich für meinen Theil den Vorzug zu geben mir erlaubt hätte. Denke ich mir nämlich, daß, wie es auch auf den beiden letzten Juristentagen ausgesprochen worden ist, ein gemeinsames Deutsches Civilrecht wünschenswerth sei, und daß irgend einmal doch ein solches zu Stande komme, so kann ich mir wohl auch ein gemeinsames Deutsches eheliches Güterrecht denken, aber freilich in einem ganz andern Sinne. Denn wir müßten uns dann in einer Deutschen Gesetzgebung über die Prinzipien einigen, die zur Anwendung zu kommen hätten, wenn irgendwo die Gütergemeinschaft gilt, über die rechtlichen Grundsätze, die gelten sollen, wenn irgendwo das gemischte Dotalsystem, über die Grundsätze, die gelten sollen, wenn irgendwo das Sächsische System der Güter-Einheit u. s. w. gilt. Das wäre nach meiner Meinung die einzige Möglichkeit einer gemeinsamen Gesetzgebung, nämlich, nur eine h y p o t h e t i s c h e Gesetzgebung über eheliches

Güterrecht. Die Frage aber, wo gilt und hat die Gütergemeinschaft zu gelten, wo gilt und hat Güter-Einheit zu gelten, wo gilt und hat gemischtes Totalsystem zu gelten, diese Frage, glaube ich, wird niemals eine gemeinsame Deutsche Gesetzgebung lösen können; denn das ist eine Frage, die auf lokalem Boden gelöst werden muß nach den Gewohnheiten, die sich an einem bestimmten Orte, in einem bestimmten Lande herausgebildet haben. Auf solche Art ist ja zum Beispiele das Französische Gesetzbuch zu Werke gegangen. Es stellt verschiedene Prinzipien auf für verschiedene Fälle, und sagt dann nur, welches System für den Fall, wenn die Parteien nichts unter einander ausgemacht haben, zur Anwendung zu kommen habe.

Man könnte nun den Antrag vielleicht so verstehen, daß sich das gemeinsame Deutsche Gesetzbuch nicht blos damit begnügen solle, für verschiedene Systeme gemeinsame Grundsätze aufzustellen, sondern auch noch überdies für ganz Deutschland folgende Frage lösen solle: „Wenn die Ehegatten nicht bestimmt haben, welches Güter-System zur Anwendung kommen solle, welches ist dann dasjenige System, das ohne weitere Eheberedungen unter ihnen zu gelten hat?" Von diesem Gesichtspnnkte aus könnte man also meinen, daß der zweite Punkt des Antrags zur Geltung zu bringen, und daß für diesen Fall, in subsidium, das System der ehelicheu Gütergemeinschaft zu befürworten sei.

Selbst in dieser Formulirung könnte ich jedoch für den Antrag nicht sprechen; denn auch da wäre ich der Ansicht, daß eine gemeinsame Deutsche Gesetzgebung die lokalen Rechtsüberzeugungen, die provinziellen und Stammes-Verschiedenheiten nicht zurückdrängen dürfe zu Liebe eines in ganz Deutschland hypothetisch, d. h., im Falle, als die Gatten nichts bestimmt haben, zur Anwendung kommenden Güterrechts-Verhältnisses.

Ich glaube also, es sei in keiner Hinsicht möglich, ein materiell gemeinsames eheliches Güterrecht zu Stande zu bringen.

Ich erlaube mir nun nur noch ein Paar Worte in Ansehung der zweiten Frage, ob, wenn die erste vielleicht von der Majorität bejaht würde, das System der Gütergemeinschaft dasjenige sei, welches wir empfehlen sollen, und auch in dieser Beziehung spreche ich gegen den Antrag.

Der erste Theil der Begründung, ich gestehe es aufrichtig, hat mich überrascht. Es ist eine jener Begründungen, welche wir als eine *κατ' ἐξοχὴν* naturrechtliche Auffassungsweise zu bezeichnen gewohnt waren. Es wird aus dem Wesen der Ehe herausargumentirt: die Ehegatten lieben sich, sie leben bei, mit und in einander, folglich auch Gütergemeinschaft. So genommen, wäre dies eine höhere, respektive tiefere Frage der Rechtsphilosophie.

Wären wir hier eine Abtheilung für Rechtsphilosophie, dann könnten wir in diese Behandlung und Auffassung eintreten, und fragen, welche Gestalt des Güterrechtsverhältnisses der philosophischen Auffassung der Ehe entspricht.

Stellt sich etwa der Herr Antragsteller auf diesen philosophischen Standpunkt, so glaube ich kaum, daß er die Majorität der Philosophen für sich hätte, mit allem Respekt vor Justus Möser, der da fragt, ob die Gütergemeinschaft aufzuheben, nicht, ob sie einzuführen sei, (Rufe: Wieder aufzuheben!) ja, wieder aufzuheben, aber nicht einzuführen, also, vorausgesetzt, daß sie irgendwo bereits besteht. Ich glaube nicht, daß dies in vielen Theilen Deutschlands der Fall sein wird. Aber ganz abgesehen davon, sprechen heutzutage die hervorragendsten Rechtsphilosophen gegen diese Auffassung; ich nenne nur Stahl — ganz abgesehen von seinen staatsrechtlichen Verkehrtheiten und Irrthümern müssen wir in ihm doch stets den großen Rechtsphilosophen respektiren — Stahl spricht sich für das Deutsche System der Güter-Einheit aus. Die Kraus'sche Schule, Ahrens, Röder, und so viele, oder, wie ich glaube, so wenig Anhänger sie auch haben mögen, sprechen sich aus für das System der ehelichen Errungenschafts-Gemeinschaft. Und der Letzte, den ich noch nennen will, aber nicht etwa als den Letzten unter den Rechtsphilosophen, das ist Trendelenburg. In seinem „Naturrecht auf Grundlage der Ethik" — und auf diese Grundlage wird heutzutage Jeder das Naturrecht stellen müssen — spricht Trendelenburg den Grundsatz aus, es sei vom rein rechtsphilosophischen Standpunkte das System der Errungenschafts-Gemeinschaft zu befürworten.

Wie nun der Antragsteller den Satz formulirt hat, so weiß vorläufig Keiner von uns, m. H., was er unter dieser Gütergemeinschaft meint. Er kann die allgemeine und die partikulare Gemeinschaft meinen. Meint er die Letztere, so hat er den Vortheil, auf rechtsphilosophischem Boden mit dem letztgenannten Rechtsphilosophen sich im Einklang zu befinden.

Ferner ist es doch auch eine Zeit lang herkömmlich gewesen, mit dem Ausdruck „Gütergemeinschaft" ein umfassenderes Güterrechtssystem zu bezeichnen, indem man sie in eine äußere und eine innere Gütergemeinschaft unterschied. Die äußere Gütergemeinschaft wird heutzutage zum großen Theil Güter-Einheit genannt; die innere Gütergemeinschaft nennt man Gütergemeinschaft. — Auch darüber wird man aus dem Antrage nicht klar, welche dieser Gütergemeinschaften der Antragsteller meint. Habe ich ihn aber recht verstanden, so meint er wohl die allgemeine innere Gütergemeinschaft, (Rufe: Ja.)

Was diese anbelangt, so erlaube ich mir eine Bemerkung. Es ist von dem Antragsteller hervorgehoben worden, das Römische Recht hätte die allgemeine Gütergemeinschaft in Deutschland zurückgedrängt. Das ist ganz unrichtig. Ich glaube, Jedermann — und hier sitzen Männer von ganz anderem Reichthnm an Kenntniß des Deutschen Rechtes, als ich, und diese werden bessere Argumente und ein größeres Gewicht ihres Namens dafür einlegen können, — Jedermann wird mir zugestehen, daß das Deutschrechtliche System des Mittelalters nicht das System der allgemeinen Gütergemeinschaft, sondern das System der Güter-Einheit gewesen ist, wenigstens was Sachsen anbetrifft.

Nun gehöre ich allerdings nicht zu Denjenigen, die, wie z. B. Gerber und Andere, das System der Gütergemeinschaft als eine Verunstaltung, eine Mißbildung, einen Mißwachs auf dem Boden der Güter-Einheit ansehen; denn so viel habe ich aus den Aufsätzen von Roth immerhin gelernt, daß es neben dem Sächsischen System der Güter-Einheit noch ein Fränkisches, ein Schwäbisches System des Güterrechts schon in früherer Zeit gegeben habe. Wenn ich also auch glaube, daß in einzelnen Theilen Deutschlands sich vielleicht organisch aus dem älteren eigenthümlichen Güterrechtsverhältnisse das System der Gütergemeinschaft herausgebildet hat, so muß ich doch dagegen protestiren, daß man nunmehr gerade einem System einen absoluten Werth zuerkenne. Wenn irgendwo auf provinzielle Gewohnheiten, auf lokales Rechtsgefühl des Volkes gesehen werden kann und muß, so ist es gewiß in Bezug auf das eheliche Güterrecht. Alle ehelichen Güterrechte über einen Kamm zu scheeren, würde das Rechtsgefühl des Volkes verletzen, und wir, berufen, uns auf nationalem Boden zu halten, thäten am wenigsten klug, wenn wir die Wurzel aus dem Boden rissen, um zu versuchen, ob wir ein neues Gewächs zu pflanzen und ein materiell gemeinsames System des ehelichen Güterrechts einzuführen im Stande seien oder nicht.

Von diesem Gesichtspunkte aus erlaube ich mir, gegen den Antrag zu sprechen.

Geh. Justizrath Prof. Dr. **Jhering** aus Gießen: Nach diesem Vortrage meines Freundes Unger habe ich kaum noch etwas anzuführen.

Auch ich bin nicht minder als Unger höchst überrascht gewesen, daß der Antragsteller seinen Antrag auf das Wesen der Ehe hat stützen wollen. Ich bin der Ueberzeugung, daß für die Vermögens-Verhältnisse der Ehegatten das Wesen der Ehe nicht überall in Betracht kommt. Die Auffassung des Römischen Rechtes von der Heiligkeit der Ehe steht hinter unserer heutigen um Nichts zurück; gleichwohl hat das Römische Recht das Dotalsystem aufgestellt. Frage ich mich, ob das ein Widerspruch ist, so antworte ich „Nein.“ Wenn in der Ehe der rechte Geist lebt, so ist das Vermögen von selbst eins, trotz des Dotalsystems.

Die eigentliche Frage von Dotalsystem und Gütergemeinschaft ist keine

Frage für die Ehegatten selbst, sondern für die Gläubiger. (Bravo! Sehr gut!)

Wenn also die ganze Debatte einen Sinn haben soll, und wenn wir zu einem fruchtbaren Resultate gelangen sollen, so muß die Frage von dem abstrakten, oder, wie Unger sagt, von dem rechtsphilosophischen Grunde hinauskommen auf das praktische Gebiet des Vermögensrechtes. Hier ist denn die Frage aufzuwerfen: Was entspricht mehr dem wohlverstandenen Interesse der Ehegatten, daß das Vermögen der Frau dritten Personen hafte, oder aber, daß das Vermögen der Frau, wenn der Mann bankerott macht, ihr und den Kindern erhalten werde? Ich, m. H., lebe mit meiner Frau im Dotalsystem, aber Jeden, der mich kennt, fordere ich heraus, zu sagen, ob ich das Wesen der Ehe in meiner Ehe minder hervortreten lasse, als Einer von Ihnen, der in Gütergemeinschaft lebt. (Bravo! Heiterkeit.) Ich kenne Personen, die in Gütergemeinschaft leben, in deren ehelichem Verhältniß ich aber von jenem angeblich sittlichen Geist, der in der Gütergemeinschaft seinen Ausdruck finden soll, verwünscht wenig gespürt habe. (Bravo! Bravo!)

Das ist also nur Schein, m. H., und es ist wichtig, dies zu erkennen, damit die Diskussion von vorn herein in die richtige Bahn gelange.

Verstatten Sie mir zu Dem, was mein Freund Unger gesagt hat, noch Einiges hinzuzufügen. Gegenwärtig, m. H., hat man in Deutschland freie Wahl zwischen den verschiedenen Systemen des ehelichen Güterrechts. Dem Einen entspricht dieses System, dem Anderen ein anderes. Dem Kaufmann sagt das eine System mehr zu, dem Bauern das andere, dem Gelehrten wieder ein anderes. Das sollen wir nun opfern für die Uniformität, die uns zwingen will, uns auf ein bestimmtes System zu beschränken?

Ich habe nicht verstanden, ob der Antragsteller meint, daß die eheliche Gütergemeinschaft zum absoluten Rechtssatze erhoben werden soll, so daß also Jeder gezwungen ist, in Gütergemeinschaft zu leben, — in diesem Falle müßte ich schönstens dafür danken — oder aber, ob die Gütergemeinschaft blos subsidiär gelten soll, so daß nur in dem Falle, wo die Ehegatten über ihr Verhältniß nichts bestimmt haben, das System der Gütergemeinschaft zur Anwendung käme. Es ist mir eine sehr zweifelhafte Frage, selbst in dieser beschränkten Anwendung, ob gerade dieses System das berechtigte wäre.

Doch ich kann schließen, denn ich könnte nur wiederholen, was Unger bereits in höchst vortrefflicher Weise entwickelt hat. (Lebhafter Beifall.)

Kreisgerichtsrath **Beck** aus Werden: Es ist mir nicht in den Sinn gefallen, eine zwangsweise Gütergemeinschaft einzuführen. Ich habe mir die

Sache so gedacht, trilogisch: zuerst wäre Autonomie; dann käme eine allgemeine Deutsche Gütergemeinschaft; wenn aber diese einfach ausgeschlossen würde, die territoriale Gesetzgebung zur Anwendung. Auf diese Weise würde kein Zwang, keine Uniformität sein, sondern es würde eben das Recht sich allseitig entwickeln können.

Professor Dr. **Unger** aus Wien: Das muß doch wohl umgekehrt sein, es kann doch nicht die Deutsche allgemeine Gesetzgebung vor dem Territorialrechte zur Anwendung kommen; wenigstens haben wir immer gehört, daß das Landrecht gemeines Recht breche.

Kreisgerichtsrath **Beck** aus Werden: Wenn die Gütergemeinschaft nicht ausgeschlossen wird, so kommt eben die allgemeine Deutsche Gütergemeinschaft zur Anwendung, die wir anstreben. Würde aber diese Gütergemeinschaft ausgeschlossen, dann tritt das Territorialrecht in Wirksamkeit. Auf diese Art würde sich also die Trilogie gestalten.

Geh. Justizrath, Professor Dr. **Heydemann** aus Berlin: Ich wollte mir nur einige Bemerkungen erlauben, die vielleicht eine Brücke bauen könnten zwischen dem Herrn Antragsteller und uns. Ich kann nicht leugnen, daß ich eigentlich von vornherein mit meinem Freunde Unger übereingestimmt habe. Die Brücke möchte ich aber hernehmen von dem Preußischen Landrechte, nicht einem Partikularrechte, sondern einem Rechte, das als gemeines Recht geschaffen wurde. Bei der Redaktion waren es einige Verfechter der Deutschen Gütergemeinschaft — deren Begriff man übrigens nicht immer klar genug faßte, weil man sie nicht von der Gütereinheit zu scheiden wußte — die mit großem Enthusiasmus davon sprachen, wenn die Frau ihrem Manne den Körper hingebe, so müsse sie auch ihre Güter hingeben.

Ich muß aber konstatiren, daß auch Philosophen gesagt haben: da die Ehe die Einheit der Personen im inneren sittlichen Verhältnisse sei, so müsse sie sich auch so in den äußern Verhältnissen gestalten, und das thue sie in der Gütergemeinschaft.

Das, was daran richtig ist, findet sich freilich überall von selbst. Ich habe zwar aus meiner Ehe keine so lebendigen Erinnerungen, wie mein Freund Ihering, denn ich bin seit 17 Jahren Wittwer. Ich erinnere mich aber sehr wohl, daß, so lange ich mit meiner Frau, die wir nach Märkischem Güterrechte lebten, verheirathet war, nie der Gedanke Wurzel fassen konnte: das gehört mir, das Dir, außer bei solchen Sachen, die man unmittelbar gebraucht. Die Gütergemeinschaft spricht sich in der Ehe, die gut ist, wohl von selbst aus.

Ich glaube deshalb, daß die Preußischen Gesetzgeber sehr wohl thaten, als sie etwas kühler dachten, und sagten: Nein, oktroyiren wollen wir die Gütergemeinschaft nicht, denn zuletzt handelt es sich doch ganz prosaisch immer nur darum: kann der Mann mit dem Vermögen seiner Frau seine Schulden bezahlen?

Das hat man in den Französischen Romanen ausgebeutet, die sich um diese Härten der Gütergemeinschaft drehen, daß ein Mann eine unschuldige Frau, die gar keinen Begriff von Schulden hatte, heirathet, und nun ihre Güter depensirt, ohne daß sie es ahnt.

Deshalb haben unsere Gesetzgeber — und ich glaube, daß der Antragsteller sich vielleicht mit mir noch leichter einigen könnte, weil wir ja auf Preußischem Boden stehen — deshalb haben unsere Gesetzgeber sehr wohl gethan, einen kühleren Gedanken zu fassen. Sie haben das Römische Dotalrecht aufgenommen, aber im Deutschen Sinne modifizirt. Bei dem Dotalrechte sagt gewissermaßen die Frau: so lange wir beisammen sind, bist du der Herr; wenn wir aber auseinandertreten — ich will den Fall nicht herbei wünschen, aber er kann kommen, sei es durch den Tod, oder auf andere Weise — so ist es wieder mein. Das ist im Preußischen Rechte modifizirt worden, nach dem Deutschen Grundsatze: „sie sollen leben von ihrer beider Gut,“ und so haben wir im Dotalsystem auch Deutsche Gütereinheit, aber temperirter Art.

Schon die Lex Saxonum deutet auf eine durchgehende Verschiedenheit. Bei den Ostphalen sollte die Frau nichts bekommen, sondern sich mit ihrer „dos“ begnügen; bei den Westphalen sollte sie die Hälfte der Errungenschaft bekommen.

Was wir heut zu Tage Gütergemeinschaft nennen, ist eine erst nach und nach und ziemlich künstlich entwickelte Theorie.

Wenn wir das alles sehen, wenn wir sehen, daß innerhalb des Dotalrechtes eine Art Gütereinheit stattfindet, so führt dies zu der guten praktischen Folge, daß nach Preußischem Rechte die reiche Frau nicht mehr wie nach Römischem Rechte jeden Beitrag zu den Ehelasten ablehnen kann, sondern von selbst zu den Kosten des gemeinsamen Lebens beiträgt, wenn auch keine dos besonders bestellt ist.

Es ist also das Bedürfniß zur gesetzlichen Einführung der vollen Gütergemeinschaft als ausschließlich geltendes Recht wirklich nicht so lebhaft. Selbst der Code Napoléon sagt nur, daß das régime en communauté droit commun sei. Daneben ist das régime dotal mit oder ohne Pakten als ein besonderes System zugelassen.

Also ich glaube, wir gehen eigentlich über das Ziel hinaus, wenn wir die Gütergemeinschaft nicht blos sittlich anzuerkennen, sondern äußerlich zu erzwingen suchen. Ich glaube nicht, daß dies Aufgabe des Juristentages ist (Heiterkeit), sondern daß wir das mehr durch Sitte und Lebensweise herbeizuführen suchen. Es mag ein Güterrecht geben, welches es will, es kann verschieden sein, aber in dem ehelichen Leben kann ebenso bei den Romanisten, wie bei den Germanisten die Auffassung einer sittlichen Gütergemeinschaft praktisch durchgeführt werden. (Lebhafter Beifall.)

Geh. Justizrath, Professor Dr. **Ihering** aus Gießen: Ich wollte nur einen kurzen Nachtrag geben, der mir so eben eingefallen ist.

Auch bei den Römern kam es trotz des Dotalsystems rücksichtlich der faktischen Gestaltung der Vermögensverhältnisse der Ehegatten ganz darauf an, wer im Hause das Regiment führte: der Mann oder die Frau. Hatte letztere das Regiment, so half es dem Manne wenig, daß er das Eigenthum an der Dos hatte; faktisch durfte er Veräußerungen nicht vornehmen, die die Frau nicht billigte. Hatte der Mann die Herrschaft im Hause, so half es umgekehrt der Frau sehr wenig, daß sie de jure die freie Disposition über ihr Paraphernalvermögen hatte; faktisch konnte sie keine Disposition von irgend einem Belang treffen ohne Zustimmung des Mannes. Letzterer wußte schon die Mittel zu finden, das Vermögen der Frau wie sein eigenes zu behandeln.

Uebrigens will ich hier noch bemerken, daß bereits das Römische Recht auch die Gütergemeinschaft gekannt hat, nur allerdings als eine freie, vertragsmäßige. Es war dies die bekannte „societas omnium bonorum" in ihrer Anwendung auf Ehegatten — ein Anwendungsfall, der in unsern Quellen ausdrücklich hervorgehoben wird. Man soll also nicht glauben, als ob erst wir uns zu dieser vermeintlich allein dem Wesen der Ehe entsprechenden Idee der Gütergemeinschaft zwischen Ehegatten emporgeschwungen hätten; die Römer kannten sie bereits, aber sie überließen die Anwendung derselben dem freien Willen der Ehegatten.

**Präsident**: Wer verlangt noch das Wort? (Niemand meldet sich zu demselben.)

Es wird sich zunächst um die Frage handeln, ob Sie nach diesen Verhandlungen weiter in den Gegenstand eingehen, oder ob Sie darüber zur Tagesordnung schreiten wollen.

Es scheint mir die Vorfrage über dieses ist entschieden in dem Sinne, daß man eingehen und sich aussprechen wolle.

Da käme der Hauptantrag des Herrn Geck im Punkte 1 und 2, wie er lautet, einfach zur Abstimmung, und ich würde die Abstimmungsfrage blos so stellen: Stimmen Sie diesem Antrage bei, oder stimmen Sie ihm nicht bei? Nehmen Sie ihn an, oder verwerfen Sie ihn?

Sind Sie mit dieser Behandlung des Gegenstandes einverstanden?

Kreisgerichtsrath **Geck** aus Werden: Würde es nicht zweckmäßiger sein, den Antrag zu theilen?

**Präsident**: Sobald Sie es wünschen, so bin ich gern bereit dazu. Es giebt jedem Mitgliede auch Gelegenheit, seine Meinung im Einzelnen auszusprechen.

Uebrigens nehme ich an, daß die Herren eigentlich für die Tagesordnung gesprochen haben; denn das bisher Gesprochene habe ich so verstanden.

Professor Dr. **Unger** aus Wien: Nein! Ich bin entschieden für das materielle Eingehen in den Antrag, und zwar von meinem Standpunkte in negativer Weise.

**Präsident**: Gut, aber immerhin muß die Frage zur Behandlung kommen, ob zur Tagesordnung übergegangen werden solle?

Wer dafür stimmt, daß der Gegenstand zur Verhandlung komme, im Gegensatze zu der Ansicht, daß die Versammlung zur Tagesordnung übergehe, also keine Meinung äußere, wer dafür stimmt, daß die Versammlung eine Meinung äußere, also nicht zur Tagesordnung übergehe, hebe die Hand auf. (Geschieht.)

Es ist die große Mehrheit.

Wer dagegen ist, hebe die Hand auf. (Geschieht.)

Es ist die Minderheit.

Nun kommen die beiden Punkte.

Der erste Satz lautet:

„Der Juristentag wolle erklären:

1) daß ein gemeinsames Ehegüterrecht für Deutschland anzustreben sei."

Wer diesem Antrage beistimmt, beliebe die Hand aufzuheben.

Professor Dr. **Unger** aus Wien: Ich erlaube mir die Frage zu stellen, die ich vorhin gestellt habe, in welchem Sinne dieses gemeint sei? Denn, wenn es so verstanden wird, wie ich früher gesagt habe, daß ein gemeinsames Deutsches Gesetz gegeben würde für die verschiedenen Gütersysteme, und es in jedem Lande zunächst auf das Territorialrecht ankomme, ob dieses oder jenes Gütersystem zur Anwendung komme, dann könnte ich für den Antrag stimmen. Würde er aber so verstanden, daß ein gemeinsames Deutsches Gesetz überhaupt in dieser Richtung zu Stande komme, so müßte ich negiren. Ich bitte um eine Erklärung.

**Präsident**: Der Antrag lautet einfach, wie ich ihn verlesen habe, und ich von mir aus kann diesen Antrag wohl nicht berichtigen; Einer von Ihnen kann dieses jeden Augenblick. Die Meinung kann also eine doppelte sein; entweder die: daß ein gemeinsames Güterrecht für Deutschland hergestellt werde, oder es kann die Meinung die sein: daß nur eine gemeinsame Gesetzgebung mit alternativen Systemen gegeben werde.

Professor Dr. **Unger**: Wie der Code civil also?

**Präsident**: Auch das kann die Meinung sein.

Nun, m. H., ich denke, es wird wohl zweckmäßig sein, wenn wir erst darüber abstimmen. Wollen Sie ein einheitliches Ehegüterrecht anstreben, oder ein nur eventuell gemeinsames?

Ich weiß nicht, ob Sie mich verstanden haben. (Rufe: „Ein subsidiäres.")

Professor Dr. **Unger** aus Wien: Ich bitte also ein subsidiäres.

**Präsident**: Ja, gut, es ist ganz dasselbe.

Kreisgerichtsrath **Geck** aus Werden: Ich habe bereits vorher erklärt, daß ich die Sache so aufgefaßt habe, prinzipiell ein einheitliches Ehegüterrecht zu schaffen, und zweitens, die eheliche Gütergemeinschaft prinzipiell anzuerkennen. Die Sache würde sich also so gestalten, wie sie gegenwärtig in Westphalen steht. Es ist dort im vorigen Jahre der ehelichen Gütergemeinschaft prinzipielle Geltung verschafft worden: wird jedoch die Gütergemeinschaft ausgeschlossen, so gilt das allgemeine Landrecht. So sollte es auch in ganz Deutschland sein, principaliter nämlich eine eheliche Gütergemeinschaft, und bei deren einfachem Ausschluß sollte die jedesmalige territoriale Gesetzgebung entscheiden.

**Präsident**: Aus dieser Erklärung schließe ich, daß meine Darstellung die richtige gewesen ist.

Professor Dr. **Unger** aus Wien: Herr Präsident! Ich habe sie nicht als unrichtig, sondern nur als unverständlich bezeichnet.

**Präsident**: Der Gegensatz beruht wirklich darauf, daß der eine Herr Antragsteller e i n bestimmtes eheliches Güterrecht als gemeinsam für Deutschland feststellen will, dem Inhalte nach ein einheitliches, während der andere zwar nichts dagegen hat, wenn man diese Frage auch durch eine gemeinsame Gesetzgebung regelt, aber das nicht in einheitlicher Weise thun will, sondern mit Berücksichtigung der verschiedenen Systeme; daß also das gemeinsame Gesetz nur subsidiär gelten solle. Das ist doch der große Gegensatz.

Professor Dr. **Unger** aus Wien: Dann erlaube ich mir noch zu bemerken, daß ich damit einverstanden bin. Das System, welches der Herr Antragsteller befürwortet hat, ein dem I n h a l t nach gemeinsames eheliches Güterrecht wäre das eine; das andere System wäre — erlauben Sie mir diesen Ausdruck — ein der F o r m nach gemeinsames. Ich habe damit gesagt, daß, wenn das eheliche Güterrecht der Form nach gemeinsam werden soll, uns doch für den Fall, als nichts verabredet wird, nicht die Gütergemeinschaft oktroyirt werde.

Es ist, glaube ich, genug, daß wir uns schon auf zwei Juristentagen für einheitliche Civilgesetzgebung erklärt haben. Auf diese Art aber könnte jedes Mal einer kommen und wieder ein Stück nachtragen, und ich weiß in der That nicht wozu? Ein für allemal haben wir ja den Wunsch nach einer gemeinsamen Civilgesetzgebung ausgesprochen. Wenn wir aber auf diese Art von den fünf Büchern der modernen Pandekten immer jedes Jahr ein Buch herausheben und dafür eine gemeinsame Gesetzgebung beantragen, bleibt uns nach dem achten Juristentage nichts mehr zu thun übrig.

**Präsident**: Ich finde es nicht recht begreiflich, wenn Sie dieser Meinung sind, warum Sie nicht einfach den Antrag auf Tagesordnung gestellt haben? Denn, wenn dies beschlossen würde, dann wären wir in Ihrem Sinne vollkommen im Reinen.

Professor Dr. **Unger** aus Wien: Ich hatte die Tagesordnung so verstanden, als wollten wir uns eben in der obschwebenden Sache nicht heute, sondern morgen schlüssig machen. (Rufe: Nein, nicht so.)

Dann gestehe ich aufrichtig, daß ich es nicht verstanden habe.

Oberamtsrichter **Zirkler** aus Küntzelsau: Um allen diesen Zweifeln abzuhelfen, möchte ich mir einen Antrag zur Fragestellung erlauben. Da die Frage nach Tagesordnung eine so formelle ist, daß in der Sache selbst nichts bejaht und nichts verneint werden soll, so wäre wohl zuerst die materielle Frage zu stellen, nämlich die: Erkennt es der Juristentag an, daß in dieser Sache eine gemeinsame Gesetzgebung gewünscht werde oder nicht?

**Präsident**: Da es über das Wort „Tagesordnung" ein Mißverständniß gegeben hat — und ich begreife wohl, daß man es hat verschieden verstehen können — so schlage ich Ihnen eine etwas andere Form der Abstimmung vor, die das Mißverständniß gänzlich beseitigt. Es sind zwei Meinungen: die eine will über diese Frage des ehelichen Güterrechtes heute schon eine bestimmte materielle Meinung äußern; die andere will in dieser Frage heute keinen materiellen Ausspruch thun. Das ist ein ganz reiner, netter Gegensatz, „heute" d. h. nämlich während dieses Dritten Deutschen Juristentages.

**Ein Mitglied**: Es wird gewißermaßen eine motivirte Tagesordnung verlangt von Seite Jener, die da sagen: Weil das Begehren nach einer gemeinsamen Gesetzgebung über das eheliche Güterrecht in dem schon ausgesprochenen Wunsche nach gemeinsamer Civilgesetzgebung überhaupt inbegriffen liegt, so ist in jener Frage kein besonderer Ausspruch zu thun.

**Präsident**: Wenn man die Tagesordnung motiviren wollte, so würde man weiter gehen und zwei Motive nehmen müssen und sagen: Weil einerseits der Juristentag sich schon für die gemeinsame Civilgesetzgebung ausgesprochen hat, und andrerseits gerade über diese Frage wesentlich verschiedene

Systeme und Meinungen in Deutschland bestehen, so erklärt der Juristentag gegenwärtig keine bestimmte Meinung darüber äußern zu wollen.

Professor Dr. **Unger** aus Wien: Ich bedauere, nochmals das Wort ergreifen zu müssen. Ich gestehe, daß mir scheint, selbst, wenn man die „Tagesordnung" so auffaßt, wird mir, so zu sagen, mein Recht nicht. Ich möchte nämlich geradezu, daß ein solcher Antrag auf ein gemeinsames eheliches Güterrecht mit materiell gemeinsamem Inhalt verworfen werde. (Bravo.) Mit der „Tagesordnung" ist mir nicht genügt. Ich will, daß positiv gesagt werde: Wir wollen ein materiell einheitliches Güterrecht gar nicht. (Bravo.)

**Präsident**: Ich werde immerhin diese formelle Frage zur Abstimmung bringen, und hinterdrein, wenn sich die Versammlung dafür erklärt, daß eine Meinung zu äußern sei, erst die Frage auf Annahme oder Verwerfung stellen. Dadurch wird Ihnen unter allen Umständen Gerechtigkeit und Sie können Ihre Meinung zur Sprache gebracht sehen.

Also: Diejenigen Herren, welche auf dem gegenwärtigen Juristentage sich über diese Frage aussprechen wollen, belieben die Hand aufzuheben. (Geschieht.)

Es ist die Mehrheit.

Die Gegenmeinung? (Die Gegenprobe erfolgt.)

Es ist die Minderheit.

Nun, m. H., käme also der Ausspruch, und da sind verschiedene Meinungen. Die erste geht dahin: Der Deutsche Juristentag wolle erklären, daß ein gemeinsames eheliches Güterrecht für Deutschland anzustreben sei. Dieser Meinung steht gegenüber der Antrag des Herrn Professor Unger, daß ein gemeinsames eheliches Güterrecht, ein dem Inhalte nach gemeinsames eheliches Güterrecht für Deutschland nicht anzustreben sei.

Wer dafür ist, daß nach dem Antrage des Antragstellers ein gemeinsames eheliches Güterrecht für Deutschland anzustreben sei, beliebe die Hand aufzuheben. (Geschieht.)

Es ist die Minderheit. Die Mehrheit erklärt sich dagegen.

Der zweite Antrag lautet so: Daß die eheliche Gütergemeinschaft als das der Deutschen Ehe vorzugsweise entsprechende System zu empfehlen sei.

Wer dafür stimmt, daß das System der Gütergemeinschaft als gemeinsames und einheimisches eheliches Güterrecht in Deutschland einzuführen sei, der hebe die Hand auf. (Geschieht.)

Es ist die Minderheit.

Der Gegenstand ist erledigt und damit die heutige Tagesordnung erschöpft.

Die Sitzung ist geschlossen.

(Schluß der Sitzung 2 Uhr.)

## Zweite Sitzung der vereinigten ersten und zweiten Abtheilung am 27. August 1862 zu Wien im Sitzungssaale des österreichischen Herrenhauses.

---

Beginn der Sitzung 9 Uhr 15 Minuten.

**Präsident**: M. H.! Ich will die Sitzung eröffnen.

Die Tagesordnung auf heute ist gestern schon bestimmt worden. Zunächst käme der Antrag des Professor Unger aus Wien, betreffend die Klage auf Anerkennung der unehelichen Vaterschaft zur Verhandlung. Darauf würde folgen der Antrag der Herren Kuntsch, Miller und Bernau, betreffend ein allgemeines Deutsches Gesetz über das Versicherungswesen.

Vorher aber noch wird es zweckmäßig sein, die Wahl vou 10 Vertrauensmännern vorzunehmen. Ich weiß nicht, ob sich die Herren über eine Liste verständigt haben. Wenn das der Fall wäre, so würde ich bitten, mir dieselbe einzureichen, um Ihnen dann die Vorschläge zu machen.

Regierungsrath, Professor Dr. **Neumann** aus Wien: Ich glaube, wir können mit vollem Vertrauen es dem Büreau überlassen, uns Vorschläge zu machen.

**Präsident**: Wollen Sie es uns überlassen, einen Vorschlag zu machen, so müssen wir uns jedenfalls erst ein wenig über die Persönlichkeiten besprechen. Ich müßte bitten, uns während der Verhandlung einen Moment Ruhe zu gönnen, so daß ich mich schlüssig machen kann. Ich habe mich in der That nicht darauf vorbereitet, den Vorschlag zu thun, indessen will ich es gern übernehmen und will Sie dann fragen, ob Sie einverstanden sind oder nicht.

Wir gehen also über zum ersten Geschäfte, zu dem Antrage des Herrn Professor Unger. Referent ist Herr Advokat Kohlschütter.

Darf ich bitten, zu referiren?

Referent Advokat **Kohlschütter** aus Dresden: Herr Prof. Dr. Unger aus Wien hat bei der ständigen Deputation den Antrag eingereicht:

> „Der Deutsche Juristentag wolle als seine Rechtsüberzeugung aussprechen, daß die Klage auf Anerkennung der unehelichen Vaterschaft im Prinzipe für zulässig zu halten sei, daß sie jedoch:"
>
> 1) „auf eine ganz kurze Anstellungsfrist zu beschränken sei;"
>
> 2) „daß sie auszuschließen sei, wenn der als Vater in Anspruch genommene zur Unzucht verführt oder zur Zeit der Beiwohnung verehelicht war, so wie, wenn die Mutter notorisch eine liederliche Weibsperson ist;"
>
> 3) „daß sie durch die exceptio plurium concumbentium entkräftet werden könne."

Das Prinzip, dessen Anerkennung Professor Unger erwartet, ist in Deutschland im Allgemeinen bereits anerkannt, mit Ausnahme allerdings der Länder, in denen das Französische Recht gilt, indem dieses Recht, wie bekannt, den Grundsatz hat, daß die Untersuchung der Vaterschaft verboten sei. Ich habe Grund zur Vermuthung, daß der Herr Antragsteller weniger die Absicht hat, dieses Prinzip festgestellt zu sehen, als vielmehr, daß es ihm um Modifikationen zu thun sei, denen er das entgegengesetzte Prinzip unterworfen sehen möchte.

Hier entsteht nun zuerst die Frage, welche Folgerung der Herr Antragsteller aus dem Prinzip zu ziehen beabsichtigt, ob er nämlich unter der Klage auf Anerkennung der unehelichen Vaterschaft die gewöhnliche Alimentationsklage versteht, oder ob er den unehelichen Kindern durch diese Klage noch andere Rechte einräumen will? Motive sind dem Antrage nicht beigegeben worden, wenigstens sind mir keine zugekommen.

Ich möchte daher den Herrn Antragsteller fragen, ob er vielleicht in dieser Beziehung seinen Antrag motiviren wolle?

Professor Dr. **Unger** aus Wien: Der Herr Referent hat mit Recht bemerkt, daß die erste Frage des hier vorgelegten Antrages eigentlich die wäre: Welche rechtliche Stellung sollen denn die unehelichen Kinder überhaupt haben? Nun, diese Frage ist allerdings von der größten Bedeutung:

Welche Rechte haben die unehelichen Kinder überhaupt, was soll das Recht der unehlichen Geburt überhaupt sein?

Diese Frage habe ich nicht in die Debatte hineinziehen wollen. Es ist eine schwere Frage, und wird für jede Gesetzgebung immerhin eine sehr schwere Frage bleiben, ob man die unehelichen Kinder in Beziehung auf die Familienrechte in einem größeren Umfange den ehelichen Kindern gleichstellen solle, als es in dem einen oder andern Theile Deutschlands bisher der Fall ist. Es ist bekannt, daß in manchen Theilen Deutschlands an der Praxis festgehalten wird, daß die unehelichen Kinder unter Umständen ein Erbrecht gegen den natürlichen Vater haben. Auch nach Französischem Rechte haben die unehelichen Kinder, wenn sie anerkannt sind, einen erbrechtlichen Anspruch gegen Vater und Mutter. Nach der Oesterreichischen Gesetzgebung dagegen haben uneheliche Kinder gar keinen Anspruch auf Erbrecht, natürlich nur in Bezug auf das Vermögen des Vaters; denn das Erbrecht in Bezug auf das Vermögen der Mutter versteht sich von selbst, und die Kontreverse könnte sich nur darauf beschränken, ob sie ein Erbrecht auch auf das Vermögen der Verwandten von mütterlicher Seite haben sollen oder nicht, und auch in diesem Punkte gehen die verschiedenen Legislationen gar weit auseinander.

Wie man aber auch über diesen Punkt denken mag, das Mindeste bei der Klage, von der hier die Rede ist, ist doch immer die Alimentation. Wie man immer also über die weiteren Punkte denken mag, die ich absichtlich nicht zur Sprache gebracht habe; so viel ist gewiß, daß, wenn die Klage auf Anerkennung der unehelichen Vaterschaft zugelassen wird, dem natürlichen Kinde jedenfalls ein Anspruch auf Alimentation zustehen müsse. In diesem Sinne erlaube ich mir, die ganze Frage zu beschränken; das ist das Minimum. Wie wir weiter über das Prinzip der rechtlichen Stellung unehelicher Kinder denken mögen, darüber wollte ich zunächst gar kein Votum zu Stande bringen. Ist die Klage auf Anerkennung der unehelichen Vaterschaft zulässig, so ist das Minimum die Alimentation, und daran, denke ich, sollen wir immer festhalten.

Was nun die Frage selbst anbelangt, ob die Paternitätsklage zulässig sein solle oder nicht, so ist das ganz gewiß eine der allerschwierigsten Fragen der Gesetzgebung, und indem ich hier in dieser Frage das Wort ergreife, will ich ganz aufrichtig bekennen, daß ich von einem gewissen Gefühle der Befangenheit gar nicht frei bin. Die Gründe, die für das eine und andere Prinzip sprechen, sind von ungemein wichtiger Art; auf jeder Seite stehen, für und gegen, die mannigfaltigsten und bedeutendsten Erwägungen.

Ich habe mir vor Allem eigentlich erlaubt, die Frage hier zur Anregung zu bringen, damit wir einmal in einer Versammlung Deutscher Juristen uns über das Prinzip aussprechen. Ueber die Kasuistik, die ich mir erlaubt habe, meinem Antrage beizufügen, über diese zu sprechen, denke ich, könnten wir uns vielleicht für später vorbehalten, vielleicht könnten wir über die Kasuistik ganz hinweggehen. Ich glaube nämlich, daß wir mit kasuistischen Fragen in der That einen etwas schlüpfrigen Boden betreten; auch ist es vielleicht nicht ganz in der Ordnung, daß eine Versammlung von Juristen, wie sie sich hier befinden, sogleich in die Details eingehe. Wir wollen kein förmliches Gesetzgebungswerk zu Stande bringen; für uns ist eigentlich Eine Frage vor Allem maßgebend, und das ist die: Soll die Paternitätsklage bei uns beibehalten werden oder nicht, und wenn sie beibehalten wird, soll sie möglichst eingeschränkt werden oder nicht?

Schon über das Fundament der Paternitätsklage selbst, wie sie bei uns einmal hergebracht ist, sind die Meinungen überaus verschieden. Es hat sich lange Zeit eine Ansicht in Deutschland geltend gemacht, — welche Ihnen hinlänglich bekannt ist, — die sie ganz auf den Boden eines Deliktes stellen wollte, eine Ansicht, die zuletzt noch von Puchta vertheidigt worden ist; eine Ansicht, deren gänzliche Unhaltbarkeit aber heutzutage bereits so allgemein anerkannt ist, daß, obwohl selbst Puchta nochmals für diese Deliktsauffassung das Wort genommen hat, es vielleicht nicht einmal mehr der kräftigen Abfertigung von Seite Keller's in seinen Pandekten bedurft hätte, um diese Auffassung ein für alle Mal zurückzuweisen.

So stehen wir denn auf dem Punkt, daß wir in dieser Klage die Paternität als Fundament ansehen müssen. Wenn man sich von mehreren Seiten in der Auffassung gefallen hat, es sei hier gar nicht die Paternität, sondern es sei die Erzeugung der eigentliche Grund der Obligation, so hat man sich da in einer Art Täuschung befunden; denn was ist Erzeugung anders, als eben jener Grund für die Vaterschaft? Wir nennen ja den Erzeuger den Vater, und den Vater den Erzeuger. Nehmen wir nun also auch die Erzeugung als Grund der Obligation an, so drücken wir das nur mit anderen Worten als Vaterschaft oder Verwandtschaft aus, denn die Erzeugung begründet eben die Verwandtschaft. Ob wir also hier die Ursache oder gleich die Wirkung als Grund der obligatio bezeichnen, das kann — denke ich — so ziemlich gleichgiltig sein, und so bleibe ich bei der Ansicht, daß das Fundameut unserer Klage die Paternität sei.

Wenn wir uns über diesen Punkt einmal einigen würden, daß die Paternität die Basis der ganzen Klage sein muß, dann, glaube ich, hätten wir schon etwas gewonnen, denn es gehen dann die Ansichten nicht mehr so weit auseinander. So ist es eine interessante Frage auf dem Boden des internationalen Privatrechts, die Jedem von uns zur Entscheidnng vorliegen könnte, wie es zu halten wäre, wenn z. B. ein Fremder, im weitesten

Sinne des Wortes genommen, bei seinem Aufenthalt in Wien Veranlassung fände zur Frage, ob die Paternitätsklage zulässig sein solle oder nicht. (Heiterkeit.) Ich glaube, daß es für jeden Juristen eine schwere Sache ist zu entscheiden, welches örtliche Recht zur Anwendung kommen müsse. Dies wird deshalb um so schwieriger, weil man in den verschiedenen Theilen Deutschlands über den Grund der Klage nichts weniger als einig ist.

Um nun wieder zurückzukehren, so denke ich als Grund der Klage die Paternität festzuhalten, und wir kommen nun erst auf die eigentliche Frage, nämlich: soll die Paternitätsklage, das Suchen nach dem Vater, zulässig sein oder nicht?

Man kann bei dieser Frage verschiedene praktische Standpunkte einnehmen. So kann man daran denken, wie es damit in einem künftigen Gesetzbuch für ganz Deutschland zu halten sei. Wenn wir uns heute vorstellen, daß die gewünschte gemeinsame Deutsche Civilgesetzgebung zu Stande komme, und die gesetzgebende Kommission sich fragen wird, welches Prinzip ist zu Grunde zu legen, so glaube ich, wäre es für eine solche gesetzgebende Kommission doch von der größten Bedeutung, zu wissen, wie eine Versammlung von Juristen, wie wir sie hier bilden, in dieser Beziehung denkt. In dieser Richtung nun habe ich den Antrag gestellt:

> „Es sei die Paternitätsklage für zulässig zu halten, aber mit sehr wichtigen Einschränkungen."

Nun, m. H.! ich weiß ganz gut, was gegen die Paternitätsklage Alles spricht. Ich weiß ganz gut, daß in einigen Theilen Deutschlands, in Rheinpreußen, in Rheinbayern, in Baden — obwohl, wie ich gehört habe, sich dort die Gesetzgebung in letzterer Zeit wieder geändert hat — ich weiß, daß dort der Grundsatz des Französischen Rechtes rezipirt ist, und ich weiß ganz wohl, daß, wo dieser Grundsatz rezipirt ist, man mit Hartnäckigkeit an ihm festhält. Denn ich glaube, ein Rückschritt von der aufgehobenen Paternitätsklage zur Einführung derselben ist dort, wo man die Paternitätsklage einmal abgeschafft hat, geradezu unmöglich.

Anders aber, und wesentlich anders, stellt sich die Frage für uns in jenem großen Theile Deutschlands, wo die Paternitätsklage nun einmal durch die Praxis hergebracht ist. Sollen wir sie da sofort abschaffen, sollen wir sie da auf einmal definitiv beseitigen? oder sollen wir sie noch beibehalten? Ich gestehe, hier sind juristische Prinzipien und ein gewisses sittliches Gefühl mit einander in Widerspruch.

Stellen wir uns auf den rein juristischen Boden, dann müssen wir freilich und unbedingt sagen, die Paternitätsklage sei zu beseitigen. Blos juristisch genommen, blos juristisch gedacht, wird Niemand, glaube ich, die

Paternitätsklage zu retten vermögen. Der Grundsatz steht doch sicher ganz fest, daß die Vaterschaft immer ungewiß ist.

Ich muß mir jedoch erlauben, hierbei einen Augenblick zu verweilen, denn man pflegt zu sagen: Wenn auch die Vaterschaft nicht bewiesen werden kann, so könne sie doch wenigstens durch Vermuthungen herausgebracht werden. Diesen Vermuthungen zu Leibe zu gehen, gestatten Sie mir. Ich werde mir erlauben, die Sache in Kürze zu untersuchen.

Unter welchen Voraussetzungen wäre es wohl möglich, daß bewiesen würde, der A. oder der B. sei Vater des unehelichen Kindes X. — Das wäre, dächte ich, doch nur so möglich: Die Mutter müßte erstens die Beiwohnung von Seite des Vaters beweisen. Allein das genügt nicht; denn nehmen Sie die Beiwohnung von Seite des Vaters auch als bewiesen an, so folgt daraus doch noch nicht die Vaterschaft. Dazu gehört doch noch ein großes Negativum, und dieses Negativum ist dies, daß kein Anderer innerhalb der kritischen Periode es mit der Mutter zu thun gehabt habe. Wäre es möglich, den negativen Beweis zu führen, daß außer dem A. Niemand mit der Mutter zu thun gehabt hat, dann wäre der Beweis der Vaterschaft erbracht. Das halte ich aber vom juristischen Standpunkt aus für unmöglich. Ein solches Negativum wird im großen Ganzen nie bewiesen werden können. Wenn wir uns den singulären Fall wegdenken, daß die Person unter Schloß und Riegel gehalten wird, daß man sie in der Gefangenschaft während der kritischen Periode hält, so wird ein solcher negativer Beweis gar nie beigebracht werden können. Kann er nun niemals beigebracht werden, so ist auf diese Art die Vaterschaft niemals nachzuweisen, und das ist der einfache und reine Standpunkt des Römischen Rechtes. Dieser Standpunkt ist in der That so sehr einfach, daß man eigentlich nicht recht fragen dürfte: soll die Vaterschaftsklage abgeschafft werden? sondern man müßte sich von vornherein fragen: ist sie überhaupt gedenkbar? Wenn nun aber doch die Praxis die Vaterschaftsklage eingeführt hat, auf welchem Wege war es möglich? Das war eben nur durch künstliche Vermuthungen möglich, die den Beweis der Paternität nicht blos erleichtern, sondern ihn überhaupt erst möglich zu machen haben. Diese Vermuthungen gehen gewöhnlich dahin, daß man annimmt, wenn jemand mit der Mutter zu thun gehabt hat, so dürfte daraus der Schluß gezogen werden, er sei der Vater. Welchen Beweistheil nimmt man also der Mutter ab? Man nimmt der Mutter den Theil ab, welcher sich auf die Frage bezieht, ob noch ein Anderer mit ihr zu thun gehabt habe oder nicht?

Von diesem Standpunkte aus, glaube ich, kann gar kein Zweifel mehr darüber sein, daß die sogenannte exceptio plurium concumbentium sein müsse. Denn man nimmt ja ohnehin schon den größten und schwersten Theil des Beweises der Mutter ab, man befreit sie von dem allerwichtigsten Beweise, von dem Beweise der Ausschließlichkeit. Indem man sie nun aber von diesem Beweise der Ausschließlichkeit befreit, so hieße es doch in der That die Sache auf das unglaublichste Extrem treiben, wenn man nicht einmal dem angeblichen Vater gestatten würde, die Nichtausschließlichkeit im Vertheidigungswege anzuführen; denn auf diese Art würde man aus der Regel: **pater incertus est**, die Regel machen: **certus est pater**.

Wenn also auch nachgewiesen wird, daß ein Anderer mit der Mutter zu thun gehabt hat, so wird doch der als Vater angesehen, den sie sich aus der Menge herausgesucht hat. Das ist der Zustand, wie er sich in der Praxis in den meisten Theilen Deutschlands und namentlich in Oesterreich herausgebildet hat.

Es stehen sich überhaupt in unserer Frage zwei große Systeme gegenüber, das eine ist das rein Französische, mit Ausschluß der Vaterschaftsklage; das andere ist das Deutsche mit der Zulassung derselben, jedoch, wie es bisher bei uns besteht, in solch' maßloser Ausdehnung, daß daraus die größten Uebelstände hervorgehen.

Was wir also vor allem Andern und zunächst brauchen, das ist, denke ich, eine Einschränkung dieser übertriebenen Auswüchse der Paternitätsklage: sie muß abgeschwächt, sie muß auf ein Minimum restringirt werden, falls sie überhaupt noch zulässig sein soll. Das sittliche Gefühl der Deutschen, glaube ich, geht nämlich in den meisten Theilen Deutschlands zur Zeit dahin, daß die Vaterschaftsklage zulässig sei. Es ist hier zunächst rein eine Frage des sittlichen Gefühls, die vorliegt. Erst an diese Frage des sittlichen Gefühls schließt sich dann, ich möchte sagen, die juristische Verarbeitung des Gegenstandes an.

Das ist also die Frage, die ich hier zur Entscheidung bringen möchte. Aufrichtig gesagt, strebe ich bei näherer Erwägung keine detaillirten Ausnahmen an; was ich bewirken möchte, ist einzig und allein, daß wir unser sittliches Bewußtsein über die Frage aussprechen: soll die Paternitätsklage noch zulässig sein oder nicht? Hat sich unser sittliches Gefühl dahin ausgesprochen, sie soll **nicht** zugelassen werden, nun dann ist die Sache ohnehin abgethan. Spricht sich aber unser sittliches Gefühl, wie mir scheint, zur Zeit noch dahin aus, sie soll zugelassen werden, dann, denke ich, wird es gar nicht schwer sein, Restriktionen zu finden. Wenn wir dieses Prinzip ausgesprochen haben, so mag es uns hier genügen, im Großen und Ganzen und mit Vermeidung aller Kasuistik auszusprechen: die Paternitätsklage sei in möglichst enge Grenzen einzuschließen.

Erlauben Sie mir, m. H., damit vorläufig die Motivirung meines Antrages, wenn ich anders meine Worte als dies bezeichnen darf, zu schließen. Ich wollte nur den Gesichtspunkt bezeichnen, um den sich die Debatte drehen soll, lediglich und vor Allem um die Gewinnung der Antwort auf die Frage: soll die Paternitätsklage noch zulässig sein oder nicht? wie bemerkt, mit Hinweisung auf eine künftige gemeinsame Deutsche Gesetzgebung. Sind wir darüber einig, dann wird die Frage der eventuellen Einschränkung der Paternitätsklage mit geringeren Schwierigkeiten zu kämpfen haben. (Lebhaftes Bravo.)

**Präsident**: M. H.! Ich will Ihnen nun einen Vorschlag machen in Bezug auf die Wahl der zehn Vertrauensmänner. Es ist sehr wohl möglich, daß ich nicht ganz das Richtige gegriffen habe. Ich habe mich nur mit meinen Herren Nachbaren darüber unterhalten können, und wenn die Herren daher noch weitere Vorschläge zu machen für zweckmäßig erachten, so bitte ich mich zn berichtigen. Ich habe folgende zehn Herrn aufgeschrieben:

Professor v. Stubenrauch aus Wien.
Notar Euler aus Düsseldorf.
Dr. Drechsler, Bürgermeister aus Parchim in Mecklenburg.
Gerichtsassessor Meyer aus Berlin.
Dr. Stoeger aus Wien.
v. Teuffenbach aus München.
Professor Kuntze aus Leipzig.
Professor Witte aus Berlin.
Regierungsrath Weil aus Wien und
Professor Heller aus Wien.

Ich will Ihnen die Liste vorläufig mittheilen und Sie dann etwas später fragen, ob Sie damit einverstanden sind, damit die Herren sich besinnen können.

(Nach einer Pause.)

Ich bemerke eben, m. H., daß doch zu viel Oesterreicher darunter sind: und so würde ich anstatt des Herrn Professor Heller den Herrn Hofrath Kraut aus Göttingen vorschlagen. (Niemand erklärt sich dagegen.)

Ich will Ihnen, m. H., meinen Vorschlag bezüglich der zehn Vertrauensmänner nochmals vorlesen und Sie dann fragen, ob Sie damit einverstanden sind oder ob weitere Vorschläge gemacht werden sollen. (Liest die Liste nochmals mit der Veränderung, daß statt Professor Heller aus Wien, Hofrath Kraut aus Göttingen gesetzt ist.)

Professor **Witte** aus Berlin: Es möchte doch vielleicht bedenklich sein, mich zu wählen, da ich in dieser Abtheilung nicht eingetragen bin.

**Präsident**: Man ist ja nicht absolut gebunden, nur solche Herren zu wählen, die in der Abtheitung eingetragen sind. Das wäre gerade kein stringentes Hinderniß.

**Ein Mitglied**. Wenn Herr Witte so viel Interesse an den Verhandlungen hat, daß er immer gegenwärtig ist, so kann es kein Hinderniß sein, ihn zu wählen, wenn er auch nicht hier eingetragen ist.

Regierungsrath Dr. **Weil** aus Wien: Herr Präsident! steht in den Statuten nicht: „aus der Mitte der Abtheilung?"

**Präsident**: Nein, es steht davon nichts in den Statuten.

Dr. **v. Kerstorff** aus Augsburg: Wir haben uns bisher nur daran gehalten, um Doppelwahlen zu vermeiden, da es dann nöthig werden würde, Nachwahlen vorzunehmen.

**Präsident**: Ich will mich noch über den Vorschlag besinnen. Es ist eine ganze Gegend in demselben nicht berücksichtigt, die vielleicht nachgenommen werden könnte. Aber in diesem Augenblicke weiß ich Keinen von den Herren aus Württemberg, Baden, Hessen, und so fort, den ich nennen könnte. (Rufe: Jhering.)

Ja, Herr Dr. Jhering hat mich gebeten, ihn nicht zu wählen, weil er zu der Zeit anderwärts beschäftigt ist, sonst hätte ich es schon gethan.

Ich nenne Herrn Professor Köppen aus Marburg.

Sind Sie damit einverstanden? (Rufe: Ja.)

Ich werde also den Vorschlag des Dr. Witte zurücknehmen, und an seiner Stelle den Herrn Professor Köppen aus Marburg vorschlagen.

Sind nun noch weitere Vorschläge zu machen, oder ist Ihnen dieser Antrag gefällig?

Wer dazu stimmt, beliebe die Hand aufzuheben. (Geschieht.)

Er ist einstimmig angenommen.

Wir gehen nun in der Berathung über den Antrag des Herrn Dr. Unger weiter.

Wer begehrt das Wort?

Geh. Justizrath Prof. Dr. **Jhering** aus Gießen: Ich befinde mich auch hier wieder in der glücklichen Lage, mit meinem Freunde Unger in dem Resultate einverstanden zu sein, nur in der Motivirung möchte ich etwas von ihm abweichen, und ich halte es für nöthig, diese Verschiedenheit hervorzuheben, weil ich der Ansicht bin, daß gerade die Art der Begründung auf die Entscheidung dieser Frage von Einfluß sein kann.

Unger hat bemerkt, juristisch sei die Paternitätsklage nicht zu rechtfertigen, weil der erforderliche Beweis sich nicht erbringen lasse. Ich kann mich Dem nicht anschließen. Fragen wir, was gehört zum Beweise in der Paternitätsklage? Freilich, wenn dazu der Nachweis gehört, daß dieses Kind von diesem bestimmten Vater abstammt, also der Nachweis, daß die Beiwohnung diese bestimmte Folge gehabt habe, dann allerdings gebe ich die Unger'sche Behauptung zu.

Aber, m. H., es widerspricht das unsern gewöhnlichen Beweisgrundsätzen. Ich behaupte vielmehr, diesen zu Folge ist, wenn ein einmaliger Beischlaf nachgewiesen werden kann, eine vollkommene causa sufficiens für die zu beweisende Thatsache erbracht.

Ein Weiteres können wir überhaupt bei einem Beweise nicht verlangen, als den Nachweis eines Umstandes, der an sich im Stande ist, die Thatsache, um deren Beweis es sich handelt, hervorzubringen. Es ist nicht erforderlich, darzuthun, daß er sie hervorgebracht habe, sondern nur, daß er sie hervorgebracht haben kann. Wollte man das Gegentheil verlangen, so würde in vielen Fällen ein Beweis gar nicht möglich sein, denn derselbe müßte auf die Negative gerichtet werden, daß kein anderer, als der in Bezug genommene Umstand, zur Hervorbringung der zu beweisenden Thatsache mitgewirkt habe. Es muß vielmehr meiner Ansicht nach genügen, einen Umstand zu beweisen, der nach den Natur- oder Denkgesetzen die zu beweisende Thatsache regelmäßig zur Folge hat. Wenden wir dies auf die vorliegende Frage an, so müssen wir sagen: So wie die einmalige Beiwohnung nachgewiesen oder zugegeben ist, ist für die Person dieses bestimmten Beklagten der Umstand dargethan, der nöthig ist und ausreicht, um ihn zum Erzeuger zu stempeln. Allerdings ist dadurch die Möglichkeit, daß das Kind von einem Andern abstamme, nicht ausgeschlossen, allein möge er dieselbe als rein abstrakte, oder in konkreterer Gestalt als exceptio plurium concumbentium in Bezug nehmen, die Zulässigkeit eines Schlusses vom Beischlaf auf die Erzeugung wird dadurch um Nichts abgeschwächt.

M. H., denken wir uns einmal ein ähnliches Verhältniß, bei dem ebenfalls rücksichtlich mehrerer Personen derselbe Grund für die Annahme ihrer Urheberschaft zutrifft. Es haben z. B. Mehrere zusammen geschossen, es haben Mehrere zusammen eine Sache beschädigt. Würden Sie hier dieselbe Einrede gelten lassen? würden Sie auch hier sagen: Der Beweis von Seite des verletzten Eigenthümers, daß ein Bestimmter die Sache verletzt hat, wird dadurch entkräftet, daß dieser Bestimmte nachweist, es sind ihrer Mehrere gewesen, die ebenfalls geschossen, die ebenfalls die Sache verletzt haben?

In diesem Falle wird wohl Niemand in Zweifel sein. Es ist aber die Sachlage in unserem Verhältnisse meiner Ansicht nach ganz dieselbe. Ich beweise — in meinem Beispiele — daß X. geschossen hat; das ist die causa sufficiens, um anzunehmen, daß X. auch getroffen hat; ich beweise im andern Verhältnisse, X. hat den Beischlaf vorgenommen, das ist auch die causa sufficiens, um anzunehmen, daß X. der Vater ist. In beiden Fällen, m. H., habe ich im Grunde nur bewiesen, daß X. dieses Pferd getödtet haben kann, daß X. der Vater sein kann.

Wir können aber in vielen Fällen den Beweis gar nicht anders erbringen, als daß wir einen Umstand darthun, der zur kausalen Erklärung der zu beweisenden Thatsache ausreicht. Ich bin demgemäß der Ansicht, daß der Beweis der einmaligen Beiwohnung für die Paternitätsklage in dem Maße genügt, daß er selbst durch die exceptio plurium concumbentium nicht entkräftet wird.

Erlauben Sie mir jetzt, meine Bedenken gegen einen andern Punkt zu äußern. Die Paternitätsklage soll versagt werden, wenn die Klägerin eine liederliche Weibsperson ist. Ich verkenne allerdings nicht, daß in einem solchen Falle die Paternitätsklage vom sittlichen Standpunkte nicht blos nicht als geboten, sondern als verwerflich erscheint, und daß praktische Gründe diese Versagung in hohem Grade rechtfertigen. Mein Bedenken besteht nur darin, daß die Voraussetzung, an welche die Ausschließung geknüpft wird, zu unbestimmt ist, um das Dasein derselben im einzelnen Falle mit Sicherheit zu konstatiren. Was gehört dazu, um von einer Person im Sinne des Gesetzes zu behaupten, daß sie eine liederliche Dirne sei? Ist damit lediglich die meretrix gemeint, oder auch eine Person, die ohne diesen Namen zu verdienen, einen liederlichen Lebenswandel führt, und wenn letzteres, wo ist die Grenze? Wie verschieden möchte hier ja auch bei der größeren Strenge oder Milde der sittlichen Grundsätze, von denen sich der Richter leiten läßt, das Urtheil im einzelnen Falle ausfallen!

Gerichts-Assessor **Meyer** aus Berlin: Der Antrag, wie er jetzt gestellt ist, ist wesentlich im Preußischen Gesetze enthalten. Das Gesetz, wenn ich nicht irre, vom Jahre 1854, enthält die Anerkennung des Prinzipes der Paternitätsklage und gleichzeitig Beschränkungen in noch größerem Umfange, als sie hier gegeben sind. Ich kann es kaum wagen, hier als Mann der Praxis sprechen zu wollen; ich kann nur sagen, daß, so weit meine persönlichen Erfahrungen reichen, die Beschränkungen, die gegen die landrechtlichen Bestimmungen festgesetzt wurden, sehr gut gewirkt und sicher dazu beigetragen haben, daß Klagen, die die Sittlichkeit zu tief verletzten, vermieden wurden.

Inzwischen erscheint mir doch die positive Fassung des Unger'schen Antrages etwas gewagt zu sein.

Wenn ich Herrn Professor Unger recht verstanden habe, so hat er auch geäußert, es würde kaum möglich sein, in Ländern, wo die Paternitätsklage abgeschafft sei, dieselbe einzuführen. Ich glaube, die Ansicht ist vollkommen berechtigt. Es sind Fragen, die nicht rein auf dem juristischen Gebiete liegen, sondern ebenso auch auf polizeilichem; das Interesse des Staates ist wesentlich dabei betheiligt, ob die Alimente aus der Gemeindekasse bezahlt werden, ob die Einzelnen, oder ob Mehrere dazu verpflichtet sind.

Wenn der Satz, welchen Unger aufgestellt hat, richtig ist, so scheint es mir höchst bedenklich, daß eine solche Versammluug hier aussprechen soll, — obgleich wir die Ueberzeugung haben, daß dies mit der Sitte dieses oder jenes Landestheiles nicht übereinstimmt, — daß solche Klagen zulässig seien. Ich meine, daß darin ein gewisser Widerspruch besteht.

Mir scheint auch das Wesen des Antrages dahin zu gehen, der Unsittlichkeit zu begegnen, daß ein Franenzimmer, mit welchem vier bis fünf Männer Umgang gehabt haben, welches Geld und Geschenke genommen hat, welches gewußt hat, daß es ein verheiratheter Mann gewesen, mit dem es Umgang gepflogen hat, daß ein solches Frauenzimmer aus der Masse Einen heute, den Andern morgen verklagen kann. Mir scheint, daß dieser Vorschlag nur dahin gerichtet sei, und ich begrüße ihn deshalb mit Freuden, daß er die Unsittlichkeit zu beschränken beabsichtigt, daß man zu irgend Einem aus der Masse sagt: Du bist der Vater, Du kannst es wenigstens sein, darum mußt Du zahlen.

Ich würde deshalb vorschlagen, den Antrag etwa negativ dahin zu fassen:

> „Daß die Verpflichtung zur Alimentation eines unehelichen Kindes dem angeblichen Schwängerer nicht obliegt, wenn die Mutter eine in geschlechtlicher Beziehung bescholtene Person ist.“

Ich glaube durch diese negative Form ist das Recht derjenigen Länder gewahrt, in denen die Klage überhaupt nicht stattfinden kann. Gleichzeitig ist aber auch dadurch eine nützliche Beschränkung gegeben, um eben, wie bemerkt, diesen mit dem Rechts- und Sittlichkeitsgefühle im Widerspruche stehenden Zustand zu mildern, der aus dem entgegengesetzten Prinzipe resultirt.

Was den letzten Ausdruck betrifft, „eine in geschlechtlicher Beziehung bescholtene Person,“ so ist das diejenige Fassung, welche das Preußische Gesetz angewendet, und nur in einem einzigen Punkte exemplifizirt hat. Ich glaube, es ist ganz zweckmäßig, einen solchen allgemeinen Ausdruck zu gebrauchen, um eben zu bezeichnen, daß nur jene Frauensperson Anspruch auf Alimentation für ihre Kinder hat, die sich sittlich und anständig betragen hat.

Ich denke also, daß sich mein Antrag mehr zur Annahme empfiehlt, als der Unger's.

Referent Advokat Dr. **Kohlschütter** aus Dresden: M. H., wir sind davon ausgegangen, daß zunächst über das Prinzip gesprochen werden soll, nämlich darüber, ob die Klage auf Anerkennung der unehelichen Vaterschaft im Prinzipe anzuerkennen sei, oder nicht. Soll jetzt schon über Modifikationen dieses Prinzipes gesprochen werden, so würde ich mir erlauben, auch darüber meine Meinung zu sagen. Ich habe angenommen, daß vor der Hand nur über das Prinzip diskutirt werden wird.

Vize-Präsident Ober-Appell.-Ger.-Direktor **v. Molitor** aus München (übernimmt den Vorsitz und bemerkt): Wie mir scheint, wird sich das kaum recht trennen lassen. Das Prinzip, welches Herr Professor Unger aufgestellt hat, modifizirt er gleich durch diese Beschränkung, und ich meine, die Verhandlung wird nur vollständig sein, wenn wir, wie bisher auch geschehen ist, uns auf die ganze Frage, auf den ganzen Antrag einlassen.

Indessen, wenn der Antrag gestellt wird, daß wir uns auf die Hauptfrage, auf die Zulässigkeitsfrage dieser Klage überhaupt beschränken sollen, so bin ich damit auch einverstanden.

Geh. Justizrath, Prof. **Heydemann** aus Berlin: Ich erlaube mir, den Vorschlag zu machen, daß wir, wie gestern, erst die allgemeine Debatte so zulassen, daß Jeder über die ganze Frage spreche, und dann erst über die Einzelnheiten.

**Vizepräsident:** Das ist auch meine Meinung. Ich glaube, vor der Hand eine Beschränkung der Diskussion nicht machen zu sollen. Die Sache muß aufgeklärt werden, nachdem wir schon an die spezielle Frage kommen, welche der Unger'sche Antrag enthält.

Diejenigen, die damit einverstanden sind, bitte ich, die Hand aufzuheben. (Geschieht.) Angenommen.

Wer die Diskussion vorläufig auf das Hauptprinzip beschränkt wissen will . . .

Oberamtsrichter **Birkler** aus Künzelsau: Darf ich um ein Paar Worte bitten zur Fragestellung?

Herr Dr. Unger hat gerade in dieser Richtung eine Erläuterung seiner Anträge gegeben, an welche doch zunächst die Versammlung gebunden sein wird, weil ein anderer Antrag eben nicht vorliegt, als der vom Herrn Antragsteller uns gegebene. Nach seiner Motivirung ist es, glaube ich, nicht seine Absicht, zu erklären, es sei allgemeines Deutsches Bedürfniß, die Frage gesetzlich dahin geregelt zu sehen, daß die Klage auf Anerkennung der unehelichen Vaterschaft anerkannt werde. Der Antragsteller hat selbst gesagt, er muthe jenen Theilen von Deutschland, welche die ganze Klage schon abgeschafft haben, nicht zu, darauf zurückzukommen. Wenn wir nun die Aufgabe haben, hauptsächlich gemein-deutsche Fragen zu erörtern, so ist, meine ich, wenn ich den Antragsteller recht verstanden habe, sein Antrag eigentlich gar nicht mehr zulässig in solcher Ausdehnung und in dem Sinne, daß der Juristentag noch veranlaßt sein könnte, sich damit abzugeben; denn wir haben keine vota abzugeben, die von vorn herein partikularistische Natur für sich ansprechen. Der Antrag des Herrn Unger würde aber im Principe, welches im gedruckten Antrage vorangestellt ist, selbst nur eine partikularistische Geltung anstreben, nämlich die Geltung blos für jene Länder, in denen die Vaterschaftsklage besteht. Ich glaube, daß damit das Prinzip, über welches im Allgemeinen zu verhandeln wäre, aus dem Antrage schon ausgefallen ist. Ich weiß nicht, ob ich recht verstanden habe.. Wenigstens Unger verlangt selbst für jene Theile von Deutschland, welche über die Sache weg sind, keine Gesetzgebung, und hält es für unzweckmäßig, wenn man jenen Theilen, bezüglich deren Gesetzgebung, die Wiederaufnahme, die Wiedereinführung der Paternitätsklage zumuthet. Es wird blos ein partikularistisches Prinzip beantragt, und dazu ist, glaube ich, der Juristentag kaum zuständig.

Regierungsrath Dr. **Weil** aus Wien: Ich hatte die Absicht, über die allgemeine Fragestellung zu sprechen, und nicht über die spezielle Frage, welche der Herr Vorredner angeregt hat. Wenn mir jedoch der Herr Präsident erlauben . . .

**Vizepräsident**: Wir sind jetzt daran, die Diskussion zu reguliren. Wollen wir die allgemeine Diskussion ohne Beschränkung zulassen, so können wohl die einzelnen Fragen, die der Ungersche Antrag noch darbietet, berührt werden. Wenn wir aber die Diskussion durchaus auf die Hauptfrage beschränken wollen, auf die Frage der Zulässigkeit der Vaterschaftsklage, so fällt jetzt wohl das Andere weg. Nun habe ich aber geglaubt, proponiren zu sollen, daß wir vorläufig eine Beschränkung nicht sollen eintreten lassen. Wir kommen nachher nothwendig an die einzelnen Fragen. Zuerst muß bei der Abstimmung wohl das Prinzip in die Frage gestellt werden, und wenn das geschehen ist, dann erst kommen die gesetzlichen Modifikationen, und darüber kann natürlich wieder besonders debattirt werden. Vor der Hand aber scheint mir eine Beschränkung der Diskussion nicht zweckmäßig.

Professor Dr. **Unger**: Ich erlaube mir zu bemerken: Die Frage bleibt doch eine gemeinsame für uns, was wir denn in jenen Theilen Deutschlands thun, wo man gegenwärtig die Paternitätsklage hat? Das ist eine große Frage, die ich hier zur Sprache bringen will. Sprechen wir uns gegen die Zulässigkeit der Paternitätsklage aus, so haben wir etwas Gemeinsames. Sprechen wir uns aber nicht so aus, so ist doch für jene Theile, wo sie besteht, das gewonnen, daß man daran festhalten kann. Was dann die andern Theile, wo die Paternitätsklage abgeschafft ist, thun, das ist eine Frage, die wir hier nicht zu lösen haben.

**Vizepräsident**: Ich glaube, auch diese spezielle Frage wird nicht hindern, daß wir einstweilen der Diskussion freien Lauf lassen. Also nochmals: Wollen Sie die Diskussion frei geben ohne Ausscheidung in Betreff des Prinzipes? (Viele Rufe: Ja!)

(Der Präsident Professor Bluntschli übernimmt wieder den Vorsitz.)

Berichterstatter Adv. **Kohlschütter** aus Dresden: Ich rede zuerst von dem Prinzipe. Der Antragsteller hatte die Paternitätsklage anerkannt, weil es gelte, ein sittliches Prinzip anzunehmen. Ich aber stimme mit Professor Ihering überein, daß sie nicht nur in dieser Beziehung, sondern auch juristisch zu rechtfertigen sei. Es ist an sich eine eigene Sache, einen civilrechtlichen Klagegrund darum auszuschließen, weil der Beweis schwer oder vielleicht gar nicht zu führen sein wird. Das ist eben eine reine Beweisfrage, und kein Praktiker wird mit der Beweistheorie des Herrn Professor Unger übereinstimmen. Wer die Paternitätsklage angestellt hat, der wird den Beweis zu führen haben, und zwar mit Bezug auf den äußerlichen Akt der Beiwohnung, und seinerseits stützt er darauf die Folgerung dessen, was nach dem Naturgesetz und nach der Erfahrung daraus hervorgeht. Daß es dennoch nicht daraus hervorging, ist Sache des Gegenbeweises. Ob der congressus cum pluribus ein Gegenbeweisgrund sei oder nicht, ist eine Frage für sich. Von vornherein jedoch zu sagen, daß der Beweis gar nicht zu führen sei, geht wohl nicht an. Wir brauchen nur daran zu denken, daß ja die exceptio congressus cum pluribus, die Behauptung, daß die Beiwohnung auch mit einem Andern gepflogen wurde, im Prozesse gar nicht aufgestellt zu werden braucht. Es wird ja Niemand behaupten, daß aus der behaupteten und nachgewiesenen Beiwohnung und nach den erfahrungsgemäßen Folgerungen daraus kein hinreichender Beweis erbracht werden könnte.

Was nun die von dem Antragsteller gewünschten Modifikationen des Prinzips betrifft, so erlaube ich mir, Sie darauf aufmerksam zu machen, daß die Paternitätsklage von zwei Personen angestrengt werden kann: Erstens von der Mutter, zweitens auch vom Kinde oder dessen Vertreter. Diese Betrachtung wird sehr wichtig sein in Bezug auf viele dieser Modifikationen.

In letzterem Falle nämlich werden viele Modifikationen, welche vorgeschlagen wurden, nicht zulässig sein.

Die erste dieser Modifikationen ist die, daß die Paternitätsklage nur auf eine kurze Anstellungsfrist beschränkt sei. Soll die Paternitätsklage vom Kinde oder dessen Vertreter angestellt werden, so kann wohl natürlich eine solche Beschränkung nicht eintreten; sie wäre eine große Härte. Auch bei der Mutter, finde ich, ist diese Beschränkung ungerechtfertigt. Es handelt sich um eine Ausnahmsbestimmung, für welche ein zureichender Grund durchaus verlangt werden müßte. Ich sehe aber keinen anderen Grund, als den, daß eine spätere Anstellung der Klage unbequem für die Männer sein würde. Da würde es sich also um Ertheilung eines Privilegiums für die Männer handeln.

Die zweite Modifikation geht dahin, daß die Paternitätsklage auszuschließen sei, wenn der als Vater in Anspruch genommene zur Unzucht verführt worden sei, wenn der Vater zur Zeit der Beiwohnung verehelicht war, und wenn die Mutter notorisch eine liederliche Weibsperson ist. Wenn der Grund der Paternitätsklage, wie wir gehört haben, in der Paternität liegt, so kann ich in allen diesen Thatsachen keine juristischen Einreden erkennen; denn sie stehen mit dem Verpflichtungsgrund in keinem inneren Zusammenhange; Erzeugung und Paternität bleibt in allen diesen Fällen bestehen. Uebrigens passen sie allesammt gar nicht, wenn man bedenkt, daß doch das Kind oder dessen Vertreter klagen könnte; denn das Kind soll doch leben; es soll ernährt werden und nicht verhungern, ob nun der Vater verführt worden, oder verehelicht war, oder die Mutter eine liederliche Dirne ist oder nicht.

Endlich handelt es sich um die exceptio congressus cum pluribus. Man befindet sich hier allerdings in einem Dilemma. Läßt man sie nicht zu, so läuft man Gefahr, Einen zu verurtheilen, auf den der Verpflichtungsgrund keine Anwendung erleidet, von dem das Kind nicht herrührt. Läßt man sie zu, so läuft man Gefahr, Einen zu befreien, der in der That die Verpflichtung auf sich hat, und zwar ihn zu befreien aus einem ganz zufälligen, mit seinen Handlungen in gar keinem Zusammenhange stehenden Grunde.

Für mich ist diese Frage eine reine Beweisfrage. Gegen den, der in Anspruch genommen wird, ist der Beweis der Paternität zu führen, zu führen auf die Weise, wie ich vorher gesagt habe, durch Bezugnahme auf die Beiwohnung und die daraus nach den Gesetzen der Natur zu ziehenden Folgerungen. Der Gegenbeweis ist die Behauptung, daß ein congressus cum pluribus stattgefunden hat. Hat dieser congressus nach der außerehelichen Beiwohnung, wegen welcher geklagt wurde, stattgefunden, so hat er keinen Werth. Denn nach den Gesetzen der Natur, nach den gewöhnlichen Regeln muß man annehmen, daß bereits Schwangerschaft vorhanden gewesen war. Wird aber im Gegenbeweise bewiesen, daß der congressus vor der Beiwohnung stattgefunden hat, dann muß man allerdings einen genügenden Gegenbeweis darin erblicken.

Prof. Dr. v. **Stubenrauch** aus Wien: So wie der Antrag meines verehrten Kollegen Dr. Unger iu dem Programme erscheint, könnte ich keinen Zweifel hegen, daß derselbe vor die Kompetenz dieses Juristentages gehört. Es stehen sich, — wie schon von anderer Seite bemerkt wurde — zwei Systeme schroff entgegen, nämlich das eine, Französische System, welches auch in mehreren Deutschen Staaten oder Staatstheilen, so wie auch in andern Ländern Europa's besteht und die Vaterschaftsklage gesetzlich ausschließt. Dem entgegen steht unser Oesterreichisches, und ich glaube, auch in einigen anderen Deutschen Staaten bestehendes System, welches die Vaterschaftsklage nicht nur zuläßt, sondern in einer, wie eben ausgedrückt wurde, nahezu maßlosen Weise zuläßt. Als Oesterreicher habe ich nun insbesondere den Antrag meines verehrten Kollegen freudig begrüßt, weil er mir auf einen — wenn ich so sagen darf — Mittelweg hinzuführen scheint, nämlich die Zulässigkeit der Vaterschaftsklage auf gewisse Beschränkungen zurückzuführen, da namentlich in unserem Vaterlande sich vielfach die Erfahrung dahin ausgesprochen hat, daß jene maßlose Zulassung der Vaterschaftsklage zu großen Bedenken, Zweifeln und Unzukömmlichkeit in der Praxis Anlaß giebt. Es hat sich gezeigt, daß die Mütter, welche dieses Schutzes würdig sind, die Vaterschaftsklage höchst selten anstellen, daß dagegen in den meisten Fällen, wo diese Klage vorkommt, dieselbe lediglich ausgebeutet wird, um Chikane zu üben; daß insbesondere verheirathete Männer es sind, gegen welche mit dieser Klage zu Felde gezogen wird, nicht um wirklich dem Kinde einen Unterhalt zu verschaffen, sondern um der Mutter eine Rente zu gewinnen oder ihr sonstige Vortheile zuzuführen. Wenn daher eine Beschränkung in dieser Beziehung ohne Aufhebung der Zulässigkeit dieser Klage selbst angestrebt wird, so scheint mir dies als höchst wünschenswerth, und in dieser Beziehung habe ich, wie gesagt, den Antrag freudig begrüßt.

Nach der Modifikation, die der Herr Antragsteller selbst beigebracht hat, muß ich nun aber wirklich ein Bedenken hegen, ob der Juristentag kompetent erscheint, in die Frage einzugehen, wie einer der Herren Vorredner bemerkt hat. Denn wenn nicht das allgemeine Prinzip ausgesprochen wird, daß die Vaterschaftsklage zulässig sei, kommen wir allerdings auf den Standpunkt des Partikularismus. Wenn auch in dieser Beziehung dann ausgesprochen würde, daß in den Fällen, wo und wann diese Klage zulässig ist, auch weitere Beschränkungen, über die ferner gesprochen werden soll, zulässig erscheinen, so ist allerdings für einen gewissen Theil ein Gewinn dadurch erzielt, aber eben nur für einen Theil, und unsere

Absicht, die Absicht des Juristentages ist es ja, Rechtsallgemeinheit und Rechtseinheit herbeizuführen, nur solche Grundsätze zu proklamiren, welche in allen Deutschen Ländern, nicht in einem oder dem anderen Theile desselben zur Geltung kommen sollen.

Daher glaube ich an dem ursprünglichen Antrage festhalten zu sollen. Ich bin wohl natürlich nicht in der Lage, die Ansicht derjenigen Länder kennen gelernt zu haben, wo das Französische System besteht und in Bezug auf welche das Bedenken rege gemacht wurde, daß, wenn man die Zulässigkeit der Vaterschaftsklage aussprechen wollte, wenn auch mit mäßigen Beschränkungen, die ich — ich gestehe es im vornhinein und erlaube mir darauf zurückzukommen — für nothwendig halte, daß, sage ich, diese Länder ein so bedeutendes Widerstreben zeigen würden, auf die Vaterschaftsklage zurückzukommen. Ich glaube, der Deutsche Charakter ist durch die Französische Gesetzgebung in ihnen nicht verwischt, und der Deutsche Charakter ist ein so tief sittlicher, daß dieses Gefühl der Sittlichkeit auch in jenen Ländern durchdringen wird. (Bravo!) Ich glaube also, daß die Vaterschaftsklage sich auch in dieser Beziehung werde retten lassen, zumal ich gerade vor Kurzem bei meiner Anwesenheit in Frankreich mit mehreren angesehenen Juristen gesprochen habe, welche gar kein Hehl daraus machten, daß das Französische System außerordentliche Härten an sich trage, und welche, wenn auch nur leise, den Wunsch nach Modifikationen desselben ausgesprochen haben.

Was nun das juristische Moment anbelangt, so halte ich es nach meinem geringen Dafürhalten für vollkommen begründet. Es liegt eben in der Vaterschaft die Verpflichtung der Alimentation und vielleicht auch noch die Zuweisung anderer Verbindlichkeiten, in die, wie schon der Herr Antragsteller selbst bemerkt hat, hier nicht eingegangen werden soll. Es handelt sich hier nicht darum zu erörtern, wann die Vaterschaft anerkannt werden soll, welche Folgen daraus hervorgehen; das Minimum der Folgen ist die Alimentationsverbindlichkeit. Nun, der Grund hiezu scheint deshalb nicht wegzufallen, weil die Schwierigkeit des Beweises vorliegt. Es ist eben nur von Schwierigkeiten gesprochen worden, eine Unmöglichkeit des Beweises ist gewiß nicht vorhanden. Freilich würde der Beweis in den höchst seltensten Fällen möglich sein; allein das schon würde meines Erachtens genügen, um das Prinzip zu retten. Ich glaube also, daß die größere oder geringere Schwierigkeit des Beweises eines Klagegrundes für den Klagegrund selbst von keinem entscheidenden Gewichte ist; sondern wenn überhaupt nur die Möglichkeit des Beweises vorhanden ist, muß die Klage überhaupt zugelassen werden.

Schwierig ist nun allerdings der Beweis. In dieser Beziehung muß ich mir erlauben, den Aeußerungen des hochverehrten Herrn Dr. Ihering entgegenzutreten. Die Beweisfrage ist es allerdings, welche hier im Mittel liegt. Der Beweis wird eben in doppelter Weise geführt. Ich möchte sagen, es giebt einen unmittelbaren Beweis und einen Beweis mit Zuhilfenahme einer Vermuthung. Wenn die Beiwohnung dargethan ist, so ist das meines Erachtens kein unmittelbarer Beweis der Vaterschaft, sondern es wird aus diesem Faktum nur auf die Vaterschaft geschlossen, wogegen es andere und tausend Fälle giebt, wo ein unmittelbarer Beweis vorliegt. Der A. hat eine Spiegelscheibe zertrümmert, das ist eine Thatsache, aus welcher die Entschädigungspflicht hervorgeht. Wenn ich nun diese Thatsache beweise, dann brauche ich keine weitere Vermuthung, sondern es ist der Klagegrund unmittelbar dargethan. Beim Beweise der Beiwohnung muß ich weiter eine Präsumtion zu Hilfe nehmen, und das ist die Präsumtion, daß aus dieser Beiwohnung die Vaterschaft hervorgegangen sei, während nur das gewiß ist, daß sie aus dieser Beiwohnung hervorgegangen sein kann. Darin liegt, glaube ich, der große Unterschied. Nun allerdings wird der Beweis sehr schwer und in den seltensten Fällen zu erbringen sein, daß aus der bestimmten Beiwohnung die Vaterschaft hervorgegangen sei — das wird in sehr wenigen Fällen möglich sein; möglich ist es aber allerdings, wie schon hervorgehoben wurde, wenn z. B. unmittelbar nach der Beiwohnung die Frauensperson arretirt worden wäre und während der ganzen kritischen Zeit in Gefangenschaft war, oder wenn sie krank gewesen ist u. s. w.

Der Umstand, daß aus einer bestimmten Beiwohnung die Zeugung hervorgegangen sein kann, aber nicht gerade hervorgegangen sein muß, zwingt eben die Gesetzgebung zu Präsumtionen ihre Zuflucht zu nehmen, und das, glaube ich, ist der einzige Ausweg, wodurch die Klage gerettet werden kann, wenn das sittliche Gefühl für die Zulassung derselben spricht. Es wird also geschlossen: Die Beiwohnung hat im kritischen Zeitpunkte stattgefunden, folglich kann auch die Vaterschaft daraus entsprungen sein, und aus dieser entsteht nun eine positive Obligation.

Da glaube ich aber eben, m. H., daß ich die exceptio congressus cum pluribus rechtfertigen kann, und das ist auch die einzige Beschränkung, welche mir — abgesehen vielleicht von einer bestimmten Fristbestimmung — zulässig erscheint. Denn eben, weil wir nicht mit scharfen Beweisen, sondern nur mit Präsumtionen zu thun haben, tritt ein Umstand ein, welcher die Präsumtion erschüttert, welcher die Möglichkeit auch für andere Konkumbenten, für den C. und D. darthut, wodurch also die Vermuthung, daß B. der Vater sei, eine wesentliche Erschütterung erlitten hat. Aus diesem Gesichtspunkte, glaube ich, dürfte die **exceptio plurium concumbentium** als gerechtfertigt erscheinen, und die Einführung derselben in die Gesetzgebung würde gerade für den Oesterreichischen Juristen ein höchst wichtiges Moment sein, weil dadurch eben eine Menge chikanöser Prozesse ausgeschlossen würde.

Mit diesem scheint aber ohnedies das Weitere zusammenzufallen, nämlich daß die Frauensperson eine notorisch liederliche ist. Erstens wird das mitunter schwierig zu beweisen sein und zu den größten Unzukömmlichkeiten im Prozesse Anlaß geben, und weiter scheint mir auch keine Nothwendigkeit vorhanden, dieses Moment insbesondere hervorzuheben, sondern es genügt eben, wenn ein **congressus** mit mehreren stattgefunden hat, ob nun in Folge der Lüderlichkeit oder aus einem anderen Grunde, das gilt mir gleich. Es kommt nur darauf an, daß die Präsumtion für den Einen, der zuerst in Anspruch genommen wurde, erschüttert ist.

Was nun aber eine zweite Beschränkung anbelangt, nämlich die Ausschließung der Klage gegen Verheirathete, so scheint mir das in keiner Weise gerechtfertigt zu sein. Ich glaube nicht, daß dadurch dem Verehelichten ein Freibrief gegeben werden darf; im Gegentheil, er verletzt ja eine doppelte Pflicht, und ich glaube, man könnte gegen ihn eher strenger zu Werke gehen, als laxer. (Bravo.) Für diese Beschränkung könnte ich also nicht sprechen, zudem ihr ein juristisches Moment fehlt; denn hat man die Beschränkung nur in der Erschütterung der Präsumtion zu finden geglaubt, so hat der Umstand, ob der Beiwohnende verheirathet war oder nicht, gar keinen Einfluß darauf. Dagegen scheint es mir allerdings wünschenswerth, daß der Juristentag den Grundsatz ausspreche, es sei die Klage im Allgemeinen anzuerkennen, aber die **exceptio congressus cum pluribus** zuzulassen, weil ich glaube, daß dadurch jener richtige Mittelweg eingeschlagen wird, der für beide Theile von Wichtigkeit ist, und der vielleicht am ehesten eine Versöhnung der beiden einander so schroff entgegenstehenden Systeme herbeiführen könnte. Die Länder, wo das Französische System herrscht, werden geneigter sein, auf diesen Grundsatz einzugehen, wenn er diese sehr wesentliche und in der Durchführung wichtige Beschränkung erfährt; diejenigen Länder aber, wo das entgegengesetzte System besteht, werden froh sein, desselben los zu werden und auf den rechten Boden zu kommen. (Bravo!)

Prof. **Dr. Unger** aus Wien: M. H., erlauben Sie mir Folgendes zur Erwiderung. Ich muß dabei vor Allem bemerken, daß ich mir das Wort nicht erbeten hätte, wenn ich nicht dächte, meinen Antrag näher zu erklären. Zum Zwecke der nähern Erklärung des Sinnes, in dem ich meinen Antrag verstanden wissen möchte, werden Sie mir wohl erlauben, das Wort zu ergreifen.

Nach wie vor muß ich daran festhalten, daß in juristischer Beziehung der Beweis der Vaterschaft geradezu unmöglich ist. Man hat mich darauf hingewiesen, — es ist von Seite meines verehrten Freundes Ihering und von Seite des Herrn Referenten geschehen, — daß es mit den allgemeinen prozessualischen Grundsätzen nicht übereinstimme, den Beweis in solchen Fällen für unerbringlich, für juristisch unmöglich zu halten. Denn, hat man gesagt, man hat ja nur positive Fakta zu beweisen, die negativen, was man sonst gewöhnlich in der Theorie und in der Praxis rechtshindernde Thatsachen nennt, braucht man ja nicht zu beweisen; es genügt, daß man den Beischlaf bewiesen habe, der Andere möge beweisen, daß daraus die Zeugung nicht entstanden ist. Das scheint mir eine Uebertragung von an sich richtigen Grundsätzen auf einen Fall zu sein, wo sie ganz und gar nicht hinpassen. Denn wenn ich sonst eine rechtserzeugende Thatsache, wie wir sie nennen, bewiesen habe, so kann ich deshalb dem Gegner die rechtshindernde Thatsache zum Beweise aufbürden, weil ich ihm zumuthen kann, zu beweisen, es seien Umstände hinzugetreten, die eine sonst eintretende Wirkung verhindert haben. Ist aber etwa der Umstand, daß eine Frau es mit mehreren Männern zu thun gehabt hat, eine erzeugungshindernde Thatsache? Es wird doch Niemand behaupten, daß, wenn die Frauensperson bewiesen hat, A. habe mit ihr zu thun gehabt, sie nun schon die Zeugung bewiesen habe, und daß, wenn ihr Gegner beweist, sie habe auch noch mit dem B. C. u. s. w. zu thun gehabt, nunmehr Umstände nachgewiesen seien, welche die Zeugung durch ihn selbst gehindert haben? Das wäre eine sonderbare Auffassung einer rechtshindernden Thatsache. Wenn Ihering bemerkt hat: wenn Mehrere schießen, kann man Alle packen, so glaube ich vor Allem, m. H., Ihering hat ein Mittelglied, einen Ring, aus der Beweiskette ausgelassen, und das ist es eben, worauf es ankommt. Ich muß nicht nur beweisen, daß Alle geschossen haben, sondern ich muß auch beweisen, daß sie getroffen haben. Wenn ich das nicht beweisen kann, daß sie getroffen haben, so habe ich Nichts bewiesen. Wenn ich bewiesen habe, daß drei mit der A. zu thun gehabt haben, so habe ich eben noch Nichts bewiesen. Ich muß noch beweisen, daß sie getroffen haben; entschuldigen Sie, m. H., diesen Ausdruck. (Heiterkeit.) Das Schießen allein macht Keinen verantwortlich, wohl aber das Treffen. Ferner, m. H., können drei nicht blos treffen, sondern sie können auch wirklich alle drei Schaden anrichten. Drei können Beschädiger sein, aber drei können nicht zugleich Vater sein. Wenn drei ein Haus anzünden, so sind diese drei Brandleger; wenn aber drei mit der A. zu thun haben, so sind diese drei doch nicht alle Väter des Kindes. Ich muß also nach wie vor an Folgendem festhalten. Stellen wir uns auf den rein juristischen Standpunkt und fragen wir uns, was müßte das Frauenzimmer beweisen? Wenn sie nur den Beischlaf, und nicht auch die Ausschließlichkeit beweist, so ist die Vaterschaft noch immer nicht erwiesen. Diesem Ausschließlichkeits-Beweise nun kommt die Gesetzgebung von einem gewissen sittlichen Standpunkte aus zu Hülfe. Darum muß ich also darauf beharren: Juristisch giebt es keine Paternitätsklage. Stelle ich mich rein auf diesen Boden, so möchte ich sagen, der Begriff des Wortes Paternitätsklage sei gänzlich zu beseitigen.

Nun komme ich aber auf die nähere Bestimmung meines Antrages. Es ist wahr, und ich muß es zugeben, wir wollen etwas Gemeinsames für alle Länder aussprechen. Ich gestehe ferner, der Ausgangspunkt bei meinem Antrage war der ziemlich üble Stand, in dem sich nicht blos in Oesterreich die Paternitätsklage befindet, sondern fast in allen Theilen Deutschlands. Sie ist aber nicht blos als Paternitätsklage so im Gange, sondern dazu kommen noch die Entschädigungs-Ansprüche der Deflorirten. Alles das giebt in der Praxis solche Sittlichkeitsübelstände, daß ich glaube, es wäre noch gar sehr die Frage, ob die Sittlichkeit mehr gefährdet wird, wenn man definitiv durchschlägt und die Paternitätsklage ganz und gar aufhebt, oder wenn man sie noch beibehält und sich mit Beschränkungen ihrer Zulässigkeit zufrieden giebt. Denn Sie würden auch in letzterem Falle noch ohne manche Inkonvenienzen nicht durchkommen. Wie wird z. B. schon die Beiwohnung bewiesen? Bei uns tragen wir darüber den Haupteid auf, also den Parteieneid. Das ist das Gewöhnliche, während in manchen anderen Theilen Deutschlands gewisse Umstände nachgewiesen werden müssen, und erst, wenn diese nachgewiesen sind, die eine oder die andere Partei zum Erfüllungs- resp. Reinigungseide zugelassen wird. Wir also tragen den Haupteid auf. Nun, m. H., nichts ist leichter und nichts kommt häuger vor als der Meineid in solchen Prozessen. Denn die Geschichte selbst geschieht inter duos. Wer ist derjenige, der hier schließlich entscheidet? Mir kommt die ganze Geschichte so vor, wie einmal in den „Fliegenden Blättern" ein Prozeß erzählt worden ist, wo zwei Bauern sich fragen: „Wer gewinnt den Prozeß?" und der Eine darauf antwortet: „Der, der zum Eid zugelassen wird." Hier ist die Sache noch viel gefährlicher, als in irgend einem andern Falle. Ich glaube, daß ein Mensch, der ganz sittliche Grundsätze hat, durch Scheu, Scham, Angst und Beklemmung in Voraussicht aller etwaigen Folgen viel leichter zu einem Fehltritte verleitet werden kann, als sonst auf allen anderen Gebieten. Man kommt also aus dieser ganzen skandalösen Lage ohne Eid nicht heraus. Und hier liegt nach allen Seiten die Gefahr des Meineides nahe. So erscheint mir schon die Frage des Beweises der Beiwohnung als eine große Inkonvenienz. Lassen Sie den Beweis der Paternität auch mit allen Präsumtionen zu, so stellt sich praktisch die Sache doch als eine vielleicht die Sittlichkeit nichts weniger denn fördernde dar. Nehmen Sie nun noch das Uebermaß hinzu, in dem diese Klagen durch Mangel an Einschränkungen ausarten können!

Ich will nur noch einige Worte erwähnen über die **exceptio plurium concumbentium.** Was diese exceptio anbelangt, so glaube ich nachgewiesen zu haben, daß man juristisch nothwendig auf sie hinauskommen muß, wenn anders der Beweis richtig ist, den ich zu führen unternommen habe. Denn befreit schon die Gesetzgebung die Mutter von der Last, den Beweis der Ausschließlichkeit zu führen, so muß man doch dem Geklagten zugestehen, selbst den Beweis des Gegentheils zu führen. Man hat gesagt, und das war die Gesetzgebung des vorigen Jahrhunderts, das Kind müsse um jeden Preis einen Vater haben. Der Standpunkt hat sich aber auf diese Art ganz und gar verändert. Man hat nicht mehr gefragt, streng juristisch: ist es möglich, die Paternität zu beweisen oder nicht? sondern man ist vielmehr davon ausgegangen, das Kind müsse einen Vater bekommen, und nun war es die Tendenz der Gesetzgebung, sich umzusehen, wie dem Kinde ein Vater verschafft werden könne. Keller hat mit Recht gesagt: „Man hat die Paternitätsklage erst verhunzt," — das sind seine eignen Worte — „und dann hat man den, der der Person beigewohnt hat, doch wieder als Vater hingestellt; mag er beweisen, daß Andere mit der Person zu thun gehabt haben oder nicht, man hat ihn gepackt, mitgefangen, mitgehangen; er ist vielleicht der Vater nicht, aber er muß zahlen." Das war das Prinzip: dem Kinde ist um jeden Preis ein Vater zu verschaffen. Mich erinnert die Geschichte an die Art, wie Heine erzählt, daß Kant das Dasein Gottes beweise. Nach der Logik der reinen Vernunft erklärt Kant diesen Beweis für unmöglich. Aber hinter ihm steht sein treuer Diener Lampe, und Lampe, der jeden Tag hinter seinem Herrn einhergeht, um ihm den Regenschirm nachzutragen, Lampe muß einen Gott haben, weil Lampe, der Mensch, der nicht philosophisch gebildet ist, ein religiöses Gefühl hat. Und nun wird auf dem Gebiet der praktischen Vernunft bewiesen, was auf dem Gebiet der reinen Vernunft als unbeweisbar galt, daß es einen Gott giebt. So ist es auch hier. Nach dem System der reinen Jurisprudenz giebt es keine Paternitätsklage. Das System der praktischen Jurisprudenz hat sie aber postulirt.

Ich muß es ohne Scheu und glattweg heraussagen, ich bin ein Gegner der Paternitätsklage. (Bravo! Bravo!) Ich denke, es wird die Zeit kommen, daß alle Paternitätsklagen hinwegfallen werden. Diese Zeit muß kommen, sie kommt, glaube ich, so sicher, wie man auf manchem anderen Felde schon Dinge hat eintreffen sehen, an die man früher nicht geglaubt hat. Ich glaube also, daß es die Aufgabe der Gesetzgebung sein soll, dahin zu steuern, daß endlich einmal die Paternitätsklage mit allen sittlichen Nachtheilen, die sie in ihrem Gefolge hat, definitiv beseitigt werde. Ich habe jedoch gemeint, es sei mit unserem sittlichen Gefühle zur Zeit noch nicht verträglich, dies sofort auszusprechen. Wie jetzt unsere Ueberzeugungen sind, wie jetzt das Volk, besonders auf dem Lande, noch gewöhnt ist, allüberall die Klage zulässig zu finden, wie jetzt in beinahe ganz Deutschland noch die Paternitätsklage in einem so großen Umfange vorkommt, da wäre, dächte ich, ein solcher Schritt zu groß, zu schnell. Nur als einen Zwischenschritt kann und will ich meinen Antrag auf Zulassung der auf ein Minimum eingeschränkten Paternitätsklage angesehen haben, nur als eine Anbahnung des künftigen Zustandes, und dieser wird dann allerdings ein gemeinsamer für ganz Deutschland sein können.

Es ist hier, m. H., gesagt worden, daß auch die Französischen Länder und diejenigen Deutschen Theile, wo das Französische Recht gilt, für die beschränkte Zulässigkeit der Paternitätsklage sich erklären werden. Allein ich halte dies für unrichtig; ich glaube nicht, daß in Ländern, wo die Paternitätsklage einmal abgeschafft ist, sich die Bevölkerung dafür erklären würde, daß dieselbe je wieder eingeführt werde. Das halte ich für absolut unmöglich.

Ich frage aber noch Eines. Was lehrt die Statistik, dieses Budget der Verhältnisse und Thatsachen, wie Napoleon es nannte, Napoleon der Alte natürlich; denn wenn von Napoleon ohne Zusatz gesprochen wird, meint man stets den Alten. (Heiterkeit.) Was lehrt uns die Statistik? Sie lehrt uns, daß der Zustand der öffentlichen Sittlichkeit, daß die Anzahl der unehelichen Kinder in jenen Ländern, wo die Paternitätsklage ganz und gar abgeschafft ist, sich durchaus nicht ungünstiger stellt. Alle Statistiker behaupten jetzt, die Erfahrung habe vollkommen gelehrt, daß die Abschaffung der Paternitätsklage weder die Kindesmorde noch die Anzahl der unehelichen Geburten vermehrt hat. Und das ist ein genügendes Argument für die Aufhebung der Paternitätsklage. Denn für das dauernde Beibehalten derselben müßte man triftige Gründe haben, weil sie juristisch unhaltbar ist und zu sittlichen Inkonsequenzen führt. Ich weiß wohl, in den verschiedenen Theilen Deutschlands zeigen sich trotz der Verschiedenheit der Gesetzgebung bald mehr, bald weniger uneheliche Geburten; bei uns in Oesterreich ungefähr von den gesammten Geburten zehn Prozent, in Frankreich sieben Prozent, so daß ein bedeutender Unterschied zu Gunsten dieses Landes stattfindet. Nun sind allerdings in Oesterreich selbst die Verschiedenheiten sehr groß, und innerhalb der Länder, wo die Paternitätsklage gilt, giebt es Theile, wo das

Verhältniß der unehelichen Geburten ein höchst geringes ist, im Lombardo-venezianischen Königreiche z. B. nur drei Prozent, in Böhmen dagegen vierzehn Prozent. In Bayern zwanzig Prozent der ganzen Geburten; dort gilt ebenfalls die Paternitätsklage; in Rheinbayern dagegen, wo sie nicht gilt, ist die Anzahl der unehelichen Kinder bedeutend geringer.

Resumire ich das Alles, so komme ich zu folgendem Resultate. Juristisch ist die Paternitätsklage unhaltbar, sittlich von zweifelhaftem Werthe. Unser Zustand ist aber, wie ich glaube, der, daß wir diesen Sprung aus der in maßloser Weise zulässigen Paternitätsklage hinüber in die prinzipielle Unzulässigkeit der Paternitätsklage nicht vertragen würden. Darum sollen wir also vorläufig nur aussprechen, es sei die Paternitätsklage auf möglichst enge Grenzen einzuschränken. Das Uebrige, dessen bin ich mit Sicherheit überzeugt, wird die Zeit thun, und man wird sich in der Zukunft vielleicht früher, als wir glauben, endlich zu jenem Grundsatze vereinigen, der da lautet: Es giebt keine Paternitätsklage. (Lebhafter Beifall.)

Geh. Justizrath, Prof. **Heydemann** aus Berlin: Als ich mich zum Worte meldete, befand ich mich in einer gewissen peinlichen Verlegenheit, indem ich glaubte, eine Ansicht vertheidigen zu wollen, die sich hier ganz und gar in der Minorität befinden würde. Jetzt, nachdem ich dem geehrten Antragsteller wie billig den Vortritt eingeräumt habe, hat er mir allerdings manchen Zweifel hinweggenommen.

Ich bin nämlich der Meinung, daß die Gesetzgebung dahin trachten muß, die Paternitätsklage völlig abzuschaffen, und zwar aus sittlichen Gründen. Die Vaterschaft ist eine in ein Naturgeheimniß gehüllte Thatsache, selbst in der Ehe. Doch da gilt der Grundsatz, der nicht blos im Römischen Rechte, sondern tief im sittlichen Gefühle begründet ist: pater est, quem nuptiae demonstrant. Die Würde der Ehe, die Ruhe der Familie, die Ehre der Frauen sind darin geschützt. Aber dieser Grundsatz hat auch eine negative Bedeutung, und auf diese erlaube ich mir Sie besonders aufmerksam zu machen, die heißt: „Außer der Ehe keine Vaterschaft;" denn sonst hat dieser Grundsatz in seiner positiven Bedeutung nicht das volle Resultat, die volle Bedeutung. Ich glaube also, es ist ebenso juristisch, als sittlich, es läßt sich von beiden Standpunkten vertheidigen, daß es außerhalb der Ehe keine Vaterschaft gebe. Nennen wir dies Römisches, nennen wir dies Französisches Recht, das ist ziemlich gleichgiltig; man kann es vom sittlichen und juristischen Standpunkte vollkommen vertheidigen; und das, glaube ich, werden mir auch die Gegner einräumen.

Nun haben wir aber überall in Deutschland, mit Ausnahme gerade der Länder, die das Prinzip aus dem Französischen Rechte herübergenommen haben, Paternitätsklagen; wir haben alle ihre Uebelstände. Darf ich zurückblicken auf die Zeit vor ungefähr 35 Jahren, wo ich als junger Mensch in die Preußische Praxis trat? Der Eindruck war damals ein entsetzlicher. So kam nicht etwa eine puella publica, sondern ein Frauenzimmer, das in Familie lebte, zum Registrator und sagte: „Ich bitte mir einmal meine Akten aus.“ „Welche?“ fragte er. „Die dritten.“ Er sah sie schon wieder auf dem Wege des Fortschrittes, und er machte ihr eine Art Vorwurf. „Was wollen Sie,“ sagte sie, „das ist mein Acker und Pflug, davon lebe ich und meine Familie.“ Das habe ich gehört. Die Praxis war entsetzlich. Wohin hat sie geführt? Sie hat dahin geführt, daß wir im Jahre 1854, im April, ein Gesetz bekommen haben, welches in der That sehr viel von den alten Uebelständen abgeschafft hat, ein Gesetz, welches im Wesentlichen dem Grundsatz huldigt, den der geehrte Herr Antragsteller in die Details mit aufgenommen hat.

Ich sage noch einmal, so war es im Jahre 1830. Ich möchte Nichts anführen, was ich nicht verbürgen könnte, und nach einer Statistik der Preußischen Provinzen wurden im ganzen Rheinlande, wo Französisches Recht galt, etwa die Hälfte von unehelichen Geburten gerechnet, von denen, welche wir in Schlesien und Brandenburg hatten.

Als das Preußische Landrecht redigirt wurde in den 80iger und 90iger Jahren, schwärmte und träumte man fortwährend von verführter Unschuld, und meinte, den armen verführten Mädchen müsse geholfen werden. Man fand einen doppelten Gesichtspunkt, nämlich, wenn einem Mädchen die Ehe versprochen war, so verdiente sie Schutz, und sollte für eine geschiedene Ehefrau erklärt werden, u. s. w. Was war aber eigentlich der Kern der Sache? Unter allen Umständen sollte nur dann der Schutz eintreten, wenn ein lebendiges Kind da war; man wollte den Kindesmord verhüten. Andererseits stellte man aber dem unzüchtigem Weibe eine Belohnung darauf, wenn sie ein Kind zur Welt gebracht hatte. Es ist dies eine Ansicht, wie sie durch die lex Julia Pappia Poppaea verbreitet war.

Ist das sittlich?

Nun könnte man fragen, wenn aber das nicht sittlich ist, und die Gesetzgeber es anerkannt haben, warum haben sie es nicht gleich abgeschafft und zu dem Prinzipe gegriffen, welches in den Rheinlanden gilt, und das, wie mir die Herren, welche aus dem Rheinlande sind, bestätigen können, dort sehr gut wirkt? Warum? Weil das Gesetz eben in der Verlegenheit des Ueberganges gebildet wurde.

Nun komme ich auf das, was ich vorher gedacht habe, und was der Herr Antragsteller mir vorweggenommen hat. Ich wollte eigentlich sagen: Du bist gerade auf dem Wege dahin zu kommen, die Klage ganz abzuschaffen. Und auch ich, wenn wir uns das Ideal denken, wenn wir nämlich das erreichen, was wir alle wünschen: das gemeinsame Deutsche Gesetzbuch, und wenn es sich darum fragt, welches Prinzip soll darin stehen? auch ich würde nicht anders stimmen, als: Keine Paternitätsklage. Das wäre sehr natürlich auf einmal einzuführen; doch soviel Zeit, glaube ich, werden wir bis zum allgemeinen Deutschen Gesetzbuche noch haben, (allgemeine Heiterkeit) daß wir einen Uebergang anbahnen können.

Wir haben in Preußen diesen Uebergang seit acht Jahren. Die Praktiker sagen, das Gesetz sei im Ganzen gut, aber ich höre doch von verschiedenen Seiten, es werde sehr geschwankt, indem die Gerichte einerseits suchen, auf der schmalen Grenzlinie des alten festzuhalten — die Auslegung des Wortes Geschenke 2c. geht schon in das Talmudistische — und andrerseits die Behandlung der exceptio plurium concumbentium meistens zu Niederträchtigkeiten führt, wie z. B., daß ein gemeiner Mensch einen andern bittet, mit seinem Mädchen zuzuhalten, und es dann vor Gericht zu bezeugen, oder umgekehrt, indem um den Rückzug der wirklichen Zuhalter gebeten wird, welche dann sagen, darüber keine Auskunft geben zu dürfen, und die ihr Rechtszeugniß verweigern; und nun kommt meistens der Eid auf das Mädchen oder die Frau, die immer schwört, sie sei rein, sie habe immer nur mit dem einen allein zu thun gehabt. Also die Fortschritte in der Sittlichkeit, glaube ich, sind da auch sehr problematisch.

Wie denn auch immer die Sache sei, das glauben wir und auch alle diejenigen Herren, die für die volle Abschaffung der Paternitätsklage sind: man kann da nicht zu plötzlich vorgehen. Denn unter den Millionen Einwohnern auf dem Lande würde gewiß die Einführung eines neuen Prinzipes — selbst wenn ich annehme, der Juristentag würde sich für die Abschaffung der Paternitätsklage aussprechen — würde, sage ich, die Einführung dieses neuen Prinzipes, ohne einen solchen Uebergang, sehr große Nachtheile mit sich führen.

Aus diesem Grunde, meine ich, haben wir mit einer Gesetzgebungsfrage von allgemeiner Bedeutung zu thun, über die sich die Abtheilung des Juristentages sehr wohl auszusprechen hat. Aber was ist zu sagen? Ich glaube, wir können sagen, der Zustand der Alimentationsklage, wie sie in den verschiedenen Ländern in den verschiedenartigsten Modifikationen bestanden hat, und noch besteht, ist noch immer kein sittlicher und wünschenswerther. Das sittliche Prinzip muß darauf hinausführen, zu sagen: „extra familiam nulla salus;“ in der Familie giebt es Mann und Frau, giebt es Eltern und Kinder, da giebt es Paternität, draußen aber keine! Die Maternität ist in kein Naturgeheimniß gehüllt; aber die Paternität bleibt immer unerweislich, und darum soll sie nur in der Familie herrschen, und wenn sie draußen nicht herrscht, wird die Sittlichkeit gefördert; denn die

Sittlichkeit fordert, daß sie nur dort gelte. Es mag das eine ideale Anschauung sein, der Gesetzgeber muß aber darauf hinsehen, wohin ihn das Ideal führt.

Ich meine also, daß wir sehr wohl — um damit zu schließen, und Sie nicht länger aufzuhalten — von unserem Standpunkte aus über diese Frage sprechen können, wie der Antrag sie gestellt hat, wenn wir auch die Details daraus weglassen, obgleich in dieser Diskussion auf Details immerhin eingegangen werden mag. Die Statistik, die Sittlichkeit, die Jurisprudenz, die faktischen Zustände der verschiedenen Bevölkerungen, die bestehenden Gesetzgebungen und die Aussicht auf ein gemeinsames Deutsches Gesetzbuch, alles dies zusammengefaßt, weist, glaube ich, auf Abschaffung der Paternitätsklage hin, aber auch auf Herstellung eines Uebergangszustandes, um das Bestehende zu schonen. (Beifall.)

Professor Dr. **Keller** aus Wien: Ich befinde mich im entgegengesetzten Falle zu dem, dessen mein ausgezeichneter Herr Vorredner erwähnte. Ich nämlich habe, als ich mich zum Worte meldete, geglaubt, es sei eine starke Schwenkung zum Paternitätsprinzipe in dieser Versammlung, und gewahre jetzt, daß eine bedeutende Schwenkung zum Maternitätsprinzipe eingetreten ist. Nun, m. H., nichtsdestoweniger erlauben Sie mir dasjenige, was mir zum Ausschütten meines juristischen Herzens als nothwendig erscheint, zu erwähnen, mit Uebergehung alles dessen, was zwar meine Ueberzeugung, aber heute bereits vorgekommen ist.

Ich beginne mit dem Prinzipe. Sollen wir das Maternitätsprinzip annehmen oder das Paternitätsprinzip?

Bei allen ähnlichen Fragen befinden wir uns hier nicht auf dem Boden des Römischen oder des Deutschen Rechtes, sondern ganz allgemein ergeht an uns die Aufforderung, dasjenige zu wählen, was Forderung der Gerechtigkeit ist; finden wir diese Forderung in dem einen positiven Rechte erfüllt, gut denn, wir nehmen seine Bestimmungen an; finden wir sie in dem andern, so thun wir es diesem zu Gefallen, kurz, wir prüfen Alles und behalten das Beste.

Wenn nun das richtig ist, so erlaube ich mir zu bemerken, daß eine große Beschränkung des Paternitätsprinzipes, wie sie beabsichtigt wird, viel nachtheiliger wirken würde, als das Maternitätsprinzip, und zwar aus dem Grunde, weil, wo das Maternitätsprinzip ausgesprochen und angenommen ist, es sich von selbst versteht, daß die Rechte der unehelichen Kinder deshalb weniger Gefahr laufen, weil der Staat für sie sorgt; es ist da ausgesprochen: der Staat muß für diejenigen sorgen, deren sich der Vater nicht annimmt. In einem Staate, wo das Paternitätsprinzip mit großen Beschränkungen gilt, finden sich unendlich viele uneheliche Kinder, für die diese Staatsversorgung eigentlich nicht da ist, und für welche sich der Vater auch nicht meldet, weil er eine Menge Dinge für sich hat, welche die Paternitätsklage entkräften oder ausschließen, und so hängen diese armen Kinder, so zu sagen, in der Mitte zwischen Staat und Vater, aber ohne Versorgung.

Nun kommt es, glaube ich, bei allen diesen Fragen darauf an, wer sind die Parteien, um deren Wohl es sich handelt? Nach den vorangegangenen Reden scheint mir, als wären viel zu sehr die Mutter und der Vater ins Auge gefaßt worden; das Kind ist immer weniger berücksichtigt worden. Meiner Ansicht nach handelt es sich aber vorläufig um das Kind, (Beifall) weniger um den Vater. Erlauben Sie mir auszuführen, warum?

Der Vater hat gefehlt, das müssen wir zugeben, von dem Standpunkte müssen wir ausgehen. Die Mutter hat auch gefehlt, das müssen wir auch annehmen.

Nun stehen sich entgegen einerseits die Mutter und der Vater. Die Mutter ist von dem Vater beschädigt worden. Es wird zwar gewöhnlich angenommen mit Einwilligung; das macht aber nichts, beschädigt ist sie worden. Hier handelt es sich also lediglich um den Schadenersatz.

Andrerseits stehen sich auch als Parteien gegenüber: das Kind und der Vater. Da scheint mir die Forderung der Gerechtigkeit viel mehr auf Seite des Kindes zu stehen, als auf Seite des Vaters; das Kind hat nicht gefehlt, sondern der Vater. Der Vater kann sich helfen, er ist ein erwachsener, ein versorgter Mann, das Kind ist aber ein hülfloses Geschöpf.

Ich habe mich bei Statistikern erkundigt, und man hat mir gesagt, daß die Anzahl der unehelichen Kinder in Deutschland fünf Millionen bei einer Bevölkerung von funfzig Millionen beträgt, also Einzehntel der Bevölkerung (Rufe: Ist nicht richtig.) Es ist vielleicht nicht ganz richtig, aber die Anzahl der unehelichen Kinder ist jedenfalls sehr bedeutend, und es handelt sich von dem juristischen Standpunkte darum, diesen so zahlreichen Geschöpfen Gerechtigkeit zu verschaffen.

Bei der ganzen Frage handelt es sich auch noch um eine zweite Berücksichtigung, nämlich die der ganzen Gesellschaft. Nehmen Sie an, m. H., wie gewichtig ist das Schicksal von fünf Millionen Menschen für das Schicksal der ganzen bürgerlichen Gesellschaft in Deutschland, wie gewichtig! und was ist das Schicksal der unehelichen Kinder? Es ist meistens das: weil sie von Kindheit, von Geburt an keine Familie haben, keine Brüder, keine Schwestern, keine Eltern — die Mutter selbst ist ja größtentheils durch die Geburt in das Unglück gebracht und bringt daher meistens eine Art von Abneigung gegen das Kind mit — verfallen solche Kinder dem schrecklichsten Schicksale, und bilden jedenfalls die Schattenseite der Gesellschaft. Das ist aber ein gewichtiges Moment, welches gar sehr in Betracht genommen werden muß.

Ich sage also, ganz allgemein handelt es sich darum, das Paternitätsprinzip mit wenig Beschränkungen anzunehmen, oder dann lieber gar das Maternitätsprinzip; denn das Paternitätsprinzip mit vielen Beschränkungen ist für das Schicksal von so vielen Millionen sehr mißlich.

Gehen wir nun auf die Beschränkungen ein, welche ich dennoch gelten lassen will, so finde ich die erwähnten Beschränkungen — die übrigens, nebenbei gesagt, nicht die einzigen vorkommenden sind — kurz Alles, denke ich, was man in dieser Beziehung vorbringen könnte, in der Gesetzgebung der Schweiz vertreten. Dort finden sich noch sehr viele Beschränkungen, an welche hier gar nicht gedacht ist, z. B. der Todesfall des Vaters. In einigen Gesetzgebungen der Schweiz ist nämlich auch eine Frist festgesetzt, binnen welcher die Klage angestellt werden kann, und wenn der Vater vor Ablauf dieser Anstellungsfrist stirbt, so entfällt dann die Klage, weil er eben gestorben. Ich finde diese Bestimmung gut; denn das ist ein Verhältniß, in welchem doch wohl nur der Vater im Prozesse auftreten kann und zwar mit Gewicht auftreten kann; für die Erben ist das immer eine schwere Sache. Davon sehen wir ganz ab.

Ich will ferner die Beschränkung nicht gelten lassen, daß die Klage ausgeschlossen sein soll, wenn der als Vater in Anspruch Genommene zur Unzucht verführt worden ist; denn der Beweis der Verführung ist in diesem Falle immer unmöglich, behaupte ich. Ja, es wird in vielen Fällen vielleicht für die betreffenden Personen selbst nicht mit Bestimmtheit anzugeben sein, welcher Theil der Verführte war.

Ferner will ich die Beschränkung nicht gelten lassen, daß Einer, der zur Zeit des Beischlafes oder der Zeugung verehelicht gewesen, die Klage aus diesem Grunde zurückweisen kann, weil ich nicht einsehe, wonach der Ehemann eine Art von Privilegium besitzen soll, während doch im Gegentheil vielleicht mancher Ehemann, welcher keine ehelichen Kinder hat, glaube ich, ganz gut für sein uneheliches Kind sorgen könnte, und dabei auch in viel weniger Verlegenheit käme, als so mancher Junggeselle.

Drittens will ich nicht gelten lassen die exceptio plurium concumbentium. Die Gründe, welche dafür angeführt werden, scheinen mir nämlich nicht ganz stichhaltig. Einmal sagt man, es werde dadurch die Mutter von dem Beweise der Ausschließlichkeit befreit. Erlauben Sie mir, m. H., da muß ich fragen: Wer verlangt denn einen solchen Beweis? Hat nicht jeder Mensch ein angeborenes Recht auf den guten Leumund? Hat die uneheliche Mutter einmal gefehlt, soll sie darum beweisen, daß sie nicht noch ein zweites Mal gefehlt hat? Das sehe ich nicht ein. Im Gegentheile: Nach allgemeinen prozessualischen Grundsätzen muß gerade Derjenige, der etwas behauptet, es auch beweisen. Nicht die Mutter hat den Beweis der Ausschließlichkeit zu führen, sondern wer immer die Nicht-Ausschließlichkeit behauptet, muß auch beweisen, daß der Beischlaf nicht ausschließlich mit dem Einen Manne gepflogen ward.

Ferner muß ich noch erwähnen, und ich will dabei kurz sein, daß ich glaube, daß Dasjenige, was Herr Geheimrath Heydemann erwähnte, im Grunde richtig ist: es würde nur Anlaß gegeben sein zur Verführung, zum — ich will es so nennen — Gesellschaftsdiebstahl. Gerade in einem solchen Falle, wo eine unschuldige Person verführt worden ist, ist die Gefahr, daß der Verführer werde belangt werden, am größten. Also gerade in einem solchen Falle wird es ihm möglich sein, einen guten Freund zu finden, welcher ihm nachfolgt. Die Bestrebungen hierzu können doch zur Sittlichkeit unmöglich beitragen. Ich behaupte also, daß so etwas gerade aus Sittlichkeitsgründen zu vermeiden sei.

Ferner sagt man, die Vermuthung spreche nur dann dafür, daß der Beischlaf der Grund der erfolgten Geburt sei, wenn dem Frauenzimmer blos ein Einziger beigewohnt hat. Haben ihr aber Mehrere beigewohnt, sagt man, so falle die Vermuthung weg; sie falle weg bezüglich aller; die eine Vermuthung hebe die andere auf. Es ist das Beispiel angeführt worden von Dreien, die schießen, von Dreien, die Brand legen. Das klappt nicht recht. Das Beispiel war eben vielleicht schlecht gewählt. Aber, m. H., wie ist es denn beim Todtschlag? Nach unserem Strafgesetze gilt die Bestimmung: Wenn Jemand in einem Raufhandel erschlagen wird, so wird angenommen, daß die Vermuthung auf Alle geht. Das trifft wohl, denke ich, zu, und hier handelt es sich doch nicht um weniger, als bei der exceptio plurium concumbentium. Es wird nicht die Vermuthung bezüglich jedes Einzelnen entkräftet, sondern sie besteht geradezu für jeden Einzelnen, und fragen wir, wenn schon die Sache zweifelhaft wäre, was wir wählen sollen, so muß ich wieder auf das zurückkommen: Wer sind denn die Parteien? das Kind, — der Vater? Allerdings ist es für den Vater mißlich; aber am Ende ist es auch für das Kind mißlich, wenn der Vater erst gezwungen werden muß, seine gewissermaßen angeborene Pflicht zu erfüllen. Wir haben oft von angeborenen Rechten gesprochen; sprechen wir doch auch einmal von angeborenen Pflichten. Es ist etwas Mißliches dabei; allein auf der andern Seite befindet sich ja das arme Kind, welches unschuldig ist, und daß am Ende der Vater gezwungen werden kann, scheint auch nicht so übel.

Wir übertragen die Sorge für das Kind einem Vormunde— — (Rufe: Schluß, Schluß.)

**Präsident:** M. H.! Wer das Wort hat, den will ich eben nicht unterbrechen. Herr Dr. Heller hat noch das Wort. Es versteht sich von selbst, daß die Herren einsehen, sich bei dem Umstande, daß noch mehrere Mitglieder das Wort begehrt haben, der möglichsten Kürze befleißigen zu sollen, um eben Allen Gelegenheit zu geben, ihre Meinung zu äußern. (Bravo.)

Prof. Dr. **Heller** (fährt fort): Ich werde kurz sein. Also ich sage: Auf der einen Seite steht der Vater, auf der andern das Kind. Wenn noch ein Zweifel obwaltet, was denn die Forderung der Gerechtigkeit ist, so stehen Einige auf Seite des Kindes und meinen, daß der Vater blos gezwungener Weise seinen Vaterpflichten nicht genügen, dieselben nicht erfüllen dürfe. Es darf uns das aber nicht abschrecken; denn übertragen wir die Sorge für das Kind, welches keine Eltern hat, einem Vormunde, so läßt es sich wohl denken, daß möglicher Weise auch der Vormund zur Uebernahme der Vormundschaft gezwungen werden müßte, und doch zeigt es sich ja täglich, daß auch ein Vormund, der gezwungener Weise die Vormundschaft übernommen hat, wenn er sie übernommen hat, seine Pflichten so ziemlich erfüllt.

Nur noch Eins, m. H. Die einzige Beschränkung möchte ich gelten lassen, welche mir in den Forderungen der Gerechtigkeit zu wurzeln scheint, und das ist die kurze Anstellungsfrist. Sie müssen doch zuerkennen, daß auch der präsumtive Vater wissen muß, wann er denn einmal von der Angst befreit ist, mit der Klage belangt zu werden. (Heiterkeit.) Das möchte ich also aufrecht erhalten wissen.

Hofger.-Adv. Dr. **Vogel** aus Darmstadt: Nur wenige Worte in dieser so ausführlich und eingehend behandelten Sache.

Im Anfange der Diskussion ging man davon aus, daß das Sittlichkeitsgefühl die hauptsächlichste Stütze der Paternitätsklage sei. Im Laufe der Diskussion kam man davon zurück. Man bekannte sich zum Gegentheil, daß das Sittlichkeitsgefühl geradezu die Paternitätsklage verdammt.

Das Sittlichkeitsgefühl, in seinem ganzen Umfange, nach allen Seiten waltend, wird und muß sich gegen die Paternitätsklage aussprechen, die sich lediglich auf das stuprum stützt. Man blicke dorthin, wo die Klage zugelassen wird. Ich weiß es nur von einem Lande her, aus Westphalen, was für Unsegen in Familien gebracht wurde, wo von Personen, die, wie vorhin erwähnt wurde, ein Geschäft daraus machen, die Paternitätsklage angestrengt wurde gegen Leute, welche Vermögen besaßen, um sich eben Vermögensvortheile zuzuwenden. Man findet Leute genug, die sich herbeilassen zu beeiden, sie hätten das und Jenes gesehen, und wenn von dem Beweismittel des Eides Gebrauch gemacht wird gegen Denjenigen, gegen den die Paternitätsklage erhoben wird, so scheut Dieser sich, den Reinigungseid zu schwören, damit ihm nicht etwa von der ganzen Gesellschaft der Vorwurf gemacht werden könne, er habe einen Meineid geschworen, abgesehen davon, ob überhaupt in einer solchen Sache ein Eid für zulässig gehalten werden darf.

Gehen wir von dem Boden des Sittlichkeitsgefühls über auf jenen des Rechtes, dann wird allerdings davon die Frage sein können, ob die Paternitätsklage anzustellen sei. Aber es muß jedenfalls etwas hinzukommen, was den rechtlichen Boden gewährt, und das ist entweder die Anerkennung der Vaterschaft, oder ein Eheversprechen, welches dem Beischlafe vorausgegangen oder zu demselben hinzugekommen ist.

Sie werden gewiß nicht zweifeln, daß in dem Falle, wo ein Mann sich zum Vater des unehelichen Kindes bekannt hat, die Paternitätsklage zulässig sein werde, ob sie nun von der Mutter selbst, oder, wenn diese todt ist, von dem Kinde, bezüglich dessen Vormund angestellt werde. Ich betrachte diese Frage als unzweifelhaft, so daß sie einer Begründung durchaus nicht bedarf.

Der zweite Fall ist der, und da werden diejenigen Herren, welche vom Standpunkte des Sittlichkeitsgefühls aus diese Frage beleuchten, auch wohl befriedigt sein: Wenn ein Mann längere Zeit hindurch in einem solchen Verhältnisse zu einem Frauenzimmer stand, daß das Letztere daraus die Hoffnung schöpfen konnte, der Mann werde es heirathen; dieses vertraute Verhältniß allein wird wohl doch nicht bindende Kraft haben, und es wird ein ausdrückliches Eheversprechen hinzukommen müssen, damit, wenn das Frauenzimmer unter diesem Eheversprechen sich hingiebt, die Paternitätsklage, und zwar in Verbindung mit der Klage auf Ehevollzug angestellt werden könne, wofern nämlich der Ehevollzug noch möglich ist. Sonst wird wohl die Paternitätsklage entschieden unzulässig sein.

So wird die Sache im Großherzogthum Hessen behandelt. Seit dem Jahre 1821 ist die Paternitätsklage auf Grund des bloßen stuprum verboten, und der Richter darf auf eine solche nicht eingehen, und wir befinden uns unter diesem gesetzlichen Zustande sehr wohl (Heiterkeit); d. h. m. H., nicht blos die Männer befinden sich darunter wohl, sondern auch die Frauen. Die Zahl der unehelichen Geburten hat seit jener Zeit sich merklich vermindert. Es ist der Sittlichkeit eine große Hilfe geleistet worden. Es giebt Personen, die, wie eben früher bemerkt wurde, ein Geschäft aus dieser Klage machen, die ihren Leib als fruchtbaren Acker betrachten, mit dem sie sich ernähren; diese finden sich aber bei uns nicht mehr vor. Es finden sich nur diejenigen und seltenen Paternitätsklagen, in welchen eben mit auf Ehevollzug, oder gestützt auf Anerkennung der Vaterschaft geklagt wird. Liegt eine solche Anerkennung vor, so wird wohl meist der Mann auch vor Durchführung des Prozesses, ja vor der Klage sich bereit finden, die nöthige Entschädigung zu geben. Läßt er es aber zur Klage kommen, so sind alle Beweismittel, auch der Eid in diesem Falle zulässig. Es vermittelt dies eben dasjenige, was Professor Unger so trefflich behandelt hat, einen Uebergang vom starren Prinzip der Zulässigkeit der Paternitätsklage in allen Fällen zum Prinzipe der beschränkten Zulassung derselben.

Darum glaube ich den Antrag stellen zu dürfen:

> „Der Juristentag spreche seine Rechtsüberzeugung dahin aus, daß die Paternitätsklage auf Grund des stuprum allein unzulässig sei, daß sie dagegen zugelassen werden muß, wo sie mit der Klage auf Ehevollzug, auf Grund eines Eheversprechens und eines unter diesem Versprechen vollzogenen Beischlafes verbunden ist, oder auf erfolgte Anerkennung der Vaterschaft sich stützt."

**Präsident**: Ich bitte mir den Antrag einzureichen.

Es hat ferner das Wort der Herr Regierungsrath Weil.

M. H., nachdem schon einmal Schluß begehrt worden ist, halte ich es für meine Verpflichtung, im Interesse der Versammlung, wenn die Herren Redner gar zu weit ausschweifen, und die Diskussion allzusehr verlängert würde, darauf aufmerksam zu machen. Ich halte das für zweckmäßiger, als wenn die Rufe um Schluß von der Versammlung ausgehen und halte es auch für würdiger für die betreffenden Mitglieder. (Bravo!)

Regierungsrath Dr. **Weil** aus Wien: Nach den glänzenden Reden, welche Sie gegen die Paternitätsklage gehört haben, und nachdem der hochverehrte und geistreiche Herr Antragsteller seinen Antrag so erläutert hat, daß der Satz, welcher als eine Bejahung an der Spitze des Antrags steht, nunmehr in unser Aller Augen und in der Intention des hochverehrten Herrn zur Verneinung führen soll, ist es in der That schwer und peinlich, das Wort gegen die so glänzend vertheidigten Rechte der armen verfolgten Männerwelt zu ergreifen.

Wir haben gehört von den allerdings uns Allen bekannten Mißbräuchen dieses Klagerechtes; wir haben gehört, wie es zum Theile zur Erwerbsquelle gemacht wurde, und darauf hin — zum Theile — wird die Paternitätsklage vorweg verworfen.

Ein weiteres Motiv und Moment gegen die Klage hat der geistreiche Antragsteller namentlich darin gefunden, daß das bewußte Negativum juristisch nicht herzustellen sei. Ich glaube, das wird in den meisten Fällen, auch wo es sich nicht um Paternitätsklagen handelt, der Fall sein. Ein Angeschuldigter wird überhaupt nicht beweisen können, daß er z. B. nicht gestohlen habe; die That muß ihm erst bewiesen werden; während doch, wenn von einem Manne der coitus vollzogen worden ist, und nicht der Beweis geliefert wird, daß die betreffende Person mit einem Anderen zu thun gehabt hat, nicht nur die Präsumtion, sondern meines Erachtens der rechtliche Beweis hergestellt ist, daß er schuldig ist, für das Kind die Vaterpflichten zu erfüllen.

Es stehen sich hier das Deutsche Bewußtsein, welches die Paternitätsklage eingeführt und durchgeführt hat, und das Französische, das Wälsche, ganz entschieden gegenüber.

In meinen Augen ist der Artikel des Code civil: „La recherche de la paternité est interdite" ein Stück nur aus dem ganzen System des Französischen Civilrechtes, ein Stück aus jenem System, welches dem 21jährigen Sohne, dem nach Französischen Rechte majorennen, erlaubt, dem Vater, der gegen seine Heirath mit irgend einer liederlichen Dirne etwa Einsprache erhebt und sein väterliches Recht geltend machen will, die addresse respectueuse zu schicken; respectueuse der Form nach, in der That aber die schnödeste Mißachtung der väterlichen Gewalt. Es ist ein Stück aus jenem System, welches das Verfügungsrecht der Eltern auf ein Minimum beschränkt, kurz, welches die Jungen zu Herren über die Alten setzt. Wieviel Sittlichkeit darin liegt, untersuche ich nicht; ob es mit dem Germanischen Rechtsbewußtsein übereinstimmt, bezweifle ich; ich glaube vielmehr, daß die Paternitätsklage im Germanischen Rechtsbewußtsein wohl begründet ist, und für diesen Juristentag keinerlei Veranlassung vorliegt, das Prinzip als solches aufzuheben oder sich für die Aufhebung auszusprechen.

Dies glaube ich nicht nur aus einem allgemeinen, sittlichen Moment, sondern auch aus einem rechtlichen: daß jeder für die Folgen seiner That einzustehen habe. Ist das richtig, so sehe ich nicht ein, warum der Mann, der ein Mädchen zum Falle bringt, nicht auch die Verpflichtung für das Kind zu erfüllen hat, welches aus dieser Beiwohnung entsteht.

Man hat vielfach die Mißbräuche hervorgehoben. M. H.! wir, wir hier gehören doch nicht zu denen, welche, weil ein Recht vielfach mißbraucht werden kann und mißbraucht wird, deshalb die Uebung des Rechtes als solchen überhaupt verbieten wollen. Das sind Argumente für die Censur, das sind Argumente für alle Beschränkungen der bürgerlichen Freiheit.

Man hat gesagt, in den Rheinlanden befinde man sich recht gut bei dem dortigen System. Wer befindet sich recht gut dabei? Die Gerichte, die nicht mit diesen allerdings sehr unangenehmen Prozessen behelligt werden, gewiß; die Mannspersonen, die Verführer sicher; auch die Advokaten, welche auf einem höheren Standpunkte, als dem des bürgerlichen Erwerbes stehen, da diese immerhin sehr widerliche Rechtsfrage ein für allemal beseitigt ist.

Aber, m. H., wenn auch bei der städtischen Bevölkerung diese Paternitätsklagen, ich gebe es zu, zu schnöden Mißbräuchen führen, so muß dies nicht auch bei der großen ländlichen Bevölkerung sein. Es ist hier selbst von den Herren, welche gegen die Paternitätsklagen aufgetreten sind, gewissermaßen als ein Vorurtheil der ländlichen Bevölkerung dargestellt worden, daß diese die Paternitätsklagen nicht abschaffen lassen will, und deshalb könne man nicht so schnell jenen bewußten Strich durch unsere Germanische Gesetzgebung machen. Ich glaube, es ist das nicht ein bloßes Vorurtheil; ich glaube, die Landbevölkerung hat ihren guten Grund dafür. Gerade dort besteht das primitive Verhältniß des Mannes zum Weibe noch; in den Städten hat es sich korrumpirt; dort ist die Regel, daß der Mann der Verführer, das Weib die Verführte ist, und dort sagt das sittliche und rechtliche Bewußtsein der Bevölkerung: er muß die Folgen seiner That erleiden. In den Städten, m. H., wo Korruption herrscht, wo sich eine Masse von nichtswürdigem Volke ammassirt hat, wo häufig der Mangel an Beschäftigung die Leute zu Ausschweifungen führt, in den Fabriksbezirken, wo ein, es läßt sich nicht leugnen, unnatürlicher Erwerbsbetrieb auch die weibliche Bevölkerung dahinführt — und wer die Lebensweise der Fabrikarbeiter betrachtet, wird sich davon überzeugen, daß sie promiscue des Nachts unter einander liegen — da herrscht kein sittliches Bewußtsein, wie bei der Landbevölkerung, und unsere Gesetzgebung soll diese Bevölkerung in's Auge fassen.

Ich wünsche demnach, daß der Herr Antragsteller dem positiven Vordersatz, den er an die Spitze seines Antrages gestellt hat, auch die ernste Bedeutung lasse, und daß es positiv rechtlich ausgesprochen werde, daß die Paternitätsklage als Regel gilt.

Um so mehr aber bin ich dafür, daß die Ausnahmen, das heißt, die Einreden gelten sollen, welche der Herr Antragsteller bezeichnet, bis auf eine Beschränkung, die ich mir erlaubt habe, dem Herrn Präsidenten vor Eröffnung der Sitzung schon als Antrag zu übergeben.

Ich bin vollkommen einverstanden, daß die Klage auszuschließen sei, wenn der als Vater in Anspruch Genommene nur zur Unzucht verführt wurde. Es wird zwar das selten der Fall sein, äußerst selten.

Ferner führt der Herr Antragsteller als Beschränkung an: „oder zur Zeit der Beiwohnung verehelicht war.“ Ich denke mir, der hochverehrte

Herr Antragsteller hat hier nicht den Ehemännern einen Freibrief geben wollen, sich allenfalls Maitressen zu halten u. s. w., sondern es war seine Meinung, daß der Mutter zur Zeit der Beiwohnung bewußt war, daß der, welcher ihr beiwohnte, verehelicht gewesen; nicht die Thatsache der Verehelichung sollte die Einrede sein, sondern das Bewußtsein der geschwängerten Person, daß der Schwängerer verehelicht war, das heißt, daß sie gewußt hat, er sei nicht ein Verführer, welcher, nachdem sie sich ihm hingegeben, sie heirathen und also ihre Ehre wieder herstellen könne, und daß ihr Kind allenfalls gehörig legitimirt werde, sondern daß sie es mit dem Bewußtsein gethan hat, daß sie mit einem verheiratheten Manne zu thun habe. Das wäre übrigens blos Sache der Redaktion.

Eine größere Aenderung aber erlaube ich mir noch bei diesem Nachsatze vorzuschlagen, wo es heißt: „und zur Zeit der Beiwohnung verehelicht war." Ich möchte nämlich noch eine Ausnahme machen, immer von dem vielleicht beschränkten Standpunkte ausgehend, daß in der Regel der Mann der Verführer ist, und daß er die Gelegenheit wahrnimmt, um das Weib zum Falle zu bringen. Habe ich die exceptio zugelassen, daß, wenn das Frauenzimmer gewußt hat, daß der Mann verheirathet war, ihr dann das Klagerecht nicht zustehen kann, so möchte ich diese exceptio nicht zulassen, wenn das Frauenzimmer in einem Dienstverhältnisse zu dem Manne stand.

M. H., es läßt sich nicht leugnen, diese armen verfolgten Männer mißbrauchen sehr häufig das Verhältniß des Dienstherrn, um das Beisammenleben und Wohnen und die Autorität, die dem Dienstherrn zusteht, zu benützen und Dienstleute zum Falle zu führen. Es ist dies namentlich — ich glaube mich hier auf die Erfahrung der Herren berufen zu können, die mit der ländlichen Bevölkerung viel zu thun haben — es ist dies namentlich bei der ländlicheu Bevölkerung sehr häufig der Fall, und ich möchte gerade das Dienstverhältniß als Ausschließungsgrund der exceptio ansehen, weil die Verfehlung des Ehegatten dadurch erschwert wird, daß sie in den meisten Fällen im ehelichen Domizilium begangen worden ist; ein solcher Mann verdient um so weniger Rücksicht und Schonung.

Mit diesen Beschränkungen, und mit der Auffassung, die der Vordersatz des Antrages des verehrten Herrn Antragstellers ausspricht, glaube ich, sollte der Juristentag die Ueberzeugung aussprechen, daß die Klage auf Anerkennung der unehelichen Vaterschaft im Prinzipe für zulässig zu halten sei.

**Präsident:** Ich habe von unserem Herrn Präsidenten Wächter den Auftrag erhalten, mitzutheilen, daß er die Herren Vizepräsidenten der Plenarversammlung und die gewählten Vertrauensmänner ersucht, heute Abends um 6 Uhr „im goldenen Lamm," Leopoldstadt, zum Zwecke der zu stellenden Anträge mit ihm zusammenzutreten.

Dann ist mir von einer Verlagshandlung, Vieweg und Sohn in Braunschweig, angezeigt worden, daß dieselbe auf ein Verlagswerk über unser Deutsches Handelsgesetzbuch von Professor Hahn aufmerksam mache. Ich denke, darüber ist Nichts weiter zu beschließen.

Nun, m. H., wiederhole ich meine Bitte an die verehrten Herren, welche sich noch zum Worte gemeldet haben, sich möglichst kurz zu fassen. Vielleicht würde Einer oder der Andere sich veranlaßt finden, auf das Wort zu verzichten.

Herr von Wedekind hat das Wort.

Amtsrichter a. D. **Wedekind** aus Lüneburg: Ich glaube mit wenigen Worten aus meiner Erfahrung mich gegen das Prinzip der Paternität aussprechen zu können, aus Rücksichten einer richtigen Rechtspolitik und aus Rücksichten der Sittlichkeit. Ich will dabei nur Dasjenige bemerken, was hier noch nicht hervorgehoben worden ist.

Ich meine, alle Klagen, die mir vorgekommen sind, und deren sind sehr viele, in drei Klassen theilen zu können. Die eine Art von Klagen ging von liederlichen Dirnen aus, die zweite Art von braven, gefallenen Mädchen, die dritte ging aus in Folge der Verkümmerung unserer sozialen Verhältnisse.

M. H., die Verkümmerung der sozialen Verhältnisse ist so groß, daß ich es wahrlich für eine Gewissenssache halten würde, an die Negation der Paternität heranzutreten, wenn ich nicht eben aus der Erfahrung die positive Ueberzeugung geschöpft hätte, daß die Sittlichkeit auf der andern Seite liegt; denn die Mädchen, die sittlich und brav waren, die brauchen die Paternitätsklage nicht, und wer sie braucht, das sind unter 100 wenigstens 90 liederliche Dirnen. So liegt das statistische Verhältniß.

Was ist die Folge davon, wenn liederliche Dirnen die Klage anstrengen? Man hat gesagt, für das Kind soll man streiten. Aber dem Kinde kommt davon nichts zu Gute, sondern das liederliche Mädchen geht zuerst herum und sucht auf dem Wege der Erpressung sich schadlos zu halten. Dann, wenn diejenigen ausgepreßt sind, die zahlen können, dann geht sie erst zu einem, der nicht zahlen kann und den nimmt sie vor Gericht. Sie wird sich sehr hüten, einen zahlungsfähigen Beischläfer vor Gericht zu nehmen, weil sie von dem viel mehr unter der Hand bekommt; aber denjenigen, der nichts hat, den greift sie an, und so hat sie das Geld im Sack, und die Gemeinde muß nun zutreten und das Kind alimentiren. Oder sie nimmt einen ex populo, der mit gutem Gewissen den Eid leistet, und dann heißt es: „O! der hat sich abgeschworen," und dann giebt sie sich, vertrauend auf die öffentliche Meinung, den Anschein, doch im Rechte zu sein, denn er „hat sich abgeschworen".

Aber, m. H., ganz anders ist die Sache unter derjenigen Klasse von Mädchen, die der Verkümmerung unserer sozialen Verhältnisse unterliegen. Ich weiß nicht, ob es überall so ist; ich bin aus Hannover, und habe dort in allen Provinzen im Amte gestanden, — da sind die Verhältnisse zum Theil so verkümmert in Bezug auf die Häuslinge, weil wir in den meisten Provinzen, oder doch in sehr vielen geschlossene Bauerngüter haben. Neben diesen geschlossenen Bauerngütern können die Häuslinge oft nicht einmal eine Wohnung bekommen, und ehe sie keine Wohnung haben, können sie keinen Trauschein bekommen. Gerade weil der Herr Vorredner sich auf die Erfahrung berufen hat, so will ich von meinem Standpunkte von Hannover aus, die Erfahrung hiermit dokumentiren. Diese Leute leben in einer, wie man sie noch immer grausam nennt, wilden Ehe; sie ist aber eine Gewissens-Ehe; die Leute leben vollkommen in einem Verhältniß, wie Mann und Frau und wünschen nichts sehnlicher, als daß sie einen Trauschein erlangen können, und eine grausame Legislation (Bravo!) und eine Verkümmerung der sozialen Verhältnisse, ein Makel der Gesetzgebung macht, daß die Leute keinen Trauschein bekommen, wenn sie auch im Herzen die größte Sehnsucht darnach haben. (Bravo! Bravo!)

Von diesen Leuten, m. H., bekommen Sie nie eine Paternitätsklage. Ich habe mindestens vier- bis fünfhundert Alimentationsklagen zu beurtheilen gehabt, ich habe ebensoviel und weit mehr Vormundschaften über uneheliche Kinder geführt; von diesen Leuten bekommen Sie aber nie eine Alimentationsklage. Diese Klasse tritt zusammen und lebt wie Mann und Frau. Es fällt ihnen aber auch nicht ein, beim Armensäckel um eine Unterstützung zu bitten; das thun sie schon aus Scheu nicht, die quälen sich viel mehr durch, wie alle andern.

Dann will ich noch eine verkümmerte Klasse nennen, m. H., die jetzt schon Gottlob ziemlich antiquirt ist, ich habe sie aber in bedeutendem Grade kennen gelernt, das sind die Juden. Damals lebte ich in Ostfriesland an der Holländischen Grenze. Damals existirte noch das Gesetz, daß nur eine gewisse Anzahl Juden heirathen durfte und die jüdischen Rabbiner waren bei großen Strafen verpflichtet, keine Trauung zu vollziehen. Was thaten also diese Leute? Heirathen wollten sie doch; so gingen sie denn über die Holländische Grenze und ließen sich trauen, dann kamen sie wieder; sie waren nun wohl kirchlich kopulirt, bürgerlich aber nicht; die Kinder hatten keinen Anspruch auf Alimentation oder auf den Vater, sie hatten nicht einmal das Erbrecht, sie konnten nur die Mutter beerben. Es geschah aber nie — ich habe zehn Jahre lang dort das Richteramt verwaltet — es geschah nie, daß eine Klage in Bezug auf Alimente nothwendig, oder daß das Erbrecht verweigert wurde.

Diese verkümmerten Klassen brauchen die Paternitätsklage nicht, und die liederlichen Dirnen verdienen sie nicht; und nun bleibt noch die dritte Klasse, die auch von dem Herrn Vorredner hervorgehoben wurde, das ist die dienende Klasse.

Da, m. H., ist es am allerzweifelhaftesten. Fast alle Alimentationsklagen, die ich zu entscheiden gehabt habe, wenigstens die beiweitem größte Menge, ich kann wohl sagen, achtzig Prozent liegen in der dienenden Klasse, (Hört!) und in dieser Beziehung kann ich nicht behaupten, daß die Mädchen leichtfertig waren; aber das glaube ich hier behaupten zu können, daß die Mädchen sich besser hätten in Acht nehmen sollen. (Heiterkeit.) Hier wird unser Prinzip als präventive Macht gelten. Schaffen wir hier die Paternität ab, so werden wir präventiv die Sittlichkeit in der dienenden Klasse erhöhen. Auf den Oekonomieen, in den ländlichen Haushalten, da lebt die dienende Klasse pêle-mêle durcheinander, wie das liebe Vieh, und geradezu gesagt, das darf nicht sein, das soll nicht sein, und die Mädchen würden sich besser in Acht nehmen, wenn sie wüßten, daß sie kein Klagerecht haben. Jetzt, da sie wissen, daß sie die Klage haben, benützen sie sie häufig, um an Mann zu kommen; jetzt denken sie sich, wenn dich der Knecht geschwängert hat, wird er dich heirathen, denn die Alimente kann er nicht bezahlen, und so wirst du seine Frau. (Heiterkeit.) Das ist eine sehr häufig vorkommende Berechnung. Die Sittlichkeit leidet hierunter sehr viel.

Also aus Gründen einer guten Rechtspolitik müssen wir präventiv dahin wirken, daß um die Sittlichkeit in der dienenden Klasse zu heben, auch selbst da die Paternitätsklage nicht bewilligt wird. Wir dürfen sie auch den liederlichen Dirnen um keinen Preis länger lassen, und die bedrückte Klasse bedarf sie nicht, der müssen wir mit anderen Mitteln helfen.

Ich bitte Sie also, m. H., entscheiden Sie sich dafür, daß die Paternitätsklage unzulässig ist.

Nur noch ein paar Worte.

Man appellirt an das Sittlichkeitsgefühl der Deutschen, und wer dem Deutschen an's Herz greift, der hat gewöhnlich eine captatio benevolentiae. Ich habe mich daher gefreut über die Schwenkung, welche die öffentliche Meinung hier gemacht hat. Das Sittlichkeitsprinzip, m. H., das liegt nicht in der Klage auf Paternität, sondern in der Klage auf Ehe. Ja, m. H., wenn alle diese Leute in der bedrückten Klasse einander verlassen wollten, was aber Gottlob sehr selten vorkommt, da ist die Eheklage gegeben; aber es sind manche Frauen viel zu stolz, wenn der Mann sie verläßt, zu sagen: „Du mußt für Deine Kinder sorgen." Sie sagen vielmehr, willst du mich nicht, so brauchst du auch die Kinder nicht, für diese werde ich schon selbst sorgen. Das Sittlichkeitsprinzip also liegt in der Ehe.

Noch Eines: Die Paternität ist nicht blos ein Begriff des Naturrechtes, sondern auch ein juristischer Begriff in dem Sinne, daß sie neben den Pflichten auch Rechte giebt. Wir wissen alle aus dem Römischen Rechte, daß die alte Paternität bis zur Befugniß der Todesstrafe ging. Nun, m. H., heute geht sie nur bis zu dem Rechte der Erziehung und Bestimmung des Berufes, und noch einige andere bedeutende Rechte liegen in der Paternität. Jetzt frage ich Sie, m. H., wenn Sie die Klage auf Paternität **extra matrimonium** zulassen, was giebt es da für Rechte für den Vater? Zahlen muß er, und weiter hat er keine Rechte. Was thun Sie also, m. H.? Sie werden, indem Sie glauben, gegen die Mädchen billig zu sein, gegen das männliche Geschlecht unbillig, dem Sie hier Pflichten auferlegen, ohne daß Sie ihm das geringste Recht gewähren.

Und nun noch Einiges, was den Uebergang betrifft.

M. H., wollen Sie sich einmal für ein Prinzip entscheiden, welches einem andern geradezu entgegensteht, so ist kein Uebergang möglich. Entweder ist das Prinzip richtig, oder es ist nicht richtig. Ist es nicht richtig, so muß es fallen, je eher, je lieber, denn an einem unrichtigen Prinzipe noch flicken, ist nicht möglich, und sich damit hinschleppen, in der Regel unnütz. Andere analoge Gesetzgebungen haben das konstatirt; ich weise beispielshalber hin auf die Gewerbefreiheit. Man hat gezaudert und gewartet und dann endlich ist die öffentliche Meinung gekommen und hat gesagt: „Entweder — oder.“ — Man nimmt entweder das eine Prinzip oder man springt mit beiden Beinen in das andere Prinzip und sagt: „Die Paternität ist unzulässig.“

Es würde also nicht genügend sein, daß der Antrag des geehrten Herrn Antragstellers abgeworfen würde, sondern es müßte die Negation als unser positiver Beschluß hingestellt werden und da der Herr Antragsteller selbst schon eine Schwenkung gemacht, so wird er vielleicht selbst seinen Antrag modifiziren, sonst würde ich bitten, daß ein anderer Herr die Formulirung übernimmt. (Bravo! Bravo!)

Bürgermeister **Dr. Drechsler** aus Parchim: Ich würde auf das Wort verzichtet haben, wenn ich nicht einige Punkte noch hervorheben wollte, die bisher nicht berührt worden sind.

Ich glaube, es ist überhaupt juristisch unmöglich, die Klage auf ein Paternitätsverhältniß zu gründen, oder mit anderen Worten, überhaupt das Verhältniß der Vaterschaft zu dem Kinde in diese ganze Frage hineinzubringen. Das Römische Recht kennt diese Klage nicht. Wäre sie aus irgend einer obligatio zu konstruiren, so würde das feine Römische Obligationenrecht gewiß dafür gesorgt haben. Es ist also nur eine Wiederherstellung des richtigen Grundsatzes, welche der Code Napoléon vornimmt, und hängt nicht zusammen mit den laxen Grundsätzen der Französischen Gesetzgebung; denn das Römische Recht hatte denselben Grundsatz, und es ist bekannt, daß keine Gesetzgebung der patria potestas größere Rechte eingeräumt hat, als das Römische Recht. Die ganze Klage auf Alimentation des unehelichen Kindes ist hervorgegangen, wie Ihnen, m. H., wohl allen bekannt ist, aus einer falschen Interpretation der Praxis, gestützt auf eine Bestimmung des kanonischen Rechtes, die sich ursprünglich nur auf Concubinen bezieht; sie ist aus dem Nothstande der damaligen Zeit hervorgegangen, weil es darauf ankam, Mittel zu finden, diese unehelichen Kinder zu ernähren. Das Französische Recht, welches den richtigen Grundsatz wiederherstellte, hat diesen Nothstand beseitigt, indem es theils die Kommunen zur Ernährung der unehelichen Kinder verpflichtete, theils durch Findelhäuser für dieselben sorgte. In jedem wohlgeordneten Staate wird besser gesorgt für die Kinder — welche doch allein immer nur als Kläger erscheinen können und niemals die Mutter — wenn durch Einrichtungen der Gemeinden und des Staates mit Hilfe der Mutter, falls sie es im Stande ist, die Alimentation und die Erziehung der Kinder besorgt wird, und die Mutter entzieht sich in der Regel aus Mutterliebe nicht.

Aber, m. H., wenn Sie das Prinzip als das allein richtige anerkennen, daß sie aus den Folgen eines stuprum die Verpflichtung für den Stuprator herleiten wollen, so vermischen Sie zwei ganz verschiedene Gesichtspunkte. Die Verpflichtung des Vaters, des ehelichen Vaters, die Kinder zu ernähren, ist eine Verpflichtung, die aus dem ehelichen, aus dem Familienverhältnisse erwächst. Er ist nicht blos verpflichtet, die Kinder zu alimentiren, sondern diese Verpflichtung geht viel weiter, sie giebt dem ehelichen Vater auch Rechte, aber auch nur diesem, weil er das Vaterrecht hat, und allein haben soll; deshalb hört auch mit seinem Tode die Verpflichtung, zu alimentiren, auf. Dem entgegen wird aber sogar behauptet, es müsse die Verpflichtung des unehelichen Vaters auch auf die Erben übergehen, und wir kennen eine Praxis, die hier das Delikt als begründet annimmt, wo demnach sogar die Erben des Vaters zahlen müssen, während die Erben des ehelichen Vaters als solche niemals eine Alimentationspflicht gehabt haben.

Es sind also die Gesichtspunkte vielfach vermischt.

Ich meine, nur eine Nothwendigkeit oder doch eine utilitas kann uns dazu zwingen, das schon von dem Römischen Rechte richtig befundene Prinzip zu verwerfen; ich meine, wenn wir bei dem Französischen und Römischen

Rechte stehen bleiben müssen, so kann irgend eine Abweichung nur utilitatis causa geschehen. Diese utilitas war im Mittelalter vorhanden, zur Zeit der Reception des Römischen Rechtes, da zu derselben die Sorge für die unehelichen Kinder nicht genügend berücksichtigt wurde; jetzt aber ist dies nicht mehr der Fall, und sollte wenigstens nicht mehr der Fall sein.

Ich kann nur eine Ausnahme gelten lassen, das ist die freiwillige Anerkennung des Vaters; denn auch die anderen Ausnahmen, die in Darmstadt Geltung haben sollen, — wenn nämlich ein Eheversprechen dazu gekommen ist, und bei Kindern von Brautleuten, — auch diese sind gefährlicher, glaube ich, als sie auf dem ersten Blicke erscheinen.

Ich will die Sache nicht weiter ausführen, weil die Zeit schon vorgerückt ist; aber ich möchte den Antrag stellen:

> „Der Juristentag spreche seine Ueberzeugung aus: Die Klage auf Alimentation eines unehelichen Kindes kann nicht auf das stuprum allein begründet werden, sondern es muß die Anerkennung des als unehelicher Vater Belangten dazu kommen.“ (Beifall.)

**Präsident**: M. H., Die Diskussion war bisher zwar sehr interessant, aber doch sind wohl die wichtigsten Motive bereits berührt worden, und ich ersuche daher die Herren, welche gegenwärtig noch sprechen wollen, sich nicht blos kurz zu halten, sondern auch ja keine Wiederholungen vorzunehmen. Herr Dr. Auerbach hat das Wort.

Advokat **Dr. Auerbach** aus Frankfurt a. M. Um der eben an uns ergangenen Ermahnung von Seite des Herrn Präsidenten so viel als möglich Folge zu leisten, möchte ich nur einzelne Momente vorführen, um das zu bestärken, was schon ein Herr Vorredner kräftig und richtig bemerkt hat.

Ich will meine Ausführung nicht darauf basiren, daß wir hier auf dem germanischen Sittlichkeitsprinzipe stehen, und daß wir das Recht des Kindes vor Allem in's Auge zu fassen haben; ich will aber hervorheben, daß wir hier auf dem Gebiete von Vermuthungen stehen, von Vermuthungen, geknüpft an ein zeitliches Moment, von Vermuthungen, geschaffen aus der Unmöglichkeit, bestimmte Thatsachen mit apodiktischer Gewißheit festzustellen. Dasselbe Prinzip, welches zum Theile unser ganzes Eigenthum beherrscht, das Prinzip der Ersitzung, ja sogar das Prinzip der actio publiciana, wodurch die Rechtssicherung und Rechtsordnung des Eigenthums begründet ist, ist weiter Nichts als ein Prinzip der Vermuthungen. Wird denn die Vermuthung, die dadurch entsteht, daß der Akt der Beiwohnung in einer der Geburt des Kindes entsprechenden Zeit stattgefunden hat, wird denn diese Vermuthung, diese Möglichkeit ausgeschlossen, wird diese Möglichkeit zur Unmöglichkeit, weil Mehrere diesen Akt in der entsprechenden Zeit verübten? Gewiß nicht. Alle diese Konkumbenten übten den Akt aus, und alle diese Konkumbenten müssen die Folgen dieses Aktes vertreten; sie Alle muß dafür eine Solidarität treffen; denn eine pro rata Haftung werden Sie in dieser Beziehung keineswegs annehmen, da ein theilweiser Erzeugungs-Akt gewiß an und für sich eine unnatürliche Sache wäre.

Aber noch mehr! Man stellte zuerst den Satz auf: die Paternitätsklage soll zulässig sein, that dies aber in einer Beschränkung, der ich nicht beistimmen könnte. Denn es handelt sich, wie ein Vorredner bemerkt hat, gar nicht um die Vaterschaft, wie sie die Römer hatten, die, um den Frieden in der Ehe zu erhalten, den Satz: „pater est, quem nuptiae demonstrant“ aufstellten; im gemeinen Gewohnheitsrechte der Deutschen, hervorgegangen aus dem sittlichen Rechtsbewußtsein derselben, ist die Bestimmung getroffen, daß eben eine Alimentations-Verbindlichkeit im Interesse des Kindes bestehen solle.

M. H., man hat nun, um diese Schwenkung zu erreichen, an die Mißbräuche erinnert, die diese Klage mit sich bringt. Aber, m. H., was kann nicht alles mißbraucht werden? Eines der segensreichsten, wichtigsten unserer Rechtsinstitute unseres modernen Verkehrslebens, der Wechsel, wie oft ist er nur ein Mittel, um Scheingeschäfte, um Wuchergeschäfte zu schließen, und Schulden durch Schulden zu decken! Wollen Sie deshalb den Wechsel etwa streichen?

Man hat uns Frankreich hervorgehoben, und hat unsern Blick nach diesem Staate hinwenden wollen. Ich glaube, die Behauptung ist nicht zu kühn: das ganze Getriebe des Sozialismus, gestützt auf ein Proletariat, es steht nicht so ferne dem Grundsatze, daß das Kind dem Staate anheimfallen solle. Die konsequenteste Durchführung dieses Grundsatzes ist der St. Simonismus, der überhaupt die ganze Erziehung des Kindes den Eltern abnehmen, und sie dem Staate überweisen will.

**Präsident**: Ich fürchte, daß wenn Sie auf die Frage des Sozialismus kommen, wir über die Frage der Paternität bis heute Abend fortreden. (Bravo.) Ich ersuche den Herrn Redner, sich möglichst kurz zu fassen. — (Beifall.)

**Dr. Auerbach** (fährt fort): Um dieser Aufforderung zu genügen, und um das juristische Gebiet wieder zu betreten, muß ich mich ausdrücklich ganz und gar Dem anschließen, was mein geehrter Herr Vorredner bemerkt hat. Ich thue es im Interesse des germanischen Sittlichkeits- und Rechtsbewußtseins.

Advokat **Dr. Beer** aus Bielitz: M. H.! Um mir Ihr geneigtes Ohr zu verschaffen, will ich Ihnen vor Allem die beruhigende Mittheilung machen, daß ich in der Materie selbst nichts mehr zu sprechen habe; denn sie ist heute so viel, so eindringlich und gründlich besprochen worden, daß nicht leicht etwas Neues, etwas Gutes hinzuzufügen sein wird. Ich habe mich nur darum veranlaßt gefühlt, zu sprechen, um einen später zu erwähnenden Antrag zu stellen, weil ich im Widerspruche mit dem uns vorliegenden Antrage, und bei der uns überwältigend beigebrachten Ueberzeugung der Richtigkeit des gegentheiligen Prinzipes, keinen Ausweg finden kann, als derjenige bietet, der in dem später zu erwähnenden Antrage enthalten ist.

Es ist der Antrag gestellt, der Juristentag möge sich vorläufig für die Zulässigkeit der Paternitätsklage aussprechen. Dieser Antrag hat seine Vertheidiger gefunden, und doch haben sämmtliche Vertheidiger dieses Antrages sich als Lobredner des entgegengesetzten Prinzipes gerirt.

Es ist ferner hervorgehoben worden, daß dieser Antrag den Uebergang zum gegentheiligen Prinzipe vermitteln soll. Ich glaube nicht, daß es Aufgabe des Juristentages ist, einen Vorschlag zu machen, der einen Uebergang bilden soll. (Bravo.)

Bedenken wir, in welch einzig möglicher Weise bisher in Deutschland die gemeinsame Gesetzgebung gefördert wurde. Bis ein Deutsches Gesetzgebungswerk von den bisher kompetenten Organen, dem Bundestage und seinen Delegirten-Kommissionen, reiflich durchsprochen und angenommen wird, bis es in den einzelnen Staaten den Kammern von der Regierung vorgeschlagen, von diesen durchberathen und angenommen wird, diese Zeit zählt nicht nach Jahren, sondern nach Lustren. Bis dahin wird, wie der Herr Antragsteller richtig und glücklich prophezeiht hat, die bessere Meinung sich Bahn gebrochen haben, und ich glaube nicht, daß es unsere Aufgabe sein kann, den Deutschen Regierungen und dem Deutschen Volke einen Grundsatz als richtig, als unsere Ueberzeugung zu proklamiren, von dem wir selbst die Meinung haben, daß bald eine bessere Ueberzeugung Platz greifen werde.

In dieser Berücksichtigung, um uns also nicht zu präjudiziren, und um auch unserer Ansicht Raum zu geben, daß wir einerseits dem vorliegenden Prinzipe die Billigung nicht ertheilen wollen, daß wir aber andrerseits das entgegengesetzte Prinzip zwar nicht verwerfen, aber noch nicht für spruchreif erkennen, habe ich mir erlaubt, folgenden Antrag zu stellen:

> „Der Juristentag geht in der Erwägung, daß auf dem Wege des vorliegenden Antrages zu dem im §. 1. des Statutes des Deutschen Juristentages vorgesehenen Einigungswerke, mit Rücksicht auf die in einigen Theilen Deutschlands geltende, prinzipiell entgegenstehende Gesetzgebung nicht fördernd gewirkt werden kann, zur Tagesordnung über."

Ich erlaube mir, im Wortlaute dieses Antrages auf zwei von mir besonders betonte Absätze hinzuweisen, nämlich:

1) wird durch den Passus „auf dem Wege des vorliegenden Antrages," angedeutet, daß sich der Deutsche Juristentag mit dem Prinzipe der Paternitätsklage nicht vollkommen einverstanden erklärt hat, und

2) in dem Schlußabsatze: „Mit Rücksicht auf die prinzipiell entgegenstehende Gesetzgebung," wird eben in die Annahme des vorliegenden Antrages nicht eingegangen, aber eine wahre Einigung angebahnt, indem darauf hingewiesen wird, daß jedenfalls das entgegenstehende Prinzip das bessere, und es unsere Aufgabe sei, so lange zu warten, bis die Verhältnisse, die allgemeine Meinung sich so umgestaltet haben werden, daß der Annahme des entgegengesetzten Prinzipes von Seite dieses Juristentages, dem Ausspruche dieser Ueberzeugung, und der Berücksichtigung in der seinerzeitigen Kodifikation Bahn gebrochen sein werde.

Hofrath Dr. **Kerstorf** aus Augsburg: Ich werde eben so kurz sein, wie mein Herr Vorredner und Herr Drechsler.

Wir haben die Gründe pro und contra vernommen, die für die Zulässigkeit einer Paternitätsklage aus unehelicher Beiwohnung sprechen. Ich schließe mich Denjenigen an, welche die Klage im Prinzipe verwerfen, schließe mich aber auch Denjenigen an, welche die Klage auf Ehelichung zulässig erachten. Darin liegt der Unterschied zwischen mir und Denjenigen, die sich fürchten, im Prinzip die Statthaftigkeit dieser Klage zu verwerfen, was, glaube ich, blos auf einer Verwechslung oder einem Uebersehen beruht.

Jedes Versprechen ist nach Deutschem Rechte, nach sogenannten gemeinem Rechte klagbar. Wo also eine Ehelichung versprochen ist, ist dieses Versprechen, und nicht die zufällige Erzeugung eines Kindes aus unehelicher Beiwohnung vor Erfüllung des Versprechens, ein Grund zur Klage.

Wenn aber dann accessorisch die Klage auf die Anerkennung des Kindes erstreckt wird, so glaube ich, ist das ganz gerecht, und es fragt sich nur: Ist es denn eine praktische Nothwendigkeit, die Anerkennung des Kindes auch noch daran zu knüpfen, während man im Allgemeinen, besonders in Rücksicht auf das stuprum, im Prinzipe die Klage auf Anerkennung der Vaterschaft verwerfen will? Ich glaube aber, das läßt sich verbinden, weil eine nothwendige Folge einer solchen Klage die sein wird, daß man die Momente, die dazu geführt haben, das Versprechen, und — ich möchte sagen — den antizipirten Vollzug desselben mit zum Klagegrund erhebt.

Wir befinden uns hier aber im Ganzen auf dem Gebiete des Prozesses mit allen Einwendungen. Ich mache Sie aufmerksam, daß in dem Augenblicke, wo wir hier über diesen Gegenstand tagen, in einer andern Abtheilung die Frage aufgeworfen ist, ob der Beweis in bürgerlichen Streitsachen nach der freien, richterlichen Ueberzeugung ohne feste, bindende Beweisregeln zulässig sein soll. Ich habe in meiner langen Advokaten-Praxis immer gefunden, daß im Beweisstadium das Uebel sitzt, im statthaften Beweise, besonders im Zulassen zum Eide. Das ist aber hier nicht zu entscheiden.

Die Frage theilt sich nach meiner Ansicht in zwei Theile, wovon wir nur den einen zu entscheiden haben. Soll im Prinzipe die Klage als Regel statthaft sein oder nicht? Der Herr Antragsteller Dr. Unger will die Regel bejahen; ich will die Regel verneinen aus den oft gehörten Gründen. Ich will aber eine Ausnahme, — wenn denn doch eine Ausnahme sein soll, — ich will die Klage aus dem Eheversprechen aufrecht erhalten wissen, und weiter Nichts. Ich werde auf die Gegenanträge warten, um etwa ein Amendement zum Gegenantrag einzubringen.

Geh. Justizrath, Prof. Dr. **Ihering** aus Gießen: Wenn ich nochmals das Wort ergreife, so geschieht es nicht, um die Ansicht über die juristische Begründung der Paternitätsklage, die ich ausgesprochen habe, zu wiederholen, und die Gegengründe, welche geltend gemacht wurden, zu widerlegen, sondern es geschieht, um gegenüber den vielen Rednern, welche gegen die Paternitätsklage überhaupt gesprochen haben, das Wort für die Paternitätsklage zu nehmen. (Bravo.)

M. H., ich bin durch alles das, was wir gehört haben, für meine Person nicht überzeugt. Ich glaube, daß die Differenz zwischen den Gegnern und den Vertheidigern der Paternitätsklage sich zum großen Theil darauf reduzirt, daß die Einen bei ihrem Urtheil über die Frage einen Zustand vor Augen haben, in dem die Paternitätsklage gilt, die Andern einen, in dem sie fehlt; daß die Einen also mehr die Nachtheile der vorhandenen, die Andern die der mangelnden Paternitätsklage im Auge haben. Ich gehöre zu Letzteren, ich lebe in einem Lande, wo sie ausgeschlossen ist, ich habe Gelegenheit gehabt, die Folgen der mangelnden Paternitätsklage kennen zu lernen, und ich sage nicht zu viel, wenn ich behaupte, daß sie mein sittliches Gefühl empört haben. (Bravo.) Ein Mann verführt ein Mädchen, und nachdem er ihr ihre Ehre und guten Namen geraubt hat, verweigert er das Wenigste, was er thun kann, die Alimente für das Kind zu zahlen, und weist die bescheidensten Anforderungen der Mutter mit Achselzucken zurück, indem er sich hinter das Gesetz flüchtet. Das nenne ich ein Bubenstück, und das bestimmt mich bei meiner ganzen Ansicht. Sie, m. H., welche die Paternitätsklage beseitigt wissen wollen, urtheilen von Zuständen aus, wo diese Folgen nicht eintreten können.

Wenn ein Herr aus Hannover in seinem vortrefflichen Vortrage eine Unterscheidung macht, wenn er anführt, in der Praxis komme es in den meisten Fällen nicht zur Klage, so frage ich, m. H.: warum kommt es nicht zur Klage? Antwort: Weil Jeder weiß, daß er zahlen muß, wenn er es dazu kommen läßt. Wie aber, wenn der Mann weiß, zu zahlen brauche ich nicht; die Klage ist ja aufgehoben? Glauben Sie, daß dann auch ein Jeder willig zahlen würde? So lange die Klage besteht, zahlen Alle, wenigstens jeder ordentliche Mann, nur die Insolventen zahlen nicht. Nun wird aber argumentirt und gesagt: Die Klage ist überflüssig; denn es sind nur einzelne nichtswürdige Leute, die sich widersetzen und nicht zahlen wollen, aber die ordentlichen zahlen. M. H.! Auch von diesen vielleicht zahlt die Mehrzahl nur, weil die Klage existirt; würde die Klage nicht existiren, nun dann würden auch diese nicht zahlen. (Bravo!)

M. H.! Es kommt bei vielen Fragen des Rechts nur darauf an, wie man sich die Situation denkt. Ich habe an mir selbst die Bemerkung und Erfahrung gemacht, daß meine Ansicht über gewisse Rechtsfragen wechselnd ist, je nachdem ich mir im Geiste die Persönlichkeit dessen zurecht lege, den ich mir als Träger des Rechtsverhältnisses denke. Das kann verschieden sein. Einmal stelle ich mir in einem Rechtsverhältnisse einen Wucherer als Kläger vor und als Beklagte eine arme Wittwe. Da nimmt das Rechtsverhältniß vor meinem Geiste eine ganz bestimmte Gestalt an. Denken Sie sich nur, um eine Probe zu machen, auf der einen Seite als Kläger einen ordentlichen Menschen und als Beklagten einen Nichtswürdigen. Da gewinnt sofort das ganze Verhältniß ein andres Aussehen. Darf ich Ihnen sagen, was die meisten Herren hier in dieser Versammlung für ein Verhältniß vor Augen haben? Sie stellen sich einen ordentlichen Menschen vor, nämlich sich selbst. (Bravo und Heiterkeit.) Diesen ordentlichen Menschen, m. H., stellen Sie auf die eine Seite und auf die andere Seite die liederliche Dirne. Ja, wenn Sie die Frage so stellen, dann neigt sich meine Sympathie sofort auf Ihre Seite. (Bravo.)

Erlauben Sie mir jetzt, den Fall einmal etwas zu verschieben. Auf der einen Seite steht ein armes, ehrliches, verführtes Mädchen, auf der andern ein in den Künsten der Verführung geübter, nichtswürdiger Mensch, der in der Lage ist, zahlen zu können, sich aber weigert, die Alimente für das Kind zu zahlen und einwendet: es giebt keine Paternitätsklage, ich gebe nichts her. M. H., das empört das sittliche Gefühl, und dagegen kömmt in meinen Augen nichts auf von all dem, was gesagt worden ist. Wenn man sich nun zum Zweck der Bestreitung der Paternitätsklagen lediglich auf den Standpunkt der Zweckmäßigkeit stellt, so ignorirt man dabei einfach den der Sittlichkeit; eine Frage des sittlichen Gefühls aber läßt sich nicht mit Zweckmäßigkeitsgründen abthun.

Wenn gesagt ist: die Hessen fühlen sich wohl bei der mangelnden Paternitätsklage, so erwiedere ich: das männliche Geschlecht, nicht aber das weibliche. Man könnte mit demselben Recht sagen, sie würden sich wohl fühlen bei der Versagung der Darlehnsklage; die eine Hälfte der dabei interessirten Personen, die Schuldner, würden sehr wohl damit zufrieden sein; aber ich meine, man soll doch auch die Interessen der Gläubiger berücksichtigen.

Und sodann, m. H., vermeiden Sie bei der mangelnden Paternitätsklage jene Folgen, die Sie so fürchten? Ich will Ihnen einen Fall vorführen aus einem Lande, wo die Paternitätsklage mangelt. Ein Mädchen machte ein Geschäft daraus, vorzugsweise verheirathete Leute in ihre Netze zu locken. Wehe dem Ehemanne, bei dem es ihr gelungen! Sie fühlte sich in andern Umständen und wußte sich dabei durch künstliche Vorrichtungen den äußern Schein zu geben. Die Zunahme der Schwangerschaft wurde in höchst getreuer Weise äußerlich dargestellt, jede Woche wuchs der Schein, und mit jeder Woche wuchs die Angst der Männer, daß die Sache bekannt würde, und wer nicht willig war, die Verschwiegenheit zu erkaufen, dem wurde mit einem Gang zu seiner Frau gedroht. M. H.! Gegen eine solche Anzeige bei der Frau ist doch eine Paternitätsklage gegen einen Unverheiratheten eine Kleinigkeit! (Bravo! Heiterkeit.) Nun m. H., erkläre ich mich bereit, den Gegnern der Paternitätsklage mit Rücksicht auf die Gefahren, die dieselbe für die Männer haben kann, diese Klage völlig Preis zu geben, wenn dieselben ihrerseits mir ein Mittel anzugeben vermögen, jene Gefahr für meine Ehemänner abzuwenden. Das werden Sie aber nicht vermögen, und so werden Sie zugestehen müssen, daß liederliche Dirnen trotz der mangelnden Paternitätsklage es in ihrer Hand haben, ehrliche Leute, die sich ein einziges Mal vergangen haben, in Schrecken zu versetzen. Damit ist aber der Hauptvortheil, den Sie von der Versagung der Paternitätsklage erwarten, dahin.

Alles dies erwogen, komme ich dann immer wieder auf den einfachen Gesichtspunkt zurück: ist es billiger, daß die Mutter für die Ernährung des Kindes sorge, oder, da sie dazu häufig gar nicht im Stande ist, daß das Kind verkomme und verderbe oder der Armenanstalt zufalle, oder aber, daß der Mann, welcher mit der Mutter den Beischlaf vollzogen, mögen Sie ihn nun Vater nennen oder nicht, und welcher in der Regel ungleich mehr in der Lage sein wird, die Unterhaltungskosten zu bestreiten, als die Mutter, daß also er die Alimente zahle? Und darauf sollte, wie ich meine, die Antwort nicht zweifelhaft sein können.

Wenn dagegen noch die Autorität des Römischen Rechtes in Bezug genommen ist, welches unsere Klage nicht kennt, so erwiedere ich, daß dasselbe Recht ursprünglich ebensowenig eine Klage des ehelichen Kindes gegen seinen Vater auf Verabreichung der Alimente gekannt. Erst in den Zeiten des neueren Römischen Rechts ist den ehelichen Kindern durch eine extraordinaria cognitio ein Anspruch auf Alimentation eingeräumt.

Nun, m. H., will ich Ihre Geduld nicht länger in Anspruch nehmen. Was die Frage betrifft, welche ich vorhin berührt habe, jene über den Beweis nämlich, so hat Professor Unger mit seiner bekannten Schärfe ausgeführt, wie in dem Beispiele von den Dreien, die geschossen haben, es nicht nur darauf ankäme, zu beweisen, daß geschossen, sondern auch darauf, daß getroffen sei. Meine Antwort auf diese Einwendung ist ganz einfach. Wenn ich nicht schieße, sondern schlage, so fällt der Akt und dessen Wirkung unmittelbar zusammen. Wenn ich aber einen Stein über ein Haus werfe, so sehen Sie blos diesen Akt, dagegen die Wirkung, die der Stein jenseits des Hauses hervorbringt, daß er z. B. ein Fenster zertrümmert, sehen Sie nicht. Wenn Sie trotzdem annehmen, daß mein Wurf dies Fenster zertrümmert hat, so beruht das blos auf Wahrscheinlichkeit, nicht auf Nothwendigkeit, es kann ja auch ein Anderer geworfen haben. Werden Sie es nun nicht für genügend halten, wenn mein Gegner lediglich den Akt des Werfens beweist? soll er auch beweisen, daß gerade der von mir geworfene Stein in sein Fenster gefahren ist? daß kein Anderer gleichzeitig geworfen hat? Ich erkenne es an, daß der Beweis nicht stringent geführt ist, wenn er sich lediglich auf Nachweis eines Umstandes beschränkt, welcher im Stande war, den fraglichen Erfolg herbeizuführen, ohne zu beweisen, daß er ihn wirklich hervorgebracht hat; aber ein Weiteres würde man in den meisten Fällen gar nicht zu beweisen vermögen; irgend eine Schlußfolgerung wird bei den meisten Beweisen im Mittel liegen. Uebrigens will ich auf diesen Punkt gar nicht so fest insistiren. Zugegeben einmal: auf allgemeinen Beweisgrundsätzen läßt die Paternität sich nicht beweisen; muß damit auch die Paternitätsklage oder, vermeiden wir lieber diesen irre führenden Ausdruck, die Klage auf Alimentation des Kindes fallen? Will man einmal das Gewicht auf den Beweis legen, so wüßte ich nicht, warum das Recht, wie es in der Verschollenheitserklärung eine Präsumtion für das Ende des Lebens aufstellt, nicht auch im Interesse der unehelichen Kinder eine Präsumtion für den Anfang desselben aufstellen dürfte, nämlich die, daß: wer mit ihrer Mutter innerhalb der gesetzlichen Zeit Umgang gepflogen, als ihr Erzeuger anzusehen sei? Doch, wie gesagt, in dem Beweis der Vaterschaft liegt gar nicht der Schwerpunkt unserer Frage, sondern er liegt in den praktischen und sittlichen Folgen, die sich an der Gewährung oder Versagung dieser Klage knüpfen. Die Gewährung hat Nachtheile für das männliche Geschlecht, die Versagung für das weibliche Geschlecht zur Folge. Es handelt sich mithin lediglich darum, welches von beiden Geschlechtern ist mehr berechtigt, den Schutz des Gesetzes in Anspruch zu nehmen? und darüber brauche ich nach dem bisher Gesagten nichts weiter hinzuzufügen.

**Präsident**: Nun ist die Diskussion geschlossen, und wir kommen zur Fragestellung.

Es liegt eine ganze Reihe von Anträgen vor.

Ich erlaube mir, dasselbe Verfahren zu beantragen, welches uns schon einmal zum Ziele geführt hat, und von dem ich glaube, daß es auch heute so sein wird. Gestatten Sie nämlich dem Präsidenten vorerst die Fragen zu stellen. Wenn dann nach seiner Fragestellung die Sache entschieden ist, dann erst kämen die besonders formulirten Anträge der verschiedenen Mitglieder zur Vorlage, uud die meisten werden dann wahrscheinlich ihre Erledigung bereits gefunden haben. Ich habe nämlich Ihnen folgenden Gang der Abstimmung von mir aus vorzuschlagen.

Die erste Frage bezieht sich auf die Form: Soll nach einem der Anträge über den Antrag des Professor Unger zur Tagesordnung übergegangen werden? — und zwar ist eine motivirte Tagesordnung angetragen, deren nähere Formulirung hinterdrein folgen mag — oder will die Versammlung sich heute schon materiell darüber aussprechen, ob sie den Unger'schen Antrag annimmt, denselben verändert oder verwirft?

Würde die Versammlung auf die Tagesordnung erkennen, so würden natürlich alle weiteren Abstimmungen von selbst entfallen.

Würde dagegen die Versammlung erkennen, sie wolle ihre Meinung aussprechen, dann kommen meines Erachtens wesentlich folgende Dinge zur Abstimmung.

Für's Erste will die Versammlung erklären, daß die Paternitätsklage zulässig sei; oder will sie erklären, daß sie für nicht zulässig zu betrachten sei; mit einem Worte, will sie sich für die Zulässigkeit des Paternitätsprinzipes, oder für die Verwerfung desselben, also respective für das Maternitätsprinzip aussprechen? Würde sich die Versammlung gegen die Zulässigkeit der Klage erklären, dann wäre damit auch alles Weitere beseitigt, weil über die weitere Frage, wie die Maternitätsverhältnisse zu reguliren sind, keinerlei Anträge vorliegen.

Würde sich aber die Versammlung für die Zulässigkeit der Paternitätsklage erklären, dann kämen diejenigen Beschränkungen der Klage in Frage, welche in dem Antrage liegen, oder welche von anderen Mitgliedern zur Sprache gebracht worden sind. Unter diesen Beschränkungen würde ich in diesem Falle als die anerkanntermaßen wichtigste die Einrede des Beischlafes mit Mehreren, die exceptio plurium concumbentium, in den Vordergrund stellen, und darüber abstimmen lassen, ob man diese Beschränkung des Klagerechtes für nöthig erachte oder nicht, und von da aus zu den weiteren Beschränkungen übergehen.

Wenn diese Operation, die, wie ich glaube, für Jedermanu verständlich ist, durchgemacht ist, dann werde ich Ihnen noch die übrigen Anträge mittheilen, so weit sie nicht zurückgezogen werden, und ich glaube, wir werden sehr bald in's Reine kommen.

Das ist meine Ansicht.

Sind Sie damit einverstanden? Wer dafür ist, beliebe die Hand aufzuheben. (Geschieht.)

Sie sind also damit einverstanden.

Die erste Frage ist nun die der Tagesordnung. Es ist von einem der Herren auf eine motivirte Tagesordnung angetragen worden, nämlich:

> „Der Juristentag geht in der Erwägung, daß auf dem Wege des vorliegenden Antrages zu dem im §. 1. des Statuts des Deutschen Juristentages vorgesehenen Einigungswerke, mit Rücksicht auf die in einigen Theilen Deutschlands geltende, prinzipiell entgegenstehende Gesetzgebung nicht fördernd gewirkt werden kann, zur Tagesordnung über."

Wie ich die Diskussion verstanden habe, gestehe ich ganz offen, habe ich nicht gedacht, daß das die Motive der Tagesordnung seien, sondern sie sind von verschiedenen Seiten etwas anders gefaßt worden. Es wäre mir lieb, wenn einer der Herren noch eine andere Redaktion der Motivirung vornehmen würde. Es schien mir nämlich das Hauptmotiv das zu sein, daß der Juristentag deshalb in dieser Frage keine bestimmte Meinung aussprechen wolle, weil er die Ansicht der Maternität unter den gegenwärtigen Verhältnissen noch nicht für so allgemein durchgedrungen erachte, um sie von hier aus zu bekräftigen, und weil er auf der andern Seite auch nicht durch sein Votum die Paternitätsklage unterstützen wolle. Kurz, die Herren, die in dieser Richtung gesprochen haben, waren im Großen und Ganzen der Ansicht der Maternitätsgrundsätze und haben blos es für nicht angemessen erachtet, heute schon dezidirt einen Ausspruch auf Maternität zu veranlassen. Auch der Herr Antragsteller hat in diesem Sinne gesprochen. Wie gesagt, eine Formulirung des Antrages in dieser Richtung liegt in diesem Augenblicke nicht vor; indessen können sich die Herren die nähere Formulirung vorläufig vorbehalten.

Wir können immerhin über die Frage der Tagesordnung abstimmen. Würde die Tagesordnung beschlossen, so käme dann erst die genauere Formulirung zur Abstimmung; wenn dagegen nicht die Tagesordnung, sondern das Eingehen auf die Materie beschlossen wird, dann ist auch diese Formulirung ganz überflüssig.

Hier handelt es sich also einfach um die Frage: Will die Versammlung die Tagesordnung unter dem Vorbehalte der Motivirung beschließen, oder will die Versammlung in dieser Sache eine bestimmte Meinung äußern?

Adv. Kand. Dr. **Beer**: Ich bin von mehreren Seiten darauf aufmerksam gemacht worden, daß nicht sämmtliche hier anwesende Herren stimmberechtigt sind.

**Präsident**: Formell ist das ganz richtig; in der Wesenheit hat das aber keine Bedeutung, denn nur diejenigen Mitglieder sind stimmberechtigt, welche sich in diese 1. und 2. Abtheilung eingezeichnet haben. Ich ersuche deshalb diejenigen Herren, die das nicht sind, sich der Abstimmung zu enthalten.

Nun, m. H., wollen wir abstimmen.

Wer für Tagesordnung stimmt im Gegensatze zur Meinung, daß die Versammlung eine bestimmte Ansicht äußere, beliebe die Hand aufzuheben. (Geschieht.)

Es ist die entschiedene Minderheit.

Es ist also beschlossen, eine Meinung zu äußern. Nun käme die zweite Frage.

Es ist der Antrag gestellt, daß die Paternitätsklage im Prinzipe für zulässig erklärt werde, im Gegensatze zu dem Antrage, daß sie nicht für zulässig erklärt werde.

Wer dafür stimmt, daß die Klage als zulässig erkannt werde, beliebe die Hand aufzuheben. (Geschieht.)

Gerichts-Assessor **Meyer** aus Berlin: Ich bitte um's Wort. (Rufe: Es ist bereits die Abstimmung.)

**Präsident**: Wer dafür stimmt, daß die Klage als nicht zulässig . . .

Professor Dr. **Heller** aus Wien: Ich bitte um's Wort. In diesem Falle würden ja diejenigen Herren, welche nicht stimmberechtigt sind, mitgezählt werden.

**Präsident**: Nein! Ich bitte mich in diesen Dingen präsidiren zu lassen. (Beifall.) Ich habe die Herren ersucht, nicht mitzustimmen, und ich zweifle gar nicht, daß jeder von ihnen, nachdem einmal die Stimmberechtigung zur Sprache gekommen ist, sich darnach richten werde. (Rufe: Ganz gewiß!) Ich habe die Herren ersucht, die nicht stimmberechtigt sind, nicht zu stimmen, und werde allen Herren, welche berechtigt sind, Gelegenheit geben, die Hand aufzuheben und die Hände, die in der Höhe sind, werden gezählt, die anderen nicht. (Bravo!)

Wer also dafür stimmt, daß die Paternitätsklage als nicht zulässig erklärt werde, beliebe nunmehr die Hand aufzuheben. (Geschieht.)

Ich glaube, es ist die Minderheit; indessen will ich die Abstimmung noch einmal vornehmen, damit kein Zweifel entsteht.

Wer also für die Zulässigkeit der Paternitätsklage stimmt, beliebe die Hand aufzuheben. (Geschieht.)

Wer für die Nichtzulässigkeit stimmt, beliebe jetzt sie aufzuheben. (Geschieht.)

Es ist die entschiedene Minderheit.

Dieser erste Punkt wäre also erledigt.

Nun, m. H., kommen wir zu den verschiedenen Beschränkungen der Paternitätsklage, die angetragen worden sind, und da ist die erste beantragte Beschränkung die, daß die Paternitätsklage durch die exceptio plurium concumbentium entkräftet werden könne, im Gegensatze zur Meinung, daß auch diese exceptio nicht zulässig sei.

Wer nun dafür stimmt, daß diese Einrede für zulässig, beziehungsweise sogar nothwendig erklärt werde, beliebe die Hand aufzuheben. (Geschieht.)

Es ist die entschiedene Mehrheit.

Wer dagegen ist, beliebe die Hand aufzuheben. (Geschieht.)

Es ist die entschiedene Minderheit.

Also ist wieder ein wichtiger Punkt entschieden.

Nun kämen noch andere Einreden. Für's Erste ist schon im Unger'schen Antrage darauf angetragen, daß die Klage auf eine ganz kurze Anstellungsfrist zu beschränken sei.

Regier.-Rath Dr. **Weil** aus Wien: Es dürfte wohl heißen: „Die Klage der Mutter."

Prof. Dr. v. **Stubenrauch** aus Wien: Ich habe einen Antrag eingebracht, daß wir nicht auf die Materie der Frage eingehen sollten, sondern daß wir eben nur aussprechen sollen: „Im Allgemeinen unter angemessenen Beschränkungen". Diese Beschränkungen selbst zu Stande zu bringen, können wir getrost der Gesetzgebung überlassen.

Es würde, wenn dieser mein Antrag angenommen würde, jede weitere Abstimmung entfallen. Ich glaube daher, daß nunmehr vor Allem mein Antrag zur Abstimmung gebracht werden sollte.

**Präsident:** Wie ich schon im Anfange der Fragestellung proponirt habe, so halte ich es allerdings für unser allseitiges Interesse für hinlänglich, wenn wir möglich wenig auf Details eingehen. Die Einrede, die ich besonders hervorgehoben habe, ist aber so wichtig und durchgreifend, daß mir eine Ausnahme in dieser Beziehung empfehlenswerth schien. Mit Bezug auf die anderen Beschränkungen würde ich aber allerdings vorschlagen, keine bestimmte Meinung zu äußern, sondern es der Gesetzgebung zu überlassen.

Ich werde darüber erst die Versammlung befragen: Wollen Sie auf die Besprechung und die Formulirung weiterer Beschränkungen eingehen oder nicht? Erklären Sie sich für das Letztere, so halte ich alle weitere Abstimmung für überflüssig. Erklären Sie sich für das Erstere, dann würden nothwendiger Weise die einzelnen Beschränkungen, die angetragen sind, zur Abstimmung kommen müssen.

Prof. Dr. **Unger**: Ich erlaube mir, den Antrag des Herrn Präsidenten zu unterstützen. Für das Eingehen in Detailfragen, glaube ich, reicht in der That die Zeit nicht mehr aus, und uns ist, glaube ich, genug geschehen, wenn wir ausgesprochen haben, daß die Paternitätsklage überhaupt beschränkt werden soll.

Nur Eine Bemerkung noch. Es ist früher davon gesprochen worden, daß man durch die Beschränkung, was den Vater anbelangt, demselben eine Art Freibrief gäbe. Ich glaube kaum, daß ich da den Standpunkt der Sittlichkeit für meinen Theil zu wahren nothwendig habe.

**Präsident**: Ich möchte bitten; das bezieht sich auf die Materie, und ich möchte nicht wieder die Diskussion eröffnen lassen.

Advokat Dr. **Vogel** aus Darmstadt: Es liegt hier ein vollständiges Mißverständniß vor. Wenn wir für das Prinzip der Paternität die Hände erhoben haben, so erwarteten sehr Viele, welche auf dieser Seite sitzen, daß der Antrag, der eben vorliegt, daß die Paternitätsklage nur unter der Voraussetzung des Hinzukommens eines obligatorischen Grundes statthaft sei, daß *dieser* Antrag zur Abstimmung kommen werde. Es wurde die Frage gestellt, und die Paternitätsklage für zulässig erklärt. Das schließt aber nicht aus, daß der obligatorische Grund, der vorhin in der Diskussion hervorgehoben worden ist, noch hinzukommen muß. Würden wir die Zulässigkeit der Paternitätsklage im Prinzipe abgelehnt haben, so würden wir gegen unsern eigenen Antrag unsere Stimme erhoben haben. (Unruhe.)

**Präsident**: Ich verstehe das nicht recht.

Dr. **Drechsler** aus Parchim: Ich habe durchaus dagegen gestimmt, weil ich die Konsequenz voraussah, es würden die sämmtlichen Anträge, die eingingen, nicht mehr zur Abstimmung kommen. Aber die sämmtlichen Anhänger dieser Anträge, zum Beispiel des Darmstädtischen, die haben auch dafür gestimmt, und hätten eigentlich dagegen stimmen müssen.

**Präsident**: Das bedaure ich sehr, aber abgestimmt ist worden, und das Einzige, was wir thun könnten, wenn es die Versammlung verlangt, weil ein Mißverständniß vorliegt, und dies leicht zu berichtigen sein wird, wäre,

18

daß, wenn die nähere Formulirung der Zulässigkeit der Paternitätsklage entschieden ist, nach den einzelnen Anträgen nochmals abgestimmt würde, ob man die Paternitätsklage für zulässig erachten will oder nicht. Ich aber würde vorziehen, es einfach bei den Abstimmungen zu belassen, wie sie geschehen sind. Es können immer solche Mißverständnisse entstehen.

Regierungsrath Dr. **Weil** aus Wien: Durch die Annahme der exceptio plurium concumbentium hat die hohe Versammlung ausgesprochen, daß sie noch weitere Beschränkungen für die Paternitätsklage will, als blos den Darmstädtischen Grund der Eheversprechung. Das scheint mir in der Natur der Dinge zu liegen.

Hofrath Dr. v. **Kerstorf** aus Augsburg: Ich glaube, Herr Präsident, Sie brauchen die Sache durchaus nicht zu remittiren. Sie sind auf dem richtigen Wege. Ich bin ebenfalls in dem Falle, wie die beiden Herren Vorredner, aber umgekehrt. Ich habe im Prinzip dagegen gestimmt. Nachdem aber das Prinzip bejaht ist, verlange ich, daß jene Beschränkungen kommen, die mich das Prinzip verwerfen ließen. Jetzt glaube ich, Herr Präsident, wenn Sie die Vorfrage nicht stellen, ob die Versammlung eine Beschränkung wolle, sondern wenn Sie die Güte haben, den speziellen Antrag Vogel's und Drechsler's, dem ich mich angeschlossen habe, uns gleich zur Beantwortung mit Ja oder Nein vorzulegen, ist Alles aufgeklärt.

Regierungsrath Dr. **Weil** aus Wien: Wie paßt aber dann der Beschluß der exceptio congressus cum pluribus?

**Präsident**: Das wäre möglich, daß man sich noch verständigen könnte, diesen Antrag so zu behandeln, wie die exceptio plurium concumbentium.

Der Antrag lautet so:

> „Der Juristentag spricht die Ueberzeugung aus, daß die Paternitätsklage auf Grund des stuprum allein unzulässig sei, daß sie dagegen zugelassen werden müsse, wo sie mit der Klage auf Ehevollzug auf Grund des Eheversprechens und unter diesem Versprechen vollzogenen Beischlafes verbunden wird, oder wo sie sich auf eine Anerkennung der Vaterschaft stützt."

Ueber das Erste, glaube ich, ist bereits entschieden. (Rufe: Noch nicht! Nein!)

Hofrath Dr. v. **Kerstorf** aus Augsburg: Salva redactione, glaube ich, ist bereits entschieden.

Advokat Dr. **Vogel** aus Darmstadt: Ich habe beigesetzt: eventuell, nur im Falle Nummer 2. u. s. w.; weil ich von der Ansicht ausgehe, daß der erste Fall im zweiten inbegriffen ist.

**Präsident**: Ist Ihre Meinung folgende: Es muß gestattet sein, auf Paternität zu klagen, wenn der Vater das Kind oder seine Vaterschaft anerkannt hat?

Dr. **Vogel**: Ja.

**Präsident**: Nun, m. H., ich denke, darüber wird überhaupt kein Zweifel sein.

Regierungsrath Dr. **Weil**: Darüber ist aber kein Beschluß gefaßt worden.

Dr. **Vogel** aus Darmstadt: Es heißt ja im Antrage: „Nur dann."

Regierungsrath Dr. **Weil** aus Wien: In dem „nur" liegt es. Das stößt die ganze Sache um.

Vizepräsident **v. Molitor**: M. H., ich habe schon bei verschiedenen Abstimmungen zu bemerken geglaubt, daß Sie sich nicht richtig kontrolliren. Es hat sich die Majorität oder Minorität nicht egalisirt. Und zu diesem Räthsel giebt das den Aufschluß: Mehrere Herren haben gestimmt für die Zulässigkeit der Paternitätsklage, aber mit Beschränkungen. Ich glaube, wir kommen zu einem genügenden Resultate ganz gut auf dem Wege, den Sie eingeschlagen haben. Diese Abstimmung hat nun einmal stattgefunden, und wir bekommen nun nach den Modifikationen, die im Einzelnen noch aufgenommen werden, einen Beschluß. Unser Beschluß kann, wie es in den legislativen Versammlungen geschieht, nun in der Gestaltung, wie er sich durch die einzelnen Beschlüsse herausgebildet hat, noch einmal zur Abstimmung gebracht werden. Ist es der Majorität recht, den Beschluß, so wie er sich festgestellt hat, dann gelten zu lassen, so wird sie sich dafür aussprechen; ist der Majorität aber der Beschluß, wie er jetzt aus unserer Mitte hervorgehen würde, nicht recht, so wird er verworfen. Ich meine, das wäre ganz einfach.

**Präsident**: M. H., ich werde mir nun erlauben, folgenden Vorschlag zur Abstimmung zu bringen. Es ist eine ganz für sich bestehende Frage, und ich setze voraus, daß nach der definitiven Beschlußfassung der Versammlung die Herbeiführung der nöthigen Klarheit und Harmonie der Redaktion und dem Büreau überlassen wird. (Rufe: Ja wohl!) Aber es liegt jetzt ein ganz bestimmter und klarer Antrag folgenden Inhalts vor:

> „Die Klage auf Paternität ist zulässig nur unter zwei Voraussetzungen, entweder wenn ein Eheversprechen vorliegt, oder wenn eine Anerkennung des Vaters vorliegt."

Es kann jetzt Jeder stimmen, wie er will. Dieser Antrag kommt zur Abstimmung.

Wer dafür stimmt, daß die Klage auf Paternität lediglich unter diesen beiden Voraussetzungen für zulässig erklärt werde, im Gegensatz zur Meinung, daß die Klage auf Paternität auch unter anderen Voraussetzungen zulässig sei; wer also für die Beschränkung der Klage in diesem strengsten und engsten Sinne stimmt, beliebe die Hand aufzuheben. (Ein Theil der Versammlung erhebt die Hand.)

Ich bitte um die Gegenprobe. (Dieselbe erfolgt.)

Bei letzterer ist offenbar die Mehrheit. Es ist also auch diese Frage erledigt.

Und nun, m. H., schlage ich Ihnen vor, sich auszusprechen, ob Sie sich noch über die Formulirung weiterer Beschränkungen aussprechen wollen oder nicht.

Wer dafür stimmt, daß es zweckmäßig sei, sich nicht über weitere Beschränkungen hier auszusprechen, beliebe die Hand aufzuheben. (Geschieht.)

Es hat sich die Majorität dafür ausgesprochen.

Hofrath Dr. v. **Kerstorf** aus Augsburg: Es ist wohl verstanden im Sinne des Ueberganges zur Tagesordnung?

**Präsident**: Ja wohl; wir sprechen uns gar nicht aus, und damit ist die Sache fertig.

Es liegt noch eine ganze Reihe von Anträgen vor, und ich meine, die verehrten Herren Antragsteller werden sich überzeugen, daß die Hauptsache, was sie der Versammlung zu sagen wünschen, bereits gesagt ist, und vielleicht wird Mancher von Ihnen sich veranlaßt sehen, seinen Antrag einfach zurückzuziehen. Ich will die Frage stellen, sonst würde ich die Anträge mittheilen.

Gerichts-Assessor **Meyer** aus Berlin: Nach der letzten Abstimmung ist es nicht ganz klar gewesen, ob ganz allgemein gesagt werden soll: Mit möglichster Beschränkung.

**Präsident**: Darüber ist Nichts gesagt worden.

**Ein Mitglied**: Wie steht es mit der Einwendung der exceptio plurium concumbentium?

**Präsident**: Die ist schon angenommen. Im Uebrigen ist aber Nichts ausgesprochen.

Prof. Dr. v. **Stubenrauch**: Dann muß ich meinen Antrag aufrecht erhalten. Er dürfte vielleicht der Versammlung entsprechen.

Referent Rechtsanwalt **Kohlschütter**: Der Herr Antragsteller hat ausdrücklich beantragt, daß beschlossen werde, die Paternitätsklage nur mit möglichster Beschränkung zuzulassen. Darüber ist noch nicht abgestimmt, sondern nur über eine einzige Beschränkung.

**Präsident**: Aber er hat sich einverstanden erklärt, und damit betrachtete ich die Sache als erledigt.

Nun, m. H., liegen noch verschiedene Anträge vor. Ein Antrag (von Assessor Meyer) geht dahin:

„Der Juristentag wolle beschließen, daß die Verpflichtung zur Alimentation eines unehelichen Kindes dem angeblichen Schwängerer nicht obliegt, wenn die Mutter eine in geschlechtlicher Beziehung bescholtene Person ist."

Gerichts-Assessor **Meyer** aus Berlin: Ich ziehe den Antrag zurück.

**Präsident**: Ein zweiter von Professor Stubenrauch:

„Der Juristentag wolle als seine Ueberzeugung aussprechen, daß die Klage auf Anerkennung der unehelichen Vaterschaft im Prinzipe für zulässig zu erachten, daß sie jedoch in angemessener Weise zu beschränken sei, und insbesondere durch die exceptio plurium concumbentium entkräftet werden könne."

M. H., das ist ein Antrag, der offenbar seinem Inhalte nach dem Wesentlichen unserer heutigen Abstimmung entspricht, und das einzige Neue darin ist, daß der Antrag des Herrn Professor Stubenrauch ausdrücklich erklärt, es soll die Paternitätsklage möglichst zu beschränken sein. Darüber hat sich die Versammlung noch nicht entschieden. Vielleicht ist es zweckmäßig, wenn sie darüber allerdings sich äußert, weil damit die Sache völlig in's Klare kommt. Ich will daher diesen Antrag, auf dem beharrt wird, zur Abstimmung bringen in dem Sinne, daß dies lediglich der Gegenstand der jetzigen Abstimmung ist.

Will die Versammlung erklären, daß die von ihr als zulässig erkannte Klage auf uneheliche Vaterschaft in angemessener Weise zu beschränken sei? Wer dafür stimmt, beliebe die Hand aufzuheben. (Geschieht.)

Also ist auch das gutgeheißen.

Ein dritter Antrag (von Prof. Heller) geht dahin:

„Die Klage auf Anerkennung der unehelichen Vaterschaft im Prinzipe für zulässig zu erklären, mit der Beschränkung einer kurzen Anstellungsfrist."

Regierungsrath Professor Dr. **Neumann** aus Wien: Das ist der Unger'sche Antrag.

Professor Dr. **Heller**: Es ist ausgelassen: „Mit der einzigen Beschränkung."

**Präsident**: Da ist er dann nicht mehr möglich. Somit ist also der Antrag erledigt.

Der vierte Antrag ist bereits erledigt, nämlich der des Herrn Dr. Vogel.

Nun kommt der Antrag des Herrn Regierungsraths Weil.

Regierungsrath **Weil** aus Wien: Der ist auch schon durch die Abstimmung erledigt.

**Präsident**: Der Antrag des Herrn Bürgermeisters Drechsler ist auch schon erledigt; ebenso der Antrag des Herrn Dr. Beer, der auf motivirte Tagesordnung lautet. Der Antrag des Herrn Wedekind und des Herrn Dr. Tomaschek ist auch erledigt, und somit ist die ganze Frage erledigt.

M. H., Sie werden sich zu entscheiden haben, wie in der Plenarversammlung die heute gefaßten Beschlüsse zu behandeln sind. Wollen Sie sich darauf beschränken, dieselben einfach mitzutheilen, oder wünschen Sie, daß auch eine Abstimmung dort veranlaßt werde? (Rufe: Einfach mittheilen! — Abstimmen!)

Sie wünschen also, daß die Frage in der Plenarversammlung zur Abstimmung komme.

Regierungsrath Dr. **Weil** aus Wien: Heißt nicht die Fassung unserer jetzigen Beschlüsse: „Der Deutsche Juristentag beschließt." Wenn das der Fall ist, so muß ja das Plenum abstimmen, wir sind ja nicht der Juristentag.

**Präsident**: M. H., die Sache liegt so: Sobald auch nur einige wenige Mitglieder der Abtheilung verlangen, sobald nur irgendwie das Begehren nach der Abstimmung in der Plenarsitzung, wenn auch nur von einer Minderheit lebhaft unterstützt wird, so wird es dann dem Plenum überlassen. Es ist das ein neuer Zusatz in den Statuten.

Es ist noch ein fernerer Antrag zu erledigen, nämlich der Antrag der Herren Kuntzsch und Müller, sowie des Gerichts-Assessors Bernau über das Versicherungswesen.

Ich bemerke, daß von diesen Herren, von denen Herr Bernau und und Müller anwesend sind, eine Veränderung in ihrem Antrage empfohlen ist, wodurch er abgekürzt wird. Die unterzeichneten Antragsteller erklären nämlich, daß sie den zweiten Theil ihres Antrages:

> „Die ständige Deputation mit den erforderlichen Schritten bei den Deutschen Regierungen zu beauftragen,"

fallen lassen, und nur den ersten Theil festhalten:

> „Der Deutsche Juristentag wolle aussprechen, es sei dringend wünschenswerth, daß im Nachtrag und zur Vervollständigung des allgemeinen Deutschen Handelsgesetzbuches baldigst auch ein das gesammte Versicherungswesen umfassendes Gesetz mit Zugrundelegung der in den Artikeln 327 ff. des Entwurfes eines Handelsgesetzbuches für die Preußischen Staaten vom Jahre 1857 befolgten Prinzips zu Stande komme."

Ich ersuche den Herrn Referenten, Ihnen darüber zu berichten.

Berichterstatter Rechtsanwalt **Kohlschütter** aus Dresden: Die Antragsteller verlangen nicht, daß der Juristentag die Grundsätze feststelle, welche in Bezug auf das Versicherungswesen zu beobachten seien; der Antrag ist vielmehr ganz formeller Natur und geht nur dahin, daß das Handelsgesetzbuch vervollständigt werden möge, und er ist in dieser Beziehung jedenfalls vollkommen gerechtfertigt.

Der Natur der Sache nach gehören Versicherungsgeschäfte zu den Handelsgeschäften. Das Handelsgesetzbuch führt auch die Versicherungsgeschäfte im Artikel 271 unter dem Titel „Handelsgeschäfte" auf. Gleichwohl schweigt es, eine einzige Ausnahme abgerechnet, über die Versicherungsgeschäfte.

An der Wichtigkeit der Sache wird nicht gezweifelt werden, um so weniger, als beinahe in allen Deutschen Staaten ganz verschiedene Grundsätze bestehen, als eine ganz verschiedene Praxis sich gebildet hat, und als die Gesetzgebungen — wohl mit Ausnahme von Preußen, wo das Allgemeine Landrecht bezügliche Bestimmungen enthält, — das Versicherungswesen noch gänzlich übergehen.

Die Gründe, aus denen die Konferenz nach ihrem Berichte die Kapitel des Entwurfes über das Versicherungswesen ausgelassen hat, sind nicht ganz verständlich. Sie gehen blos dahin, daß es wegen der Verschiedenheit der faktischen Verhältnisse unausführbar sei, gemeinsame Bestimmungen zu treffen. Es besteht die Vermuthung, daß wohl ganz äußere Gründe damals maßgebend gewesen seien.

Die Königlich Preußische Regierung hat in den Motiven zum Einführungsgesetze für das Handelsgesetzbuch ausgesprochen, daß bei der großen praktischen Wichtigkeit der Sache, welche allerdings weit eingreifende Aenderungen der verschiedenen Civil-Gesetzgebungen nothwendig macht, die Erledigung derselben dennoch alsbald bewirkt werden müsse, sobald die bis dahin glücklich gewonnenen Resultate der Einigung über die andern Materien des Allgemeinen Deutschen Handelsgesetzbuches gesichert und zur praktischen Geltung gebracht sein werden. Dieser Zeitpunkt ist freilich noch nicht eingetreten; es steht um das Deutsche Handelsgesetzbuch in dieser Beziehung noch ziemlich übel. Eingeführt ist es bis jetzt nur in Preußen, Bayern, in Sachsen, Nassau; in Baden noch nicht. Mehrere Deutsche Staaten, z. B. Hannover, Mecklenburg, die Hansestädte gehen damit um, Modifikationen des Handelsgesetzbuches anzustreben. Also der Zeitpunkt, den die Preußische Regierung vorausgesetzt hat, daß das glückliche Resultat der Einigung erzielt sei, ist noch nicht erreicht, und das Deutsche Handelsgesetzbuch steht noch nicht in ganz Deutschland in Wirksamkeit.

Der zweite Antrag ist zwar bereits zurückgenommen, doch im ersten Antrage kommt noch das Wörtchen „baldigst" vor; das würde ungefähr auf dasselbe hinauskommen. Ich würde daher bitten, das Wort „baldigst" fallen zu lassen, und blos den Wunsch auszusprechen, daß das Handelsgesetzbuch in dieser Beziehung vervollständigt werden möge.

Regierungsrath **Weil** aus Wien: Ist das eingeschaltet?

Berichterstatter **Kohlschütter**: Der Konferenz von Nürnberg ist ein Preußischer Entwurf zu Grunde gelegen, und dieser enthält allgemeine Grundsätze über das Versicherungswesen. Diese sind aber weggefallen. Dieser Entwurf enthielt ferner in einem speziellen Theile Grundsätze über das Versicherungswesen gegen Feuersgefahr, Hagelschlag und andere Gefahren, denen Frucht und Felder unterworfen sind; gegen Gefahren der Versendung zu Lande, auf Flüssen und in Binnengewässern; Grundsätze über Lebensversicherung; Grundsätze über Seeversicherung. Darauf bezieht sich das Citat: §. 327 ff.

Ich schlage also der Versammlung die Annahme des Antrages vor, nur mit Ausschluß des Wortes „baldigst", welches zu Mißverständnissen Veranlassung geben kann, und nicht recht zeitgemäß zu sein scheint.

Gerichtsassessor **Bernau** aus Magdeburg: Dieser Antrag betrifft einen Gegenstand, der bisher von den Juristen nur in sehr arger Weise behandelt worden ist. Ich will Sie nicht ermüden mit der Rechtstheorie über das Versicherungsrecht, sondern will Ihnen nur die faktische Unterlage und die faktischen Gründe in Kürze anführen, welche mich bei der Stellung des Antrages geleitet haben.

Was die Geschichte des Handelsgesetzbuches anbelangt, so erlaube ich mir zur Vervollständigung des Referates des Herrn Berichterstatters anzuführen, daß der Preußische Entwurf im sechsten Titel des dritten Buches das Versicherungswesen im Allgemeinen, im siebenten Titel aber die einzelnen von dem Herrn Referenten angeführten Arten der Versicherungen, gegen Hagelschlag, gegen Feuersgefahr, gegen Gefahren der Versendung zu Land, auf Flüssen und in Binnengewässern, Grundsätze über Lebensversicherung, dergleichen über Seeversicherung u. s. w. enthielt. Dieser Entwurf wurde in Nürnberg der Konferenz unterbreitet. Als man bei der ersten Lesung des Preußischen Gesetzentwurfes zu diesem Titel kam, wurde der Antrag gestellt, überhaupt das Versicherungswesen auszulassen, und allgemein gesagt, daß es unausführbar sei; eventuell wurde der erste Antrag zurückgenommen und statt dessen ein anderer Antrag gestellt, zu warten mit der Beschlußfassung und Berathung dieses Theiles bis nach Beschluß des Seerechtes, weil sich dann an das See-Versicherungswesen am besten das Land-Versicherungswesen anreihen würde. Dieser Antrag wurde mit einer geringen Majorität angenommen. Aber ich habe in den Nürnberger Protokollen nicht gefunden, daß, als man nachher beim Seerechte war, irgend ein Beschluß gefaßt oder daß weiter erörtert worden ist, warum man die übrigen Theile des Versicherungswesens nicht erörtern wollte. Es geschah dies, glaube ich, wie in den Motiven des Schlußberichtes wörtlich angeführt ist: „wegen der Unausführbarkeit gemeinsamer Bestimmungen.“ Zwei Herren von den Herausgebern des Handelsrechtes machen die Bemerkung dazu, daß wahrscheinlich die Versammlung zu ermüdet gewesen.

Die Sache liegt demnach nun so, daß das Deutsche Handelsrecht nach dem Preußischen Entwurfe den Satz angenommen hat: Handelsgeschäfte sind unter Anderen auch die Uebernahme von Versicherungen gegen Prämien; nachher behandelt es aber blos die Seeversicherung.

Wo das Deutsche Handelsgesetzbuch eingeführt ist und eingeführt wird, soll es das prinzipielle Recht in allen Handelssachen sein, und es müssen also auch die Versicherungsgeschäfte nach demselben behandelt und beurtheilt werden, wenn nicht etwa besondere Bestimmungen in einzelnen Einführungspatenten — wie z. B. in Preußen geschehen — dahin gegeben werden, daß die bisherigen gesetzlichen Bestimmungen über das Versicherungswesen, ausschließlich des Seeversicherungswesens, fortbestehen sollen.

Nun, es ist Ihnen, m. H., allerdings bekannt, wie gerade das Versicherungswesen ein ganz eigenthümliches Recht ist und der Praxis nach auf ganz absonderlichen Bestimmungen basirt.

Da ist z. B. das Verbot der Doppelversicherung, das Verbot der Gewinnerzielung und die Schriftlichkeit der Police, was ein Kardinalgrundsatz ist. Nach dem Deutschen Handelsgesetzbuch aber würde mich Niemand hindern können, meine Versicherung gegen Feuersgefahr bei verschiedenen Gesellschaften zu gleicher Zeit zu nehmen und im Falle des Brandschadens bei allen diesen Gesellschaften zu liquidiren. Es würde mich ferner Niemand hindern können, nicht nur den erlittenen Verlust, sondern auch den entgangenen Gewinn zu liquidiren. Endlich würde die Schriftlichkeit des Versicherungsvertrages nicht eben nothwendig sein.

Das Preußische Einführungsgesetz bestimmt ausdrücklich darüber. Im Deutschen Handelsgesetzbuche sind auch Paragraphe über das Versicherungswesen aufgenommen; aber diese treffen nur die Seeversicherung. Soweit ich die verschiedenen Rechte kenne, so sind es blos das Preußische Landrecht und das Holländische Handelsgesetzbuch, welche das Versicherungswesen im Allgemeinen behandelt. Das Französische Gesetz behandelt auch nur das Seerecht, und der Rheinische Richter, der sich an das Französische Recht zu halten hat, ist in der Verlegenheit, in anderen Versicherungssachen nach Analogie der Seeversicherung zu urtheilen. Kurios ist noch, daß in Baden — wie auch in den Nürnberger Verhandlungen erwähnt wurde — das Seerecht des Code nicht publizirt ist, und der Richter demnach ohne allen Anhalt ist, wonach er urtheilen soll.

Jedenfalls, m. H., liegt hier eine Anomalie vor. Ich weiß nicht, wie die Herren Redaktoren des Handelsgesetzbuches dazu gekommen sind, überhaupt die Versicherungen gegen Prämie zu den Handelsgeschäften hinzurechnen zu wollen, wenn sie nicht auch hätten besondere Bestimmungen darüber geben wollen.

Der Antrag liegt vor, und ist, glaube ich, zur Genüge begründet.

Professor Dr. **v. Stubenrauch** aus Wien: Ich kann nur bestätigen, was der Herr Vorsprecher hier geäußert hat, daß nämlich ein dringendes Bedürfniß vorhanden ist, das Versicherungswesen überhaupt durch feste Normen zu regeln. Es hat das Versicherungswesen bekanntlich seit mehreren Dezennien einen ungeheueren Aufschwung genommen. Allerdings hat es schon früher Seeversicherungen gegeben, dann Feuerversicherungen. Nunmehr aber haben derartige Anstalten vielfache Gestaltungen angenommen, als: Krankenversicherungen, Hypothekenversicherungen, Sterbekassen ꝛc. Ich glaube, behaupten zu können, daß hierin eine der schönsten und wohlthätigsten Entfaltungen gelegen ist. Allein man fühlt dabei unleugbar das Bedürfniß einer festen Regelung. Das gilt z. B. in Oesterreich, wo außer einigen kargen Paragraphen im bürgerlichen Gesetzbuche über die Glücksverträge gar keine Bestimmungen über das Versicherungswesen bestehen, und wo man genöthigt ist, lediglich zu den Statuten der einzelnen Gesellschaften zu greifen, welche die Versicherten weniger schützen als die Gesellschaften. (Rufe: Sehr wahr.)

In dieser Beziehung wäre es aber auch, glaube ich, wünschenswerth, daß Bestimmungen für ganz Deutschland getroffen würden. Denn, wie schon gestern bei einer anderen Gelegenheit hervorgehoben wurde, der Verkehr und der Fluß der Kapitalien findet von allen Seiten her und nach allen Richtungen hin statt. Es kann also auch auf diesem Gebiete die freie Konkurrenz walten, und was man überhaupt auf dem Wege der Gewerbefreiheit erringen kann, das wird man wohl auch auf dem Gebiete des Assekuranzwesens erringen können. Haben wir in dieser Beziehung eine Gemeinsamkeit, so wird man sich von Oesterreich aus an auswärtige Versicherungsgesellschaften halten, die wohlfeilere Preise machen, und umgekehrt werden, wenn man hier besser bedient ist, auswärtige Kapitalien hereinfließen. Ingleichen ist darauf Rücksicht zu nehmen, daß die meisten Assekuranzgesellschaften durch Rückversicherungen einen Theil der Gefahr von sich abwälzen und diesfalls gerade gern mit dem Auslande verkehren. Die Nothwendigkeit der gemeinsamen Regelung des Versicherungswesens braucht also wohl nicht weiter hervorgehoben zu werden.

Nun muß ich allerdings sehr bedauern, daß das Deutsche Handelsgesetzbuch solche Bestimmungen nicht enthält. Wir sind in Oesterreich daran, das Deutsche Handelsgesetzbuch einzuführen, und es wird, ich zweifle nicht daran, binnen Kurzem ohne Modifikation in den zu Deutschland gehörigen Theilen der Oesterreichischen Monarchie eingeführt werden. Es wird sonach seine Herrschaft in einem Gebiete von nahezu 30 Millionen Menschen erlangen. Ich glaube also, daß es sehr im Interesse des Verkehrs wäre, daß vom Juristentage der Wunsch ausgesprochen werde, daß im Nachtrage zum Allgemeinen Deutschen Handelsgesetzbuche auch das Versicherungsrecht, und zwar gemeinsam, geregelt werde.

Nur in einem Punkte, glaube ich, nicht ganz einverstanden sein zu können, und das ist der, daß auf eine bestimmte Vorlage hingewiesen wird. Ich habe die größte Achtung vor der Vorlage, nämlich vor dem Preußischen Entwurfe. Allein auch bei der Debatte über das Handelsgesetz hat es sich gezeigt, daß daran recht wesentlich modifizirt worden ist. Man hat Bücher ausgelassen, andere umgestellt, und auch beschlossen, daß zugleich auch auf die Oesterreichischen Entwürfe Bedacht genommen werden soll. Unverkennbar ist dieses auch bei der künftigen Gesetzgebung möglich. Wer steht uns gut dafür, daß nicht Hamburg oder irgend ein anderer Staat einen Gesetzentwurf bringt, der eben so gut, vielleicht noch besser, als der vorliegende ist, oder doch wenigstens auch volle Beachtung verdient? Ich möchte daher der künftigen Gesetzgebungsarbeit gar nicht präjudiziren.

Wir haben also nicht nothwendig, zu sagen, daß gerade mit Zugrundelegung dieses Entwurfes vorgegangen werden solle, sondern es wolle der Juristentag sich damit begnügen, auszusprechen, daß überhaupt ein gemeinsames Versicherungsrecht wünschenswerth sei, und er wolle darauf antragen. (Bravo.)

**Präsident**: M. H., folgende Mitglieder haben sich noch zum Worte gemeldet: Dr. Auerbach, Prof. Stein, Herr Vogl und Herr Miller. Bis jetzt hat Niemand dagegen gesprochen, und ich denke, es würde das sehr zur Abkürzung führen, wenn wir uns möglichst enthalten, weitere Voten auszusprechen, die lediglich dafür sind. Es ist ja nicht nöthig, zu kämpfen, wenn man keinen Gegner hat. Wenn also Alle einverstanden sind, daß man in der Hauptsache von Seite des Juristentages den Wunsch des Herrn Antragstellers unterstütze, daß man sich also für das Bedürfniß und dafür ausspreche, daß in möglichster Bälde auch über das Versicherungswesen ein Allgemeines Deutsches Gesetz erlassen werde, so meine ich, könnten wir sehr schnell am Ende sein, und es würde dann blos eine kleine Redaktions-Differenz, über die auch kein großer Streit sein wird, zu erledigen sein.

Also wer begehrt noch das Wort?

Advokat Dr. **Auerbach** aus Frankfurt a. M.: Ich möchte gerade im Interesse der möglichst baldigen und weiten Durchführung des gestellten Antrages ein Amendement stellen, und nur deshalb erlaube ich mir, nach der eben ergangenen Aufforderung des geehrten Herrn Präsidenten, das Wort zu ergreifen.

Ich möchte nämlich den Antrag stellen:

„Der Deutsche Juristentag wolle aussprechen, daß die zum Entwurfe eines Allgemeinen Deutschen Obligationen-Rechtes zusammentretende Kommission beauftragt werde, insbesondere auch ein das gesammte Versicherungswesen umfassendes Gesetz zu entwerfen."

M. H., ich will nicht darauf zurückkommen, die Nothwendigkeit der Einführung eines das gesammte Versicherungswesen regelnden Gesetzes irgendwie neuerdings zu befürworten. Ich erlaube mir nur, den Haupteinwand, der sich überhaupt in den Protokollen vorfindet, mit einigen Worten zu widerlegen.

Die Herren haben in erster Lesung die Berathung über das Versicherungswesen aus zwei scheinbaren Gründen vertagt, von denen einer in etwas gerechtfertigt ist. Man sagte, man müsse erst die Seeversicherung, die auch historisch den andern Versicherungen vorangegangen ist, genau formulirt haben. Man hat daran den andern Grund gereiht, es sei zu befürchten, daß, wenn man bestimmte Regeln über das gesammte Versicherungswesen aufstellen würde, auswärtige Gesellschaften von der Beförderung des Versicherungswesens in Deutschland fast ausgeschlossen würden. Die auswärtigen Gesellschaften — man dachte an die soliden Englischen — würden sich nämlich nicht herbeilassen, ihre Statuten nach den Gesetzen Deutschlands zu modifiziren. Die Versicherungen liefen alsdann die größte Gefahr; denn es sei schwer, eine feste Grenze zu ziehen zwischen den erlaubten und den unerlaubten Abweichungen vom Gesetz. Von den bei auswärtigen Gesellschaften versicherten Parteien würden manche in dem Falle, daß die Statuten der auswärtigen Gesellschaften mit dem zu erbringenden Gesetze nicht harmoniren, um ihren Schadenersatz-Anspruch kommen.

Ich glaube, nachdem man die Seeversicherung normirt hat, so hat man thatsächlich ausgesprochen, daß dieses Bedenken nicht mehr besteht; denn die meisten auswärtigen Gesellschaften, die noch in Deutschland Fuß gefaßt haben, haben gerade die Seeversicherung zum Gegenstande. Dieser Einwand wäre also wohl erledigt.

Ein anderer Einwand aber ist der, dem gegenüber ich eigentlich meinen Antrag stelle. Das Handelsgesetzbuch hat aus dem gesammten Gebiete des Versicherungswesens eine einzige Partie herausgegriffen: die Versicherung gegen Prämie. Es hat sie herausgegriffen, weil eben der Preußische Entwurf vorausgegangen ist, und, streng festhaltend an dem Begriffe der Spekulation, hat es nur in der Versicherung gegen Prämie ein eigentliches Handelsgeschäft erblickt. Es haben sich schon wichtige Stimmen dagegen erhoben, und ich glaube auch, wenn man das Versicherungswesen einer gesetzlichen Normirung unterzieht, so soll man es nicht zerreißen, und Deutschland gerade gebührt in meinen Augen der Vorzug, es solle das ganze Versicherungswesen in Einem Akte behandeln, was an und für sich auch viel leichter ist, da man materiell doch wohl die Versicherungen ohne, die gegen Prämie und jene auf Gegenseitigkeit gleichstellt.

Und nun noch ein anderes Moment für meinen Antrag: Wir würden mit dem uns vorliegenden Antrage gleich eine Novelle zum Handelsgesetzbuch schaffen, bevor dieses noch allgemein gilt, und außerdem würde ja die Sache nur noch mehr auf die lange Bank geschoben.

Ich glaube, daran sollen wir festhalten, daß, da die Versicherungen auf Gegenseitigkeit, die jetzt nicht mehr zu den Handelsgeschäften gehören, doch wenigstens einer Normirung bedürfen und deren würdig sind, der demnächst zusammentretenden Kommission zur Berathung eines allgemeinen Deutschen Obligationenrechtes der Auftrag ertheilt werde, ein das gesammte Versicherungswesen umfassendes Gesetz zu verfassen.

Uebrigens schließe ich mich Herrn Professor Stubenrauch dahin an, daß nicht ausschließlich der Preußische Entwurf zu Grunde gelegt werde, vielmehr die gesammten Sachverständigen sich mit einander in Verbindung setzen.

**Präsident**: M. H., die Zeit rückt vor, und ich muß bitten, sich's so einrichten zu wollen, daß wir zu Ende kommen.

Ich bin so frei, Ihnen Folgendes vorzuschlagen. Wollen Sie sich erst darüber entscheiden, ob der Juristentag den Wunsch aussprechen will, daß ein gemeinsames Gesetz über das gesammte Versicherungswesen mit möglichster Bälde gemacht werde, oder nicht? Wenn die Versammlung sich dafür ausspricht, — und das scheint mir die Hauptsache zu sein, — dann käme weiter in Frage: Wollen Sie noch weitere Wünsche äußern über die Form, sei es, daß dieser Entwurf oder jener Entwurf zu Grunde gelegt werde, daß diese Versammlung oder jene Versammlung die Sache in die Hand nehme? (Rufe: Ganz richtig.)

Ich meinerseits glaube, wir kommen am rascheften und zum richtigsten Ziele, wenn wir jetzt auf alles Weitere uns nicht einlassen, sondern allein an das Wesen und die Materie uns halten; und wenn das auch Ihre Meinung ist, so sind wir in zwei Minuten fertig, und alles Uebrige nützt weiter nichts.

Also, m. H., wollen Sie mir folgen?

Die Frage ist gestellt: Wer dafür stimmt, daß der Juristentag ausspreche, es liege ein dringendes Bedürfniß vor, daß über das gesammte Versicherungswesen, so weit es noch nicht durch das Handelsgesetzbuch regulirt ist, ein gemeinsames Deutsches Gesetz erlassen werde, beliebe die Hand aufzuheben. (Geschieht. — Einstimmig.)

Die Gegenprobe. (Niemand erhebt die Hand.)

Es herrscht also vollkommene Einstimmigkeit.

Nun, m. H., wollen Sie noch weitere Beschlüsse fassen über die Form u. s. w.?

Ich empfehle Ihnen, auf keine weiteren Details einzugehen.

Referent Advokat **Kohlschütter**: Ich wollte nur in Bezug auf das Amendement bemerken, daß Preußen die Beschickung der Kommission in Bezug auf das Obligationenrecht abgelehnt hat, und daß es daher nicht angemessen ist, diese Kommission mit der Aufgabe zu betrauen.

**Präsident**: Deshalb glaube ich auch, man solle auf die Frage nicht näher eingehen; das ist Sache des Taktes, und der Juristentag hat schon einige Male bewiesen, daß er Takt habe. (Bravo.)

Ich lasse nicht mehr darüber diskutiren.

Also, m. H., ich empfehle Ihnen den Antrag, daß die Versammlung auf weitere Details nicht eingehe.

Wer dafür stimmt, bitte ich, die Hand aufzuheben. (Geschieht.)

Die Gegenprobe. (Geschieht.)

Diese Sache ist also erledigt, und das Eingehen auf weitere Details entfällt.

Es wird Ihnen wohl auch gefällig sein, daß wir diese Beschlüsse einfach dem Plenum mittheilen. (Zustimmung.)

Damit wäre also die Tagesordnung erschöpft.

Hofrath Dr. v. **Kerstorf** aus Augsburg: Es ist darüber noch nicht abgestimmt, ob in der Plenarversammlung einfach darüber referirt, oder auch abgestimmt werden soll.

**Präsident**: Allerdings; wenn auch nur 10 Mitglieder es verlangen, daß die Sache zur Abstimmung in der Plenarversammlung komme, so muß darüber abgestimmt werden. Wenn Sie also wollen, so werde ich darüber abstimmen lassen. (Rufe: Nein.)

Ich denke, auch die gestern über das eheliche Güterrecht gefaßten Beschlüsse sollten einfach nur mitgetheilt werden, und das wäre wohl auch das Richtige. Ich glaube, darüber sind wir ebenfalls einig.

Prof. v. **Stubenrauch** aus Wien: Ich glaube, nur im Sinne der geehrten Versammlung zu handeln, wenn ich sowohl dem Herrn Präsidenten, als den übrigen verehrten Mitgliedern des Büreau's den wärmsten Dank für die höchst zweckmäßige und energische Leitung dieser Versammlung ausspreche. (Bravo.)

**Präsident**: Lassen Sie mich erst Ihnen danken.

Die Voraussetzung, die ich von Anfang an gehabt habe, als ich diese Ehrenstelle übernommen habe, ist vollkommen in Erfüllung gegangen. Ich habe darauf gerechnet, daß Sie mit Nachsicht meine Leitung annehmen, und auch, wenn ich gelegentlich etwas eingegriffen habe, sich dadurch nicht verletzt fühlen werden, weil Sie die Ueberzeugung haben dürfen, daß es immer nur im Interesse der Versammlung selbst geschehen ist, und niemals vom Standpunkte meiner Person oder meiner persönlichen Ansicht aus. (Bravo.) In diesem Sinne danke ich Ihnen vom Herzen für die Art, mit welcher Sie mich hier unterstützt haben. (Beifall.)

(Schluß der Sitzung: 1 Uhr 30 Minuten.)

---

## Erste Sitzung der dritten Abtheilung des Dritten Deutschen Juristentages in Wien im großen Sitzungssaale der Kaiserl. Akademie der Wissenschaften am 26. August 1862.

---

Beginn der Sitzung 8 Uhr 30 Minuten.

Oberlandesgerichtsrath Dr. **Keller** aus Wien eröffnet die Sitzung mit folgenden Worten:

Meine sehr geehrten Herren! Im Auftrage Ihrer ständigen Deputation habe ich die Ehre, die Sitzung der dritten Abtheilung hiemit für eröffnet zu erklären und Ihnen den Vorschlag zu machen, zum Präsidenten dieser Abtheilung einen Mann per acclamationem zu ernennen, dessen eminente Befähigung zu diesem Amte, dessen ausgezeichnete Verdienste um die Deutsche Rechtswissenschaft und Deutsche Rechtspflege Ihnen längst bekannt sind, dessen Ruf über die Grenzen unseres Vaterlandes sich weit erstreckt, nämlich den Herrn General-Staatsanwalt Dr. Schwarze aus Dresden. (Lebhafter Beifall!)

Diejenigen Herren, welche diesem Vorschlage ihre Zustimmung geben, ersuche ich, aufzustehen. (Die ganze Versammlung erhebt sich.)

Der Herr General-Staatsanwalt Dr. Schwarze aus Dresden ist einstimmig zum Präsidenten der dritten Abtheilung ernannt, und ich ersuche ihn, diesen Platz einzunehmen.

General-Staatsanwalt Dr. **Schwarze** aus Dresden übernimmt das Präsidium: M. H.! Ich übernehme auch in diesem Jahre den mir von Ihnen zu Theil gewordenen ehrenvollen Auftrag mit großer Freude und herzlicher Dankbarkeit. Unterstützen Sie mich, ich bitte Sie darum, auch in diesem Jahre, wie früher, mit Ihrer Nachsicht und überhaupt mit Ihrem Vertrauen, und seien Sie überzeugt, daß ich, was an mir ist, gewiß gerne Alles dazu beitragen werde, daß auch die diesjährigen Verhandlungen der dritten Abtheilung in Wahrheit tüchtige Arbeiten seien. Im Uebrigen aber muß ich allerdings die Einleitung meines sehr geehrten Freundes Dr. Keller dankbar, aber entschieden zurückweisen. Ich weiß sehr wohl, wie gerade in einer solchen Versammlung ich weniger meinen Bestrebungen in der Wissenschaft, als vielleicht meinem guten Willen Ihr Vertrauen und Ihre Güte verdanke.

Ich habe nun die Ehre, meine höchst geehrten Herren, Ihnen zum Vizepräsidenten dieser Abtheilung den Herrn Ober-Tribunalsrath Freiherrn v. Seckendorff aus Berlin vorzuschlagen, einen Mann, der Ihnen insbesondere auch durch das Gutachten, welches er über die Lewald'schen Anträge im vorigen Jahre geliefert hat, ausreichend bekannt ist.

Ich bitte Sie, sich darüber zu erklären, ob Sie diesem Vorschlage Ihre Zustimmung ertheilen. (Die Versammlung erhebt sich.)

Ich nehme an, daß die Zustimmung einmüthig erfolgt ist, und insofern der Herr Ober-Tribunalsrath selbst seine Zustimmung ertheilt, so bitte ich ihn, den Platz neben mir einzunehmen.

Ober-Tribunalsrath **v. Seckendorff** aus Berlin: Indem ich dem an mich ergangenen Rufe pflichtgemäß und dankbar folge, erlaube ich mir nur, den Ausdruck der Hoffnung hinzuzufügen, daß der verehrte Herr Präsident, welcher am ersten und zweiten Juristentage diesen Platz in so musterhafter Weise eingenommen hat, denselben auch am Dritten Deutschen Juristentage keinen Augenblick verlassen wird.

**Präsident**: Ferner ersuche ich mit Zustimmung der geehrten Versammlung Herrn Advokat Calm aus Bernburg und Herrn Dr. v. Vilas aus Wien, das Amt als Schriftführer in diesem Saale zu übernehmen, und ich würde sie ersuchen, sich hieher zu bemühen. (Die beiden Mitglieder nehmen als Schriftführer ihre Plätze ein.)

M. H., ehe wir zur Verhandlung unserer heutigen Vorlagen übergehen, erlaube ich mir, Sie auf die Bestimmung des §. 10 des Statuts aufmerksam zu machen, nach welchem am Schlusse eines jeden Juristentages von der Plenarversammlung durch Akklamation oder in einem einzigen Skrutinium durch Stimmzettel eine aus 18 Mitgliedern und dem Präsidenten des letzten Juristentages als Ehrenpräsidenten bestehende ständige Deputation gewählt werden soll; ferner auf die Bestimmung, daß die Liste der zur Akklamation vorzuschlagenden Personen durch den Präsidenten der Plenarversammlung, seine Stellvertreter, und je 10 von jeder Abtheilung gewählte Vertrauensmänner gemeinschaftlich festgestellt werden soll. Ich bitte, daß die höchst verehrten Herren morgen bei Beginn unserer Verhandlung zur Wahl der 10 von dieser Abtheilung zu wählenden Vertrauensmänner schreiten mögen.

Kreisgerichts-Direktor **v. Kunowski** aus Beuthen: Ich bitte um das Wort. Ich erlaube mir den Antrag, daß, wie auf dem vorigen Juristentage, die Liste von dem Präsidenten und dem Büreau aufgestellt, morgen verlesen, und die Versammlung nur gefragt werde, ob sie dieselbe genehmige oder nicht.

**Präsident**: M. H., Sie haben den Antrag des Herrn v. Kunowski gehört. Wünscht Jemand darüber zu sprechen? (Niemand meldet sich.)

Wenn dies nicht der Fall ist, so frage ich Sie, ob Sie diesem Antrage des Herrn v. Kunowski Ihre Zustimmung geben? Ich bitte, für diesen Fall sitzen zu bleiben. (Einzelne Rufe: Wir haben den Antrag nicht verstanden.)

So will ich denselben wiederholen. Es ist bereits auf dem vorigen Juristentage, nicht blos in dieser, sondern auch in einer andern Abtheilung, in Bezug auf die Wahl der Vertrauensmänner die Modalität beliebt worden, daß das Büreau der betreffenden Abtheilung selbst 10 Mitglieder derselben vorschlägt, und daß dann dieser Vorschlag durch Akklamation genehmigt wird, wenn derselbe überhaupt die Genehmigung der Versammlung findet, daß daher von einer Wahl durch Stimmzettel, oder auf eine andere Weise abgesehen wird. Darauf geht der Antrag des Herrn v. Kunowski. Da also der Antrag nicht ausreichend verstanden wurde, so muß ich denn doch die Abstimmungsfrage wiederholen.

Ich frage also, ob die geehrten Herren dem Antrage des Herrn von Kunowski ihre Zustimmung ertheilen, und bitte Sie, für diesen Fall sitzen zu bleiben. (Niemand erhebt sich.)

Der Antrag ist einstimmig angenommen. In Folge dessen wird das Büreau morgen früh die Ehre haben, Ihnen die betreffenden 10 Herren zur Genehmigung vorzuschlagen.

Der erste Gegenstand unserer heutigen Tagesordnung ist der von dem Herrn Ober-Landesgerichtsrath Dr. Keller eingebrachte, und auf Seite 41 ff. des Ihnen vorliegenden kleinen Buches abgedruckte Antrag,*) in Bezug auf

*) Siehe Verhandlungen des zweiten Deutschen Juristentages, Bd. 2, S. 6 ff., die Abänderung in den Verhandlungen des Dritten D. J.-T. Bd. 1.

welchen ich zu bemerken habe, daß dieser Antrag bereits bei dem vorigen Juristentage eingebracht, daselbst aber durch Beschluß der Abtheilung, welchen die Plenarversammlung genehmigte, einstweilen zurückgelegt, und daß die ständige Deputation mit der ferneren Vorberathung und Vorbereitung dieses Antrages beauftragt wurde. Demgemäß hat auch die ständige Deputation mehrere der Herren Mitglieder beauftragt und gebeten, Gutachten über diese Keller'schen Anträge an die Deputation einzureichen. Es sind diese Gutachten von dem Herrn Ober-Tribunals-Anwalt Dorn in Berlin, von dem Herrn Professor Dr. Geßler in Tübingen, und von dem Herrn Staatsanwalt Heinze in Dresden erstattet worden, und sind enthalten in den Verhandlungen des Dritten Deutschen Juristentages I. Band.

Zu diesem Antrage des Herrn Dr. Keller ist späterhin ein Antrag von dem Herrn Rechtsanwalt Sabarth zu Ratibor eingebracht worden. Derselbe befindet sich auf Seite 46 des bereits erwähnten Büchleins. An dieser Stelle ist der Antrag des Rechtsanwalts Sabarth als Gegenantrag des Keller'schen Antrages bezeichnet worden, während bei der Aufstellung der Vorlagen für die Tagesordnung, und zwar auf Seite 69 des mehrerwähnten Buches dieser Antrag — wenigstens bei der dritten Abtheilung — mit Stillschweigen übergangen worden ist. Dieser Gegenantrag des Herrn Sabarth aus Ratibor scheint mir überhaupt als solcher gar nicht charakterisirt werden zu können. Man kann füglich gegen den Antrag des Dr. Keller stimmen, ohne deshalb für den Antrag des Rechtsanwalts Sabarth stimmen zu müssen. Dazu kommt, daß dieser Antrag des Rechtsanwalts Sabarth außerordentlich weit greift, ja sogar die erste Proposition eine solche Fassung hat, daß sie die Thätigkeit der Staatsanwaltschaft im Civilprozesse mitbegreift, daher schon deshalb außerhalb der Kompetenz dieser Abtheilung liegen würde. Also kann man wohl sagen, daß dieser Antrag mehr die Gerichtsverfassung im Allgemeinen betrifft, als gerade speziell und spezifisch den Strafprozeß. Es würde also der Antrag nur insoweit hieher gerechnet werden können, als derselbe sich mit der Stellung der Staatsanwaltschaft im Strafprozesse beschäftigt. Der Antrag liegt weiter, wie bereits bemerkt wurde, der vierten Abtheilung jetzt ebenfalls vor, und es könnte daher leicht die unangenehme Kollision entstehen, daß die dritte Abtheilung über diesen Antrag des Herrn Sabarth einen Beschluß faßt, der im Widerspruche stände mit dem Beschlusse, den vielleicht die vierte Abtheilung über denselben Antrag fassen wird. Ja, es könnte sogar nach dem gestern im Pleno gefaßten Beschlusse die unangenehme Lage eintreten, daß das Plenum nicht einmal im Stande wäre, die Kollision dieser beiden Beschlüsse zu vermitteln. Ich habe heute Morgen Veranlassung genommen, mit Herrn Sabarth über diese Angelegenheit zu sprechen, und er war wenigstens in so weit mit mir einverstanden, daß er selbst meinte, es scheine ihm nicht passend, so ohne Weiteres über diesen seinen Antrag gleichzeitig mit dem Keller'schen Antrage zu verhandeln. Ich muß natürlicher Weise dem Herrn Rechtsanwalt Sabarth die definitive Erklärung hierüber überlassen; ich glaube mich aber wenigstens gegenwärtig dazu ermächtigt, daß wir über den Sabarth'schen Antrag, obgleich er als Gegenantrag bezeichnet worden ist, beim Keller'schen Antrage nicht mit verhandeln.

Als Referent endlich für den Keller'schen Antrag ist Ihnen von der Deputation Herr Professor Dr. Glaser aus Wien vorgeschlagen worden. Derselbe hat in verhoffter Zustimmung der Abtheilung diesem Ansuchen sich unterzogen, und ich habe jetzt blos die Herren zu bitten, daß sie dem Vorschlage der Deputation, daß Professor Glaser aus Wien den Bericht über den Antrag übernehme, Ihre Zustimmung ertheilen. (Zustimmung.)

Ich würde daher nunmehr den Herrn Professor Glaser ersuchen, den Vortrag über den Keller'schen Antrag uns zu erstatten, wenn nicht etwa der Herr Antragsteller selbst noch vor dem Vortrage des Herrn Professor Glaser irgend eine Mittheilung zu machen wünscht.

Ober-Landesgerichtsrath Dr. **Keller** aus Wien: Nur nach langwierigen und harten Kämpfen ist es der Macht der Wissenschaft gelungen, den tief eingreifenden Prinzipien des Strafprozesses, nämlich der Mündlichkeit und Oeffentlichkeit des Anklageverfahrens, endlich auch Eingang in die Gesetzgebung zu verschaffen. Wir finden in allen zivilisirten Staaten Europa's, wenn auch nicht das Anklageverfahren mit seinen Konsequenzen, doch einen öffentlichen Ankläger, und an seiner Stelle oft auch einen Privat-Ankläger; wir finden, wenn auch nicht wahre Oeffentlichkeit, so doch die Zulassung von Zuhörern zu den Gerichts-Verhandlungen; wir finden, wenn auch nicht entschiedene Mündlichkeit, doch ein mündliches Schlußverfahren. Diese Halbheit in der Durchführung der großen Prinzipien der Oeffentlichkeit, Mündlichkeit und des Anklage-Prinzipes darf uns nicht entmuthigen; sie kennzeichnet jede Uebergangsperiode, und in einer solchen befinden wir uns noch immer. Aber keine Halbheit, sondern ganz die Mängel des früheren inquisitorischen Verfahrens finden wir nach meiner Ueberzeugung in einem Hauptheile unseres gegenwärtigen Strafprozesses, nämlich in der Voruntersuchung. Sie ist schriftlicher, als sie ihrer Natur nach sein muß, inquisitorischer, als es mit Bezug auf den Zweck derselben oft nothwendig wäre, und sie ist heimlicher, als es überhaupt nur gerechtfertigt ist, und in ihr finden wir die längst verurtheilte und als unhaltbar, als widerspruchsvoll erkannte Cumulirung des Anklägers, des Vertheidigers und des Richters in Einer Person, die Alles sein soll, deshalb nichts Rechtes, am allerwenigsten ein unparteiischer Richter ist. Wir finden, daß die Voruntersuchung auf den Schluß der Hauptverhandlung einen Einfluß übt, der nicht blos unberechtigt, sondern ganz geeignet ist, dem ganzen Strafprozesse, wie er in den meisten Staaten, und namentlich in den Deutschen Staaten, gegenwärtig besteht, den Charakter der Heimlichkeit, der Schriftlichkeit und des Inquisitionsprozesses zu vindiziren. Dem ist aber nach meiner Ueberzeugung nur dadurch abzuhelfen, daß unsere Voruntersuchung radikal geändert wird, daß die vorerwähnte Cumulirung gründlich, offen und entschieden aufgegeben werde, daß von dem ersten Schritte des Strafprozesses an der Ankläger so wie der Vertheidiger auf seinem Platze sei, und über ihnen als unparteiischer Richter eine höhere Autorität stehe; daß den Prinzipien der Oeffentlichkeit und Mündlichkeit, so weit die Natur der Sache dies zuläßt, auch schon in der Voruntersuchung Eingang verschafft werde, daß dadurch dann der Schwerpunkt des Strafprozesses aus der Voruntersuchung, in der er sich noch immer befindet, in die Hauptverhandlung gelegt werde, und daß dadurch unser Strafprozeß zu seiner natürlichen Einfachheit zurückgeführt werde. Dies war der Hauptzweck meines Antrages.

Als ich im Sommer des vorigen Jahres überbürdet von Geschäften aller Art — also mit einer Hast, die einer großen Entschuldigung bedarf und nur in meinem Eifer, in diesem Theile unserer Gesetzgebung sobald als möglich Besserung zu schaffen, und in meiner sonstigen vielseitigen Beschäftigung Entschuldigung finden dürfte — diese Anträge zu stellen mir erlaubte, glaubte ich, sie mit solchen Bestimmungen versehen zu müssen, welche ein Gesammtbild der Thätigkeit geben, die ich nach dieser meiner Intention den drei Hauptfunktionären der Voruntersuchung: dem Ankläger, dem Vertheidiger und dem Richter einzuräumen erachtete. Das war der Grund, warum ich den Antrag in sieben Paragraphen Ihnen vorgelegt habe. Das Wesen dieses Antrages, nämlich der prozessualische Grundsatz, welchen ich eben kurz zu skizziren die Ehre hatte, liegt, glaube ich, in den §§. 1, 2 und 6. Die §§. 3 und 4 haben seither, zum Theil durch Ihre Beschlüsse über die Lewaldschen Anträge auf dem zweiten Deutschen Juristentage, die von mir beabsichtigte Erledigung gefunden. Ich bin überzeugt, daß gegen ihre Einführung in den neuen Strafprozeß, wie er in mehreren Staaten, namentlich auch hier in Oesterreich im Werke ist, kein Hinderniß besteht. Diese Paragraphen bedürfen somit nicht mehr des moralischen Gewichtes Ihres neuerlichen Ausspruches. Ein ähnliches Bewandtniß hat es mit den in den §§. 5 und 7 liegenden Prinzipien. Es reduzirt sich daher mein Antrag auf drei Paragraphe, welche ich hiemit zu formuliren mir erlaube:

„§. 1. Die Erforschung der Verbrechen und die Erhebung der die strafgerichtliche Verfolgung begründenden Umstände ist die Aufgabe des Staatsanwalts. Diese Erhebungen kann der Staatsanwalt entweder selbst vornehmen oder von der zuständigen Staats- oder Gemeindebehörde vornehmen lassen; ebenso kann auch der Beschuldigte oder sein Vertheidiger Vorerhebungen vornehmen oder veranlassen."

„§. 2. Die Verhaftung eines Beschuldigten, dessen Vernehmung, die Hausdurchsuchung, die Eröffnung von Briefen und anderen Schriften, die Vernehmung von Sachverständigen und von solchen Zeugen, welche voraussichtlich bei der Hauptverhandlung nicht erscheinen werden, kann nur von dem zuständigen Richter vorgenommen oder veranlaßt werden."

„§. 3. Der Staatsanwalt hat seinen begründeten, mit den Vorerhebungen belegten Antrag auf Schöpfung eines Anklagebeschlusses dem zuständigen Gerichte vorzulegen, welches hierüber den Beschuldigten zu vernehmen und die Anklage oder die Ablassung von der weiteren Untersuchung zu beschließen hat. Wenn der Beschuldigte es verlangt, kann auch ohne Anklagebeschluß die Hauptverhandlung angeordnet werden."

Ueber meinen Antrag liegen den geehrten Herren drei Gutachten vor. Ich will mich nur in gedrängter Kürze über das Wesentlichste der in diesen drei Gutachten meinen Anträgen entgegengesetzten Einwendungen aussprechen. Es heißt da: Der Untersuchungsrichter als unparteiischer Richter sei viel geeigneter, die Vorerhebungen zu pflegen und ein richtiges Bild der Thatsachen, welche dem Anklagerichter und seiner Zeit auch dem Erkenntnißrichter vorliegen müssen, zu liefern, als der den Parteistandpunkt einnehmende Staatsanwalt oder der an seine Stelle tretende Privatankläger. Eine weitere Einwendung wird dahin formulirt: es sei gar nicht ausführbar und unmöglich, den Vertheidiger mit dem Staatsanwalte auf eine und dieselbe Stufe zu stellen, sie gleich zu halten; der Vertheidiger kann nicht die Vortheile und Befugnisse einer Behörde, wie sie dem Staatsanwalte zu Statten kommen, haben, und dadurch ist es erklärlich, daß auch der Beschuldigte in eine minder günstige Lage kommt, als sie in dem Antrage ihm eingeräumt werden will. Weiter würden in dem zweiten Paragraphe denn doch wieder wichtige und wesentliche Untersuchungshandlungen als ausschließliche Befugnisse und Funktionen des Untersuchungsrichters ausdrücklich anerkannt, es sei daher schon besser, ihm die ganze Voruntersuchung zu überlassen als ein Ganzes, an dem Nichts zu ändern ist, um nicht hier die Möglichkeit, daß zwei Untersuchungen nebeneinandergehen, die Kräfte sich zersplittern, und etwas Unvollkommenes geliefert werde, herbeizuführen.

Was nun den ersten Einwand betrifft, über die Unparteilichkeit des Untersuchungsrichters und die Parteilichkeit des Staatsanwalts, bitte ich Sie, m. H., überzeugt zu sein, daß mich in meinem Antrage durchaus nicht eine einseitige Vorliebe und Zuneigung zu dem Amte des Staatsanwalts oder des Richters geleitet hat. Ich habe einen hohen Begriff von dem Berufe des Einen und des Anderen. Ich habe diese hohe Bedeutung, die Wichtigkeit dieses Amtes sowohl als Staatsanwalt wie auch als Untersuchungs- und als Erkenntnißrichter kennen gelernt. Ich finde es aber nicht gerechtfertigt, daß man nur immer von den Lobpreisungen über die Unparteilichkeit, die Vertrauenswürdigkeit des Richterstandes überfließe, und andererseits stets von dem Parteistandpunkte des Staatsanwalts spreche. Es würde uns zu weit von unserem Gegenstande abführen, wenn ich mich hierüber in ein Weiteres einließe. Es wäre mir wohl hiezu ein fast unvermeidlicher Anlaß durch den Gegenantrag des Herrn Sabarth gegeben, aber ich muß, um unsere kostbare Zeit nicht zu sehr in Anspruch zu nehmen, diesen sonst erwünschten Anlaß umgehen, und will mir nur eine kurze Bemerkung erlauben, um Ihnen mit wenigen Worten meine diesfällige Ansicht mitzutheilen, daß ich durchaus nicht dem Staatsanwalt die ganze Voruntersuchung übertragen, an die Stelle des jetzigen Untersuchungsrichters den Staatsanwalt setzen, oder die Befugnisse des Staatsanwalts erweitern will; meine Absicht war nur auf die strenge Abgrenzung der Funktionen des einen und des anderen, und zwar vom ersten Schritte des Strafprozesses an, gerichtet. Aber das Eine ist gewiß: in dem Amte des einen oder des anderen liegt durchaus nichts, was den Untersuchungsrichter allein vertrauenswürdig macht und den Staatsanwalt einem gerechten Mißtrauen aussetzt. Die Staatsanwaltschaft ist ein Institut, welches wir in Oesterreich vor ungefähr zwölf Jahren mit Freuden begrüßt, dem die tüchtigsten Kräfte mit wahrer Opferwilligkeit sich zugewendet haben, welches zu einer Zeit in's Leben getreten ist, die für uns der Anfang einer besseren Zukunft war. Daß man seither dieses Institut von vielen Seiten bekriteln und beschneiden, daß man sogar seinen Lebensnerv unterbinden will, wie dies auch im Sabarthschen Antrage ausgesprochen ist, hat wohl viele Gründe, aber insbesondere den, daß man in der Hast, mit welcher man in dem ereignißreichen Jahre 1848 neue Institutionen schuf, nach einem Vorbilde griff, welches dem Deutschen Charakter, dem Deutschen Richterstande nicht entsprach und zuwider war: nach der Französischen Staatsanwaltschaft. Diese kann nie und nimmer ein Muster für uns sein. Lassen Sie aber dieses Institut zeitgemäß und dem Deutschen Charakter entsprechend sich entwickeln, dann werden sich seine Gegner in seine Anhänger verwandeln, und das allgemeine Vertrauen wird ihm nicht fehlen. Was die weitere Bemerkung betrifft: Der Untersuchungsrichter sei ein unabhängiger, der Staatsanwalt dagegen ein von der Regierung abhängiger Mann, so frage ich Sie, m. H., liegt denn darin ein Grund zu gerechtem Mißtrauen? Wer ernennt denn übrigens den Untersuchungsrichter? Wer befördert ihn denn? Der Staatsanwalt muß allerdings Aufträge seines Vorgesetzten hinnehmen und ausführen, mit denen er nicht immer einverstanden ist; jedoch Sie würden dem Ehrenmanne einen empfindlichen Vorwurf machen, wenn Sie ihm zumuthen möchten, daß er die Untersuchung, die nach seiner Ueberzeugung durch und durch ungerechtfertigt ist, mit dem Eifer durchführen wird, den er entwickeln wird, wenn die Sachlage mit seiner Ueberzeugung übereinstimmt. Ja, ich glaube, der Ehrenmann wird eher seinen Posten verlassen, bevor er etwas thut, was ihm als eine Willkühr, als ein Unrecht erschiene. Andrerseits werden Sie denn doch nicht der Regierung zumuthen, daß sie den Staatsanwalt zum Werkzeuge von Ungerechtigkeiten und von Parteilichkeit machen wird. Dagegen muß es im Rechtsstaate andere Garantieen, als im Strafprozesse geben. Ein wirksames Schutzmittel gegen ungesetzliche Verfolgung bietet die Unabhängigkeit der Richter. Wo dieses Erforderniß des heiligen Berufes des Richterstandes fehlt, dort fehlt freilich ein Haupterforderniß der Gerechtigkeit, und damit eine Hauptstütze der Rechts- und der sittlichen Ordnung, denn „justitia regnorum fundamentum." Der Untersuchungsrichter dagegen ist jetzt in eine Stellung gebracht, in welcher ich nicht seine Abhängigkeit von der Regierung, sondern seine Abhängigkeit von der menschlichen Natur fürchte. Er soll Alles in Allem sein, er soll Ankläger, er soll Vertheidiger, er soll Richter sein. Es ist nach der gegenwärtigen Verfassung unseres Strafprozesses, unserer Voruntersuchung die Ingerenz dem Staatsanwalt, die ihm nach manchen Strafprozeßordnungen auf dem Papiere eingeräumt wird, gar nicht möglich, gar nicht ausführbar; die Vertheidigung ist in der Regel von der Voruntersuchung ausgeschlossen; der Untersuchungsrichter ist somit Alles. Weil er aber Alles ist, und weil er mit seiner richterlichen Autorität nicht blos Vorerhebungen für den Anklagerichter macht, — und ich bitte, m. H., dies, wenn ich es im Verlaufe meines Vortrages vergessen sollte, wohl im Auge zu halten; dies ist ja der Zweck der Voruntersuchung, die Voruntersuchung soll nicht das fertige Material für den Erkenntnißrichter geben, denn dann hätten wir den früheren inquisitorischen schriftlichen Prozeß, keineswegs aber wahre Oeffentlichkeit, Mündlichkeit und Anklageverfahren — so ist die Schlußverhandlung dann nur eine leere Formalität, eine Schlußdekoration, mit welcher man die unabweislichen Forderungen der Wissenschaft und der Gerechtigkeit abzufertigen glaubt. Wie steht es nun mit der Voruntersuchung unseres heutigen Strafprozesses? In den Akten der Voruntersuchung sucht der Erkenntnißrichter in der Regel das, was er bei der Schlußverhandlung erst erheben sollte, um die Wahrheit zu finden und Gerechtigkeit zu üben. Er sucht dort die Beweise, er sucht Alles, und findet er das nicht, so hält er die Voruntersuchung für unvollendet, giebt sie dem Untersuchungsrichter zurück, und das ist dasjenige, wovor der Untersuchungsrichter am meisten zurückschreckt, und daher kommt sein Bestreben, die Voruntersuchung so vollständig als möglich zu machen, und deshalb die Schwerfälligkeit, der Wust und die Schreibseligkeit der Voruntersuchung. Der Erkenntnißrichter ist aber wegen dieser Vollständigkeit, wegen dieser höheren Autorität desjenigen, der ihm die Voruntersuchung vorlegt, von ihr imprägnirt; mit diesem Bilde, welches ihm die Voruntersuchung gegeben hat, geht er zur Schlußverhandlung, und der Untersuchungsrichter hat ihm dabei auch gewissermaßen seine Augen und seine Ohren mitgegeben. Was bei der Schlußverhandlung sich ändert, das hält der Erkenntnißrichter, wenn es in der Aussage eines Zeugen vorkömmt, für Irrthum, Vergeßlichkeit und, wenn es durch dem Angeschuldigten geschieht, für leere Ausflucht. Ganz anders wird es werden, wenn der Erkenntnißrichter Vorerhebungen findet, welche er prüfen zu müssen sich berufen fühlt, weil er besorgt, daß der Eine, der Ankläger, sich in die Anklage zu sehr vertieft, aus Eifer, aus menschlicher Schwäche zu schwarz gesehen hat, wenn er auch bestrebt war, nur objektiv der Wahrheit nachzufolgen und sie zu erforschen; daß der Andere, in dem Bestreben die Anklage abzulehnen, das, was für den Beschuldigten, wenn er auch in der That schuldig ist, denn doch zu seinen Gunsten spricht, in's beste Licht zu stellen, zu weit geht: dann wird der Erkenntnißrichter in der Mitte zwischen Beiden stehen, dann ist er unparteiischer Richter.

Unsere jetzige Voruntersuchung aber ist mehr als eine Untersuchung, sie ist schon ein Urtheil, und deshalb kann ich sagen, sie ist ein Vor-Urtheil. Ich gebe zu, daß auch schon im Stadium der Vorerhebungen solche Akte vorzunehmen sind, die ich weder dem Staatsanwalte, noch dem Beschuldigten oder seinem Vertheidiger überlassen kann, sondern welche nur einer über den Parteien stehenden Autorität anvertraut werden können. Die Erhebung des Thatbestandes z. B. kann nicht erst dem Erkenntnißrichter vorbehalten bleiben, weil derselbe sich vielleicht unterdessen geändert hätte; ihn muß eine solche Autorität erheben, weil ihre Akten mit Beweiseskraft ausgestattet sein müssen. Den Zeugen, welcher vielleicht zur Schlußverhandlung nicht wird erscheinen können, weil es z. B. Derjenige ist, an dem der Mordversuch geschehen ist, und der in wenigen Stunden das Leben verläßt, oder den Zeugen, der wegen seines Berufes sich bis zur Schlußverhandlung nicht am Gerichtsorte aufhalten kann, mit einem Worte, Personen, welche zur Schlußverhandlung nicht erscheinen können, die muß eine unparteiische Autorität vernehmen, weil diese Aussage seiner Zeit als Beweismittel vorgelegt werden muß. Untersuchungs-Handlungen, welche selbst schon in Privatrechte eingreifen und daher nicht dem ersten Besten überlassen werden können, denn heilig sei das Briefgeheimniß, heilig sei das Hausrecht, die kann man nicht dem Staatsanwalte überlassen, nicht von dem Vertheidiger vornehmen lassen, es muß eine höhere Autorität erst erkennen, ob diese Mittel nothwendig sind. Diese höhere Autorität muß eine Richter-Autorität sein, in ihr dürfen aber nicht die Aufgabe des Richters, des Anklägers und des Vertheidigers kumulirt sein; denn dann erkenne ich diese Dreifaltigkeit nicht als Richter-Autorität, sondern sehe in ihr einen verkappten Ankläger, einen verkappten Vertheidiger. Ja, mir ist der Staatsanwalt, dessen Beruf ich kenne, — ich weiß, er hat anzuklagen, — mir ist der Vertheidiger, von dem ich weiß, er hat den Angeschuldigten so viel als möglich in Schutz zu nehmen, weniger Besorgniß einflößend, als der heutige Untersuchungsrichter, von dem ich nicht weiß, ob er sich wegen der Schwäche der menschlichen Natur für oder gegen den Angeschuldigten einnehmen ließ, ob er in der Wesenheit vielleicht Ankläger geworden ist und nur mit einem andern Titel fungirt, oder ob er Vertheidiger geworden ist. M. H., ich möchte durchaus nicht weder dem Ankläger, noch dem Vertheidiger den Richterspruch überlassen, aber nicht, weil ich die Abhängigkeit des Anklägers von der Regierung fürchte, nicht, weil ich glaube, daß der Vertheidiger ein durch und durch parteiischer Mann ist, sondern, weil ich die Abhängigkeit Beider von der menschlichen Natur besorge, weil ich befürchte, daß der Eine in die Anklage, der Andere in die Vertheidigung sich zu sehr vertieft und hineingelebt hat, und nicht richtig entscheiden wird, und deshalb will ich einen Mann, der über Beiden steht, und unparteiisch das Wahre sucht und findet, der Recht spricht, und das ist dann der Richter, aber nicht der gegenwärtige Untersuchungsrichter. Nichts wird Derjenige, der sich lebhaft in die Lage eines Angeschuldigten zu setzen weiß, so sehr zu fürchten wahre Ursache haben, als der Beschuldigte den jetzigen Untersuchungsrichter.

Die Einwendung, daß es nicht möglich sei, die Parteien gleichzustellen, daß der Staatsanwalt als Behörde viele Befugnisse habe, welche dem Beschuldigten und seinem Vertheidiger nicht zu Gebote stehen, erkenne ich als berechtigt an; jedoch was folgt denn daraus, m. H.? Steht der Beschuldigte und sein Vertheidiger vielleicht jetzt besser, wo er nicht Einen Ankläger, sondern wo er zwei Ankläger hat? Es ist nicht blos der Staatsanwalt, welcher denn doch nach den meisten Strafprozeß-Ordnungen die Befugniß hat, von den ersten Schritten der Untersuchung an einzuschreiten, es ist auch der Untersuchungsrichter sein Ankläger, denn es ist ja dessen Aufgabe, Alles, was gegen den Beschuldigten spricht, zu erheben und ihm vorzuhalten. Er hat also jetzt zwei Ankläger, während er nach meinem Antrage nur Einen Ankläger und einen solchen Richter haben wird, dem er sich mit vollem Vertrauen zuwenden kann. Der Beschuldigte hat entweder die That begangen, oder nicht; im ersten Falle ist er viel besser daran, als der Ankläger; er weiß, um was es sich handelt: der Ankläger hat erst zu erforschen, der Beschuldigte hat blos abzuwehren; der Ankläger hat zu untersuchen, der Beschuldigte hat die Mittel, sich zu vertheidigen, wenn er wirklich unschuldig ist, und die Befugniß, einen Vertheidiger zu nehmen, soll ihm vom Momente der Beschuldigung an immer zustehen. Das ist, hat man mir gesagt, recht schön in Städten, wo es Vertheidiger zu Hunderten giebt, oder wenigstens in solcher Anzahl, daß sie zu haben sind, was ist es aber mit dem Angeschuldigten am Lande? der ist dem Staatsanwalt preisgegeben, denn der findet keinen Vertheidiger. Ja, hat er ihn denn jetzt? Ist er jetzt besser daran, wenn er in dem Untersuchungsrichter ebenfalls einen Ankläger hat, den er doch auch in dem Staatsanwalte besitzt? Und ist jeder Strafprozeß ein solcher, daß er so viele Erhebungen von beiden Seiten nothwendig macht? Würde er auf jene Einfachheit zurückgeführt, die ich als das Ideal des Strafprozesses mir vorhalte, so würden in den meisten Fällen die Vorerhebungen, die jetzt als Grundlage, als erster Schritt der Untersuchung vorliegen, genügen, um zur Schlußverhandlung zu schreiten. M. H., wenn man nach den Erhebungen, welche von den Sicherheits-Organen, die nicht immer alle Beruhigung gewähren, gepflogen werden, wenn man nach diesen Erhebungen endlose Untersuchungen mit Haft und Hausdurchsuchung und andere Qualen über den Untersuchten verhängt, so wird man denn nach den Erhebungen, wie ich sie unter den Garantien des Gesetzes und des Rechtes beantrage, doch eine Schluß- oder Hauptverhandlung anordnen, mit Einem Worte, den Beschluß fassen können, ob Grund zu einer Verhandlung vorhanden sei. Daß einer höheren Autorität, — nennen wir sie also Untersuchungsrichter, mit einem Worte richterliche Autorität, — noch immer Amtshandlungen nach meinem Antrage vorbehalten bleiben, ist ganz richtig, jedoch nicht die ganze Untersuchung, nicht in der Art, wie sie gegenwärtig geführt ist; aber er ist dann der unparteiische Richter, welcher nur über Antrag des Staatsanwalts oder des Vertheidigers überhaupt Erhebungen pflegt, und diese sind denn doch regelmäßig nicht so viele und solche, welche die Fortführung, die Ausspinnung, die Ausdehnung der Untersuchung mit sich bringen, wie sie jetzt das gegenwärtige Prinzip der Cumulirung der drei Hauptfunktionen in Einer Person mit sich bringt. Es ist, wie ich sage, ein großer Unterschied, erstens, ob das, was durch die richterliche Autorität zu regeln ist, dann Regel oder Ausnahme ist. Jetzt ist es Regel, und vieles Andere, was er nach seinem Ermessen für gut findet; nach meinem Antrage ist es Ausnahme und durch die Gesetze präzisirt.

Die übrigen Erhebungen pflegt derjenige, der zu diesen berufen ist, und die Beschleunigung derselben wird doch keine minder mögliche sein, als jetzt. Ja, man hat mir auch eingewendet, daß dann zwei Untersuchungen nebeneinanderlaufen, die vielleicht noch weiter ausgedehnt werden. Ich frage, warum soll die Kontrole, die jetzt bei dem Untersuchungsrichter sehr unvollkommen ist, bei dem Staatsanwalte nicht dieselbe sein? Im Gegentheile, m. H., der Staatsanwalt ist von vielen Seiten kontrollirt. Er ist kontrollirt einmal von seinem Vorgesetzten, und nach der Natur des Amtes in besserer Organisirung als bei dem Richterstande, wo man schon bei dem untersten Richter die Freiheit wahren muß. Er ist kontrollirt von der öffentlichen Meinung, er ist kontrollirt von dem Beschuldigten oder seinem Vertheidiger. Er muß seine Anträge vor dem Richter und vor der Oeffentlichkeit rechtfertigen, und will er eben auch dort während der Dauer der Untersuchung eine einzelne besonders wichtige Untersuchungshandlung rechtfertigen, so fürchtet er die nicht, während er jetzt sie nicht verantworten kann, und dort, wo er zur Verantwortung wegen der Länge der Untersuchung gezogen wird, nichts anderes, als der Prügelknabe des Untersuchungsrichters ist.

Das ist, um Ihre Geduld nicht zu lange in Anspruch zu nehmen, in Kürze dasjenige, was ich gegen die vorzüglichsten Einwendungen, welche in den drei Gutachten mir entgegengehalten wurden, noch auszusprechen für nothwendig fand.

Wir sind nicht da, um gelehrte Abhandlungen zu liefern. Wer von der Wichtigkeit, von der Nothwendigkeit, von der Unabweislichkeit dieser Hauptprinzipien im Strafprozesse: Oeffentlichkeit und Mündlichkeit und Anklageverfahren nicht durch und durch überzeugt ist, den wird meine geringe Kraft heute sicherlich nicht überzeugen; wer nicht die Erfahrung vom Strafprozesse hat, wie doch die Meisten sie haben, von seiner Unvollkommenheit, von der Nothwendigkeit, ihn zu ändern im Interesse des Anklägers, im Interesse des Beschuldigten, im Interesse der Heiligkeit des Richterberufes, den werde ich auch davon nicht überzeugen.

Ich aber, m. H., habe mich durch die Einwendungen, welche mir sowohl in den gedruckten Gutachten vorliegen, als auch, welche mir von vielen Freunden gemacht worden sind, in meiner Ueberzeugung nicht nur nicht erschüttern lassen, im Gegentheile wurde sie eine immer innigere. Ich bin überzeugt und ich hoffe, es wird nicht lange Zeit vorübergehen, so werden die Prinzipien, wie sie in den drei Paragraphen meines Antrages ausgesprochen sind, als ganz selbstverständlich in das Leben eingeführt sein.

Mir fehlt nicht der Muth, meine Ueberzeugung auszusprechen, auch wenn ich von allen Seiten angefochten würde, aber andrerseits habe ich ein zu großes, inniges und lebhaftes Interesse an dem Strafprozesse, und ein zu lebhaftes Interesse, daß diese Prinzipien, die ich jetzt hier kurz zu begründen die Ehre hatte, so bald als möglich zum Wohle der Rechtspflege, zum Wohle der Menschheit in den Strafprozeß kommen und dort wirken, und ich habe eine zu große Ehrfurcht vor Ihrem Ausspruche, vor Ihrer Ansicht, um diese Prinzipien einer wenn auch vorübergehenden Gefahr auszusetzen. Die Gefahr finde ich darin, daß, nachdem wir über die weitere Ausführung dieser Prinzipien zu sprechen nicht die Zeit haben, und nachdem ich erkenne, daß die weitere Ausführung noch vieler Erörterungen und der Beseitigung vieler Zweifel bedürfte, viele von Ihnen, vielleicht auch diejenigen Herren, welche im Prinzipe nicht gegen meinen Antrag sind, durch diese Zweifel sich denn doch bewogen finden könnten, die gegenwärtige Annahme dieses Prinzipes nicht zu befürworten, und sich nicht dafür auszusprechen, und dieses Ihr Verdikt, das moralische Gewicht, das dadurch gegen diese Grundsätze, gegen meinen Antrag gewissermaßen ausgesprochen, und ihm als Hinderniß, als schwer zu übersteigendes Hinderniß in den Weg gelegt würde, das fürchte ich, m. H., und aus diesem Grunde erlaube ich mir, um die kostbare Zeit, die wir haben, nicht zu verschwenden, diesen meinen Antrag, nachdem ich gerechtfertigt habe, warum er schon im vorigen Jahre vorgelegt wurde, warum er die ständige Deputation beschäftigt hat, und warum er auch heute einen Theil unserer kostbaren Zeit in Anspruch genommen hat — nachdem dieses Alles geschehen ist — erlaube ich mir, meinen Antrag zurückzuziehen.

**Präsident**: Herr Ober-Landesgerichtsrath **Dr. Keller** hat gewiß zu unser aller Ueberraschung die Motivirung seines Antrages, als welche wohl seine Deduktion zu betrachten ist, damit geschlossen, daß er den Antrag zurückzieht. Eine Geschäftsordnung besitzen wir zur Zeit nicht. Ob dies zulässig ist, ist daher zweifelhaft; der Antrag ist vom vorigen Juristentage gewissermaßen schon zu dem seinigen gemacht worden, er ist Gegenstand der Berathung in der Deputation und bezüglich der Begutachtung mehrerer Mitglieder geworden. Ich möchte bezweifeln bei aller Hochachtung vor der Ansicht des Herrn Antragstellers, ob er befugt sei, einen solchen bereits, wie mir scheint, in das Eigenthum der Versammlung übergegangenen Antrag einseitig ohne Zustimmung der Versammlung zurückzuziehen. Da wir aber, wie gesagt, in dieser Beziehung eine Bestimmung nicht haben, so würde ich bitten, daß die verehrte Versammlung darüber sich aussprechen möge.

Ober-Tribunalrath **Dr. Goltdammer** aus Berlin: Wollen wir annehmen, daß hier gleichsam eine litis contestatio stattgefunden habe, so würde diese Ansicht zulässig sein; dagegen möchte ich doch der Ansicht sein, daß ein Antrag bis zum letzten Stadium zurückgezogen werden könne. Die Entwicklung eines Antrages kann eine solche werden, daß zuletzt die Erörterung desselben zu einer Last der Abtheilung würde, und den Gesichtspunkt, der sich in dieser Beziehung ergiebt, den muß man dem Antragsteller überlassen. Ich möchte daher dafür sein, daß Herr Dr. Keller befugt wäre, den Antrag noch in diesem Augenblicke zurückzuziehen.

Referent Professor Dr. **Glaser** aus Wien: Ich glaube, daß es jedenfalls auch Pflicht des Referenten sein muß, sich zunächst über die Incidenzfrage, die hier aufgetaucht ist, vor Ihnen auszusprechen; ich weiß aber keinen andern Weg dafür, als indem ich Ihnen den Inhalt des Mandates mittheile, welches die Deputation in Anhoffung Ihrer späteren Ratihabition mir übertragen hat. Es scheint mir dies nämlich deshalb hieher zu gehören, weil ja eben die Frage angeregt ist, inwiefern durch die vollzogenen Vorarbeiten die Versammlung gewissermaßen in das Eigenthum des Antrages getreten sei. Ich bitte, mir nur zu erlauben, zu sagen, was für eine Art von Referat Sie von mir zu erwarten gehabt hätten, zu erwarten haben würden, wenn Sie auf die Berathung der Sache eingehen.

Die Deputation hat zunächst vor Ihnen zu verantworten, daß sie von dem ihr ertheilten Auftrage theilweise abgewichen ist, daß sie diesen nicht vollständig erfüllt hat. Es war der Deputation durch Ihren Beschluß als Muster der Hergang bezeichnet, der in Hinsicht des Lewaldschen Antrages eingehalten wurde. Da zeigten sich, wie Sie sich erinnern, zwei Stadien. Die Deputation hat das Gutachten abgefordert, dieses Gutachten aber zum Gegenstande der Berathung in ihrem Schooße gemacht, ein neuerliches Gutachten, nämlich das Gutachten der Deputation selbst, erstattet und Ihnen zur Entscheidung unterbreitet. Das erste Stadium dieses Geschäftsganges ist auch dieses Mal wieder eingehalten worden; allein als man zum zweiten kam, nämlich zur Erstattung des Deputationsgutachtens auf Grund der eingeholten Einzel-Gutachten, haben sich gegen diesen Vorgang in der Deputation gewichtige Stimmen ausgesprochen und zwar wesentlich aus zwei verschiedenen Gründen. Erstens haben wir untereinander gefunden, daß die Deputation eigentlich gar nicht von der Zusammensetzung ist, um ein wissenschaftliches Gutachten abgeben zu können: einzelne haben sich verlegen gefühlt, an den Berathungen Theil nehmen zu müssen, weil dieser Gegenstand nicht in den Bereich ihrer Spezialstudien falle, denn die Zusammensetzung der Deputation geht aus ganz andern Rücksichten hervor als aus der der wissenschaftlichen Vollständigkeit. Anderseits war es, seitdem die ständige Deputation besteht, ihr Bestreben, nach außen hin in möglichst geschlossener Einheit aufzutreten. In andern Beziehungen läßt sich das auch vollkommen rechtfertigen; allein mehr oder weniger haben sich bei Berathungen über wissenschaftliche Details, wo Jeder seine Ueberzeugung vollständig wahren will, Gelegenheiten gefunden, wo man mehr oder weniger dieser Eintracht zu Liebe, seinem wissenschaftlichen Gewissen Zwang anthun mußte. Das war der eine Grund, warum die Deputation beschloß, in Anhoffung Ihrer spätern Genehmigung kein Gutachten zu erstatten.

Der zweite Grund ist der: Wir sind kurze Zeit beisammen, haben nicht Gelegenheit, unmittelbar vor den Sitzungen noch gründliche Studien zu machen. Die Deputation hat nicht gewünscht, daß die schon empfindliche Last der gedruckten Vorlagen durch die Erstattung eines neuen Gutachtens noch vermehrt werde. Zuletzt, Gutachten gegen Gutachten gehalten, kann auch ein sogenanntes Obergutachten der Deputation für Sie nur eine Vermehrung des Stoffes sein. Aus diesen Gründen hat die Deputation beschlossen, gar kein Gutachten in ihrem Namen zu erstatten, sondern es ihrem Referenten vollständig zu überlassen, wie er sich das Geschäft zurecht legt. Nur Eine Beschränkung hat die Deputation aus den eben angeführten Gründen dem Referenten aufgelegt. Er soll nicht einen schriftlichen Bericht erstatten, er soll nicht das Maß des vorhandenen Materials vermehren und drückender machen. Er soll mündlich referiren und Anträge stellen.

Daran nun, werde ich, falls Sie für die Fortsetzung der Verhandlung entscheiden, mich zu halten haben. Indem ich das vorhandene Material und den Widerstreit der Meinungen, wie er sich darin manifestirt, übersichtlich darzulegen suche, werde ich dahin streben, daß eine Theilung der Frage stattfindet, und dadurch eine Erleichterung der Berathung erzielt werde. Es scheint mir dies namentlich in unserem Falle, bei dem Gegenstande, der jetzt zur Berathung vorliegt, von ganz außerordentlicher Wichtigkeit zu sein. In dem einen der vorliegenden Gutachten, in deren Inhalt ich im Uebrigen für jetzt natürlich nicht eingehen werde, ist es hervorgehoben, wie richtig und bedeutend es sei, daß die Versammlung sich mit der Frage der Gestaltung der Voruntersuchung beschäftige. Ueber das Bedürfniß, daß auf Vereinfachung der Voruntersuchung, Behebung der vielfachen Uebelstände derselben, unter diesen namentlich auf die Beseitigung des Hauptübelstandes, daß die Voruntersuchung die Hauptverhandlung überwuchere, hinzuarbeiten, darüber sind die Begutachter einig, wenn auch der dritte Referent, Dr. Heinze, weniger Gewicht darauf legt. Ebenso tritt eine Uebereinstimmung in Bezug auf andere Punkte unseres Gutachtens hervor, — eine Uebereinstimmung, die an sich sehr bezeichnend ist. Der Herr Antragsteller hat nun zwar seit Erstattung der Gutachten seinen Antrag wiederholt modifizirt, mir scheint aber doch, daß im Wesentlichen die Gutachten den heut dargelegten Stand seiner Ansichten, in der Hauptfrage, in der Frage der Voruntersuchung, antizipiren.

Was dagegen die zweite Frage betrifft, die Gestaltung des Anklagebeschlusses, so scheint mir eine streng gesonderte Verhandlung über dieselbe nothwendig zu sein, und in diesem Punkte möchte ich vorschlagen, den Rücktritt des Herrn Antragstellers ohne Weiteres zu acceptiren.

Bedenklicher ist mir diese Frage in Bezug auf den ersten Punkt, nämlich in Bezug auf die Gestaltung der Voruntersuchung. Es ist doch endlich ein Antrag, auf dessen Berathung Sie sich Alle vorbereitet haben, und ich glaube, die Frage, die ich hier vorzulegen hätte und die ausführlicher besprochen werden würde, wenn es auf Ihren Beschluß etwa zu einer Detail-Berathung käme, läßt sich kurz so stellen: Was müssen wir an unserer heutigen Voruntersuchung, wie sie steht, wie sie aus der alten Prozeßform übernommen worden ist, noch beibehalten? Soll die gerichtliche Voruntersuchung bestehen und in welchem Umfange? Sollen namentlich die Prinzipien gelten und aufrecht erhalten bleiben, auf denen sie jetzt beruht? Das ist die erste Frage. Die zweite wäre: Was kann für eine Vereinfachung in der angezeigten Richtung geschehen? und die dritte Frage wäre: Was kann und soll für die Verbesserung der Voruntersuchung geschehen?

Merkwürdiger Weise treffen diese drei Fragen nach dem Stande der Gesetzgebung bei uns mit drei andern Fragen zusammen, nämlich: Was ist noch jetzt in Deutschland in Bezug auf die Voruntersuchung gemeinsam? was für eine Richtung zeigt sich in den Fortschritten der neueren Gesetzgebung? und endlich: Was ist das Ziel, nach dem die gesammte Gesetzgebung streben muß?

Fassen wir unsere Aufgabe, worin wir wohl Alle einig sind, als eine doppelte auf, daß wir zu sorgen haben zuerst für die Einheit und dann für die Verbesserung unseres Rechtes — weil ich nämlich die Herstellung der Einheit für die wichtigste aller Verbesserungen halte und daher voransetze — so würde die Aufgabe auch in Bezug auf die Voruntersuchung einfach die sein, zuerst es dahin zu bringen, daß verschiedene Deutsche Staaten diejenigen einholen, hinter welchen sie auf dem Wege der Verbesserung zurückgeblieben sind, und daß wir dann suchen, auf diesem Wege gemeinsam vorwärts zu kommen. In diesem Sinne würde ich es versucht haben, die Fragen, die der Antrag selbst und die Gutachten involviren, Ihnen einzeln vorzulegen und zur Abstimmung vorzubereiten. Ob Sie sich nun in der Verfassung glauben, trotz des Rücktrittes des Herrn Antragstellers auf eine solche Berathung einzugehen, muß ich Ihrer Entscheidung anheim geben. Wenn es gewünscht werden sollte, so würde ich auch bereit sein, eine beiläufige Formulirung der Fragen, wie sie dann nach meinem Vorschlage zur Berathung kommen sollen, vorzulegen.

Kreisgerichts-Direktor **v. Kunowski** aus Beuthen: Es handelt sich um die Vorfrage, ob der gegenwärtige Juristentag, resp. die Abtheilung sich noch mit dem Kellerschen Antrage befassen könne, nachdem der ursprüngliche Antragsteller denselben zurückgezogen hat. Ich bin der Ansicht, daß der Grundsatz, der von Herrn Goltdammer in dieser Beziehung ausgesprochen worden ist, auf den gegenwärtigen Fall nicht paßt. An sich halte ich den Grundsatz für richtig, daß ein Antrag, der auf einem Juristentage eingebracht worden ist, von dem Antragsteller so lange zurückgezogen werden kann, bis die Abtheilnng, resp. das Plenum Beschluß darüber gefaßt hat. Hier liegt die Sache aber anders. Der Antrag ist auf dem vorigen Juristentage eingebracht, es ist dort darüber verhandelt worden, und der vorige Juristentag hat zwar keinen materiellen, aber einen formellen Beschluß gefaßt. Dieser Beschluß geht dahin, daß der Juristentag mit dieser Materie sich befassen und in der nächsten Versammlung einen materiellen Beschluß fassen wolle. Dadurch ist meines Erachtens die Sache aus der Hand des Herrn Antragstellers herausgekommen, und auf seine Erklärung allein, daß er den Antrag zurückziehe, sind wir nicht in der Lage, den Gegenstand als ausgeschieden zu betrachten. Sollte ein Zweifel noch vorhanden sein, so erlaube ich mir, im Interesse der Wichtigkeit des Gegenstandes und mit Rücksicht darauf, daß bereits so Vieles in Bezug auf ihn vorbereitet wurde, formell denselben Antrag zu stellen, rücksichtlich ihn wieder aufzunehmen und dadurch in die Verhandlung wieder einzuführen.

Staatsanwalts-Substitut **Bündsdorf** aus Wien: Es ist einfach die Frage gestellt, wie lange dem Antragsteller das Recht zusteht, irgend einen gestellten Antrag zurückziehen zu dürfen, und diese Frage einzig und allein und nicht mehr ist hier in Betracht zu ziehen. Nun glaube ich, daß dem Antragsteller das Recht, den Antrag zurückzuziehen, bis zur Besprechung in der Sitzung oder in der Abtheilung zusteht. Wenn jedoch der Antrag hier in der Abtheilung motivirt wurde, wenn die Gründe für denselben auseinander gesetzt wurden, so glaube ich, ist Jeder berechtigt, gegen diesen Antrag seine Meinung auszusprechen. Insofern der Antrag motivirt wurde, ist gewissermaßen der Handschuh hingeworfen, und da hat, glaube ich, Jeder in der Versammlung das Recht, für oder gegen den Antrag einzutreten.

Jedoch schließt sich hieran eine weitere Frage, nämlich die Frage, ob es auch zweckmäßig und entsprechend ist, jetzt schon in eine Erörterung einzugehen und einen Beschluß zu fassen. Die verehrte Versammlung hat gehört, daß der Herr Antragsteller über die Gutachten, die eingelaufen sind, seinen Antrag bedeutend modifizirt hat, er hat ihn nämlich beschränkt auf drei Paragraphen und hat diese drei Paragraphen als den Kernpunkt seiner Motivirung in den Vordergrund gestellt. Es wurde auch hier und zwar beim §. 1 ein bedeutendes und wichtiges Moment aufgenommen, nämlich, daß auch dem Vertheidiger, rücksichtlich dem Beschuldigten, das Recht zusteht, Erhebungen zu pflegen oder zu veranlassen. Zweifelhaft ist es nun, wie diese Erhebungen zu verstehen sind, ob dem Vertheidiger das Recht vindizirt werden soll, — (den Redner unterbricht der)

**Präsident**: Ich würde bitten, nicht auf die Sache einzugehen, sondern nur einfach die formelle Frage zu besprechen.

**Bündsdorf** (fährt fort:) Es schließt sich an diese Frage auch die Frage an, inwiefern es zweckmäßig ist, daß wir auf die Sache heute eingehen, und mit Rücksicht auf die Zweckmäßigkeit glaube ich darauf hinweisen zu sollen, daß §. 1 in jener Richtung bedeutend erweitert und auch in die anderen Paragraphen Momente aufgenommen wurden, die nicht darin standen. Mit Rücksicht darauf wäre nach meiner Ansicht heute nicht in die Berathung einzugehen, sondern eine Vertagung auszusprechen, und dem Antragsteller allenfalls selbst zu überlassen, diesen seinen Antrag überarbeitet einzubringen, weil er eben ausdrücklich bemerkte, daß er in den Gutachten mißverstanden wurde.

Ich glaube also, daß es heute noch nicht angezeigt sein kann, sowie, daß wir auch nicht in der Lage sind, über die Stellung der Staatsanwaltschaft einen endgültigen Beschluß zu fassen, und ich spreche mich daher dahin aus, daß zwar dem Antragsteller, nachdem der Antrag motivirt vorliegt, nicht mehr das Recht zusteht, seinen Antrag zurückzuziehen, daß aber der Gegenstand speziell heute nicht erörtert werden kann, weil der Antrag heute bedeutend modifizirt wurde.

Staatsanwalt **Schloß** aus Korneuburg: Dadurch, daß Herr Kreisgerichtsdirektor v. Kunowski den Antrag aufgenommen hat, entfällt die Vorfrage, ob der Antragsteller ihn zurückziehen dürfe oder nicht, gänzlich. Ueber die Zweckmäßigkeitsfrage aber, nämlich darüber, ob wir heute in der Lage sind, über den Antrag in eine Debatte einzugehen, oder ob wir dieselbe vertagen sollen, können wir, glaube ich, uns erst aussprechen, wenn wir den Herrn Referenten werden gehört haben.

**Präsident**: Ich erlaube mir, m. H., als Präsident die Meinung vorzutragen, daß es wünschenswerth sei, daß die Sache verhandelt werde und zwar auch deshalb, um es ehrlich zu sagen, um nicht die Zeit mit zu viel Formfragen zu vergeuden.

Was die Bemerkung des Herrn Staatsanwalts Bündsdorf betrifft, so erkenne ich sie als materiell berechtigt vollkommen an. Allein der Antrag des Dr. Keller, der gegenwärtig vorliegt, soll nach der Ansicht des Herrn Bündsdorf nicht der Antrag sein, der am vorigen Juristentage eingebracht wurde, und Herr Bündsdorf meint daher, daß der Antrag nicht genug vorbereitet vorliege, um heute bereits in die Berathung desselben einzugehen. Es werden aber die höchst geehrten Herren auch bemerkt haben, daß der Antrag, wie er gegenwärtig modifizirt wurde, im Hauptwerke derselbe ist, — mir wenigstens schien es so — der damals dem Juristentage vorgelegt wurde. Es sind einige Sätze weggelassen, aber in Wesenheit ist es doch derselbe Antrag geblieben und es würde mir daher allerdings angemessen scheinen, nachdem der Herr v. Kunowski den Antrag zu dem seinigen gemacht hat, dadurch die Formfrage eigentlich als erledigt anzusehen und unseren Herrn Referenten anzuhören. Wir werden uns hoffentlich überzeugen, daß wir trotz der Modifikationen des Antrages immerhin auf den Antrag eingehen und über ihn debattiren und Beschluß fassen können. Sollte aber nach dem Anhören des Herrn Referenten noch die Meinung zur Geltung gelangen, daß wir nicht gehörig vorbereitet sind, auf den modifizirten Antrag einzugehen, dann wird freilich die Frage gestellt werden können, ob wir den Antrag überhaupt vertagen sollen.

Das ist meine Ansicht über die Sache und da wir durch eine Geschäftsordnung nicht unterstützt sind, so frage ich, ob sie mit diesem Vorschlage einverstanden sind? (Rufe: Ja! Ja!)

So bitte ich also, daß der Herr Referent uns den Vortrag erstatte, und daß wir bei der Anhörung desselben zugleich die Vertagungsfrage in's Auge fassen.

Referent Prof. Dr. **Glaser** aus Wien: M. H., Ich muß zuerst allerdings noch eine Vorfrage vorlegen, mir zu einer Modifikation Ihre Erlaubniß erbitten. Nach meiner Meinung ist es allerdings nach dem vorhandenen Materiale denkbar und möglich, daß wir über die Frage der Gestaltung der Voruntersuchung heute berathen und zu einer Beschlußfassung kommen. Darüber liegen dem Referenten auch Materialien vor, die er ohne Ueberschreitung des früher bezeichneten Auftrages zu verarbeiten und Ihnen vorzulegen hat. Die Gutachten beschäftigen sich dagegen nicht mit einigen andern Punkten, welche der Herr Antragsteller in der heute vorgetragenen Modifikation seines Antrages entfallen ließ.

Hinsichtlich der Nichtberücksichtigung dieser Punkte glaube ich annehmen zu dürfen, die Zustimmung der Versammlung bereits erlangt zu haben; aber auch die heutige Modifikation des Antrages behandelt noch die Materie von dem Anklage-Beschlusse. Gestatten Sie mir, m. H., jedenfalls in dem Vortrage, den ich erstatte, jetzt diese ganze zweite Frage bei Seite liegen zu lassen. Wird es nach Besprechung der ersten Frage Ihr Wille sein, auch darüber noch mich hören zu wollen, so werde ich natürlich Ihrem Willen zu entsprechen wissen. Für jetzt aber, glaube ich, wird es sogar in der Sache auch zweckmäßiger sein, daß wir uns auf Einen Punkt beschränken.

**Präsident:** Ich kann wohl voraussetzen, daß die hohe Versammlung mit diesem Vorschlage einverstanden ist.

Referent Prof. **Glaser:** Ehe ich nun auf die Frage über die Gestaltung der Voruntersuchung, des Verhältnisses des Staatsanwalts und des Angeschuldigten zu derselben, wie sie der Antrag auf die Tagesordnung stellt, eingehe, halte ich mich, trotzdem der Antragsteller seinen Antrag nach Abforderung der Gutachten zweimal modifizirt hat, der Verpflichtung nicht entledigt, kurz der Gutachten selbst zu gedenken, namentlich deshalb, weil mir scheint, daß in den Hauptpunkten, um die sich die Sache bei der heutigen Berathung drehen wird, die Gutachten den Antragsteller nicht mißverstanden haben, sondern im Gegentheil die Modifikationen, die der Antragsteller eingebracht hat, als selbstverständlich, als in seinem Sinne liegend, bereits antizipirt haben. Es beziehen sich diese Modifikationen namentlich auf die im ursprünglichen Antrage dem Staatsanwalt übertragene Vorsorge für die Vertheidigung. Es ist da schon vorausgesetzt worden, daß der Herr Antragsteller meine, dieses solle nicht den Sinn haben, daß die Staatsanwaltschaft allein für die Vertheidigung ohne Mitwirkung eines Andern zu sorgen habe.

Die drei Gutachten, die ich hiermit auch jetzt noch als durchaus brauchbares Material anerkennen muß, stellen sich demgemäß die Frage eigentlich so: Soll die gerichtliche Voruntersuchung beibehalten werden, oder soll sie es nicht? Justizrath Dorn, der Verfasser des einen Gutachtens, erkennt namentlich an, wie wichtig es sei, daß diese Frage hier zur Sprache komme, er erkennt an, daß die Voruntersuchung an wesentlichen Gebrechen leide, auf deren Verbesserung hinzuwirken auch die Aufgabe des Juristentages sei. Wenn in den Motiven des Herrn Antragstellers gegen Vorgänge geeifert wird, welche dahin zielen, die Hauptverhandlung zur bloßen Schluß-Dekoration dadurch zu machen, daß das Hauptgewicht des Prozesses in eine langwierige und ausgedehnte Voruntersuchung gelegt werde, so findet er es ganz erwünscht, daß dahin gestrebt werde, diesem Zustande ein Ende zu machen. Allein er glaubt, der Weg, der hier vorgeschlagen würde, sei nicht der richtige. Ueberblicke ich sein Gutachten, so glaube ich, versteht er den Antrag so, daß in der Person des Staatsanwalts — und so, denke ich, versteht auch Professor Geßler, von dem ich nachher sprechen werde, den Antrag — daß in der Person des Staatsanwalts der Geschäftsgang der Voruntersuchung sich jedenfalls konzentrirt, unbeschadet der Mitwirkung einerseits des

Untersuchungsrichters und anderseits des Beschuldigten und seines Vertheidigers. Er versteht ihn also so, daß der Schwerpunkt der Prozedur, welcher jetzt in den Händen des Untersuchungsrichters liegt, künftig in die Hände des Staatsanwalts komme. Davon ausgehend, wendet er gegen den Antrag ein: Der Staatsanwalt sei einmal in einer abhängigen Stellung, jedenfalls in einer abhängigeren, als der Untersuchungsrichter. Wenn ihm der Vertheidiger auch schon in der Voruntersuchung entgegensteht, so seien dennoch da, wo es sich um Vorerhebungen handelt, dessen Kräfte viel zu schwach; es lasse sich daher die Gleichheit, die absolut nothwendig sei, wenn der Gerechtigkeit entsprochen werden soll, gar nicht herstellen. Entweder müßte man die Mittel des Staatsanwalts reduziren auf jenes Maß, das man auch dem Vertheidiger zur Verfügung stellen kann, und damit würde der Antrag im Wesen aufgehoben und der ganze Geschäftsgang der Voruntersuchung gelähmt, oder man müßte umgekehrt die Hände des Vertheidigers, der auch schon in der Voruntersuchung sich betheiligt, derart stärken, daß ihm dieselben Mittel und Wege zu Gebote stehen; um konkreter zu sprechen: Die Polizei mit ihren Mitteln der Erhebung müßte entweder dem Staatsanwalte unzugänglicher, oder auch dem Vertheidiger zur Verfügung gestellt werden. Das sei aber, wenn auch prinzipiell ausgesprochen, doch faktisch unausführbar. Man könne ferner annehmen und glauben, daß der Staatsanwalt, — obgleich sich bewußt, daß er später als Ankläger auftreten werde, und da er in die Untersuchung eingeht, so müsse er jetzt schon an die Schuld des Angeklagten, wenigstens an die Wahrscheinlichkeit derselben glauben, — man könne annehmen, daß der Staatsanwalt unbefangen sei. Jedenfalls wird Das aber gewiß nicht geglaubt werden, nicht von dem Angeschuldigten, der fühlen wird, formelles Unrecht zu erleiden; nicht vom Publikum, nicht von der öffentlichen Meinung, von der doch alles Vertrauen in den Gang der Rechtspflege abhängt. Nun spricht der Referent allerdings von den verschiedenen Modifikationen, die man sich sehr wohl denken kann, gegenüber dem Antrage des Antragstellers, und dabei antizipirt er zum Theile die Zugeständnisse, die heute gemacht worden sind. Damit aber meint er ja schon, mit den Ausnahmen, die der zweite Paragraph des ursprünglichen Antrages mache, verschwinde zum überwiegenden Theile Dasjenige, was im ersten Paragraphen gesagt wird, und er beantrage daher die Verwerfung.

Professor Geßler antizipirt ebenfalls sogleich, es sei im Sinne des Herrn Antragstellers gelegen, daß der Angeschuldigte auf die Beweisaufnahme noch auf einem andern Wege müsse einwirken können, als durch den Staatsanwalt, daß er nicht darauf reduzirt sein könne, den Staatsanwalt zu ersuchen, im Interesse der Vertheidigung diese oder jene Erhebung zu pflegen, daß man weiter gehen und ihm Mittel bieten müsse, an den Richter zu kommen, und damit ist der Hauptpunkt, nämlich die Frage berührt: Wer über die Rechtsmittel entscheiden soll, wenn der Staatsanwalt die Voruntersuchung in Händen hat.

Dann versucht Geßler die Stellung dieses Antrages zu den verschiedenen denkbaren Systemen der Voruntersuchung klar zu machen. Er sagt, man könne sich drei verschiedene Einrichtungen denken: Erstens eine solche, wo das Uebergewicht der Prozedur in der Hand des Untersuchungsrichters liegt. Es ist dabei noch die Modifikation denkbar, daß dem Staatsanwalt die Initiative vorbehalten wird, wie es denn nach dem heutigen Stande des Prozesses als Regel anzusehen ist, daß die Voruntersuchung nicht ohne den Antrag des Staatsanwalts eröffnet werden kann. Es ist nun denkbar, daß entweder der Staatsanwalt auf diese Initiative beschränkt, daß ihm eine Einflußnahme auf die weitere Prozedur nicht zugestanden wird, oder auch, daß ihm unbeschadet des Uebergewichtes und der entscheidenden Stellung des Untersuchungsrichters immerhin das Recht eingeräumt wird, in der Eigenschaft als Staatsanwalt auf den Gang der Untersuchung im Wege der Antragstellung einzuwirken. Immer aber handelt es sich um eine Gestaltung des Prozesses, welche das Uebergewicht in die Hände des Untersuchungsrichters legt.

Eine zweite gäbe es, die, so denkt es sich der Begutachter, das, was der Antragsteller verlangt: nämlich den Schwerpunkt der Prozedur, das Uebergewicht, auf Seite des Staatsanwalts legt, wobei Geßler nicht verkennt, daß auch der Antragsteller selbst das gelegentliche Mitwirken des Untersuchungsrichters, oder sagen wir, irgend eines richterlichen Beamten, nothwendig halte.

Ein dritter Vorgang sei derjenige, wo der Untersuchungsrichter vorhanden und thätig ist, aber in die Abhängigkeit vom Staatsanwalt gestellt wird. Nun, diesem dritten Vorgange sei jeder andere vorzuziehen.

Der Vorschlag des Herrn Antragstellers habe unverkennbare Vortheile im Gefolge. Zunächst nennt Herr Professor Geßler den: Dieselben Personen, welche in der Hauptverhandlung thätig sind, sind auf die Weise schon in der Voruntersuchung thätig; der Staatsanwalt, der Angeschuldigte, beziehungsweise sein Vertheidiger; daß damit Einheit in's künftige Verfahren gebracht werde, sei ein unverkennbarer Vorzug. Ein weiterer Vorzug, den der Begutachter in dem Antrage findet, ist der, daß er eine einheitliche Leitung herstelle, wie sie in der andern dritten, früher erwähnten Modifikation der Voruntersuchung allerdings fehle. Ein dritter Vorzug sei der, daß es zur klarern Abgrenzung der gegenseitigen Beziehungen des Staatsanwalts und des Untersuchungsrichters führen würde. Viertens endlich, — was nach meiner Meinung sich aus dem Ersten ergeben würde: Es würde der Antrag die Beschränkung der Voruntersuchung auf das Nothwendigste bewirken.

Nichtsdestoweniger erklärt sich Geßler ebenfalls gegen den Antrag, zum großen Theile aus den bereits früher hier hervorgehobenen Gründen, welche Herr Justizrath Dorn angiebt, und wie er zuletzt accentuirt, im Interesse der Gerechtigkeit, — indem die Nachtheile die erwähnten Vortheile zu sehr aufwiegen, — die Mitwirkung des Vertheidigers, theilweise sogar des Staatsanwalts, in ihrem Werthe und Gewichte doch zu sehr bedingt sei von den Partikular-Verhältnissen, von den Einrichtungen der bestimmten einzelnen Länder, als daß es möglich sei, so im Allgemeinen darüber abzusprechen. Auch er beantrage daher die Ablehnung.

Das dritte Gutachten ist das des Herrn Staatsanwalts Heinze. Dieser findet in dem Antrage eigentlich zwei Fragen angeregt: Soll die gerichtliche Polizei überwiegend oder ausschließlich, so weit sie nämlich Justizzwecken dient, in die Hände, unter die Leitung der Staatsanwaltschaft gestellt werden? Und er erklärt sich sofort gegen einen solchen Antrag, indem er bemerkt, es lasse sich eigentlich das nicht verwirklichen; entweder werde die Polizei nur mit Widerstreben und zuletzt gar nicht der Leitung des Staatsanwalts gehorchen, oder es werde umgekehrt geschehen, was noch mehr zu befürchten sei, es werde der Staatsanwalt zum Polizisten werden.

Die zweite Frage, die Herr Staatsanwalt Heinze aufstellt, allerdings schon präjudizirt durch die erste, ist die, ob die gerichtliche Voruntersuchung den Vorzug verdiene vor den von dem Staatsanwalte veranlaßten Erhebungen, und bei der Beantwortung dieser Frage macht er nun gegen die offenbar nach der entgegengesetzten Seite hin, im Allgemeinen wenigstens, tendirenden Anträge des Herrn Antragstellers die Einwendung, daß die Gleichheit, die doch die Voraussetzung der Verläßlichkeit sei, daß die Gleichheit zwischen dem Staatsanwalt und dem Vertheidiger eine illusorische wäre. Es werde ferner durch einen solchen Antrag, welcher die ersten Stadien der Erhebung unter den überwiegenden Einfluß der Staatsanwaltschaft stellt, die rechtzeitige Vertheidigung des Angeschuldigten nicht unbeträchtlich gefährdet, namentlich aber sei es ein Nachtheil für den Angeschuldigten, daß die Möglichkeit, eine Hauptverhandlung durch das Ergebniß der Voruntersuchung von sich abzuwenden, entweder beseitigt oder doch bei einem solchen Vorgange beträchtlich reduzirt werde. Auch sei selbst eine gerichtliche Prozedur, durch welche die Hauptverhandlung geradezu vorbereitet wird, nicht vollständig zu entbehren. Es sei in diesem Punkte das Englische Recht, in dem sie allerdings eigentlich fehle, nicht nachahmungswerth. Es sei weiter der Untersuchungsrichter ja auch nach dem Antrage des Herrn Antragstellers nicht zu entbehren, und es würden sich durch dessen

Annahme nur Schwierigkeiten in Bezug auf die Stellung des Staatsanwaltes zu diesem Untersuchungsrichter ergeben.

Noch ein anderes Bedenken gewichtiger Art regt er an und zwar das, daß der Hauptübelstand, über den bei den jetzigen Untersuchungen geklagt wird, die Dauer sei. Jetzt sei wenigstens die Dauer der Untersuchung in den Händen eines richterlichen Beamten; was für eine Garantie aber wird man haben gegen die Verlängerung dieser Dauer, wenn die Prozedur in den Händen des Staatsanwaltes allein liege? Er macht namentlich darauf aufmerksam: Nach den Anträgen des Herrn Ober-Gerichtsrath Keller habe der Untersuchungsrichter — allerdings ein richterlicher Beamter — darüber zu entscheiden, ob die Haft des Angeschuldigten gerechtfertigt sei; einmal für gerechtfertigt erklärt, könnte sie — so meint das Gutachten — die Staatsanwaltschaft fortdauern lassen, so lange es ihr gefällig sei; die Haft sei, wenigstens sei das juristisch möglich, als eine endlose denkbar. Aus diesen Gründen erklärt sich auch der dritte Berichterstatter gegen den Antrag, wie er damals vorlag, und ich muß annehmen, auch gegen jene Gestalt, in welcher er uns heute modifizirt vorliegt.

Nun, m. H., erscheint es mir so bezeichnend, daß ich Sie ausdrücklich darauf aufmerksam machen möchte, von welchen verschiedenen Seiten die drei Gutächten abgegeben worden sind. Die Berichterstatter gehören drei Ländern an, deren Strafprozeß-Ordnungen nicht unbeträchtlich von einander abweichen; sie gehören drei verschiedenen Berufsklassen an. Wir haben das Gutachten eines Preußen, das Gutachten eines Sachsen und das eines Württembergers: wir haben das Gutachten eines Professors, eines Staatsanwaltes, eines Advokaten, also, ich darf wohl sagen, eines Vertheidigers. Von allen diesen verschiedenen Gesichtspunkten her bekommen Sie, m. H., dasselbe Votum zu hören:

> „Wir können auf die gerichtliche Voruntersuchung nicht vollständig verzichten!"

Darin liegt nun der Kern der ganzen Frage. Ich kann allerdings nicht verkennen, daß es mir selbst nicht vollkommen klar geworden ist, wie sich der Herr Antragsteller eigentlich im Einzelnen das Verfahren ausgeführt denkt, das er an die Stelle des jetzigen, ziemlich allgemein üblichen setzen möchte. Es ist dies kein Vorwurf gegen seinen Antrag. Anträge, wie sie uns hier vorgelegt werden, können ja nicht bis in alle Details ausgeführt sein; wenn man aber auf der anderen Seite sorgen muß, über die Zweckmäßigkeit der Prozedur urtheilen zu können, so thut es noth, daß man sich die Dinge bis in das kleinste Detail hinein ausmalen kann.

Allein eine Frage tritt unverkennbar in den Vordergrund, auf die kommt es an: Muß noch ein Richter da stehen, in dessen Hand der Geschäftsgang, in dessen Person die moralische Verantwortlichkeit für den Gang der Prozedur vor der Hauptverhandlung sich konzentrirt? (Wobei die Frage reservirt bleibt, wie sich später zu diesem Richter andere Personen verhalten.) Sie wissen, m. H., auf welcher theoretischen Grundlage die Thätigkeit dieses Mannes, den wir Untersuchungsrichter nennen, beruht. Mit seinem Namen hängt ja zusammen die Maxime, die hier maßgebend ist. Ein solcher Mann sei aufgestellt mit der Verpflichtung, unbefangen an die Sache zu gehen, und mit gleicher Unparteilichkeit zu sorgen für die Vertheidigung wie für die Belastung, die Sachlage vollständig zu erforschen und thätig zu sein dafür, daß erhebliche Momente, die nach der einen oder nach der anderen Seite hin sich gewinnen lassen, fixirt oder zum mindesten für die Verhandlung vorbereitet werden.

Nun, m. H., kann — das wird die erste Frage sein, die wir uns stellen müssen — kann darauf verzichtet werden, daß auch künftig einem richterlichen Beamten eine solche Aufgabe gestellt wird? Ich glaube, der Herr Antragsteller selbst wird diese Frage nicht mit „Nein" beantworten können, er hat sie bereits zum großen Theile bejaht. Ueber Eines sind wir, glaube ich, alle von vornherein einig. Es kann der Staatsanwalt der ehrenhafteste Mann sein, und wir nehmen an, er werde es immer sein, gerade so ehrenhaft, wie es der Untersuchungsrichter sein muß. Ganz gewiß! Aber er kann nicht das für sich in Anspruch nehmen, was wir richterliche Gewalt nennen. Er ist nun einmal berufen in der künftigen Verhandlung als Ankläger aufzutreten; er ist seiner ganzen Stellung nach ein Verwaltungsbeamter, das Organ einer obersten Verwaltungsbehörde, des Justizministeriums. Ich glaube, das ist die Deutsche Auffassung der Staatsanwaltschaft, und wie es der Herr Antragsteller heute mit vollem Rechte betont hat, der Staatsanwalt in Deutschland ist nicht das, was der Franzose so nennt, ein magistrat, ein richterlicher Beamter (freilich nennen die Franzosen den Polizeipräfekten auch so). Er ist ein Verwaltungsorgan und ein Verwaltungsbeamter und hat keine richterliche Gewalt. Es beweiset nun dies Alles nach meiner Meinung mindestens:

1) es kann ihm die Person des Angeschuldigten nicht in die Hand gegeben werden. Er kann nur Anträge stellen, kann aber nicht selbst entscheiden über das Schicksal des Angeschuldigten. Er ist ja möglicherweise sein künftiger Gegner, und es hieße über alle Gebühr die Anforderungen an die menschliche Natur steigern, wenn man verlangen würde, daß er vollkommen unbefangen diesem Menschen gegenüber stehe. Es hieße, die Anforderungen an die Vertrauens-Kapazität des Menschen über alle Billigkeit hinaus anspannen, wenn wir verlangen würden, daß der Angeschuldigte

mit Beruhigung sich in der Hand des künftigen Anklägers fühlen solle. Der Staatsanwalt kann daher nicht über die Person verfügen. Ich nehme den Ausdruck im weitesten Sinne: damit meine ich, der Staatsanwalt kann nicht verfügen über die Freiheit, und er kann in der Voruntersuchung auch nicht das Recht des Verhöres haben. Das Verhör, wie es heute in der Voruntersuchung stattfindet, ist allerdings eine Verfügung über die Person, in mildester Form noch immer ein Nachklang der alten Tortur, immer noch beherrscht durch das Bestreben des Verhörenden, aus dem Deponenten herauszubringen, was er doch eigentlich nicht sagen will, was er zurückhält. Der Verhörende verfügt also in einem gewissen Sinne allerdings über die Person dessen, den er anhält, ihm Rede zu stehen. Schon aus diesem Grunde würde ich in keinem Falle dem Staatsanwalte die Vernehmung des Angeschuldigten überlassen.

Ich will indeß vorsichtshalber bemerken, daß ich mit dieser Erörterung die Frage der vorläufigen Verwahrung, die der Staatsanwalt zu dem Zwecke veranlaßt haben kann, damit dem Gerichte nicht die Möglichkeit entzogen werde, über die Person zu entscheiden, nicht berührt habe; dafür stellen ohnehin zweckmäßiger Weise alle Gesetzgebungen eine präzise kurze Frist. Indem ich nun auf die Hauptsache zurückkomme, glaube ich gezeigt zu haben: Ueber die Person des Angeschuldigten kann der Staatsanwalt nicht verfügen. Einem muß aber doch diese Verfügung zustehen; und wer sollte dieser Eine sein, als ein Richter?

2) Ist der Staatsanwalt der künftige Ankläger in der Hauptverhandlung, so hat er allerdings eine Parteistellung. Er ist allerdings nicht parteiisch, weil seine Stellung ihn keineswegs zwingt, zum Ankläger zu werden; die eine Klasse von Gesetzgebungen sorgt offen und geradezu, die andere sorgt indirekt dafür, daß der Staatsanwalt in diese Lage nicht gerathe. Kein Gesetz stellt den Staatsanwalt hin und sagt: „Du mußt auf jeden Fall und unter allen Umständen anklagen," und in sofern ist der Staatsanwalt unparteiisch gestellt; er soll das, was zu Gunsten des Angeklagten spricht, bevor er die Anklage erhebt, in Erwägung ziehen. Es ist auch, wie wir im vorigen Jahre anerkannten, nicht Pflicht des Staatsanwalts, gegen seine Ueberzeugung die Behelfe, die in der Hauptverhandlung sich ihm als zu Gunsten des Angeklagten sprechend darstellen, bei Seite zu schieben. Aber mit allem Dem ist er doch der Mann, dessen Amtspflicht es ist, die Anklage in der Hauptverhandlung zu vertreten; darüber können wir ja doch nicht hinwegsehen. Er ist der Mann, der darauf zu achten hat, daß, wo ein erheblicher Grund zu Verdacht vorhanden ist, auch in der That der Richter kognoszire. Das ist seine Stellung.

Der Mann aber, der weiß, daß er künftig die Schuld des Angeklagten zu beweisen haben wird, unter dessen Autorität können wir nicht die Beweismittel stellen, seinen Akten können wir keine Beweiskraft beilegen. Darüber ist wieder der Herr Antragsteller, wie ich hoffe und glaube, wie aus seinen Worten im §. 2. hervorgeht, mit uns einverstanden. Nun muß aber, wie ebenfalls der Herr Antragsteller auch heute accentuirt hat, allerdings eine eigentliche Beweisaufnahme der Hauptverhandlung unter Umständen vorausgehen. Gestatten Sie mir, m. H., das Wort Beweisaufnahme, wie ich es meine, zu präzisiren. Ich unterscheide Vorbereitung des Beweismateriales für die Hauptverhandlung und Beweisaufnahme. Zum großen Theile besteht das Geschäft des Richters in der Voruntersuchung jetzt nur darin, daß er die Uebersicht über die vorhandenen Beweismittel hinstellt, damit sie in der Hauptverhandlung benutzt werden können. Der Idee nach, wie sie heute wohl allgemeine Billigung findet, findet die Beweisaufnahme, die Benutzung der Beweismittel in authentischer Gestalt, in der Hauptverhandlung statt; darüber ist kein Zweifel. Es kommen aber Fälle vor, wo die Beweismittel in der Hauptverhandlung nicht mehr in ihrer unmittelbaren Gestalt vorgeführt werden können, sondern wo die Beweisaufnahme vorausgegangen ist, und in der Hauptverhandlung nur vom vorausgegangenen Beweisakt aktenmäßig erzählt wird, wo also auf guten Glauben hin angenommen werden muß, daß das in den Akten Konstatirte der Wahrheit entspreche. Ich habe nicht nöthig, einer Versammlung, wie sie hier anwesend ist, Beispiele anzuführen. Es kommen solche Fälle unzählig vor: der Antrag hebt den Augenschein hervor, oder es soll eine Hausdurchsuchung stattfinden, es muß die Vernehmung solcher Zeugen, die in der Hauptverhandlung nicht werden vernommen werden können, vorgenommen werden u. s. w. Hier findet also ein Akt der eigentlichen Beweisaufnahme statt. Das Protokoll ist beglaubigt; es dient in der Hauptverhandlung als Beweismittel, und der Inhalt desselben wird als erwiesen hingenommen, weil es eben von diesem Manne beglaubigt ist. Diese Beglaubigung nun, m. H., halte ich wieder eminent für ein richterliches Geschäft, für ein Geschäft, zu dem der Staatsanwalt unmöglich berufen sein kann. Auch darüber muß ich fast um Entschuldigung bitten, deswegen aufgehalten zu haben, denn Dies wird ebenfalls auf keinen ernstlichen Widerstand stoßen.

Nun bleibt der dritte und allerdings schwierigste Punkt. Ich habe schon angedeutet, das Geschäft des Richters in der Voruntersuchung besteht darin, das Material zu sammeln, die Uebersicht des in der Hauptverhandlung erst Vorzuführenden herzustellen. Hier, m. H., sitzt bekanntlich die **materia peccans**. In der Stellung, die der Richter in der Voruntersuchung

suchung in dieser Beziehung einnimmt, liegt der Anlaß zu vielen Beschwerden, die erhoben werden. Man kann nicht läugnen, daß die heutigen Gesetzgebungen dem Untersuchungsrichter in dieser Hinsicht große Verlegenheit bereiten, weil sie in den schwierigsten Fällen an seine diskretionäre Gewalt appelliren. Sie bringen ihn nämlich in die Lage, sich gewissermaßen die Hauptverhandlung voraus vorzustellen und sich zu sagen: Was muß ich erheben, damit dem Zwecke, der mir gestellt ist, Genüge geschehe, und worüber kann ich hinausgehen? Und damit entsteht die Frage: Wie verhält sich hinsichtlich der Vollständigkeit der Erhebungen die Voruntersuchung zur Hauptverhandlung? M. H., es ist richtig, daß man nicht leicht eine Formel finden wird, die dem Untersuchungsrichter von Fall zu Fall die Sache vollkommen klar macht; allein der Herr Antragsteller hat jedenfalls zu schwarz gesehen, wenn er, von Deutschland im Allgemeinen — nicht von den einzelnen hinter den andern zurückgebliebenen Staaten — sprechend, bemerkt, daß die alte Voruntersuchung mit ihrer Gründlichkeit und dem erschöpfenden Eingehen in alle Details überall aufrecht erhalten sei. Ich will es zugestehen, die Voruntersuchung ist ein alter Saal, dessen Fenster und Thüren lange verschlossen waren, und nicht wieder überall geöffnet wurden; allein in den anstoßenden Gemächern sind Fenster und Thüren weit offen, Licht und Luft dringt von dorther aus den anstoßenden Gemächern überall auch in die Voruntersuchung herein. Sie hat selbst da, wo sie auf den alten Grundlagen erhalten worden ist, doch durch die Hauptverhandlung eine ganz andere Gestalt angenommen. Darüber kann man sich allerdings nicht täuschen. Vieles muß hier dem richterlichen Ermessen überlassen werden; allein die Oeffentlichkeit wird schon dafür sorgen, daß nach und nach die Untersuchungsrichter das rechte Maaß beobachten lernen. Die Frage ist nun die: Soll man zur Vermeidung einer Weitschweifigkeit, deren Gefahr, wie Sie sehen, ich nicht verkenne, darauf verzichten, daß ein Untersuchungsrichter für die Vollständigkeit des Beweismaterials sorgt, in dem Sinne, daß das zur Entlastung, wie das zur Belastung Dienende in gleicher Weise für die Hauptverhandlung und zunächst schon für die Beschlußfassung über die Anklage in Evidenz gebracht werde? Kann man darauf verzichten?

Hier liegt eben der Kern des Kellerschen Antrages.

Wenn ich mich in der Welt nach einem Bilde umsehe, das demjenigen Prozeßverfahren zunächst kommt, welches nach dem Antrage des Herrn Ober-Landesgerichtsrathes Keller sich etwa gestalten würde, so muß ich sogleich an die Englische Prozedur denken, welche noch am ehesten das verkörpert zeigt, was sich der Antragsteller gedacht hat. Wenn es mir gestattet ist, von meiner Person zu sprechen, so glaube ich sagen zu können, es wird nicht Viele in Deutschland geben, die in der Anhänglichkeit an die Englischen Formen und in dem Wunsche, daß sie mehr und mehr zu uns auch im Kriminalprozeß übertragen werden, so weit gehen wie ich; gewiß werden nicht Viele so weit gehen wollen. Allein trotz dieser meiner aufrichtig eingestandenen Vorliebe für Englische Institutionen kann ich nicht sagen, daß ich mit dem Antragsteller in diesem Punkte gehe, und daß die Bedenken, die er selbst voraussah, mir gehoben scheinen. Die Englischen Einrichtungen haben auch in dieser Beziehung in England sehr Vieles für sich, darüber ist gar kein Zweifel, und man würde es dort wohl überlegen, ehe man unsere Untersuchungsprozedur einführen würde; eine andere Frage aber ist es, ob wir nach der langen geschichtlichen Entwicklung, welche unser Untersuchungsprozeß durchzumachen hatte, kein anderes Mittel finden, uns von seinen Nachtheilen zu befreien, als dies, wodurch wir auch dasjenige mit hinauswerfen, was, wie sich nicht verkennen läßt, einen Vorzug desselben bildet.

Daß die Stellung, welche dem Untersuchungsrichter im gemeinen Deutschen Prozesse theoretisch angewiesen ist, eine ganz andere ist, als die er faktisch einnimmt, läßt sich nicht verkennen. Daß der Mißbrauch der letztern eine Abhilfe nach verschiedenen Seiten nothwendig macht, läßt sich ebenfalls nicht läugnen. Aber ein entschiedener Gewinn ist es doch, wenn die reine und erhabene Theorie, welche dem gemeinen Untersuchungsprozesse zu Grunde gelegt ward, und welche die Praxis immer Lügen strafte, nach der ganzen Stellung des Untersuchungsrichters Lügen strafen mußte, wenn der theoretische Grundgedanke im neuen Prozeß zur Wahrheit wird; ich meine, daß ein Mann dasteht, welcher kraft seines richterlichen Amtes ebenso für die materielle Vertheidigung des Angeschuldigten zu sorgen hat, wie für die materielle Begründung der Anklage, der also auch die Pflicht hat, für die Herbeischaffung des Vertheidigungsmaterials zu sorgen. Das ist Etwas, worauf nach unseren Verhältnissen in Deutschland nicht wird verzichtet werden können. Was soll das Surrogat sein für diesen Untersuchungsrichter, — ich muß das Wort behalten — für diese Verpflichtung des richterlichen Beamten, dem Angeschuldigten an die Seite zu treten, ihn als Rechtsverständiger zu leiten, thätig zu sein für die Konstatirung dessen, was er nur andeuten kann? Den Ersatz kann entweder der Staatsanwalt, oder die Thätigkeit des Angeschuldigten selbst, oder endlich die Thätigkeit eines Vertheidigers bieten sollen. Dafür, daß der Staatsanwalt die materielle Vertheidigung des Angeschuldigten übernehmen soll, dafür, glaube ich, kann kaum Jemand seine Stimme erheben. Negativ allerdings in dem früher bezeichneten Sinne wird es auch die Pflicht des Staatsanwaltes sein, nicht vorüber zu gehen an Dingen, welche für den Angeschuldigten sprechen. Aber übertragen wir ihm die Verpflichtung, überlassen wir es ihm, die Vertheidigung vollständig zu führen, so sind wir bei dem, was wir verlassen haben, bei der die schlimmste Seite des alten inquisitorischen Prozesses bildenden Konzentrirung entgegengesetzter Funktionen in derselben Person. Das wollen wir ja aber nicht und der Herr Antragsteller will es auch nicht. Also das Zweite: der Angeschuldigte vertheidige sich selbst! Nehmen wir den für ihn günstigsten Fall: Er befindet sich auf freiem Fuße, umgeben von seiner Familie und von Freunden, welche ihm zur Verfügung stehen, die für ihn laufen und nachfragen, was man von der Sache wisse u. s. w. Wir müssen uns namentlich den unschuldig Angeschuldigten denken, denn diesen müssen wir ja vor Allem im Auge behalten, denjenigen, der von den Thatsachen der Anschuldigung nichts weiß, nicht wie der Schuldige darüber am besten berichtet ist. Von einem ihm fremden Vorgange, in den er unglücklicher Weise verwickelt ist, was soll er davon aufklären, was erfahren? Was für Mittel stehen ihm zur Verfügung, selbst wenn er auf freiem Fuße sich befindet?

Nun denken sie sich erst einen Gefangenen, denken sie sich ihn darauf reduzirt, bei der Staatsanwaltschaft oder bei der Polizei die Bitte stellen zu müssen, diesem oder jenem Thatbestande nachzuforschen, — diese oder jene schwache Muthmaßung weiter zu verfolgen. Das ist keine materielle Vertheidigung, das meint auch der Herr Antragsteller nicht. Er hat daher auch in seinem ursprünglichen Antrage berücksichtigt, daß auch in der Voruntersuchung dem Angeklagten ein Vertheidiger an die Seite gestellt werden müsse. Er ist daher in diesem Punkte über das, was im vorigen Jahre beschlossen wurde, hinausgegangen, indem er die Beigebung eines unentgeltlichen Vertheidigers auch in der Voruntersuchung, sobald sie der Angeklagte verlangt, obligatorisch macht. Damit aber hat der Herr Antragsteller ein großes Wort gelassen ausgesprochen, wenn die Vertheidigung dazu bestellt sein sollte, während der eigentlichen Voruntersuchung für die Herbeischaffung der materiellen Vertheidigungsmittel zu sorgen.

Bedenken wir die große Last von Arbeit, die damit für den Stand der Vertheidiger begründet wird! In der Regel wird ein unentgeltlicher Vertheidiger bestellt werden müssen. Würden blos entgeltliche zugelassen, so würde das Schutzmittel eigentlich illusorisch gemacht sein; denn die Mehrzahl der Angeklagten sind eben arme Leute, die keinen Vertheidiger zahlen können. Allerdings ist die Stellung der Vertheidiger in den verschiedenen Deutschen Staaten, wo den Angeschuldigten unentgeltliche Vertheidiger beigegeben werden, nicht dieselbe. In einzelnen Ländern trägt die Kosten dieser Vertheidigung ex officio der Staat, der Vertheidiger wird remunerirt.

Denken wir uns nun einen solchen Staat, so wird er die Prozedur sehr bald etwas theuer finden, und es wird sich sehr bald bei ihm der Gedanke einstellen: „Ist es nicht besser, ich stelle Vertheidigungsbeamte an?“ Und Einiges würde der Gedanke sogar immerhin für sich haben. Ich glaube aber doch, er würde an großen Bedenken scheitern. In den andern Ländern aber steht es noch viel ärger; da muß der Vertheidiger den Dienst unentgeltlich leisten; so ist es, wie ich mir zu bemerken erlaube, z. B. in Oesterreich. Da muß man doch zugeben, ginge man etwas zu weit, wenn der Vertheidiger außerdem, daß er bei der Hauptverhandlung unentgeltlich zu interveniren hat, — was in der Regel damit abgethan ist, daß er ein bis zwei Tage lang die Akten studirt, und ein bis zwei Tage für die Hauptverhandlung selbst verwendet, — wenn er außerdem verhalten würde, die Vertheidigungspolizei während der ganzen Voruntersuchung zu machen. Man kann sich auch nicht damit beruhigen, daß der Herr Antragsteller allem Anscheine nach vom Vertheidiger nicht erwartet, er solle selbst Erhebungen pflegen, sondern nur verlangt, man solle ihm das Recht geben, Anträge zu stellen. Um so etwas Ausgiebiges zu bewirken, muß der Vertheidiger doch wissen, worauf er diese Anträge zu stellen hat. In der Hauptverhandlung ist dies leicht, da hat er schon einen Ueberblick über den Stand der Dinge; in der Voruntersuchung weiß er noch Nichts. Soll er zweckmäßige Anträge stellen, so muß er sich an Ort und Stelle begeben, muß Nachforschungen halten und halten lassen, damit er nur erfahre, wie er die an den Untersuchungsrichter zu stellenden Anträge zu formuliren und zu begründen habe. Dazu aber reichen die Mittel des Vertheidigers gar nicht aus, ganz abgesehen von den Hindernissen, auf die er bei diesen Vorerhebungen nach unsern staatlichen Verhältnissen stößt. Nach unseren jetzigen Verhältnissen können Staats- und Gemeindebehörden ihm auch die Auskunft verweigern; hat ja jetzt der Untersuchungsrichter oft Mühe, sie sich zu verschaffen. Die Polizeibehörde wird nicht immer zur Verfügung stehen, in dies oder jenes Aktenstück ist ihm der Einblick versagt. Mit einem Worte, ich glaube, daß die Vertheidigung der Staatsanwaltschaft gegenüber viel zu schwach ist, und daß die Mitwirkung des Vertheidigers die materiellen Nachtheile nicht ausgleichen kann, die der Angeschuldigte erleiden muß, wenn nicht ein Richter aufgestellt ist, der die Verpflichtung hat, darauf zu sehen, daß etwas Erhebliches, das zu Gunsten des Angeklagten spricht, nicht übersehen werde, nicht unbeachtet bleibe, daß es in Evidenz gehalten werde, um von dem Vertheidiger in der Hauptverhandlung hervorgehoben zu werden.

Erlauben Sie mir, m. H., zusammenzufassen, was ich als das Ergebniß des bisher Besprochenen mir denke, und erlauben Sie mir, es kurz zu formuliren:

„Die gerichtliche Voruntersuchung muß beibehalten werden, weil nicht dem Staatsanwalte, sondern nur einem unabhängigen richterlichen Beamten die Verfügung über die Person des Angeschuldigten, die Aufnahme jener Beweise, welche in der Hauptverhandlung nicht wieder vorgeführt werden, endlich die Herbeischaffung des Vertheidigungsmaterials anvertraut werden kann.“

Das müssen wir herüberretten aus unserem Deutschen Inquisitions-Prozesse. In dem Punkte können wir uns nicht anglisiren; es wäre nicht ausführbar. (Lassen Sie mich noch sagen, daß in England die Verhältnisse in dieser Beziehung höchst eigenthümlich sind; die Erhebung des Sachverhaltes, die Erforschung der Beweismittel im Interesse der Parteien obliegt dort nicht dem plädirenden Advokaten, sondern ist einer untergeordneten Klasse von Geschäftsmännern überlassen.)

Allein, m. H., es kann unmöglich unser Wunsch und Wille sein, daß wir hier zusammenkommen, um einen Ausspruch abzugeben, — und fast könnte das eben Beantragte so aufgefaßt werden, — welcher gewissermaßen unsere ganze jetzige Voruntersuchung, wie sie steht und liegt, sanktionirt. Ich habe nur das Prinzip retten wollen. Das Bedürfniß nach Reformen ist ganz unverkennbar und unbestreitbar, namentlich, wenn wir den Gesichtspunkt, den ich früher betont habe, und den wir immer und immer betonen müssen, den Gesichtspunkt der Einheit des Deutschen Rechtes, in den Vordergrund stellen. Aus dem Gutachten des Professor Geßler, welches so gut die bestehenden Verschiedenheiten darlegt, klingt Ihnen die gleiche Mahnung heraus. Er führt die Ihnen wohlbekannte Thatsache an, daß in diesem wichtigen Punkte die verschiedenen Deutschen Strafprozeß-Ordnungen weit auseinander gehen. An dem einen Orte ist auf die alte Voruntersuchung, wie sie war, die mündliche Verhandlung aufgesetzt; an einem andern Orte wurde sie über Hals und Kopf mehr oder weniger der Französischen nachgemacht. An einem dritten Orte wieder umgekehrt. Wir in Oesterreich nämlich haben aus dem schon vorhandenen mündlichen Prozeß die Hauptverhandlung nach Möglichkeit, wie es die Umstände eben gestatten, gerettet, aber leider daneben die alte Inquisition, ja sogar die längst vergessene und abgethane Spezial-Untersuchung wieder eingeführt. Die Verschiedenheit also ist groß, und die Frage ist nun, in welchem von den verschiedenen Deutschen Staaten sich eine Richtung nach Vorwärts kund giebt? Denn zusammenkommen wollen wir ja, — es fragt sich nur: Wer soll nachgeben? wer soll das Seine aufgeben und annehmen, was der Andere bereits besitzt, damit die Gesammtheit zusammenkomme? Die Antwort scheint mir leicht: Jene Gesetzgebung, welche der auf Verbesserung des Strafverfahrens zielenden Richtung am Bereitwilligsten gefolgt ist, hat den Punkt schon erreicht, nach welchem die andern nothwendig hinstreben müssen. Wo für die Vereinfachung der Voruntersuchung, für die materielle Begründung der Vertheidigung, für die Erleichterung der Lage der Angeschuldigten am Besten gesorgt ist, da hat man Fortschritte gemacht, welche der gemeinsamen Gesetzgebung zu Statten kommen, nicht ihr geopfert werden sollen. Vor Allem aber muß an solchen Fortschritten dann festgehalten werden, wenn sie schon so allgemeine Zustimmung gefunden haben, daß sie als der Gemeinsamkeit bereits errungen anzusehen sind. Ich meine dabei vor Allem den für die Stellung des Staatsanwalts maßgebenden Gedanken, über den man einig ist: daß nämlich die Voruntersuchung von dem Untersuchungsrichter heute nicht anders, als auf Antrag des Staatsanwalts (mit Vorbehalt unserer vorjährigen Beschlüsse, versteht sich) eingeleitet werden kann. Das Prinzip der Initiative der Staatsanwaltschaft halten wir praemissis praemittendis, exceptis excipiendis aufrecht; ich betrachte das schon jetzt als etwas ganz Deutschland Gemeinsames. Allein damit ist Nichts erreicht, wenn die Formel, mit welcher der Staatsanwalt die Einleitung der Voruntersuchung beantragt, eine leere ist, die seine Verantwortlichkeit gar nicht engagirt, die in der Regel eine selbstverständliche für ihn, für alle Welt ist. — Denken Sie sich die Sache ganz einfach. Es kommt eine Anzeige an den Staatsanwalt; in den Thatsachen, wie sie ihm dargelegt werden, findet er den Thatbestand einer strafbaren Handlung, w e n n die Thatsachen wahr sind. Ob sie wahr sind oder nicht, darüber fehlt ihm der Schlüssel, vielleicht sogar darüber, ob sie wahrscheinlich sind oder nicht. Es ist klar, daß es Pflicht des Staatsanwalts ist, diese Anzeige zu berücksichtigen, sie nicht einfach unter den Tisch zu werfen; etwas wird geschehen müssen; der blos angedeutete Sachverhalt muß aufgeklärt werden. Soll nun der Staatsanwalt mit seinem Antrage auf Einleitung der gerichtlichen Voruntersuchung nur diesem seinem Gefühle, ich möchte sagen, diesem seinem Gewissens-Zustande Luft machen, dann, m. H., ist die Formel der Erhebung der öffentlichen Klage eine leere, ganz unwesentliche, und namentlich eine, die die Verantwortlichkeit des Staatsanwalts nicht im Geringsten engagirt. Dann setzt er eine selbstverständliche Formel auf das Blatt, er verrichtet ein mechanisches Geschäft, und darin kann die bürgerliche Gesellschaft, die individuelle Freiheit keinen Schutz finden für den Einzelnen. Eine solche Formel wird allerdings das beklagenswerthe alte Verhältniß nicht lösen, daß der wahre Ankläger der Untersuchungsrichter ist. Denn diese Formel ist für den Untersuchungsrichter noch Nichts; er muß sich erst orientiren, sich erst eine Meinung bilden; wenn er dann auf Grund der so gefaßten Meinung weitergeht, dann ist es ja s e i n e und nicht des Staatsanwalts Ansicht, daß wirklich gegen die betreffende Person die Untersuchung erhoben werde, **sua res agitur**! — Veranlaßt also der Staatsanwalt in der Regel — die Ausnahmen werden später berührt werden — die Erhebung der öffentlichen Anklage, so soll er es nicht blindlings thun, sondern er soll sich erkundigen, ehe er gegen einen bestimmten Menschen die gerichtliche Untersuchung hervorruft. Diese Erkundigungen soll er einholen, wo er eben kann, und dazu soll ihm die Polizei zur Verfügung stehen, und damit ich nicht mißverstanden werde, so will ich dafür gleich die Grenze bezeichnen. Die polizeilichen Erhebungen, seien sie nun vom Staatsanwalt selbst oder auf Veranlassung des Staatsanwalts von einem Andern gepflogen worden, — ich würde es vorziehen, daß ein Anderer diese Verpflichtung habe, nicht der Staatsanwalt selbst sie vornehme, — müssen auf den unmittelbaren Zweck beschränkt sein, d. h., sie können nie Etwas liefern, was unmittelbar in seiner ursprünglichen Gestalt ein Beweismaterial in der Hauptverhandlung bildet; um es deutlich zu sagen, wenn die Polizei Protokolle aufnimmt, mögen sie für den Staatsanwalt, mögen sie ein Anhaltspunkt für den Untersuchungsrichter sein, sie sind nie und nimmer in der Hauptverhandlung als Beweismittel zu verlesen, nie und nimmer sollen sie auf diesem Umwege in der Beweisaufnahme eine Rolle spielen. Eine zweite Beschränkung, die mir unerläßlich erscheint, liegt in der bürgerlichen Freiheit, in der Freiheit der Person. Die polizeilichen Erhebungen dürfen nicht darin bestehen, daß man das Individuum ergreift und aus ihm ein Geständniß heraustorquirt. Also diese beiden Beschränkungen verstehen sich von selbst. Die Polizei soll still, und ohne der Ehre des Individuums nahe zu treten, den Staatsanwalt zu informiren und in die Lage zu setzen suchen, wenigstens eine beiläufige Vorstellung von dem Stande der Dinge zu erlangen, ehe er gegen einen bestimmten Menschen den Antrag auf Einleitung der Untersuchung stellt. Diesen Zweck müssen wir den polizeilichen, unter der Leitung des Staatsanwalts stehenden Vorerhebungen vindiziren. Mit dieser Beschränkung sehe ich allerdings in dieser, in einigen Deutschen Ländern, namentlich Sachsen, eingeführten Einrichtung eine wesentliche Verbesserung, wobei ich übrigens nicht mit allen Details, wie sie in Sachsen bestehen, mich einverstanden erklären will.

Jetzt also bekommt die Erhebung der öffentlichen Klage einen Körper, jetzt bringt die Stellung des Staatsanwalts das mit sich, was sie mit sich bringen muß, und warum ich lieber einen Verwaltungs-, als einen richterlichen Beamten an dem Platze der Verantwortlichkeit sehen will: die Verantwortlichkeit! Jetzt kann man den Staatsanwalt zur Rede stellen und sagen: Auf solche Anhaltspunkte hin hätte man eine Untersuchung gegen einen ehrenhaften Mann nicht einleiten sollen. Jetzt ist auch das Wesentlichste für die Klärung und Vereinfachung der Voruntersuchung bereits geschehen. Denn jetzt wird der Untersuchungsrichter in die Lage versetzt sein, den Antrag des Staatsanwalts beurtheilen zu können, weil der Antrag jetzt schon einer Beurtheilung fähig ist; er wird auch in die Lage versetzt, gleich von Anbeginn sich zu orientiren und rasch zu übersehen, was geschehen muß; er wird endlich in die Lage versetzt, auf die Vertheidigung des Angeschuldigten sofort Bedacht nehmen zu können. Die Voruntersuchung wird also wesentlich verkürzt, und eine große Anzahl von Prozeduren, die jetzt bequem vorgenommen werden, während der Angeschuldigte schon im Reat sich befindet, und zwar faktisch in der empfindlichsten Weise, werden, im wohlverstandenen Interesse der öffentlichen Klage selbst, vorher vorgenommen werden. Es hat nämlich dann die Staatsanwaltschaft begreiflich ein Interesse daran, dem Untersuchungsrichter den Antrag so gut als möglich substanzirt zu bringen; sie hat ein Interesse daran, die polizeilichen Vorerhebungen so viel als möglich zu vervollständigen. Und das ist unter den zwei Einschränkungen, die ich gemacht habe, auch recht, — unter den zwei Einschränkungen nämlich, daß der Person nicht zu nahe getreten werden darf und daß diese Vorerhebungen kein Beweismittel für die Zukunft liefern. Damit wird erreicht werden, was wir durch eine positive Norm, am allerwenigsten jetzt, wo wir die Beweistheorie abschaffen wollen, erreichen werden, nämlich daß man nicht allzu voreilig, wie es leicht geschehen kann, eine Voruntersuchung einleitet, und daß man alles Unheil und allen Jammer, der damit in beklagenswerther Weise gar oft über die Familien hereinbricht, mindestens bis zu dem Augenblicke aufschiebt, wo das Uebel unvermeidlich geworden ist. Das scheint mir eine wesentliche Vereinfachung, eine wesentliche Verbesserung der Voruntersuchung, und zwar auf einem bereits gewonnenen Boden, wo es sich nur darum handeln kann, daß jenen Deutschen Staaten, die hierin vorausgingen, die andern folgen.

Erlauben Sie mir nun, ein Anderes anzudeuten. Wenn ich mich im Prinzipe für die Beibehaltung der gerichtlichen Voruntersuchung ausgesprochen habe, so will ich damit nicht gesagt haben, daß in jedem Falle eine solche geführt werden müsse. Ich meine, sie solle nur obligatorisch sein bei der schwersten Klasse der Delikte, ungefähr bei denjenigen, die wegen der Schwere der Strafe den Schwurgerichten zugewiesen sind. Ferner soll sowohl dem Staatsanwalte als dem Angeschuldigten die Möglichkeit geboten sein, die Voruntersuchung auch in andern Fällen herbeizuführen. Mein erster Satz soll also nicht den Sinn haben, daß absolut in jedem einzelnen Falle der Hauptverhandlung eine gerichtliche Voruntersuchung vorausgehen müsse. Wenn der Staatsanwalt aus den polizeilichen Erhebungen, die an ihn gelangen, die nöthige Uebersicht über die Beweismittel erlangt hat, welche er in der

Hauptverhandlung vorzuführen haben wird; wenn der Angeschuldigte aus dem ihm darüber Mitgetheilten seinerseits schon ersieht, was er zu beantragen und was er zu seiner Vertheidigung vorzubringen hat, so sehe ich nicht ein, warum eine gerichtliche Voruntersuchung absolut geführt werden muß, vorbehaltlich natürlich auch des Rechtes des Gerichtes, zu seiner Information Ergänzungen der Erhebungen oder Vorlagen anzuordnen.

In diesen drei Punkten nun, m. H., würde ich auf einem Boden, den wir bereits zum Theil gewonnen haben, die Mittel finden, die Gestaltung unserer Voruntersuchung zum Besseren zu wenden, in den drei Punkten nämlich: ernsthafte Initiative der Staatsanwaltschaft, Einleitung polizeigerichtlicher Vorerhebungen in dem früheren beschränkten Sinne, und endlich Möglichkeit, daß die Voruntersuchung wegfalle. Ich beantrage also ferner, auszusprechen:

„Die gerichtliche Voruntersuchung muß beschränkt werden:

1) dadurch, daß der Staatsanwaltschaft die Erhebung der öffentlichen Klage vorbehalten wird;
2) dadurch, daß die Staatsanwaltschaft angewiesen wird, der Erhebung der öffentlichen Klage gerichtspolizeiliche Vorerhebungen nach Möglichkeit vorausgehen zu lassen."

Ich sage: „nach Möglichkeit", weil es dringende Fälle giebt, wo der Richter sogleich in Bewegung gesetzt werden muß, z. B. im Falle einer Tödtung, wo die Obduktion sofort stattfinden muß, oder im Falle einer dringend nothwendigen Verhaftung, wo auch der Untersuchungsrichter im Interesse der Anschuldigung sich sofort mit der Sache befassen muß.

Erlauben Sie mir nun, von dem sicheren Boden dessen, was wir wenigstens an einzelnen Orten erreicht haben, mich ein wenig zu entfernen und in die Ferne zu schauen. Wohin können wir dann, wenn wir Arm in Arm auf demselben Punkte stehen, gemeinsam weiter gehen, was können wir da noch thun für die Verbesserung der gerichtlichen Voruntersuchung? Dafür haben wir im vorigen Jahre schon ein sehr schätzbares Material gefunden; ein anderes bietet uns auch der Antrag des Herrn Ober-Landesgerichtsrathes Dr. Keller.

Wenn wir den Untersuchungsrichter beibehalten, so geschieht das im Interesse der Vollständigkeit und Unparteilichkeit. Den Gedanken aber müssen wir vollständig aufgeben, der den ganzen alten Deutschen Inquisitionsprozeß durchzogen hat und ihm den Boden bereitet hat, daß nämlich die Partei durch den Richter mundtodt gemacht wird. Es muß also auch der Partei allerdings auf die Voruntersuchung ein Einfluß gestattet werden. Es genügt uns diese Thätigkeit der Partei nicht, sie reicht nicht aus; aber da, wo die

Partei handeln und eingreifen will, wo sie hinwirken will auf die Vollständigkeit des Materiales, auf die Prüfung der Richtigkeit der Erhebungen, da muß es ihr gestattet sein. Das, scheint mir, ist das Erste und Wichtigste.

Ein Zweites schließt sich daran an, weil es dadurch bedingt ist, und weil es dasselbe bedingt, möchte ich sagen. Eine solche Mitwirkung der Partei ist gar nicht möglich ohne Oeffentlichkeit. Ich meine hier zunächst, m. H., um nicht schon allzukühn zu werden, die Parteien-Oeffentlichkeit, ich meine, daß den Parteien die Anwesenheit bei den einzelnen Akten der Erhebung und Untersuchung gestattet, die unmittelbare und sofortige Antragstellung dabei ermöglicht werde. Ich fasse mich sehr vag, m. H., nach beiden Seiten. Ich will das Schreckwort der öffentlichen Voruntersuchung im Sinne der eigentlichen Publizität hier noch nicht aussprechen. Ich bin überzeugt, wir kommen auch dorthin; es wird die Zeit kommen, wo man lernen wird, was man in England gelernt hat, daß das beste Mittel der Nachforschungen gerade die Oeffentlichkeit ist, namentlich wenn vorher die polizeilichen Vorerhebungen mit Umsicht geführt worden sind und die Prozedur vor dem Richter erst eröffnet wird, wenn man schon weiß, wie die Sache liegt, und es nicht erst dort zu erfahren braucht. Es wird die Zeit kommen, wo man auch bei uns bestätigt finden wird, was in London jeder Polizeirichter anerkennt, daß gerade in wichtigen Fällen die Untersuchung durch Nichts so sehr als durch die Oeffentlichkeit gefördert wird, daß die ganze Stadt, das ganze Land die Aufmerksamkeit auf den fraglichen Fall gerichtet hat und Jeder in seinem Kreise mit Freude und Eifer dazu mitwirkt, die untersuchende Persönlichkeit auf den rechten Weg zu bringen. Indeß für die Erörterung dieser Frage halte ich die Zeit noch nicht gekommen. Ich bin auch nicht berechtigt, sie hier aufzuwerfen, weil sie nicht unmittelbar mit dem Gegenstande des Antrages zusammenhängt; unmittelbar aber hängt damit zusammen die Parteien-Oeffentlichkeit.

Und da müssen wir freilich beim heutigen Stande der Dinge eine andere Beschränkung beifügen; denn wir wollen, daß die Voruntersuchung rasch vor sich gehe, nicht so lange dauere, wie noch häufig vorkommt. Daher dürfen wir ihr nicht durch die Einfügung einer neuen Form einen noch schwerfälligeren Gang geben, sondern müssen uns auf die Gestattung der Assistenz beschränken, und sie nicht obligatorisch machen in dem Sinne, daß der Untersuchungsrichter vor jedem einzelnen Akte, zu dessen Vornahme sich unerwartet die Veranlassung darbietet, den Staatsanwalt und den Vertheidiger verständigen müsse, damit sie demselben beiwohnen. Er hat das Recht und die Pflicht, rasch vorwärts zu gehen, er darf nicht heimlich und hinterrücks die Mitwirkung versagen; aber wir dürfen nicht verlangen, daß der Untersuchungsrichter in jedem einzelnen Stadium der Prozedur auf die Partei wartet. In diesem Sinne erlaube ich mir, die ohnehin nur vage hingestellte Bemerkung noch zu beschränken.

Damit würde nun ein neues Element gewonnen. Ein anderes müßte dann noch hinzukommen, welches freilich aus dem Bisherigen sich von selbst entwickelt. Die Voruntersuchung muß aufhören noch ferner — zwar nicht eingestandenermaßen, aber doch faktisch — die Erringung eines Geständnisses als ihren Hauptzweck zu betrachten.

M. H.! Das sind die Perspektiven, die ich für unsere gemeinschaftliche Zukunft eröffnet zu sehen wünsche. Dahin, glaube ich, wird es sehr bald kommen müssen; das wird hoffentlich schon in unserer gemeinsamen Deutschen Strafprozeßordnung angenommen sein. Gestatten Sie mir auch, noch kurz zusammenzufassen, was ich mir in dieser Beziehung wünschenswerth denke; und verzeihen Sie mir die Vagheit der Formulirung, die hier eine absichtliche ist. Ich habe früher gesagt: Die gerichtliche Voruntersuchung muß beibehalten werden; ich hatte zweitens gesagt, sie muß beschränkt werden. Ich füge nun als Drittes hinzu:

Sie soll und kann verbessert werden:

1) dadurch, daß das Hinarbeiten auf ein Geständniß des Angeschuldigten aufgegeben wird; — (Ich sage: das Hinarbeiten auf ein Geständniß. Daß nämlich durch die Vorhaltung der Verdachtsgründe, durch die Aufforderung, sich darüber zu erklären, so lange sie bona fide blos zu diesem Zwecke geschieht, allerdings auch ein Geständniß erlangt werden kann, ist nicht zu verkennen; es ist auch nicht bis zu jenen entlegenen Grenzen zu gehen, die in England eingehalten werden; ich verlange aber, daß, was geleugnet wird und dennoch offen und hinterrücks geschieht, das überwiegende Hinarbeiten auf das Geständniß künftig vermieden werden solle.)

2) dadurch, daß sowohl der Staatsanwaltschaft als auch der Vertheidigung eine fortwährende Einwirkung auf ihren Gang ermöglicht wird;

3) dadurch, daß die Oeffentlichkeit — mindestens die Parteien-Oeffentlichkeit — auch für sie als Regel anerkannt werde.

Eventuell erlauben Sie, noch das Wort „Oeffentlichkeit“ aus den früher angegebenen Gründen vor der Hand fallen zu lassen, und daher blos zu sagen:

3) dadurch, daß die Parteien-Oeffentlichkeit auch für sie als Regel anerkannt werde. Ausnahmen also vorbehalten! (Lebhafter Beifall.)

**Präsident:** Meine hochgeehrten Herren! Sie haben den ebenso übersichtlichen als geistreichen Vortrag unseres Herrn Referenten gehört. Ich halte mich für verpflichtet, nunmehr überzugehen auf den bei Beginn der Verhandlung gestellten Vertagungsantrag. Wir sind nämlich jetzt in der Lage, ermessen zu können, ob wir in die Berathung der Keller'schen Anträge eingehen sollen, und ich würde dabei glauben, daß, wenn die verehrte Versammlung in eine Diskussion heute noch einzutreten wünscht, dann mit Zustimmung des Herrn Kreisgerichtsdirektors v. Kunowski nicht die Keller-schen Anträge zum Gegenstande unserer Berathung und Beschlußfassung gemacht werden sollen, sondern vielmehr jene Grundideen, wie sie der Herr Referent uns formulirt vorgelegt hat. In Wesenheit wird es dasselbe sein; aber die Diskussion würde sich vereinfachen, wenn wir die Sätze des Herrn Referenten nunmehr zur Basis unserer Debatte nehmen würden.

Kreisgerichts-Direktor **v. Kunowski**: Dies entspricht ganz meiner Ansicht.

Ober-Landesgerichtsrath **Dr. Keller**: Ich erbitte mir für die Vorfrage das Wort. Es handelt sich zunächst um die Frage, ob die Debatte über den Gegenstand heute aufgenommen oder die Vertagung derselben beschlossen werden soll, und hierüber will ich mir einige Worte erlauben.

M. H.! Obwohl ich mir schmeichle, dem Herrn Referenten durch das Band der Freundschaft anzugehören, so wußte ich seine Ansicht über den Gegenstand aus seinem Munde bis zur Stunde nicht. Ich kann nur so viel sagen, ich freue mich, von ihm diese Unterstützung meiner Anträge gefunden zu haben. Daß eine wesentliche Unterstützung, wie ich sie gar nicht erwartet habe, darin liege, darüber werde ich mich erst dann aussprechen, wenn der Beschluß dahin gefaßt sein wird, in die Debatte einzugehen, und daß Sie diesen Beschluß fassen wollen, darum bitte ich Sie jetzt. Ich unterstütze den Antrag, in die Debatte heute einzugehen.

Staatsanwalts-Substitut **Bündsdorf** aus Wien: Ich glaube, daß man nicht eher in die Debatte eingehen kann über das Bestehen- oder Nicht-Bestehenkönnen eines Baumes, bis nicht der Wurm, der an der Wurzel desselben nagt, beseitigt oder ihm Berechtigung zum Leben gegeben ist. Dieser Wurm ist der Sabarth'sche Antrag. Er spricht sich dahin aus, daß er das Bestehen der Staatsanwaltschaft nicht für nothwendig erklärt, und ich glaube daher, daß erst sichergestellt werden muß, ob die Staatsanwaltschaft bestehen soll oder nicht; denn dann kann man erst weiter in die Betrachtung der Anträge eingehen, welche sich mit einer Thätigkeit der Staatsanwaltschaft befassen.

**Präsident**: Was den Antrag des Herrn Sabarth anbelangt, so habe ich geglaubt, daß er durch dasjenige, was ich vorher bemerkt habe, vorläufig sich erledige. Als Gegenantrag vermag ich ihn nicht zu betrachten. Ich habe ihn daher auch nicht zum Gegenstande der Verhandlung bei dieser Abtheilung gemacht, und ich möchte auch nicht glauben, daß deshalb, weil irgend ein Antrag existirt, der mit der Beschlußfassung, um die es sich heute handelt, im Widerspruch steht, wir die Beschlußfassung aussetzen; denn auf diese Gefahr hin würden wir bei jeder Berathung immer einen Antrag herbeischaffen können, der prinzipiell dem in der Berathung stehenden entgegen ist.

Wenn weiter Niemand mehr das Wort begehrt, so würde ich die Vorfrage an die verehrte Versammlung richten, ob sie nunmehr eingehen wolle auf die Berathung der durch die Anträge des Herrn Ober-Landesgerichtsraths Keller veranlaßten, durch Ihren Herrn Referenten Ihnen vorgelegten Sätze. Wollen Sie auf die Berathung jener Sätze gegenwärtig eingehen? Ich bitte, bejahenden Falles sitzen zu bleiben. (Niemand erhebt sich.)

Der Vorschlag ist einstimmig angenommen.

Nach diesem Beschlusse und nach der Erklärung des Herrn v. Kunowski würde kein Hinderniß mehr sein, über die einzelnen Sätze, wie sie von dem Herrn Referenten vorgetragen wurden, zu diskutiren.

Adv.-Kand. Dr. v. **Vilas** aus Wien: Die Grundlage unserer gegenwärtigen Debatte und Beschlußfassung ist meiner Ansicht nach eine wesentlich verschiedene von derjenigen, welche den Gutachten, die über die heute verhandelte Frage erstattet worden sind, zur Basis diente. Der ursprüngliche Antrag des Herrn Ober-Landesgerichtsraths Dr. Keller zu Wien umfaßte sieben Paragraphen. Von diesen sieben Paragraphen bezogen sich manche auf Einzelheiten der Strafprozeßordnung; mancher aber enthält ganz wichtige und wesentliche Grundsätze über die Voruntersuchung und die künftige Gestaltung derselben. Am wesentlichsten von allen und als die Grundlage der ganzen Frage erscheint nach meiner Ansicht der §. 1 dieses Antrages. Es hieß in dem ursprünglichen Antrage*): „Die Erforschung der Verbrechen und die Erhebung des Thatbestandes und aller die Beschuldigung oder die Vertheidigung begründenden Umstände ist die Aufgabe des Staatsanwalts." Herr Dr. Keller hat diesen §. 1 in dem abgeänderten Antrage insofern verändert, als er die Worte: „oder die Vertheidigung" gänzlich ausläßt und dadurch die Aufgabe der Staatsanwaltschaft zu einer einseitigen statt zu einer zweiseitigen gestaltet. In demjenigen Antrage, den Dr. Keller als seinen neuesten modifizirten Antrag bezeichnet, wurde ein Zusatz angenommen, kraft dessen in der Voruntersuchung auch dem Beschuldigten oder seinem Vertheidiger das Recht zustehen soll, Erhebungen zu pflegen oder zu beantragen. Dieser letzte Antrag ist von einschneidender Wichtigkeit. Er gestaltet die bisherige Form des Prozesses gänzlich um; er macht nach meiner Ansicht die gerichtliche Vor-

*) Verhandlungen des II. D. J.-T. Bd. II. S. 6 ff.

untersuchung überflüssig. Dem entgegen haben wir zur Grundlage unserer Berathung den Antrag unseres Referenten Herrn Dr. Glaser aus Wien, welcher dahin geht, die gerichtliche Voruntersuchung müsse beibehalten werden. Dies ist der erste Satz, worüber ich sprechen will.

Ich gestehe nun, daß ich von meinem Standpunkte aus dem Antrage des geehrten Herrn Referenten Glaser nicht beistimmen kann, und daß die Gründe, die derselbe zur Unterstützung seiner Ansicht vorbrachte, mich von der Nothwendigkeit der gerichtlichen Voruntersuchung zu überzeugen nicht vermochten. Herr Dr. Glaser nimmt für die Beibehaltung der gerichtlichen Voruntersuchung vor Allem die Unabhängigkeit und die Unparteilichkeit des Richters für sich in Anspruch, und bemerkt, der Staatsanwalt könne nicht als so unabhängig und unparteiisch wie der Richter angesehen werden, und der Vertheidiger, auch wenn ihm ein Einfluß eingeräumt wird, habe nicht die Mittel an der Hand, um diejenigen Erhebungen zu pflegen, die zur Entkräftung des gegen seinen Klienten erhobenen Verdachtes erforderlich sind; darum bleibe, wenn der Staatsanwalt allein einschreite, die Voruntersuchung einseitig und unvollständig, und im zweiten Falle würde sie zum Nachtheile des Beschuldigten ebenfalls unvollständig bleiben. Diesem möchte ich nun entgegnen: Der Untersuchungsrichter ist nun einmal ein Mensch und als solcher den Schwächen der menschlichen Natur so gut unterworfen, wie der Staatsanwalt. Der Untersuchungsrichter, dem es zur Aufgabe gestellt wird, Verbrechen zu erforschen, macht es zu seinem Zweck, den Schuldigen zu finden, und dieses ist nothwendig, denn nur der Schuldige kann der verdienten Strafe unterworfen werden. Der Zweck, den der Untersuchungsrichter während der Voruntersuchung verfolgt, ist also — darüber, m. H., werden Sie mit mir einig sein — den Schuldigen herauszufinden, und wenn der Untersuchungsrichter sich Verdienste sammeln, und wenn er als Untersuchungsrichter sich einen Ruf erwerben will, so ist dies gewiß nur dann möglich, wenn es ihm gelingt, den Schuldigen auszuforschen. Diese Aufgabe des Untersuchungsrichters macht ihn an und für sich geneigt, in dem Beschuldigten, der ihm vorgeführt wird, in dem Beschuldigten, von dem er weiß, daß gegen ihn Verdachtsgründe vorliegen, auch gleich den Schuldigen zu erblicken; und die Untersuchung, die durch den Untersuchungsrichter geleitet wird, wird beinahe in der Regel, oder doch wenigstens sehr häufig, ebenso einseitig geführt, wie durch den Staatsanwalt. Aber abgesehen davon: hat man einmal die Hauptverhandlung als den Schwerpunkt des Strafprozesses erkannt, so bin ich der Ansicht, daß die Voruntersuchung nur in seltenen Fällen zur Beweisaufnahme benutzt werden müsse, in den meisten Fällen aber lediglich zur Information der Anklage zu dienen habe. Weist man der Staatsanwaltschaft die Aufgabe zu, das Verbrechen und den Verbrecher zu erforschen, ihn zu verfolgen, anzuklagen und der Bestrafung zuzuführen, dann bedarf der Staatsanwalt nicht mehr als die Macht, sich über die Umstände, welche die That begleiteten, genaue Auskunft zu verschaffen, um dadurch in die Lage gesetzt zu werden, daß er auch zu beurtheilen im Stande ist, ob eine bestimmte Person der begangenen strafbaren Handlung anzuklagen und der Beweis vor dem erkennenden Gericht zu erbringen. Allerdings ist es richtig, daß es hierzu mitunter der Beweisaufnahme auch in der Voruntersuchung bedarf; allerdings ist es richtig, daß zur Beweisaufnahme nicht der Staatsanwalt berufen sein kann, sondern lediglich der Richter: aber die Leitung der Voruntersuchung braucht der Richter nicht auf sich zu nehmen. Wir können den Richter von dem odiosen Geschäfte, nach dem Verbrechen zu spüren, vollkommen befreien und können ihm getrost nur das Amt überweisen, über die Anträge des Staatsanwalts oder des Beschuldigten und dessen Vertheidigers die Beweise aufzusuchen und festzustellen, die in der Schlußverhandlung vorkommen sollen.

In den Gutachten, welche über den Antrag des Herrn Ober-Landesgerichtsraths Dr. Keller aus Wien erstattet wurden, wurde insbesondere geltend gemacht, Dr. Keller müsse selbst gefühlt haben, daß es ohne gerichtliche Voruntersuchung wohl nicht gehe, und es habe derselbe wohl deshalb im §. 2 die gewichtigsten Handlungen der Voruntersuchung nicht dem Staatsanwalte, sondern dem Untersuchungsrichter zugewiesen. Dieser §. 2 der Keller'schen Anträge ist nach meiner Ansicht auch vollkommen hinreichend, um das Geschäft des Untersuchungsrichters zu bestimmen. Ich glaube sogar, er geht zu weit, und eine der Funktionen, die dort dem Untersuchungsrichter zugewiesen werden, gehört gar nicht zu seiner Kompetenz. Ich glaube aber auch behaupten zu können, wenn wir diese Funktionen dem Untersuchungsrichter zuweisen, können wir von der gerichtlichen Voruntersuchung in demjenigen Sinne, in welchem ich sie auffasse, gar nicht sprechen. In der That wird dem Untersuchungsrichter zunächst die Verhaftung des Beschuldigten zugewiesen. Nun darüber zu entscheiden, ob ein Grund vorhanden sei, einen Staatsbürger seiner persönlichen Freiheit zu berauben oder nicht, darüber zu entscheiden ist allerdings nur der Richter berufen; dies ist ein Gegenstand der richterlichen Kognition. Ich sehe aber nicht ein, wie die Rechtspflege darunter leiden soll, wenn der Staatsanwalt seinen Antrag dem Richter vorlegt und ihn allein entscheiden läßt; im Gegentheil, ich glaube, der Richter entscheidet viel unbefangener, wenn ihm die Umstände, die ihn dazu bestimmen können, den Haftbeschluß zu schöpfen, von dritter Person vorgelegt werden, als wenn es seine Aufgabe ist, sich Material zu schaffen, welches ihn erst in die Lage setzt, diesen Beschluß zu fassen. Im zweiten Falle hängt er, wie an seinem Kinde, an seiner Schöpfung; im ersten Falle aber entscheidet er über dasjenige, was ein Dritter ihm vorlegt. Hausdurchsuchungen oder Durchsuchungen von Briefen und anderen Schriften, der Augenschein, Vernehmung von Sachverständigen oder der sogenannte Kunstbefund, das sind Gegenstände, die eben dazu dienen sollen, in der Hauptverhandlung als Beweiselemente gebraucht zu werden, und diese Amtshandlungen können allerdings nur dem Gerichte anvertraut werden. Aber was ich nicht einsehe, ist, warum denn der Richter aus eigenem Antriebe zu diesen Handlungen schreiten soll, und was wir zu befürchten haben sollen, wenn er es erst über Antrag eines Dritten vornimmt.

Die letzte Thätigkeit, welche dem Untersuchungsrichter zugewiesen wird, ist das Verhör des Beschuldigten, und hier muß ich aufrichtig gestehen, daß ich im Gegensatze zur letzten Proposition des Referenten Herrn Dr. Glaser nicht von der Ansicht ausgehe, daß es genüge, das Verhör des eines Verbrechens Beschuldigten nur in einer Richtung zu beschränken, sondern daß ich vielmehr überzeugt bin, daß die Englische Einrichtnng, wonach das Verhör des Beschuldigten gänzlich entfällt, richtiger ist. Verhören und Befragen sind nach meiner Ansicht, und wie es auch in einem der Gutachten hervorgehoben wurde, zwei verschiedene Dinge. Daß der Beschuldigte befragt werden muß, ob er sich wider die gegen ihn vorliegenden Verdachtsgründe zu vertheidigen vermag; daß er in die Lage gesetzt werden muß, schon im Stadium der Vorerhebungen diesen Verdacht zu zerstreuen und sich dadurch von der drohenden Anklage zu befreien; darüber ist gar kein Zweifel. Aber das ist nicht das Wesen des Verhörs; das Wesen des Verhörs ist, die Beweiselemente zu schaffen. Das Wesen des Verhörs ist, die Aussagen des Beschuldigten wider ihn bei der Haupt-Verhandlung zu benützen, und dagegen, meine Herren, muß ich mich entschieden aussprechen; denn der Beschuldigte, zu dessen Schutz wir Alle die Oeffentlichkeit und Mündlichkeit der Verhandlungen wünschen, muß doch auch begehren können, daß er stets nur öffentlich und mündlich befragt und verhört werde, dort, wo es sich darum handelt, wider ihn Beweise durch seine Aussagen herzustellen.

Wenn es heißt, die gerichtliche Voruntersuchung soll darin bestehen, daß der Richter mit der Aufgabe betraut werde, die Beweismomente festzustellen, insofern kann ich sie eine eigentliche gerichtliche Voruntersuchung nicht nennen; sie ist eine ausnahmsweise Thätigkeit des Richters, die ihm im Strafprozesse gewahrt bleiben muß, das Einschreiten desselben beim Beginne des Strafprozesses, das allerdings anderen Händen nicht anvertraut werden kann. Insoweit aber die gerichtliche Voruntersuchung dahin aufgefaßt wird, daß dem Untersuchungsrichter die Aufgabe gestellt wird, nach dem Verbrechen und nach dem Verbrecher zu forschen, insoweit halte ich dafür, daß die Würde des Richterstandes und dessen Unabhängigkeit besser gewahrt werden, wenn wir dieses Geschäft von ihm entfernen.

Ich halte aber auch dafür, daß das Ansehen des Richterspruches dadurch nur gewinnen kann. Denn, meine Herren, daß der Angeschuldigte und mit ihm mitunter die öffentliche Meinung von der Ansicht ausgeht, der Untersuchungsrichter habe ein Interesse daran, den Beschuldigten schuldig zu finden, darüber, glaube ich, ist wohl kein Zweifel. Die meisten Strafprozeß-Ordnungen haben auch ein Correctiv dagegen gesucht und haben es darin gefunden, daß sie den Untersuchungsrichter von dem Erkenntnisse ausgeschlossen haben, weil sie eben die Stellung des Untersuchungsrichters als eine befangene erkannten. Allein neben dem Umstande, daß der Richter als Untersuchungsrichter in einer bestimmten Untersuchung gewirkt hat, kommt für die öffentliche Meinung noch ein anderer Umstand in Anschlag, ob nämlich der erkennende Richter nicht durch die Bande der Kollegialität gebunden sei, und es fragt sich, ob denn die öffentliche Meinung nicht auch mitunter Richtersprüche aus diesem Grunde verdächtige? Auch aus diesem Grunde glaube ich demnach, daß die Beseitigung der gerichtlichen Voruntersuchung nur zum Nutzen dienen kann.

Der zweite Satz, den der Referent, Herr Professor Glaser, aufstellt, ist der, „die gerichtliche Voruntersuchung müsse beschränkt werden dadurch, daß der Staatsanwaltschaft die Erhebung der öffentlichen Klage vorbehalten wird."

Diese Thätigkeit der Staatsanwaltschaft bei Erhebung der öffentlichen Klage und insbesondere die ihr zugleich vom Referenten zugewiesene gerichtspolizeiliche Thätigkeit, welche der Erhebung der Klage zur Sammlung der Beweismittel vorangehen soll, führt mich auf die Idee zurück, was denn eigentlich der Staat für ein Interesse daran habe, daß eine Voruntersuchung stattfinde, und dieses Interesse besteht wohl einzig und allein darin, daß das Verbrechen verfolgt werden muß und von Amtswegen verfolgt werden muß, daß das Institut der Privatklage, insofern als der Privatkläger als Beschädigter oder Verletzter allein berechtigt ist, die Anklage zu erheben, nicht genüge, um die Rechtsordnung im Staate aufrecht zu erhalten, daß man daher öffentlicher Kläger bedarf. Ueberläßt man aber einmal, wie der Herr Referent sagt, die Sammlung des Beweismaterials und die Erhebung der öffentlichen Anklage dem Staatsanwalte, dann kommen wir eben wieder auf dasjenige zurück, was ich früher bemerkte. Wozu bedürfen wir dann noch einer gerichtlichen Voruntersuchung? Zu dem Zwecke, damit der Richter als unabhängiger Mann das Vertheidigungsmaterial sammle, sagt uns der Herr Referent. In dieser Richtung nun will ich dasjenige nicht wiederholen, was ich schon früher gesagt habe, daß ich glaube, der Untersuchungsrichter gehe mitunter einseitig vor. Aber fassen wir einen konkreten Fall in's Auge. Der Referent wollte nur die Ausnahme in's Auge fassen; die Regel jedoch ist, daß wir den Schuldigen in Untersuchung ziehen, und der Schuldige, meine Herren, bewegt sich auf einem ihm vollkommen bekannten Boden. Der Schuldige ist sehr leicht in der Lage, seinem Vertheidiger diejenigen Erhebungen zu bezeichnen, deren Vornahme er für wesentlich nothwendig zu seiner Vertheidigung hält, und in Folge dessen hat der Schuldige an und für sich eine viel günstigere Stellung als der Staatsanwalt. Aber es kann der Unschuldige in Untersuchung gezogen werden. Der Unschuldige bewegt sich auf einem ihm ganz fremden Boden, und der Mann wird nicht in der Lage sein, diejenigen Erhebungen pflegen zu lassen, welche nothwendig sind, um seine Unschuld darzustellen. Ja, meine Herren, es ist nicht die Aufgabe des Beschuldigten, seine Nichtschuld zu beweisen, sondern es ist vielmehr Aufgabe der Anklage, die Schuld des Beschuldigten zu erweisen. Es ist wohl möglich, daß Erhebungen zum Nutzen und Frommen des Beschuldigten erforderlich seien, und ich glaube nicht, daß der Richter über dessen Antrag sie ihm abschlagen werde; daß, wenn er den Richter bittet um die Vornahme eines Augenscheines, um den Kunstbefund, um die Vorladung eines Zeugen, weil er weiß, daß er bis zur Schlußverhandlung entgehen könnte, ich glaube nicht, daß man ihm dieses verweigern wird, und glauben Sie, daß über diese Erhebungen hinaus viel mehr erforderlich sein wird, um sich vor der Anklage zu schützen? In den wenigsten Fällen werden weitergehende Erhebungen nothwendig sein; daß einzelne Ausnahmsfälle eintreten können, wo solche Verwicklungen obwalten, daß außerordentliche Hilfsmittel gebraucht werden, um den Verdacht zu zerstreuen, mag wohl möglich sein; aber es wird so selten eintreten, daß ein Gesetz, welches nur die Regel in's Auge fassen soll, unmöglich darauf Rücksicht nehmen kann.

Das Beschränken der Untersuchung dadurch, daß der Staatsanwaltschaft gewisse Funktionen zugewiesen werden, wie sie der Herr Referent beantragt, erscheint mir auch als unzureichend aus den von mir zuerst gegen die gerichtliche Voruntersuchung vorgebrachten Gründen. Die Anklage muß sich vollkommen waffnen, bevor sie vor das erkennende Gericht hintritt, und der Herr Referent scheint eben diejenigen Erhebungen, welche zu diesem Zwecke von der Staatsanwaltschaft gepflogen werden, nicht als eine Voruntersuchung zu betrachten, und der Staatsanwaltschaft hierzu diejenige Zeit gönnen zu wollen, die sie eben in Anspruch zu nehmen gesonnen ist; dann aber wird die Länge der Vorerhebungen dadurch nicht beschränkt. Ob wir sie aber Vorerhebung, ob wir sie Voruntersuchung nennen, das ist eben dasjenige, was ich nicht für wesentlich halte. Die Länge der Voruntersuchung wird besonders durch die Länge der Haft für den Beschuldigten drückend, und wenn wir dem Staatsanwalte, nachdem er den Haftbeschluß erwirkt hat, das unbeschränkte Recht einräumen, Erhebungen zu pflegen zur Sammlung der Beweismittel, bis er zur Anklagestellung schreitet, haben wir eben die Untersuchung in seine Hand gelegt. Wohl aber glaube ich, daß das Korrektivmittel dagegen darin gelegen ist, daß man dem Beschuldigten in jenem Stadium der Voruntersuchung den Antrag freilasse auf die Aufhebung der über ihn verhängten Haft. Ist die Haft einmal aufgehoben, dann wird ihn die Länge der Untersuchung in den wenigsten Fällen mehr bedrücken.

Ich kann mich daher auch mit dieser Beschränkung der Voruntersuchung, wie sie von dem Herrn Referenten beantragt wurde, nicht einverstanden erklären, und ich würde vielmehr den Antrag des Herrn Ober-Staatsanwalts Dr. Keller in den zwei ersten Paragraphen desselben, wonach die Erforschung der Verbrecher und die Sammlung der Beweismittel für die Schuld in die Hände der Staatsanwaltschaft gelegt — wonach dem Vertheidiger und dem Beschuldigten das Recht eingeräumt wird, schon bei der Voruntersuchung Anträge zur Entkräftung des Verdachtes zu stellen — wonach endlich nur gewisse zur Beweisaufnahme, zur Sicherstellung bestimmter Umstände dienende Handlungen dem Gerichte zugewiesen werden, vorziehen.

Ich habe über den dritten Satz, den Herr Dr. Glaser aufstellte, nichts zu erwähnen, nachdem ich bereits früher bemerkt habe, daß ich wider jedes Verhör des Beschuldigten in derjenigen Form, wie es jetzt stattfindet, bin, daß ich daher nur eine äußerst unzulängliche Verbesserung der Voruntersuchung darin finden würde, wenn man den blos unbestimmt und vag lautenden Satz aussprechen wollte, „die Untersuchung sei dadurch zu verbessern, daß das Hinarbeiten auf ein Geständniß des Angeklagten aufgegeben werde."

Wenn wir uns nun fragen, wie nach den von mir noch nicht formulirten, aber dem Wesen nach ausgesprochenen Grundzügen die Voruntersuchung sich gestalten würde, so ist die Antwort darauf sehr einfach, und ich glaube, ein geschichtlicher Rückblick auf die Entwicklung des Germanischen Strafprozesses zeigt uns, daß wir eben dort anknüpfen sollen, wo die fremden Elemente in den Germanischen Strafprozeß eingeschwärzt wurden. In den ältesten Zeiten war der Germanische Strafprozeß ein rein akkusatorischer. Die Grundzüge, die uns die Geschichte des Rechtes aus den ältesten Zeiten mittheilt, sind für den angelsächsischen und für die übrigen Germanischen Stämme ganz gleich. In England blieben diese Grundzüge bis auf die neueste Zeit maaßgebend und finden sich bis auf die neueste Zeit noch jetzt in der Anklageform und in dem Anklageprinzip in der vollsten Konsequenz durchgeführt. In Deutschland begann schon die Merowingische Gesetzgebung die ausschließliche Thätigkeit des Verletzten bei der Erhebung der Anklage und bei der Erstattung der Anzeige auszuschließen, aber mit wenigen und sehr unzureichenden Bestimmungen. Schon in den Kapitularien Karl d. Gr. aber finden wir den bestimmten Auftrag an die Grafen, die Verbrecher zu verfolgen und dieselben zur Verantwortung zu ziehen, und wir finden, daß aus diesen Kapitularien sich die sogenannten Rügegerichte entwickelten (Zeichen der Ungeduld), bei welchen gewisse Personen kraft ihres Amtes als Ankläger auftreten.

**Präsident** (den Redner unterbrechend): Der geehrte Herr Redner mag verzeihen, wenn ich mir erlaube, ihm zu bemerken, daß er sich die Kürze der uns zugemessenen Zeit möglichst gegenwärtig halten möge (Zustimmung). So interessant und geistreich auch seine Rückblicke sein mögen, aber die Zeit ist, glaube ich, heute dafür nicht da. (Bravo.)

Dr. v. **Vilas**: Dann würde ich bitten, mir nur noch die Schlußbemerkung zu erlauben.

Erst das kanonische Recht führte in den Deutschen Prozeß die Inquisition ein, und wenn wir bei den Grundzügen, die ich früher entwickelte, von der gerichtlichen Voruntersuchung absehen wollen, so knüpfen wir gerade dort an, wo durch das kanonische Recht die Inquisition in Deutschland eingeführt wurde. Ich möchte daher die Anklage, die Erforschung und Verfolgung der Verbrecher in die Hände der Staatsanwaltschaft legen, weil wir ein Staatsorgan zur Verfolgung der Verbrecher nothwendig brauchen. Ich möchte aber auch die richterliche Thätigkeit rein auf solche Handlungen beschränken, welche dieselbe von jedem Verdachte der Parteilichkeit freihält, und ich würde mir daher erlauben, den Antrag zu stellen: „Statt des ersten Satzes des Herrn Referenten sei der §. 1 des motivirten, heute gestellten Antrages des Herrn Oberlandesgerichtsrathes Dr. Keller anzunehmen. Ebenso sei §. 2 desselben anzunehmen, mit Ausnahme der Worte „„dessen Vernehmung““.

Hierdurch, glaube ich, würden die Vorerhebungen im Strafprozesse, ohne daß es der gerichtlichen Voruntersuchung bedarf, jene Vollständigkeit gewinnen, welche erforderlich ist, um die Anklage vorzubereiten. Hierdurch würde der Organismus des Strafprozesses besser gefördert werden, weil die verschiedenen Funktionen streng und in allen Stadien desselben an verschiedene Organe vertheilt werden. Hierdurch würde das Ansehen der Richtersprüche in den Augen der öffentlichen Meinung, insbesondere in jenen Ländern, die an das schriftliche Inquisitionsverfahren bisher gewöhnt sind, wesentlich erhöht werden, und ich glaube daher, daß diese Grundzüge des Strafprozesses denjenigen vorzuziehen wären, welche von dem Herrn Referenten in den vorgetragenen Sätzen zur Annahme empfohlen wurden.

**Präsident:** Ich erlaube mir, zu bemerken, daß, wenn die Debatte fortgesetzt werden sollte, die Anträge des Herrn Referenten einzeln zur Diskussion und Abstimmung zu bringen sein werden.

Oberlandesgerichtsrath Dr. **Keller:** Der Herr Referent erkennt mit mir und allen Herren, welche in dieser Sache sich geäußert haben, die Nothwendigkeit der Reform der Voruntersuchung an und spricht dieselben Grundsätze als die nähere Ausführung dieser Reform aus, die ganz zweifellos in meinem Antrage nicht blos liegen, sondern auch ihre Formulirung finden. Er erkennt die Nothwendigkeit an, dem Staatsanwalte eine Initiative zu lassen; er erkennt das Recht des Staatsanwaltes zu polizeilichen Vorerhebungen an; er erkennt die Nothwendigkeit einer Beschränkung der Voruntersuchung an. Er hat nach dieser Anerkennung gewissermaßen die Frage an mich gerichtet, wie ich mir denn die Ausführung meines Antrages vorstelle. Ich werde gleich die Ehre haben, in wenigen Worten dem Herrn Referenten darauf zu antworten, und ich erlaube mir nur im Vorhinein, auch an ihn die Frage zu stellen, wie er sich denn die Ausführung seiner Anträge auf Verbesserung und Vereinfachung der Voruntersuchung, die er im Wesen dem Untersuchungsrichter überläßt, vorstellt, indem er sagt, es muß ein Richter da sein, in dessen Händen sich der Geschäftsgang der Untersuchung concentrirt, und den Beisatz macht, er setze voraus, daß diese seine Annahme nicht bestimmt verneint werde. Ich erkläre hier auf das Bestimmteste, daß ich gerade darin den Kern meines Antrages sehe, daß ich diese Annahme auf das Bestimmteste verneine. Ich sage, eine solche Autorität, man nenne sie wie immer, welche in sich die Voruntersuchung concentrirt, darf nicht sein; sonst behalten wir die ganze frühere Unzukömmlichkeit des Inquisitionsprozesses; denn gerade in dieser Concentrirung finde ich eine Cumulirung der Vertheidigung und des Richteramtes, weil auch schon in den Vorerhebungen Sprüche des Richters über die Nothwendigkeit und die Ausführung wichtiger Untersuchungshandlungen vorkommen müssen, welche in No. 2 meines Antrages liegen, eine Cumulirung, gegen die ich mit aller Entschiedenheit ankämpfe.

Ich will nun auf die erste an mich gestellte Frage, wie ich mir die beantragte Voruntersuchung vorstelle, dem Herrn Professor Glaser kurz antworten, und zwar gestützt auf die Erfahrungen meiner Praxis als Staatsanwalt, als Untersuchungsrichter, als Erkenntnißrichter in erster und zweiter Instanz. Ich habe in sehr vielen Fällen als Staatsanwalt so vollständige polizeiliche Vorerhebungen bekommen, daß ich mir die Frage, ob nicht auf diese Vorerhebungen hin die Schlußverhandlung angeordnet werden könne, unbedingt bejaht und nur bedauert habe, daß nicht der ganze schwerfällige Apparat des Untersuchungsganges des gegenwärtigen Voruntersuchungsprozesses in diesen Fällen beseitigt werden konnte. Und das waren sehr viele und sehr wichtige Fälle. Es mußte der Antrag an den Untersuchungsrichter gehen, und ich bekam erst nach vielen Monaten, wo ich auf diesen Fall über den vielen anderen, die inzwischen vorgekommen waren, längst vergessen hatte, dieselbe Sache, mit unzähligen Anhängen von Erhebungen so überlastet und so verwickelt, daß mir der Kopf schwindelte, bis ich zu Ende kam. Und doch habe ich nichts anderes bekommen, als in der polizeilichen Zuschrift mit wenigen, 3 bis 4 Erhebungen damals vorlag. Der Erkenntnißrichter findet oft bei dem ersten Akte, welcher den Anstoß zur Untersuchung gibt, alles, was er sohin 10, 20 und 100 mal in den vielen Protokollen lesen muß, bis er dahin kommt, was ihm dieser erste Akt gegeben hat. Darin, glaube ich, liegt die Ausführung der von mir beantragten Voruntersuchung, wenn sie in der Hand des Staatsanwaltes oder Privatklägers gelegen ist, daß er dort, wo er die ersten Erhebungen vollständig findet, sie sogleich dem Erkenntnißrichter zuführen, wo er sie nicht vollständig findet, sie im eigenen Ressort vervollständigen kann. Der Herr Referent räumt ihm auch das Recht zu Erkundigungen und Vorerhebungen ein. Kann der Untersuchungsrichter zum Zweck der Instruction des Processes etwas anderes thun als Erhebungen pflegen und Erkundigungen einziehen? Er soll ja nicht richten; er soll nur das Material sammeln, und dieses Sammeln ist kein Geschäft des Richters, weil es eigentlich ein Geschäft desjenigen ist, welcher den Richterspruch begehrt.

Der Staatsanwalt ist dazu geeignet, weil er ein Verwaltungsbeamter ist. Er ist aber andererseits nach der Anschauung des verehrten Herrn Referenten nicht geeignet, es auf eine verläßliche Weise zu thun, weil er nicht so unabhängig ist, als der Richter. Ich meine aber, meine Herren, daß der Staatsanwalt, sobald er die erforderliche Vertrauenswürdigkeit und Befähigung zu seinem Amte besitzt, auch die Verläßlichkeit des verläßlichsten Untersuchungsrichters haben wird. Ja, der Untersuchungsrichter erscheint mir sogar minder vertrauenswürdig, weil man eben nicht weiß, wozu er sich im Laufe der Untersuchung herausgewachsen hat — ob er Ankläger oder Vertheidiger geworden oder ob er unparteiischer Richter geblieben ist.

Die Initiative will der Herr Referent dem Staatsanwalte lassen. Worin die Initiative besteht, wissen wir recht gut, nämlich darin, daß der Staatsanwalt den ersten Antrag an den Untersuchungsrichter stellt. Damit hört aber in der Regel die Ingerenz des Staatsanwalts auf das Untersuchungsgeschäft auf. Die Erfahrung lehrt, wie schwierig es dem eifrigen Staatsanwalte sei, sich dieses Recht zu wahren. Wie es der Herr Referent durch seine Verbesserungen wahren will, das hat er uns, oder wenigstens mir, nicht klar gemacht. Erlauben Sie mir, Ihnen aus meiner Praxis zu bestätigen, daß diese staatsanwaltschaftliche Ingerenz dort aufhört, wo der Untersuchungsrichter die Sache in seine Hand genommen hat. Dort wird der Staatsanwalt auf die Seite geschoben, wie es in der Natur der Sache liegt; denn Hand in Hand können sie nicht gehen, weil es dann zwei Untersuchungsrichter gäbe.

Der Herr Referent hat gesagt, wenn man die Vertheidigung von dem ersten Beginne des Strafprozesses zuläßt, so dürfte wohl, weil die wenigsten Untersuchten einen Vertheidiger bezahlen können, und der Staat bemüßigt wäre, gezahlte Vertheidiger aufzustellen oder bezahlte Beamte dafür zu schaffen, dies dem Staate zu kostspielig werden. Meine Herren, wo die Vertheidigung Bedürfniß der Gerechtigkeit ist, dürfen die Kosten nicht gescheuet werden, oder man wird dahin kommen, daß man die Vertheidigung überhaupt zu kostspielig findet. Ja, hat man nicht sogar auch die Staatsanwaltschaft zu kostspielig gefunden? Gerade in dem Sabarth'schen Antrage wird eigentlich die Staatsanwaltschaft für entbehrlich erklärt. Was die Gerechtigkeit fordert, muß geschehen. Dazu zahlt der Bürger seine Steuer, daß er Recht finde, und dazu müssen ihm die Mittel geboten werden, dazu müssen zuerst die Staatsmittel hergegeben werden, und ist dieses der Fall, so ist die Frage nach der Kostspieligkeit, nach der größeren oder geringeren Kostspieligkeit, nicht das, was uns beschäftigt; das gehört in einen Finanzausschuß.

Der Herr Referent betont insbesondere, daß die Person des Beschuldigten dem Untersuchungsrichter anheim gegeben sein und von ihm das Verhör vorgenommen werden müsse. Das negire ich auf das Bestimmteste. Die Person des Beschuldigten darf Niemandem anheim gegeben werden; der Beschuldigte muß, wenn er in Haft gehalten wird, was mit großen Garantieen umgeben sein muß, ein freier Mann in der Richtung bleiben, daß er sich gegen ungerechtfertigte Angriffe vertheidigen und auch gegen gerechte Angriffe Alles anbringen kann, was zu seiner Entschuldigung oder zur milderen Auffassung seiner Schuld beiträgt. Der Untersuchungsrichter darf keinen Einfluß auf die Person haben, eben so wenig als der Staatsanwalt.

Das Verhör! — ja, das ist eben eine der Erbschaften des Inquisitionsprozesses! So lange wir der Voruntersuchung das Verhör des Beschuldigten und dem Untersuchungsrichter das Recht des Verhörs lassen, so lange haben wir den ganzen Sauerteig des Inquisitionsprozesses. Sobald der Untersuchungsrichter sich nicht darauf beschränkt, um den Sachverhalt zu fragen, sondern dem Angeschuldigten die sogenannten Vorhalte macht, so stellt er sich auf den Partei-Standpunkt; er hält ihm das vor, was er in der Anschuldigung findet, und indem er sie theilt, wird er sein Ankläger Er verliert dann leicht die erforderliche Ruhe und Unbefangenheit und hört auf, das zu haben, was das erste Bedürfniß für den gerechten Richter ist, die Unparteilichkeit, und das läßt sich der Untersuchungsrichter nicht nehmen. Ich will ganz absehen von den vielen, ganz unnützen Fragen und Wiederholungen der Aussagen von Zeugen, die dann in diesem Verhöre vorkommen, wie ich denn erst unlängst eine Frage lesen mußte, die so gelautet hat: „Nachdem wegen vorgerückter Tageszeit Ihr Verhör unterbrochen werden muß, so wird Ihnen dieses hiermit bekannt gegeben mit der Anfrage, ob Sie dagegen Etwas anzubringen haben, daß Ihr Verhör um 4 Uhr Nachmittags wieder fortgesetzt werde?" (Heiterkeit.) So ist es buchstäblich im Protokolle enthalten gewesen, und Aehnliches finden Sie mehr. Ich stimme daher gern dem Vorschlage des Herrn Dr. von Vilas bei, der sogar die Vernehmung des Beschuldigten dem Untersuchungsrichter entziehen will. Nur möchte ich dem Anklagerichter das Recht eingeräumt wissen, daß er zu seiner Information den Angeschuldigten vernehme, aber nicht im jetzigen Sinne verhöre. Verhört er ihn, so tritt das ein, wogegen der Herr Referent mit Recht sich ausgesprochen hat, nämlich das Erringenwollen eines Geständnisses, um das Zugeständniß als das beste Beweismittel zu erlangen.

Ich glaube daher, daß in meinem Antrage die vom Herrn Referenten beantragten Verbesserungen der Voruntersuchung liegen, daß aber mit Belassung der Untersuchung in der Hand des Untersuchungsrichters die vom Herrn Referenten ausgesprochenen Grundsätze an der bisherigen Untersuchung wenig ändern, sie weder bessern, noch abkürzen werden.

Ich bitte um Entschuldigung, wenn ich sagte „mein Antrag"; da ich ihn aufgegeben habe und Schenkungen nicht mehr widerruflich sind, so ist es nicht mehr mein Antrag, sondern der des Herrn Kreisgerichtsdirektors v. Kunowski, dem ich ihn mit Vergnügen cedire (Heiterkeit). Ich will nur die gute Sache; ob mein Name damit verbunden ist, ist mir gleichgiltig.

Den Antrag des Herrn Kreisgerichtsdirektors v. Kunowski, zu dem eine Anregung gegeben zu haben ich mich sehr freue, unterscheidet sich von dem des Herrn Referenten wesentlich darin, daß in dem §. 2 genau die Grenze der richterlichen Thätigkeit gelegen ist, daß keine Concentrirung, keine Cumulirung von Untersuchungshandlungen in irgend einer Person, weder in dem Staatsanwalte — bei dem am allerwenigsten — noch auch in dem Untersuchungsrichter gelegen ist, sondern daß als Regel die Instruktion des Strafprozesses den Parteien überlassen werde, und daß die Ausnahme im §. 2 gegeben ist.

Der Herr Referent fragt: Wann die Untersuchung beendet sein wird? Darauf ist die Antwort sehr einfach die: Dann, wenn derjenige, welcher dafür verantwortlich ist, sie für vollständig hält. Diese Frage wird alle Tage auch jetzt aufgeworfen. Wer beantwortet sie? Der Untersuchungsrichter. Er übergibt nicht früher die Untersuchung an den Staatsanwalt, bevor er sie nicht für vollendet hält. Wird nun der Staatsanwalt Etwas Anderes thun? Wo liegt der Grund zur Annahme, daß der Staatsanwalt die Untersuchung weiter hinausschieben wird, als der Untersuchungsrichter? Glauben Sie mir, meine Herren, ich habe es als Staatsanwalt selbst erfahren und habe unzählige Male von Richtern und Parteien klagen gehört, daß der Untersuchungsrichter die Untersuchungen weiter ausspinnt, als nothwendig ist. Das wird aufhören, weil es im Interesse des Staatsanwaltes liegt, das, was er erhoben hat, so lange es noch frisch im Gedächtnisse ist, vor den Erkenntnißrichter zu bringen. Es werden nicht Wochen und Monate und manchmal Jahre hingehen, bis er vor den Erkenntnißrichter tritt, und die Verantwortung, die er damit übernimmt, und die Kontrole, die möglich ist, die wird, wie ich schon früher die Ehre zu bemerken hatte, eine bessere sein, als jetzt bei dem Untersuchungsrichter, den weder der Staatsanwalt noch der Beschuldigte kontroliren kann.

Daß der Beschuldigte viel besser daran ist nach dem Grundsatze, wie er in dem Antrage des Herrn Kreisgerichtsdirektors v. Kunowski liegt, hat der Herr Vorredner auf das Schlagendste ausgeführt.

Ich schließe mit der Bitte, nachdem Sie einmal in diese Debatte eingegangen sind, daß Sie den Antrag des Herrn Kreisgerichtsdirektors von Kunowski annehmen, wie er Ihnen vorliegt. Nur würde ich denn doch auch darauf bestehen, daß im §. 2 zu den Befugnissen des Untersuchungsrichters, der richterlichen Autorität, auch die Vernehmung des Beschuldigten gehöre. Ich möchte schon deshalb daran festhalten, damit der Staatsanwalt so wenig als möglich mit dem Beschuldigten in Berührung kommt; denn auch der Staatsanwalt muß seine Unparteilichkeit wahren. Er ist Mensch, und der Mensch findet sich Unglücklichen gegenüber sehr leicht bewogen, Mitleid zu haben und zu üben. Das weiß Jeder, der eben Staatsanwalt war, und auch davon soll der Staatsanwalt frei bleiben. Ihm muß das strenge Recht vorschweben, und daher will ich nicht den Beschuldigten durch den Staatsanwalt vernehmen lassen. Kommt der Beschuldigte zu dem Staatsanwalte — das wird in der Regel nur dann der Fall sein, wenn er sich schuldlos weiß — so wird er Andeutungen bekommen, die vielleicht dahin führen, Erhebungen zu pflegen, welche seine Unschuld vollständig herausstellen. Endlich muß die vorläufige Vernehmung des Angeschuldigten auch dem Erkenntnißrichter freistehen, damit der Erkenntnißrichter weiß, ob alles Nothwendige erhoben worden ist, ob der Beschuldigte geständig ist oder nicht.

Kreisgerichts-Direktor **v. Kunowski**: Ich acceptire, um vor Juristen in aller Ordnung vorzugehen, die Schenkung des Herrn Dr. Keller mit dem Vorbehalte, den ich schon zur Ausführung gebracht habe, daß der Antrag nicht mein Fleisch und Blut ist und der Antrag nicht als mein Kind, sondern als mein Stiefkind zu betrachten ist (Heiterkeit), in der modifizirten Weise, wie ich ihn auf Anregung des Herrn Präsidenten aufgenommen habe, nämlich daß diejenigen Sätze zur Abstimmung gelangen, die der Herr Referent aufgestellt hat. Im Uebrigen soll meine Rede keine Rede sein, ich möchte nur im Interesse einer guten Benutzung der Zeit und in Erwägung des Umstandes, daß der Gegenstand unserer Berathung von vornherein bekannt ist, und die Abstimmung sowohl durch die gedruckt vorliegenden Gutachten als durch das eingehende und lichtvolle Referat des Herrn Referenten genug vorbereitet ist, den Antrag auf Schluß der Debatte gestellt haben. (Bravo, Bravo!)

**Präsident**: Es hat sich ohnehin kein Herr mehr zum Worte gemeldet.

Ich frage also, ob Sie die Debatte für geschlossen erklären, und ich bitte Sie, bejahenden Falles sitzen zu bleiben. (Staatsanwalt Lienbacher aus Wien meldet sich zum Worte.)

**v. Kunowski**: Zur Geschäftsordnung! Ich glaube, über den Antrag auf Schluß der Debatte kann nach dem Statut keine weitere Debatte eintreten.

**Präsident**: Diese Ansicht wurde auch in Dresden verfochten, und ich habe mich dort dahin erklärt, daß ich auch über den Schluß der Debatte sprechen lasse.

Staatsanwalt **Lienbacher** aus Wien: Mein Antrag ist nur ein formeller; ich möchte nur von dem ausgehen, worüber bisher alle Redner einverstanden sind, nämlich, — (den Redner unterbricht der)

**Präsident**: Ich muß allerdings bitten, daß der Herr Redner sich blos auf die Frage beschränke, ob gegenwärtig die Debatte geschlossen oder fortgesetzt werden soll, und weiter Nichts vorbringe.

Staatsanwalt **Lienbacher**: Ich wollte einen Zusatzantrag zu dem Antrage des Professor Glaser stellen, mit dem ich übrigens einverstanden bin.

**Präsident**: Ich bitte weiter zu sprechen; wir können nicht wissen, ob das nicht ein Gegenstand ist, der die Herren bestimmt, gegen den Schluß der Debatte zu stimmen.

Staatsanwalt **Lienbacher**: Ich werde sehr kurz sein. Wir stehen bei der Voruntersuchung so lange Zeit, daß es gegenwärtig weniger die Frage ist, ob die gerichtliche Voruntersuchung beibehalten werden soll oder nicht, als vielmehr die Frage, ob wir sie nicht beschränken sollen. Ich möchte den Antrag so stellen, daß die Frage lauten sollte: „Die gerichtliche Voruntersuchung muß für bestimmte Fälle beibehalten werden.“ Sie muß also nicht überhaupt beibehalten werden. Es kommen bei dem folgenden Satze, der hoffentlich auch zur Annahme kommt, ohnehin die Ausnahmen vor. Aber die Ausnahmen, glaube ich, sollen im ersten Satze angedeutet werden, wo das Prinzip enthalten ist, obgleich das Nähere dann bei dem folgenden Absatze vorkommt.

**Präsident:** Das ist also einfach der Antrag, daß in den ersten Glaser-schen Satz einige Worte eingeschaltet werden, nämlich die Worte: „für bestimmte Fälle" so daß der Absatz lauten würde:

> „Die gerichtliche Voruntersuchung muß für bestimmte Fälle beibehalten werden, weil nicht dem Staatsanwalte ꝛc."

Damit ist der Herr Antragsteller wohl einverstanden? (Staatsanwalt Lienbacher stimmt zu.)

Wünscht Jemand nun noch über diesen Antrag des Herrn Staatsanwalts Lienbacher zu sprechen, damit wir nicht über die einzelnen Punkte eine besondere Debatte zu führen haben? (Niemand meldet sich.)

Da dieses nicht der Fall ist, so richte ich nunmehr die Frage an Sie wegen Schluß der Debatte, jedoch dergestalt, daß die Debatte auch in Bezug auf den Antrag des Herrn Lienbacher geschlossen sein soll. Genehmigt die Versammlung den Schluß der Debatte? Ich bitte in bejahendem Falle sitzen zu bleiben. (Niemand erhebt sich.)

Derselbe ist einstimmig angenommen.

Ich ertheile dem Herrn Referenten noch das Schlußwort.

Referent Professor Dr. **Glaser**: Es sei mir gestattet, zunächst über das Neueste zu sprechen, nämlich über das Amendement des Herrn Staatsanwalts Lienbacher.

In der Sache habe ich nicht das Geringste dagegen. Es findet sich darin nur Dasjenige ausgesprochen, was ich in meinen Anträgen selbst ausgesprochen habe, unter der Voraussetzung, daß ich von Demjenigen, welcher Punkt I. gelesen, auch mit Bestimmtheit erwarten darf, er werde Punkt II. auch lesen. Insofern erscheint es mir irrelevant, ob das Amendement angenommen werde oder nicht.

Aber die Fassung scheint mir etwas bedenklich. „In bestimmten Fällen" ist erstens zu vag. Wollen wir den Gedanken wirklich formuliren, so nehmen wir geradezu eine Verweisung auf Punkt II. auf und sagen: „Die Untersuchung ist unter Vorbehalt der unter II. bezeichneten Einschränkungen beizubehalten." Dann gehen die Dinge zusammen und wir wissen genau, was wir wollen.

Nunmehr wende ich mich zu einer kurzen Entgegnung des Wichtigsten von dem, was mir von den beiden Herren Rednern vor mir vorgehalten wurde. Gestatten Sie mir, daß ich mit zwei Darstellungen beginne, die durch verschiedene Ausführungen nothwendig geworden sind, und die mir manche Entgegnungen im Einzelnen ersparen dürften.

Es ist mir nämlich vorgehalten worden, ich sei mir auch nicht klar darüber, was denn das Bild der Untersuchung wäre, die ich mir denke. Darauf giebt es natürlich eine sehr einfache Antwort: in wenigen Worten den Gang des Verfahrens, wie ich es mir vorstelle, darzuthun und dabei auf die verschiedenen Distinktionen Rücksicht zu nehmen, die gemacht worden sind. Ich unterscheide zwei Fälle. Alle, die heute gesprochen haben, sind darüber einig: die Initiative, die Erhebung der Klage, die Ingangsetzung der Justiz bleibt dem Staatsanwalt vorbehalten. Ich kann es nur einem Mißverständniß meiner Worte oder dem Umstande, daß ich nicht deutlich genug gewesen bin, zuschreiben, wenn Herr Dr. v. Vilas meint, ich lasse dem Richter das odiose Geschäft, nach dem Schuldigen zu spüren. Was man nach dem heute feststehenden Sprachgebrauche unter der Initiative des Staatsanwalts versteht, besteht meines Wissens eben darin, daß die Untersuchung sich gegen keine Person richten, auf kein Objekt erstrecken darf, hinsichtlich welcher nicht der dahin zielende Antrag des Staatsanwalts vorliegt. Eine Autorität, die nicht ferne ist, wird mich berichtigen können, wenn ich unrichtig citire; aber ich glaube, der Wortlaut des Sächsischen Gesetzes geht dahin, daß die Untersuchung gegen jene Personen und nur wegen derjenigen strafbaren Handlung einzuleiten sei, hinsichtlich welcher ein dahin zielender Antrag des Staatsanwalts vorliegt. Eine Strafprozeßordnung, die diese Regel aufstellt, giebt dem Untersuchungsrichter nicht die Macht, nicht das Recht, nicht die Aufgabe, den Schuldigen aufzuspüren. Der Untersuchungsrichter hat sich nur zu fragen, ob Gründe vorhanden seien, die Anschuldigung, welche der Staatsanwalt gegen diese oder jene Person wegen dieser oder jener Sache erhebt, weiter vorzunehmen oder nicht.

Ich habe weiter vorgeschlagen, und auch darüber sind wir, glaube ich, im Reinen: der Staatsanwalt soll und kann diesen Antrag in der Regel nicht anders stellen, als auf Grund gründlicher Erhebungen. Herr Dr. Keller hat uns gesagt, in seiner Praxis seien ihm sehr viele Fälle vorgekommen, wo die polizeilichen Erhebungen, wie sie an den Staatsanwalt gelangten, so beschaffen waren, daß man auf Grund derselben die Verhandlung sofort zu veranlassen vermocht hätte. Ich kann auch aus meiner eigenen Erfahrung bestätigen, daß dem allerdings so ist, und auch die Französische Praxis beweist, daß dies häufig eintritt. Für solche Fälle ist durch den §. 2 meines Antrages gehörig vorgesehen, allein mit zwei heute hier allgemein als nöthig anerkannten Korrektiven. Es ist nicht genug, daß der Staatsanwalt findet, es sei hinlängliches Material vorhanden, um die Hauptverhandlung zu veranlassen, — dieses Recht sichert ihm der zweite Theil meines Antrages —

es muß auch hinzukommen, daß der Angeschuldigte nicht nöthig findet, für seine Vertheidigung noch weitere Erhebungen zu veranlassen. Das ist, was die Französische citation directe nicht gewährt, wenigstens nicht unmittelbar; nicht unmittelbar sage ich, denn der Angeschuldigte erscheint eben in der Hauptverhandlung, legt dem Richter seine Vertheidigungsmomente dar, und wenn eine gerichtliche Voruntersuchung nothwendig ist, so ordnet dieselbe das Zucht-Polizeigericht an, und die Voruntersuchung ist dann durch Zurückverweisung an den Untersuchungsrichter veranlaßt. Die zweite Ausnahme von der Regel ist juris communis in Frankreich und Deutschland, und ich weiß nicht, ob Sie geneigt sind, sich heute darüber hinauszusetzen. Man geht in ganz Deutschland von dem Grundsatze aus, daß in jenen schwereren Fällen, welche beispielsweise den Geschwornengerichten vorbehalten sind, die Vertheidigung eine nothwendige ist, und aus diesem Satze zieht man die Folgerung, daß, weil die Voruntersuchung auch zur Erhebung der Vertheidigungsmittel bestimmt sei, der Angeklagte in Schwurgerichtsfällen auch in der Voruntersuchung formell auf dieselbe nicht verzichten kann, weshalb nach Französischer Auffassung die citation directe hier nicht stattfindet und das Gesetz verlangt, daß der Angeschuldigte von dem Untersuchungsrichter vernommen werde. Es kann allerdings auch in Schwurgerichtsfällen vorkommen, daß die Voruntersuchung entbehrlich wird, daß sie bloße Form ist. Bei einer gut eingerichteten Strafjustiz, wie in den Rheinlanden, wird der Untersuchungsrichter mit einer solchen Voruntersuchung sehr schnell zu Ende sein; er wird den Angeklagten zur Erhebung der Thatsachen vorladen, ihn zur Erklärung veranlassen, und die Voruntersuchung wird geschlossen sein, ohne daß Jemand einen Anstoß daran findet.

Damit komme ich zu dem zweiten in Erwägung zu ziehenden Punkte. Ich weiß freilich nicht, wie ich mir recht erklären soll, daß mir die Erwähnung des Verhöres oder der Vernehmung des Angeschuldigten von Herrn Dr. Keller zum Vorwurf gemacht wird, da das Wort „Verhör“ in seinem gedruckten Antrage, die „Vernehmung“ auch heute noch dasteht. In welchem Sinne ich es gemeint habe, nämlich in dem Sinne, in welchem es Herr Dr. v. Vilas auch anerkennen muß, glaube ich deutlich gesagt zu haben. Das Verhör soll nicht bestimmt sein, um auf ein Geständniß hinzuarbeiten, sondern es soll durch dasselbe dem Angeschuldigten Gelegenheit gegeben werden, über die Anschuldigungspunkte sich zu äußern. Darüber sind wir, glaube ich, der Sache nach im Reinen, mit Ausnahme eines Punktes, in welchem Herr Dr. v. Vilas über mich hinausgeht, und auf welchen zurückzukommen ich mir vorbehalte.

Im Ganzen aber sind wir nun, glaube ich, Alle darüber einig, daß in

Fällen, wo Vorerhebungen vor Gericht weder der Staatsanwaltschaft noch dem Angeschuldigten nöthig scheinen, eine Voruntersuchung nicht zu führen sei.

Nun komme ich aber zu jenen Fällen, wo die polizeiliche Vorerhebung, wie ich sie mir denke, ein so glückliches Resultat nicht liefert und nicht liefern kann. Die polizeilichen Vorerhebungen dürfen nicht die Person des Angeschuldigten ergreifen. Damit ist zugleich die Bemerkung widerlegt, die sich auf die Länge dieser Vorerhebungen bezieht; die Staatsanwaltschaft hat natürlich ein Interesse daran, daß das, was die Person des Angeklagten betrifft, nicht zu spät geschieht, sie hat kein Interesse daran, die polizeilichen Vorerhebungen zu weit auszuspinnen. Umgekehrt kann es das Interesse des Angeklagten fordern, daß diese Erhebungen so lange als möglich dauern; denn so lange, als die polizeilichen Vorerhebungen dauern, ist er mit seiner Person bis auf den kurzen Termin von 48 Stunden, auf welchen alle Gesetze die polizeiliche Verwahrung einschränken, sicher. Die Länge der polizeilichen Voruntersuchung, während welcher auf seine Person nicht gegriffen werden kann, ist eine Begünstigung für ihn. Nun denke ich mir Fälle, wie sie von allen Seiten zugegeben worden worden sind, wo eine richterliche Person einschreiten muß — erlauben Sie mir den weitesten Ausdruck zu gebrauchen — lange vor der Hauptverhandlung einschreiten muß. Ein Leichnam ist gefunden worden; offenbare Spuren der Ermordung sind vorhanden; nun muß doch wohl ein Gericht einschreiten, darüber, denke ich, sind wir im Reinen. Die Frage ist nun, wie hat der Richter sich zu benehmen? Darüber sprach sich nur Herr Dr. v. Vilas näher aus: er sei da an die Anträge der Parteien gebunden. Mir ist nun nicht klar, wie weit diese Anträge gehen müssen. Ich denke, in diesem Falle könne man als Leiter dieser Thatbestandserhebungen und zunächst als Leiter des Augenscheines wohl nur jene Person annehmen, die weder Ankläger noch Vertheidiger ist, die aber bereit ist, wenn Staatsanwalt oder Vertheidiger es wünschen, bestimmte Feststellungen vorzunehmen. Die Person, die das thun soll, nenne ich Untersuchungsrichter; gefällt Ihnen dieser Name nicht, dann bin ich bereit, einen andern an seine Stelle zu setzen, ich bitte Sie nur, mir die Sache zu lassen, jene nämlich, daß man dabei nicht verpflichtet ist, die Anträge eines vielleicht gar nicht vorhandenen Angeschuldigten abzuwarten, während doch das Ergebniß dieser Erhebungen ein Beweis in der der dereinstigen Hauptverhandlung sein wird, da, wie man weiß, auf Deutschem Boden die bloße Vorlesung des Protokolls einer solchen Obduktion gestattet ist, und wir uns in der Regel damit begnügen. Ich verlange also, daß der bei der Obduktion einschreitende Richter Thatumstände, welche z. B. gegen die Annahme einer Tödtung sprechen, von Amtswegen konstatire, auch wenn dies der Staatsanwalt nicht verlangt und kein Angeschuldigter da ist, der es verlangen könnte. In ähnlicher Weise entscheidet dieser unabhängige Mann, dieser richterliche Beamte, den ich Untersuchungsrichter nenne, in einer Reihe von Geschäften, die ihm auch von Herrn Dr. Keller zugewiesen sind. Er soll entscheiden über die Haft des Angeklagten. Wie will er dies thun, ohne zu fragen, was vorliegt, ohne, wenn es zweifelhaft ist, festgestellt zu haben, ob das, was der Staatsanwalt zur Begründung seines Antrages vorbringt, wahr sei? Wie soll er sich verhalten, wenn der Angeschuldigte, der ihm vorgeführt wird, ehe er selbst über die Haft sich ausgesprochen, dieses oder jenes zu seiner Vertheidigung anführt, wenn er nicht mitten in den Dingen steht und selbstständig vorgehen kann, um die Erhebungen in den vereinzelten Richtungen, wie sie angedeutet worden sind, zu ergänzen? Wie soll es anders zu einer richterlichen Entscheidung kommen? Da haben wir wohl wieder ein Geschäft, das nur dieser eine Mann, der Richter besorgen muß, und das er nur besorgen kann, wenn er sich nicht auf die Befolgung des isolirten Antrages, der an ihn gelangt, beschränkt, sondern wenn er mitten in die Situation hineinversetzt wird, Alles, was ihm aufstößt, aufgreift und zusammenbringt, was mit dem Uebrigen zusammenzuhängen scheint; sonst wird das Geschäft materiell schlecht ausgeführt. Muß also der richterliche Beamte sich in diese Geschäfte mischen, so kann ich mir nicht denken, wie er dieses anders thut, als indem er die Leitung in die Hand nimmt und sich bereit erklärt, dabei die Anträge der Parteien entgegenzunehmen und nach diesen zu entscheiden.

Dieser richterliche Beamte steht auch inmitten der ganzen Hierarchie der Gerichte; gegen seine Entscheidung habe ich Rechtsmittel, während gegen den Staatsanwalt mir nur die Berufung an eine Verwaltungsbehörde, und in vielen Fällen nicht einmal diese, zusteht.

Eine andere Frage wurde aufgeworfen, die Entscheidung über den Moment, wann die Voruntersuchung beendet ist. Nun ist es allerdings gut, wenn der Staatsanwalt die Beendigung der Untersuchung vorschlägt. Der Staatsanwalt wird wissen, wann der Zeitpunkt dazu eingetreten ist, das will ich gern zugeben. Aber nehmen wir den Fall: Der Staatsanwalt meint seinerseits, es sei genug erhoben, der Angeschuldigte aber findet es angemessen, einen Alibi- oder andern Gegen-Beweis anzutreten, oder einen Zeugen, der in New-York lebt, anzuführen, oder einen Andern, dessen Namen er nicht ganz genau weiß, aber nach andern Bezeichnungen genau designirt, namhaft zu machen. Wer soll da entscheiden, ob der Antrag ein berechtigter oder frivoler sei? Die Herren sind mit mir einverstanden: der Richter. Aber wie soll der Richter entscheiden, wenn er nicht mitten in den Dingen steht, wenn blos dieser isolirte Antrag vor ihn kommt, wenn er die Sache nicht ganz vor Augen hat und gehörig übersieht?

So denke ich über die Sache und glaube damit die hauptsächlichsten der mir gemachten Einwendungen widerlegt zu haben.

Ich erwähne nur kurz eine Bemerkung des Herrn Dr. v. Vilas: der Schuldige könne sich leicht vertheidigen, er wisse ja, was vorgegangen sei. Das ist ganz richtig, m. H.! Allein für die Vertheidigung des Schuldigen haben wir ja nicht zu sorgen; was unsere Sorge Tag und Nacht in Anspruch nimmt, ist die Lage des Unschuldigen.

Lassen Sie mich daran eine andere Bemerkung anknüpfen. Wenn Herr Dr. Keller gesagt hat: Ja, was die Gerechtigkeit fordert, was ein Bedürfniß der Gerechtigkeit ist, muß um jeden Preis geboten werden, so bin ich damit vollkommen einverstanden. Aber eine andere Frage ist es, ob man einen kostspieligen Aufwand zu einem Bedürfniß der Gerechtigkeit erst machen soll; eine andere Frage ist es, ob man einen Prozeß herstellen soll, der neben dem vielen Vortheilhaften, was er bietet, die wunde Seite hat, daß er kostspielig ist? Es könnte da, was mitunter schon vorgekommen ist, sich die Gelegenheit finden, daß dieser ganze Prozeß unter diesem begründeten oder scheinbaren Vorwande wieder über den Haufen geworfen wird, wovor wir jetzt und in der Zukunft behütet sein mögen.

Ich glaube nun anschaulich gemacht zu haben, wie sich unser Kriminalprozeß nach Aufnahme der von mir vorgeschlagenen Verbesserungen gestalten würde, und wie zu dieser Gestaltung auch alle mir entgegengehaltenen Rücksichten hinführen.

Eine zweite Darstellung habe ich noch versprochen. Man hat uns nämlich den Englischen Prozeß hervorgehoben. Gestatten Sie mir darum, zur Beseitigung verschiedener Mißverständnisse über den neuesten Stand der Englischen Voruntersuchung wenige Worte zu sagen. Prinzipiell ist in England, trotzdem daß die Hauptverhandlung auf der Grundlage der strengsten Mündlichkeit beruht, im Vorverfahren der inquisitorische Grundsatz zu finden. Derselbe ist so scharf ausgeprägt, daß Sie die Worte: Inquisition, Inquest, enquire, an allen Orten treffen, und die Pflicht des Friedensrichters ist allerdings auch, von Amtswegen, ohne einen Antrag abzuwarten, einzuschreiten, und ohne Antrag Anschuldigungs- und Entlastungs-Thatsachen zu berücksichtigen. Man hat nun die Position dadurch vereinfacht, daß die Thätigkeit des Polizei-Richters, des Voruntersuchungs-Richters, sich beschränkt auf die unmittelbare Aufgabe, die jetzt gestellt ist, das ist die Frage der Verfügung über Personen. Zu entscheiden, ob ein Angeschuldigter verhalten werden soll (nöthigenfalls durch Haft und Bürgschaft), vor den nächsten Assisen zu erscheinen oder nicht, — darauf beschränkt sich die Thätigkeit des Englischen Polizei-Richters. Innerhalb der durch diese Aufgabe bezeichneten Grenze hat er allerdings die Verpflichtung, auch materiell für die Vertheidigung des Angeschuldigten zu sorgen, in diesem Sinne Fragen an die Zeugen zu richten, auch Zeugen vorzurufen und der Polizei sich zu bedienen, die namentlich in London und in jenen Städten, die in neuerer Zeit die Polizei organisirt haben, ganz vollständig zu solchem Zwecke zur Verfügung steht. Dagegen bereitet er allerdings die Vertheidigung des Angeklagten in der Hauptverhandlung nicht vor; es ist das ein durchaus außergerichtliches, rein privatives Geschäft, wobei der Angeschuldigte zusehen mag, wie er damit zu Stande kommt.

Nun will ich mir nur noch erlauben, über die Vernehmung der Angeschuldigten nach Englischem Rechte einige Worte beizufügen. Es ist nicht richtig, daß im Englischen Rechte die Vernehmung des Angeklagten verboten sei; im Gegentheil, sie kann jeden Augenblick stattfinden; es hat nur eine Belehrung an den Angeschuldigten vorauszugehen, daß er nämlich nicht verpflichtet sei, auf eine an ihn gerichtete Frage zu antworten, daß er aber wissen müsse, daß das, was er antwortet, zu Protokoll gebracht, und nöthigenfalls als Beweismittel gegen ihn verwendet wird. Der Richter hält dem Angeschuldigten allerdings vor, was gegen ihn vorliegt, zwingt ihn aber nicht zu antworten, und das ist das, was wir auch für Deutschland wollen.

Damit, m. H., glaube ich im Wesentlichen den Einwendungen entgegnet zu haben, die vorgebracht worden sind. Allzusehr in das Detail einzugehen, wage ich wegen der vorgerückten Zeit nicht; es würde mir sonst, glaube ich, nicht schwer werden, hie und da auftauchende Bedenken vollständig zum Schweigen zu bringen. (Lebhafter Beifall.)

**Präsident**: Wir gehen nunmehr zur Abstimmung über. Nach dem bereits von Ihnen, m. H., vorher gutgeheißenen Verfahren können gegenwärtig nur die Glaser'schen Sätze zur Abstimmung gebracht werden. Bei dem ersten Glaser'schen Satze würde das Amendement des Herrn Staatsanwalts Lienbacher noch in Betracht kommen. Und nur blos für den Fall, als die Glaser'schen Sätze nicht angenommen werden sollten, würde vielleicht noch in Betracht zu ziehen sein, ob und in wie weit der Unter-Antrag des Herrn Dr. v. Vilas zur Abstimmung zu bringen sei.

Ich werde die einzelnen Glaser'schen Sätze zur Abstimmung bringen. Zunächst I. Derselbe lautet ohne das Lienbacher'sche Amendement folgendermaßen:

„Die gerichtliche Voruntersuchung muß beibehalten werden, weil nicht dem Staatsanwalte, sondern nur einem unabhängigen richterlichen Beamten die Verfügung über die Person des Angeschuldigten, die Aufnahme jener Beweise, welche in der Hauptverhandlung nicht wieder vorgeführt werden können, endlich die Herbeischaffung des Vertheidigungs-Materiales anvertraut werden kann."

Das Amendement des Herrn Staatsanwalts Lienbacher geht dahin, daß der Eingang des Glaser'schen Satzes durch die Einschaltung der Worte „für bestimmte Fälle" folgendermaßen gefaßt werde:

„Die gerichtliche Voruntersuchung muß für bestimmte Fälle beibehalten werden, weil u. s. w."

Ich bringe nunmehr den ersten Glaser'schen Satz zur Abstimmung, mit Vorbehalt des Lienbacher'schen Amendements, und frage die Versammlung, ob sie dem so eben vorgetragenen Glaser'schen ersten Satze, mit Vorbehalt des Lienbacher'schen Amendements ihre Zustimmung ertheilt? Bejahenden Falles bitte ich es durch Sitzenbleiben zu erkennen zu geben. (Niemand erhebt sich.)

Er ist einmüthig angenommen.

Ich gehe nun über zur Abstimmung über das Lienbacher'sche Amendement und richte die Frage an Sie, ob Sie dem Amendement Lienbacher's, die Worte: „für bestimmte Fälle" einzuschalten, Ihre Zustimmung geben? Im bejahenden Falle bitte ich sitzen zu bleiben. (Die Abstimmung erfolgt.)

Das Amendement ist mit großer Majorität abgelehnt.

Wir gehen nun über, m. H., zu dem zweiten Glaser'schen Satze, zu welchem keine Amendements vorliegen. Dieser Satz lautet:

„Die gerichtliche Voruntersuchung muß aber beschränkt werden:

1) dadurch, daß der Staatsanwaltschaft die Erhebung der öffentlichen Anklage vorbehalten wird;

2) dadurch, daß die Staatsanwaltschaft angewiesen wird, der Erhebung der öffentlichen Anklage gerichtspolizeiliche Vorerhebungen vorausgehen zu lassen;

3) daß die Voruntersuchung wegfallen kann, wo es sich nicht um Verbrechen schwerster Art handelt, und weder der Staatsanwalt noch der Angeschuldigte sie verlangt."

Begehrt Jemand von den höchst geehrten Herren, daß wir die drei einzelnen Abtheilungen dieses Satzes einzeln zur Abstimmung bringen? Es läßt sich allerdings denken, daß sich verschiedene Meinungen herausstellen, namentlich bei dem ersten Satze, mit Rücksicht auf die Verhandlungen, die in Dresden stattgefunden haben. Wird der Antrag, daß über die einzelnen Abtheilungen dieses zweiten Satzes einzeln abzustimmen ist, von irgend einer Seite gestellt? (Rufe: Einzeln!)

Es kommt daher gegenwärtig nur der erste Abschnitt des zweiten Glaser'schen Satzes zur Abstimmung. Er lautet:

„Die gerichtliche Voruntersuchung muß aber beschränkt werden:
1) dadurch, daß der Staatsanwaltschaft die Erhebung der öffentlichen Anklage vorbehalten wird."

Giebt die Versammlung diesem Satze ihre Zustimmung? Im bejahenden Falle bitte ich sitzen zu bleiben. (Niemand erhebt sich.)

Einmüthig angenommen.

Der zweite Abschnitt des Glaser'schen zweiten Satzes lautet:

„Die gerichtliche Voruntersuchung muß aber beschränkt werden: 2) dadurch, daß die Staatsanwaltschaft angewiesen wird, der Erhebung der öffentlichen Anklage gerichtspolizeiliche Vorerhebungen vorausgehen zu lassen."

Geben Sie diesem Satze Ihre Zustimmung? Bejahenden Falles bitte ich sitzen zu bleiben. (Zwei Mitglieder erheben sich.)

Mit allen gegen zwei Stimmen angenommen.

Wir gehen nun über zu dem dritten Abschnitte des zweiten Glaser'schen Satzes, der lautet:

„Die gerichtliche Voruntersuchung muß aber beschränkt werden: 3) dadurch, daß die Voruntersuchung wegfällt, wo es sich nicht um Verbrechen schwerster Art handelt, und weder der Staatsanwalt noch der Angeschuldigte sie verlangt."

Geben Sie diesem dritten Abschnitte des zweiten Glaser'schen Satzes Ihre Zustimmung? Bejahenden Falles bitte ich sitzen zu bleiben. (Niemand erhebt sich.)

Einmüthig angenommen.

Der dritte Glaser'sche Satz zerfällt ebenfalls wieder in drei Abschnitte. Trägt Jemand aus der geehrten Versammlung auf die Trennung dieser Abschnitte bei der Abstimmung an? (Mehrere Rufe: Ja!)

Es ist also gegenwärtig nur der erste Abschnitt des dritten Satzes zur Abstimmung zu bringen. Er lautet:

„Die Voruntersuchung soll verbessert werden: 1) dadurch, daß das Hinarbeiten auf ein Geständniß des Angeschuldigten aufgegeben wird."

Geben Sie diesem Satze Ihre Zustimmung? Bejahenden Falles bitte ich sitzen zu bleiben. (Niemand erhebt sich.)

Einmüthig angenommen.

Der zweite Abschnitt lautet:

„Die Voruntersuchung soll verbessert werden: 2) dadurch, daß sowohl der Staatsanwaltschaft als der Vertheidigung eine fortwährende Einwirkung auf ihren Gang ermöglicht wird."

Geben Sie diesem Satze Ihre Zustimmung? Bejahenden Falles bitte ich sitzen zu bleiben. (Niemand erhebt sich.)

Gleichfalls allgemein angenommen.

Endlich der dritte Abschnitt, der lautet:

„Die Voruntersuchung soll verbessert werden: 3) dadurch, daß die

Oeffentlichkeit, mindestens die Parteien-Oeffentlichkeit auch für sie als Regel anerkannt wird."

Geben Sie diesem Satze Ihre Zustimmung? Bejahenden Falles bitte ich sitzen zu bleiben. (Drei Mitglieder erheben sich.)

Von allen gegen drei Stimmen angenommen.

Damit, m. H., hat sich die Frage von selbst erledigt, ob wir noch zurückgreifen können auf den von Dr. v. Vilas eingebrachten Antrag. Ich erachte ihn für erledigt, und damit haben wir auch diesen Gegenstand der Tagesordnung abgethan.

Es würde nur noch in Bezug auf diesen Gegenstand erübrigen, daß wir unseren Herrn Referenten ersuchen, die diesfälligen Beschlüsse der Plenarversammlung mitzutheilen. Sie sind gewiß damit einverstanden, sowie Sie gewiß auch damit einverstanden sind, daß wir unserem Herrn Referenten für die außerordentlich lichtvolle, klare und umsichtige, geistreiche, und was ich noch vorzugsweise bei ihm betonen muß, gerechte und praktischtüchtige Arbeit unseren ganz besonderen Dank hiermit ausdrücken, indem ich Sie ersuche, sich mit mir zu erheben. (Die ganze Versammlung erhebt sich. — Allgemeines Bravo.)

Professor **Glaser**: Ich bin beschämt durch das Lob, das mir aus solchem Munde und vor einer solchen Versammlung gespendet wird. Allein so glücklich ich über dieses mir zu Theil gewordene Lob bin, so wird dies Gefühl der Freude doch bei Weitem überstiegen durch das über den ruhigen, klaren und sicheren Gang, den trotz mannigfacher Schwierigkeiten die Verhandlung heute genommen hat. Erlauben Sie mir, daß ich Ihnen hierzu vom Herzen Glück wünsche. (Beifall.)

**Präsident**: Damit, meine Herren, wären die Gegenstände der heutigen Tagesordnung erschöpft. Auf die Tagesordnung für morgen, und ich bitte, daß die Herren sich möglichst zeitlich hier einfinden und daher um 8 Uhr hier zusammenkommen, setze ich zunächst den Antrag des Herrn Rechtsanwalts Dr. Schaffrath, betreffend die unvollständige Freisprechung. Referent: Ober-Landesgerichtsrath Dr. Keller. — Der zweite Gegenstand: Antrag des Appellationsgerichtsrathes v. Kräwel, betreffend einzelne Prinzipien für ein allgemeines Deutsches Strafgesetzbuch. Referent: Professor Dr. Wahlberg. Dann: Antrag des Hofgerichtsrathes v. Stößer, betreffend die Abschaffung der entehrenden Strafen. Referent: Geheimer Rath Professor Dr. v. Wächter.

Die Sitzung ist geschlossen. (Schluß der Sitzung 1 Uhr.)

## Zweite Sitzung der dritten Abtheilung des Dritten Deutschen Juristentages in Wien im großen Sitzungssaale der Kaiserl. Akademie der Wissenschaften am 27. August 1862.

---

Beginn der Sitzung um 8 Uhr Morgens.

**Präsident:** Die Sitzung ist eröffnet.

Wir beginnen mit der Vorlesung des über die gestrige Sitzung aufgenommenen Protokolles, und ich ersuche den Herrn Schriftführer, dasselbe Ihnen vorzutragen. (Rechtsanwalt Dr. Calm aus Bernburg verliest dasselbe.)

Ist gegen das Protokoll etwas zu erinnern? (Niemand erhebt eine Einwendung.)

Dann können wir es für genehmigt erachten.

In Folge des von der Versammlung gestern dem Büreau ertheilten ehrenvollen Auftrages erlaubt sich dasselbe auf Grund der diesfalls stattgefundenen Berathung, Ihnen folgende 10 Mitglieder der III. Abtheilung in alphabetischer Ordnung als Vertrauensmänner vorzuschlagen:

Herrn Geheimen Justizrath Dr. Abegg aus Breslau,
Herrn Hofgerichtsrath Brauer aus Bruchsal,
Herrn Professor Dr. Geßler aus Tübingen,
Herrn Professor Dr. Glaser aus Wien,

Herrn Bezirksgerichts-Direktor Herbig aus Annaberg,
Herrn Professor v. Holtzendorff aus Berlin,
Herrn Sektionschef v. Hye-Glunek aus Wien,
Herrn Ober-Landesgerichtsrath Dr. Keller aus Wien,
Herrn Hof- und Gerichts-Advokat Dr. v. Mühlfeld aus Wien,
Herrn Rechtsanwalt Sabarth aus Ratibor.

Wünschte Jemand der geehrten Herren zu sprechen, und nehmen die vorgelesenen Herren, soweit sie gegenwärtig sind, die Wahl an?

Geh. Justizrath **Abegg** aus Breslau: Ich wollte mir nur die Freiheit erlauben zu fragen, ob damit gewisse Verpflichtungen, etwa eine Reise zu einer bestimmten Zeit, verbunden sind.

**Präsident**: Die Thätigkeit der Vertrauensmänner beschränkt sich darauf, daß sie morgen in einer unter dem Vorsitze des Präsidenten, Herrn Geh. Raths v. Wächter, abzuhaltenden Sitzung die Mitglieder der künftigen ständigen Deputation behufs der Wahl im Plenum zu bestimmen haben. Mit diesem Wahlakte beendet sich auch der Auftrag, den die Vertrauensmänner erhalten.

Begehrt Jemand der anwesenden Herren das Wort? (Niemand meldet sich.)

Darf ich daher zur Fragestellung übergehen, so frage ich Sie, ob Sie der soeben vorgelesenen Liste Ihre Zustimmung ertheilen? Im bejahenden Falle bitte ich sitzen zu bleiben —

Sektionschef **v. Hye-Glunek**: Darf ich mir eine Frage erlauben, die Sie zur Entschuldigung meiner Unkenntniß der diesfälligen Gepflogenheit oder des Statutes zuschreiben mögen: Ist denn nicht der Präsident der Abtheilung ipso facto nach unserm eigenen Wunsche geborenes Mitglied dieses Comité's? Daß er selbst sich nicht vorschlägt, ist natürlich. Ich meinte aber, daß vor allen andern Namen Ihr Präsident an die Spitze dieses Comité's zu stellen sei, wenn dies anders nicht mit der bisherigen Gepflogenheit im Widerspruch steht, was ich nicht weiß.

**Präsident**: Nach Maßgabe des Statutes sind der Präsident und Vize-Präsident der Abtheilung nicht eo ipso Vertrauensmänner. Zu Vertrauensmännern werden je 10 aus den einzelnen Abtheilungen gewählt, welche dann mit den Vize-Präsidenten des Pleni unter dem Präsidium des Präsidenten der Plenarversammlung zusammentreten. Geborene Mitglieder — um den Ausdruck zu gebrauchen — sind nur die Vize-Präsidenten des Pleni, aber der Präsident und die Vize-Präsidenten der Abtheilungen nicht.

Sektionschef **v. Hye-Glunek**: Es steht aber Nichts entgegen nach dem Statute und der Gepflogenheit, den Präsidenten und den Vize-Präsidenten der Abtheilung ebenfalls in diese Vertrauenskommission zu wählen?

**Präsident**: Dann würde sie die Zahl 10 überschreiten.

Geben die geehrten Herren der vorgelesenen Liste ihre Zustimmung? Bejahenden Falles bitte ich sitzen zu bleiben. (Niemand erhebt sich.)

Die Liste ist genehmigt.

Ich ersuche nun diejenigen Herren, welche durch die Bestimmung der geehrten Versammlung zu Vertrauensmännern gewählt worden sind, daß sie morgen vor 8 Uhr im Redoutensaale sich gefälligst einfinden wollen, um dort unter Vorsitz des Herrn Präsidenten v. Wächter die ständige Deputation zu wählen.

Meine Herren! Auch noch ein anderer Punkt ist zu erledigen.

In Bezug auf die gestern in Betreff der Glaser'schen Sätze gefaßten Beschlüsse ist von mir Ihnen verkündigt worden, daß diese Beschlüsse dem Plenum vorzulegen sein würden, das heißt, daß nur eine Anzeige der gefaßten Beschlüsse zu erfolgen haben wird. In Folge der in der letzten Plenarsitzung gefaßten Entschließung in Bezug auf die Abänderung des Statutes ist es aber auch zulässig, daß wir uns nicht auf eine solche bloße Anzeige beschränken, sondern daß auch in der That diese Beschlüsse Gegenstand einer Berathung und Diskussion in dem Plenum werden. Es heißt nämlich daselbst: „Sämmtliche Beschlüsse der Abtheilungen werden der Plenarversammlung mitgetheilt; es findet jedoch eine Erörterung und Entscheidung im Plenum nur statt, wenn dieselbe von der betreffenden Abtheilung vorgeschlagen oder von mindestens 10 Mitgliedern beantragt und von der Plenarversammlung beschlossen ist." Es ist mir gestern nach Schluß der Sitzung von einem Herrn der Antrag übergeben worden, daß die gedachten Beschlüsse über die Glaser'schen Sätze zur Erörterung und Entscheidung im Plenum gebracht werden sollen. Ist der betreffende Herr gegenwärtig? (Niemand meldet sich.) Es bleibt mir daher nichts Anderes übrig, als selbst zu fragen, was Sie zu dem Antrage des mir nicht namhaft gemachten Antragstellers sagen und darüber beschließen. Ich bitte, daß die Herren darüber sich äußern.

**Ein Mitglied**: Ich wollte bemerken, daß in der IV. Abtheilung gestern bei der Sache sofort beschlossen worden ist, ob eine Erörterung darüber stattfinden soll oder nicht, daß also die Beschlüsse des Plenums dahin gerichtet sind, daß jede Abtheilung zugleich mitentscheide, ob ein Gegenstand vor das Plenum gebracht werden soll oder nicht.

**Präsident**: Ich habe mit dem Präsidenten der IV. Abtheilung gesprochen. Es findet allerdings eine Meinungsverschiedenheit zwischen uns in dieser Beziehung statt. Ich kann nicht ohne Weiteres zugeben, daß ein Antrag aus der Abtheilung eine solche Entscheidung außer der Abtheilung herbeiführe. Das ist meine Ansicht. Der Antrag ist übrigens gestellt, und ich erwarte — —

Appellationsgerichtsrath **v. Krämel** aus Naumburg: Ich glaube nicht, daß der Gegenstand geeignet ist, auch im Plenum zur Erörterung zu kommen. Er geht so in Detail-Vorschriften ein, und die Erörterung hat mir eben gezeigt, daß es schon dieser nicht so zahlreich besuchten Versammlung schwer wird, auf die Einzelheiten und Specialisirungen des Antrages einzugehen. Es genügt, glaube ich, daß die Abtheilung sich so lange damit beschäftigt hat.

Professor **Glaser**: Ich schließe mich dieser Ansicht an; ich möchte aber für alle Fälle, jedenfalls noch, was Ordnung und Zeit der Festsetzung betrifft, das Eine bemerken. Ein Hauptgrund, warum der fragliche Beschluß in der Plenarversammlung gefaßt wurde, war gerade der, daß wir das Plenum nicht mit Arbeiten überladen wollen. Ehe wir einen definitiven Beschluß darüber fassen, was wir an das Plenum bringen wollen, müßten wir übersehen können, was wir an dasselbe bringen können. Wir werden erst am Schlusse der heutigen Berathung in der Lage sein, überhaupt beurtheilen zu können, wie viele Gegenstände nach unserer Ansicht schon spruchreif geworden sind, und es scheint mir dann der Zeitpunkt zu sein, um auch darüber zu entscheiden, ob einer oder mehrere der verhandelten Gegenstände in das Plenum zur Erörterung kommen sollen.

**Präsident**: Damit wäre ich einverstanden, und ich werde daher die Frage am Schlusse der heutigen Sitzung vorlegen.

Wir kommen nunmehr zum ersten Gegenstande der heutigen Tagesordnung, zum Antrage des Herrn Rechtsanwalts Dr. Schaffrath aus Dresden, der dahin geht:

„Der Deutsche Juristentag wolle aussprechen, daß im Strafprozesse nur eine Art der Freisprechung — eine vollständige oder unbeschränkte —, nicht aber außer ihr auch noch eine andere beschränkte, „„aus Mangel an vollständigem Beweise““, stattfinden darf.“

Die Deputation hat den Herrn Oberlandesgerichtsrath Keller gebeten, das Referat zu übernehmen, und ich habe Sie nun zunächst zu fragen, ob Sie dieser Bitte auch Ihrerseits Ihre Zustimmung ertheilen wollen. (Es wird keine Einwendung erhoben.)

Ich ersuche nun den Herrn Oberlandesgerichtsrath Keller, uns den Bericht zu erstatten.

Referent Oberlandesgerichtsrath Dr. **Keller** aus Wien: Meine Herren! Den Inhalt des Antrages des Herrn Rechtsanwalts Dr. Schaffrath aus Dresden haben Sie soeben von dem Herrn Präsidenten gehört. Es fehlt uns wohl an der Zeit, in die Geschichte der Entstehung und weitern Entwicklung dieser strafrechtlichen Entscheidungsform, die jetzt gewöhnlich Instanzentbindung oder Entlassung ab instantia genannt wird, sowie über die verschiedenen Gesetze bezüglich des Inhalts, der Bedingungen, der Form und der Folgen der Instanzentbindung uns einzulassen. Sie werden mir erlauben, daß ich die Ansicht der entschiedenen Mehrheit der Schriftsteller über diesen Gegenstand Ihnen kurz mit einigen Bemerkungen mittheile.

Es war bekanntlich die Aufgabe des Strafrichters nach den Grundsätzen des Inquisitionsprozesses, die Schuld oder Unschuld des einer strafbaren Handlung Beschuldigten zu erheben und auszusprechen. Gelang weder das Eine noch das Andere, so glaubte man, es erübrige Nichts, als den Beschuldigten zu entlassen, indem man ihn zwar nicht des ihm angeschuldigten Verbrechens, wohl aber von der Untersuchung losspräch, und so entstand die absolutio rebus sic stantibus, die absolutio ab instantia, die Instanzentbindung, die Entlassung wegen Mangel oder wegen Unzulänglichkeit des Beweises. Diese Entscheidungsform war dem Römischen, dem kanonischen, dem altdeutschen Rechte, ja auch noch der Carolina vom Jahre 1532 fremd. Sie ist eine Ausgeburt des Inquisitionsprozesses und insbesondere der Mailändischen Praxis. Das, was die Praxis schuf, hat die Gesetzgebung später weiter entwickelt, und eine Reihe von Uebeln, welche mit dieser Entscheidungsform verbunden wurden, hat der an sich formellen Frage eine materielle rechtliche und politische Bedeutung gegeben und beschäftigte seit mehr als hundert Jahren in ziemlich lebhafter Weise die Theorie über den Strafprozeß. Wir finden in allen Lehrbüchern und Abhandlungen über den Strafprozeß, sowie in speciellen Abhandlungen über diesen Gegenstand eine reiche Literatur. Diese Frage ist jetzt eine rein Deutsche. Wir können uns weder aus dem Französischen noch aus dem Englischen Prozeß hierüber Raths erholen, da diesen beiden Prozessen diese Entscheidungsform ganz fremd ist. Es ist nicht ganz uninteressant, zu bemerken, daß der erste Schriftsteller über diesen Gegenstand, Andrea Alciato, dessen Schriften nach dem Zeugnisse Savigny's in der ersten Hälfte des 16. Jahrhunderts erschienen, der Erste war, welcher als ein entschiedener Gegner dieser Mailändischen Praxis auftrat. Ebenso hat der erste Deutsche Schriftsteller hierüber, Carpzow, dessen Werk „Practica rerum criminalium“ im Jahre 1635 erschien, die Instanzentbindung mit aller Entschiedenheit bekämpft. Nach ihm war sie ein Auskunftsmittel, um die Folter und den Reinigungseid, deren Bedenklichkeit man nach und nach einzusehen begann, zu vermeiden. Später kam ein formeller Grund ihrer Anwendung hinzu, nämlich der Grund, die Wiederaufnahme der Untersuchung zu ermöglichen, weil bei der förmlichen Lossprechung eine solche wegen der ihr entgegenstehenden exceptio rei judicatae unmöglich war. Die gesetzlichen Folgen der Instanzentbindung waren mannigfaltige. Die gewöhnlichste jedoch, die Angelobung oder oft auch die Caution des Entlassenen, daß er den Gerichtsbezirk überhaupt nicht, oder doch nicht ohne Bewilligung des betreffenden Richters, verlassen werde, Confination, polizeiliche Beaufsichtigung, oft auch Tragung der Prozeßkosten, wenigstens dann, wenn er an dem Verdachte, von dem er sich nicht reinigen konnte, mit Schuld trug, der Verlust des Befugnisses, als unbedenklicher Zeuge bei Gericht zu erscheinen, der Verlust vieler bürgerlichen und nach den Verfassungsurkunden selbst der neuesten Zeit der wichtigsten politischen, der Wahl- und Wählbarkeitsrechte.

Die vorzüglichsten Gründe, welche man für die Instanzentbindung anführt, sind kurz folgende. Man sagt: Die Instanzentbindung ist nichts Anderes, als der Ausspruch des wirklichen Ergebnisses der Untersuchung. In dieser sei es nicht immer möglich, die Schuld oder Unschuld des zu Untersuchenden mit voller Bestimmtheit zu erweisen. Es bleibe daher in allen denjenigen Fällen, wo weder das Eine noch das Andere gelang, und wo der richterliche Zweifel über das Eine oder das Andere fortbesteht, wo der Verdacht nicht entkräftet wurde, nichts Anderes übrig, ja es sei ein Gebot der Wahrheit, diesem richterlichen Zweifel, dieser Ungewißheit in der Instanzentbindung ihren Ausdruck zu leihen. Man sagt weiter, sie gebe der wirklichen Lossprechung erst ihren wahren Werth; denn durch die Instanzentbindung erst wird der noch immer Verdächtige von demjenigen unterschieden, welcher sich von dem Verdachte, der auf ihm lastet, zu reinigen wußte, oder bezüglich dessen jeder Verdacht durch die Erhebung, daß kein Thatbestand eines Verbrechens oder einer strafbaren Handlung überhaupt vorliege, beseitigt wurde. Denn sowie der Beweis der Schuld zum Schuld-Ausspruche, so sei auch der Beweis der Unschuld zur Lossprechung nothwendig, daher im Falle, als weder das Eine noch das Andere gelingt, der richterliche Zweifel besteht und dieser in der Instanzentbindung seinen Ausdruck findet. Man sagt weiter, es wäre für die bürgerliche Gesellschaft ein Gebot der Nothwendigkeit, denjenigen, der sich von dem Verdachte eines schweren Verbrechens nicht zu reinigen wußte, zu kennzeichnen, vor ihm zu warnen, ihm nicht den Triumph, die Erforschung der Wahrheit verhindert zu haben, zu lassen, indem er hierin eine Aufforderung zu neuen Verbrechen sehen würde. Die bürgerliche Gesellschaft müsse vor solchen Personen gehütet, gewarnt, auf sie aufmerksam gemacht werden. Aber es sei diese Entscheidungsform nicht blos im Interesse der bürgerlichen Gesellschaft, sondern auch im Interesse des Angeschuldigten. Denn der Richter könnte in wichtigen Fällen, wo ein dringender Verdacht fortbesteht, auch dann, wenn dieser nicht zum entschiedenen Beweise erhoben werden konnte, wenn nur die Alternative bleibt, loszusprechen oder zu verurtheilen, sich bewogen finden, lieber zu verurtheilen, als einen schwer Verdächtigten loszusprechen. Endlich sagt man, über die Folgen der Instanzentbindung könne sich Niemand beschweren. Denn den Schuldigen — und daß er schuldig sei, darüber bestehe bei ihm kein Zweifel — träfen sie mit Recht, ja er müsse froh sein, daß er der Strafe entgangen sei; der Unschuldige, der durch eine unglückliche Verkettung von Umständen in Untersuchung gerathen und nicht in die Lage versetzt wurde, sich von dem auf ihm lastenden Verdachte zu befreien, müsse sie als eine göttliche Fügung, als ein unverschuldetes Unglück hinnehmen, und der Staat sei weder berufen noch in der Lage, jedes unverschuldete Unglück zu verhüten oder zu vergüten.

Diesen Gründen werden folgende Gegengründe entgegengesetzt: Aufgabe des Richters ist nur, die Schuld des Untersuchten zu erheben, und wenn der vollständige Beweis hierüber hergestellt ist, die Schuld auszusprechen und die gesetzlichen Folgen der Schuld über den Schuldigen zu verhängen. Die Unschuld ist nur als Gegensatz der Schuld Gegenstand der Erhebung, aber nicht der Gegenstand des Ausspruches des Richters, sondern sie wird vermöge des bekannten Grundsatzes „**quilibet praesumitur justus, donec probetur injustus**“ nach dem angeborenen Rechte auf Unbescholtenheit vorausgesetzt. Einer richterlichen Erklärung hierüber bedürfe es nicht. Es sei dieses also eine Verkennung der Aufgabe des Strafrichters, ihn zu bemüßigen, sich über die Unschuld auszusprechen. Sowie der Ausspruch der Schuld einen vollständigen Beweis fordert, so fordert auch der Ausspruch der Unschuld einen vollständigen Beweis. Aber auch die Verhängung jedes anderen Uebels fordert als Grundlage einen Beweis. Hierzu genügt nicht die schwankende, ungewisse, unsichere Grundlage des richterlichen Zweifels. Dieser richterliche Zweifel ist entweder die Folge der Unvollkommenheit des Gesetzes, besonders bei positiven Beweisregeln, oder sie ist die Folge der menschlichen Unvollkommenheit, welche durch die Instanzentbindung gewissermaaßen in Permanenz erklärt wird, deren üble Folgen gerade dem Unschuldigen empfindlich und für ihn eine drückende Ungerechtigkeit sind, während sie den Schuldigen weniger treffen. Dieser ist in der Regel ohnehin gekennzeichnet; er setzt sich über diese üblen Folgen hinaus und hat sich denn doch dem entzogen, was er verdient hat, nämlich der Strafe. — Der Unterschied zwischen Schuld und Unschuld ist ein sehr wichtiger und richtiger, aber nicht die Aufgabe des Strafrichters ist es, diesen Unterschied in einem Urtheil auszusprechen; er genügt seiner wichtigen und oft schwierigen Aufgabe, wenn er dort, wo der Beweis der Schuld hergestellt ist, dieses ausspricht. Wo aber dieser Beweis nicht hergestellt ist, hat er einfach dies in der unbedingten, unbeschränkten Freisprechung, welche nichts Anderes als der Ausdruck ist, daß der Beweis nicht hergestellt wurde, auszusprechen. Der große Unterschied zwischen demjenigen, auf dem ein weiterer Verdacht lastet, der sich von dem Verdachte nicht zu reinigen wußte, und demjenigen, wo dies der Fall ist, also dem wirklich Unschuldigen, diesen großen Unterschied wird die Oeffentlichkeit der Gerichts-Verhandlungen viel wirksamer ausdrücken, als es die im Dunkel der Gerichts-Stube verfaßte Instanzentbindung vermag. Uebrigens gibt es auch andere gerichtliche Entscheidungen von großer Bedeutung für denjenigen, über den sie erfließen, in welchen dieser wichtige Unterschied keinen Ausdruck findet, und doch hat keine Strafprozeß-Ordnung für diesen Unterschied eine Formel gefunden. So ist z. B. auch bei der Einstellung der Untersuchung, bei Ablassung von derselben ein großer Unterschied zwischen demjenigen, der in der Untersuchung seine vollste Unschuld bewiesen hat, oder wenn die Untersuchung herausgestellt hat, daß der Beweis des Thatbestandes nicht hergestellt werden kann, oder daß wirklich keine strafbare Handlung begangen wurde, ich sage, es ist auch in solchen Fällen ein großer Unterschied zwischen diesem, und jenem, der nur dadurch sich dem Strafurtheil entzog, weil er die Abstehung des öffentlichen oder Privat-Klägers erwirkte, oder weil eine andere Ursache der Straflosigkeit, wie die Zurückstellung des gestohlenen Gutes vor der Entdeckung der That, oder bevor seine Schuld der Obrigkeit bekannt wurde, vorlag, oder weil er die Verjährung für sich geltend zu machen wußte. — Daß der Strafrichter sich bei den Mängeln dieser Entscheidungsform veranlaßt sehen könnte, einen Untersuchten, dessen Schuld nicht vollständig erwiesen wurde, zu verurtheilen, ist ein schwerer Vorwurf, den man dem Richterstand macht. Es ist das ein Vorwurf, der sich durch die Erfahrung nicht bestättigt, vielmehr ließen sich eher Erfahrungen dafür anführen, daß zaghafte Richter bei der Schwierigkeit des Beweises der Schuld in der Instanzentbindung ein bequemes Auskunftsmittel finden, indem sie sich der Hoffnung hingeben, daß der Schuldige, den sie nicht überweisen können, dessen Schuld nicht erwiesen werden kann, dadurch gewissermaaßen gekennzeichnet sei und in der Folge denn doch der strafenden Gerechtigkeit nicht entgehen werde. Die Wichtigkeit der Bezeichnung des Verdächtigen für die bürgerliche Gesellschaft ist nicht zu verkennen; jedoch diese Bezeichnung, dieses Sichern der bürgerlichen Gesellschaft vor Verdächtigen ist nicht Aufgabe des Strafrichters; das ist die Aufgabe der Polizei-Gewalt. Hier muß man abermals auf die Oeffentlichkeit der Gerichts-Verhandlungen hinweisen, welche mächtiger als die Polizei und viel gerechter als der Richter diese Sicherung, diese Kennzeichnung, diese Warnung der bürgerlichen Gesellschaft vor den Verdächtigen vornimmt. Uebrigens ist dies ein Vorgang, der den wahrhaft Schuldigen und insbesondere den gewandten Verbrecher wenig genirt, wohl aber eine drückende Ungerechtigkeit für den Unschuldigen ist. — Daß der von der Instanz Entlassene, wenn er schuldig ist, sich hierüber und insbesondere über die Nachtheile, die in Folge dieser gerichtlichen Entscheidungsform ihn treffen, sich nicht beschweren könne, das muß wohl zugegeben werden; denn er ist der Strafe entgangen, die er verdient hat; ihm bleibt bei der Instanzentbindung der Triumph, die Erforschung der Wahrheit verhindert zu haben. Allein kann man sich damit beschwichtigen, daß diese Entscheidungsform, welche für den wahrhaft Unschuldigen eine große Ungerechtigkeit, eine große Härte ist, daß sie ein Unglück sei, welches der Staat nicht zu verhüten und nicht zu vergüten berufen sei? Damit läßt sich einmal diese Entscheidungsform durchaus nicht rechtfertigen und beschönigen, da es eben von der gesetzgebenden Gewalt abhängt, diese Entscheidungsform bestehen zu lassen oder aufzuheben. — Das Auskunftsmittel, welches mehrere Schriftsteller, die für diese Entscheidungsform sind, insbesondere Müller, vorschlagen, daß man diese üblen Folgen aufhebe, indem sie nur willkürliche Folgen seien, welche die Gesetzgebung alle Tage fallen lassen kann, dieses Auskunftsmittel dürfte wohl dem gegründeten Bedenken gegen die Instanzentbindung durchaus nicht abhelfen, da gewiß ein großer Widerspruch darin liegt, darauf zu bestehen, daß Jemand als verdächtig bezeichnet werde, nicht aber auch zugeben zu wollen, daß er auch als verdächtig behandelt werde. Denn die üblen Folgen, welche die positiven Gesetze mit der Instanzentbindung verknüpfen, sind eigentlich nicht willkürliche, sondern natürliche Folgen; das ist der große Unterschied zwischen dem Verdächtigen und Unverdächtigen, Vorwurfsfreien, der sich von selbst ergibt. Diese üblen Folgen auf eine gewisse Zeit beschränken zu wollen, ist auch nur eine Verringerung, nicht aber eine Beseitigung des Unrechts, wenn eine solche in der Instanzentbindung überhaupt liegt.

Dies, m. H., sind die vorzüglichsten Gründe, welche den früher angeführten Gründen für die Instanz-Entbindung entgegengesetzt werden. Erlauben Sie mir, kurz zu rekapituliren.

Die prozessualischen Gründe für die Instanzentbindung, die Vermeidung des Reinigungseides, der Folter, die Ermöglichung der Wiederaufnahme der Untersuchung gegen einen schuldlos Erklärten sind gefallen; denn in keinem Deutschen Strafprozesse giebt es mehr eine Folter, einen Reinigungseid, und alle Prozeßordnungen lassen die Wiederaufnahme der Untersuchung sowohl bei vorhergegangener Freisprechung wegen Mangels oder Unzulänglichkeit der Beweismittel, als auch gegen einen gänzlich Losgesprochenen zu. Die Gründe, welche für die Instanzentbindung angeführt werden, dürften wohl auf einer Verkennung der richterlichen Aufgabe beruhen und höchstens bei dem inquisitorischen schriftlichen und geheimen Verfahren sich rechtfertigen lassen; sie fallen, ich möchte sagen, sie sinken in ihr Nichts zurück bei wahrer Oeffentlichkeit und im mündlichen, accusatorischen Verfahren.

Ich glaube, bei dieser Sachlage mich jeder weiteren Argumentation enthalten zu können. Da die Akten über diese Frage vor dem Tribunal der Wissenschaft längst geschlossen sind, so erlaube ich mir einfach, die Annahme des Schaffrath'schen Antrags zu empfehlen.

**Präsident**: Wir sind unserm Herrn Referenten gewiß sehr dankbar für seinen Vortrag und werden nunmehr zur Berathung desselben übergehen.

Ich erlaube mir, zunächst einen von Herrn Dr. Alfred Stern aus Wien eingegangenen Zusatzantrag vorzutragen. Dieser Zusatzantrag lautet folgendermaßen:

> „Es bleibt jedoch den Parteien unbenommen, durch den Ausspruch des Gerichts und, falls das Geschwornengericht fungirte, durch ein Verdikt der Geschwornen feststellen zu lassen, daß die Schuldlosigkeit des Angeklagten durch Behebung sämmtlicher wider ihn vorgekommener Verdachtsumstände, oder durch Herstellung eines Gegenbeweises nachgewiesen wurde, worüber dem Angeschuldigten ein Amts-Zeugniß auszufertigen ist."

Ich gebe zunächst dem Herrn Antragsteller das Wort zur Begründung seines Antrages wofern er denselben zu begründen wünscht.

Advokaturs-Kandidat Dr. **Alfred Stern** aus Wien: Ich erkläre mich, wie schon daraus hervorgeht, daß ich einen Zusatzantrag stelle, mit dem Antrag auf die einfache Form der Freisprechung einverstanden. Der Zusatz-Antrag, welchen ich stelle, enthält für die Mitglieder aus Oesterreich, die sich in der Versammlung befinden, nichts Neues; er findet sich bereits in unserer Strafprozeß-Ordnung vom Jahre 1850, die das Geschwornengericht und das accusatorische Prinzip überhaupt zu einer ziemlichen Geltung brachte.

Die Gründe, welche mich dazu bewogen, diesen Zusatzantrag zu stellen, sind die, daß mit der einfachen Art der Freisprechung diese selbst denn doch gewissermaßen zur Bedeutung des non liquet herabgedrückt wird, nach dem allgemeinen Erfahrungssatze: semper haeret aliquid. Mir scheint von den Gründen, welche eben der Herr Referent für die Instanzentbindung angeführt und widerlegt hat, derjenige der gewichtigste zu sein, welcher in diese Richtung fällt. Ich glaube nun, daß eben dieses Non-liquet-Erkenntniß durch die Ausfertigung des gedachten Amts-Zeugnisses beseitigt werde. Es ist dies keine Urtheilsform, sondern mit diesem Zeugniß erfolgt nur eine faktische Konstatirung.

Professor Dr. **v. Holtzendorff** aus Berlin: Ich glaube, daß die Sache vollkommen klar ist, ich glaube, daß dem Rechtsbewußtsein der Gegenwart nichts mehr widersprechen kann, als die vorläufige Freisprechung, die absolutio ab instantia. Wenn ich mich einer Napoleonischen Phrase bedienen dürfte, so würde ich sagen: „Die absolutio ab instantia verdient nicht, daß wir ihr die Ehre einer Diskussion erweisen." (Bravo! Bravo!) Ich glaube, daß die höchste Ehre, die ihr zu Theil werden konnte, der Nekrolog ist, den der Herr Referent ihr gehalten hat; ich meine, er hat sogar nur vor uns einen Leichnam obducirt. Ich beantrage daher den Schluß der Debatte und sofortige Abstimmung. (Bravo! Bravo!)

**Präsident**: Wünscht Jemand über den Antrag auf Schluß der Debatte zu sprechen? (Niemand meldet sich.)

Wenn Ihnen der Schluß der Debatte genehm ist, bitte ich sitzen zu bleiben. (Niemand erhebt sich.)

Er ist einmüthig angenommen.

Ich ertheile nur noch dem Herrn Referenten und, da Nichts gegen den Antrag gesprochen wurde, blos zur Erklärung über den Stern'schen Antrag das Wort.

Ober=Landesgerichtsrath Dr. **Keller**: Dem Zusatzantrag des Herrn Dr. Alfred Stern aus Wien dürfte wohl der Grund entgegenstehen, daß es nicht die Aufgabe des Richters ist, über die Unschuld des Angeklagten sich auszusprechen, worüber ich mich schon früher bei der Entwicklung der Gründe, die gegen die Instanzentbindung überhaupt bestehen, ausgesprochen habe. Daß es noch gefährlicher und so zu sagen der Natur der Geschwornengerichte geradezu entgegen wäre, diesen Ausspruch den Geschwornen, die ohne Angabe der Gründe ihr Verdikt fällen, zu überlassen, darüber, glaube ich, werden wohl Alle, die das Institut der Geschwornen kennen, einverstanden sein. Ich erlaube mir daher, die Verwerfung dieses Zusatzantrages zu empfehlen.

**Präsident**: Wir gehen zur Abstimmung selbst über. Ich richte die Abstimmung zunächst auf den Schaffrath'schen Antrag, der also lautet:

> „Der Deutsche Juristentag möge als seine Rechtsüberzeugung aussprechen, daß im Strafprozeß nur eine Art der Freisprechung, eine vollständige oder unbeschränkte, nicht aber außer ihr auch noch eine andere, beschränkte, „aus Mangel an vollständigem Beweise" stattfinden darf."

Geben Sie diesem Schaffrath'schen Antrag Ihre Zustimmung? Bejahenden Falles bitte ich sitzen zu bleiben. (Ein Mitglied erhebt sich.)

Gegen eine Stimme angenommen.

Wir kommen nun zum Stern'schen Zusatzantrag. Ich werde denselben nochmals vorlesen. (Liest ihn.)

Geben Sie diesem Stern'schen Zusatzantrage Ihre Zustimmung? Bejahenden Falles bitte ich sitzen zu bleiben. (Ein großer Theil der Mitglieder erhebt sich.)

Ist mit überwiegender Majorität abgelehnt.

Damit, meine höchstverehrten Herren, wäre dieser Gegenstand der Tagesordnung erledigt.

Wir gehen nun auf die Anträge des Herrn Appellationsgerichtsraths v. Kräwel über. Die ständige Deputation erlaubt sich Ihnen den Vorschlag zu machen, den Herrn Professor Dr. Wahlberg aus Wien zu bitten, das Referat über diese Anträge zu übernehmen, da derselbe sich dazu vorläufig bereit erklärt hat. Kann ich annehmen, daß Sie dem Antrage der Deputation Ihre Zustimmung ertheilen? (Rufe: Ja!) So würde ich den Herrn Professor Wahlberg bitten, das Referat über diese Anträge zu erstatten.

Professor Dr. **Wahlberg** aus Wien: Ich habe die Ehre zu einer Versammlung zu sprechen, in welcher sich Juristen ersten Ranges befinden, Theoretiker wie Praktiker, wie sie nur Deutschland aufzuweisen hat. Dies enthebt mich wohl der Verpflichtung, lange, gelehrte Abhandlungen vorzutragen, und motivirt die Kürze meines Berichtes.

Der Antrag des Herrn Appellationsgerichtsraths v. Kräwel greift in die wichtigsten Prinzipien des gesammten Strafrechts ein. — Ich spreche eine alte Wahrheit aus, die leider heute noch neu bleibt, die alte Wahrheit, daß in keinem Theile unserer Gesetzgebung eine solche Zurückgebliebenheit vorwaltet, wie gerade im Straffysteme. Die Neugestaltung des Straffystems ist als das dringendste aller strafrechtlichen Bedürfnisse in Deutschland anzuerkennen, zumal dasselbe die eigentliche und tiefste Grundlage des ganzen Strafrechtes ist. Wir haben es daher mit den künftigen Fundamenten der gemeinsamen Strafgesetzgebung zu thun und müssen es dem Herrn Antragsteller Dank wissen, daß er eine der wichtigsten und zugleich schwierigsten legislativen Aufgaben der künftigen Deutschen Strafgesetzgebung in Anregung gebracht hat.

Der Absatz I. des Antrages lautet:

> „Wenn auch keine Einigung dahin zu erzielen sein sollte, daß die Todesstrafe in ganz Deutschland abgeschafft wird, so hindert dies doch das Zustandekommen eines für ganz Deutschland geltenden Strafgesetzbuches nicht.“

Dieser Absatz geht von der Voraussetzung aus, daß eine Einigung hinsichtlich der bisherigen schwersten Strafart vorläufig in Deutschland sich werde nicht erreichen lassen, daß daher in Bezug auf die Todesstrafe die Nothwendigkeit eines dualistischen Straffystems anzuerkennen sei. Die Gründe, die der Herr Antragsteller in seinem verdienstlichen „Entwurfe“ eines für ganz Deutschland geltenden Strafgesetzbuches anführt, lassen sich in Kurzem auf folgende Punkte zurückführen: In Deutschland besteht der Dualismus hinsichtlich der Todesstrafe. Der größte Theil der Deutschen

Staaten hat sich für die Beibehaltung derselben entschieden; ein großer Theil derjenigen Staaten, die in Folge des §. 139 der Grundrechte des Deutschen Volkes vom 28. März 1849 die Todesstrafe abgeschafft, haben dieselbe wieder eingeführt; nur in wenigen Deutschen Gebieten, wie in Oldenburg, Nassau, Anhalt, besteht die Todesstrafe nicht. Man könne diesen letzteren Staaten nicht zumuthen, daß sie gegen ihre bessere Rechtsüberzeugung die Todesstrafe der Einheit wegen wieder einführen sollen. Wenn daher auch gegenwärtig nicht zu erwarten ist, daß die Deutschen Staaten sämmtlich auf die Todesstrafe verzichten werden, so sei doch dieser Dualismus, der sich nach der Annahme des Antragstellers nur auf die schwerste Strafart beschränkt, keine Klippe, an der die Einigung behufs eines gemeinsamen Strafgesetzbuches scheitern könne, zumal eine Gemeinsamkeit des Strafrechts überhaupt nicht mit Einem Schlage zu erreichen sein dürfte. v. Kräwel verweist zugleich auf ein Vorbild, nämlich auf das Verhältniß Oldenburg's zu Preußen. Bekanntlich hat Oldenburg das Preußische Strafgesetz mit einigen Modifikationen adoptirt und an die Stelle der in Preußen beibehaltenen Todesstrafe lebenslängliche Zuchthausstrafe gestellt.

Der Antragsteller geht ferner von der Annahme aus, daß in denjenigen Staaten, welche die Todesstrafe ausschließen, die ausfallende Todesstrafe lediglich durch die lebenslängliche Zuchthausstrafe ersetzt werden könnte.

Bevor die Richtigkeit dieser beiden Voraussetzungen des Antragstellers thatsächlich nicht erprobt ist, glaube ich, läßt sich in eine praktische Erörterung der Hauptfrage kaum eingehen. So lange die Thatsache nicht feststeht, daß es der zur Berathung des gemeinsamen Strafgesetzbuches eingesetzten Kommission — und ich hoffe, auch Preußen wird sich am Ende daran betheiligen — nicht gelungen ist, eine Einigung hinsichtlich der Todesstrafe zu erzielen, so lange diese Thatsache nicht festgestellt ist, muß die Annahme entgegengesetzter Voraussetzungen immerhin als zulässig angesehen werden. Sollen wir heute schon, in der Morgenstunde eines erhöhten nationalen Aufschwunges, den Glauben an das Gelingen drr Einigung durch abschwächende Besorgnisse erschüttern? Ist es heute an der Zeit, ist es überhaupt Sache des Juristentages, vorschnell mit Einräumungen, Transaktionen, vermittelnden Vorschlägen bei der Hand zu sein, an der Abdankung der Idee eines einheitlichen Strafsystems mitzuwirken, bevor es noch zu einem Kampfe an entscheidender Stelle, geschweige zu einer Niederlage gekommen ist? (Bravo! Bravo!) Sprechen wir den Absatz I. des Antrages aus, so schwächen wir das ab, was wir mit der Kraft nationaler Begeisterung befördern sollen und wollen. (Bravo!) Wir haben den Partikularismus, den unberechtigten, nicht zu ermuthigen, vielmehr zu überwinden! Reichen wir ihm in diesem einen und zwar in einem der wichtigsten Punkte den kleinen Finger, über eine Nacht hat er die ganze Hand, die Hand, die berufen ist, die Gelüste nach salvatorischen Klauseln alten Angedenkens nieder zu halten.

Ich glaube daher, es ist heute durchaus nicht an der Zeit und kein Bedürfniß vorhanden, in die Berathung dieses ersten Absatzes einzugehen, kein Bedürfniß vorhanden, heute die große Frage über „Mein" und „Dein" des partikulären und gemeinsamen Strafrechtes hinsichtlich dieses Punktes zu erörtern und der Deutschen Nation, die heute von uns große und einfache Impulse zum Aufbau eines einheitlichen Strafsystems erwartet, die Ausführbarkeit eines dualistischen Strafsystems zu veranschaulichen! Mit einem solchen groben Siebe dürfen wir die Einheit nicht schöpfen.

Sollte jedoch die Versammlung anderer Ansicht sein, nämlich auf eine Würdigung des Bedürfnisses, beziehungsweise auf die Berathung dieser Frage einzugehen, so läßt sich die Ausführbarkeit des von dem Herrn Antragsteller gemachten praktischen Vorschlages wohl im Allgemeinen nicht bestreiten; allein immerhin ließen sich einige ernste Bedenken geltend machen. Daß der Vorschlag ausführbar sei, zeigt das Verhältniß von Oldenburg zu Preußen bezüglich der schwersten Strafart. In ähnlicher Weise denkt sich der Herr Antragsteller ganz Deutschland hinsichtlich dieser Frage in zwei Gruppen getheilt. Wenn sich Deutschland in dieser Richtung in zwei Gruppen absondert, ist selbstverständlich jener Theil Deutschlands, welcher die lebenswierige Zuchthausstrafe an die Stelle der Todesstrafe setzt, im Besitze eines durchgängig gelinderen, und der andere die Todesstrafe beibehaltende Theil unter der Herrschaft eines schlechthin härteren Strafsystems. Die Wirkung eines solchen Strafdualismus geht aber weiter, und ich kann dem Herrn Antragsteller keineswegs zustimmen, wenn er meint, daß der Dualismus sich blos auf die schwerste Strafe, nicht auch auf das ganze übrige Strafsystem erstrecke. Todesstrafe und lebenslängliche Zuchthausstrafe sind mit einander gar nicht zu vergleichende Strafarten; sie sind für sich bestehende spezielle Strafarten. Hierbei würde sich ein analoges Stufenverhältuiß gar nicht denken lassen; in einem Strafsystem, in welchem die Lebensstvafe die erste schwerste Strafe ist, läßt sich rechtlich allerdings kein Stufenverhältniß zwischen lebenslänglicher oder zeitlicher Freiheitsstrafe annehmen, wohl aber faktisch, denn eine lange zeitliche Zuchthausstrafe kann der Wirkung nach wohl einer lebenslänglichen gleichkommen. Aehnliches läßt sich eben nicht einmal faktisch der Wirkung nach dort annehmen, wo die Todesstrafe an die Spitze des Strafsystems gestellt ist. Sehen wir genauer zu. In dem Verhältnisse, in welchem die Todesstrafe durch lebenslängliche Zuchthausstrafe ersetzt wird, in demselben Verhältnisse müßte konsequenter Weise die lebenslängliche Zuchthausstrafe durch ein höheres Maximum der zeitlichen Freiheitsstrafe ersetzt werden, eine Konsequenz, die schon vor vielen Jahren einer unserer ersten Rechtslehrer, Geheimer Rath Abegg, den wir in unserer Mitte begrüßen, gezogen hat.

Ich erlaube mir, hier nur auf einen Punkt noch aufmerksam zu machen. Wo die Todesstrafe nicht nothwendig geboten ist, folgt noch keineswegs, daß dort schon deshalb die lebenslängliche Zuchthausstrafe eine Nothwendigkeit sei; im Gegentheile behaupte ich, wo die Todesstrafe nicht geboten ist, dort fordern die Strafidee, die sittlichen und gesellschaftlichen Aufgaben des Staates dem Gestraften die Möglichkeit offen zu halten, seinen Willen in Einklang zu setzen mit den Geboten und Verboten der Rechtsordnung, die Besserung zu bethätigen, kurz — eine gesunde Strafpolitik fordert nach Maßgabe der bestehenden Strafrechtszustände die Abschaffung jedweder Lebenslänglichkeit, sowohl der Strafe als auch der Straffolgen. Sehen wir auf die Gesetzgebungen hin, welche eine Ersatzstrafe für eine verwirkte, aber ausfallende Todesstrafe anerkennen, so finden wir etwa mit Ausnahme von Braunschweig, daß an die Stelle der Todesstrafe nicht die lebenslängliche Zuchthausstrafe zu treten habe, sondern in der Regel eine zeitliche Freiheitsstrafe. Dasselbe gilt in der konstanten Begnadigungspraxis, und man braucht nicht erst zur Kriminalstatistik seine Zuflucht zu nehmen, um die Thatsache zu konstatiren, daß in allen Ländern, wo die Todesstrafe im Gnadenwege nachgelassen wird, in der Regel die Ersatzstrafe eine zeitliche Freiheitsstrafe bildet. Diese Momente mögen die Aufmerksamkeit darauf lenken, daß dort, wo die Todesstrafe ausfällt; nicht nothwendiger Weise immer die lebenslängliche Zuchthausstrafe einzutreten habe.

Endlich möchte ich noch den Punkt hervorheben, daß ein guter Theil der Gründe, und zwar der stärksten Gründe, welche gegen die Todesstrafe sprechen, mit demselben Gewichte auch gegen die lebenslängliche Zuchthausstrafe sprechen.

Was den zweiten Absatz betrifft — —

Appellationsgerichtsrath **v. Krämel**: Zur Geschäftsordnung! Ich will mir nur die Frage erlauben, ob es nicht zweckmäßig sei, wenn über die einzelnen Punkte gesondert abgestimmt würde.

**Präsident**: Dieselbe Bemerkung wollte ich machen, daß der Herr Referent einen bestimmten Antrag in Bezug auf den ersten Satz formulirt.

Referent Professor **Wahlberg**: Mein Antrag geht dahin, daß die Abtheilung über den Absatz 1 des Antrages zur Tagesordnung übergehe, da die Berathung über diesen Absatz aus den angegebenen Gründen vorläufig noch als verfrüht anzusehen ist.

**Präsident**: Demnach würde ich auch die Berathung über Abschnitt 1 jetzt eröffnen, da ich glaube, daß, selbst wenn die Abschnitte 2, 3 und 4 verworfen werden sollten, jedenfalls der Absatz 1 eine besondere Betrachtung erheischt, womit auch der Herr Antragsteller einverstanden sein dürfte.

Appellationsgerichtsrath **v. Kräwel**: Ich wollte mir erlauben, zu bemerken, daß Seite 64 noch eine Vorlage abgedruckt ist, der Antrag des Herrn Advokaten Fries aus Weimar wegen Abschaffung der Todesstrafe. Diese Frage scheint mir von Erheblichkeit für die Berathung, in die wir jetzt eintreten wollen. Wenn also überhaupt diese Vorlage auf der Tagesordnung steht, so würde ich beantragen, dieselbe mit meinem ersten Antrage zu kombiniren.

**Präsident**: Der Antrag des Herrn Advokaten Fries steht nicht auf der Tagesordnung. Ich kann aber auch in der That die Frage über Abschaffung der Todesstrafe nicht als eine nothwendig hier definitiv zu erörternde Vorfrage betrachten, weil der Antragsteller v. Kräwel überhaupt über Abschaffung oder Beibehaltung der Todesstrafe in seinem ersten Antrage sich gar nicht ausgesprochen hat; er sagt: gleichviel, ob die Todesstrafe abgeschafft wird oder nicht. Dieser Umstand würde auch der sofortigen Behandlung des Fries'schen Antrages entgegentreten.

Advokat **Fries** aus Weimar: Die ständige Deputation hat von ihrem unzweifelhaften Rechte Gebrauch gemacht, den Antrag, welchen ich eingebracht habe*), nicht auf die Tagesordnung zu stellen, weil er erst verspätet eingebracht worden ist; nach dem Statute haben blos Anträge das Recht, auf die Tagesordnung zu kommen, die vor dem 31. Mai eingebracht worden sind. Demungeachtet kann ich den Ausspruch hier nicht unterdrücken, daß ich es bedauere, daß die Deputation nicht von dem ihr ebenfalls zustehenden Rechte Gebrauch gemacht hat, den Antrag auf die Tagesordnung zu stellen; denn der Antrag ist wirklich ein solcher, der dem Juristentage früher oder später unzweifelhaft zur Entscheidung wird vorliegen müssen, und ich glaube, daß man erst über diesen Antrag hinaus sein muß, ehe man über die Kräwel'schen Anträge abstimmen kann. Jedoch erkläre ich ausdrücklich, daß ich der Ansicht des Herrn Präsidenten vollkommen beitrete, daß hier eine Verhandlung über diesen Antrag nicht stattfinden kann.

**Präsident**: Es ist soeben ein Verbesserungsantrag zu dem ersten Antrage eingegangen, gestellt von dem Herrn Ober-Gerichtsanwalte Götting aus Hildesheim, folgenden Inhaltes:

„Die gänzliche Beseitigung der Todesstrafe ist eine der Voraussetzungen für das Zustandekommen eines gemeinsamen Deutschen Strafgesetzbuches."

Ich bedauere, daß ich diesen Antrag ebenfalls nicht als einen solchen

---

*) „Der Deutsche Juristentag wolle erklären, daß die Todesstrafe, als mit den Grundsätzen einer richtigen Strafgesetzgebung unvereinbar, abzuschaffen sei."

betrachten kann, über den wir gegenwärtig debattiren dürfen. Ich erlaube mir, die Versammlung darauf aufmerksam zu machen, daß, wollten wir in eine Discussion über Beibehaltung oder Aufhebung der Todesstrafe heute eintreten, wir gewiß bei der kurzen uns zugemessenen Zeit nicht dazu gelangen würden, ein einigermaaßen befriedigendes Resultat zu erreichen. Ich möchte daher in diesem Antrage des Herrn Anwaltes Götting eigentlich nur eine Umschreibung des Fries'schen Antrages in No. 21 der Vorlagen erblicken, und da dieser letztere nicht auf die Tagesordnung kommen kann, aus den Gründen, die ich vorhin bemerkt habe, und ich ihn auch nicht als zu den Krämel'schen Anträgen gehörigen Nebenantrag betrachten kann, so muß ich Bedenken tragen, auch diesen Antrag zuzulassen.

Ober-Gerichtsanwalt **Götting** (Hildesheim): Ich fasse diesen Antrag ganz anders auf. Ich bin durchaus nicht gewillt, auf die Todesstrafe als solche einzugehen, sondern die formelle Frage lediglich zu erledigen, daß ohne eine solche Voraussetzung die Einheit einer Deutschen Strafgesetzgebung nicht möglich ist. So würde mein Antrag gar nicht die Todesstrafe selbst berühren.

**Präsident**: Nach dieser Motivirung des Antrages trage ich kein Bedenken, den Antrag des Herrn Anwalts Götting zuzulassen; denn ich betrachte ihn nach dieser Erläuterung nur als eine Verbesserung des Krämel'schen Antrages.

Appellationsgerichtsrath **v. Krämel**: Es ist mir zunächst der Vorwurf gemacht worden, daß durch meinen Antrag der Dualismus in die zukünftige Deutsche Strafgesetzgebung eingeführt werde. Ich glaube mich gegen diesen Vorwurf insofern verwahren zu müssen, als ich nur von der Voraussetzung der Möglichkeit des Dualismus ausgehe, ihn aber nicht wünsche, und eine Möglichkeit ist noch keine Gewißheit. Das aber ist gewiß, daß eine Vereinigung über Abschaffung der Todesstrafe sehr schwer ist; ja, die Voraussicht dessen hält Viele ab, überhaupt auf das Werk der Einigung einzugehen, und es ist von competenter Stelle gerade uns Kriminalisten das Bedenken entgegengehalten worden, daß das Bestreben, ein einheitliches Strafgesetzbuch herbeizuführen, unvernünftig sei, weil vorauszusehen wäre, daß eine Einigung nicht zu erzielen sei. Ich glaubte diese Gegengründe dadurch zu beseitigen, daß ich die Autorität des Juristentages dafür anrufe, sich auch schon über diese Eventualität auszusprechen und sie zuzulassen, eventuell natürlich, wenn eine prinzipielle Einigung unmöglich wäre, wenn zwei Staatengruppen nebeneinanderständen, wie es faktisch mit Oldenburg und Preußen ist. Ich glaube, ein Nebeneinanderbestehen dieser zwei Staatengruppen wird wesentlich die Einigung herbeiführen, die wir Alle anstreben.

Es würden die Erfahrungen in einem Lande, wo die gleiche Gesetzgebung wie in den übrigen vorhanden ist, wo aber die Todesstrafe nicht besteht, wahrscheinlich die andere Staatengruppe bewegen, sich diesem anzuschließen, wenn man sehen würde, daß nach ihrer Anschauung todeswürdige Verbrechen sich keineswegs in dem Staate vermehren, wo die Todesstrafe abgeschafft ist, und so würde die Einigung angestrebt werden, welche mit einem Sprunge nicht herbeigeführt werden kann. Ein Votum über die sofortige Abschaffung der Todesstrafe würde sehr schwer halten; durch die von mir vorgeschlagene Anbahnung wird aber leicht das Ziel erreicht werden, nach dem die Mehrheit der Juristen strebt.

**Präsident**: Es ist mir soeben ein Antrag zugegangen vom Herrn Professor v. Holtzendorff. Er lautet folgendermaaßen:

„Die hinsichtlich der Todesstrafe bestehende Verschiedenheit der gegenwärtigen Deutschen Strafgesetze ist kein Hinderniß gegen die unmittelbare Ausführung der von dem Juristentage geforderten Strafrechtseinheit."

Ich würde den Herrn Antragsteller ersuchen, zunächst darüber Auskunft uns zu geben, worin er die Verschiedenheit seines Antrages von dem Kräwel'schen findet.

Professor **Dr. v. Holtzendorff** (Berlin): Die Verschiedenheit zwischen meinem Antrage und dem Kräwel'schen ist zunächst darin zu suchen, daß ich die Möglichkeit einer Verschiedenheit in der Deutschen Strafgesetzgebung der Zukunft durchaus unter keinem Umstande zugeben kann. Ich für meine Person würde kein Gesetz acceptiren, welches gerade in diesen höchsten Prinzipien des Strafrechtes den Dualismus bestehen ließe. Ich würde alsdann sagen: Warten wir, bis wir die Kraft besitzen, welche die Einheit gerade in den höchsten Prinzipien des Strafrechtes bewirkt. Ich glaube, daß wir durchaus den Regierungen keinen Vorwand lassen dürfen, die unmittelbare Ausführung der Forderungen, die der Juristentag gestellt hat, zu verschieben. Man beruft sich darauf: „Die Einheit wird nicht zu Stande kommen; denn hier an dem Punkte, dort an einem andern Punkte, dort und da sind solche Verschiedenheiten, daß von Hause aus keine Aussicht vorhanden ist, sie zu überwinden." Wir müssen uns aber durchaus nicht darauf einlassen, ob eine Regierung etwa die Todesstrafe vom politischen Standpunkte betrachtet, und ich weiß, es sind sehr viele, denen es gar sehr bei Androhung der Todesstrafe um ein politisches Prinzip zu thun ist, viel mehr, als um die wirkliche Vollstreckung im Sinne der Gerechtigkeit. Ich glaube, wir dürfen uns nicht begnügen, über den Antrag des Herrn von Kräwel einfach zur Tagesordnung überzugehen, indem wir die von ihm supponirte Möglichkeit bestehen und unentkräftet lassen, sondern wir müssen das Gegentheil aussprechen; wir müssen sagen: Die Verschiedenheiten, die jetzt noch in der Gesetzgebung bestehen, sind durchaus kein Grund, an dem Erfolge der Einheitsbestrebungen zu zweifeln. Ich bin der Ueberzeugung, die Frage der Todesstrafe hat aufgehört, blos Stoff zu akademischen Gelegenheitsreden zu sein. Ich glaube, das wird anerkannt werden. Wir wollen, daß zurückgegangen wird auf die Urkraft des Volkes und daß die Volksthümlichkeit der Deutschen Strafgesetzgebung die erste Grundlage und das letzte Ziel sei, nach welchem wir zu streben haben. Ich glaube, daß selbst, wenn der traurige Fall eintreten sollte, daß in einer gesetzgebenden Versammlung eine Majorität für die Todesstrafe zu erreichen wäre, es selbst dann der Minorität im Interesse der Einheit gelingen würde, diese Todesstrafe durch Geltendmachung einer großen Zahl mildernder Umstände so weit einzuschränken, daß sie faktisch beseitigt wäre. Ich für meine Person habe die vollste Ueberzeugung, daß die Todesstrafe fallen werde. Ich bin ihr Gegner. Ich glaube, daß wir im Interesse der Verwirklichung der vom Juristentage gestellten Forderungen diese Gelegenheit ergreifen müssen, um nochmals durch Ablehnung dieser Möglichkeit die Regierungen darauf hinzulenken, das Werk in Angriff zu nehmen, sich nicht blos um Zollgrenzen und Tarifsätze zu streiten, sondern die höchsten sittlichen Forderungen im Strafrechte endlich einmal anzuerkennen. Darum bitte ich um Ihr Zeugniß in diesem Sinne, daß die Verschiedenheit, die jetzt besteht, kein Hinderniß ist, das Werk in Angriff zu nehmen und auszuführen. (Lebhafter Beifall.)

Geheimer Justizrath Professor Dr. **Abegg** (Breslau): So ungern ich das Wort gegen meinen geehrten Kollegen ergreife, so muß ich die Sache doch zur Sprache bringen. Ich will kein Wort sprechen über die Todesstrafe; wir können heute hier diese Frage nicht entscheiden; aber ich kann auch nicht zugeben, daß die Sache so stehe, daß man diese Strafe im Vornhinein für eine Ungerechtigkeit und Unsittlichkeit erklärt. Was heute und jetzt zur Sprache gebracht werden muß, ist dieses: Der geehrte Herr Vorredner sprach von Forderungen, die hier geltend gemacht werden; ich aber habe die Aufgabe des Juristentages und — ich will es sagen — meine Theilnahme nur so betrachtet, daß wir als Juristen der verschiedensten Länder Deutschlands uns begegnen in den Gesinnungen für Recht und Gerechtigkeit und dann eine Autorität bilden, oder wie man es nennen will, wenn die große Mehrzahl der Juristen von ganz Deutschland ihre Ansichten laut geltend macht. Forderungen, wenn ich den Herrn Vorredner nicht mißverstanden habe, die hier gegenüber oder im Gegensatze zu den widerstrebenden Regierungen gestellt werden, zu erheben, ist nicht Sache des Juristentages, und ich halte die Sache prinzipiell für so wichtig, daß ich auf die Gefahr hin, von einem großen Theile meiner Kollegen mißbilligt zu werden, es für meine Pflicht erklären muß, dieses im Interesse der Wahrheit und des Rechtes offen auszusprechen.

**Präsident**: Begehrt Jemand der anwesenden Herren noch das Wort?

Rechtsanwalt **Sabarth** aus Ratibor: Ich werde nur noch das Wort nehmen für den Götting'schen Antrag. Ich fasse ihn nicht eigentlich als einen Verbesserungsantrag zu dem Kräwel'schen Antrage auf, sondern als einen Antrag auf definitive Verneinung, das heißt Ablehnung. Bevor wir den Götting'schen Antrag hatten, wollte ich für einfache Tagesordnung stimmen; nachdem ich nun den Götting'schen Antrag gehört habe, werde ich für ihn stimmen, und zwar aus folgender Rücksicht: Die Vertheidiger der Todesstrafe geben den politischen Grund, der von Herrn v. Holtzendorff erwähnt wurde, sehr häufig nicht an, selbst wenn sie diesen Grund vielleicht haben; der überall ausgesprochene Grund für die Beibehaltung der Todesstrafe ist in der Regel dahin formulirt worden, daß man die Todesstrafe nothwendig finde wegen der erforderlichen Gliederung und Steigerung der verschiedenen Strafen. Obwohl ich nun für meine Person ein entschiedener Gegner der Todesstrafe bin, so muß ich doch dieser Motivirung ihre Berechtigung zugestehen, daß nämlich überhaupt im Strafgesetzbuche eine gewisse Gliederung stattfinden muß, und daß deshalb, wenn die höchste Strafe nur in einem Theile Deutschlands abgeschafft, in dem andern aber beibehalten wird, eine übereinstimmende Gliederung der Strafen in den einzelnen Strafgesetzgebungen nicht möglich ist, und deshalb glaube ich, daß, wenn die Todesstrafe in einem Lande besteht und in einem Lande nicht besteht, ein gemeinsames Strafgesetzbuch nicht gelten kann. — Aus dieser Rücksicht bin ich für den Götting'schen Antrag.

**Präsident**: Herr v. Holtzendorff hat das Wort zu einer persönlichen Bemerkung.

Professor **v. Holtzendorff** aus Berlin: Herr Geheime Rath Dr. Abegg scheint auf dem ersten Juristentage nicht anwesend gewesen zu sein; denn dort wurde die Frage ventilirt, ob der Juristentag die von ihm gefaßten Beschlüsse den Regierungen im Sinne einer Agitation mittheilen solle oder nicht. Der damalige Juristentag erklärte ausdrücklich, daß eine Kommunikation mit den Regierungen in Betreff der Ausführung von Beschlüssen nicht wünschenswerth sei aus Gründen, die ich hier übergehe. — Es kann mir also nicht eingefallen sein zu meinen und zu beabsichtigen, daß eine Agitation in's Werk gesetzt werde mit Forderungen in der Art, wie sie eine legislative Versammlung erhebt, sondern, indem der Juristentag bei seinem ersten Zusammensein in Berlin erklärte, daß ein Deutsches Strafgesetzbuch ein dringendes Bedürfniß sei, beschränkte er sich rein auf seine moralische Autorität. Indem ich also wünsche, daß Sie Ihr Gewicht dafür noch einmal einlegen, kann ich nichts Anderes beabsichtigen, als was der erste Juristentag bereits als Grundprinzip für seine gesammte Thätigkeit angenommen hat, nämlich, daß Sie diese Forderung als eine rein moralische noch einmal als Repräsentanten der allgemeinen juristischen Meinung hinstellen. (Bravo! Bravo!)

Staatsanwalt **v. Auffenberg** aus Troppau: M. H.! Das Bessere ist des Guten Feind! Es ist vielleicht eine Trivialität, die damit ausgesprochen wird, sie bleibt aber immer wahr.

Ich spreche mich für die Kräwel'schen Anträge aus. Wenn wir ein einheitliches Strafgesetz für Deutschland zu Stande bringen oder dafür wirken wollen, und wenn wir dabei hie und da Differenzen begegnen, so müssen wir doch fragen, ob die Differenzen solche sind, welche das ganze Gebäude zerklüften und zerspalten. Ich meine nun, daß die Frage der Abschaffung der Todesstrafe keine solche Differenz sei, und im Gegensatze zu einem der Herren Vorredner glaube ich, daß eine der wichtigsten Fragen bei der Zustandebringung eines gemeinsamen Strafgesetzes die ist, ob in einem Staate eine Handlung erlaubt und gesetzlich ist, die in einem andern Lande Deutschlands als Verbrechen erklärt wird. Das wäre die wesentliche Differenz, die wollen wir zu beseitigen suchen, darum wäre ein einheitliches Strafgesetz nothwendig, wenn auch über die Abschaffung der Todesstrafe, als eine nicht das ganze Gebäude zerklüftende Differenz, eine Einheit nicht erzielt werden könnte.

Geheime Rath Professor **Dr. Abegg** aus Breslau: Ich will nur eine kurze persönliche Bemerkung machen. Zur Zeit des ersten Juristentages war ich gar nicht Mitglied. Es war mir allerdings daher das nicht bekannt, was Herr Prof. v. Holtzendorff von demselben hier berichtet hat. Das Wort „Agitation" habe ich nicht gebraucht, und wenn in meiner Aeußerung Etwas war, was dem Herrn v. Holtzendorff anstößig sein könnte, so nehme ich keinen Anstand, öffentlich zu erklären, daß hier kein malus animus vorhanden sein konnte, und nehme keinen Anstand, ihm öffentlich Abbitte zu leisten. (Bravo! Bravo!) (Reicht Herrn Prof. v. Holtzendorff die Hand.)

**Präsident**: Ich habe auch nur geglaubt, daß ein Mißverständniß beiderseits obwaltete. Beide Herren sind zu ehrenwerth, als daß die Aeußerungen irgendwie auf die Personen bezogen werden könnten.

Freiherr v. Seckendorf hat mir eben einen Antrag mitgetheilt, welchen ich zunächst vorlegen werde (liest):

„In Erwägung, daß der Deutsche Juristentag der gegenwärtig noch bestehenden Verschiedenheit der Strafgesetzgebung der einzelnen Deutschen Staaten über die Zulässigkeit der Todesstrafe das Gewicht nicht beilegen kann, dem dringenden Rufe Deutschlands nach einem einzigen Strafgesetzbuche ein Hinderniß zu bereiten, geht der Deutsche Juristentag über den Kräwel'schen Antrag I. zur Tagesordnung über."

Appellationsgerichtsrath **v. Kräwel**: Ich glaube nicht nöthig zu haben Sie zu versichern, daß mein größter Wunsch dahin geht, eine Einigung Deutschlands in Bezug auf die Strafgesetzgebung herbeizuführen, und ich habe Ihnen auch auseinandergesetzt, worauf sich mein Antrag stützt, und warum ich ihn eventuell gestellt habe. Ich habe mich aber aus den Gründen des Herrn Referenten und des Herrn von Holtzendorff überzeugt, daß es jedenfalls nicht an der Zeit ist, den Antrag jetzt schon zur Beschlußnahme zu bringen. Ich halte ihn für unzeitig und nehme deshalb den Antrag ad I. zurück und schließe mich dem Antrage des Herrn v. Holtzendorff an.

**Präsident**: Der Herr Appellationsgerichtsrath Kräwel hat sich mit dem Antrage des Herrn v. Holtzendorff konformirt. Der Antrag ist daher nunmehr zum Holtzendorff-Kräwel'schen Antrage geworden.

**Ein Mitglied**: Bitte den Antrag nochmals zu lesen.

**Präsident**: Es ist der von mir bereits vorgelesene Holtzendorff'sche Antrag (liest):

„Die hinsichtlich der Todesstrafe bestehende Verschiedenheit der gegenwärtigen Deutschen Strafgesetze ist kein Hinderniß gegen die unmittelbare Ausführung der von dem Juristentage geforderten Deutschen Strafrechtseinheit."

Sektionschef **v. Hye-Glunek** aus Wien: „Der gewünschten."

**v. Holtzendorff**: Ich bitte, anstatt „der geforderten" zu sagen: „der gewünschten".

Kreisgerichtsdirektor **v. Kunowski**: Ich würde auch diesen Ausdruck noch nicht für zutreffend erachten, sondern den Ausdruck gebrauchen: „für ein dringendes Bedürfniß erklärten." So lautet der Beschluß des ersten Juristentages, und dieses ist hier das vermittelnde zutreffende Wort.

**v. Holtzendorff**: Ich bin ganz damit einverstanden.

**Präsident**: Mit dieser von Herrn v. Kunowski vorgeschlagenen Modifikation erklären sich die Herren v. Holtzendorff und Kräwel einverstanden? (Beide Mitglieder: Ja!)

Der Antrag ist also darnach modifizirt.

Advokat **Fries** aus Weimar: Ich werde mich bei der Abstimmung für den von jener Seite (Götting) vorgebrachten Antrag und gegen den Kräwel'schen bezüglich Holtzendorff'schen Antrag entscheiden. Es geht dieser Antrag von einer bestimmten thatsächlichen Voraussetzung aus, nämlich davon, daß, wenn auch die Todesstrafe in einem gemeinschaftlichen Deutschen Strafgesetzbuche nicht als aufgehoben bezeichnet wird, dennoch in den einzelnen Deutschen Staaten ein gemeinsames Strafgesetzbuch zur Annahme kommen würde, und der Richtigkeit dieser thatsächlichen Voraussetzung widerspreche ich mit voller Bestimmtheit. Denn ich bin der festen Ueberzeugung, und nicht blos aus meiner Auffassung, sondern auch aus Kenntniß der Stimmung, daß in vielen Deutschen Kammern kein Strafgesetzbuch zur Annahme kommen wird, welches nicht ganz bestimmt der Forderung der Deutschen Grundrechte auf Abschaffung der Todesstrafe gerecht wird. Das ist eine Thatsache, die ich mir nicht wegleugnen lasse, und wenn Sie hundertmal resolviren: „das ist nicht so", so wird es hundertmal doch so bleiben. Denn ein großer Theil der liberalen Partei der Deutschen Kammern geht von dem Grundsatze aus, daß diejenigen Sätze der Grundrechte, welche zwar nach dem Bundestagsbeschlusse nicht mehr als Reichsgesetz bestehen, wieder auferstehen sollen in der Gesetzgebung der einzelnen Staaten, und, m. H., das seien Sie versichert, daß Diejenigen, die mit mir in dieser Beziehung auf gleichem Standpunkte stehen, nie und nimmer diesen Grundsatz aufopfern werden.

Die Einigung der Strafrechtspflege, — diese Einigung werden Sie blos finden auf der wahrhaft freiheitlichen Grundlage, die ich eben andeutete, und deshalb erkläre ich mich gegen den Kräwel'schen Antrag.

**Präsident**: Begehrt Jemand aus der geehrten Versammlung das Wort? Wenn nicht, so würde ich die Debatte schließen.

Ober-Gerichtsanwalt **Götting** aus Hildesheim: Ich wünsche meinen Antrag allerdings zu begründen. — Ich habe entgegen dem ursprünglich Kräwel'schen, jetzt modifizirten Holtzendorff'schen Antrage den Antrag gestellt, umgekehrt hier auszusprechen, daß nur ein Strafgesetzbuch, welches die Todesstrafe nicht hat, dieselbe abschafft, daß nur ein solches möglicher Weise ein gemeinsames Strafgesetzbuch für Deutschland werden kann, und ich erlaube mir dieses auf folgende Art zu begründen.

Der Satz, den uns Herr v. Kräwel vorgeschlagen hat, und der in ähnlicher Weise jetzt wieder in den modifizirten Antrag übergegangen ist, war ein konsequenter Ausfluß des von Kräwel aufgestellten Prinzips, das dahin lautet, wie es wörtlich in der Vorrede heißt: „Bei dem nachfolgenden Versuche ist überall nicht von theoretischen Erörterungen, sondern davon ausgegangen, welche Bestimmungen in den Deutschen Strafgesetzbüchern Geltung haben." Daran hat Herr v. Kräwel den Wunsch geknüpft, einen praktischen Weg zu finden, um bei einer Geltung dieser verschiedenartigen Systeme doch auch ein gemeinsames Strafgesetzbuch zu schaffen. Ich finde nun aber, daß der von Kräwel eingenommene Standpunkt, auf dem er ganz von theoretischen Erörterungen in dieser Richtung absehen zu wollen und sich darauf zu stellen erklärte, welche Bestimmungen in einem Deutschen Strafgesetzbuche gelten können, ein zu enger, in gewisser Beziehung zu niedriger ist. Ich halte den gemachten Vorschlag, der rein dem Motive entsprungen ist, praktisch zu sein, gerade für unpraktisch; ich halte ihn deshalb dafür, weil Herr v. Kräwel selbst anerkannte, daß die Unmöglichkeit vorliegt, diejenigen Staaten, welche bereits bis zur Abschaffung der Todesstrafe gekommen sind, zu ihrer Wiedereinführung zu bestimmen.

Dieses Letztere scheint mir allerdings eine unbestreitbare Unmöglichkeit zu sein; der Dualismus aber scheint mir dann ebenso eine Unmöglichkeit zu sein. Man hat gesagt, seine Möglichkeit sei nicht zu leugnen, er existire bereits. Wir haben aber nirgends ein mehreren Staaten gemeinsames Strafgesetzbuch, und es ist ganz unrichtig, daß uns schon die Gesetzgebungen in Oldenburg und Preußen den praktischen Beweis lieferten, daß dasselbe Strafgesetz für zwei Staaten existiren könne, von denen der eine Staat die Todesstrafe noch hat und der andere nicht. Das ist ja eben gar keine gemeinsame Strafgesetzgebung, Preußen und Oldenburg haben hierin eben eine große Verschiedenheit. Der erste Redner, Herr Referent Professor Wahlberg, hat in dieser Beziehung mir bedeutend vorgearbeitet. Er hat auch angedeutet, daß die Todesstrafe zunächst eine prinzipiell von allen anderen Strafen verschiedene ist, und deshalb von einer Uebereinstimmung der Strafgesetze durchaus nicht die Rede sein kann, wenn sie in diesem Punkte nicht besteht.

Es ist aber auch ferner deshalb eine große Verschiedenheit da, weil nach dem Vorschlage Kräwel's und Anderer ich mir die Gestaltung des Dualismus der Strafgesetzgebung nicht anders denken kann, als daß, wo hier die Todesstrafe gilt, dort eine lebenslängliche Freiheitsstrafe eintreten soll, und wo hier die lebenslängliche Freiheitsstrafe gilt, dort 12—30jährige Freiheitsstrafe eintreten soll. Aber, meine Herren, wenn in der einen Staatsgruppe lebenslängliche Freiheitsstrafe für ein Verbrechen angedroht ist, wofür in der anderen Staatengruppe eine 12jährige Zuchthausstrafe beschlossen ist, dann ist das ein solcher Unterschied in der Gradation, daß es consequent dahin führt, daß für das eine Verbrechen in einem Staate drei Jahre, in dem anderen ein Jahr Strafe existirt. Dann kommt man zu der unvermeidlichen Konsequenz, wenn zwei Staatengruppen mit nicht gleicher Gesetzgebung, sondern die eine mit der Todesstrafe, die andere nicht mit dieser, existiren, daß in der einen Staatengruppe ein mit draconischer Härte geschriebenes Gesetzbuch, in der anderen eine auf der Höhe der Humanität stehende sehr milde Gesetzgebung ist, und man wird doch nicht sagen können, daß dies eine gemeinsame Strafgesetzgebung sei.

Erlauben Sie mir, noch zu bemerken, daß, wenn wir diese Voraussetzung zugeben, wir eine Kluft in der Deutschen Strafrechtswissenschaft geschaffen haben, die wir niemals wieder überspringen werden. Wenn ich zwei Staatengruppen habe, wo in der einen die Todesstrafe, in der anderen eine milde Freiheitsstrafe als die höchste Strafe besteht, so haben wir nicht einmal das, was der Kräwel'sche Antrag erzielen will; denn wir stehen dann gar nicht mehr auf einem gemeinsamen Boden, wo Erfahrungen gesammelt werden können. Wenn in dem einen Staate der Mörder geköpft wird, während er in dem anderen eine lebenslängliche oder 12jährige Freiheitsstrafe bekömmt, wo bleiben dann die statistischen Daten, um dann in diesen beiden Staatsgruppen zu wirklich einheitlichen Erfahrungen zu kommen. Wir machen dann dadurch eine Kluft in der Wissenschaft, die unseren jetzigen heillosen Zuständen in der Kriminalrechtsstatistik ganz ähnlich bleibt.

Ich glaube, der Deutsche Juristentag muß ein Prinzip als Grundprinzip festhalten; das ist dasjenige, daß wir mit der Wissenschaft niemals über die Anforderungen des praktischen Lebens hinausgehen, also unpraktisch werden. Wir dürfen aber auch nie mit unseren Beschlüssen hinter den Resultaten der Wissenschaft zurückbleiben; denn dann wird unser großes moralisches Gewicht, unsere ganze moralische Macht, unsere Würde verloren gehen. Ich stehe aber auf dem Standpunkte, den früher Herr v. Holtzendorff ausgesprochen hat, daß ich die Frage über die Todesstrafe wissenschaftlich für erledigt halte. Ich weiß auch, daß kein Widerspruch erfolgt ist, und ich halte die Frage auch thatsächlich für erledigt. Seit zur Rechtswissenschaft und Rechtsphilosophie die neueste Wissenschaft, die Statistik, hinzugetreten ist, die uns auf Deutschem Boden bewiesen hat, daß die Todesstrafe entbehrlich ist, seitdem hälte ich die Frage für erledigt. Dann muß aber — und da berufe ich mich auf Herrn Professor Wahlberg — dann muß aber auch unsere Kenntniß, unsere Einsicht und unser moralisches Gewicht dazu benutzt werden, um mit vollem Gewichte einzutreten für dasjenige, was unsere Ueberzeugung ist und was die Nation von uns erwartet. Wir müssen dem Dualismus keinen Raum lassen; wir müssen nicht durch motivirte Tagesordnung solche Fragen unentschieden lassen; wir müssen unsere bessere Einsicht einsetzen, um die, welche hinter uns sind, nachzuziehen. Ich glaube, wir müssen dieses Prinzip festhalten, daß wir niemals hinter der Wissenschaft zurückbleiben, wenn wir der Aufgabe des Juristentages genügen wollen. Nun, glaube ich, dürfen wir auch keine anderen Rücksichten nehmen, als die berührt worden sind. Der Juristentag ist keine Qualle, die ihre Fühlhörner ausstreckt, und wo sie Widerstand fürchtet, dieselben wieder einzieht, der also im Falle von Schwierigkeiten seine Ueberzeugung in die Brust verschließt. Wir sind Alle hier, um unsere Ueberzeugung auszusprechen. (Bravo.) Mögen diejenigen, wo unser Wort hinfällt, davon Gebrauch machen oder nicht, wenn wir nur mit unseren Arbeiten der Deutschen Nation Genüge gethan haben, die uns hierher schickt, in deren Namen, für die wir hier stehen. Wir haben wohl kein Mandat, weder von oben noch von unten; wir stehen da aus freiem Willen, weil wir uns bewußt sind, daß wir diejenigen sind, die zur Entscheidung solcher Fragen berufen sind, und weil wir die gehörige wissenschaftliche Einsicht und selbstständige Stellung besitzen, um unser Wort mit dem Vollgewichte der Unparteilichkeit für Deutschland einzulegen. Wir dürfen uns in dieser Beziehung heute mit keinem negativen Votum begnügen. Wir dürfen nicht, wie Herr Professor Wahlberg gesagt hat, einer Möglichkeit Raum geben, welche auch durch die motivirte Tagesordnung herbeigeführt werden kann. Wir dürfen nicht thun, was Viele unserer Schriftsteller und so viele Kammern in den letzten zehn Jahren gethan haben, daß sie immer und ewig die Frage von sich abgeworfen haben, mit den Worten: Die Zeit wird kommen. Wann wird aber die Zeit kommen? Jetzt ist diese wichtige Frage an uns herangetreten; lassen Sie uns nicht nochmals ein Inkompetenz-Votum aussprechen.

Meinen vorausgeschickten Bemerkungen gegenüber enthalte ich mich, so ungern ich es thue, auf das Materielle der Todesstrafe einzugehen. Ich habe versprochen, meinen Antrag in formeller Richtung zu rechtfertigen, und beschränke mich darauf. Aus den Ihnen mitgetheilten Gründen, meine Herren, bitte ich Sie, daß Sie den Holtzendorff-Kräwel'schen Antrag nicht annehmen, sondern dem von mir vorgeschlagenen Antrage ihre Zustimmung geben:

„Der Juristentag möge erklären, daß die gänzliche Beseitigung der Todesstrafe eine Voraussetzung für das Zustandekommen eines gemeinsamen Deutschen Strafgesetzbuches sei." (Einzelne Bravo.)

Geh. Ober-Tribunalrath Freiherr **v. Seckendorff** (Berlin): Ich werde mich nur mit zwei Worten begnügen zur Verdeutlichung meines Antrages. Derselbe geht erstens dahin, recht nachdrücklich hervorzuheben, daß wir ein einziges Strafgesetzbuch in Deutschland haben wollen, und darin stimmt der Antrag des Herrn v. Holtzendorff mit dem meinigen überein, so daß ich denselben lediglich übernommen und blos den Ausdruck „dringendes Bedürfniß" statt des seinigen gebraucht habe. Der zweite Zweck meines Antrages ist aber der, die Unterstellung zu beseitigen, welche der Antrag des Herrn v. Kräwel enthält, daß eine Einigung bei dem Strafgesetzbuche nicht zu Stande kommen wird. Ich will vielmehr den Ausspruch des Juristentages herbeiführen, daß diese Einigung sicher zu Stande kommen wird, und zwar meines Erachtens in dem Sinne, daß die Todesstrafe dabei beseitigt werden wird. Dieses Letztere aber als Bedingung der Einheit des

Strafgesetzbuches aufzustellen, wie der letzte Herr Vorredner, so weit möchte ich nicht gehen.

Kreisgerichtsdirektor v. **Kunowski** (Beuthen): Es drängt mich, wieder das Wort zu ergreifen im Interesse der Ordnung unserer Arbeit. Ich fasse den Antrag, der von dieser Seite ausgegangen ist (Götting), nicht als Amendement zu dem Kräwel-Holtzendorff'schen Antrage auf, sondern als einen selbstständigen Antrag. Jener Antrag bezweckt nur, den Ausspruch zu wiederholen, der auf dem ersten Juristentage von dem Plenum mit Beziehung auf die besondere Materie des Strafrechts, die heute besprochen worden ist, abgegeben wurde, nämlich auszusprechen, ob die Verschiedenheit der Deutschen Strafgesetzgebung in Beziehung der Todesstrafe die Zustandebringung des Deutschen Strafgesetzbuches hindert. Ein Amendement würde es nur sein, wenn in Bezug auf diese ganz speziell hingestellte Frage eine Abänderung beliebt werden sollte. Dahin geht aber der Antrag nicht, sondern der Herr Antragsteller beschreitet das Gebiet desjenigen, was in dem künftigen Deutschen Strafgesetzbuche verhandelt werden soll, und will aussprechen, daß in jenem künftigen Deutschen Strafgesetzbuche stehen müsse: Die Todesstrafe wird abgeschafft. Ueber solche Sätze nebenher abzustimmen, dazu scheint mir die Vorbereitung nicht hinreichend, nicht genügend angebracht zu sein; diese Frage zu ventiliren, sind wir nicht genügend gerüstet gewesen. Deshalb bitte ich, die Vorfrage zu entscheiden, ob jener Antrag als ein Amendement zu dem Kräwel-Holtzendorff'schen Antrage angesehen werden könne oder nicht. (Einzelne Bravo.)

**Präsident**: Herr Kreisgerichtsdirektor v. Kunowski ist mir mit jenen Bemerkungen nur zuvorgekommen, weil namentlich nach der letzten Erläuterung des Antrages durch den Herrn Antragsteller selbst die Befürchtung, welche ich zuerst ausgesprochen habe, gerechtfertigt ist. Es ist der Antrag des Herrn Götting nicht ein formeller Antrag, sondern es ist gradezu ausgesprochen: Die Todesstrafe soll abgeschafft und auf Grund dieser Abschaffung das gemeinsame Strafgesetz festgestellt werden.

Appellationsgerichtsrath v. **Kräwel**: Ich wollte dasselbe bemerken. Mein Antrag ist negativ; der zweite Antrag ist affirmativ und zeichnet den Weg für die Gesetzgebung vor. Sollte er zur Verhandlung zugelassen werden, so würde ich beantragen, daß dieser neue Antrag der ständigen Deputation überwiesen und vorher begutachtet werde.

Professor Dr. **Geyer** aus Innsbruck: Mir scheint, daß, wenn wir den Absatz 2 der Kräwel'schen Anträge in's Auge fassen, dadurch faktisch die Todesstrafe ohnedies beseitigt wird. Wenn dem Richter die Alternative gelassen ist, entweder auf Todesstrafe oder auf Zuchthausstrafe zu erkennen, dann können wir versichert sein, daß der Richter diesen letzteren Weg wählen wird. Eben deshalb scheint es mir nicht ganz mit der hohen Autorität des Juristentages vereinbarlich, daß wir nur so nebenher einen Satz annehmen, wie das möglich ist, wenn der zweite Absatz der Kräwel'schen Anträge angenommen wird, welcher faktisch die Todesstrafe beseitigt, sondern ich will das Gewicht des Juristentages in die Wagschale werfen und unumwunden erklären, daß wir für die Abschaffung der Todesstrafe sind, und deshalb glaube ich, für den Antrag des Herrn Götting aus Hildesheim mich aussprechen zu müssen.

**Präsident**: Begehrt noch Jemand das Wort? (Götting meldet sich zum Worte. — Rufe: Schluß!)

Dem Herrn Antragsteller müssen wir noch das Wort gewähren.

Ober-Gerichtsanwalt **Götting** (Hildesheim): Ich protestire gegen die Art und Weise, wie mein Antrag jetzt aufgefaßt wird. Ich stelle keinen materiellen Antrag, weil dies nicht zulässig ist. Ich wünsche nur, daß die Ansicht ausgesprochen werde, ohne Abschaffung der Todesstrafe ist keine gemeinsame Gesetzgebung möglich. (Unruhe.) Ob man sie abschaffen soll oder nicht, ist ja dadurch nicht berührt. Wir sprechen nur aus: Wenn sie nicht abgeschafft wird, so ist die Gemeinsamkeit nicht zu erreichen. Das ist derselbe Satz, den Herr v. Kräwel ausspricht.

**Präsident**: Bei dieser Verschiedenheit der Auslegung des Götting'schen Antrages würde zwar zunächst natürlicherweise die Erklärung des Herrn Antragstellers selbst maaßgebend sein; andererseits dürfen wir uns aber auch nicht verhehlen, daß, wenn der Antrag in dieser Fassung angenommen werden sollte, diejenige Interpretation, welche vom Herrn v. Kunowski und von mir geltend gemacht worden ist, möglicherweise auch als eine berechtigte angesehen werden wird. Dadurch würde unser ganzer Beschluß zweifelhaft und möglicherweise in einer Weise ausgebeutet werden, die uns Allen nicht genehm wäre. Unter diesen Umständen muß ich mir ausnahmsweise die Frage an die Versammlung erlauben, ob sie den Götting'schen Antrag für zulässig erachtet oder nicht, sonst, glaube ich, kommen wir aus diesem Dilemma nicht heraus. Wünscht Jemand darüber zu sprechen?

Kreisgerichtsdirektor **v. Kunowski**: Wenn die Frage so gestellt wird, ob der Antrag zulässig ist oder nicht, könnten wieder Zweifel entstehen. Ich möchte mir daher an den Herrn Präsidenten die Bitte erlauben, daß er die Abstimmung dahin einleiten möchte, ob die Versammlung den Antrag des Herrn Götting als ein Amendement zu dem Kräwel-Holtzendorff'schen Antrage erachte.

Appellationsgerichtsrath **v. Kräwel**: Wenn das Votum dahin ausfällt, daß er zulässig ist, so wird immer noch die Frage, ob er gehörig vorbereitet ist, nicht damit entschieden.

Kreisgerichtsdirektor v. **Kunowski**: Ob er jetzt für zur Abstimmung zulässig zu erachten sei?

**Präsident**: Ganz gewiß; es schließt nicht aus, daß wir den Antrag der Deputation überweisen oder sonst Etwas verfügen.

Gerichtsassessor Dr. **Kubo** (Berlin): Ich würde den Vorschlag machen, daß, wenn abgestimmt würde, zugleich Seitens der hohen Versammlung die authentische Interpretation dieses Amendements festgestellt würde. Meines Dafürhaltens hat jener Antrag lediglich die Bedeutung: Nur unter der Bedingung, daß die Todesstrafe für abgeschafft erklärt wird, kann ein Deutsches allgemeines Strafgesetzbuch zu Stande kommen, und ich bitte deshalb, weil dies meines Erachtens ein formeller Antrag ist, weil dieser Antrag auf diese Weise für ein Amendement des Kräwel'schen Antrages erklärt werden kann, daß die Zulässigkeit, hier über diesen Antrag abzustimmen, Seitens der hohen Versammlung erklärt werde. (Rufe: Schluß.)

**Präsident**: Ich würde doch, wenn kein bestimmter Widerspruch erfolgt, die Frage in der vorhin gestellten Weise an Sie richten, nämlich, ob Sie der Meinung sind, daß wir heute über diesen Antrag abstimmen. Damit, glaube ich, präjudiziren wir der Zukunft in keiner Weise. Ich glaube, diejenigen Herren, welche diesen Antrag als ein Amendement des Kräwel'schen erachten, stimmen dafür, diejenigen, die ihn für einen selbstständigen, für einen in die Materie eingehenden erachten, stimmen heute nicht ab; daraus würde noch nicht folgen, daß wir ihn nicht der Deputation zuweisen oder etwas Anderes damit vornehmen können. (Rufe: Ja wohl!) Damit, glaube ich, kommen wir am Besten aus der Sache heraus.

Ich richte daher die Frage an die geehrte Versammlung, ob sie heute über den Götting'schen Antrag abstimmen will. Diejenigen Herren, welche über den Antrag des Herrn Götting heute abstimmen wollen, bitte ich sitzen zu bleiben, die dagegen sind, bitte ich aufzustehen. (Die Majorität der Versammlung erhebt sich)

Die entschiedene Mehrheit ist dafür, daß heute nicht über diesen Antrag abgestimmt werde. Es würde sich jetzt darum handeln, ob etwa der Herr Antragsteller begehrt, daß dieser Antrag der Deputation überwiesen werde, oder ob er sich vorbehält, ihn besonders an die Deputation zu bringen.

Ober-Gerichtsanwalt **Götting**: Ich werde keinen weiteren Antrag hieran anknüpfen.

**Präsident**: Nun glaube ich wohl, m. H., die Debatte im Uebrigen schließen zu dürfen, und gebe noch dem Herrn Referenten das Schlußwort.

Referent Professor **Wahlberg**: Da die Debatte so bestimmt geführt wurde — und materiell wesentliche Differenzen Bezugs der erforderlichen Einheit des Strafsystems kamen nicht vor — so scheint eine weitere gründliche Auseinandersetzung darüber entbehrlich. Wir Alle wollen Bezugs der Einigung über das Strafensystem des gemeinsamen Gesetzbuches dasselbe; der Antragsteller wünscht wohl, daß die Todesstrafe abgeschafft werde, aber er erwartet die Abschaffung der Todesstrafe vor der Hand noch nicht; ein großer Theil der Versammlung ist höchst wahrscheinlich mit dem Berichterstatter anderer Meinung. Es handelt sich also blos um die Auffindung einer Formel, welche den beiderseitigen Meinungen und Erwartungen über die eventuelle Abschaffung der Todesstrafe im künftigen Strafsystem zusagt, und ich glaube daher in diesem Sinne den Vorschlag machen zu können, daß man den Antrag des Herrn v. Kräwel mit dem des Herrn v. Holtzendorff vereinige, und daß die Formel etwa dahin laute: Die Abtheilung geht von der Ueberzeugung aus, daß die Deutsche Strafrechtseinheit Bezugs des Strafsystems ohne Abschaffung der Todesstrafe nicht anzunehmen sei, und erwartet, daß die Letztere kein Hinderniß der als dringendes Bedürfniß anerkannten Einigung werde. Dies scheint der Gedanke zu sein, der beiden Anträgen zu Grunde liegt, und ich bin, falls meine Auffassung derselben richtig ist, nicht im Stande, eine wesentliche Differenz herauszufinden. Abgelehnt ist einmal schon das weitere Eingehen in die materielle Frage über die Abschaffung der Todesstrafe. Wir erklären mithin einfach: Die Einheit können wir uns nicht anders denken, als unter der Bedingung, daß ein und dasselbe gemeinsame Strafsystem für ganz Deutschland gelte, dann ist aber implicite schon über den Dualismus hinsichtlich der Todesstrafe der Stab gebrochen. Und darauf kommt es vor Allem an.

**Präsident**: M. H.! Nachdem wir den Antrag des Herrn Götting erledigt haben, nachdem der Herr Appellationsgerichtsrath v. Kräwel sich mit dem Holtzendorff'schen Antrage vereinigt hat, erübrigt nunmehr noch, Ihnen vorzutragen, daß auch Freiherr v. Seckendorff, unser verehrter Herr Vizepräsident, erklärt hat, daß er der Vereinfachung wegen bei der materiellen Uebereinstimmung auf einer gesonderten Abstimmung über seinen Antrag auf motivirte Tagesordnung nicht bestehe, so daß ich in der angenehmen Lage bin, nur noch den Kräwel-Holtzendorff'schen Antrag Ihnen zur Beschlußfassung vorzulegen. Dieser Antrag lautet:

> „Die hinsichtlich der Todesstrafe bestehende Verschiedenheit der gegenwärtigen Deutschen Strafgesetze ist kein Hinderniß gegen die unmittelbare Ausführung der vom Juristentage als dringendes Bedürfniß erklärten Deutschen Strafrechtseinheit."

Geben Sie diesem Antrage der Herren v. Kräwel und Holtzendorff Ihre Zustimmung? Bejahenden Falles bitte ich sitzen zu bleiben. (Die Abstimmung erfolgt.)

Der Antrag ist gegen sechs Stimmen angenommen.

**Ein Mitglied**: Der Antrag dürfte mißverstanden worden sein.

**Präsident**: Ich glaube nicht, daß dies der Fall ist. (Rufe: Nein!) Der Antrag ist mit überwiegender Majorität angenommen. Wir gehen nun über zu den Sätzen 2, 3 und 4 der Kräwel'schen Anträge, die wahrscheinlich weniger Zeit kosten werden.

Referent Professor **Wahlberg** aus Wien: Der zweite Satz lautet:

> „Wenn das Allgemeine Deutsche Strafgesetzbuch absolute Strafen, wie die Todes- und lebenswierige Zuchthausstrafe androht, so ist dem Richter zugleich die Möglichkeit zu geben, wegen des Hinzutretens von Milderungsgründen auch auf eine geringere als die absolute Strafe zu erkennen."

Ich erkläre im Vorhinein, daß ich mit dem Absatze 2 des Antrages vollkommen übereinstimme, und es handelt sich vielleicht hier nur um die Frage, das Verhältniß der dermal bestehenden Landesgesetzgebungen zu diesem Satze nur im Allgemeinsten zu bezeichnen. Es ist theoretisch wohl kaum anfechtbar, daß ein und dasselbe Verbrechen nicht auf allen Stufen der Strafbarkeit und unter allen Umständen mit derselben unwandelbaren Strafe zu belegen sei, da die dem Gesetzgeber vorschwebende durchschnittliche abstrakte Strafwürdigkeit im einzelnen Falle eben keine konkrete ist, da das abstrakte Recht im besondern Falle gerade zum konkreten Unrechte werden kann. Es ist überflüssig diesen Satz hier weiter zu detailliren. Ich bemerke nur, daß dieser Erfahrungssatz nicht blos von allen schweren, sondern auch von dem nach uralter Welttradition schwersten Verbrechen, vom Morde gilt. Gerade der Mord gehört zu denjenigen Verbrechen, welche eine außerordentliche Abstufung der Verschuldung zulassen; man denke nur an die Tödtung eines Einwilligenden im Verhältniß zum Banditenmorde. Es ist daher prinzipiell wohl nicht zu bestreiten, daß wenn eine Gesetzgebung sich noch nicht entschließen kann, von allen absoluten Strafen ganz abzugehen, sie doch dem Richter die Möglichkeit offen halten muß, außergewöhnlich geringe Schuldgrade nach der Forderung der vergeltenden Gerechtigkeit, nach dem Gebote eines gerechten Verhältnisses zwischen Schuld und Strafe zu berücksichtigen. Wir blicken hier auf zwei Wege hin: den einen Weg bildet die beliebte Verweisung auf die Möglichkeit der Begnadigung; der andere Weg ist die Einräumung eines ausgedehnten richterlichen Milderungsrechtes. Da giebt es nun die Alternative: Einräumung eines allgemeinen Milderungsrechtes, oder Ermächtigung zur Strafmilderung in bestimmten Fällen wegen bestimmter Gründe. Aeltere Gesetzgebungen mit Ausnahme der Oesterreichischen, ausgehend vom Standpunkte des Bayerischen Strafgesetzbuches, entschieden sich in der Mehrzahl nicht für die Abhilfe im Wege der richterlichen Strafmilderung, vielmehr für den Weg der landesfürstlichen Begnadigung. Ich glaube der Juristentag würde sich ein Verdienst um den Fortschritt der Deutschen Strafrechtspflege erwerben, wenn er über den Mißbrauch, über die Schädlichkeit und die Gefährlichkeit der Ansicht sich aussprechen würde, welcher die Maxime entspringt, das Institut der Begnadigung als ein regelmäßiges Heilmittel ungerechter und veralteter Gesetze zu behandeln.

Die Erfahrung lehrt, daß in legislativen Versammlungen, z. B. in Hannover, Hessen, Darmstadt, auch in Preußen, wenn ein Antrag eingebracht wurde, der eine Milderung der Strafen zu ermöglichen bezweckte, derselbe in Vertröstung auf die Möglichkeit der Begnadigung abgeworfen wurde. Die Geschichte der legislativen Versammlungen bestättigt, daß diese Auffassungsweise des Begnadigungsrechtes geradezu ein Hemmschuh alles strafrechtlichen Fortschrittes geworden ist. Gewöhnt in dem erhabenen Institute der Begnadigung, das seiner Natur nach nur auf ausnahmsweisen Gebrauch hingewiesen ist, ich sage, gewöhnt in dem Institute der landesfürstlichen Begnadigung auch eine bequeme allgemeine Aushilfskasse für moralische Defizite verunglückter Gesetzgebungen und für veraltete Gesetzbücher zu finden, läßt man nur zu leicht Gesetze fortdauern, die im Widerspruche stehen mit dem besseren Rechtsbewußtsein der Zeit. Ein Gesetz, welches zu häufig die Gnade sollizitirt, läuft selbst Gefahr, die Majestät des Gesetzes im Bewußtsein des Volkes zu verdunkeln. Es ist oft wiederholt worden, kann aber nicht energisch genug ausgesprochen werden, daß die Gesetzgebung den Bürger nicht nöthigen soll, das als Gnade zu erbitten, was er von der Gerechtigkeit als Recht zu fordern berechtigt ist. Das Recht ist eben unter allen Umständen der Gnade vorzuziehen; das ist eine Wahrheit, über die es keine Kontroverse gibt. Ich glaube daher, daß eine neue Gesetzgebung, und wir berathen den Fall einer neuen Gesetzgebung, so eingerichtet werden muß, daß sie die Aushilfe der Gnade so viel als möglich entbehrlich macht. Ein geeigneter Weg zu diesem Ziele scheint eben die Ermächtigung des Richters zu sein, bei Vorhandensein mildernder Umstände, in Fällen besonderer Verminderung der Verschuldung an die Stelle der absoluten Strafe eine geringere, theilbare Strafe zu setzen.

Die weitere Erörterung dieser Frage setzt eine Verständigung darüber voraus, welche Bedeutung der Herr Antragsteller dem Ausdrucke: „Milderungsumständen" beilegt. Wir alle kennen den Unterschied zwischen Strafzumessungs- und Strafänderungsgründen, ein Unterschied, der seit dem Bayerischen Gesetzbuche in unseren Gesetzen eingebürgert ist, und gegen welchen gerade die Anträge des geehrten Herrn Antragstellers im Wesen gerichtet sind. Im Verlaufe der Betrachtung der Anträge dürften wir finden, daß der Herr Antragsteller diesen Unterschied beseitigt und die Strafänderungs- und die Strafzumessungsgründe identifizirt. Ich möchte daher den Herrn Antragsteller zur Vermeidung von Mißverständnissen ersuchen, zu bestimmen, in welchem Wortverstande er den Ausdruck Milderungsumstände aufgefaßt haben will, da in der Rechtssprache der Partikular-Gesetzgebungen, so wie auch in der Literatur ein verschiedener Sprachgebrauch bezugs dieses Ausdruckes besteht.

**Präsident**: Da der Herr Referent Sie provozirt hat, bitte ich zu sprechen.

Appellationsgerichtsrath **von Krämel**: Im Allgemeinen kann ich mich nur den Ausführungen des Herrn Referenten anschließen, denn er hat im Wesentlichen das gesagt, was ich als Motiv meines Antrages zu berücksichtigen wünschte.

Der Herr Referent hat verlangt, ich solle erklären, wie ich die Worte verstehe: „wegen des Hinzutretens von Milderungsgründen auf eine geringere, als die absolute Strafe.“ Ich meine überhaupt, die Motive des Richters können in dem vorliegenden Falle nur die Strafbarkeit verringernde oder beschränkende Umstände sein. Ob dies nun Milderungs- oder Minderungsgründe sein sollen, darüber kann ich den Juristentag nicht behelligen, eben so wenig wie über die Art und Weise, wie diese Milderungsgründe zu konstatiren sind. Man will das richterliche Ermessen dadurch beschränken, daß man nur eine absolute Strafe aufstellt. Ich halte aber eine absolute Strafe für ein theoretisches Unding, und deshalb eben soll dem Richter nach seinem Ermessen bei Milderungsgründen natürlich auch die Möglichkeit gegeben sein, unter die absolute Strafe zu gehen.

Obertribunalsrath **von Seckendorff** (Berlin): Es scheint doch eine nähere Präcision dieses Antrages nöthig. Es ist nämlich ein wesentlicher Unterschied, ob der Richter der That die mildernden Umstände erst festzustellen hat, und auf Grund dieses Verdiktes der Richter des Rechtes, der Strafrichter die Strafe erst herabsetzen oder an die Stelle der absoluten Strafe eine relative setzen kann, oder ob, was in dem Wortlaute des Krämelschen Antrages zu liegen scheint, der Richter, welcher die Strafe auszusprechen hat, abgesehen von dem Verdikte des Richters der That, eine andere Strafe als die gesetzliche aussprechen darf. Mir scheint, daß wenn überhaupt — was ich nicht hoffe — die Todesstrafe in der künftigen Gesetzgebung im Allgemeinen noch stattfinden sollte, die Geschworenen zu erkennen haben würden: Dieser oder jener ist des Mordes schuldig, jedoch sind mildernde Umstände vorhanden; und haben die Geschworenen das erkannt, dann würde der Richter der Strafe in die Lage gesetzt sein, eine andere als die angedrohte

Todesstrafe auszusprechen. Es würde daher meines Erachtens eher etwa zu sagen sein statt der Worte „so ist dem Richter zugleich die Möglichkeit zu geben, eine andere“ u. s. w.: „so ist zugleich die Möglichkeit zu geben, wegen des Hinzutretens von mildernden Umständen, welche der Richter der That angenommen hat, auch auf eine geringere als die absolute Strafe zu erkennen.“ Wesentlich nothwendig ist die Trennung des Urtheils über die That und über die Strafe. Wo die Geschwornengerichte bestehen und wo überhaupt diese Trennung eben besteht, da dürfte sie wohl schwerlich wieder aufgehoben werden, weil die Schwurgerichte bestehen bleiben. Dieses scheint nicht gehörig berücksichtigt zu sein.

Appellationsgerichtsrath **von Kräwel**: Ich erlaube mir, den dritten Antrag besonders hervorzuheben. Da heißt es: „Ueberhaupt ist das Strafmaß so zu erweitern, daß der Richter bei der Strafabmessung u. s. w.“ Hier habe ich auszuführen gesucht, daß der Richter *κατ᾽ ἐξοχην* gemeint sei und nicht die Geschwornen. Ich hielt es für einen Fehlgriff, wenn die Geschwornen zur Strafabmessung auch nur in dieser Weise zugelassen würden, und deshalb ist es zweckmäßig, wenn man beide Anträge im Ganzen und Großen vereinigt.

**Präsident**: Ich trage kein Bedenken, gleichzeitig den dritten Absatz vorzunehmen, denn allerdings muß ich auch zugeben, daß er sehr nahe verwandt ist dem Antrage des Herrn von Holtzendorff: „Absolute Strafandrohungen sind grundsätzlich zu verwerfen.“ Ich würde daher den Herrn Referenten bitten, daß er den Abschnitt 3 gleichzeitig jetzt in den Kreis unserer Betrachtung ziehe, um über Abschnitt 2 und 3 gleichzeitig diskutiren zu können.

Referent Professor Dr. **Wahlberg**: Was das Verhältniß des Absatzes 3 zu Absatz 2 betrifft, so belehrt uns die einfache Vergleichung auf den ersten Blick, daß es sich im Absatz 2 darum handelt, eine Möglichkeit zu haben, statt der absolut bestimmten Strafen eine geringere nach den Schuldunterschieden theilbare anzunehmen; daß es dagegen bei Absatz 3 darauf ankommt, überhaupt den allgemein durchschlagenden Grundsatz über die Strafzumessung und zwar bei relativen Strafen festzustellen. Die Erweiterung des Strafmaßes nach dem Antrage des Herrn von Kräwel soll so weit ausgedehnt werden, daß die bisher angenommene Unterscheidung, wie ich früher bemerkt habe, zwischen Strafzumessung und Strafänderung aufgehoben werde; denn alle denkbaren außerordentlichen Fälle der Schärfung und Milderung der Strafe, der Erhöhung und der Verminderung der Verschuldung sollen in seinem Sinne, da er den Unterschied zwischen Minderung und Milderung, Schärfung und Erhöhung nicht anerkennt, bereits in das gesetzliche Strafmaß aufgenommen sein.

Wenn nun der Herr Antragsteller so weite Strafgrenzen setzt und überdies in der Regel selbst nur Eine Strafgrenze durch Feststellung des Maximums, so wären dagegen nach bisherigen Erfahrungen und nach meiner darauf gestützten Ueberzeugung mancherlei Bedenken geltend zu machen. Umspannt der Strafrahmen alle denkbaren außerordentlichen Fälle der Minderung oder Erhöhung der Verschuldung, so wird meines Erachtens dadurch das Prinzip der relativen Strafe verletzt, es wird die relativ bestimmte gesetzliche Strafe in eine unbestimmte verwandelt, und die Konsequenz ist: die Aufhebung aller Minima, d. h. ein nach unten gar kein die Strafgröße bestimmendes Strafgesetz, keine relativ bestimmte Strafgrenze. Wir haben in dem Unger'schen Entwurf in Gesetzen für Bremen vom Jahre 1851, und für Genf, endlich auch im Englischen Strafrechte einige legislative Versuche, in welchen wenigstens in der Regel die Feststellung eines Minimums aufgegeben ist. Ich glaube aber, daß man sich in dieser äußerst wichtigen Lehre keineswegs in Bausch und Bogen, im Großen und Ganzen an diese vereinzelten Vorläufer einer theoretisch noch nicht zum Abschluß gebrachten Reform halten dürfe, zumal wir zuverlässige Mittheilungen und Erfahrungen in dieser Richtung nicht besitzen. Ich stelle nicht in Abrede, daß es einige strafbare Handlungen giebt, deren gewöhnliche Schuldstufen so gering sind, daß die Festsetzung eines Minimums ganz entbehrlich oder unzulässig ist, aber für die Regel der Fälle, für die Durchschnittsverschuldung der strafbaren Handlungen überhaupt, glaube ich, können wir in der Regel ein wenn auch niedrig gegriffenes Minimum nicht entbehren. Ich würde daher im Gegensatze zur Ansicht des Herrn Antragstellers allerdings eine sehr namhafte Erweiterung, aber nicht eine nach der Seite des Minimums hin gänzliche Aufhebung der Strafgrenze befürworten.

Was die Seite des Maximums der zeitlichen Freiheitsstrafen, was die Höhe des Strafmaßes anbelangt, lassen die meisten Gesetze allerdings weniger zu wünschen übrig. Allein, was das Minimum betrifft, so läßt sich nicht verkennen, daß in vielen Deutschen Landesgesetzbüchern das Minimum zu hoch gegriffen ist, z. B. in dem Oesterreichischen und Preußischen Strafgesetze. Meines Erachtens wird dem Reformbedürfnisse schon genügt, wenn die Erweiterung des Strafmaßes dahin vorgeschlagen würde, daß ein Strafmaß berechnet wird für die gewöhnlichen Fälle, für die Regel der schwersten, schwereren und leichteren Fälle, in welchen der strafrechtliche Gattungs-Charakter eben noch vom Gesetzgeber bestimmt werden kann, ohne dem richterlichen Ermessen bei der Würdigung der Individualität der einzelnen Fälle Zwang anzuthun; ferner, daß die außerordentlichen Fälle der geringeren Verschuldung, bei welchen noch das geringste gesetzliche Strafmaß zu hart erscheint, dem Strafänderungsrechte des Gerichtshofes, beziehungsweise der außerordentlichen Strafmilderung unterzogen werden, eine Einrichtung, welche prinzipiell in Oesterreich und Braunschweig bereits Anerkennung gefunden und sich im Allgemeinen bewährt hat. — Das ist im Meritorischen der leitende Gesichtspunkt der Berichterstattung. In Betreff der formellen Behandlung der Anträge nur eine Bemerkung.

Ich wäre nicht damit einverstanden, bei der Berathung Nr. 2 und 3 zu verbinden. Denn wenn der Antragsteller und einer der Herren Redner die Milderungsgründe und die Frage der Kompetenz zur Beurtheilung derselben mit in die Debatte zieht, so werden wir voraussichtlich im Laufe derselben auf zwei ganz verschiedene Geleise gerathen, einerseits von strafgesetzlichen Milderungsgründen sprechen, andrerseits von der prozessualischen Festsetzung der Milderungsgründe. Es würden mithin eine strafrechtliche Frage, die hierher gehört, und eine strafprozessualische Frage, die nicht hierher gehört, zur Erörterung gebracht werden. Zur Vereinfachung und Abkürzung der Debatte dürfte es in erster Linie angezeigt sein, erst über 2 abzustimmen und dann über 3, und zwar lediglich, mit Rücksicht auf die strafrechtlichen Momente mit Ausschluß der strafprozessualischen zu sprechen.

**Präsident**: Die Diskussion ist eröffnet. Ich würde bei der vorigen Bestimmung stehen bleiben, mit Rücksicht auf den Wunsch des Antragstellers, die Abstimmung auf 2 und 3 zu erstrecken.

Appellationsgerichtsrath **von Kräwel**: Ich wollte den dritten Antrag etwas amendiren. Er ist jetzt so aufgefaßt: Der zweite Antrag betrifft den Ausschluß der absoluten Strafen. In dem dritten wollte ich die Kompetenzfrage zur Sprache bringen, ohne den Richter der Strafe auszuschließen, welches Wort nicht besonders hervorgehoben ist. Ob der Richter zur Anwendung von Milderungsgründen befugt sein soll, das bestimmt mich als Preußischen Juristen, weil wir leider das Französische Verfahren haben, wo die Geschworenen die Milderungsgründe festzustellen haben. Hinter den Worten: „daß der Richter" scheint es mir nothwendig, hinzuzufügen: „sogar beim Schwurgerichtsverfahren". Dadurch würde die Kompetenzfrage in den Vordergrund gestellt. Absatz 3 würde daher die Kompetenz des Richters betreffen und Absatz 2 gegen die absoluten Strafen gerichtet sein.

Wenn ich zu Absatz 2 gleich das Wort ergreifen kann, so schließe ich mich den Gründen des Herrn Referenten an, der ausgeführt hat, daß absolute Strafen ein theoretisches Unding sind, insofern sie nicht mit der Schuldgröße in Uebereinstimmung stehen, wie wenn in der Strafzeit für Mord z. B. aus religiöser Schwärmerei, oder wenn Liebende sich gegenseitig tödten, keine große Abstufung der absoluten Strafe eintritt. Es ist nämlich nichts für die Schwurgerichte gefährlicher als absolute Strafen, weil sie dem Richter die Möglichkeit entziehen, die Strafen zu erkennen, die der Sache angemessen sind. Die Geschworenen werden mit ihrem Gefühle in Kollision gebracht, und ein richtiges Verdikt ist nicht zu erwarten; das führt zu Unzukömmlichkeiten, zu einem unrichtigen Verdikte, das aber nicht zu befürchten ist, wenn Absatz 2 angenommen wird.

Prof. **von Holtzendorff**: Ich glaube nach den eben gegebenen Erläuterungen des Herrn von Kräwel wird er sich mit der von mir gewählten Fassung einverstanden erklären: „Absolute Strafandrohungen sind grundsätzlich zu verwerfen." Dies vereinfacht die Diskussion und schneidet gleich diejenigen Einwendungen ab, welche gegen den modifizirten Vorschlag erhoben werden könnten, ohne das Prinzip selbst anzufechten.

Adv. Kand. Dr. Alfred **Stern** (Wien): Nachdem ich die Modifikation des Antrages gehört habe, so verzichte ich auf das Wort. Ich hätte nur bemerken wollen, daß die Worte „Todes- und lebenswierige Zuchthausstrafe" mit dem früher gefaßten Beschlusse, wonach heute jede Diskussion über die Zulässigkeit oder Abschaffung der Todesstrafe wegfällt, im Widerspruche stünden.

Staatsanwalt **Nessel** (Breslau): Ich wollte mir erlauben, das Amendement des Herrn Ober-Tribunalsrathes Freiherrn von Seckendorff zum Abschnitt 2 zu unterstützen gegen die Ansicht des Herrn Antragstellers. Ich halte die in Preußen zur Zeit bestehende Befugniß des Richters der That, des Schwurgerichtes, für essentiell, die, wenn wir sie den Schwurgerichten entziehen wollten, das ganze Institut in seinem Hauptwesen aufheben würde, die Befugniß nämlich, daß die Geschworenen, falls sie die Schuld annehmen, gleichzeitig auch darüber urtheilen, ob mildernde Umstände vorliegen oder nicht. Wenn der Fall eintritt, den der Herr Antragsteller beabsichtigt, daß der Gerichtshof darüber die Entscheidung fällt, so könnte der Gerichtshof in eine eigenthümliche Lage kommen, in dem Falle nämlich, der doch denkbar ist, daß zwar die Geschworenen Schuldig gesprochen haben, der Gerichtshof aber einstimmig sich für die Nichtschuld aussprechen würde, wenn er die Hauptfrage zu entscheiden hätte, da müßte der Gerichtshof in einem solchen Falle denn doch hinterher befinden, ob mildernde Umstände vorliegen. Dies allein zeigt schon, daß es nicht möglich ist, die thatsächliche Entscheidung zwischen dem Gerichtshofe und dem Schwurgerichte zu theilen. Ich beantrage daher, dem Amendement des Herrn von Seckendorff die Zustimmung ertheilen zu wollen.

Freiherr **von Seckendorff**: Ich bin mit dem Antrage des Herrn von Holtzendorff ganz einverstanden. Ich habe allerdings eine Verwechselung der mildernden Umstände und der Zumessungsgründe in dem Antrage des Herrn von Kräwel erkannt und ich befinde mich in vollkommener Uebereinstimmung mit dem Herrn Vorredner darüber, daß diese nicht verwechselt werden dürfen. Eine Verwechselung wird aber auch nicht ausgesprochen werden, wenn der Holtzendorff'sche Antrag angenommen werden wird.

**Präsident**: Freiherr von Seckendorff hat einen bestimmten Antrag zur Zeit nicht gestellt. Wenn Herr Staatsanwalt Nessel nicht gegenwärtig einen solchen stellt, so würde allerdings die ausgesprochene Adoption eines Seckendorff'schen Antrages nicht zu berücksichtigen sein.

Appellationsgerichtsrath **von Kräwel**: Ich habe mich bei der Motivirung auf den Punkt 2 beschränkt, weil ich glaubte, daß dieser vorzüglich berathen und besprochen werden sollte. Soll der Punkt 3 auch zur Debatte kommen, so würde ich meine Gründe dafür anzuführen haben, die bis jetzt noch nicht angeführt werden konnten. Ich halte die Französische Einrichtung mit den mildernden Umständen für eine Erfindung, die sich durchaus nicht bewährt hat, die, wenn sie von einem Deutschen gemacht worden wäre, auch schwerlich bei uns Anklang gefunden hätte. Diese Bestimmung ist blos deshalb nothwendig geworden, weil die Französischen Strafgesetze zu hohe Minima hatten, es war zu schwer damit zu arbeiten. Man half sich, man ließ die Geschworenen als Begnadigungsinstanz eintreten und legte ihnen die Frage vor: „Sind hier mildernde Umstände vorhanden? ist das Strafgesetz hier zu hart oder nicht zu hart?" ohne daß sie auszusprechen hätten, aus welchen Gründen sie eigentlich das Strafmaß für zu hoch erachteten.

Was die Sache aber selbst betrifft, so liegen einerseits fast in jeder Sache Milderungsgründe vor, und wenn man daher die Frage nach Milderungsumständen den Geschworenen so vorlegt, so ist diese Frage eigentlich ein Unding, weil überflüssig; andrerseits können eben so gut erschwerende Umstände vorhanden sein, welche die mildernden tödten können, welche aber dann keine Berücksichtigung finden. Die Frage nach mildernden Umständen ist demnach eine Frage, die, wenn man will, eigentlich beinahe in allen Fällen bejaht werden kann, und welche demnach den Geschworenen noch besonders vorzulegen unzweckmäßig ist. Liegt die Sache aber auch nicht so, daß das gewöhnliche Strafausmaß zu hoch ist, kommen demnach die Geschworenen durch Beantwortung dieser Frage in die Lage, das Strafausmaß richtig zu nehmen, so halte ich es doch für ein Unding, ihnen diese Frage vorzulegen. Die Geschworenen sind blos Richter der That, und wenn man sie zu Strafzumessungsrichtern macht, so kommt man auf ein Gebiet, das ihnen gar nicht zusteht und schon zu großen Mißgriffen geführt hat, wie Jeder, der bei Schwurgerichten zu thun hat, finden kann. Es ist z. B. Jemand einer Urkundenfälschung angeklagt. Die Geschworenen denken, eine solche liege vor, und sie bejahen die Frage wegen der mildernden Umstände. Der Gerichtshof, welcher die Strafe abzumessen hat, findet, daß eine Urkundenfälschung nicht vorliegt, sondern ein einfacher Betrug. Nun haben die Geschworenen in der Voraussetzung, daß das Strafgesetz für Urkundenfälschung Anwendung finden würde, mildernde Umstände angenommen, und es kommt nun der Richter in Verlegenheit, mildernde Umstände gegen die Sachlage und gegen die Absicht der Geschworenen anwenden zu müssen. Das kommt davon her, daß die Kompetenz verrückt wird. Es ist ein theoretisches Unding, daß die Geschworenen durch Bejahung oder Verneinung von Milderungsumständen sich über das Strafausmaß auslassen können. Die Strafabmessung muß unbedingt von dem Ausspruche des Richters der Strafe abhängig sein. Ich halte es für einen Französischen Hocus-pocus, daß die Geschworenen hineingemischt werden. (Rufe: Sehr gut!)

Staatsanwalt **Nessel**: Ich glaube, daß man den Zweck des Herrn Antragstellers vollkommen anerkennen soll, daß er aber dennoch auf diesem Wege nicht vollkommen zu erreichen sein wird. Es handelt sich wesentlich in vielen Fällen, wo mildernde Umstände angenommen werden, darum, auch eine andere Strafart derjenigen zu substituiren, die auf die härteren Fälle des Verbrechens steht. Wenn nun auch das Holtzendorff'sche Amendement angenommen wird, daß für den Richter keine absoluten Strafdrohungen, also keine Minima gestellt werden, so wird es doch viele Fälle geben, wo ....

**Präsident**: Erlauben Sie mir, daß ich unterbreche. Der Antrag des Herrn von Holtzendorff lautet: „Absolute Strafdrohungen sind grundsätzlich zu verwerfen."

Staatsanwalt **Nessel**: Ja, ich meine nur, daß die Annahme von mildernden Umständen in dem Falle nicht zu entbehren sein wird, wo eine andere Strafart der härtesten zu substituiren ist, und ich würde insoweit an dem Amendement des Freiherrn von Seckendorff festhalten.

**Präsident**: Ein solches Amendement ist nicht gestellt worden, es kann daher auch nicht eine Adoption eintreten.

Staatsanwalt **Nessel**: Zu Nr. 2 ist ein Antrag von Herrn von Seckendorff gestellt worden.

**Präsident**: Ich bitte um Entschuldigung, es ist blos eine Interpretation von ihm gegeben worden, daher würde ich bitten, daß von Ihnen ein selbstständiger Antrag gestellt würde.

Rechtsanwalt **Sabarth** (Ratibor): Wenn Herr Nessel die Antragstellung nicht unternimmt, so erkläre ich, daß ich das Wort blos deshalb begehrt habe, um den entsprechenden Antrag zu stellen, weil ich meinerseits mit der Ansicht des Herrn Nessel vollkommen einverstanden bin. Der Kräwel'sche Antrag hat jetzt im Laufe der Sitzung zu Nr. 3 eine Modifikation erfahren. Der Herr Antragsteller hat erklärt, er wolle jetzt beschließen lassen, daß der Richter auch beim Schwurgerichte bei der Strafbemessung das Vorhandensein erschwerender oder mildernder Umstände anzunehmen ermächtigt werden solle. Die jetzt gemachten Zusatzworte: „auch beim Schwurgerichte" sollen die vom Antragsteller erklärte Bedeutung haben, den Ausdruck „Richter" von den Geschworenen zu unterscheiden. Der Antrag zielt also dahin ab, die Annahme von Milderungs- oder Schärfungsgründen den Geschworenen zu entziehen. Dieser Annahme muß ich, in Uebereinstimmung mit Herrn Nessel entgegentreten, und stelle den Antrag, die Worte: „auch bei Schwurgerichtssachen" wegzustreichen und den Antrag in seiner ursprünglichen Reinheit stehen zu lassen.

**Präsident**: Der Herr Antragsteller wird wohl damit einverstanden sein, daß die Worte: „Schwurgerichtssachen" besonders zur Abstimmung gebracht werden, und damit wäre der besondere Antrag erledigt.

Rechtsanwalt **Sabarth**: Ob es die Ansicht des Herrn Antragstellers Kräwel ist, weiß ich nicht, faktisch aber muß der Antrag nach meiner Ueberzeugung dahin führen, das Schwurgerichtsverfahren von einem großen Theile seines bisherigen Gebietes abzuschließen. Die Schärfungs- und Milderungsgründe müssen immerhin faktisch bestehen, da es wohl in Niemandes Absicht liegen wird, dem Richter eine solche freie Befugniß zu verleihen, nach Belieben, nach Willkür erschwerende oder mildernde Umstände anzunehmen. Man muß doch immerhin eine faktische Unterlage für solche Annahmen voraussetzen. Wenn nun im Strafverfahren die Geschworenen dazu bestimmt sind, die Thatfragen festzustellen, so müssen es auch alle Fragen sein, die einen faktischen Inhalt haben. Es würde andernfalls auch ohne Zweifel ein praktischer Nachtheil entstehen. Ich habe hundert Fälle erlebt, wo die Staatsanwaltschaft ihre Anklage nur dadurch rettete, daß sie den Geschworenen die Frage wegen mildernder Umstände stellte, weil die Gefahr vorhanden war, daß die Geschworenen den Angeklagten sonst ganz frei gesprochen hätten. Ich halte die Funktion der Geschworenen für erleichtert, wenn ihnen zugleich Gelegenheit geboten ist, sich auszusprechen, daß sie hier das Faktum von der Art finden, um eine Milderung, welche den Grad abmessen soll, annehmen zu lassen, daß sie z. B. feststellen, welches mildernde Faktum sie für erwiesen annehmen oder nicht, ob z. B. auf eine Anreizung oder Provokation eine bloße Erwiderung vorhanden sei; insbesondere ist der Fall der Nothwehr oft genug schwer zu unterscheiden von dem einer bloßen Retorsion. Das sind Fakta, die müssen festgestellt werden, und das sind Dinge, die den Schwurgerichten nicht entzogen werden dürfen.

Ich bitte also, den Antrag in der ursprünglichen Reinheit zu belassen, wobei es wenigstens dahingestellt bleibt, ob der Richter oder die Geschworenen in concreto die Schärfungs- oder Milderungsgründe festzustellen haben werden.

Kreisgerichtsdirektor **v. Kunowski** (Beuthen): Es scheint mir hier von mehreren Seiten die prozessualische Frage in die Debatte gezogen worden zu sein, die an und für sich gar nicht in dem Kräwel'schen Antrage liegt. Der Antrag ist nur dahin aufzufassen, daß gewisse Sätze für das künftig zu erzielende Deutsche Strafgesetzbuch bezüglich der dort auszusprechenden Strafe ausgesprochen werden. Es sollte dort bestimmt werden: Bei absoluten Strafen kann auch auf Milderungsumstände Rücksicht genommen werden, zu dem Ziel, daß der Richter, der die Strafe verhängt — anders kann ich es nicht verstehen — auch von dem absoluten Strafausmaaße abweichend, vermöge der eintretenden Milderungsgründe die Strafe bestimmen kann. Ebenso versteht es sich ad 3, daß der Antrag nur beabsichtigt, daß dieses im künftigen Deutschen Strafgesetzbuche stehen soll, wo jetzt etwa eine 2 — 10jährige Zuchthausstrafe, eine 1 — 5jährige Gefängnißstrafe festgesetzt oder die Strafe mit einer anderen Grenze genau bezeichnet ist. Beide Anträge bewegen sich meines Erachtens lediglich auf dem Gebiete der materiellen Strafgesetzgebung. Die Frage, die jetzt hineingezogen wird, wer im einzelnen Falle die faktische Unterlage für die Verhängung der Strafe zu geben hat, liegt nicht im Kreise dieser Anträge, und ich glaube, es ist zweckmäßig, diese ganze Frage bei Seite zu lassen und sich rein objektiv zu halten, gleichviel, ob Geschworene oder Richter bestehen. Jene andere Frage aber ist ganz aus der Debatte auszuscheiden.

**Präsident**: Ich erlaube mir noch, zunächst den Antrag des Freiherrn v. Seckendorff vorzulegen, der auf Abs. 2 sich bezieht, wonach der zweite Theil dieses Absatzes so lauten würde: „So ist zugleich die Möglichkeit zu geben, bei Feststellung mildernder Umstände auch auf eine geringere als die absolute Strafe zu erkennen." Der Eingang des Satzes würde bleiben; der zweite Theil aber würde unter Ausfall der Worte „dem Richter" so lauten, wie ich ihn vorgelesen habe. Es würde also darauf, ob Richter oder Geschworene, hier keine Rücksicht genommen werden.

Appellations-Gerichtsrath **von Kräwel**: Ich wollte mich zunächst gegen die Bemerkung des Herrn v. Kunowski wenden, welcher es zweckmäßig hält, daß die Worte, die ich einzuschalten beabsichtige, fortbleiben. Ich halte es aber auch für die Zukunft des Deutschen Strafgesetzbuches sehr wünschenswerth, daß diese mildernden Umstände, die namentlich in unserem Strafgesetzbuche eine so große Rolle spielen, und deren Feststellung bei Verbrechen den Geschworenen zusteht, lediglich dem Richter der Strafe überwiesen werden, und daß aus dem neuen Strafgesetzbuche diese Französische

Art der Feststellung der mildernden Umstände bei Verbrechen durch Jemand Andern als durch den Richter ferngehalten werde.

Ferner ist meinem Antrage von Herrn Sabarth der Vorwurf gemacht worden, daß er zu weit gehe. Das ist eine nicht richtige Auffassung meines Antrages. Ich habe gesagt, daß das Strafmaaß überhaupt so zu bemessen ist, daß der Richter bei der Strafabmessung wegen des Hinzutretens von Milderungsgründen auch auf eine geringere als auf die absolute Strafe erkennen kann. Die Strafabmessung, die folgt auf die Feststellung des Thatbestandes. Es versteht sich von selbst, daß Umstände, die zum Thatbestande, die also bei den Schwurgerichten zur Kognition gehören, den Geschworenen zukommen; wenn aber der Thatbestand mit den mildernden und erschwerenden Umständen festgestellt ist, dann soll meines Erachtens allein das Ermessen des Richters eintreten und die Geschworenen nicht erst noch darüber gefragt werden, wie es nach dem Französischen Verfahren geschieht.

Kreisgerichtsdirektor **v. Kunowski**: Ich bin mißverstanden worden. Ich bin damit einverstanden, daß künftig die Feststellung von mildernden Umständen, die jetzt in Preußen dem Geschworenengerichte oktroyirt ist, in die Hände des Richters gelegt werde. Ich glaube aber, die Frage kommt hier gar nicht in Erwägung. Der Antrag 2 fängt an: „Wenn das allgemeine Deutsche Strafgesetzbuch absolute Strafen, wie die Todes- und lebenswierige Zuchthausstrafe, androht," und unter diese Rubrik ist auch der Antrag 3 zu bringen. Nun scheint es nicht logisch zu sein, daß in dem Strafgesetzbuche gesagt wird, der und der Richter, die oder jene Person stellt die betreffenden Umstände fest, die eine Interpretation zu dem Strafgesetze bilden. Das Strafgesetz wird wohl jedenfalls dies berücksichtigen und sagen: Im Falle dies oder jenes Verbrechen vorliegt, kann der Richter auch Gefängniß-, resp. Zuchthausstrafe, verhängen. Es wird aber nicht festgesetzt werden, welcher Richter dies feststellen soll, sondern es wird nur stehen, diese und jene Strafe ist unter diesen und jenen Umständen zu verhängen. Das habe ich aufklären wollen.

Staatsanwalt **Nessel** aus Breslau: Ich glaube, daß der von dem Herrn Antragsteller in Anregung gebrachte Zusatz „selbst in Schwurgerichtssachen" in dem Absatze 2 den gelehrten Richter betreffen soll, mit Ausschluß des Richters der That. Ich bin deshalb mit der Ansicht des Herrn von Kunowski einverstanden, und es ist besser, diesen Zusatz, „selbst in Schwurgerichtssachen", wegzulassen. Dann bleibt die Frage noch eine offene.

Appellationsgerichtsrath **v. Kräwel**: Ich wünsche aber, daß die Frage keine offene bleibe, sondern vom Juristentage entschieden werde.

Professor **v. Holtzendorff** aus Berlin: Meine Herren! Wir müssen uns daran halten, daß Herr v. Kräwel jeden Unterschied zwischen Strafausmessungs- und speziell Strafminderungs- und Strafmilderungsgründen beseitigen will, dadurch, daß er eben das Minimum wegfallen läßt. Ich kann mich nur, und zwar nicht blos aus theoretischen Erwägungen, sondern auch aus Gründen praktischer Beobachtung, sehr entschieden dagegen aussprechen. Ich will nur Eins anführen. Vergleichen Sie die Statistik von Holstein, wo die rein arbiträren Strafbestimmungen der Karolina gelten, und Sie werden finden, daß schließlich alle Strafen nach einem Minimum hindrängen, und jeder objektive Maaßstab fehlt. Die Brandstiftung steht auf einer Stufe mit einem etwas erschwerten Diebstahl, kurz, das Auseinanderhalten der Thatsachen ist nicht vorhanden. Dasselbe sehen Sie in St. Gallen, in der Schweizerischen Strafgesetzgebung.

Ich meine, man muß sich in der Strafgesetzgebung immer ein Bild gegenwärtig halten: Wie erscheint diese Thatsache im gewöhnlichen Durchschnitte des Lebens, in ihrer allgemeinen photographischen Figur? Und dem entgegengesetzt: Wie erscheint die That möglicherweise beim Vorhandensein besonderer Umstände? Ob diese besonderen Umstände spezialisirt werden sollen, oder ob sie, wie in Preußen und Frankreich, unter dem Titel der mildernden Umstände zusammengefaßt werden sollen, ist eine der allerbestrittensten und schwierigsten Fragen. Hier ist der Zwiespalt der Deutschen gesetzgebenden Faktoren am weitesten. Ich glaube nicht, daß wir die Frage hier schon entscheiden können; ich glaube vielmehr, daß wir sie dem nächsten Juristentage als eine der wichtigsten Grundfragen der Deutschen Strafrechtseinheit überweisen sollen.

Ich wäre also zunächst dafür, daß diese Frage der Strafminderung und Strafmilderung heute nicht entschieden werde, sondern daß wir uns beschränken, das große, im Augenblicke wichtigste Prinzip zu adoptiren, welches die absolute Strafdrohung ausschließt, ohne sich übrigens auf nähere Modalitäten einzulassen.

Ueber die Nachtheile einer vagen Androhung, ohne ein Minimum, habe ich mich — und diese praktische Bemerkung erlauben Sie mir — in Irland besonders überzeugt. Es ist für den Strafzwang und für den Einfluß der Strafvollstreckung von großer Wichtigkeit, annäherungsweise ein gleiches Strafmaaß zu haben. Nichts erzeugt mehr Unzufriedenheit, mehr Zweifel und Unsicherheit in den Strafanstalten, als wenn die Gefangenen, die Bestraften, sich gegenseitig ihr Strafmaaß vorhalten und der Eine sagt: Ich habe wegen Diebstahl 3, der Andere: ich 4, und der Dritte: ich 5 Jahre bekommen. Nehmen Sie das Prinzip Kräwel's an, so ist der Richter in dieser Weise an gar keinen Maaßstab gebunden. Er verwechselt in seiner Idee das gewöhnliche Bild der strafbaren That mit der außerordentlichen Figur, die dasselbe annehmen kann. Nicht nur beim Richter der That, sondern auch bei den verschiedenen Gerichtshöfen wird ein verschiedenes Prinzip der Praxis — und beim Strafmaaße ist das von großer Bedeutung — sich allmählig herausbilden.

Ich enthalte mich, auf diese Frage weiter einzugehen, indem ich nur wünsche, daß diese wichtige, diese außerordentlich tief greifende Frage, ob das System der bestimmten Strafmilderung, wie dies in Bayern, in Oesterreich der Fall ist, oder das System der unbestimmten Strafmilderung, wie dies in Preußen, in Frankreich der Fall ist, zur Grundlage genommen werden soll.

Uebrigens hängt von diesem Prinzipe auch das prozessualische Verfahren ab. Nehmen wir z. B. an, daß der Juristentag sich entscheidet für das System der positiven Strafminderung, so sehe ich nicht das mindeste Bedenken, dies der Geschwornenkompetenz zuzuerkennen und zu sagen, die Geschwornen müssen darüber entscheiden. Kräwel meint, die Entscheidung der Geschwornen über die mildernden Umstände sei ein Hocuspocus. Ich muß dagegen erklären, daß meine Beobachtung, freilich nur beim Berliner Stadtgericht, keineswegs einer solchen Auffassung entspricht, und ich glaube, daß bei allen Irrungen und aller Unsicherheit, welche bei der Geschwornen-Gerichtspflege vorkommen, gerade darauf das höchste Gewicht gelegt werden muß, daß die Geschwornen unter allen Umständen über die mildernden Umstände zu erkennen haben. Es handelt sich nicht blos darum, sie zu Experten der That zu machen, sondern auch und noch vielmehr darum, daß das allgemeine Bild der moralischen Verschuldung, wie sie in dem Verbrechen dargelegt ist, durch sie zu erzeugen und zur Anschauung in der Strafrechtspflege zu bringen ist. Man meint, es wäre dies nicht möglich auf dem Boden der Kräwel'schen Anträge. Ich gebe das zu. Es wäre eine reine Strafausmessung durch die Geschwornen, wenn die Kräwel'schen Anträge angenommen würden, und der Unterschied zwischen Strafmilderungs- und Strafausmessungs-Gründen wegfällt. Ich kann auch gar nicht die Frage für entschieden erachten, daß die Geschwornen von der Kompetenz in dieser Frage loszulösen seien.

Ich erwähne das nur, um die Aufmerksamkeit darauf zu lenken, daß dies außerordentlich wichtige Fragen sind, zum Theil prozessualischer, zum Theil materieller Natur, und um zu sagen, daß sie vielleicht noch einer eingehenden Vorbereitung bedürfen.

**Präsident**: Wird vom Herrn Professor v. Holtzendorff ein besonderer Antrag gestellt?

Professor **v. Holtzendorff**: Ich stelle den Antrag, über mein Amendement zu §. 2 sogleich abzustimmen, wenn die Debatte geschlossen ist, und

2 und 3 nicht zu kombiniren und den Kräwel'schen Antrag 3 dem nächsten Juristentage zu überweisen.

Uebrigens füge ich noch die formelle Bemerkung hinzu, daß der Kräwel'sche Antrag keinenfalls so bleiben kann nach unserem ersten Beschlusse, wie er gegenwärtig dasteht, wie bereits von anderer Seite darauf hingewiesen worden ist. Denn wenn Herr v. Kräwel meint, daß die Todesstrafe nicht abgeschafft würde, so lassen wir diese Möglichkeit nicht gelten, und wir müssen das vorläufig auch in den Ländern, wo die Todesstrafe angedroht wird, den gesetzgebenden Kammern überlassen, die darüber zu beschließen haben. Ich habe übrigens den Vordersatz deswegen schon so zweifelhaft gefaßt, weil gesagt wird, „so ist dem Richter die Möglichkeit gegeben"; denn darin liegt gewiß ein Gegensatz. Denn wenn das Zweite eintritt, so hört jede Androhung auf, absolut zu sein. Nur glaube ich das Prinzip auf das Schärfste auszusprechen, wenn ich sage, absolute Strafandrohungen sind nicht zu empfehlen.

**Präsident:** Ich erlaube mir zunächst auf die Bemerkung des Herrn v. Holtzendorff zu erinnern, daß, wenn es zur Abstimmung über den Kräwel'schen Antrag Nr. 2 kommen würde, in Konsequenz unserer Beschlüsse zu 1, die nur exemplicative Hinweisung in den Worten: „die Todesstrafe und lebenswierige Zuchthausstrafe" ausgelassen werden müsse.

Geheimer Ober-Tribunalsrath Freiherr **v. Seckendorff** aus Berlin: Dem, was Herr v. Holtzendorff gesagt hat, habe ich nur wenige Worte hinzuzufügen. Ich glaube, den Herren Vorrednern und einschließlich Herrn v. Holtzendorff dadurch, daß ich das Wort „dem Richter" in meinem Antrage weglasse, nachgegeben zu haben, daß ich das Organ, welches über das Vorhandensein von Milderungsgründen und deshalb auf eine geringere Strafe erkennt, nicht nenne. Es ist auch hinreichend hervorgehoben worden, daß in den Anträgen Kräwel's der Begriff von mildernden Umständen, die zum Wesen der ganzen That im Umfang des reatus des Angeklagten gehören, unterschieden werden müsse von jenem der Zumessungs-, der Minderungsgründe, während sie in dem Kräwel'schen Antrag untereinander laufen.

Ich habe aber nun feierlichst zu protestiren dagegen, daß hier wiederholt von dem Ausdrucke Gebrauch gemacht wurde, das Geschwornengericht sei ein Französisches Eindrängsel. Das ist unhistorisch, undeutsch und unjuristisch. Unhistorisch ist es, weil nicht die Franzosen die Erfindung gemacht haben, weil bekanntlich — und das muß Jeder wissen, der hier auf dem Juristentage ist — dieses Institut ein altes Deutsches ist, weil die Geschwornengerichte nicht jetzt erst entstanden sind, und weil wir jetzt in den Deutschen Ländern — leider noch nicht in ganz Deutschland — die Geschwornengerichte so haben, wie wir sie vor alten Zeiten hatten. Wären sie aber selbst Französische Gerichte, so würden sie jetzt doch Deutsch sein, und wir haben gegen solche Institute, weil sie Französisch sind, noch immer in keiner Beziehung anzukämpfen. Es ist ferner ganz richtig und nachdrücklich von Herrn v. Holtzendorff hervorgehoben worden, daß die Beschaffenheit der That zu beurtheilen eben Sache Desjenigen ist, der das „Schuldig" auszusprechen hat. Der Herr Antragsteller ist so weit gegangen, zu sagen: Wenn das Geschwornengericht Jemand einer Urkundenfälschung schuldig erklärt hat, könnte der Strafrichter nach seinem Ermessen die Strafe nicht wegen Urkundenfälschung, sondern Betrug verhängen. Das sind Konsequenzen, zu denen man kommt, wenn man die Begriffe einfach untereinander wirft (Ruf: Oho!) und Etwas angreift, weil man es für Französisch hält, während es doch Deutsch ist.

Professor Dr. **Geßler** aus Tübingen: Ich unterstütze durchaus den Antrag des Herrn v. Holtzendorff. Die Frage, ob Milderungsgründe mit Bestimmtheit aufzustellen seien, diese Frage ist noch nicht hinreichend vorbereitet, um sofort ihre Entscheidung zu finden. Es ist eine schwierige Frage dabei zu beantworten: Kann in Summa das, was als Milderungsgrund aufzufassen ist, so spezialisirt werden, daß man sich auf bestimmte Milderungsgründe beschränkt, oder muß, weil die Spezialisirung nicht möglich ist, zu allgemeinen Milderungsgründen geschritten werden? Kann dann, wenn bestimmte Milderungsgründe aufgestellt werden, dies den Geschwornen überlassen werden? Wenn aber unbestimmte Milderungsgründe aufgestellt sind, soll das dem rechtsgelehrten Richter überlassen werden? Diese Fragen sind noch nicht gehörig erwogen. Deshalb wäre ich dafür, daß die Frage, welcher Richter die Milderungsgründe zu bestimmen hat, weggelassen werde. Ich will auch die Frage, wie diese Milderungsgründe zu bestimmen sind, bei Seite lassen. Herr v. Holtzendorff hat in seinem Antrage einen Fortschritt der Rechtswissenschaft zur Anerkennung gebracht. Das Bayerische Gesetzbuch hat dem Richter keine Schnürstiefel angelegt, indem es ihm in dem Falle, wo der Richter von dem Strafmaße abgehen könnte, es ihm auch gestattet. Die Wissenschaft muß sich mit Entschiedenheit dagegen aussprechen, daß die richterliche Strafbemessung beschränkt werden dürfe. Diesen Ausspruch erkenne ich auch im Satze des Herrn v. Holtzendorff, wo noch weiter anerkannt wird, daß auch unbestimmte Strafmilderungsgründe zuzulassen seien. Das ist ein Grundsatz des Fortschritts, den ich dem künftigen Juristentage zur gründlichen Erörterung zugewiesen wissen möchte.

Rechtsanwalt Dr. **Völk** aus Augsburg: Es ist vorhin vom Bayerischen Strafgesetzbuche die Rede gewesen. Es legt mir dies die Verpflichtung auf, diese Bemerkung nicht ohne eine Gegenbemerkung vorübergehen zu lassen, weil ich mich selbst an dem Zustandekommen des Bayerischen Strafgesetzbuches als Mitglied des gesetzgebenden Ausschusses betheiligt habe. Sie sind, m. H., hier in eine Frage hineingeworfen worden, welche uns in München — ich darf es sagen — schon zehn Jahre beschäftigt hat, und deren Wichtigkeit, nachdem wir zehn Jahre beisammen saßen, uns noch als eine so große erschienen ist, daß wir nicht glaubten, die Lösung derselben gefunden zu haben. Ich möchte Sie daher warnen und dringend warnen, auf die Anträge Kräwel's einzugehen.

Ich glaube, daß, wenn Sie heute feststellen, daß das, was man Strafmilderungsgründe oder Minderungsgründe heißt, lediglich nicht dem Richter der That, sondern dem Richter der Strafausmessung zuzuweisen sei, daß Sie dadurch sich von dem Zustandekommen eines allgemeinen einigen Strafgesetzbuches viel weiter entfernen, als wenn Sie die Todesstrafe für ganz Deutschland bestehen lassen oder für ganz Deutschland aufheben.

Ich kann nicht umhin mich dem, was von dem zweiten Präsidenten Freiherrn v. Seckendorff bemerkt worden ist, in Bezug auf das, was man Französische Import-Artikel heißt, nur anzuschließen. Es ist nicht richtig, daß man sagen kann, es sei eine Französische Erfindung, daß man die sogenannten mildernden Umstände dem Richter der That zuweist; ich glaube, daß das in der Natur der That liegt, daß es nur in dem Thatbestande begründet ist, und daß nur der Richter der That diese Umstände zu entscheiden und zu bemessen hat. Wir hatten diese Frage ebenfalls zu erwägen, und ich versichere Sie, wir waren darüber nicht im leisesten Zweifel, daß, wenn wir mildernde Umstände, insoweit sie bei uns bestehen, den Geschwornen entziehen und dem Richter der Strafausmessung zuweisen, wir dadurch dem Geschwornen-Institut den Nerv abschneiden würden.

Man kann überhaupt das, was man mildernde Umstände und das, was man Strafmilderungsgründe heißt, nicht so ohnehin in einen Topf werfen. Sie können, m. H., die That gar nicht feststellen, wenn Sie nicht nach Umständen das, was man Milderungsgründe heißt, ebenfalls dem Richter der That anheimgeben. Ist der Umstand, daß Jemand im Zorn gehandelt hat, nicht ein Thatumstand und dennoch erscheint er als Milderungsumstand? Ist der Umstand, daß Jemand durch Aufreizung oder durch unverdiente Beschimpfung einen Anderen zum Todtschlage gereizt hat, nicht ein Milderungsgrund? Wollen Sie, m. H., diese Umstände, welche von so wesentlichem und thatsächlichem Einflusse auf die ganze Bemessung der That sind, aus den Händen Desjenigen, der den ganzen Umfang der That zu bestimmen hat, herausreißen? Das werden Sie nimmer thun. Wollen Sie da etwa, wo eine geminderte Zurechnungsfähigkeit angenommen wird (ich lasse es dahin gestellt, ob dieses richtig ist, aber sie wird und ist in das

Bayerische Gesetz aufgenommen und — ich darf sagen — nach langer und reiflicher Erwägung aufgenommen worden) wollen Sie den Umstand, ob Jemand durch Trunkenheit in den Zustand der Unzurechnungsfähigkeit gekommen ist, lediglich dem Strafausmessungsrichter zuweisen, obgleich dieser Umstand doch ein rein thatsächlicher ist?

Ich will nicht darauf eingehen, wie es bei der Nothwehr oder bei einer großen Reihe von noch anderen Erzessen sich verhält, weil ich diese Frage überhaupt nicht erörtern will; ich will nur darauf aufmerksam machen, daß die vorliegende Frage eigentlich eine prozessualische und daher eigentlich hier nicht zu entscheiden ist. Das zukünftige Strafgesetzbuch kann ich mir ganz gut denken, ohne daß die Frage, wer über derartige mildernde Umstände zu entscheiden hat, im Strafgesetzbuche selbst entschieden ist. Im Gegentheil, es ist eine strafprozessualische Frage, und ich habe nach dem Wortlaute der Anträge, wie sie vorgelegen haben, auch nicht geglaubt, daß von Seite des Herrn v. Kräwel der Sinn, den er jetzt da spezifizirt hat, hineingelegt werden sollte, — ich glaubte im Gegentheile, der Ausdruck „Richter" sei absichtlich gewählt, um die prozessualische Frage offen zu lassen. Diese Frage, m. H., glaube ich, müssen Sie heute offen lassen, wenn Sie nicht das Zustandekommen eines Strafgesetzbuches eher weiter hinausschieben als näherrücken wollen. Ich glaube nicht, daß, wie zur Zeit die Dinge liegen, in den verschiedenen Deutschen Legislationen man den Geschwornen, was man ihnen hier entziehen will, gutwillig wird entziehen. Das wird nicht geschehen; man wird vielleicht darüber eher zur Einigung kommen, ob man in ganz Deutschland die Todesstrafe aufheben soll oder nicht, als darüber, ob man den Geschwornen die mildernden Umstände entziehen könne, weil ich viele Territorien und Anschauungen kenne, wo ich glaube, daß man den Geschwornen diese Umstände nicht entziehen darf, ohne sie, wenn Sie so sagen wollen, herabzusetzen und ihre Wirksamkeit zu schwächen.

Ich habe mich auch dagegen auszusprechen, daß man gesagt hat, es komme gewissermaßen zu einem Hocuspocus, wenn man derartige Beantwortungen den Geschwornen anvertraut. Ich habe seit vierzehn Jahren in criminalibus gewirkt, ich habe, ich weiß nicht wie oft, vor Geschwornen plaidirt; es sind wohl einige Hundert Verdikte durch meine Erfahrung gegangen, und ich habe nicht alle für richtig gehalten; aber bei Beantwortung von was immer für Fragen, und auch solchen, welche hier zur Verhandlung kommen, habe ich nie einen Hocuspocus bemerkt, sondern immer den reiflichsten Ernst. Ein Irrthum ist zuweilen vorgekommen; kommt denn aber der bei rechtsgelehrten Richtern nicht auch vor? Aber das, was man Hocuspocus heißt, ist mir in meiner vierzehnjährigen Erfahrung nicht vorgekommen. (Lebhaftes Bravo!) (Rufe: Schluß!)

**Präsident**: Zuerst hat Professor Geßler zu einer persönlichen Bemerkung das Wort.

Professor **Geßler**: Es ging aus meinem ganzen Vortrage hervor, daß ich das Bayerische Strafgesetzbuch vom Jahre 1813 gemeint habe. Wenn mir daher der Vorwurf gemacht wird, daß ich von dem jetzigen gesprochen, so ist das unrichtig.

Kreisgerichtsdirektor **v. Kunowski**: Ich glaube, daß der Gegenstand erschöpft ist, und ich trage daher auf Schluß der Debatte an. Ich erlaube mir dabei nur noch bezüglich der Fragestellung die Frage an das Präsidium, ob es nicht auch ginge, daß der Holtzendorff'sche Antrag zunächst zur Abstimmung komme? Diesem würde ich mich anschließen und dann die Kräwel'schen Anträge für erledigt erachten. Sollte dies nicht der Fall sein, so würde ich ein Amendement bezüglich der Fassung der Kräwel'schen Anträge einbringen.

Appellationsgerichtsrath **v. Kräwel** aus Naumburg: Ich bitte um das Wort zu einer persönlichen Bemerkung. Es ist mir gewissermaßen juristische Unwissenheit vorgeworfen worden, weil ich nämlich behauptet habe, diese mildernden Umstände seien aus Frankreich herübergekommen. Nach meinem geringen juristischen Wissen ist aber dies wirklich der Fall gewesen.

**Präsident**: M. H.! Es ist auf Schluß der Debatte angetragen worden. Zunächst erlaube ich mir den speziell formulirten Antrag des Herrn von Holtzendorff vorzulesen. In der Anschauung des Herrn v. Holtzendorff, daß die ganze Angelegenheit in dem Punkte 3 noch nicht spruchreif sei, liegt, wie mir scheint, zugleich der Ausspruch über Punkt 4. Die höchst geehrten Herren werden einverstanden sein, daß wir nicht den Punkt 3 der Deputation überweisen können und Punkt 4 heute noch in Berathung und Beschlußfassung ziehen. Professor v. Holtzendorff hat sich dieser Anschauungkonformirt, und es liegt demnach folgender Antrag vor:

> „Die auf Strafmilderung, Strafausmessung und Strafschärfung bezüglichen Anträge des Herrn v. Kräwel ad 3 und 4 der diesfälligen Vorlage der ständigen Deputation zur Vorbereitung für den nächsten Juristentag zu überweisen."

Ich habe blos noch zu fragen, ob Jemand das Wort über Schluß der Debatte begehrt. (Es meldet sich Niemand.)

Da dies nicht der Fall ist, so frage ich: genehmigen Sie den Schluß der Debatte in Bezug auf die Punkte 2 und 3 und die Vorfrage, die Professor v. Holtzendorff angeregt hat? Sollte der Antrag des Professor

v. Holtzendorff abgelehnt werden, so würde sich von selbst verstehen, daß die materielle Berathung des Satzes 4 eintreten müßte.

Wenn Niemand das Wort ergreift, so würde ich nur noch unserem Herrn Referenten das Schlußwort ertheilen.

Referent Professor **Wahlberg** aus Wien: Ich habe, m. H., einfach auszusprechen, daß mir der geehrte Kollege v. Holtzendorff mit dem Ueberweisungsantrage zuvorgekommen ist. Ich trete vollkommen diesem Antrage mit seinen Ausführungen bei, und die Begründung desselben, glaube ich, liegt schon in dem Gange der heutigen Debatte selbst. Ich habe mir erlaubt, gleich vorhinein auf die Gefahr der Abirrung vom Gegenstande der Debatte, beziehungsweise auf die Nothwendigkeit der Ausscheidung der prozessualischen Seite dieser Frage von der Debatte hinzuweisen. Ihr Berichterstatter glaubte bemerken zu sollen, daß erst der Begriff dessen, was der Antragsteller unter Milderung und Schärfung versteht, festgestellt werden muß, und daß erst unter dieser Voraussetzung eine Debatte und eine Austragung der Debatte über Punkt 3 möglich sei. Nach meiner Auffassung ist ein wesentlicher Punkt des Antrages gar nicht berührt worden. Der Kernpunkt des Antrages liegt in der Frage: Ist in der Regel das Minimum beizubehalten oder aufzugeben? Daran schließt sich die Frage: Ist ein weiteres Minimum bei Strafmilderungen anzunehmen oder ist die Strafmilderung etwa nach dem Beispiele Sachsens durch ein Minimum nicht zu beschränken? Mit dieser Frage stehen viele andere Fragen der Gesetzgebungskunde und Strafwissenschaft im Zusammenhang, die zum Theil in der Theorie noch in suspenso geblieben sind. Ich darf die Herren bei dem vorgerückten Stande der Verhandlung nicht ermüden mit der Aufzählung dieser Fragen und hier die Verschiedenheit in den einzelnen Gesetzbüchern in dieser Richtung nicht des Näheren nachweisen, da, wie ich meine, die Ansicht in dieser Versammlung wirklich die vorherrschende sein dürfte, daß die Debatte über den Absatz 3 keineswegs spruchreif sei. Erst sollten mehrere Gutachten aus den verschiedenen partikularrechtlichen Gebieten, gestützt auf vergleichende Gesetzeskunde und Strafwissenschaft und die Erfahrungen über das Milderungsrecht, vorliegen, bevor der Juristentag zur Erledigung dieser Fundamentalfrage der ganzen künftigen Gesetzgebung schreitet. Ich kann mithin auf eine eingehende Erörterung der früher hervorgehobenen Gesichtspunkte verzichten und der geehrten Versammlung die Annahme des Holtzendorff'schen Antrages empfehlen.

**Präsident**: Wir gehen zur Abstimmung über, zunächst zum zweiten Kräwel'schen Satze. Verlangen Sie, daß er noch einmal vorgelesen wird?

Appellationsgerichtsrath **v. Kräwel**: Ich habe mich schon dem Herrn v. Holtzendorff akkomodirt.

**Präsident**: Ich würde allerdings glauben, daß dadurch allein noch nicht die Amendements gefallen sind, die Herr v. Seckendorff gestellt hat, und die doch indirekt eine Wiederaufnahme des Kräwel'schen Satzes ausdrücken. Durch die Konformirung Kräwel's und Holtzendorff's wird daher die Fragestellung über die ursprünglichen Kräwel'schen Sätze noch nicht erledigt.

Der Punkt 2 lautet, und ich erlaube mir ihn so vorzulesen, wie ich ihn würde zur Abstimmung bringen, wenn es überhaupt dazu kommen sollte:

> „Wenn das allgemeine Strafgesetzbuch absolute Strafen androht, so ist dem Richter zugleich die Möglichkeit zu geben, wegen des Hinzutretens von Milderungsgründen auch auf eine geringere als die absolute Strafe zu erkennen."

Zu diesem zweiten Absatze ist nun 1) ein Antrag eingebracht von Herrn v. Holtzendorff, welcher lautet:

> „absolute Strafandrohungen sind grundsätzlich zu verwerfen",

dann 2) ein Antrag des Herrn v. Seckendorff, für den zweiten Theil des Kräwel'schen Satzes die Fassung zu nehmen:

> „so ist zugleich die Möglichkeit zu geben, bei der Feststellung mildernder Umstände auch auf eine geringere als die absolute Strafe zu erkennen."

Ich würde mir nun mit Ihrer Zustimmung erlauben, die Abstimmung hier so einzurichten, daß ich den Holtzendorff'schen Satz an die Spitze stelle, weil dadurch eine Menge anderer Abstimmungen erledigt würde, wofern er zur Annahme gelangt. Damit, glaube ich, sind Sie wohl einverstanden? (Es erhebt sich kein Widerspruch.)

Ich richte daher jetzt die Frage auf den v. Holtzendorff'schen Antrag sub Nr. 2 der Kräwel'schen Sätze.

Geh. Rath Professor **Abegg** aus Breslau: Ich wollte mir nur die Frage erlauben, ob damit in Parenthese die Todesstrafe und die lebenslängliche Zuchthausstrafe abgeschafft wird?

**Präsident**: Die Worte „Todes- und lebenslängliche Zuchthausstrafen" kämen, wie bemerkt, in Wegfall, da ich sie als wesentlich nicht betrachten kann; sie sind nur exemplikativ gebraucht und berühren die Wesenheit des Satzes nicht. Sie sind durch den ersten Beschluß in Bezug auf die Todesstrafe unmöglich geworden.

Ich gehe über auf den Holtzendorff'schen Antrag. Derselbe lautet:

> „Absolute Strafandrohungen sind grundsätzlich zu verwerfen."

Geben Sie diesem Antrage des Herrn von Holtzendorff Ihre Zustimmung? Bejahenden Falls bitte ich, sitzen zu bleiben. (Die Abstimmung erfolgt.)

Gegen 6 Stimmen angenommen.

Dadurch erledigt sich der Kräwel'sche zweite Satz mit dem Amendement des Freiherrn von Seckendorff.

Nun ist der Präjudicialantrag Professors von Holtzendorff der Beschlußfassung zu unterziehen, der sich auf Nr. 3 und 4 der Kräwel'schen Sätze bezieht. Diese Sätze lauten:

3) „Ueberhaupt ist das Strafmaß so zu erweitern, daß der Richter bei der Strafabmessung auch auf außergewöhnliche Schärfungs- und Milderungsgründe Rücksicht nehmen kann. Ein geringstes Strafmaß ist nur ausnahmsweise festzusetzen."

4) „Verordnet das allgemeine Deutsche Strafgesetzbuch wegen hinzutretender erschwerender Umstände eine Verschärfung der Strafe, so ist in der Regel der Richter zu dieser Strafschärfung wohl zu ermächtigen, nicht aber zu zwingen, daß er allemal diese Strafschärfung eintreten lassen muß."

Der Holtzendorff'sche Antrag lautet:

„Die auf Strafmilderung, Strafausmessung und Strafschärfung bezüglichen Anträge des Appellationsgerichtsrathes von Kräwel ad 3 und 4 der diesfälligen Vorlage werden der ständigen Deputation zur Vorbereitung für den nächsten Juristentag überwiesen."

Für den Fall, als dieser Antrag angenommen wird, erledigt sich die Abstimmung über das Materielle der Sätze 3 und 4. Würde der Antrag nicht angenommen, so würde natürlicher Weise auf die Kräwel'schen Anträge zurückzugehen sein, worüber nach Befund eine Detailabstimmung der einzelnen Sätze eintreten müßte, vorbehaltlich des Kunowski'schen Amendements, eben so vorbehaltlich des Zusatzes des Herrn von Kräwel selbst zum dritten Abschnitte.

Ich richte die Abstimmung auf den Präjudicialantrag des Herrn von Holtzendorff, wonach die Abschnitte 3 und 4 der ständigen Deputation zur Vorlage für den nächsten Juristentag überwiesen werden sollen Geben Sie diesem Antrage des Herrn von Holtzendorff Ihre Zustimmung? Bejahenden Falls bitte ich, sitzen zu bleiben. (Die Abstimmung erfolgt.)

Gegen 5 Stimmen angenommen.

Somit erledigt sich, m. H., ein weiteres Eingehen auf die Abschnitte 3 und 4.

Es erübrigt noch, dem Herrn Referenten für das mühsame Geschäft, dem er sich mit so großer Bereitwilligkeit und, wie zu erwarten war, mit Geist und Umsicht unterzogen hat, unsern herzlichsten Dank auszusprechen. (Bravo! Die Versammlung erhebt sich.)

(Nach einer halbstündigen Unterbrechung der Sitzung.)

**Präsident**: Zuvörderst will ich auf einen Beschluß zurückkommen, der vorhin gefaßt worden ist, jedoch vielfach, wie es scheint, Anlaß zu Zweifeln gegeben hat, die ich allerdings für berechtigt in keiner Weise annehmen kann, nämlich betreffs des Holtzendorff'schen Antrages, durch welchen ausgesprochen wurde, daß absolute Strafandrohungen grundsätzlich zu verwerfen seien.

Der Herr Antragsteller — wie ich keinen Augenblick zweifelte, aber er mir zum Ueberflusse ausdrücklich bestätigt hat — hat die Bezeichnung: „absolute Strafandrohungen" eben nur in dem Sinne genommen, wie sie gewöhnlich genommen zu werden pflegt, d. h. im Gegensatze von relativen Strafandrohungen. Es ist daher sehr gut zulässig, daß im Gesetze gesagt werden könnte: „Das und das Verbrechen wird mit Todes- oder lebenslänglicher Zuchthausstrafe belegt." Eine solche Bestimmung wird durch den Holtzendorff'schen Antrag in keiner Weise ausgeschlossen. Weder die Todes- noch lebenslängliche Zuchthausstrafe ist ausgeschlossen. Er will nur nicht, daß der Richter durch absolute Strafandrohungen, durch eine das richterliche Ermessen ausschließende Strafandrohung in der Bemessung der Strafe beschränkt werde.

Sie wissen, m. H., daß über den sogenannten Gegenantrag des Rechtsanwaltes Sabarth zu Ratibor, wie er sich auf Seite 46 unserer Vorlage befindet, ein Zweifel entstanden ist, ob und in wie weit er zulässig, und in wie weit er als Gegen- oder Nebenantrag zu behandeln sei. Der Herr Präsident der IV. Abtheilung ist der Meinung gewesen, daß dieser Antrag als Gegenantrag zu den Keller'schen Anträgen nicht aufzufassen sei. Sie werden sich erinnern, daß wir auch hier diese Auffassung getheilt haben. Er ist aber ferner auch der Meinung gewesen, daß, weil dieser Antrag überhaupt über die ganze Gerichtsorganisation mit Bezug auf die Staatsanwaltschaft sich verbreitet, wir lieber die ganze Angelegenheit der ständigen Deputation zuweisen könnten, um auf diese Weise eine alle Gesichtspunkte gleichmäßig umfassende Arbeit zu erlangen, damit wir nicht in die Lage gerathen, hierüber einen Beschluß zu fassen, der mit einem Beschlusse der jenseitigen Abtheilung nicht kollidirt. Es würde daher heute über diesen Antrag eine weitere Diskussion nicht stattfinden. Der Herr Antragsteller hat sich damit einverstanden erklärt. Es erübrigt nur noch, mit dem Herrn Präsidenten Berger wegen Stellung des gemeinschaftlichen Antrages auf Ueberweisung dieses Antrages des Herrn Rechtsanwaltes Sabarth an die ständige Deputation Rücksprache zu nehmen, und daß dann der Herr Präsident Berger beim Plenum das Nöthige veranlasse.

Sind Sie damit einverstanden? (Allseitige Zustimmung.)

Nach Erledigung aller dieser Angelegenheiten gehen wir zum nächsten Gegenstande unserer heutigen Tagesordnung über. Das ist nämlich der Antrag des Herrn Hofgerichtsrathes von Stößer zu Bruchsal, der sich auf Seite 52 befindet.

Es war der Herr Geheime Rath von Wächter ersucht worden, das Referat zu übernehmen, und ich bin überzeugt, daß Sie auch Ihrerseits gewiß dieser Bitte der ständigen Deputation sich angeschlossen haben würden. (Ja wohl!) Leider bin ich nicht in der Lage, gegenwärtig diesen Antrag an Sie richten zu dürfen, weil Herr Geh. Rath von Wächter, unser sehr verehrter Herr Plenarpräsident, mir erklärt hat, daß er wegen einer ihn überkommenen Heiserkeit und aus Rücksicht auf die morgige Plenarsitzung es wünschen müsse, heute allerdings mit dem vielleicht anstrengenden Referate verschont zu werden. Wir drücken unser lebhaftes Bedauern aus, müssen aber das Motiv dieser Erklärung gewiß, so leid es uns auch thut, anerkennen. Gleichzeitig habe ich die Freude, daß, wenn auch der Geh. Rath v. Wächter diesen Vortrag nicht erstattet, ich Ihnen doch einen Mann als Referenten vorschlagen darf, der in der Oesterreichischen Rechtsgelehrsamkeit einen sehr bedeutenden Namen sich erworben hat, und dessen Name auch außerhalb der Grenzen Oesterreichs mit Auszeichnung und allgemeiner Achtung genannt wird. Ich meine den Herrn Sektionschef von Hye aus Wien, welcher die Gewogenheit gehabt hat, auf Veranlassung des Herrn Präsidenten an dessen Stelle zu treten. (Bravo!) Sie sind gewiß einverstanden, daß wir Herrn Sektionschef von Hye das Referat zu übernehmen ersuchen. (Zustimmung.)

Sektionschef Ritter **von Hye-Glunek** aus Wien: Nicht blos die Außergewöhnlichkeit des Zwischenfalles, daß mir die Ehre dieses Referates erst heute Nachts von dem Herrn Geh. Rath von Wächter übertragen wurde, sondern auch die viel größere Schwierigkeit, einen Wächter hier zu vertreten, wird meine Entschuldigung nicht als bloße Affektation erscheinen lassen, wenn ich die verehrte Versammlung bitte, gerechte und nachsichtsvolle Rechnung zu tragen dem Umstande, daß ich die Gedanken für dieses Referat erst im Laufe der heutigen Berathung, die doch mein Interesse im höchsten Grade spannte, entwerfen und in einigen Worten fixiren mußte. Ich bitte ebenso um Nachsicht dafür, daß ich nach einem bekannten Worte nicht Zeit fand, die Formulirung der Anträge, die ich vorzutragen die Ehre haben werde, kurz zu fassen, weil ich sie eben in der Beschleunigung vielleicht weiter und länger faßte, als ich sie gewiß bei einem größeren Zeitmaße präcisirt haben würde.

Ich gehe zur Sache über.

Der Antrag des Herrn Hofgerichtsraths von Stößer lautet bekannt:

lich: „Der Deutsche Juristentag wolle als seine Ueberzeugung aussprechen, daß entehrende Strafen dem Gerechtigkeits- und Besserungszwecke der Strafe widersprechen, und daß solche deshalb bei Bearbeitung eines gemeinsamen Deutschen Strafgesetzbuches keine Aufnahme finden mögen." Ehevor ich in den Inhalt dieses Antrages eingehe, glaube ich keine Unbescheidenheit zu thun, wenn ich im Namen der Versammlung dem verehrten Herrn Antragsteller den wärmsten Dank dafür ausspreche, daß er diesen Antrag gestellt und diese ungemein wichtige Frage in Anregung gebracht hat; denn es ist gewiß nicht blos meine individuelle, sondern die Ueberzeugung vieler hier Anwesenden, daß dieser Antrag einen der wundesten Flecke der heute bestehenden Strafgesetze von ganz Europa mit Einschluß aller Deutschen Strafgesetze und, wie ich glaube ohne Anmaßung sagen zu dürfen, selbst mit Einschluß des neuesten sonst so trefflichen Bayerischen Strafgesetzes, berührt, und daß nach meinem Erachten sämmtliche bestehende Deutsche Strafgesetze diesfalls einer wesentlichen Fortbildung im Interesse der Gerechtigkeit, der Humanität und Kultur des Deutschen Volkes bedürfen. Ich glaube, es ist um so verdienstvoller von Seiten des Antragstellers, hier, ich möchte fast sagen, als Mauerbrecher zu dienen und diese wichtige Frage des materiellen Strafrechts in Anregung gebracht zu haben, weil gewiß, wieder nicht blos nach meiner individuellen sondern nach der Ueberzeugung Vieler, das materielle Strafrecht und die materielle Strafrechtsgesetzgebung in den heutigen Deutschen und auch in den heutigen außerdeutschen Staaten weit hinter dem zurücksteht, was diesfalls bereits die Strafprozeßgesetzgebung bietet. Wir haben uns aus der heutigen und besonders aus der gestrigen Verhandlung überzeugt, daß die Kardinalfragen des Strafprozeßrechtes bereits von den ersten Denkern Deutschlands tief durchdacht, erschöpfend gewürdigt, und wie wir gesehen haben, auch vor uns einige derselben in lichtvollster und überzeugendster Weise besprochen wurden. Es steht schlimmer um die materielle Strafrechtsgesetzgebung und diesfalls werden die Deutschen Gesetze in vieler Beziehung noch einer Verbesserung bedürfen. Daher bleibt es ein großes Verdienst, hier eine der wichtigsten Fragen in Anregung gebracht zu haben.

Was den Inhalt des gestellten Antrages betrifft, so glaube ich nach den von dem Herrn Antragsteller selbst beigefügten Motiven wohl nicht auf eine Bekämpfung zu stoßen, wenn ich annehme, daß er dabei nicht jene Strafe, nämlich die Freiheitsstrafe ausgeschlossen haben wollte, die am Ende auch unter die entehrenden Strafen gehört. Denn jede Strafe am Ende, vielleicht kaum mit Ausschluß der Geldstrafe, ist eine Entehrung des zu Bestrafenden im weiteren Sinne, und namentlich auch die Freiheitsstrafe.

Der Herr Antragsteller hatte, wie aus den beigefügten Motiven hervorgeht, zwei Hauptmomente im Auge: erstens die Abschaffung solcher Strafen, die schon ihrer Qualität nach einen das Ehrgefühl eines jeden Menschen abstumpfenden, erstickenden oder zerstörenden Charakter einschließen, wie namentlich die citirte Abschaffung der öffentlichen Ausstellung beweist, welche bekanntlich die Französische Gesetzgebung erst im Jahre 1848 beseitigt hat; er hatte aber zweitens und offenbar mit noch größerem Nachdruck die Beseitigung jener entehrenden sogenannten Straffolgen im Auge, die in den meisten Deutschen und Europäischen Strafgesetzbüchern mit Freiheitsstrafen verschiedener Art und ganz eminent mit der Zuchthausstrafe in Verbindung stehen.

Ich halte mich daher auch an diesen doppelten Gesichtspunkt und erwähne im Voraus, daß das erste dieser Hauptmomente mir heute kaum mehr einer Diskussion bedürftig erscheint. Wir finden noch vereinzelte Spuren in einzelnen Deutschen Strafgesetzen, — ich werde mich von jetzt an nur auf die Deutschen Strafgesetze beschränken, — wir finden bekanntlich noch vereinzelte Spuren von den Strafen der Ausstellung an dem Strafpfahl, an dem Schandpfahl, auf dem Pranger oder auf der Schandbühne. Wir finden noch die Kettenstrafe, wir finden aber insbesondere Eine Strafe dieser Art leider auch in einigen der neueren Deutschen Strafgesetze, nämlich die körperliche Züchtigung, die Prügel-, die Ruthenstrafe. Diese Strafen, glaube ich, hatte der Antragsteller im Auge, und ich erlaube mir, Ihnen hier kurzweg den Antrag zu stellen, daß der Deutsche Juristentag seine wissenschaftliche Ueberzeugung aussprechen möge, daß solche Strafen oder Verschärfungen der Strafen, die ihrer eigenen Beschaffenheit nach einen solchen, das Ehrgefühl abstumpfenden oder zerstörenden Charakter einschließen, unbedingt aus dem künftigen Deutschen gemeinsamen Strafgesetzbuche wegzufallen haben. (Bravo, Bravo!)

Ich glaube nicht, erst die Gründe erörtern zu müssen, aus welchen diejenige Strafe, die noch am meisten vorkommt, nämlich die körperliche Züchtigung, des Deutschen Volkscharakters, der Deutschen Kultur, ich möchte sagen, eines künftigen Deutschen Strafgesetzes — ich erlaube mir den harten Ausdruck — völlig unwürdig erscheinen würde. (Bravo!) Ich brauche nicht erst darauf hinzuweisen, daß Frankreichs und Sardiniens Gesetzgebung, die bekanntlich auch in den annexirten Italienischen Provinzen gilt, diese Strafe längst aufgehoben haben. Ich werde Sie auch nicht mit Gründen gegen diese Strafe beschweren, und ich schließe mich den Worten des geistvollen Herausgebers der Deutschen Strafrechts-Zeitung an, womit er eben erst jede anderweitige Diskussion über eine ähnliche, heut zu Tage in der Wissenschaft abgethane Frage im Voraus abgeschnitten hat: Die Frage ist eine überlebte, und ich glaube, daß kein Deutscher Jurist mehr den Muth haben würde, die Beibehaltung der körperlichen Züchtigung für das Deutsche Strafgesetzbuch in Vorschlag zu bringen. (Bravo, Bravo!)

Mir, dem Oesterreicher, erlauben Sie nur eine kurze historische Digression beizufügen und einige Daten anzuführen, die vielleicht Einzelnen von Ihnen hier unbekannt und nicht ohne Interesse sein werden. Ich werde hierzu veranlaßt durch nicht unangesehene Werke der Deutschen Literatur, welche gerade bei der Strafe der körperlichen Züchtigung nicht ohne für uns Oesterreicher, wenn ich nicht sagen soll verletzende, aber uns tief wehe thuende Seitenblicke auf die Oesterreichische Gesetzgebung zurückgehen, die bekanntlich im Jahre 1852 die körperliche Züchtigungsstrafe wieder eingeführt hat, theils als Nebenstrafe oder Verschärfung bei Verbrechen, theils sogar als Hauptstrafe bei einigen der sogenannten Vergehen und Uebertretungen. Ich glaube, Ihnen Folgendes kurz erörtern zu müssen. Ein denkwürdiges Oesterreichisches Gesetz vom 22. Mai 1848 hatte mitten, ich möchte sagen, im Sturme politischer Bedrängnisse, während die Aufmerksamkeit der Bevölkerung andern Dingen zugewendet war, die körperliche Züchtigung nebst anderen sogenannten entehrenden Strafen, wie die Ausstellung auf der Schandbühne und dergleichen, abgeschafft. Vier Jahre bestand die Strafe in Oesterreichs Deutschen Ländern weder als Haupt- noch als Nebenstrafe, noch als Disziplinarstrafe in den Gefängnißanstalten. Ich hatte, das darf ich hier beifügen, während dieser vier Jahre den amtlichen Beruf, mehrere der größten Strafanstalten Oesterreichs zu besuchen, und bei dieser Gelegenheit von den leitenden Strafanstaltsbeamten die erfreuliche Wahrnehmung erfahren, daß sie der körperlichen Züchtigung auch als Disziplinarstrafe in keiner Weise bedürfen, wenn man ihnen nur Einzeln-Arreste und insbesondere auch einige Dunkel-Arreste zur Verfügung stelle. „Mit dem Einsperren," sagten mir mehrere Strafanstalts-Direktoren, und darunter ein Mann, der mehr als 30 Jahre gewohnt war, nur mit dem Stockprügel seine Anstalt zu regieren, „mit dem Einsperren in einen Dunkel-Arrest, auch nur in der Dauer von 6—8 Stunden, bin ich im Stande, den unbändigsten, verwildertsten Renitenten in Ordnung zu bringen und zu bändigen; wir bedürfen jener Strafe nicht mehr." Es war auch in den höchsten Regionen der Oesterreichischen Gesetzgebung durchaus keine Anregung vorhanden, sie wieder einzuführen. Erst dem plötzlichen Drängen des altersgebrochenen Vorstehers einer einzelnen Strafanstalt und des Vorstehers der Strafanstalt eines Gerichtshofes, in Verbindung mit dem berufenen Organe der Staatsanwaltschaft, womit vorgestellt wurde, daß man dieser Strafe unumgänglich wieder als Disziplinarstrafe bedürfe, um die renitentesten Sträflinge in Ordnung zu halten, diesem Drängen nur vereinzelter Stimmen gab die Gesetzgebung, übrigens unter dem lautesten und energischsten Widerspruche einiger anderer Stimmführer, nach, und man führte diese Strafe im Jahre 1852 zuerst als Disziplinarstrafe wieder ein. Leider fand sie dann auch in unserem Strafgesetzbuche vom Jahre 1852 wieder eine Stelle für Verbrechen als Verschärfung, für Vergehungen und Uebertretungen sogar als Haupt- oder Stellvertretungsstrafe, aus einem ähnlichen ganz eigenthümlichen Grunde. Auch hier war die Gesetzgebung entschieden gegen die Einführung; es liegt zur Stunde der gedruckte Entwurf unseres dermaligen Strafgesetzes von Anfang des Jahres 1852 vor, welcher dieselbe nicht wieder einführte. Allein die zuletzt vernommenen Stimmführer aus den Ungarischen Ländern erklärten, es sei unmöglich, bei dem Zustande der damaligen Kultur der unteren Schichten der Bevölkerung in den Ungarischen Ländern ohne körperliche Strafe die öffentliche Ordnung und Disziplin aufrecht zu erhalten; wenn man das Oesterreichische Strafgesetz in den Ungarischen Ländern einführen wolle, so müsse man diese Strafe, die in den Ungarischen Ländern nie zu existiren aufgehört hatte, wieder einführen. Oesterreich hatte damals den großen und herrlichen Gedanken durchzuführen, die Einheit der Justizgesetzgebung in allen Gauen seines großen Reiches zu bewerkstelligen. Diesem herrlichen Gedanken wurde leider auch die Aufhebung der körperlichen Züchtigungsstrafe zum Opfer gebracht, und man führte sie auch in den Deutschen Ländern, der Ungarischen Länder willen, wieder ein, ebenfalls wieder unter dem energischen, jedoch vergeblichen Widerspruche anderer Stimmführer. — Glauben Sie ja nicht, daß die Oesterreichisch-Deutsche Gesetzgebung der völligen Abschaffung dieser Strafe irgendwie einen Widerstand entgegensetzen werde. Wer von Ihnen, m. H., erst in dem gestrigen Amtsblatte unserer Regierung das herrliche motu proprio unseres aufgeklärten Monarchen gelesen hat, wodurch unter dem 16. August dieses Jahres der Ungarischen Hofkanzlei unter Anderm auch aufgetragen wurde, eine Strafgesetzgebung herzustellen, welche den Grundsätzen der Gerechtigkeit und den Anforderungen der Wissenschaft entspricht, wer, sage ich, weiß, daß allenthalben seit Jahren darauf hingewirkt wird, diese Strafe überhaupt bei uns abzustellen, dem wird wohl darüber kein Zweifel aufkommen, daß wer immer in Zukunft die Oesterreichische Justizverwaltung zu leiten haben wird, derselbe mit lauter und mächtiger Stimme sein Wort und seine Mannesehre dafür einlegen werde, daß diese Strafe auch in einem Oesterreichischen, daher um so weniger in einem gemeinsamen Deutschen Strafgesetzbuche keinen Raum mehr finde. (Bravo!)

Erlauben sie mir, nach dieser kurzen Digression, die Sie dem Oesterreicher nicht ungütig deuten werden, und die Ihnen zugleich die Besorgniß beseitigen soll, daß vielleicht gerade von Seite der Oesterreichischen Legislation am meisten Anstand dagegen erhoben werden würde, diese Strafe unbedingt abzuschaffen, — erlauben Sie mir nunmehr, zu der in größter Eile flüchtig skizzirten Formulirung meines ersten Antrages überzugehen:

„Der Deutsche Juristentag spricht es als seine Ueberzeugung aus, daß es von der Gerechtigkeit gebieterisch gefordert und gleichmäßig durch den Besserungszweck der Strafe, durch die Humanität, durch die heutigen sozialen Anschauungen, sowie durch den Stand der Kultur des Deutschen Volkes dringend empfohlen sei, in dem künftigen gemeinsamen Strafgesetze in Beziehung auf die entehrenden Strafen an folgenden Grundsätzen festzuhalten:"

„1) Alle schon ihrer Qualität nach einen das Ehrgefühl jedes Menschen erstickenden oder doch abstumpfenden Charakter einschließenden Strafen oder Verschärfnngen derselben, wie z. B. die Ausstellung am Strafpfahl (Pranger, auf der Schandbühne und dergleichen), die Kettenstrafe und insbesondere jede Art von körperlicher Züchtigung (Stockprügel und Ruthenstreiche rc.) haben unbedingt zu entfallen."

Ich muß es der Ansicht unseres hochgeehrten Herrn Präsidenten und der verehrten Versammlung anheimstellen, ob sie es vielleicht angezeigt halten, über diesen ersten Punkt abgesondert in eine Diskussion und beziehungsweise in eine Abstimmung einzugehen, weil das zweite Haupt-Moment, nämlich die sogenannten entehrenden Straffolgen, natürlich aus ganz anderen Gesichtspunkten zu beurtheilen sein werden.

**Präsident**: Ich würde den Herrn Referenten bitten, diese Anträge vorzulesen, damit wir bemessen können, in wie weit über dieselben eine gemeinschaftliche Diskussion zulässig ist.

Sektionschef **v. Hye-Glunek**: Der zweite Theil meines Antrages lautet folgendermaaßen: „2) Die in der Wissenschaft und in den bestehenden Strafgesetzen unter dem Namen entehrender Straffolgen bekannteu Verluste a) der Ehren-, b) der sogenannten politischen oder staatsbürgerlichen, c) der Dienst- oder Amts- und d) der gemeinen bürgerlichen Rechte sollen kraft des Gesetzes oder durch besonderes richterliches Straf-Erkenntniß nur mit der Strafe für solche strafbare Handlungen verbunden werden, welche selbst vermöge ihrer inneren Beschaffenheit als entehrend gelten, nämlich auf einer verächtlichen, ehrlosen Gesinnung beruhen." „3) Es hat aber auch bei den strafbaren Handlungen der erwähnten Kategorie in der Regel mit der Erlöschung der Strafe überhaupt auch die Fähigkeit zur Wiedererlangung der verlorenen Ehren-, politischen und Dienst-Rechte und die Berechtigung zur Wiederausübung der entzogenen gemeinen bürgerlichen Rechte ohne Weiteres einzutreten, und nur in solchen Fällen, wo eine strafbare Handlung auf besondere Niederträchtigkeit oder Bosheit des Schuldigen schließen läßt, sowie bei Gewohnheits-Verbrechern, soll es dem erkennenden Gerichte freistehen, die Fortdauer der Unfähigkeit zur Wiedererwerbung und beziehungsweise Wiederausübung der genannten vier Kategorieen von Rechten noch einige Zeit über das Ende der Strafe hinaus, jedoch in einer der verhängten Strafe entsprechenden Dauer oder Zeit-Skala, und höchstens auf 10 Jahre nach Erlöschung der Strafe auszusprechen." „4) Bei allen übrigen strafbaren Handlungen soll während der Dauer der Freiheitsstrafe nur die Ausübung der genannten vier Kategorieen von Rechten ruhen, daher nach Erlöschung der Strafe von selbst entfallen." „5) Das Begnadigungs-Recht der Krone (des Staats-Oberhauptes) ist auch in Beziehung auf die gänzliche und theilweise Nachsicht dieser Straffolgen im vollsten Umfange aufrecht zu erhalten." „6) Es seien diese Bestimmungen des künftigen Deutschen Strafgesetzes rückwirkend auch auf alle nach den früheren Gesetzen ausgesprochenen Verurtheilungen in Anwendung zu bringen, in so weit diese Bestimmungen für den Verurtheilten günstiger sind, als die bisherigen Strafgesetze."

Damit schließt sich die Reihe meiner Anträge ab, und ich wiederhole die Bitte an den verehrten Herrn Präsidenten, sowie an die hochgeehrte Versammlung, sich vorerst darüber auszusprechen, ob es nicht unter diesen Verhältnissen angezeigt wäre, die Diskussion und Beschlußfassung über den ersten Punkt zu separiren von den übrigen, die natürlich eng mit einander zusammenhängen und einer besonderen Begründung vorbehalten werden.

**Präsident:** Ich kann mich nach dem Vortrage des Herrn Referenten nur dahin äußern, daß es sogar nothwendig sein wird, den ersten Antrag von den übrigen zu trennen, und daß es eben so angezeigt sein wird, die Punkte 2 bis 6 des Antrages zusammen zu fassen.

Die Diskussion über den § 1 des Antrages ist eröffnet, und ich werde mir nur noch erlauben, denselben vorzulesen, um sich ein bestimmtes Bild von demselben nochmals verschaffen zu können. (Liest den Antrag 1 nochmals).

Sektionschef **v. Hye-Glunek:** Wenn die verehrte Versammlung nicht wünscht, daß ich diesfalls in eine Motivirung eingehe, die, wie gesagt, von einem Jeden im Voraus — ich möchte nicht blos sagen von den Verständigen und wissenschaftlich Gebildeten, sondern von einem jeden Deutschen Herzen — tief empfunden ist, so kann ich jeder anderen Motivirung dieses Antrages mich enthalten. (Bravo.)

**Präsident:** Ich glaube, dieses Bravo als Zustimmung betrachten zu können. Herr Geh. Rath v. W ä c h t e r hat das Wort.

Geheimer Rath **v. Wächter** aus Leipzig: Erlauben Sie mir, meine geehrten Herren, daß ich mich noch besonders entschuldige, daß ich das mir übertragene Referat nicht vollzogen habe. Ich war anfangs in einem Irrthum. Ich glaubte, es seien mir die Motive zu dem Antrage nicht mitgetheilt worden, und das werden Sie zugeben, daß, so lange man die Motivirung eines Antrages nicht hat, auch ein Referat über diesen Antrag nicht wohl gemacht werden kann. Allerdings fielen mir diese Motive in den letzten Tagen in die Hand, und ich würde bereit gewesen sein, Ihnen auch ein Referat vorzulegen. Ich bin aber in diesen Tagen wegen einer drohenden Heiserkeit genöthigt gewesen, was ich sonst nicht zu thun gewohnt bin, auf meine Gesundheit Rücksicht zu nehmen, und konnte nicht voraussehen, ob ich nicht durch das Referat in die Lage kommen würde, sehr viel sprechen zu müssen und die Heiserkeit zu vermehren, und so bitte ich, mich zu entschuldigen, daß ich Ihnen einen Stellvertreter gestellt habe, bei dem Sie übrigens nicht vermissen werden, daß ich nicht referirte.

Erlauben Sie mir aber, daß ich über die vorliegende Frage in ein paar Worten meine Ansicht äußere und zwar zunächst über den Antrag des Herrn Referenten. Es ist sehr mit Recht von dem verehrten Herrn Vorredner bemerkt worden, daß die vorliegende Frage eine der wundesten Stellen unserer Strafrechtspflege und Strafgesetzgebung berühre, daß in dieser Beziehung Aenderungen in mehr als einer Richtung auf das dringendste nothwendig seien. Aber dem Antrage, so wie er hier formulirt vorliegt, beizustimmen, hätte ich große Bedenken. Die Unabweislichkeit der Ehrenfolgen eines begangenen Verbrechens oder die beschränkenden Folgen in Beziehung auf die politischen und Ehrenrechte müssen wir doch im Auge haben. Diese ganz zu verneinen, glaube ich, wäre ein sehr bedenklicher Schritt, ein Schritt, durch welchen wir mit den Volksansichten nicht nur, sondern auch mit den höheren Aufgaben des Staates in den entschiedensten Widerspruch kommen würden. Ich kenne auch beinahe keinen Kriminalisten, der eine solche Ansicht verfochten hätte, und ich darf wohl annehmen, daß auch der Herr Antragsteller seinen Antrag in diesem Sinne modifiziren werde.

Nach den Motiven des Antrages giebt der Herr Antragsteller selbst zu, daß begangene Verbrechen bedeutende Beschränkungen in den politischen Rechten des Verurtheilten, der die Strafe erstanden hat, nach sich ziehen können; er giebt selbst zu, daß besondere Gesetze, wie das Geschwornen-Gesetz, das Bürgerrechtsgesetz u. s. w. solche Folgen in Bezug der bürgerlichen Rechte aussprechen sollen. Damit aber hat er die Zulässigkeit von Ehren-Schmälerungen, von welchen das gemeine Recht und unsere partikulären Rechte vielfachen Gebrauch machen, anerkannt, nur nach Umständen modifizirt und mehr beschränkt; aber selbst diese Beschränkung, die allerdings sehr zu wünschen ist, scheint mir in dem Antrag nicht genug herausgehoben zu sein.

Ich möchte das Prinzip über solche Ehren-Schmälerungen nicht dem *bürgerlichen* Gesetze überlassen. Dieses Prinzip muß das *Straf*gesetzbuch feststellen; denn strafrechtliche Folgen sind die Ehrenminderungen wegen verübter Verbrechen und so gehört diese Frage in das Strafrecht. Es haben sich zwar die Civilisten herausgenommen, die Lehre von der Infamie rein in das Civilrecht zu ziehen und zu einer civilistischen zu machen; sie haben aber das Judicium finium regundorum nicht gehörig gegeben; denn diese ganze Lehre gehört nicht vor das Forum des Civilisten, sondern vor das des Kriminalisten, und die Civilisten haben einfach nur die Konsequenzen der kriminalistischen Lehre anzunehmen, so weit sie in das Privatrecht einschlagen. Dies ist auch der Fall, wenn einzelne Prozeß- oder andere Gesetze eine Schmälerung der bürgerlichen Rechte und Ehren festsetzen. Wenn z. B. das Geschwornen-Gesetz sagt, daß, wer eine Zuchthausstrafe überstanden hat, nicht Geschworner sein kann; wenn das Gesetz über das Waffentragen sagt, daß, wer eine Zuchthausstrafe überstanden hat, das Recht verliert, Waffen zu tragen u. s. w., so ist das die Folge des Strafrechts.

Räumen wir aber die Zulässigkeit solcher Ehrenschmälerungen ein, so ist es unter Anderm noch eine sehr wichtige Frage, wie lange soll der Verbrecher die Ehrenrechte verwirkt haben? Unbedingt nur so lange, als es durch die Natur des begangenen Verbrechens bedingt ist. Auf dieses Prinzip, glaube ich, sollte sich besonders das Gewicht unserer Stimme richten. Sie werden Alle zugeben, daß gewisse Nachtheile für die Ehren- und politischen Rechte, nachtheilige Folgen überhaupt, die über die eigentliche Strafzeit hinauswirken, einem Verbrechen je nach den Umständen werden beigelegt werden müssen, und zwar, wie ich schon vorhin berührt habe, im Interesse des Staates, und insbesondere, um nicht mit den Volksansichten in entschiedenen Widerspruch zu kommen, was der Fall wäre, wenn diese Frage allgemein verneint würde, wenn z. B. Jemand, der kaum aus dem Zuchthause gekommen ist, gleich den Platz auf der Geschwornenbank einnehmen könnte. Wenn in dieser Beziehung die durch Erstehung des Zuchthauses eingetretene Tilgung des Verbrechens auch auf jede für die Ehre nachtheilige Folge des Verbrechens sich erstrecken würde, in welchem Konflikt mit den Volksansichten würde dieses stehen?

Es handelt sich aber hier von der andern Seite darum, Maß zu halten, es nicht zu machen, wie alle unsere Gesetzgebungen, die, ich möchte sagen, in dieser Sache blind dreinschlugen und glaubten, dadurch, daß sie unbedingt an die Verurtheilung in gewisse Strafen lebenslängliche Ehrenschmälerung knüpfen, die Zwecke der Strafe und des Staates gehörig zu fördern. Es sollten nicht mehr an die Strafart, — wovon ich nachher sprechen werde — sondern an die Natur des begangenen Verbrechens diese politischen Folgen geknüpft werden; es sollten die Ehre schmälernden Folgen von dem Richter erkannt werden können je nach der Natur des Verbrechens; sie sollten nicht unbedingt auf die Lebenslänge, so daß sie nur durch die Gnade des Regenten zu beseitigen sind, bestehen, sondern es sollte dem Verurtheilten die Möglichkeit gegeben werden, es nach Umständen als Recht zu verlangen, daß er wieder vollkommen restituirt werde, wenn er längere Zeit seine Pflichten gegen die bürgerliche Gesellschaft, gegen die staatliche Ordnung wieder erfüllt hat; es sollte, wie ich es auch in einigen partikulären Gesetzen bestimmt fand, dem Gerichte die Befugniß gegeben werden, jene Folgen seiner Zeit durch Richterspruch wieder aufzuheben. Das scheinen mir zunächst die Schritte zu sein, die ich für ganz unerläßlich halte, und die man gewiß schon als einen großen Fortschritt bezeichnen könnte.

Außerdem aber sollte, um auf das Vorige zurückzukommen, die Strafart sich nach dem Verbrechen bestimmen. Diesen Grundsatz, den gewiß jeder von Ihnen wenigstens im Prinzip anerkennen wird, und den schon die Alten vielfach ausgesprochen, aber wie unsere Gesetzgebungen mit wenig Konsequenz festgehalten haben, — diesen Grundsatz verletzen alle unsere neuen Gesetzgebungen. Das Verbrechen, die ganze Natur des Verbrechens bestimmt sich nicht blos nach der Größe und Bedeutung des verletzten Rechtes, sondern auch nach der Gesinnung, die der Verbrecher durch seine That ausgesprochen hat.

Ich habe einmal Gelegenheit gehabt, die Preußischen Zuchthäuser zu besuchen, habe auch in Sachsen die Strafanstalten kennen gelernt, und ich glaube es hier aussprechen zu dürfen, daß mein Gefühl auf das Tiefste verletzt wurde, als ich in demselben Züchtlingsgewande, unterworfen denselben Disziplinarstrafen, unterworfen sogar der Möglichkeit der körperlichen Züchtigung, in Gesellschaft von Mördern, Räubern, Dieben, die politischen Verbrecher gesehen habe. (Lebhaftes Bravo!) Dieser Fleck sollte aus unseren Gesetzgebungen vor Allem entfernt werden; er hängt aber ganz wesentsentlich zusammen mit der Frage, mit der wir uns hier beschäftigen.

Es sind einige wenige Gesetzgebungen Deutschlands, die hier in nachahmungswerther Weise vorangegangen sind. Namentlich kann ich in dieser Beziehung die Württembergische Gesetzgebung rühmend anführen, die für Verbrechen, welche nicht von Niederträchtigkeit der Gesinnung zeugen, besondere Strafarten, welche parallel mit Gefängniß, Arbeitshaus und Zuchthaus laufen, eingeführt haben.

So lange wir solche Bestimmungen in unsere Gesetzgebungen nicht aufgenommen haben, lege ich keinen Werth darauf, wie es sonst mit den politischen und Ehrenfolgen gehalten werden mag. Mit Jenem sollten wir besonders anfangen. Wir sollten in Beziehung auf politische und Ehrenfolgen dem Richter ein viel freieres Recht in ihrer Verhängung durch sein Erkenntniß und in der Aufhebung dieser Folgen einräumen, damit wirklich denjenigen die erwähnten Folgen treffen, der sie in Wahrheit verdient hat, und sie nur so lange ihn treffen, als er sie verdient hat.

Ich bin bereit, diese Gedanken in ein paar Anträgen zu formuliren. Ich möchte aber nicht dem Antrage des Herrn Referenten überhaupt entgegentreten, ich wollte mir nur erlauben, auf einige Punkte aufmerksam zu machen und meine Ansicht über den Gegenstand anzudeuten. (Bravo, Bravo!)

**Präsident:** Ich weiß nicht, ob die allgemeine Debatte über sämmtliche Anträge stattfinden soll, oder ob man sich nur auf die einzelnen beschränken soll. Wenn kein Wunsch rege wird, daß eine allgemeine Debatte über sämmtliche Punkte stattfinde, so würde ich die Diskussion nur auf den ersten Antrag beschränken. (Erfolgt kein Widerspruch.)

Die Diskussion ist daher für den ersten Antrag eröffnet.

Sektionschef **von Hye-Glunek:** Ich kann es nur eben der schon erwähnten Eile, mit welcher ich meine Anträge zu formuliren und zu fixiren bemüßigt war, zuschreiben, wenn ich von einer so überaus gewichtigen Stimme, wie die des verehrten Geheimen Rathes von Wächter, mißverstanden sein sollte.

Was der Herr Geheimrath entwickelt, ist wirklich in der von mir vorbehaltenen Motivirung und ich glaubte sogar, auch wirklich in meinen Anträgen enthalten. Es sind von dem Herrn Geheimrath von Wächter folgende Gedanken, wenn ich nicht irre, ausgesprochen worden: Ehrenschmälerungen als Folgen einer Verbrechensstrafe unbedingt aufzuheben, würde dem allgemeinen Volksbewußtsein zuwider sein. Unbedingt stimme ich dem bei; ich will sie nicht allgemein aufheben, sondern nur beschränken.

Geheimrath **von Wächter:** Ich möchte mir das Wort erlauben, um ein Mißverständniß zu beseitigen. Ich sprach nicht von der Motivirung des Herrn Berichterstatters, sondern von der Motivirung des Herrn Antragstellers.

Sektionschef **von Hye-Glunek:** Dann hätte ich freilich nichts weiter zu bemerken; jedoch Sie erlauben, daß ich als Berichterstatter Ihren Vortrag rekapitulire.

Zweitens spricht der Herr Geheimrath den Grundsatz aus, diese Ehrenschmälerungen, diese Folgen sind nicht an die Strafart, sondern an die Qualifikation des Verbrechens anzuschließen. Auch dem stimme ich mit ganzem Herzen bei, wie mein zweiter Antragspunkt zeigt. — Drittens sagt er, diese Folgen sollen nicht lebenslängliche Dauer haben und das Aufhören derselben nicht blos von der Begnadigung des Landesherrn abhängen. — Viertens endlich wünscht er die Strafart nach Verschiedenheit der Verbrechen auch verschieden klassifizirt, gemeine Verbrecher, Diebe, Räuber, Mörder nicht mit politischen Verbrechern zusammengeworfen zu sehen.

Auch dies ist in meinen Anträgen enthalten und wird in der Motivirung derselben noch erörtert werden. Ich erkläre noch, daß ich mit allen Grundsätzen, die der Herr Geheimrath von Wächter uns mitgetheilt hat, aus vollstem Herzen einverstanden bin und mir dies in meiner Motivirung auseinanderzusetzen vorbehalten hatte, und ich glaube, dasselbe bereits theilweise in meinen formulirten Anträgen ausgesprochen zu haben.

Hofgerichtsrath **von Stößer** aus Bruchsal: Ich freue mich, daß mein Antrag eine solche günstige Aufnahme in dem kräftigen Referate des Herrn Berichterstatters gefunden hat. Ich kann unter diesen Umständen davon abgehen, eine nähere Begründung meines Antrages hier zu geben.

Mein Antrag enthält allerdings zwei Theile: erstens, daß entehrende Strafen, wie sie nun in dem ersten Absatze der von dem Herrn Referenten gestellten Anträge erwähnt werden, in der künftigen Deutschen Strafgesetzgebung unter allen Umständen vermieden werden sollen; zweitens, daß auch an gewisse Strafarten vielfache Straffolgen nicht gebunden werden sollen. Nur über den ersten Absatz ist die Diskussion eröffnet, und was diesen betrifft, so kann ich nur wiederholen, daß aus meiner gedruckten Motivirung wohl hervorgehen dürfte, daß ich mich hier vollständig in Uebereinstimmung mit der Erklärung befinde, welche der verehrte Herr Geheimrath v. Wächter vorhin abgegeben hat. Ich kann kaum einen Zweifel darin setzen, daß dieser erste Satz eine solche unbedingte Anerkennung von Seiten des Deutschen Juristentages wird finden können, daß darüber wohl eine lange Diskussion nicht nothwendig sein wird. Er ist so wichtig und von so selbstverständlicher sittlicher Grundlage, daß er ohne weitere Debatte anerkannt werden dürfte.

**Präsident:** Ich glaube wohl auch annehmen zu können, daß jeder der Herren über eine so wichtige, tief eingreifende Sache mit sich einig ist, und die Diskussion kaum zu etwas führen würde. Wenn daher Niemand das Wort begehrt, so würde ich die Debatte als geschlossen ansehen.

Rechtsanwalt **Sabarth** aus Ratibor: Ich bin damit vollkommen einverstanden, zur Motivirung nichts mehr beizufügen. Nur würde ich nicht nöthig gefunden haben, wo sich gegen das Prinzip der entehrenden Strafen ausgesprochen wird, erst Exempel beizufügen; da sie aber beigefügt worden sind, so möchte ich zu den beregten Beispielen noch die Brandmarkung hinzufügen, die in der Französischen Gesetzgebung z. B. noch besteht.

**Präsident:** Ich kann die Debatte wohl als geschlossen ansehen. Ich gebe daher dem Herrn Referenten das Schlußwort.

Sektionschef **von Hye-Glunek**: Ich glaube, nur ein einziges Wort beifügen zu sollen, um dem verehrten Herrn Antragsteller wegen der Brandmarkung zu erwidern. Es ist diese Strafe in allen Deutschen Strafgesetzen aufgehoben worden und auch im Französischen schon seit drei Jahrzehnten — durch ein Gesetz aus dem Jahre 1832 — beseitigt; ebenso in der der Französischen Gesetzgebung nachgebildeten Italienischen. Ich glaubte daher davon, als von einem **non existens**, nicht Erwähnung machen zu sollen.

Rechtsanwalt **Sabarth** aus Ratibor: Wenn dies sicher ist, dann habe ich Nichts zu erwähnen und nehme den Antrag zurück.

Sektionschef **von Hye-Glunek**: Dafür kann ich bürgen, daß sie in Frankreich nicht mehr besteht. Ich habe auch in der letzten Zeit die Deutschen Strafgesetze durchzugehen und mir sie fast alle eigen zu machen Gelegenheit gehabt, und mir ist keines bekannt, wo die Brandmarkung noch vorkäme.

**Ein Mitglied**: In dem Schweizerischen besteht sie leider noch.

**Präsident**: Unter diesen Umständen wird der Herr Antragsteller einverstanden sein, daß ich den Antrag für erledigt halte. (Zustimmung.)

Ich gehe nun zur Abstimmung über und verlese den allgemeinen Eingang, der eine allgemeine Motivirung enthält und einer besonderen Abstimmung nicht bedürfen wird, gleich mit Absatz 1:

> „Der Deutsche Juristentag spricht es als seine Ueberzeugung aus, daß es von der Gerechtigkeit gebieterisch gefordert und gleichmäßig durch den Besserungszweck der Strafe, durch die Humanität, durch die heutigen sozialen Anschauungen, so wie durch den Stand der Kultur des Deutschen Volkes dringend empfohlen sei, in dem künftigen Deutschen gemeinsamen Strafgesetze in Beziehung auf die entehrenden Strafen an folgenden Grundsätzen festzuhalten:"
>
> „1) Alle schon ihrer Qualifikation nach einen das Ehrgefühl eines jeden Menschen erstickenden oder doch abstumpfenden Charakter einschließenden Strafen oder Verschärfungen derselben, wie z. B. die Ausstellung am Strafpfahle (Pranger, Schandbühne und dergleichen), die Kettenstrafe und insbesondere jede Art von körperlicher Züchtigung (Stockprügel, Ruthenstreiche u. s. w.) haben unbedingt zu entfallen."

Giebt die verehrte Versammlung dem ersten Satze des Referenten ihre Zustimmung? Im bejahenden Falle bitte ich sitzen zu bleiben. (Niemand erhebt sich.)

Er ist einstimmig angenommen.

Nun, m. H., gehen wir über auf die übrigen Sätze, 2, 3, 4, 5 und 6, die in der Diskussion zu verbinden sein werden.

**Referent Sektionschef v. Hye-Glunek:** Ich erlaube mir, im Uebergange zur Motivirung der Anträge 2—5, welche im innigsten und unzerreißbaren Zusammenhange stehen, vor dieser Versammlung von Männern, die mit dem Stande der Deutschen Strafrechtsliteratur vollkommen vertraut sind, die ausführliche Erörterung all' desjenigen auszuscheiden, was ich als Allen bekannt annehmen muß, und mich nur auf eine Skizzirung derjenigen Momente zu beschränken, worüber meines Wissens die heutige Wissenschaft oder selbst die heutigen Gesetzgebungen so ziemlich einhellig sind.

In dieser Richtung bemerke ich nur vorerst, daß man unter entehrenden Straffolgen, abgesehen von kleinen Schattirungen, von kleinen Differenzen, vier Kategorien vorzugsweise unterscheidet. Es ist dies 1) der Verlust der sogenannten Ehrenrechte, also aller Arten von Auszeichnungen, Würden, Titel, Orden, die der Verurtheilte an sich hat. Ich lasse den Adel absichtlich hier weg, weil bekanntlich die Frage des Verlustes des Erb- und Personaladels ihre ganz besondere Schwierigkeit hat. Ich glaube, in einem Ausspruche allgemeiner Prinzipien brauchen wir solche an und für sich noch allerdings heiklichen Details nicht zu berühren. Ich sage also: Ehrenrechte überhaupt. Es sind das 2) die sogenannten politischen oder staatsbürgerlichen Rechte, worin vor Allem das Recht, zu wählen und gewählt zu werden zu allen Gemeindeämtern, zu jeder Gemeindevertretung und insbesondere zu Provinzial-, Landes- oder Reichsvertretungen eingeschlossen erscheint. Es ist 3) der Verlust der sogenannten Amts- oder auch Dienstrechte, wie man sie anderwärts nennt, nämlich der Verlust eines jeden öffentlichen Amtes und der damit verbundenen Rechte und Wirkungen, des Gehalts und der daraus abgeleiteten Pension, Provision, Ruhegehalte, Gnadengehalte und so fort, wohin nach den meisten Gesetzbüchern nicht blos eigentliche Staatsämter, sondern auch Gemeindeämter, dann auch die Aemter der Advokatur und des Notariats gerechnet werden. Ich habe auch hier wieder jedwede Detaillirung, weil hierüber die Gesetze sehr different sind, vermieden und sage einfach: Verlust der Amts- oder Dienstrechte. Künftige Gesetze werden bei der Ausarbeitung des Details würdigen, wie weit sie zu gehen haben. Endlich 4) die sogenannten gemeinen bürgerlichen Rechte. Dahin gehören, wie der Herr Geheimrath von Wächter mehrere angedeutet hat, das Recht, einen Waffenpaß zu erhalten, eine Jagdkarte zu haben, in die Nationalgarde eingereiht zu werden, die Nationalkokarde zu tragen, das Recht, Geschworner zu sein, als Gerichtszeuge oder Urkundsperson zu dienen, das Recht, als Vormund oder Kurator zu fungiren, als Zeuge mit Glaubwürdigkeit im Straf- oder Civil-Prozesse aufzutreten u. s. f. — und weil die Gesetzgebungen auch hier different sind, so habe ich mir auch da wieder nur den allgemeinen Ausdruck „gemeine bürgerliche Rechte" erlaubt. In diesen vier Kategorien klassifizirt und erschöpft sich meines Wissens dasjenige, was man unter sogenannten entehrenden Straffolgen in den heutigen Europäischen und besonders Deutschen Strafgesetzgebungen versteht.

Ich glaube nun, daß wir bei der Frage, ob und in wie weit der Verlust dieser Rechte, und ob insbesondere die völlige Unfähigkeit, dieselben wieder zu erlangen oder sie wieder auszuüben, mit einer Strafe in Verbindung zu setzen sei, alle einschlagenden nicht blos sozialen, sondern gewiß auch politischen Rücksichten ins Auge zu fassen haben. Ich spreche hier die subjektive Ueberzeugung aus, die gewiß Viele von Ihnen theilen, und welcher gewiß auch Keiner von Ihnen geradezu widersprechen wird, nämlich die, daß Maß und Ziel halten die erste Pflicht-Aufgabe eines jeden Mannes der Wissenschaft ist, der seine Wissenschaft zum Frommen und zum Segen des praktischen Lebens verwirklichen will. Und kaum irgend eine Wissenschaft der menschlichen Gesellschaft hat ja mehr gerade die Gesellschaft, ihr Wohl und ihr Wehe in ihrer Hand als eben die praktische Gestaltung der Rechts- und Staatswissenschaft. Halten wir daher, das ist meine individuelle Ueberzeugung, Maß und Ziel, und stellen wir diesfalls nur solche Anträge oder sprechen wir nur solche Momente als Ueberzeugung des Deutschen Juristentages aus, wofür wir im Voraus die Garantie haben, daß die Deutschen Regierungen auch gerne uns beistimmen werden, uns beistimmen können. Sprechen wir überdies nur solche gemäßigte Grundsätze aus, durch welche wir nicht mit der allgemeinen Volksanschauung in Widerspruch gerathen, wie der Geh. Rath v. W ä c h t e r so eben angedeutet. Unbedingter Verlust und lebenslänglicher Verlust dieser Rechte, wie er leider in den meisten Gesetzgebungen Deutschlands auch neuesten Datums noch enthalten ist, würde wirklich mit der Volksanschauung, ja mit dem Gerechtigkeitsgefühle, um nicht zu sagen auch mit der Humanität eines Jeden in lauten Widerspruch treten, zumal wenn er ohne Rücksicht auf die Qualität des Verbrechens erscheint. Hingegen festzustellen, daß solche Folgen etwa gar nicht mit einer Strafe verbunden sein sollen, oder daß dieselben ipso facto bei jeder Art von Verbrechen mit dem Erlöschen der Strafe überhaupt wegfallen, würde wieder Etwas aussprechen, was ebenso der gerechten Volksansicht widerspricht, als es gewiß auch von den Regierungen nimmermehr nach dem heutigen Stande der herrschenden politischen Ansichten acceptirt werden würde.

Ich glaube daher, wir müssen in eine Unterscheidung eingehen, und ich theile mit vollster Ueberzeugung das, was so eben Herr Geheime Rath v. W ä c h t e r angedeutet und ich selbst ebenfalls schon ursprünglich in die Formulirung meines zweiten Antragspunktes aufgenommen habe, daß hiebei nicht zunächst die Art der Strafe, sondern die Art der strafbaren Handlung das entscheidende Kriterium sein muß. Ich sage: „nicht die Art der Strafe", weil nicht blos die Deutschen Gesetzgebungen darüber nicht einig sind, indem z. B. die eine das Zuchthaus, die andere den Kerker als höchste Kategorie der Freiheitsstrafen aufstellt, eine zweite oder dritte Arbeitshaus, Gefangenhaus hat, sondern insbesondere darum, weil es auch Handlungen giebt, die in allen Deutschen Strafgesetzen mit der geringeren Kategorie von Freiheitsstrafen (nennen Sie es also Gefängniß) und nicht mit Zuchthausstrafe verpönt sind, welche strafbaren Handlungen aber dennoch den Charakter an sich tragen, daß Jedermann von uns und vom Deutschen Volke darüber einig ist: Der Mensch hat eine entehrende Handlung begangen, ist nicht würdig, wenigstens für gewisse Zeit, diese oder jene politischen Rechte auszuüben, oder einen Orden zu tragen, oder gar ein Staatsamt zu bekleiden, wäre er auch nur, um beispielsweise zu erwähnen, auf zwei oder drei Monate zu Gefängniß, aber wegen Diebstahls, wegen Unterschlagung oder gemeinen Betrugs verurtheilt worden.

Ich glaube daher, die Qualität der Handlung muß entscheiden, und ich finde hierin das, was der Germanische Volkscharakter seit Jahrhunderten durch die Theilung der strafbaren Handlungen in entehrende und nicht entehrende ausspricht. Wenn zum Beispiel das Oesterreichische Strafgesetz bis zur Stunde den Zweikampf — und in unserem Gesetze ist sogar die bloße Herausforderung zum Zweikampfe bereits das vollendete Verbrechen — unter die Verbrechen einreiht, darauf Kerker, regelmäßig sogar schweren Kerker (welchem die Zuchthausstrafe anderer Deutscher Gesetze gleichzusetzen ist) verhängt und damit lebenslänglichen Verlust aller Ehren- und anderen angeführten Rechte verbindet, so ist gewiß Jeder mit mir einverstanden, daß ein solches Gesetz sich längst überlebt hat, und in denjenigen wenigen Fällen, wo es zur Anwendung kam, hat man immer und immer wieder die Begnadigung des Landesfürsten und zwar mit vollem Erfolge angesprochen, weil es doch — ich möchte fast sagen — ungereimt erscheinen würde, denjenigen Mann, der, folgend einem nun einmal bestehenden sozialen Vorurtheile, seine beleidigte Ehre im Zweikampfe wieder rein zu waschen sucht, lebenslang für unehrenhaft, lebenslang für ausgeschlossen von politischen Rechten, von jedem Gemeinde- oder Staats-Amte zu erklären.

Daß ich diese Andeutungen nicht weiter auseinandersetze, brauche ich Ihnen gegenüber nicht zu rechtfertigen, zumal die Zeit schon weit vorgeschritten ist. Es genügt, um Sie von jenem Theile meines Antrages zu überzeugen, daß der Verlust dieser vier Kategorien von Rechten regelmäßig nur geknüpft sein soll — ich bediene mich hier der Worte des Herrn Geh. Rathes v. Wächter — an die Qualität der Handlung und nicht an die Qualität der Strafe, und zwar nur an die Qualität derjenigen strafbaren

Handlungen, die in sich selbst entehrend sind, die eine gewisse Ehrlosigkeit, Niedrigkeit der Gesinnung, Niederträchtigkeit oder Bosheit voraussetzen. Dahin werden also Diebstahl, Unterschlagungen, Betrügereien, dahin gewiß auch regelmäßig Verleumdungen im engeren Sinne des Wortes, also die eigentliche falsche Anzeige, dann Raub, Brandstiftung u. s. w. gehören. Wir werden aber in der Regel die sogenannten politischen Verbrechen, körperliche Verletzungen, die im Affekte, in oft gerechter Zornesaufwallung begangen wurden, gewiß nicht dahin rechnen.

In dieser Beziehung glaubte ich aber außerdem die Dauer dieser Folgen auf eine gewisse Zeit einschränken zu sollen. Bei dieser Beschränkung hatte ich im Auge, daß man den Grundsatz, den so viele Deutsche Strafgesetze ausdrücklich aufgenommen, allein leider nirgend in voller Wahrheit durchgeführt, sondern nur theoretisch hingestellt haben: „Mit der Erlöschung der Strafe tritt der Gestrafte wieder in den Vollgenuß seiner Rechte zurück", daß man diesen Grundsatz endlich auch konsequent ausführe und als Regel feststelle, „es sei mit der Erlöschung der Strafe auch regelmäßig die Erlöschung der Unfähigkeit, diese Rechte weiter auszuüben, eingetreten." Ich sage „die Unfähigkeit, sie auszuüben", nicht „der Verlust sei erloschen", um hier sogleich einem Mißverständnisse zu begegnen. Derjenige nämlich, der als Dieb oder Betrüger sein Staatsamt oder seine Pension verloren hat, der eine Auszeichnung, die ihm zu Theil ward, verloren hat, der hat sie einmal verloren und kann nicht wieder in den Besitz eingesetzt werden. Allein er soll darum nicht unfähig erscheinen, ähnliche Auszeichnungen oder Vertrauenszeichen, ähnliche Staatsämter wieder zu erlangen.

Daß ich diese Unfähigkeit nicht für lebenslang feststellen will, wie auch Professor Wächter anträgt, kann wohl nur gerade wieder aus der herrschenden Volksansicht begründet werden, und ich erlaube mir, Ihnen aus meiner diesfalls nicht ganz armen Erfahrung eine Menge von Beispielen kurz anzudeuten. Wir haben Hunderte von Fällen in Oesterreich erlebt, wo junge Leute von 17, 18, 20 Jahren selbst ein sogenanntes entehrendes Verbrechen, einen Diebstahl, Betrug u. dgl. begangen hatten, dafür mit einer sehr kurzen Freiheitsstrafe abgestraft worden, dennoch aber Zeit ihres Lebens von der Erlangung aller solcher Rechte absolut ausgeschlossen erscheinen, trotzdem daß sie nicht selten Decennien lang als höchst ehrenhafte achtungswürdige Leute sich benommen haben, daß Jedermann im Volke sagte: „Ich vertraue diesem Manne tausendmal mehr als manchem Anderen, der mit den höchsten Auszeichnungen geziert herumgeht." Lebenslang diese Folgen mit den Verbrechen zu verbinden, scheint mir diesfalls der größte Uebelstand in den Deutschen Gesetzen zu sein.

Wir mögen daher hier die rechte Mitte finden und sagen: Als Regel gilt: Mit dem Erlöschen der Strafe hört auch die Unfähigkeit, solche Rechte zu erlangen, auf und tritt der Bestrafte in Beziehung auf sogenannte gemeine bürgerliche Rechte wieder in den Vollgenuß derselben ein. Das ist Regel. Jedoch giebt es so verruchte Verbrecher, giebt es so niederträchtige Naturen, daß der Gerichtshof, der über sie aburtheilt, sagt: wenn auch dieser Mensch seine 10- oder 5jährige Zuchthausstrafe ausgestanden hat, so erscheint er doch gewiß noch nicht würdig, um sogleich wieder politische Rechte oder sein Wahlrecht bei der Gemeinde auszuüben, oder möglicher Weise selbst gewählt zu werden. Letzteres ist, wie der Herr Antragsteller in seinen Motiven zeigt, freilich schon an sich weniger zu befürchten; hat er das allgemeine Vertrauen trotzdem, so wird man ihn wählen, hat er das allgemeine Vertrauen nicht, so wird man ihn nicht wählen. Allein das aktive Wahlrecht auszuüben, Beamter zu werden, Auszeichnungen und Ehrenrechte wiederzuerlangen, soll er nach der hervorragend ehrlosen Beschaffenheit dieser Verbrechen durch einige Zeit verhindert sein. Es soll dem Gerichte überhaupt ein großer Spielraum in Bezug auf die Ausmessung der Strafe zuerkannt werden, ihm das Recht eingeräumt werden, auch eine längere Dauer dieser Straffolgen über die Erlöschung der Strafe hinaus zu erkennen, daher noch durch einige Zeit die Fortdauer des Verlustes oder der Fähigkeit zu solchen Rechten auszusprechen.

Wir haben bereits einen Vorgang in den bestehenden Gesetzgebungen. Bekanntlich hat das Oldenburgische Gesetz, trotzdem daß es in vielen Beziehungen dem Preußischen nachgegangen, diesfalls die Preußische Fährte verlassen und Aehnliches festgestellt, wie ich angegeben habe. Solches liegt aber auch in dem neuesten Bremischen Entwurf vor.

In dieser Richtung würde ich daher mir erlauben, vorzuschlagen, daß ausnahmsweise der erkennende Richter berechtigt ist, dort, wo eine besondere Niederträchtigkeit der Gesinnung oder eine besondere Bosheit der Handlungsweise vorliegt, noch in einer der bisherigen Strafdauer entsprechenden Zeitskala auch die Fortdauer dieses Verlustes oder der Unfähigkeit zur Wiedererlangung solcher Rechte auszusprechen. Ich sage: in entsprechender Zeitskala, etwa, wenn man z. B. auf 5 Jahre verurtheilt war, auf weitere 5 Jahre; wenn man auf 10 Jahre verurtheilt war, auf weitere 10 Jahre, weil 10 Jahre über das Erlöschen der Strafe hinaus nach meinem Dafürhalten als Maximum festzustellen wäre.

Ich weiß nicht, ob ich mich deutlich genug ausspreche. Ich würde daher das Gesagte ungefähr in folgender Form kurz resumiren:

„Die in der Wissenschaft und in den bestehenden Strafgesetzen unter dem Namen „entehrende Straffolgen“ bekannten Verluste a) der Ehren-, b) der sogenannten politischen oder staatsbürgerlichen, c) der Dienst- oder

Amts=, sowie d) der gemeinen bürgerlichen Rechte sollen kraft des Gesetzes oder durch besonderes richterliches Straferkenntniß nur mit der Strafe für solche strafbare Handlungen verbunden werden, welche selbst vermöge ihrer inneren Beschaffenheit als entehrend gelten, nämlich auf einer verächtlichen, ehrlosen Gesinnung beruhen."

Dies möge genügen rücksichtlich des einen Hauptheiles der Frage, nämlich hinsichtlich der ersten Hauptkategorie der strafbaren Handlungen.

Ich komme zur zweiten Kategorie, nämlich zu denjenigen Handlungen, welche in der heutigen sozialen Auffassung nicht als entehrend gelten, die allerdings der Staat mit strengen Strafen zu ahnden gewiß die gewichtigsten Beweggründe hat, wohin ich einen großen Theil der sogenannten politischen Verbrechen und Vergehen rechne, sowie die Verbrechen, die im Affekte begangen werden, wo ein unglücklicher Faustschlag, den ich von Zorn entrüstet einem Andern gebe, möglicher Weise die Tödtung des Letzteren herbeiführt, ohne daß wegen dieser meiner Schuld an dieser tödtlichen Verletzung irgend ein Mensch die Ehrenhaftigkeit meiner Gesinnung bestreiten wird. Bei diesen strafbaren Handlungen, glaube ich, sollte man aussprechen, daß während der Dauer der Strafe die Ausübung der angegebenen vier Kategorien von Rechten zu r u h e n hat.

Es ist doch höchst natürlich, daß man einem Staatsbeamten, der das Unglück hat, etwa eines solchen Verbrechens schuldig erklärt zu werden, allerdings die gesetzliche Strafe zuwenden wird, aber aus dem Standpunkte des Strafrechtes denselben darum allein noch nicht als unehrenhaft behandeln mag. Sein Staatsamt wird er ohnehin verlieren nach der Dienstes=Pragmatik, — dafür brauchen wir nicht zu sorgen; allein andere Ehrenrechte, und insbesondere die gemeinen bürgerlichen Rechte und vorzugsweise die politischen Rechte, z. B. das Recht zur Volksvertretung zu wählen und gewählt zu werden, das braucht er deshalb nicht zu verlieren; die Ausübung aber hat zu ruhen, weil es Niemand einfallen wird, den Mann während der Dauer der Strafe zur Ausübung dieser Funktionen zu berufen. Ich habe es daher in der Art formulirt, daß bei allen übrigen strafbaren Handlungen während der Dauer der Freiheitsstrafe die Ausübung der vier Kategorien von Rechten ruhen soll, was dann nach dem Erlöschen der Strafe von selbst wieder entfällt.

Um zurückzukommen auf die Deutschen Gesetze, so sind dieselben in dieser Beziehung bekanntlich bedeutend verschieden. In einigen derselben wird ausdrücklich von dem Verluste oder der zeitweiligen Nicht=Ausübung gesprochen, in den meisten derselben wird bei der Strafe für Vergehen und Uebertretungen von solchen Folgen gar nicht mehr gesprochen; vielfach ist auch in den Konstitutions=Urkunden eine solche strenge Strafanordnung ent=

halten. Ich erwähne als Oesterreicher zu Ihrer Aufklärung nur Eines solchen Moments. Wir haben in unserem neuesten Grund- oder Verfassungsgesetze vom 26. Februar 1861 eine solche Bestimmung, deren exorbitante Strenge allgemein gefühlt wird, und die gewiß in kurzer Zeit mit einhelliger Zustimmung der gesetzgebenden Körper und unseres aufgeklärten Monarchen beseitigt werden wird: „Wer immer eines Verbrechens oder was immer für eines Vergehens wegen verurtheilt wird, hat die aktive und passive Wahlberechtigung für den Landtag und Reichsrath verloren.“ Wenn man nun weiß, welche unbedeutende Handlungen zum Theil bei uns als Vergehen erklärt werden, und daß jede strafbare Handlung, durch die Presse begangen, bereits als Vergehen erscheint, so wird man es begreiflich finden, daß man auf künstlichen und Umwegen diese Bestimmung des Grundgesetzes in Oesterreich bereits zu umgehen gewußt hat und dem klaren Wortlaute des Gesetzes entgegen die Leute für aktiv und passiv wählfähig erklärt hat, die es nicht sein sollen, weil sie wegen eines Vergehens verurtheilt worden waren. Sie sehen, daß eben solche Bestimmungen, wie sie anderen Gesetzen nachgebildet worden sind, mit den heutigen Anschauungen durchaus nicht mehr im Einklange stehen.

Allein ich habe noch anzuführen, daß es der Fälle nicht wenige giebt, wo ein Gericht vielleicht in der ihm übertragenen Gewalt, wenn der Antrag Geltung fände, zu weit gegangen, einen solchen Ausspruch des Verlustes dieser Rechte gemacht hat, wo vielleicht die öffentliche Meinung ihn nicht gemacht haben würde, oder daß es diese Unfähigkeit in der Dauer zu lange fixirt hat. Hier soll das Begnadigungsrecht der Krone eintreten und mildern können.

Wir brauchen die Begnadigung nicht in jenem Umfange aufzunehmen, wie z. B. das neueste Bayerische Gesetz, welches bekanntlich gleichzeitig mit dem Strafgesetze im vorigen Jahre kundgemacht wurde und unter dem Titel: „Die Aufhebung der Straffolgen betreffend“, unbedingt Folgendes festgesetzt hat: „Mit gewissen Verbrechen ist im Allgemeinen der lebenslängliche, immerdauernde Verlust eines Theiles dieser Rechte verbunden, jedoch kann bei gehöriger Aufführung, bei gutem Benehmen, die Begnadigung des Landesfürsten vermittelnd dazwischentreten und dem Manne die Rehabilitation bewilligen.“ Wir haben eine solche weitgehende Begnadigung, wobei die Wiedererlangung dieser Rechte, die sogenannte Rehabilitation, wie man sie heutzutage gewöhnlich nennt, ausschließlich von der Gnade des Thrones abhängig gemacht wird, nicht nöthig. Denn wenn der Verlust auf eine bestimmte Zeitdauer im Voraus beschränkt ist, so haben wir die Vermittlung der Begnadigung nur dort nothwendig, wo möglicher Weise das Gericht zu weit gegangen ist.

Daß man nun aber das Begnadigungsrecht des Staatsoberhauptes, zumal in monarchischen Staaten, in gar keiner Weise in seiner vollsten und freiesten Entfaltung alteriren soll, daß man dieses Begnadigungsrecht in vollem Umfange aufrecht erhalten, und daß man dem Träger der höchsten Gewalt auch die Befugniß zuerkennen muß, zu jeder Zeit, also allerdings auch wenige Wochen oder Monate, oder unmittelbar nach der Strafverkündigung die Strafe mit allen ihren Folgen nachzusehen, das, glaube ich, insbesondere vor Männern, die aus monarchischen Staaten kommen, wo das Begnadigungsrecht nach einem alten Worte als der schönste Juwel der monarchischen Krone gilt, nicht erst umständlich rechtfertigen zu dürfen.

Ich komme endlich zu dem letzten Punkte, zu dem Punkte der Rückwirkung, der vielleicht ganz außer dem Antrage des Herrn Antragstellers liegt, allein mir aus dem praktischen Gesichtspunkte außerordentlich wichtig erscheint, um eben so viele Härten, so viele Inhumanitäten, welche derzeit in Wirklichkeit existiren, wenigstens retro aufheben zu machen.

Wir haben gewiß nicht wenige Menschen in jedem Deutschen Lande, welche irgend einmal in früherer Jugend ein Verbrechen oder ein Vergehen begangen haben, um dessentwillen sie lebenslänglich von allen diesen Rechten ausgeschlossen erscheinen und die immer an diesem Karren zerren und dadurch auch, ich möchte sagen, es beinahe unmöglich haben, als ehrenhafte Leute in die bürgerliche Gesellschaft einzutreten und freien Sinnes mit anderen Menschen zu verkehren. Halten wir diese Grundsätze, die ich vorgeschlagen habe, überhaupt für gerechte, für durch die Humanität diktirte, so müssen sie auch rückwirkend auf alle schon vorhandenen Verurtheilungen Anwendung finden, um auch diese Leute im Wege des Gesetzes und nicht im Wege der landesfürstlichen Begnadigung zu rehabilitiren. Wir haben allerdings diesen letzteren Weg zu jeder Zeit offen; es liegt aber gewiß eine große Schwierigkeit darin, hundert und hundert Menschen nur diesen Weg offen zu lassen, der überdies ein schwieriger in der Antretung und Ausführung ist, weil nicht immer blos die Gnade des Landesfürsten nach persönlicher Herzenseingebung hier waltet, sondern so viele dazwischen liegende Einbegleitungen und Berichte der mancherlei Verwaltungs- und Justiz-Behörden die Erlangung der landesfürstlichen Gnade nicht selten vielfach erschweren, und es bliebe mißlich, diesen dornenvollen Weg auch da wandeln zu müssen, wo Jemandem schon nach dem Recht oder aus dem Gesetze die Rehabilitation zustehen soll. Diesen Weg möchte ich daher in keiner Weise für Diejenigen vorschlagen, welche sich in der erwähnten traurigen Lage vermöge einer früheren Verurtheilung befinden. Ich bescheide mich auch allsogleich, daß dieser letztere Punkt begreiflicher Weise mit dem Antrage an und für sich Nichts zu schaffen hat und ohnehin nur in das Einführungs- oder Ausführungsgesetz des künftigen Strafgesetzes gehören würde.

Erlauben Sie, daß ich damit kurz meine Begründung abschließe, daß ich glaube, im Geiste des Herrn Antragstellers mehr oder weniger gehandelt zu haben. Er hat auch in seinen Motiven angedeutet, daß er ja durchaus nicht eine lebenslängliche gänzliche Ausschließung, noch weniger eine absolute Abschaffung dieser Ehrenfolgen wollte. Er unterscheidet sich von mir vorzüglich in der Form, weil er sagt: „Die Europäischen Konstitutionen, die Gemeinde-Ordnungen und andere Gesetze enthalten ja mehr oder weniger solche Folgen, man überlasse es diesen anderen Gesetzen." Ich meine dagegen bezüglich der Form, es sei allerdings die Frage, welche nachtheiligen Folgen Jemand in Folge eines Strafurtheiles zu tragen hat, Sache des Strafgesetzes, und ich nach meiner bescheidenen Ansicht würde daher auch glauben, es sei wirklich Aufgabe des künftigen Deutschen Strafgesetzes und so auch Aufgabe des Deutschen Juristentages, sich aus Anlaß der Gestaltung dieses künftigen Deutschen Strafgesetzes über die Frage jetzt schon auszusprechen. Ohnehin muß mir vorbehalten bleiben, in jenen Fällen, wo etwa im Hinblick auf bestehende Gesetze weitere Gegenanträge oder Bemerkungen kommen würden, noch darüber das Wort zu ergreifen, um bei der vorgerückten Zeit mich so kurz als möglich zu fassen. (Bravo! Bravo!)

**Präsident**: Zunächst gebe ich dem Herrn Geheimen Rath v. Wächter das Wort.

Geheimer Rath, Professor Dr. v. **Wächter**: Meine geehrten Herren! Wir werden im Wesentlichen durchaus mit dem Herrn Referenten einverstanden sein, nur wünschte ich sehr, daß er seine Anträge etwas beschränkter formulire. Es kommt in diesen Anträgen eine Reihe von Punkten vor, die mir nicht gehörig vorbereitet zu sein scheinen, und die doch zu großer Meinungsverschiedenheit in unserer Mitte führen könnten. Auch sind sie in mancher Hinsicht zu sehr spezialisirt; eine Spezialisirung richtig zu treffen, scheint mir aber eine ungemein schwierige Aufgabe zu sein. Es sind alle die Kategorien aufgeführt, auf welche die Straffolgen sich beziehen sollen; aber ich könnte schon da mit der Formulirung dieser Kategorien mich nicht einverstanden erklären. Es ist von dem Verluste der Ehre die Rede. Von dem Verluste der Ehre aber handelt es sich bei den Straffolgen gar nicht, sondern blos von einer Schmälerung der Ehre; ist die Ehre einmal Jemand ganz abgesprochen, erklärt ihn das Gesetz für ehrlos im vollen Sinne des Wortes: so würde er auch für rechtlos zu halten sein. — Es ist ferner in den Anträgen die Rede von dem Verluste der bürgerlichen Rechte. Allein vom Verluste aller bürgerlichen Rechte kann es sich doch nicht handeln; wir werden selbst dem wegen des niederträchtigsten

Verbrechens Bestraften sie nicht ganz absprechen wollen; nur von gewissen bürgerlichen, insbesondere von politischen Rechten kann es sich handeln. — Dann sind in den Anträgen, wenn ich sie recht auffasse, zwei Kategorien von Verbrechen gemacht worden, die Kategorie der Gewohnheitsverbrechen und die andere, die der Verbrechen, welche von ganz besonders niederträchtiger Gesinnung zeugen. Allein diese Unterscheidung gehörig durchzuführen wird ungemein schwierig sein. Was die Gewohnheitsverbrechen anbelangt, so legen allerdings viele neuere Kriminalisten ein großes Gewicht darauf; aber dies ist sehr bedenklich, und die Frage, ob dieses große strafrechtliche Gewicht im Allgemeinen darauf gelegt werden kann, ist mehr als zweifelhaft. Jedenfalls scheint es der Sache entsprechender zu sein, wenn dem richterlichen Ermessen auch in dieser Hinsicht keine Schranken gesetzt werden.

Ich möchte fragen, ob wir nicht ganz im Sinne des Herrn Referenten das Wesentliche treffen würden und in diesem Sinne ganz mit ihm einverstanden werden könnten, ohne uns in sehr weit führende Diskussionen zu verlieren, wenn wir die Grundsätze etwa so fassen würden, wie ich vorhin mir anzudeuten erlaubte, wenn wir uns begnügten, unsere Ueberzeugung dahin auszusprechen, daß der Richter nach der Natur des Verbrechens die im Gesetze bestimmten Ehrenfolgen aussprechen solle, daß er dieselben entweder auf bestimmte Zeit oder auf unbestimmte Zeit aussprechen könne, daß im letzteren Falle aber dem Gerichte selbst die Befugniß einzuräumen sei, je nach dem Verhalten des Betreffenden die nachtheiligen Ehrenfolgen seiner Zeit wieder aufzuheben.

Dagegen in Beziehung auf das Begnadigungsrecht stimme ich mit dem Herrn Referenten ganz überein. Ich wünschte aber, daß die mittleren Punkte etwas einfacher ausgedrückt werden, sonst gerathen wir in sehr zweifelhafte Fragen.

**Präsident**: Ich würde den Herrn Vorredner bitten, diese Anträge schriftlich aufzusetzen.

Hofgerichtsrath v. **Stößer**: Ich wollte mir die Bemerkung erlauben, daß ich mich zwar freue, daß der von mir aufgestellte Grundsatz im Allgemeinen anerkannt ist. Ich verkenne aber nicht, daß die unbedingte und folgerichtige Durchführung allerdings Konsequenzen nach sich ziehen würde, deren praktische Anerkennung von Seiten der Regierungen, der gesetzgebenden Körper, zur Zeit wenig in Aussicht steht, und ich erkläre mich deshalb bereit, gerade den Anträgen beizustimmen, welche der Herr Berichterstatter stellt und, wie ich nicht anders hoffe, auch der Geheime Rath von Wächter hier näher formuliren wird. Nach der mündlichen Auseianderseßung des Herrn Berichterstatters kann ich nicht anders annehmen, als daß er dem Sinne der Sätze, wie sie der Herr Geheime Rath von Wächter eben ausgesprochen, vollständig beitritt. Sie werden eben nur etwas einfacher und kürzer werden. Es handelt sich hier hauptsächlich um den praktischen Erfolg, und wenn nun solche Sätze, wie sie hier vorgeschlagen worden, wirklich vom Juristentag angenommen worden sind, so können wir um so eher hoffen, daß sie allseitige Anerkennung finden werden, während wir, wie ich wiederhole, dies wohl schwer hoffen können, wenn wir unbedingt und schonungslos die Durchführung des allgemeinen Grundsatzes, der Ihrer Gutheißung unterbreitet wurde, in Aussicht nehmen.

Obergerichtsanwalt **Götting** aus Hildesheim: Bei der sehr vorgerückten Zeit möchte ich mir erlauben, einen Vorschlag zu machen. Die Frage über die Ehrenfolgen der Verbrechen halte ich für eine der allerwichtigsten, die der vorhin von mir besprochenen Frage wenig nachsteht. Im Prinzipe bin ich sowohl mit dem ursprünglichen Antrage des Herrn von Stößer, als auch mit dem modifizirten Antrage des Herrn Referenten und des Herrn Geheimraths von Wächter einverstanden. Ich will nur daran erinnern, daß auch Verbrechen ihrer Natur nach — ich bin auch damit ganz einverstanden, daß auf die Strafe gar nichts gegeben werden kann, sondern nur auf die zu strafende Handlung — anscheinend aus der ehrlosesten Gesinnung, aus den ehrlosesten Quellen, wenigstens regelmäßig kommen, sehr häufig auf ganz andere Motive im Einzelfalle zurückzuführen sind. Ich halte es daher für ein ungerechtes, gefährliches Prinzip, wenn man sagt, daß Verbrechen, die von ehrloser Gesinnung zeugen, wie z. B. der gemeine Diebstahl, der gemeine Betrug, daß diese alle schimpfliche Ehrenfolgen haben sollen, wenn auch im modifizirten Maße, wie dies der Herr Referent vorgetragen hat, nämlich bis zu einer bestimmten Zeit. Ich kann aus meiner mehrjährigen Erfahrung, die ich dazu benutzt habe, über diese Frage ins Klare zu kommen — nicht nur in wissenschaftlicher Richtung, sondern auch um die Leute in dieser Beziehung zu beobachten, — mittheilen, daß die ehrenhaftesten Leute nicht nur diese gemeinen Verbrechen begangen, sondern auch, daß, nachdem sie diese Strafe überstanden hatten, sofort wieder als die ehrenhaftesten Leute ganz allgemein angesehen wurden. Es sind Fälle, die vor 15 bis 20 Jahren passirten. Es war damals in meinem speziellen Vaterlande Hannover. Diese Leute waren für ihr ganzes Leben ehrlos; aber es hätte ihnen Jedermann sein Geschäft, seine ganze Familie, sein ganzes Vermögen unbedingt anvertraut.

Ich möchte ferner zu bedenken geben, daß die Anträge des Herrn Referenten dem Besserungszweck der Strafe sehr widersprechen. Wenn ein Mann ein von Niederträchtigkeit zeugendes Verbrechen begangen hat, ja, wenn er es wirklich aus Niederträchtigkeit begangen hat, wenn dieser zehn Jahre in der Strafanstalt gewesen ist und, wie namentlich die jetzige Er=

fahrung in Bezug auf die Einzelnhaft lehrt, sie vollständig gebessert verläßt, und wenn der dann weiß, daß er auch dann noch für zehn Jahre seiner Ehrenrechte verlustig ist, und die Schande auf ihm haftet, dann begreife ich nicht gut, wie das mit den Besserungszwecken zu verbinden ist, und wie der Richter aus der speziellen Niederträchtigkeit des Einzelfalles schon jetzt bestimmen soll, in diesem Falle müsse der Verbrecher fünf bis zehn Jahre nach der Strafe diese Ehrenfolge tragen; denn wie kann der Richter das ermessen und vorhersagen, daß der Verbrecher nach fünf bis zehn Jahren die Strafanstalt nicht gebessert verläßt und Schimpf und Schande noch weiter verdient?

Ich möchte mir daher den Antrag erlauben, den Antrag des Herrn Referenten, in dem ich einen ganz ungemeinen Fortschritt erkenne, und den vielleicht auch der Herr Geheime Rath v. Wächter der Sache nach kürzer und knapper fassen wird, als Minimum dessen sofort anzunehmen, was der Juristentag wünschen muß, was die Gerechtigkeit und der Besserungszweck der Strafe fordert, im Uebrigen aber die Frage, ob nicht noch ein weiterer Antrag zu stellen sei, an die ständige Deputation für den nächsten Deutschen Juristentag zu verweisen.

Rechtsanwalt Dr. **Schaffrath** aus Dresden: Ich erlaube mir, zu dem zweiten Antrage des Herrn Berichterstatters, wobei ich mich mit allen seinen Anträgen vollkommen einverstanden erkläre, einen Zusatz vorzuschlagen. Der zweite Antrag des Herrn Berichterstatters spricht nämlich aus, daß gewisse nachtheilige Folgen nicht die Folge der Strafart für das Verbrechen sein sollen, sondern lediglich die Folge der strafbaren Handlungen und deren Qualität. Ich glaube, daß dies noch nicht ausreicht, wenn wir vorsichtig verfahren wollen. Der Herr Referent hat selbst erklärt, daß wir uns in unsern Beschlüssen nicht in Widerspruch setzen dürfen mit der öffentlichen Meinung. Nun, die Ehre ist ein Ding, über welches die allgemeine Meinung entscheidet, und es könnte daher wohl kommen, daß wir in irgend einem Worte uns — ob mit Recht oder Unrecht, das sei dahingestellt — mit der öffentlichen Meinung in Widerspruch setzen, daß die öffentliche Meinung nicht eine entehrende Folge an etwas knüpft, womit sie nach unserer Ansicht verbunden sein sollte. Es ist, glaube ich, ein Gebot der Vorsicht, daß wir nicht nur das Kriterium der Gesinnung, der Qualität der Handlung hinstellen sollen, als dasjenige, wonach man sich zu richten hat, ob eine entehrende Folge eintreten soll, sondern, daß wir außerdem noch festsetzen, daß am Schlusse des zweiten Absatzes hinzugefügt werde:

„und deshalb nach der allgemeinen Meinung entehrend sind."

Uebrigens bin ich meinerseits mit dem Antrage des Herrn Berichterstatters vollkommen zufrieden — ich bin vielleicht bescheidener als Herr Götting — und ich würde dem Juristentage von Herzen Glück wünschen, wenn diese Anträge praktisch ins Leben träten, Wir wollen hier Maß halten und bescheiden sein und uns mit dem Antrag begnügen.

**Präsident**: Ich werde den Antrag 2 nochmals vorlesen. (Liest den Antrag nochmals.) Ich stelle dem Herrn Antragsteller anheim, ob es hier nicht zweckmäßiger sei, den Passus so lauten zu lassen: „auf ehrloser Gesinnung beruhen und deshalb in der öffentlichen Meinung entehrend sind,"

Dr. **Schaffrath**: Ich bin damit einverstanden.

**Präsident**: Der Herr Geheimrath von Wächter hat seinen Zusatzantrag so eben vorgelegt. (Liest:)

„daß dem Richter auch bei der Bestimmung der Art der Freiheitsstrafe die Möglichkeit geboten werde, dem Umstande Rechnung zu tragen, daß die Handlung nicht aus unehrenhafter Gesinnung hervorgegangen ist, und daß zu diesem Zwecke besondere Strafarten einzuführen seien."

Begehrt noch Jemand das Wort?

Adv.-Kandidat Dr. Alfred **Stern** aus Wien: Ich möchte mir nur erlauben, zu beantragen, daß in jenem Absatze, in welchem von der Wiedergewinnung der Ehrenrechte die Rede ist, die Beschränkung aufgenommen werde: „mit Ausschluß der sub e. erwähnten Amts- und Dienstesrechte." Es ist am Ende Sache des subjektiven Dafürhaltens, der allgemeinen Meinung, welche Ehrenfolgen mit der Verurtheilung wegen eines Verbrechens verbunden sein sollen. Ich glaube aber, nach meinem subjektiven Dafürhalten, soll der immerwährende Verlust des Amtes und Dienstes mit jeder Verurtheilung wegen einer entschieden unehrenhaften Handlung verbunden sein. Ich glaube, daß als Träger eines Staats- oder Gemeindeamtes derjenige nicht erscheinen könne, der wegen einer unehrenhaften Handlung verurtheilt worden ist. Es giebt allerdings ein Korrektiv, wenn ich Jemanden nicht dazu wähle, und ich glaube, daß im Allgemeinen auch die Regierungen Jemanden nicht zu einem solchen Amte ernennen werden; es giebt aber allerdings Aemter, wenigstens im weiteren Sinne, wozu die Ernennung der Regierung vielleicht nicht erforderlich sein dürfte, — ich meine darunter die Advokatur, im Falle der Juristentag die Freigebung derselben beschließen sollte. Ich würde daher die Weglassung dieser Stelle der verehrten Versammlung empfehlen.

**Präsident**: Begehrt noch Jemand das Wort?

**Ein Mitglied**: Ich würde wünschen, daß der ganze Antrag des Herrn Geheimen Rathes von Wächter verlesen werde.

**Präsident**: Die beiden Anträge des Herrn Geheimen Rathes von Wächter lauten folgendermaßen und zwar:

„erstens an Stelle des Absatzes II. zu erklären:

„daß von dem Gerichte der Eintritt der in dem Strafgesetzbuche bestimmten Schmälerung der politischen und Ehrenrechte nach der Natur des Verbrechens auszusprechen sei, und zwar entweder auf eine bestimmte Zeit oder auf eine unbestimmte; daß aber im letzteren Falle das Gericht die Befugniß habe, nach dem Verhalten des Betreffenden jene Folgen für die Zukunft wieder aufzuheben."

Der zweite Antrag geht dahin;

„als Zusatz zu den Anträgen des Herrn Berichterstatters auszusprechen:

„daß dem Richter auch bei Bestimmung der Art der Freiheitsstrafe die Möglichkeit geboten werden müsse, dem Umstande Rechnung zu tragen, daß die Handlung nicht aus unehrenhafter Gesinnung hervorgegangen ist, und daß zu diesem Zweck besondere Strafarten einzuführen seien."

Es hat nunmehr Herr Rechtsanwalt Götting den vorhin angekündigten Antrag formulirt. Derselbe lautet:

1) „Der Juristentag spricht als seine Ueberzeugung aus:

„daß die Anträge des Herrn Berichterstatters als das Geringste, was die Gerechtigkeit und der Besserungszweck der Strafe fordert, anzunehmen seien."

2) „Er beschließt:

„daß der Stößer'sche Antrag in seiner weiteren Tendenz an die ständige Deputation zur weiteren Vorbereitung für den nächsten Juristentag zurückverwiesen werde."

Das Amendement des Herrn Dr. Schaffrath, das sich dem Antrage 2 des Herrn Referenten anschließt, geht dahin:

„daß nach den Worten: „Gesinnung beruhen," einzuschalten seien die Worte: „und deshalb nach der allgemeinen Meinung entehrend sind."

Begehrt Jemand der geehrten Herren noch das Wort? (Niemand meldet sich.)

So würde ich die Debatte schließen und dem Herrn Referenten das Schlußwort ertheilen.

Berichterstatter Sektionschef **Hye-Glunek**: Ich bin in einiger Verlegenheit bei Ergreifung des Schlußwortes, weil die Zeit zu weit vorgerückt ist.

Ich bemerke zuerst, daß ich mich unbedingt dem Antrage Schaffrath's konformire, und daher meinen zweiten Punkt ganz in seinem Sinne formuliren würde.

Ich habe außerdem zu erwähnen zunächst den Antrag des Herrn Geheimrathes von Wächter. Ich kann nicht verkennen, daß im Wesentlichen dieser Antrag des Herrn Geheimrathes von Wächter in kurzer präziser Form dasjenige ausspricht, was mir im Sinne lag, und auch in meinen Anträgen enthalten ist. Allein ich gestehe, daß ich Anstand nehmen würde, die Gewalt des Strafrichters so weit auszudehnen, wie es in dem Antrage des Herrn Geheimrathes von Wächter liegt. Es würde hier ausschließend abhängen von dem subjektiven Ermessen des Richters — nennen wir es einmal so — ob er solche Ehrenfolgen damit verbinden wolle oder nicht. Da ist es denn nun in jenen Fällen, wo am Ende ein kleiner Gerichtshof oder vielleicht bei geringeren Uebertretungen ein Einzelnrichter das Urtheil spricht, außerordentlich bedenklich, ihm eine so große Gewalt zu lassen, darüber zu urtheilen, ob ein Mensch die politischen, die Ehrenrechte verlieren solle, ob er Wähler sei, ob er gewählt werden könne in den Landtag, Reichstag, oder wie es sonst heißt. Und darum möchte ich den Einen Punkt, daß nämlich diese Folgen auch kraft des Gesetzes einzutreten haben, wie es bisher die meisten oder fast alle Europäischen Gesetze haben, und namentlich die Deutschen alle, nicht weglassen, und daher auf meinem ursprünglichen Antrage in dieser Richtung beharren, daß es am besten sei, daß bei solchen Verbrechen, welche auf einer ehrlosen Gesinnung beruhen, und somit, wie Herr Dr. Schaffrath es ausdrückt, in der herrschenden Meinung des Volkes als entehrend gelten, schon kraft des Gesetzes die gewissen Folgen eintreten. Dagegen würde ich mit Wärme den zweiten Theil des Antrages des Herrn Geheimrathes von Wächter unterstützen, daß allerdings ausnahmsweise der Richter in gewissen Fällen davon eine Exemtion machen kann. Es ist ein großer Unterschied, ob im Gesetze statuirt wird, der Richter habe im Allgemeinen ganz freies Ermessen, ob er diese Folgen eintreten lassen will oder nicht, oder ob statuirt ist, daß kraft dieses Gesetzes die Richter zur Aussprechung dieser Folgen verbunden sind. Wenn aber in einzelnen Fällen, wie namentlich Herr Götting aus Hannover dargethan hat, Handlungen, die im Allgemeinen als entehrend gelten, vermöge der Eigenthümlichkeit des Falles in concreto sich auf eine nicht unehrenhafte Gesinnung zurückführen lassen, so soll ausnahmsweise dem Richter das Recht gegeben sein, von der Verhängung der gedachten Straffolgen abzusehen. In diesem Sinne würde ich dem zweiten Theile des Antrages des Herrn Geheimrathes von Wächter beipflichten.

Was endlich den Antrag des Herrn Dr. Stern betrifft, daß die Wiedereinsetzung in die Ausübung früherer Rechte, mit Ausnahme der Dienst- und Amtsrechte geschehen solle, so bin ich vielleicht mißverstanden worden. Ich habe so formulirt: Es soll regelmäßig mit dem Aufhören der Strafe auch die Fähigkeit zur Wiedererlangung dieser Rechte beginnen; und das, glaube ich, sollte man auch feststellen, daß, wenn die Staatsverwaltung oder die Gemeindeverwaltung oder irgend eine ständische Verwaltung Jemanden, der sei es z. B. wegen Diebstahls abgeurtheilt wurde und die Strafe ausgestanden hat, nach einer Reihe von Jahren wieder ein Amt geben will, oder wenn ein Solcher vielleicht dort, wo das Notariat oder die Advokatur als Amt angesehen und im Konzessionswege verliehen wird, durch das allgemeine Vertrauen der Advokatenkammer vorgeschlagen wird, derselbe die Fähigkeit haben soll, das Alles wieder zu erlangen. Warum soll er also nicht z. B. wieder Advokat und Notar durch eine Verleihung der Regierung werden können? Darauf würde ich somit beharren.

Ich würde daher im Ganzen meine Anträge aufrecht erhalten mit dem Amendement Schaffrath's und dem zweiten Zusatze des Herrn Geheimraths von Wächter.

**Präsident**: Wir gehen nun zur Abstimmung über.

Der Antrag des Herrn von Wächter, welcher zuerst gestellt worden ist, reicht in seiner Allgemeinheit ziemlich weit, ich glaube mindestens, daß er den zweiten Antrag unseres geehrten Herrn Berichterstatters vollständig erledigen würde, einschließlich des Amendements Schaffrath. Ich würde also zunächst den Antrag Wächter's zur Abstimmung bringen und nur für den Fall seiner Ablehnung den speziellen Antrag des Herrn Referenten mit dem Unteramendement Schaffrath's. Ich will aber zu diesem Behufe die beiden Anträge noch einmal vorlesen. (Liest dieselben nochmals.) Ich glaube, die Anträge stehen einander vollkommen gegenüber. Ich würde glauben, daß wir zunächst den Antrag Wächter's zur Erledigung bringen, und wenn derselbe nicht angenommen wird, den des Antragstellers mit dem Unteramendement Schaffrath's.

Professor Dr. **Geßler** aus Tübingen: Ich habe den Antrag des Herrn Geheimrathes von Wächter dahin aufgefaßt, daß hier nur ausgesprochen werden soll, die Gesetzgebung könne entweder nur auf Zeitdauer die Schmälerung der Ehrenrechte festsetzen oder lebenslänglich, und wenn das letztere festgesetzt ist, so solle — aber nach bestimmter Zeit und bestimmten Umständen — der Richter das Recht haben, eine Rehabilitation eintreten zu lassen. So habe ich diesen Antrag aufgefaßt, und wenn er nicht in dieser Weise gestellt worden wäre, so hätte ich einen in diesem Sinne lautenden gestellt.

Geheimrath Dr. **von Wächter**: In diesem Sinne nahm ich auch den

Antrag, und dabei ging ich davon aus, daß es dem Richter anheimgegeben ist, je nach der Natur des Verbrechens das Gesetz anzuwenden.

Sektionschef **v. Hye-Glunek**: Entschuldigen Sie, daß wenn ich über die Fragestellung spreche, ich nicht umhin kann, einen Augenblick noch in den materiellen Inhalt einzugehen. Ich glaube, daß die Formulirung, wie ich sie mir zu stellen erlaubte, umfassender ist in zweifacher Beziehung, als jene des Herrn von Wächter. Herr Geheimrath von Wächter hat nur politische und Ehrenrechte; der Dienst- oder Amtsrechte und der gemeinen bürgerlichen Rechte aber, dieser beiden Kategorien, welche in den meisten Deutschen Gesetzen neben den andern ziemlich gleichlautend ebenfalls in Folge gewisser Strafen oder Verbrechen abgesprochen oder beschränkt werden, erwähnt der Wächter'sche Antrag gar nicht. Insoweit ist also mein Antrag immer um Vieles weiter als der des Herrn Geheimraths v. Wächter, und wenn der meinige gefallen ist, kann der des Geheimraths v. Wächter noch immer zur Abstimmung kommen. Was den zweiten Punkt betrifft, so ging ich auch hierin noch weiter, als Herr v. Wächter, insoweit als ich festgestellt habe, daß nach Ablauf der Strafzeit ipso facto je nach Umständen die Wiederbefähigung und die Wiederausübung dieser Rechte eintrete, wogegen Herr Geheimrath v. Wächter von Fall zu Fall den Richter darüber ein neues Urtheil fällen lassen will. Ich meine also, mein Antrag ist in doppelter Beziehung weiter. Ich habe in meinem Antrage von dem zweiten Rehabilitationswege in der Regel darum Umgang genommen, weil die Erfahrung mir bisher diesen Weg als den mißlichsten darstellte. Denn dann werden nicht mehr Gerichte, sondern Administrativ-Behörden urtheilen; man muß Strafanstalten, Gemeindebehörden u. s. w. befragen; es wird ganz und gar aus der Kognition der Gerichte entfernt, und — seien wir ehrlich — die Gerichte werden auch kaum im Stande sein, über die Würdigkeit oder Unwürdigkeit des weiteren Lebens eines längst aus der Strafanstalt entlassenen Menschen irgendwie eine Aufklärung zu geben. Ich glaube, daß das, was der Geheimrath v. Wächter diesfalls vorgeschlagen hat, ganz in Analogie mit dem neuesten Bayerischen Gesetze steht. Dadurch aber entziehen wir die Rehabilitation durchaus der Kognition der Gerichte, und das möchte ich aus tausend und einem Grunde nicht haben. Ich glaube daher, daß der Antrag, den ich gestellt habe, in jeder Beziehung weiter gehe, als der Wächter'sche. Uebrigens bleibt die Entscheidung darüber dem Herrn Präsidenten überlassen.

Geheimrath **Dr. v. Wächter**: Ich möchte mich nicht wieder in das einmischen, aber ich glaube, meine Erfahrungen von Württemberg dagegen anführen zu können.

**Präsident**: Ich habe mich nach dem, was der Herr Referent auseinander gesetzt hat, nunmehr überzeugt, daß sein Antrag wirklich weitergehend ist. Ich glaube daher, daß es am besten sein wird, zunächst den weitergehenden Antrag des Herrn Referenten mit dem Schaffrath'schen Neben-Amendement zur Abstimmung zu bringen.

Da ich nun nach der Erklärung des Herrn Referenten annehmen kann, daß er mit dem Antrage des Herrn Dr. Schaffrath, wonach die Worte: „und deshalb nach der allgemeinen Meinung entehrend sind," seinem Antrage angefügt werden, einverstanden ist, so glaube ich, daß wir diese Frage durch eine einzige Abstimmung erledigen können. Es würde demnach der zweite Satz mit Hinzunehmung des Dr. Schaffrath'schen Amendements so lauten: (liest denselben)

„Die in der Wissenschaft und den bestehenden Strafgesetzen unter dem Namen „entehrende Straffolgen" bekannten Verluste:

a. der Ehren-,

b. der sogenannten politischen oder staatsbürgerlichen,

c. der Dienst- oder Amts- und

d. der gemeinen bürgerlichen Rechte

sollen kraft des Gesetzes oder durch besonderes richterliches Straferkenntniß nur mit der Strafe für solche strafbare Handlungen verbunden werden, welche selbst vermöge ihrer inneren Beschaffenheit als entehrend gelten, nämlich auf einer verächtlichen, ehrlosen Gesinnung beruhen und deshalb nach der allgemeinen Meinung entehrend sind."

Geben Sie diesem Antrage Ihre Zustimmung? Bejahenden Falls bitte ich, sitzen zu bleiben. (Die Abstimmung erfolgt.)

Gegen 3 Stimmen angenommen.

Dadurch erledigt sich der erste Wächter'sche Antrag.

Es kommt nun der dritte Hye'sche Antrag, der lautet:

„Es habe aber auch bei den strafbaren Handlungen der erwähnten Kategorie in der Regel mit der Erlöschung der Strafe überhaupt auch die Fähigkeit zur Wiedererlangung der verlorenen Ehren-, politischen und Dienstrechte und die Berechtigung zur Wiederausübung der entzogenen gemeinen bürgerlichen Rechte ohne Weiteres einzutreten, und nur in solchen Fällen, wo eine strafbare Handlung auf besondere Niederträchtigkeit oder Bosheit des Schuldigen schließen läßt, so wie bei Gewohnheitsverbrechern soll es dem erkennenden Richter freistehen, die Fortdauer der Unfähigkeit zur Wiedererlangung, beziehungsweise zur Ausübung der genannten vier Kategorien von Rechten noch einige Zeit über das Ende der

Strafe hinaus, jedoch in einer der verhängten Strafe entsprechenden Dauer oder Zeitskala und höchstens auf 10 Jahre nach Erlöschung der Strafe auszusprechen."

Zu diesem dritten Antrage ist von Herrn Dr. Stern der Antrag gestellt worden, daß in Bezug auf die Wiedererlangung der Rechte nicht ipso facto mit der Strafverbüßung in der Regel auch die Amts- oder Dienstfähigkeit wieder eintreten könne, also daß gesagt werde:

„In der Regel mit Ausschluß der Amts- oder Dienstfähigkeit."

Ich bringe daher gegenwärtig den dritten Hye'schen Antrag zur Abstimmung vorbehaltlich des Stern'schen Amendements, und ich frage Sie daher, ob Sie dem dritten Satze des Herrn Referenten v. Hye vorbehaltlich des Stern'schen Amendements Ihre Zustimmung ertheilen. Bejahenden Falles bitte ich, sitzen zu bleiben. (Die Abstimmung erfolgt.)

Gegen 9 Stimmen angenommen.

Herr Dr. Stern hat das Amendement gestellt, es solle dieses sofortige Wiedereintreten des Vollgenusses der bürgerlichen Rechte im Allgemeinen nicht ausgedehnt werden auf die Amts- und Dienstfähigkeit.

Geben Sie diesem Amendement . . . (wird unterbrochen vom)

Rechtsanwalt Dr. **Schaffrath** aus Dresden: Ich bitte um das Wort. Jeder Antrag ist nur dann zulässig, wenn er eine bestimmte Fassung hat, der er sich anschließt. Außerdem wissen wir nicht, wie und wem er sich anschließt. Ich bitte daher, das Amendement in den Antrag einzureihen und zu sagen, wie der Antrag lauten würde.

**Präsident**: „Es habe aber auch bei den Strafhandlungen der erwähnten Kategorie u. s. w. die Fähigkeit zur Wiedererlangung der verlorenen Ehren- und politischen Rechte und die Berechtigung zur Wiederausübung u. s. w."

Geben Sie diesem Amendement des Herrn Dr. Stern Ihre Zustimmung? Bejahenden Falles bitte ich, sitzen zu bleiben. (Die Abstimmung erfolgt.)

Es ist mit großer Majorität abgelehnt. Es bleibt also bei dem Hye'schen Satze ohne Beschränkung.

Jetzt kommt der vierte Satz des Herrn v. Hye:

„Bei allen übrigen strafbaren Handlungen soll während der Dauer der Freiheitsstrafe nur die Ausübung der genannten vier Kategorien von Rechten ruhen, daher nach dem Erlöschen der Strafe von selbst entfallen."

Geben Sie diesem Antrage des Herrn von Hye Ihre Zustimmung? Bejahenden Falles bitte ich, sitzen zu bleiben. (Die Abstimmung erfolgt.)

Einmüthig angenommen.

Ich würde hier nun den zweiten Wächter'schen Antrag einschalten, bevor wir auf das Begnadigungsrecht und die rückwirkende Kraft in den letzten Hye'schen Sätzen eingehen.

Der zweite Wächter'sche Antrag lautet wie folgt:

„Als Zusatz zu den Hye'schen Anträgen sei auszusprechen:

„daß dem Richter auch bei Bestimmung der Art der Freiheitsstrafe die Möglichkeit geboten werden müsse, dem Umstande Rechnung zu tragen, daß die Handlung nicht aus unehrenhafter Gesinnung hervorgegangen ist, und daß zu diesem Zwecke besondere Strafarten einzuführen seien."

Geben Sie diesem Antrage des Herrn Professor v. Wächter Ihre Zustimmung? Bejahenden Falls bitte ich, sitzen zu bleiben. (Die Abstimmung erfolgt.)

Einmüthig angenommen.

Ich gehe über auf den fünften Antrag des Herrn von Hye. Er lautet:

„Das Begnadigungsrecht der Krone (des Staatsoberhauptes) ist auch in Beziehung auf gänzliche oder theilweise Nachsicht dieser Straffolgen im vollsten Umfange aufrecht zu erhalten."

Geben Sie diesem Antrage des Herrn Sektionschefs von Hye Ihre Zustimmung? Bejahenden Falles bitte ich, sitzen zu bleiben. (Die Abstimmung erfolgt.)

Einmüthig angenommen.

Der sechste Antrag des Herrn v. Hye lautet:

„Es seien diese Bestimmungen des künftigen gemeinsamen Deutschen Strafgesetzes rückwirkend auch auf alle nach früheren Gesetzen ausgesprochenen Verurtheilungen in Anwendung zu bringen, insoweit diese Bestimmungen für den Verurtheilten günstiger sind, als die bisherigen Strafgesetze."

Geben Sie diesem Antrage des Herrn von Hye Ihre Zustimmung? Bejahenden Falles bitte ich, sitzen zu bleiben. (Die Abstimmung erfolgt.)

Angenommen gegen 4 Stimmen.

Ich gehe an die Götting'schen Anträge, die den seitherigen Beschlüssen nicht präjudiziren.

1) „Der Juristentag spreche als seine Ueberzeugung aus,

„daß die vorstehenden Beschlüsse der Abtheilung als das Geringste, was die Gerechtigkeit und der Besserungszweck der Strafe fordert, anzusehen seien;"

2) er beschließe,

„daß der Stößer'sche Antrag in seiner weiteren Tendenz

an die ständige Deputation zur weiteren Vorbereitung für den nächsten Juristentag zurückverwiesen werde."

Ich bringe von diesen Anträgen den ersten zur Abstimmung. (Liest denselben nochmals.) Geben Sie diesem Antrage Ihre Zustimmung? (Die Minorität erhebt sich.)

Der Antrag ist abgelehnt, und dadurch, glaube ich, können wir den zweiten Antrag wohl auch für erledigt halten.

Obergerichtsanwalt **Götting** aus Hildesheim: Ich möchte denn doch bitten, daß er zur Abstimmung komme.

**Präsident**: (Liest den zweiten Antrag nochmals.) Geben Sie diesem Antrage des Herrn Götting Ihre Zustimmung? Bejahenden Falles bitte ich, sitzen zu bleiben, verneinenden Falles, aufzustehen. (Die Majorität erhebt sich.)

Er ist abgelehnt.

Es erübrigt nur noch, daß wir unserem Herrn Referenten für seinen eben so warmen und lichtvollen als durchdachten Vortrag unseren besonders verbindlichen Dank abstatten. (Bravo! Bravo!)

M. H., bei Anfang der Sitzung erlaubte ich mir bereits, zu erwähnen, daß in Bezug auf die Keller'schen Anträge und beziehungsweise die auf Antrag des Herrn Professor Glaser gefaßten Beschlüsse die Frage angeregt worden ist, inwieweit diese Sache im Plenum nunmehr noch zur Diskussion zu stellen sei. Es ist damals von Herrn Professor Glaser sehr richtig bemerkt worden, wie es sich am besten am Schlusse der heutigen Verhandlung wird ersehen lassen, was davon einfach dem Plenum anzuzeigen, und was dem Plenum zur weiteren Berathung und Beschlußfassung vorzulegen sei. Da erlaube ich mir nun zu bemerken, daß, was die Kräwel'schen Anträge anlangt, der Antrag von Herrn Dr. Fries gestellt worden ist, daß der erste Satz des Kräwel'schen Antrages zur Erörterung und Entscheidung in das Plenum gebracht werde.

Professor Dr. **Glaser**: Ich erlaube mir zu bemerken, m. H., daß es sich in der That zeigt, daß es zweckmäßig war, die Entscheidung der Frage, was an das Plenum gebracht werden soll, auf diesen Moment aufzuschieben. Es wäre leicht begreiflich, wenn ich den Wunsch hätte, daß die von mir formulirten Anträge auch noch dem Plenum zur Sanktion unterbreitet würden, und der Gegenstand wäre allerdings wichtig genug dazu. Auf der andern Seite ist heute schon bemerkt worden, daß wir gestern den ganzen Vormittag reichlich gebraucht haben, um uns über den Inhalt zu verständigen, und wir waren doch unter uns, lauter Kriminalisten; es waren eben viele Reserven zu machen, viele Nebenfragen sorgfältig auszuscheiden.

Ich wäre also auch schon aus diesem Grunde dagegen, daß der Antrag an das Plenum gebracht würde, selbst wenn wir einen großen Theil der Zeit des Plenums zur Verfügung hätten. Wir müssen aber vergleichen, ob nicht Dinge da sind, die viel größeren Anspruch haben.

Da erwähne ich zunächst die Entscheidung über den Schaffrath'schen Antrag; er ist uns eigentlich nicht zur Diskussion, sondern zur Abstimmung gegeben worden. Die Abstimmung in der Abtheilung wird aber dem Antragsteller nicht genügen und dem Plenum wird sie nicht schwer fallen. Ich setze voraus, daß dem Antragsteller daran gelegen war, ein Votum des Plenums herbeizuführen, und ich glaube, wir können unbedingt diesem Wunsche entsprechen.

Nun kommen die Kräwel'schen Anträge. Ich will der Entscheidung der Versammlung in Bezug auf die eben erwähnten Anträge nicht vorgreifen, ich erlaube mir aber zu bemerken: Ein Theil unseres Beschlusses geht auf die Verweisung an die Deputation. Die Deputation ist aber nicht die Deputation der Abtheilung, sondern des Plenums, Aufträge kann die Abtheilung der Deputation nicht ertheilen. Wird es also darauf ankommen, der Deputation einen Auftrag zu ertheilen, so ist formell wenigstens kein anderer Weg vorhanden, als daß wir das Plenum ersuchen, den Auftrag zu ertheilen; die Kräwel'schen Anträge müssen also schon aus diesem Grunde an das Plenum kommen.

Endlich bleiben die eben gefaßten Beschlüsse übrig, und diese sind gerade von ganz ungeheurer und allgemeiner Tragweite, und wenn wir einen Augenblick schwanken sollten, ob die Beschlüsse über die Voruntersuchung oder ob jene über die Ehrenrechte an das Plenum kommen sollen, so würde ich ohne Weiteres sagen, die letzteren sollen vor das Plenum kommen.

Rechtsanwalt Dr. **Schaffrath** aus Dresden: Ich bin dafür, daß namentlich die letzteren Hye'schen Anträge an das Plenum gebracht werden. So sehr ich materiell damit einverstanden bin, so wünschte ich doch die Möglichkeit einer zweiten Lesung zu haben und die können wir uns nur dadurch verschaffen, daß wir sie vor das Plenum bringen. Vielleicht ist der Herr Berichterstatter selbst bereit, entweder allein oder im Verein mit einer Redaktionskommission die Anträge etwas zu kürzen, und aus diesem Grunde namentlich möchte ich, daß die Anträge vor das Plenum gebracht werden, damit sie, wenn irgend möglich, dadurch gekürzt werden. Wir wollen uns nicht verhehlen, daß auch etwas beim Publikum auf die Fassung unserer Beschlüsse ankommt. Daher trage ich an, daß auch die letzten Beschlüsse vor das Plenum kommen.

**Präsident**: M. H., gestatten Sie mir, Ihnen meine Meinung vorzutragen. Ich habe keinen Augenblick daran gezweifelt, daß die Kräwelschen Anträge unbedingt aus dem formellen Grunde an das Plenum gebracht werden sollen, weil wir nur dem Plenum anempfehlen können, diese Anträge an die Deputation zu verweisen, und nicht selbst diesen Beschluß fassen können. Bezüglich der Kräwel'schen Anträge also glaube ich mich Ihrer Zustimmung versichert halten zu können, daß wir sie vor das Plenum bringen müßen.

Was nun den Schaffrath'schen Antrag anbelangt, so erlaube ich mir, nochmals auf das vorhin geltend gemachte Motiv aufmerksam zu machen, und meine individuelle Ueberzeugung auszusprechen, daß von einer großen Diskussion darüber keine Rede sein kann, und es andrerseits sehr gut ist, bei der Sachlage die moralische Autorität des Plenums beizufügen. Sind Sie einverstanden, m. H., daß wir den Schaffrath'schen Antrag oder vielmehr unsern Beschluß über denselben an das Plenum bringen und zwar nicht blos zur Mittheilung, sondern zur Beschlußfassung? (Rufe: Ja, ja!)

Wir kommen schließlich auf die Hye'schen Anträge. In dieser Beziehung ist ebenfalls der Antrag gestellt worden, unsere Beschlüsse an das Plenum zur Bestätigung zu bringen und zwar gewissermaßen mit Vorbehalt einer Redaktionsänderung, die natürlich das Materielle nicht betrifft. Begehrt Jemand über diese Frage zu sprechen?

Sektionschef **v. Hye-Glunek**: Es möge mir erlaubt sein, ein paar Worte beizufügen. Ich füge mich sehr gerne dem Wunsche, den ich als einen dringend motivirten sehr wohl am besten erkenne, mit der Bitte, daß insbesondere Herr Geheimrath v. Wächter und vielleicht noch eines der Mitglieder ersucht werden, da wir ohnehin heute Abend um 6 Uhr zusammentreten, sich in der Redaktion mit mir zu vereinigen. Herr Geheimrath v. Wächter möge noch irgend ein Mitglied dazu bestimmen. In dieser Form soll aber dann der Antrag nicht zur Diskussion, sondern nur zur Beschlußfassung vor das Plenum kommen. Eine Diskussion möge nur dann eingeleitet werden, wenn etwa zehn Mitglieder der Plenar-Versammlung darauf antragen. Die verehrte Abtheilung möge eine Diskussion nicht beschließen.

**Präsident**: Darüber können wir freilich dem Plenum nicht vorgreifen. Wir können unsere Beschlüsse nur entweder anzeigen oder zur Diskussion und Entscheidung vor das Plenum bringen.

Sektionschef **v. Hye-Glunek**: Ich glaube, es ist doch ein Unterschied, ob ein Antrag von der Abtheilung mit dem weiteren Antrage vor das Plenum kommt, daß darüber eine Diskussion und Beschlußfassung stattfinde, oder ob die Abtheilung nur den Antrag auf Beschlußfassung stellt.

Geheimrath **v. Wächter**: Diese Distinktion macht das Statut nicht. Denn wenn wir den Antrag stellen, daß das Plenum darüber entscheiden möge, so versteht es sich von selbst, daß eine Diskussion im Plenum stattfinden könne.

**Präsident**: M. H.! Sind Sie damit einverstanden, daß wir die Beschlüsse über die Hye'schen Anträge salva redactione zur Erörterung und Entscheidung vor das Plenum bringen? (Rufe: Ja, ja!)

Sie sind gewiß auch einverstanden, daß wir nunmehr die Herren Dr. Keller, v. Hye und Wahlberg ersuchen, das Referat über diese drei Angelegenheiten im Plenum zu übernehmen.

Kreisgerichtsdirektor **v. Kunowski**: Darüber, ob die Keller'schen Anträge an das Plenum gebracht werden sollen, scheint mir noch nicht entschieden zu sein.

**Präsident**: Das habe ich übersehen. Was die Keller'schen Anträge anbelangt, so hat darüber bereits Herr Professor Glaser gesprochen. — Wünscht noch Jemand darüber zu sprechen? (Es meldet sich Niemand.)

Wenn es nicht der Fall ist, so würde ich gleich die Frage darauf richten, ob die Beschlüsse über die Glaser'schen Sätze, veranlaßt durch den Keller'schen Antrag, dem Plenum nur zur Kenntnißnahme mitgetheilt werden sollen? Sind Sie einverstanden, m. H.? (Rufe: Ja, ja!) und ich würde Herrn Professor Glaser ersuchen, diesen Beschluß dem Plenum vorzutragen.

Professor **Glaser**: Das heißt: vorzulesen, nicht zu motiviren.

**Präsident**: Es bleibt immer ein Vortrag.

Nun bitte ich noch um die Ermächtigung, daß das Büreau das heutige Protokoll legalisiren dürfe, ohne es vorlesen zu müssen. (Kein Widerspruch.)

Damit, meine höchst geehrten Herren, sind die Gegenstände unserer heutigen Tagesordnung erschöpft, und somit habe ich auch die Sitzungen der III. Abtheilung des III. Juristentages zu schließen.

M. H.! Ich glaube, wir alle können mit großer Befriedigung auf unsere Arbeiten, auf die Behandlung derselben und auf die erzielten Resultate zurückblicken. Ich danke Ihnen namentlich auch für meine Person für die außerordentliche Geduld und für die Nachsicht, mit welcher Sie mich bei der Führung meines Amtes unterstützt haben. Ich kann nur das wiederholen, was ich bei einer andern Gelegenheit gesagt habe, daß mir die Amtirung in dieser Abtheilung zur wahren Lebensfreude geworden und daß es mir stets eine angenehme Aufgabe gewesen ist, die Arbeiten dieser Abtheilung nach meiner schwachen Kraft und Einsicht leiten zu können. Gerade unsere hiesigen Beschlüsse greifen tief in das öffentliche Leben ein, und der große Wunsch, von dem wir alle getragen werden, daß unsere Arbeiten zum Gegen für das große Deutsche Vaterland und dessen Rechtsinstitutionen dienen mögen, findet ganz gewiß und vorzugsweise auf unsere Arbeiten Anwendung. Erlauben Sie mir noch persönlich, Ihnen allen den Wunsch auszudrücken, daß wir, wenn wir uns übers Jahr wiederfinden, alle recht froh und heiter zusammentreten, glücklich in unserm Hause und, so Gott will, auch recht glücklich in unserem großen Deutschen Vaterlande. Der liebe Gott führe Sie glücklich nach Hause und auch wieder zusammen, und erhalten Sie mir die Liebe, die ich Ihnen aus vollstem Herzen entgegenbringe. (Lebhafter Beifall.)

Obertribunalsrath **v. Seckendorff**: Ich glaube, m. H., nur einem allgemein gefühlten Bedürfnisse unseres Herzens Ausdruck zu geben, wenn ich den vorzüglichsten Theil des glücklichen Verlaufes unserer Verhandlungen dem Herrn Präsidenten zuschreibe, und ich ersuche Sie um die Anerkennung dieses Umstandes durch Ihr Aufstehen. (Die ganze Versammlung erhebt sich unter stürmischen Bravo- und Hoch-Rufen.)

**Präsident**: Meinen verbindlichsten Dank.

(Schluß der Sitzung 3 Uhr Nachmittags.)

## Erste Sitzung der vierten Abtheilung des Dritten Deutschen Juristentages in Wien im K. K. Redoutensaale am 26. August 1862.

---

Hofgerichtsrath v. **Stößer** aus Bruchsal, Mitglied der ständigen Deputation, eröffnet um 8½ Uhr die Sitzung mit folgen Worten:

M. H.! Im Auftrage der ständigen Deputation habe ich die Ehre, die Sitzung dieser Abtheilung für eröffnet zu erklären und Ihnen als Präsidenten den bisherigen Leiter unserer Versammlung, den Herrn Hof- und Gerichts-Advokaten Dr. Berger von Wien, und als dessen Stellvertreter den verdienstvollen Ober-Tribunalsrath Freiherrn v. Sternenfels aus Stuttgart vorzuschlagen. (Bravo! Bravo!) Ich zweifle nicht, daß sie diesen Vorschlag gutheißen, und bitte deshalb den Herrn Dr. Berger die Stelle des Präsidenten einzunehmen. (Lebhafter Beifall.)

Der Präsident Dr. **Berger** übernimmt hierauf den Vorsitz und hält folgende Ansprache: M. H.! Es ist das dritte Mal, daß mir die vierte Abtheilung das ehrenvolle Amt überträgt, ihre Verhandlungen zu leiten. Ich will statt vieler Worte des Dankes nur die Versicherung aussprechen, daß ich bemüht sein werde, das Vertrauen, das unverdiente Vertrauen füge ich bei, das Sie in mich setzen, wenigstens annäherungsweise zu rechtfertigen, und richte an Sie die Bitte, mich bei Waltung meines Amtes so viel als möglich, wie in früheren Jahren, thätig zu unterstützen.

Vize-Präsident Freiherr **v. Sternenfels**: Auch ich, m. H., erlaube mir, Ihnen meinen Dank auszusprechen für die Bereitwilligkeit, mit der Sie dem Vorschlage, mich zum Vize-Präsidenten zu ernennen, beigetreten sind. Ich hoffe zwar, nicht in den Fall zu kommen, den Herrn Präsidenten zu vertreten, jedenfalls aber ist es mir schmeichelhaft, daß Sie mir Ihr Vertrauen schenkten und Ihre Wahl auf mich gelenkt haben.

**Präsident**: Da die Abtheilung, wie ich sehe, sich der Tradition hinneigt, so glaube ich in deren Sinne zu handeln, wenn ich, der Tradition folgend, die Herren Judeich, Anwalt aus Dresden, und Makower, Gerichts-Assessor aus Berlin, zu Schriftführern ernenne. Ich ersuche dieselben, die Führung des Protokolls zu übernehmen.

Bevor wir zu den eigentlichen Geschäften der Abtheilung übergehen, muß ich Sie, m. H., daran erinnern, daß in der zweiten Plenarversammlung die Nothwendigkeit eintritt, zur Wahl der Deputation zu schreiten. Die Gepflogenheit ist die, daß die Abtheilung 10 Vertrauensmänner entsendet, welche dann das Wahlgeschäft vornehmen. Um hierin Einfachheit und Schnelligkeit zu erzielen, ersuche ich die Herren, sich wo möglich heute über die Wahl der Vertrauensmänner zu besprechen und vielleicht diese Wahl im kurzen Wege morgen abzuthun, derart, daß Sie dem Büreau morgen bei Beginn der Sitzung die gewählten 10 Vertrauensmänner namhaft machen; denn zu der Wahl von 10 Vertrauensmännern in der Abtheilung zu schreiten, damit würde die Abtheilung wohl nicht einverstanden sein. Eine Sitzung jener gewählten 10 Vertrauensmänner findet morgen Nachmittags um 2 Uhr in einem Nebensaale dieser Lokalitäten statt. Ohne irgend einem Modus der Wahl zu präjudiziren, setze ich vorläufig die Wahl dieser Vertrauensmänner als ersten Gegenstand auf die morgige Tagesordnung.

Wir gehen nun zu den eigentlichen Geschäften der Abtheilung über. Es ist den verehrten Herren die Tagesordnung, wie sie vorläufig festgestellt wurde, aus dem gedruckten Programm des Wiener Vorbereitungs-Comité's bekannt. Nur ist die Aenderung eingetreten, daß Dr. Schaffrath aus Dresden seinen Antrag wegen der Succumbenzstrafen*) zurückgezogen hat, so daß dieser Gegenstand entfällt.

Um nicht den freien Entschlüssen der verehrten Abtheilung vorzugreifen, erlaube ich mir die Anfrage zu stellen, ob die Abtheilung bei der Ordnung

---

*) Dieser Antrag lautet:

„Der Deutsche Juristentag wolle als seine Rechtsüberzeugung aussprechen: „daß der Gebrauch eines gesetzlich zulässigen Rechtsmittels auch selbst dann, wenn dasselbe für völlig unbegründet befunden wird, nicht noch besonders an der Partei oder deren Vertreter mit einer Geld- oder sonstigen Strafe geahndet werden darf.““

der Geschäfte, wie sie im vorläufigen Programm festgestellt ist, beharrren wolle oder ob darüber aus der Mitte der Abtheilung entgegengesetzte Anträge gehört werden wollen.

Bezirksgerichts-Assessor **Dr. Hirl** aus München: Bei dem innigen Zusammenhange, in welchem mir die Hauschteck-Sabarth'schen Anträge*)

---

*) Diese Anträge lauten, und zwar:

I. der Antrag des Staatsanwalts Hauschteck aus Stralsund:

„Der Deutsche Juristentag wolle für die Reorganisation der Justizverfassung in Deutschland folgende Grundsätze als maßgebend anerkennen:

1) Die für die erste Instanz zu errichtenden Kollegialgerichte sind von jeder verwaltenden Thätigkeit — auch der Justizverwaltung — zu befreien.

2) Eine Jurisdiktion von Einzelrichtern im bürgerlichen und Straf-Prozesse ist für „unwichtigere" Sachen, jedoch nur unter der Voraussetzung zulässig, daß dem Kollegialgerichte das Recht gesichert bleibt, jeden nach den gewöhnlichen Kompetenzbestimmungen vor den Einzelrichter gehörigen Prozeß vor sein eigenes Forum zu zu ziehen, sofern dies von einer Partei oder der Staatsbehörde beantragt wird.

3) Die Staatsanwaltschaft wird als eine Justiz-Behörde organisirt, bestimmt, Namens der Staatsregierung dafür zu sorgen, daß die richterliche Gewalt den Gesetzen gemäß frei geübt werden könne.

4) Der Beruf der Staatsanwaltschaft umfaßt:

die gesammte Leitung aller für die Rechtspflege nothwendigen, nichtrichterlichen Geschäfte neben den Gerichten, insbesondere:

die Leitung der Justizverwaltung, einschließlich der gerichtlichen (Kriminal-) Polizei;

die Anrufung der richterlichen Strafgewalt bei Verletzung von Strafgesetzen, soweit nicht durch besondere Gesetze Privatpersonen Rechte gewährt sind, welche die Staatsbehörde ausschließen;

die Vertretung der Interessen der Staatsregierung vor den Gerichten im bürgerlichen Prozesse."

II. Der Antrag des Rechtsanwalts Sabarth aus Ratibor:

„Der Deutsche Juristentag wolle als seine Rechtsüberzeugung aussprechen:

1) Das Institut der Staatsanwaltschaft, wie sich dasselbe seither in Deutschland ausgebildet hat, ist kein Bedürfniß oder Förderungsmittel einer unparteiischen Rechtspflege.

2) Zum Wesen des Anklageprozesses sind ständige öffentliche Anklage-Behörden nicht erforderlich. Dem jener Prozeßform zu Grunde liegenden Gerechtigkeitsprinzipe wird vielmehr entsprochen, wenn für die einzelnen, zur gerichtlichen Kognition gelangenden Fälle von Gesetzverletzungen je einzelne Mitglieder des Richteramts mit den Funktionen des öffentlichen Anklägers beauftragt und für diese speziellen Angelegenheiten von der Funktion als Richter entbunden werden."

mit dem ersten Gegenstande unserer heutigen Tagesordnung zu stehen scheinen, erlaube ich mir die Frage anzuregen, ob es nicht zweckmäßig sein dürfte, die Debatte über diese beiden Vorlagen zu verbinden. Ich halte es nicht für thunlich, die Frage, ob und in wie weit die Thätigkeit der Staatsanwaltschaft auf bürgerliche Rechtsstreitigkeiten ausgedehnt werden solle, bestimmt zu beantworten, ohne den ganzen Wirkungskreis der Staatsanwaltschaft und der Gerichte in der streitigen und nicht streitigen Rechtspflege und ihre gegenseitige Stellung zu einander einer eingehenden Würdigung zu unterziehen. Ich enthalte mich übrigens, einen förmlichen Antrag hierauf zu stellen, und will diese meine Bemerkung lediglich dem Herrn Präsidenten zur geeigneten Berücksichtigung anheimstellen.

Rechtsanwalt **Sabarth** aus Ratibor: Der eben gehörte Redner hat ausdrücklich abgelehnt, einen Antrag zu stellen, und sich blos auf die Diskretion des Präsidenten verlassen. Im Vertrauen auf den Präsidenten bin ich vollkommen mit ihm einverstanden, glaube aber, die Sache wesentlich zu erleichtern, wenn ich im Beitritte zu dem, was der Herr Vorredner gesagt, einen bestimmten Antrag stelle, nämlich den: daß nach Punkt 2 gleich dasjenige vorzunehmen sei, was sub 6 steht, und hieran knüpfe ich die weitere Bemerkung, daß hinter der Position 6 der von mir gestellte Antrag blos als Gegenantrag erwähnt ist. Mein Antrag hat nun aber die Nothwendigkeit der Staatsanwaltschaft überhaupt bezweifelt, und er hat allerdings thatsächlich den Werth eines Gegenantrages. In anderer Rücksicht aber ist er ein selbstständiger Antrag, und ich glaube, daß daher dieser von mir gestellte selbstständige Antrag wenigstens als dritter Punkt, also in Verbindung mit 1 und 2 zu behandeln wäre. Ich glaube, daß die Diskussion gleich hier über die Anträge 2 und 6 stattfinden kann, weil materiell alles Das, was für oder gegen das Vorhergehende gesagt wird, auch immer meinen Antrag betrifft. Insbesondere stelle ich meinen Antrag dahin, die Tagesordnung wenigstens so einzurichten, daß mein Antrag heute schon zur Verhandlung komme, weil das Präsidium der dritten Abtheilung gewillt ist, dieselbe Frage auch in seiner Abtheilung zur Verhandlung zu bringen, und dies nur dann thun kann, wenn in der vierten Abtheilung bereits ein Beschluß gefaßt ist. Das wäre möglich, wenn heute die vierte und morgen die dritte Abtheilung darüber verhandeln würde.

Ober-Gerichtsassessor **Planck** aus Göttingen: Ich möchte mir nur über die Art und Weise, wie diese Fragen zu behandeln seien, die Bemerkung erlauben, daß es vielleicht zweckmäßig wäre, die Beschlußfassung über diese Vorfrage bis dahin zu verschieben, wo die fünf Gutachten, welche vorliegen, der Versammlung mitgetheilt sein werden.

Rechtsanwalt **Sabarth**: Ich wollte nur über die Reihenfolge der Verhandlung sprechen.

**Präsident**: Der Herr Ober-Gerichtsassessor Planck versteht die Sache dahin, daß die Abtheilung erst dann in der Lage sein werde, über die Reihenfolge der Behandlung einen motivirten Beschluß zu fassen, wenn sie die Berichte angehört haben wird. Was das Verhältniß der Anträge selbst betrifft, so stände die Sache so: Der Antrag des Herrn Sabarth geht dahin, die Staatsanwaltschaft überhaupt zu beseitigen. Wenn diesem Antrage Folge gegeben würde, so würden die übrigen Anträge von selbst entfallen. Die Hauschteck'schen Anträge gehen in entgegengesetzter Richtung dahin, die Kompetenz des Staatsanwalts auszudehnen. Ob auf diese Anträge sofort einzugehen sei, ist nicht zu entscheiden. Wir müssen über den Bestand der Staatsanwaltschaft zuerst im Allgemeinen informirt sein. Es scheint mir aber, daß es sehr zweckmäßig sein werde, den Herrn Ober-Gerichtsassessor Planck zu hören, indem derselbe gewiß in seiner gewohnten Weise die Sache so tiefgreifend behandeln wird, daß wir dann in der Lage sein werden, zu entscheiden, in welcher Reihenfolge wir die einzelnen, den Bestand und die Kompetenz der Staatsbehörde betreffenden Angelegenheiten behandeln sollen. Wenn die Abtheilung damit einverstanden ist, ertheile ich dem Assessor Planck das Wort. (Allgemeine Zustimmung.)

Ober-Gerichtsassessor **Planck** aus Göttingen: Die ständige Deputation hat mich beauftragt, über die bereits im vorigen Jahre aufgeworfene Frage, ob die Thätigkeit der Staatsanwaltschaft auf Civilrechtsstreitigkeiten auszudehnen sei, Bericht zu erstatten. Es liegen über diese Frage fünf verschiedene Gutachten vor, zwei aus dem vorigen Jahre vom Hofgerichtsrathe Brauer aus Baden und Kammergerichtsrathe Plathner und drei aus diesem Jahre vom Herrn Ober-Gerichtsdirektor Francke aus Lüneburg, Advokat-Anwalt König aus Cleve und Staatsanwalt Schloß aus Korneuburg. Ich muß zunächst bemerken, daß ich meine Aufgabe als Berichterstatter nicht dahin auffasse, daß ich noch gleichsam wieder ein Ober-Gutachten über diese Gutachten abgebe, oder daß ich eine ausführliche historische und dogmatische Entwicklung der ganzen Stellung des Instituts der Staatsanwälte gebe. Ich glaube vielmehr, daß es meine Aufgabe sein wird, nur die Verhandlung einzuleiten, und zu dem Zwecke den Stand der Streitfrage, soweit er namentlich aus den Gutachten erhellt, und die Hauptgesichtspunkte, die Hauptgründe, die für und wider vorgebracht worden sind, Ihnen kurz zu skizziren.

Es wird in den Gutachten die Frage nach zwei Hauptrichtungen hin verhandelt, zunächst in der Richtung, ob der Staatsanwaltschaft ganz im

Allgemeinen, und abgesehen von einzelnen prozessualischen Funktionen, eine überwachende und beaufsichtigende Thätigkeit im Civilprozesse zu geben sei, ob ihr daneben das gesammte Justizverwaltungsgeschäft übertragen werden soll, und zweitens nach der andern Richtung, ob ihr im Prozesse bestimmte einzelne prozessualische Funktionen übertragen werden sollen. In dieser letzteren Beziehung wird es hauptsächlich auf folgende Punkte ankommen: zunächst: ob und inwieweit die Staatsanwaltschaft als Partei im Civilprozesse zuzulassen ist; sodann, ob die Stellung der Staatsanwaltschaft als partie jointe, wie sie im Französischen Verfahren stattfindet, in Deutschland zu rezipiren ist, wonach die Staatsanwaltschaft berechtigt und bei gewissen Sachen verpflichtet ist, ihr Gutachten vor der Entscheidung des Gerichtes abzugeben; endlich wird in Betracht zu ziehen sein die Nichtigkeitsbeschwerde im Interesse des Gesetzes. Außerdem kommt eine Reihe einzelner Punkte in Betracht, die nicht so erheblicher und bedeutender Natur sind: ob der Staatsanwaltschaft die Ertheilung des Armenrechtes übertragen werden soll; ob sie die geschäftliche Vermittlung zwischen den Gerichten haben soll, und andere Fragen, worauf wir im Einzelnen werden zurückkommen können.

Was zunächst die erste Hauptfrage betrifft: ob der Staatsanwaltschaft eine allgemeine überwachende und beaufsichtigende Stellung einzuräumen sei? so geht speziell das Gutachten des Herrn Schloß darauf ein. Dieses steht ganz auf Seite des Französischen Rechtes und meint, daß die Staatsanwaltschaft ihrem geschichtlichen Entstehen, ihrer Organisation und Stellung nach das Organ der Oberaufsicht der Behörden, das Organ des Gesetzes sei und sein müsse. Die Entwicklung des Civil-Prozesses habe in Deutschland mit der des Kriminalprozesses nicht gleichen Schritt gehalten, und nur daraus erkläre sich wohl, daß überhaupt die Frage habe aufgeworfen werden können, ob die Thätigkeit der Staatsanwaltschaft auf den Civilprozeß auszudehnen sei. Von dem Standpunkte jener Länder aus, welche bereits längere Zeit öffentliches und mündliches Verfahren kennten, müsse die Frage umgekehrt dahin gerichtet werden, ob die Thätigkeit der Staatsanwaltschaft im Civilprozesse entbehrt werden könne. Der Verfasser des Gutachtens hat hierbei anscheinend nur jene Länder, wo das Französische öffentliche und mündliche Verfahren, und nicht jene vor Augen, wo dasselbe nach Art des Schottischen und Englischen Rechtes eingeführt ist. Er hebt dann den Nutzen dieser Einrichtung hervor, daß dem Justiz-Ministerium die Oberaufsicht überall zustehen müsse, daß dasselbe, um diese ausüben zu können, bei den einzelnen Gerichten Organe haben müsse, wodurch es die Lage der Sachen zu erkennen vermöge, und hierzu seien nicht die Richter selbst, sondern die Organe der Staatsanwaltschaft, als neben den Gerichten stehende Behörde berufen. Ebenso müsse ihr die Justiz-Verwaltung übertragen werden, damit die Gerichte in ihrer Stellung als Recht sprechende Behörden rein erhalten und nicht mit fremdartigen Geschäften behelligt werden. Die allgemeinen Konklusionen, zu denen Herr Schloß gelangt, sind in diesem Gutachten im Punkt 4 bis 7 enthalten und lauten wie folgt:

4) „Soll der Staatsanwaltschaft das Aufsichtsrecht über Anwälte, Notare, Gerichtsschreiber, Gerichtsvollzieher, Bürgermeister und Friedensrichter als Civilstandsbeamte und Beamte der freiwilligen Gerichtsbarkeit zustehen."

5) „Alle Beschwerden gegen Gerichte, gegen richterliche Beamte und gegen die vorbenannten Personen sind an die Staatsanwaltschaft zu richten, welcher auch das Recht zukommt, auf Disziplinar-Untersuchung Antrag zu stellen."

6) „Die Staatsanwaltschaft hat jährlich über den Gang der Justizpflege und über wahrgenommene Gebrechen an den General-Prokurator, beziehungsweise an den Justizminister Bericht zu erstatten."

7) „Der Staatsanwaltschaft soll die Mitwirkung bei Besetzungsvorschlägen und Prüfungen gewahrt sein; auch hat sie alle übrigen Justizverwaltungsgeschäfte zu besorgen."

Das Francke'sche Gutachten stimmt hiermit, soweit es sich um die Frage der Ueberwachung und Aufsicht, die der Staatsanwaltschaft übertragen werden soll, handelt, im Allgemeinen überein. Dasselbe hebt namentlich hervor, daß die bisher in Deutschland zur Anwendung gebrachten Mittel: Tabellen, Visitationen, Kontrole durch den Präsidenten oder das Gericht selbst ihren Zweck, dem Justizministerium eine sichere und klare Einsicht in den wahren Gang der Rechtspflege zu gewähren, nicht vollständig erreicht hätten. Es scheine dazu nothwendig zu sein, daß neben dem Gerichte noch eine besondere Behörde bestehe, die auf einer Seite nicht selbst als Mitglied des Gerichtes betheiligt, auf der andern Seite aber in beständiger Verbindung mit dem Gerichte sei, und da scheine die Staatsanwaltschaft vorzugsweise qualifizirt. Schon ihre bloße beständige Nähe würde häufig einen günstigen Einfluß auf die Aufmerksamkeit aller bei gerichtlichen Verhandlungen Betheiligten haben, und sie sei am einfachsten und schonendsten im Stande, dem Einschleichen etwaiger Mißbräuche durch Anträge an den Präsidenten entgegenzutreten. Es sei nun zwar — meint der Verfasser — die Möglichkeit einer daraus für die Unabhängigkeit der Gerichte entstehenden Gefahr nicht zu verkennen, das bewiesen die Erfahrungen, die in Frankreich gemacht worden; aber wenn eine Regierung einmal so weit gehe und die

Unabhängigkeit der Gerichte antasten wolle, würde sie auch ohne Staatsanwaltschaft Mittel dazu finden, und jedenfalls hätten wir in Deutschland einmal Staatsanwaltschaften, und da würde, wenn diese Gefahr wirklich vorläge, sie sich schwerlich vermindern, wenn der Staatsanwaltschaft auch nicht die ausdrückliche Mitwirkung und Aufsicht in Civilsachen übertragen würde. Francke schließt mit dem allgemeinen Satze, daß der Staatsanwaltschaft als Organ der Ober-Aufsichtsbehörde eine überwachende und vermittelnde Thätigkeit einzuräumen sei, und zieht daraus dann für unsere spezielle Frage die Konsequenz, daß der Staatsanwaltschaft, damit ihr diese Ueberwachung möglich sei, das Recht zustehe, allen Sitzungen der Gerichte, auch jenen, wo die Oeffentlichkeit ausgeschlossen sei, beizuwohnen und die Einsicht in die Akten zu verlangen.

In Betreff dieser Konsequenz ist auch das Gutachten des Herrn Schloß und jenes des Herrn König vollkommen einverstanden. Letztere gehen aber noch einen Schritt weiter, und verlangen nicht nur, daß die Staatsanwaltschaft berechtigt sein soll, allen Sitzungen beizuwohnen, sondern fordern, daß sie auch verpflichtet sein soll, jeder Sitzung jedes Civilgerichts beizuwohnen; es sei das eben nöthig, damit eine wirkliche Oberaufsicht und Ueberwachung immer ausgeübt werde. Im Gutachten des Herrn König wird dann noch für diese Betheiligung der Staatsanwaltschaft an den Civilgerichts-Sitzungen hervorgehoben, daß diese auch wünschenswerth sei wegen der Stellung der Staatsanwaltschaft in Kriminalsachen. Es seien eben diese öffentlichen Civilsitzungen gleichsam der Markt, auf dem das Wesentliche, was im Rechtsleben vorkommen könne, zu Tage trete. Manche Verbrechen würden nur in diesen öffentlichen Sitzungen verübt, z. B. Meineid, andere kämen hier zu Tage, wie Betrug, Wucher u. s. w.; deshalb sei es schon aus diesem Gesichtspunkte wünschenswerth und nöthig, daß die Staatsanwaltschaft allen Sitzungen beiwohne. Als Nebengrund wird noch hervorgehoben, daß diese Betheiligung der Staatsanwaltschaft an Civilprozessen oder ihre Gegenwart bei den Sitzungen auch deshalb wünschenswerth sei, damit die Staatsanwälte nicht, zu einseitig als Ankläger blos mit Kriminalsachen beschäftigt, das Interesse und die Fähigkeit verlieren, Civilsachen zu beurtheilen.

Von den neuen Deutschen Gesetzgebungen, welche dem Französischen Muster gefolgt sind, hebe ich hervor die Hannöver'sche, Braunschweigische und Oldenburgische. Alle drei haben die Stellung der Staatsanwaltschaft im Wesentlichen nach dem Französischen Muster in den hier in Betracht kommenden Fragen eingerichtet, indem sie der Staatsanwaltschaft eine solche überwachende Thätigkeit beilegten. Auch der Bayerische Entwurf steht im Wesentlichen auf demselben Standpunkt.

Die der Französischen Auffassung prinzipiell entgegenstehende Auffassung, welche die Staatsanwaltschaft in Deutschland nicht nach Französischem, sondern wesentlich mehr nach Schottischem Muster eingerichtet wünscht, die dem Staatsanwalte auch in Kriminalsachen nicht die Stellung eines über den Parteien schwebenden Vertreters des Gesetzes eingeräumt wissen will, sondern in ihm einfach den Anwalt des verletzten Staates erblickt, ihm also eine Parteistellung giebt, diese Auffassung, die eben deshalb nicht aus dem angeblichen Begriff und Wesen der Staatsanwaltschaft als Organ der Gerichtsherrlichkeit argumentiren kann, sondern sich umgekehrt die Frage vorlegen muß: Ist es mit einander vereinbar, daß einer und derselben physischen Person zwei so verschiedene Thätigkeiten übertragen werden, die einer wahren Parteistellung als Anwalt einerseits, und andererseits der Ueberwachung eben desjenigen Gerichtes, dem diese Person als Partei unterworfen ist? — die sich fragen muß, ob die etwaigen Vortheile, die mit einer solchen Ueberwachung verbunden sind, nicht weit überwogen werden durch die Nachtheile für die Unabhängigkeit, namentlich der untern Instanzen, — diese Auffassung, sage ich, hat in den Gutachten selbst keine Vertretung gefunden. Ich halte es vorläufig für genügend, diese entgegengesetzten Standpunkte hier angedeutet zu haben.

Soweit ist die Frage, die uns beschäftigt, keine Frage eigentlich der Civilprozeßordnung, sondern der Justizorganisation.

Es handelt sich nun aber ferner darum, ob, ganz abgesehen davon, daß man der Staatsanwaltschaft im Organismus der Gerichte eine solche Stellung als Organ der gerichtsherrlichen Oberaufsicht einräumen will, man ihr auch bestimmte prozessualische Funktionen in den einzelnen Prozessen auferlegen will, und die Frage ist zunächst, ob und in welchen Fällen sie etwa als eigentliche Partei zuzulassen ist. Das würde nach dem Muster der Französischen Auffassung hauptsächlich in zwei Fällen geschehen können. Einmal könnte man ihr wie in Frankreich einfach die Vertretung der Privatrechte gewisser Personen, z. B. des Staates im fiskalischen Interesse, übertragen. Es sind sämmtliche Gutachten darüber einverstanden, daß dies nicht zweckmäßig ist, daß gar kein Grund vorhanden ist, eine Vertretung solcher, wenn auch besonders begünstigter Personen der Staatsanwaltschaft zu übertragen. Diesem Falle ziemlich nahe sind diejenigen Fälle, wo es sich auch nur um Vertretung von Privatrechten handelt, die aber der Staatsanwaltschaft deshalb übertragen werden sollen, weil diejenige Person, um deren Interessen es sich handelt, selbst keinen Vertreter hat, oder weil von ihr vorausgesetzt wird, daß sie sich selbst nicht genügend vertreten kann, also z. B. die Vertretung der Staatsanwaltschaft für Abwesende, so lange dieselben keinen Kurator haben. Aehnlich ist der Fall des Französischen Rechtes, wo dem Staatsanwalte die Befugniß gegeben wird, für Mündel und Ehefrauen auf Inskription der stillschweigenden Hypothek anzutragen. Will man den Staatsanwalt in diesem Falle als Vertreter zulassen, so heißt das nichts, als ihn zum gesetzlichen Kurator dieser Person machen; es scheint aber kein Grund vorhanden, diese Thätigkeit der vormundschaftlichen Behörde zu entziehen und der Staatsanwaltschaft zu übertragen.

Anders steht die Sache dagegen in folgenden Fällen: Es giebt allenthalben, auch im Gebiete des Privatrechtes, gewisse gebietende und verbietende Gesetze, die der Disposition der Parteien entzogen sind, an deren Aufrechterhaltung der Staat aus höhern sittlichen und rechtlichen Gründen ein unbedingtes Interesse hat. Dahin gehört z. B. das Verbot gewisser Ehen und die damit verknüpfte Vorschrift der Nichtigkeit derselben; dahin gehört das Gebot, daß Wahnsinnige und Verschwender unter Kuratel gestellt werden sollen; dahin kann z. B. in einzelnen Staaten gehören das Verbot der Theilung gewisser adeliger und bäuerlicher Grundstücke. Der Staat hat die Verpflichtung, für die Aufrechterhaltung dieser von ihm erlassenen Vorschriften zu sorgen, und kann es nicht dem Zufalle überlassen, ob auch bestimmte Privatberechtigte ein Interesse an der Beobachtung dieser Vorschrift haben und dasselbe geltend machen. Will der Staat nun für die Aufrechterhaltung dieser Gesetze sorgen, so stehen ihm dazu zwei verschiedene Wege offen. Entweder er giebt den Gerichten und Behörden auf, ex officio für die Aufrechterhaltung dieser Gesetze zu sorgen. Das hat keine Schwierigkeit in denjenigen Fällen, wo die Anwendbarkeit dieser Gesetze incidenter in Frage kommt und wo die thatsächlichen Voraussetzungen, von denen diese Anwendbarkeit abhängt, klar vorliegen, z. B. das Gebot der Oeffentlichkeit in allen Civilprozeßsachen. Anders liegt die Sache da, wo es sich erst um die Einleitung des Verfahrens handelt, oder wo die thatsächlichen Voraussetzungen, von denen die Anwendbarkeit der betreffenden Gesetze abhängt, erst ermittelt werden sollen. Soll den Gerichten aufgegeben werden, von Amtswegen für die Beobachtung der fraglichen Gesetze zu sorgen, so müßte ihnen die Pflicht auferlegt werden, auch von Amtswegen das Verfahren einzuleiten und das ganze Verfahren, da keine Parteien da sind, im Wege des Untersuchungsprozesses zu führen. Der zweite Weg würde für diesen Fall der sein, daß ein besonderes Organ geschaffen würde, dem ein selbstständiges prozessualisch verfolgbares Recht auf die Befolgung dieser gesetzlichen Vorschriften beigelegt würde, und daß dies Organ die Befolgung dieser Vorschriften gegen jeden Betheiligten im Wege des Prozesses mit nicht mehr Rechten, wie jeder andern Partei zustehen, betriebe. Daß dieser letzte Ausweg im Ganzen vorzuziehen sein wird, folgt im Wesentlichen aus denselben Gründen, aus welchen man im Strafprozesse das Anklageverfahren dem Inquisitionsverfahren vorzieht. Erkennt man dies aber an, so liegt es allerdings nahe, die Vertretung solcher Rechte der Staatsanwaltschaft, einem Organe, das auch in Kriminalsachen die Vertretung des verletzten Staates hat, zu übertragen.

In diesem Sinne sind die Gutachten, so weit sie sich mit der Frage beschäftigen, einverstanden; nur insofern gehen sie auseinander, als sie die einzelnen Fälle, in welchen der Staatsanwaltschaft ein solches Recht, als Partei aufzutreten, beizulegen wäre, verschieden spezifiziren. Das Franke'sche Gutachten sagt ganz allgemein, es sei das überhaupt keine Sache des Civilprozesses und der Gerichtsorganisation, sondern eine Sache des Civilrechtes. Wer ein Recht haben soll, das muß das Civilrecht bestimmen, nicht der Prozeß. Also, schließt es, ist die Staatsanwaltschaft zwar als Partei in Civilsachen zuzulassen; wo dies aber geschehen soll, ist lediglich nach dem Civilrechte der einzelnen Länder zu entscheiden. Im Wesentlichen mit dieser Auffassung stimmt überein das Gutachten von Plathner, nur meint derselbe, man könnte schon jetzt in zwei Fällen allgemeine Bestimmungen treffen. Er will deshalb den Staatsanwalt als Kläger bei Klagen auf Nichtigkeitserklärung einer Ehe und bei Klagen auf Interdiktion eines Verschwenders oder Wahnsinnigen zulassen, endlich als Mitbeklagten in Klagen auf Ehescheidung und Nichtigkeitserklärung einer Ehe. Im Uebrigen will er es der Civilgesetzgebung der einzelnen Länder überlassen. Noch mehr spezifizirt das Schloß'sche Gutachten. Dieses will die Staatsanwaltschaft noch als Partei zulassen bei der Adoption und Legitimation, Todeserklärung, beim Verfahren wider Abwesende und wo es sich um Ehelichkeit der Geburt handelt.

Von den neueren Gesetzgebungen hat die in Hannover die Staatsanwaltschaft in dieser Stellung als Partei überall nicht rezipirt; in Oldenburg nur bei dem Verfahren wider Wahnsinnige und Verschwender; in Braunschweig außerdem bei dem Verfahren wegen Nichtigkeitserklärung einer Ehe und generell in allen Fällen, wo es sich um Anfechtung eines verbotenen Geschäftes im öffentlichen Interesse handelt.

Den Kern der ganzen Streitfrage über die Thätigkeit der Staatsanwaltschaft im Civilprozesse bildet die Frage, zu der ich mich jetzt wende, ob die Staatsanwaltschaft im Sinne des Französischen Rechtes als partie jointe in allen Civilprozessen zuzulassen ist? Sie hat bekanntlich als solche nach Französischem Rechte das Recht, allen Civilverhandlungen beizuwohnen und ihre Ansicht über die verhandelte und abzugebende Entscheidung zu entwickeln. Sie ist dazu verpflichtet in einer großen Zahl einzelner Sachen, namentlich in solchen, die den Staat, die Gemeinde, öffentliche Anstalten, milde Stiftungen und minderjährige Personen betreffen, wo der Civilstand einer Person in Frage ist, wo es sich um Verfälschung einer Urkunde handelt u. s. w. Außerdem muß sie gehört werden in einer großen Zahl von einzelnen Incidenz-Verhandlungen, bei Rekusationsversuchen, bei Restitutionen, wo es sich um die Kompetenz der Gerichte handelt u. s. w. Die Hannoversche, die Oldenburgische und Braunschweigische Prozeßordnung haben dieses insoweit recipirt, als sie der Staatsanwaltschaft das Recht geben, in allen Civilprozessen ihre Ansicht geltend zu machen und zu entwickeln, daß sie auch in einer Reihe von einzelnen Sachen den Gerichten die Verpflichtung auferlegen, der Staatsanwaltschaft vorher die Akten zuzustellen. Dagegen legen sie der Staatsanwaltschaft die Verpflichtung, ihre Ansicht auszusprechen, nicht auf. Außerdem kennt das Hannoversche und Oldenburgische Gesetz die Bestimmung, daß bei einzelnen Incidenz-Verhandlungen die Staatsanwaltschaft bei Strafe der Nichtigkeit gehört werden müsse, z. B. wo es sich um Ausschließung der Oeffentlichkeit und — wenigstens nach der Hannoverschen —, auch wo es sich um Kompetenzfragen handelt. Der Bayerische Entwurf steht wesentlich auf dem Standpunkte des Französischen Rechtes, der Badische dagegen kennt diese Thätigkeit der Staatsanwaltschaft, abgesehen von Ehesachen, nicht. Die Gutachten sind über diese Frage sehr verschiedener Ansicht; zwei erklären sich dagegen und zwar entschieden, die anderen dafür. Wir treffen hier also dieselbe Verschiedenheit der Ansichten, die auch bei den Schriftstellern über diesen Punkt herrscht.

Die leitende Idee dieses ganzen Institutes ist die, daß auch bei den Privatrechtsstreitigkeiten, wo es sich zunächst nur um Mein und Dein handelt, doch zugleich immer ein allgemeines höheres Interesse in Frage steht, das Interesse, daß in Gemäßheit des Gesetzes verfahren und wirklich das Recht zur Geltung gebracht wird. Der Vertreter dieses Interesses soll der Staatsanwalt sein, unparteiisch soll er das Für und Wider in den einzelnen Fällen entwickeln; seine stete Anwesenheit, seine lediglich auf die Beobachtung des Rechtes und des Gesetzes gerichtete Aufmerksamkeit, sein lediglich diese bezweckender Vortrag ist, wie die Vertheidiger dieser Ansicht meinen, vorzugsweise geeignet, das Recht zur Geltung zu bringen und die richtige Anwendung des Gesetzes zu sichern. Das wahre Organ des Gesetzes — wie es ausgedrückt wird — soll er sein, oder — wie sonst wohl gesagt wird — das Organ einer höheren, sittlichen und rechtlichen Ordnung, die auch im Civilprozesse zur Geltung gebracht werden müsse. Daß sein Vortrag öffentlich vor dem Gerichte, und ehe dasselbe seine Entscheidung abgiebt, gehalten werde, daß er rückhalt- und rücksichtslos nur das Recht dabei im Auge habe, das ist es gerade, was, wie ein hervorragender Vertreter dieser Ansicht sich ausdrückt, dem Pfälzischen und Rheinischen Verfahren den Charakter tiefer Sittlichkeit giebt, welcher anderen Prozeßordnungen fehlen soll.

Die Gründe, welche dieser Auffassung entgegenstehen, sind im Wesentlichen folgende: Zunächst, kann man sagen, ist es, wenn die Staatsanwaltschaft in dieser Art ein Organ des Gesetzes sein soll, eine Inkonsequenz, daß man ihr nicht die Verpflichtung auferlegt, in allen Sachen das Wort zu ergreifen. Das Organ des Gesetzes muß immer und allenthalben sich hören lassen, umsomehr, da man nicht voraussehen kann, wie die Richter entscheiden werden. Ferner muß man sagen, es enthalte einen Widerspruch, daß die Staatsanwaltschaft auch in Sachen, wo sie als Partei auftritt, daneben als Organ des Gesetzes fungiren soll; das ist in einer Person wohl nicht vereinbar. Aber abgesehen von diesen beiden Einwänden fragt es sich: Ist denn der Grundgedanke, auf dem diese ganze Einrichtung beruht, ein richtiger? Ist es richtig, in Civilsachen noch ein besonderes Organ des Gesetzes zu schaffen? Sind nicht gerade die Gerichte die Organe des Gesetzes? Sind sie es nicht, durch welche die Staatsgewalt das Recht realisiren will, durch welche sie entscheiden lassen will, wo Recht und wo Unrecht sei? Es giebt doch nur ein Recht, kann es denn zwei Organe des Rechtes geben? Kann es im Interesse des Staates und des Rechtes liegen, daß diese beiden Organe mit einander in Widerspruch treten, was doch bei dieser Einrichtung der Staatsanwaltschaft leicht möglich ist, indem der Staatsanwalt die eine Ansicht vertritt, das Gericht aber für die entgegengesetzte sich entscheidet? Ferner aber, wenn die Staatsanwaltschaft das Organ des Gesetzes sein soll, muß man, wenn man konsequent sein will, ihr auch die Möglichkeit gewähren, ihrer Ansicht Nachdruck zu verschaffen. Das geschieht aber bei der Thätigkeit der Staatsanwaltschaft als partie jointe nicht; sie hat nur ein Gutachten abzugeben, und das Gericht ist in keiner Art daran gebunden. Soll sie ein Organ des Gesetzes sein, so scheint es, muß man ihr auch die Entscheidung übertragen oder sie mit in's Gericht hereinziehen, daß sie wenigstens mit ihm zusammen die Enscheidung habe. Dann fragt es sich aber doch, ist denn wirklich die Staatsanwaltschaft so vorzugsweise geeignet, durch ihre ganze Stellung dem Rechte und dem Gesetze die richtige Anwendung zu sichern? Der praktische und theoretische Bildungsgang der Staatsanwälte ist im Allgemeinen derselbe, wie jener der Richter; auch mit dem Leben werden sie im Ganzen nicht mehr vertraut sein wie die Richter. Weshalb sind nun also vorzugsweise die Staatsanwälte befähigt, durch ihre Vorträge eine richtige Anwendung des Gesetzes zu sichern? Es ist schwer, wenn man nicht auf individuelle Umstände Rücksicht nehmen will, hiefür entscheidende Gründe zu finden. Dagegen aber läßt sich anführen, daß die Staatsanwaltschaft durch ihre Thätigkeit im Kriminal- und Strafprozesse in höherem Grade wie die Gerichte, da sie dort als Partei auftreten muß, in Gefahr einer gewissen Partei-Einseitigkeit geräth. Zum Nachtheil der Staatsanwaltschaft im Vergleich mit den Richtern spricht ferner, daß sie vermöge ihrer Organisation als vom Ministerium abhängige Behörde der äußeren Garantien für ihre Unabhängigkeit und Unabsetzbarkeit entbehrt, die in Deutschland von jeher als wesentliche Erfordernisse unparteiischer und unabhängiger Rechtspflege gegolten haben. Dazu kommt ferner, daß nach der Deutschen Auffassung des Rechtes in privatrechtlichen Streitigkeiten der Staat keiner der beiden Parteien beistehen soll, daß er beiden gleiche Gerechtigkeit widerfahren lassen soll. Die Staatsanwaltschaft soll zwar der Idee nach in diesen Privatrechts-Streitigkeiten nur das Interesse des Gesetzes vertreten, aber faktisch vertritt sie immer das Interesse der einen Partei. Liegt dann da nicht die Besorgniß nahe, daß wenigstens im Glauben des Volkes die Auffassung entstehe, daß nicht mit gleichem Maße gemessen werde, daß der Staat einer Partei zum Schaden der andern beistehe? Diese Auffassung tritt besonders nahe heran, wenn man diejenigen Fälle in's Auge faßt, wo nach Französischem Rechte die Staatsanwaltschaft verpflichtet ist, ihre Ansicht zu entwickeln. Es geschieht das zu Gunsten bestimmter Personen, hauptsächlich aber des Staates, milder Stiftungen, der Gemeinden u. s. w. Hier ist kaum eine andere Auffassung möglich, als daß der Staat der Staatsanwaltschaft die Verpflichtung, ihre Ansicht zu entwickeln, habe auferlegen wollen, um diesen bestimmten einzelnen Personen beizustehen. Aus diesen zuletzt angeführten Gründen, will ich beiläufig noch bemerken, erklärt auch eines der Gutachten, das des Herrn Schloß, welches im Uebrigen die Stellung der Staatsanwaltschaft als partie jointe vertheidigt, sich dagegen, ihr in einzelnen Sachen die Verpflichtung, ihre Ansicht zu entwickeln, aufzuerlegen.

Was die Erfahrungen betrifft, die von dieser Stellung der Staatsanwaltschaft als partie jointe gemacht worden sind, so sind sie, soweit sie aus Hannover und denjenigen Ländern, wo neuerdings das Französische Verfahren eingeführt worden ist, vorliegen, nicht besonders zu Gunsten dieser Einrichtungen sprechend. In Hannover (habe ich bereits angeführt) ist die Staatsanwaltschaft nicht verpflichtet, sondern nur berechtigt, ihre Ansicht zu entwickeln. Nun bezeugt der Verfasser eines Gutachtens, Francke, daß in seiner zehnjährigen Thätigkeit bei drei verschiedenen Obergerichten seit dem Jahre 1852 kein einziger Fall vorgekommen ist, wo die Staatsanwaltschaft von diesem Rechte Gebrauch machte, und es ist notorisch, daß auch bei anderen Gerichtshöfen in Hannover das Gebrauchmachen von diesem Rechte zu den größten Seltenheiten gehört. Sollte man etwa, um dem entgegenzutreten, die Berechtigung der Staatsanwaltschaft in eine Verpflichtung verwandeln, so würde auch der praktische Gesichtspunkt sehr in Betracht zu ziehen sein, daß das Personale der Staatsanwaltschaft dann fast verdoppelt werden müßte, also sehr große Kosten eintreten würden, und auch das Personale der Gerichte möglicher Weise vermehrt werden müßte, indem die Prozesse, wie sich von selbst erklärt, jedenfalls länger dauern würden. Anders scheinen die Erfahrungen zu sein, welche Frankreich und die Rheinländer gemacht haben; wenigstens Stimmen, die von da kommen, sprechen sich zum größten Theile mit Entschiedenheit für diese Stellung der Staatsanwaltschaft aus. Von nicht unerheblichem Interesse ist es indessen, daß in Holland, wo seit Langem die Staatsanwaltschaft als partie jointe eingeführt gewesen ist, vor Kurzem — wenn ich nicht irre, im vorigen Jahre — nach sehr gründlichen Verhandlungen auf Antrag des Justizministeriums mit großer Majorität diese ganze Einrichtung abgeschafft worden ist.

In gewissem Zusammenhange mit dieser Thätigkeit der Staatsanwaltschafe als partie jointe steht die Nichtigkeitsbeschwerde im Interesse des Gesetzes. Auch bei dieser soll, wie bei der Thätigkeit als partie jointe, die Staatsanwaltschaft nicht das Interesse eines Privatberechtigten, sondern nur das Interesse des Gesetzes im Auge haben. Sie hat aber auch bei dieser gar nicht die Mittel und nicht die Möglichkeit ihrer Ansicht Geltung zu verschaffen. Während sie als partie jointe nur ein Gutachten hat, woran das Gericht nicht gebunden ist, soll das auf die Nichtigkeitsbeschwerde im Interesse des Gesetzes erfolgende Urtheil des Kassationshofes auf die Entscheidung der einzelnen Rechtsstreite ohne allen Einfluß bleiben. Die abstrakt-theoretische Natur dieser Nichtigkeitsbeschwerde im Interesse des Gesetzes tritt aber noch mehr wie bei der Stellung der Staatsanwaltschaft als partie jointe insofern hervor, als hier gar nicht die Absicht dahin geht, auf die Entscheidung des vorliegenden Rechtsstreites Einfluß zu üben. Der entscheidende Grund, den man für diese theoretische Einrichtung hinstellt, ist der, daß dadurch einer mißbräuchlichen und unrichtigen Anwendung des Gesetzes in den unteren Instanzen entgegen getreten werden soll, daß vor Allem auf die einheitliche Auffassung, einheitliche Rechtspflege dadurch eingewirkt werden soll. Dagegen indessen läßt sich anführen und wird namentlich in den Gutachten, die sich sämmtlich gegen diese Nichtigkeitsbeschwerde im Interesse des Gesetzes aussprechen, angeführt, daß es Sache der Gerichte ist, einzelne bestimmte Streitfälle, die ihnen vorgelegt werden, zu entscheiden, nicht aber theoretische Kritiken auszuüben. Etwas Anderes ist aber im Grunde ein solches auf die Nichtigkeitsbeschwerde im Interesse des Gesetzes erfolgende Urtheil nicht; es ist nichts Anderes, als eine nachträgliche theoretische

Kritik des früheren Urtheils, denn es will ja weder auf die Entscheidung des Rechtsstreites selbst von Einfluß sein, noch soll es für die Zukunft bindende Rechtssätze aufstellen. Dadurch wird die davon gehoffte Wirkung für die Einheit des Rechtes mindestens sehr problematisch, und es scheint, daß die Vortheile, die man hiervon möglicherweise erwarten kann, durch die Nachtheile überwogen werden, welche jene Prinziplosigkeit der ganzen Einrichtung mit sich führt, und wobei namentlich die Verletzung des öffentlichen Rechtsbewußtseins in Betracht zu ziehen ist, welche nothwendig dadurch entsteht, wenn in feierlicher Art durch Spruch des höchsten Gerichtes ausgesprochen wird, dieses oder jenes Urtheil ist vernichtet im Interesse des Rechtes, und dann eben dieses Urtheil doch bestehen bleibt und zu Gunsten jener Partei, die es erlangt hat, vollzogen wird.

Die einzelnen noch in Betracht kommenden Punkte, die ich bereits früher andeutete, glaube ich mir für später vorbehalten zu müssen, wenn überhaupt die Versammlung auf diese Einzelheiten eingehen will.

Meine Aufgabe würde jetzt noch die sein, Vorschläge zu machen über die Art und Weise, wie diese Fragen zu behandeln sind. Ich habe bereits Anfangs hervorgehoben, daß sich die ganze Frage in zwei Haupttheile gliedert. Der eine betrifft die allgemeine Stellung der Staatsanwaltschaft als eines Organes der Aufsichts- und Ueberwachungsbehörde. Das ist keine Frage des Prozesses, sondern der Justizorganisation. Die zweite Frage, die davon unabhängig, und wenn auch in einem gewissen Zusammenhange, doch nur in einem entfernten damit steht, ist, ob der Staatsanwaltschaft bestimmte prozessualische Funktionen zu überweisen sind.

Ich möchte Ihnen nun vorschlagen, daß Sie zunächst nur diese rein prozessualische Frage verhandeln, also, ob die Staatsanwaltschaft als partie jointe zuzulassen, ob sie überhaupt als Partei zuzulassen, ob eine Nichtigkeitsbeschwerde im Interesse des Gesetzes als gerechtfertigt anzusehen sei. Die Gründe dafür sind, daß es uns, wie mir scheint, zunächst darauf ankommen muß, einig zu werden über die Civilprozeßfragen. Unser Streben ist ja nicht blos ein theoretisches, sondern zugleich ein praktisches, und es kommt darauf an, jetzt die gemeinschaftliche Grundlage zu gewinnen für die gewünschte und gehoffte allgemeine Deutsche Civilprozeßordnung. Hierfür ist die Entscheidung dieser Fragen von Wichtigkeit und Bedeutung. Die anderen Fragen, die Justizorganisation betreffend, kommen für diesen Zweck nicht in Betracht; denn ein gemeinschaftliches Justizorganisationsgesetz — darin werden Sie mit mir einverstanden sein, m. H., — werden wir in Deutschland vorerst gewiß noch nicht bekommen. Dann ist in Betreff dieser Justizorganisationsfragen zu wiederholen, was bereits bemerkt wurde, daß diese Fragen ganz genau zusammenhängen mit den Anträgen der Herren Hauschteck und Sabarth. Es würde also zweckmäßig sein, diese Fragen gemeinsam mit den Anträgen der genannten Herren zu verhandeln. Ich glaube, daß es wichtiger sein wird, uns zunächst über die Prozeßfragen zu einigen. Wir haben so viele wichtige Fragen zu verhandeln, daß wir die Sache verwirren würden, wenn wir beides in eine Verhandlung hineinziehen würden.

Ich erlaube mir nun noch, da bestimmte Anträge nicht vorliegen, die ständige Deputation nur die Frage gestellt hat und die Conclusa der Gutachten nicht als Anträge betrachtet werden können, drei Anträge zu stellen:

1) „Es ist nicht zweckmäßig, der Staatsanwaltschaft das Recht oder gar die Pflicht zu geben, in Civilprozessen, sei es in allen oder einzelnen, oder bei Incidenzverhandlungen, ihre Ansicht über die verhandelte Sache und die abzugebende Entscheidung zu entwickeln."

2) „Ebenso ist eine Nichtigkeitsbeschwerde im Interesse des Gesetzes nicht zu empfehlen."

3) „Dagegen ist es zweckmäßig, die Staatsanwaltschaft als Prozeßpartei in solchen Fällen zuzulassen, wo es sich um eine im öffentlichen Interesse und auf Grund von Prohibitivgesetzen erfolgende Einwirkung auf privatrechtliche Verhältnisse handelt. Wann diese Voraussetzungen vorliegen, ist nach der Civilgesetzgebung der einzelnen Staaten zu beurtheilen."

(Lebhafter Beifall.)

**Präsident:** Der Herr Berichterstatter hat in der Sache selbst zunächst materielle Anträge nicht gestellt, sondern sehr zweckmäßig, wie ich glaube, seine Anträge dahin beschränkt, daß die Frage bezüglich der Staatsanwaltschaft in Beziehung auf die formelle Behandlung getrennt werde, und zwar nach zwei Hauptgesichtspunkten, einmal in Beziehung auf die allgemeine Organisation überhaupt und zweitens in Beziehung auf die prozessualischen Funktionen, welche der Staatsanwaltschaft im Civilprozesse eingeräumt werden sollen. Der Herr Berichterstatter ist der Meinung, daß die Abtheilung sich zunächst mit denjenigen Fragen befassen solle, welche die Betheiligung der Staatsanwaltschaft im Civilprozesse betreffen, und zwar nach drei Richtungen, erstens ob die Staatsanwaltschaft überhaupt im Civilprozesse als Organ zuzulassen sei, zweitens, ob sie im Civilprozesse nach den vom Berichterstatter entwickelten Gesichtspunkten als Partei zu interveniren, und drittens, ob sie zur Wahrung des Gesetzes im Civilprozesse einzuschreiten habe. Es scheint nun allerdings zweckmäßig, daß wir und zwar namentlich wenn wir zurückblicken, wie die ganze Frage über die Betheiligung der Staatsanwaltschaft in den Juristentag hineingelangt ist, uns zunächst mit der Frage beschäftigen, welcher Antheil den Staatsanwaltschaften im Civilprozesse beizulegen sei. Wenn die Abtheilung damit einverstanden ist, so werden wir diese Frage zuerst erledigen. (Zustimmung.)

Staatsanwalt **Hauschteck** aus Stralsund: Der von mir eingebrachte Antrag in Bezug auf die Justiz-Organisation ist zunächst entstanden gerade durch den Antrag, der eben hier zur Verhandlung kommen soll. Ich bin von der Meinung ausgegangen, daß man sich über die Frage, ob die Thätigkeit der Staatsanwaltschaft auf den Civilprozeß auszudehnen sei, gar nicht entscheiden könne, wenn man nicht die Frage mit hineinziehe, welche Stellung die Staatsanwaltschaft überhaupt haben solle. Ich trete also dem, was der Herr Referent ausgeführt hat, mit großer Entschiedenheit entgegen. Ich glaube, der Civilprozeß kann nicht als etwas ganz Besonderes und Alleinstehendes betrachtet werden, sondern wenn Sie eine ordentliche Civilprozeßordnung, eine wirklich gedeihlich wirkende schaffen wollen, müssen Sie sich zugleich um die Organisation der Gerichte bekümmern. Wir können unmöglich glauben, daß eine solche Frage als eine vereinzelte hinzustellen ist. Ich weise Sie, m. H., obgleich ich weiß, daß diese Verweisung zunächst einiges Mißtrauen schaffen wird, gerade auf die Geschichte des Französischen Prozesses und gerade auf die ganze Französische Organisation hin.

Ich sage, ich weiß recht wohl, daß dies zunächst Mißtrauen schaffen wird, denn wir wissen Alle, und wir brauchen uns darüber nicht weiter zu verblenden, daß die Stellung der Staatsanwaltschaft in Frankreich und zwar die Stellung, in der dieselbe *größtentheils* ist, in der That nicht eine solche ist, wie wir sie für Deutschland wünschen können. Aber von Haus aus ist die ganze Französische Gesetzgebung eine systematisch durchdachte. Sie ist entstanden im Jahre 1789 und damals hat man eben das Prinzip der Theilung der Gewalten durchführen wollen, und zwar in allen Konsequenzen, im Staate und in den einzelnen Theilen der Staatsverwaltung und der Staatsorganisation, und, m. H., ich bitte, das anzuerkennen, daß gerade *dieses* Prinzip keines ist, das blos auf Einem Punkte stehen darf, was vorzugsweise gerade auch bei der Justizverwaltung anerkannt werden muß. Erkennt man aber das Prinzip im Ganzen an, so muß es auch bei der Justizorganisation anerkannt werden, und Sie müssen es auch anerkennen bei dem Civilprozesse. Ich glaube, m. H., es muß wie ein rother Faden durch das ganze Gebiet des Staates hindurchgehen.

Es ist von Seiten des Herrn Referenten hier darauf aufmerksam gemacht worden, daß die Staatsanwaltschaft einmal erscheinen solle als Aufsichtsbehörde und dann als ein Organ des Gesetzes. M. H.! Das ist durchaus nicht meine Auffassungsweise. Ich glaube, daß der Staatsanwalt, wenn er im Civilprozesse als bloße Aufsichtsbehörde zugezogen werden soll, nicht an seinem Platze stehe. Wenn er aber zugezogen werden soll als Organ des Gesetzes, so ist er auch nicht an seinem Platze. Man muß aber verlangen, daß der Staatsanwalt zugezogen werde im Civilprozesse als Vertreter des Staates selbst; ich sage ausdrücklich, „des Staates selbst," weil ich den Unterschied und das Mißtrauen, welches in der jetzigen Uebergangszeit existirt, diese Sonderung zwischen der Staatsbehörde und dem Staate in der That im Wesentlichen nicht anerkennen kann.

Faßt man die Staatsanwaltschaft auf als ein Organ des Staates, nimmt man an, daß die richterliche Gewalt eben nur dadurch kräftig werden kann, wenn sie ausgesondert wird von allen Organen der Staatsbehörde und selbstständig für sich bestehend auf ihren eigenen richterlichen Boden hingestellt wird, dann fallen alle Fragen fort, ob und wie weit die Staatsanwaltschaft die Berechtigung habe, im Civilprozesse sich hören zu lassen. Dann fällt auch die Frage weg, ob sie vorzugsweise befugt ist, dann müssen Sie anerkennen, daß der Staatsanwalt keineswegs blos aufzutreten hat, um eine Aufsicht zu führen, sondern um das, was seines Amtes ist, zu wirken, d. h. eben für die Staatsverwaltung; dann tritt er in seinem Interesse, d. h. im Interesse der Staatsverwaltung auf, um dieselbe gerade mit der richterlichen Gewalt in Verbindung zu bringen und beide in fortwährendem Einklang und in beständiger Wechselwirkung zu erhalten.

Ich glaube, daß ich mich für jetzt zum Schlusse wenden muß. In einer so umfassenden Frage müßte man sich wohl stundenlang auf diesem Platze aufhalten, wenn man in alles Einzelne eingehen wollte. Der Antrag, den ich nun stelle, geht zunächst dahin, daß Sie keineswegs erst diese einzelnen Civilprozeßpunkte herausnehmen, sondern, daß Sie vorzugsweise die Frage aufstellen: Wie soll die Organisation erfolgen? Wenn Sie nachher diese Frage beantwortet, wenn Sie gesagt haben, der Staatsanwalt gehört nicht in die Organisation, er kann gebracht werden an irgend einen Flügel des ganzen Justizorganisations-Baues; wenn Sie nicht anerkennen wollen, daß er mit hinein gehöre in das Gebäude der Justizverfassung: dann fallen alle übrigen Fragen von selbst fort. Verneinen Sie das, nehmen Sie an, der Staatsanwalt sei nicht der berechtigte Vertreter des Staates, dann fallen wieder alle übrigen Fragen von selbst fort, dann gehört der Staatsanwalt nicht in den Civilprozeß; denn es macht ihn seine Stellung im Kriminalprozesse fremd dem Civilprozesse, und jeder Richter, der nach seiner jetzigen Stellung mit dem Staatsanwalte zu thun hat, wird sagen können: „Wir Richter sind fortwährend im Civilprozesse, und nun kommt der Staatsanwalt, der da fremd ist, — eine Nebensache — und will eine Erklärung abgeben, die uns werthlos ist." Wenn Sie also nicht anerkennen, daß er im Hypothekenrechte, im Vormundschaftsrechte, in der gesammten Kassenverwaltung, — kurz in allem demjenigen, was die Justizverwaltung überhaupt angeht, der Chef der Verwaltung ist, dann fallen — wie gesagt — die übrigen Fragen.

Mein Antrag geht daher zunächst dahin, über die Frage der Justizorganisation die Entscheidung zu fällen. Ich bemerke dabei noch ausdrücklich, daß mein Antrag, wie er Ihnen gedruckt vorliegt, keineswegs die Stellung der Staatsanwaltschaft allein angeht; seine Quintessenz ist die Trennung der Justiz von der Verwaltung. Alle übrigen Fragen, die dabei aufgeführt sind, sind nur illustrirende, sind da, um die Ausführbarkeit und Möglichkeit des Antrages selbst anzudeuten.

Bez.-Ger.-Ass. Dr. **Hirl** aus München: Ich theile ganz die Ansicht des Herrn Vorredners, was die Reihenfolge betrifft, in welcher die Fragen erörtert werden sollen. Die Justizorganisation ist jedenfalls präjudizirlich für den Prozeß. Wir können uns nicht für einen bestimmten Prozeß erklären, ohne zu wissen, welches die Organe sind, die diesen Prozeß zu führen haben, auf welche dieser Prozeß gegründet werden soll. So ist auch in allen einzelnen Ländern, wo die neue Civilprozeßordnung eingeführt worden ist, damit begonnen worden, daß man vorerst eine neue Justizorganisation geschaffen hat. Daraus scheint unzweifelhaft hervorzugehen, daß die Frage, ob die Staatsanwaltschaft in der Civilrechtspflege eine Stellung haben solle, präjudizirlich ist für die Frage, welche Funktionen wir ihr im Civilprozeß zuweisen sollen.

Assessor **Makower** aus Berlin: Ich kann mich den Ansichten beider Herren Vorredner nicht anschließen. Während Herr Obergerichts-Assessor Planck sein Referat hielt und daran seine Anträge knüpfte, hatte ich dem Herrn Präsidenten meine Anträge überreicht, welche, ohne daß wir irgendwie darüber gesprochen hatten, zufällig ganz dasselbe betreffen, nämlich die Versammlung einzuladen, daß sie sich vorläufig einige, ob die Staatsanwaltschaft berechtigt oder verpflichtet sein soll, in allen Civilprozeßsachen das Wort zu ergreifen und ihr Gutachten abzugeben, und ob sie zweitens berechtigt sein soll, das Rechtsmittel der Nichtigkeitsbeschwerde zur Wahrung des Gesetzes einzulegen. Die Herren Vorredner scheinen mir in dem Punkte fehlzugehen. Wäre das Institut der Staatsanwaltschaft, wie es gegenwärtig in Frankreich besteht und von andern Ländern übernommen ist, aus einem ganz einfachen Prinzip heraus zu konstruiren, und würde man dann zu den einzelnen Funktionen der Staatsanwaltschaft gelangen, so könnten wir fragen: Soll die Staatsanwaltschaft übernommen werden oder nicht? So liegt die Sache aber nicht. Die Staatsanwaltschaft ist bei uns aus ganz kleinen Anfängen hervorgegangen, und zwar von Anfängen, die nach ganz anderen Richtungen gingen, als sie jetzt das Wesen der Staatsanwaltschaft ausmachen. Mit der partie principale beginnt die Staatsanwaltschaft als Vertreterin theils des Regenten, theils des Staates; allein wesentlich berührt sie Ihr Interesse jetzt nicht als partie principale, sondern als partie jointe. Nun meine ich, wenn wir hier Beschlüsse fassen sollen, so können wir nicht fragen: Sollen wir die Staatsanwaltschaft übernehmen, und zwar mit allen einzelnen Funktionen, welche gegenwärtig in Frankreich oder in andern Ländern von ihr ausgeübt werden, sondern wir können nur auf das Wesen der Sache eingehen, sonst müssen wir mehr als zwanzig Beschlüsse fassen. Ich hebe hervor z. B. die Fragen: Soll sie Organ der Justizverwaltung sein? Soll sie als Hauptpartei in gewissen Prozessen auftreten und in welchen? Welche Befugnisse der Aufsicht soll sie haben? Soll ihre Aufsicht zugleich auf die Richter sich erstrecken oder nur auf die den Richtern bei uns sonst untergeordneten Personen? Soll ihre Aufsicht auf die Advokaten sich erstrecken oder nicht? Alles dies sind einzelne Funktionen der Staatsanwaltschaft, aber sie lassen sich nicht aus einzelnen Prinzipien herausdeduziren, und darum glaube ich, m. H., daß wir Recht thun, auf das Wesen der Sache zu sehen, welche für uns von praktischem Interesse ist. Es handelt sich in diesem Augenblick darum, in verschiedenen Ländern eine Civilprozeßordnung zu geben, und es sind in dieser Abtheilung in der Richtung mehrere Beschlüsse gefaßt worden. Von wesentlichem Interesse wird es nun für diese verschiedenen Civilprozeß-Kommissionen sein, zu erfahren, welcher Ansicht der Juristentag ist, ob die Staatsanwaltschaft mit ihrem Gutachten im Civilprozesse gehört werden soll. Bei allen übrigen Fragen tritt die Zweckmäßigkeitsrücksicht ein; diese scheint mir aber eine Kardinalfrage zu sein, und darum bitte ich, nach dem Antrage des Herrn Planck sich lediglich über die Frage, welche er unterbreitet hat, zu äußern.

Kreisgerichtsrath Dr. **Vollert** aus Arnstadt: Ich bin im Wesentlichen mit den materiellen Gesichtspunkten des Herrn Referenten einverstanden, aber nicht mit der Behandlungsart, die er vorgeschlagen hat. Die Französische Staatsanwaltschaft ist ganz entschieden nach einem gewissen Systeme ausgebildet. In Frankreich ist — und das ist der Grundgedanke — die Staatsanwaltschaft Organ des Gerichtsherrn, und weil sie das ist, hat sie einmal die Aufsicht über die Gerichte und über die Untergebenen der Gerichte; sie hat sodann die Befugniß, da, wo ihr ein öffentliches Interesse in Frage erscheint, auch im Civilprozesse einzugreifen; und endlich auch das Recht, im Interesse des Gesetzes das Rechtsmittel der Nichtigkeitsbeschwerde anzuwenden. Alle diese Befugnisse folgen mit Nothwendigkeit aus der Stellung der Staatsanwaltschaft im ganzen System des Französischen Prozesses. Man kann nun meines Bedünkens bei uns in Deutschland nicht beschließen, die Staatsanwaltschaft soll als partie jointe zugelassen oder nicht zugelassen sein, sie soll das Rechtsmittel anwenden dürfen oder nicht, ohne vorher darüber klar geworden zu sein, auf welchem Grundgedanken die Staatsanwaltschaft beruhe. Jene Herren, welche annehmen, der Staatsanwalt sei Organ des Gerichtsherrn, müssen mit Nothwendigkeit, wie mir scheint, ihm auch alle Attribute beimessen, die die Französische Gesetzgebung ihm beigelegt hat; diejenigen aber — und zu denen gehöre ich —, die die Staatsanwaltschaft blos als ein dem rechtssuchenden Publikum dienendes Organ und als eine Partei auffassen, die lediglich deshalb, weil sie einem hohen Zwecke dient, als Behörde organisirt ist, diese werden mit Nothwendigkeit auch dahin gelangen, ihr alle jene Befugnisse nicht beizumessen, welche außerhalb dieses Prinzips liegen; sie werden also sagen müssen: wenn der Staatsanwalt Nichts weiter sein soll, als eine Behörde, die den verletzten Staat auf dem Gebiete des Kriminalrechtes vertritt und das Publikum auf diesem Gebiete zu schützen hat, wenn der Staatsanwalt Nichts weiter ist, so hat er im Civilprozesse gar nichts zu suchen, (Bravo!) auch das nicht, was ihm Herr Planck nach seinem dritten Antrage noch vindiziren will. Mir scheint die Sache klar: Man kann nicht die Konsequenzen zuerst beschließen, ohne sich das Prinzip klar gemacht zu haben. Wenn Sie den Staatsanwalt als Organ des Gerichtsherrn anerkennen, und zehnmal beschließen, er soll nicht als partie jointe zugelassen sein, so hilft es Ihnen nichts; denn dann muß er zugelassen werden, er muß das Rechtsmittel im Interesse des Gesetzes anwenden können, sonst ist er kein Organ des Gerichtsherrn. Als solcher aber thut er Alles, was der Regent qua solcher, wenn er thätig werden dürfte, thun müßte, und dazu gehört nothwendig das Rechtsmittel im Interesse des Gesetzes, gehört nothwendig das Auftreten dafür, wo das öffentliche Interesse in Frage ist. Es scheint mir also, daß über das Prinzip zuerst und dann über die Konsequenzen entschieden werden müsse. (Bravo!)

Staatsanwalt **Lauhn** aus Naumburg: Als Staatsanwalt sollte ich mich eigentlich freuen, daß die so vielseitig angegriffene Omnipotenz der Staatsanwälte durch den Antrag des Herrn Hauschtek erweitert werden soll. Ich kann aber diese Freude nicht theilen, sondern bin entschieden gegen den Antrag im Allgemeinen. Ich werde zunächst mich nur auf die Frage beschränken, ob die Zuziehung der Staatsanwaltschaft im Civilprozesse, da es sich hier um eine allgemeine Prozeßordnung handelt, sich nothwendig gemacht habe. (Rufe: Die Vorfrage!)

**Präsident**: Ich bitte den Herrn Redner, sich vorläufig nur auf die Vorfrage zu beschränken.

Staatsanwalt **Lauhn**: Da trete ich der Ansicht bei, die von Herrn Planck ausgesprochen worden ist, daß wir die Organisationsfrage ganz bei Seite lassen, und nur über die Frage uns jetzt aussprechen, ob die Staatsanwaltschaft im Civilprozesse zuzuziehen sei.

Kreisgerichtsrath **Schmid** aus Weimar: Ich theile ganz die Ansicht des Herrn Kreisgerichtsrathes Vollert, daß, wenn wir jetzt über die Zulassung der Staatsanwaltschaft in Civilsachen beschließen, in Bezug auf die einzelnen Funktionen derselben damit schon präjudizirt ist der Zulassung der Staatsanwaltschaft überhaupt. Wir können das nicht trennen. Entweder wir statuiren eine Staatsanwaltschaft in Civilsachen, oder wir statuiren eine solche nicht. Es ist von dem Herrn Vorredner Planck bemerkt worden, daß es sich um Organisationsfragen, dergleichen die hier sei, ob nämlich die Staatsanwaltschaft zuzulassen sei oder nicht, hier nicht handeln könne, weil es nicht in Aussicht stehe, eine gemeinschaftliche Organisation zu erlangen. Aber ich glaube, die ganze Organisationsfrage zu trennen, wird wohl überhaupt nicht durchführbar sein. Jeder einzelne Beschluß über Fragen des Civilverfahrens wird zuletzt doch mit auf die Frage um die Organisation hinauskommen, und wenn wir da bei unserer Berathung und unseren Beschlüssen so ängstlich sind und sagen, das ist eine Frage der Organisation, das des Verfahrens, so werden wir auf Klippen stoßen, die wir schwerlich umschiffen können. Wollen wir nur einmal die Verhältnisse nehmen, wie sie sind. Es kann in Frage kommen, welche Stellung den einzelnen Richtern zu überweisen sei, und welche den Kollegialgerichten. Das ist eine der wichtigsten Fragen des Civilverfahrens; es ist aber mit eine Organisationsfrage, und wenn wir überhaupt alle Fragen der Organisation der Gerichte ängstlich bei Seite schieben, können wir uns auch auf diese Frage gar nicht einlassen. Ich bin deshalb der Ansicht, daß wir der Frage, ob die Staatsanwaltschaft im Civilverfahren zulässig ist, nicht aus dem Wege gehen können, und es könnte sich daher nur fragen, ob jetzt die Sache schon so weit vorbereitet ist, daß in dieser Abtheilung ein Beschluß über die Zulassung der Staatsanwaltschaft gefaßt werden könnte. Es ist dieses eine der wichtigsten Fragen des neuen Civilverfahrens, wie wir es in Deutschland bekommen werden. Ich für meinen Theil bin Richter und kann aus einer zehnjährigen Erfahrung, die mich mit Staatsanwälten in Verbindung gebracht hat, die Ueberzeugung aussprechen, daß die Staatsanwaltschaft nicht so sehr zu fürchten ist, (Rufe: Zur Sache!) als dieses geschieht.

**Präsident**: Ich bitte sich lediglich auf die Frage der formalen Behandlung zu beschränken.

Kreisgerichtsrath **Schmid**: Ich bin bei der Vorfrage (fährt fort), und ich möchte daher über die Frage selbst, ob die Staatsanwaltschaft zuzulassen ist im Civilverfahren oder vor die Schranken des Gerichtes hinauszuweisen, in der Weise mich aussprechen, daß ich bekenne, daß ich wohl dem ausgezeichneten Vortrage des Herrn Planck mit Vergnügen gefolgt bin, und daraus viel Lehrreiches gefolgert habe; (Unruhe, Rufe: Schluß!) aber vollständig überzeugt bin ich nicht. Ich möchte mir aber schließlich nur noch erlauben zu bemerken (und das ist eigentlich der Zweck meines Vortrages), daß wir hier nicht beschließen können nach den Anträgen Planck's, wenn wir nicht über die Zulassung der Staatsanwaltschaft überhaupt hier klar geworden sind und einen Beschluß gefaßt haben. (Rufe: Schluß der Debatte!)

**Präsident**: Es ist der Antrag auf Schluß gestellt. Ist die Versammlung damit einverstanden, so bitte ich, sich zu erheben. (Die Majorität erhebt sich.) Ich gebe also dem Berichterstatter Herrn Planck das Schlußwort.

Ober-Gerichtsassessor **Planck**: Ich will nur wenige Bemerkungen mir erlauben. Es hat der Antrag, zunächst über die Prinzipienfrage, über die gesammte Stellung der Staatsanwaltschaft zu verhandeln, allerdings etwas theoretisch Bestechendes. Ich muß aber bezweifeln, ob es richtig ist, daß die Staatsanwaltschaft historisch wirklich aus einem Guß und Prinzip entstanden ist. Nach meiner Ansicht ist sie nicht in der Revolution aus einem Prinzip geschaffen worden, sondern es ist eine spezifisch Französische Einrichtung, die lange vorher ihre Grundlagen hat und ganz im Sinne der Romanisch-Französischen Konzentration der Staatsgewalt auf einen Punkt sich weiter entwickelt hat.

Ich muß ferner bestreiten, daß die Entscheidung darüber, ob sie ein Organ der Gerichtsherrlichkeit sei, unbedingt präjudiziell für die Beantwortung der Frage sei, ob und welche prozessualische Funktionen ihr übertragen werden sollen. Wenn man die Behauptung aufstellt, daß sich daraus die Konsequenzen ziehen lassen, die angegeben worden sind, daß sich folgern lasse, daß die Staatsanwaltschaft als partie jointe auftreten, daß sie eine Nichtigkeitsbeschwerde im Interesse des Gesetzes haben müsse, so glaube ich, daß das nicht der Fall ist, und dieses beweist auch das Francke'sche Gutachten, welches zwar klar ausspricht, daß die Staatsanwaltschaft als Organ des Gerichtsherrn die Oberaufsicht zu führen habe, welches sich aber auf das Entschiedenste dagegen erklärt, ihr prozessualische Funktionen einzuräumen als partie jointe oder in Bezug auf die Nichtigkeitsbeschwerde im Interesse des Gesetzes. Aus der gerichtsherrlichen Gewalt kann nicht gefolgert werden, daß der Gerichtsherr ein solches Gutachten abzugeben hätte.

Die Hauptgründe für meinen Antrag sind eben die rein praktischen Gesichtspunkte. Wir könnten den ganzen Tag über nichts Anderes als diese Frage diskutiren. Wir müßten die ganze Stellung des Staatsanwaltes im

Kriminalprozesse in Betracht ziehen. Es ist dies keine Frage, welche im Civilprozesse allein in Betracht kommt, sondern wobei auch die Abtheilung für das Kriminalrecht vollständig mit interessirt ist. Ich glaube, daß wir, wenn wir etwas Praktisches erreichen wollen, richtiger verfahren, wenn wir nicht, wie es allerdings in Deutschland so gern geschieht, allgemeine Grundprinzipien aufstellen, sondern wenn wir auf die praktische Frage eingehen, und ich muß bei der Ansicht bleiben, daß in Deutschland für jetzt keine Aussicht vorhanden ist, gemeinschaftliche Justiz-Organisationsgesetze zu erhalten, wohl aber eine gemeinschaftliche Civilprozeßordnung, und daß sich eine solche entwerfen lasse, ohne daß man einen bestimmten Beschluß darüber gefaßt hat, daß auch in allen Ländern die Staatsanwaltschaft gleich organisirt sein soll. (Bravo! Bravo!)

**Präsident**: Die Vorfrage, um die es sich handelt, und über welche wir Beschluß zu fassen haben, ist: Soll zuerst die Frage der Organisation der Staatsanwaltschaft diskutirt oder sofort entschieden werden, welche Stellung der Staatsanwaltschaft im Civilprozesse einzuräumen sei? Diejenigen, die eine ideale Gerichtsorganisation schaffen wollen, und welche prinzipiell und logisch richtig vorgehen, könnten sich für Ersteres entscheiden; Diejenigen aber, die etwas Praktisches schaffen wollen, und die namentlich das Ziel vor Augen haben, daß eine Deutsche Civilprozeßordnung zu Stande kommen soll, werden für Letzteres sich entscheiden. Ich bringe nun die Fragen zur Abstimmung. Die Frage: „Soll die Diskussion über die Gerichtsorganisation vorhergehen", kommt zuerst zur Abstimmung, weil sie weiter geht.

Diejenigen Herren, die dafür sind, daß die Diskussion über die Organisation der Staatsanwaltschaft zuerst in Angriff zu nehmen sei, bitte ich die Hand zu erheben. (Geschieht.) Es ist entschieden die Minorität.

Wir gehen sofort zur Betheiligung der Staatsanwaltschaft im Civilprozesse über. Es haben sich gemeldet die Herren Zenthöfer und Schmid.

Kreisrichter **Zenthöfer** aus Rybnik: M. H.! Wenn wir uns klar werden wollen, ob die Staatsanwaltschaft im Civilprozesse mitwirken soll, so müssen wir zuerst die Natur des Civilprozesses in's Auge fassen. Der Civilprozeß hat die Aufgabe, das materielle Recht auf eine im Streit befangene Befugniß oder Obliegenheit anzuwenden. Der Civilprozeß ist blos das Mittel, um das Civilrecht geltend zu machen. Das materielle Recht, das ist das Privatrecht; es gehört nicht zum öffentlichen Rechte, folglich muß der Civilprozeß als Mittel auch zum Privatrecht gehören. Es wird allerdings gelehrt, der Civilprozeß bilde einen Theil des öffentlichen Rechtes; ich glaube aber, diese Ansicht wird sich nicht aufrecht erhalten lassen. Der Civilprozeß ist die Realisation des Klagerechtes; das Klagerecht beruht auf dem rechtlichen Verhältnisse, in welchem die Parteien zu einander stehen.

Wer das rechtliche Verhältniß will, muß auch das Klagerecht, die actio, wollen. Das Rechtsverhältniß hat in der Regel die Natur eines Vertrages. Es muß also die Realisation der actio auch die Natur eines Vertrages haben. Die Franzosen sagen ganz mit Recht, das Verhältniß, in welchem die streitigen Theile zu einander stehen, sei ein Vertrag derer, welche geben und nehmen, sie fassen stets den Prozeß als Privatrechtsverhältniß auf. So wie jedes andere Privatrechtsverhältniß, muß auch der Prozeß gewisse Voraussetzungen haben: streitende Theile, einen streitigen Gegenstand und den Richter. Es kommen also nur zwei verschiedene Arten von thätigen Personen vor, die Parteien und der Richter; jede andere Person muß sich auf die eine oder andere Seite wenden und accessorische Intervenienten treten also auch auf die Seite der einen oder andern der betreffenden Parteien.

Welche Stellung hat nun der Staatsanwalt im privatrechtlichen Verhältnisse? Ich glaube, für ihn selbst ist hier gar keine Stelle, er kann weder auf die eine noch andere Seite sich wenden. Wenn der Staat im Prozesse etwas zu thun hat, so kann er nur als partie principale, als Fiskus auftreten; in einem anderen Sinne ist für den Staat kaum eine Rolle ausfindig zu machen. Der Staat hat das Seinige gethan, wenn er den streitenden Parteien Gelegenheit giebt, ihren Streit auszutragen. Thut er mehr, so mischt er sich in Privatverhältnisse, die ihn nichts angehen. Es kann dem Staat gleichgültig sein, wie der Prozeß entschieden wird, ob der Kläger oder der Beklagte unterliegt. Wenn für den Staat kein Platz im Civilprozeß zu finden ist, dann hat auch der Staatsanwalt keine Stelle, und ich glaube, daß es höchst gefährlich ist, ein Element in den Civilprozeß aufzunehmen, das nicht dahin gehört, daß das nicht blos unzweckmäßig, sondern sogar schädlich sei.

Man kommt wirklich in Verlegenheit, was man mit dem Staatsanwalte eigentlich machen soll. Ist er Partei? Man kann ihn unmöglich dafür ansehen; denn das sind Redensarten von der partie jointe. Der Staatsanwalt soll im Interesse des Gesetzes das Wort ergreifen, also sich auf die Seite der Partei wenden, die das Recht für sich hat. Die Partei will ihn aber nicht; wie kommt er dazu, sich ihr aufzudrängen? Der Anwalt kann sich einer Partei nicht aufdrängen, und was dem Anwalte nicht zusteht, darf auch der Staat sich nicht erlauben. Man kann den Staat auch nicht auf Seite des Richters stellen; und eine dritte Kategorie von Persönlichkeiten haben wir im Civilprozesse nicht.

Man sagt, der Staatsanwalt soll dem Richter Rath geben. M. H., wir sind nicht Römische Volksrichter, die keine Juristen waren, die mußten sich Rath suchen; wir wissen selbst, was wir zu thun und zu lassen haben. Nun kommt noch ein Umstand dazu, nämlich die Kollegien-Urtheile. Soll der einzelne Mann dem Kollegio sagen, was es zu thun oder zu lassen hat? In der Mehrheit ist ja gerade die Stärke des Kollegiums gelegen. Der Staatsanwalt ist nicht immer selbst in der Sitzung zugegen, oft ist er ein ganz junger Mann, der nicht eingeschult ist; der soll nun einem Kollegium alter Richter sagen, was sie zu thun und zu lassen haben?

Was unzweckmäßig ist, ist auch schädlich. Die Partei wird ohne Grund bevormundet; es drängt sich ihr eine Persönlichkeit zum Vertheidiger auf, die sie nicht haben will. Dem Anwalte wird ein Mißtrauensvotum gegeben. Auch gegen den Richter wird ein solches durch die Mitwirkung des Staatsanwaltes ausgesprochen, und außerdem wird der Richter gewissermaßen befangen gemacht. Wenn der Staatsanwalt ein tüchtiger Mann ist, so kann er den Richter auf eine falsche Spur führen, und es können unrichtige Erkenntnisse in die Welt gesetzt werden.

Von einem parteiischen Richter ist in allen diesen Fällen ohnehin nicht die Rede, welcher unter einem Einflusse steht, der unter allen Umständen fern bleiben muß.

Wenn wir nun für die Staatsanwaltschaft keine Rolle finden können, so müssen wir auch beschließen, daß dieselbe gar nicht zuzuziehen sei.

Man sagt, daß die Staatsanwaltschaft für gewisse Dinge im Interesse des Gesetzes ein Rechtsmittel einlegen soll. Aber das Gesetz hat kein Interesse daran. Was geht es das Gesetz an, wie die Parteien sich einigen? Die Partei hat immer das Recht, sich mit dem Gegner zu einigen, und für diesen Fall würde der Staat gar kein Interesse haben, die Sache in eine andere Richtung zu bringen. Ich glaube daher, daß die Frage wohl verneint werden muß, ob im Interesse des Gesetzes ein Rechtsmittel anzuwenden sei oder nicht.

Ich stelle daher den Antrag, zu beschließen, daß der Staatsanwalt nicht zuzuziehen sei.

**Präsident**: Kreisgerichtsrath Schmid aus Weimar hat das Wort. (Derselbe ist nicht anwesend.) Also bitte ich Herrn Dr. Mayersohn, das Wort zu nehmen.

Rechtsanwalt Dr. **Mayersohn** aus Aschaffenburg: Ich werde sogleich mitten in die Sache selbst eintreten. Die Staatsanwaltschaft soll zweierlei Verwendungen im Civilprozeß erhalten: Einmal soll der Staatsanwalt Vertreter des Fiskus oder der Königlichen Renten und Einkünfte sein, und auf der andern Seite soll er als partie jointe eintreten und soll dem Richter ein Gutachten geben, wie er in der vorliegenden Frage zu erkennen habe. Vor allem, m. H., bei jeder neuen Einrichtung, die ein Bürger in seinem Hause vornimmt, wird er wohl zuerst sich die Frage stellen: Ist irgend ein Fehler hier, der mich nöthigt, eine neue Einrichtung zu machen? Nun frage ich Sie, m. H., ob hier, wo die Staatsanwaltschaft als partie principale eintreten soll, eine Nothwendigkeit vorhanden ist zur Einführung einer solchen Aenderung, und Sie werden sich antworten müssen: Nein! — Wenn der Staat irgendwie in seinem Rechte verletzt zu sein glaubt, wenn die Interessen der Krone in materieller Beziehung benachtheiligt sind, wenn irgend ein fiskalisches Interesse berührt worden ist, so mögen sich diese Institute eben eines Vertreters bedienen, wie jede andere Partei auch es thut. Kommen derartige Fälle öfter vor, so mag man Fiskale aufstellen; allein die Staaatsanwaltschaft damit zu beauftragen, dafür ist kein Grund gegeben. Es liegt also hier kein Fall der Nothwendigkeit einer Aenderung vor.

M. H., welche Aufgabe sollen wir hier der Staatsanwaltschaft geben? Diese Aufgabe müßte offenbar die Staatsanwaltschaft in ihrem Wirkungskreise und in ihrer Achtung dem Publikum gegenüber beeinträchtigen. Im Kriminalrechte steht der Staatsanwalt als Vertreter des Gesetzes im Auftrage der Gesellschaft dem Angeschuldigten gegenüber. Er hat hier das Gesetz zu vertreten, die höchste Aufgabe, die einem Staatsbürger wohl zu Theil werden kann. Auf der andern Seite muthen wir ihm aber zu, daß er als Partei bei dem Richter Recht nehme und sich die Gegenpartei gegenübertreten lasse. Beide Eigenschaften sind kaum vereinbar, ohne die Achtung, die dem Staatsanwalte in Folge seiner erhabenen Stellung gebührt, zu beeinträchtigen.

Allein auch für seine Stellung als partie jointe ist eine Nothwendigkeit nirgends zu finden. Der Staatsanwalt soll als partie jointe dem Richter, nachdem beide Parteien ihre Vorträge gehalten haben, vortragen, wie er in dieser Sache zu erkennen habe. Nach der an die Spitze gestellten Ansicht, daß Aenderungen nur bei vorhandener Nochwendigkeit vorgenommen werden sollen, frage ich Sie, ob der Deutsche Richterstand bis jetzt eine derartige Vorlesung nothwendig oder wünschenswerth hat erscheinen lassen? M. H.! An Gründlichkeit und Wissenschaftlichkeit der Urtheile hat es der Deutsche Richterstand wohl nicht fehlen lassen. Es hat sich nirgends ein Bedürfniß gezeigt, daß der Deutsche Richter vor Erlassung des Urtheils erst eine Vorlesung hätte nothwendig gehabt. (Bravo!) Es ist demnach auch gar nicht abzusehen, warum bei dem Mangel eines solchen Erfordernisses auf einmal ein neues Organ hier geschaffen werden soll, welches dem Richter erst sagen soll, was er zu erkennen hat.

Fragen wir: Was hat es denn für Folgen gehabt in jenen Ländern, wo die Staatsanwaltschaft in Civilsachen bereits eingeführt ist? Was war die Folge in Hannover, Oldenburg, Braunschweig? Diejenigen, die die Einführung der Staatsanwaltschaft in Civilstreitigkeiten bevorworten, sagen: Sehet hin, dort ist diese Anstalt bereits eingeführt und hat nirgends eine Klage. Welch schwacher Grund ist der, daß man eben keine Klage hat!

Nun in so vielen Ländern Deutschlands hat man diesem Mangel an Klage gar keine Sehnsucht nach dieser Einführung gegenüber gehalten. Dieser Mangel an Sehnsucht geht jedenfalls diesem Mangel an Klage mit Entschiedenheit voraus.

Bedenken Sie, meine Herren, den Ursprung dieser Einrichtung und es wird Sie zur Genüge abmahnen, sofort diesen Antrag anzunehmen. Nicht in der Französischen Revolution ist diese Einrichtung entstanden, nicht 1789, sondern unter der Herrschaft des ersten Napoleon 1810. (Rufe: Nein, nein, so alt als die Französische Prozeßordnung); als partie jointe ist die Staatsanwaltschaft erst unter Napoleon eingeführt worden.

**Präsident**: Ich bitte, den Herrn Redner nicht zu unterbrechen. Die Tribüne ist frei.

Dr. **Mayersohn** (fährt fort): Sie finden dies in Frei's Französischem Civil- und Kriminalprozeß, welcher sehr für die Einführung dieser Einrichtung in Deutschland spricht, Sie finden es in Gera, Archiv für civilistische Praxis, Sie finden es ferner angeführt in einer neuen Monographie vom Staatsanwalt Berninger. Die partie principale ist früher eingeführt, aber nicht die jointe.

Sehr naiv ist die Zumuthung, die uns Berninger macht. Er behauptet, die Selbstständigkeit des Richters würde dadurch gar nicht beeinträchtigt; er solle auch gar nicht geschulmeistert werden, Gott bewahre! es soll ihm nur gesagt werden, wie erkannt werden soll, wie der oberste Gerichtshof bereits in diesen Sachen erkannt habe, und wenn der Staatsanwalt sieht, daß fortwährend nicht so erkannt wird, wie er erkannt haben möchte, so kann er gegen den betreffenden Richter nicht einen Antrag stellen, sondern er muß es dem Vorstand des Kollegiums anzeigen, und wenn das keine Folge hat, soll er es dem Ministerium anzeigen. M. H., wenn das nicht eine Beeinträchtigung der Selbstständigkeit des Richters heißt, so weiß ich nicht, wie man denn die Selbstständigkeit des Richters wirklich beeinträchtigen könne. (Bravo!) In ruhigen Zeiten mag es wohl vorkommen, daß keine Veranlassung zu einer Klage ist; aber die Zeiten bleiben nicht immer dieselben. Hüten wir uns, diese imperialistische Schöpfung in den Deutschen Prozeß einzuführen.

Ich schließe mit dem Antrage, die Einführung der Staatsanwaltschaft in Civilstreitigkeiten abzulehnen. (Bravo!)

Kreisgerichtsrath Dr. **Vollert** aus Arnstadt: Verzeihen Sie mir, m. H., wenn ich nochmals zur Sache das Wort ergreife. Ich möchte auch etwas Praktisches erreichen und nicht blos eine ideale Justizorganisation. Aus diesem Grunde erkläre ich mich mit den beiden ersten Anträgen des Herrn Planck vollständig einverstanden. Ich glaube, eigentlich haben wir ein

Vierfaches ins Auge zu fassen. Das Wichtigste ist für die Deutsche Civilprozeßordnung: Soll die Staatsanwaltschaft als partie jointe thätig werden, d. h. soll es nicht Pflicht, sondern nur Recht des Staatsanwalts sein, in jedem Civilprozesse, wenn nach seinem Ermessen ein öffentliches Interesse in Frage ist, dem Richter sein Gutachten zu geben? In diesem Falle, m. H., scheint mir die Stellung der Staatsanwaltschaft als partie jointe dem Deutschen Rechtsbewußtsein geradezu ins Angesicht zu schlagen. (Bravo!) Der oberste Grundsatz des Deutschen Civilprozesses ist die Disposition der Partei über ihr Recht; der zweite Grundsatz des Deutschen Civilprozesses ist der, daß jede Partei verzichten kann auf ihr Recht, und diesen beiden Grundsätzen widerspricht es, wenn man einen Dritten, Nichtbetheiligten mit hineinreden ließe, und wenn man da, wo die Parteien sich beruhigt haben, gleichwohl noch der Staatsanwaltschaft das Recht gebe, ein höheres Urtheil zu extrahiren. In Frankreich allerdings hat man es gethan. In Frankreich ist bekanntlich die Staatsanwaltschaft eben deshalb von einer Seite in ganz eminenter Weise gepriesen worden. Ein Schriftsteller — ich weiß nicht welcher — macht die Staatsanwaltschaft geradezu zum Engel der Staatsangehörigen, denn er sagt: „Leute, der Staatsanwalt wacht, ihr könnt ruhig schlafen." Dieses steht wörtlich gedruckt zu lesen. Andere Deutsche Rechtsgelehrte haben freilich dagegen geltend gemacht, man habe in Frankreich die Staatsanwaltschaft mit allen diesen Attributen betraut, um den Richter recht unabhängig zu stellen. M. H.! Das ist eine Französische Farce; sie haben die Richter nicht unabhängig gestellt, sondern sie haben aus Französischen Richtern, wie ein anderer hochgestellter Schriftsteller sagt, ein Organ gemacht, welches wohl einen Mund hat, um Sentenzen daraus ertönen zu lassen, dem aber Füße und Hände fehlen, um sich zu bewegen; Füße und Hände sind die Französischen Staatsanwälte, und die setzen die Richter in Bewegung. (Bravo!) Also die Stellung der Staatsanwaltschaft als partie jointe scheint mir diese beiden obersten Grundsätze des Deutschen Civilprozesses zu verletzen. Ich lasse den Streit unentschieden, ob sie unter Napoleon oder den Bourbonen entstanden ist; es scheint für uns gleichgültig zu sein. (Heiterkeit.)

Die Stellung als partie principale scheint mir jedenfalls auch kaum wünschenswerth. Ich gebe zu, was auch der Herr Referent hervorgehoben hat: es ist nicht gerade für unser Deutsches Rechtsbewußtsein etwas Fürchterliches, Gefährliches, wenn der Staatsanwalt alle bevormundeten Institute und den Fiskus zu vertreten hat. Aber die Stellung der Partei wird jedenfalls auch gewahrt sein, wenn andere sehr ehrenwerthe Stände von Seite des Staates benutzt werden, die in Deutschland bisher das Recht der Parteien auch so gewahrt haben, daß nicht allzuviel Klagen darüber entstanden sind. Wenn die Rechtsanwälte dazu genommen werden, sollten diese nicht ebenso befähigt sein, wie die Staatsanwälte?

Man hat auch geltend gemacht — ich glaube von Seite zweier Staatsanwälte, Sundelin und Berninger, ist es in Broschüren geschehen — daß die Staatsanwälte einseitig würden, wenn sie lediglich mit dem Kriminalrecht sich beschäftigten. (Heiterkeit.) Man kann das zugeben, m. H., aber Staat und Gesetz sind nicht dazu da, damit eine Klasse von Beamten gehörig geschult werde. (Bravo!) Es scheint mir also aus diesem Gesichtspunkte höchst überflüssig zu sein, wenn man die Staatsanwälte als partie principale zuläßt. Ich werde darum mich auch gegen den dritten Antrag des Herrn Planck erklären.

Es bleibt nun nur Eines übrig, das Rechtsmittel im Interesse des Gesetzes. Das ist eine nothwendige Konsequenz, wenn die Staatsanwaltschaft so aufgefaßt wird, wie es die Franzosen thun. Bei uns scheint mir auch das von Uebel zu sein, und zwar deshalb, weil man damit dem Deutschen Rechtsbewußtsein und dem Deutschen Volke, insofern man sein Rechtsbewußtsein bilden will, wiederum ins Gesicht schlägt. Denken Sie, m, H., zwei Leute streiten um einen Kauf, einer verklagt den andern, und das Gericht entscheidet, der Kläger habe Recht. Der Beklagte beruhigt sich, er sieht entweder, oder sieht nicht ein, er habe Unrecht, genug er beruhigt sich. Der Staatsanwalt aber meint, hier sei das Gesetz verletzt, extrahirt die Entscheidung einer höheren Behörde, und diese giebt dem Beklagten Recht. Es ist klar, daß nun der Beklagte und vorher Beruhigte erst recht unruhig wird und sagt: Ja, ihr Herreu Richter habt falsch entschieden und die Obergerichte haben etwas Anderes erkannt, und doch muß ich den Verlust tragen! Das wirkt in praxi ganz anders, als wenn man in einer Zeitschrift liest, daß der Beklagte zwar Recht habe, aber doch nicht zum Rechte gelangen kann. M. H., das reimt sich kein Deutscher zusammen!

Ich habe nur noch auf Eines aufmerksam zu machen. Die Literatur über diese Frage ist, wie wir hörten, sehr verschiedener Meinung. Ich bin in der erfreulichen Lage, Ihnen mittheilen zu können, daß vor Kurzem eine große Zahl sehr hochgestellter und mit Recht hoch angesehener Rechtsgelehrten in Sachsen zusammengetreten sind, um für Sachsen und Thüringen eine Civilprozeßordnung auszuarbeiten. Es wird das Ihnen wahrscheinlich schon bekannt sein. An diese Kommission ist ebenfalls die Frage gerichtet worden, ob es zweckmäßig sei, die Staatsanwaltschaft im Civilprozesse überhaupt mit irgend einer Stelle zu bekleiden, und so viel ich vernehme, und ich glaube, daß meine Quelle eine sichere sei, hat die Kommission einstimmig dagegen entschieden, eben deshalb, weil es überflüssig ist und hier der Grundsatz nicht gilt: „Superflua non nocent.“

Ich ersuche Sie also, im Widerspruche mit den meisten Gutachten, die abgegeben wurden, aber im Einklang mit dem Antrage des Herrn Obergerichtsassessors Planck, zu beschließen, daß die Staatsanwaltschaft weder als partie jointe, noch principale zuzulassen sei, und daß auch das Rechtsmittel im Interesse des Gesetzes nicht von ihr einzulegen sei. Ich glaube, wir Richter und Anwälte werden vollkommen ausreichen, um das Deutsche Recht weiter zu bilden, und das Deutsche Recht ins Volksbewußtsein überzuführen. (Lebhafter Beifall.)

**Präsident:** M. H., wir haben bis jetzt nur Redner gegen die Zulassung der Staatsanwaltschaft gehört; es wird billig sein, auch Redner dafür zu hören. Der nächste der dafür eingeschriebenen Redner ist Herr Dorn.

Justizrath **Dorn** aus Berlin: Die Frage, ob die Staatsanwaltschaft im Civilprozesse zuzulassen, oder ihr überhaupt eine Thätigkeit, und welche, einzuräumen sei, ist nach meiner Auffassung rein eine Zweckmäßigkeitsfrage. Man kann sich dafür oder dagegen entscheiden. Der Prozeß kann seinen richtigen Ausgang nehmen mit und ohne Staatsanwaltschaft; also für eine unbedingte Nothwendigkeit der Zulassung der Staatsanwaltschaft bin ich selbstredend nicht. Ich habe mich hauptsächlich um das Wort gemeldet, um gegen einige Prämissen anzukämpfen, von denen die früheren Vorredner ausgegangen sind, um zu dem Resultate zu gelangen, daß die Staatsanwaltschaft ein vollkommen überflüssiges Möbel im Civilprozesse sei.

Der erste Redner, Herr Zenthoefer, warf die Frage auf, die großen Anklang fand, was denn der Staat für ein Interesse dabei habe, ob in einem Civilprozesse Hinz oder Kunz obsiege; das interessire den Staat nicht, folglich brauche derselbe auch kein Organ, das sein Interesse wahrnehme. Herr Zenthoefer hat Recht; wenn man blos das Schicksal des einzelnen Prozesses ins Auge faßt, dann ist es für den Staat im Ganzen genommen gleichgültig, ob der Kläger abgewiesen, oder der Beklagte verurtheilt wird. Es ist dies aber nicht gleichgültig, wenn man nicht blos einen einzelnen Prozeß, sondern das Institut der Justiz überhaupt ins Auge faßt. Der Spruch, der über dem äußern Thore dieser Kaiserburg steht: „Justitia regnorum fundamentum" ist ein richtiger. Der Staat hat dafür zu sorgen, daß die betreffende Partei zu ihrem Rechte komme, nicht, damit sie so und so viele Thaler oder Gulden beitreiben könne, sondern aus folgendem Grunde: Weil jeder Einzelne seinen Prozeß durchsetzen kann, und weil Jeder weiß, es könne gegen ihn ein Prozeß durchgesetzt werden; darum sind die Leute nicht hartnäckig und gewaltthätig, es ist Ruhe und Ordnung im Staate, und der größere Theil fügt sich den Gesetzen; denn Prozesse sind ja die Ausnahme im großen, ungeheuren Geschäftsverkehre. Also der Staat hat ein Interesse daran, erstens, daß judizirt werde, und zweitens, daß so viel als möglich richtig judizirt werde. Der einzelne Prozeß kann ihn natürlich nicht kümmern; das Institut im Ganzen aber muß ihn kümmern. Deshalb ist es falsch, wenn man den Grundsatz aufstellt, daß es den Staat nicht interessire, ob Hinz oder Kunz gewinne; der Staat ist interessirt daran, daß der Prozeß seinen guten, geregelten Gang nehme.

Man sagt ferner: „Wozu soll der Richter eine Aufklärung vom Staatsanwalte erhalten? Die Rechtsanwälte werden ausreichen, das Interesse der Partei wahrzunehmen; es ist vollkommen überflüssig, dem Richter Vorlesungen halten zu lassen.“ — Nun, meine Herren, in gewöhnlichen Fällen wird der Staatsanwalt selten das Wort ergreifen; er wird der Regel nach darauf verzichten. Handelt es sich aber um eine intrikatere Rechtsfrage, dann wird der Staatsanwalt das Wort ergreifen; er wird auf den Prozeß vorbereitet sein; er wird die Literatur zusammengetragen haben, und wird, wenn er seinen Posten würdig auszufüllen im Stande ist, die Sache aufklären können. Meine Herren! Wenn die Richter — wir setzen natürlich gebildete Richter voraus — auch das Alles wissen und es sich möglicherweise selbst sagen können, so wird es doch kein Richter übel nehmen, wenn ihm das in gehöriger Form nochmals vorgeführt wird. Es ist ein alter Grundsatz: Amant meminisse periti. Wer etwas von einer Sache weiß, und er hört gut und klar darüber sprechen, der wird doch keine lange Weile dabei empfinden. Man kann also nicht die Zuziehung der Staatsanwaltschaft von der Hand weisen mit der Phrase, der Richter brauche keine Belehrung. Denn dann könnte man auch die Ausführung einer jeden Rechtsansicht verbieten; denn was der Rechtsanwalt in jure weiß, das weiß der Richter auch, und doch, wie zweckmäßig ist es unter Umständen, den rechtlichen Standpunkt darzulegen, — nicht eigentlich um den Richter zu belehren; aber das, was der Richter gehört hat, muß sich setzen, und dazu ist eine gewisse Zeit nothwendig. Der Richter höre also Rede und Gegenrede; er höre auch den Staatsanwalt. Zeitverlust kann dabei allerdings vorkommen; aber das ist, wenn es sich um eine so wichtige Institution handelt, in der That die Nebensache.

In den Ländern, wo die Staatsanwaltschaft im Civilprozesse existirt, wird kein Jurist, kein Richter, kein Rechtsanwalt die Staatsanwaltschaft im Civilprozesse für überflüssig, für das fünfte Rad am Wagen halten. Gehen Sie in die Preußischen Rheinprovinzen, wo das Französische Verfahren aufrecht erhalten ist, in die Rheinpfalz, nach Rhein-Hessen; Sie werden überall von den Richtern hören, daß es ihnen keineswegs unangenehm ist, am Schlusse der Verhandlung einen unparteiischen Vortrag zu hören. Der Staatsanwalt hat im Civilprozesse natürlicherweise keine andere

Aufgabe, als im Interesse des großen Ganzen, so weit seine Kräfte es zulassen, dafür zu sorgen, daß das Recht gut gehandhabt werde. Die Fakta kümmern ihn wenig; wenn die Parteien das Faktische verkehrt oder unvollständig vortragen, das interessirt ihn nicht. Wenn aber eine Rechtsfrage zur Sprache kommt, dann ist er am Orte, auch mit zu sprechen, weil das den Staat interessirt, daß die Rechtsfrage im großen Ganzen richtig entschieden werde.

Es ist vorhin irrthümlich bemerkt worden, daß das Institut seit 1810 bestehe; es ist behauptet worden, erst in neuerer Zeit sei die Staatsanwaltschaft dem Civilprozesse beigegeben worden. Ich verweise einfach auf die Ordonanz von 1667, wo schon die Staatsanwaltschaft genannt wird, ferner auf das Reglement von 1738, das heute noch das Verfahren des Kassationshofes regelt und wonach auch für Bayern und die Rheinpfalz die oberste Instanz regulirt ist. Wie kann man also behaupten, daß das Institut erst seit neuerer Zeit bestehe? Es hat sich Jahrhunderte lang bewährt, und deshalb scheint es nicht angemessen, so leicht über diese Frage wegzugehen.

Schließlich, die Kassation im Interesse des Gesetzes anlangend, hat der Herr Redner, der unmittelbar vor mir sprach, wenn ich ihn anders richtig verstanden habe, eine ganz unrichtige Vorstellung von dem, was man in Frankreich und in unseren linksrheinischen Ländern unter Kassation im Interesse des Gesetzes versteht. Die Parteien sind Herren ihres Prozesses, das versteht sich von selbst, und wenn sie, zur Zahlung von so und so viel verurtheilt, sich dabei beruhigen wollen, so ist das ihre Sache. Aber der Staatsanwalt wird einschreiten, wenn etwa ein höheres Gericht, z. B. das Appellationsgericht, in wichtigen Rechtsfragen einen Grundsatz aufgestellt hat, der vielleicht falsch ist und vielleicht im Widerspruche steht mit der Jurisprudenz anderer Appellationsgerichtshöfe, im Widerspruche vielleicht mit der des obersten Gerichtshofes, des Kassationshofes. Ja, meine Herren, überall da, wo überhaupt die Jurisprudenz lebendig gehandhabt wird, wo die Rechtssprüche ein gewisses Ansehen genießen, wenn man auch nicht genöthigt ist, sich danach zu richten, in allen diesen Ländern, wo die auctoritas rerum similiter judicatarum respektirt wird, wenn auch nur als ratio scripta, in allen diesen Ländern ist es nicht gleichgiltig, wenn ein Gerichtshof falsche Grundsätze aufgestellt hat; sondern da ist der Staatsanwalt vorhanden, um im Interesse des Gesetzes einzuschreiten. Nicht, um der Partei zu helfen, wenn sie sich beruhigt hat; aber der Staatsanwalt hat dem obersten Gerichtshofe zu erklären: Hier ist ein Grundsatz aufgestellt worden, der entschieden falsch scheint. Und der oberste Gerichtshof kassirt diesen Spruch rein wissenschaftlich, im Interesse des Gesetzes, d. h. der aufgestellte Grundsatz muß weggeschafft werden und am Rande des Urtheils wird „kassirt“ aufgeschrieben. Das Urtheil wird kassirt, weil der Grundsatz falsch ist. Also um die autoritas rerum similiter judicatarum aufrecht zu erhalten, und weil der Staat ein Interesse daran hat, daß die Prozesse möglichst richtig entschieden werden, und daß richtige Grundsätze zur Geltung und Anwendung kommen, muß er auch nothwendig ein solches Rechtsmittel haben, welches der Partei nicht schadet.

Der Herr Vorredner hat gesagt, es werde die Partei, die sich schon beruhigte, wenn sie nun hört, daß im Interesse des Gesetzes, wegen eines falschen Grundsatzes, das Erkenntniß kassirt wurde, unruhig werden. Ja, meine Herren, hier entgegene ich dasjenige, was der erste Redner gesagt hat: Was kümmert uns die Unruhe dieses Einzelnen? Das Institut ist eben wichtiger. Ob der Einzelne hinterher bejammert, daß er nicht zum Rechtsmittel gegriffen hat, geht uns wenig an. Ebenso können wir aus Rücksicht für jene Unglücklichen, die den Prozeß mit Unrecht verloren haben, das Institut nicht über Bord werfen. Das ist ganz verkehrt.

Also, meine Herren, wenn wir an diesem Grundsatze festhalten, daß die Justiz nicht da ist, damit der Einzelne blos zum Rechte kommt, sondern weil sie das Fundament eines jeden gebildeten Staates ist, dann ist die Frage, ob der Staatsanwalt zu hören oder nicht zu hören sei, von einem ganz anderen Gesichtspunkte zu betrachten. Man kann sie nicht écartiren mit der Bemerkung: Was soll der Dritte im Prozesse sprechen, wo er nicht Hauptpartei ist? Es kann auch die Staatsanwaltschaft in diesem Punkte nützlich wirken. Das Richterpersonal geht der Prozeß auch nichts an; es ist angestellt, um den Prozeß zu entscheiden. Es würde auch kein Hinderniß sein, auch die Person des Staatsanwalts daneben zu berufen und ihm Funktionen aufzuerlegen. Also, wie gesagt, wenn wir einen höheren Gesichtspunkt im Auge haben, so kann man sehr leicht zu dem Resultate kommen, daß das Institut für den Civilprozeß nützlich sein kann. Ob es nützlich ist, da müssen wir die praktische Erfahrung fragen, und da weise ich Sie hin auf die Länder, wo es existirt und seit Jahrhunderten existirt hat.

Ich meinerseits bin also dafür, der Staatsanwaltschaft sei gewiß die Mitwirkung im Civilprozesse einzuräumen und namentlich die Kassation im Interesse des Gesetzes zu gestatten. Denn der oberste Gerichtshof hat im modernen Staate nicht den Beruf, Prozesse richtig zu entscheiden, sondern den Mittelpunkt für die richtige Gesetzauslegung zu bilden. Man nimmt an, mit der zweiten Instanz ist das faktische Material abgeschlossen, aber über die Rechtsfrage muß, weil sie das Ganze interessirt, ein höherer Richter entscheiden können, um im ganzen Lande einen Mittelpunkt für die

Gesetzesauslegung zu haben, damit Jeder im Voraus wissen kann, wie eine Rechtsfrage entschieden werden wird. Also ich bin entschieden für die Kassation im Interesse des Gesetzes.

Die Mitwirkung im Privatrechte ist eine zweckmäßige, eine wünschenswerthe, weil sie sich, wo sie eingeführt wurde, bewährt hat. Wie weit diese Mitwirkung zu gehen habe, in welchen Fällen der Staatsanwalt gehört werden müsse, in welchem Falle er nicht zu sprechen habe, das sind Modalitäten, die man so oder so einrichten kann. Es ist das eine Frage der Zweckmäßigkeit, im Prinzipe jedoch glaube ich mich entschieden für die Mitwirkung des Staatsanwaltes erklären zu müssen. (Bravo! Bravo!)

**Präsident**: Meine Herren! Es sind noch folgende Redner zum Worte gemeldet, und ich werde gleich bemerken, ob sie für oder gegen den Antrag sprechen wollen: Professor Endemann aus Jena gegen den Antrag, Sabarth aus Ratibor gegen, Zenthöfer aus Rybnik gegen, Bernays für, Gierse für, Staatsanwalt Hauschtek, wie ich glaube, für.

Ich frage zunächst die Versammlung, ob sie einen Redner gegen oder, da bereits mehrere Redner gegen den Antrag und nur Herr Dorn für denselben gesprochen haben, ob sie noch Redner für denselben hören will. (Rufe: „Für!" und „Schluß!")

Diejenigen Herren, die dafür sind, daß zunächst ein Redner für die Zulassung gehört werde, wollen die Hände erheben. (Geschieht.) Es ist die Majorität. Die Herren werden also nach der Ordnung, wie sie eingeschrieben sind, zum Worte kommen.

Von sämmtlichen Rednern hat nur Rechtsanwalt Dorn den zweiten Antrag des Berichterstatters, nämlich die Zulässigkeit der Nichtigkeitsbeschwerde, insbesondere berührt. Ich würde die Herren Redner zur Vereinfachung der Debatte ersuchen, daß sie auch sofort diese zweite Position bezüglich der Staatsanwaltschaft als partie jointe zum Gegenstande ihrer Diskussion machen, um dann nicht darüber eine besondere Diskussion hervorzurufen.

Rechtsanwalt **Gierse** aus Münster: Nachdem Kollege Dorn für die Zulassung der Anwaltschaft in den Civilgerichten und bei den Civilentscheidungen gesprochen hat, kann ich mich, da ich seine Ansicht theile, kürzer fassen. Ich glaube ohnehin nicht, daß ich berechtigt bin, auf Ihren Beschluß irgend wie einwirken zu sollen, da der Beschluß in dieser Frage, wie ich glaube, schon in dem Beschlusse über die Vorfrage gelegen hat. Allein bevor Kollege Dorn gesprochen hatte, hatte ich das Bedürfniß, wie es einst auf dem Deutschen Reichstage die Deutschen Kaiser hatten, indem sie durch Herolde verkünden ließen: „Ist kein Dalberg hier?" Ich hatte das Bedürfniß, daß Jemand für die Französischen und Rheinischen Institutionen spreche, und zwar deshalb, weil die Einheit der Entscheidungen nur durch das Institut der Staatsanwaltschaft zu erreichen ist, und dann deshalb, weil zunächst der Richter keine Disciplinargewalt irgend welcher Art haben darf. Wir haben in Deutschland Richter-Kollegien, selbst königliche Gerichte, wo der vorsitzende Präsident eine entschiedene Disciplinargewalt über die beisitzenden Mitglieder hat. Meine Herren! Ich glaube, darin liegt doch eine größere Gefahr für die Unabhängigkeit der Gerichte, als wenn das öffentliche Ministerium in den Sitzungen der Civilgerichte vertreten ist, um aufzusehen, ob die Ordnung überhaupt sowohl von den Gerichten als den Anwälten in den öffentlichen Sitzungen gewahrt wird, und namentlich ob die Einheit der Rechtsgrundsätze gewahrt bleibt. Ich gehöre allerdings nicht zu den Rheinischen Juristen; ich wohne aber an der Grenze und habe von Jugend auf das Rheinische Verfahren beobachtet und bin der festen Ueberzeugung, daß kein einziger Rheinischer, praktischer Jurist sich auch nur das geringste Theilchen seiner Institutionen zu Gunsten der übrigen Einrichtungen, die in Deutschland bestehen, nehmen lassen wird. Dagegen ist es richtig, daß diejenigen, die das Praktische des Rheinisch-Französischen Verfahrens in seiner Totalität, in seiner Gesammtheit, nicht kennen, einen **horror** gegen die Einführung der Staatsanwaltschaft haben, die überhaupt in Deutschland noch jung ist, wenigstens in dem Deutschen Kriminalverfahren erst neu eingeführt wurde. Ob das in dem Deutschen Rechtsgefühle oder nicht in der geringen Kenntniß der praktischen Vorzüge des Rheinischen Verfahrens liege, ist allerdings eine große Frage.

Das öffentliche Ministerium oder der Staat hat, wie Herr D o r n ausgeführt hat, das wesentlichste Interesse, daß in jedem einzelnen Falle das wahre Recht zur Entscheidung gelange; er hat das Interesse, zu sehen, daß seine Institutionen und die Träger derselben gehörig und redlich zusammenwirken. Das kann er durchaus nicht, wenn man ihm nicht gestattet, nicht etwa durch in die Sitzungen gesandte heimliche Spione, sondern durch Beamte des Staates, des öffentlichen Ministeriums, welche gewissermaßen gleichberechtigt sind mit den Anwälten und Richtern, sich hineinzusetzen. Die Oeffentlichkeit ist dann besser gewahrt, als wenn im Geheimen der Staatsanwalt umherginge in den Sitzungen und nachforschen würde, ob das Verfahren gehörig legal stattfindet, oder beobachtet, daß vielleicht das Richterkollegium heute weiß erkenne, während es vor acht Tagen schwarz erkannt hatte. Der Anwalt darf in keinerlei Konflikt mit dem Richter kommen; das ist durchaus unzulässig und nicht für das Gedeihen der Justizpflege geeignet. Wenn also ein Rechtsanwalt auftritt und sagen wollte, in diesem Falle ist ein Plenarbeschluß nothwendig, die verschiedenen Abtheilungen müssen zusammentreten, weil früher anders erkannt worden ist, so würde das nicht die Wirkung haben, als wenn ein Mann des öffentlichen Ministeriums dem Gerichte dieses vorhalten würde. (Unruhe.) Deshalb haben wir da, wo Staatsanwälte bei den verschiedenen Kollegien fungiren, Einheit der Rechtsgrundsätze; aber wir haben sie nicht da, wo, wenn auch Plenarbeschlüsse vorgeschrieben sind, nicht die Staatsanwaltschaft oder ein Mitglied des öffentlichen Ministeriums diese Entscheidung überwacht.

Dann muß der Staat doch auch wissen, ob seine Beamten etwas können, und ob nicht irgendwo unter den Beamten Unfähigkeit existire. Ich will nicht, daß irgend Einer von den Richtern hierüber mitspreche und, sei er auch der Leiter der Verhandlungen, eine Disciplinargewalt über die Richter habe, daß sie von ihm abhängen, daß er den Richter aus einer Abtheilung in die andere versetzen könne, oder gar auf seine Pensionirung antragen u. s. w. Das ist alles Sache des öffentlichen Ministeriums; das ist allein dann zu erreichen, wenn Mitglieder des öffentlichen Ministeriums in der Lage sind, sich genau nach allen Vorgängen dabei zu erkundigen. Deshalb ist es auch erklärlich, daß am Rhein eine viel größere Würde bei den öffentlichen Verhandlungen ist, als ich irgend wo anders bisher gesehen habe, und ich schreibe dieses der Theilnahme des öffentlichen Ministeriums zu. Also im Interesse der Einheit der Rechtspflege, im Interesse der Unabhängigkeit der Gerichte, da keiner, der mitsitzt, bei der Entscheidung eine Disciplinargewalt haben soll, ist die Zuziehung solcher Vertreter des öffentlichen Ministeriums erforderlich.

Allerdings ist es richtig, daß es schwer ist, die Entscheidung für oder gegen diese Ansicht zu fällen, und zwar aus dem Grunde, weil meines Erachtens die Gerichtsorganisation das Erste ist, was im Ganzen festgestellt werden muß. Nur dann, wenn die Gerichtsorganisation festgestellt ist, dann läßt sich darum als Fleisch und Gerippe die Gerichtsordnung bauen; man schwebt bei der Gerichtsordnung fortwährend in der Luft, sobald man nicht die Grundzüge der Gerichtsorganisation hat. Im vorliegenden Falle ist die Zuziehung der Staatsanwaltschaft oder der Vertreter des öffentlichen Ministeriums bei den Civilgerichten doch nur möglich, wenn auch die Rheinische Institution der Landgerichte eingeführt werden sollte. Bei kleineren Kollegialgerichten in Preußen wäre das vollständig unmöglich, ohne daß das Land mit Beamten überschüttet würde. Ich möchte daher den Vorschlag machen, daß ein definitiver Entschluß nicht gefaßt würde, sondern diese Frage berathen, diskutirt, auch vielleicht darüber heute ein Beschluß gefaßt werde, jedoch sie schließlich zur Gerichtsorganisation gegeben würde, damit sie dort vielleicht noch einmal neu im Ganzen zur schließlichen Beschlußnahme gelange. (Rufe: Schluß!)

**Präsident**: Es sind noch zwei Redner für und zwei gegen eingetragen. (Rufe: „Schluß!" und „hören!") Unter anderen ist auch eingeschrieben Professor Endemann aus Jena gegen den Antrag. Wollen Sie auch Herrn Endemann das Wort abschneiden? (Rufe: „Niemandem!")

Diejenigen Herren, die für die Fortsetzung der Debatte sind, bitte ich, die Hand zu erheben. (Geschieht.) Es ist die Majorität. Herr Endemann hat das Wort.

Professor **Endemann** aus Jena: M. H., zu Ihrer Beruhigung sei gesagt, ich werde mich nicht auf die Fülle von Einzelnheiten einlassen, die von verschiedenen Rednern gehört worden sind; mir scheint es genug, auf das Ganze hinzuweisen. — Die gründlichste Forschung der Wissenschaft kann nichts anderes sagen, als daß jederzeit jedes Volk ein solches Recht und Gesetz habe, wie es dasselbe verdient, gerade wie es die Verfassung hat, die es verdient. Wenn wir die heutige Zeit ins Auge fassen, so sehen Sie in dem Wogen und Streben, das sie erfüllt, Eines als das Erfreuliche hervortreten, und das ist die Idee der Selbstverwaltung und der Eigenthätigkeit. — Es wird auf den Französischen Prozeß hingewiesen. Der Französische Prozeß, wer wird das verkennen, entspricht wunderbar dem Charakter des Französischen Volkes. Die Rheinische Justiz hat sehr viele formelle Vorzüge. Ich meines Theils lebe der Hoffnung, daß vieles, was den Rheinischen Prozeß erfüllt, nach und nach auch dort ausgemerzt werden müsse, wenn im übrigen Deutschland das Verfahren gefunden werden wird, das die formellen Vorzüge des Rheinischen Prozesses auch an sich trägt und dagegen das vermeidet, was im Rheinischen Prozesse, um es gerade heraus zu sagen, mir undeutsch zu sein scheint. Die Staatsanwaltschaft in der Stellung im Civilprozesse ist undeutsch. — Wollen Sie, m. H., mein Glaubensbekenntniß überhaupt haben, so will ich es Ihnen auch nicht vorenthalten. Trotz der Beschlüsse des Juristentages vom vorigen Jahre lebe ich auch der Hoffnung, daß die Staatsanwaltschaft in Strafsachen noch eine bedeutende Umwandelung erfahren wird; sie aber in den Civilprozeß einzuführen, scheint mir das Allerunräthlichste von der Welt zu sein. — Es wurde hauptsächlich von den Rednern betont, daß die Staatsanwaltschaft der Selbstständigkeit der Richter schaden würde. Gut, das ist richtig. Ich will aber die Frage bei Seite lassen und eine mehr wesentlichere, eine andere Frage berühren. Die Staatsanwaltschaft schadet selbst der Thätigkeit der Partei, und wir wollen ein Recht, an dem die Parteien selbst lebhaft Theil nehmen, das sie selbst verfolgen und selbst im Prozesse vertheidigen. Dazu braucht die Partei keinen Hüter und Wächter des Gesetzes, der das Gesetz ihr oder dem Richter gegenüber vertrete. Die Partei selbst soll im Gesetze stehen. So denke ich mir den Prozeß der Zukunft, und deshalb sage ich rund heraus: „Keine Staatsanwaltschaft im Civilprozesse!"

**Präsident**: Herr Hauschtek. (Rufe; „Schluß!" und „reden lassen!") Es sind noch drei Redner eingetragen. Ich glaube, es ist billig, alle drei zu hören. Allenfalls können Sie beschließen, daß dann die Debatte geschlossen werde. Wollen wir daher den Beschluß über den Schluß der Debatte vertagen.

Staatsanwalt **Hauschteck** aus Stralsund: M. H., ich glaube Sie nicht lange aufhalten zu müssen, nachdem der Herr Justizrath Dorn sich über die Stellung der Staatsanwaltschaft ausgesprochen hat, und über diejenige Bedeutung, die ihr beigemessen werden soll. Nach seiner Ansicht glaube ich im Wesentlichen das für erschöpft ansehen zu können. Wenn ich daher noch einmal das Wort ergriffen habe, so ist es einzig eine Frage, die ich Ihnen noch ans Herz legen möchte. Das ist die, ob Sie nicht geneigt sind, in Bezug auf die Fortbildung des Rechtes und der Gesetzgebung der Thätigkeit der Staatsanwaltschaft einigen Werth beizulegen. Ich glaube, es ist die Aufgabe der Staatsregierung, ihr fortwährendes Augenmerk darauf zu richten, ob die Gesetzgebung des Landes auch noch der Gegenwart vollständig entspreche. Die Gesetze werden nach dem augenblicklichen Bedürfnisse gegeben, aber das Bedürfniß ändert sich, und es wird eben nothwendig, eine Aenderung der Gesetze vorzunehmen. Ob eine solche Aenderung nothwendig ist, das ist nur zu prüfen, wenn man die einzelnen Rücksichten, die da fallen, mit dem Bedürfnisse der Gegenwart vergleicht und dann eben diese Frage nach den Erkenntnissen, die von verschiedenen Gerichtshöfen gefällt worden sind, zusammenfaßt. Das wäre, m. H., das Einzige, wás ich noch hinzuzusetzen hätte.

Im Uebrigen aber mache ich Sie wiederholt auf Folgendes aufmerksam: Wollen Sie, m. H., der ganzen Reorganisationsfrage präjudiziren, dann bitte ich Sie nur darum, halten Sie daran fest, daß hier nur die Frage vorwiegend ist, ob es für den Civilprozeß gerade nothwendig sei, daß die Staatsanwaltschaft herangezogen werde. Ich stelle mich auf diesen Standpunkt und sage: Nein; ein besonderes Interesse des Prozesses ist nicht dafür vorhanden.

Es ist mit Applaus angehört worden, wenn die Staatsanwaltschaft gewissermaßen — ich gebrauche einen starken Ausdruck — lächerlich gemacht worden ist. (Rufe: Oho!) Ja, m. H., das ist der Fall gewesen, und das trägt gerade nicht zur Hebung der Würde des Juristentages bei.

**Präsident:** Ich als Präsident würde nicht zugegeben haben, daß die Staatsanwaltschaft lächerlich gemacht werde.

Herr **Hauschtek:** Es ist erklärt worden, daß es lächerlich wäre, wenn der Staatsanwalt vor dem Gerichte lange Vorträge hielte.

**Präsident:** Es war nur die Rede davon, wenn jüngere, noch ungeschulte Staalsanwälte älteren Richtern Aufklärung geben wollten. (Bravo, Bravo! Rufe: Ganz richtig!)

Herr **Hauschtek:** Es mag dies übrigens vollständig dahingestellt bleiben. Ich glaube, es muß diese Frage gerade herausgehoben werden: ist für den Civilprozeß an sich der Staatsanwalt erforderlich? Ich habe diese Frage so aufgefaßt und bescheide mich übrigens mit dem, was der Herr Präsident sagte. Ich habe schon vorher gesagt, daß es auch meine Ansicht ist, der Staatsanwalt, so wie er jetzt steht, hat im Civilprozesse in der That sehr wenig zu thun. Er könnte auch in dieser Thätigkeit sehr wenig helfen, denn er kennt die einzelnen Civilfragen nicht; er tritt vollständig aus der Civilgesetzgebung heraus, seine ganze übrige Thätigkeit führt ihn nicht dahin. Meine einzige Bitte ist also, richten Sie einfach die Frage dahin: ist es für das Interesse des Prozesses nothwendig, den Staatsanwalt zuzuziehen, damit Sie nicht der ganzen übrigen Organisationsfrage hier präjudiziren, und damit Sie sich nicht möglicher Weise in einen Widerspruch mit sich selbst setzen.

Adv.-Anw. Dr. **Bernays** aus Mainz: M. H., ich bin aus einem Lande, in welchem bereits seit 60 Jahren die Staatsbehörde als Partei im Civilprozesse eingeführt ist. Wenn Sie mich heute fragen, ob die Staatsbehörde aus der Rheinisch-Französischen Organisation, ob sie aus unserem Prozesse ausscheiden solle, so würde ich, der ich bereits länger als 30 Jahre die Thätigkeit der Staatsbehörde zu beobachten Gelegenheit habe, antworten: Nein! Denn wir haben bei unserer Rheinisch-Französischen Organisation keine andere Behörde, die dasjenige zu erfüllen hat, was die Staatsbehörde in dieser Beziehung erfüllt. Wenn Sie mich aber fragen: Soll in Deutschland bei einer neuen Organisation die Staatsbehörde als partie jointe eingeführt werden, so werde ich Ihnen sagen: nach meiner Erfahrung ist das nicht nothwendig! (Bravo, Bravo!) Denn, wie ist die Staatsbehörde in Frankreich komponirt, um von ihr verlangen zu können, daß sie als partie jointe eingreifen könne und solle? Wenn es sich nicht um einen politischen Prozeß handelt, wenn es sich um eine Frage handelt, die nur das Wohl der Partei und nicht auch des Staates betrifft, sitzt die Staatsbehörde bei den Civilprozessen größtentheils ruhig und theilnahmlos da; nur momentan wird ihre Aufmerksamkeit angeregt, und nur momentan giebt sie ihre Ansicht kund, ohne vorher die Akten kennen gelernt und gründlich studirt zu haben, ohne vorher die Frage so zu prüfen, wie die Anwälte der Parteien sie geprüft haben, und ich kann Ihnen auch sagen, — es sind Richter vom Rhein unter Ihnen — sehr selten hat die Entwickelung der Staatsbehörde bei den Gerichten einen Einfluß in Bezug auf die Rechtssprechung. Also, m. H., in Bezug auf die Frage der partie jointe kann ich Ihnen das Institut der Staatsbehörde nicht empfehlen.

Aber es giebt Thätigkeiten bei Gerichten, wo es nothwendig ist, daß neben oder im Gerichte eine Behörde stehe, die gewisse Interessen und gewisse Rechte vertrete, und in dieser Beziehung sage ich, daß die Staatsbehörde wohlthätig einwirkt. Nennen Sie sie nun Staatsbehörde oder anders, es ist das einerlei; aber es ist nothwendig, daß beim öffentlichen und mündlichen Verfahren noch eine Behörde da sei, die da in Bezug auf das Recht einwirkt. Es ist nothwendig, daß eine Behörde da ist, die im Interesse des Gerichtes verhütet, daß sich nicht bei den Gerichten Prinzipien feststellen, die der Rechtssprechung entgegen sind. Ich will gleich als Praktiker sprechen. Denken Sie an den Prozeß Mirès. Nachdem der Appellationshof in Douai Grundsätze ausgesprochen, die allen Rechtsgrundsätzen schnurstraks entgegen waren, mußte eine Staatsbehörde da sein, welche die Erklärung der Nichtigkeit dieses Urtheils erwirken konnte. (Unruhe; Rufe: Das ist aus dem Kriminalrechte!) Erlauben Sie, m. H., von dem Kriminalrechte komme ich auf das Civilrecht. Es muß eine Staatsbehörde auftreten, die da handelt. So, m. H., haben wir eine Reihe von Civilfragen, wo die unteren Gerichte unrichtige Prinzipien aufstellten, und die Staatsbehörde im Interesse des Gesetzes beim höchsten Gerichte die wahre Auslegung des Gesetzes hervorbrachte. M. H., auf das materielle Recht der Parteien hat es keinen Einfluß gehabt, aber wohl auf die Rechtssprechung.

Darum sage ich Ihnen, sollte bei der einstigen Gerichtsorganisation eine Behörde geschaffen werden, die diese Thätigkeit hat, gewisse Parteien zu vertreten. Da ist eine Staatsbehörde, oder eine Staatsanwaltschaft, oder wie Sie es sonst nennen wollen, nothwendig. Aber als partie jointe ist sie in gar keiner Beziehung nothwendig, sie ist ein Luxusartikel, welcher in der Sitzung fungirt, und welcher sich häufig mit anderen Gegenständen beschäftigt, als mit denen, womit die Sitzung ausgefüllt ist. Und darum glaube ich, m. H., sie Ihnen als partie jointe nicht empfehlen zu können; aber bei der Organisation der Gerichte und der Justiz ist es nothwendig, daß eine Behörde da sei — wie Sie sie nennen wollen, ist einerlei — die im Interesse des Gesetzes wirkt, damit eine einheitliche Rechtssprechung auch in Civilsachen zu Stande komme, wenn die Parteien nicht im Stande sind, selbst diese einheitliche Rechtssprechung hervorzurufen.

**Präsident**: Herr Rechtsanwalt Sabarth hat das Wort.

Rechtsanwalt **Sabarth** aus Ratibor: Das Verlangen nach Zuziehung der Staatsanwaltschaft im Civilprozesse beruht auf der Annahme, daß in der Theilnahme des Staatsanwaltes ein besserer Schutz für die Parteien liege, als erreicht werden könne durch die gewissenhafteste Anstrengung der Anwälte aller Instanzen, ein besserer Schutz, als gegeben werden könne durch die gewissenhafte Ueberlegung und Amtstreue der Richter. Die ständige Deputation hat dem diesmaligen Juristentage mehrere Gutachten unterbreitet, worin auch diese Ansicht ihre scharfe Vertretung findet. So ist im ersten Hefte der diesjährigen Verhandlungen Seite 63 in einem Gutachten Folgendes gesagt: „Es ist ein edler Stolz der Beamten der Staatsbehörde, die Parteivertreter in gründlicher klarer Entwickelung der Thatsachen, in wissenschaftlicher Erörterung des Rechtspunktes zu übertreffen, der Betrachtung der Sache einen höheren, ihrer würdigen Standpunkt abzugewinnen." M. H., wenn diese Aeußerung geschehen wäre bei einer überhaupt dem Scherze geweihten Scene, so könnten wir ruhig und lächelnd darüber hinweggehen. Wenn das aber in einer dem Juristentage als Material unterbreiteten Schrift gesagt wird, so muß ich für mich und als unberufener negotiorum gestor der gesammten Advokatur erklären, daß das die verwegenste Ueberhebung ist, deren Berechtigung ich bestreite und geradezu verneinen muß. (Zischen und Bravo!)

Es ist weiterhin für die Zuziehung des Staatsanwaltes in den Civilprozeß gesagt: „Die Angriffe gegen die Staatsanwaltschaft beruhen in der Furcht derselben; die Wirksamkeit der Staatsanwaltschaft als einer Aufsichtsbehörde ist Manchem ein Dorn im Auge, und die, wenn auch nicht eingestandene, Ursache der wider sie gerichteten Angriffe." Auch das ist nicht richtig. Nach diesem Satze müßten alle Mitglieder der gesetzgebenden Kammern, welche in Deutschland die körperliche Züchtigung als eine von den Gerichtsbehörden abzuschaffende Strafe erklärten, das nicht gethan haben, weil sie es für eine Unsitte und Ungerechtigkeit hielten, sondern, weil sie fürchteten, selbst geprügelt zu werden. (Heiterkeit.)

Worauf beruht die Annahme, daß die Zuziehung der Staatsanwaltschaft ein besonderer Schutz ist? Ich bestreite diese Voraussetzung und darum fällt auch der Grund hinweg, die Staatsanwaltschaft als berechtigtes Schutzorgan in den Civilprozeß einzuführen.

**Präsident**: Herr Zenthoefer hat das Wort. (Rufe: Schluß!) Dieser Herr ist der letzte der eingeschriebenen Redner. (Ruf: Er hat schon gesprochen!)

Kreisrichter **Zenthoefer**: Ich habe nur eine kleine Replik vorzubringen. Herr Dorn meint, der Staat habe im Interesse des Gesetzes darauf zu sehen, daß richtig entschieden werde. Ich gehe noch weiter und sage, der Staat hat sogar die Pflicht, zu sehen, daß richtige Entscheidungen getroffen werden. Aber dazu braucht es nicht der Hülfe des Staatsanwaltes. Der Staat erfüllt vollkommen seine Pflicht, wenn er Gerichte hinstellt, eine ordentliche Gerichtsordnung giebt und einen besonderen Instanzenzug zuläßt. — Dann, sagt Herr Dorn, müßte man aus demselben Grunde, aus welchem man die Thätigkeit der Staatsbehörde als partie jointe ausschließt, auch dem Rechtsanwalte die Rechtsausführung abschneiden. Da hat aber Herr Dorn nur die eine Seite der Rechtsverhältnisse aufgefaßt; jedes Rechtsverhältniß hat aber zwei Seiten, eine That- und eine Rechtsseite. Der Anwalt muß vollständig die Rechtsansprüche vortragen, daher auch die Ausführung des Rechtes. Diese Ausführung läßt sich keineswegs mit der Vorlesung vergleichen, welche der Staatsanwalt dem Gerichte ertheilen soll. Die Staatsanwaltschaft schwebt vollständig in der Luft. Das Rechtsverhältniß ist dasjenige, von welchem beim Prozesse ausgegangen werden muß; darin findet sich der Wille der Partien, aber kein fremder Wille, und ich glaube nicht, daß hier ein fremdes Element, das, wie gesagt, in der Luft schwebt, Platz greifen könne. — Dasselbe Bewandtniß hat es auch mit der Kassation der Erkenntnisse wegen Verletzung der Gesetze. (Rufe: Schluß, Schluß!) Es ist doch eine eigenthümliche Ansicht, daß die Staatsanwaltschaft hier berechtigt sein soll, das Wort zu ergreifen. Wer ein Recht hat, muß auch die Mittel zur Ausführung haben. Nun können die Parteien sich vergleichen und dem Staatsanwalte jeden Augenblick jenes Recht entziehen; der klagende Theil kann auf sein Recht verzichten, und da glaube ich, ein Recht, das nicht ausgeführt werden kann, ist gar kein Recht. (Rufe: Schluß!) — Ich habe nur noch einen einzigen Satz beizufügen. Herr Hauschtek meint, daß der Staatsanwalt zur Fortbildung des Rechtes auch etwas beitragen könne. Ich glaube, er hat dazu keine Berechtigung. Die Kammern werden das Recht machen, dazu braucht es keine Staatsanwälte. Sie sind also überhaupt unnütz.

**Präsident**: Die Diskussion über die ersten beiden Anträge des Berichterstatters bezüglich der Staatsanwaltschaft als partie jointe ist geschlossen, und nur der Herr Berichterstatter hat noch das Wort.

Referent, Obergerichtsassessor **Planck**: Ich glaube, daß es unnöthig sein würde, da die Debatte so erschöpfend war, ausführlich noch einmal auf die Sache einzugehen. Ich will nur noch einen einzelnen praktischen Gesichtspunkt hervorheben gegen dasjenige, was der Herr Rechtsanwalt Dorn vorgebracht hat. Derselbe sagte, es sei unzweifelhaft im Interesse des Staates, daß auch in Civilsachen das Recht zur Geltung komme. Damit bin ich ganz gewiß vollkommen einverstanden. Er fügt hinzu: Wird nicht der Staatsanwalt, der in verwickelten und schwierigen Fällen das Wort ergreift, wird er nicht eben so gut wie die Ausführungen des Rechtsanwaltes sehr häufig dazu beitragen, auf eine richtige Entscheidung hinzuwirken? Ich gebe zu, daß vier Augen mehr sehen, als zwei. Es wird für das Gericht von Interesse sein, eine solche Ausführung des Staatsanwaltes zu hören. Aber wenn wir den praktischen Gesichtspunkt ins Auge fassen, so fragt es sich: steht dann der große Aufwand einer besonderen Einrichtung der Staatsanwaltschaft, steht der große Kostenpunkt, der zu Tage tritt, wenn die Staatsanwälte allen Sitzungen beiwohnen, im Verhältnisse mit dem Nutzen? Können wir so viel Aufwand machen, um eine besondere Staatsanwaltschaft an allen Sitzungen beiwohnen zu lassen, so ist es wohl von größerem Interesse für die Aufrechthaltung einer guten Rechtspflege, daß man den Staatsanwalt in das Gericht hineinziehe und das Gericht um so viel stärker besetze.

Es ist dann noch auf die praktischen Erfahrungen aufmerksam gemacht worden, die am Rhein und in Frankreich gemacht wurden. Ich kann dagegen hervorheben, was auch schon erwähnt worden ist, daß in Holland, wo die Erfahrungen seit Jahren gemacht worden sind, eben jetzt die Thätigkeit der Staatsanwaltschaft in dieser Beziehung abgeschafft worden ist.

In Beziehung auf den Wunsch des Herrn Hauschtek, daß man ausdrücklich aussprechen möchte, daß nur aus besonderen Gründen im Civilprozesse die Zuziehung des Staatsanwaltes erforderlich sei, so glaube ich, daß eine so allgemein gehaltene Erklärung ohne Bedeutung sein würde. Ich habe darum ausdrücklich die Frage, die die ständige Deputation gestellt hat: ist es wünschenswerth, daß die Staatsanwaltschaft auch im Civilprozesse hineinzuziehen sei? nicht mit dieser Allgemeinheit beantwortet, mit Ja oder Nein, sondern ausdrücklich und spezifizirt die beiden Anträge hingesetzt: Die Zuziehung der Staatsanwaltschaft als partie jointe im Civilprozesse sei nicht zweckmäßig, und die Nichtigkeitsbeschwerde im Interesse des Gesetzes sei ebenfalls nicht zweckmäßig. Ueber diese beiden praktischen Fragen entscheiden wir uns. Wir entscheiden nicht darüber, ob der Staatsanwaltschaft als Organ der Gerichtsbarkeit ein gewisses Aufsichts- oder Ueberwachungsrecht einzuräumen sei aus allgemeinen Gerichtsorganisationsgründen, sondern wir lassen diese Frage vorläufig unentschieden. — Weiter habe ich nichts zu bemerken.

**Präsident**: Es liegen folgende Anträge vor, über die wir abzustimmen haben. Der Berichterstatter hat die Frage gestellt, ob die Staatsanwaltschaft als partie jointe im Civilprozesse zuzulassen sei, und dieselbe in zwei Positionen formulirt, die ich jetzt verlesen werde:

„1) Es ist nicht zweckmäßig, der Staatsanwaltschaft das Recht oder die Verpflichtung zu geben, in Civilprozessen — sei es in allen oder einzelnen oder bei bestimmten Inzident-Verhandlungen — ihre Ansicht über die verhandelte Sache und die abzugebende Entscheidung zu entwickeln;"

„2) Eben so ist eine Nichtigkeitsbeschwerde im Interesse des Gesetzes nicht zu empfehlen."

Neben diesen Hauptanträgen des Berichterstatters liegt der allgemeine Antrag des Herrn Hauschtek vor, auszusprechen, daß das besondere Interesse des Civilprozesses an sich eine Zuziehung der Staatsanwaltschaft nicht erfordert. Ich bin der Meinung, daß das in der That nur eine Motivirung des Antrages des Berichterstatters selbst ist, und daß in Beziehung auf die Hauptsache ohne Motivirung, über die wir nicht abzustimmen haben, nun die Positionen des Herrn Berichterstatters selbst zur Abstimmung zu bringen seien. Ist dagegen Widerspruch vorhanden? (Rufe: Nein!)

Dann liegt weiter ein die Form betreffender Antrag des Herrn Rechtsanwalts Gierse vor, der dahin geht, zwar über die Frage selbst Beschlüsse zu fassen, jedoch sie gewissermaßen in suspenso zu belassen, bis über die Gerichtsorganisation selbst beschlossen ist, um zu sehen, ob der jetzt gefaßte Beschluß beizubehalten oder mit Rücksicht auf die Beschlüsse über die Gerichtsorganisation irgendwie zu modifiziren sei. Diesen Antrag glaube ich gar nicht zur Abstimmung zu bringen; denn insofern es sich um die Einfügung der Staatsanwaltschaft in die Gerichtsorganisation handelt, ist diese Frage nicht abgelehnt worden, sondern es ist bei der Vorfrage nur entschieden worden, daß zunächst nur die Betheiligung der Staatsanwaltschaft an dem Civilprozesse zur Diskussion und Beschlußfassung zu bringen sei. Die Hauschtek'schen Anträge, betreffend die Einfügung der Staatsanwaltschaft in die Gerichtsorganisation, sind noch in suspenso, und mir scheint der Gierse'sche Antrag dahin zu gehören. Daher bringe ich ihn nicht zur Abstimmung. Ist dagegen Widerspruch? (Rufe: Nein!)

So schreiten wir zur Abstimmung. Ist es noch nöthig, die erste Position des Planck'schen Antrages vorzulesen? (Rufe: Nein, Nein!)

Diejenigen Herren, die mit der ersten Position des Berichtes einverstanden sind, wollen die Hand erheben. (Geschieht.)

Mit an Einstimmigkeit gränzender Majorität angenommen.

Die zweite Position geht dahin, daß die Nichtigkeitsbeschwerde im Interesse des Gesetzes gleichfalls nicht zu empfehlen sei. Diejenigen Herren, die mit dieser Position einverstanden sind, wollen die Hände erheben. (Geschieht.)

Mit überwiegender Majoritat angenommen.

Wir hätten daher den ersten Gegenstand erledigt und des Zusammenhanges wegen sollten wir sofort zu den Hauschtek'schen, beziehungsweise zu den Sabarth'schen Anträgen übergehen. Der erste Gegenstand ist aber noch nicht vollständig erledigt, indem wir blos die Parthie behandelt haben, welche sich auf die Stellung der Staatsanwälte als partie jointe bezieht.

Wir gehen nun auf die Stellung der Staatsanwaltschaft als partie principale über. Da lautet nun der Antrag des Berichterstatters, über welchen erst die Diskussion eröffnet wird, folgendermaßen:

„Dagegen ist es zweckmäßig, die Staatsanwaltschaft als Prozeßpartei in solchen Fällen zuzulassen, wo es sich um eine im öffentlichen Interesse und auf Grund von Prohibitivgesetzen erfolgende Einwirkung auf privatrechtliche Verhältnisse handelt."

Die Diskussion darüber ist eröffnet. Herr Dr. Eller hat das Wort.

Obergerichtsadvokat **Eller** aus Mannheim: Ich verkenne nicht, daß eine gewisse Luft, die gegen die Staatsanwaltschaft gerichtet ist, in diesem Saale weht, und nichtsdestoweniger halte ich es für meine Pflicht, mich für den Antrag des Herrn Berichterstatters Planck im vollsten Umfange auszusprechen. Es handelt sich hier um eine hochwichtige soziale Frage; es handelt sich um die Grundlage des ganzen Prozesses. Die wichtige soziale Frage ist die, daß gewisse Rechte, die sich nicht selbst vertreten können, die einen besonderen Schutz in Anspruch nehmen, daß diese Rechte, sage ich, auch in ganz gehöriger Weise vertreten werden. Es sind das Rechte, die der Staat in besonderen Schutz zu nehmen sich verpflichtet fühlt; Rechte der Minderjährigen und der ihnen gleichen Personen bedürfen des öffentlichen Schutzes, und es handelt sich nur um die Frage, wem dieser öffentliche Schutz anvertraut werden solle, durch wen er geübt werden solle, ob durch die Staatsanwaltschaft oder, da wir keine andere Wahl haben, wie es bisher in einem großen Theile von Deutschland geschehen ist, durch den Richter. Das ist die Frage, um die es sich hier handelt. Daß Minderjährige, daß Personen, die wahnsinnig sind oder als Verschwender erklärt wurden, daß diese in einen gewissen Schutz zu nehmen sind, sagt jede Civilgesetzgebung, und das bedarf der Ausführung nicht. Es bedürfen aber auch, wie wir in neuester Zeit vielfach gesehen haben, selbst unter dem Sonnenscheine der Oeffentlichkeit, die in England herrscht, Personen, die bei gesundem Verstande sind, des Schutzes des Gesetzes gegen die Uebermacht ihrer Gegner zur Wahrung ihrer Freiheit, Personen, denen man ihre Dispositionsbefugniß entziehen will. Ist es selbst in Deutschland, im Polizeistaate vorgekommen, daß Leute im Irrenhause angetroffen wurden, die nicht nur ihrer Sinne, sondern auch ihrer Geisteskräfte mächtig waren. Ein Schutz in dieser Beziehung, ein Schutz der Geistesabwesenden, ein Schutz der Minderjährigen, ein Schutz für jeden, der in einer Weise in Bezug auf die Dispositionsfähigkeit nicht vollständig kräftig oder angegriffen ist, ist unbedingt nothwendig.

Wir kommen von der Anerkenntniß dieser socialen Nothwendigkeit zur Frage: Wem wollen wir diesen Schutz anvertrauen? und da sage ich mit dem Berichterstatter: Der Staatsanwaltschaft vertrauen wir ihn an, nicht dem Richter, und stimme darin dem Herrn Professor Endemann im Grundsatze bei, während ich die Folgerungen, die er daraus gezogen hat, bekämpfen muß. Der Grundsatz des Civilprozeßverfahrens, den wir ja ersehnen, den wir mit aller Kraft herbeiwünschen, das ist der der Selbstthätigkeit der Parteien. Die andere Seite dieser Selbstthätigkeit der Parteien, die nothwendig ergänzende, ist die der stillen ruhigen Thätigkeit des Richters, der nicht als Inquirent aufzutreten hat, sondern der — wenn auch nicht, wie der Sachsenspiegel sagt: „wie ein grimmer Leu dasitzt, das rechte Bein geschlagen über das linke," — der ruhig und aufmerksam seines Amtes wartet, ohne sich in die Thätigkeit einzumischen, die einer Partei obliegt. Dem Richter will ich die Unabhängigkeit sichern, daß er nur zu richten hat. Dann muß aber auch dafür Sorge getragen werden, daß eine andere Behörde da ist, die den Schutz des Rechtes des Staates, welches zu gleicher Zeit auch eine heilige Schutzpflicht ist, ausübt, eine Behörde, die dieses Schutzrecht und diese Schutzpflicht wirksam auszuüben in der Lage ist und ihn auch jeden Augenblick gewähren kann. Dazu finde ich im ganzen Bereiche des organisirten Rechtsstaates keine andere Behörde als die Staatsanwaltschaft; Sie, m. H., müßten denn gerade die procuratores minorum et absentium, also eine spezielle Staatsanwaltschaft für die Ausübung dieses Schutzrechtes konstruiren. Denn Pupillen-Senate und irgendwelche Obervormundschaftsbehörden, welche ex officio die Rechte dieser Person zu vertreten haben, wollen wir nicht. Wir wollen brechen mit dem Polizei-Staate, der sich in die Angelegenheiten der Bürger hineinmischt; wir wollen brechen mit dem Institute, das den Richter von der Höhe wenigstens stückweise herunterzieht und hineinführt in das Getriebe der Parteien, indem es ihn nöthigt, den Anwalt der Parteien zu machen. Das soll der Richter nicht sein, das soll seine Thätigkeit nicht sein. Wo die Partei nicht thätig sein kann, da muß der Staat Hilfe geben, und sein Organ dazu ist der Staatsanwalt.

Ich sage, indem ich all' dieses zusammenfasse: Die Frage ist eine hochwichtige sociale Frage. Ich sage zu gleicher Zeit: eine Frage der Organisation, eine Frage über die Grundlage des ganzen Prozesses. Wollen Sie die Selbstthätigkeit der Parteien, so dürfen Sie nicht dem Gerichte diese Obsorge übertragen, sondern Sie müssen eine Staatsbehörde anstellen, und eine andere giebt es nicht, als eben die Staatsanwaltschaft. Darum empfehle ich Ihnen die Annahme des dritten Vorschlages des Referenten. (Bravo! Bravo!)

Rechtsanwalt **Spiegelthal** aus Calbe: Ich ergreife das Wort gegen den Antrag. Ich verkenne nicht die Nothwendigkeit, daß in einzelnen Fällen den Parteien besondere Mandatare bestellt werden müssen, die deren Rechte wahrnehmen. Insbesondere ist das der Fall bei Verschwendern, bei Minderjährigen, Blödsinnigen, kurz bei allen jenen Personen, die nicht im Stande sind, ihr Recht selbst wahrzunehmen. Insoweit trete ich der Ansicht des geehrten Herrn Vorredners, wie der Ansicht des Herrn Antragstellers vollkommen bei. Es fragt sich nun, welches Organ vorzugsweise berufen sei, die Rechte dieser Personen wahrzunehmen? Wenn von dem Herrn Vorredner behauptet wurde, es gebe hier kein anderes Auskunftsmittel, als entweder die Thätigkeit des Staatsanwalts oder des Gerichtes selbst herbeizuziehen, so muß ich ihm widersprechen und voraussetzen, daß der Herr Vorredner die thatsächlichen Einrichtungen in anderen Ländern vielleicht nicht genau kennt. Bei uns in Preußen haben wir kein sogenanntes fiskalisches Institut, das solche Prozesse führt; wohl aber wird Jedem, der des Schutzes einer Vertreters bedürftig ist und ihn nicht selbst bestellen kann, von Amtswegen aus der Zahl der Anwälte ein Mandatar bestellt, und, m. H., ich darf das wohl als feststehend erachten und glaube auch Ihres Beifalls darin vollkommen gewiß zu sein, wenn ich behaupte, daß die Preußischen Anwälte es sich stets zur Pflicht gemacht haben, minderjährigen sowohl als unfähigen Personen eine ganz besondere Aufmerksamkeit bei Bearbeitung ihrer Angelegenheiten zu widmen. Wenn wir aber nun das Institut der Rechtsanwälte, die vorzugsweise berufen sind, den Parteien behilflich zu sein, mit dem Richter das Recht zu finden und dem Verletzten den Schutz des Gesetzes zu verschaffen, so reichlich besetzt finden, wie dies im ganzen Deutschen Vaterlande der Fall ist, so sehe ich nicht ein, warum man den Staat hereinziehen, warum man die Behörden mit einer Geschäftsführung belästigen sollte, die für die Parteistellung höchst gefährlich werden kann. Ich erkläre mich aus diesem Grunde gegen den Antrag, weil ich die Nothwendigkeit nicht einsehe, die Staatsbehörde mit einer solchen Geschäftsführung zu belästigen. — Wie man zu der Idee kommen kann, daß der Richter verpflichtet sein solle, im Falle des Mangels einer Staatsanwaltschaft den vorerwähnten Personen Hilfe zu leisten, sehe ich nicht ein. Der Richter ist nur da, Recht zu sprechen, aber nicht, für irgend eine Partei Prozeß zu führen. — Ich bitte deshalb diesen Antrag abzulehnen. (Beifall.)

Advokat **Tauenstein** aus Lüneburg: Ich erkläre mich auch gegen den Antrag. Ich darf zunächst bemerken, daß es mir allerdings zweifelhaft ist, ob die Redner, die vorhin gesprochen haben, dem Antrage nicht eine zu weite Bedeutung gegeben haben. Nämlich der Antrag redet lediglich davon, daß es unbedenklich sei, wenn man der Staatsanwaltschaft das Recht einräumt, in solchen Fällen einzuschreiten, wo es sich um ein öffentliches Recht und um die auf Grund von Prohibitivgesetzen erfolgende Einwirkung auf privatrechtliche Verhältnisse handelt. Ich habe mir gedacht, daß der Herr Berichterstatter damit namentlich die Fälle im Auge gehabt habe, wo es sich um Anwendung und Aufrechterhaltung von Rechtsvorschriften handelt, welche, wie der Jurist sagt, im sogenannten jus absolutum oder cogens angeordnet werden, wo also der Staat aus öffentlichem Interesse insofern betheiligt ist, als er die Erfüllung eines Gebotes, resp. die Verhinderung der Verletzung eines Verbotes aufrecht erhalten muß. Es haben aber die Redner namentlich auch solche Fälle ins Auge gefaßt, wo es sich um eine Vertretung von Personen handelt, die nicht im Stande sind, sich selbst zu vertreten, und die zur Zeit noch keine gesetzlichen Vertreter haben, also z. B. Pupillen, bevor sie einen Vormund haben, oder Persönlichkeiten, die als furiosi angesehen werden, bevor sie einen Kurator haben. In dem Antrage liegt nun keineswegs diese zweite Bedeutung, sondern es liegt darin eben nur, daß die Staatsanwaltschaft einzuschreiten berechtigt sein soll, wo es sich darum handelt, das jus absolutum oder cogens im Staate aufrecht zu erhalten, wo es sich um Rechtsvorschriften handelt, quibus pactis privatorum derogari nequit. Der Herr Berichterstatter hat in seinem Berichte namentlich auch solche Fälle angedeutet; er hat z. B. den Fall erwähnt, daß es sich um die Annullirung einer Ehe handelt, welcher irgend welche hindernde Eheverbote entgegen stehen. Die Parteien haben natürlich gar kein Interesse daran, diese Annullirung durch das Gesetz aussprechen zu lassen; sie wünschen vielleicht im Gegentheil, daß die Ehe bestehen bleibe; dagegen hat der Staat ein wesentliches Interesse dabei, daß die Nichtigkeit einer solchen gegen die bestehenden Vorschriften eingegangenen Ehe auch durch die Gerichtsbehörden ausgesprochen werde, eben weil es sich hier um ein absolutes Recht handelt. Es giebt ebenso in manchen Ländern, namentlich noch bei uns im Hannöver'schen, Vorschriften über die Geschlossenheit des bäuerlichen Grundbesitzes, nach welchen ein bäuerlicher Grundbesitzer nicht berechtigt ist, sein Grundstück zu parzelliren, in einzelnen Theilen zu veräußern. Handelt es sich nun um derartige bereits stattgehabte Veräußerungen, so werden die Parteien, die dem Gesetze entgegen eine solche Veräußerung beschlossen und ausgeführt haben, auch ihrerseits wieder durchaus nicht dabei interessirt sein, den Richter anzurufen. Es kann aber ein sehr überwiegendes Staatsinteresse vorhanden sein, so daß man eine Behörde haben muß, die den Richter anrufe, um die Aufrechthaltung des Verbotes zu erzwingen.

Was nun die Bedeutung des Antrages anlangt, m. H., welcher meines Erachtens in dieser Weise begrenzt werden muß, wie ich es gethan habe, so scheint mir die Thätigkeit der Staatsanwaltschaft in diesen Fällen allerdings unbedenklich; ich habe die Ueberzeugung, daß die Staatsanwaltschaft in dieser Beziehung unbedenklicher Weise vorschreiten kann. Aber im vorliegenden Falle handelt es sich um die Konsequenz eines solchen Verfahrens, und das ist für mich der Grund, weshalb ich mich nicht für den Antrag aussprechen kann. Es mag in einzelnen Fällen, z. B. wo es sich um Ehehindernisse und in deren Folge um Annullirung von Ehen handelt, ganz einfach sein, die Folgen hinzustellen. Ist eine Ehe für nichtig erklärt, so wird der Staat das eheliche Zusammenleben solcher Personen nicht ferner dulden, er wird polizeilich berechtigt sein, dagegen einzuschreiten. Denken Sie sich aber dagegen andere Vorschriften, welche mehr mit dem Privatrechte zusammenhängen, und erwägen Sie, welche Konsequenzen dadurch herbeigeführt werden, wenn Sie der Staatsanwaltschaft ganz unabhängig von den Parteien das Recht geben, vor dem Richter ein solches Vertragsverhältniß rescindiren oder annulliren zu lassen, eben weil es gegen das jus absolutum eingegangen wurde; denken Sie namentlich an das Beispiel, das ich angeführt habe bei dem Grundbesitze, welcher möglicherweise schon in die zweite, dritte Hand übergegangen sein kann. Da glaube ich, daß man im vorliegenden Falle gar nicht die Konsequenzen übersieht, welche einem solchen Einschreiten der Staatsanwaltschaft in Bezug auf die privatrechtlichen Verhältnisse möglicherweise folgen können, daß man also aus diesem Grunde meines Erachtens Bedenken tragen muß, einen solchen Antrag anzunehmen.

Was dagegen die andere Frage anlangt, ob es zweckmäßig ist, die Staatsanwaltschaft auch als Vertreter der einer Vertretung bedürftigen Personen hinzustellen, sie also sorgen zu lassen, daß Vormünder bestellt werden, oder sonst die Funktionen derselben wahrzunehmen, so bin ich der Ansicht, daß es überflüssig sei, der Staatsanwaltschaft ein solches Recht beizulegen. Es wird in den Deutschen Staaten überall vormundschaftliche Behörden geben; mag nun diese vormundschaftliche Behörde, wie dies z. B. bei uns der Fall ist, eine richterliche sein — bei uns ist der Einzelrichter zugleich die obervormundschaftliche Behörde für die Bevormundeten seines Bezirkes — oder mag es, wie in anderen Deutschen Staaten, die Verwaltungs-Behörde sein, jedenfalls aber wird es Behörden geben, durch welche die Rechte der Obervormundschaft resp. der Oberkuratel ausgeübt werden. Man kann also, wenn man überhaupt glaubt, daß diese Personen eines besonderen Schutzes bedürfen, eben nur gesetzlich anordnen, daß diese Behörden verpflichtet seien, zunächst diese des Schutzes und der Vertretung bedürftigen Personen zu vertreten, und so sehe ich in der That nicht ein, aus welchem Grunde man die Staatsanwaltschaft in dieser Beziehung mit besonderen Berechtigungen bekleiden will in einem Falle, wo man Behörden hat, welche an sich berufen sind, die Rechte solcher Personen wahrzunehmen, eben da sie die obervormundschaftliche Behörde sind. Demnach würde ich unter keinerlei Umständen mich für diese Ausdehnung des Planck'schen Antrages entscheiden können.

Ich bemerke indeß, daß der Planck'sche Antrag, wie ich den Herrn Berichterstatter verstanden zu haben glaube, nicht so weit ausgedehnt werden kann. In seinen richtigen Grenzen aufgefaßt aber habe ich gegen den Antrag nur Ein Bedenken, daß man, wie gesagt, die rechtlichen Konsequenzen eines solchen Einschreitens der Staatsanwaltschaft und ihre Berechtigung dazu nicht zu übersehen vermag, und ich halte es eben für bedenklich, ein solches Prinzip aufzustellen, wenn man nicht in der Lage ist, die Konsequenzen eines solchen Antrages nach allen Seiten hin zu übersehen. Ich werde deshalb gegen diesen Antrag stimmen.

Rechtsanwalt **Volkmar** aus Berlin: Würde es sich jetzt um die Erörterung der Frage handeln, ob eine Gerichtsorganisation zu schaffen sei, in welcher die Staatsanwaltschaft für die Unmündigen und Irrsinnigen aufzutreten hat, so würde ich mich entschieden dagegen erklären. Herr Eller hat gesagt, die Unglücklichen und Minderjährigen bedürfen hauptsächlich des Schutzes des Staates, und es gibt keine Behörde im Staate, welche so geeignet wäre, die Interessen dieser Unglücklichen zu vertreten, wie die Staatsanwaltschaft. Ich glaube nicht, daß mein geehrter Herr Kollege an die Folgen dieses Satzes gedacht hat. Niemand ist unglücklicher, als der verhaftete Verbrecher; in der Regel ist er auch unbemittelt. Würde mein Herr Kollege wohl auch der Meinung sein, die Staatsanwaltschaft sei verpflichtet, als Vertheidiger dieser Art Unglücklichen aufzutreten? Gewiß würde er diese Frage verneinen, und damit fällt auch sein Prinzip.

Ich bin aber auch der Meinung, meine Herren, daß Sie beim besten Willen nicht in der Lage sind, jetzt über die vorliegende Frage überhaupt zu verhandeln. In der dritten Abtheilung ist die Existenz der Staatsanwaltschaft ganz in Frage gestellt. Wird nun, wie es doch denkbar und nicht unmöglich ist, die Staatsanwaltschaft, wie sie jetzt besteht, zu beseitigen beschlossen, so würde der Antrag des Herrn Assessor Planck, „sie sei im Civilprozeß einzuführen", gewiß eine Kollision der Abtheilungen zur Folge haben, die wir vermeiden müssen.

Ich empfehle daher bei der Lage der Sache folgende motivirte Tagesordnung: „In Erwägung, daß die Frage nach Mitwirkung der Staatsanwaltschaft, insoweit sie die Gerichtsorganisation betrifft, nicht hinreichend zu erörtern ist, bevor nicht die Abtheilung Kenntniß davon hat, was von der dritten Abtheilung beschlossen worden ist, beantrage ich die gedachte Frage, insoweit sie die Gerichtsorganisation betrifft, nicht weiter zu verhandeln." Ich habe nicht beantragt, daß sie an die Deputation zurückzugehen habe; das wird sich von selbst machen, wenn wir erfahren, was die dritte Abtheilung beschlossen hat.

Advokaturs-Kandidat Dr. **Wien** aus Prag: Ich erlaube mir, ebenfalls gegen diesen Antrag, und zwar aus drei Gründen, zu sprechen. — Vor Allem hat einer der Herren Vorredner speziell nur den Preußischen Standpunkt hervorgehoben und das Verhältniß dargethan bezüglich der Ansichten, die dort herrschen. Es heißt zwar Eulen nach Athen tragen, wenn ich hier, in der Metropole Oesterreichs, Oesterreichische Verhältnisse berühre; ich glaube, dies aber den Fremden schuldig zu sein. Die Wahnsinnigen, Unmündigen und überhaupt diejenigen, die eines gesetzlichen Schutzes bedürfen, haben in unserem Advokatenstande zu allen Zeiten genügenden Schutz gefunden. Wir haben noch nie in Oesterreich einen Anwalt gesehen, der nicht mit größtem Eifer die Armenvertretung angenommen und sie durchgeführt, ja mit Aufopferung seiner Interessen, gegen seine eigenen Parteien durchgeführt hätte.

Wenn wir also mit dem Herrn Vorredner die Preußischen Anwälte als gehörigen Schutz der Minderjährigen und überhaupt derjenigen, die des gesetzlichen Schutzes bedürfen, bezeichnet haben, so muß ich auch von Oesterreichischer Seite als ein junger Jurist, der kaum eine achtjährige Praxis zur Seite zu stehen hat, bemerken, daß auch in Oesterreich ein genügender Schutz für sogenannte Pflegebefohlenen vorhanden ist. Aus diesem Grunde fällt demnach die Staatsanwaltschaft weg. — Ich habe aber noch einen zweiten Grund zu berühren. Die Staatsanwaltschaft würde immer als eine Staatsbehörde aufgefaßt werden. Wir kennen die Scheu, die das Publikum vor den Staatsbehörden hat, namentlich der Aermere, der es überhaupt nicht liebt, vor Gericht hinzutreten. Wann wird dieser den Schutz des Staatsanwaltes ansprechen? Der wird gewiß eher sein Recht hintenansetzen, der wird gewiß sich mancher Rechte begeben, bevor er zur Staatsbehörde geht und sie zur Durchführung seines Rechtes auffordert. — Ein dritter Grund endlich, den ich noch anführen wollte, ist der, daß wir durch ein solches Institut uns vielleicht einer großen Illiberalität schuldig machen, weil wir dadurch in die privatrechtlichen Verhältnisse eingreifen, was durchaus nicht nothwendig ist. Um Privatrechte zu formalisiren, dazu ist der Anwalt da. Wer Recht sucht, wird den Anwalt aufsuchen; aber von Amtswegen bedürfen wir keiner Vertretung. (Bravo!)

Ober-Gerichts-Assessor **Planck**: Ich bin merkwürdig mißverstanden worden. Mein Antrag und die ganze frühere Erörterung hat nicht im Entferntesten den Zweck gehabt, der Staatsanwaltschaft die Vertretung von Privat-Interessen irgend welcher Personen, seien sie Mündel, Minderjährige oder andere Unglückliche, welche von früheren Rednern hereingezogen worden sind, zuzusprechen. Ich habe ausdrücklich gesagt, daß es nicht zweckmäßig sei, der Staatsanwaltschaft eine solche Vertretung zu übertragen, daß im Gegentheile kein Grund dafür vorliege, für diese Personen gesetzliche Kuratoren, gesetzliche Vormünder hinzustellen, da die bisherige Einrichtung, die Vormundschaftsbehörden, in dieser Beziehung vollkommen genügt. Mein Antrag betrifft völlig andere Fälle, wie dies auch Herr Lauenstein hervorgehoben hat, nämlich lediglich diejenigen Fälle, in welchen im öffentlichen Interesse eine durch das Gesetz verbotene Handlung zu vernichten ist, oder umgekehrt eine durch das Gesetz im öffentlichen Interesse gebotene Handlung durchzusetzen wäre. Ich will hier, um nicht in allgemeinen terminis zu bleiben, gleich zwei Beispiele hervorgreifen, die die Sache klar machen werden. Das erste Beispiel ist: wenn das Gesetz eine Ehe verbietet und erklärt, „eine gegen dieses Verbot eingegangene Ehe ist als nichtig zu erklären und zu trennen", so kann die Aufrechthaltung dieses Verbotes nicht den etwa privatrechtlich dabei Interessirten überlassen werden, sondern man muß besondere Mittel ergreifen, um dieses Prohibitivgesetz des Staates durchzuführen. Und da stehen zwei Wege offen. Entweder man sagt, das Gericht und die Verwaltungsbehörden sollen ohne Weiteres eingreifen und ex officio die Eheleute trennen, oder man stellt ein besonderes Organ hin, das in diesem Falle gegen die Eheleute klagt, und das Gericht wird dann über diese Klage zu entscheiden haben. Da sage ich nun, dieser letzte Weg ist vorzuziehen aus demselben Grunde, aus welchem ich im Kriminalprozesse den Inquisitionsprozeß abgeschafft haben will und den Anklageprozeß vorziehe: weil ich es nicht für zweckmäßig halte, daß der Richter zugleich das Verfahren einleite, das Material sammle, welches dafür und dagegen spricht, und dann darüber zu entscheiden habe; weil ich es nicht für zweckmäßig erachte, indem ich glaube, daß zu viel von einem Menschen gefordert wird, welcher zugleich Anwalt, Vertheidiger und Richter in einer Person sein soll; weil ich glaube, daß deshalb diese verschiedenen Rollen zu vertheilen und daß in einem solchen Falle besondere Organe zu schaffen sind, die das thatsächliche Material ermitteln und es dem Richter vorlegen. Aus diesen Gründen, die für den Kriminalprozeß allgemein anerkannt sind, ist es geboten, auch für die hier in Frage kommenden Fälle des civilrechtlichen Prozesses ein besonderes Organ zu schaffen, und die Funktion des Klägers nicht dem Richter zu übertragen. —

Was ich von dem Beispiele über die Richtigkeit der Ehe angeführt habe, gilt gleichfalls für den Fall, wo ein Verschwender unter Kuratel gestellt wird. Auch da darf der Richter nicht ex officio im Interesse des Gesetzes eingreifen, sondern es ist besser, wenn ein Staatsanwalt die Klage erhebt, und dann der Richter über diese entscheidet, als daß der Richter selbst ohne Weiteres zugreife. Das ist der Sinn meines Antrages, und ich habe ihn deshalb so allgemein gestellt, weil es nicht möglich ist, die einzelnen Fälle aufzuzählen, und die Frage, wann sie vorliegen, auch nicht Sache des Prozesses, sondern der Civilgesetzgebung ist; sie ist daher lediglich nach den einzelnen Landesgesetzen zu beurtheilen.

Aus dem Bisherigen geht, glaube ich, nun auch hervor, daß die Gründe, welche Herr Volkmar gegen meinen Antrag vorgebracht hat, nicht entscheidend sind. Es ist in der That keine Frage der Justizorganisation hier, sondern nur ein allgemeiner Ausspruch, daß es in den Fällen, wo es sich um Aufrechthaltung von Prohibitivgesetzen handelt, zweckmäßiger sei, den Anklageprozeß einzuführen, als den Inquisitionsprozeß. Das ist der einfache Sinn meines Antrages. Ich glaube, daß derselbe aufrecht erhalten werden kann, man möge eine Justizorganisation haben, welche man wolle. Für den Fall, wenn keine Staatsanwälte bestehen sollten, würde es dann nöthig werden, einen bestimmten Anwalt zu bestellen oder ein besonderes Organ dafür zu schaffen. — Ich glaube, daß der Antrag, so wie er gestellt ist, sich selbst zur Annahme empfiehlt.

Advokat **Judeich** aus Dresden: Wenn man den Antrag, der jetzt zur Berathung vorliegt, betrachtet, so kann man wohl glauben, daß es das Minimum ist, was diejenigen wünschen, welche überhaupt für die Thätigkeit der Staatsanwaltschaft im Civilprozesse eingenommen sind. Spricht man nun trotzdem gegen diesen Antrag, so sei es erlaubt, die Vermuthung von vornherein von sich fern zu halten, die ja vorhin leider einmal angedeutet wurde, als hätte man überhaupt keine Liebe zu dem wichtigen Institute der Staatsanwaltschaft. Ich erkläre, daß ich für das Institut und seine Würde da außerordentlich eingenommen bin, wo es die Nothwendigkeit hingestellt hat. Ich glaube aber nicht, daß im Civilprozesse neben der richterlichen Gewalt die Thätigkeit der Staatsanwaltschaft überhaupt nothwendig ist; ich will sogar sagen: über der richterlichen Gewalt, weil der Staatsanwalt eine Kritik der letzteren ausüben soll. Die Staatsgewalt im Allgemeinen zerfällt, um an ganz Hergebrachtes zu erinnern, in die gesetzgebende, richterliche und vollziehende Gewalt. Nimmt wohl auch die richterliche Gewalt einen zweiten Rang unter diesen drei Größen ein, so kommt es mir doch so vor, daß diejenigen, welche den Staatsanwalt dem

Richter zur Seite stellen wollen, damit der Richter das Gesetz richtig anwende, daß diese, sage ich, schließlich auch noch in die Verlegenheit kommen werden, einen Staatsanwalt der gesetzgebenden Körperschaft zur Seite zu stellen und im Parlamente darüber wachen zu lassen, daß nichts Ungesetzliches geschehe.

Rechtsanwalt **Sabarth** aus Ratibor: Ich trete der Volkmar'schen Tagesordnung bei. Vorhin, bei der Frage eins und zwei, konnte man, aus dem Innern des Prozeßgebäudes ausgehend, in Erwägung ziehen, ob es zur Vollständigkeit des Prozesses an sich nothwendig sei, daß in allen Fällen der Staatsanwalt dabei sei. Wenn es sich aber darum handelt, ob ein Institut geschaffen werden soll, ohne welches der Prozeß ganz gut bestehen kann, und welches nur in einzelnen Fällen in Funktion treten soll, so geräth diese Frage allerdings in Zusammenhang mit der größeren organisatorischen Frage, die von Hauschteck und in entgegengesetzter Richtung von mir angeregt wurde. — Die Tagesordnung empfehle ich noch aus den Gründen, welche in meinem Antrage beruhen. Der Antrag auf die Beseitigung der Staatsanwaltschaft im Ganzen ist auf die Tagesordnung der vierten Abtheilung gestellt worden. Er steht in dem Wiener rothen Handbüchlein als Gegenstand der vierten Abtheilung; er ist hierher gewiesen worden als ein die Gerichtsorganisation betreffender Gegenstand. Materiell ist er sehr wesentlich kriminalistischer Natur, und der General-Staatsanwalt Schwarze, der voraussichtliche Präsident der dritten Abtheilung, hat mit mir darüber Rücksprache genommen, ob ich einverstanden sei, daß dieser Antrag und der Hauschteck'sche noch einmal an die Deputation zurückgewiesen werde, weil sie in die eigenthümliche Lage gerathen sind, halb in der dritten, halb in der vierten Abtheilung berathen zu werden. Die Zeit reicht auch nicht aus, um eine Abtheilung auf die Beschlüsse der anderen warten zu lassen. Es würde also nichts anderes übrig bleiben, als ihn noch einmal zur Deputation zurückzugeben, und in diesem Betrachte empfiehlt sich die Annahme der Tagesordnung.

Rechtsanwalt **Leonhard** aus Grünberg: Meine Herren! Ich glaube, wir haben über diesen letzten Punkt schon viel zu viel Zeit verloren. Die Sache ist in den wichtigsten Sätzen durch die sehr ausführliche frühere Diskussion erledigt worden, und ich werde mir daher nur einige Worte erlauben, um mich gegen die Volkmar'sche Tagesordnung auszusprechen. Sie scheint mir im Widerspruche mit demjenigen, über das wir uns zuerst klar gemacht haben. Es trat nämlich an uns die Frage heran, ob wir überhaupt über die Thätigkeit einer Staatsanwaltschaft im Civilprozesse etwas besprechen und beschließen könnten, wenn wir uns nicht vorher klar machen, ob es überhaupt eine Staatsanwaltschaft noch fernerhin geben soll. Nun, dies Alles ist in ausführlicher Weise erwogen worden; wir haben uns Alle darüber klar gemacht, daß dieses möglich sei. Jetzt wird dieser letzte Satz darum streitig gemacht, weil wir es abhängig machen müßten von dem Beschlusse einer anderen Abtheilung. Ganz abgesehen davon, daß keine Abtheilung vor der anderen einen Vorrang in Anspruch nehmen kann; ganz abgesehen davon, daß unsere Arbeiten präparatorischer Natur für die Plenar-Versammlungen sind; von allen diesen Gründen abgesehen, ist der Gegenstand, der uns vorliegt, so untergeordnet, so unwichtig und viel mehr als die früheren zwei Punkte unabhängig von der Organisation der Staatsanwaltschaft, daß ich bitten muß, materiell auf den dritten Antrag des Berichterstatters einzugehen. Materiell insofern, als wir uns klar machen, ob wir nicht für diese einfachen Sachen, für diese gewissermaßen quasi Straffachen, Sachen, bei denen man nicht sagen kann, daß sie von selbst in Bewegung gesetzt werden, die aber doch eine bürgerliche Entscheidung voraussetzen und beanspruchen, z. B. die Erklärung eines Menschen für wahnsinnig, als Verschwender, die Trennung einer Ehe u. dergl., ob wir nicht der Staatsanwaltschaft oder der Staatsbehörde — mögen Sie an dem Namen nicht festhalten — eine Thätigkeit einräumen sollen, welche nach meiner Meinung und nach der ausführlichen Darstellung des Herrn Berichterstatters Planck geboten ist. Ich bitte daher um Ablehnung des Volkmar'schen Antrages auf Tagesordnung und um Annahme des letzten Satzes des Berichterstatters in dem Sinne, wie er hier deklarirt worden ist.

**Präsident**: Bevor ich dem letzten eingeschriebenen Redner, Herr Eller, das Wort gebe, bringe ich der Versammlung einen Antrag zur Kenntniß, der mir vom Herrn Präsidenten Weixelbaum zugegangen ist. Er lautet:

„Ob und in welchen Fällen die Staatsanwaltschaft als partie principale einschreiten soll, bleibt der Gesetzgebung der einzelnen Staaten festzusetzen vorbehalten."

Herr Eller hat das Wort.

Ober-Gerichtsadvokat **Eller** aus Mannheim: Ich will den Antrag des Herrn Volkmar auf Tagesordnung unterstützen, weil die Frage, die jetzt zur Abstimmung gebracht werden soll, gar nicht klar vorliegt. Ein Theil versteht unter dem, was vorgeschlagen ist, etwas anderes, als der andere Theil. Es handelt sich nicht darum, ob der Staatsanwalt plaidiren soll für den minderjährigen kleinen Hans, ob der Acker oder das Haus ihm gehöre, oder ob er 50 Gulden zu fordern habe, sondern darum, was Sie unter Civilverfahren verstehen. Wir verstehen unter dem Civilverfahren, und ich hoffe, die künftige Deutsche Prozeßgesetzgebung wird dasselbe darunter verstehen, nicht nur die Fragen über Eigenthum, über Erbschaft u. s. w., sondern auch die Fragen der Vormundschaft, der persönlichen Freiheit, der persönlichen Stellung, der Dispositionsfähigkeit, des bürgerlichen Standes. Die Familienrechte hat man bisher in einem großen Theile Deutschlands geradezu als Materien der polizeilichen Behandlung betrachtet (Rufe: Oho!), nicht unter dem gemeinen Recht, aber doch sehr häufig. (Unruhe.) Man hat z. B. in Deutschland Ober-Vormundschaftsbehörden eingerichtet; Verwaltungs- und Polizeibehörden haben entschieden über Interdiktionen, über das Vermögen der Abwesenden. Das ist nach unserer Ansicht — und ich glaube, darin sind wir einig — ein Gegenstand der Rechtsprechung; es ist das Verfahren, worin hierüber entschieden wird, ein eigentlich civilrechtliches Verfahren. Ist das aber der Fall, ist die Frage, ob Jemandem ein Vormund zu bestellen sei, ob für einen Abwesenden ein Pfleger zu bestellen sei, ob Jemand zu interdiciren sei, eine Civilrechtsfrage, so können Sie diese Unglücklichen nicht verweisen auf Anwälte; denn sie sind oft gar nicht in der Lage, sich Anwälte zu bestellen. Wer soll die Irrenhäuser visitiren, ob nicht Jemand auf illegale Weise darin eingesperrt sei, und wer soll dessen Recht vertreten, wenn das der Fall ist? Sie finden Niemand als den Staatsanwalt. — Ich beantrage daher die Annahme des Volkmar'schen Antrages.

**Präsident**: Die Debatte ist geschlossen. Es liegen drei Anträge vor, nämlich der Vertagungsantrag des Justizrathes Volkmar, dann der Antrag des Präsidenten Weixelbaum und endlich der des Assessors Planck. Von diesen Anträgen scheint, wiewohl sonst Anträge auf Tagesordnung gewöhnlich als die weitest gehenden angesehen werden, doch der des Präsidenten Weixelbaum am weitesten zu gehen, weil er die Frage als eine zur einheitlichen Gesetzgebung Deutschlands nicht gehörige ablehnt, und sofort den Beschluß erzielt haben will, daß diese Frage der Gesetzgebung der einzelnen Staaten vorbehalten bleibe. Dieser Antrag ist namentlich im Sinne des Zweckes des Juristentages der weitest gehende, weil §. 1. der Statuten die Erzielung einer einheitlichen Gesetzgebung als Aufgabe des Juristentages hinstellt. Ich müßte daher, wenn diese Anschauung richtig ist, zuerst den Antrag des Präsidenten Weixelbaum, dann den Antrag des Herrn Justizrathes Volkmar und dann den des Herrn Berichterstatters zur Abstimmung bringen. Ist dagegen ein Widerspruch?

Justizrath **Volkmar**: Der Antrag des Präsidenten Weixelbaum ist noch nicht begründet.

**Präsident**: Ich bitte den Herrn Präsidenten Weixelbaum, das Wort zur Begründung seines Antrages zu nehmen.

Hofrath Ritter **v. Weixelbaum** aus Wien: Ich halte die Frage, ob die Staatsanwaltschaft als partie principale im Prozeßwege einschreiten soll, als die Hauptfrage, die uns heute vorliegt. Wenn die Staatsanwaltschaft als partie principale einschreitet, so sind die Formen des Prozesses dadurch gar nicht tangirt, und wir berathen heute über den eigentlichen Civilprozeß. Die Frage, ob sie als partie principale einschreiten soll, ist eine Frage der Organisirung der Staatsanwaltschaft. Diese Frage wollen wir, wie ich glaube, heute nicht entscheiden, sondern es liegt uns nur die Frage vor, ob sie im Civilprozesse zugelassen werden soll. Nun, die Frage, ob es nothwendig ist, daß sie als partie principale einschreite, ob sie die Vertretung dieser oder jener Personen oder Institute oder der Regierung selbst übernehmen soll, ist eine Frage, die nach den Verhältnissen jedes einzelnen Staates verschieden zu beantworten ist. Die Gesetzgebung des einen Staates wird vielleicht sagen: ich muß die Vertretung dieser einzelnen Personen und Institutionen der Staatsanwaltschaft übertragen; der andere Staat wird sagen: ich habe dafür schon gesetzliche Vertreter, es ist nicht nothwendig, daß die Staatsanwaltschaft einschreite. Wenn aber irgend ein Staat ausspricht, daß er die Vertretung dieser Personen und Institutionen der Staatsanwaltschaft übertrage, so tritt die Frage an uns, ob im Civilprozesse die Staatsanwaltschaft als partie principale zugelassen werden solle. Und darum beantrage ich, diese Frage der Gesetzgebung der einzelnen Staaten zu überlassen und heute durch keine Entscheidung zu präjudiziren.

Referent Ober-Gerichtsassessor **Planck**: Ich kann mich mit dem letztgestellten Antrage vollkommen einverstanden erklären. Es ist dieses auch der Sinn meines Antrages, daß die einzelnen Fälle, in welchen die Staatsanwaltschaft als Hauptpartei im Prozesse auftreten soll und kann, nicht nach allgemeinen Grundsätzen, sondern lediglich durch die Civilgesetzgebung der einzelnen Staaten zu bestimmen sind, und, soviel ich verstanden habe, geht auch der Antrag des Präsidenten Weixelbaum darauf hinaus. Ich will daher meinen Antrag zu Gunsten dieses Antrages zurückziehen.

**Präsident**: Wir haben also nur zwei Anträge, nämlich den, diesen Gegenstand den einzelnen Staaten zu überlassen, und den Vertagungsantrag des Herrn Rechtsanwalts Volkmar, welcher letztere, wie ich glaube, als zweiter zur Abstimmung zu kommen hat, weil durch denselben nicht ausgesprochen wird, daß die Frage den einzelnen Staaten überlassen werden solle.

Rechtsanwalt **Volkmar**: Ich habe nicht das Wort gegen den Weixelbaum'schen Antrag selbst, also auch nicht die Möglichkeit, darüber zu sprechen. Jedoch formell glaube ich, daß mein Antrag sicherlich vorausgeht.

**Präsident**: Wenn das ein Vorwurf gegen mich sein soll, so werde ich die Abtheilung fragen, ob sie noch einen Redner gegen den Antrag des

Herrn Hofrathes v. Weixelbaum hören will. (Rufe: doch wenigstens Einen Redner!) Eine Diskussion ist um so weniger darüber nöthig, als der Herr Berichterstatter den materiellen Theil seines Antrages zurückgezogen und sich mit dem Antrage des Herrn Präsidenten v. Weixelbaum konformirt hat, so daß dadurch der Weixelbaum'sche Antrag nunmehr Antrag des Herrn Berichterstatters geworden ist. Ich ertheile demnach dem Herrn Rechtsanwalt Volkmar das Wort über den Weixelbaum'schen Antrag selbst, zunächst nicht über die Fragestellung.

Rechtsanwalt **Volkmar** aus Berlin: Der Herr Hofrath Weixelbaum beantragt: die Frage, ob und in welcher Weise der Staatsanwaltschaft eine Wirksamkeit im Civilprozesse einzuräumen sei, der Gesetzgebung der einzelnen Länder vorzubehalten. Wenn ich seinen Antrag richtig verstehe, so will er damit sagen: wir sollen keiner Gesetzgebung präjudiziren; wir können aber nicht präjudiziren und würden daher Etwas aussprechen, was ganz und gar über die Befugniß hinausgeht, die uns zusteht. Aber, m. H., ich glaube, durch diesen Antrag würden wir noch ein gefährlicheres Ding aussprechen; denn die Mitwirkung der Staatsanwaltschaft ist eine Frage, die für ganz Deutschland vom erheblichsten Interesse ist, eine Frage, in welcher Einheit zu erstreben nöthig ist. — Es kommt aber noch ein zweites Moment hinzu. Ich will Tagesordnung, und ich glaube, der Antrag auf Tagesordnung geht am weitesten, und ich würde daher den Herrn Präsidenten ersuchen, meinen Antrag zuerst zur Abstimmung zu bringen.

Bezirksgerichts-Accessist **Hake** aus München: Meines Erachtens fällt die Fragestellung über den Volkmar'schen Antrag überhaupt, sobald der Antrag zurückgezogen ist, dessen Vertagung Herr Volkmar beantragt. Wie können wir debattiren und abstimmen über die Vertagung eines Antrages, der zurückgezogen ist?

**Präsident**: Der Antrag des Herrn Volkmar, soweit er eine Vertagung bezielt, geht weiter als der Antrag des Herrn Assessors Planck. Derselbe berührt mehr als den vorliegenden Planck'schen Antrag; er berührt auch die Anträge von Hauschteck und Sabarth, die sich auf die Organisation und das Verhältniß der Staatsanwaltschaft überhaupt beziehen, daher mit dem Volkmar'schen Vertagungsantrage nicht nur der dritte Punkt der uns jetzt beschäftigenden Angelegenheit erledigt ist, sondern der Antrag ist auch in Beziehung auf die Gerichtsorganisation ein weitergehender.

Bezirksgerichts-Accessist **Hake**: Dann werde ich den zurückgezogenen Antrag des Herrn Berichterstatters zu dem meinigen machen; das ist zulässig, und ich bitte darüber abstimmen zu lassen.

**Präsident**: Dann steht die Reihenfolge der Anträge so: Zuerst kommt der Antrag des Herrn Hofrathes v. Weixelbaum, weil er speziell in dieser Frage der weitestgehende ist. Wenn dieser Antrag abgelehnt ist, so würde über den Volkmar'schen Antrag abzustimmen sein, weil derselbe nicht blos diese Frage, sondern auch die Organisation überhaupt betrifft; und wenn auch dieser Antrag abgelehnt würde, dann wäre über den materiellen Antrag, der soeben wieder aufgenommen wurde, abzustimmen.

Prokurator **Kahl** aus Weilburg: Mir will scheinen, daß der Antrag des Herrn Referenten der Hauptantrag, und der vom Präsidenten Weixelbaum zuletzt eingebrachte ein Unter-Amendement sei. Die Sache scheint mir so zu stehen: Das Prinzip wird durch den Antrag des Herrn Referenten dahin festgestellt, daß die Staatsanwaltschaft oder überhaupt die Staatsbehörde als partie principale in gewissen Fällen einzutreten habe; dazu kommt das Unter-Amendement des Präsidenten von Weixelbaum, dahin gehend: „In welchen einzelnen Fällen die Staatsanwaltschaft die Rolle zu übernehmen habe, das sei den Landesgesetzgebungen zu überlassen." Ich glaube daher, daß über den Antrag des Herrn Referenten zuerst abgestimmt werden muß und dann erst über den Antrag des Herrn Hofrathes v. Weixelbaum als Unter-Amendement.

**Präsident**: Das würde sich blos auf die beiden Anträge des Herrn v. Weixelbaum und des Herrn Berichterstatters beziehen. Der Volkmar'sche Antrag bliebe aber dadurch unberührt.

Rechtsanwalt **Volkmar**: Wenn das richtig ist, muß mein Antrag zuerst zur Abstimmung kommen.

**Präsident**: Es ist allerdings richtig, daß so, wie der Antrag des Herrn Hofrathes v. Weixelbaum gestellt ist, er auch die materielle Frage in sich faßt, ob die Staatsanwaltschaft als partie principale zulässig ist; daher müßte ich bei richtiger Abstimmung den Weixelbaum'schen Antrag theilen: „Ist die Staatsanwaltschaft zuzulassen?" und: „Ist ihre Zulassung den einzelnen Gesetzgebungen zu überlassen." Unter dieser Voraussetzung bringe ich den Volkmar'schen Antrag zuerst zur Abstimmung.

Ist Widerspruch vorhanden? (Rufe: Nein!) Ich werde den Volkmar'schen Antrag noch einmal verlesen. (Liest:)

> „In Erwägung, daß die Frage nach Mitwirkung der Staatsanwaltschaft, insoweit sie die Gerichtsorganisation betrifft, nicht hinreichend zu erörtern ist, bevor nicht die Abtheilung von demjenigen Kenntniß hat, was die dritte Abtheilung beschlossen hat," — wobei ich bemerke, daß ich soeben erfahre, daß die dritte Abtheilung beschlossen hat, zuerst Kenntniß von dem zu erlangen, was wir beschließen werden — (Große Heiterkeit. Präsident liest weiter:) „beantrage ich, die gedachte Frage, insoweit sie die Gerichtsorganisation betrifft, hier nicht weiter zu verhandeln."

Rechtsanwalt **Dr. Horwitz** aus Grünberg: Ich bitte um das Wort zur Abstimmung. — Wir gehen davon aus, daß wir beisammen sitzen, um Etwas zu thun; wir sind aber im Begriff Etwas zu thun, das ein Nichts ist. Die Volkmar'sche Tagesordnung bezieht sich darauf, daß die dritte Abtheilung dieselbe Frage noch nicht erledigt hat. Stimmen wir sonach jetzt ab, so haben wir über Nichts abgestimmt. Ich schlage daher vor, m. H., lassen Sie das Materielle nicht über dem Formellen fallen. Ich schlage Ihnen nun vor, daß wir die Sache auf einem praktischen Wege aufnehmen. Wir wollen sofort eine Kommission ernennen mit dem Auftrage, sich mit einer gleichfalls von der dritten Abtheilung zu wählenden Kommission in's Einvernehmen und Uebereinstimmung zu setzen, und bis morgen uns darüber Bericht zu erstatten. (Rufe: Abstimmen!)

**Präsident**: Soll abgestimmt werden? Diejenigen Herren, die mit dem Volkmar'schen Vertagungsantrage einverstanden sind, bitte ich die Hände zu erheben. (Geschieht.) Der Vertagungsantrag ist abgelehnt.

Wir haben nun über die Anträge selbst abzustimmen, und zwar zerfällt der Antrag des Herrn Präsidenten v. Weirelbaum, um den es sich zunächst handelt, in zwei Theile, nämlich erstens in die Frage: ob die Staatsanwaltschaft als partie principale überhaupt einschreiten soll? und zweitens in die Frage: ob die Bestimmung, in welchen Fällen dies zu geschehen hat, der Gesetzgebung der einzelnen Staaten zu überlassen sei? Der dritte Antrag ist der wieder aufgenommene des Herrn Berichterstatters, dahin gehend: Es sei zweckmäßig, die Staatsanwaltschaft als Prozeßpartei in solchen Fällen zuzulassen, wo es sich um eine im öffentlichen Interesse und auf Grund von Prohibitivgesetzen erfolgende Einwirkung auf privatrechtliche Verhältnisse handelt. Der Antrag des Herrn Berichterstatters ist konkreter, er fällt mit dem ersten Theil des Weirelbaum'schen Antrages zusammen, und ich bringe ihn daher zuerst zur Abstimmung. Denn der zweite Theil: „Es ist die Festsetzung der Voraussetzungen, wann diese einzutreten haben, der Civilgesetzgebung der einzelnen Staaten zu überlassen,“ fällt wieder mit dem Weirelbaum'schen Antrag zusammen. Ist Widerspruch vorhanden? (Rufe: Nein!)

Ich bringe daher den ersten materiellen Theil zur Abstimmung und lese ihn nochmals vor:

> „Dagegen ist es zweckmäßig, die Staatsanwaltschaft als Prozeßpartei in solchen Fällen zuzulassen, wo es sich um eine im öffentlichen Interesse und auf Grund von Prohibitivgesetzen erfolgende Einwirkung auf privatrechtliche Verhältnisse handelt.“

Diejenigen Herren, die mit diesem Antrage einverstanden sind, wollen sich erheben. (Rufe: Majorität, Minorität, Gegenprobe.)

Diejenigen Herren, die mit diesem Antrage nicht einverstanden sind, wollen die Hände erheben.

Es ist zweifelhaft.

M. H.! Da unsere Beschlüsse nur einen theoretischen Werth haben, und es sich um keine praktische Ausführung derselben handelt, so ist das Resultat dieses, daß die Ansicht der Abtheilung über diesen Punkt zweifelhaft sei. (Rufe: Ganz richtig!)

Trotz dieses Resultates muß noch der letzte Theil des vorliegenden Antrages des Berichterstatters und des Herrn Präsidenten v. Weirelbaum zur Abstimmung kommen, weil, ob das Eine oder das Andere beschlossen worden ist, jedenfalls die Ansicht der Abtheilung gehört werden muß, ob diese Frage der Gesetzgebung der einzelnen Staaten zu überlassen sei.

Diejenigen Herren, welche dafür sind, daß die legale Erledigung dieser Frage der Gesetzgebung der einzelnen Staaten zu überlassen sei, wollen die Hände erheben. (Die Abstimmung erfolgt; während derselben Rufe: Für einzelne Fälle!) Das ist die Minorität.

M. H.! Da der Antrag des Justizrathes Volkmar abgelehnt ist, so müssen wir nun auf die Hauschteck-Sabarth'schen Anträge übergehen, welche die Organisation überhaupt und die Einfügung der Staatsanwaltschaft in dieselbe im Auge haben. Bevor wir dieses thun, muß ich noch eine formelle Angelegenheit erledigen. Die Frage über die Thätigkeit der Staatsanwaltschaft im Civilprozesse ist von der Abtheilung aus erledigt worden; wir haben nun zunächst für das Plenum einen Berichterstatter zu wählen, und hier ist es selbstverständlich, daß Herr Assessor Planck auch in pleno den Bericht erstattet.

Nach dem gestern in der Plenarversammlung gefaßten Beschlusse ist zwar zur Abkürzung der Geschäfte im Allgemeinen der Beschluß gefaßt worden, daß die Abtheilung die Beschlüsse dem Plenum nur mitzutheilen habe, wenn sie nicht eine Berathung des Gegenstandes vorschlägt. Ich muß daher über die Frage abstimmen lassen, ob sich blos mit der Mittheilung des Beschlusses begnügt werden wolle, oder ob die Abtheilung dem Plenum die Berathung dieser Frage vorschlägt? Diejenigen Herren, die dafür sind, daß die Abtheilung die Berathung dieses Gegenstandes dem Plenum vorschlage —

**Ein Mitglied**: Sollte es nicht zweckmäßig sein, die Frage, ob wir eine Berathung dem Plenum vorschlagen sollen, am Schluß der Verhandlung zur Abstimmung zu bringen? Wir können erst dann genau übersehen, welche Beschlüsse vorliegen, und welche wir für die Berathung des Plenums qualifizirt halten. Ich halte es nicht für zweckmäßig, bei den einzelnen Beschlüssen dieses zu thun, sondern ich möchte die Beschlußnahme bis an das Ende der Berathung hinaus setzen.

Rechtsanw. **Spiegelthal**: Ich bin entschieden für die sofortige Entscheidung. Jetzt sind Diejenigen, die berathen haben, noch gegenwärtig, und sie wissen, weshalb sie so gestimmt haben, und aus welchen Gründen wir den Gegenstand dem Plenum vorlegen sollen. Wir wissen aber nicht, wer von uns am Schluß dieser Sitzung gegenwärtig sein wird, und es ist möglich, daß da, wo wir jetzt für unsere Beschlüsse die Majorität erzielt haben, wir später geradezu eine Minorität erreichen.

Adv.-Kand. Dr. **Brix** aus Wien: Ich glaube, daß es sehr zweckmäßig wäre, daß man auch hier wieder die verschiedenen Beschlüsse trennt in Bezug auf die Vorlage in pleno. Da bezüglich der ersten zwei Beschlüsse über die Planck'schen Anträge eine entschiedene Majorität sich herausgestellt hat, so scheint es mir, daß die Berathung über diese zwei Punkte nicht mehr zweckmäßig wäre, daß aber der dritte Punkt, über welchen der Beschluß zweifelhaft ausgefallen ist, allerdings einen angemessenen Gegenstand für die Berathung in pleno bildet. Mein Antrag geht also dahin:

„Es möge die Versammlung beschließen, daß rücksichtlich der zwei ersten Beschlüsse eine einfache Mittheilung an das Plenum stattfinde, rücksichtlich des dritten Beschlusses aber eine Berathung dem Plenum vorgeschlagen werde."

**Präsident**: Ich bitte, sich jetzt auf die Vorfrage zu beschränken, ob wir den Beschluß über die Vorlage an das Plenum und den Antrag, daß das Plenum die Berathung aufnehme, jetzt fassen, oder aussetzen, bis die Abtheilung ihre Geschäfte erledigt hat.

Dr. **Brix**: In dieser Beziehung glaube ich, daß wir nach demjenigen, was der Herr Vorredner ausgeführt hat, gar keinen Zweifel haben können, daß von Fall zu Fall beschlossen werden muß, da es in der That für viele Mitglieder der Abtheilung wahrscheinlich ist, daß sie sich nicht während der ganzen Sitzung hier aufhalten, und daß daher Diejenigen, die später erscheinen, nicht den Beschluß darüber fassen können, was über die vorher besprochenen Anträge dem Plenum vorgeschlagen werden soll.

**Präsident**: Ich erlaube mir eine Bemerkung. Ich betrachte diese Angelegenheit als eine Angelegenheit des Präsidenten und zwar aus dem Grunde, weil es meine Pflicht ist, für eine zweckmäßige Erledigung zu sorgen, und aus den bereits gehörten Gründen erscheint es mir als das Zweckmäßigste, die Frage, ob und wie die Angelegenheit vor das Plenum zu bringen sei, dann zur Erledigung zu bringen, wenn die Angelegenheit noch frisch im Bewußtsein Aller ist.

Rechtsanwalt Dr. **Horwitz** aus Grünberg: M. H.! Ich glaube, daß darüber kein eigentlicher Meinungsstreit sein kann, daß wir die Beschlüsse jetzt fassen, wo die Frage erledigt ist. (Rufe: Es ist schon entschieden.) Bis jetzt noch nicht.

**Präsident**: Ich bitte den Herrn Redner nicht zu unterbrechen.

Dr. **Horwitz**: Ich erlaube mir, Sie aufmerksam zu machen, daß der Beschluß, den wir zu fassen im Begriffe sind, von größter Wichtigkeit ist. (Unruhe.) Ich bitte, m. H., hören Sie die paar Worte an, ich habe sie ohnehin wenig behelligt. — Es ist nöthig, daß wir über den Grundsatz klar werden. Es könnte möglich sein, daß Sie beschließen, wir wollen über die vorliegende Frage gar nicht an das Plenum referiren. Damit würden Sie dem Juristentag den Todesstoß versetzen, und auf diese Gefahr aufmerksam zu machen, halte ich für meine Pflicht. Wie, m. H., soll Denjenigen, die mit ihrer Meinung in der Minorität geblieben sind, nicht Gelegenheit gegeben werden, von der vielleicht übel berathenen Kommission an das besser berathene Plenum zu appelliren? Ich bitte als Regel festhalten zu wollen, daß über alle unsere Beschlüsse, namentlich wenn sie mit entschiedener Majorität gefaßt werden und wichtige Fragen betreffen, an das Plenum Bericht zu erstatten sei.

**Präsident**: In dem Zusatze zu dem §. 6. des Statutes ist es klar entschieden, wie er in der gestrigen Plenarversammlung beschlossen wurde. Der Zusatz ist bindend für die Abtheilung. Daß sämmtliche Beschlüsse dem Plenum mitgetheilt werden müssen, darüber ist von vornherein kein Zweifel. Es ist nur über die Frage abzustimmen, ob über gefaßte Beschlüsse, welche als Anträge an das Plenum zu gehen hätten, abermals eine Erörterung und Enscheidung Platz zu greifen habe.

Dr. **Horwitz**: Das ist meine Meinung.

**Präsident**: Darüber werde ich nun abstimmen lassen. Ich habe weiter hinzugefügt, daß ich den Umstand, daß darüber jetzt zu entscheiden sei, als meine Angelegenheit betrachte, und ich bringe daher die Frage zur Abstimmung: Soll über die heute bezüglich der Betheiligung der Staatsanwaltschaft im Civilprozesse gefaßten Beschlüsse in der Plenarversammlung die Erörterung und Entscheidung beantragt werden? Diejenigen, die dafür sind, daß die Abtheilung in der Plenarversammlung die Erörterung und Entscheidung der heute gefaßten Beschlüsse beantrage, bitte ich die Hand zu erheben.

Adv.-Kand. Dr. **Brix** aus Wien: Ich glaube, daß das Amendement, dahin gehend, daß die Frage getheilt werden müsse, jedenfalls zuerst hätte zur Abstimmung kommen sollen.

**Präsident**: Ich bitte, die Frage kann nicht getheilt werden, weil beim dritten Punkte kein Beschluß gefaßt wurde.

Dr. **Brix**: Nun geht aber mein Antrag dahin, daß über die 3. Frage allein die Diskussion dem Plenum vorgeschlagen werde.

**Präsident**: Ich bitte, es ist jetzt die Abstimmung über die gefaßten Beschlüsse. Meine Abstimmungsart hat sich jetzt auf alle gefaßten Beschlüsse bezogen; es ist also dieser Punkt noch gar nicht erledigt, und ich werde später die Abstimmung darüber vornehmen.

Diejenigen Herren nun, die dafür sind, daß die gefaßten Beschlüsse noch einmal zur Entscheidung und Erörterung dem Plenum zugewiesen werden, wollen die Hand erheben. (Geschieht.) Es ist die Minorität.

Ober-Gerichtsassessor **Planck** aus Göttingen: Rücksichtlich des dritten Punktes möchte ich noch einige Worte hervorheben. Ich halte es für die ganze Entscheidung unzweckmäßig, solche Fragen, die in der Abtheilung nicht einmal eine Majorität erlangten, wo die Sache zweifelhaft war, vor das Plenum zu bringen. Was soll aus der Erörterung der Frage im Plenum werden, wo darüber keine längere wissenschaftliche Diskussion möglich ist? Wenn durch die Erörterung in der Abtheilung konstatirt wurde, daß die Ansichten über die Frage so sehr verschieden sind, so ist es unzweckmäßig, die Sache an das Plenum zu bringen.

**Präsident**: Mir scheint, daß der Sinn des gestern von der Plenar-Versammlung gefaßten Beschlusses doch nur der sein kann, daß die in den Abtheilungen als reif erledigten Angelegenheiten wegen besonderer Schwierigkeiten vor das Plenum gebracht werden. Wenn aber nicht einmal die Abtheilung darüber im Reinen ist, wie soll im Plenum Etwas erzielt werden?

Gerichtsassessor **Volkmar** aus Trier: Was der Herr Präsident sagte, wird Jeder unterschreiben. Trotzdem müssen wir klar sehen in der Frage. Die Sache ist hier zweifelhaft geblieben, und es wird eingeräumt, daß sie noch nicht ausreichend erörtert sei. Ich trage daher an, zu beschließen, daß die Frage noch einmal an die Deputation zur weiteren Berathung übergeben werde.

Obergerichtsadvokat **Eller** aus Mannheim: Ich habe denselben Antrag stellen und noch aufmerksam machen wollen, daß das Plenum seinerseits, wenn ihm die Sache vorliegt, ebenfalls mit Rücksicht auf die Schwierigkeit der Sache beschließen kann, dieselbe noch einmal der ständigen Deputation vorzulegen.

Adv.-Kand. Dr. **Brix** aus Wien: Ich glaube, das Resultat der Abstimmung hat keineswegs dahin geführt, daß die Frage nicht reif zur Erledigung sei, sondern lediglich dahin, daß die Stimmen getheilt sind. Anders ist es, wenn beschlossen worden wäre, die Sache an die Deputation zur weiteren Vorbereitung zu weisen. Dann hätten Diejenigen, die hierfür gestimmt, gesagt: Wir sind uns noch nicht klar, welche Ansicht wir über die Sache fassen sollen. Wenn aber der Eine dafür und der Andere dagegen spricht, so hat Jeder eine bestimmte Meinung ausgesprochen, und gerade im Plenum soll sich herausstellen, was die Majorität der Deutschen Juristen darüber meint, und selbst, wenn im Plenum die Sache zweifelhaft blieb, so würde der Sinn der sein, daß unter den Deutschen Juristen ein Theil für die eine, ein Theil für die andere Ansicht war, keineswegs aber, daß die Sache noch nicht reif sei.

Rechtsanwalt Dr. **Horwitz** aus Grünberg: Zur Beseitigung dieser Einwendung dient der Beschluß von gestern; es dürfen ja nur 10 Mitglieder den Antrag stellen, die Sache in das Plenum zu berathen.

**Präsident**: Ich muß den Volkmar'schen Antrag zuerst zur Abstimmung bringen, weil der Brix'sche Antrag durch jenen hinausgeschoben wird. Diejenigen Herren, welche den dritten Punkt nochmals der ständigen Deputation zuweisen wollen, mögen die Hände erheben. (Geschieht.) Es ist die Minorität.

Nun bitte ich diejenigen Herren, die dafür sind, daß dem Plenum die Erörterung und Entscheidung der in der Abtheilung zweifelhaft gebliebenen Frage vorgeschlagen werde, die Hände zu erheben. (Geschieht.) Ich bitte um die Gegenprobe. (Dieselbe erfolgt.) Das Bureau spricht sich dahin aus, daß die Majorität sich dafür entschieden habe, dem Plenum die weitere Behandlung und Erörterung der Frage vorzuschlagen. (Bravo.)

In Beziehung auf die weiteren Geschäfte, die noch zu erledigen sind, muß ich bemerken, daß wir auch die Angelegenheit der Staatsanwaltschaft noch nicht vollständig abgethan haben; die Hauschteck-Sabarth'schen Anträge müssen demnächst zur Behandlung kommen. In Betreff dieser nun ist der Herr Berichterstatter der Meinung, dieselben gleich vorzunehmen, da ihre Behandlung nicht zu lange Zeit in Anspruch nehmen dürfte. (Zustimmung.) — Herr Hauschteck hat das Wort.

Staatsanwalt **Hauschteck** aus Stralsund: Ich habe mir das Wort erbeten für einen Unter-Antrag zu meinen Anträgen. Wir haben aus der Berathung, die uns eben vorlag, gesehen, wie außerordentlich getheilt die Ansichten über die Ausdehnung der Wirksamkeit der Staatsanwaltschaft sind. Ich glaube, wir können dadurch gerade zu dem Resultate gekommen sein, zu erwägen, daß für die Organisation noch nicht eine solche Vorbereitung getroffen ist, um zu einem definitiven Urtheile zu gelangen. Ich stelle daher den Antrag, meine Anträge, sowie die Sabarth'schen, vorläufig noch der ständigen Deputation zuzuweisen und erst auf dem nächsten Juristentage darüber zu beschließen. Ich glaube, daß Herr Sabarth, mit dem ich mich besprochen habe, ebenfalls damit einverstanden ist.

**Präsident**: Ich bringe den Antrag, die Hauschteck-Sabarth'schen Anträge nochmals der Deputation zur Vorbereitung zu überweisen, zur Abstimmung. Diejenigen Herren, die dafür sind, wollen die Hand erheben. (Geschieht.) Der Antrag ist angenommen.

Ich bitte, morgen um 1/2 9 Uhr sich hier einzufinden und erkläre die heutige Sitzung für geschlossen.

(Schluß der Sitzung 12 1/2 Uhr.)

## Zweite Sitzung der vierten Abtheilung des Dritten Deutschen Juristentages in Wien im K. K. Redoutensaale am 27. August 1862.

---

Beginn der Sitzung um 8 Uhr Morgens.

**Präsident:** Die Sitzung ist eröffnet.

Der erste Gegenstand der Tagesordnung ist die Wahl der 10 Vertrauensmänner, bestimmt, die ständige Deputation zu wählen. Es sind mir mehrere Listen von Namen zugekommen. Ich glaube, es wird zur Vereinfachung des Wahlverfahrens am zweckmäßigsten sein, wenn ich die einzelnen Namen, die mir zugekommen sind, der verehrten Versammlung mittheile, damit sie allenfalls durch Acclamation sich entscheide, weil eine Wahl durch Stimmzettel uns jedenfalls anderen wichtigen Verrichtungen entzöge.

Obertribunalsrath Freiherr v. **Sternenfels** aus Stuttgart: Ehe wir die Wahl vornehmen, erlaube ich mir den Vorschlag zu machen, daß unser Präsident in die Liste aufgenommen werde. Ich zweifle nicht, daß die Versammlung dieser Ansicht beitreten wird, indem es für ihn wohl nicht angeht, sich selbst vorzuschlagen. (Zustimmung.)

**Präsident:** Unter dieser Voraussetzung hätte ich nur 9 Namen zu nennen. Es sind mitgetheilt die Herren:

Advokat Ruhwandl aus München,
Professor v. Wächter aus Leipzig,

Advokat Rée aus Bruchsal,
Hofrath Ritter v. Weirelbaum aus Wien,
Rechtsanwalt Schaffrath aus Dresden,
Obertribunalsrath v. Sternenfels aus Stuttgart,
Justizrath Dorn aus Berlin,
Advokat Lauenstein aus Lüneburg,
Kreisgerichtsrath Vollert aus Arnstadt in Thüringen,
Assessor Makower aus Berlin.

Soll nun irgend ein anderer Name noch hinzugefügt werden, bevor wir zur Abstimmung durch Acclamation schreiten?

**Block**: Ich würde vorschlagen: Endemann.

**Präsident**: Es wäre noch festzusetzen, in welcher Ordnung wir die einzelnen Namen zur Abstimmung bringen sollen. (Rufe: Alphabetisch!)

Sollen die Namen alphabetisch zur Abstimmung gebracht werden? (Rufe: Ja!)

Die Liste besteht, wenn mein Name hinzugefügt wird, nunmehr aus zwölf, und es werden diese nach alphabetischer Ordnung folgende sein: Berger, Dorn, Endemann, Lauenstein, Makower, Rée, Ruhwandl, Schaffrath, Freiherr v. Sternenfels, Vollert, v. Wächter, v. Weirelbaum.

Rechtsanwalt **Sabarth** aus Ratibor: Bei dem vorgeschlagenen Modus, die sämmtlichen 12 oder 13 Namen — vielleicht werden 14—15 daraus — zu nennen und dann acclamiren zu wollen, wird die Wahl wohl nicht zweckmäßig stattfinden können. Worin besteht die Acclamation? Machen zehn Stimmen schon Acclamation, oder gehören funfzig oder sechszig dazu? Und für welchen Namen ist die Acclamation größer oder geringer? In der III. Abtheilung, wo ich im vorigen Jahre der Wahl beiwohnte, war der Modus angenommen, den ich mir erlaube, hier vorzuschlagen, daß dem Präsidenten der Abtheilung die diskretionäre Befugniß überlassen wurde, seinerseits aus den vorgeschlagenen Namen den Vorschlag zu machen.

**Präsident**: Das müßte ich entschieden ablehnen.

Advokat-Anwalt Dr. **Bernays** aus Mainz: Nach meiner Ansicht wäre das Einfachste, der Präsident legte die Namen in einen Hut und zöge dann zehn Zettel heraus, dann kann sich Niemand beklagen.

**Präsident**: Sind die Herren damit einverstanden? (Rufe: Ja!)

Freiherr v. **Sternenfels** aus Stuttgart: Ich glaube gleichfalls, daß eine Abstimmung nach dem Alphabet zu keinem Resultate führen würde; auf diese Weise würde es nämlich erfolgen, daß die letzten im Alphabet zu kurz kämen. Ich glaube, es bleibt nichts Anderes übrig, als daß man, wie bisher bei dem Juristentage, dem Büreau die Auswahl von zehn Mitgliedern überläßt. Wenn Acclamation stattfinden soll, so kann sie nur in dieser Weise geschehen. Eine Abstimmung über Einzelne führt gewiß zu keinem Resultate.

**Präsident**: Zwei Modalitäten sind vorgeschlagen: die eine, daß die Stimmzettel in einen Hut gegeben und zehn gezogen werden, die andere, daß die Wahl dem Büreau überlassen werde.

Ich bringe den Antrag des Herrn Bernays zuerst zur Abstimmung, weil er die Unabhängigkeit der Wahl am meisten sichert. Diejenigen Herren, welche damit einverstanden sind, bitte ich, die Hand zu erheben. (Geschieht.)

Es ist die Majorität. (Zum Schriftführer gewendet:) Ich ersuche daher, die Zettel zu schreiben und die Wahl vorzunehmen.

Ich werde später die Namen der gewählten zehn Herren bekannt geben. Die Versammlung derselben findet um 1 Uhr im Nebensaale statt.

Ich denke, daß wir mit Rücksicht darauf die heutige Verhandlung in der Art einrichten sollen, daß wir während der Wahl der ständigen Deputation die Sitzung für einige Zeit unterbrechen, jedoch sie dann wieder aufnehmen, um wenigstens Einiges von dem Material zu erledigen, das uns zu bewältigen obliegt.

Zugleich möchte ich an die Abtheilung die Anfrage richten, welche von den Materien, die uns zu beschäftigen haben, vor allen andern vorgenommen werden soll, und erwarte, da die Herren wissen, was ihnen zugewiesen ist, aus Ihrer Mitte bezügliche Anträge. Nach meinem Ermessen wären vorzüglich zwei Gegenstände in Verhandlung zu ziehen, das ist die Frage über die Interlocute und jene über die Beweiswürdigung im Civilprozesse. Mir scheinen diese beiden Gegenstände weitaus die relevantesten aus dem ganzen Material zu sein.

Wenn die Herren damit einverstanden sind, werde ich diese beiden zunächst auf die Tagesordnung setzen. (Rufe: Ja!)

Ist der Herr Justizrath Volkmar gegenwärtig? (Rufe: Nein!)

Dann werde ich zunächst die Beweiswürdigung im Civilprozesse vornehmen und ersuche Herrn Obergerichtsanwalt Dr. Pfeifer, den Bericht zu erstatten.

Obergerichtsanwalt Dr. **Pfeifer** aus Bremen als Berichterstatter: M. H.! Die zur Berathung vorliegende Frage lautet folgendermaßen: „Soll, was den Beweis in bürgerlichen Streitsachen betrifft, das Urtheil nach freier richterlicher Ueberzeugung ohne festbindende Beweisregeln erfolgen?" Es ist diese Frage bereits auf dem zweiten Juristentage zu Dresden zur Verhandlung gekommen, nachdem von Seite des Herrn Hofgerichtsrathes Brauer in Bruchsal und des Herrn Kammergerichtsrathes Plathner in Berlin Gutachten erstattet worden waren. Die Versammlung hat sich jedoch bei der damaligen Berathung über einen Beschluß nicht einigen können, vielmehr die Frage zur weiteren Vorbereitung an die ständige Deputation verwiesen. In Folge dessen sind zwei weitere Gutachten von Herrn Dr. Bernays in Mainz und von dem Herrn Gerichtsassessor Bornemann in Berlin erstattet worden.

Gestatten Sie mir zur Einleitung meines Vortrages einen flüchtigen Blick auf den gegenwärtigen Rechtszustand zu werfen, gegen welchen durch die aufgeworfene Frage eine Opposition angeregt worden ist.

Bekanntlich giebt es sowohl im gemeinen Civilprozeß als in den Partikulargesetzgebungen aller Deutschen Länder ein mehr oder weniger ausgedehntes und ausgebildetes System von positiven Grundsätzen, welche der Richter bei der Prüfung eines vor ihm geführten Beweises berücksichtigen soll. Die Bedeutung dieser sogenannten positiven Beweisregeln kann nicht darin gesucht werden, daß sie die geistige Operation, welche sich in dem Verstande des Richters bei der Würdigung des Beweises vollzieht, erschöpfen sollen. Es beruhen vielmehr diese Regeln lediglich darauf, daß sie die Schranken für die subjektiven Anschauungen des Richters bilden. So weit diese Schranken nicht reichen, herrscht das freie Ermessen bei der Prüfung der vorgelegten Beweise. Es kann auch den positiven Beweisregeln nicht die Bedeutung beigelegt werden, daß sie in prinzipiellem Gegensatze zu den Resultaten der freien Beweiswürdigung stehen. Sie beruhen vielmehr, oder sie sollen wenigstens beruhen auf einer Abstraktion von dem, was nach Logik und allgemeiner Erfahrung die natürliche Ueberzeugung begründet.

Die Beweisregeln selbst sind der mannigfachsten Art. Ich will Sie nicht ermüden mit der Aufzählung derselben und bitte Sie nur, in Ihr Gedächtniß zurückzurufen die große Zahl der sogenannten positiven Beweisregeln, welche dem Richter gebieten, daß er unter bestimmten Voraussetzungen die Wahrheit einer Thatsache annehmen soll, und auf der anderen Seite die negativen Beweisregeln, welche ihm verbieten, auf gewisse Beweismittel Werth zu legen, beziehungsweise durch dieselben den Beweis für vollständig geführt zu erklären.

Auch über das Gebiet, welches die Beweisregeln beherrschen, besteht keine Uebereinstimmung. Je nachdem man von einem engeren Begriffe der Beweismittel ausgeht, welche die richterliche Ueberzeugung durch die vorgelegten Mittel der Parteien zu begründen versuchen, oder je nachdem man unter Beweismittel in einem weiteren Sinne auch diejenigen Gründe rechnet, welche ohne Beweisführung die Wahrheit herzustellen geeignet sind, wie z. B. fingirtes Geständniß, Ungehorsam, Notorietät, Präsumtion; je nachdem man von dieser Unterscheidung ausgeht, wird der Begriff der Beweismittel enger oder weiter gefaßt.

Ebenso ist man auch nicht darüber einig, ob unter die Beweismittel auch diejenigen Vorschriften fallen, welche nur darauf ausgehen, gewisse Ueberzeugungsmittel vom Beweisverfahren auszuschließen, z. B. die Vorschrift des Französischen Rechtes, daß der Zeugenbeweis bei einer Reihe von Geschäften nicht zulässig ist.

Gegen die Beweiswürdigungsregeln im Allgemeinen hat sich in neuerer Zeit, veranlaßt vorzugsweise durch die Beseitigung der gesetzlichen Beweistheorie im Strafverfahren und durch die Einführung des mündlichen Verfahrens in Civilsachen, ein mit großer Lebhaftigkeit geführter Kampf erhoben. Es ist nicht zu verkennen, daß die Stimmung der Zeit sich dahin neigt, eine größere Freiheit des richterlichen Ermessens bei der Beweiswürdigung eintreten zu lassen. Davon zeugen sowohl die wissenschaftlichen Arbeiten, als auch die Leistungen der Gesetzgebungen in neuerer Zeit; z. B. das Gesetzbuch von Hannover läßt einen Fortschritt in dieser Beziehung sehr deutlich erkennen; der neueste Badische Entwurf geht noch weiter und auch der Entwurf für das Königreich Bayern steht im Wesentlichen auf den Prinzipe der freien Beweiswürdigung, obgleich er noch ein großes Material verschiedenartiger Vorschriften für Prüfung und Beurtheilung des Beweises enthält.

So mannigfach die Anschauungen über die Beweismittel selbst sind, ebenso verschieden sind die Ansichten über die Beseitigung der Beweistheorie. Die entschiedenste Ansicht, welche besonders durch Professor Endemann in Jena vertreten ist, verlangt ohne alle Einschränkung die Hinwegräumung der gesetzlichen Beweistheorie im Allgemeinen. Mit dieser Ansicht steht in Verbindung das Streben nach größerer Beschränkung der Verhandlungsmaxime, wenigstens rücksichtlich des Beweisverfahrens, und nach einer Annäherung an das inquisitorische oder Offizialprinzip, jedoch, wie bemerkt, blos für das Beweisverfahren, nicht auch in der Ausdehnung, wie im Strafverfahren. Es sollen nicht nur die positiven Vorschriften über die Zahl, Glaubwürdigkeit und Verwerflichkeit der Zeugen, über den Beweis durch Sachverständige und Urkunden fallen; es sollen nicht nur aufgehoben werden die bisher üblichen Unterschiede zwischen Beweis und Gegenbeweis, zwischen vollständigem und unvollständigem Beweise, zwischen natürlichem und künstlichem Beweise; sondern es sollen auch in konsequenter Durchführung des Prinzipes die formelle Beweiskraft des Geständnisses, die Folgen des Ungehorsams im Beweisverfahren beseitigt werden. Die subjektive

Ueberzeugung des Richters allein soll die Norm für die Beurtheilung des Beweises bilden, und zwar nicht blos gestützt auf die von den Parteien vorgelegten Thatsachen, nicht blos gestützt auf die wirkliche Notorietät, sondern auch auf die Privatkenntniß des Richters selbst.

Dieser am weitesten gehenden Ansicht steht das von Herrn Dr. Bernays erstattete Gutachten am nächsten. Herr Dr. Bernays geht vorzugsweise davon aus, daß das, was der Richter im Erkenntnisse als Wahrheit ausspricht, nicht mit seiner innersten Ueberzeugung im Widerspruche stehen darf. Er geht aus von einer Vergleichung mit der Beseitigung der gesetzlichen Beweistheorie in Kriminalsachen; er hebt namentlich hervor, daß der Beweis in Civilsachen und in Kriminalsachen nicht nach verschiedenen Grundsätzen beurtheilt werden solle, wenn nicht verschiedene sich widersprechende Resultate in der Beurtheilung einer und derselben Thatsache von Seite des Civilrichters und des Kriminalrichters hervortreten sollen. Nur die Einsicht und der Verstand des Richters soll daher über den Beweis durch Zeugen, Sachverständige und Urkunden — wenigstens Privat-Urkunden — entscheiden, und dem Richter soll es überlassen bleiben, auch nach geschworenem Eide die Frage noch zu prüfen, ob die als wahr beschworene Thatsache eine Wahrheit für ihn sei oder nicht. Ganz unbedingt erklärt sich jedoch auch Herr Bernays nicht gegen alle positiven Beweisregeln, wenigstens nicht gegen dieselben in dem weiteren Sinne, den ich vorher bei den einleitenden Worten hervorgehoben habe. Herr Bernays behandelt z. B. als offene Frage, „ob es nicht zweckmäßig sei, bei einer Reihe von Rechtsgeschäften den Zeugenbeweis ganz auszuschließen oder zu beschränken", und rücksichtlich des Urkundenbeweises fordert er, „daß dem Richter keine zu geringe Grenze bezüglich seiner Ueberzeugung gesetzt werden solle".

Auch die Herren Brauer und Bornemann haben die aufgeworfene Frage im Allgemeinen entschieden bejaht. Sie gehen jedoch nicht davon aus, daß eine unbeschränkte Herrschaft des richterlichen Ermessens bei der Beurtheilung der Beweise zu empfehlen sei, und sie widersprechen namentlich der Aufhebung oder wesentlichen Beschränkung der Verhandlungsmaxime in Civilsachen. Herr Brauer gelangt auf diesem Wege zu dem Resultate, daß er sich gegen eine Bestimmung der Zahl von Zeugen, gegen den unbedingten Ausschluß des Zeugenbeweises bei gewissen Rechtsgeschäften und für die allgemeine Zulassung des künstlichen Beweises durch Schlußfolgerung erklärt, daß er ferner für die freiere richterliche Beurtheilung des Beweises durch Zeugen, Urkunden und Sachverständige, sowie für eine größere Freiheit des Richters bei Auferlegung des Haupteides und der nothwendigen Eide das Wort nimmt. Er erkennt jedoch insofern die erforderliche Beschränkung an, als er eine gemessenere Formstrenge und einzelne Vorschriften über die gesetzmäßige Beschaffenheit, ja in besonderen Fällen wohl selbst über die Zulässigkeit, den Werth oder den Vorzug gewisser Beweismittel, durch die Natur der bürgerlichen Rechtsverhältnisse selbst für gerechtfertigt erklärt.

Herr Bornemann betont vorzugsweise die Unmöglichkeit, die Ueberzeugung des Richters durch positive Beweisregeln leiten zu lassen. Er hebt hervor die Eroberungen, welche bereits in Wissenschaft und Gesetzgebung auf dem Gebiete der freien Beweiswürdigung allgemein gemacht worden sind. Er erklärt sich dafür, alle positiven Schranken rücksichtlich der Zahl und Glaubwürdigkeit von Zeugen, sowie der Würdigung von Experten-Gutachten und Privat-Urkunden hinwegzuräumen. Dagegen will er eine Reihe einzelner Regeln aufrecht erhalten sehen. Dahin gehört zunächst die formelle Beweiskraft des Geständnisses und die Nothwendigkeit positiver Vorschriften über die Folgen des Ungehorsams, über die Beweiskraft öffentlicher Urkunden — wobei er jedoch den Gegenbeweis vorbehält —, über den Eid, über den Beweis durch Handelsbücher, sowie über die Unfähigkeit gewisser Personen in gewissen Fällen zum Zeugnisse.

Plathner stellt umgekehrt an die Spitze seines Gutachtens den Grundsatz, es sei nothwendig, für bestimmte Fälle bestimmte, den Richter verpflichtende Beweisregeln aufzustellen. Er geht davon aus, daß diese Beweisregeln das konstatiren müssen, was das jeweilige Rechtsbewußtsein bereits außer Zweifel gesetzt hat. Er erklärt jedoch die Frage, wie weit solche Beweisregeln gehen sollen, für eine mehr praktische als prinzipielle Frage. Im Anschlusse hieran verlangt er dann, soweit das Gesetz solche bestimmte Regeln nicht enthalte, daß der Richter über die Kraft des geführten Beweises nach freiem Ermessen zu entscheiden habe, modificirt dies jedoch in einer Beziehung, in Beziehung auf die Auflage eines nothwendigen Eides, indem er erklärt, daß, wenn der Richter den Beweis für unvollständig geführt erklärt, der Beweis nur durch den nothwendigen Eid ergänzt werden dürfe.

Meine Herren! Ich habe Ihnen so kurz wie möglich den wesentlichen Inhalt der erstatteten Gutachten mitzutheilen mir erlaubt. Sie werden daraus ersehen haben, daß sämmtliche Gutachten in allen einzelnen Punkten auseinander gehen, daß jedoch ein gemeinsamer Gedanke insofern, freilich in sehr verschiedener Weise, in denselben erkennbar ist, als überall eine freiere Bewegung des Beweises verlangt, überall aber auch eine völlige Entbehrlichkeit aller Beweisregeln nicht bevorwortet wird.

Ich muß mir leider wegen Beschränktheit der Zeit versagen, Ihnen nähere Mittheilungen zu machen über eine Reihe von werthvollen und gedankenreichen Abhandlungen, welche in dem Vereinsorgane erschienen sind. Ich hoffe, daß die Herren diese Abhandlungen, namentlich die von Silberschlag, Ruhwandl, Litzmann, Löbell, v. Wilmowski, Wengler, Bornemann, Brauer, gelesen und daraus gleichfalls die Ueberzeugung geschöpft haben, wie weit in allen einzelnen Punkten die Ansichten auseinandergehen, indem sich für und gegen fast eine gleiche Anzahl von Stimmen auch in dieser Literatur erhoben hat.

Außer der Grenze meines Auftrages liegt die Erstattung eines eigenen Gutachtens, eines fünften Gutachtens zu den bereits vorliegenden vier Gutachten, welches selbstverständlich nicht von mir erwartet werden kann. Ich kann jedoch meinen Vortrag nicht schließen, ohne wenigstens einige Worte über die Behandlung der Sache als Vorbereitung für den von Seite der Abtheilung zu fassenden Beschluß noch hinzuzufügen.

Die einfache Bejahung der vorliegenden Frage würde ihrer Fassung nach eine Billigung der Beseitigung aller positiven Beweisregeln ohne Einschränkung nach der von mir zuerst erwähnten entschiedensten Ansicht in sich fassen. Die einfache Verneinung dieser Frage dagegen würde wenigstens den Schein erwecken, wenn auch nicht gerade der Wortlaut es verlangt, daß die Versammlung sich gegen die Entwicklung des Beweisverfahrens nach der Richtung einer freieren Bewegung des Richters habe erklären wollen, daß sie vielmehr für die Aufrechthaltung des gegenwärtigen Zustandes sei. Zwischen diesen beiden Endpunkten bewegen sich die mannigfaltigsten Ansichten, von denen — ich glaube es sagen zu können — nicht zwei in in allen einzelnen Punkten in vollkommener Uebereinstimmung stehen. Das Gemeinsame ist nur Folgendes in der mittleren Ansicht: Auf der einen Seite ein entschiedenes Streben nach Befreiung der richterlichen Erkenntniß von den Fesseln bindender Beweisregeln, auf der andern Seite aber die Anerkennung, daß nicht alle positiven Beweisregeln entbehrt werden können. Man könnte den Grundsatz der freien Beweiswürdigung von Seite der Versammlung mit der letzteren Beschränkung, daß nämlich nicht alle Beweisregeln entbehrt werden können, unbedenklich aussprechen. Ich befürchte nur, daß damit wenig gewonnen sein würde; denn es würde dann eben die Hauptfrage noch unentschieden bleiben, welche Beweisregeln eben entbehrlich sind, und welche nicht entbehrt werden können. Meine Ansicht geht vielmehr dahin, daß diese Frage nur im System des Prozeßrechtes, nur im Zusammenhang mit der ganzen prozessualischen Gesetzgebung durch Entwicklung der einzelnen Detailfragen in befriedigender und fruchtbarer Weise gelöst werden kann. Ich kann aber den Juristentag seines Zweckes und seiner beschränkten Zeit wegen nicht für berufen halten, sich in die Erörterung dieser Detailfragen einzulassen; dieselben gehören vielmehr dem demnächst zu erhoffenden Prozeßcodex an.

In dieser speziellen Richtung ist überdies die aufgestellte Frage nicht aufgeworfen und nicht vorbereitet worden. Man könnte sich allenfalls darauf beschränken, eine Revision der Beweistheorie in der Richtung auf eine freiere Beweiswürdigung als desiderium auszusprechen. Auch damit würde ein fruchtbarer positiver Gedanke meines Dafürhaltens nicht verbunden sein, zumal in einem Augenblicke, wo der Prozeß überall einer Revision unterliegt, namentlich eine allgemeine Deutsche Prozeßgesetzgebung vorbereitet wird, auch eine Revision der Beweistheorie in Arbeit ist. Ich glaube vielmehr, daß unter den obwaltenden Umständen die Schwierigkeiten, zu einem bestimmten Beschlusse von positivem Inhalte zu gelangen, bei welchem sich nicht Jeder denken kann, was er will, so groß sind, um uns zu bewegen, auf die Formulirung eines bestimmten Antrages in dieser Beziehung zu verzichten. Dagegen wird es der Lage der Sache und der Frage gewiß angemessen erscheinen, wenn wir der allgemeinen Richtung nach freier Beweisprüfung mit der hervorgehobenen Beschränkung einen entsprechenden Ausdruck geben. Ich glaube, daß zu diesem Zwecke die Form einer motivirten Tagesordnung am geeignetsten ist, in welcher kein bestimmt formulirter Antrag enthalten, die Grundsätze jedoch in den Motiven klar und scharf hervorgehoben werden.

In diesem Sinne erlaube ich mir, falls Sie mit dieser Behandlung einverstanden sein sollten, vorläufig folgende Fassung vorzuschlagen:

„In Betracht,

daß die Würdigung eines geführten Beweises der Natur der Sache nach vorzugsweise der freien richterlichen Erkenntniß überlassen werden muß,

daß insbesondere durch das mündliche Verfahren ein größerer Einfluß der subjektiven Ueberzeugung des Richters bei Entscheidung der Thatfrage bedingt erscheint,

daß jedoch in bürgerlichen Rechtsstreitigkeiten unter den jetzt vorherrschenden prozessualischen Grundprinzipien gewisse positive Beweisregeln als Schranken der freien richterlichen Beurtheilung nicht ganz entbehrt werden können,

die Grenzlinie aber zwischen der Nothwendigkeit und Verwerflichkeit von Beweisregeln nicht durch einen allgemeinen Ausspruch, sondern nur durch Erörterung der einschlagenden Einzelfragen bezeichnet werden kann,

beschließt die Abtheilung, über die aufgestellte Frage zur Tagesordnung überzugehen, und diesen Beschluß der Plenarversammlung mitzutheilen."

M. H.! Ich würde prinzipiell nichts dagegen haben, wenn Sie die Form der Tagesordnung beseitigten, und was ich glaubte, in die Motive verlegen zu müssen, als selbstständigen Beschluß auffaßten, und ich erwarte in dieser Richtung Anträge aus der Mitte der Versammlung.

**Präsident**: Bevor ich die Diskussion über den Bericht des Herrn Berichterstatters eröffne, werde ich die Namen der 10 gewählten Herren mittheilen. Sie sind:

Dr. Berger, Advokat in Wien,
Rée, Advokat aus Bruchsal,
Dr. Schaffrath, Rechtsanwalt aus Dresden,
Freiherr v. Sternenfels, Obertribunalsrath aus Stuttgart,
Dr. Vollert, Kreisgerichtsrath aus Arnstadt,
Dorn, Justizrath aus Berlin,
Endemann, Professor aus Jena,
Dr. Pfeiffer, Obergerichts-Advokat aus Bremen,
Lauenstein, Advokat aus Lüneburg,
v. Weixelbaum, Hofrath aus Wien.

Nunmehr eröffne ich die Diskussion.

Kreisrichter **Benthöfer** aus Rybnick: M. H.! Ich muß mich, wie gegen den eben vernommenen Antrag, so auch gegen die Art und Weise, wie die zur Debatte gebrachte Frage verfaßt worden, aussprechen. Meiner Ansicht nach sind vielmehr die Beweismittel zu theilen, und unter Berücksichtigung ihrer Natur theils nach freiem richterlichen Ermessen, theils nach bindenden Beweisregeln zu würdigen. In diesem Sinne werde ich meinen weiterhin zu stellenden Antrag zu begründen versuchen.

Der Prozeß ist angewandte Philosophie, eine dialektische Bewegung. Die Beweiswürdigung, als ein integrirender Theil des Prozesses, muß daher vom Standpunkte der Philosophie, insbesondere der Dialektik aus ins Auge gefaßt werden.

Das prozessualische Verfahren ist ein Produkt des Rechtslebens. Das Rechtsleben besteht aus einem Gemisch von Momenten des natürlichen Lebens und des Rechtes; es ist die Einheit dieser verschiedenen Momente. Das Rechtsleben äußert sich durch Gründung neuer und durch Aufhebung und Modifikation bereits bestehender Rechtsverhältnisse.

Aus dem Rechtsverhältnisse gehen für den einen Theil Befugnisse und für den anderen Theil Obliegenheiten hervor. Selbige finden, mit anderen Worten, in dem Rechtsverhältnisse ihren Vereinigungs- und Mittelpunkt. Befugnisse und Obliegenheiten müssen sich vollständig decken.

Das Rechtsverhältniß muß aus denselben Momenten wie das Rechtsleben zusammengesetzt sein. Daraus folgt, daß die Befugnisse, beziehungsweise Obliegenheiten, Momente sowohl des natürlichen Lebens, als auch des Rechtes in sich vereinigen müssen. Es äußert sich das natürliche Leben durch Thatsachen, welche vom Gesetze nicht beherrscht werden, zum Theil auch nicht beherrscht werden können, dagegen das Recht durch den in gesetzlichen Bestimmungen oder in Vereinbarungen zu Tage tretenden Gesammtwillen der Betheiligten. Es stellen die Thatsachen die That-, und die darauf gegründeten Dispositionen die Rechts-Seite der gerade in Frage befangenen Befugnisse und Obliegenheiten dar. Jede rechtliche Befugniß, beziehungsweise Obliegenheit hat also eine That- und eine Rechtsseite.

Die rechtliche Befugniß, beziehungsweise Obliegenheit kann unter den Betheiligten streitig und somit Gegenstand eines Prozesses werden. Bei der prozessualischen Erörterung einer rechtlichen Befugniß, beziehungsweise Obliegenheit kommt es zuvörderst auf die Herstellung der Thatseite derselben an, indem alsdann daraus zu entnehmen ist, was der Verpflichtete dem Berechtigten zu gewähren, oder demselben gegenüber zu unterlassen hat.

Werden die die Thatseite der rechtlichen Befugniß, beziehungsweise Obliegenheit darstellenden Thatsachen, welche der berechtigte Theil behauptet, von dem verpflichteten Theile in Abrede genommen, so hat das Beweisverfahren einzutreten. Dasselbe beginnt mit dem Beweisantritt und schließt mit der Beweiswürdigung.

Der Beweisantritt verfolgt einen bestimmten Zweck, nämlich den, die streitigen Thatsachen erweislich zu machen.

Die Thatsachen sind entweder vom Gesammtwillen der Betheiligten vorgesehen, oder nicht. Im ersteren Falle haben sie eine besondere Form angenommen. Man kann hiernach die Thatsachen in materielle, d. h. vom Gesammtwillen der Betheiligten nicht vorgesehene, und in formelle, d. h. von demselben vorgesehene, eintheilen.

Beiderlei Thatsachen müssen auf der Thatseite der rechtlichen Befugniß, beziehungsweise Obliegenheit vorkommen. Die Thatseite derselben löset sich somit in materielle und formelle Thatsachen, oder, da die Thatsachen ein Sein repräsentiren, in das materielle und qualifizirte Sein auf.

Das qualifizirte Sein ist auch der Rechtsseite der Befugniß, beziehungsweise Obliegenheit eigen; denn die letztere gründet sich eben auf Thatsachen, welche durch den Gesammtwillen der Betheiligten vorgesehen sind. Die Folgerungen aus diesen Thatsachen bestehen ebenfalls in Thatsachen, deren der Zukunft angehörende Vornahme oder Gestattung der verpflichteten Partie zugemuthet wird. Beiderlei Thatsachen sind von den Betheiligten vorbedacht. Das Recht ist das Denken. Die Rechtsseite der Befugniß, beziehungsweise Obliegenheit besteht aus der Einheit des realisirten und noch zu realisirenden Denkens.

Man hat es in einem Prozesse mit vier Fragen zu thun, nämlich mit der Frage nach dem materiellen Sein, nach dem qualifizirten Sein, dem realisirten Denken und dem zu realisirenden Denken. Das qualifizirte Sein und das realisirte Denken fallen zusammen. Man hat also im Prozesse zu fragen zunächst: Was ist geschehen? Sodann: Ist das Geschehene auch von dem Gesammtwillen der Betheiligten vorgesehen? oder, was dasselbe ist, ist das von dem Gesammtwillen der Betheiligten Vorgesehene auch realisirt? Endlich: Was soll geschehen? Die letztere Frage kann bei der Erörterung des aufgestellten Themas ganz bei Seite bleiben.

Die streitigen Thatsachen stellen sich theils als materielles, theils als qualifizirtes Sein, oder mit anderen Worten, als realisirtes Denken dar. Deshalb kann man den streitigen Thatsachen sowohl von der Seite des natürlichen Lebens, als auch von der Seite des Gesammtwillens der Betheiligten, d. h. des Rechtes beikommen.

Der Zweck des Beweises muß hiernach entweder auf den Nachweis eines natürlichen Seins, oder eines realisirten Denkens gehen. Der Beweiszweck ist entweder ein materieller oder ein formeller.

Der Zweck strebt nach Realisation. Dazu sind besondere Mittel erforderlich. Das Mittel muß dem Zwecke entsprechen, dem Zwecke adäquat sein, mit dem Zwecke dieselbe Natur theilen, da er nur demselben dient. Mittel kann alles in der Wirklichkeit Existirende sein.

Die Mittel, welche den Beweiszweck zur Ausführung bringen, sind die Beweismittel. Wie der Beweiszweck als eine Art Zweck sich in einen zwiefachen niederen, den materiellen und formellen, zerlegt, so müssen auch die Beweismittel zwiefacher Natur, materielle und formelle sein.

Als Beweismittel im Prozesse sind zur Zeit in Deutschland bekannt: Zeugniß, Gutachten, Augenscheinsergebniß, Urkunde. Rechtsvermuthungen und konsequente Schlußfolgerungen rechnen wir nicht zu den Beweismitteln; die ersteren nicht, weil sie jeden Beweis erübrigen, oder dem Gegner der sonst beweispflichtigen Partie die Beweislast aufbürden; konsequente Schlußfolgerungen sind weiter nichts als logische Operationen. Auch Eid und Geständniß wollen wir nicht hierher ziehen, weil bei beiden die Vertragsnatur wohl außer allem Zweifel sein dürfte, und sie als besondere Arten von Verträgen nur Beweismittel im weiteren, hier nicht zu erörternden Sinne sind. (Ruf: Schluß!)

M. H.! Wer von Ihnen nicht hören will, der hätte wohl überhaupt zu Hause bleiben können. Ich habe das Prinzip nachgewiesen, nach welchem die Beweismittel zu gruppiren sind, und zwar nur deshalb, weil von der richtigen Erfassung der Natur der Beweise die richtige Würdigung des Ergebnisses derselben abhängt. Ich werde von dem gefundenen Prinzip die Anwendung machen.

Von den Beweismitteln bilden das Zeugniß, das Gutachten und das Augenscheinsergebniß zusammen eine Gruppe.

Die beweispflichtige Partie muß den Zeugen da nehmen, wo sie ihn erlangt, und in der Verfassung, in welcher sich derselbe gerade befindet. Die Partien können und sollen auf die von dem Zeugen abzugebende Aussage keinen Einfluß üben. Man kann dem Zeugen nicht sagen und daher auch nicht durch das Gesetz vorschreiben, welche Wahrnehmungen, und wie er dieselben hätte machen, und wie er das Bild davon seinem Gedächtnisse einprägen, und in demselben zu einer dereinstigen Reproduktion behalten sollen. Vielmehr kommt bei dem Zeugen alles auf dessen Individualität, alles darauf an, inwiefern derselbe die Wahrheit sagen kann und sagen will. Man bestraft zwar einen Zeugen wegen Meineides; die Strafe bezweckt aber nicht, eine anderweite wahrheitsgemäße Aussage von demselben zu erlangen. Kurz, der Zeuge bewegt sich bei Wahrnehmung der zu bekundenden Thatsachen und später bei Abgabe seiner Wissenschaft hierüber von dem Gesammtwillen der Betheiligten und dem Gesetze unabhängig.

In einem noch größeren Grade gilt dieses von dem Gutachter, als einem gelehrten Zeugen, da bei demselben noch besondere Sachkenntnisse vorausgesetzt werden.

Nicht minder ist das Augenscheinsergebniß von dem Gesammtwillen der Betheiligten und dem Gesetze unabhängig. Die beweispflichtige Partie kann und darf die zu beaugenscheinenden Thatsachen nicht so zurecht legen, damit der Richter bei der Augenscheinseinnahme ein gewisses Resultat vorfinde. Es steht nicht in der Macht der Partieen, auf den Richter dahin zu wirken, daß derselbe die vorgefundenen Thatsachen in einem bestimmten Sinne auffasse.

Jede Vereinbarung der Partieen über die streitigen Thatsachen macht den Beweis überflüssig. Der Zeuge, der Gutachter und der beaugenscheinigende Richter fallen, weil sie als konkrete Einzelheiten den materiellen Thatsachen zur Seite zu setzen sind, in den Kreis des materiellen Seins. Sie sind materielle Beweismittel.

Anders verhält es sich mit der Urkunde. Selbige kommt in zweifacher Hinsicht in Betracht, zuerst als einfache Thatsache, und dann als eine Form, welche die beweisende Kraft in sich schließt.

Man fragt bei der Urkunde vor allen Dingen nach ihrer Existenz, Aechtheit, Glaubwürdigkeit, Form, ihrem Exemplar u. s. w. Es sind dieses besondere Themata thatsächlichen Inhalts, welche, wie andere Thatsachen, erweislich zu machen sind, und daher in das Gebiet des materiellen Seins gehören.

Erst nachdem die Existenz und besondere Qualität der Urkunde konstatirt worden, handelt es sich um die beweisende Kraft derselben. Die Urkunde als Form trägt den Charakter der Allgemeinheit an sich, wogegen die von derselben bezeugten Thatsachen konkrete Einzelheiten sind. Die Form und die von ihr nicht zu trennende Wirkung ist zunächst eine bloße Vorstellung, in welcher der Stoff aufgefaßt wird. Sodann wird sie dem für sie empfänglichen Stoff angepaßt. Die Urkunde ist die Realisation des Gesammtwillens der Betheiligten, beziehungsweise des Gesetzes. Ueber deren Beweiskraft können Verabredungen und gesetzliche Bestimmungen im Voraus getroffen werden, und sind auch in der That getroffen worden. Die Urkunde gehört dem Gebiete des realisirten Denkens an. (Rufe: Schluß! Schluß!)

Es steht also die Urkunde dem Zeugniß, Gutachten und Augenschein gegenüber.

Die Würdigung der Beweise ist die Erfassung der denselben immanenten Natur. Selbige kann nur nach Grundsätzen vor sich gehen, welche der Natur der Beweise entsprechen. Das Beweismittel kann nur aus dem dasselbe beherrschenden Zweck, beziehungsweise aus sich selbst erkannt werden. Das Organ der Würdigung muß derselben Sphäre angehören, in welche das zu würdigende Beweismittel seiner Natur nach fällt. Der Geist, welcher in dieser Sphäre herrscht, entscheidet, nach welchen Grundsätzen die entsprechenden Beweise zu würdigen sind.

Die Beweiswürdigung liegt dem Richter ob. Derselbe muß in beiden Sphären der Beweismittel einheimisch sein. In der That repräsentirt der Richter, man möchte sagen, eine zweifache Persönlichkeit, sobald er sich mit der Beweiswürdigung befaßt.

Insofern der Richter das Ergebniß der zum Beweise des materiellen Seins gehörigen Beweismittel, nämlich Zeugniß, Gutachten und Augenschein, zu würdigen hat, ist er ein unparteiischer, sachverständiger Dritter, und steht einem in Schwurgerichtsprozessen thätigen Geschwornen gleich. Er versirt sich, wie jener, im Gebiete des materiellen Sein. Wie dieses Gebiet mit dem, was sich darauf befindet, nicht unter der Herrschaft des Gesetzes steht, so muß auch der Richter bei der Würdigung des Ergebnisses der Beweise, welche diesem Gebiete angehören, nach seinem von bindenden Beweisregeln unabhängigen, freien Ermessen zu Werke gehen.

Dagegen ist die Urkunde ein Produkt des Gesammtwillens der Betheiligten, oder gesetzlicher, demselben gleichstehender Anordnungen. Das Organ der Würdigung des Urkundenbeweises muß sich auf den Standpunkt des Rechtes stellen. Auf diesem macht sich der Richter als Kritiker und Interpret des Gesetzes geltend. Er bewegt sich im Kreise des realisirten Denkens, ist ein Träger des Gesetzes; er darf nur unter den Formen des Gesetzes seine Thätigkeit entwickeln. Wie sich die Wirkung des Gesetzes durch Erlaß besonderer Bestimmungen, und die des Gesammtwillens der Betheiligten durch Vereinbarung besonderer Befugnisse und Obliegenheiten äußert, so läßt sich die beweisende Kraft einer Urkunde auch nur durch besondere Regeln fixiren, und sind es diese, welche dem Richter bei der Würdigung des Urkundenbeweises zur Richtschnur dienen.

Ich könnte über die Würdigung der Beweise noch Manches sagen; da aber einige Herren schon unwillig geworden sind, so muß ich mich damit begnügen, mit groben Zügen den Weg gekennzeichnet zu haben, welcher allein zu betreten sein dürfte, um die aufgeworfene Frage sachgemäß zu lösen.

Zum Schlusse beantrage ich:

„auszusprechen, daß die Zeugen-, Gutachten- und Augenscheins-Beweise nach freiem Ermessen des Richters zu würdigen, dagegen bei der Würdigung des Urkundenbeweises gesetzliche Regeln anzuwenden seien."

Professor **Endemann** aus Jena: M. H.! Ich habe mich leider zuerst gegen die Form des Antrages zu wenden, der von Seite des Herrn Referenten gestellt wurde. Eine motivirte Tagesordnung würde wenig dem Zwecke der Verhandlung entsprechen.

Im Anfang der Rede meines Herrn Vorredners ist bereits angedeutet worden, worum es sich handelt. Es gilt vor allen Dingen, sich über das Prinzip klar zu werden, welche Beweisprüfung im Prozesse zu Grunde zu legen ist. Man kann nicht die Art der Beweisprüfung etwa für abhängig halten von der Form des Prozesses. Allerdings steht sie damit im innigsten Zusammenhange. Aber gerade die Art der Beweisprüfung ist ein so wichtiger Grundsatz, daß umgekehrt von ihr aus der Prozeß wesentlich eine andere Gestaltung annehmen wird, als diejenige, welche bis jetzt auch in den vorgeschrittensten Prozeßordnungen beibehalten worden ist. Es scheint, als ginge das Prinzip der absolut freien Beweisprüfung so weit, daß man gar nicht mehr wüßte, was aus dem Prozeß eigentlich werden soll. Deswegen halte ich für angemessen, wenigstens in einigen kurzen Zügen das Bild desjenigen Prozesses zu entwerfen, welcher das Prinzip der freien Beweisprüfung in sich begreifen kann. Dann werden Sie vielleicht manche Bedenken überwinden, die auf den ersten Blick gegen die Proklamirung dieser absolut freien richterlichen Ueberzeugung aufkommen können.

Was ist denn der Zweck des ganzen Civilprozesses? Die Beurtheilung des Rechtsverhältnisses unter den Parteien. Was ist der Inhalt des ganzen Civilprozesses? Leider muß ich Ihnen sagen, m. H., es ist dies ein fast verloren gegangener Begriff. Der Inhalt des Civilprozesses ist die res, wie sie die Römer nennen; ich weiß dafür keinen andern Ausdruck als den Deutschen „Thatbestand“. Auch im Civilprozeß liegt ein Thatbestand vor, ein Komplex von Thatsachen, aus dem Privatrechte entstanden; und die ganze Kunst auch des bürgerlichen Verfahrens scheint mir die zu sein, daß auf die einfachste und klarste Weise dem Richter eben dieser Thatbestand, diese Thatsachen vorgeführt werden, aus denen die Parteien ihre Rechte herleiten wollen. Durch die künstliche Mißbildung des Prozesses — einen anderen Ausdruck kann ich selbst von der wissenschaftlichen Seite her nicht finden — ist es gekommen, daß dieser einfache Begriff uns fast verloren gegangen ist; unter den endlosen Formen, unter den endlosen Einzelheiten und Manipulationen ist die res vollkommen verschwunden. Statt der res sehen wir nur Aktionen, einzelne Handlungen der Parteien. Das muß gewiß anders werden, und der mündliche Prozeß ist dazu vollkommen angethan.

Lassen Sie uns nun sehen, wie das werden wird, um zur freien Beweisprüfung in Bezug auf diese res zu kommen? Die Parteien treten vor dem Richter auf, — wir gehen ja Alle von dem Prinzipe des öffentlichen und mündlichen Verfahrens aus — sie entwickeln ihre res, die Thatsachen, aus denen sie ihre Rechte herleiten wollen; zuerst der Kläger, dann der Verklagte; durch Rede und Widerrede wird der Richter au fait gesetzt, erfährt, was die Parteien wollen, welches die Ansprüche sind, die unter ihnen geltend gemacht werden. Das ist der erste Akt des Prozesses. Jetzt, aus dieser ersten Verhandlung, ersieht vor Allem der Richter, ob die Parteien streiten wollen, und inwieweit sie streiten wollen. Hier ist zugleich der Ort, wo die Parteien durch volle Selbstthätigkeit aus eigener Kraft die Ordnung des Streites finden können. Denn wenn der Verklagte des Klägers Rechtsansprüche ohne Weiteres zugesteht, so ist natürlich der Prozeß aus. Was soll der Richter noch erkennen, wenn eine Partei der andern ihren Anspruch zugesteht, der Kläger dem Verklagten seine Einrede oder umgekehrt? Da versteht es sich von selbst, daß die Kognition des Richters hinwegfällt. Hier ist also das Gebiet der Eingeständnisse, und ich hebe das namentlich hervor, um gewisse Bedenken zu zerstreuen, die auf diesem Punkte gegen das Prinzip der freien Beweisprüfung geltend gemacht worden sind. — Aus dem Vortrage des Herrn Referenten selbst geht die Besorgniß hervor, daß das Prinzip der freien Beweisprüfung zur Inquisitionsmaxime führe. Das wäre wohl ein theurer Preis. Wenn man die Inquisitionsmaxime mit in den Kauf nehmen sollte, um die freie Beweisprüfung zu erhalten, so würde ich nimmermehr die freie Beweisprüfung vertheidigen. Nein! Hier können die Parteien auf das freieste disponiren; was sie sich einräumen wollen, ist nicht Gegenstand der Kognition des Richters; der freie dispositive Wille der Partei steht im Civilprozesse insofern über der Gewalt des Richters. Hier in diesem Stadium des Prozesses giebt es ferner vortreffliche Mittel für die Parteien selbst, den Streit im kürzesten Wege zu erledigen; denn hier ist der Punkt, wo nach meiner Ueberzeugung die Eidesdelation ganz frei zugelassen werden muß. Die Parteien werden erklären: „Wir wollen, statt die Kognition beim Richter zu beantragen, einfach durch Eidesdelation den Streit austragen." Das ist ein anderer Ausweg durch den Eid, als er bis jetzt in den meisten Deutschen Ländern gewohnt ist. Indessen bestehen bekanntlich noch in manchen Ländern Anklänge an die ursprüngliche Altrömische Eidesdelation, die vollständig übereinstimmt mit der Handhabung des Eides auch nach altem Deutschen Rechte. Auf diese Weise wird die Handhabung des Eides gleichsam in die Hände der Parteien gelegt. Es ist eine Vertrauenssache unter den Parteien, den Eid zu wählen. Bei dem Mangel anderer Beweismittel kann darin auch eine gewisse Nothwendigkeit liegen. Sie werden wohl erkennen, daß auf diese Weise die Eidesdelation eine andere Stellung erhält, als bisher, wo sie wesentlich immer in Form eines zugleich vom Richter zuerkannten Eides auftritt. Ich glaube von dieser Behandlung der Eidesdelation, wie ich sie wünsche, mir die allerbeste Wirkung für die Heiligstellung und Werthschätzung des Eides in der Zukunft versprechen zu können.

Wenn nun aber die Parteien auf solche Weise das Ende des Streites nicht finden können, so wird eine richterliche Entscheidung nothwendig. Nun muß der Richter erkennen, inwieweit das Eine oder das Andere wahr ist, was die Parteien behaupten, und worüber sie streiten. Nun tritt die Sache in das Stadium des Beweisverfahrens. Hier wird es anders. Der Richter hat nur so weit zu erkennen, als es die Parteien von ihm verlangen, als sie nicht durch ihre Dispositionsbefugniß im Voraus die richterliche Kognition beschränkt haben. In diesem Umfang aber kann allerdings keine absolute Verhandlungsmaxime mehr herrschen. Sie braucht aber auch nicht zu herrschen. Warum? — Weil die Parteien selbst erklärten, dadurch, daß sie von ihrer Dispositionsbefugniß und dem Mittel der Eidesdelation keinen Gebrauch gemacht haben: „Wir wollen jetzt die Entscheidung durch den Richter." Jetzt ist also das richterliche Entscheidungsrecht keine Beschränkung der Parteien, keine Inquisitionsmaxime mehr, sondern das, was die Parteien wollen. Denn was wollen die Parteien anders als die gründliche Untersuchung der Wahrheit, wie sie unter ihnen steht?

Bei der Prüfung der Frage nun, was die reale Wahrheit unter den Parteien ist, glaube ich, müssen alle Beweisregeln abseits gehalten werden. Ich kann mich nicht davon überzeugen, daß nur eine einzige bestehen bleiben sollte. Sobald wir das als höchsten Zweck der Gerechtigkeit erkennen, wirklich die Wahrheit zur Geltung zu bringen, sind die Beweisregeln vom Uebel. Diese Dinge sind so vielfach durchgesprochen worden, daß ich verzichte, auf das Einzelne näher einzugehen. Von Zeugen versteht es sich von selbst, und nach dem, was wir gehört haben und die Stimmung der Versammlung zu sein scheint, ist nicht anzunehmen, daß Jemand im Zeugenbeweis noch an die Beibehaltung von Beweisregeln dächte. Ebensowenig bei den Sachverständigen. Schlimmer scheint es bei den Urkunden zu stehen. Viele mögen sich von dem Gedanken nicht trennen, daß die Prüfung des Urkundenbeweises nicht ganz frei in den Händen des Richters liegen sollte. Es scheint darin eine gewisse Rechtssicherheit zu liegen, daß gewisse Gattungen Urkunden doch einen gewissen absoluten Werth behalten müssen. Ich glaube, auch dieses ist nur Schein; denn machen Sie mir nur klar, ob das etwas Anderes ist, wenn der Richter Mißtrauen hat gegen eine völlig in legaler Form vorliegende Urkunde, ob er dann anders gestellt ist, als den Zeugen gegenüber, die er irgend für verdächtig halten zu müssen glaubt? Sie dürfen nur nicht immer davon ausgehen, daß der Richter leichtsinnig, flüchtig mit dieser Prüfung des Beweises zu Werke gehen könnte; Sie müssen doch vernünftige, verständige, pflichtmäßige Männer sich vorstellen. Wenn aber ein vernünftiger Richter Schwächen in einer solchen öffentlichen oder notariellen Urkunde findet, warum soll er absolut an eine solche Urkunde gebunden sein, während er bei der Beurtheilung anderer Beweismittel nicht gebunden wäre? Diese Logik kann ich mir nicht klar machen. Der Fall wird wohl verhältnißmäßig wenig vorkommen. Wenn aber der Verdacht vorliegt, wenn irgend Gründe der Unwahrheit, Falschheit öffentlicher Urkunden vorliegen, dann muß dem Richter gerade dieselbe Freiheit zustehen, diese Verdachtsgründe zu verwerthen und auf sie näher einzugehen in derselben Weise, wie bei dem Zeugenbeweis.

Findet sich endlich nach Prüfung des Zeugen-, Sachverständigen- oder Urkunden-Beweises noch eine Lücke, so bleibt dem Richter das letzte Mittel, die Anwendung eines richterlichen Notheides, eben, wie der Name bezeugt, eines Nothmittels. Wenn die Ueberzeugung des Richters auf gar keine andere Weise festgestellt werden kann, so kann er nur noch dadurch zum Ziele kommen, daß er von der einen oder andern Partei die Erhärtung der Wahrheit verlangt, je nach der Gestalt der Sache, nach dem Resultat der vorausgegangenen Beweisprüfung. An diesem Punkte kann es allerdings zweifelhaft sein, ob man das vollständig freie Ermessen des Richters auch so weit erstrecken kann, daß er nicht einmal an dieses Resultat, diesen abgelegten Notheid, gebunden wäre. So weit, muß ich gestehen, möchte ich zur Stunde nicht gehen. Es ist überhaupt zur Stunde noch zweifelhaft, ob jemals geschichtlich ein solcher Zustand geherrscht hat. Ich glaube annehmen zu müssen, daß, wenn der Richter einmal zu diesem äußersten Mittel gekommen ist, er auch an das Resultat dieses Mittels gebunden sei.

Sie sehen schon daraus, daß ich nicht so starr bin in meinen Konsequenzen, als es mitunter scheinen möchte; wie ich denn an dieser Stelle überhaupt, beiläufig wenigstens, bemerken muß, daß es ein ganz anderes Ding ist, ein wissenschaftliches Prinzip und zwar ein so wichtiges Prinzip, wie jenes der freien Beweisprüfung, bis zu den äußersten Konsequenzen durchzuführen, und es unmittelbar in die Praxis einzuführen.

Stellen Sie sich nun in Gedanken das Bild einer solchen Beweisverhandlung vor. Ich möchte bitten, für dieselbe die Begriffe „Inquisitionsmaxime" und „Verhandlungsmaxime" einmal vollständig über Bord zu werfen; das sind überhaupt Begriffe erst neueren Datums. Durch die unglückliche Gestaltung unseres Prozesses sind wir gleichsam unserer gewöhnlichen Meinung nach in die Wahl zwischen beiden Prinzipien versetzt. Wer hat aber je im Römischen oder Altdeutschen Rechte von einer Inquisitions- oder Verhandlungsmaxime Etwas gewußt? Meiner vollen Ueberzeugung nach ist das gleichsam nur ein Schaukelsystem, zu dem der mittelalterliche Bildungsprozeß des Verfahrens gelangte. Auf einer Seite als das absolute Bedürfniß der Partei die Verhandlungsmaxime, auf der andern Seite die Inquisitionsmaxime, als Widerpart das Recht des Richters.

Stellen Sie sich dagegen das Bild einer reineren Beweisführung vor Augen, so erblicken Sie die Sache in einem anderen Lichte. Die Parteien sind in voller Thätigkeit und die Richter auch; da ist kein Widerstreit; der Richter soll nicht als gefürchteter Entscheider über den Parteien stehen, er soll, auch wenn er untersucht, gleichsam ein Freund der Parteien sein, soll mit ihnen und unter gleichzeitiger Aktion der Parteien durch Rede und Widerrede in voller freier Mündlichkeit die Wahrheit finden müssen. Das ist weder Inquisitionsmaxime, noch Verhandlungsmaxime. Ich glaube also, diesen Vorwurf, daß ich den Prozeß dadurch in eine Inquisition verwandeln würde, habe ich nicht zu fürchten. (Bravo!)

Sind wir so weit gelangt, meine Herren, dann muß ich nur mit einigen Worten noch auf die ganze Gestaltung unserer Beweislehre hinweisen. Ich habe im vorigen Jahre bereits dem Juristentage einige kurze Andeutungen gegeben. Die freie Beweisprüfung ist nicht etwa eine äußere Frage der Zweckmäßigkeit; sie berührt den innersten Nerv des Prozesses. Wir haben, wenn wir die Prozeßbildung der neueren Zeit, nicht ganz der jüngsten Zeit, aber seit dem vorigen Jahrhundert, betrachten, das Bestreben, den Prozeß von außen zu bessern. Was zuerst in's Auge fiel an der heillosen Gestaltung unseres bürgerlichen Verfahrens, das war zunächst die Weitläufigkeit und äußere Künstlichkeit des Prozesses. Darauf haben sich alle Verbesserungsvorschläge bis jetzt bezogen. Selbst die Oeffentlichkeit und Mündlichkeit des Prozesses ist wesentlich zunächst meiner Anschauung nach durch diese äußere Auffassung des Prozesses veranlaßt worden. Mit dem Prinzip der freien Beweisprüfung verhält es sich anders. Wir betreten hiermit das Gebiet des wahren Inhaltes des Prozesses, schaffen hiermit dem Civilprozesse einen ganz anderen Inhalt, und — ich wiederhole es — es wird eine große Reform, große Umgestaltung im Verfahren damit verbunden sein. Das kann uns nicht zurückhalten, uns für das Prinzip auszusprechen; denn wenn wir dasselbe als richtig erkannt haben, müssen wir die äußere Form, worin es sich bewegen kann, auch finden.

Ich lasse mich heute nicht auf alle Konsequenzen dieses Verfahrens ein; überlassen Sie das ruhig der weiteren Bearbeitung. Die freie Beweisprüfung hat so viel Freunde, daß auch von dieser Seite her die Sache gehörig wird durchgearbeitet werden. Aber es scheint mir, für das Prinzip muß man sich heutzutage aussprechen. Es ist nicht eine Frage der Laune, nicht eine augenblickliche Tagesfrage, die uns in diesem Prinzip der freien Beweisprüfung entgegentritt; es ist mehr; es ist eine Sache der vollständigen historischen Nothwendigkeit. Haben Sie irgend noch Furcht vor dem Chaos, das durch die freie Beweisprüfung herbeigeführt werden könnte, — gut, — dann thun Sie einen Rückblick; sehen Sie, daß die Römer Jahrhunderte lang in der Blüthezeit des Rechtes sich in einem Prozesse bewegten, der nicht eine einzige Beweisregel gekannt hat; dann schauen Sie mit mir zurück auf das Deutsche Recht, und sagen Sie, wie aus den ersten Anfängen des Deutschen Verfahrens, das noch kein eigentliches Beweisverfahren, keine eigentliche Untersuchung des Faktums kennt — denn das Eides- und Gottes-Urtheil ist keine solche — wie aus diesen Anfängen das Deutsche Recht sich in Bahnen begab, von denen wir sagen müssen, daß sie gewiß auch zum Prinzip der freien Beweisprüfung geführt haben würden, wenn nicht das Deutsche Recht in seiner Entwickelung durch das Eindringen der fremden Rechte unterbrochen worden wäre, durch das Eindringen der fremden Rechte, d. h. des Römischen Rechtes in seiner kanonischen Mißbildung. Darin erst liegt die Idee der gesetzlichen Beweisregeln ausgesprochen. Das Römische Recht in seiner kanonistischen Mißbildung ist nichts Anderes, als die Anwendung des Systems der Scholastik auf die Jurisprudenz, die Gefangennehmung des menschlichen Verstandes, der Wahrheit durch abstrakte Regeln, die eine vermeintliche Sicherheit geben, aber in der That der realen Wahrheit schaden. Dagegen haben wir zu kämpfen, und nicht um des Prozesses willen allein ist mir die freie Bewegung ein Prinzip von äußerster Wichtigkeit. Ich weiß wohl, daß, wenn dieses Prinzip ergriffen, wenn es von unseren Juristen praktisch in die Hand genommen und gut verwerthet wird, von diesem Prinzipe aus die Scholastik, die unserer Jurisprudenz noch in Fleisch und Blut sitzt, den Todesstoß erleiden kann. (Bravo!)

Ich schließe, indem ich Ihnen darnach den Antrag empfehle, den ich gleich näher formuliren werde, nämlich, „sich unbedingt für das Prinzip der freien Beweisprüfung auszusprechen". Wie gesagt, es ist das nicht so gemeint, daß unbedingt selbst bis zum Eide hin, wie ich früher ausgeführt habe, absolut gar keine Bindung des Richters vorkommen sollte. Ich halte es — ich wiederhole es — für nöthig, daß der Richter bei der Auflage des Notheides fernerhin noch gebunden bleibe.

Im Uebrigen aber will es mir scheinen, als wenn selbst diejenigen, die bei gewissen Beweismitteln noch ein Bedenken haben möchten, sich für dieses Prinzip erklären könnten. Bei der Gesetzgebung mag vielleicht hier und da ein Bedenken noch zu Tage kommen, mag hier und da noch eine Vorschrift beibehalten werden. Ich bin nicht so sehr Theoretiker, und wenn Sie wollen, zu viel Historiker, als daß ich meinen könnte, man solle unbedingt mit zwei Füßen von einem Zustande in den anderen hinüberspringen. Das hat vielleicht Schwierigkeiten. Es wird schon ein großer Fortschritt sein, wenn man nur im Allgemeinen sich für das Prinzip der freien Beweisprüfung ausspricht. Nur das zu thun, ist keine Schwäche des Juristentages. Ich halte den Vorschlag, daß wir im Einzelnen normiren, wie mit einzelnen Beweismitteln verfahren werden soll, für am wenigsten praktisch. Nach meiner Auffassung hat der Juristentag die Aufgabe, über große Prinzipien sich auszusprechen und die Detailausführung der Praxis, der Gesetzgebung zu überlassen. Gesetzesparagraphe können nimmermehr bis in's Einzelne hier zu Stande gebracht werden; es genügt vollständig, wenn die Versammlung sich davon überzeugt hält und die Ueberzeugung erklärt, daß das Prinzip der freien Beweisprüfung das richtige ist. Und diese Ansicht verfechte ich etwa nicht für meine Person, sondern ich wiederhole Ihnen, es ist mir eine große Sache der historischen Entwicklung. Ich für meine Person habe kein Interesse dabei; ich fühle wohl, daß selbst, wenn das Votum des Juristentages gegen dasjenige sich aussprechen möchte, was ich, soweit meine Kräfte es erlauben, zu vertheidigen versuchte, daß auch selbst dieses Votum die große geschichtliche Entwicklung nicht aufhalten wird, worin wir begriffen sind. (Bravo!) Aber ich glaube, der Juristentag ehrt sich selbst damit, wenn er, diese historische Entwicklung begreifend, ausspricht: Es ist jetzt der Zeitpunkt gekommen, wo der menschliche Geist auch in diesem Punkte seiner vollen Freiheit wiedergegeben wird. (Lebhafter Beifall. Rufe: Den Antrag!)

**Präsident:** Er wird sogleich vorgelegt. Inzwischen theile ich der verehrten Versammlung die Formulirungen der Herren Zenthöfer und Corty mit.

Herr Zenthöfer, der bereits sprach, formulirt seinen Antrag in folgender Weise:

„Es sei auszusprechen, daß die Zeugen-, Gutachten- und Augenscheinbeweise nach freiem Ermessen des Richters zu würdigen, dagegen bei der Würdigung des Urkundenbeweises gesetzliche Regeln anzuwenden seien."

Corty beantragt:

„Der Deutsche Juristentag wolle als seine Ueberzeugung aussprechen,

in bürgerlichen Streitsachen habe der Richter die Frage, ob ein Beweis durch Zeugen oder Sachverständige geführt sei, nach seiner freien Ueberzeugung, vorbehaltlich der Befugniß der Auferlegung eines nothwendigen Eides, zu beantworten."

Die Formulirung des Endemann'schen Antrages lautet:

„Der Juristentag spreche sich dafür aus, daß der Richter die Wahrheit der Thatsachen, soweit solche unter den Parteien streitig sind, nach freier Ueberzeugung zu prüfen habe." (Beifall.)

Rechtsanwalt **Gierse** aus Münster: Obwohl ich mit dem Vortrage des Herrn Referenten Pfeiffer, und namentlich mit dessen Schlußantrag, im Wesentlichen einverstanden bin, so habe ich doch vom praktischen Gesichtspunkte einige Bedenken dagegen und möchte daher den Antrag in einer anderen Tagesordnung formulirt haben.

Es ist meines Erachtens hier nicht eigentlich von einem Grundprinzipe die Rede; es ist vielmehr von einem Grundsatze der Gerichtsordnung oder der Gerichtsverfassung die Rede, und dieser Grundsatz darf nicht von allen den thatsächlichen Unterlagen und Grundlagen, auf denen sich die richterliche Beurtheilung doch immer bewegt, getrennt werden. Ich kenne nur Grundprinzipien der Menschheit, resp. der Staatsbürger, also nur Grundrechte, und selbst da ist es gefährlich, in einer Verfassung nur Grundsätze auszusprechen, wie etwa: „Die Presse ist frei." „Vor dem Gesetze ist jeder Staatsbürger gleich." Denn wir haben gesehen, wie alle diese Grundprinzipien in der Anwendung ganz und gar zu einem Nichts gemacht werden können. Die vorliegende Frage ist meines Erachtens, sowie die der Staatsanwaltschaft, eine Frage der Gerichtsverfassung und der Gerichtsordnung. Eine Frage der Gerichtsverfassung deshalb, weil es doch unzweifelhaft ist, daß einem Richterkollegium — und zwar, je größer dieses ist, desto besser — ein weiterer Spielraum in der freien Beurtheilung des thatsächlichen Materials überlassen werden kann, als etwa einem einzelnen Richter. Dem einzelnen Richter gegenüber hat die Partei oder der Anwalt derselben in den Beweisregeln den Hauptschutz, während in Kollegien, wo die Geister auf einander platzen, und die subjektiven Ansichten sich klären können, dem Ermessen ein größerer Spielraum gestattet werden kann und muß. Ferner kommt es sehr wesentlich auf die Gerichtsordnung an, und zwar deshalb, weil es sich fragt, welche Beweise dem Richter produzirt, ihm unmittelbar vorgeführt werden. Der Vergleich mit den Schwurgerichten paßt deshalb nicht, weil bei diesen der Angeklagte und die sämmtlichen Zeugen, soweit es irgendwie möglich ist, vor dem Richter erscheinen müssen. Wenn Sie irgend eine Gerichtsordnung etabliren können, worin Sie die Parteien, die Zeugen und Sachverständigen dem Richter vorführen können, so würde ich, abgesehen von dem Urkundenbeweis, den Richter von allen Schranken in der Beurtheilung des Beweismaterials entbinden. Aber dahin wird es nicht kommen; wir haben nirgends eine derartige Gerichtsordnung, und deshalb giebt es auch kein Gesetzbuch, worin nicht ganz bestimmte Beweisregeln aufgestellt sind; wenn auch nicht gerade unter der Rubrik „Rechtserkenntnisse oder Beweismittel", so stehen sie doch dort, wo über die Beschaffenheit der Urkunden und rücksichtlich der Zeugen sich ausgesprochen wird, z. B. welche Zeugen beeidet werden können und welche nicht.

Ich habe deshalb, wie die Sache jetzt liegt, in dieser allerdings unklaren Situation eine Tagesordnung vorzuschlagen, die mehr Gewicht auf die Beweismittel legt und zwar vom praktischen Standpunkte aus, als auf ein Prinzip, das als solches im großen Ganzen meines Erachtens nicht anerkannt werden kann, da es sich hier um ein ganz beschränktes Gebiet handelt, wo die thatsächlichen Unterlagen das Entscheidende sind.

Ich schlage vor:

„Die Versammlung geht, in Erwägung:

daß bestimmte Beweisregeln für die thatsächliche Beurtheilung des Rechtsfalles Seitens des Richters nicht entbehrt werden können,

daß dieselben jedoch auf das nothwendigste Maß zu beschränken sind, hiebei aber auch die Gerichtsverfassung und Gerichtsordnung in Betracht kommen,

über die Frage für jetzt zur Tagesordnung über."

M. H., es ist sehr nützlich, etwas vergleichende Jurisprudenz zu treiben, und aus den einzelnen Ländern die Verhältnisse aufzustellen, wie sie eben sind. Unsere Preußische Gerichtordnung hat Beweisregeln, aber in sehr beschränktem Maße, und außerordentlich verständige Beweisregeln. Davon sind in drei Arten von Prozessen Ausnahmen gemacht: 1) bei Paternitätsklagen, 2) bei Anfechtung von Verträgen wegen Simulation und 3) in Ehesachen. In diesen Fällen giebt es fast keine Beweisregeln, hiebei sind die Richter von der Beschränkung der freien Beurtheilung entbunden. Das habe ich aber nicht glücklich gefunden; ich habe in allen diesen Fällen, namentlich bei Anfechtung von Verträgen wegen Simulation gefunden, daß die Richter jeden Augenblick von der Partei getäuscht werden können. Der Richter legt auf geringe Dinge, die er nicht kennt, weil er nicht im Leben steht, zu viel Gewicht und übersieht das Wichtigere.

**Präsident**: Es sind mir abermals zwei Formulirungen vorgelegt worden, die eine von Herrn Rechtsanwalt Leonhard aus Grünberg, dahin gehend, auszusprechen:

„In bürgerlichen Streitsachen soll das Urtheil nach freiem Ermessen ohne fest bindende Beweisregeln erfolgen, soweit nicht der freie Wille der Parteien und sein Einfluß auf das Verfahren Ausnahmen rechtfertigt."

Ferner von Herrn Rechtsanwalt Dr. Horwitz aus Grünberg:

„Der Juristentag wolle als seine Ueberzeugung aussprechen:

Die Würdigung des geführten Beweises ist auch im Civilprozeß der Natur der Sache nach vorzugsweise der freien richterlichen Erkenntniß zu überlassen; insbesondere wird durch das mündliche Verfahren ein größerer Einfluß der subjektiven Ueberzeugung des Richters bei Entscheidung der Thatsachen bedingt. Die unbedingte Verwerfung aller positiven Beweisregeln als Schranken der freien richterlichen Beurtheilung erscheint jedoch nicht gerechtfertigt."

Hof- und Gerichts-Advokat Dr. **Josef Kopp** aus Wien: Nach den beredten Worten, mit welchen Herr Professor Endemann mit eben so viel Geist als Wärme eben dasjenige vertheidigt hat, zu dessen Vertheidigung ich mich zum Worte gemeldet habe, war ich beinahe daran, auf das Wort zu verzichten; indessen, glaube ich, dürfte es angemessen sein, daß sich auch eine Stimme aus Oesterreich in dieser Angelegenheit vernehmen lasse, aus

Oesterreich, wo der positive Beweisformalismus noch dem Gesetze nach in vollster Blüthe steht.

Professor Endemann hat ein wahres Wort gesprochen, indem er sagte: „Die positive Beweistheorie sei ein Rest des Scholasticismus"; wahrlich, das ist sie, m. H.!

Die positive Beweistheorie will und soll den Richter denken lehren. Ich frage: was soll damit gewonnen sein? Man will zweierlei erreichen: Erstlich will man dem Richter ein Mittel an die Hand geben, einen Leitfaden, wonach er bei der Beurtheilung vorzugehen habe, um die Justiz zu unterstützen, und auf anderer Seite will man den Schutz der Parteien damit herstellen, auf daß der Richter nicht nach Willkür handelt.

Was den ersten Punkt, die Unterstützung des Richters betrifft, so kann ich wohl behaupten, daß, wenn der Richter kein anderes Mittel mit sich bringt, die Wahrheit zu erkennen, als das, welches ihm die positiven Beweisregeln bieten, daß es in dem Falle an und für sich mit der Jurisprudenz, mit der praktischen Rechtspflege schlecht bestellt wäre. Es giebt unzählige wichtige Fragen, welche, das Gesetz mag wie immer lauten, nach freiem Ermessen werden beurtheilt werden müssen. Bedenken Sie nur ein Einziges, um nicht Vieles aufzuzählen, die Beurtheilung der bona fides nach allen Richtungen hin. Ist es möglich, durch irgend eine positive Beweistheorie festzustellen, wann der Richter bona fides und wann mala fides anzunehmen hat? Diese schwierige Frage muß er natürlich unter allen Umständen nach seinem vernünftigen Ermessen entscheiden; kein Gesetz kann ihm da helfen. Und weiter, m. H.! sind wir nicht gewohnt, in allen Richtungen des bürgerlichen, des praktischen Lebens frei, ohne gesetzlich vorgeschriebene Normen zu denken? Ist nicht der Gelehrte frei im Denken? Ist es nicht der Abgeordnete, der über das Wohl des Landes beräth? Richten wir uns nicht selbst in allen Vorkommnissen des Lebens nach den Regeln, welche uns die Logik und die Erfahrung an die Hand geben, und wie würden wir fahren, wenn wir das nicht thäten? Der Richter allein wird besser urtheilen können, meint man, wenn man ihm bestimmte Vorschriften giebt. Dies zu beweisen, wird wohl kaum Jemand im Stande sein. Man wird nicht beweisen können, daß der Richter sicherer geht, wenn er nach den Paragraphen der Beweistheorie vorgeht, als nach seinem vernünftigen Ermessen.

Aber, m. H., man sagt: „Es ist nothwendig zum Schutze der Parteien gegen Willkür; sonst könnte die bestbeweisende Urkunde für den Richter nicht vorhanden sein, den Ausspruch von 10 Zeugen könnte er ignoriren und einfach sagen: „Ich bin doch nicht überzeugt." Nun, m. H., der Richter, der dies thut, wird viel leichter noch bei der vielseitigen Auslegung, welche jedem

Gesetze gegeben werden kann, das Gesetz nach seinem Willen beugen, und er wird dies bequemer thun können, als wenn er bei der Beurtheilung der Thatsachen seiner Willkür freien Spielraum läßt. Und überhaupt, wenn wir den Richter in allen Dingen hoch stellen und ihm Unabhängigkeit vindiciren wollen; wenn wir wünschen, daß er in jeder Beziehung frei von Furcht handeln könne; wenn wir nicht wollen, daß er abgesetzt werden könne, falls ihm nicht eine Pflichtverletzung zu Schulden kommt: so dürfen wir ihm nicht dieses kolossale Mißtrauen entgegen tragen, daß Einer, Mehrere, daß selbst eine zweite Instanz etwas offenbar nicht sehen wollen, was sie sehen müßten. Wenn wir dieses Mißtrauen unserem Richterstande entgegentragen würden, dann wäre es mit der Justiz auch wieder zu Ende, dann würde zum Allermindesten die strengste Aufsicht der Staatsgewalt, der Staatspolizei, der Staatsanwaltschaft ihm unbedingt zur Seite stehen müssen, und man könnte nicht genug thun, um einen so korrumpirten Stand im Zaume zu halten. Wer wird das von unserem Deutschen Richterstande behaupten? Und da wir das nicht behaupten können, müssen wir sagen: „Der Richter ist im Stande, frei zu erkennen, was wahr ist, und wenn man ihm Regeln vorschreibt, wird man ihn hemmen im Ausspruche der Wahrheit, wenn man ihn auch im Erkennen derselben nicht hemmen kann.“

Weiter, m. H., sagt man: est modus in rebus, es giebt hier noch verschiedene Bedenken. Aber, so wie der Antrag und die Frage gestellt ist, ist sie gerade so, daß man unbedenklich darauf eingehen kann. Erstlich berufe ich mich auf das, was schon ein Vorredner gesagt hat: „daß es nur Sache des Juristentages sein kann, ein allgemeines Prinzip aufzustellen.“ Das Leben mit all' seinen Nothwendigkeiten und die verschiedenen Einwürfe, die man überall geltend macht, werden schon dafür sorgen, daß die Prinzipienbäume nicht in den Himmel wachsen; man wird demnach modifiziren, was wir als Rechtssatz an und für sich für Recht anerkennen. Nun stellt man aber die Frage so auf: „Soll, was den Beweis in bürgerlichen Streitsachen betrifft, das Urtheil nach freier Ueberzeugung gefällt werden? Also nur, wo es sich um den Beweis handelt. Wenn das Geständniß der Parteien vorliegt, haben wir ja keinen Beweis. Es handelt sich um begebbare Rechte im Civilprozeß, und da muß der Richter das annehmen, was die Partei angenommen haben will. Handelt es sich aber um contumacia, so kommt man auch da, m. H., sei es durch das Gesetz, sei es durch die Vernunft, unwillkürlich dazu, daß derjenige, der vorgeladen ist, wenn er nicht erscheint, als zustimmend erklärt wird. Das, m. H., ist so natürlich, daß es sich selbst unter der Herrschaft des Französischen Gesetzes geltend machte, wo nur die faits bien averés, das wohl beglaubigte Faktum im Fall der contumacia als wahr angenommen werden soll, wo es also möglich ist, und in Fällen sogar vorkommt, daß, wenn der Beklagte ausbleibt, doch noch auf Beweis erkannt wird. Nichtsdestoweniger ist es möglich, daß in allen diesen Fällen bei Kontumaz angenommen wird, es sei der Beklagte geständig, und den besten Beweis dafür lieferten, wie ich mich überzeugte, die vorgedruckten Formularien der Friedensgerichte in Köln, wo für Kontumazurtheile bereits der Passus darin enthalten ist, daß der Beklagte ausgeblieben und daraus zu entnehmen sei, er sei geständig, und die Thatsache sei erwiesen. Es bricht sich hier selbst gegen das Gesetz die Vernunft Bahn, und es ist klar, daß kein Richter da etwas Entgegengesetztes als wahr annehmen wird, als was der Beklagte durch sein Ausbleiben zugiebt. Hier, m. H., ist es klar, daß von einem Beweis nicht mehr die Rede ist. Wir gehen aber noch weiter.

Man sagt, es können denn doch nicht alle Zeugen beeidet werden. Es ist die Frage nach Französischem Recht erlaubt, ob überhaupt als Beweismittel der Zeugeneid, und dem entsprechend der Vermuthungen-Beweis zulässig ist? Auch das, m. H., steht nicht im Widerspruche mit dem Punkte, wie er hier formulirt ist. Denn es heißt nur, daß das Urtheil nach freier Ueberzeugung ohne bindende Beweisregeln erfolgen kann; wie aber der Beweis geführt wird, und welche Beweismittel legaliter zulässig sind, ist eine ganz andere Frage; sonst könnte man dem Richter, wo der freie Beweis herrscht, auch erlauben, zu Ordalien zu greifen und zu sagen: das ist ein Beweis für mein spezielles Gewissen und meine Ueberzeugung. Das, m. H., werden wir gewiß nicht zugeben und nicht in der Theorie des freien Beweises finden. Es steht also dem Gesetze immer noch frei, gewisse Beweismittel in gewissen Fällen nicht zuzulassen.

Wir kommen hier noch auf ein weiteres Gebiet, welches durch das Prinzip des freien Beweises nicht alterirt wird, ich meine die praesumptiones juris et de jure. Wir haben an dieser Stelle gehört, daß bei Paternitätsklagen nach Preußischem Rechte der Richter freier gestellt ist, als in anderen Rechtssachen. In Oesterreich ist in diesem Falle gerade nur ein bestimmter Beweis zulässig, welchem ein Gegenbeweis nicht leicht entgegengesetzt werden kann. Es ist ferner beispielsweise der Grundsatz „pater est, quem nuptiae demonstrant“ erwähnt worden. Das ist eben wieder einer der Fälle, wo das Gesetz eine Präsumtion aufstellt, und der Richter, weil es sich um eine materielle Rechtspräsumtion handelt, nicht davon abgehen kann. Alle diese Punkte wollte ich besprechen und zeigen, daß sie dem Prinzip der freien Beweisprüfung nicht abträglich sind, und daß, wenn wir im Prinzip den freien Beweis adoptiven, wir nicht sagen, daß alle Beschränkungen, die erwähnt wurden, darum wegfallen müßten. Alle diese Punkte stehen nicht dem Prinzip entgegen, sondern modifiziren es nur aus Gründen des materiellen Rechtes.

Noch einige Worte, m. H.! Der Herr Vorredner sagte, das Beispiel der Schwurgerichte und des Strafverfahrens überhaupt sei hier nicht maßgebend, weil der Richter dort Parteien und Zeugen selbst sieht und vernimmt. Einerseits, m. H., nehmen wir an, daß im mündlichen Prozeß die Sachen anders stehen werden, daß ein Zeuge auch hier vor dem Richter vernommen werden könne, wenn er es verlangt, wie der Hannöversche Prozeß ebenfalls bestimmt, und daß auch die Parteien vom Richter über bestimmte Artikel vernommen werden können. Aber sehen wir davon ab, m. H., wie sich das in einem mündlich-öffentlichen Civilprozeß gestalten wird. Wenn der Richter in unserem gegenwärtigen Civilprozeß wenigere und unsichrere Quellen hat, um zu der Wahrheit zu gelangen, folgt denn daraus, daß wir ihm durchaus die Benutzung dieser wenigen Quellen noch erschweren sollen? Wenn er ohnedies beschränkt ist, wenn ihm nicht gestattet ist, jetzt bei uns Zeugen unmittelbar zu vernehmen, soll er darum noch weiter beschränkt werden, soll er, wenn zwei Zeugen etwas aussagen, unbedingt gehalten sein, das für absolut wahr anzunehmen, wenn auch tausend andere Umstände vollkommen dagegen sprechen? Nein, m. H.! Wenn der Richter schon an und für sich schlimm gestellt ist, dürfen wir ihn nicht durch solche Regeln, welche seinen Verstand zu binden bestimmt sind, noch schlechter stellen. Dieses, m. H., ist das Wenige, was ich Ihnen zu sagen hatte, und ich kann im Uebrigen nur wiederholen, daß ich das, was Herr Professor Endemann in gerundeter Weise vorgetragen hat, Ihnen empfehle, und ich glaube daher, daß Sie recht wohl diese Gesetzgebungsfrage, wie sie gestellt ist, mit einem einfachen „Ja" beantworten könnten. (Bravo!)

**Präsident**: Freiherr v. Sternenfels hat eine neue Fassung vorgeschlagen:

> „Der Juristentag spricht die Ueberzeugung aus, daß das richterliche Ermessen bei Würdigung des geführten Zeugen- und Urkundenbeweises und bei Auflegung des richterlichen Eides von festbindenden Beweisregeln entbunden werden möge."

Rechtsanwalt **Dr. Schaffrath** aus Dresden: Ohne dem ehrenwerthen Stande der Deutschen Richter irgendwie zu nahe treten zu wollen, die aber doch auch Menschen sind und bleiben, mithin auch alle menschlichen Vorzüge und Schwächen mit uns anderen Menschenkindern theilen, spreche ich mich dennoch ganz entschieden gegen das Prinzip der absoluten, unbedingten Freiheit des Richters bei der Würdigung eines Civilbeweises aus. Deshalb bin ich aber zwar durchaus noch nicht für die Beibehaltung aller bisherigen positiven speziellen Beweisregeln, wohl aber im Prinzip für die

Beibehaltung von gesetzlichen Beweisregeln, jedoch nur in so weit, als sie als allgemein gültig aufgestellt werden können.

Gegen die Anträge, welche auf das Aussprechen absoluter, unbedingter Freiheit des Richters gerichtet sind, möchte ich schon deshalb mich aussprechen, weil die Anträge mit der Motivirung durch die Antragsteller nicht ganz in Uebereinstimmung zu sein scheinen, oder, ohne irgendwie Jemanden nahetreten zu wollen, weil die Anträge mir nicht ganz aufrichtig zu sein scheinen. Jeder Sprecher, welcher für die absolute Freiheit der Beweisprüfung war, erklärte dennoch, um auch uns, die entgegengesetzter Ansicht waren, zu gewinnen: „Ja, alle Beweisregeln sollen nicht abgeschafft werden, die einen oder die anderen werden schon ohnedies beibehalten werden, wir wollen aber vor der Hand das Prinzip aussprechen.“ Das scheint nicht ganz aufrichtig; denn der Beschluß, den wir fassen, würde nicht der wahre Ausdruck des Willens der Abtheilung und des Juristentages sein, sobald bei der Motivirung gesagt wird: „Ja, wir sprechen uns allerdings für die absolute Freiheit aus, meinen es aber nicht so.“ Ja, m. H.! unsere Beschlüsse werden so aufgefaßt, wie wir sie aussprechen, und es wird nicht gefragt, was wir damit gemeint haben, sondern angenommen, daß wir das auch wirklich meinten, was wir ausgesprochen haben.

Ich weiß nicht, ob ich zu weit gehe, wenn ich die vorliegende Frage kurz dahin präzisire: Es handelt sich darum, ob bei der Würdigung eines Civilbeweises an die Stelle des Gesetzes als des Gesammtwillens der individuelle Wille des Richters, ob an die Stelle der Gesammtintelligenz und der Gesammtlogik, die sich im Gesetze ausspricht, die individuelle Logik und die individuelle Intelligenz nur des Richters gesetzt werden soll, und da sage ich offen, daß ich mich ausspreche für die Beibehaltung und Befolgung des Gesammtwillens und der Gesammtintelligenz und der Logik eines Volkes, und daß ich nicht glaube, daß diese Gesammtintelligenz und diese Gesammtlogik, die sich im Gesetze aussprechen, ersetzt werden können durch die individuelle Logik und die individuelle Intelligenz des Richters. Mit andern Worten: nichts, glaube ich, ist in einem Staate mehr zu vermeiden, als Willkür, nichts, glaube ich, haßt das Volk mehr, als Willkür; nichts, sage ich, würde das Volk der Rechtspflege mehr entfremden, als wenn wir die Willkür geradezu als Prinzip sanktionirten.

Man sagt zwar, ja, die Beweisregeln führen in einzelnen Fällen zu materieller Ungerechtigkeit. Das ist wahr, wie sie bisher waren. Allein für die Beibehaltung der Beweisregeln in der bisherigen Strenge und Absolutheit ist wohl eigentlich Niemand, für die Milderung und Modifizirung derselben sind wir wohl alle. Wenn man aber auch dafür ist, muß man nicht gleich deswegen das Kind mit dem Bade ausschütten und für die Abschaffung aller Beweisregeln sein; und begehe ich ein Unrecht, wenn ich — ohne Jemanden zu nahe treten zu wollen — sage: wird denn künftighin, wenn wir prinzipiell die absolute Freiheit des Richters aussprechen, nicht auch in einzelnen Fällen Recht zu Unrecht, Wahrheit zu Unwahrheit werden? Wenn das aber ist, so sage ich, ich will lieber durch ein Gesetz Unrecht leiden, als durch den Willen des Richters. (Bravo!)

Das ist namentlich auch die Auffassung unseres Volkes. Das Volk weiß allerdings auch, daß festbindende Beweisregeln in einzelnen Fällen zu Unrecht führen können. Aber wenn wir abstimmen lassen könnten, ich bin fest überzeugt, das Volk wird sagen: Unrecht hier und Unrecht dort, aber das Unrecht, das mir durch das Gesetz etwa einmal zugefügt wird, kränkt mich lange nicht so, als jenes, welches durch die Willkür, durch die Schwäche meines Nebenmenschen, des Richters, mir zugefügt wird.

Ich spreche mich deshalb dafür aus, daß wir nicht die Willkür zu sanktioniren gedenken, sondern auch in Beziehung auf die Würdigung von Beweismitteln ein Gesetz beibehalten.

Die Gründe, die für die Abschaffung der Beweisregeln angeführt worden, beweisen überhaupt zu viel. Wir Alle wissen z. B., daß auch das Strafgesetz nicht für jeden einzelnen Fall paßt, sondern in einzelnen Fällen dem Angeklagten Unrecht thut. Schaffen Sie deswegen alle Strafgesetze ab? Nein, da würden Sie Alle einstimmig sein, zu sagen: der Richter darf über das, was der Strafe würdig ist, unmöglich nach Willkür entscheiden; der Thatbestand muß durch ein Gesetz festgestellt sein für jedes einzelne Verbrechen. So gut wir also wissen, daß das Gesetz überhaupt, weil es ein Menschenwerk ist, zu Unrecht führen kann, aber deswegen nicht gleich alle Gesetze abschaffen wollen, ebenso wird es Ihnen nicht einleuchten, im Civilprozeß alle Gesetze bei Würdigung der Beweise abschaffen zu wollen.

Ich bin deshalb gegen diesen Antrag, welcher das Prinzip der absoluten Freiheit ausspricht, würde aber, so lange nicht etwa Besseres vorgeschlagen ist, für die Annahme der motivirten Tagesordnung, entweder des Herrn Berichterstatters oder noch lieber für die des Herrn Gierse sein, so lange nicht Jemand kommt, der ein Prinzip positiv ausspricht, was allerdings des Juristentages — ich bitte, diesen Ausdruck zu entschuldigen — würdiger sein würde, als wenn wir zu einer solchen motivirten Tagesordnung übergehen. (Bravo!)

**Präsident**: Ich ersuche die gewählten Vertrauensmänner, nicht heute um 1 Uhr, sondern morgen präzise 8 Uhr sich hier im Saale oben einzufinden.

Hof- und Gerichts-Advokat Dr. **Hoffer** aus Wien: Auch ich — eine

Stimme aus Oesterreich — würde, wie mein Freund Dr. Kopp, vielleicht auf das Wort verzichtet haben, indem das, was ich aussprechen will, in so beredter Weise schon vertreten wurde, wenn nicht gerade die letzte Begründung des entgengegesetzten Antrages mich aufforderte, hierauf einige Worte zu erwidern und meine Ansicht in dieser Beziehung auseinander zu setzen.

Es war davon die Rede, daß nicht die individuelle Logik an die Stelle der allgemeinen gesetzt werden soll. M. H., ich weiß nicht, ob es zweierlei Logiken giebt, ich habe nur von einer gehört, ich kenne nur eine, kenne nur jene ewigen Gesetze des Denkens und Schließens, wie sie dem menschlichen Geiste innewohnen, welche dieselben sind für Richter und Nichtrichter, welche unser ganzes Denken und Handeln beherrschen. Diese Gesetze der Logik werden auch den Richter in seiner Entscheidung leiten und ich glaube nicht, daß er einer durch Gesetz normirten, durch Paragraphen geregelten eigenen judiziellen Logik bedürfe. Denn auch der Schluß durch Analogie und Induktion, den keine Praxis ausschließen kann, wird von ihm angewendet werden müssen, und die Art der Anwendung wird bis zu einem gewissen Grade frei bleiben müssen.

Es war auch davon die Rede, daß daraus eine Willkür des Richters entstehen müsse, und daß diese von der Bevölkerung selbst perhorreszirt und bei einer Abstimmung abgelehnt würde. Ich frage Sie, m. H.: ist das Willkür, welche zwölf Männer aus dem Volke üben, indem sie ohne rechtskundig zu sein, über die Schuldfrage im Kriminalprozesse urtheilen, ein Urtheil, das folgeschwerer ist, als dasjenige, welches im Civilprozeß gefällt werden kann? Und ich frage Sie: hat nicht die Bevölkerung, haben nicht alle gebildeten Kreise von Europa das Votum abgegeben, daß Schwurgerichte eine Forderung der Zeit, eine Forderung der Gerechtigkeit, eine Forderung des Fortschrittes sind? Ich glaube somit, wir brauchen den Schutz nicht, der in solchen Beweisregeln liegen soll.

Aber es wurde noch etwas bemerkt, was namentlich uns, den Rednern für den freien Beweis, zur Last gelegt wird: als machten wir uns nämlich einer Captatio benevolentiae schuldig, indem wir Konzessionen machen. Ich glaube, m. H., das beruht auf einem Mißverständnisse, das aufgeklärt sein wird, sobald man sich klar macht, was wir eigentlich vertreten. Wir vertreten den freien Beweis im gerichtlichen Verfahren, wir greifen aber nicht über in die Bestimmungen des materiellen Rechtes. Das materielle Recht stellt gewisse Grundsätze auf, wie Rechte erworben werden, wie die Erwerbungsart der Rechte vor sich zu gehen habe, und diese Grundsätze sind es, welche auch für den Richter beim Bestehen des freien Beweises bindend sind. So lange das Gesetz ausspricht, daß nur dasjenige eine wechselrechtliche Verbindlichkeit begründen könne, was in Form eines schriftlichen Wechsels vorliegt; so lange das positive Gesetz bestimmt, daß nur dasjenige ein gültiges Testament ist, das die Unterschrift so und so vieler gleichzeitig anwesender Zeugen trägt u. s. w.: so lange, sage ich, diese Bestimmungen gelten, wird auch der Richter, der nach freiem Ermessen zu urtheilen berechtigt ist, in diesen Fragen die Thatsache, ob die durch das Gesetz vorgeschriebenen Formen erwiesen sind, wohl allerdings zu prüfen haben, aber er wird kein Urtheil darüber haben, ob hier diese Bedingung gelten soll oder nicht; das materielle Recht bleibt hierin in seiner vollen Geltung. Ich glaube daher, daß, wenn diese Grenzlinie festgehalten wird, man uns, die wir mit voller Ueberzeugung für den freien Beweis im Civilverfahren sprechen, nicht den Vorwurf der Inkonsequenz oder des Versuchs einer Captatio benevolentiae machen kann. Wir wollen frei sein von der Willkür, das ist wahr; aber die Willkür, glauben wir, wird besser hintangehalten und beseitigt werden durch die Institutionen der Mündlichkeit und Oeffentlichkeit des Civilverfahrens, durch die ganze Organisation des Prozesses, als durch Regeln, welche den Richter nach allen Seiten binden, welche ihn zwingen, selbst dann, wenn er im Innern von einer Thatsache überzeugt ist, das Gegentheil derselben deshalb für wahr zu halten, weil etwa nur ein halber, ein drittel, ein viertel Beweis vorliegt, weil noch ein Quentchen an der Wage fehlt, welches die Zunge etwa zum Ausschlage brächte. Jene Beweismittel sind, wie so treffend bemerkt wurde, Reste der Scholastik in der Jurisprudenz. Sie sind aber auch der Ausdruck jener traurigen Zeiten in der Rechtspflege, wo Willkür galt, wo Patrimonialgerichte bestanden. Da war es nöthig, Schranken zu bauen, da mochten äußerliche und mechanische Hülfsmittel vom Heile sein; denn wenigstens die äußerste Willkür wurde dadurch beseitigt. Aber jene Zeiten sind vorüber und werden hoffentlich nicht wieder kommen, und ich glaube, die praktische Rechtspflege und die Jurisprudenz in Deutschland werden dieser Mittel heut zu Tage nicht mehr bedürfen.

Wir brauchen an dieser Stelle nicht mehr die einzelnen Beweismittel zu prüfen und durchzugehen; denn es ist hinlänglich festgestellt, daß wir wohl das freie Urtheil des Richters über die Zulässigkeit der Zeugen, so weit sie durch das materielle Recht überhaupt zulässig sind, als über den Ausspruch der Sachverständigen und über Beweisurkunden, so weit nicht wieder jene von mir bereits erwähnte Grenze des materiellen Rechtes eintritt, als auch endlich rücksichtlich des nothwendigen Eides gelten lassen.

Ich glaube daher, daß der freie Beweis im Civilverfahren — selbst abgesehen davon, ob die von uns gewünschte und angehoffte Mündlichkeit und Oeffentlichkeit desselben zum Durchbruch kommt —, die Möglichkeit, daß der Richter nach seiner Ueberzeugung und den von den Parteien vorgelegten Beweismitteln beurtheile, was thatsächlich erwiesen ist, oder nicht erwiesen ist, eine Forderung der Gerechtigkeit und der Rechtspflege ist, und ich empfehle Ihnen daher, m. H., die Annahme des von Professor Endemann gestellten Antrages. (Beifall.)

Hof- u. Gerichts-Advokat Dr. **Willner** aus Wien: Erlauben Sie, daß sich zu den beiden Oesterreichern, die das Prinzip des freien Beweises vor Ihnen vertraten, noch ein Dritter geselle. Meine Herren! Sie haben in dieser Sache schon Vieles pro und contra und zwar von sehr beredten Rednern sprechen gehört; die Sache ist aber so wichtig, daß auch noch ein Dritter Platz finden wird, und ich denke, wir haben nicht so große Eile. Ich spreche mich gegen den Antrag des Herrn Pfeiffer und für den Antrag des Professors Endemann aus. Meine Herren! Wir stehen an der Schwelle eines neuen Civilprozesses; deshalb müssen wir den alten Menschen aus- und den neuen Menschen anziehen; wir müssen brechen mit den Vorurtheilen einer früheren Zeit; wir müssen uns den Prinzipien, auf die der neue Prozeß gegründet werden soll, ganz und rückhaltlos anschließen. In dem Augenblicke, wo wir glauben, das Alte mit dem Neuen vereinigen zu können, werden wir schlecht fahren, werden wir ein Zwitterding schaffen. In diesem Prozesse aber, dem wir entgegensehen, und der uns — wie ich hoffe — in naher Aussicht steht, und den auch wir Oesterreicher mit Grund zu erwarten haben, in diesem Prozesse spielt das Prinzip des freien Beweises eine wichtige Rolle, und ich behaupte fest, ja es ist meine innerste Ueberzeugung, daß sich dieser Prozeß ohne dieses Prinzip nicht durchführen läßt, wenigstens nicht mit jener Reinheit und Schärfe zu Tage treten wird, wie er eben zu Tage treten muß, wenn er alle segensvollen Wirkungen hervorbringen soll, die man von ihm erwartet. In diesem Prozesse ist es Prinzip, daß sich die Parteien frei vor dem Richter bewegen, daß es ihnen gestattet sei, ihr ganzes Angriffs- und Vertheidigungsmaterial ohne jede Schranke unmittelbar vor den Richter zu bringen, ihm dasselbe vorzutragen und es dem Richter zu ermöglichen, daß er den ganzen Fall, wie er vorliegt, klar erfassen und daraus eine reifliche Ueberzeugung gewinnen und sich ein festes Urtheil bilden könne. Wenn dem Richter dieses Material geboten ist, dann hängt es davon ab, wie er dasselbe zu beurtheilen versteht. In diesem Augenblicke sowie in jedem anderen Stadium des Prozesses verfährt der Richter nur wie jeder andere Mensch. Er folgt bei der Beurtheilung des Materials den Gesetzen der Logik, jenen allgemeinen Gesetzen, welche zwar in keinem Gesetzbuche enthalten sind, wohl aber in der geistigen Entwickelung und fortgesetzten Ausbildung der Menschheit ihren Ursprung finden und unbedingt zur Geltung kommen müssen. Wenn diese Gesetze der Logik irgend wo, bei irgend einem Volke, in irgend einer Wissenschaft unterbrochen, wenn sie mißachtet wurden, dann war die Folge Verwirrung und Unnatur, und daher kommt es auch, daß wir uns gegen Institutionen, die aus dem Mangel oder der Unterbrechung der natürlichen Logik hervorgegangen sind — mögen dieselben sich auf Naturwissenschaften oder juristische Wissenschaften beziehen — auflehnen, ja, daß sich ganze Völker gegen solche Institutionen aufgelehnt haben. Der Richter folgt also bei der Beurtheilung des Materials den Gesetzen der Logik, welche für alle Menschen gleich sind. Ich, sowie mein Herr Vorredner, kenne keinen Unterschied zwischen individueller und Gesammtlogik. Die Logik ist, wie gesagt, nur eine. Aber es ist möglich, daß ein geistig unterdrücktes Volk eine falsche Logik habe. Wenn ein zurückgebliebenes Volk falsch denkt, so gibt es jedenfalls eine falsche individuelle, aber auch eine falsche Gesammtlogik. Je entwickelter ein Volk ist, eine desto feinere, schärfere Logik hat dasselbe. Die schärfste Logik haben die Römer gehabt, weil sie eben im hohen Grade ausgebildet gewesen sind. Deshalb hat auch Professor Endemann richtig behauptet, daß die Römer keiner Beweisregeln bedurften; denn es wäre eine Beleidigung für den Römischen Richter gewesen, wenn man ihm die Schnürbrust fester Regeln aufgezwungen hätte, eine Beleidigung deshalb, weil er zu einem ausgezeichneten, hochgebildeten Volke gehörte. Wo aber sollte die Logik in ihrer feinsten Ausbildung, in ihrer höchsten Schärfe zu finden sein? Sollen wir sie in den untersten Schichten des Volkes suchen, oder sollen wir sie unter jenen Männern suchen, die durch jahrelanges Studium, durch Vorbereitung und viele Erfahrungen ihren Verstand geschärft und ihre Anschauungen erweitert haben, mit einem Wort, unter Männern des Richterstandes? Meine Herren! Bei den Männern des Richterstandes können wir überall, namentlich aber in den Deutschen Ländern, die beste und sicherste Logik erwarten. Gerade der Deutsche Richter ist derjenige, von dem man am wenigsten eine Willkür zu besorgen hat; gerade er ist es, der tief denken gelernt hat, der gründlich ist und gründlich bleiben wird. Wir brauchen uns nicht zu scheuen, dem Deutschen Richter unsere Angelegenheiten zur Beurtheilung zu überlassen. Ich behaupte daher, daß der Richter bei Beurtheilung der Rechtssachen keine andere als die allgemeine eine Logik anzuwenden habe, daß er keiner besonderen Regeln bedürfe, um zur richtigen Beurtheilung des vorliegenden Thatbestandes zu gelangen. Daß aber das Deutsche Volk den Drang fühlt, die Beweisregeln, die seit Jahrhunderten bestehen und die eben nichts Anderes sind, als eine Ausgeburt jener Bevormundung, welche in den Deutschen Institutionen sich seit Jahrhunderten fortgepflanzt hat, abzuschütteln, und daß auch die Deutschen Juristen das Bedürfniß fühlen, sich den Fesseln dieser beschränkenden Regeln zu entwinden, dafür gibt uns das Strafverfahren einen großen und bedeutsamen Fingerzeig. Das Deutsche Volk und die Deutschen Juristen — wir wollen uns mit dem Volke identificiren — hat die wesentlichsten Interessen in die Hand gewöhnlicher Männer aus dem Volke gelegt und als Recht anerkannt, was diese Männer mit ihrem schlichten Verstande aussprechen werden über unsere Freiheit und sogar über unser Leben. Den Umstand, daß im Strafverfahren die Thatfrage der freien Beurtheilung von Männern aus dem Volke überlassen wurde, kann man nicht übersehen, will man nicht die wesentlichsten Momente der Entwicklung eines Volkes außer Acht lassen. Ich behaupte nun, daß, wenn man dem Volke im Strafverfahren die Macht gibt, sich über so große und wesentliche Interessen frei, ohne an bestimmte Regeln gebunden zu sein, auszusprechen, man im Civilprozesse diese Macht dem Richter noch unbesorgter überlassen kann. Im Civilprozesse fungiren gelehrte Richter, die, wenn nur einmal der mündliche Prozeß in's Leben getreten sein wird, sich auch mit dem Leben in unmittelbare Verbindung setzen und dann nicht blos gelehrt, sondern auch wirklich erfahren sein werden, also Richter, welche, wenn nicht höhere, so doch die gleichen Requisite besitzen, wie die Geschworenen, und daher allerdings in der Lage sind, ohne feste und bindende Beweisregeln den Rechtsfall zu entscheiden. Sollte aber der an keine feste Beweisregel gebundene Richter den Rechtsfall wirklich nicht richtig entscheiden, so ist für die Rechtsuchenden noch immer keine Gefahr vorhanden, da im Civilprozesse die Appellation an den oberen Richter zulässig und diesem das Recht eingeräumt ist, das ganze Prozeßmaterial und insbesondere die Anschauungen des ersten Richters einer neuerlichen Prüfung zu unterziehen. Begnügen wir uns im Strafprozesse mit dem Ausspruche der Geschworenen ohne Appellation in Fällen, wo es sich oft um das Leben handelt, so können wir im Civilprozesse dem Richter mit um so größerer Beruhigung das Urtheil über unsere Angelegenheiten überlassen, ohne ihn an feste Beweisregeln zu binden, da über ihm der Ober-Richter steht, der jederzeit angerufen werden kann, wenn die Partei sich mit dem ersten Urtheil nicht zufriedenstellt. Hierdurch ist der allfälligen Willkür des ersten Richters eine Schranke gesetzt, und ich bemerke nur noch, daß auch dort, wo nur ein einzelner Richter entscheidet, keine Gefahr vorhanden ist, da der Spruch eines Einzelnrichters im Wege der Berufung von einem Kollegium geprüft und so die Sache von mehreren noch einmal durchgesprochen werden kann.

Ich finde in den eben entwickelten Momenten Motive genug, mich für den freien Beweis auszusprechen. Erlauben Sie mir aber, die Sache noch von einer anderen Seite zu beleuchten. Ich glaube, daß der Juristentag vorzugsweise berufen ist, dieses Prinzip, und zwar gerade in diesem Augenblicke, auszusprechen. Der Juristentag soll es sich zur Aufgabe machen, vorwärts zu schreiten und ja nicht nachzuhinken. Alle Anzeichen sprechen dafür, daß das Letztere eintreten würde, falls wir uns für das Prinzip des freien Beweises nicht jetzt aussprächen. Einzelne Staaten in Deutschland haben der freien Beweisprüfung wirklich schon einige Concessionen gemacht, andere Staaten stehen im Begriffe, in diese Bahnen einzulenken, und namentlich auch unser Staat Oesterreich dürfte in dieser Beziehung in seiner neuen Civilprozeßordnung dem Prinzipe des freien Beweises huldigen. Meine Herren! Sie werden sich von der Zeit überflügeln lassen, wenn Sie Prinzipien erst dann aussprechen, nachdem dieselben schon proklamirt und längst in Wirksamkeit getreten sind; dann werden Sie Geschichte schreiben, aber nicht, wie sie es sollten, juristische Geschichte machen. (Bravo!) Ich glaube also, daß es die Aufgabe des Juristentages ist, sich auf den Boden des Prinzips des freien Beweises zu stellen, und dieses Prinzip jetzt schon zu proklamiren, damit es zur rechten Zeit und am rechten Orte seine Wirkung ausübe. Schließlich noch einige Worte über den Vorwurf einer meiner Herren Vorredner, daß wir Vertheidiger des freien Beweises nicht aufrichtig seien. Ich weise diesen Vorwurf als einen ganz ungerechtfertigten zurück. Wenn das Prinzip mit Klarheit und Reinheit ausgesprochen ist, wird es immerhin möglich sein, bei seiner Durchführung aus Zweckmäßigkeitsgründen Abweichungen zu normiren, ohne daß dasselbe deshalb in seiner Wesenheit als verletzt oder gar als aufgehoben zu betrachten ist. Ist etwa der Französische Prozeß deshalb kein mündlicher, weil in einzelnen Theilen desselben die Schriftlichkeit zugelassen ist? Kann es Jemandem beifallen, das Hannöversche Verfahren in Civilsachen als ein nicht mündliches zu erklären, weil hier und da eine kleine Abweichung von der reinen Mündlichkeit vorkommt, die aus Zweckmäßigkeitsgründen eingeführt wurde? Wir wollen hoffen und können erwarten, daß das Prinzip des freien Beweises, wenn es von uns proklamirt wird, auch in der Gesetzgebung der Deutschen Staaten aufgenommen und daß die bezüglichen Gesetze von den Partikulargesetzgebungen, denen wir nicht vorgreifen dürfen, so werden ausgearbeitet werden, daß dieses Prinzip zum unverfälschten Ausdruck gelange. Sie haben durch die Annahme des Grundsatzes der Mündlichkeit die Parteien im Civilprozesse frei gemacht; geben Sie auch dem Richter das natürliche, große Recht des freien Denkens, das Recht, das ihm vorliegende Beweismaterial, befreit von den Fesseln der festen Beweisregeln, beurtheilen zu können; legen Sie ihm mit ganzem, vollem Vertrauen die Rechtsprechung in die Hand, und Sie können überzeugt sein, daß er dieses Vertrauen gewiß rechtfertigen wird. (Bravo! Bravo!)

**Präsident**: Zunächst ist mir ein Antrag von Herrn Feder zugekommen, er lautet folgendermaßen:

„Ich glaube, der Deutsche Juristentag solle seine Ueberzeugung dahin aussprechen, daß, was den Beweis in bürgerlichen Streitsachen betrifft, das Urtheil nach freier richterlicher Ueberzeugung ohne festbindende Beweisregeln erfolgen soll, wobei jedoch die Frage, ob und in wie weit die Einführung des Instituts der Richter der Thatsachen (Geschworenen) zu empfehlen sei, der weiteren Erörterung vorbehalten ist."

Herr Professor Endemann hat die ursprüngliche Fassung seines Antrages zurückgezogen und folgende vorgelegt:

„Der Juristentag spreche sich, ohne damit die Folgen des Grundsatzes im Einzelnen festzustellen, im Ganzen für das Prinzip aus, daß der Richter die Wahrheit der Thatsachen, soweit sie unter den Parteien streitig sind, nach freier Ueberzeugung zu prüfen habe." (Beifall.)

Es sind noch neun Redner eingeschrieben. Ohne der Versammlung irgendwie vorgreifen zu wollen, bin ich doch der unmaßgeblichen Meinung, daß in diesem Saale Niemand sitzt, der über die Frage, um welche es sich handelt, sich seine Meinung nicht schon früher gebildet hätte, wenn dieselbe auch heute eine mächtigere Förderung erhalten haben sollte. Ich würde daher den Herren vorschlagen, da wir noch eine ganze Reihe von Geschäften zu erledigen haben, auf eine Abkürzung der Debatte hinzuwirken. (Rufe: Schluß!)

Rechtsanwalt Dr. **Schaffrath** aus Dresden: Ich bitte um das Wort zur Geschäftsordnung. Ich würde die Versammlung bitten, das Beispiel, welches sie gestern befolgte, heute wieder nachzuahmen, nämlich in der Reihenfolge die Redner dergestalt abwechseln zu lassen, daß einer für und der andere abwechselnd gegen das Prinzip gehört werde. (Rufe: Schluß!) Ich trage daher darauf an.

**Präsident**: Das ist kein Mittel der Abkürzung, sondern nur ein Mittel der Abwechselung. (Heiterkeit.) Ich glaube, im Sinne der Versammlung zu handeln, wenn ich die Abkürzung der Abwechselung vorziehe. (Bravo!)

Hof- u. Ger.-Adv. Dr. **Josef Kopp** aus Wien: Eben um die Abkürzung zu erleichtern, beantrage ich, die Versammlung wolle beschließen, daß von den Rednern, welche für, und jenen, welche gegen das Prinzip sich gemeldet haben, von jeder Gruppe nur einer durch sie selbst gewählt werde, und daher im Ganzen noch zwei Rednern das Wort gestattet werde. — (Rufe: Schluß!)

**Präsident:** Der Antrag auf Schluß der Debatte ist derjenige, der am weitesten geht.

Diejenigen Herren, welche für den Schluß der Debatte sind, bitte ich, die Hand zu erheben. (Geschieht.)

Der Schluß der Debatte ist angenommen, und wir schreiten nun zur nicht ganz leichten Abstimmung, aber vorher hat noch der Berichterstatter das letzte Wort.

Berichterstatter Obergerichts-Advokat Dr. **Pfeiffer** aus Bremen: Geehrte Herren! Ich will Ihrem Wunsche nach Abkürzung der Verhandlung dadurch entsprechen, daß ich mich auf wenige Bemerkungen beschränke. — Der gegenwärtige Antrag ist, wie ich glaube, hervorgegangen aus einer Reaktion gegen den Mißbrauch der bestehenden Beweisregeln, gegen die Ausdehnung und Anwendung derselben über das Maß hinaus. Niemand zweifelt daran, wenigstens in diesem Saale ist keine Stimme laut geworden, daß das Prinzip der freien Beweiswürdigung einer Ausdehnung im Verhältniß zur Anwendung in den meisten Deutschen Ländern bedarf. Niemand wird daran zweifeln, daß Grundsätze, wie die, wonach die Abmessung eines Beweises nach mathematischen Gesetzen, gewissermaßen nach dem Zollstab, erfolgt, nicht mehr bestehen können; daß die Glaubwürdigkeit von Zeugen nicht im Voraus bestimmt werden kann; daß der künstliche Beweis durch Schlußfolgerungen einer allgemeinen und freien Einführung bedarf. Wogegen einige Redner und auch ich warnen möchten, das ist nur, in dieser Beziehung zu weit zu gehen. Die Gründe hierfür sind schon von verschiedenen Seiten hervorgehoben worden; ich erlaube mir nur noch, auf einen Punkt aufmerksam zu machen.

Wäre die Verhandlungsmaxime nicht auch für das Beweisverfahren bestimmt, so würde ich kein Bedenken tragen, mich für die völlige Freigebung der Beurtheilung des Beweises zu erklären. Ich glaube aber, daß eben in der Verhandlungsmaxime, deren Beibehaltung ich für meine Person für nothwendig halte, der Grund liegt, weshalb man nicht, wie es im Kriminalprozesse der Fall ist, dem Richter vollkommene Freiheit in der Beweiswürdigung gestatten kann. Denn der Richter ist durch die Verhandlungsmaxime verhindert, volle Einsicht in die thatsächlichen Verhältnisse, welche dem Rechtsstreite zu Grunde liegen, zu erhalten. Es wird ihm eben nicht, wie im Kriminalprozeß, ein ganzes Bild der Sache, der Persönlichkeit des Angeklagten, der Zeugen, aller Nebenumstände vorgelegt, sondern er ist auf ein kleines Stück, welches die Parteien zur Erreichung ihres Zweckes dem Richter mitzutheilen für geeignet halten, beschränkt. Seine Kenntniß der Thatsachen ist daher eine unvollkommene. Und diese unvollkommene Kenntniß macht es nach meinem Ermessen nothwendig, der Anwendung seiner subjektiven Anschauungen durch einige äußere Regeln Schranken zu setzen.

Ich will nicht weiter auf die Sache eingehen, sondern ich erlaube mir nur noch einige Bemerkungen über die Tragweite der gestellten Anträge, und zwar in der Reihenfolge, in welcher sie von dem Streben nach unbeschränkter Freiheit des Richters bis zur strengen Beibehaltung von Beweisregeln vorschreiten.

Der weitestgehende Antrag in dieser Beziehung ist der von Professor Endemann gestellte. Wenn wir seine Motivirung ins Gedächtniß uns zurückrufen, so können wir nicht verkennen, daß seine Ansicht auf dem Streben nach tiefer gehender Umgestaltung des Prozesses im Allgemeinen beruht. Es ist hier nicht der Ort, sich darüber auszusprechen, ob die Prozeßgrundsätze, welche Dr. Endemann im Auge hat, empfehlenswerth und durchführbar seien; ich glaube aber das sagen zu können: Wir können uns bei unserem gegenwärtig zu fassenden Beschlusse nur auf den Standpunkt der gegenwärtigen Prozeßgesetzgebung stellen und daher in der Ausdehnung, wie Dr. Endemann die freie Beweisprüfung geübt wissen will, aus den von ihm angeführten Gründen auf seinen Antrag nicht eingehen. Er selbst hat seinen Antrag dadurch beschränkt, daß er demselben den Beisatz zufügte: „Die freie Beweisprüfung soll Platz greifen, so weit die Thatsachen unter den Parteien streitig sind." Ich glaube, es würde dieser Zusatz nicht genügen, um das auszudrücken, was von einer Reihe von Rednern, die sich für den ersten Endemann'schen Antrag bekannten, ausgesprochen wurde. Die meisten dieser Herren haben nämlich theils solche Beweismittel, die der Privatdisposition unterliegen, theils solche, welche dem materiellen Rechte angehören, von der freien Würdigung des Beweises ausschließen wollen. Es würde dahin gehören z. B. das Geständniß, die Folgen der Kontumaz, der Eid, die Beweiskraft öffentlicher Urkunden, die Präsumtion, die Zulassung oder Ausschließung der Privatkenntniß des Richters und wohl endlich alle diejenigen Vorschriften, welche den Ausschluß gewisser Beweismittel zum Zwecke haben. Wenn ich den Herrn Dr. Endemann recht verstanden habe, so würde er mit einer solchen Beschränkung der freien Beweiswürdigung nicht einverstanden sein. Nehmen Sie aber den Endemann'schen Antrag an, so wird er doch in seinem Sinne aufzufassen sein und daher, wie ich glaube, nicht im vollen Einklange stehen mit dem, was die übrigen Herren gewünscht haben.

Am nächsten dem Endemann'schen Antrage steht der von Herrn Rechtsanwalt Leonhard. Derselbe wünscht Beseitigung aller Beweisregeln, soweit nicht die freie Disposition der Parteien dadurch beeinträchtigt würde.

Hiergegen muß ich mir dieselben Bemerkungen erlauben, die ich gegen den Endemann'schen Antrag vorgebracht habe.

Feder hat in seinem Antrage eine ganz andere Institution mit in die Debatte hineingezogen, welche die ursprünglich aufgeworfene Frage gar nicht berührt. Er stellt in Erwägung, ob das Institut der Geschworenen in Civilsachen zulässig sei, oder nicht. Ich glaube, daß wir hierauf, da die Frage in dieser Beziehung nicht vorbereitet ist, nicht eingehen können.

Die Anträge einiger anderer Herren, nämlich Zenthöfer, Corty, v. Sternenfels, stimmen darin überein, daß sie auf bestimmte Kategorien des Beweises die freie Prüfung desselben beschränken wollen; Herr Zenthöfer auf Zeugen, Sachverständige und Augenschein, Herr Corty auf Zeugen und Sachverständige, Herr v. Sternenfels auf Zeugen, Urkunden und Auflage des nothwendigen Eides. Diese Anträge haben sehr viel für sich, sie führen aber nothwendig in die Detailprüfung, und es wäre daher wohl bedenklich, einen dieser Anträge anzunehmen, ohne sich alle hierbei in Betracht kommenden Fragen zu vergegenwärtigen. Ich mache namentlich aufmerksam, daß gerade aus der Vergleichung dieser drei Anträge hervorgeht, wie schwer in dieser Richtung zu einem bestimmten Prinzip zu gelangen ist.

Endlich kommt der von mir gestellte Antrag, mit dem der Sache nach der Horwitz'sche übereinstimmt. Da die Versammlung geneigt sein dürfte, einen positiven Beschluß der Tagesordnung vorzuziehen, so will ich meinen Antrag fallen lassen, und mich mit dem Horwitz'schen einverstanden erklären.

Am weitesten geht der Antrag des Herrn Gierse, der zwar im Wesen mit dem meinigen einverstanden ist, jedoch eine Richtung genommen hat, die noch schärfer die Nothwendigkeit gewisser Beweisregeln betonen will. — Ich empfehle Ihnen sonach den Horwitz'schen Antrag zur Annahme.

**Präsident**: Ich werde noch den Antrag des Herrn Horwitz verlesen. (Liest:)

> „Der Juristentag wolle als seine Ueberzeugung aussprechen:
> Die Würdigung eines geführten Beweises ist auch im Civilprozesse der Natur der Sache nach vorzugsweise der freien richterlichen Erkenntniß zu überlassen. Insbesondere wird durch das mündliche Verfahren ein größerer Einfluß der subjektiven Ueberzeugung des Richters bei Entscheidung der Thatsachen bedingt. Die unbedingte Verwerfung aller positiven Beweisregeln als Schranken der freien richterlichen Beurtheilung erscheint jedoch nicht gerechtfertigt."

Der Herr Berichterstatter hat soeben das Verhältniß der vorliegenden

Anträge auseinandergesetzt. Ich werde mit kurzen Worten auf dieses Verhältniß, um die Reihenfolge der Abstimmung festzustellen, zurückkommen.

Als extremste Pole stehen sich gegenüber der Antrag des Herrn Endemann einerseits, und der Antrag auf Tagesordnung des Herrn Gierse andererseits; indem der eine die volle Freiheit der Beweiswürdigung, der andere aber die Beweisregeln in seiner motivirten Tagesordnung als Nothwendigkeit aufnimmt. Es wäre daher meines Erachtens zunächst der Antrag des Herrn Gierse auf Tagesordnung, dann aber der Antrag des Herrn Endemann, als der in Beziehung auf das Prinzip am weitesten gehende, zur Abstimmung zu bringen. Mit dem Antrage des Herrn Endemann in der Wesenheit übereinstimmend, ist zunächst der Antrag des Herrn v. Feder, welcher jedenfalls die freie Beweiswürdigung beantragt, und nur einen Zusatz, der, wie ich glaube, heute für uns von keiner Bedeutung ist, noch hinzufügt, nämlich: „Man soll es anheimstellen, inwieweit auch das Institut der Geschworenen in den Civilprozeß einzuführen sei." Gleichfalls dem Inhalte und der Wesenheit nach mit dem Antrage des Herrn Endemann übereinstimmend, ist der Leonhard'sche Antrag, wieder mit einem Zusatz, der ausspricht, welchen Einfluß der Wille der Parteien auf die Beweiswürdigung haben soll. In einem Punkte stimme ich in Beziehung auf die Gruppirung dieser Anträge mit dem Herrn Berichterstatter nicht überein, nämlich in Beziehung auf den Antrag des Herrn von Sternenfels; denn obgleich derselbe die einzelnen Beweismittel, wie Urkunden, Zeugenbeweis und den Eid berührt, so giebt er doch in Beziehung auf alle diese Beweismittel die freie Beweiswürdigung des Richters zu und ist daher, wie ich glaube, in der Wesenheit mit dem Antrage des Herrn Endemann übereinstimmend. Dagegen sprechen sich die Anträge der Herren Zenthöfer und Corty über die einzelnen Beweismittel selbst aus, und es würde dann, wenn wir in der Reihenfolge auf die einzelnen Beweismittel bei der Abstimmung kommen, eben über die einzelnen Beweismittel selbst und darüber, ob der Richter in Bezug auf dieselben an bestimmte Regeln gebunden sein soll, oder ob nach seinem freien Ermessen die Beweiswürdigung zu erfolgen hat, abzustimmen sein.

Zunächst beschäftigen uns daher die Hauptanträge: der auf Tagesordnung des Herrn Gierse, welcher in seinen Motiven die Nothwendigkeit von Beweisregeln statuirt, und andererseits der Antrag des Herrn Endemann, welcher die volle freie Beweiswürdigung beantragt. — Wenn die Herren damit einverstanden sind, würde ich zunächst den Antrag des Herrn Gierse auf Tagesordnung zur Abstimmung bringen.

Rechtsanwalt **Leonhard** aus Grünberg: Mit Rücksicht auf die Modifikation, die Herr Professor Endemann bei seinem Antrage hat eintreten lassen, ziehe ich meinen Antrag zurück.

Advokat **v. Feder** aus Offenburg: Nach den mir bekannten Regeln des parlamentarischen Verfahrens kann unter keinen Umständen ein Antrag zur Abstimmung kommen, über dessen Begründung man den betreffenden Antragsteller nicht gehört hat. Ich habe einen Antrag gestellt, der, wie mir scheint, die entgegenstehenden Ansichten zu vermitteln geeignet ist. Ich habe ihn so kurz gestellt, als möglich; allein das Wort zur Begründung desselben wurde mir nicht gestattet. Ich kann daher nicht zugeben, daß man den Antrag, ohne nur den Antragsteller über das Verständniß desselben gehört zu haben, zur Abstimmung bringe, und ich ziehe ihn daher für heute zurück.

**Präsident**: Ich habe die Leitung der Verhandlung, und wenn aus der Mitte der Versammlung der Vorwurf unparlamentarischen Vorgehens erhoben wird, so trifft dieser Vorwurf zunächst mich. Ich habe einige Praxis in dem, was parlamentarische Uebung und Sitte ist. Mir ist aber bekannt, daß, sobald der Schluß der Debatte ausgesprochen ist, wenn nicht die Versammlung einem Redner das Wort insbesondere ertheilt, kein anderer Redner, als der Berichterstatter und der Hauptantragsteller, das Wort haben können. Wenn jedoch Herr v. Feder, ohne einen Vorwurf gegen mich zu richten, blos wünscht, daß die Versammlung ihm das Wort ertheile, so ist mir die parlamentarische Sitte wieder insoweit geläufig, daß ich weiß, daß ich die Versammlung zu befragen habe, was ich auch hiermit thue, ob der Herr Antragsteller v. Feder und auch die übrigen Herren Antragsteller, die sich mit ihm in gleichem Falle befinden, noch das Wort zur Begründung ihrer Anträge erhalten sollen.

Ich frage daher die Versammlung: Sollen sämmtliche Herren, welche Anträge gestellt und noch nicht begründet haben, gehört werden? Diejenigen Herren, welche . . .

Bezirksgerichtsaccessist **Hake** aus München: Ich glaube, so kann die Frage nicht gestellt werden. Die anderen Herren Antragsteller haben ja noch nicht gewünscht, zum Worte zugelassen zu werden; dieser Wunsch ist nur von einem der Herren ausgesprochen worden, und die Frage kann also nur so gestellt werden, ob die Versammlung diesen einen, der den Wunsch geäußert hat, hören wolle.

**Präsident**: Da mir ein Vorwurf in Beziehung auf parlamentarische Sitte gemacht wurde, so würde ich mich da einer gleichen Unsitte auch gegen die übrigen Herren schuldig machen, und da ich gegen Niemand unanständig sein will, so muß ich zur Rettung des parlamentarischen Anstandes Allen das Wort geben.

Rechtsanwalt **Dr. Schaffrath** aus Dresden: So wenig man über eine

Frage, die mehrere Fragen in sich faßt, mit einem Male abstimmen lassen darf, so wenig darf man eine Versammlung fragen wollen, ob sie mehreren das Wort geben wolle in Einer Frage, sondern es ist über jeden Antragsteller einzeln abzustimmen. Ich trage daher darauf an, daß die Versammlung zunächst befragt werde, ob Herrn von Feder das Wort gegeben wird.

Obertribunalsrath Freiherr **v. Sternenfels** aus Stuttgart: Ich bitte um das Wort zur Entwickelung meines Amendements, wenn überhaupt noch das Wort ertheilt werden sollte.

Advokat **v. Feder** aus Offenburg: Ich ergreife nur das Wort, um zu erklären, daß ich weit entfernt war, dem Präsidenten einen Vorwurf wegen unparlamentarischen Verhaltens zu machen. Meine frühere Bemerkung war nur dadurch veranlaßt, daß die Versammlung schon den Schluß der Debatte erklärt hatte, und ich somit genöthigt war, meinen Antrag zurückzuziehen.

**Präsident**: Gerade in diesem etwas sehr scharfen Verhalten des Antragstellers mußte ich eine Beziehung auf mich erblicken. Da der Antrag von mir gestellt wurde, über sämmtliche Redner abstimmen zu lassen, so ziehe ich ihn jetzt zurück und lasse blos über die einzelnen abstimmen. Zunächst bitte ich, will die Versammlung Herrn v. Feder hören? Diejenigen Herren, die dafür sind . . . (Wird unterbrochen von:)

Advokat **v. Feder**: Ich habe meinen Antrag zurückgezogen.

**Präsident**: Wollen Sie Herrn Freiherrn v. Sternenfels über seinen Antrag hören? Diejenigen Herren, die dafür sind, belieben die Hand zu erheben. (Geschieht.)

Das ist die Minorität.

Wünscht noch Jemand das Wort? (Niemand meldet sich.)

Freiherr **v. Sternenfels**: Ein paar Worte über die Fragestellung möchte ich mir erlauben. Der Herr Präsident hat bemerkt, daß mein Antrag, der blos bei den Zeugen, Urkunden und dem richterlichen Eide eine freie Würdigung ausgesprochen haben wollte, mit dem Endemann'schen Antrage übereinstimmt. Das ist insofern nicht der Fall, als ich, gestützt auf das Verhandlungsprinzip, bei dem Geständnisse und dem zugeschobenen Eide die bisherige Regel belassen will.

**Präsident**: Wir werden also den Antrag des Herrn v. Sternenfels zu denjenigen Anträgen gruppiren, die sich mit den einzelnen Beweismitteln beschäftigen.

Zunächst glaube ich, wenn kein Widerspruch dagegen erhoben wird, über die Anträge des Herrn Gierse auf Tagesordnung und des Herrn Endemann, welcher ohnehin bekannt ist, abstimmen zu lassen. Ist gegen die

Reihenfolge dieser zwei Anträge, daß sie allen übrigen vorzugehen haben, Widerspruch? (Rufe: Nein!)

Ich bringe also den Antrag des Herrn Gierse zunächst zur Abstimmung. Er lautet.

„Die Versammlung geht in Erwägung,

1) daß gewisse Beweisregeln nicht entbehrt werden können,

2) daß dieselben jedoch auf das nothwendigste Maß zu beschränken seien, hierbei aber auch

3) die Gerichtsverfassung und die Gerichtsordnung in Betracht komme,

zur Tagesordnung über."

Diejenigen Herren, welche für diese Tagesordnung stimmen, bitte ich, die Hand zu erheben. (Geschieht.)

Der Antrag ist in der Minorität geblieben.

Es kommt nun der Antrag des Herrn Professor Endemann in seiner neuen Fassung zur Abstimmung. Er lautet folgendermaßen:

„Der Juristentag spricht sich, ohne damit die Folgen des Grundsatzes im Einzelnen festzustellen, im Ganzen für das Prinzip aus, daß der Richter die Wahrheit der Thatsachen, so weit sie unter den Parteien streitig, nach freier Ueberzeugung zu prüfen habe."

Diejenigen Herren, welche für diesen Antrag sind, wollen die Hand erheben. (Geschieht.)

Der Antrag ist mit großer Majorität angenommen. (Beifall.)

Ich glaube, daß nach der Annahme des Endemann'schen Antrages alle übrigen Anträge von selbst entfallen, weil ich nicht anerkennen kann, daß die Versammlung, nachdem sie das Prinzip in seiner Allgemeinheit genehmigt hat, jetzt noch, und da ohnehin Endemann's Antrag die Verklauselirung wegen der einzelnen Beweismittel enthält, noch über die einzelnen Beweismittel abstimmen lassen will. Ist dagegen Widerspruch? (Rufe: Nein!)

Somit, m. H., ist die zweite Frage der vierten Abtheilung erledigt in Bezug auf den Inhalt.

Es tritt nun wieder die Frage der Behandlung vor der Plenarversammlung an uns, und da glaube ich, daß die Wahl des Berichterstatters bis dahin auszusetzen sei, bis sich die Abtheilung ausgesprochen haben wird, ob der Plenarversammlung blos der Beschluß anzuzeigen, oder ob in derselben Erörterung und Entscheidung über diese Frage zu beantragen sei. Ueber diese Frage eröffne ich die Debatte.

Ober-Tribunalsrath Freiherr **v. Sternenfels** aus Stuttgart: Ich bitte um das Wort. Ich glaube den Beschluß der ersten Plenarversammlung nicht dahin auffassen zu müssen, daß ex officio in jeder Abtheilung bei jedem Beschlusse erörtert wird, ob er der Plenarversammlung vorzulegen sei; sondern ich fasse den Beschluß dahin auf, daß kein Beschluß der Abtheilungsversammlung der Plenarversammlung vorgelegt werde, wenn nicht der spezielle Antrag darauf gerichtet wird. Ich glaube deshalb, wir sollten abwarten, ob ein Mitglied der Versammlung den Antrag auf Vorlegung an die Plenarversammlung stellt, und wenn das nicht der Fall ist, so wird unser Beschluß nicht vorgelegt.

**Präsident**: Ich erlaube mir in dieser Sache, weil sie zur Geschäftsbehandlung gehört, das Wort zu ergreifen. Der Zusatz, den wir gestern in der Plenarversammlung beschlossen haben, spricht in dem ersten Alinea Folgendes aus: „Sämmtliche Beschlüsse der Abtheilungen werden in der Plenarversammlung mitgetheilt.“ Soweit es sich also um die bloße Mittheilung handelt, scheint mir dieses für die Abtheilung obligatorisch zu sein; sie kann den Beschluß nicht für sich behalten. Die andere Frage aber, ob der Gegenstand noch einmal zu erörtern und in der Plenarversammlung zu entscheiden ist, ist eine solche, die bei keiner Angelegenheit umgangen werden kann; die Abtheilung muß sich eben darüber aussprechen; denn es heißt: „Es findet jedoch eine Erörterung und Entscheidung in dem Plenum nur dann statt, wenn dieses von der betreffenden Abtheilung vorgeschlagen wird.“ Die Abtheilung hat den Vorschlag zu machen und der Präsident hat die Frage nicht zu umgehen.

Freiherr **v. Sternenfels**: Ich habe mich versprochen. Es ist nicht meine Absicht, daß die Beschlüsse nicht mitgetheilt werden; aber meine Absicht wäre, daß, ehe ein Beschluß gefaßt wird, ob in der Plenarversammlung eine Erörterung beantragt werden soll, hierzu ein Antrag aus der Abtheilung nöthig ist.

**Präsident**: Ich habe keinen Antrag gestellt, sondern nur gesagt, daß über die Frage, ob der Beschluß der Plenarversammlung zur Erörterung und Entscheidung vorzulegen sei, die Debatte eröffnet sei.

Hof- und Gerichts-Advokat Dr. **Josef Kopp** aus Wien: Um alle Zweifel abzuschneiden, stelle ich hiemit ausdrücklich den Antrag:

> „Die Versammlung wolle beschließen, daß hierüber dem Plenum nicht blos Bericht mitgetheilt werde, sondern ich beantrage, es soll über diesen Antrag in pleno auch berathen und beschlossen werden.“

**Präsident**: Eben wird mir vom Büreau mitgetheilt, daß Herr Gierse diesen Antrag schriftlich stellte. Ich eröffne die Debatte hierüber. (Rufe: Nein! Nein!)

Rechtsanwalt **Gierse** aus Münster: Ich habe um das Wort gebeten. Ich bin der Meinung, daß die Sektionsbeschlüsse keine Vereinsbeschlüsse sind, daß aber nur die Vereinsbeschlüsse die wichtige Bedeutung haben, die sie bisher hatten, daß daher solche Sektionsbeschlüsse auf irgend eine Weise dem ganzen Vereine unterbreitet und auch von ihm adoptirt werden müssen, um Vereinsbeschlüsse zu werden, (Unruhe) um den richtigen Nachdruck zu erlangen. Ich schließe mich aus diesem Grunde dem eben gestellten Antrage an.

**Präsident**: Da Niemand sich weiter zum Worte gemeldet hat, so bringe ich den Antrag zur Abstimmung. Diejenigen Herren, welche dafür sind, daß die Frage über die Beweiswürdigung im Civilprozesse der Erörterung und Entscheidung auch des Plenums unterbreitet werde, ersuche ich die Hand zu erheben. (Geschieht.)

Die Sache wird dem Plenum zur Erörterung vorgeschlagen.

Es handelt sich um die Wahl des Berichterstatters. (Allgemeiner Ruf: Endemann.)

**Präsident**: Herr Dr. Pfeiffer hat das Wort.

Berichterstatter Dr. **Pfeiffer**: Ich wollte mir nur erlauben, den Herrn Professor Endemann vorzuschlagen (Bravo) zum Berichterstatter, da ich nicht im Stande sein würde, seine Ansicht mit dem nöthigen Nachdruck zu vertheidigen.

**Präsident**: Ich glaube den Namen Endemann so überwiegend gehört zu haben, daß eine Abstimmung entfallen würde.

Der nächste Gegenstand der Tagesordnung ist die Frage: „Soll der erste Richter an ein von ihm erlassenes Beweisinterlokut bei der Hauptentscheidung gebunden sein?“ Herr Berichterstatter Volkmar hat das Wort.

Berichterstatter Justizrath **Volkmar** aus Berlin: M. H.! Die Frage:

„Soll der erste Richter an ein von ihm erlassenes Beweisinterlokut gebunden sein?“

wird Ihnen heute zum dritten Male vorgeführt. Es sind neue Gutachten erbeten und erstattet worden. Dr. Beschorner bejaht die Frage und bemerkt im Wesentlichen: Dafür, daß der Richter an sein eigenes Beweisdekret bei der Hauptentscheidung zu binden ist, spricht 1) der Umstand, daß dieses der einfachste, natürlichste, dem Geiste des mündlichen, unmittelbaren Verfahrens entsprechendste Weg ist; 2) daß dadurch die Prozesse abgekürzt werden, indem die Wiederaufnahme eines neuen Beweisverfahrens und die Rückkehr zu einem früheren Stadium des Prozesses unter inzwischen veränderten Verhältnissen in der Besetzung des Gerichtes und Störung der Einheit und Gleichzeitigkeit der Verhandlung abgeschnitten wird; weil man dadurch 3) das Ansehen des erkennenden Richters aufrecht erhält, das offenbar geschwächt wird, wenn derselbe sich geirrt zu haben erklärt und sich verbessert. Trotz dessen ist Dr. Beschorner der Ansicht Koch's, welcher in seinem Entwurf bestimmt §. 235: „Ist die Sache nicht spruchreif, so hat das Gericht ein Resolut abzufassen, welches dasjenige, was noch für erforderlich gehalten wird, bestimmt vorschreibt und, wenn eine Beweisaufnahme erfolgen soll, den Beweissatz normirt, die Beweislast festsetzt und die Beweismittel bezeichnet, die Audienz, in welcher die Handlung vor sich gehen soll, bestimmt oder den Kommissarius, vor welchem sie vollzogen werden soll, ernennt. An diesen Beschluß ist der Richter für diese Instanz insoweit gebunden, daß, wenn er später von der Festsetzung der Beweislast abgehen will, er vor Abfassung des Endurtheils durch einen die Beweislast anders bestimmenden Beschluß der betroffenen Partei eine Frist von vierzehn Tagen bis zu vier Wochen zur Beweisantretung gestatten muß." Mir will scheinen, daß dieser Paragraph des Koch'schen Entwurfs mit der Ansicht des Gutachtens: „Der Richter soll an ein von ihm erlassenes Beweisinterlokut bei der Hauptentscheidung gebunden sein," doch nicht in vollem Einklang steht. Dr. Heffter hat die Frage entschieden verneint.

Gestatten Sie mir nun, indem ich auf die sehr schätzbaren Beiträge Glaser's in der Oesterreichischen Gerichtszeitung vom Jahre 1861 verweise, dem in dem Gutachten vorgeführten Material Einiges hinzuzufügen. Die Motive zu dem Entwurf der Oesterreichischen Prozeßordnung berühren die Frage, ob das Beweisdekret oder das Beweisurtheil die praktischere Institution sei, und bemerken: „Um nun zur Erörterung der eigentlichen Frage überzugehen, wird es auch hier zweckmäßig sein, zu untersuchen, ob die Nachtheile, welche dem Beweisdekrete entgegenstehen, und die Vortheile, welche mit dem Beweisurtheil verbunden sind, so bedeutend seien, um eine Abweichung von dem Bestehenden in Oesterreich zu erheischen oder nur zu rechtfertigen. Der hauptsächlichste Nachtheil, der den Beweisdekreten vorgeworfen wird, besteht in der Gefahr, daß für den Fall, daß der Richter sich geirrt, ein fehlerhaftes Beweisdekret erlassen hat, und demzufolge die Beweisaufnahme durchgeführt wurde, das ganze Verfahren wieder auf den Anfang zurückgeworfen werden kann. Durch das bindende Beweisinterlokut dagegen soll eine sichere Grundlage für das ganze folgende Beweisverfahren gewonnen werden, indem dadurch die Rechts- und Relevanzfrage definitiv abgeschlossen wird. Es ist richtig, daß sich der Richter bei Erlassung des Beweisdekretes irren kann, aber eben so richtig dürfte es sein, daß sich der Richter bei Erlassung des Beweisurtheiles irren kann. Wenn nun ein solcher Irrthum eingetreten ist, so entsteht die Frage, ist es besser, daß dieser Irrthum verbessert werden kann, oder daß er für das ganze weitere Verfahren, und selbst für die Endentscheidung maßgebend bleibe? Der Nachtheil in dem einen Falle ist, daß eine überflüssige Beweisführung vorgenommen worden ist; der Nachtheil in dem andern Falle aber, daß auf unrichtiger Grundlage weiter gebaut und schließlich eine unrichtige Entscheidung abgegeben wird. Welcher Nachtheil der größere sei, beantwortet sich wohl von selbst. Bei der Erlassung des Beweisdekretes, sagt man, werde sich der Richter keine besondere Mühe geben, weil er wisse, daß nichts darauf ankomme, und er jeder Zeit wieder davon abgehen könne; deshalb sei die Gefahr des Irrthums beim Beweisdekrete eine viel größere als beim Beweisurtheil, bei welchem letzteren die Richter wissen, daß es die wichtigste und maßgebende Entscheidung für den ganzen Rechtsstreit sei. In dieser Beziehung kann nun wohl die beiderseitige Erfahrung allein entscheiden. Klagen über eine besonders große Zahl unrichtiger Beweisdekrete aus den Ländern, wo dieselben in Anwendung stehen, z. B. in Frankreich, Genf, Preußen, werden von den Bekämpfern dieser prozessualischen Einrichtung nicht angeführt. Im Gegentheile zeigt die praktische Handhabung des Französischen Prozeßverfahrens und die Weiterbildung desselben in der Genfer Prozeßordnung eine immer stärkere Hinneigung zum reinen Beweisdekrete; und es ist gewiß von Interesse, die Stimme eines Preußischen Praktikers, des Kammergerichtsrathes Schnitger, in dieser Beziehung zu vernehmen, welcher das Preußische Beweisresolut das wahrhafte Kleinod des Preußischen Prozesses nennt für denjenigen, welcher beide Prinzipe an ihrer Quelle und ihren Früchten erprobt hat, das gemeinrechtliche Interlokut für einen überwundenen Standpunkt erklärt und zur Widerlegung des dem Beweisdekrete gemachten Vorwurfes, daß dabei das Endverfahren häufig und leicht wieder auf den Anfang zurückgeworfen werde, einfach auf die Preußischen Gerichtsakten hinweist. Auch die bisherige Praxis in Oesterreich dürfte kaum einen hervorragenden Anlaß zur Klage in dieser Richtung gegeben haben. Dagegen sieht es unter der Herrschaft des Beweisurtheiles minder erfreulich aus. Es ergiebt sich dieses nicht nur aus der Darstellung der Gegner desselben, z. B. Zink's in seinem Werke: „Ueber die Ermittelung des Sachverhaltes im Französischen Civilprozesse," welcher auf Grundlage langjähriger Erfahrungen in der Rechtspflege nach dem Französischen und dem alten Bayerischen Prozeßgesetze ein trübes Bild von der praktischen Handhabung dieser Einrichtung entwirft, sondern auch aus den eigenen Zugeständnissen der Wortführer des Beweisurtheiles. Keiner derselben vermag zu verschweigen, daß häufig Irrthümer in den Beweisurtheilen vorkommen, daß Klagen über solche Irrthümer und die daraus entstehenden unrichtigen Rechtssprüche aller Orten laut geworden sind. Ja, die Thatsache allein, daß die

Debatte über die Nothwendigkeit und Zweckmäßigkeit des Beweisurtheiles in jenen Ländern, wo dasselbe in Anwendung steht, ihren eigentlichen Sitz hat, spricht schon laut dafür, daß die praktische Rechtspflege unter demselben sich nicht wohl fühlt, daß das praktische Bedürfniß nach einer Aenderung drängt. — Der wahre Grund, warum das Beweisurtheil häufig Irrthümern ausgesetzt ist, liegt aber, wie es scheint, nicht in einer besonderen Nachlässigkeit oder in sonstigen Mängeln der dortigen Gerichte, sondern in der Sache selbst, in der ungemeinen Schwierigkeit eines richtigen Beweisurtheiles, in der unnatürlichen Anforderung, welche dadurch an die Gerichte gemacht wird. M. H.! Ich möchte behaupten, daß diese Gründe unsere Frage in ihrem Kerne treffen und lösen.

Der Art. 280 des Bayerischen Entwurfes verordnet:

„Das ergangene Beweisurtheil kann von dem Gerichte nicht zurückgenommen werden; doch ist das Gericht befugt, bei Entscheidung der Sache nach durchgeführtem Beweise von der dem Beweisurtheile zu Grunde liegenden Ansicht wieder abzugehen, um einer andern Ueberzeugung zu folgen, ausgenommen, wenn auf Eidesleistung erkannt worden ist. Es bindet Niemand, außer, wenn auf Eidesleistung erkannt worden ist."

Der Bayerische Entwurf verdient, m. E., fast durchweg Anerkennung, freilich mit Ausnahme der unglücklichen Stylisirung. Der Styl ist überhaupt nicht die Stärke unserer Deutschen Gesetzgebungen. Man würde, dünkt mich, gut thun, für die Zukunft die Hilfe der besten Deutschen Prosaiker auch bei der Entwerfung der Deutschen Gesetzbücher nicht länger zu verschmähen. Wie dem jedoch sei, jedenfalls steht so viel fest, daß im Art. 280, abgesehen vom Style, die Widersprüche scharf genug hervortreten.

Der noch nicht beendete Preußische Entwurf hat, so viel ich erfahren, die Frage im Sinne des Oesterreichischen entschieden.

Leue in seinen Ideen zu einer Gerichts- und Prozeß-Ordnung für Deutschland bemerkt: „Mir scheint es, daß solche Urtheile einer Rechtskraft gar nicht fähig sind. Endurtheile geben dem Rechtsverhältnisse eine neue Form und sind neue Titel für die Forderung; die alte Klage ist konsumirt. Was sie unabänderlich machen, ist es nur zwischen den Parteien, ihre Wirkung verbreitet sich auf keinen Dritten, und eine Rückwirkung auf den Richter ist nicht einmal denkbar. Beweisurtheile dagegen sind bedingte Endurtheile. Der Richter verkündet den Parteien die Bedingungen, mit deren Erfüllung er das Bedingte verspricht, nämlich die Zuerkennung der Forderung. Er setzt daher nicht blos ein Verhältniß zwischen den Parteien, sondern zugleich sein künftiges Verhältniß zu den Parteien fest. Eine Rechtskraft würde die Unveränderlichkeit dieses zweiten Verhältnisses mit sich bringen. Wie aber, wenn der Richter sich bei der Beweisauflage geirrt hat und seinen Irrthum später erkennt? Darf er beurtheilen, was nach seiner Ueberzeugung das Recht ist, oder muß er den Verklagten wider besseres Wissen verurtheilen und ihm den Grund des Urtheils sagen, daß er mit Unrecht verurtheilt werde, weil der Richter früher eine irrige Ansicht gehabt habe und das Gesetz, also diese allgemeine Logik, ihm nicht erlaube, der Wahrheit die Ehre zu geben? Ueberdies kommt es zuweilen vor, daß das Personal, die Richter, inzwischen gewechselt hat, und die Ungereimtheit wäre noch viel größer, daß der Nachfolger an den Irrthum seines Vorgängers im Amte gebunden sein sollte. Der Grundsatz des Französischen Rechtes ist daher in der Natur der Sache gegründet, daß das Interlokut den Richter niemals bindet, und das bedeutet, daß es keiner Rechtskraft fähig ist." Sie haben, m. H., bereits entschieden, die Interlokute sind nicht appellabel. Ich kann nicht zugeben, daß es logisch richtig ist, wenn man trotz dessen durch sie nun doch den Richter binden will. Es entspricht das aber auch, wie ich gezeigt zu haben glaube, nicht den Bedürfnissen des Rechts und der Praxis. Und doch hat man just von Seiten der Praktiker geltend gemacht, es sei nothwendig, daß der erste Richter durch sein Beweisinterlokut gebunden sei; sonst sei zu befürchten, daß er zuweilen, um nicht sofort in die Sache einzugehen, eine *unnöthige* Beweisaufnahme veranlasse.

Ich vermag nicht zu beurtheilen, ob diese Furcht eine gerechtfertigte ist. Jedenfalls geht das Mittel viel weiter, als der Zweck, den es erreichen will. Man kann allen Befürchtungen in weit einfacherer Weise vorbeugen. Man ist nicht gezwungen aus Furcht, der Richter könne nicht immer sorgsam genug zu Werke gehen, große Prinzipien zu opfern.

Es ist die Aufgabe einer Deutschen Prozeßordnung, mit voller Anerkennung der Freiheit der Parteien Sorge zu tragen, daß das *materielle* Recht zur Geltung komme. Es ist sogar, m. E., zu diesem Behufe nothwendig, die sogenannte Eventualmaxime als einen überwundenen Standpunkt nach dem Vorbild des Französischen Prozesses aufzugeben, als einen juristischen Zopf zu beseitigen.

Will man dies, so muß man die bindende Kraft der Interlokute aufgeben, und man wird Jedem gerecht werden, wenn man nur dem Richter zur Pflicht macht, das Interlokut in derselben Weise mit *Gründen* abzufassen, als er dies bei dem Endurtheil thun muß.

Ich schlage Ihnen daher vor, zu beschließen:

„Das Gericht hat in einem mit *Gründen* versehenen Dekrete die

Beweislast zu regeln und den Beweis zu verordnen. Das Gericht ist bei der Endentscheidung an dieses Beweisdekret nicht gebunden.“ (Beifall.)

Ich bemerke nur noch, der Antrag enthält nichts Neues. Die Prozeß-Ordnung des Großherzogthums Baden hat bereits dasselbe Prinzip etablirt.

Ober-Gerichtsassessor **Planck** aus Göttingen: Indem ich es versuche, meine Herren, die Vertheidigung der Hannöverschen Prozeßordnung zu übernehmen, weiß ich sehr wohl, daß ich damit starken Antipathieen entgegentrete, daß ich vielleicht schon eine halb verlorene Sache vertheidige. Aber ich halte mich trotzdem dazu für verpflichtet, da ich glaube, daß die Gründe, welche gegen uns vorgebracht werden, das gemeinrechtliche Interlokut wohl treffen, nicht aber das Hannöversche und daß gerade nach der Hannöverschen Erfahrung seit dem Jahre 1852 die dortige Einrichtung sich in glänzender Weise bewährt hat. Wenn zunächst gegen die ganze Einrichtung, daß der Richter an das Interlokut gebunden sei, der Einwand geltend gemacht wird, daß der Richter dadurch gezwungen sei, wenn er sich bei dem Endurtheile überzeugt, daß das frühere Interlokut unrichtig gewesen, gegen seine Ueberzeugung zu entscheiden, so beruht dieser Einwand entweder, wie mir scheint, auf einem Mißverständnisse oder auf einer bloßen Redensart. Es ist wohl noch Niemanden eingefallen, daraus ein Bedenken herzunehmen, daß der Richter bei der actio judicati verpflichtet ist, auf Grund des früheren rechtskräftigen Urtheils, auch wenn er es für unrichtig hält, eine Entscheidung abzugeben, und zu sagen: Der Richter muß gegen seine Ueberzeugung entscheiden. Es handelt sich hier eben nicht mehr um die Prüfung der Frage, ob das frühere Urtheil richtig ist, sondern auf Grund des früheren Urtheils, das formelles Recht geschaffen hat, hat der Richter die neue Klage zu beurtheilen. Eben so liegt bei uns die Frage. Es handelt sich darum, ob man das Interlokut zu einem solchen Urtheile machen will; ob es zweckmäßiger ist, es dazu zu machen oder nicht. Daß allgemeine logische oder prinzipielle Gründe dagegen sprechen, das Interlokut zu einem eigentlichen Urtheile zu machen, kann ich nicht anerkennen. Bei einer jeden Entscheidung eines Rechtsstreites bedarf es einer doppelten geistigen Operation. Der Richter hat zunächst die Frage zu entscheiden, von welchen Thatsachen hängt das Recht des Klägers, von welchen Thatsachen hängt die Verpflichtung des Beklagten ab, und zweitens muß er entscheiden, sind die Thatsachen, von denen also Recht und Verpflichtung abhängen, sind, sage ich, diese bewiesen? Diese beiden Operationen muß der Richter jedesmal vornehmen, und es ist nur noch eine Frage der Zweckmäßigkeit, ob man sie auch äußerlich trennen will oder ob sie zusammengefaßt werden sollen; ob man sie äußerlich trennen soll namentlich in denjenigen Fällen, wo das Material, was zur Entscheidung der einen Frage nothwendig ist, vorliegt, während die andere zur Entscheidung noch nicht reif ist, wie dies ja in allen Fällen, wo die Thatsachen bestritten sind, nach der ersten Verhandlung der Sache der Fall ist. Ich meine also, daß die ganze Frage nicht als eine aus logischen und prinzipiellen Gründen zu lösende betrachtet werden kann, sondern daß nur Zweckmäßigkeitsgründe zu entscheiden haben. Dann muß ich Sie zunächst bitten, sich die Konsequenzen zu vergegenwärtigen, welche bei Annahme der einen oder anderen Ansicht aus dem Wesen des mündlichen Verfahrens folgen. Nehmen Sie, wie in Hannover, an, daß der Richter an das Interlokut gebunden sei, so stellt sich die Sache ganz einfach so: In der ersten Verhandlung tragen die Parteien die Thatsachen vor. Die Thatsachen müssen sie wissen. Der Richter kann dann nach diesen Vorträgen beurtheilen, ob, wenn sie wahr sind, die eine oder die andere Partei Recht habe, und spricht dieses in Form eines bedingten Endurtheils aus. Er sagt: Wenn diese Thatsache wahr ist, so hast Du Recht; also beweise sie. Nun wird der Beweis aufgenommen. Damit gehen Wochen und Monate hin. Endlich ist der Beweis aufgenommen, und es kommt nun wieder zur öffentlichen Verhandlung. Hier kommt es nun dem Richter auf die frühere Verhandlung gar nicht mehr an; er hat nur gleichsam das frühere Urtheil zu vollziehen. Es steht bereits fest, der Verklagte muß verurtheilt werden, wenn das und das bewiesen ist. Er hat nur einfach die Frage zu entscheiden, ob diejenigen Thatsachen, welche in dem ersten Urtheile zum Beweise verstellt waren, bewiesen sind. Er hat das zu prüfen und zu entscheiden. Nun nehmen wir das entgegengesetzte Französische Verfahren. Nachdem hier die erste Verhandlung, ganz so wie bei uns, stattgefunden hat und der Richter das Interlokut ausgesprochen hat, folgt hier die Beweisaufnahme. Damit vergehen Wochen und Monate. Nun kommt es zu Schlußverfahren. Der Richter, sagen Sie, ist an das frühere Interlokut nicht gebunden; er kann also auch dasselbe seiner Entscheidung nicht zu Grunde legen; denn, wenn er berechtigt ist, abzugehen, sobald er sich von der Unrichtigkeit des Interlokuts überzeugt hat, so ist er auch verpflichtet, davon abzugehen, wenn ihm die Unrichtigkeit des Interlokuts klar geworden ist. Um nun noch einmal prüfen zu können, ob das Interlokut richtig ist, muß die ganze frühere mündliche Verhandlung wiederholt werden. Hier haben Sie nun klar vorliegen, daß, während im Hannöverschen Verfahren die erste Verhandlung nur einmal vorgenommen wird, sie nach dem Französischen Verfahren, sobald der Richter nicht an das Interlokut gebunden ist, immer zweimal stattfinden muß. Es wird zwar von den

Vertheidigern des Französisch-Rheinischen Verfahrens hervorgehoben, daß das eine günstige Wirkung insofern habe, als der Richter, um nicht in die Lage zu kommen, die ganze erste Verhandlung als unnütz zu betrachten und nachher noch einmal zu verhandeln, sehr geneigt werde, durchzugreifen und unnütze Beweise abzuschneiden. Ich muß mir erlauben, m. H., hier die Worte eines sehr hervorragenden Vertheidigers des Rheinisch-Französischen Verfahrens in dem Buche von Zink über die Ermittlung des Sachverhaltes vorzulegen. Ich bemerke, daß in diesem sonst ausgezeichneten Buche mit großer Energie das nicht bindende Interlokut vertheidigt wird, und dabei wird u. A. in Betreff der von mir hervorgehobenen Frage Folgendes gesagt: „So lange es nur immer möglich ist, suchen die Gerichte, und besonders die Obergerichte, eifrig alle Wendungen hervor, um sich mit den Urkunden und Umständen des Falles, die sämmtlich schon in der mündlichen Verhandlung vorkamen, mit Hilfe der Offenkundigkeit und ihrer eignen Ansichten das unumgängliche Licht über den Stand der Thatfragen zu verschaffen und sich, so gut es nur immer gehen mag, auf einen vorspringenden Höhepunkt zu schwingen, welcher den nothdürftigen Einblick in die innere Verkettung eines verworrenen Rechtshandels gewährt. Sie bieten Alles auf, um die Weiterungen eines Beweisverfahrens zu ersparen, welches die bereits umständlich gepflogenen Verhandlungen in den Wind verhallen, ihren ganzen Erfolg wieder zn Nichts werden ließe. Sie glauben lieber Etwas von dem, was die Theile vorbringen, um nur Nichts hören zu müssen, was erst Zeugen zu bekräftigen Lust haben." Das, m. H., wird zum Ruhme dieses Verfahrens gesagt. Ich kann mich in der That nicht davon überzeugen, daß es zum Ruhme des Verfahrens gereicht, wenn der Richter, um das Beweisverfahren loszuwerden und die nach einem solchen immer nothwendige vollständige Wiederholung der ersten Verhandlung zu vermeiden, lieber Etwas glaubt, was die Parteien vorbringen, um nur nicht hören zu müssen, was die Beweismittel ergeben. Wenn man aber annimmt, daß so nicht immer verfahren, sondern daß der Richter doch genau prüfen würde, ob Etwas bewiesen ist, und er Nichts auf den Glauben hinnähme, wenn er also ein neues Beweisverfahren anordnet, sobald dies rechtlich nothwendig ist, und in Folge davon die erste Verhandlung noch einmal wiederholt werden muß, so ist die Sache damit noch nicht zu Ende. Denn wenn sich der Richter überzeugt hat, daß das frühere Interlokut falsch ist, so muß er in dieser Verhandlung ein neues abgeben, dann geht die Beweisaufnahme wieder auf's Neue vor sich. Damit gehen wieder Wochen und Monate hin, und so ist, wenigstens formell, kein Ende der Sache abzusehen. Ich bezweifle nicht, daß die Sache praktisch anders wird und der Prozeß doch ein Ende nimmt, allein ich meine, es liegt klar vor, daß auf diesem Wege die Gefahr einer viel größeren Verlängerung des Prozesses unvermeidlich ist. Es ist in der That die Sache nicht anders, als daß den Parteien gestattet wird, noch in derselben Instanz gegen das Interlokut einen Angriff zu machen, also dasselbe mittelst eines nicht devolutiven Rechtsmittels bis in's Unendliche anzugreifen. — Das ist indeß nicht der einzige Nachtheil; ein noch viel wichtigerer als die drohende Verschleppung des Prozesses ist der, daß die Gefahr einer Verwirrung der mündlichen Verhandlung dabei hervortreten muß. Die mündliche Verhandlung ist nur dann der schriftlichen unbedingt vorzuziehen, sie hat nur dann einen hohen Werth, wenn auf der einen Seite Alles, was zusammengehört, in Einer Verhandlung konzentrirt wird, auf der andern Seite aber auch nicht Verschiedenes in Eine Verhandlung zusammengedrängt und die Sache dadurch in eine so verwickelte Lage geführt wird, daß Anwälte und Parteien nicht mit Einem Blick das ganze Material zu übersehen im Stande sind; denn hierbei kommen diese in die Lage, auf die Schriftsätze rekurriren zu müssen. Das wird aber, sobald man ein Verfahren annimmt, wo der Richter nicht an sein Interlokut gebunden ist, bei der Schlußverhandlung oft eintreten müssen. Wenn bei einer verwickelten Sache mündlich nicht nur verhandelt werden muß, ob Etwas bewiesen ist oder nicht, sondern die ganze erste Verhandlung, sämmtliche Einreden, die schon beim Interlokut abgeurtheilt wurden, neu vorgebracht werden können, wenn ferner alles neue Beweismaterial, das zu Tage tritt, vorgebracht wird, und dies alles ungeschieden bleibt, so wird das eine derartige Verwirrung hervorbringen, daß Richter und Anwälte nicht im Stande sein werden, blos auf Grund der mündlichen Verhandlung ein Urtheil abzugeben, es geht dann das wesentlichste und charakteristische Merkmal der mündlichen Verhandlung verloren, und man muß auf Schriftsätze zurückgreifen. — Ich kann und will nun zugeben, daß mit dem Verfahren, wo der Richter nicht an Interlokute gebunden ist, auch Vortheile verknüpft sind. Ich weiß, daß es vorkommen kann, daß der Richter durch das Beweisverfahren sich überzeugt, daß das frühere Urtheil unrichtig war, daß es in einzelnen Fällen zur Abkürzung der Sache beiträgt, wenn er ohne Weiteres davon wieder abzugehen und ein richtiges Urtheil an die Stelle zu setzen berechtigt ist. Es fragt sich nur, ob diese Vortheile, wenn man sie mit den Nachtheilen vergleicht, so schwer in das Gewicht fallen, um einem Systeme, wobei der Richter nicht an das Interlokut gebunden ist, den Vorzug zu geben. Und ich meine, daß die Vortheile nicht so überwiegend sind, hauptsächlich deshalb, weil bei Anwendung des Hannöverschen Systemes die Hauptvortheile dieses Verfahrens im Vergleich mit dem gemeinrechtlichen Systeme auch gewonnen werden. Es ist nämlich, ganz gewiß mit Recht, dem gemeinrechtlichen Systeme der Vorwurf gemacht worden, daß dabei der Richter in die Lage komme, bereits endgiltig und definitiv Beweissatz und Beweislast festzustellen, ehe der Beweis aufgenommen worden, daß aber gerade erst bei der Beweisaufnahme sich häufig herausstelle, wie die Sache eigentlich beschaffen sei, daß dabei neue Thatsachen und Beweismittel hervortreten, die bei einer materiell gerechten Entscheidung mit in Betracht gezogen werden müssen, und daß nun, da das Beweisinterlokut bereits rechtskräftig, es unmöglich sei, darauf zu rekurriren. Aber diese begründete Einwendung vermeidet das Hannöversche System; es ist dabei, wenn durch das Beweisverfahren sich herausstellt, daß die Sache anders ist, als der Richter beim Interlokut glaubte, möglich, darauf Rücksicht zu nehmen; nur soll das nicht in erster, sondern in zweiter Instanz geschehen, wo ja der Richter nicht an das erste richterliche Interlokut gebunden ist, wo neue Beweismittel vorgebracht werden können. Wir erreichen also alle Vortheile Ihres Systems und vermeiden alle Nachtheile, die dadurch, wenn auch in erster Instanz alle neuen Beweismittel berücksichtigt werden können, aus der großen Verlängerung des Prozesses entstehen. Ich glaube daher, daß das Hannöver'sche System trotz der gemachten Einwendungen sich mehr empfiehlt, als dasjenige, was in den Rheinprovinzen und in Preußen bis jetzt zur Anwendung gekommen ist. Wenn auf die praktische Erfahrung hingewiesen wird, die in den verschiedenen Ländern gemacht wurde, so kann ich über die Französischen und Rheinischen Verhältnisse kein genügendes Urtheil abgeben. Es sind Juristen aus diesen Ländern da, und die werden hinreichend Aufschluß geben können. Hinsichtlich des Preußischen Verfahrens, wenigstens bezüglich Ostfrieslands, wo das Preußische Landrecht und die Preußische Gerichtsordnung galt, und das nicht bindende Beweis-Interlokut bis zum Erlaß der Hannöverschen Prozeßordnung in Anwendung war, weiß ich, daß da gerade aus dieser nicht bindenden Kraft des Beweisresoluts die größten Nachtheile entstanden sind, daß die Prozesse da endlos wurden, indem die Richter auf Grund der Vorschriften der Gerichtsordnung, bisweilen auch wohl aus einer gewissen Schlaffheit, und namentlich bei den Untergerichten, wenn sie mit Geschäften überhäuft waren, um nur die Sache erst einmal wieder los zu werden, immer neue Beweisaufnahmen anordneten, und dadurch häufig die Verwirrung bis auf's Höchste steigerten. Ich glaube also, daß auch die Praxis keineswegs für das Preußische System spricht. Ich wiederhole aber, daß die in Hannover seit 1852 gemachten Erfahrungen ganz entschieden zu Gunsten des Hannöverschen Systems sprechen.

Ober-Appell.-Ger.-Vize-Präsident **v. Pape** aus Celle: Ich erlaube mir, zur Unterstützung des eben von Herrn Planck gehaltenen Vortrages einige

Bemerkungen hinzuzufügen. — Das Prinzip, von dem wir ausgehen, ist das der Verhandlungsmaxime. In Folge dieser Verhandlungsmaxime ist der Richter befugt, den Prozeß zu leiten und dann zu entscheiden. Die Prozeßleitung besteht darin, daß er auf die Ordnung und Reihenfolge des Prozesses hält, und ausscheiden kann, was nicht zur Sache gehört. Eine weitere Einwirkung hat er aber vermöge dieser Verhandlungsmaxime nicht, denn erst nach geschlossener Verhandlung hat er zu entscheiden. Diesem Grundprinzipe entspricht das Hannöversche System. Nach geschlossener Verhandlung entscheidet der Richter, er giebt ein Erkenntniß ab, entweder sofort definitiv, oder, wenn die Thatsachen nicht feststehen, bedingt. Das ist der Verhandlungsmaxime vollkommen gemäß.

Es ist sehr oft gesagt worden, es sei etwas Inkonsequentes, daß der erste Richter an das Beweis-Interkolut bei der Endentscheidung gebunden ist, der zweite, der Appellationsrichter, aber nicht. Das ist aber nicht so. Es ist ein allgemeines Prinzip, daß der Richter, der das Erkenntniß gesprochen hat, dasselbe nicht ändern darf ohne Rechtsmittel. Es ist daher natürlich, daß, da die Rechtsmittel nicht vor demselben Richter stattfinden, der Richter erster Instanz an sein Erkenntniß gebunden ist, aber der zweite Richter dasselbe ändern kann, weil eben der alte Grundsatz wieder eingeführt ist, daß eine Appellation noch stattfindet gegen das den ganzen Prozeß bindende Erkenntniß.

Es giebt hier auch ein anderes System, welches dahin geht, daß gar kein eigentliches Beweisinterlokut ausgesprochen wird. Es wird der Beweissatz nicht festgesetzt, sondern es wird nur der angetragene Beweissatz zugelassen. Dies entspricht auch vollkommen der Verhandlungsmaxime. Ich gestehe aber, daß mir dieses Verfahren für die mündliche Verhandlung höchst gefährlich zu sein scheint, indem ich davon die größten Schwierigkeiten befürchte. Nach meinen Erfahrungen paßt das mündliche Verfahren am allerwenigsten für die Beweisausführung. Dabei gelingt es am schwersten durch die mündliche Verhandlung den Richter sofort in den Stand zu setzen, eine Entscheidung abzugeben. Namentlich tritt eine große Schwierigkeit nach meiner Erfahrung hervor, wenn es darauf ankommt, eine Deduktion aus einer Masse von weitläufigen Urkunden zu liefern. Das ist eine höchst schwierige Aufgabe. Wenn nun der Richter zu diesem Beweisverfahren kommt, und weder die Partei noch der Richter genau weiß, worauf es ankommt, so sehe ich nicht die Möglichkeit ein, wie eine solche Deduktion zu einem sicheren Resultate führen kann.

Das dritte System ist, daß der Richter zwar nicht erkennt nach der ersten Verhandlung, auch nicht blos den Beweis zuläßt, sondern den Beweissatz feststellt. Da weiß ich aber nicht recht, wie dieses mit der Verhandlungsmaxime in Einklang zu bringen ist. Wie gesagt, nach der Verhandlungsmaxime hat der Richter nur auf die Ordnung des Verfahrens zu halten und Ueberflüssiges auszuscheiden, er hat aber den Parteien keine bestimmten Vorschriften zu ertheilen, wie sie verhandeln sollen, und hat ihnen auch keinen Rath darüber zu ertheilen. Was ist nun ein Beweisinterlokut, das nicht entscheidet, aber doch den Beweissatz feststellt? Das ist weder ein Erkenntniß, noch kann es unter den Begriff der Prozeßleitung gestellt werden, denn es überschreitet die Befugniß des Richters, den Prozeß zu leiten. Ist es ein den Parteien ertheilter Rath, so wird der Richter sagen: „Nach meiner Ansicht wirst Du den Prozeß gewinnen, wenn Du den Beweis so führst, aber entscheiden will ich das nicht." Nun ist das wohl sehr gefährlich, wenn der Richter, ehe er enscheidet, seine Meinung ausspricht, wie er entscheiden wird. Ich kann darin nichts Konsequentes finden. Uebrigens bin ich der Ansicht, daß ungeachtet des Hannöverschen Systems und des hier in Oesterreich geltenden Systems, welche die beiden konsequentesten sind, ich doch dem anderen Systeme den Vorzug geben würde, wenn es sich auch praktisch als das zweckmäßigere herausstellen würde. Diese Ueberzeugung habe ich aber bei den Gerichten nicht gewonnen, und ich stimme in diesem Punkte vollkommen mit dem überein, was Herr Planck angeführt hat.

**Kreisrichter Benthöfer** aus Rybnick: M. H.! Ich bin der Ansicht, daß die aufgeworfene Frage ohne Weiteres weder zu bejahen noch zu verneinen ist. Ich erlaube mir vielmehr den Antrag:

> auszusprechen: in einem Civilprozesse, in welchem es zur Beweiserhebung kommt, sind zwei verschiedenartige Beweisresolute, nämlich ein Beweisaufgabe-Resolut oder Interlokut und ein Beweiszulassungs-Resolut oder Resolut im engeren Sinne anzunehmen. Bei der Hauptentscheidung eines solchen Prozesses ist das Beweisinterlokut unabänderlich, dagegen das Beweisresolut, insofern es auf Eidesabnahme lautet, ebenfalls unabänderlich, im Uebrigen abänderlich.

Zur Begründung dieses meines Antrages muß ich auf den Prozeßgang, wie ich mir denselben für die Zukunft denke, insoweit Rücksicht nehmen, als es die Klarlegung des zu behandelnden Stoffes unumgänglich nothwendig macht.

Die Partieen oder deren Vertreter haben dem Richter ihr Anliegen und ihre darauf gestützten Petita vorzutragen, ohne dabei den Beweis der aufgestellten Thatsachen anzutreten. Doch gehört die Vorlage von Urkunden zur Begründung des Klagefundaments.

Aus den Vorträgen der Partieen muß zu entnehmen sein, welche unmittelbare Thatsachen die Thatseite des Klage-, beziehungsweise Einwandsrechtes involviren. Herrscht unter den Partieen über das Vorhandensein dieser Thatsachen Einigkeit, so ergeht sofort die Entscheidung.

Im entgegengesetzten Falle wird auf Beweis resolvirt, indem der Richter bestimmt, welche Thatsachen und von welcher Partie sie zu beweisen, und innerhalb welcher Frist die Beweismittel dafür anzugeben seien. Die sich darüber äußernde Verfügung nenne ich Beweisaufgaberesolut oder Beweisinterlokut im eigentlichen Sinne.

Das Beweisaufgaberesolut enthält in Rücksicht des Beweissatzes und der Beweislast eine das s. g. materielle Recht berührende Entscheidung. Der Richter dürfte bei der künftigen Feststellung des Thatbestandes von den im Resolut hervorgehobenen Thatsachen auszugehen und gegen die beweispflichtige Partie in contumaciam zu verfahren haben, falls sie ihrer Pflicht in der ihr dazu verstatteten Frist nicht sollte nachgekommen sein. Gegen die Fristversäumniß könnte allenfalls eine thatsächlich näher zu motivirende Restitution gestattet werden.

Die betreffende Partie hat nach Maßgabe des Resoluts den Beweis anzutreten, während dem Gegner der Gegenbeweis gestattet wird.

Der Beweisantritt ist in der Art denkbar, daß die beweispflichtige oder beweisberechtigte Partie blos Beweismittel für die zu erweisenden Thatsachen benennt oder unter Benennung von Beweismitteln Thatsachen anführt, welche die Annahme des Beweisthemas rechtfertigen.

Der Richter hat nun nach Anhörung der Partieen zu befinden, inwiefern der angetretene Beweis, beziehungsweise Gegenbeweis zu erheben, und sich hierüber durch eine Verfügung, welche ich Beweiszulassungsresolut nenne, zu äußern.

Nun kommt es darauf an, welche Art von Beweismitteln angezeigt wird.

Schiebt die beweispflichtige Partie dem Gegner über die die Thatseite des Klage- oder Einwandsrechts darstellenden Thatsachen, oder über thatsächliche Indizien einen Eid zu, und acceptirt diesen der Gegentheil, oder ist richterlicherseits auf einen Eid endgültig erkannt worden, so verfügt der Richter die Abnahme dieses Eides. Mit der Leistung desselben hat das Beweisverfahren ein Ende. Doch könnte der beweispflichtigen Partie gegen den Eidesantrag, so lange derselbe noch nicht Realisation gefunden, unter besonderen Umständen Restitution zugestanden werden.

Werden Urkunden vorgelegt oder angezogen, oder Zeugen, beziehungsweise Sachverständige vorgeschlagen, oder wird auf richterliche Augenscheinseinnahme angetragen, so wird eventuell dem gemäß verfügt. Ergeben sich bei der Aufnahme dieser Beweise neue Thatumstände oder Beweismittel, so erachte ich es für zulässig, auf diese Beweise, selbstverständlich in Folge Antrages, beziehungsweise nach Anhörung der Partieen näher einzugehen.

Eine Eideszuschiebung scheint mir bis zum Schlusse der Instruktion zulässig, und dürfte der beweispflichtigen Partie nicht zu verwehren sein, unter Rückziehung der angezeigten Beweismittel, so lange selbige noch nicht durch Produktion gemeinschaftlich geworden, vorbehaltlich einzelner in diesem Betracht besonders zu behandelnder Fälle, zur Eideszuschiebung zu greifen. Auch dürfte ihr zu gestatten sein, an Stelle der zurückgezogenen Beweise noch andere zu bezeichnen.

Es fragt sich nun, weshalb alles dieses gerade so, wie eben dargestellt, sein soll. Um eine genügende Antwort hierauf ertheilen zu können, müssen wir die Natur der Beweisresolute näher ins Auge fassen.

Der Richter handelt im Prozesse Namens der Partie, welche sich dessen weigert, oder Namens beider Theile. Was der Richter thut, muß so angesehen werden, als wäre dasselbe von der betreffenden Einzelpartie oder von beiden Partieen gethan worden. Die Akte des Richters verbinden die Partieen in dem Grade und in dem Maße, wie wenn sie sich selbst dazu aus eigener Entschließung verpflichtet hätten. Die richterlichen Beschlüsse vertreten die Stelle der Vereinbarung der Partieen und qualifiziren sich rechtlich als eine Art Verträge. — Es ist daher ihre Verbindungskraft nach den für die Verträge bestehenden Bestimmungen des Gesetzes zu würdigen.

Dies vorausgeschickt, gehen wir auf die Verbindungskraft der einzelnen Beweisresolute über.

Der Inhalt des Beweisaufgabe-Resoluts kann in Rücksicht der zu beweisenden Thatsachen und der Beweislast von den Partieen im Voraus übersehen werden. Wollten die Partieen das Rechtsverhältniß, so wollten sie auch eventuell die daraus gesetzlich zulässige Aktio, und wollten sie wiederum diese, so wollten sie auch die zur Durchführung derselben einzuschlagenden Schritte, die darauf berechneten Formen und die damit verbundenen Lasten. Die Partieen waren also, wie nicht anders anzunehmen ist, zur Zeit der Begründung des Rechtsverhältnisses darüber einig, daß im Falle eines hieraus entstehenden Prozesses der Richter ein der Sachlage angemessenes Beweisthema aufstelle, eine von ihnen mit der Führung des Beweises belaste, und derselben zum Beweisantritt eine Frist gestatte.

Das Beweisaufgabe-Resolut entscheidet über die Relevanz der thatsächlichen Momente, welche die Thatseite der rechtlichen Befugnisse, beziehungsweise Obliegenheiten bilden, insoweit solche streitig sind, und über die Beweislast, welche letztere durch die Beweisfrist eigenthümlich modifizirt wird.

Die Gegenstände des Beweisaufgabe-Resoluts gehören zum Bereiche der Rechtsfragen. Dergleichen Fragen darf der Instanzrichter nicht zwei Mal erörtern und entscheiden. Somit ist das ganze Beweisaufgabe-Resolut, entsprechend der Regel: **Pacta sunt servanda,** unabänderlich.

Dasselbe muß auch von dem Beweiszulassungs-Resolut, welches auf Abnahme eines Eides lautet, um deshalb gesagt werden, weil der Eid, mag der Antrag auf Leistung desselben von der einen Partie oder dem Richter ausgegangen sein, mit Vertragsnatur ausgestattet ist.

Die bevorwortete Restitution gegen die Versäumniß der Beweisantrittsfrist und gegen den Eidesantrag alterirt keineswegs die im Prinzip festzuhaltende Unabänderlichkeit der betreffenden Beweisresolute.

Das Beweiszulassungs-Resolut, welches auf Erhebung anderer Beweise lautet, ist in Rücksicht seines Inhaltes nicht durchweg von dem Willen der Partieen abhängig. Es ist nämlich den Partieen nicht immer möglich, voraus zu bestimmen, welche Beweismittel im künftigen Prozesse für und gegen die etwa streitig werdenden Thatsachen gebraucht werden, geschweige von welcher Beschaffenheit selbige sein sollen. Sie können nicht vorher wissen, welche indizirende Thatsachen ihnen zur Darlegung der Richtigkeit ihrer dereinstigen Behauptungen zur Seite stehen werden. Sie haben es nicht in ihrer Hand, den Richter zu vermögen, daß er bei der Würdigung der Beweismittel ein bestimmtes Resultat erziele.

Eine Willensübereinstimmung der Partieen in Betreff der hervorgehobenen Punkte läßt sich einmal nicht zu Stande bringen, weil das Resultat derselben die Beseitigung des Streites wäre. Das Beweiszulassungs-Resolut, wenngleich auch einen Quasivertrag involvirend, enthält eine große Menge Momente des Zufalles, welchen gehörige Rechnung zu tragen ist. Es kann dieses nur in der Art geschehen, daß das Resolut abgeändert wird.

Diese Aenderung erscheint als eine Ausnahme von der Rechtsregel: **Pacta sunt servanda**, als eine Inkonsequenz, doch hat sich selbige als eine Nothwendigkeit ergeben. Letztere bewegt uns, eine höhere Bestimmung zu suchen, innerhalb welcher das Halten am Vertrage ein subalternes Moment ausmacht. Dieses höhere Prinzip ist die Ermittelung der Wahrheit der im Beweisaufgabe-Resolut bezeichneten Thatsachen. (Rufe: Schluß, Schluß!)

Ich bin schon am Schlusse. — Es muß angenommen werden, daß die Partieen die Wahrheit, und damit auch den Gebrauch eines jeden zur Wahrheit führenden Mittels wollen. Sehen wir auf die Beweisführung im Prozesse, so muß gesagt werden, die Partieen seien damit einverstanden, das an Stelle zurückgezogener Beweise andere angeführt werden dürften, sowie daß diejenigen Beweise, welche sich in Folge der Beweisaufnahme ergeben sollten, ebenfalls noch nachträglich zu benutzen seien, um die streitigen Thatsachen erweislich zu machen u. s. w.

Die auf Ermittelung der Wahrheit der zum Beweise verstellten Thatsachen gehende Willensübereinstimmung der Betheiligten steht höher, als der im Beweiszulassungs-Resolut liegende Quasivertrag. Die anscheinende Inkonsequenz ist gegen das abstrakte Fixiren und Fortsetzen des niederen Standpunktes die wahrhafte Konsequenz, welche denselben in sich schließt.

Somit glaube ich, den gestellten Antrag hinreichend begründet zu haben. (Bravo! Bravo!)

Adv. **Tauenstein** aus Lüneburg: Herr Beschorner aus Dresden geht bei seinem Gutachten von der Voraussetzung aus, daß die Verhandlungen der einzelnen Juristentage eine gewisse Kontinuität haben müssen, mit anderen Worten, daß ein folgender Juristentag gebunden ist an die Beschlüsse des vorhergehenden. Ich glaube, im Allgemeinen wird man diesen Grundsatz auch als richtig anerkennen müssen. Wir haben nun auf einem früheren Juristentage bereits in Bezug auf die demnächstige Deutsche Civilprozeßordnung einige Prinzipien festgesetzt. Unter diesen Prinzipien war auch das, daß wir die Mündlichkeit, die unbedingte Mündlichkeit und Unmittelbarkeit des Verfahrens als Grundprinzip der demnächstigen Deutschen Civilprozeßordnung hinstellten. Es wird also nothwendig sein, daß wir bei unseren jetzigen Beschlüssen uns auch dessen bewußt sind, und mit einem anerkannten Prinzipe nicht in Widerspruch gerathen, oder aber ein anerkanntes Prinzip durch unseren jetzigen Beschluß unausführbar machen.

Man hat von dem im Hannöverschen bereits eingeführten unbedingt mündlichen und unmittelbaren Verfahren vor Gericht sehr häufig die Befürchtung aussprechen hören, daß einmal die Gründlichkeit des Verfahrens dadurch beeinträchtigt werde, und sodann, daß, namentlich bei der unbedingten Mündlichkeit, sehr leicht die Gefahr einer Prozeßverwirrung eintreten könne. Ich glaube allerdings, daß dieses Bedenken gegen das unbedingt mündliche und unmittelbare Verfahren vor dem Gerichte unbegründet sei, ich glaube aber auch, m. H., mit Bestimmtheit die Ueberzeugung aussprechen zu können, daß, wenn man die Gefahr vermeiden will, man unbedingt ein Beweisinterlokut haben müsse, an welches der Richter der ersten Instanz gebunden ist. Ich spreche die Ueberzeugung aus, daß nicht allein der Gründlichkeit des Verfahrens wesentlich Abtrag geschehen, sondern daß auch eine unabsehbare Prozeßverwirrung eintreten würde, wenn der Richter der ersten Instanz nicht verpflichtet wäre, sich an sein Interkolut zu binden.

Ich mache in dieser Beziehung aufmerksam, wie auch bereits mein Vorredner mitgetheilt hat, daß das Hannöversche Interlokut ein Erkenntniß sei, das heißt, der Richter verfügt nicht allein, wie der Preußische Richter, die Aufnahme eines Beweises, sondern der Richter erkennt, er spricht aus: Die Entscheidung des ganzen Prozesses wird davon abhängig sein, daß die eine oder die andere Partei Thatsachen wahr macht, welche bislang unter den Parteien bestritten sind. Um zu diesem Resultate zu kommen, ist der Richter nach der Hannöverschen Prozeßordnung verpflichtet, den vollständigen Thatbestand seinem Urtheile voranzuschicken, einen Thatbestand, welcher als status causae et controversiae aufgefaßt wird. Aus diesem ergiebt sich schließlich, welche Thatsachen wesentlich sind, und welche als bestritten erwiesen werden müssen.

Nun, m. H., stelle ich einfach an Sie die Anfrage: ob nicht für die Gründlichkeit des Prozeßverfahrens besser gesorgt ist, wenn man den Richter zwingt, insofern er ein Erkenntniß geben muß, sich alle Konsequenzen seiner Entscheidung möglichst klar zu machen, die ganze rechtliche und faktische Seite des Rechtsstreites zu durchdringen, und für den einzelnen Fall bestimmt auszusprechen, welche Rechtsfolge der Beweisführung gegeben werden muß?

Man hat Seitens des Herrn Berichterstatters das Bedenken, daß lediglich das Verfügen einer Beweisaufnahme zu Oberflächlichkeiten führen würde, man hat, sage ich, dieses Bedenken als ein unrichtiges hinzustellen versucht. Ich glaube dagegen, die Richtigkeit dieses Bedenkens ergiebt sich aus der Natur der Sache. In einem Falle, wo der Richter im Voraus zu entscheiden hat, wie nach dem einen oder dem andern geführten Beweise schließlich erkannt werden soll, in einem solchen Falle, m. H., ist eine ganz andere geistige Operation erforderlich, als in dem Falle, wo der Richter lediglich die Beweisaufnahme verfügt. Sie zwingen den Richter, m. H., einen großen Prozeß gründlicher zu behandeln, wenn Sie ihn verpflichten, schon nach dem ersten Verfahren zu entscheiden, in welcher Weise die Folgen der Führung der Beweise oder der Nichtführung derselben eintreten sollen, als wenn Sie ihn lediglich verpflichten, ein Beweisresolut abzufassen.

Ich glaube also, m. H., daß auf diese Weise besser für die Gründlichkeit des Prozeßverfahrens gesorgt wird, und, m. H., auch in Bezug auf die Thätigkeit der Anwälte, die wir ja als nothwendig für ein solches Verfahren nach einem früheren Beschlusse hingestellt haben. Auch die Anwälte sind in der Lage, den ganzen Rechtsstreit durchaus in der ersten Verhandlung zu erschöpfen, weil sie wissen, daß der Richter jetzt schon entscheidet, in welcher Weise endlich der Prozeß nach Führung der Beweise entschieden werden soll. Auch die Anwälte zwingen Sie, m. H., den Prozeß gründlicher zu behandeln, wenn Sie den Richter erster Instanz an das Beweisinterlokut binden.

Sodann werden Sie, m. H., auch einsehen, daß das Bedenken, das unbedingt öffentliche und mündliche Verfahren werde sehr leicht den Prozeßgang verwirren, daß auch dieses Bedenken nur dadurch erledigt werden kann, wenn man in einem bestimmten Stadio des Prozesses die bisherigen Verhandlungen vollständig fixirt, wie dieses die Hannöversche Prozeßordnung thut. Ich warne namentlich die Preußischen Herren Juristen, bei der Beurtheilung der Frage von ihrem eigenen Prozeßverfahren auszugehen. Das Preußische Verfahren ist kein unbedingt mündliches, sondern hat sehr viele Bestimmungen, welche der unbedingten Mündlichkeit und Unmittelbarkeit des Verfahrens widerstreiten. Ich erinnere namentlich an das sogenannte „Referat." — Hier handelt es sich, m. H., und das hat der zweite Deutsche Juristentag festgesetzt, um das unbedingt mündliche und unmittelbare Verfahren vor dem Richter; hier handelt es sich um ein Verfahren, bei welchem die Schriftsätze überall nichts zur Sache thun, bei welchem die Schriftsätze für den eigentlichen Prozeß vollständig unwesentlich sind, indem die Parteien berechtigt sind, zu jeder Zeit von den schriftlichen abweichend andere Behauptungen aufzustellen, andere Einreden, andere Repliken vorzubringen, abgesehen von der Bestimmung, daß der Kläger die wesentlichen Bestandtheile der Klage nicht verändern darf. Ein solches unbedingt mündliches Verfahren, wo der Prozeß in dramatischer Weise dem Richter vorgeführt wird und dieser auf Grund der vor ihm geführten Verhandlung entscheidet, muß, wenn es nicht zu einer Verwirrung führen soll, nothwendig einen Abschlußpunkt in Mitte der Verhandlungen haben, und diesen Abschlußpunkt bildet eben das Hannöversche Beweisinterlokut.

M. H.! Das mündliche und öffentliche Verfahren, das der Prozeßordnung zu Grunde liegen soll, sollte auch das Prozeßverfahren abkürzen, sollte eine schnellere Rechtshülfe verschaffen, als es der gemeine Prozeß vermochte. Ich glaube nun auch, daß in dieser Beziehung mit Rücksicht auf die Beschleunigung des Verfahrens es jedenfalls zweckmäßiger ist, wenn man den Richter erster Instanz an sein Beweisinterlokut bindet. Es ist bereits von meinem Freunde Planck mitgetheilt worden, wie häufig es bei der Verhandlung nach geführtem Beweise zu einer vollständigen Wiederholung der ersten Verhandlung kommen muß. Es wird eine solche vollständige Wiederholung der ersten Verhandlung auch in jedem Falle erforderlich, wo sich nur ein einziges Mitglied des Kollegialgerichtes ändert. Es ist ja gar nicht denkbar, daß das Gericht, wenn sich dessen Mitglieder geändert haben, im Stande ist, die Frage eingehend zu beurtheilen, wenn nicht die erste Verhandlung vor dem Gerichte vollständig rekapitulirt wird. Es ist dies meines Erachtens ganz unmöglich, weil man ja dann zu einer Entscheidung kommen würde, die sich auf vollkommen lückenhafte Voraussetzungen basirte.

Es soll ja der Richter eben nur dann entscheiden, wenn das Bild des ganzen Prozesses sich vor ihm entrollt hat, und es würde hier also im Kollegium, sobald nur ein Personenwechsel stattgefunden hat, falls man nicht die Verhandlung ganz wiederholt, eine Entscheidung eintreten, die nicht auf eine gründliche Kenntniß der Prozeßverhandlung sich basirte.

Es ist von dem geehrten Herrn Berichterstatter namentlich auch darauf hingewiesen worden, daß die Erfahrungen derjenigen Länder, in welchen ein den Richter nicht bindendes Beweisinterlokut existirt, für die von ihm vertheidigte Ansicht sprechen. Es wurde von Herrn Planck darauf entgegnet, daß man in Ostfrießland, wo die Preußische Gerichtsordnung bis zur Einführung der Hannöverschen Prozeßordnung galt, entgegengesetzte Erfahrungen gemacht hat. Indeß, m. H., ich komme auf etwas Allgemeineres zurück. Ich bin nämlich der Ansicht, daß die Erfahrungen, die man in ganz Preußen gemacht hat, — und Preußen ist der größte Staat, wo ein derartiges, nicht bindendes Beweisresolut existirt, — überall nicht entscheiden können, weil, wie ich Ihnen am Eingange meines Vortrages mittheilte, es in Preußen am unbedingten Prinzipe der Oeffentlichkeit und Mündlichkeit im Prozeßverfahren fehlt, und es deswegen auch gar nicht beurtheilt werden kann, ob, falls dieses Prinzip zu Grunde läge, die Herren Juristen aus Preußen mit ihrer Einrichtung so zufrieden wären, als sie gegenwärtig damit sind. Es wird sich, glaube ich, in dieser Versammlung kein Hannoveraner finden, der nicht mit mir bestätigte, daß wir überall von unserer Einrichtung sehr günstige Erfahrungen gemacht haben. Die neue Prozeßordnung wurde bei uns von vielen Juristen mit großem Mißtrauen aufgenommen. Indeß bin ich überzeugt, daß sich nicht ein Hannöverscher Jurist finden wird, der Ihnen nicht bestätigte, daß wir das verpflichtende Beweisinterlokut als eine Nothwendigkeit unseres Verfahrens betrachten. Wir sind der Ansicht, daß man uns die günstigen Folgen des Verfahrens verkümmern würde, wenn man den Richter nicht an sein Beweisinterlokut bände. Aus diesem Grunde möchte ich Sie bitten, den Antrag des Berichterstatters abzulehnen. (Beifall.)

Landes-Advokat Dr. v. **Ott** aus Brünn: Nach dem Beschlusse, den die verehrte Abtheilung hinsichtlich der Befreiung der Richter von der Last der Beweisregeln gefaßt hat, halte ich die Erörterung der vorliegenden Frage vom prinzipiellen Standpunkte aus beinahe für überflüssig. Wer den Richter vom Zwange der Beweisregeln befreit wissen will, wird ihn gewiß auch vom Zwange seines eigenen Interlokutes befreit wissen wollen. Ich glaube, daß die Frage, jetzt erörtert, nur in praktischer Beziehung einigen Werth hat, nämlich in jenen Ländern, wo der Richter noch an Beweisregeln gebunden ist, und so lange, als dieser Zwang dauern wird. In dieser Richtung glaube ich demjenigen, was der Herr Referent bemerkt hat, nichts weiter hinzufügen zu sollen, sondern erlaube mir nur, Ihrer Erwägung eine thatsächliche Grundlage aus der Erfahrung zu unterbreiten. — In Oesterreich, wo allerdings der schriftliche Prozeß als Regel festgestellt ist, wird durch das Interlokut nur der Beweis durch Zeugen oder durch gerichtlichen Augenschein und Sachverständige zugelassen. Bezüglich dieser drei Beweismittel war nun nach der Prozeßordnung v. J. 1781 vorgeschrieben, daß der Richter in seinem Interlokute, in welchem er auf einen oder mehrere dieser Beweise erkennt, zugleich einen bedingten Ausspruch endgiltig über den Prozeß selbst zu fällen hatte; im Interlokut wurde zugleich der Beweissatz festgestellt, der herzustellen ist, und das andere Urtheil erkannte lediglich, ob der Beweis hergestellt ist, folglich ob die Bedingungen zur Aussprechung des Klagebegehrens unbedingt stattfanden oder nicht. Die Folge dieser gesetzlichen Anordnung war, daß gegen jedes Interlokut beinahe von beiden Theilen Appellation eingelegt wurde, indem man an dem Beweissatze herumzerrte, und endlich ergab sich auch noch häufig der praktische Nachtheil, daß der wirklich hergestellte Beweis in unbedeutenden Sachen von dem Beweissatze abwich und daß derjenige, dem die Beweislast auferlegt wurde, trotz der innersten Ueberzeugung der Richter von seinem Rechte sachfällig werden mußte, weil zufällig der durchgeführte Beweis nicht weiter dasjenige Faktum berücksichtigt hatte, welches in das Interlokut aufgenommen wurde.

Dieser unverkennbare und in der Praxis sehr bemerkbar hervorgetretene Nachtheil hat die Gesetzgebung im Jahre 1836 bewogen, im Wege einer Novelle das Verfahren dahin zu ändern, daß zwar der Richter auch mittelst des Interlokuts auf die Beweismittel, wie ich bemerkt habe, zu erkennen hat, daß aber dieses Interlokut lediglich die Zulassung der Beweismittel ausspricht, und daß der Richter nach Führung des Beweises ein Endurtheil zu schöpfen hat, bei welchem er an seine frühere Ansicht durchaus nicht gebunden ist. Um die von einem Vorredner, Herrn Planck, als sehr möglich und wahrscheinlich angedeutete Verschleppung der Prozesse hintanzuhalten, ist in dieser Novelle auch noch beigefügt, daß, sobald das Interlokut ergangen ist, das Endurtheil nicht wieder eine neue Beweisführung enthalten darf, sondern es muß ein unbedingtes Endurtheil erfolgen, außer wenn der Richter noch auf den Eid der Parteien zu erkennen hätte; aber er darf weder auf Kunstbefund noch irgend einen anderen Beweis erkennen, was nur durch das Interlokut zulässig ist. Es liegt nun den Parteien ob, wenn der Richter das Interlokut gefällt hat, zu prüfen, ob ihre Beweise zugelassen sind, ob nicht vielleicht der Beweis unzulässig oder überflüssig erscheint. Dieses geänderte Verfahren besteht nun seit 25 Jahren und es hat sich in der Praxis so bewährt, daß keine wesentliche Beschwerde vorgekommen ist. Insbesondere kann ich behaupten, daß jeder Oesterreichische Jurist, der so wie ich unter dem Regime beider Systeme praktizirt hat, sich gewiß das erste System, wonach der Richter an das Interlokut in einem bestimmten Beweissatze gebunden ist, nicht zurückwünschen wird, und deshalb erkläre ich, daß ich mit den Ansichten des Herrn Referenten, welche, wenn auch nicht der Form nach, so doch in der Sache mit der in Oesterreich bestehenden Praxis übereinstimmen, einverstanden bin und sie zur Annahme empfehle.

Hof- und Gerichts-Advokat Dr. **Josef Kopp** aus Wien: Sie haben jetzt, meine Herren! verschiedene Mitglieder aus Hannover, einen aus Preußen und einen Oesterreicher gehört. Ich habe vergebens gewartet, daß sich auch ein Mitglied aus den Rheinlanden zum Worte melden werde. (Mehrere Herren erklären, daß sie sich bereits gemeldet hätten; in Folge dessen tritt Dr. Kopp vorläufig das Wort ab an:)

Advokat-Anwalt Dr. **Bernays** aus Mainz: Die Herren, welche die Mündlichkeit und die Unmittelbarkeit dem Richter gegenüber zum größten Theile dem Französischen und dem Rheinisch-Französischen Rechte entlehnt haben, haben sich auf eine Praxis von 10 Jahren berufen, und alle drei Herren, deren Autorität wir im höchsten Grade hochstellen müssen, haben gesagt: „In diesen 10 Jahren hat sich unsere Verfassung bewährt, so daß, wenn ein Interlokut erlassen wurde, der Richter daran gebunden bleiben muß. Meine Herren! wir am Rheine haben bei uns in der Französisch-Rheinischen Gesetzgebung eine Erfahrung von 60 Jahren und in der Französischen Gesetzgebung von über 160 Jahren, und es hat sich in dieser Französischen und Rheinischen Gesetzgebung bewährt, daß der Grundsatz, der Richter sei nicht an seinen Vorbescheid gebunden, in praxi nicht allein zu keinen Inkonsequenzen geführt hat, sondern gut war. (Bravo!)

Meine Herren! mein Wort allein kann Ihnen in dieser Beziehung keine Autorität sein; Sie haben aber gehört, daß sich der Herr Referent auf die deutschgesinntesten Schriftsteller des Rheinischen Rechtes berufen hat, daß er sich berufen hat auf einen Zink, der alle Mißstände der Französischen Prozeßordnung mit der größten Schärfe hervorgehoben, aber auch alle Vorzüge an's glänzendste Licht gebracht hat, und Zink spricht sich dafür aus, daß der Grundsatz, der nach Französischem Rechte den Richter nicht an den Vorbescheid bindet, ein guter sei.

Man hat sich auf Leue berufen und Leue's Ansicht ist gewiß keine undeutsche. Ich füge Ihnen aus dem Französischen Rechte hinzu, daß fast alle berühmten Französischen Juristen derselben Meinung sind, so zwar, daß ich mit Recht sagen kann, ich habe die größten Autoritäten für mich.

Nun, meine Herren, wir schwören nicht auf Autoritäten, sondern von dem eigenen Verstande und von den eigenen Erfahrungen müssen wir uns leiten lassen. Das Rheinisch-Französische Recht geht von der Ansicht aus, so lange ein Streitgegenstand zwischen zwei Parteien nicht endlich erledigt ist, muß dem Richter das Recht und das Mittel gegeben werden, den Streitgegenstand richtig zu erledigen, und wenn er einen Beweissatz aufstellt, von dem er späterhin einsieht, daß er den Streitgegenstand nicht erledigen kann, so hat er nicht prinzipiell seinem ersten Satz zu folgen, sondern, da es doch nur darum zu thun ist, das wahre Recht den Parteien zu spenden, von dem Beweissatze abzugehen und einen andern festzusetzen. Das Wort Interlokut ist ganz spät in das Französische Recht hineingekommen. Die Franzosen theilen die Urtheile in präparatorische und definitive ein. Sie sagen: präparatorisch ist jedes Urtheil, welches erlassen wurde und noch nicht den Parteien ihr Recht giebt; definitiv hingegen ist jenes, welches den Parteien ihr Recht giebt. So lange also der Richter noch im Verhandlungsstadium sich befindet, so lange Advokaten und Anwälte das Recht der Parteien vortragen können, hat er zu sagen: „wenn ich etwas vorbereitendes verfügt habe, wenn ich auch gesagt habe, das Faktum ist relevant, und mich später überzeugt habe, daß das Faktum nicht relevant sei, so ist davon abzugehen", und das materielle Recht, meine Herren, ist dadurch gefördert worden. Warum soll der Richter, der sich in der Auffassung der Thatsachen geirrt hat, der angenommen hat, die Thatsache führt nicht zum Schutz des Rechtes der Parteien, warum soll, sage ich, derselbe nicht sagen können: ja diese Thatsache ist nicht das, was das Recht befördern wird, sondern eine andere Thatsache? und, meine Herren, haben wir denn in praxi gesehen, daß sich dadurch der Prozeß verschleppt hat? Meine Herren! In meiner dreißigjährigen Praxis sind mir keine zehn Fälle vorgekommen, daß der Richter von seinem Interlokute abgegangen wäre. Warum? Weil der Richter gleich im vorhinein die richtigen Thatsachen aufgestellt hat. Nur einzelne Fälle sind mir recht gut bekannt, die sich ereignet haben, und weil der Richter da gefehlt hatte, hat ihm auch das Mittel zu Gebote gestanden, als die Sache ihm besser und vollständiger vorgetragen wurde und er sich selbst besser überzeugt hatte, auch davon abzugehen. Also, eine Inkonvenienz ist dadurch nicht entstanden.

Wollen Sie, meine Herren, den Grundsatz aufstellen, weil er in Hannover 10 Jahre lang sich bewährt hat? 10 Jahre sind noch keine Erfahrung für eine Gesetzgebung. Sie haben bei dem letzten Juristentage entschieden, daß man von dem Vorbescheide nicht apelliren könne, haben Sie dadurch nicht indirekt entschieden, daß das Interlokut den Richter nicht binde. (Ruf: Umgekehrt!) Wenn Sie heute entscheiden, daß den Richter das Interlokut bindet, so führen Sie die Partei mit gebundenen Händen vor den Richter, er muß fortwährend im Unrechte fortprozessiren und die Parteien bestimmen, daß sie die Appellinstanz durchzulaufen haben, während ganz einfach Ihnen das bessere Mittel geboten ist, durch den Vorbescheid, durch das, wie wir sagen: „der Richter hat den Vorbescheid geschluckt und spricht nur dasjenige aus, was recht ist." (Heiterkeit.) „Er macht ein widerwärtiges Gesicht dazu, daß ihm das arrivirt ist, aber er sagt, ich habe mich geirrt, und jetzt gehe ich wieder den geraden Weg." (Heiterkeit.) Darum, meine Herren, muß ich den Antrag des Referenten unterstützen.

Lassen Sie ja nicht einen Satz aufstellen, der zu Zweideutigkeiten führt, weil wir noch keinen rechten Begriff davon haben nach der Ansicht eines der Herren Vorredner, was unter dem Interlokut zu verstehen sei. Einer der Herren hat uns zweierlei Interlokute angegeben. Wo würden wir also hinkommen, wenn wir zweierlei darunter verstehen würden und sagten, dieses Interlokut kann nicht mehr zurückgenommen werden. Ich stimme daher mit dem Vorredner.

Hof- und Gerichts-Advokat Dr. **Josef Kopp** aus Wien: Herr Dr. Bernays hat mir den größten Theil meiner Arbeit weggenommen, und wenn ich nichtsdestoweniger noch spreche, so geschieht es nur aus dem Grunde, weil ich in der Sache, ich möchte sagen, einen kosmopolitischen Standpunkt einnehme. Ich bin nämlich Oesterreicher und als Oesterreicher somit an das Beweisresolut, an das nicht bindende Beweis-Interlokut gewohnt. Nun, m. H., kam ich nach Hannover und habe dort durch längere Zeit das Verfahren studirt und vortrefflich gefunden. Nur in einem Punkte konnte ich mich unter keiner Bedingung damit befreunden, und das war eben das Beweis-Interlokut mit dem, was daran hängt. Nichtsdestoweniger hätte ich mich beschieden, denn man sagte mir, im schriftlichen Verfahren mag das Beweisresolut oder Beweisdekret angehen, im mündlichen ist es unmöglich. Es würde sich da Alles verwirren; kurz man brachte eben die verschiedenen Gründe vor, die wir heute sehr ausführlich auseinandersetzen gehört haben. Da kam ich nun an den Rhein und in Cöln, wo ich ebenfalls eine längere Zeit zubrachte, fand ich, daß das ein Irrthum ist, und fand im Wesentlichen dasselbe, was ich zu Hause verlassen hatte. Ich fand aber dazu den vollkommen mündlichen und öffentlichen Prozeß und fand, daß bei dem mündlichen und öffentlichen Prozesse dieses Prinzip des nicht bindenden Beweis-Interlokutes, des Beweisdekretes sich noch schöner durchführen läßt als bei uns in dem schriftlichen.

M. H.! Das ist allerdings nur meine persönliche Betheuerung, und nicht die einer Autorität; aber nachdem wir andere Autoritäten gehört haben, so mag es vielleicht einigen Eindruck auf Sie machen, wenn ich sage, daß mich als Oesterreicher und Verehrer des Hannöverschen Prozesses die so gelungene Anwendung des Beweisdekretes im mündlichen Verfahren gerade am Rhein am meisten überzeugt hat. Man sagt, m. H., es wird eine Verwirrung des Prozesses eintreten, es wird sich der Prozeß verschleppen und öfter auf denselben Punkt zurückgeworfen werden, und nachdem das Beweisverfahren immer wiederholt werden muß, wird das Verfahren ebenfalls ganz verwirrt. Die Folge von all' dem ist, daß das Verfahren minder gründlich und auch die Entscheidung eine minder gründliche sein wird. Ich möchte das direkte Gegentheil davon behaupten.

Wann, m. H., kann man am gründlichsten entscheiden? Dann, wenn das ganze Material so weit vorliegt, als es überhaupt vorliegen kann, wenn die Fakta nicht blos von den Parteien angegeben sind, sondern wenn auch durch die Beweisführung sie in's Detail zerlegt sind und somit das Material so weit vorliegt, als es überhaupt möglich ist. Dann, m. H., kann man gewiß am gründlichsten entscheiden, und der Grundsatz da mihi factum dabo tibi jus weis't darauf hin, daß man erst das Faktum in allen Details kennen lernen soll, um dann definitiv die Rechtsfolgen daraus abzuleiten. Man hat gesagt, das Hannöversche Interlokut sei anders, als das Deutsche; es sei in einem besonders wichtigen Punkte anders, und das ist auch wichtig genug, daß nämlich der Richter der zweiten Instanz nicht daran gebunden ist. Das ist ein großer Fortschritt, den Hannover gemacht hat, daß das Interlokut nicht direkt appellabel ist; aber ich finde, es ist mit einem Fuße noch in der Luft stehen geblieben, es hat den Fortschritt nur halb gemacht. Denn wenn der zweite Richter um dessenwillen um so viel besser erkennt, weil er das ganze Material schon vor sich hat, dann, m. H., wird auch der erste Richter besser erkennen können, wenn er es vor sich hat. (Bravo!) Warum wollen wir nicht den ersten Richter in dieselbe günstige Lage setzen, daß zuvor das Material gesichtet und darauf die Gesetzesanwendung gebaut wird. Dann wird nicht nur der zweite Richter ein gutes Urtheil fällen können, sondern auch der erste wird es schon zu thun im Stande sein. Man hat gesagt, m. H., die Wiederholung des ganzen bereits im ersten Theil des Verfahrens vorgebrachten Faktums am Schlusse des Beweisverfahrens sei eine Schwierigkeit und Unzukömmlichkeit. Ich sage aber: nein. Gerade wenn Alles, was bisher gesagt wurde, resumirt und zum Schlusse wiederholt in einer Zusammenstellung gegeben wird, die erst möglich ist, wenn der Beweis schon durchgeführt ist, dann wird dem Richter Alles unendlich klar gelegt.

M. H.! In Köln, wo ich Gelegenheit hatte, die Handelsgerichte vielfach zu sehen und mich gerade von den unendlichen Vortheilen dieser Art des Verfahrens überzeugt hatte, da, wo kein einziger Jurist sitzt, würde es nicht möglich sein, ein gutes Urtheil zu erlassen, wie es dort allerdings gefällt wird nach dem Urtheile der Juristen selbst, wenn nicht den Richtern das ganze Material schon vorgelegt würde und sie dann erst zu judiciren hätten.

M. H.! Man hat auch gesagt — und das ist besonders Etwas, was viele Anwälte aus Hannover vorgebracht haben — man hat gesagt, es ist gut für die Advokaten und Richter und bequem, wenn das erste Verfahren abgethan ist und man gar nicht nothwendig hat, auf dasselbe weiter zurückzugehen und man statt des ursprünglichen Prozeßmaterials und des ursprünglichen Rechtsverhältnisses das bereits durch das Interlokut festgestellte Material hat und nur jeden Beweissatz herzunehmen braucht, wie er für sich besteht und ihn blos einfach durchzuführen hat. Das ist eine sehr große Bequemlichkeit, aber ihr wird gefröhnt auf Kosten der Gründlichkeit; denn darin liegt der Vorzug einer guten Prozeßordnung — und zu diesem Vorzuge gelangen wir bei dem freien Beweise insbesondere — daß der Richter nicht das Material stückweise übersieht und abthut. Bei einem Interlokute, wie das Hannöversche, könnte man sich recht gut denken, daß jeder Beweissatz einem eigenen Richterkollegium überwiesen werde und daß dieses darüber zu vernehmen und zu entscheiden habe und daß man die verschiedenen Entscheidungen, ich möchte sagen, nur aneinander zu nähen hätte. Es wäre das in extremo immerhin möglich, weil man dann immer nur die einzelnen Sätze für sich in Betracht zu ziehen braucht und nicht in ihrer Uebersicht, und das halte ich für einen großen Nachtheil und dagegen aber für einen großen Vortheil, wenn man das Material immer überblickt.

Nun, m. H., ich mag unter diesen Umständen Ihre Aufmerksamkeit nicht länger in Anspruch nehmen und muß nur noch Eins bemerken. Es wurde gesagt, in dem ersten Verfahren, nämlich demjenigen, auf Grundlage dessen das bindende Beweisinterlokut geschöpft wird, in diesem werden die Thatsachen vorgebracht, und der Richter kennt die Thatsachen. Ich sage Ihnen aber, m. H., der Richter kennt sie nicht; denn im Wesentlichen wird nichts vorgebracht, als das, was man die juridischen Thatsachen nennt, irgend ein abstrakter Komplex von Thatsachen, der in einem Satze zusammengefaßt ist, und der macht, daß der Richter sehr häufig in dem ersten Verfahren im Nebel ist. Ich kann mich in dieser Beziehung auf eine Autorität für meinen Satz berufen, auf einen Namensvetter des Herrn Assessors Planck, den Professor in Kiel, welcher diesen Mangel wohl herausgefunden hat, indem er darauf hinweis't, wie die Parteien zurückhalten und nicht die wirklichen Thatsachen bringen, sondern nur die juridischen, ein Abstraktum, und daß der Richter sein Interlokut aus lauter abstrakten Thatsachen zusammensetzen müsse. Später, wenn dann die Beweise geführt sind, sieht er erst in das Leben hinein und wie es sich eigentlich verhält. Dann aber ist er gebunden und kann nicht zurück, und dann kann ihm passiren, was auch ein Hannöverscher Jurist gesagt hat, daß der Richter manchmal zu spät einsieht, daß er gezwungen war, statt Recht Unsinn zu sprechen. (Beifall.)

Justizrath **König** aus Cleve: Ich gehöre auch zu den Rheinländern; Cleve gehört zu Rheinpreußen, und es gilt dort das Französische Recht. Ich bin nur aufgetreten, um aus meiner 25jährigen Praxis faktisch zu konstatiren, daß, ungeachtet nach dem Französischen Rechte der Schwerpunkt des Verfahrens in der Mündlichkeit liegt, doch der Grundsatz, daß Interlokute nicht binden, sich hiermit vollkommen verträgt, und durch unsere Erfahrung im Gegensatze zu der der Hannöverschen Juristen der Beweis geliefert wird, daß mit der Mündlichkeit dieser Grundsatz sich recht gut vertrage.

Dann will ich noch auf einen Punkt in faktischer Beziehung aufmerksam machen. Es ist in den Gutachten und in den mündlichen Vorträgen behauptet worden, daß das Französische Recht den Grundsatz ausspreche, daß Interlokute den Richter nicht binden. Es ist dies aber unrichtig; das Gesetz sagt nichts davon. Es sagt weder, daß Interlokute bindend, noch daß sie nicht bindend seien. Aber die Doktrin sagt Letzteres, und darauf lege ich Gewicht. Ein Gesetz kann sich erhalten; man gewinnt es lieb; der Jurist findet zuletzt dasjenige, was er studirt und worin er sich eingearbeitet hat, ganz gut, und auch wenn es schlecht ist, gewöhnt er sich an dessen Schwächen. Aber wenn die Doktrin sich in dieser Weise ausspricht, so ist das der klarste Beweis, daß der Satz richtig ist. 60 Jahre lang hat, ungeachtet keine gesetzliche Vorschrift es sagt und das Gesetz darüber schweigt, doch dieser Satz bei uns sich erhalten, daß, ungeachtet der Schwerpunkt des Verfahrens im mündlichen Prozesse liegt, doch Interlokute nicht bindend seien. Und das ist mehr als alle Autoritäten; das ist der schlagendste Beweis, daß der Satz richtig ist.

Dann, m. H., kann ich in der That die Ausübung des Hannöverschen Grundsatzes mir kaum erklären. Sie sagen, der Beweissatz werde festgestellt und daran sei der Richter gebunden. Ein solches Beweisresolut ist, streng genommen, kein Interlokut, sondern ein bedingtes Erkenntniß. (Ruf: Das soll es auch sein.) Ganz recht; das habe ich auch erwartet. Es ist nun an und für sich, wie schon Heffter erklärt, schwierig, einen

Satz zu abstrahiren, der zu beweisen ist. Aber eben so schwierig ist es, förmlich das bedingte Urtheil auszusprechen. Wenn es ein bedingt-definitives Urtheil ist, so muß auch der Tenor bedingt-definitiv gefaßt sein, und wie ist das bei der Eventualmaxime möglich? Gesetzt, der Angeklagte sagt: Die Klage ist verjährt; das Klagefundament ist unrichtig; ich habe gezahlt. Und darauf replizirt der Kläger: Es ist nicht verjährt; ich will das beweisen; ich will das Fundament beweisen u. s. f. u. s. f., so kann dies nach der Eventualmaxime in alle Ewigkeit fortgehen. Wie wollen Sie das formalisiren? Es ist dies unmöglich. Dies sind ganz andere Dinge, als die Unbequemlichkeiten, die daher rühren, daß nach unserem Satze etwas vorkommen kann, das schon vorhanden war. Es wird hiervon selten Gebrauch gemacht, denn wie Dr. Bernays richtig sagte: Der Richter ist geneigt, das eigene Urtheil zu verschlucken. Schon der Anstand führt es mit sich, daß, wenn eine Sache schon plaidirt ist, sie nicht auf's Neue mit derselben Ausführlichkeit vor demselben Richter vorgetragen wird. Man faßt sich kurz, und man sagt dem Richter auch nicht in's Gesicht, er habe seine Ansicht zu ändern. Nur ausnahmsweise kommt dies vor, wo der Richter offenbar Unrecht thäte, wenn er sein Urtheil beibehielte. Z. B. es kommt in Wien ein Prozeß vor über einen Vertrag, der in Cleve geschlossen wurde, und es entsteht Streit darüber, ob der Vertrag nach Oesterreichischem oder anderem Rechte zu beurtheilen sei. Der Richter erklärt: Nach Preußischem Rechte; denn Cleve ist in Preußen. Und danach formulirt er nun den Beweissatz. Später aber heißt es: Cleve liegt wohl in Preußen; aber es gilt dort ein anderes Recht. Der Richter hat sich also geirrt. Soll nun der Richter hier fortwährend auf Grund des Preußischen Landrechts urtheilen, das weder im Vertrage noch in der Sache vorkommt? So kann auch in der Rechtsfrage geirrt werden. Oder es wird über die Auslegung eines Gesetzes gestritten, z. B. ob irgend ein Recht usucapirt werden könne. Der Richter nimmt an, es sei dies ein Recht, das durch Verjährung erworben werden könne, und interloquirt. Nach 3 Jahren, da die eine Partei inzwischen nach Konstantinopel oder Amerika gegangen, kommt die Sache nochmals vor. Inzwischen steht der Rechtssatz, daß dieses Recht nicht durch Verjährung erworben werden könne, in der Jurisprudenz fest; der Richter selbst hat seitdem immer so erkannt. Soll er nun einen Rückschritt machen und seine frühere Rechtsansicht beibehalten? Nicht möglich. Sonach bin ich entschieden der Ansicht, daß der Satz der Hannöverschen Prozeßordnung zu verwerfen ist.

Kreisgerichtsrath **Schmid** aus Weimar: In Beziehung auf die Hauptsache kann ich mich kurz fassen und auf die Herren Vorredner beziehen. Ich wollte mir nur gegen das Amendement noch einige Worte erlauben, welches gestellt ist, daß nämlich dem ersten Interlokute die Gründe nicht beigefügt werden sollen. Dieses Amendement würde mir doch bedenklich erscheinen. Ich bin der Ansicht, daß das erste Interlokut nicht das rechtskräftige sei, daß der Richter nicht daran gebunden werden solle beim End-Erkenntnisse, daß es nicht appellabel sein solle; aber geradezu in der ersten Instanz dem Richter das Wort abzuschneiden, daß er nicht die Gründe im ersten Interlokute beifügen kann, daß er seine Ansicht nicht ausführen kann über das, was im Laufe des Prozesses zu beweisen ist, ist bedenklich, und ich würde mich deshalb gegen das Amendement erklären.

Rechtsanwalt **Gierse** aus Münster: M. H.! Herr Makower und ich ersuchen Sie, den Antrag des Herrn Referenten anzunehmen, jedoch mit Weglassung der Worte „mit Gründen". Daß nämlich das Dekret Gründe enthalten soll, ist das einzige Bedenkliche bei der Sache. Ich glaube, der Widerspruch, der in demselben Kollegium vielleicht entstehen kann, und der allerdings nicht wohlthätig auf das Publikum wirkt, kann nicht geeignet sein, die Achtung des Richters zu erhöhen. Es ist schon gesagt worden, daß im Rheinland das Volk ein Sprüchwort hat: „Der Richter hat sein Resulut geschluckt." Bei uns sagen sie: „Der Richter hat nicht gesprochen, sondern gestottert." Dieser Widerspruch ist um so lebhafter vorhanden, wenn der Richter genöthigt ist, die Gründe anzugeben. Dadurch tritt er auch nach außenhin mit einem vollkommenen Widerspruche dem Publikum gegenüber, während sonst der Widerspruch einigermaßen verdeckt wird. Auch ist es, weil man nicht weiß, welche Mitglieder bei der nächsten Session vorhanden sein werden, bedenklich, solche Gründe anzugeben, besonders da der Streit entstehen kann, ob diese Gründe vollständig und ausreichend, somit bindend sind, selbst wenn man auf diesem Prinzipe fußt. Es entsteht diese Veränderlichkeit dadurch, daß der Richter abgehen kann von dem einmal gefaßten Resolute; das ist der richterlichen Selbstständigkeit entsprechend. Man muß sich praktisch im Einzelnen denken, wie unangenehm es ist, wenn nun ein anderer Richter hinzukommt, oder ein anderes Kollegium, und sämmtliche Richter der Ueberzeugung sind, daß das erlassene Resolut unrichtig sei und daß es geändert werden müsse.

Ich habe in der Hauptsache noch, was die Verlängerung des Verfahrens betrifft, die ein Herr aus Hannover erwähnt, zu bemerken, daß diese oft gerade durch das Hannöversche Verfahren entstehen. Wenn man z. B. ein Resolut erläßt und es nicht genau genommen hat mit der Vernehmung der Zeugen, da kann es sich herausstellen, daß irgend ein Zeuge in weitere Gegenden, allenfalls nach Amerika, gezogen ist, und das Verfahren hat gar kein Ende, während im Preußischen Verfahren eine Verkürzung oft dadurch eintritt, daß, wenn ein Resolut erlassen wurde und ein

Hinderniß entsteht, es wieder zur mündlichen Verhandlung bei dem Gerichtshofe kommt, und es ist möglich, daß diese rückständigen Beweisaufnahmen oft für unerheblich gehalten werden.

In anderer Beziehung hat das Hannöver'sche Verfahren einen Vortheil, und zwar besonders in Bezug auf den Vergleich. Ich glaube, daß, wenn die Parteien die Ansicht des Richters erkannt haben und sie auch das Resultat der Beweisaufnahme voraussehen, sie sich lieber vergleichen, als es auf einen Spruch ankommen lassen werden.

Aber im Interesse der Selbstständigkeit der Richter ist das Preußische Verfahren das beste. Es ist etwas ganz Anderes, wenn durch die höhere Instanz ein Prinzip des ersten Richters vernichtet wird und eine neue Grundlage des Prozesses zu instruiren ist. Das berührt nicht die Selbstständigkeit und die Achtung des Richterkollegiums, wohl aber, wenn solche Widersprüche im Kollegium selbst stattfinden. Sie werden aber nicht stattfinden, sobald ständige, feste Kollegien vorhanden sind. Wir haben sie in Preußen vor der Organisation im Jahre 1849 gehabt. Da saß stets ein ganzes Gericht, wenn ein Prozeß verhandelt wurde. Jetzt haben wir Abtheilungen für Hypothekensachen, Vormundschaftssachen und nur drei Richter für den Prozeß. Diese wechseln oft, und da war es in der neueren Zeit vielfach vorgekommen, daß solche Verschluckungen der Resolute stattfanden. Doch es ist zu hoffen, daß auch wir bei der neuen Gerichtsorganisation ständige und feste Gerichtshöfe bekommen werden.

Seitens der Herren von Hannover ist gegen die Preußische Prozeß-Ordnung angeführt worden, daß Ostfriesland zeige, wie weit die Prozesse verschleppt werden können, weil dort die Preußische Gerichtsordnung galt. In Ostfriesland gilt allerdings die Preußische Gerichtsordnung oder hat wenigstens gegolten, bis die Hannöver'sche eingeführt wurde. Warum konnten aber dort die Sachen so lange verschleppt werden? Weil nach der Preußischen Gerichtsordnung die Parteien neue Thatsachen und Beweise bis in's Unendliche anführen können, und wenn dem Richter die Sache zum Spruch vorgelegt war, und es brachte Jemand eine neue Thatsache vor, so mußte der Richter darauf resolviren. Seit dem Jahre 1833 ist aber in Preußen für summarische Prozesse ein Verfahren eingeführt worden, was zunächst für dringende Sachen Anwendung hatte. Im Jahre 1846 wurde dieses auf sämmtliche Prozeßarten ausgedehnt, und da ist nun die Sache die, daß, wenn die Sache zum schleunigen Verfahren geeignet ist, sofort auf die Klage eine mündliche Verhandlung stattfindet; sind die Sachen aber nicht dringend, so findet der Schriftenwechsel statt; darauf folgt die Audienz. In dieser wird die ganze Sache von beiden Theilen, der Streit sowohl faktisch als rechtlich beleuchtet. Glaubt nun der

Richter, daß faktisch nichts mehr nöthig ist, so erkennt er definitiv, glaubt er aber, daß ein Beweis erforderlich sei, so resolvirt er auf Beweis und setzt fest, was zu beweisen sei, und wodurch es bewiesen werden soll. Der Beweis wird erhoben und nun kann der Richter allerdings abgehen vom Interlokut.

M. H.! Ich bin seit 1833 Advokat und ich glaube, ich kann ein Wort mitreden über die Erfahrung. Ich habe als Advokat gearbeitet unter der Herrschaft der Gerichtsordnung und des neuen Gesetzes, und in meiner Praxis ist höchst selten ein Fall vorgekommen, daß der Preußische Richter von dem Rechte, das Beweisresolut aufzugeben und anders zu erkennen, Gebrauch gemacht hat. Wenn es geschah, so geschah es dadurch, daß in puncto juris ein Mißverständniß stattfand, daß man vielleicht glaubte, daß aus dem Fundamente des Gesetzes geklagt worden ist, wozu eine Beweisaufnahme erforderlich war, und später bei der letzten Audienz es sich herausstellte, daß eine ganz andere Ansicht oder ein ganz anderes Rechtsgeschäft zu Grunde lag, wozu vielleicht keine Beweisaufnahme nothwendig ist. Dann hat der Richter erkannt. Das sind Fälle, die mir vorgekommen sind. Es ist aber, wie Herr Dr. Bernays ausgeführt hat, auch nach dem Französischen Rechte eine so große Seltenheit gewesen, daß ich nicht begreifen kann, warum der Richter vollständig in einen Kreis gebannt werden soll, aus dem er nicht herauskommt, wenn er auch zur Ueberzeugung kommt, daß er den größten Unsinn erkannt hat. Darum, m. H., bitte ich, treten Sie dem Antrage des Herrn Berichterstatters bei. (Beifall, Rufe: Schluß.)

Ober-Tribunalrath Freiherr **v. Sternenfels** aus Stuttgart: Nach den Reden der Herren aus Rheinpreußen und Hannover wäre es überflüssig, wenn ich mich auf den Grund der Sache selbst einließe. Diese Herren sprechen aus Erfahrung über das Rheinische und Hannöversche Recht, wo das mündliche Verfahren eingeführt worden ist. Ich dagegen kann das Gleiche sagen aus der Erfahrung in meinem Lande, Württemberg, wo zwar kein mündliches Verfahren eingeführt ist, aber ein sehr freier Beweis, und wo seit dem Jahre 1840 der Grundsatz gilt, daß der Richter das Beweisdekret, wie wir es nennen, bis zum Schlusse des Rechtsstreites ändern kann, und in Württemberg ist wohl kein Advokat und kein Richter, der dieses Verfahren nicht billigt, indem wohl Alle es vielmehr für vortheilhaft halten. Die Fälle, wo der Richter das Beweisdekret umstößt und ein neues erläßt, sind höchst selten. Wohl kamen aber Fälle vor, wo bei einzelnen Punkten, welche durch den vollständig geführten Beweis sich als relevant herausgestellt hatten, nachträglich zum Beweis geschritten wurde. Das ist ganz nothwendig, denn ein richtiges Urtheil ist nur dann möglich, wenn der Richter den ganzen Thatbestand zu übersehen im Stande ist.

Bei Fällung des Beweisdekretes ist aber kaum die Hälfte des Verfahrens vorüber, und man kann nicht voraussehen, welche Aenderungen durch das Beweisverfahren herbeigeführt werden. Das sind in Kurzem die Gründe, die aus der Erfahrung in Württemberg dafür sprechen, daß das Beweisdekret abänderlich sei.

Ich wollte hauptsächlich auf zwei Punkte aufmerksam machen, die im Wege des Amendements angeregt worden sind. Der eine ist der, daß man sagt, der Richter brauche keinen Grund seines Beweisdekretes anzugeben, wie der Antrag des Herrn Antragstellers lautet. (Rufe: Das ist ein Amendement!) Ich will Gründe haben. Der zweite Punkt, der ebenfalls aufgenommen wurde, betrifft den Satz, daß der Richter im Beweisdekrete die Beweislast ausscheiden soll. Meine Herren! Diese zwei Punkte sind heute nicht genügend erörtert worden, sie sind aber von großer Tragweite. In Württemberg besteht der Grundsatz, daß die Beweislast nicht ausgeschieden werden soll. Dieses hat sich sehr bewährt. Der Richter ist bei seinem Beweiserkenntnisse vollkommen in der Lage, zu sagen, wer beweispflichtig ist. Die Parteien werden bei uns aufgefordert, den Beweis und den Gegenbeweis anzutreten. Es ist die Sache eines jeden Theils, seine Behauptung, die er aufgestellt hat, zu beweisen. Ich wollte also jetzt nicht einen Beschluß darüber provociren, ob die Beweislast aus dem Dekrete unausgeschieden bleiben soll oder nicht — ich will nur darauf aufmerksam machen, daß diese Frage, ob die Beweislast ausgeschieden werden und ob Gründe angegeben werden sollen, von solcher Tragweite ist, daß wir jetzt, nachdem wir das Hauptprinzip erörtert haben, uns über diesen Punkt nicht aussprechen können. Ich würde daher beantragen, blos das Prinzip, wie es von dem Antragsteller beantragt wurde, zum Beschlusse zu erheben, dagegen sowohl die Frage von der Beweislast als den Gründen unerörtert und unberührt zu lassen. (Bravo! Bravo! Rufe: Schluß!)

**Präsident**: Der Schluß der Debatte ist beantragt worden. Es sind noch zwei Redner eingetragen, darunter ein Herr aus Sachsen. Diejenigen Herren, die für den Schluß der Debatte sind, bitte ich, die Hand zu erheben. (Geschieht.)

Er ist beinahe einstimmig angenommen worden. Der Herr Berichterstatter hat das Wort.

Berichterstatter Justizrath **Volkmar**: Meine Herren! Es liegt zuerst vor der Antrag des Herrn Kreisrichter Zenthöfer. Dieser Antrag ist mir nicht klar. Ich darf daher nicht wagen, auf den Antrag einzugehen. Nur einen Punkt möchte ich als Advokat hervorheben. Herr Zenthöfer sagt: „Wer die Obligation eingegangen, wer den Kontrakt abgeschlossen hat, der wolle auch die Klage.“ Das ist für den Kläger ganz richtig;

aber daß der Verklagte die Klage mit allen ihren Folgen, ja sogar die Personalexekution will, ist mir denn doch in meiner Praxis noch nicht vorgekommen. (Heiterkeit.)

Ich wende mich nun zu denjenigen Ausführungen, welche namentlich von meinen Freunden aus Hannover geltend gemacht worden sind. Man sagt:

1) der Richter darf sich nicht reformiren, er ist daher durch sein Beweisurtheil gebunden.

Der Satz ist richtig; aber der Satz des Ulpian: „**Judex posteaquam semel sententiam dixit, judex esse desinit; semel enim, seu bene, seu male, officio functus est**" gilt nur für Endurtheile. Es kann auch nicht wohl anders sein. Nehmen wir ein einfaches Beispiel. Der Beklagte behauptet, er habe die eingeklagten 100 Rthlr. in Oesterreichischen Banknoten bezahlt. Der Richter legt ihm den Beweis auf. Die Zeugen bekunden die auffallende Thatsache, der Verklagte hat die Schuld nicht in Banknoten, sondern in klingenden Gulden bezahlt. (Heiterkeit.) Es möchte doch geradezu gegen jedes Recht verstoßen, müßte der Richter trotz dessen „wegen der bindenden Kraft des Interlokuts" zur nochmaligen Zahlung verurtheilen. Ich weiß, mein Beispiel ist nur ein **argumentum ad hominem**, aber solche Argumente gehen **ad hominem**, und eine Prozeßordnung, die das Praktische erstrebt, darf sich mit ihnen nicht in Widerspruch setzen.

2) Der Grundsatz sei kein Deutscher, sondern ein Französischer; er harmonire nicht mit unseren Rechtsanschauungen.

Das ist ein historischer Irrthum. Es ist nachgewiesen — ich verweise auf den in der „Deutschen Gerichtszeitung" abgedruckten Vortrag des Assessor Eccius — daß just der Hannöversche Grundsatz nicht Germanisch, sondern Romanisch ist.

3) Das ganze Drama des Prozesses, die Rechtskontinuität selbst werde durchbrochen, wenn der Richter sich über sein Interlokut hinwegsetzen, dasselbe hinunterschlucken dürfe.

Ich kann dies weder zugeben, noch darin ein Unglück finden, daß der Richter berechtigt ist, bis zum Endurtheil folgenschwere Irrthümer zu verbessern.

4) Eine unabsehbare Prozeßverwirrung sei zu befürchten, wenn man von jenem Grundsatz abweiche.

Die Furcht vor nur eingebildeten Dingen muß sofort vor der Wirklichkeit weichen.

In allen Ländern, in denen die Interlokute den Richter nicht binden, existirt nun aber eine Prozeßverwirrung durchaus nicht.

5) Der Grundsatz sei ein Preußischer; es sei aber nicht zu verkennen, daß das Preußische Verfahren kein eigentlich mündliches sei.

Das Letztere gebe ich zu. Wir haben in Preußen das Referat. Das ist ein Institut, welches das Salz aus dem Plaidoyer wegnimmt und der sichere Tod jedes mündlichen Verfahrens ist. Aber Preußisch oder Französisch — ist das Prinzip richtig, so muß es zur Geltung kommen.

6) Kein Hannöverscher Jurist sei mit dem Hannöverschen Grundsatz unzufrieden.

Ich möchte denn doch an die unendlichen Kontroversen des Hannöverschen Rechtes in dieser Lehre erinnern und namentlich an das Institut der vorbehaltenen Berufung.

7) Es widerstrebe der richterlichen Würde, daß der Richter seine Entscheidung zurückziehen, seine Gründe aufgeben solle; es sei daher jedenfalls nicht gerechtfertigt, das Beweisdekret mit Gründen abzusetzen.

Mir scheint denn doch hier die Delikatesse zu weit getrieben. Nicht für den Richter, sondern für das Deutsche Volk wird einst die Deutsche Prozeßordnung erlassen werden. Es entspricht der richterlichen Würde, einen Irrthum zu verbessern und den Rechtsbruch nicht auf das Konto der richterlichen Würde zu setzen. Gründe müssen aber dem Interlokut beigefügt werden. Sie schützen den Richter vor Uebereilung, sie sollen jeden richterlichen Akt begleiten und sie sind nothwendig schon, damit die Partei klar erkennt, zu welchem Behuf der Beweis auferlegt worden ist.

Ich wußte, daß die Kollegen aus Hannover mit ihrer nicht genug anzuerkennenden Niedersächsischen Zähigkeit den heftigsten Widerstand leisten werden. Wir Alle sind ihnen dafür zum Dank verpflichtet. Nur der Kampf bringt die Lösung und das Prinzip. Haben wir erst eine Deutsche Prozeßordnung, dann werden auch die Hannoveraner mit echt Deutschem Sinn sich fügen. Bis dahin aber mögen sie sich mit dem Verse trösten: Victrix causa diis placuit, victaque Catoni. (Beifall.)

**Präsident**: Es liegen nur zwei Anträge vor, der des Herrn Berichterstatters und der des Herrn Zenthöfer und außerdem noch ein Amendement zu dem ersten Antrage.

Es ist ganz einleuchtend, daß wenn der Antrag des Herrn Berichterstatters angenommen wird, der des Herrn Zenthöfer, welcher der nuancirtere ist, beseitigt ist. Das Amendement der Herren Gierse und Makower verhält sich zu dem Antrage des Herrn Berichterstatters der Art, daß wir zuerst über den Antrag des Berichterstatters mit Hinweglassung der Frage: „ob das Beweisinterlokut mit Gründen versehen sein soll oder nicht" abzustimmen, und dann über die Frage: „ob es mit Gründen versehen sein soll oder nicht" selbstständig zu entscheiden haben. Abgesehen von dieser Modifikation theile ich den Antrag des Herrn Berichterstatters noch in zwei Theile und bringe demgemäß das zweite Alinea: „das Gericht ist bei der Endentscheidung an dieses Beweisinterlokut nicht gebunden" dann noch selbstständig zur Abstimmung.

Ich bitte daher, zunächst über folgende Sätze abzustimmen:

„Das Gericht hat in einem Dekrete die Beweislast zu regeln und den Beweis zu verordnen."

Obertribunalsrath **v. Sternenfels**: Ich habe darauf angetragen, die Worte: „die Beweislast zu regeln" wegzulassen.

**Präsident**: Dann haben wir also über zwei Auslassungen besonders abzustimmen, und der erste Satz, über den abzustimmen ist, wird lauten: „Das Gericht hat in einem Dekrete den Beweis zu verordnen." Dann wäre über die beiden Zusätze abzustimmen: „ob das Dekret mit Gründen versehen sein soll" und: „ob die Beweislast zu regeln sei." (Rufe: Richtig! Zustimmung.)

Wir stimmen also über folgende Sätze ab:

„Das Gericht hat in einem Dekrete den Beweis zu verordnen."

Diejenigen Herren, die dafür sind, wollen ihre Hand erheben. (Geschieht.)

Dieser Satz ist angenommen.

Ich werde nun über die beiden Zusätze zu diesem Satze abstimmen lassen, und zwar zunächst darüber:

„ob dieses Dekret mit Gründen zu versehen sei."

Diejenigen Herren, die dafür sind, wollen die Hand erheben. (Geschieht.)

Es ist die Majorität.

Schließlich lasse ich über den zweiten Zusatz abstimmen:

„Ob in dem mit Gründen versehenen Beweisdekrete die Beweislast zu regeln sei."

Diejenigen Herren, die für diesen Zusatz sind, wollen die Hand erheben. (Geschieht.)

Ich bitte um die Gegenprobe. (Dieselbe erfolgt.)

Das Letztere ist die Minorität. Es ist daher der Zusatz, bezüglich der Beweislast, angenommen und das ganze erste alinea nach dem Antrage des Herrn Berichterstatters zum Beschlusse erhoben.

Das zweite alinea lautet:

„Das Gericht ist bei der Entscheidung an dieses Dekret nicht gebunden."

Diejenigen Herren, die damit einverstanden sind, wollen die Hand erheben. (Geschieht.)

Der Antrag ist mit großer Majorität angenommen und somit haben wir den ganzen Antrag nach dem Vorschlage des Herrn Berichterstatters erledigt.

Es tritt nun wieder die Frage über die Behandlung dieses Beschlusses in der Plenarversammlung an uns. Die Mittheilung an dieselbe versteht sich von selbst. Wird ein Antrag gestellt? (Niemand meldet sich.)

Da kein Antrag gestellt wird, so haben wir uns nur darauf zu beschränken, den gefaßten Beschluß der Plenarversammlung mitzutheilen. Ich glaube, daß dies der Herr Berichterstatter zu übernehmen habe.

Bevor wir zur weiteren Tagesordnung übergehen, habe ich den Herren noch eine Mittheilung zu machen.

So eben erhalte ich eine Zuschrift des Präsidenten von Wächter, worin der Zeitpunkt für den Zusammentritt der Vertrauensmänner zur Wahl der ständigen Deputation wieder geändert wird. Präsident von Wächter ersucht mich nämlich, Ihnen mitzutheilen, daß die Herren Vicepräsidenten, — wobei nicht gesagt, ob die der Plenarversammlung, oder die der Abtheilungen, ich vermuthe die Ersteren — und die gewählten Vertrauensmänner heute Abends 6 Uhr im „Goldenen Lamm" zum Zwecke der zu stellenden Anträge zusammenkommen mögen.

Meine Herren, wir hätten noch einige Gegenstände auf der Tages-Ordnung; jedoch nur einer derselben ist bereits so weit zur Reife gediehen, daß darüber vom Herrn Berichterstatter, Rechtsanwalt Kohlschütter aus Dresden Bericht erstattet werden kann. Ich glaube, obwohl ich die Intention des Herrn Berichterstatters nicht kenne, dennoch, daß dieser Gegenstand nicht zu lange aufhalten dürfte, und schlage daher vor, denselben zu erledigen. Er betrifft die versuchsweise Einführung eines processualen Vorverfahrens. Dagegen sind die weiter der Abtheilung zugewiesenen Gegenstände, und zwar die in dem gedruckten Programme, welches Sie vor sich haben, sub IX. X. und XII b. aufgeführten größeren Fragen und Arbeiten, wie namentlich in Betreff der Gerichtsorganisation, der Anwalts-Ordnung und des ganz singulären Personal-Arrestes, so wie weiteres in Betreff der Entscheidung von Prozessen über geringfügige Rechtsstreitigkeiten, noch nicht so weit gediehen, daß wir sie zum Abschlusse bringen könnten; es sind nicht einmal Berichterstatter über dieselben ernannt.

Ich stelle daher den Antrag, die Frage des prozessualischen Vorverfahrens, über welche Herr Kohlschütter den Bericht erstatten wird, jetzt noch vorzunehmen, dagegen die anderen, von mir so eben bezeichneten Gegenstände als nicht spruchreif an die ständige Deputation zu verweisen. Wenn keine Einsprache erhoben wird, so nehme ich als beschlossen an, daß die von mir bezeichneten Gegenstände an die ständige Deputation verwiesen werden und ich ertheile dem Herrn Kohlschütter das Wort als Berichterstatter. (Keine Einsprache.)

Rechtsanwalt **Kohlschütter** aus Dresden: Der Herr Kreisrichter Zenthöfer aus Rybnick hat folgenden Antrag gestellt:

„Der dritte Deutsche Juristentag wolle folgenden Vorschlägen, welche den Zweck haben, bei Geltendmachung einer privatrechtlichen Befugniß, beziehungsweise Obliegenheit, einem prozessualischen Verfahren überhaupt oder wenigstens einem ordentlichen Prozesse vorzubeugen, seine Zustimmung ertheilen."

Meine Herren! Diese Vorschläge stehen in keinem innern, sondern in einem äußern Zusammenhange. Ich werde mir daher nur erlauben, die einzelnen Vorschläge einzeln vorzutragen und zu entwickeln. Der erste Antrag lautet:

„Die durch öffentliche qualifizirte Urkunden beglaubigte privat-rechtliche Befugniß, beziehungsweise Obliegenheit ist, im Falle sie nicht von einer sogenannten Suspensiv-Bedingung abhängt, innerhalb einer bestimmten Frist ohne vorherigen Prozeß exekutionsfähig."

Dies ist der erste Antrag. Die Einrichtung, welche der Herr Antragsteller empfiehlt, besteht in einigen Deutschen Ländern, sie heißt, soviel ich weiß, in Preußen Mandatsprozeß, in den Ländern des Sächsischen Rechtes Exekutionsprozeß. Die Sache ist die, daß dem Schuldner, wenn der Gläubiger oder Kläger seine Behauptung sofort durch eine öffentliche Urkunde beweisen kann, aufgegeben wird, binnen einer bestimmten Frist zu bezahlen, widrigenfalls die Exekution gegen ihn verhängt werden wird. In allen andern Ländern besteht diese Prozeßart nicht. Die neueren Prozeß-Ordnungen haben sie nicht aufgenommen (Rufe: ja wohl in Oesterreich! Andere Rufe: Auch in Bayern!) das wußte ich nicht. Ich bezweifle, daß der Deutsche Juristentag in der Lage sei, für die künftige Deutsche Prozeß-Ordnung diese Prozeßart zu empfehlen. Sie ist theoretisch offenbar nicht zu empfehlen. Sie enthält eine große Rechtsungleichheit, indem der Kläger im hohen Grade begünstigt ist in Folge eines zufälligen Umstandes, nämlich, daß er seine Behauptung durch ein bestimmtes Beweismittel nachweisen kann. Sie beeinträchtigt den Geklagten im höchsten Grade, weil sie ihm den Beweis durch die Einrede abschneidet und sofort mit der Exekution anfängt. Die neuere Prozeß-Theorie läßt die sogleiche Vollstreckung nur dann zu, wenn in der Urkunde, welche der Kläger besitzt, die sogenannte alt-deutsche clausula executionalis enthalten ist; wenn der Schuldner sich vertragsmäßig der Exekution unterworfen hat, dann ist die Sache von einem anderen Standpunkte zu beurtheilen. Aber an dem zufälligen Umstand, daß der Kläger eine Urkunde besitzt, einen so großen Vortheil für ihn zu knüpfen, dafür liegt juristisch kein Grund vor. Gründe der Zweckmäßigkeit können eine solche Maßregel früher empfohlen haben, weil der ordentliche Prozeß von außerordentlicher Dauer war. Indessen das Lob, welches der Exekutions-Prozeß von diesem Gesichtspunkte aus verdient, wird derselbe künftig, wie wir hoffen dürfen, auch mit den übrigen Deutschen Prozeßarten theilen, indem ja die neue Prozeß-Theorie darauf gerichtet ist, das Prozeßverfahren überhaupt abzukürzen und zu vereinfachen.

Ich würde daher der verehrten Versammlung anrathen, den ersten Antrag des Herrn Zenthöfer nicht anzunehmen. Er entspricht, wie gesagt, der neuen Prozeß-Theorie nicht und ein großes Bedürfniß dazu kann ich nicht erblicken.

Ich will nur noch bemerken, daß der Exekutiv-Prozeß, der allenthalben beibehalten worden ist, dasselbe gewährt, namentlich die schleunige Rechtshilfe auf Grund der Urkunde, während der Beklagte nicht so beeinträchtigt ist, weil ihm die Einrede frei steht; denn nach demselben läßt man auch die Eidesablegung zu und schneidet nur den Beweis durch Zeugen und Sachverständige ab.

**Präsident**: Wünscht Jemand das Wort?

Kreisrichter **Zenthöfer** aus Rybnik: Ich beantrage die Vertagung der Diskussion und die Vorlage eines neuen Gutachtens. Es sind wohl wichtige Punkte und ich fürchte, daß der Referent den Punkt I. etwas anders aufgefaßt hat, als ich ihn aufgefaßt wissen will.

Berichterstatter Rechts-Anwalt **Kohlschütter**. Die Motive sind mir nicht mitgetheilt worden.

**Präsident** (zu Herrn Zenthöfer): Sie meinen einfache Vertagung und respektive Verweisung an den künftigen Juristentag?

**Zenthöfer**: Ja.

**Präsident**: Diejenigen Herren, die dafür sind, daß auch dieser Gegenstand an die ständige Deputation verwiesen werde, mögen die Hand erheben. (Die Abstimmung erfolgt.)

Es ist die Majorität dafür.

Damit ist unsere Tagesordnung erschöpft und die Sitzung geschlossen.

(Schluß der Sitzung 2¼ Uhr.)